INTRODUCTION À LA PSYCHOLOGIE

INTRODUCTION À LA PSYCHOLOGIE

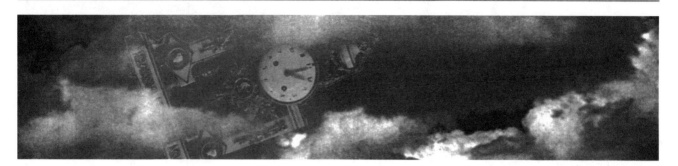

Dennis Coon
Département de psychologie
Santa Barbara City College (Californie)

Adaptation de Robert Ducharme
Département de psychologie
Collège de Saint-Jérôme (Québec)

Traduction de GDC et associés

Éditions Beauchemin ltée
3281, avenue Jean-Béraud
Chomedey, Laval (Québec) H7T 2L2
Tél.: (514) 334-5912
Téléc.: (514) 688-6269

INTRODUCTION À LA PSYCHOLOGIE

Version française de :
Introduction to Psychology
Exploration and Application 5th Edition

© 1989   By West Publishing Company
50 W. Kellogg Boulevard
P.O. Box 64526
St-Paul, MN 55164-1003

© 1991   **Éditions Beauchemin ltée**
3281, avenue Jean-Béraud
Chomedey, Laval (Québec) H7T 2L2
Téléphone : (514) 334-5912

Diffusion Europe :
Éditions Vigot
23, rue de l'École de Médecine
75006 Paris
Téléphone : 43.29.54.50
Télex : Vigot 201 708 F
Télécopie : 46.34.05.89

ISBN : 2-7616-0449-0

Dépôt légal 4e trimestre 1991
Bibliothèque nationale du Québec
Bibliothèque nationale du Canada

Imprimé au Canada
1 2 3 4 5   95 94 93 92 91

Supervision éditoriale : Isabelle Quentin
Supervision de la production : Lucie Plante-Audy
Conception graphique et production : GDC et associés
Maquette de la couverture : ZAPP
Impression : Interglobe inc.

TABLE DES MATIÈRES

PRÉFACE

L'enseignement des sciences humaines au collégial connaît, avec la mise en place du nouveau programme, une transformation rapide et décisive. Axé principalement sur les caractéristiques scientifiques des disciplines qui en constituent les assises, ce nouveau programme prend résolument partie en faveur d'un apprentissage scolaire structuré et organisé, dont les principaux pôles d'intégration sont l'individu, la société et l'environnement mondial. Il s'agit là d'un engagement judicieux et prometteur à tous égards.

Les fondements de cette intégration reposent sans nul doute sur les découvertes et les écrits des grands humanistes et scientifiques qui, au cours des dernières décennies, ont contribué à enrichir l'univers des sciences humaines de leurs hypothèses et de leurs méthodes de travail. Assez curieusement d'ailleurs, par-delà les différences fort apparentes des nombreuses disciplines des sciences humaines, on retrouve les mêmes objets d'étude, les mêmes techniques de documentation et les mêmes méthodes de recherche. Ce chevauchement interdisciplinaire assure, espérons-le, un fondement solide aux objectifs d'unification envisagés par le nouveau programme.

Le rôle même de la psychologie dans le monde des sciences humaines ne cesse de s'accroître et de devenir déterminant. La place qu'occupent ses modèles et ses interventions devient en effet de plus en plus prépondérante. Cette prépondérance découle sans doute du fait que la psychologie progresse très rapidement tant sur le plan de la production de connaissances scientifiques nouvelles que sur celui de la définition de devis de recherche et de protocoles méthodologiques. Cette progression fait même partie des aspects les plus fascinants de cette discipline et repose probablement sur la motivation intrinsèque qui anime les êtres humains de comprendre pourquoi ils sont ce qu'ils sont, pourquoi ils agissent comme ils le font et pourquoi ils deviennent ce qu'ils deviennent. En effet, que peut-il y avoir de plus stimulant pour l'intelligence et la raison humaines que la compréhension et l'explication des conduites humaines elles aussi?

L'ouvrage de Dennis Coon s'inscrit d'emblée dans ce contexte d'effervescence et de renouvellement de la psychologie. Tout en s'enracinant dans les fondements de la psychologie classique, celle-là même qui a si généreusement contribué à l'avancement des sciences humaines en leur fournissant des modèles de toute première importance comme l'associationnisme, le structuralisme, le behaviorisme, la psychanalyse, la Gestalt et la phénoménologie existentielle, l'auteur n'hésite aucunement à faire état des écoles plus modernes comme les approches systémiques, la psycho-biologie, la psycho-sociologie et la psychologie cognitiviste. À cet égard, il puise sans réserve dans les recherches les plus récentes ainsi que dans les données les plus actuelles. Son ouvrage présente ainsi les découvertes les plus remarquables, tout en situant clairement les limites des connaissances actuelles et en se souciant constamment de la trame historique sur laquelle reposent les hypothèses, données et théories qu'il nous présente. Cet ouvrage repose d'ailleurs sur une somme impressionnante de références, résultat certain d'un travail colossal de documentation, où le souci d'être à jour se doublait de celui d'être exhaustif.

Par-delà les qualités scientifiques de cet ouvrage, on ne saurait trop insister sur ses qualités pédagogiques. D'abord et avant tout, le livre de Dennis Coon a été pensé et rédigé à l'intention des étudiants du collégial, soit ceux et celles qui en sont à leur premier contact avec la psychologie. Comme le souligne l'auteur, rien n'a été épargné pour leur faciliter la découverte de cette discipline fascinante. À cette fin, l'auteur a expressément eu recours aux conceptions pédagogiques les plus anciennes autant qu'aux théories les plus actuelles de l'apprentissage scolaire, dans le but manifeste de rendre attrayantes et digestibles les notions complexes et les théories abstraites de la psychologie.

En effet, l'ensemble du manuel repose sur une méthode intuitive appartenant aux traditions éducatives les plus fécondes de la pédagogie occidentale, dont les racines remontent jusqu'à la maïeutique de Socrate. Toute matière nouvelle, tout contenu nouveau sont en ce sens immanquablement précédés d'une question. Formulées de façon humoristique et fondées sur des clichés mnémoniques faciles à comprendre et à retenir, ces questions servent à piquer la curiosité, à susciter la découverte intuitive du contenu présenté et à créer des prédispositions mentales favorables à la poursuite de l'étude et de l'apprentissage.

Outre ces qualités pédagogiques, l'auteur a recours aux données les plus récentes de la psychologie sur la perception visuelle et la représentation graphique, dans l'intention manifeste de soutenir l'intérêt, la motivation et l'attention des lecteurs. À cet égard, on note qu'il recourt en abondance aux photos, aux encadrés et aux images graphiques dans le but d'illustrer et de concrétiser les notions et les concepts avancés de la psychologie. Il en résulte un ouvrage que les étudiantes et étudiants du collégial trouveront agréable à consulter et à lire, à l'instar de leurs vis-à-vis américains.

Parmi les résultats les plus apparents de cette démarche pédagogique et scientifique, on note que les chapitres ont tous été construits autour d'unités fondamentales d'apprentissage, elles-mêmes présentées en début de chapitre sous forme de mots clés, de clichés chocs ou de descripteurs. Ces unités fondamentales constituent la trame de chacun des chapitres et en génèrent les sections et divisions. La présentation de ces unités fondamentales se termine toujours par un questionnaire qui permet d'effectuer une brève récapitulation avant de passer à la prochaine unité d'apprentissage. Chaque chapitre contient plusieurs questionnaires, en plus d'un résumé final et d'une liste détaillée de suggestions, de réflexions et de travaux additionnels.

Cette démarche d'apprentissage s'appuie, en outre, sur des applications pratiques et des explorations additionnelles. Les applications pratiques, pour une part, ne manquent ni d'originalité ni d'à propos et font l'objet de courts profils à l'intérieur de chacun des chapitres. Les sujets abordés permettent de relier les notions théoriques de la psychologie scientifique aux exigences et aux événements de la vie quotidienne. On y traite notamment de l'apprentissage scolaire, des spécialisations hémisphériques, de la maîtrise de la douleur, de la pensée magique, de l'accroissement de la mémoire, des diètes, de la dépression, du stress, du parentage, de l'actualisation de soi, des tests d'intelligence, du suicide, etc.

Pour leur part, les explorations font l'objet d'un profil plus détaillé et plus extensif. Elles contiennent généralement des données scientifiques avancées et traitent de problématiques et de thématiques dont l'importance est cruciale pour les initiés de la psychologie. On y discute notamment de l'astrologie, des questions éthiques reliées à la recherche sur des sujets humains, de la stimulation électrique du cerveau, de la perception extrasensorielle, de la consommation des drogues, de l'influence de la télévision sur nos comportements d'agression, de l'intelligence artificielle, de l'anorexie et de la boulimie, de l'amour, de la méditation, de la génétique, de la mort, des jumeaux, etc.

En bref, rien ne semble avoir été laissé au hasard dans la démarche pédagogique de ce manuel. En conséquence, la version française ne peut tendre qu'à respecter intégralement l'esprit et le contenu proposés par l'auteur. Ce qui ne signifie nullement que le texte français en constitue une simple traduction littérale. Bien au contraire. Des efforts soutenus ont été apportés pour rendre significatives, dans le vocabulaire de nos cégépiennes et de nos cégépiens, les nombreuses expressions difficilement traduisibles de la langue américaine. On se doit à cet égard de souligner ici le travail admirable accompli par les traductrices et traducteurs. Ils ont su rendre en un français impeccable les mots clés, les clichés chocs, les descripteurs, les mnémotechniques, les exemples et les anecdotes qui parsèment l'ouvrage original. Plus qu'une simple traduction, ce laborieux effort de remue-méninges les a conduits à une véritable transposition culturelle du contenu américain dans nos expressions françaises, nos histoires, notre vision du monde et nos anecdotes. Nous désirons les en féliciter, les remercier et leur témoigner de toute notre admiration.

Robert Ducharme
Collège de Saint-Jérôme

PREMIÈRE PARTIE

INTRODUCTION À LA PSYCHOLOGIE ET AUX PSYCHOLOGUES

CHAPITRE 1

LA PSYCHOLOGIE ET LES PSYCHOLOGUES

APERÇU DU CHAPITRE
POURQUOI ÉTUDIER LA PSYCHOLOGIE?

Vous formez un univers, un ensemble de mondes dans des mondes. Votre cerveau constitue sans doute l'appareil le plus compliqué et le plus merveilleux qui soit. Son action vous permet de vous exprimer par les arts, la musique, la science, la philosophie et la guerre. La capacité d'aimer et de compatir coexiste avec celle d'agresser, d'haïr et... de tuer. Vous représentez l'énigme la plus frustrante jamais composée, et parfois un mystère à vos propres yeux. Vous êtes un événement unique de l'histoire de l'humanité, et pourtant, vous ressemblez à tous ceux qui ont vécu auparavant. Le présent ouvrage traite de vos pensées, de vos émotions, de vos actions, de votre comportement et de votre expérience consciente.

Regardez autour de vous. Les journaux, les magazines, la radio et la télévision diffusent de l'information psychologique en abondance. On discute de psychologie à la maison, à l'école, dans les commerces et les bars. La psychologie offre un panorama des êtres et des idées stimulant, explosif et sans cesse changeant. Le qualificatif «cultivé» ne saurait s'appliquer à une personne qui ignore tout de la psychologie.

Il existe une autre raison d'étudier la psychologie. Socrate disait : «Connais-toi toi-même». Bien que ceux qui ont marché sur la Lune ou sondé les profondeurs oniriques des océans soient dignes d'envie, la frontière ultime se trouve encore près de nous. Le psychologue D. O. Hebb a exprimé cette notion ainsi : «De quoi traite donc la psychologie? De l'esprit, la question cruciale, le grand mystère, le problème le plus complexe d'entre tous» (Hebb, 1974).

La psychologie est un voyage intérieur, et le présent ouvrage, un guide de voyage. Les psychologues ne prétendent pas avoir réponse à toutes les questions, mais ils peuvent révéler les contours du paysage déjà exploré. Qui plus est, la psychologie permet la découverte de ressources utiles à votre propre quête de réponses. Le but consiste à trouver ses propres réponses, mais l'étude de la psychologie constitue un point de départ particulièrement riche.

Questions d'ensemble

- Qu'est-ce que la psychologie? Quels en sont les buts?
- Comment la psychologie est-elle devenue un champ de connaissance?
- Quelles sont les grandes tendances et les spécialités de la psychologie?
- Peut-on appliquer la psychologie à l'amélioration des résultats scolaires?
- Comment la psychologie se distingue-t-elle des fausses approches qui prétendent expliquer le comportement?

La psychologie : psyché = esprit; logos = connaissance ou étude

Question : Qu'est-ce que la psychologie?

La psychologie englobe la mémoire, le stress, la thérapie, l'amour, la persuasion, l'hypnose, la perception, la mort, le conformisme, la créativité, l'apprentissage, la personnalité, le vieillissement, l'intelligence, la sexualité, les émotions et beaucoup, beaucoup d'autres sujets. La psychologie est devenue un monstre tellement coloré et disproportionné qu'une brève description ne saurait lui rendre justice.

Il importe donc de garder un esprit ouvert dès le début du cours. Celui-ci devrait être perçu comme une aventure, et vous devez suspendre votre jugement jusqu'à ce que vous sachiez bien ce que la psychologie peut offrir. Lorsque vous aurez lu le présent ouvrage en entier, vous aurez une bonne vue d'ensemble de ce qu'est la psychologie et du travail des psychologues. Pour l'instant, disons seulement que la **psychologie** *est l'étude scientifique du comportement humain et animal.*

Comparez : la psychologie et les sciences connexes

Anthropologie : la science des origines de l'homme, de l'évolution et des cultures

Biologie : la science de la vie et des organismes vivants — végétal, animal ou humain

Psychologie : la science du comportement humain et animal

Sociologie : la science des formes et des fonctions des groupes humains

Question : Que signifie le mot «comportement» dans la définition de la psychologie?

Le comportement   Tout ce que vous faites — manger, dormir, parler, penser ou éternuer — constitue un comportement. Rêver, jouer, consommer des drogues, regarder la télévision, apprendre l'espagnol, tisser des paniers ou lire ce livre sont tous des comportements. Le terme *comportement* s'applique également aux activités **implicites** (privées, intérieures), comme la pensée, et aux actes **explicites** (visibles). Les psychologues s'intéressent à la fois au comportement visible *et* aux événements mentaux cachés.

Le comportement explicite peut être examiné en grande partie grâce à l'observation directe. Mais comment étudier l'activité mentale comme la solution de problèmes, la rêverie ou le souvenir? Il faut parfois utiliser des techniques de détective afin de *déduire* ce qui se passe à l'intérieur, à la lumière de ce qu'on peut observer directement. Par exemple, essayez de répondre à ces questions : un cheval est-il plus gros qu'une souris, un colley plus gros qu'un berger allemand?

La plupart des gens répondent plus rapidement à la première question qu'à la seconde. Pourquoi? Parce qu'ils se représentent une image mentale des animaux avant d'en comparer la taille. Une réponse moins prompte suggère donc qu'il est plus difficile de comparer des images mentales de même taille (Moyer et Bayer, 1976). Bien que l'on ne puisse observer directement la pensée, on peut tout de même apprendre des faits intéressants à son sujet. Lorsque des observations indirectes convergent constamment vers la même conclusion, nous pouvons être raisonnablement certains de l'exactitude de cette dernière.

L'empirisme

Question : Il semble que les psychologues tentent d'être objectifs dans leurs observations. Est-ce exact?

Oui. Les psychologues sont particulièrement conscients que les opinions ou les déclarations faites par une «autorité» en la matière peuvent être fausses. Ils démontrent donc le plus grand respect envers la **preuve empirique**, c'est-à-dire l'information obtenue par l'observation et la mesure. Autant que possible, les psychologues règlent les différends à l'aide de **données** (des faits ou des preuves). Cela leur permet de comparer les observations de chacun et d'en tirer des conclusions exactes. Par exemple, affirmeriez-vous qu'on ne peut pas apprendre à un vieux singe à faire des grimaces? Pourquoi en discuter? Un psychologue se procurerait 10 singes «naïfs», 10 «avertis», et 10 «vieux», puis tenterait de leur enseigner de nouvelles grimaces pour vérifier ou non l'observation.

La phrase suivante résume l'essence de l'attitude empirique : «Examinons cela de plus près» (Stanovich, 1986). Voici un exemple : vous êtes-vous déjà demandé si les chauffeurs deviennent plus agressifs, lorsque le temps est chaud et inconfortable? En 1986, les psychologues Douglas Kenrick et Steven MacFarlane décidèrent de faire enquête. Kenrick et MacFarlane garèrent une voiture alors que le feu de circulation tournait au vert à une intersection où il était impossible de doubler, à Phoenix, en Arizona, à des températures variant entre 31 et 46 °C. Puis ils enregistrèrent le nombre et la durée des occasions où les automobilistes klaxonnèrent.

On peut voir les résultats à l'illustration 1.1. Comme vous pouvez le constater, les températures élevées sont directement liées à une augmentation du temps passé à klaxonner (ce qui peut expliquer pourquoi les voitures sont munies de klaxons plutôt que de

Illustration 1.1 *Les résultats d'une étude empirique. Le graphique montre que les automobilistes frustrés klaxonnent plus souvent lorsque la température monte, ce qui suggère que l'inconfort physique est lié à l'hostilité interpersonnelle. La fréquence des émeutes et des assauts augmente aussi, lorsque le temps est chaud. Nous voyons ici une augmentation constante des agressions à mesure que les températures grimpent. Toutefois, les démonstrations d'hostilité qui nécessitent un effort physique, comme une bagarre, deviennent moins fréquentes, lorsque les températures sont élevées. (Données de Kenrick et MacFarlane, 1986.)*

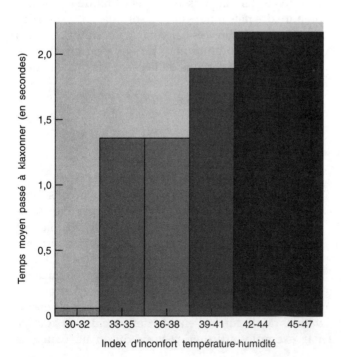

canons). Bien que ces constatations n'aient rien d'étonnant, elles contribuent à expliquer le lien entre l'inconfort et l'agression.

L'approche empirique semble naturelle dans des domaines comme la biologie et la physique. Pourtant, en psychologie, il est souvent tentant d'accepter ce qui est vraisemblable plutôt que ce qui *est*. Par exemple, voyez si vous pouvez vérifier, à partir de votre propre expérience ou du bon sens, lesquels des énoncés suivants sont exacts. Puis nous comparerons vos réponses à celles obtenues par empirisme.

Vrai ou faux?

1. Si vous marchiez sur un clou par mégarde, vous le sentiriez instantanément. Vrai ou faux? (Chapitre 3)

2. Un borgne ne peut pas faire atterrir un avion. Vrai ou faux? (Chapitre 5)

3. Lorsque la lune est proche de l'horizon, sa taille apparente est grossie par l'atmosphère. Vrai ou faux? (Chapitre 5)

4. Sous hypnose, les témoins d'un crime peuvent se souvenir parfaitement de ce qu'ils ont vu. Vrai ou faux? (Chapitre 6)

5. L'activité cérébrale est presque complètement interrompue à différents stades du sommeil. Vrai ou faux? (Chapitre 6)

6. La punition est la meilleure méthode de renforcement de l'apprentissage de nouvelles habitudes. Vrai ou faux? (Chapitre 8)

7. Tous les souvenirs sont permanents, il s'agit de trouver un moyen de les récupérer. Vrai ou faux? (Chapitre 9)

8. Les personnes qui ont un quotient intellectuel élevé sont habituellement très créatrices. Vrai ou faux? (Chapitre 10)

9. Le détecteur de mensonges (polygraphe) est extrêmement précis, lorsqu'il s'agit de déceler les tentatives de mensonges. Vrai ou faux? (Chapitre 12)

10. Le stress est presque toujours mauvais pour vous. Vrai ou faux? (Chapitre 13)

11. L'intelligence est transmise héréditairement en entier par un des parents. Vrai ou faux? (Chapitre 18)

12. Ceux qui menacent de se suicider passent rarement aux actes. Vrai ou faux?

13. Les schizophrènes possèdent tous deux personnalités distinctes ou plus. Vrai ou faux?

14. Si votre voiture tombe en panne, il y a plus de chances que vous obteniez de l'aide sur une autoroute achalandée que sur une route de campagne peu fréquentée. Vrai ou faux?

Il est facile de compter les points de ce questionnaire. La recherche empirique a démontré que tous ces énoncés sont *faux*. (Si vous voulez en connaître la raison, vous pouvez consulter les chapitres cités entre parenthèses.) Ne vous découragez pas si vous avez raté quelques questions. Il suffit de comprendre que la psychologie est devenue une science lorsque les psychologues ont commencé à faire des expériences, à noter leurs observations et à rechercher des preuves. Si vous faites ainsi, vous aussi deviendrez un bon observateur du comportement humain.

La science L'empirisme à lui seul ne suffit pas à constituer une science. La véritable **observation scientifique** doit être systématique, c'est-à-dire structurée de façon que les observations révèlent la nature sous-jacente du comportement (Stanovich, 1986). Pour reprendre notre exemple, il ne servirait à rien de circuler dans une ville et d'observer au hasard les gens qui klaxonnent de façon agressive. Les observations scientifiques doivent être soigneusement planifiées et enregistrées. Nous examinerons cette méthode de plus près au prochain chapitre.

Question : J'ai entendu dire que la psychologie n'est pas scientifique, et vous prétendez qu'elle l'est. Qui dois-je croire ?

La psychologie est vraiment une science. Mais on peut dire en toute justice qu'il s'agit d'une «jeune» science. Pour bien des raisons, l'étude de certains sujets en psychologie est encore difficile. Parfois, les psychologues ne peuvent répondre à certaines questions pour des considérations d'ordre moral ou pratique. Par exemple, qu'arriverait-il à un enfant qu'on aurait placé dans une boîte hermétique, à l'épreuve du son et de la lumière pendant les cinq premières années de sa vie? On ne pourra probablement jamais répondre à cette question directement. (On peut toutefois souvent obtenir une réponse indirecte par l'observation des animaux.) En d'autres occasions, les attitudes sociales peuvent limiter les questions auxquelles on peut répondre scientifiquement. On ne savait presque rien des réactions sexuelles humaines jusqu'à ce que William Masters, gynécologue, et Virginia Johnson, psychologue, enregistrent directement les réactions physiques lors des relations sexuelles. Il aurait été impossible de mener et de publier une telle recherche plus tôt dans l'histoire de la psychologie. De même, nos connaissances sur la psychologie de la mort ne sont que très récentes, puisque nous n'étudions que depuis peu ce sujet longtemps tabou.

La plupart du temps, les questions demeurent sans réponse par manque de **méthode de recherche** appropriée. Pendant des années, il fallait prendre au mot les personnes qui disaient ne jamais rêver. Mais les progrès techniques ont permis de mettre au point l'EEG (l'électro-encéphalogramme, ou l'appareil des ondes cérébrales). Il est devenu possible alors de déceler précisément à quel moment une personne rêve. Il apparaît que ceux qui ne «rêvent jamais» rêvent, au contraire, fréquemment et se souviennent de leurs rêves avec précision, lorsqu'on les réveille au beau milieu de l'un d'entre eux. Grâce au EEG, l'étude des rêves est devenue scientifique. De nombreuses gens croient que la recherche scientifique est ennuyeuse et pénible. Mais comme vous pouvez le constater, il faut beaucoup d'imagination pour répondre à des questions de longue date. Le fait que la psychologie est une jeune science rend la chose encore plus stimulante. À plus forte raison, ce que nous savons aujourd'hui s'ajoute à une somme de connaissances importante et grandement utile.

Les animaux

Vous vous êtes peut-être demandé pourquoi nous parlons des animaux dans notre définition de la

Illustration 1.2 *La variété et la complexité du comportement humain rendent la recherche psychologique stimulante. Comment expliqueriez-vous le comportement illustré ci-contre?*

psychologie. Vous serez sans doute étonné de découvrir qu'en tant que groupe, les psychologues s'intéressent aux lois naturelles qui régissent le comportement de toute créature vivante, du ver de terre à l'humain. En effet, les spécialistes de la **psychologie comparée** peuvent passer toute leur carrière à étudier les rats, les chats, les chiens, les tortues, les chimpanzés ou d'autres animaux (illustration 1.3). Les éthologues comparatifs étudient le comportement de différentes espèces dans le but d'en découvrir les similitudes et les différences. Lorsque les psychologues étudient les animaux, ils doivent éviter avec soin l'**erreur anthropomorphique**, qui consiste à attribuer aux animaux des pensées, des émotions et des motifs humains.

Question : Pourquoi est-il hasardeux d'attribuer des émotions ou des motifs aux animaux?

La tentation de supposer qu'un animal est fâché, jaloux, las ou coupable est forte, mais elle mène souvent à de fausses conclusions. Par exemple, supposons que j'observe les gorilles dans la nature (où la nourriture abonde) et que j'en conclus que par nature, les gorilles ne sont pas très gloutons. Par contre, enfermez deux gorilles affamés dans la même cage avec une banane. Vous vous retirez pour observer la scène, et en venez à la conclusion que les gorilles sont très gloutons. En fait, tout ce que nous avons observé est que la compétition pour la nourriture est liée à la quantité disponible. La notion de gloutonnerie humaine ne peut qu'obscurcir notre compréhension du comportement des gorilles.

Question : La psychologie comparée est-elle la seule à étudier les animaux?

Non. D'autres psychologues s'adonnant à la recherche utilisent les animaux à des fins d'expérience, généralement dans le but de découvrir des principes utiles à la résolution de problèmes humains. L'étude de sujets aussi divers que l'obésité, la mémoire, le stress, la psychose, la thérapie et le vieillissement a profité de la recherche animale. De plus, les animaux servent parfois de **modèles**, et fournissent ainsi la *seule* information disponible sur un sujet. Par exemple, ce que nous connaissons du cerveau nous vient en grande partie de la recherche animale.

La connaissance psychologique profite aussi aux animaux. Par exemple, la recherche sur le comportement a donné des moyens d'éviter de tuer certains animaux comme les coyotes, les corbeaux ou les chevreuils qui détruisent les récoltes ou le bétail. En outre, la sauvegarde des espèces en voie de disparition dans les zoos s'appuie sur la recherche de comportement, tout comme le dressage des chiens d'aveugles (Miller, 1985). Pour ces raisons, entre autres, les animaux font partie de la psychologie. En fait, un comité gouvernemental comprenant des défenseurs du bien-être des animaux a conclu qu'en psychologie, parfois, rien ne

peut remplacer la recherche animale menée selon des préceptes éthiques (Fisher, 1986).

Les buts de la psychologie

Qu'espèrent accomplir les psychologues? En général, la psychologie vise à **décrire, comprendre, prévoir et modifier** le comportement, et son but ultime consiste à amasser des connaissances au profit de l'humanité entière.

Que signifient ces buts en pratique? Supposons que nous désirons répondre aux questions suivantes : Qu'arrive-t-il à une personne qui subit des blessures à l'hémisphère droit du cerveau? Existe-t-il plus d'un type de mémoire? En quoi la créativité dans la solution de problèmes se distingue-t-elle de la pensée ordinaire? Les enfants atteints d'autisme se comportent-ils différemment en présence de leurs parents et d'autres adultes? La réponse à ces questions demande une **description** soignée du comportement, le but premier de la psychologie.

Question : Mais une description n'explique pas tout, n'est-ce pas?

C'est exact. Une description précise, ou l'appellation et la classification constituent le fondement de connaissances utiles. Mais les descriptions ne donnent pas le «pourquoi» des choses. *Pourquoi* plus de femmes tentent-elles de se suicider, et *pourquoi* plus d'hommes réussissent-ils? *Pourquoi* l'inconfort entraîne-t-il l'agression? *Pourquoi* les spectateurs refusent-ils souvent d'intervenir dans une situation d'urgence?

Le deuxième but de la psychologie, **comprendre** le comportement, est atteint, lorsque nous sommes en mesure d'*expliquer* pourquoi un événement se produit. Prenez la dernière question par exemple. La

Illustration 1.3 *Certaines recherches parmi les plus intéressantes sur les animaux portaient sur les tentatives d'apprendre à des primates à communiquer par le langage mimique. (Voir le chapitre 10 pour en savoir davantage.) Le risque d'anthropomorphisme à l'égard des animaux dans le cadre de ces recherches est très élevé.*

recherche sur «l'apathie du spectateur» a démontré que souvent une personne n'interviendra pas, s'il se trouve à proximité d'autres personnes qui peuvent le faire. Pourquoi? Parce qu'il se produit une «diffusion des responsabilités», si bien que personne ne se sent obligé de participer. En général, plus le nombre de personnes susceptibles d'aider est élevé, moins l'aide se concrétisera (Darley et Latane, 1968). Nous avons donc une explication à un problème qui nous rendait perplexes.

Le troisième but de la psychologie est de **prévoir**. Notez que l'explication de l'apathie du spectateur nous fournit des prédictions sur les chances d'obtenir de l'aide. Toute personne qui est déjà tombée en panne avec sa voiture sur une autoroute achalandée peut attester de l'exactitude de cette prédiction.

En psychologie, la prédiction est rarement aussi précise qu'en sciences pures, comme la chimie ou la physique. Les prédictions de comportement sont pourtant souvent très utiles. Par exemple, il avait été prédit avec exactitude que les étudiants dont les résultats sont très élevés à des épreuves d'anxiété obtiendraient de meilleures notes aux examens, si on leur prodiguait des conseils et du réconfort (Sarason, 1975). Par ailleurs, la recherche psychologique prédit que vous souffrirez moins du décalage horaire si vous volez en direction est en début de journée, et en direction ouest en fin de journée. (Pour savoir pourquoi, voir le chapitre 11.) La prédiction revêt une importance toute spéciale en **psychométrie**. Les spécialistes en cette matière se servent de nombreux tests pour prédire le succès à l'école, au travail ou dans une carrière.

Question : La description, l'explication et la prédiction semblent logiques, mais la modification est-elle un but valable de la psychologie?

La **modification** est un but souvent mal compris, probablement parce qu'elle semble représenter une atteinte à la liberté individuelle. Toutefois, la modification signifie seulement le changement des conditions qui influencent le comportement de façon prévisible. Par exemple, lorsqu'un psychologue propose des changements dans une classe afin d'aider les enfants à mieux apprendre, il exerce une modification. Si un psychologue se sert des principes du conditionnement pour aider une personne à vaincre la peur des hauteurs, il s'agit de modification. On parle également de modification lorsqu'on utilise les résultats des recherches sur le comportement dans la conception du tableau de bord d'un avion destiné à réduire les erreurs du pilote. De toute évidence, la psychologie peut fournir les moyens de modifier le comportement. Mais, comme c'est le cas dans d'autres domaines de la connaissance, les principes psychologiques doivent être utilisés avec sagesse et humanité (Kipnis, 1987).

En résumé, les buts de la psychologie représentent l'aboutissement de notre désir de comprendre le comportement. Pour les nombreux sujets traités en psychologie, les buts reviennent toujours aux questions suivantes :

- Quelle est la nature du comportement? (description)
- Pourquoi se produit-il? (explication)
- Pouvons-nous prévoir sa manifestation? (prédiction)
- Quels facteurs l'influencent? (modification)

Autotest

Afin d'améliorer la mémorisation du présent chapitre, voyez si vous pouvez répondre aux questions suivantes. Si vous en ratez une, revoyez la matière précédente avant de poursuivre, afin de vous assurer que vous comprenez ce que vous venez de lire.

1. La psychologie est l'étude _____ du _____ humain et animal.

2. L'information obtenue par l'observation directe et la mesure s'appelle la preuve _____.

3. L'erreur _____ consiste à attribuer des sentiments et des motifs humains à des animaux.

4. Laquelle des questions suivantes est la plus directement reliée à la compréhension du comportement?
   a. Les hommes et les femmes obtiennent-ils des résultats différents aux tests d'aptitudes à la réflexion?
   b. Pourquoi un coup sur la tête cause-t-il une perte de mémoire?
   c. La productivité d'un bureau augmente-t-elle, lorsqu'on diminue ou qu'on augmente la température de la pièce?
   d. Quel pourcentage des étudiants souffrent de l'angoisse des examens?

5. Toutes les sciences s'intéressent à la modification du phénomène qu'elles étudient. Vrai ou faux?

Réponses :

1. scientifique, comportement 2. empirique 3. anthropomorphique 4. b 5. faux (L'archéologie et l'astronomie sont des exemples de sciences qui ne partagent pas le quatrième but de la psychologie.)

Un bref historique de la courte histoire de la psychologie

La psychologie a un long passé, mais une courte histoire. Son passé remonte à des siècles parce qu'il comprend la **philosophie.** Mais l'histoire de la psychologie moderne ne date que de 100 ans. Du point de vue des sciences, la psychologie est la petite nouvelle : 9 des 10 personnes qui ont travaillé dans le domaine sont encore vivantes. Bien sûr, cette histoire n'est pas encore assez courte au goût de certains étudiants. Toutefois, les idées du passé de la psychologie sont toujours étroitement liées au présent. Pour comprendre où se situe la psychologie actuelle, examinons brièvement sa courte histoire.

Au laboratoire　L'histoire de la psychologie comme science a commencé en 1879 à Leipzig, en Allemagne. C'est là que le «père de la psychologie», **Wilhelm Wundt**, a créé le premier laboratoire de psychologie afin d'étudier *le phénomène de la conscience.* Il se demandait comment se forment les sensations, les images et les émotions. Dans le but de trouver réponse à ses questions, Wundt a observé et soigneusement mesuré les **stimuli*** de diverses natures (lumière, son, poids). Il a ensuite eu recours à l'**introspection**, ou «regard intérieur», pour examiner ses réactions. Wundt a baptisé cette approche **l'observation expérimentale de soi** (Blumenthal, 1979). Au cours des ans, il s'en est servi pour étudier la vision, l'ouïe, le goût, le toucher, le temps de réaction, la mémoire, les émotions, la notion du temps et bon nombre d'autres sujets.

L'observation expérimentale de soi était une habileté très développée, comparable à la dégustation de vin professionnelle. Les sujets de Wundt devaient s'exercer à au moins 10 000 observations, avant d'être en mesure de participer à une véritable expérimentation (Lieberman, 1979). En recourant à une observation et une mesure aussi minutieuses, la psychologie partait du bon pied.

Le structuralisme　Les idées de Wundt ont été exportées aux États-Unis par l'un de ses étudiants, un homme du nom de Edward B. Titchener. En Amérique, les idées de Wundt ont donné naissance au structuralisme, parce qu'elles traitaient de la structure de l'activité mentale. Le structuralisme visait à mettre au point un genre de «chimie mentale» en *analysant* le vécu après l'avoir divisé en «éléments» fondamentaux ou en «cubes de construction».

Question : Comment pouvaient-ils y arriver? On ne peut analyser le vécu comme un composé chimique, n'est-ce pas?

Peut-être pas, mais les structuralistes l'ont tenté, surtout par l'introspection. Selon cette approche, un sujet pouvait soupeser une pomme, puis décider qu'il ou elle avait fait l'expérience des éléments de «teinte», de «rondeur», et de «poids». Les structuralistes s'intéressaient à d'autres questions : quel mélange de goûts fondamentaux permet de créer des saveurs aussi différentes que le foie, la lime, le bacon ou le chocolat aux amandes grillées?

Il est bientôt devenu évident que l'introspection était un moyen insuffisant pour répondre à de nombreuses questions. Le plus grave problème consistait dans le *désaccord* qui régnait au sein des structuralistes. Et il n'y avait pas moyen de régler ces différends. Par exemple, lorsque deux chercheurs arrivaient à des listes différentes des sensations fondamentales du goût, qui pouvait déterminer lequel avait raison? Malgré ces limites, le «regard intérieur» joue encore un rôle en psychologie. L'étude de l'hypnose, de la méditation, des effets des drogues, de la résolution de problèmes et de nombreux autres sujets serait incomplète, si des sujets ne décrivaient pas leurs expériences personnelles.

Le fonctionnalisme　William James, psychologue américain, a élargi le champ de la psychologie en y ajoutant le comportement animal, l'expérience religieuse, le comportement anormal et une foule d'autres sujets intéressants (illustration 1.5).

Le terme **fonctionnalisme** vient de l'intérêt de comprendre comment l'esprit *fonctionne* pour nous adapter à l'environnement. Aux yeux de James, la conscience était un *flot* sans cesse changeant d'images et de sensations et non pas un ensemble de cubes sans vie comme le prétendaient les structuralistes.

Charles Darwin exerça une grande influence sur les fonctionnalistes. Selon lui, les créatures évoluent au moyen de la **sélection naturelle**, de façon à favoriser la survie de l'espèce. Par conséquent, les traits qui contribuent à l'adaptation des animaux à l'environnement sont retenus dans l'évolution. De la même façon, les fonctionnalistes désiraient trouver de quelle manière la pensée, la perception, les habitudes et les émotions contribuent à l'adaptation humaine. Bref, ils voulaient étudier l'esprit *à l'oeuvre.*

Question : Quel effet le fonctionnalisme a-t-il exercé sur la psychologie moderne?

Le fonctionnalisme a introduit l'étude des animaux en psychologie en liant l'adaptation animale à l'adaptation humaine. Il a aussi contribué à l'essor de la **psychologie de l'éducation**. Les fonctionnalistes ont découvert que l'apprentissage nous rend plus adaptables, et ils ont pressé les psychologues d'améliorer l'éducation. Aujourd'hui, les psychologues qui oeuvrent en éducation mettent au point des tests et exécutent des recherches sur la dynamique des classes,

---

* Stimulus : singulier; stimuli : pluriel.

les styles d'enseignement et l'apprentissage. Le fonctionnalisme a aussi donné lieu à la montée de la **psychologie industrielle**, spécialité qui étudie les personnes au travail.

Le behaviorisme : la psychologie stimulus-réponse

Le fonctionnalisme a vite été mis au défi par un nouveau modèle, le **behaviorisme**. Le behavioriste John B. Watson refusa de définir la psychologie comme l'étude de l'«esprit» ou de l'«expérience consciente» (illustration 1.6). Il considéra également que l'introspection n'était pas scientifique. Il se rendit compte qu'il pouvait étudier le comportement animal même s'il ne pouvait pas poser de questions aux animaux ou savoir ce qu'ils pensaient. Il a simplement observé la relation entre les **stimuli** (événements de l'environnement) et les **réponses** de l'animal. Il croyait pouvoir apporter la même objectivité à l'étude des humains. Watson a vite adopté la notion de **réaction à un stimulus conditionnel** mise au point par le physiologiste russe Ivan Pavlov pour expliquer la plupart des comportements. (Une réaction à un stimulus conditionnel est une réaction apprise à un stimulus donné.) L'enthousiasme de Watson pour le conditionnement était manifestement à son comble lorsqu'il déclara :

> *Donnez-moi une douzaine de bébés en santé, bien formés, et mon monde particulier où les élever et je garantis de pouvoir en choisir un au hasard et d'en faire le spécialiste de mon choix : médecin, avocat, artiste, commerçant et assurément, voleur ou mendiant. (Watson, 1913)*

Question : La majorité des psychologues seraient-ils d'accord avec l'énoncé de Watson?

De nos jours, la plupart le considéreraient sans doute comme une exagération. Il n'en demeure pas moins que le behaviorisme a influencé profondément la psychologie moderne. L'un des behavioristes modernes les plus connus, B. F. Skinner, a dit :

> *L'environnement est la matrice du comportement... Afin de comprendre le comportement humain, il faut tenir compte des effets de l'environnement sur un organisme avant et après la réponse de celui-ci. Le comportement se forme et se maintient selon ces réponses. (Skinner, 1971)*

On a critiqué Skinner aussi. L'importance qu'il accorde au comportement visible tend à exclure la pensée et l'expérience subjective. Certains observateurs ont conclu ironiquement que la psychologie de Skinner avait «perdu conscience». En dépit de ces critiques, la plupart des psychologues acceptent probablement l'idée que le comportement humain est grandement influencé par l'apprentissage.

Les behavioristes ont le mérite d'avoir découvert une grande partie de ce que nous savons de l'apprentissage, du conditionnement et de l'usage adéquat des récompenses et des punitions. La **modification dirigée du comportement** constitue une autre contribution valable du behaviorisme. On a fréquemment recours aux principes du conditionnement pour résoudre des problèmes comme la boulimie, les phobies et la mésadaptation infantile.

Question : Les premiers psychologues étaient-ils tous des hommes? Jusqu'ici, on ne fait mention d'aucune femme.

Les hommes dominaient en grande partie les sciences et l'éducation au tournant du siècle. Néanmoins, les femmes sont actives depuis le tout début de la psychologie. Le profil 1.1 donne des précisions.

La psychologie de la forme (Gestalt)

Supposons que vous venez d'entendre un air familier, «Frère Jacques»

Illustration 1.4
Wilhelm Wundt, 1832-1902.

Illustration 1.5
William James, 1842-1910

Illustration 1.6
John B. Watson, 1878-1958

PROFIL 1.1
Les femmes et la psychologie

On trouve bon nombre d'aïeux dans l'histoire de la psychologie, mais rarement y fait-on mention des femmes. Cette situation s'explique en grande partie par le fait que les hommes dominaient les milieux académiques à la fin des années 1800. En fait, on décourageait fortement les femmes d'entreprendre des études supérieures. Malgré tout, vers 1906, environ 1 psychologue sur 10 en Amérique était une femme. Qui étaient ces aïeules de la psychologie? Quelques-unes sont devenues célèbres dans le domaine : Mary Calkins, Christine Ladd-Franklin, Lilien Martin et Margaret Washburn.

En 1882, Christine Ladd-Franklin fut la première femme américaine à terminer les cours nécessaires à l'obtention d'un doctorat en psychologie. Toutefois, on ne lui accorda pas son diplôme parce qu'une politique de l'université interdisait les doctorats aux femmes. Margaret Washburn fut la première femme à qui l'on décerna un doctorat en psychologie, en 1894. Beaucoup d'autres femmes suivirent les traces de Mme Washburn au cours des quinze années subséquentes.

De nos jours, le nombre d'hommes et de femmes qui obtiennent un doctorat en psychologie est à peu près le même. (En 1984, il y avait en fait plus de femmes que d'hommes.) Et dans les dernières années, il y a beaucoup plus de femmes bachelières en psychologie que d'hommes. De toute évidence, la psychologie est devenue une profession partagée également par les hommes et les femmes. (Sources : Furumoto et Scarborough, 1986; Howard et autres, 1986.)

par exemple, exécuté sur un tuba. On joue ensuite le morceau sur un violon. Même si aucun des premiers sons n'est reproduit, on peut encore reconnaître la mélodie tant que la *relation* entre les notes demeure la même. Supposons maintenant que les notes originales sont jouées dans le bon ordre, mais au rythme d'une à l'heure. Qu'aurions-nous? Rien. Les notes séparées ne constitueraient plus une mélodie. Du point de vue de la perception, la mélodie représente plus que la somme de ses parties. Des observations de cette nature ont donné naissance à l'école de pensée de la **Gestalt** en psychologie.

Le mot allemand *Gestalt* signifie «forme», «dessin» ou «tout». Le psychologue allemand Max Wertheimer fut le premier à prôner le modèle de la Gestalt (illustration 1.7). Il affirma que c'était une erreur d'analyser les événements psychologiques en les séparant en pièces ou éléments comme le faisaient les structuralistes. Les Gestaltistes essayèrent plutôt d'étudier les expériences comme des *touts*. Leur devise était: «Le tout est davantage que la somme de ses parties.»

Comme dans le cas de la mélodie, beaucoup d'autres expériences résistent à l'analyse en pièces détachées. Pour cette raison, le point de vue de la Gestalt

influence encore l'étude de la perception et de la personnalité. La Gestalt a aussi donné naissance à un type de psychothérapie.

La psychologie psychanalytique   Au fur et à mesure que le courant psychologique devenait plus objectif, plus scientifique et plus expérimental, un médecin autrichien du nom de Sigmund Freud mit au point sa propre théorie du comportement. Freud s'appuya sur sa conviction voulant que l'activité mentale soit comme un iceberg : on n'en aperçoit qu'une partie. Selon lui, notre comportement est influencé par de vastes zones de pensées, d'impulsions et de désirs **inconscients** qu'on ne peut connaître directement. Cette notion apporta une dimension nouvelle non seulement à la psychologie, mais aussi à l'art, à la littérature et à l'histoire.

Freud a conçu une théorie selon laquelle de nombreuses pensées inconscientes sont menaçantes, parce que de nature sexuelle ou agressive. Elles sont donc *refoulées* (activement repoussées hors de la conscience). Mais parfois, dit-il, elles sont révélées à la faveur des rêves, des émotions ou des lapsus. (Les «lapsus freudiens» sont souvent comiques, comme le cas d'un étudiant en retard qui s'excuse en disant : «Je suis désolé de ne pas être arrivé plus tard.») Freud insistait aussi sur le fait que toutes les pensées, émotions et actions sont *déterminées* (rien n'est le fruit du hasard). Il mit en lumière l'importance de l'enfance dans le développement ultérieur de la personnalité («L'enfant est le père de l'homme»). Freud est encore plus connu peut-être pour avoir créé une méthode de psychothérapie appelée **psychanalyse**.

Freud n'a pas dominé la scène bien longtemps avant que certains de ses disciples, notamment Carl Jung, ne rompent avec lui. Ces psychologues mirent au point leurs propres théories et devinrent célèbres sous l'appellation de **néo-freudiens** (*néo* signifie nouveau). De nos jours, les idées de Freud ont été modifiées, révisées et adaptées tellement qu'il ne reste presque plus de psychologues strictement freudiens. Toutefois, l'héritage que nous a légué Freud est encore manifeste dans diverses approches **psychodynamiques** de la psychologie. Les théories psychodynamiques mettent l'accent sur l'interaction des forces internes de la personnalité.

La psychologie humaniste   Le modèle le plus récent de la psychologie s'appelle l'**humanisme**. On désigne parfois l'humanisme comme la «troisième force» de la psychologie. (La psychologie psychodynamique et le behaviorisme sont les deux premières.)

Question : Comment l'approche humaniste se distingue-t-elle des autres?

Les psychologues Carl Rogers et Abraham Maslow, parmi d'autres, ont mis au point l'approche humaniste pour contrer le négativisme qu'ils percevaient dans les autres théories. Les humanistes rejettent la notion freudienne voulant que la personnalité soit dominée par des forces inconscientes. Ils écartent également la notion behavioriste selon laquelle nous sommes dominés par l'environnement. Les deux visions présentent un fort courant sous-jacent de **déterminisme**, qui veut que le comportement soit déterminé par des forces indépendantes de notre volonté. Les humanistes prônent au contraire le **libre arbitre**, soit la capacité qu'ont les humains de faire des choix. Les humanistes admettent que les expériences passées affectent la personnalité. Cependant, ils croient aussi qu'une personne peut *choisir* de vivre une vie plus créatrice, significative et satisfaisante.

Les humanistes ont contribué à stimuler l'intérêt pour les besoins psychologiques que sont l'amour, l'estime de soi, l'appartenance, l'expression de soi et la créativité. Ces besoins, proclament-ils, sont aussi importants que nos besoins biologiques de nourriture et d'eau. Par exemple, des nouveau-nés privés d'amour humain et de chaleur émotionnelle peuvent tout aussi bien mourir que s'ils étaient privés de nourriture.

Question : Jusqu'à quel point l'approche humaniste est-elle scientifique?

Les humanistes recueillent des données et cherchent des preuves à l'appui de leurs idées, bien qu'ils soient moins enclins à considérer la psychologie comme une science objective du comportement. Ils mettent plutôt l'accent sur des facteurs *subjectifs* tels que l'image de soi, l'autoévaluation et le système de référence.

L'**image de soi** représente la perception globale que vous avez de vous-même, y compris l'image de votre corps, de votre personnalité et de vos talents. L'**autoévaluation** correspond aux émotions positives et négatives que vous entretenez à votre égard. La pers-

pective mentale et émotionnelle que vous utilisez pour juger les événements constitue votre **système de référence**. Comme vous pouvez le constater par ces termes, les humanistes cherchent à comprendre comment les personnes se perçoivent et comment elles perçoivent le monde.

Une caractéristique unique de l'approche humaniste consiste dans la description qu'a faite Maslow de la **réalisation de soi**. Celle-ci représente le besoin de développer ses capacités au maximum, de mener une vie pleine et utile, et de devenir la meilleure personne que l'on puisse être. Selon les humanistes, chacun présente cette aptitude, et ils croient pouvoir trouver des moyens de l'exploiter. (Pour un résumé des débuts de la psychologie, consultez le tableau 1.1.)

La psychologie actuelle   À une certaine époque, les écoles de pensée en psychologie étaient presque comme des partis politiques. La loyauté à chaque clan était féroce, et les conflits entre écoles abondaient. Aujourd'hui, les écoles de pensée traditionnelles sont remplacées par un creuset d'idées. Assurément, la loyauté et les spécialités continuent d'exister. Mais bon nombre de psychologues sont **éclectiques** (s'inspirant de nombreuses sources) et adoptent une variété de théories. Malgré tout, cinq perspectives importantes se dessinent en psychologie moderne. Ce sont les approches **behavioriste**, **humaniste** et **psychodynamique**, en plus des perspectives **cognitiviste** et **psychobiologique**, de plus en plus importantes (tableau 1.2).

La valeur de l'approche biologique dans la compréhension du comportement a beaucoup augmenté ces dernières années. Les **psychobiologistes** croient qu'éventuellement nous serons en mesure d'expliquer tout le comportement d'après les mécanismes physiologiques. Cet optimisme se fonde sur la connaissance nouvelle et passionnante du fonctionnement du cerveau et de la façon dont ce dernier est relié à la pensée,

Illustration 1.7
Max Wertheimer (1880-1941)

Illustration 1.8
Sigmund Freud (1856-1939)

Illustration 1.9
Abraham Maslow (1908-1970)

Tableau 1.1   *Les débuts de la psychologie*

ORIGINE APPROXIMATIVE	DATE	FAITS MARQUANTS
Psychologie expérimentale	1875	Premier cours de psychologie offert par William James
	1878	Premier doctorat en psychologie décerné aux États-Unis
	1879	Wilhelm Wundt établit le premier laboratoire de psychologie en Allemagne
	1883	Premier laboratoire de psychologie américain fondé à l'université John Hopkins
	1886	Premier manuel de psychologie publié par John Dewey
Structuralisme	1898	Edward Titchener met au point la psychologie fondée sur l'introspection
Fonctionnalisme	1890	James publie «Principes de psychologie»
	1892	Fondation de l'association américaine de psychologie
Psychologie psychanalytique	1895	Sigmund Freud publie ses premières études
	1900	Freud publie «L'interprétation des rêves»
Behaviorisme	1906	Ivan Pavlov présente ses recherches sur le conditionnement
	1913	John Watson présente la théorie behavioriste
Gestalt	1912	Max Wertheimer et d'autres présentent le modèle de la Gestalt
Néo-freudisme	1914	Carl Jung rompt avec Freud

Tableau 1.2   *Cinq façons de considérer le comportement*

Psychodynamique	Met l'accent sur les impulsions, les désirs et les conflits inconscients; considère le comportement comme le résultat de forces contradictoires de la personnalité; vision négative, pessimiste de la nature humaine.
Behavioriste	Insiste sur l'étude du comportement observable et les effets de l'apprentissage; souligne l'importance des punitions et des récompenses extérieures; vision neutre, scientifique et quelque peu mécanique de la nature humaine.
Humaniste	Se concentre sur l'expérience subjective, les problèmes, les aptitudes et les idéaux humains; met l'accent sur l'image et la réalisation de soi pour expliquer le comportement; vision positive, philosophique de la nature humaine.
Psychobiologique	Cherche à expliquer le comportement par l'activité cérébrale et le système nerveux, la physiologie, la génétique, le système endocrinien, la biochimie et l'évolution; vision neutre, réductrice et mécanique de la nature humaine.
Cognitiviste	Se préoccupe de la pensée, de la connaissance, de la perception, de la compréhension, de la mémoire, de la prise de décisions et du jugement; explique le comportement d'après le traitement de données; vision neutre, quelque peu informatique de la nature humaine.

aux émotions, à la perception, au comportement anormal et à d'autres questions importantes.

Une tendance semblable existe en **psychologie cognitiviste**. La *cognition* signifie la pensée ou la connaissance. Les psychologues cognitifs étudient les pensées, les attentes, le langage, la perception, la réso-

lution de problèmes, la conscience, la créativité et d'autres processus mentaux. On a négligé certaines de ces questions pendant tant d'années qu'on peut presque dire que la psychologie «vient de reprendre conscience». Des modèles informatiques de la pensée humaine ont joué un rôle important dans les récents progrès de la psychologie cognitiviste.

Quels que soient leurs penchants théoriques, les psychologues modernes préfèrent les faits et les principes qui ont passé l'épreuve de tests scientifiques rigoureux. Un peu plus loin, nous nous pencherons sur le travail des psychologues et préciserons certaines de leurs spécialités. Mais d'abord, voyons si vous pouvez faire correspondre entre eux les articles de l'autotest suivant.

Autotest

Trouvez l'élément correspondant :

1. _____ Philosophie

2. _____ Wundt

3. _____ Structuralisme

4. _____ Fonctionnalisme

5. _____ Behaviorisme

A. Opposé à l'analyse; étudie l'expérience complète

B. «Chimie mentale» et introspection

C. Met l'accent sur la réalisation de soi et la croissance personnelle

D. S'intéresse aux causes inconscientes du comportement

E. Donna naissance à la psychologie scolaire et industrielle

6. _____ Gestalt	**F.**	La première femme ayant obtenu un Ph. D. en psychologie
7. _____ Psychanalytique	**G.**	Étudia les stimuli et les réponses, le conditionnement
8. _____ Humaniste	**H.**	Fait partie du «long passé» de la psychologie
9. _____ Cognitiviste	**I.**	Se préoccupe de la pensée, du langage et de la résolution de problèmes
10. _____ Washburn	**J.**	Utilisa «l'observation expérimentale de soi»
11. _____ Psychobiologie	**K.**	Relie le comportement au cerveau, à la physiologie et à la génétique
	L.	Appelée aussi l'ergonomie

Réponses :

1. H 2. J 3. B 4. E 5. G 6. A 7. D 8. C 9. I 10. F 11. K

Les psychologues — garantis contre la réduction de tête

Question : Quelle est la différence entre un psychologue et un psychiatre?
Réponse : Environ 20 $ l'heure. (Et plus.)

On confond souvent les différences qui existent entre les psychologues, les psychiatres, les psychanalystes, les conseillers et autres professionnels de la santé mentale. Il serait inexact de les considérer tous comme des «réducteurs de têtes». Chaque titre reflète une formation et une spécialisation nettement distinctes.

Un **psychologue** détient habituellement une maîtrise ou un doctorat en psychologie. Ces diplômes nécessitent généralement une formation de 3ᵉ cycle en théorie psychologique et en méthodes de recherche. Selon leur intérêt, les psychologues peuvent enseigner, faire de la recherche, faire passer des tests de psychologie ou servir de conseillers dans le commerce, l'industrie, le gouvernement ou l'armée. (Cela s'applique aux psychiatres et aux psychanalystes aussi.) Les psychologues qui s'intéressent au traitement des problèmes émotionnels se spécialisent en **psychologie clinique ou de la consultation** (voir le tableau 1.3).

La psychologie de la consultation était jadis réservée aux problèmes qui ne comprenaient pas de troubles mentaux graves, comme l'adaptation au travail ou à l'école. Toutefois, ces dernières années, un nombre croissant de psychologues de la consultation se sont tournés vers la psychothérapie. Par conséquent, les différences entre la consultation et la psychologie clinique commencent à s'estomper (Fitzgerald et Osipow, 1986; Watkins et autres, 1986).

Pour embrasser la profession de psychologue de nos jours, vous jugeriez probablement utile d'obtenir un doctorat (Ph. D., D. Ps., ou D. Ed.), d'être autorisé ou d'avoir les compétences de l'emploi. La plupart des psychologues cliniques détiennent un Ph. D. ou un D. Ps. Ce dernier (doctorat en psychologie) est un nou-veau diplôme qui met l'accent sur les compétences cliniques pratiques plutôt que sur la recherche (McNett, 1982).

Tout comme les psychologues cliniques, les **psychiatres** s'intéressent aux problèmes humains, mais leur formation est différente. Un psychiatre est médecin. Après une formation de généraliste, les psychiatres se spécialisent en comportement anormal et en psychothérapie. Ils deviennent souvent des «médecins parlants» qui passent la majeure partie de leur temps à faire de la psychothérapie. La principale différence pratique entre les psychologues cliniques et les psychiatres est que ces derniers sont formés pour traiter les causes physiques des problèmes psychologiques. Dans la grande majorité des cas, ils le font en prescrivant des médicaments, ce qu'un psychologue ne peut faire.

Pour devenir **psychanalyste**, il faut porter une moustache, une barbiche et des lunettes, parler avec un accent allemand et disposer d'un divan moelleux, ou du moins, ce sont les clichés que nous proposent la télévision et le cinéma. En réalité, un psychanalyste doit détenir un M. D. ou un Ph. D., en plus d'une formation spécialisée dans la théorie et la pratique de la psychanalyse freudienne. Autrement dit, un médecin ou un psychologue peut devenir analyste s'il reçoit une formation plus complète. Les analystes doivent se faire psychanalyser avant d'appliquer la méthode aux autres.

Question : Utilise-t-on beaucoup la psychanalyse?

L'analyse freudienne traditionnelle est coûteuse en temps et en argent, ce qui tend à faire des psychanalystes une race de plus en plus rare. De nos jours, peu de psychiatres et de psychologues aux États-Unis ne deviennent analystes, et les clients sont encore moins nombreux. Dans la pratique, bon nombre de psychothérapeutes trouvent qu'une approche souple et éclectique est plus efficace.

Dans de nombreux États, des conseillers (comme des conseillers matrimoniaux ou familiaux, ou des conseillers scolaires et d'enfants) travaillent dans le domaine de la santé mentale. Un conseiller autorisé doit posséder une maîtrise et une expérience d'un an ou deux comme conseiller supervisé à plein temps. La formation de 3ᵉ cycle d'un conseiller est presque entièrement reliée à la pratique et très peu à la recherche.

Question : Les psychologues doivent-ils détenir un permis?

La profession de psychologue Avant que l'*American Psychological Association* (APA — l'association américaine de psychologie) n'exerce des pressions afin que les membres de la profession obtiennent des permis ou des certificats, presque n'importe qui pouvait se procurer un permis peu coûteux et s'afficher comme «psychologue» dans un grand nombre d'États.

Aujourd'hui, pour être appelée psychologue selon la loi, une personne doit se conformer à des normes d'éducation rigoureuses. Pour travailler comme conseiller de consultation ou clinique, il ou elle doit posséder un permis émis par un comité d'examen de

l'État. Toutefois, la loi ne peut vous empêcher de vous attribuer le titre de votre choix — thérapeute, moniteur de renaissance, libérateur d'émotion primale, équilibreur d'aura cosmique, masseur — ou de vendre vos services à un client prêt à payer. Faites attention à ceux qui se donnent de tels titres. Même si leurs intentions sont honorables, leur formation peut être limitée, voire inexistante. Un conseiller ou psychologue dûment formé et agréé qui choisit d'utiliser une forme particulière de thérapie n'est pas à confondre avec celui qui se dit «formé» à cette seule technique.

Malheureusement, la psychologie, comme la médecine, attire opportunistes et charlatans qui désirent tirer profit des craintes, des souffrances et des besoins humains. (Voir la section Exploration du présent chapitre.) Que se produit-il, lorsque les escapades de ces psychologues à la manque font la manchette ou qu'un parent ou ami subit une mauvaise expérience avec l'un d'entre eux? Souvent, on blâme les psycho–

Tableau 1.3 *Les types de psychologues et ce qu'ils font*

SPÉCIALITÉ		ACTIVITÉS TYPIQUES
Psychologue clinique et de consultation	A*	Fait de la psychothérapie et est conseiller personnel, aide à régler des problèmes émotionnels et de comportement, fait de la recherche sur les problèmes cliniques, contribue à la santé mentale de la collectivité.
Psychologue industriel	A	Fait la sélection des candidats à des postes, analyse les compétences, évalue la formation sur place améliore le milieu de travail et les relations humaines au sein des entreprises.
Psychopédagogue	A	Mène des recherches sur la dynamique des classes, les styles d'enseignement et les variables de l'apprentissage; met au point des tests d'aptitude aux études, évalue les programmes d'enseignement, agit comme conseiller scolaire.
Psychologue à la consommation	A	Effectue des recherches et des tests sur le conditionnement, la publicité et les méthodes de marketing; définit les caractéristiques des consommateurs et mène des sondages d'opinion.
Psychologue scolaire	A	Effectue des tests psychologiques, fait de la consultation d'orientation professionnelle et émotionnelle auprès des étudiants; détecte et traite les difficultés d'apprentissage, améliore la motivation et l'apprentissage en classe.
Psychologue du développement	A F	Effectue des recherches fondamentales et appliquées sur le développement de l'enfant, sur les tendances du développement adulte et sur le vieillissement; traite des enfants perturbés en clinique; agit comme consultant dans des programmes pré-scolaires, pour les personnes âgées, etc.
Ergonome	A	Fait de la recherche appliquée sur la conception de machines, de contrôles, d'avions ou d'automobiles dans les secteurs commercial, industriel et militaire.
Psychologue médical	A	Étudie la relation entre le stress, la personnalité et la maladie (crises cardiaques, tension artérielle élevée, ulcères); s'occupe de problèmes émotionnels liés à la maladie et à l'incapacité.
Psychologue de l'environnement	A F	Étudie les effets de la pollution par le bruit en milieu urbain, les foules, les attitudes à l'égard de l'environnement et l'utilisation que font les humains de l'espace; agit comme consultant dans la conception d'environnements industriels, d'écoles, de maisons de retraite et en matière d'architecture urbaine.
Psychologue de médecine légale	A	Étudie les problèmes reliés au crime et à la prévention de ce dernier les programmes de réadaptation en prison, la dynamique des tribunaux, la psychologie et le droit; fait la sélection des candidats aux services policiers.
Psychologue expérimental	F	Applique des méthodes de recherche scientifique à l'étude du comportement humain et animal; peut mener des recherches dans les domaines de la comparaison des comportements animaux, de l'apprentissage, de la sensation et la perception, de la personnalité, de la physiologie de la motivation et de l'émotion, du comportement social ou des mécanismes intellectuels.

* Recherche appliquée (A) ou fondamentale (F), ou les deux.

logues, et cela est vraiment malheureux. La majorité d'entre eux se font un point d'honneur de suivre un code déontologique établi par l'APA qui insiste d'abord sur un énoncé précis des compétences professionnelles, puis sur la nature confidentielle des renseignements personnels recueillis dans la pratique ou la recherche et, par-dessus tout, sur la protection du bien-être du client. L'APA encourage également les psychologues à fournir leurs services à quiconque les réclame, indépendamment des considérations sociales. Bien des psychologues traitent certains clients gratuitement, lorsque ces derniers sont incapables de les payer. Et bien d'autres travaillent bénévolement au sein de leur collectivité.

Comment devenir psychologue — faisons le compte des manières possibles

Question : Les psychologues font-ils tous de la thérapie et traitent-ils tous des comportements anormaux?

Non. Même combinées, la psychologie clinique et la psychologie de la consultation ne comptent que pour 50 % des activités des psychologues. On trouve les autres dans de nombreuses spécialités. L'APA se divise présentement en 45 secteurs, et chacun reflète un intérêt ou une aptitude spéciale. Le tableau 1.3 présente une liste des principales spécialités (voir aussi l'illustration 1.10). Environ un psychologue sur trois travaille au service d'un collège ou d'une université. Ils y enseignent ou y font de la recherche, de la consultation ou de la thérapie. Certains font de la **recherche fondamentale**, c'est-à-dire qu'ils recherchent la connaissance pour la connaissance. D'autres qui cherchent à faire un

usage immédiat de leurs découvertes font de la **recherche appliquée**. Bien sûr, certains font les deux.

Question : Quels genres de sujets un psychologue de recherche étudie-t-il à l'université?

Voici un relevé des sujets de recherche.

La psychologie du développement «Je m'intéresse au développement depuis la conception jusqu'à la mort. J'essaie de trouver comment les personnes évoluent et changent au cours des ans. Mes intérêts couvrent tous les âges de la vie, mais je m'intéresse particulièrement à la petite enfance. Mes collègues et moi-même sommes à la recherche des principes qui régissent le développement de l'aptitude à penser, à parler, à percevoir et à agir chez l'enfant. Grosso modo, je m'intéresse à la façon dont la personnalité et les talents de l'adulte prennent leur source dans l'enfance, mais ma recherche actuelle est plus limitée. J'étudie les effets de la stimulation de l'environnement sur le développement de l'intelligence.»

L'apprentissage «Je désire également savoir comment les personnes deviennent ce qu'elles sont, mais dans un sens beaucoup plus abstrait. Je crois que le comportement humain est en grande partie appris. À n'importe quelle époque, je définirais votre comportement comme étant le résultat de votre apprentissage personnel. En étudiant divers types d'apprentissage, de conditionnement et de mémoire chez les humains et les animaux, je contribue à édifier une théorie sur la façon dont l'apprentissage s'effectue et sur les facteurs qui l'influencent. Ma thèse de doctorat portait sur l'apprentissage par évitement. J'ai appris à des rats à abaisser une barre afin d'éviter de recevoir un choc électrique qui succédait à un signal

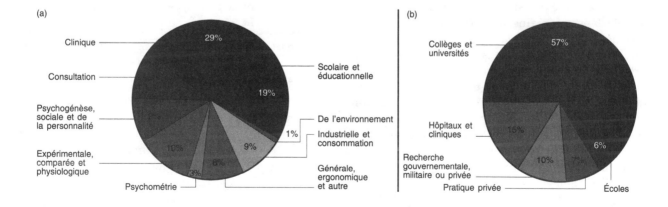

Illustration 1.10 *(a) Les spécialités de la psychologie. Les pourcentages sont approximatifs (de Howard et autres, 1986). (b) Les milieux de travail des psychologues (de Pion, 1986). Notez que la plupart des psychologues travaillent dans des domaines appliqués et dans des braches spécialisées.*

lumineux. À présent, j'étudie les effets des structures de renforcement sur les pigeons.»

La personnalité «À maints égards, mon domaine est à la fois le plus frustrant et le plus satisfaisant. Les théoriciens de la personnalité s'inspirent de toutes les découvertes de tous les domaines de la recherche en vue de créer une vue d'ensemble et une compréhension de la personnalité humaine la plus complète qui soit. Je m'intéresse à la structure et à la dynamique de la personnalité, de la motivation et des différences individuelles. J'étudie les profils de personnalité des étudiants qui obtiennent d'excellents résultats dans les tests de créativité.»

Sensation et perception «Comment arrivons-nous à connaître le monde? Comment l'information pénètre-t-elle dans notre système nerveux? Comment est-elle traitée et comment prend-elle sa structure et son sens? Voilà mes champs d'intérêt. Je m'appuie sur une théorie du traitement de l'information appelée détection de signaux pour étudier la perception visuelle des formes.»

La psychologie comparée «Je me suis toujours intéressé aux questions fondamentales du comportement animal. Je suis fasciné en particulier par les marsouins. Au cours des trois dernières années, j'ai étudié la capacité d'écholocation (mode d'orientation fondé sur le principe de l'écho) chez ces derniers. Nous avons effectué une foule de tests sous l'eau dans des piscines afin de définir les limites sensorielles de l'animal. Dans une étude typique, nous avons demandé à des marsouins dont les yeux étaient bandés de choisir entre différentes formes et surfaces. S'ils choisissaient les bonnes, nous les récompensions au moyen de nourriture. Leur capacité de discernement est prodigieuse.»

La psychophysiologie «Je me nourris du cerveau et du système nerveux... si je puis m'exprimer ainsi. Je travaille dans le domaine de la psychobiologie. Je crois que tous les domaines de la psychologie — l'apprentissage, la perception et même la personnalité et le comportement anormal — finiront par être expliqués par l'action des cellules nerveuses et des composés chimiques du cerveau. J'ai procédé à des recherches passionnantes sur le rôle que joue l'hypothalamus dans la faim. J'ai découvert qu'en enlevant une partie de l'hypothalamus du cerveau d'un rat, le rat s'empiffre et gagne du poids jusqu'à ce qu'il ressemble à un ballon gonflé. Et si j'enlève une partie de la région se trouvant à quelques millimètres à peine, le rat mourra de faim à moins d'être nourri de force.»

La psychologie sociale «J'étudie les personnes dans un groupe, ou dans toute situation où interviennent les facteurs sociaux. En général, la psychologie sociale s'intéresse aux attitudes, à l'influence sociale, aux émeutes, à la conformité, à la direction de groupe, au racisme, à l'amitié et à une foule d'autres sujets. Je m'intéresse particulièrement à l'attirance interpersonnelle. Je mets deux étrangers en présence dans la même pièce pendant une courte période et j'examine les facteurs qui affectent leur degré d'attirance l'un envers l'autre.»

Cet échantillonnage restreint devrait vous donner une idée de la diversité de la recherche psychologique. Il vous donne aussi un aperçu de la matière dont nous traiterons dans le présent ouvrage.

Les psychologues Gary VandenBos et Brenda Bryant nous fournissent un bon résumé de ce que nous avons abordé jusqu'ici :

> *Les psychologues sont des explorateurs et des découvreurs. Ils explorent les réactions des êtres humains aux petites frustrations et aux grandes réussites, aux couleurs agréables et aux suites d'une catastrophe, constamment en quête de réponses au comment et au pourquoi les personnes pensent, se sentent et se comportent comme elles le font... Le psychologue, sans égard à son lieu de travail, applique toujours le connu dans l'espoir de comprendre l'inconnu. Même si la question posée semble limitée, le psychologue cherche la réponse la plus vaste. (VandenBos et Bryant, 1987)*

Faire don de la psychologie — une initiation aux applications

Question : L'étude de la psychologie me sera-t-elle profitable personnellement?

Oui, et plus que vous ne l'imaginez. Le fait que les notions de la psychologie soient accessibles à chacun constitue une qualité spéciale. Comme le disait l'ancien président de l'APA, George Miller :

> *Les secrets de notre métier ne devraient pas être réservés aux grands spécialistes. L'information psychologique devrait être transmise librement à ceux qui en ont besoin et qui peuvent s'en servir. (Miller, 1969)*

En 1980, Miller pressait les psychologues de «faire don de la psychologie», et c'est exactement le but du présent ouvrage.

Afin de vous aider à tirer le meilleur parti possible de la psychologie, chaque chapitre comprend une section *Applications* comme celle qui suit. Ces sections présentent des idées que vous pouvez utiliser maintenant ou plus tard. Notre première section Applications vous indique comment la psychologie peut vous aider à mieux étudier, un sujet qui peut se révéler utile très bientôt.

Autotest

Vérifiez si vous pouvez répondre à ces questions avant de poursuivre.

1. Laquelle des personnes suivantes peut prescrire des médicaments?

   a. un psychologue *b.* un psychiatre *c.* un psychanalyste *d.* un conseiller

2. On appelle psychologue _____ celui ou celle qui se spécialise dans le traitement des perturbations affectives humaines.

3. Environ 40 pour 100 des psychologues se spécialisent en psychologie de la consultation. Vrai ou faux?

4. La recherche de la connaissance pour la connaissance constitue la recherche _____ .

Faites correspondre les domaines de la recherche avec les sujets appropriés.

5. _____ Psychologie du développement   A. Attitudes, groupes, direction de groupe

6. _____ Apprentissage   B. Conditionnement, mémoire

7. _____ Personnalité   C. Psychologie du droit

8. _____ Sensation et perception   D. Cerveau et système nerveux

9. _____ Psychophysiologie   E. Psychologie de l'enfant

10. _____ Psychologie sociale   F. Différences individuelles, motivation

11. _____ Psychologie comparée   G. Comportement animal

                                                H. Traitement de l'information sensorielle

12. Parmi les personnes suivantes, laquelle est la plus susceptible de détecter et de traiter les difficultés d'apprentissage?
    a. un psychologue à la consommation *b.* un psychologue de médecine légale *c.* un psychologue expérimental *d.* un psychologue scolaire

Réponses :

1. *b* 2. clinique ou de consultation 3. faux 4. fondamentale 5. E 6. B 7. F 8. H 9. D 10. A 11. G 12. *d*

Applications : la psychologie de l'étude

Aimez-vous apprendre? Trouvez-vous cela stimulant et satisfaisant ou pénible et affolant? Cette deuxième réaction est répandue même parmi les étudiants brillants à qui il manque les «outils du métier». Même si vous ne faites pas partie de ceux-là, vous pouvez améliorer vos aptitudes à l'étude. Aimeriez-vous en apprendre davantage en moins de temps? C'est fort possible si vous appliquez la méthode que nous vous présentons.

La méthode PQLRR — comment apprivoiser un manuel

Avez-vous déjà terminé une lecture obligatoire pour vous rendre compte que vous n'aviez presque rien retenu? Ce problème accable tous les étudiants. Heureusement, il existe une solution géniale. Il y a plus de 40 ans, l'éducateur Francis Robinson a mis au point une technique de lecture formidable qu'on appelle la **méthode PQLRR**. La méthode de Robinson constitue simplement une façon d'étudier en lisant. Les lettres P-Q-L-R-R désignent parcourir, questionner, lire, récapituler et réviser. Ces cinq étapes peuvent vous aider à comprendre les idées rapidement, à retenir mieux et à réviser efficacement en vue d'examens (Robinson, 1941).

P = Parcourir   Feuilletez un chapitre avant d'en commencer la lecture. Ne lisez que les en-têtes, les légendes des illustrations et les résumés. Cette étape devrait vous donner un aperçu de la matière.

Q = Questionner   Afin de concentrer votre attention sur ce que vous lisez, posez-vous des questions pour chaque en-tête. Par exemple, l'en-tête «Phases du sommeil» pourrait soulever les questions suivantes : «Existe-t-il plus d'une phase du sommeil? Quelles sont les phases du sommeil? En quoi sont-elles différentes?» Se poser des questions accroît l'intérêt, en plus d'aider à relier de nouvelles idées aux connaissances acquises, afin de mieux comprendre.

L = Lire   En lisant, essayez de répondre aux questions que vous avez formulées. Lisez par petites portions, d'un en-tête à l'autre, puis arrêtez-vous. (Si la matière est très difficile, vous ne voudrez peut-être lire qu'un paragraphe à la fois.)

R = Récapituler   Après avoir parcouru les en-têtes, vous devriez vous arrêter et récapituler, c'est-à-dire répondre silencieusement à vos questions. Ou mieux encore, résumez ce que vous avez lu dans de brèves notes. Si vous ne pouvez résumer les idées principales dans vos propres mots, retournez en arrière jusqu'à ce que vous soyez en mesure de le faire. Si vous ne pouvez vous souvenir de ce que vous avez lu, il ne sert à rien de poursuivre.

Après avoir lu une petite portion d'information, posez-vous des questions sur l'en-tête suivant. Puis lisez jusqu'à l'en-tête suivant. Cherchez réponse à vos questions en lisant et récapitulez avant de poursuivre. Répétez le cycle questionner-lire-récapituler jusqu'à la fin du chapitre.

R = Réviser   Après avoir terminé la lecture, parcourez le chapitre ou lisez vos notes. Puis vérifiez votre mémoire en récapitulant ou en vous posant des questions de nouveau. Mieux encore, trouvez quelqu'un qui vous pose des questions sur tous les sujets afin de voir si vous pouvez répondre dans vos propres mots.

Question : Cette méthode est-elle vraiment efficace?

Des expériences démontrent que l'utilisation de la méthode PQLRR améliore à la fois la compréhension et les notes (Boker, 1974; Driskell et Kelly, 1980). La lecture ininterrompue d'un chapitre peut souvent mener à une «indigestion» intellectuelle. Il est donc important de s'arrêter, de s'interroger, de récapituler, de réviser et d'assimiler l'information.

Comment se servir de ce texte   Si vous pratiquez la méthode PQLRR, vous pourrez l'appliquer à tous les ouvrages. Comme vous l'aurez sans doute deviné, nous avons incorporé les étapes de cette méthode au présent ouvrage pour vous aider à l'utiliser.

Chaque chapitre commence par un *Aperçu du chapitre*, auquel s'ajoute un petit encadré intitulé *Au présent chapitre*. Puis on trouve des *Questions d'ensemble* qui déterminent les points à surveiller au cours de la lecture. Vous pouvez vous servir de ces outils pour avoir une vue d'ensemble du chapitre. Toutefois, avant d'entreprendre la lecture, prenez une minute ou deux pour dresser votre propre vue d'ensemble du chapitre. Une fois la lecture commencée, les questions que vous trouverez dans le texte vous aideront à clarifier les idées et à vous concentrer. La recherche démontre que cette façon de procéder améliore l'apprentissage et la mémoire (Boker, 1974; Melton, 1978).

Toutes les trois ou quatre pages, l'*Autotest* vous permet de récapituler en vérifiant votre mémorisation des points importants. (Une fois de

Applications

plus, il est préférable de prendre des notes et de récapituler par vous-même.) Si vous ne disposez que de 15 ou 20 minutes pour étudier entre les cours, ou si vous préférez découper les chapitres en sections plus courtes, les autotests constituent de bonnes divisions. Vers la fin de chaque chapitre se trouve une section *Applications*, comme la présente, remplie d'information pratique. Puis, pour étendre vos connaissances, une courte section *Exploration* relate un sujet intéressant qui se rapporte au chapitre.

Enfin, un *Résumé du chapitre* reprend les idées clés du chapitre pour vous aider à la révision finale.

Au cours de la lecture, vous verrez que les nouveaux termes sont définis à leur première apparition dans le texte. Les termes clés apparaissent en **caractères gras**. Comme outil supplémentaire, un **glossaire**, ou mini-dictionnaire, apparaît aussi à la fin du présent ouvrage. Prenez quelques instants pour y jeter un coup d'oeil .

Dans l'ensemble, ces outils devraient rendre l'étude de la psychologie agréable et efficace, mais vous pouvez accomplir davantage par vous-même.

La prise de notes efficace — bons élèves, à vos notes!

Question : La méthode PQLRR est peut-être bonne pour la lecture, mais qu'en est-il de la prise de notes en classe, lorsqu'il est difficile de déterminer ce qui est important?

La prise de notes efficace demande une écoute active. Les **auditeurs actifs** savent comment maîtriser leur attention pour éviter la rêverie en classe. Voici un plan d'écoute et de prise de notes qui fonctionne pour bien des étudiants. Les étapes importantes sont résumées par les lettres **MISEN** (Carman et Adams, 1985).

M = Menez Ne suivez pas. Essayez de prévoir ce que va dire le professeur. Comme dans la méthode PQLRR, posez-vous des questions comme guides. Elles peuvent provenir du guide d'études du professeur ou des lectures obligatoires.

I = Idées Chaque lecture se fonde sur un noyau d'idées importantes. Habituellement, on présente une idée et on en donne des exemples ou des explications. Demandez-vous souvent : «Quelle est l'idée principale? Quelles idées l'appuient?»

S = Signaux Soyez attentifs aux mots qui vous indiquent la direction que prend le professeur. Par exemple, voici des groupes de mots qui constituent des signaux :

Voici trois raisons...	Voici des idées
Tout d'abord...	Idée principale
Au contraire...	Idée contraire
Par exemple...	Appui à l'idée principale
Donc...	Conclusion

E = Écoute active Asseyez-vous là où vous entendez bien et où vous pouvez être vu, si vous avez une question à poser. Regardez le professeur, lorsqu'il ou elle parle. Apportez les questions qui ont surgi lors du dernier cours ou de la dernière lecture. Levez la main au début du cours ou consultez le professeur avant. Faites tout ce qui peut vous garder actif.

N = Notez En écoutant, n'écrivez que les points clés. Écoutez tout, mais soyez sélectif et n'essayez pas de tout transcrire. Si vous êtes trop occupé à écrire, il se peut que vous ne saisissiez pas ce qui se dit. Vous pouvez remédier aux lacunes dans vos notes immédiatement après le cours.

Une autre chose que vous devriez savoir : une étude révélatrice (Palkovitz et Lore, 1980) a démontré que la plupart des étudiants prennent d'assez bonnes notes, mais qu'ils ne s'en servent pas! La plupart des étudiants attendent la veille des examens pour revoir leurs notes. À ce moment, les notes ont perdu beaucoup de leur signification. Cette pratique peut expliquer pourquoi les étudiants ont des résultats médiocres lors des examens (Thielens, 1987). Si vous ne voulez pas que vos notes aient l'air d'hiéroglyphes ou de pattes de mouche, il est bon de les revoir *régulièrement*. Et rappelez-vous, chaque fois qu'il est important d'écouter, que les lettres MISEN constituent un bon guide.

Les habitudes d'étude — évitez l'angoisse de la dernière minute

Il est important de se rendre compte que tout sujet suscite l'intérêt de quelqu'un, quelque part. Bien que je ne sois peut-être pas intéressé à la vie sexuelle de la rainette d'Amérique du Sud, un biologiste peut être fasciné par le sujet. Si vous attendez que le professeur rende son cours intéressant, vous êtes à côté de la question. L'intérêt est une question *d'attitude*. Les étudiants et les professeurs *de concert* font qu'un cours est satisfaisant. Blâmer les circonstances

Applications

pour des résultats médiocres au collège constitue une grave erreur. Les étudiants qui croient que le succès repose sur l'effort et la motivation ont de meilleurs résultats à long terme (Noel et autres, 1987).

En gardant ce qui précède à l'esprit, voyons ce que vous pouvez faire pour améliorer vos habitudes d'étude.

Étudiez dans un endroit précis Il va sans dire que vous devriez étudier dans un endroit tranquille et bien éclairé, à l'abri des distractions. Si possible, vous devriez aussi disposer d'un endroit où vous ne faites qu'étudier. Ne faites rien d'autre à cet endroit : gardez les revues, les radios, les amis, les animaux, les affiches, les jeux, les casse-têtes, la nourriture, les amoureux, les voitures sport, les éléphants, les pianos, les téléviseurs et autres distractions hors de ce lieu. De cette façon, l'étude deviendra fortement liée à un lieu précis (Beneke et Harris, 1972). Puis, plutôt que de vous forcer à l'étude, il suffit d'aller dans votre lieu d'étude. Une fois rendu, vous constaterez qu'il est relativement facile de commencer.

Espacez vos séances d'étude Il est sage de réviser intensément avant un examen. Toutefois, si vous apprenez une matière pour la première fois («bourrage de crâne»), vous vous attirez des ennuis. La recherche suggère qu'espacer la pratique est une façon plus efficace d'étudier. Une pratique espacée consiste dans un grand nombre de courtes séances d'étude plutôt que dans une ou deux séances très longues. (Il est bon de se rappeler que si vous avez «concentré» votre étude, vous l'avez probablement ratée.)

Le «bourrage de crâne» met la mémoire en péril. Il est nettement préférable d'apprendre de petites doses chaque jour et de les réviser souvent. Il est aussi recommandé de vous récompenser après chaque séance d'étude, pour vous motiver entre les examens.

Essayez les moyens mnémotechniques Les étudiants se plaignent parfois d'avoir à mémoriser. Mais le savoir doit bien commencer quelque part, et la mémorisation constitue souvent la première étape. Les psychologues savent très bien maintenant comment améliorer la mémoire. Puisque la plupart de ces moyens sont résumés au chapitre 9, n'examinons ici qu'une seule technique.

Une **mnémonique** est un aide-mémoire. La plupart des moyens mnémotechniques relient l'information nouvelle à des idées ou des images dont on se souvient facilement. Par exemple, pour se souvenir des premières écoles de psychologie (structuralisme, fonctionnalisme, behaviorisme, Gestalt, psychanalyse et humanisme), il peut être utile de former une phrase comme celle-ci : «Sourire fait le bonheur, grogna le petit homme.» Aussi idiot que cela puisse sembler, elle pourrait vous fournir les indices manquants lors d'un examen. Supposons maintenant que vous voulez vous rappeler que le mot canard en espagnol est *pato*. Comme moyen mnémotechnique, vous pouvez penser à un canard enchaîné à un poteau (Pressley et autres, 1980).

Évidemment, il existe de nombreuses façons de créer des mnémoniques. Si vous désirez en savoir davantage, consultez le chapitre 9.

Vérifiez vos connaissances Bien des étudiants ignorent l'une des meilleures façons d'améliorer leurs notes. En étudiant, vous pouvez faire en sorte de passer quelques examens de pratique avant l'examen réel en classe. Autrement dit, une séance d'étude devrait comprendre un autotest au moyen de cartes, d'un guide d'étude ou de questions que vous vous posez. Demandez-vous autant de questions que possible en étudiant et assurez-vous d'être en mesure d'y répondre. Étudier sans vérifier équivaut à jouer une partie de basket-ball sans tirer un seul panier.

Le surapprentissage Il est important de garder autre chose à l'esprit : beaucoup d'étudiants se *préparent insuffisamment* aux examens, et la plupart *présument* de leurs bons résultats (Murray, 1980). Une solution à ces deux problèmes consiste dans le surapprentissage. Pour surapprendre, il faut continuer à étudier au-delà de la maîtrise d'un sujet. Cela exige que vous accordiez du temps additionnel à l'étude et à la révision après vous être assuré d'être prêt pour un examen. Voici une autre raison de surapprendre.

Les dangers du choix multiple

On alloua 15 minutes à des étudiants d'un collège pour qu'ils étudient un passage sur les droits de l'homme. On leur dit aussi de s'attendre à un examen sans en préciser le type (composition écrite, choix multiple, de mémoire, ou autre). En fait, tous les étudiants eurent droit au même

Applications

examen qui comprenait des choix multiples et des questions objectives. Ceux qui s'attendaient à des questions à choix multiple eurent les résultats les plus faibles, même dans la section des choix multiples (Foos et Clark, 1984).

Avant les examens, les étudiants demandent souvent : «Est-ce que ce sera une composition écrite ou un choix multiple?» Mais comme le démontre l'expérience, il est préférable de présumer que tous les examens seront des compositions. Ainsi, vous retiendrez mieux la matière et serez vraiment au fait au moment de l'examen.

Question : Toutes ces techniques d'étude sont brillantes. Mais que faire au sujet de la procrastination?

La procrastination

La tendance à la procrastination est presque universelle parmi les étudiants de niveau collégial. (Lorsque des ateliers sur le sujet sont offerts, bien des étudiants ne s'inscrivent pas à temps!) Même si elle ne mène pas automatiquement à l'échec, la procrastination peut causer de nombreux problèmes. Les personnes qui remettent tout au lendemain ne travaillent que sous la pression, manquent des cours, mentent pour justifier leur retard à remettre des travaux et ont honte de leurs efforts de dernière minute (Burka et Yuen, 1983).

Question : Pourquoi tant d'étudiants remettent-ils tout au lendemain?

Il est tout à fait naturel de remettre à plus tard les travaux à long terme, à l'école ou ailleurs. Toutefois, il existe d'autres raisons à la procrastination des étudiants. Les psychologues Jane Burka et Lenora Yuen ont observé qu'un grand nombre d'étudiants semblent confondre leur rendement scolaire avec leur *valeur personnelle*. En remettant au lendemain, ils peuvent justifier leur rendement médiocre par un début tardif plutôt que par un manque de talent.

Le perfectionnisme est relié à ce problème. Si vos attentes envers vous-même sont très élevées, il se peut que vous ayez de la difficulté à commencer un travail. Les étudiants qui se fixent des critères élevés exigent l'impossible d'eux-mêmes et aboutissent avec des habitudes de travail extrêmes, du tout ou rien (Burka et Yuen, 1983).

La gestion du temps   À l'université de Californie, à Berkeley, Burka et Yuen dirigent un programme des-

tiné aux personnes qui remettent tout au lendemain. Selon elles, ces personnes doivent éventuellement faire face au conflit de leur valeur personnelle; elles peuvent cependant progresser en apprenant de meilleures habitudes d'étude et une gestion du temps plus efficace. Puisque nous avons déjà parlé des habitudes d'étude, examinons maintenant la gestion du temps.

Un **horaire systématique** peut contribuer à prévenir la procrastination et à maintenir la motivation à l'école. À cette fin, dressez un diagramme qui découpe toutes les heures de chaque journée de la semaine, puis remplissez les cases de temps déjà occupées par le sommeil, les repas, les cours, le travail, l'entraînement, les leçons, les rendez-vous, etc. Ensuite, remplissez les cases où vous prévoyez étudier pour différents cours et étiquetez-les. Enfin, gardez le temps qui reste pour vos loisirs.

Si vous respectez votre horaire, vous saurez que vous faites un effort honnête pour réussir en classe. En plus d'accomplir davantage, vous éviterez le piège d'avoir envie de jouer lorsque vous travaillez ou de vous sentir coupable de vous amuser au lieu de travailler. La clé de la gestion du temps consiste à prendre au sérieux votre engagement à l'étude, tout comme vous le faites pour les réunions ou le travail. Assurez-vous de respecter vos loisirs aussi, afin d'éviter le découragement ou la lassitude.

Nombre d'étudiants trouvent utile de se fixer des **buts précis** (Pintrich et McKeachie, 1987). Si vous éprouvez des difficultés à garder votre motivation, il est bon de vous fixer des buts pour le semestre, la semaine, la journée, voire les séances d'étude. Soyez réaliste en établissant vos objectifs, mais ne vous sous-estimez pas non plus.

Les examens — êtes-vous aguerri?

Question : Si j'ai bien lu et étudié, puis-je faire quelque chose de plus pour améliorer mes résultats?

Apprendre ne constitue qu'une première étape. Vous devez ensuite être en mesure de montrer ce que vous savez dans un examen. Voici quelques lignes directrices qui vous aideront à améliorer vos aptitudes aux examens.

Les tests objectifs   Les tests objectifs (choix multiple et questions de vrai ou faux) vérifient votre aptitude à reconnaître un énoncé vrai parmi de

Applications

fausses réponses ou une vérité contre une fausseté. Si vous devez passer un test objectif, essayez ceci :

1. Lisez attentivement les directives; elles peuvent vous donner de bons conseils ou des indices pour le test. Si elles ne sont pas claires, demandez des précisions au professeur.

2. Lisez tous les choix de chaque question avant de prendre une décision. Si vous croyez immédiatement que a constitue la bonne réponse, et que vous arrêtez de lire, vous pouvez manquer le dernier choix comme «a et b» qui répond mieux à la question.

3. Lisez rapidement et sautez les questions dont vous n'êtes pas certain. Les questions ultérieures peuvent vous fournir des renseignements qui vous aideront à répondre aux questions plus difficiles. Revenez aux questions escamotées, s'il reste du temps.

4. Éliminez certaines solutions. Dans un test de choix multiple qui propose quatre réponses par question, vous avez une chance sur quatre d'avoir raison. Si vous pouvez éliminer deux choix, vos chances augmentent à 50-50.

5. À moins qu'il n'y ait une pénalité pour avoir deviné, répondez à toutes les questions. Même si vous n'êtes pas certain d'une réponse, il se peut que vous ayez raison. Si vous évitez une question, vous avez automatiquement une mauvaise réponse. Lorsque vous devez deviner, ne commettez pas l'erreur de choisir la réponse la plus longue ou la lettre dont vous vous êtes le moins servi. Ces deux stratégies donnent de moins bons résultats que les réponses choisies purement au hasard (Shatz, 1986).

6. L'adage dit : «Ne changez pas d'idée dans un test de choix multiple. Le premier choix est habituellement le bon.» Une étude attentive a démontré que cela était faux. Si vous changez de réponse, vous avez plus de chances de gagner des points que d'en perdre (Benjamin et autres, 1984), à plus forte raison lorsque vous doutez fortement de votre première réponse. (Dans le doute, efface-la!) Lorsque vos doutes pèsent lourd, la deuxième réponse est probablement la bonne (Johnson, 1975). En fait, même si vous n'avez qu'à moitié confiance en votre nouvelle réponse, vous gagnerez probablement au change (Ramsey et autres, 1987).

Les compositions écrites   Celles-ci constituent le point faible des étudiants qui manquent d'organisation, qui sont incapables d'appuyer leurs idées ou qui passent à côté de la question. Lors d'une composition écrite, essayez ceci :

1. Lisez attentivement la question. Assurez-vous de noter les mots clés, tels que comparez, différenciez, discutez, évaluez, analysez et décrivez. Ces mots indiquent tous l'angle que doit explorer votre réponse.

2. Pensez à votre réponse avant de commencer à écrire. Il est bon de dresser une liste des idées que vous voulez faire valoir. Faites-en une liste au fur et à mesure qu'elles se présentent à votre esprit. Puis réarrangez-les dans l'ordre où vous voulez les écrire.

3. Ne faites pas de détours et n'étoffez pas votre réponse. Soyez direct. Présentez une idée et développez-la. Traduisez votre liste d'idées en mots.

4. Révisez votre essai afin d'y déceler les fautes d'orthographe, de syntaxe et de grammaire. Réservez cet exercice pour la fin. Vos idées importent d'abord. Vous pouvez travailler à votre orthographe et à votre grammaire à un autre moment, si elles affectent vos résultats.

Un dernier mot   Dans la philosophie Zen, on fait la différence entre les «mots vivants» et les «mots morts». Les vivants proviennent de l'expérience personnelle, tandis que les morts parlent d'un sujet. Le présent ouvrage ne sera qu'une collection de mots morts sans votre apport personnel. Son but consiste à vous apprendre la psychologie, mais il ne peut le faire à votre place. Vous découvrirez un grand nombre d'idées utiles et stimulantes dans les prochaines pages. Pour les faire vôtres, vous devez décider d'apprendre *activement* autant que vous le pouvez. Les idées que nous vous présentons devraient vous donner un bon coup de pouce. Bonne chance!

Applications

Autotest

1. Les trois dernières lettres de la méthode PQLRR signifient : lire, récapituler et réviser. Vrai ou faux?

2. Lorsqu'ils utilisent la méthode MISEN, les étudiants essaient de prendre le plus de notes possible afin que celles-ci soient complètes. Vrai ou faux?

3. Les séances d'étude espacées donnent généralement des résultats supérieurs au bourrage de crâne. Vrai ou faux?

4. Selon de récentes recherches, il est presque toujours bon de garder sa première réponse lors d'un examen de choix multiple. Vrai ou faux?

5. La technique de surapprentissage consiste à continuer d'apprendre sur un sujet après l'avoir maîtrisé. Vrai ou faux?

6. La procrastination est reliée à la recherche de la perfection et à la confusion des résultats avec la valeur personnelle. Vrai ou faux?

Réponses :

1. vrai 2. faux 3. vrai 4. faux 5. vrai 6. vrai

Exploration : les pseudo-psychologies — paumes, planètes et personnalité

Les pseudo-psychologies sont des approches suspectes et sans fondement qui ressemblent à la psychologie. Nombre de pseudo-psychologies offrent un système complexe qui présente l'apparence d'une science mais qui est faux en réalité. (*Pseudo* signifie faux.) Contrairement à la vraie, les pseudo-psychologies ne se fondent pas sur l'observation empirique ni sur des tests scientifiques. Considérons d'abord les pseudo-psychologies les moins crédibles.

La chiromancie Celle-ci prétend que les lignes de la main révèlent la personnalité et l'avenir d'une personne. Les lignes plus ou moins longues, plus ou moins courbes et plus ou moins nettes sont censées prédire le destin, la fortune, la longévité, le travail et la santé. Il est déjà difficile de croire que les mains puissent révéler toute l'histoire d'un corps, mais il est inexcusable de faire fi de l'eau de vaisselle, du travail manuel ou de la lotion à mains. Malgré tout, les chiromanciens réussissent à extraire de l'argent à bien des personnes naïves.

La phrénologie Au cours du siècle dernier, un professeur d'anatomie allemand, Franz Gall, popularisa la théorie selon laquelle la forme du crâne révélait la personnalité. Les phrénologistes supposaient que certaines parties du cerveau responsables de diverses «facultés mentales» formaient des bosses sur la tête. En palpant ces bosses, les phrénologistes prétendaient pouvoir détecter les facultés d'une personne.

La phrénologie disparut rapidement, lorsqu'une meilleure compréhension du cerveau démontra qu'elle était impossible. Par exemple, la partie du cerveau responsable de l'ouïe était désignée sur les cartes de la phrénologie comme le

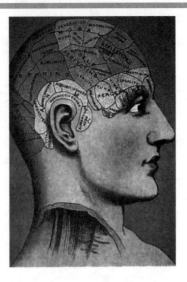

Illustration 1.11 *La phrénologie tentait de définir les caractéristiques de la personnalité en examinant les différentes parties du crâne. Les phrénologistes se servaient de cartes semblables à celle de l'illustration comme guides. Comme d'autres pseudo-psychologues, ils ne tentaient même pas de vérifier leurs idées selon les règles de l'empirisme.*

centre de la «combativité» et de la «destructivité».

La graphologie Les graphologues prétendent pouvoir repérer les traits de la personnalité et prévoir le rendement au travail grâce à l'écriture. La graphologie n'est pas très populaire aux États-Unis et pourtant, au moins 3 000 entreprises américaines se servent de l'analyse de l'écriture pour évaluer les candidats à des postes. En Europe, on se sert beaucoup de la graphologie dans le placement et l'avancement des employés. Pour les psychologues, cet usage est troublant, car des études démontrent que les graphologues échouent lamentablement aux tests de précision dans l'évaluation de la personnalité (Guilford, 1959). En fait, une étude rapporte que les graphologues n'ont pas mieux réussi que des étudiants sans formation à évaluer la personnalité et les chances de réussite dans la vente, à partir de

l'écriture d'un groupe de vendeurs (Rafaeli et Klimoski, 1983). Une autre étude récente démontre que les graphologues n'ont pas dépassé les probabilités du hasard dans la prévision de la profession de 40 personnes (Ben-Shakhar et autres, 1986).

Pourquoi les graphologues s'attirent-ils encore des adeptes? Sans aucun doute parce que nombre d'entreprises sont heureuses de déléguer aux graphologues la responsabilité de prendre des décisions importantes. Alors si un employé médiocre est embauché, le directeur du personnel peut toujours blâmer le graphologue. (À propos, il faut distinguer l'échec de la graphologie à définir la personnalité de son rôle précieux dans la détection des contrefaçons.)

Question : Puisque les pseudo-psychologies n'ont aucun fondement scientifique, comment arrivent-elles à survivre et pourquoi sont-elles si populaires?

Plusieurs raisons sont en cause, et une critique de l'astrologie peut les expliquer.

L'astrologie Elle constitue probablement la pseudo-psychologie la plus populaire. Les astrologues supposent que la position des étoiles et des planètes au moment de la naissance d'une personne détermine les traits de la personnalité et affecte le comportement. À l'instar d'autres pseudo-psychologies, l'astrologie ne présente aucun fondement scientifique (Jerome, 1975). Les objections à l'astrologie sont nombreuses et accablantes, comme le démontre ce qui suit.

Problèmes dans les étoiles

1. Le zodiaque s'est déplacé d'une constellation entière depuis l'avènement de l'astrologie. Toutefois, la plupart des astrologues ignorent ce changement. (Autrement dit, si l'as-

Exploration

trologie vous déclare Scorpion, vous êtes en réalité une Balance, etc.)

2.   Il n'existe aucun lien entre la soi-disant «compatibilité» des signes astrologiques des couples et les taux de mariage ou de divorce.

3.   Des études n'ont trouvé aucun lien entre les signes astrologiques et la personnalité de meneur, les caractéristiques physiques, le choix de carrière ou les traits de personnalité.

4.   L'action de la pesanteur exercée par le corps du médecin au moment de la naissance est plus importante que la force émanant des astres. Les astrologues n'ont pas réussi à expliquer pourquoi le moment de la naissance est plus important que celui de la conception.

5.   L'examen de plus de 3 000 prédictions d'astrologues célèbres a démontré qu'un minime pourcentage de ces prédictions s'avéraient justes.   Les prédictions «réussies» avaient tendance à rester vagues, comme par exemple : «Une tragédie aura lieu quelque part dans l'est des États-Unis au printemps», ou à être facilement déductibles à partir des événements de l'actualité. (Source : «Astrology and Astronomy», 1983; Culver et Ianna, 1979; Pasachoff, 1981; Randi, 1980.)

Bref, l'astrologie, c'est de la frime.

Question : Alors pourquoi semble-t-elle fonctionner si souvent?

L'acceptation dépourvue d'esprit critique   Si vous avez déjà fait dessiner votre carte du ciel, vous avez peut-être été impressionné par sa précision apparente.   L'étude attentive de nombreuses cartes démontre que ces dernières ne renferment la plupart du temps que des traits flatteurs. Bien sûr, lorsque votre personnalité est décrite de la façon *souhaitée*, il est difficile de nier le «ton de vérité» de la description. Mais l'astrologie s'attirerait-elle autant de ferveur, si les caractéristi-

ques d'un signe étaient présentées de la façon suivante :

Vierge : Vous êtes du type logique et détestez le désordre.   Votre minutie est insupportable pour vos amis. Vous êtes froid, impassible, et vous endormez régulièrement en faisant l'amour. Les Vierge constituent d'excellents butoirs de portes.

Les circonstances positives

Même lorsqu'une description astrologique d'une personnalité comporte du bon et du moins bon, celle-ci peut sembler exacte. Afin de savoir pourquoi, lisez les descriptions de personnalité suivantes.

Votre profil de personnalité

Vous avez énormément besoin de l'affection et de l'admiration d'autrui. Vous avez tendance à vous critiquer. Vous disposez d'une somme d'énergie inutilisée, que vous n'avez pas encore convertie à votre avantage. Bien que vous présentiez quelques faiblesses, vous êtes généralement en mesure de les compenser. L'adaptation sexuelle vous a causé quelques problèmes. Sous des dehors disciplinés et contenus, vous cachez un intérieur inquiet et anxieux. Parfois vous avez de sérieux doutes sur vos décisions ou vos actions. Vous préférez le changement et la variété en quantité raisonnable et devenez frustré lorsque coincé par les restrictions et les limites. Vous vous targuez d'être un libre penseur et n'acceptez pas d'opinion étrangère sans preuve satisfaisante. Vous avez découvert qu'il n'est pas sage de se mettre à nu devant autrui.   Parfois vous êtes extroverti, affable et sociable, alors que vous pouvez parfois être introverti, sur vos gardes et réservé. Certaines de vos aspirations ne sont pas très réalistes.*

S'agit-il d'une description de votre personnalité? Un psychologue a lu cette description sommaire indivi-

duellement à 79 étudiants de niveau collégial qui passaient un test de personnalité. Vingt-neuf d'entre eux ont déclaré qu'il s'agissait d'une «excellente» description de leur personnalité, 30 l'ont déclarée «bonne», 15 l'ont dite «moyenne» et 5 l'ont qualifiée de «médiocre».   Donc, seulement 5 étudiants sur 79 trouvaient que la description ne cernait pas leur personnalité adéquatement.

Relisez la description et vous constaterez qu'elle contient les deux côtés de plusieurs dimensions de la personnalité (parfois extroverti... parfois introverti...). Son exactitude apparente n'est qu'une illusion : celle des circonstances positives, selon laquelle une personne remarque et se rappelle les choses qui confirment ses attentes et oublie les autres. Les pseudo-psychologies jouent beaucoup sur cet effet. Par exemple, on peut toujours trouver les caractéristiques d'un Lion chez un Lion. Toutefois, on pourrait aussi trouver chez lui des caractéristiques du Gémeaux, du Scorpion, etc.

L'effet Barnum   P. T. Barnum, la célèbre vedette du cirque, avait une formule pour le succès : «Donnez toujours un petit quelque chose à chacun.»   Tout comme les descriptions de personnalité passe-partout, la chiromancie, la bonne aventure, l'horoscope et autres produits de la pseudo-psychologie, cette formule est exprimée en *termes généraux* pour correspondre à toutes les occasions. Il existe toujours «un petit quelque chose pour quelqu'un». Si vous en doutez, lisez pendant quelques jours les 12 horoscopes quotidiens qu'on trouve dans les journaux. Vous constaterez que les prédictions des autres signes conviennent tout aussi bien à votre propre signe.

* Reproduit avec la permission de l'auteur et de l'éditeur de «Student acceptance of generalized personality interpretations», R.E. Ulrich, T. J. Stachnik et N. R. Stainton, *Psychological Reports* 13, (1963) : 831-834.

Exploration

Question : Serait-ce parce que les horoscopes commerciaux ne tiennent pas compte du moment de naissance précis d'une personne?

S'ils le faisaient, ils ne seraient pas plus exacts, seulement plus convaincants. Au cours d'une expérience, on distribua des horoscopes uniformisés à des personnes. Certaines n'avaient donné que leur signe, d'autres, l'année, le mois et la date de leur naissance. On donna ensuite à tous la *même* description de personnalité. Il ressortit que ceux qui avaient fourni plus de renseignements jugèrent leur horoscope plus exact (Snyder et Schenkel, 1975). Donc, plus un diseur de bonne aventure, chiromancien ou astrologue fait preuve de supercherie, plus les résultats deviennent crédibles.

Comparez :

L'acceptation dépourvue de sens critique La tendance à ajouter foi à des descriptions de soi généralement positives ou flatteuses.

L'illusion des circonstances positives La tendance à se rappeler ou à remarquer uniquement l'information qui répond à nos attentes, et à oublier les différences.

L'effet Barnum La tendance à croire qu'une description personnelle est exacte si elle est formulée en termes très généraux.

Le mot de la fin La popularité de l'astrologie montre bien à quel point de nombreuses personnes ont de la difficulté à séparer la psychologie véritable des systèmes qui n'ont qu'une apparence de validité. La présente section visait donc à vous transformer en meilleur observateur critique du comportement humain et à distinguer ce qui relève de la psychologie ou non. Au chapitre 2, vous aurez l'occasion d'aiguiser votre sens critique à la faveur de l'inventaire des méthodes de recherche en psychologie. D'ici là, voici ce que les «astres» révèlent sur votre avenir :

L'accent porte présentement sur l'éducation et l'amélioration personnelle. Une expérience d'apprentissage qui vous suivra longtemps vous attend. Prenez vos responsabilités scolaires avant de vous adonner à la récréation. Cherchez de nouvelles possibilités. Le chiffre 2 occupe une place prépondérante dans votre avenir.

Autotest

1. La _____ est une théorie dépassée en vertu de laquelle la personnalité est révélée par le crâne. Elle fut popularisée par Franz _____ .

2. L'illusion des circonstances positives est reliée à la graphologie en tant qu'outil utile de détection de contrefaçons. Vrai ou faux?

3. Les descriptions de personnalité que donnent les pseudo-psychologies sont formulées en termes généraux qui réservent «un petit quelque chose à chacun». Ce fait constitue le fondement de :

   a. l'illusion de la chiromancie *b.* l'acceptation dépourvue d'esprit critique *c.* l'illusion des circonstances positives *d.* l'effet Barnum

4. Plus un astrologue dispose d'information précise sur le moment et le lieu de naissance d'une personne, plus ses descriptions de personnalité sont exactes. Vrai ou faux?

5. Plus un astrologue dispose d'information précise, plus l'horoscope qui en résulte est empirique. Vrai ou faux?

Réponses :

1. phrénologie, Gall 2. faux 3. *d* 4. faux 5. faux

Résumé du chapitre

■ La **psychologie** est l'étude scientifique du comportement humain et animal. Elle vise à décrire, à comprendre, à **prévoir** et à **modifier** le comportement.

■ Autant que possible, les psychologues recherchent une **preuve empirique** (objective et observable) fondée sur **l'observation scientifique**.

■ On ne peut répondre à toutes les questions psychologiques, généralement à cause de restrictions d'ordre éthique, pratique, technique ou méthodologique.

■ Les psychologues étudient les animaux de même que les humains, soit parce qu'ils s'intéressent aux animaux mêmes ou qu'ils s'en servent comme modèles du comportement humain. Un des dangers de l'étude des animaux consiste dans **l'erreur anthropomorphique**, c'est-à-dire la tendance à traiter les animaux comme s'ils possédaient des caractéristiques humaines.

■ La description exacte constitue l'un des buts de la psychologie, mais les psychologues cherchent aussi à comprendre et à développer l'aptitude à prévoir et à modifier le comportement. La modification consiste à changer des conditions qui affectent le comportement de façon prévisible.

■ L'histoire de la psychologie commence par la **philosophie**, une approche théorique de l'étude du comportement humain.

■ **Wilhelm Wundt** a mis sur pied le premier laboratoire de psychologie. Il a tenté d'appliquer des méthodes scientifiques à l'étude de la conscience.

■ La première école de pensée de la psychologie fut le **structuralisme**, un genre de «chimie mentale» fondée sur les idées de Wundt et la méthode de l'**introspection**.

■ Au structuralisme succédèrent le **fonctionnalisme**, le **behaviorisme** et la **Gestalt**. L'approche **psychanalytique**, qui met l'accent sur les déterminants inconscients du comportement, se constitua séparément. L'approche la plus récente consiste dans la psychologie **humaniste**.

■ On peut distinguer cinq courants de pensée principaux en psychologie moderne : le **behaviorisme**, l'**humanisme**, l'approche **psychodynamique**, la **psychobiologie** et la psychologie **cognitiviste**. Toutefois, on tend fortement à incorporer les meilleures idées de chaque courant.

■ Les **psychologues**, les **psychiatres**, les **psychanalystes** et les **conseillers** oeuvrent tous dans le domaine de la santé mentale, bien que leur formation et leurs méthodes diffèrent beaucoup.

■ Les psychologues **cliniciens** et **de consultation** qui font de la psychothérapie ne représentent qu'une des dizaines de spécialités de la psychologie. La psychologie **industrielle, de l'éducation, de la consommation, du développement, médicale, de l'environnement, psychométrique, expérimentale** et l'**ergonomie** constituent autant de domaines importants de spécialisation.

■ La recherche psychologique est soit **fondamentale**, soit **appliquée**. La psychologie comparée, l'apprentissage, la sensation et la perception, la personnalité, la physiologie, la motivation et l'émotion, la psychologie sociale, cognitiviste et du développement constituent des spécialités de recherche.

■ Les éléments de l'**étude efficace** comprennent la méthode PQLRR, l'écoute active et la prise de notes, une attitude positive envers l'apprentissage, l'utilisation d'un lieu destiné à l'étude, les pratiques espacées, les mnémoniques, l'autotest, le surapprentissage, la gestion du temps et le développement de l'habileté à passer des examens.

■ Il existe de nombreuses **pseudo-psychologies**. On les confond souvent avec la psychologie sérieuse. La croyance dans les pseudo-psychologies se fonde en partie sur l'**acceptation dépourvue d'esprit critique, l'illusion des circonstances positives** et l'**effet Barnum**.

Discussion

1. La psychologie tend au perfectionnement des choses que nous accomplissons quotidiennement. Pouvez-vous donner des exemples où vous avez cherché à décrire, à prévoir, à comprendre ou à modifier votre comportement? Croyez-vous que la modification du comportement soit un but acceptable de la psychologie? Étoffez votre réponse.

2. Les psychologues devraient-ils étudier les animaux? La plupart des personnes ont tendance à l'anthropomorphisme à l'égard de leurs animaux domestiques. Comment cela pourrait-il constituer un problème dans l'étude des animaux? À votre avis, peut-on apprendre des choses sur les humains en étudiant les animaux?

3. De quelles façons le milieu modifie-t-il votre comportement? Croyez-vous disposer du libre arbitre? Existe-t-il une façon de vérifier que votre «libre choix» est en réalité déterminé par votre passé?

4. Quelle idée vous faisiez-vous de la psychologie et des psychologues avant de lire le présent chapitre? Cette idée a-t-elle changé? Le portrait des psychologues que tracent la télévision et le cinéma est-il exact? Quelle spécialité de la psychologie vous intéresse le plus à l'heure actuelle?

5. Aujourd'hui, un grand nombre de non-médecins peuvent prescrire certains médicaments à certaines conditions, par exemple, les optométristes, les infirmiers généralistes et les assistants médicaux. À votre avis, devrait-on former les psychologues à prescrire des psychotropes (médicaments qui agissent sur le psychisme)?

6. Pouvez-vous citer des écoles de pensée que vous soupçonnez être en réalité des pseudo-psychologies? Que prétendent-ils? Pouvez-vous vous servir des explications de la section Exploration pour justifier l'attrait qu'ils exercent?

7. Revenez au questionnaire du début du présent chapitre. Pourquoi les énoncés sont-ils tous faux? Si vous le pouvez, expliquez-les.

8. Discutez des limites des termes et des «concepts psychologiques» suivants qui sont très répandus dans le langage populaire (qu'on pourrait qualifier de «psychojargon») : «Je sentais qu'on se rejoignait vraiment.» «Elle est vraiment correcte, tu sais, vraiment relaxe.» «Il faut que tu écoutes tes émotions et que tu t'abandonnes à ton vécu si tu ne veux pas être pogné.» «On se laisse beaucoup de place pour se réaliser soi-même.» «Je suis vraiment en contact avec mon intérieur.» «La plupart des problèmes sont dus à un manque total de dialogue.»

CHAPITRE 2
LES MÉTHODES DE RECHERCHE EN PSYCHOLOGIE

APERÇU DU CHAPITRE
DU SENS COMMUN À L'OBSERVATION DIRIGÉE

Voici un commentaire que l'on a souvent l'occasion d'entendre dans les collèges: «Je ne comprends pas pourquoi il prend la peine de suivre des cours de psychologie. La psychologie, c'est seulement le bon sens!» La psychologie n'est-elle que le sens commun? Ce dernier constitue-t-il une source d'information valable?

*Considérons certains **dictons de sens commun**. Supposons que votre grand-père est retourné aux études. Que dira-t-on? «Ah...il n'est jamais trop tard pour apprendre.» Et que dira-t-on, s'il se lasse et s'il abandonne? «On ne peut apprendre à un vieux singe à faire des grimaces.» Examinons un autre dicton. On entend souvent: «L'éloignement rapproche.» Ceux qui sont séparés de leurs amis ou de leurs amoureux peuvent y puiser consolation, jusqu'à ce qu'ils se souviennent de: «Loin des yeux, loin du coeur»! Une grande partie de ce qu'on considère être de sens commun est aussi vague qu'incohérent. Notez également que la plupart de ces énoncés d'A.S. (pour «avant la science», bien sûr) fonctionnent toujours mieux après que les faits se sont produits.*

Le sens commun n'est pas sans valeur; sans lui, nombre d'entre nous n'aurions pas survécu. Toutefois, il peut souvent nous empêcher de rechercher de meilleures explications ou la vérité. Albert Einstein aurait dit: «Le sens commun est la couche de préjugés déposée dans notre esprit avant l'âge de 18 ans.» À l'aube de la révolution scientifique, on s'esclaffait à l'idée que la terre est ronde. (Tous ceux qui pouvaient voir voyaient bien qu'elle ne l'était pas.) On a ri de Pasteur, lorsqu'il a suggéré que les micro-organismes causaient la maladie. (Comment des particules trop petites pour être visibles pouvaient-elles tuer un humain en santé?) Les idées scientifiques de cet ordre contredisaient le sens commun de l'époque. Aujourd'hui, on ne discute pas beaucoup les découvertes des sciences comme la chimie, la physique et la biologie. Mais nombreux sont ceux qui écartent encore la psychologie parce qu'elle ne relève que «du sens commun».

*Piquez-vous le doigt avec une épingle à chapeau: la sensation de douleur semble instantanée. On ne peut guère aller plus loin dans l'observation personnelle. Toutefois, au moyen d'**enregistreurs de courant électrique** qui mesurent les impulsions nerveuses, les psychologues ont découvert que ces dernières circulent à la vitesse maximale de 120 mètres à la seconde, ce qui représente le tiers de la vitesse du son. Cela* *est rapide, mais sûrement pas instantané. La douleur qui frappe le doigt met au moins un centième de seconde à atteindre le cerveau.*

Comme vous pouvez le constater, les psychologues se servent de mesures précises et de techniques de recherche spécialisées afin d'éviter les écueils du «sens commun». Leurs techniques constituent le sujet du présent chapitre.

Questions d'ensemble

- Comment les psychologues recueillent-ils l'information?

- Quels sont les avantages et les inconvénients de chaque méthode de recherche importante?

- Comment procède-t-on à une expérimentation?

- De quelle façon la méthode scientifique est-elle reliée à la pensée critique?

- Peut-on se fier à l'information que l'on trouve dans la littérature populaire?

- Quelles sont les questions morales soulevées par la recherche psychologique?

La méthode scientifique — un cheval peut-il compter?

Aux États-Unis, on trouve encore des personnes qui croient que la terre est plate. Pour les adeptes de cette théorie, la terre se présente sous forme de disque, le Pôle Nord se trouvant au centre et le Pôle Sud, en périphérie.

Question : Comment quelqu'un peut-il encore croire cela après avoir vu les photographies de la Terre prises par les astronautes?

Les fidèles de la théorie de la terre plate font valoir qu'à l'aide de jumelles, ils peuvent apercevoir la rive de l'autre côté des grands lacs; donc, la terre doit être plate. Ils disent également que lorsqu'une personne saute dans les airs pendant une seconde, elle ne retombe pas 300 kilomètres plus loin. Sûrement, disent-ils, ce fait prouve que la terre ne peut pas être un globe en rotation (McCain et Segal,1969).

Évidemment, les adeptes de cette théorie ont fait les mauvaises observations de la mauvaise façon et pour les mauvaises raisons — en *supposant* qu'ils s'intéressent à la vérité. De la même manière, les psychologues en quête d'information exacte doivent éviter le piège de la fausse observation. À cette fin, ils utilisent la **méthode scientifique**, qui se fonde sur l'accumulation de preuves solides et observables, la description et la mesure exactes, la définition précise et l'observation dirigée de résultats qu'on peut répéter. Idéalement, la méthode scientifique comporte cinq étapes:

1. **L'observation**
2. **La définition du problème**
3. **La formulation d'une hypothèse**
4. **L'expérimentation**
5. **L'élaboration d'une théorie**

Question : Qu'est-ce qu'une hypothèse?

Une **hypothèse** est une tentative d'explication d'un événement ou d'une observation. En termes simples,

Illustration 2.1 *L'application de la méthode scientifique à l'étude du comportement nécessite une observation minutieuse. Ici, un étudiant programme un ordinateur afin d'enregistrer les réactions d'un rat au cours d'une expérience d'apprentissage.*

une hypothèse est une intuition clairement énoncée et *vérifiable* ou une supposition éclairée au sujet des causes d'un comportement. Par exemple, en vous fondant sur vos propres observations, vous pouvez poser l'hypothèse selon laquelle la frustration engendre l'agression. Comment vérifierez-vous cette hypothèse? D'abord, il faut décider de la manière de frustrer les personnes (cette partie peut être amusante) puis, trouver une façon de mesurer les différences de niveau d'agressivité (moins drôle si vous prévoyez être à proximité). Vos plans servent de **définitions opérationnelles** de la frustration et de l'agression. Les définitions opérationnelles désignent les méthodes exactes utilisées dans la représentation d'une idée.

Les définitions opérationnelles sont importantes, car elles permettent de vérifier des notions abstraites dans la réalité. Il faut laisser le monde des idées pour en venir à des événements observables (illustration 2.2). Ainsi, à des fins d'observation, la frustration peut être définie comme «le fait d'empêcher un enfant de jouer avec son jouet préféré». L'agression peut être «le nombre de fois que l'enfant frappe un *punching-bag* miniature». Dans une autre étude, la définition opérationnelle de la frustration peut être «le fait d'interrompre un adulte avant qu'il ou elle n'achève un casse-tête, ce qui lui permettrait de gagner 100 $». Et l'agression, «le nombre de fois qu'une personne frustrée insulte la personne qui l'a empêchée de finir le casse-tête». En général, les idées deviennent plus utiles lorsqu'on réussit à les traduire dans des définitions opérationnelles.

On peut illustrer la formulation d'une hypothèse et l'exécution des autres étapes de la méthode scientifique par l'histoire de *Clever Hans* (Hans l'astucieux), un «cheval prodigieux» (Rosenthal, 1965). *Clever Hans* semblait être en mesure de résoudre des problèmes de mathématiques difficiles, auxquels il répondait en tapant de la patte. Si l'on demandait à Hans: «Que font 12 fois 2, moins 18?», il tapait le sol de sa patte

6 fois. Il était si étonnant qu'un scientifique perplexe décida de découvrir comment l'animal s'y prenait. Supposons que vous êtes ce scientifique et que vous mourez d'envie de savoir comment Hans réussit *réellement* ce tour.

Votre étude des dons mathématiques de Hans commencera probablement par une **observation** attentive à la fois du cheval et de son propriétaire, lorsque le premier démontre ses talents. Supposons que ces observations ne révèlent aucune tricherie. Alors, le *problème* se **définit** plus clairement: quels signaux indiquent à Hans de taper du sabot et de cesser? Votre première **hypothèse** peut être que le propriétaire donne un signal à Hans. Le test que vous proposez (une **expérimentation**, en quelque sorte) consiste à demander au propriétaire de quitter la pièce et à quelqu'un d'autre de poser des questions à Hans. Votre test confirmera ou démentira le rôle du propriétaire, et cela affirmera ou éliminera l'hypothèse d'une tricherie. En changeant les conditions d'observation de Hans, vous aurez **dirigé** la situation afin que vos observations vous lèguent plus d'information.

À propos, Hans était encore en mesure de répondre, lorsque son propriétaire avait quitté la pièce. Mais une série de brillantes observations ont dévoilé son secret. Si Hans ne voyait pas la personne qui l'interrogeait, il ne pouvait pas répondre. Il semble que les interrogateurs *baissaient toujours la tête* pour regarder la patte de Hans après avoir posé leur question. Cela constituait le signal de départ pour Hans, et lorsqu'il avait tapé le nombre exact, l'interrogateur *levait toujours la tête* pour vérifier si Hans allait cesser, et l'animal s'arrêtait automatiquement!

Question : Qu'en est-il de l'élaboration d'une théorie?
Puisque les talents mathématiques de Hans constituaient un cas isolé, aucune théorie ne fut nécessaire. Toutefois, dans la recherche réelle, l'élaboration de la théorie est très importante. Une **théorie** résume les

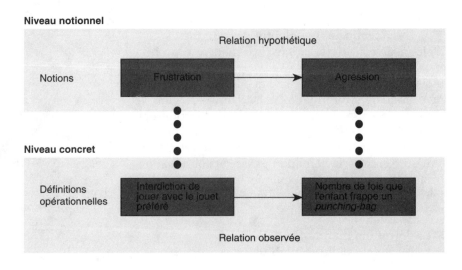

Illustration 2.2 *Les définitions opérationnelles servent à relier les idées aux observations concrètes. Croyez-vous que les exemples cités constituent des définitions opérationnelles de la frustration et de l'agression? Les définitions opérationnelles réussissent plus ou moins bien à représenter les notions. Pour cette raison, il faut parfois mener de nombreuses expériences différentes afin de tirer des conclusions précises sur les relations hypothétiques en psychologie.*

Niveau notionnel

Relation hypothétique

Notions

Frustration → Agression

Niveau concret

Définitions opérationnelles

Interdiction de jouer avec le jouet préféré → Nombre de fois que l'enfant frappe un *punching-bag*

Relation observée

résultats d'un grand nombre d'observations. Une théorie valable tient compte des données existantes, prévoit de nouvelles observations et sert de guide à la recherche ultérieure. Les théories de la mémoire, de la personnalité, de la maladie mentale, etc. sont les fruits de la recherche psychologique. Sans elles, les psychologues se noieraient dans une mer de faits sans lien.

Les méthodes de recherche Dans leur quête d'information exacte et de théories utiles, les psychologues étudient le comportement de maintes façons : ils l'observent dans son cadre naturel (**observation naturelle**), prennent des mesures afin de découvrir les liens entre les événements (**méthode corrélationnelle**), se servent de la technique efficace de l'expérimentation dirigée (**méthode expérimentale**), étudient les problèmes et les thérapies d'adaptation en milieu clinique (**méthode clinique**), et se servent de questionnaires et d'enquêtes afin de sonder de vastes groupes (**méthode des enquêtes**). Voyons maintenant comment chacune d'entre elles sert à approfondir les connaissances en psychologie.

L'observation naturelle — la psychologie sur le vif!

Plutôt que de se fier au hasard pour tomber sur un comportement intéressant, les psychologues peuvent opter pour l'**observation active** des sujets dans un **cadre naturel**. Les travaux de Jane Goodall représentent un bon exemple de ce type de recherche. Accompagnée de son équipe, elle se livre à l'observation des chimpanzés en Tanzanie depuis 1960. Un extrait de son ouvrage, *In the Shadow of Man* (Dans l'ombre de l'homme), décrit la passion qu'engendre une découverte scientifique :

> *En ajustant rapidement mes jumelles, je vis qu'il s'agissait d'un seul chimpanzé, et à ce moment précis, il se tourna vers moi... Il était accroupi près du monticule de terre rouge d'un nid de termites, et en l'observant, je le vis insérer soigneusement un long brin d'herbe dans un trou du monticule. Après un certain temps, il le retira et porta à sa bouche ce qui se trouvait à l'extrémité. J'étais trop éloignée pour voir ce qu'il mangeait, mais de toute évidence, il se servait du brin d'herbe comme outil (illustration 2.3, van Lawick-Goodall, 1971).*

Notez que l'observation naturelle n'offre qu'une *description* du comportement. Pour expliquer ce qui a été observé, il faut souvent plus d'information que l'on obtient par les autres méthodes de recherche. La découverte de Goodall a tout de même obligé de nombreux scientifiques à changer leur définition des humains. Auparavant, ces derniers étaient considérés comme les seuls animaux capables de fabriquer des outils.

Question : Dans les zoos, les chimpanzés se servent des objets comme outils. Cela ne démontre-t-il pas la même chose?

Illustration 2.3 *Un moment unique dans l'étude naturelle des chimpanzés menée par Jane Goodall. Un singe se sert d'un brin d'herbe pour extraire de la nourriture d'un nid de termites. (Photo du baron Hugo van Lawick. © National Geographic Society.)*

Pas nécessairement. L'un des avantages de l'observation naturelle découle du fait que les influences extérieures n'ont pas altéré le comportement. On ne peut affirmer que les chimpanzés se servent d'outils sans interférence humaine que lorsqu'on les observe dans leur milieu naturel.

Question : Mais la présence d'observateurs humains dans une colonie animale n'affecte-t-elle pas le comportement des animaux?

Les effets de l'observateur Oui. L'**effet de l'observateur** sur l'objet observé constitue l'un des problèmes majeurs des études naturelles. Très souvent, la présence d'un observateur peut changer le comportement de l'observé. Les naturalistes étudiant les colonies animales doivent soigneusement garder leur distance et résister à la tentation d'«apprivoiser» les animaux. De même, si vous vous intéressiez aux interactions entre professeur et étudiants, vous ne pourriez pas entrer tout simplement dans une classe et commencer à prendre des notes. La présence d'un étranger dans la pièce pourrait affecter à la fois les étudiants et le professeur. Autant que possible, on minimise ce problème en **cachant l'observateur**. Par exemple, Arnold Gesell et ses collègues (1940) ont observé de jeunes enfants à la maternelle à travers un miroir d'observation afin de découvrir à quel âge les enfants s'assoient, marchent, parlent, etc. pour la première fois.

Les **préjugés de l'observateur**, qui portent celui-ci à voir ce qu'il *s'attend* à voir ou à n'enregistrer que des détails choisis, constituent un autre problème. Dans le cadre d'une étude, on demanda à des enseignants de surveiller des élèves du niveau primaire (tous normaux) qu'on avait étiquetés comme des enfants en difficulté d'apprentissage, des déficients mentaux, des perturbés socio-affectifs ou des enfants normaux. Les évaluations des professeurs différèrent de façon marquée, selon les étiquettes données aux enfants (Foster et Ysseldyke, 1976). Les psychologues menant des études naturelles multiplient leurs efforts pour minimiser les préjugés de l'observateur en procédant à des **enregistrements minutieux**.

En dépit des problèmes, l'observation naturelle peut se révéler un trésor d'information et soulever de nombreuses questions d'intérêt (Sommer, 1977). Dans la plupart des recherches scientifiques, elle constitue un excellent point de départ.

Les études corrélationnelles — à la recherche de la relation parfaite

Supposons qu'un psychologue note un lien entre le QI des enfants et celui des parents, entre l'attraction physique et la popularité sociale, entre l'anxiété et les résultats aux examens, ou même entre le crime et les conditions météorologiques. Dans chaque cas, il existe une **corrélation** (c.-à-d. un lien ordonné) entre deux observations ou deux événements. Une **étude corrélationnelle** consiste à trouver le degré de corrélation, ou la relation, entre deux traits, comportements ou événements existants (Myers, 1980).

Contrairement à l'observation naturelle, on peut mener des études corrélationnelles aussi bien en laboratoire qu'en milieu naturel. D'abord, on mesure deux facteurs d'intérêt, puis on utilise une méthode statistique afin de trouver leur degré de corrélation. Par exemple, on pourrait établir la corrélation entre la moyenne d'heures de sommeil par nuit et les niveaux d'anxiété durant la journée. Si la corrélation est grande,

le nombre d'heures de sommeil permettrait de prévoir le niveau d'anxiété d'une personne. Inversement, le niveau d'anxiété permettrait de déterminer le nombre d'heures de sommeil dont la personne a besoin.

Question : Comment s'exprime le degré de corrélation?
On peut l'exprimer par un **coefficient de corrélation**. Il s'agit tout simplement d'un nombre qui se situe entre +1,00 et -1,00. Si le nombre est zéro ou près de zéro, il indique une relation faible ou inexistante. Par exemple, la corrélation entre la pointure des chaussures et l'intelligence est zéro. (Nos excuses à ceux qui chaussent du 12!) Si la corrélation se chiffre à +1,00, nous sommes en présence d'une **corrélation positive parfaite**; si le chiffre est -1,00, il s'agit d'une **corrélation négative parfaite**.

En psychologie, les corrélations sont rarement parfaites. La plupart se situent entre zéro et plus ou moins un. Plus le coefficient de corrélation se rapproche de + ou - 1,00, plus la relation est forte. Par exemple, des jumeaux identiques présenteront vraisemblablement des quotients intellectuels identiques. Au contraire, les QI des parents et de leurs enfants n'offrent que des similitudes générales. La corrélation entre les QI des parents et de leurs enfants se situe à 0,35; celle entre les jumeaux identiques, à 0,86.

Question : Que signifient les termes corrélation «positive» et «négative»?
Une corrélation positive indique que les augmentations d'une mesure correspondent à des augmentations dans l'autre (ou que des diminutions correspondent à d'autres diminutions). Par exemple, il y a une corrélation positive entre les résultats du cours secondaire et ceux du collège; les étudiants qui réussissent bien au secondaire ont tendance à réussir au collège (et vice-versa). Dans une corrélation négative, les *augmentations* de la première mesure sont associées à des *diminutions* de la seconde (illustration 2.4). Par exemple, on peut observer que plus la température est élevée, moins les animaux sont actifs dans un zoo (voir aussi le profil 2.1.)

Illustration 2.4 *Dans une corrélation négative, les augmentations d'une mesure correspondent aux diminutions de l'autre. Dans une corrélation positive, les augmentations d'une mesure correspondent à celles de l'autre.*

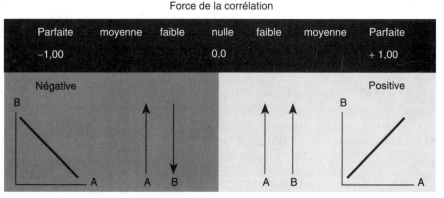

PROFIL 2.1
Les relations en psychologie

Les étudiants qui étudient davantage obtiennent-ils de meilleures notes? Afin de répondre à cette question, nous pourrions enregistrer le nombre d'heures passées à étudier par différents étudiants chaque semaine, puis faire correspondre les heures d'étude aux notes obtenues. Supposons que nous découvrons qu'un nombre réduit d'heures d'étude correspond à de faibles notes et qu'un grand nombre d'heures d'étude est lié à des notes élevées.

Le cas échéant, il s'agirait d'une **relation positive** entre l'étude et les notes. De la même façon, nous pourrions découvrir que les étudiants qui regardent beaucoup la télévision tous les jours ont tendance à obtenir des résultats moins élevés que ceux qui la regardent moins (on peut parler ici de l'effet bien connu du **zombie de la télévision**). Cette fois-ci, il s'agit d'une **relation négative**; c'est-à-dire qu'un nombre réduit d'heures d'écoute correspond à des notes élevées, et un nombre élevé d'heures d'écoute, à des notes inférieures. Évidemment, ce ne sont là que des hypothèses. Toutefois, lorsqu'on trouve des structures de la sorte dans la réalité, leur valeur est précieuse. Les relations résument une foule de données et permettent d'effectuer des prévisions.

Il est très utile de dessiner des graphiques de relations afin d'en clarifier la nature. Par exemple, l'illustration 2.5 montre les résultats d'une expérience sur la mémoire. Au préalable, les sujets apprirent des listes de 1 à 20 mots. La question était de savoir jusqu'à quel point ils pourraient se rappeler la dernière liste lue. Le graphique montre que lorsqu'il n'y eut aucune autre liste à mémoriser, 80 pour 100 des sujets se rappelèrent la liste qui faisait l'objet du test. Lorsqu'il y eut 3 listes à mémoriser, les résultats concernant la dernière chutèrent à 43 pour 100 (flèches pâles). Lorsque les sujets mémorisèrent 10 autres listes, les résultats passèrent à 22 pour 100 (flèches foncées). En général,

il existait une relation négative entre le nombre de listes et la mémorisation de la dernière liste. (On discute de la signification de cette découverte au chapitre 10. Pour l'instant, disons seulement que vous ne devriez pas tenter de mémoriser l'annuaire du téléphone avant un examen.)

Certains graphiques révèlent une **relation linéaire** (en ligne droite). D'autres sont **curvilignes**, c'est-à-dire qu'ils délimitent une ligne courbe, comme à l'illustration 2.5. Dans les deux cas, il n'est pas nécessaire que les relations soient parfaites pour être utiles. Supposons que nous choisissons 10 personnes au hasard, et que nous comparons ensuite le nombre d'années de scolarité avec le revenu de chaque personne à l'âge de 25 ans. Si nous obtenions des résultats semblables à ceux de l'illustration 2.6, nous aurions alors nettement une forte relation positive entre la scolarité et le revenu. Une structure semblable pourrait s'avérer très utile à un étudiant du cours collégial qui se demande s'il ira à l'université.

La section ombragée et la ligne de l'illustration 2.6 montrent que la relation est presque linéaire, mais imparfaite. (Si elle était parfaite, tous les points seraient sur la ligne foncée.) Le coefficient de corrélation (r) montre également que la relation est forte et positive, mais imparfaite. (Trouve-t-on souvent une relation parfaite?) Si la relation était parfaite, le coefficient serait 1,00.

En comparaison, l'illustration 2.7 présente des données encore plus hypothétiques. Supposons que le responsable de la cafétéria d'un collège enregistre la quantité de café vendue quotidiennement pendant dix jours, et qu'il note la température chaque jour. Notez de nouveau que la relation semble linéaire. Cependant, cette fois, elle est négative. Notez également que la section ombragée et le coefficient de corrélation indiquent tous deux une relation plus faible. Qu'à cela ne tienne, la corrélation entre la

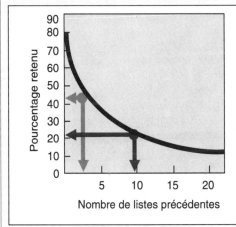

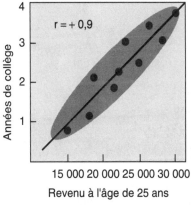

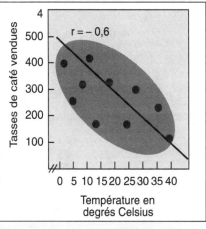

Illustration 2.5 *Les effets de l'interférence sur la mémoire. Graphique de la relation approximative entre le pourcentage retenu et le nombre de listes de mots mémorisées. (Adapté de Underwood, 1957)*

Illustration 2.6 *La relation entre le nombre d'années de scolarité et le revenu personnel (données hypothétiques).*

Illustration 2.7 *La relation entre la température de l'air et la quantité de café consommée (données hypothétiques).*

PROFIL 2.1
(suite)

température et la consommation de café peut aider quelqu'un à prévoir la quantité de café à préparer tous les matins. Sur un autre plan, les psychologues cherchent à définir les relations qui concernent la mémoire, la perception, le stress, le vieillissement, la thérapie et une foule de sujets semblables. Le présent ouvrage résume en grande partie bon nombre de ces relations.

Question : Cela démontre-t-il que la température cause des changements de niveau d'activité?

Selon toute vraisemblance, oui, mais nous ne pouvons en être sûrs sans d'abord procéder à une expérience. Les études corrélationnelles nous aident à découvrir des relations et à faire des prévisions utiles. Toutefois, la corrélation *ne démontre pas la causalité.* (Il existe une exception, mais elle nécessite des techniques statistiques dont la complexité dépasse le niveau du présent ouvrage.) Le seul fait qu'une chose *semble* reliée à une autre ne signifie pas qu'il existe entre elles un rapport de cause à effet. L'activité des animaux peut être influencée par des changements saisonniers de poids ou d'hormones, voire d'horaire des repas au zoo.

Voici un autre exemple où l'on confond la corrélation et la causalité : qu'en serait-il d'un psychologue qui découvrirait que ses patients schizophrènes présentent une certaine substance chimique dans leur sang qui ne se retrouve pas dans le sang des personnes normales? Cela prouverait-il que cette substance *cause* la schizophrénie? Une fois de plus, cela peut sembler exact, mais il se pourrait que la schizophrénie produise cette substance. Ou encore, la schizophrénie et la substance pourraient être causées par un troisième facteur. Le seul fait qu'une chose *semble* en causer une autre ne *confirme* pas qu'elle le fait. Ce fait se vérifie clairement dans le cas de relations manifestement non causales. Par exemple, il existe une corrélation entre le nombre d'églises dans les villes américaines et le nombre de bars : plus on compte d'églises, plus on trouve de bars. Cela signifie-t-il que la consommation d'alcool rend religieux? Ou que la religion donne soif? Bien sûr, personne ne sauterait à de telles conclusions de cause à effet dans ce cas. Mais la tentation est forte dans des cas moins évidents.

Dans l'État de New York, neuf mois exactement après une panne d'électricité importante, les médecins et le personnel infirmier constatèrent une nette augmentation du taux des naissances dans les hôpitaux. Dans les reportages sur cet événement, on insinua que lorsque les lumières et les téléviseurs s'éteignirent, les gens n'eurent rien de mieux à faire, ce qui causa un baby-boom neuf mois plus tard. Un examen plus précis du taux de naissance montre que ce dernier est fluctuant toute l'année. Le baby-boom en question ne représente qu'une hausse parmi une dizaine d'autres. Il n'était donc pas nécessairement lié à la panne d'électricité. La meilleure façon de s'assurer qu'il existe effectivement une relation de cause à effet consiste à mener une expérience dirigée. Vous apprendrez comment dans la prochaine section.

Autotest

Avant de poursuivre, répondez aux questions suivantes sur ce qui précède.

1. On peut qualifier de sens commun une bonne partie de la psychologie parce que les psychologues préfèrent l'observation naturelle à l'observation dirigée. Vrai ou faux?

2. Une hypothèse est une observation minutieuse effectuée au cours d'une expérience dirigée. Vrai ou faux?

3. Deux problèmes de l'observation naturelle sont:

    a. trouver des sujets qui collaborent et définir des corrélations
    b. définir un problème et proposer une hypothèse
    c. les effets et les préjugés de l'observateur
    d. mener l'expérience et effectuer des enregistrements minutieux

4. La corrélation ne démontre généralement pas la causalité. Vrai ou faux?

5. Quel coefficient de corrélation représente la relation la plus forte?

    a. -0,86 *b.* +0,66 *c.* +0,10 *d.* +0,09

6. Une relation qui ne forme pas une ligne droite dans un graphique est décrite comme _____.

Réponses :

1. faux 2. faux 3. c 4. vrai 5. a 6. curviligne

L'expérimentation en psychologie — la cause rencontre l'effet

L'**expérimentation** représente un des outils de recherche les plus efficaces. Les psychologues vérifient soigneusement les conditions d'une expérimentation afin d'étudier les relations de cause à effet. Pour procéder à une expérimentation psychologique, vous :

1. Varierez directement une condition si vous croyez qu'elle peut causer des changements de comportement.
2. Formerez deux groupes de sujets ou plus. Ces derniers devraient être identiques en tous points *sauf* en ce qui concerne la condition que vous variez.
3. Enregistrerez l'effet éventuel de la condition variante sur le comportement.

Supposons que vous voulez vérifier si la faim affecte la mémoire. D'abord, vous devez former deux groupes de personnes, puis en soumettre un à un test de mémoire au moment où les membres ont faim. Le deuxième groupe est soumis au même test après avoir mangé. En comparant les résultats des deux groupes, vous pouvez déterminer si la faim affecte la mémoire ou non.

Comme vous pouvez le constater, l'expérimentation psychologique la plus simple se fonde sur deux groupes de **sujets** (animaux ou personnes). L'un des deux est le **groupe expérimental**, l'autre, le **groupe témoin**. Le groupe expérimental et le groupe témoin sont traités exactement de la même manière sauf en ce qui concerne la condition que vous variez intentionnellement. Cette condition s'appelle la *variable indépendante*.

Toute condition qui peut affecter le résultat d'une expérimentation est une **variable**. On trouve trois types de variables dans une expérimentation sur les causes et effets :

1. Les **variables indépendantes** sont les conditions changées ou variées par l'expérimentateur. Elles représentent la *cause* présumée dans une expérience.
2. Les **variables dépendantes** mesurent les résultats d'une expérience. Elles révèlent les *effets* qu'ont les variables indépendantes sur le comportement.

GROUPE TÉMOIN   GROUPE QUI TÉMOIGNE DE...

3. Les **variables intermédiaires** sont les accessoires d'une expérimentation qu'un chercheur doit neutraliser.

Examinons maintenant une autre expérience simple. Vous remarquez que vous étudiez mieux en écoutant de la musique, ce qui suggère l'hypothèse que la musique améliore l'étude. Nous pourrions vérifier cette notion expérimentalement en formant deux groupes de personnes. Un groupe étudie avec de la musique, l'autre, sans. Puis nous pourrions comparer leurs résultats dans un test. Le groupe qui écoute de la musique constitue le groupe expérimental, car la variable indépendante (la musique) y est associée. Le groupe sans musique constitue le groupe témoin.

Question : A-t-on vraiment besoin d'un groupe témoin? Ne peut-on pas seulement vérifier si les gens qui écoutent de la musique réussissent mieux?

Sans groupe témoin, il est impossible de déterminer si la musique influence l'étude. Le groupe témoin fournit un *point de référence* qui nous permet de comparer les résultats avec ceux du groupe expérimental. Si le score moyen du groupe expérimental est supérieur à celui du groupe témoin, on peut conclure que la musique améliore l'efficacité de l'étude. Si la moyenne est plus faible, nous saurons que la musique nuit à l'étude. S'il n'y a aucune différence, nous savons alors que la variable indépendante n'a aucun effet sur l'étude.

Dans l'expérience décrite, la quantité apprise (indiquée par les résultats du test) représente la **variable dépendante**. La question est de savoir si la variable indépendante *affecte* la variable dépendante. (La musique affecte-t-elle ou influence-t-elle l'étude?) Autrement dit, les résultats de l'expérimentation sont mesurés par les changements de la variable dépendante, qui *dépendent* de la variable indépendante. (La quantité apprise dépend de la musique qui accompagne ou non l'étude.)

Question : Comment savoir si les personnes d'un groupe ne sont pas plus intelligentes que celles de l'autre?

Il est vrai que les différences personnelles au sein d'un groupe peuvent influencer le résultat d'une expérience. Toutefois, on peut réduire ce risque en *affectant au hasard* des sujets aux deux groupes. **L'affectation aléatoire** signifie qu'un sujet a autant de chances d'être membre du groupe expérimental que du groupe témoin. L'affectation aléatoire contribue à assurer que les différences entre les sujets sont également réparties dans les deux groupes. Même au sein de petits groupes, le résultat exprime de très petits écarts entre les génies et les ânes, les affamés, les victimes du lendemain de la veille, les grands, les mélomanes, etc.

Il faut empêcher d'autres variables **intermédiaires**, ou extérieures, comme les heures consacrées à l'étude, le sexe des sujets, la température ambiante, l'heure, la lumière, etc., d'affecter le résultat d'une expérimentation. Mais comment? En général, en faisant en sorte que toutes les conditions, sauf la variable indépendante, soient *exactement* les mêmes pour les deux groupes. Lorsque les conditions sont identiques dans les deux groupes — *excepté* la présence ou l'absence de musique — alors la différence de quantité apprise *doit* être causée seulement par la musique (illustration 2.8).

Pour mieux résumer, disons que dans une expérimentation psychologique, deux groupes de sujets ou plus sont traités différemment selon la variable indépendante. Sous tous les autres aspects, ils sont traités de manière identique, c'est-à-dire qu'on uniformise les variables intermédiaires pour tous les groupes. Cela empêche les conditions indésirables d'affecter les résultats de l'expérience. On mesure alors l'effet de la variable indépendante (ou des variables) sur le comportement (la variable dépendante). Dans une expérimentation soigneusement dirigée, les différences de la variable indépendante sont la seule **cause** possible de tout **effet** noté sur la variable dépendante. Cela permet d'identifier clairement des relations de cause à effet.

Question : Les expérimentations semblent provoquer des situations artificielles. Les découvertes expérimentales ont-elles un rapport avec le monde réel?

Les expériences sur le terrain Il existe de nombreux avantages à «tailler sur mesure» les conditions d'expérience en laboratoire. Mais il existe aussi un certain degré d'artifice. L'**expérience sur le terrain** constitue une solution de rechange, car elle utilise le monde réel comme laboratoire. Voici un exemple.

Un service en attire un autre

James Bryan et Mary Test (1971) voulaient savoir si les gens sont plus susceptibles d'aider une personne en détresse lorsqu'ils viennent de voir une personne secourue. À cette fin, ils

Illustration 2.8 *Éléments d'une expérimentation psychologique simple dans le but de déterminer les effets de la musique sur l'étude d'après les résultats d'un test.*

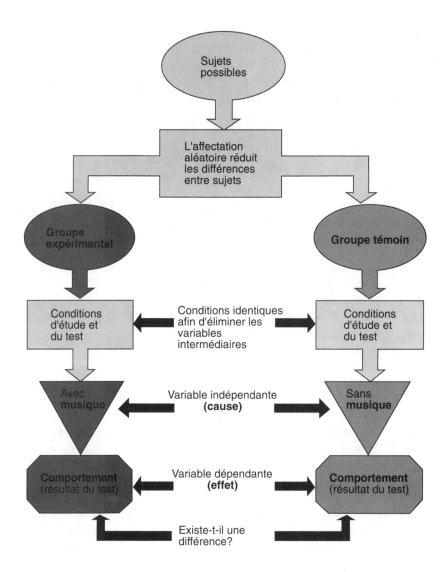

garèrent une Ford Mustang dont un pneu était crevé dans une rue achalandée. Un pneu gonflé se trouvait près de la voiture, et une jeune femme se tenait à proximité. Parmi les 2 000 voitures qui passèrent, seulement 35 s'arrêtèrent dans cette condition dirigée. Aux fins de l'expérience, une autre voiture fut garée à un kilomètre avant la Mustang. Une femme regardait un homme changer un pneu de la seconde voiture. Parmi les 2 000 véhicules qui croisèrent d'abord cette mise en scène, seulement 58 s'arrêtèrent pour aider la jeune femme de la Mustang.

De telles expériences de la «vraie vie» deviennent de plus en plus populaires auprès des psychologues en tant que moyen de combler le fossé entre les expériences en laboratoire et la vie de tous les jours. Peut-être même avez-vous déjà participé à l'une de ces expériences à votre insu!

Question : La différence entre 35 et 58 personnes qui aident est-elle vraiment concluante?

La signification Pour décider si une variable indépendante a causé ou non une différence, on a recours aux statistiques. Les articles de psychologie comprennent presque toujours l'énoncé suivant: «Les résultats présentaient des **différences statistiques significatives.**» Cela signifie que les résultats obtenus ne peuvent que très rarement être le fruit du *hasard seulement.* Pour être significative, la différence statistique doit être assez grande pour qu'elle ne se produise au hasard que dans moins de 5 expériences sur 100. Bien sûr, les résultats sont d'autant plus convaincants qu'on peut les répéter (profil 2.2).

L'effet placebo — les comprimés de sucre et l'eau salée

Supposons que nous voulons procéder à une expérimentation dans le but de déterminer si la Dexedrine (un stimulant puissant du système nerveux central) affecte l'étude. Le test ne sera *pas exact* si l'on distribue de la Dexedrine aux membres du groupe expérimental avant l'étude et si l'on ne donne rien au groupe témoin.

Question : Pourquoi pas? Le groupe expérimental prend le médicament et le groupe témoin, non. S'il y a une différence dans les résultats, c'est sûrement à cause du médicament, n'est-ce pas?

Non, car une erreur s'est produite : le médicament n'est pas la seule différence entre le groupe expérimental et le groupe témoin. Les membres du groupe expérimental avalent un comprimé, et non ceux du groupe témoin. Sans utiliser un **placebo**, il est impossible de déterminer si le médicament affecte l'étude. Peut-être que ceux qui prennent le médicament *s'attendent* à de

---

L'un des éléments clés de toute science consiste dans la capacité de **reproduire** (répéter) les observations ou expériences. À l'inverse, l'incapacité de reproduire les observations constitue l'une des grandes faiblesses de la **parascience** (qui ressemble à la science sans être tout à fait scientifique). L'idée que les plantes éprouvent des sentiments constitue un bon exemple. Cette affirmation, que les médias ont beaucoup diffusée, se fondait en grande partie sur des «expériences» menées par Cleve Backster, expert du polygraphe (que l'on appelle communément le détecteur de mensonges; voir le chapitre 12).

Backster prétendit que les plantes reliées à un détecteur de mensonges réagissaient à la musique, aux menaces (comme une allumette enflammée) et à d'autres stimuli. Toutefois, lorsque les scientifiques tentèrent de répéter l'expérience en se servant des mêmes ou de meilleures méthodes, les résultats furent entièrement négatifs (Galston et Slayman, 1983).

Une longue liste d'autres présumées merveilles – y compris le «pouvoir pyramidal», la radiesthésie et l'effet de la lune sur le comportement — se sont également évanouies à la lumière d'un examen plus sérieux. La psychologie aussi a connu sa part de résultats non reproductibles. Mais ce qui distingue la psychologie et d'autres sciences de la parascience, c'est qu'elles sont autocorrectives.

Lorsqu'on ne peut répéter une découverte, la réponse scientifique consiste à dire: «Nous ne croyons pas au résultat». Il peut devenir frustrant parfois de maintenir des normes aussi élevées. Entre autres, il faut être prêt à changer ses vues, lorsque de nouvelles ou de meilleures preuves se présentent. Cependant, le résultat final est très satisfaisant. Des normes élevées et l'exigence de la reproductibilité font que la science avance lentement, mais sûrement, vers la vérité.

---

meilleurs résultats. Ce fait à lui seul pourrait modifier leur rendement.

Question : Qu'est-ce qu'un placebo? Quelle serait son influence?

Un placebo est un faux comprimé ou une fausse injection. Ses effets bénéfiques proviennent de ce qu'il suggère plutôt que de ce qu'il contient. Les comprimés de sucre et les injections salines (d'eau salée) sont des placebos communs.

Bien qu'ils n'aient peu ou pas d'effet chimique direct, les placebos peuvent avoir un impact *psychologique* puissant. Comme exemple de la puissance de l'**effet placebo**, une étude a montré qu'une injection de solution saline est, dans 70 pour 100 des cas, aussi efficace que la morphine pour réduire la douleur de patients hospitalisés (Beecher, 1959). Ce fait est bien connu des médecins. Depuis des années, ils prescrivent des placebos pour calmer les plaintes qu'ils croient sans

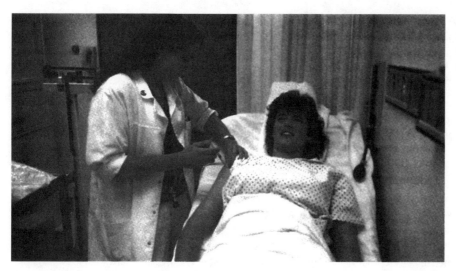

Illustration 2.9 *L'effet placebo constitue un facteur important des traitements médicaux. Croyez-vous qu'il se produit également en psychothérapie?*

fondement physique (Jospe, 1978). On ne comprend pas encore comment les placebos fonctionnent exactement, mais des expériences suggèrent que les attentes déclenchent la libération de substances chimiques appelées **endorphines** dans le cerveau (Cohen, 1977; Levine et autres, 1979). Les endorphines sont semblables aux médicaments opiacés analgésiques comme la morphine.

Afin de vérifier l'effet placebo, un psychologue effectuant des recherches sur les médicaments peut utiliser la technique du **simple aveugle**. Selon cette approche, *tous* les sujets reçoivent un comprimé ou une injection. Le groupe expérimental prend le vrai médicament, et le groupe témoin, le placebo. Ainsi, les sujets sont *aveugles* au sujet du type de médicament qu'ils prennent. Mais cela n'est pas suffisant. Les expérimentateurs eux aussi doivent ignorer s'ils distribuent le médicament ou un placebo à un sujet donné. La technique du **double aveugle** empêche le chercheur d'influencer inconsciemment les réactions du sujet. En général, une tierce personne prépare les comprimés ou les injections de façon que les expérimentateurs ne sachent pas qui a reçu quoi avant la fin de l'expérience.

Question : Comment le chercheur pourrait-il influencer le sujet?

L'effet de l'expérimentateur Les psychologues font face à un problème intéressant que ne partagent ni les médecins ni les chimistes. Les sujets humains sont très sensibles aux allusions de l'expérimentateur relativement à ce que l'on attend d'eux. L'**effet de l'expérimentateur**, comme on l'appelle, peut influencer profondément le comportement d'un sujet (Rosenthal, 1976).

L'effet de l'expérimentateur s'applique même à l'extérieur du laboratoire, où l'on a démontré que les attentes influencent les gens de façon intéressante. Le psychologue Robert Rosenthal (1973) cite un exemple typique : à l'école de formation de l'aviation américaine, on affecta au hasard 100 pilotes à une classe de mathématiques parmi cinq autres classes. Leurs professeurs n'étaient pas au courant de cette affectation aléatoire. En fait, on leur avait dit que leurs étudiants avaient été sélectionnés selon leur niveau d'aptitude. Aux yeux des professeurs, les étudiants des classes «très douées» améliorèrent beaucoup plus leurs résultats en mathématiques que ceux des classes «moins douées». Pourtant, à l'origine, les classes étaient de calibre égal.

Selon toute vraisemblance, les professeurs transmirent subtilement leurs attentes aux étudiants, ce qui créa une **prédiction auto-déterminante** qui affecta le rendement des étudiants. Ces derniers avaient tendance à avoir les résultats auxquels ils s'attendaient. Bref, les gens deviennent parfois ce qu'on leur prédit qu'ils seront. Il est sage de se souvenir que les autres ont tendance à répondre (ou non) aux attentes qu'on entretient à leur égard.

Autotest

1. Tout ce qui peut changer (varier) et affecter le comportement d'un sujet s'appelle une _____.

2. Afin de comprendre la cause et l'effet, une expérimentation psychologique simple se fonde sur la création de deux groupes: le groupe _____ et le groupe _____.

3. Il existe trois types de variables à considérer lors d'une expérience: les variables _____ (qui sont manipulées par l'expérimentateur); les variables _____ (qui mesurent le résultat de l'expérience); et les variables _____ (les facteurs qui ne présentent aucun intérêt pour une expérience donnée).

4. Un chercheur procède à une expérience dont le but est de déterminer si la température ambiante affecte le taux d'agressivité chez les étudiants d'un collège qu'on entasse dans un milieu carcéral simulé. Dans cette expérience, la variable indépendante est:

    a. la température ambiante *b.* le taux d'agressivité *c.* l'entassement *d.* le milieu carcéral simulé

5. L'une des méthodes utilisées pour maîtriser à la fois l'effet du placebo et l'effet de l'expérimentateur lors d'expériences sur les médicaments est:

    a. la méthode de corrélation *b.* la prédiction accessoire *c.* la technique du double aveugle
    d. l'affectation aléatoire des sujets

Réponses :

1. variable 2. expérimental, témoin 3. indépendantes, dépendantes, intermédiaires 4. *a* 5. *c*

La méthode clinique — l'étude de cas

Nombre d'expérimentations qui pourraient être révélatrices sont impossibles à exécuter pour des raisons d'ordre pratique ou moral. Le cas échéant, on peut recueillir de l'information à la faveur des **études de cas**. L'étude de cas examine en profondeur tous les aspects d'un seul sujet, et les psychologues cliniciens en font un grand usage.

On considère parfois les études de cas comme des **tests cliniques naturels** mesurant les effets des variables inusitées. Les blessures par balle, les tumeurs au cerveau, les empoisonnements accidentels et d'autres catastrophes fournirent beaucoup d'information sur le fonctionnement du cerveau humain. Le docteur J. M. Harlow (1868) cite un cas remarquable de l'histoire de la psychologie. Lors de travaux de creusage, Phineas Gage, jeune contremaître, reçut une barre d'acier de 6 kilogrammes qui lui traversa la région frontale du cerveau (illustration 2.10). Contre toute attente, il survécut à l'accident, mais subit un profond changement de personnalité. Le Dr Harlow enregistra soigneusement tous les détails de ce qui fut peut-être la première étude de cas en profondeur d'une **lobotomie frontale** accidentelle (la destruction de tissu cérébral frontal).

Plus de 120 ans plus tard, un menuisier de Los Angeles, Michael Melnick, fut victime du même genre de terrible accident. Melnick tomba du deuxième étage d'une maison en construction et s'empala la tête sur une poutre de renforcement en acier. Miraculeusement, il se rétablit complètement et ne présenta aucune séquelle (*Los Angeles Times*, 1981). La réaction très différente de Melnick au même genre de blessure démontre pourquoi les psychologues préfèrent les expériences dirigées et se servent souvent d'animaux de laboratoire pour étudier le cerveau. Les études de cas n'ont pas de groupe témoin officiel, ce qui, bien sûr, limite les conclusions que l'on peut tirer des observations cliniques. Néanmoins, lorsqu'un problème purement psychologique est à l'étude, la méthode clinique peut se révéler la *seule* source d'information.

Voici un exemple classique d'étude de cas (Thigpen et Cleckley, 1957*)*. Eve White était une ménagère de banlieue docile et réservée qui, au cours d'un traitement psychiatrique, révéla l'existence d'une autre personnalité distincte. Cette deuxième personnalité, Eve Black, était l'antithèse d'Eve White. Eve Black était puérile, coquine et séductrice. Elle connaissait l'existence d'Eve White et discutait ouvertement des occasions où elle avait désobéi à ses parents et s'était enivrée pour ensuite «redevenir» Eve White. Après les escapades d'Eve Black, Eve White devait faire face aux châtiments ou aux gueules de bois mérités par la première, mais elle en était tout étonnée, car elle ne connaissait pas l'existence d'Eve Black. À la fin, cette dualité fut résolue par l'apparition d'une troisième personnalité, qui s'appelait Jane. Jane finit par se séparer du mari d'Eve White et recommença une nouvelle vie relative-

Illustration 2.10 *Certains des premiers renseignements sur les effets des dommages subis à la région frontale du cerveau nous parvinrent d'une étude de cas sur la blessure accidentelle de Phineas Gage.*

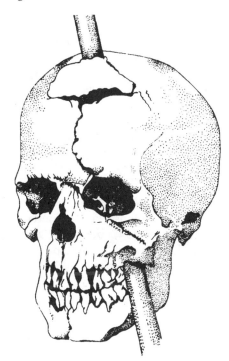

ment stable marquée par le lent progrès des autres personnalités.

Maintenant dans la cinquantaine, l'ancienne Eve White manifesta plus de 21 personnalités distinctes au fil des ans. L'enregistrement minutieux de tous les faits pertinents dans des cas semblables est crucial pour la psychologie. La *personnalité multiple* ne se produit que très rarement, et il n'existe pas de méthode expérimentale qui puisse la reproduire.

La méthode des enquêtes — offrez-vous un échantillon!

Parfois, les psychologues souhaiteraient poser au monde entier quelques questions bien choisies: «Avez-vous déjà fumé de la marijuana? Avez-vous eu des relations sexuelles avant le mariage? Quel est votre propre état civil, et vos parents étaient-ils séparés ou divorcés? Êtes-vous en faveur de l'avortement?» Les réponses à ces questions peuvent être très révélatrices sur les événements psychologiques dans la vie d'un grand nombre de gens. Mais puisqu'il est impossible de questionner tout le monde, les psychologues utilisent la **méthode des enquêtes**.

Dans le cadre d'une enquête, les personnes faisant partie d'un **échantillon représentatif** répondent à des questions soigneusement formulées. Un échantillon représentatif comprend une proportion égale d'hommes, de femmes, de professionnels, de cols bleus, de libéraux, de conservateurs, de Noirs, de Blancs, etc., à l'image de la population entière.

Une enquête minutieuse peut refléter précisément les sentiments d'une grande partie de la population sur les affaires courantes, même si l'on n'interroge qu'un petit pourcentage. Toutefois, certains psychologues ont remis en question, avec une certaine ironie, l'affirmation de la psychologie selon laquelle les conclusions d'une enquête s'appliquent à tous. L'éminent psychologue Edward Tolman fit la remarque que la psychologie américaine se fondait presque en entier sur deux types de sujets: les rats et les collégiens. Tolman rappela à ses collègues que les rats ne sont pas des êtres humains, et les collégiens, à peine plus!

Question : Jusqu'à quel point la méthode des enquêtes est-elle exacte?

Les enquêtes modernes comme les sondages Gallup sont plutôt précises. Depuis 1954, les sondages Gallup ne se sont trompés que de 1,5 pour 100 dans leurs prédictions électorales. Ce haut degré de précision n'a pas toujours existé. Lors de l'élection présidentielle de 1936, un magazine bien connu prévoyait qu'Alfred Landon déferait, et de loin, Franklin Roosevelt. Roosevelt battit Landon à plate couture!

Question : Comment le sondage pouvait-il être si inexact?

La réponse est reliée à la façon dont on a choisi l'échantillon. La plupart des personnes interrogées furent jointes au *téléphone*. En 1936, durant la grande dépression, les gens qui avaient le téléphone étaient beaucoup plus riches que la moyenne, et les nantis étaient en faveur de Landon. L'échantillon était donc plus tendancieux que représentatif.

Même lorsque les questions sont bien formulées et que l'échantillon est représentatif, un autre problème peut limiter l'enquête. Si un psychologue vous posait des questions détaillées sur votre vie sexuelle passée et présente, jusqu'à quel point vos réponses seraient-elles exactes? Seriez-vous timide ou pas tout à fait honnête? Ou auriez-vous tendance à exagérer? Les réponses à une enquête ne sont pas toujours *exactes* ou *honnêtes*. Nombre de personnes font preuve d'un **biais de politesse**, ou d'une tendance à donner des réponses agréables et socialement acceptables. Par exemple, des gens qui effectuaient un sondage électoral remarquèrent que les personnes de race noire qui parlaient à des enquêteurs blancs n'admettaient pas volontiers leur appui d'un candidat noir (McKean, 1984).

Malgré leurs limites, les enquêtes fournissent en général des renseignements utiles. Par exemple, ces dernières années, les femmes se sont plaintes du harcèlement sexuel qu'elles subissent au travail. Jusqu'à quel point ce problème est-il répandu? La psychologue Barbara Gutek mena une enquête éclairante sur les hommes et femmes au travail. Elle (1981) trouva que 53 pour 100 des femmes, et seulement 37 pour 100 des hommes, avaient connu une certaine forme de harcèlement sexuel au travail. Bien que l'information en question ne règle pas le problème du harcèlement sexuel, il s'agit d'un premier pas en vue de le comprendre et de le régler.

Résumé et aperçu

Question : Est-il nécessaire de mettre autant l'accent sur la recherche en psychologie?

En un mot, oui. Comme nous l'avons constaté, la science constitue un moyen puissant de poser des questions sur l'univers et d'obtenir des réponses dignes de confiance. À plus forte raison, nous pourrions nous demander quelles sont les solutions de rechange à la méthode scientifique. Dans la plupart des domaines de la connaissance, y compris la psychologie, effacer le progrès scientifique équivaudrait à retourner à l'âge des ténèbres. La prise de conscience de ce fait et la compréhension des méthodes de recherche actuelles devraient vous aider à devenir un meilleur observateur critique du comportement humain. Le tableau 2.1 résume bon nombre d'idées importantes dont nous avons discuté. Il faut également ajouter qu'une théorie scientifique valable est toujours formulée en termes qui la

Tableau 2.1 *Comparaison des méthodes de recherche en psychologie*

	AVANTAGES	INCONVÉNIENTS
Observation naturelle	On observe le comportement dans un cadre naturel; on obtient beaucoup d'information et l'on pose des hypothèses et des questions pour d'autres recherches	Le contrôle est à peu près impossible; la présence de l'observateur peut modifier le comportement observé; les observations peuvent être tendancieuses; on ne peut déterminer de causes concluantes
Méthode corrélationnelle	Démontre l'existence de relations; permet les prévisions; peut être utilisée en laboratoire, en clinique ou en milieu naturel	Le contrôle est à peu près impossible; les relations peuvent être le fruit de coïncidences; on ne peut confirmer les rapports de cause à effet
Méthode expérimentale	On peut définir des rapports nets de cause à effet; on peut mettre en scène des observations dirigées efficaces; aucune attente d'un événement naturel n'est nécessaire	Peut être quelque peu artificielle; certains comportements naturels s'étudient difficilement en laboratoire (les expériences sur le terrain peuvent réfuter ces objections)
Méthode clinique	Tire parti des «expériences naturelles» et permet d'enquêter sur des problèmes ou événements rares ou inusités	Le contrôle est à peu près impossible; l'interprétation subjective e st souvent nécessaire; un cas isolé peut être trompeur ou non représentatif
Méthode des enquêtes	Permet de recueillir beaucoup d'information sur un grand nombre de personnes; peut traiter de questions auxquelles les autres approches ne peuvent répondre	Il est indispensable de disposer d'un échantillon représentatif, et cela est parfois difficile; les réponses peuvent être inexactes; les gens ne disent peut-être pas ce qu'ils font et vice-versa

rendent **réfutable**. Autrement dit, on peut en vérifier les notions et les affirmations. La science véritable se concentre sur des problèmes que l'on peut résoudre et elle évite les théories extravagantes invérifiables (Stanovitch, 1986).

Pour achever notre propos, la section Applications du présent chapitre offre une vision critique de l'information véhiculée par la littérature populaire. Malheureusement, cette information est truffée de pensées inarticulées, de renseignements trompeurs et de théories farfelues. Les premiers mots qui vous viennent à l'esprit lorsque vous lisez des affirmations étranges devraient être: «Prouvez-le!» La section Applications vous fournit quelques indices à surveiller. Ensuite, la section Exploration traite des questions éthiques dans la recherche psychologique. Nous croyons que ces sujets constituent une façon intéressante de conclure sur la recherche en psychologie.

Autotest

1. Les études de cas sont souvent considérées comme des tests naturels et fréquemment utilisées par les psychologues cliniciens. Vrai ou faux?

2. Pour que la méthode des enquêtes soit valable, elle doit s'appuyer sur un échantillon représentatif de personnes. Vrai ou faux?

3. La meilleure méthode de recherche concernant le phénomène de la personnalité multiple est:

   a. l'échantillon représentatif *b.* les expériences sur le terrain *c.* la technique du double aveugle *d.* les études de cas

4. L'un des problèmes que présente la méthode des enquêtes tient au fait que les réponses ne sont pas toujours
   _____ ou _____.

Réponses :

1. vrai 2. vrai 3. *d* 4. exactes, honnêtes

Applications : la psychologie et les informations – notes sur la lecture de la littérature populaire

La popularité de la psychologie a entraîné des reportages détaillés sur les théories et la recherche psychologiques dans les journaux et magazines. Malheureusement, une grande partie de cette information se fonde sur des souhaits plutôt que sur la science. Voici quelques suggestions qui peuvent vous aider à détecter la différence.

Suggestion 1 *Soyez sceptique* Les reportages psychologiques de la littérature populaire font souvent preuve d'un manque d'esprit critique et d'un biais manifeste envers les découvertes sensationnelles. Souvenez-vous que l'expression: «C'est incroyable!» signifie qu'on ne peut y croire, ce qui est souvent le cas.

Exemple: Il y a quelques années, on publia quelques articles sur la recherche en «perception dermato-optique». Selon ces articles, on avait découvert que certaines personnes pouvaient identifier les couleurs et lire des caractères d'impression (même sous verre) les yeux bandés. On effectuait prétendument ces exploits sur le bout des doigts. Bon nombre d'articles prétendirent qu'il s'agissait là de la preuve d'un «sixième sens» ou de «vision radiologique». Martin Gardner, un scientifique dont le passe-temps est la magie, prétend que ces «talents» se fondent sur ce que les prestidigitateurs appellent la «vision du nez». Gardner affirme qu'il est impossible de se bander les yeux sans laisser de minuscules interstices de chaque côté du nez par lesquels une personne peut voir. Ces critiques furent confirmées chaque fois qu'on élimina la possibilité de voir, ce qui causa ainsi la disparition de la présumée «perception dermato-optique» (Gardner, 1966).

Voici une autre indication du besoin d'être sceptique. Le psychologue Philip Zimbardo raconte avec plaisir avoir déjà mentionné à un reporter que dans deux hôpitaux psychiatriques où il travaillait, les patientes semblaient prononcer davantage d'obscénités que les patients mâles. Zimbardo souligne qu'il ne s'agissait là que d'un commentaire, qui manifestement ne se fondait sur aucune donnée. Pourtant, lorsqu'il fut publié dans le *New York Times*, ce commentaire est devenu une «observation» qu'il avait «consignée» durant une longue période. Lorsque *Newsweek* fit mention de l'article du *Times*, la relation «consignée» était devenue «découverte». Finalement, la version de *Playboy* affirma: «Selon *The New York Times*, nombre de psychologues ont découvert que

les femmes de toutes les couches de la société sont de moins en moins inhibées dans leur utilisation du langage obscène» (*Playboy*, 1969). Zimbardo fut la seule référence qui put confirmer ce fait «étonnant» (Ruch et Zimbardo, 1971).

Suggestion 2 *Examinez la source de l'information* On ne devrait pas s'étonner du fait que l'information donnée pour vendre un produit reflète plus souvent le désir de profits que la vérité objective. Voici une affirmation publicitaire typique: «Des tests gouvernementaux ont prouvé qu'aucun analgésique n'est plus puissant ou efficace que l'aspirine de marque X.» Une affirmation de la sorte signifie habituellement qu'il n'existait *pas de différence* entre le produit testé et les autres produits. Aucun autre analgésique n'était plus puissant ou efficace, mais aucun autre n'était plus faible.

Gardez à l'esprit la source lorsque vous lisez les réclames de fabricants d'appareils de rétroaction biologique ou de machines qui vous permettent d'apprendre en dormant. Souvenez-vous qu'on peut aussi commercialiser les services psychologiques. Faites attention aux cours dispendieux qui promettent une santé et un bonheur mental instantanés, une efficacité accrue, des habiletés de mémoire, psychiques ou de perception extra-sensorielle, la maîtrise de l'inconscient, ou de cesser de fumer. Ces promesses sont généralement appuyées de témoignages et d'affirmations non fondées.

On doit faire preuve d'encore plus de prudence à l'égard des prétentions de télépathes ou de devins. Les mystificateurs gagnent leur vie en trompant le public. Naturellement, ils sont très intéressés à stimuler la croyance en leurs pouvoirs inexistants. Les phénomènes psychiques, si et lorsqu'ils se produisent, sont imprévisibles. Un mystificateur ne peut donner trois représentations par soir, six soirs par semaine, sans tricher constamment.

Question : J'ai vu des choses étonnantes à la télévision. Pouvez-vous me donner un exemple de la façon dont on m'a trompé?

Voici le numéro typique d'un mystificateur. Ce dernier choisit «au hasard» un membre de l'auditoire et se met à lui révéler des détails intimes qu'un mystificateur «n'a aucun moyen de connaître». Comment fait-il? Élémentaire! L'un de ses assistants attend en ligne avant le début du spectacle et prête l'oreille aux conversations. L'assistant note ensuite soigneusement l'endroit où est assis le membre qu'il a

Applications

entendu. Puis, il transmet l'information au mystificateur qui annonce: «Vous avez une tante... tante Marie... elle est très malade... vous pensiez à elle ce soir... vous avez eu une crevaison en route ce soir.»

Suggestion 3 Demandez-vous s'il existe un groupe témoin Le profane sous-estime souvent l'importance du groupe témoin dans une expérimentation, une erreur que vous ne commettrez sûrement plus! La littérature populaire fourmille d'expériences menées sans groupe témoin: «Parler à vos plantes accélère leur croissance»; «Un régime alimentaire maîtrise l'hyperactivité chez les enfants»; «La nourriture dépérit moins dans une pièce pyramidale»; «Des experts risquent leur peau en marchant sur des charbons ardents».

Considérons un instant le dernier exemple. Ces dernières années, on a fait la promotion de cours dispendieux qui enseignent aux gens à marcher pieds nus sur des charbons ardents. (En soi, la question à savoir pourquoi quelqu'un serait intéressé est fascinante.) Les personnes qui marchent sur du feu

Illustration 2.11 *Marcher sur du feu se fonde simplement sur la physique, et non sur une quelconque forme de maîtrise psychologique surnaturelle. La température des charbons peut être aussi élevée que 654 °C. Toutefois, les charbons sont comme l'air dans un four chaud: ils sont de mauvais conducteurs de chaleur lors d'un bref contact.*

protègent prétendument leurs pieds grâce à une technique appelée le «conditionnement neurolinguistique». De nombreuses personnes ont effectivement payé afin d'apprendre cette technique, et la plupart arrivent à marcher rapidement sur du feu. Mais la technique est-elle nécessaire? Se produit-il quelque chose de remarquable? Il nous faut un groupe de comparaison!

Heureusement, le physicien Bernard Leikind nous en fournit un. Leikind, assisté d'une équipe de bénévoles, a démontré que quiconque possède suffisamment de corne aux pieds peut marcher sur un lit de charbons ardents sans se brûler. La raison en est que les charbons, constitués de carbone léger et gonflé, transmettent très peu de chaleur au toucher. Le principe en cause est similaire, lorsque vous mettez brièvement la main dans un four chaud. Si vous touchez une casserole, la brûlure est instantanée parce que le métal constitue un bon conducteur de chaleur. Mais si votre main reste dans l'air chaud, vous ne risquez rien, car l'air transmet mal la chaleur (Mitchell, 1987). Voilà un autre mystère résolu.

Suggestion 4 Recherchez les erreurs dans la distinction entre la corrélation et la causalité Nous avons déjà discuté du danger de supposer qu'une chose en a *causé* une autre en se fondant sur la corrélation. Malgré tout, vous verrez bon nombre d'affirmations qui se fondent sur des corrélations douteuses. Récemment, on citait un nutritionniste dans la presse qui aurait dit que la consommation excessive de lait peut causer la délinquance juvénile. (L'Association des producteurs de lait ont dû l'adorer.) Sur quoi fondait-il sa conclusion? Selon lui, les garçons qui se trouvent souvent en difficulté consomment davantage de lait que la moyenne.

La corrélation est assurément intéressante. Mais d'aucune façon ne prouve-t-elle que le lait cause la délinquance. Par exemple, les jeunes mâles précoces pourraient vraisemblablement démontrer plus d'agressivité et s'attirer des ennuis. La maturité précoce signifie une croissance rapide, et celle-ci engendre la faim. Il est fort possible qu'il s'agisse là du seul lien entre le lait et la délinquance. Ou peut-être existe-t-il un autre facteur inconnu en jeu.

Voici un autre exemple où l'on a mépris la corrélation pour la causalité. Jeanne Dixon, astrologue très connue, répondit une fois à un groupe d'éminents scientifiques — qui niaient tout fondement scientifique à l'astrologie — en disant: «Ils devraient plutôt consulter les dossiers de la police locale. Ils verraient que le taux des crimes violents grimpe et chute d'après les cycles de la Lune» (Dixon, 1975).

Applications

Évidemment, Mme Dixon croit que la Lune influence le comportement humain.

Question : N'est-il pas vrai que les crimes violents sont plus fréquents à certaines époques du mois? Cela ne prouve-t-il pas ses dires?

Bien au contraire. La hausse du crime peut être due à des nuits plus sombres, au fait que les factures échouent le premier du mois, ou à d'autres facteurs semblables. À plus forte raison, des études directes du présumé «effet lunaire» ont démontré qu'il n'existe pas (Rotton et Kelly, 1985). Les criminels victimes de la pleine lune relèvent de la fiction pure.

Suggestion 5 Faites la distinction entre l'observation et l'inférence

Si vous voyez une personne *pleurer*, est-il exact de supposer qu'il ou elle est *triste*? Bien que cette supposition semble raisonnable, en réalité, elle est hasardeuse. Objectivement, on peut observer que la personne pleure, mais il peut être inexact d'*inférer* la tristesse. La personne pourrait avoir pelé deux kilos d'oignons. Ou peut-être vient-elle de gagner le million à la loterie, ou alors essaie-t-elle des verres de contact pour la première fois.

Les psychologues, politiciens, médecins, scientifiques et autres experts dépassent souvent les faits à leur portée. Cela ne signifie pas que leurs inférences, opinions et interprétations ne présentent aucune valeur; l'opinion d'un expert sur la maladie mentale, le comportement criminel, les difficultés d'apprentissage ou quoi que ce soit peut être révélatrice. Mais prenez bien soin de distinguer entre un fait et une opinion. Voici un exemple qui en illustre l'importance.

On récompensa une patiente schizophrène âgée de 54 ans pour avoir tenu un balai qu'un préposé lui avait remis. Si elle gardait le balai, un autre préposé lui remettait une cigarette. Le but de cette expérience consistait à déterminer si l'on devait se servir de récompenses pour secouer le comportement amorphe des patients (la patiente en question était hospitalisée depuis 23 ans et refusait de faire quoi que ce soit). Bientôt, la patiente passa presque tout son temps à tenir le balai. À ce stade-là, on invita deux psychiatres à observer la patiente à travers un miroir d'observation. L'interprétation d'un des psychiatres fut qu'il s'agissait de l'expression symbolique de désirs frustrés profondément enfouis. Selon lui, le balai pouvait représenter un symbole premièrement d'«un enfant qui offre son amour et reçoit en retour un attachement»; deuxièmement, «un symbole phallique»; troisièmement, «le sceptre d'une reine toute puissante» (Ayllon et autres, 1965).

Le psychiatre *observa* que la patiente passait la majeure partie de son temps à tenir le balai. Il *inféra* que ce comportement dénotait une signification psychologique profonde. En réalité, elle tenait le balai pour une seule raison: elle obtenait des cigarettes en retour!

Suggestion 6 Attention à la simplification à outrance, surtout à l'égard de l'appât du gain

Les cours ou programmes qui promettent une «nouvelle personnalité en trois séances», ou «les six étapes de l'amour et de la satisfaction dans le mariage», ou encore les nouveaux «secrets qui révèlent les pouvoirs de l'esprit» devraient être immédiatement suspects.

Un excellent exemple de simplification à outrance provient d'une brochure intitulée «Dr Joyce Brothers demande: quel est votre quotient de «super-femme»?» Le Dr Brothers, une psychologue des médias qui ne compte pas de pratique privée et n'est pas reconnue dans le domaine de la recherche, a écrit la brochure en tant que conseillère du conditionnement en aérosol auprès de l'association des fabricants de spécialités chimiques. Une suggestion typique de cette brochure fournit des conseils sur l'amélioration d'une union conjugale: «Emmenez-le à la campagne pendant une fin de semaine. Conseil: à son insu, vaporisez les draps de votre eau de Cologne préférée en *aérosol*» (les caractères en italique sont ajoutés). Bien sûr, Joyce...

Suggestion 7 Rappelez-vous, «par exemple» ne constitue pas une preuve

Après la lecture du présent chapitre, vous devriez être sensible au danger de choisir des exemples isolés. Si vous lisez: «Un étudiant en droit réussit ses examens du Barreau grâce à un appareil qui permet d'apprendre en dormant», ne vous précipitez pas pour vous en procurer un. La recherche systématique a démontré que ces appareils ont peu ou pas de valeur (Koukkou et Lehmann, 1968). L'un des corollaires de cette suggestion consiste à se demander: «Les observations rapportées sont-elles importantes ou applicables à un grand nombre?»

Les exemples, anecdotes, cas uniques et témoignages peuvent tous éventuellement comporter un mensonge. Malheureusement, les *cas individuels* ne disent rien de ce qui s'applique *en général* (Stanovitch, 1986). Par exemple, des études portant sur des groupes de gens importants ont démontré que le tabac augmente la probabilité du cancer du poumon. Peu importe que vous connaissiez un gros

Applications

fumeur âgé de 94 ans, la découverte générale est celle qu'il faut se rappeler.

Résumé Le journaliste Alvin Toffler et d'autres suggérèrent que nous sommes au milieu d'une «explosion de l'information». En effet, tous les jours, nous sommes bombardés d'une masse si importante d'information nouvelle qu'elle est difficile à assimiler. La connaissance disponible dans des domaines aussi restreints que la psychologie, la biologie, la médecine ou la musique rock contemporaine est tellement vaste que personne ne peut tout savoir et comprendre.

En gardant cela à l'esprit, il importe davantage de devenir un consommateur d'information critique, sélectif et renseigné. Et si vous croyez que la valeur de la pensée scientifique se limite au laboratoire, rappelez-vous les paroles d'Oliver Wendell Holmes: «La vie entière constitue une expérience.»

Autotest

1. Les reportages de la presse sur la perception dermato-optique ne contenaient en général que les résultats soigneusement obtenus lors d'expériences psychologiques. Vrai ou faux?

2. Les mystificateurs et télépathes trichent souvent dans leurs numéros. Vrai ou faux?

3. Blâmer le cycle lunaire au sujet des variations du taux des crimes violents constitue un exemple de méprise entre la corrélation et la causalité. Vrai ou faux?

4. Les interprétations psychiatriques du comportement de la patiente qui tenait un balai (mentionné ci-dessus) démontrent l'importance d'utiliser un groupe témoin dans les expériences. Vrai ou faux?

Réponses :

1. faux 2. vrai 3. vrai 4. faux

Exploration : souriez, vous êtes aux «Insolences d'une caméra»! – la recherche psychologique et les questions éthiques

Il y a quelques années, le psycho-sociologue Philip Zimbardo et ses collègues montèrent une prison simulée à l'université Stanford. Ils désiraient évaluer les effets de l'incarcération sur des sujets sains. On recruta des étudiants pour tenir les rôles des prisonniers et des gardiens. À la surprise générale, l'expérience qui devait durer deux semaines dut être annulée après 6 jours. Les «gardiens» étaient devenus si sadiques que 4 des 10 «prisonniers» souffrirent de réactions affectives graves, notamment de pleurs, de dépression, d'angoisse et de rage (Zimbardo et autres, 1973).

L'expérience carcérale de Stanford n'est qu'une parmi beaucoup d'autres qui ont soulevé des questions d'ordre moral. Les participants ont-ils subi des dommages permanents? L'information obtenue justifiait-elle le coût affectif? Des expériences de la sorte sont-elles déshumanisantes? Les questions de cet ordre ont attiré l'attention sur trois questions auxquelles les chercheurs doivent être particulièrement sensibles: *la duperie, l'incursion dans la vie privée, et les dommages permanents*. Les expériences suivantes illustrent chaque question. Croyez-vous qu'elles sont conformes à la déontologie?

La duperie Dans de nombreuses expériences, les intérêts véritables du chercheur sont dissimulés derrière une supercherie. On considère souvent que cette approche est nécessaire afin d'obtenir des réactions authentiques. Par exemple, un chercheur intéressé à la culpabilité laissa croire à ses sujets qu'ils avaient brisé une pièce d'une machine dispendieuse. Au cours de l'expérience, la machine émit soudainement un bruit, libéra de la fumée et s'éteignit en crachotant. Comme les sujets, gênés, s'apprêtaient à quitter les lieux,

l'expérimentateur leur demanda de signer une pétition qu'il faisait prétendument circuler. La pétition réclamait de doubler les frais de scolarité, et tous les sujets de l'expérience avaient refusé auparavant de la signer. Toutefois, à cause de leur culpabilité, plus de 50 pour 100 des sujets signèrent (Rubin, 1970). La duperie était-elle vraiment nécessaire pour répondre à la question du chercheur?

L'incursion dans la vie privée
Un deuxième sujet de débats consiste à savoir jusqu'à quel point on peut se permettre d'empiéter sur la vie privée dans la recherche psychologique. Dans le cadre d'une étude qui fut à la fois critiquée et défendue, on observait en secret des hommes dans une toilette publique. Le psychologue Eric Knowles s'intéressait au stress causé par l'invasion de l'«aire individuelle». Un observateur se cachait dans un des cabinets d'une toilette publique et se servait d'un périscope dissimulé pour surveiller l'activité des urinoirs. Comme prévu, le sujet qui ne se doutait de rien prenait plus de temps avant de commencer à uriner, lorsqu'un assistant occupait l'urinoir voisin du sien (Middlemist et autres, 1976; Koocher, 1977). Cette découverte est intéressante, mais justifie-t-elle l'incursion dans la vie privée qu'elle entraîne?

Les dommages permanents
Les expériences psychologiques causent-elles parfois des dommages permanents à ceux qui y participent? Il s'agit ici sans doute de la question morale la plus sérieuse. Une expérience classique sur l'obéissance à l'autorité illustre bien cette question. Dans le cadre de cette étude, les sujets croyaient administrer des chocs électriques douloureux et dangereux à une autre personne (Milgram, 1974). (Aucun choc ne se

donnait réellement.) Pour la plupart des sujets, le fait de croire qu'ils faisaient mal à quelqu'un leur causait beaucoup de stress. Nombre d'entre eux quittèrent l'expérience troublés et perturbés. Certains éprouvèrent de la culpabilité et de la détresse pendant un certain temps.

Cette expérience peut sembler immorale, mais le chercheur, Stanley Milgram, procéda à des études de suivi sur les sujets. La plupart affichèrent un sentiment positif à l'égard de l'expérience et se dirent contents d'y avoir participé. Bon nombre d'entre eux ajoutèrent qu'ils avaient appris une chose importante sur eux-mêmes. Mais qu'en est-il des quelques sujets dont les sentiments furent différents? Comme pour la recherche médicale, il n'existe pas de réponses faciles aux questions morales soulevées par la psychologie.

La majorité des étudiants jugent les études mentionnées ci-dessus intéressantes et instructives. Comment peut-on répartir équitablement la recherche de connaissances et les droits de l'homme? En réponse à cette question, l'association américaine de psychologie a adopté des lignes de conduite qui disent en partie :«Les psychologues doivent mener des enquêtes en respectant les personnes qui y participent et en se souciant de leur dignité et de leur bien-être.» Pour s'assurer qu'il en est ainsi, la plupart des départements de psychologie disposent de comités déontologiques qui examinent les recherches proposées. Néanmoins, il n'existe pas de réponse facile aux problèmes soulevés par certaines recherches. Comment croyez-*vous* qu'un psychologue puisse décider si sa recherche est morale ou non?

Devenir un sujet Les questions morales de la recherche peuvent se

Exploration

révéler très pertinentes pour de nombreux étudiants. Comme nous l'avons déjà mentionné, on demande souvent à des étudiants de collèges de servir de sujets dans le cadre d'expériences psychologiques. Si vous devenez un sujet, à quoi devez-vous vous attendre? Tout d'abord, il est certain que vous vivrez une expérience intéressante et instructive. Il n'y a pas de meilleur moyen de savoir comment s'effectue la recherche que d'y participer directement. En outre, vous êtes en droit de vous attendre à ce que vos réactions demeurent confidentielles, à ce qu'on vous mette au courant du but de la recherche, à ce que vous receviez une interprétation de vos réponses et de vos résultats aux tests, enfin, à ce que les résultats de la recherche vous soient remis.

La recherche psychologique peut s'avérer réellement fascinante. Si vous y participez en tant que sujet, vous pourriez finir par désirer entreprendre votre propre expérience ou répondre à vos propres questions. Nombre de carrières en psychologie ont débuté de cette façon.

Autotest

1. On considère la duperie comme une partie nécessaire dans presque toutes les expériences de psychologie. Vrai ou faux?

2. La plupart des sujets qui participèrent à l'expérience de Milgram sur l'obéissance ne se considérèrent pas affectés. Vrai ou faux?

3. La principale question morale soulevée par l'expérience carcérale à Stanford concerna l'incursion dans la vie privée. Vrai ou faux?

4. Aux États-Unis, l'association américaine de psychologie doit décider si une expérience est morale ou non, avant qu'on n'y procède. Vrai ou faux?

Réponses :

1. faux 2. vrai 3. faux 4. faux

Résumé du chapitre

■ La **méthode scientifique** est utilisée afin d'aller plus loin que le sens commun et d'éviter les écueils de la simple observation. Les étapes importantes de l'enquête scientifique comprennent l'**observation**, la **définition du problème**, la proposition d'une **hypothèse**, l'**expérimentation** et l'élaboration d'une **théorie**.

■ Avant d'enquêter à leur sujet, il faut donner aux notions psychologiques des **définitions opérationnelles**.

■ L'**observation naturelle** constitue le point de départ de nombreuses enquêtes. Les trois problèmes qu'elle soulève sont: les effets de l'observateur sur l'observé, les préjugés de l'observateur et l'incapacité d'expliquer le comportement observé.

■ Dans le cadre de la **méthode corrélationnelle**, on mesure les relations entre deux traits, réactions ou événements. Puis, on calcule un **coefficient de corrélation** afin de mesurer l'intensité de la relation. Les corrélations permettent la prévision, mais elles ne suffisent généralement pas à démontrer des rapports de cause à effet.

■ En psychologie, les **relations** peuvent être **positives** ou **négatives**, **linéaires** ou **curvilignes**. Elles sont souvent explicitées par des graphiques.

■ Les **expériences dirigées** constituent le meilleur moyen d'établir des relations de cause à effet. Deux groupes de sujets ou plus se forment lors d'une expérimentation. La seule différence entre ces groupes réside dans **la variable indépendante** (condition intéressante constituant la cause dans une expérience). On mesure ensuite les effets sur la **variable dépendante**. Toutes les autres conditions (**variables intermédiaires**) sont constantes. On doit pouvoir **reproduire** (répéter) les observations ou expériences pour qu'elles soient significatives.

■ Dans les expérimentations sur les médicaments, on doit utiliser un **placebo** (faux comprimé ou fausse injection) afin de vérifier l'effet des attentes. La recherche sur les médicaments utilise souvent la technique du **double aveugle** de sorte que ni les sujets ni les expérimentateurs ne savent qui reçoit quoi.

■ L'un des problèmes reliés à ces expériences est l'**effet de l'expérimentateur**. Il s'agit de la tendance qu'ont les expérimentateurs d'influencer subtilement et inconsciemment le résultat d'une expérimentation. Les attentes peuvent créer une **prédiction auto-déterminante**, au moyen de laquelle une personne change la direction d'une expérimentation.

■ La **méthode clinique** se sert d'**études de cas** pour étudier un sujet en profondeur. Les études de cas fournissent des renseignements précieux sur des sujets qu'on ne peut étudier d'aucune autre façon.

■ Dans le cadre de la **méthode des enquêtes**, on pose aux membres d'un **échantillon représentatif** des questions soigneusement formulées. Les réponses à ces questions fournissent de l'information sur les attitudes et le fonctionnement psychologique d'un grand nombre de gens.

■ L'information véhiculée dans la littérature populaire varie énormément en qualité et en exactitude. Il est sage de les aborder avec scepticisme et prudence, particulièrement lorsqu'il s'agit de la **source d'information, de l'observation non dirigée, de la corrélation et de la causalité, des inférences, de la simplification à outrance et des cas isolés.**

■ La recherche psychologique soulève un grand nombre de **questions morales**. Trois d'entre elles sont la **duperie, l'incursion dans la vie privée et les dommages permanents**.

Discussion

1. Pouvez-vous citer des dictons de «sens commun» (autres que ceux mentionnés) qui se contredisent l'un l'autre? Pourquoi croyez-vous qu'on ne remarque pas ces contradictions?

2. Disons que vous vous intéressez aux règles tacites qui régissent l'espace occupé par les gens dans les endroits publics. Quelles techniques de recherche utiliseriez-vous? Songez-vous à des expériences sur le terrain auxquelles vous pourriez procéder?

3. Quel type de corrélation croyez-vous qu'il existe entre le niveau de bruit dans un bureau et le rendement? Entre le revenu et l'instruction? Entre l'attraction physique et la fréquence des rendez-vous amoureux? Entre l'assiduité scolaire et les résultats? Entre la consommation d'alcool chez les parents et leurs enfants? Comment pourriez-vous démontrer un lien de causalité dans l'un de ces cas?

4. En ce qui concerne les prédictions auto-déterminantes, de quelle façon les attentes de vos professeurs, de vos parents ou d'amis ont-elles affecté vos attentes à votre endroit? Si vous avez fréquenté une école qui offrait des niveaux lent, normal et accéléré, quels avantages et inconvénients voyez-vous à ce système?

5. À votre avis, est-il malhonnête ou immoral pour un médecin de prescrire des placebos à ses patients? Expliquez votre réponse.

6. Avez-vous déjà participé à un sondage? En vous fondant sur votre participation, jusqu'à quel point croyez-vous que les sondages sont exacts? Quelles sont les faiblesses des sondages effectués par les journaux locaux avec «la personne de la rue»?

7. Comparé à ce qui se pratique régulièrement au sein du gouvernement, de l'armée, du monde des affaires et des institutions à caractère éducatif, la plupart des expériences psychologiques sont anodines. En gardant cela à l'esprit, quelle est votre position à l'égard des questions morales soulevées dans la section Exploration?

8. Considérez-vous que les expériences décrites à la section Exploration sont morales? Expliquez votre réponse. Quels changements apporteriez-vous, si vous répétiez les expériences?

9. Il existe une faille dans l'énoncé suivant: «J'ai pris des comprimés de vitamine C, et je n'ai pas eu de rhume cette année.» Quelle est-elle?

DEUXIÈME PARTIE

LES FONDEMENTS DE LA CONSCIENCE HUMAINE

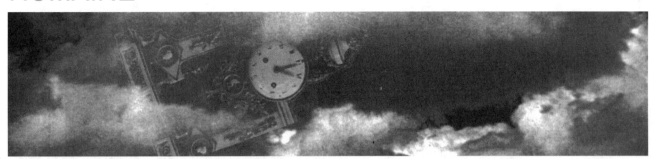

CHAPITRE 3

LE CERVEAU, LA BIOLOGIE ET LE COMPORTEMENT

APERÇU DU CHAPITRE
MONDES À L'INTÉRIEUR DE MONDES À L'INTÉRIEUR DE MONDES

Imaginez que vous êtes plus petit que le point à la fin de la phrase, puis accompagnez-moi dans un monde microscopique étrange. Nous sommes entourés d'un enchevêtrement de ramifications arachnéennes, de fibres délicates et de globes transparents. Pendant que nous observons, des vibrations d'énergie électrique traversent les fibres et se répandent dans toutes les directions. Entre temps, tout baigne dans une mer houleuse de substances chimiques exotiques. Nous nous trouvons effectivement dans un monde unique d'une beauté singulière et d'une complexité inouïe, à l'intérieur du plus formidable ordinateur : le cerveau humain.

*Ouvrez la coquille fragile que constitue le crâne et vous trouverez, littéralement, «des mondes à l'intérieur de mondes à l'intérieur de mondes». Le cerveau humain a la dimension approximative d'un gros pamplemousse. Pesant environ 1,35 kilogramme, il compte quelque 100 milliards de cellules nerveuses appelées **neurones**.*

Les neurones se spécialisent dans le transport et le traitement de l'information, en plus de stimuler muscles et glandes. Ainsi, tout ce que vous pensez, faites ou ressentez provient de ces cellules minuscules. La masse de neurones que l'on appelle le cerveau permet aux humains de créer de la musique d'une grande beauté, de s'engager dans la lutte contre le cancer ou de lire le présent ouvrage.

Chaque neurone du «canevas enchanté» que constitue le cerveau est relié à quelque 10 000 autres. Grâce à ce réseau, on peut agencer et emmagasiner une incroyable quantité d'information. En fait, il existe peut-être un plus grand nombre de canaux entre les neurones d'un seul cerveau humain que d'atomes dans tout l'univers!

Les scientifiques savent depuis longtemps que le cerveau est l'organe de la conscience et de l'action. Mais ils ont été en mesure d'en établir directement la preuve que depuis peu. À cette fin, le chercheur José Delgado pénétra à l'intérieur d'une arène muni d'une cape et d'un émetteur radio. Le taureau chargea, Delgado recula. À la dernière minute, l'animal s'arrêta net. Pourquoi? Parce que Delgado actionna des électrodes implantées dans le cerveau du taureau et destinées à stimuler des «centres de commande» qui forcèrent l'animal à s'immobiliser.

*La **psychophysiologie** est l'étude de la relation entre le cerveau, le système nerveux et le comportement. Il apparaît évident que les réponses à un grand nombre de questions relatives au cerveau, à la conscience et à la connaissance sont enfouies à l'intérieur du cerveau (Thompson, 1985). Pénétrons à l'intérieur de ce monde fascinant et examinons notre patrimoine biologique et nos capacités humaines de plus près.*

Questions d'ensemble

■ Comment fonctionnent et communiquent les cellules nerveuses?

■ Quelles sont les fonctions des principales composantes du système nerveux?

■ Que se produit-il, lorsque le cerveau est endommagé?

■ Comment le système glandulaire est-il relié au système nerveux?

■ En quoi les droitiers et les gauchers sont-ils différents?

■ Peut-on commander le cerveau artificiellement?

Les neurones : la construction d'un «bio-ordinateur»

Comme le psychophysiologiste Paul MacLean l'affirma, la question première à l'heure actuelle est de savoir si l'on parviendra à commander le cerveau avant que la race humaine ne disparaisse de la face de la planète par suite de sa maîtrise de la physique et de la chimie. L'éclaircissement des mystères du cerveau commence par les neurones, les unités fondamentales du «bio-ordinateur» humain. Un seul neurone n'est pas particulièrement intelligent. Pourtant, lorsque les neurones sont reliés en de vastes réseaux, ils constituent la source de l'intelligence et de la conscience.

Question : Comment les neurones véhiculent-ils l'information?

Les parties d'un neurone Le système nerveux se compose de longs «chaînons» de neurones. Bien que les neurones aient des formes et des dimensions variées, la plupart possèdent quatre parties essentielles (illustration 3.1). Les **dendrites**, qui ressemblent aux racines d'un arbre, reçoivent des messages en provenance d'autres neurones. Le corps cellulaire, ou **soma**, reçoit également de l'information, qu'il recueille et organise. De temps à autre, le soma envoie une impulsion nerveuse par une fibre longue et mince appelée **axone**.

Les axones se lient généralement à leur extrémité pour former des **boutons terminaux**, et ces ramifications sont reliées aux dendrites et aux somas d'autres neurones. C'est ainsi que l'information se transmet d'un neurone à l'autre. Certains axones ne mesurent que 0,1 millimètre (la largeur d'un trait de crayon).

D'autres parcourent le système nerveux adulte et mesurent jusqu'à un mètre. Comme de minuscules câbles, les axones véhiculent des messages depuis les organes sensoriels jusqu'au cerveau, du cerveau aux muscles et aux glandes, ou simplement d'un neurone à l'autre.

L'impulsion nerveuse Chaque neurone ressemble à une minuscule pile biologique prête à libérer son énergie. Des molécules portant une charge électriques, les **ions**, se trouvent en nombres variés à l'intérieur et à l'extérieur de chaque cellule nerveuse (illustration 3.2). Par conséquent, les charges électriques varient quelque peu au niveau de la **membrane cellulaire** (ou «peau»). L'intérieur d'un neurone humain a une charge d'environ moins 70 millivolts en comparaison de l'extérieur de la cellule. (Un millivolt est un millième de volt.) Cette charge électrique s'appelle le **potentiel de repos**.

Les messages qui proviennent d'autres neurones modifient le potentiel de repos jusqu'à ce que ce dernier atteigne un **seuil**, ou point de déclenchement, de décharge. Le seuil des neurones humains se situe à environ moins 50 millivolts (illustration 3.2). Lorsqu'un neurone atteint ce point, une impulsion nerveuse, ou **potentiel d'action**, parcourt l'axone.

Le potentiel d'action se produit parce que de minuscules tunnels, appelés **canaux d'ions**, traversent la membrane de l'axone. La fermeture de ces canaux est normalement régie par des «portes» moléculaires. Lors d'un potentiel d'action, les portes s'ouvrent et permettent l'entrée d'ions de sodium à l'intérieur de l'axone (Thompson, 1985). Cela se produit d'abord à proximité du soma. Par la suite, à mesure que se déplace le potentiel d'action, les portes s'ouvrent successivement le long de l'axone.

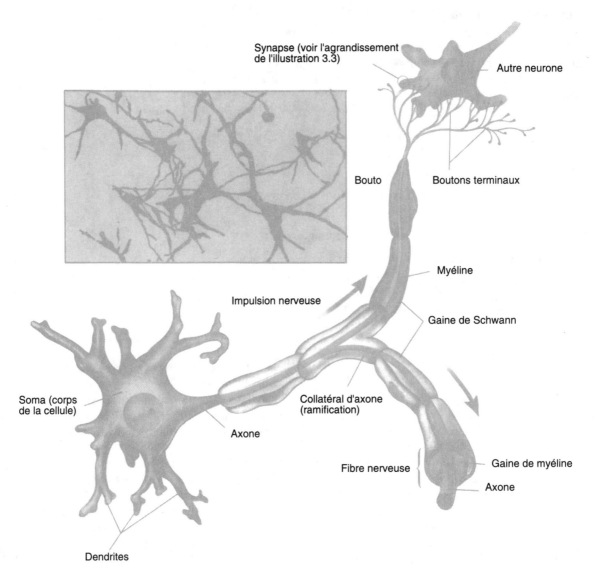

Synapse (voir l'agrandissement de l'illustration 3.3)

Autre neurone

Bouto

Boutons terminaux

Myéline

Impulsion nerveuse

Gaine de Schwann

Soma (corps de la cellule)

Collatéral d'axone (ramification)

Axone

Fibre nerveuse

Gaine de myéline

Axone

Dendrites

Illustration 3.1 *Un exemple de neurone, ou cellule nerveuse, et de ses principales composantes. En avant-plan, à droite, on aperçoit une coupe de la fibre nerveuse; l'encart du coin supérieur gauche présente une image plus fidèle de la forme des neurones. L'impulsion nerveuse se dirige généralement depuis les dendrites et le soma jusqu'aux terminaisons de l'axone. Le neurone illustré ici est un neurone moteur. Les neurones moteurs prennent naissance dans le cerveau ou la moelle épinière et envoient leurs axones aux muscles et aux glandes du corps.*

Le seuil de décharge transforme le potentiel d'action en événement **tout ou rien**, c'est-à-dire que l'impulsion se produit ou ne se produit pas. Imaginez l'axone comme une rangée de dominos debout. La chute des dominos est une action tout ou rien. La chute du premier domino entraîne la chute rapide des autres jusqu'au dernier. De façon similaire, lorsqu'une impulsion nerveuse est déclenchée près du soma, une vague d'activités (le potentiel d'action) traverse l'axone en direction des terminaisons d'axones.

Après chaque impulsion nerveuse, la cellule se retrouve temporairement sous son niveau de repos. La baisse s'appelle **potentiel consécutif négatif**. Cela est attribuable à une sortie d'ions de potassium pendant que les portes de la membrane sont ouvertes. Par con-séquent, le neurone doit se recharger après chaque impulsion nerveuse. Il y parvient en rappelant des ions qui traversent la membrane jusqu'à ce que son potentiel de repos soit rétabli.

Le procédé de décharge et de retour au niveau de repos d'une impulsion prend environ un millième de seconde. Pour cette raison, on ne peut assister qu'à un maximum de mille impulsions nerveuses à la seconde. Il est toutefois plus courant de rencontrer des taux de décharge de l'ordre de un à 300 ou 400 par seconde (Steven, 1979).

Question : À quelle vitesse les impulsions nerveuses se déplacent-elles le long de l'axone?

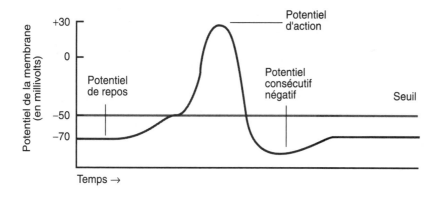
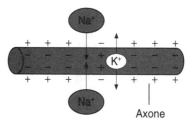

Illustration 3.2 *Les modifications électrochimiques d'une cellule nerveuse peuvent donner naissance à un potentiel d'action. Lorsque des ions positifs chargés de sodium (Na⁺) envahissent une cellule, le potentiel de cette dernière devient momentanément positif. Il s'agit du potentiel d'action. À la fin du potentiel, une sortie d'ions de potassium positifs (K⁺) rétablit la charge négative du potentiel de repos. (Revenir au texte pour en savoir davantage.)*

Les impulsions se déplacent à environ 2,5 mètres par seconde dans les petits axones étroits, et jusqu'à 100 mètres par seconde dans les axones plus longs. Plus le diamètre de l'axone est grand, plus le déplacement est rapide. La vitesse des impulsions nerveuses est également plus élevée lorsque la **myéline** est présente. Cette dernière se présente sous la forme d'une substance adipeuse qui recouvre certains axones. Lorsque de petites fentes ponctuent la surface des axones, les impulsions nerveuses se déplacent plus rapidement en sautant d'une fente à l'autre.

Comme on le voit, les impulsions nerveuses ne se produisent pas instantanément. Si quelqu'un vous marche sur les pieds, votre cerveau prend un quinzième de seconde avant de recevoir le message!

Les neurotransmetteurs

On constate que l'impulsion nerveuse est principalement un événement électrique. C'est pourquoi la stimulation électrique du cerveau affecte le comportement. (La «corrida électronique» de José Delgado constitue un excellent exemple.) Par ailleurs, la communication entre les neurones est *moléculaire*. Une impulsion nerveuse qui atteint les boutons terminaux des axones occasionne l'émission de **neurotransmetteurs**. De petites quantités de ces substances chimiques puissantes traversent l'intervalle, ou **synapse**, entre les neurones. Les molécules transmises s'attachent ensuite aux **récepteurs** spécifiques situés sur le soma et les dendrites du neurone suivant (illustration 3.3). (Les transmetteurs peuvent également actionner les récepteurs des muscles et des glandes.)

Question : La décharge d'un neurotransmetteur déclenche-t-elle immédiatement un potentiel d'action dans le neurone suivant?

Pas toujours. Les transmetteurs peuvent *exciter* le neurone suivant (en l'amenant au seuil de décharge) ou l'*inhiber* (réduire les chances que se produise une im-

pulsion). À tout instant, un neurone reçoit des messages de centaines de milliers d'autres neurones. Si plusieurs messages «stimulants» arrivent presque en même temps et qu'ils ne sont pas annulés par des messages «inhibiteurs», le neurone atteint son seuil de décharge. Cela signifie que les messages chimiques *s'unissent* avant qu'un neurone ne «décide» de décharger son potentiel d'action tout ou rien. Multipliez ces événements par 100 milliards de neurones et 100 trillions de synapses et vous obtenez un ordinateur exceptionnel

Illustration 3.3 *Synapse très agrandie de l'illustration 3.1. Les molécules de transmission traversent l'intervalle synaptique pour affecter le neurone suivant. L'intervalle est exagéré ici; en réalité, il ne mesure qu'environ 2,5 millionièmes de centimètre. Les molécules de transmission produisent des effets variés, depuis la stimulation jusqu'à l'inhibition de l'activité du neurone.*

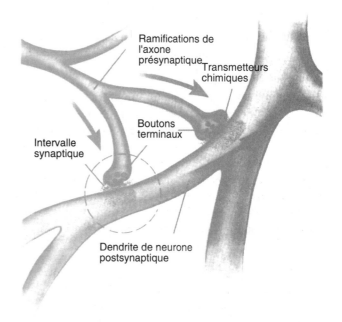

— que l'on peut insérer dans un espace plus petit qu'une boîte à chaussures.

Le cerveau compte quelque 30 neurotransmetteurs connus ou dont on soupçonne l'existence. Parmi les «messagers chimiques» les plus importants, on retrouve l'acétylcholine, l'adrénaline, la noradrénaline, la sérotonine, la dopamine, l'histamine et un éventail d'acides aminés (Krieger, 1983).

La grande variété des substances chimiques de transmission explique pourquoi des milliers de médicaments agissent sur l'humeur et le comportement. Nombreux sont ceux qui agissent en imitant, en reproduisant ou en bloquant les effets des neurotransmetteurs. Par exemple, l'**acétylcholine** est un transmetteur qui actionne généralement les muscles. Cependant, le **curare** s'attache également aux récepteurs des muscles et empêche l'acétylcholine d'en atteindre les sites (Evars, 1979; Thompson, 1985). Par conséquent, une personne ou un animal à qui l'on administre du curare sera paralysé — ce que savent bien les Amérindiens du bassin amazonien qui empoisonnent leurs flèches avec du curare.

La mescaline, une drogue qui agit sur le psychisme et qui ressemble à la noradrénaline, est un exemple de drogue qui imite un transmetteur (Iversen, 1919). De la même façon, il semble que le LSD et la psilocybine («champignons magiques») agissent directement sur les récepteurs de la sérotonine (Jacobs, 1987).

Les régulateurs nerveux   Des recherches récentes ont mené à la découverte d'une nouvelle famille de transmetteurs, les **neuropeptides**. Ces substances ne véhiculent pas les messages directement, mais semblent plutôt «régler» l'activité d'autres neurones. Ce faisant, elles affectent la mémoire, la perception de la douleur, les émotions, le plaisir, l'humeur, la faim, le comportement sexuel et d'autres sensations fondamentales (Krieger, 1983). L'illustration 3.4 présente un neuropeptide en action. Comme on peut le constater, certains neurones disposent de récepteurs déterminés pour les opiacés comme la morphine.

Question : Pourquoi le cerveau est-il muni de récepteurs d'opiacés? Après tout, le corps humain ne renferme pas d'opium à la naissance.

C'est précisément la question qui a engagé la recherche de peptides opiacés naturels dans le cerveau. Les scientifiques ont découvert que le cerveau produit des régulateurs nerveux qui ressemblent aux opiacés. On les appelle **encéphalines**, et elles servent à soulager la douleur et à diminuer le stress (Iversen, 1979). Des substances parentes appelées **endorphines** sont libérées par la glande pituitaire (Thompson, 1985). Il semble que l'on peut maintenant expliquer des phénomènes aussi variés que l'«euphorie du coureur», l'effet placebo

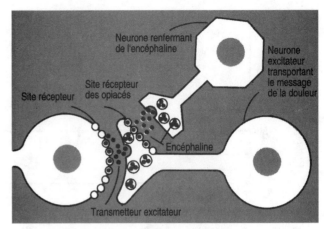

Illustration 3.4 *Ce diagramme simplifié présente l'action qu'exercent les opiacés naturels du cerveau sur la douleur. Les neurones qui véhiculent les messages de douleur semblent posséder des récepteurs d'opiacés pour des transmetteurs comme les encéphalines. L'émission d'encéphalines par les neurones «régulateurs» supprime l'activité des neurones porteurs des messages de douleur. Cette suppression bloque ou réduit la circulation des messages de douleur (adapté d'Iversen, 1979).*

et l'acupuncture par l'action des encéphalines et des endorphines. (Voir le chapitre 4 pour en savoir davantage.)

Lorsque vous touchez quelque chose de chaud, vous retirez votre main rapidement, et ce sont les neurotransmetteurs qui véhiculent les messages en provenance des neurones. En même temps, la douleur peut entraîner l'émission d'encéphalines et d'endorphines par le cerveau. Ces régulateurs chimiques réduisent la douleur jusqu'à un niveau supportable (Thompson, 1985). En dernière analyse, la compréhension du rôle des peptides comme régulateurs des activités cérébrales pourra peut-être expliquer la dépression, la schizophrénie, la toxicomanie ainsi que d'autres phénomènes intrigants.

Une brève excursion au pays du système nerveux — à vos circuits!

Imaginez deux personnes qui jouent au frisbee. L'activité peut sembler intéressante aux yeux d'un observateur extérieur, mais certainement pas exceptionnelle. Malgré tout, considérez ce qui se passe à l'intérieur du corps. Pour lancer ou attraper le frisbee, il faut recevoir, interpréter et diriger une information volumineuse vers un nombre illimité de fibres musculaires. Les circuits de neurones du corps sont extrêmement actifs. Examinons le «réseau de circuits» qui rend tout cela possible.

Les neurones et les nerfs

Question : Les neurones sont-ils des nerfs?

Non. Les neurones sont de minuscules cellules individuelles, alors qu'on peut voir les nerfs à l'oeil nu. Les

nerfs ne sont pas des cellules, mais de grands faisceaux de fibres nerveuses (axones et dendrites). Un grand nombre de nerfs doivent leur couleur blanchâtre aux axones recouverts de myéline qui les composent. Une fine couche de cellules appelée **gaine de Schwann** recouvre également la plupart des fibres nerveuses à l'extérieur du cerveau et de la moelle épinière (illustration 3.1).

La gaine de Schwann est importante parce qu'elle offre un «tunnel» à l'intérieur duquel les fibres nerveuses endommagées peuvent se régénérer. Si vous vous coupiez accidentellement un doigt, et qu'on le recousait, il y a de fortes chances que les nerfs se régénéreraient. En fait, le processus s'effectuerait au rythme d'environ un millimètre par jour.

Le corps ne peut cependant pas remplacer les neurones du *cerveau* et de la *moelle épinière*. Ces derniers doivent donc durer pour la vie. Si la moelle épinière est coupée ou écrasée, la victime peut perdre l'usage des membres qui se trouvent sous la blessure de manière permanente. En outre, si le corps cellulaire d'un neurone est détruit *à quelque endroit que ce soit* du système nerveux, la cellule mourra. Cela est la cause de la polio, une maladie paralysante où les corps cellulaires des neurones qui régissent les muscles sont détruits. (Pour une exception à la règle, voir le profil 3.1).

Question : Pourquoi des éléments aussi importants que les cellules du cerveau ne peuvent-ils être remplacés comme les autres cellules du corps?

Vraisemblablement parce que de nouvelles connexions, ou «circuits», sont créées dans le cerveau durant le processus d'apprentissage. Si les cellules du cerveau étaient

Illustration 3.5 *Sous-éléments du système nerveux*

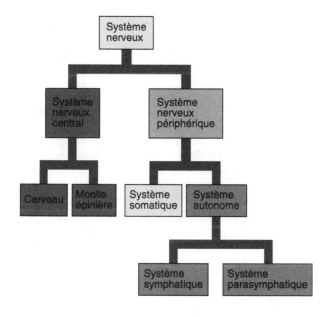

On peut croire que la transplantation de tissu cérébral relève de la science-fiction. Il semble toutefois qu'on aura un jour recours aux greffes cérébrales pour corriger une variété de maladies et de blessures cérébrales.

Comme vous le savez, les cellules cérébrales endommagées sont perdues à jamais. Peut-on les remplacer artificiellement? Il semble que oui, dans certains cas, au moyen de tissu cérébral sain. Dans une expérience, les cerveaux de rats ont été endommagés dans une région qui affecte l'apprentissage. On a implanté du tissu cérébral sain sur le site affecté de certains rats. Ensuite, on soumit les animaux à une épreuve de labyrinthe, et les résultats furent encourageants. En effet, les rats ayant reçu les implants réussirent beaucoup mieux que les autres (Labbe et autres, 1983). En outre, il semble que les greffes ont «pris», ou que le tissu greffé s'est fixé au tissu cérébral existant.

Les implants peuvent également soigner certaines maladies cérébrales. Les effets paralysants du parkinson, par exemple, sont occasionnés par une perte de cellules cérébrales responsables de l'émission de la dopamine. (Rappelez-vous que la dopamine est un transmetteur.) Ces dernières années, on a implanté du tissu producteur de dopamine dans le cerveau de patients gravement atteints du parkinson. Le tissu provenait des surrénales des patients mêmes. Dans la plupart des cas, l'état des patients s'est nettement amélioré (Kolata, 1983).

De toute évidence, il est trop tôt pour songer à la greffe comme moyen de réussir un examen. Le domaine de la transplantation est encore au stade expérimental et on ignore si des tissus étrangers peuvent être transplantés sur des humains, comme cela est le cas des animaux. Pareillement, la greffe cérébrale est lourde de conséquences. Elle peut réparer des tissus endommagés par suite de blessures du cerveau ou de la moelle épinière, dont les effets sont irréversibles à l'heure actuelle. Imaginez la portée de telles interventions sur des personnes confinées à un fauteuil roulant ou souffrant des séquelles d'une attaque d'apoplexie. Bien qu'il soit imprudent de soulever de faux espoirs, les éléments fondamentaux d'une solution à ce genre de problèmes commencent à se préciser.

remplacées fréquemment, tout ce que l'on apprend serait effacé d'un jour à l'autre (Thompson, 1985).

Le système nerveux

Pris globalement, le système nerveux constitue une structure unifiée unique. Il est cependant plus facile de l'étudier en le divisant en ses composantes. Comme on peut le voir aux illustrations 3.5 et 3.6, le **système nerveux central** (SNC) se distingue du **système nerveux périphérique**. Le premier se compose du cerveau et de la moelle épinière.

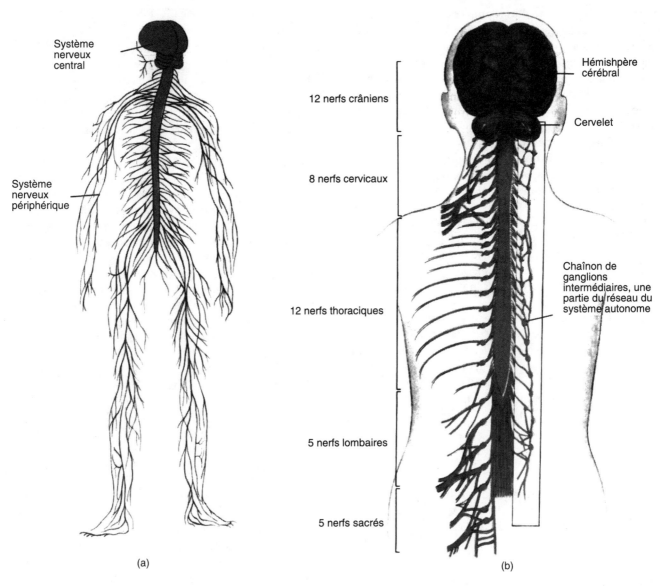

Illustration 3.6 *(a) Les systèmes nerveux central et périphérique. (b) Les nerfs rachidiens et crâniens, et le système nerveux autonome.*

Question : Comment le système nerveux central et le système nerveux périphérique sont-ils reliés?

Le système nerveux périphérique Le système périphérique se compose de nerfs qui véhiculent l'information depuis et vers le système nerveux central. Le système périphérique compte deux sous-éléments : le système **somatique**, qui véhicule les messages depuis et vers les organes sensoriels et les muscles squelettiques, et le **système nerveux autonome** (SNA), qui sert les organes internes et les glandes du corps. Ce dernier se divise en deux composantes, le système **sympathique** et le système **parasympathique**. Les deux sont reliés aux réactions émotionnelles comme les pleurs, la sudation, le rythme cardiaque et les autres comportements involontaires (illustration 3.7).

Le SNA, de concert avec le système somatique, coordonne les mondes extérieurs et intérieurs du corps.

Si un gros chien féroce fonce sur vous, votre système somatique vous aide à maîtriser les muscles qui régissent la course, en plus d'accroître la pression sanguine, d'accélérer le pouls, etc.

Question : Comment les ramifications du système autonome sont-elles différentes?

La ramification sympathique est un système d'«urgence» qui prépare le corps à «se battre» durant des moments de danger ou d'émotion. Essentiellement, elle stimule le corps et le prépare à réagir. Par ailleurs, la ramification parasympathique ou «de soutien» est plus active *peu de temps après* l'événement stressant ou chargé d'émotion. Son rôle consiste à calmer le corps et à le ramener à un niveau inférieur de stimulation (Thompson, 1985), en plus d'aider au maintien des fonctions vitales comme le rythme cardiaque, la respiration et la digestion à un niveau modéré. Bien entendu, les

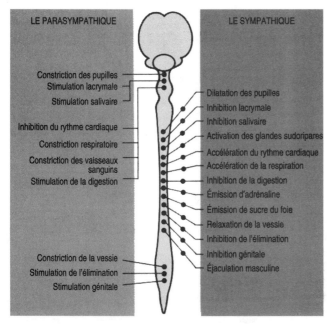

Illustration 3.7 *Les ramifications sympathique et parasympathique du système nerveux autonome. Les deux commandent des fonctions involontaires. En général, le sympathique actionne le corps, alors que le parasympathique le ralentit. Le sympathique assure le relais au moyen d'un chaînon de ganglions (groupements de corps cellulaires) à l'extérieur de la moelle épinière.*

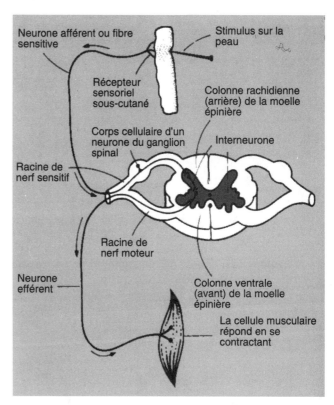

Illustration 3.8 *Arc réflexe sensorimoteur simple. Un réflexe simple est déclenché par suite d'un stimulus sur la peau (ou sur toute autre partie du corps). L'impulsion nerveuse se dirige vers la moelle épinière, puis revient au muscle, qui se contracte. Les réflexes sont un dispositif de protection «automatique» du corps.*

deux ramifications du SNA sont actives en tout temps. Leur activité combinée sert à déterminer si le corps est stimulé ou non. (Voir le chapitre 12 pour en savoir davantage sur le système autonome.)

La moelle épinière   La moelle épinière est importante, étant donné qu'elle agit comme un câble qui relie le cerveau aux autres parties du corps. En coupant la moelle épinière, on aperçoit des colonnes de **matière blanche**. Ce tissu nerveux se compose d'axones qui partent de la moelle épinière pour former les nerfs périphériques. L'illustration 3.6 montre l'existence de 30 paires de **nerfs rachidiens** qui partent de la moelle épinière, en plus d'une autre paire qui part de l'extrémité inférieure. Les 31 paires, de concert avec 12 nerfs additionnels qui partent directement du cerveau (les **nerfs crâniens**), placent le corps entier en communication sensorielle et motrice avec le cerveau.

Question : Comment la moelle épinière est-elle reliée au comportement?

Le type de comportement le plus simple (l'**arc réflexe**) peut être produit par la moelle épinière même, sans l'aide du cerveau (illustration 3.8). Imaginez que l'un des joueurs de frisbee marche sur une épine. Le pied enregistre la sensation au moyen d'un **neurone sensitif**, et un message (sous forme d'un potentiel d'action) est envoyé en direction de la moelle épinière.

Le neurone sensitif entre en contact avec un **neurone connecteur** (ou **interneurone**) à l'intérieur de la moelle épinière. À son tour, le neurone connecteur actionne une autre cellule connectrice (dans le cas présent, un **neurone moteur**) qui renvoie aux fibres musculaires. Les fibres musculaires se composent de **cellules effectrices** qui se contractent, et le pied se retire. Notez qu'aucune activité cérébrale n'est requise dans le cas d'un arc réflexe. Le corps peut réagir en se protégeant seul sans faire appel au cerveau.

En réalité, même le réflexe le plus simple est accompagné d'une activité plus complexe. Par exemple, les muscles du membre opposé doivent se contracter pour supporter le changement de poids. Même ce geste peut être accompli par la moelle épinière, mais il engage un plus grand nombre de cellules et plusieurs niveaux de nerfs rachidiens.

Vous vous êtes peut-être rendu compte de l'avantage de posséder une moelle épinière capable de répondre de manière autonome. Les réponses automatiques laissent le cerveau de notre expert du frisbee libre de traiter de l'information plus importante comme l'emplacement d'arbres, de lampadaires et de spectateurs éventuels au moment où il ou elle effectue une prise spectaculaire.

Autotest

Avant de poursuivre, essayez de répondre aux questions suivantes.

1. Les _____ et le _____ sont des zones réceptrices d'information en provenance d'autres neurones.

2. Les impulsions nerveuses sont véhiculées le long de l'_____.

3. Le point d'échange entre deux neurones s'appelle myéline. Vrai ou faux?

4. Le potentiel de _____ se transforme en potentiel d'_____, lorsqu'un neurone passe le seuil de décharge.

5. Les neuropeptides sont une nouvelle classe de transmetteurs qui incluent les substances opiacées produites naturellement appelées encéphalines. Vrai ou faux?

6. Les systèmes somatique et autonome font partie du système nerveux _____.

7. Les ions de sodium et de potassium traversent les canaux d'ions de la synapse afin de déclencher une impulsion nerveuse dans le neurone récepteur. Vrai ou faux?

8. La séquence de comportement la plus simple s'appelle l' _____.

9. Le système nerveux parasympathique est le plus actif en période d'émotion intense. Vrai ou faux?

Réponses :

1. dendrites, soma 2. axone 3. faux 4. repos; action 5. vrai 6. périphérique 7. faux 8. arc réflexe 9. faux

Le cortex cérébral — comme votre cerveau est grand!

À maints égards, les humains sont des êtres plutôt ordinaires. Fragiles, faibles, nés nus et impuissants, ils sont dépassés par des animaux dans presque toutes les catégories relatives à la force physique, à la vitesse et à la sensibilité sensorielle. Les humains excellent cependant sur le plan de l'intelligence.

Question : Les humains possèdent-ils le plus grand cerveau?

Non, aussi étonnant que cela puisse paraître. Le cerveau de l'éléphant pèse environ 6 kilogrammes, celui du cachalot, 8,5 kilogrammes. Avec son 1,25 kilogramme, le cerveau humain semble bien petit — jusqu'à ce que l'on mesure le ratio de son poids par rapport à celui du corps entier. Nous apprenons alors que celui du pachyderme est de 1:1 000, celui du cétacé, de 1:10 000, et celui de l'être humain, de 1:60 (Cohen, 1974). Si l'on vous dit que vous avez «un cerveau de baleine», demandez s'il s'agit de taille ou de ratio!

Question : Et les dauphins?

Les seules autres créatures dont la taille du cerveau et le ratio de ce dernier par rapport au corps se comparent avantageusement à ceux de l'être humain sont les dauphins et les marsouins. Il se peut, bien que la preuve n'ait pas été établie, que ces animaux soient aussi intelligents que les humains, voire davantage. Les cher-

cheurs ont déjà démontré que les dauphins communiquent au moyen de sons aussi complexes que les nôtres (Wursig, 1979). Cependant, cela ne signifie pas automatiquement qu'ils utilisent ces sons pour produire un langage aussi complexe que le nôtre. En outre, il se peut que les dauphins et les marsouins utilisent une plus grande partie de leur cerveau pour la natation, la coordination et les fonctions sensorimotrices «inférieures».

Par conséquent, le cerveau humain est, toute proportion gardée, très développé. En outre, en remontant l'échelle zoologique, une proportion plus grande du cerveau est consacrée au **cortex cérébral** (illustration 3.9). Chez les humains, ce dernier occupe pas moins de 70 pour 100 des neurones du système nerveux central.

La cérébralisation Le cortex cérébral ressemble quelque peu à une noix géante plissée. Il occupe la plus grande partie visible du cerveau et dispose d'un manteau de **matière grise** (un tissu spongieux composé principalement de corps cellulaires). Chez les espèces inférieures, le cortex est plus petit et lisse, tandis que chez les humains, il est l'élément principal du cerveau. Le fait que les humains sont plus intelligents que les autres espèces est relié à la **cérébralisation**, ou l'augmentation de la taille et du plissement du cortex. Il est cependant erroné de croire que les simples différences de taille sont responsables des différences d'intelligence chez les humains. Le profil 3.2 explique le pourquoi.

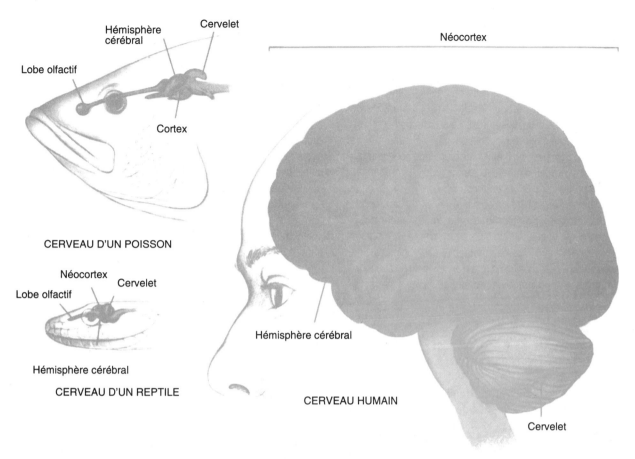

Illustration 3.9 *L'illustration présente les dimensions du cortex cérébral humain par rapport à deux autres espèces, un facteur déterminant de l'adaptabilité et de l'intelligence humaines. Le plissement du cervelet contribue également à accroître la surface corticale à l'intérieur du crâne humain.*

Les hémisphères cérébraux Le cortex dispose de deux côtés, ou **hémisphères**. Les deux hémisphères sont reliés par un épais faisceau appelé le **corps calleux**. Étonnamment, les deux hémisphères régissent les côtés opposés du corps. En effet, l'hémisphère gauche gouverne principalement le côté droit, tandis que l'hémisphère droit gouverne le côté gauche. Ainsi, si une personne subit une blessure ou une attaque qui affecte l'hémisphère droit, ce sont des parties du côté gauche qui seront paralysées ou insensibilisées, et inversement.

La spécialisation hémisphérique

Voici venu le moment de traiter de découvertes remarquables. En 1981, le psychobiologiste Roger Sperry a mérité le prix Nobel pour ses recherches sur les aptitudes spécialisées des hémisphères cérébraux. Sperry et d'autres scientifiques ont démontré que les côtés droit et gauche du cerveau différaient lors d'épreuves de langage, de perception, de musique et d'autres aptitudes.

Question : Comment peut-on tester un seul côté du cerveau ?

Une façon consiste à travailler avec des personnes qui ont subi une intervention chirurgicale au cours de laquelle le corps calleux a été sectionné pour maîtriser une épilepsie grave. À toutes fins utiles, il résulte de ces interventions un «dédoublage de cerveau» et ces individus disposent de deux cerveaux à l'intérieur d'un même corps (Sperry, 1968). Après l'opération, il suffit d'acheminer l'information vers l'un ou l'autre des hémisphères (illustration 3.10).

Les «cerveaux dédoublés» Tant chez les humains que chez les animaux, la séparation des hémisphères entraîne le doublement de la conscience. Comme Sperry (1968) l'affirme, «en d'autres termes, chaque hémisphère semble posséder ses propres sensations privées, ses propres perceptions, ses propres idées et ses propres impulsions».

Question : Comment une personne au cerveau dédoublé fonctionne-t-elle après l'opération ?

Parfois, le fait d'avoir «deux cerveaux» place la personne dans un dilemme. Le chercheur Michael

PROFIL 3.2
Le cerveau au travail

Selon les croyances populaires, toute personne à la tête imposante et au large front est susceptible d'être intelligente. Mais l'efficacité cérébrale dépend vraisemblablement davantage de l'intelligence que de la taille du cerveau. Le psychologue Richard J. Haier et ses collègues ont découvert que les cerveaux de personnes qui réussissent bien aux tests d'aptitude consomment une quantité d'énergie moindre que les cerveaux de personnes au rendement inférieur (Haier et autres, 1988).

Haier a mesuré l'activité cérébrale au moyen d'un procédé appelé **tomographie positronique**. La tomographie positronique enregistre la quantité de glucose (sucre) utilisée par les cellules cérébrales. Plus les neurones sont actifs, plus ils consomment de sucre. En utilisant un glucose radioactif non toxique, on peut enregistrer une image du cerveau au travail.

Qu'ont révélé les tomographies, lorsque les sujets furent soumis à un test de raisonnement difficile? Les chercheurs se sont rendu compte que le cerveau de ceux qui avaient obtenu les résultats *les plus faibles* utilisait *la plus grande quantité* de glucose. Bien que l'on soit porté à croire que ce sont les cerveaux intelligents qui sont les plus actifs, le contraire semble s'avérer. Les sujets les plus intelligents utilisent une énergie moindre que les moins doués pour répondre correctement. Selon Haier, cela démontre que l'intelligence est reliée à l'efficacité du cerveau. Les cerveaux les moins efficaces travaillent le plus fort, bien qu'ils soient moins performants. Nous avons tous connu des journées pareilles!

Gazzaniga (1970) affirme qu'un de ses patients au cerveau dédoublé enlevait son pantalon d'une main, pendant que l'autre main essayait de le mettre. Une fois, le patient saisit son épouse de la main gauche et la secoua violemment, jusqu'à ce que sa main droite vienne à la rescousse et saisisse la main gauche agressive.

Malgré ce genre de conflits, les patients au cerveau dédoublé ont des comportements parfaitement normaux. Cela provient du fait que les deux hémisphères jouissent plus ou moins de la même expérience au même moment. En outre, si un conflit se manifeste, un hémisphère prend généralement le dessus.

Les effets du dédoublement deviennent plus manifestes dans le cadre de tests spécialisés. Par exemple, on peut projeter un signe de dollar à l'hémisphère droit et un point d'interrogation au gauche (les illustrations 3.10 et 3.11 montrent comment cela est possible). Ensuite, on demande au sujet de dessiner, sans regarder, ce qu'il ou elle a vu, en utilisant la main gauche. La main gauche dessine un signe de dollar. Si l'on demande ensuite au sujet de pointer de la main droite ce que la main gauche a dessiné, il ou elle indiquera le point d'interrogation (Sperry, 1968). Bref, chez les sujets au cerveau dédoublé, il se peut qu'un hémisphère ignore ce qui se passe dans l'autre. Il s'agit du cas ultime où «la main droite ignore ce que fait la main gauche!»

Question : On a dit précédemment que les hémisphères ont des aptitudes différentes; en quoi diffèrent-ils?

Le cerveau gauche / le cerveau droit Le cerveau divise son travail d'une manière intéressante. Par exemple, le langage est une spécialité de l'hémisphère gauche.

Approximativement 95 pour 100 des adultes utilisent le côté gauche du cerveau pour parler, écrire et comprendre le langage. En outre, l'hémisphère gauche est supérieur pour les mathématiques, pour déterminer le temps et le rythme ainsi que pour commander et coordonner les mouvements complexes, notamment ceux requis par la parole (Corballis, 1980).

À l'opposé, l'hémisphère droit ne répond qu'au langage et aux nombres les plus simples. Travailler avec l'hémisphère droit est un peu comme parler à un enfant qui ne comprendrait qu'une douzaine de mots. Pour répondre à des questions, l'hémisphère droit doit pointer vers des objets ou offrir des réponses non verbales (illustration 3.11).

Il fut un temps où l'on considérait l'hémisphère droit comme l'hémisphère «mineur». Mais nous savons maintenant qu'il possède ses propres talents. L'hémisphère droit est supérieur en regard des aptitudes perceptuelles comme la reconnaissance de motifs, de visages et de mélodies, en plus d'être actif sur le plan de la détection et de l'expression de l'émotion (Geschwind, 1979). Le cerveau droit est supérieur dans la visualisation et l'organisation spatiales, comme l'agencement de blocs, la résolution de casse-tête ou le dessin (Gazzaniga et Le Doux, 1978).

La supériorité de l'hémisphère droit pour la résolution de tâches spatiales mène à une curieuse observation au sujet du dédoublement cérébral. Il existe un test courant d'aptitude spatiale qui consiste à résoudre un casse-tête géométrique. La main gauche du sujet au cerveau dédoublé accomplit bien la tâche, alors que la main droite en est incapable. Robert Ornstein (1972) rapporte ce qui suit :

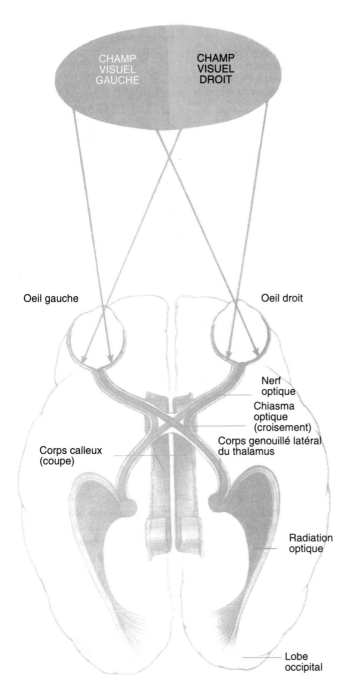

Illustration 3.10 CHAMP VISUEL GAUCHE — CHAMP VISUEL DROIT — Oeil gauche — Oeil droit — Nerf optique — Chiasma optique (croisement) — Corps genouillé latéral du thalamus — Corps calleux (coupe) — Radiation optique — Lobe occipital

Illustration 3.10 *Les voies nerveuses de la vision. Notez que la partie gauche de chaque oeil n'est reliée qu'à la zone gauche du cerveau, la partie droite, à la zone droite. Le sectionnement du corps calleux entraîne le dédoublement du cerveau. Par la suite, l'information visuelle peut être acheminée à l'un ou l'autre des hémisphères en l'émettant dans le champ visuel gauche ou droit pendant que la personne regarde droit devant.*

Le professeur Sperry présente souvent un extrait de film intéressant qui montre la main droite qui essaie de résoudre le problème, et échoue, alors que la main gauche ne peut s'empêcher de «corriger» la droite — comme lorsque vous connaissez la solution d'un problème et, en constatant mes erreurs, ne pouvez vous empêcher de me donner la réponse.

Question : Les gens résolvent-ils les casse-tête au moyen de leur seul hémisphère droit? Exécutent-ils d'autres tâches avec l'hémisphère gauche?

Si vous deviez résoudre un casse-tête comme celui mentionné, votre hémisphère droit, davantage orienté spatialement, serait effectivement plus actif que le gauche. Mais en même temps, votre hémisphère gauche serait plus actif qu'au moment où vous avez commencé le casse-tête. Ainsi, bien que l'activité occupe principalement un hémisphère, les aptitudes des deux côtés du cerveau sont *combinées* dans la plupart des activités. Cela explique peut-être la raison pour laquelle avocats, artistes et psychologues ne montraient aucune différence lors de tests qui mesuraient l'activité des hémisphères gauche et droit (Arndt et Berger, 1978; Ornstein et Galin, 1976). Les ouvrages et cours qui prétendent vous enseigner à utiliser le «cerveau droit» pour être plus créatif et ainsi de suite, ne tiennent pas compte du fait que le cerveau entier est utilisé en tout temps.

En général, l'hémisphère gauche est principalement impliqué dans l'analyse (le morcellement de l'information), en plus de traiter l'information séquentiellement (en ordre, un élément après l'autre). L'hémisphère droit semble traiter l'information simultanément et globalement, c'est-à-dire d'un bloc (Springer et Deutsch, 1985).

Les cartes cérébrales de la réalité

En plus des hémisphères, le cortex cérébral se divise en plusieurs parties plus petites appelées **lobes** (illustration 3.12).

Question : Que sait-on sur la fonction des lobes?

Les fonctions des lobes ont été relevées lors d'études cliniques et expérimentales. Expérimentalement, la surface du cortex peut être activée en la touchant au moyen d'une petite aiguille ou d'un fil minuscule appelé **électrode**. Lorsqu'on a recours au procédé au cours d'une opération du cerveau (où seuls des analgésiques locaux sont utilisés), le patient peut rapporter l'effet de la stimulation. Les fonctions du cortex sont également précisées dans le cadre d'études cliniques qui portent sur les modifications de la personnalité, du comportement ou de la capacité sensorielle causées par des

CERVEAU GAUCHE
- Langage
- Rythme
- Parole
- Écriture
- Calcul
- Sens du temps
- Organisation de mouvements complexes

CERVEAU DROIT
- Non-verbal
- Aptitudes perceptuelles
- Visualisation
- Reconnaissance de motifs, de visages, de mélodies
- Reconnaissance et expression de l'émotion
- Aptitudes spatiales
- Compréhension d'un langage simple

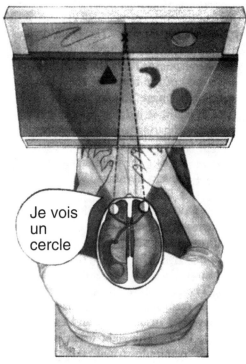

HÉMISPHÈRE GAUCHE

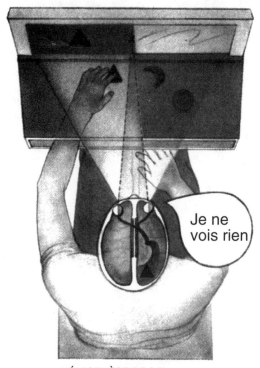

HÉMISPHÈRE DROIT

Illustration 3.11 *Si on projette un cercle à l'hémisphère gauche d'un patient au cerveau dédoublé, il ou elle n'a pas de difficulté à identifier le cercle. La personne peut également identifier le cercle en touchant les formes de la main droite, hors de vue, sous un dessus de table (surface semi-transparente dans l'illustration). La main gauche sera cependant incapable d'identifier la forme. Si on projette un triangle à l'hémisphère droit, la personne ne peut dire ce qu'elle a vu (la parole est régie par l'hémisphère gauche). La personne sera également incapable d'identifier la forme correcte au seul toucher de la main droite. Cette fois-ci, cependant, la main gauche n'éprouvera aucune difficulté à choisir le triangle caché. Des tests séparés effectués sur chaque hémisphère révèlent des spécialisations distinctes, telles qu'énumérées ci-dessus. (Tableau adapté d'une illustration d'Edward Kasper tirée de McKean, 1985.)*

blessures ou des maladies du cerveau. Examinons les résultats de ces études.

Les lobes occipitaux Se trouvant à l'arrière du cerveau, les lobes occipitaux sont la principale **aire visuelle** du cortex. Les patients affectés de *tumeurs* (croissances cellulaires qui entravent l'activité cérébrale) dans les lobes occipitaux présentent des points aveugles dans certaines zones de leur vision.

Question : Les zones visuelles du cortex correspondent-elles directement à ce qui est vu?

Les images visuelles sont tracées sur le cortex, mais la représentation est grandement étirée et déformée (Carlson, 1981). Il ne faut pas croire que l'aire visuelle est comme un petit écran de télévision dans le cerveau.

L'information visuelle crée des motifs d'activité complexes dans les cellules nerveuses, mais *ne crée pas* d'image télévisuelle. Même en tentant de visualiser cette activité comme une «image», il faudrait quand même se demander : «Qui regarde la télévision?» C'est une erreur classique d'imaginer le cerveau comme une espèce d'**homoncule** (petit homme) qui prend des décisions ou observe l'information entrante (profil 4.1 du chapitre 4).

Les lobes pariétaux Les lobes pariétaux sont situés immédiatement au-dessus des lobes occipitaux. Le toucher, la température, la pression et d'autres sensations somatiques ou corporelles sont acheminés vers l'**aire somato-sensorielle** des lobes pariétaux. La relation entre les aires des lobes pariétaux et les parties du corps

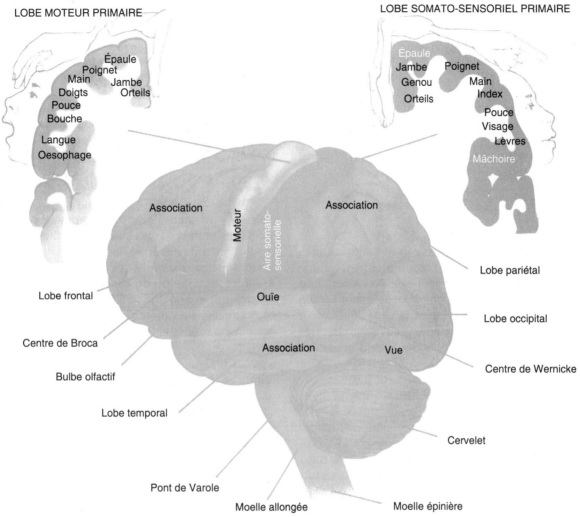

LOBE MOTEUR PRIMAIRE

Épaule
Poignet
Main
Jambe
Doigts
Orteils
Pouce
Bouche

Langue
Oesophage

LOBE SOMATO-SENSORIEL PRIMAIRE

Épaule
Jambe
Poignet
Genou
Main
Index
Orteils

Pouce
Visage
Lèvres
Mâchoire

Association

Moteur

Aire somato-sensorielle

Association

Lobe frontal

Ouïe

Lobe pariétal

Centre de Broca

Association

Vue

Lobe occipital

Bulbe olfactif

Centre de Wernicke

Lobe temporal

Cervelet

Pont de Varole

Moelle allongée

Moelle épinière

Illustration 3.12 *Les lobes du cortex cérébral et les aires sensorielles, motrices et associatives de chacun. Les diagrammes supérieurs présentent (coupe transversale) les quantités relatives de cortex «assignées» à la commande sensorielle et motrice des diverses parties du corps. (La coupe gauche, ou «tranche», présente l'arrière du cerveau; la tranche droite, l'avant.)*

n'est pas parfaite. Le corps déformé de l'illustration 3.12 montre qu'à titre de carte des sensations, le cortex révèle la *sensibilité* des aires corporelles, et non leur taille. Par exemple, les lèvres du dessin sont épaisses en raison de leur grande sensibilité, tandis que le dos et le tronc, moins sensibles, sont plus petits.

Les lobes temporaux Les lobes temporaux sont situés de chaque côté du cerveau. L'information auditive leur parvient directement, ce qui en fait le siège de l'audition. Si l'on stimulait l'**aire auditive principale** d'un lobe temporal, le sujet «entendrait» une suite de sons, qui augmenteraient en tonalité en stimulant du haut vers le bas. En stimulant dans une autre direction, c'est le volume qui changerait (Carlson, 1981). Cela indique que les qualités du son sont clairement précisées sur la surface du cortex.

Chez la plupart, le lobe temporal gauche renferme également un «centre» du langage. (Chez certains, cette région se trouve dans le lobe temporal droit.)

L'endommagement de cette région peut limiter sérieusement la capacité d'utilisation de la parole (nous en reparlerons).

Les lobes frontaux Les lobes frontaux ont des fonctions multiples. D'une part, l'information **olfactive** (l'odorat) est enregistrée dans les lobes frontaux. Une autre zone importante est le **cortex moteur**, une arche de tissus qui recouvre la partie supérieure du cerveau. Cette région dirige les muscles du corps. Si le cortex moteur est stimulé au moyen d'un bref courant électrique, différentes parties du corps éprouveront des contractions musculaires. Comme la zone somatosensorielle, le cortex moteur correspond à l'importance des parties du corps, et non à la taille de ces dernières. Les mains, par exemple, disposent d'une plus grande surface que les pieds (illustration 3.12).

Des comportements plus complexes sont également reliés aux lobes frontaux. Lorsqu'on enlève les zones frontales du cerveau chez des animaux, ces derniers perdent la faculté de juger le cours du temps ou de répondre à des situations émotives déplaisantes. Chez les humains, des lobes frontaux endommagés entraînent une modification de la personnalité et une diminution de l'émotivité. Les tâches intellectuelles qui reposent sur le raisonnement ou la planification semblent dépendre des lobes frontaux. Les patients dont les lobes frontaux ont été endommagés éprouvent des difficultés à accomplir de telles tâches et répètent fréquemment les mêmes réponses erronées (Springer et Deutsch, 1985).

Question : Les aires sensorielles et motrices n'occupent pas tout le cortex. Quel est le rôle des autres aires ?

Les aires associées Dans le cerveau humain, les aires sensorielles et motrices principales n'occupent qu'une petite partie du cortex cérébral. Les autres aires, dont des parties de tous les lobes, sont désignées sous le nom de **cortex associatif**. La taille et la capacité relative d'association du cortex augmentent de façon marquée à mesure que l'on remonte l'échelle de l'évolution (Thompson, 1985).

Il semble que le cortex associatif traite et relie l'information en provenance des différents sens. Il est même probable qu'il soit relié à des facultés mentales supérieures, et le lien entre les lobes frontaux et la capacité de penser en constitue un bon exemple. Des indices additionnels sur le rôle du cortex associatif proviennent d'études sur les humains dont le cerveau a été endommagé.

Les traumatismes crâniens

Comme nous l'avons mentionné, les dommages causés aux aires motrices de l'hémisphère droit du cerveau peuvent paralyser le côté gauche du corps et, inversement, les dommages à l'hémisphère gauche, le côté droit. Les dommages à l'hémisphère droit peuvent donner naissance à un curieux phénomène appelé **négligence**. Les patients touchés ne prêtent aucune attention au côté gauche du champ visuel. Souvent, les patients ne mangeront pas la nourriture du côté gauche d'une assiette, voire refuseront de reconnaître un membre gauche paralysé comme le leur (illustration 3.13). Étonnamment, les dommages causés à l'hémisphère gauche ne produisent généralement pas la même négligence du champ droit (Springer et Deutsch, 1985).

Les traumatismes crâniens peuvent également diminuer les facultés spéciales des hémisphères gauche et droit. Une personne dont l'hémisphère gauche a été endommagé peut perdre les facultés de la parole, de la lecture, de l'écriture ou de l'orthographe, mais être encore capable de dessiner ou de fredonner. Les personnes dont l'hémisphère droit a été endommagé se perdent en conduisant ou éprouvent des difficultés

à comprendre diagrammes et illustrations, et pourtant, elles peuvent s'exprimer et écrire comme avant (Gardner, 1975; Thompson, 1985).

Sur le plan émotif, une personne dont l'hémisphère gauche est endommagé peut ne pas comprendre ce que vous lui dites, mais en saisir le ton émotif. Si l'hémisphère droit est atteint, la personne peut comprendre ce qu'on lui dit, sans toutefois être en mesure d'en reconnaître le caractère irascible ou humoristique (Geschwind, 1975).

Question : Est-il juste d'affirmer que les dommages à l'hémisphère gauche sont généralement plus sérieux ?

Cela est vrai, étant donné que la parole et le langage sont si essentiels. Toutefois, si vous êtes artiste, l'hémisphère droit peut être l'hémisphère «principal». On a remarqué, par exemple, que les peintres peuvent peindre après une lésion du cerveau gauche, mais qu'un artiste dont le côté droit a été endommagé négligera le côté gauche du canevas, ou le remplira de matière étrange ou répugnante (Gardner, 1975).

L'aphasie Deux zones du cortex sont particulièrement reliées au langage. L'une, le **centre de Broca**, se trouve dans le lobe frontal et l'autre, le **centre de Wernicke** est situé dans le lobe temporal (illustration 3.12). La lésion de l'une ou l'autre zone peut occasionner l'**aphasie**, ou la perte de la capacité d'utiliser le langage.

Question : De quelles sortes d'incapacités parle-t-on ?

La personne qui souffre d'un traumatisme du centre de Broca peut lire et comprendre le discours des autres, mais éprouve beaucoup de difficulté à s'exprimer ou à écrire. La grammaire et la prononciation laissent à désirer, et l'expression est lente et ardue. Par exemple, la personne peut dire «fadeau» au lieu de «cadeau», «doumir» à la place de «dormir» ou «zokiade» pour «zodiaque». En général, la personne sait ce qu'elle veut dire, mais elle semble avoir de la difficulté à prononcer les mots (Geschwind, 1979).

Dans le cas de l'aphasie de Wernicke, la personne éprouve de la difficulté avec le *sens* des mots, non la grammaire ou la prononciation. Tandis que la personne souffrant d'aphasie de Broca peut dire «ssaise», lorsqu'on lui présente l'illustration d'une chaise, le patient atteint d'aphasie de Wernicke peut dire «tabouret». Les personnes dont le champ de Wernicke est atteint utilisent souvent des moyens détournés pour éviter d'utiliser certains mots. En parlant de la carrière de son fils, un patient affirma :

> *Bien, il est parti pendant deux ans, parti pour rien. Il ne l'a pas fait, est sorti et a dit que je voulais y aller et… comment faire les choses, ce qu'il fait maintenant. (Goodglass, 1980).*

Il semble évident que les centres de Broca et de Wernicke sont essentiels à l'utilisation normale du langage. Il

MODÈLE   **COPIE DU PATIENT**

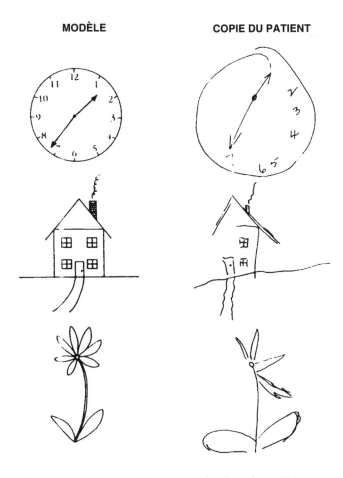

Illustration 3.13 *La négligence spatiale. On a demandé à un patient dont l'hémisphère droit est endommagé de copier les trois modèles. Notez comment le côté gauche a été manifestement négligé. Des exemples semblables de négligence se produisent chez de nombreux patients dont le côté droit est atteint. (Tiré de* Left brain, right brain, *édition révisée, par S.P. Springer et G. Deutsch, copyright 1981, 1985. Reproduit avec la permission de W.H. Freeman and Company.)*

n'est donc pas étonnant de constater qu'ils sont reliés à l'intérieur du cerveau.

L'agnosie L'une des conséquences les plus fascinantes de traumatisme crânien est l'**agnosie**, qui consiste dans l'incapacité de reconnaître ce qui est perçu. Si on montre une bougie à une personne qui souffre d'agnosie, cette dernière décrira l'objet comme étant un objet long et effilé. Il se peut même que la personne arrive à dessiner la bougie correctement, sans toutefois être en mesure de la nommer. Cependant, si on permet à la personne de toucher la chandelle, elle la nommera immédiatement (Benton, 1980).

Question : L'agnosie se limite-t-elle aux objets?

Non. Une forme particulière s'appelle l'**agnosie des visages**, soit l'incapacité de reconnaître des personnes de son entourage. Par exemple, une patiente souffrant d'agnosie des visages fut incapable de reconnaître son époux ou sa mère lorsque ces derniers lui rendirent visite à l'hôpital, ou ses enfants à partir de photographies. Cependant, lorsque les visiteurs lui adressèrent la parole, elle les reconnut immédiatement (Benton, 1980).

L'étude de l'agnosie des visages montre que les zones du cerveau vouées à la reconnaissance d'autrui se trouvent sous les lobes occipitaux. Ces zones ne semblent remplir aucune autre fonction. Pourquoi une zone du cerveau serait-elle expressément consacrée à la reconnaissance des visages? Du point de vue de l'évolution, cela ne surprend pas vraiment. Après tout, nous sommes des animaux très sociables, pour qui la reconnaissance des visages est très importante (Geschwind, 1979). Cette spécialisation constitue un autre exemple éloquent des merveilles de notre organe de la conscience.

Autotest

Reliez ensemble les éléments correspondants.

1. ____ Corps calleux	A. Aire visuelle
2. ____ Lobes occipitaux	B. Langage, parole, écriture
3. ____ Lobes pariétaux	C. Cortex moteur et pensée abstraite
4. ____ Lobes temporaux	D. Aptitudes spatiales, visualisation, reconnaissance de motifs
5. ____ Lobes frontaux	E. Troubles de la parole
6. ____ Cortex associatif	F. Provoque le sommeil
7. ____ Aphasies	G. Ratio du cortex cervical accru
8. ____ Cérébralisation	H. Sensations corporelles
9. ____ Hémisphère gauche	I. Traitement d'épilepsie grave

10. ____ Hémisphère droit   J. Incapacité de reconnaître les objets par la vue

11. ____ «Cerveau dédoublé»   K. Fibres reliant les hémisphères cérébraux

12. ____ Agnosie   L. Cortex dont la fonction n'est ni sensorielle ni motrice

                 M. Audition

Réponses :

1. K. 2. A. 3. H. 4. M. 5. C. 6. L. 7. E. 8. G. 9. B. 10. D. 11. I. 12. J.

Les zones sous-corticales — au coeur de la matière (grise)

Question : Quel est le rôle des zones sous-corticales?

Une personne peut survivre à la perte de portions importantes des hémisphères cérébraux. De fait, si les dommages se limitent aux zones moins importantes du cerveau, il se peut qu'il n'y ait que peu de modifications apparentes. Il n'en va pas de même des zones sous-corticales, dont la plupart sont tellement essentielles au fonctionnement normal que tout dommage peut mettre la vie d'une personne en péril.

Question : Pourquoi ces zones sont-elles si importantes?

Le **sous-cortex**, qui recouvre toute la partie inférieure du cortex cérébral, se divise en trois grandes régions : le **myélencéphale** (cerveau inférieur), le **mésencéphale** (cerveau moyen) et le **télencéphale** (cerveau supérieur). (Le télencéphale comprend le cortex cérébral, dont on a déjà parlé en raison de sa taille et de son importance.) Aux fins qui nous intéressent, on considère le mésencéphale comme un lien entre les structures supérieures et inférieures du cerveau. Par conséquent, penchons-nous sur le myélencéphale et le télencéphale afin d'en évaluer l'importance (illustration 3.14).

Le myélencéphale (cerveau inférieur)

Au point où la moelle épinière pénètre à l'intérieur du crâne pour se joindre au cerveau, elle s'élargit et se fond au cerveau postérieur, lequel se compose principalement de la **moelle** et du **cervelet**. La *moelle* est le siège de centres importants de la commande réflexe de fonctions vitales dont le rythme cardiaque, la respiration, la déglutition, etc. Drogues, maladies ou blessures peuvent interrompre les fonctions vitales de la moelle au point où la mort peut s'ensuivre. C'est pourquoi un coup de karaté porté à l'arrière du cou comme on le voit souvent au cinéma peut être extrêmement dangereux.

Le *cervelet*, qui ressemble à un mini cortex cérébral, se trouve à la base du cerveau. Il est étroitement relié à un grand nombre de zones du cerveau et de la moelle épinière. Il régit principalement la posture ainsi que le tonus et la coordination musculaires. Il se peut également que le cervelet joue un rôle dans certains types de mémoire (chapitre 9).

Question : Que se produit-il, lorsque le cervelet est abîmé?

Sans un cervelet intact, les tâches apparemment très simples comme la marche, la course ou le jeu de balle sont impossibles. L'importance du cervelet est manifeste dans les cas de *dégénérescence spino-cérébelleuse*, une maladie invalidante. Les premiers symptômes de cette maladie apparaissent sous forme de tremblements, d'étourdissements et de faiblesse musculaire. Rapidement, les personnes atteintes se rendent compte qu'elles ont de la difficulté à viser juste pour atteindre un objet, et éventuellement éprouvent de la difficulté à se tenir debout, à marcher, voire à se nourrir.

La formation réticulaire Entre la moelle et le cerveau postérieur se trouve un *réseau* de fibres et de corps cellulaires appelés la **formation réticulaire** (FR).

La FR est importante pour plusieurs raisons. Premièrement, elle agit comme une espèce de centre de traitement de l'information qui parvient au cerveau ou qui en provient. Ensuite, elle accorde la priorité à un certain nombre de messages entrants et en supprime d'autres. De cette manière, la FR affecte l'*attention*. Sans elle, nous serions bombardés d'information inutile. Finalement, et c'est peut-être son rôle le plus important, la FR est responsable de la vigilance et de l'éveil.

Les messages en provenance des organes sensoriels se rendent jusqu'à la formation réticulaire, où ils forment un **système d'activation réticulaire** (SAR). Le SAR bombarde le cortex de stimulations et maintient ce dernier actif et alerte (Malmo, 1975). Les chercheurs ont découvert que la destruction du SAR des animaux entraînait une forme de coma semblable au sommeil. Inversement, la stimulation électrique de la même zone réveille les animaux endormis (Moruzzi et Magoun, 1949; Lindsley et autres, 1949). Le conducteur somnolent qui redevient soudainement alerte à la vue d'un

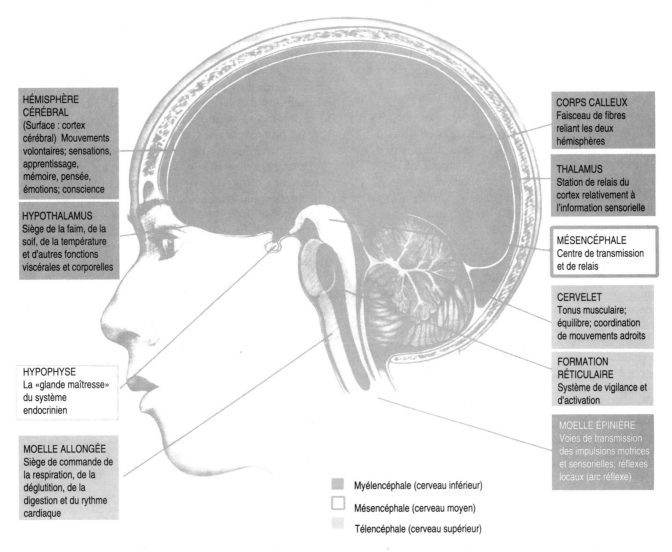

HÉMISPHÈRE CÉRÉBRAL
(Surface : cortex cérébral) Mouvements volontaires; sensations, apprentissage, mémoire, pensée, émotions; conscience

HYPOTHALAMUS
Siège de la faim, de la soif, de la température et d'autres fonctions viscérales et corporelles

HYPOPHYSE
La «glande maîtresse» du système endocrinien

MOELLE ALLONGÉE
Siège de commande de la respiration, de la déglutition, de la digestion et du rythme cardiaque

CORPS CALLEUX
Faisceau de fibres reliant les deux hémisphères

THALAMUS
Station de relais du cortex relativement à l'information sensorielle

MÉSENCÉPHALE
Centre de transmission et de relais

CERVELET
Tonus musculaire; équilibre; coordination de mouvements adroits

FORMATION RÉTICULAIRE
Système de vigilance et d'activation

MOELLE ÉPINIÈRE
Voies de transmission des impulsions motrices et sensorielles; réflexes locaux (arc réflexe)

Myélencéphale (cerveau inférieur)

Mésencéphale (cerveau moyen)

Télencéphale (cerveau supérieur)

Illustration 3.14 *Cette illustration simplifiée présente les principales composantes du cerveau humain et en décrit les fonctions essentielles.*

animal au milieu de la chaussée peut remercier son SAR d'avoir stimulé le reste du cerveau.

Le télencéphale (cerveau supérieur)

Comme des pierres précieuses du tissu nerveux, les deux parties les plus importantes du corps reposent profondément au centre du cerveau. Le **thalamus** de même qu'une région immédiatement sous lui appelée l'**hypothalamus** font partie du cerveau supérieur.

Question : Comment ces deux composantes sont-elles plus importantes que les autres dont on parlé précédemment?

Le thalamus est une structure en forme de ballon de football qui agit comme le «poste de transmission» finale des messages sensoriels qui se dirigent vers le cortex. L'information visuelle, auditive, gustative et tactile est traitée par le thalamus, et c'est également là que sont d'abord analysés les messages sensoriels. Toute lésion, si bénigne soit-elle, du thalamus peut entraîner la surdité, la cécité ou la perte de tout autre sens, à l'exception de l'odorat.

L'hypothalamus humain a la taille d'un ongle de pouce. Malgré sa petite taille, il constitue une sorte de centre de commande principal de l'émotion et d'un grand nombre de motivations fondamentales (Thompson, 1985). Il affecte des comportements aussi variés que le sexe, la colère, le maintien de la température, la sécrétion d'hormones, l'ingestion de nourriture solide et liquide, le sommeil, la marche et l'émotion. L'hypothalamus est une espèce de «carrefour» qui relie un grand nombre d'autres régions du cortex et de la zone sous-corticale et à ce titre, il agit comme la «voie finale» d'un grand nombre de comportements en provenance du cerveau. Vous pouvez considérer l'hypothalamus comme la dernière région du cerveau où s'organisent et se prennent les décisions relatives aux comportements. (Le chapitre 11 examine le rôle de l'hypothalamus sur la faim et la soif.)

Le système limbique L'hypothalamus, des portions du thalamus ainsi que plusieurs structures enfouies à l'intérieur du cortex forment le **système limbique** (illustration 3.15). Ce dernier joue un rôle indéniable dans la formation de l'*émotion* et du comportement motivé. La colère, la peur, la réponse sexuelle et d'autres formes de stimulation intense peuvent être produites à partir de divers points du système limbique. Par exemple, on peut rendre un chat agressif en stimulant le système limbique électriquement. L'animal s'accroupira, feulera, sortira ses griffes, se penchera vers l'avant et tendra ses muscles, toutes des caractéristiques de la défense ou de l'attaque (voir la section Exploration du présent chapitre).

En cours d'évolution, le système limbique fut la première couche du cerveau supérieur à se développer. Chez les animaux plus primitifs, il aide à organiser les réponses appropriées à différents stimuli comme l'alimentation, la fuite, le combat et la reproduction (Thompson, 1985). Chez les humains, le lien émotif se maintient, quoique certaines parties du système limbique ont acquis des fonctions additionnelles plus

élevées. Par exemple, une de ces parties semble jouer un rôle important dans la formation de souvenirs à long terme. Il s'agit de l'**hippocampe**, qui se trouve au centre des lobes temporaux. Un lien entre l'hippocampe et la mémoire peut expliquer la raison pour laquelle la stimulation des lobes temporaux peut être à l'origine d'expériences mnémoniques ou oniriques (voir le chapitre 9 pour en savoir davantage).

Une des découvertes les plus intéressantes de la psychobiologie fut de montrer que les animaux apprennent à appuyer sur un levier pour émettre une stimulation électrique du système limbique à titre de récompense (Olds et Milner, 1954). Depuis la découverte initiale, on a démontré que de nombreuses aires additionnelles du système limbique servaient de voies de récompense, ou de «plaisir», à l'intérieur du cerveau. Un grand nombre se trouvent dans l'hypothalamus, où elles croisent d'autres pulsions comme la soif, le sexe et la faim (Olds, 1977). (Voir le chapitre 7.)

On a également trouvé des aires de punition, ou qui provoquent l'«aversion», à l'intérieur du système limbique. Lorsqu'on stimule ces dernières, les animaux manifestent un malaise et vont tenter de mettre un terme à la stimulation. Étant donné qu'un grand nombre de comportements animaux et humains sont commandés par la recherche du plaisir et l'évitement de la douleur, ces découvertes ne cessent de fasciner les psychologues.

Illustration 3.15 *Les parties du système limbique illustrées sommairement. Bien que le dessin ne le montre pas, l'hippocampe et l'amygdale se prolongent jusqu'aux lobes temporaux de chaque côté du cerveau. Le système limbique est une espèce de «centre primitif» du cerveau fortement associé à l'émotion.*

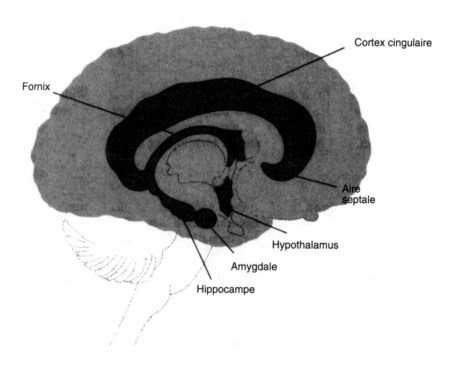

Le cerveau en perspective — au delà du bio-ordinateur

Nous avons vu que le cerveau humain constitue un assemblage de milliards de cellules et de fibres nerveuses. Le cerveau gouverne les fonctions corporelles vitales, suit l'activité du monde extérieur, émet des commandes aux muscles et aux glandes, répond aux besoins courants, crée la magie de la conscience et règle son propre comportement — et ce, *simultanément*. Chacun de ces besoins fondamentaux est rempli par l'action de l'une ou l'autre des trois grandes divisions du cerveau : les fonctions vitales sont régies par le cerveau inférieur (avec le concours de l'hypothalamus du cerveau supérieur); la collecte de l'information sensorielle et l'émission de commandes motrices ont lieu aux trois niveaux du cerveau; le choix d'une réponse, l'apprentissage, la mémoire et les procédés de la pensée sont régis par le cerveau supérieur, notamment le cortex et les zones associatives.

La redondance Une note de prudence s'impose ici. Par souci de simplification, nous avons assigné des tâches à chaque «partie» du cerveau, comme s'il s'agissait d'un ordinateur. Ce n'est qu'une demi-vérité. En réalité, le cerveau est un vaste système de traitement de l'information. L'information entrante est répartie aux quatre coins du cerveau, puis converge avant de se rendre aux muscles et aux glandes. L'action du système dans son ensemble dépasse toute vue qui se limite aux «parties» ou aux «centres du cerveau» (Nauta et Fiertag, 1979; Thompson, 1979). Le moins qu'on puisse dire, c'est que le cerveau est énormément plus compliqué que nous l'avons laissé entendre.

La raison de cette complexité du cerveau réside dans sa grande **redondance**, ou double emploi, à l'échelle de sa structure entière. Le cerveau mobilise des douzaines de régions pour exécuter une fonction, alors qu'une seule suffirait. En raison d'une telle redondance, le cerveau possède une capacité énorme de réorganisation par suite d'un traumatisme.

Question : L'âge joue-t-il un rôle important, lors de traumatismes crâniens?

La plasticité Oui. En réponse à un traumatisme crânien, les enfants manifestent généralement une plus grande **plasticité** (souplesse) de réorganisation cérébrale que les adultes. Comme les adultes, les enfants ne peuvent remplacer les cellules détruites. Cependant, même lorsque les dommages à l'hémisphère gauche sont importants, les enfants âgés de moins de 7 ans peuvent généralement transférer le traitement du langage à l'hémisphère droit. En fait, on a découvert des personnes qui ne possédaient pas de corps calleux à la naissance et qui, à toutes fins utiles, avaient un cerveau dédoublé naturellement. Parvenues à l'âge adulte, ces personnes peuvent répondre à des questions depuis les deux hémisphères, écrire, dessiner et résoudre des casse-tête des deux mains (Sperry, 1974). Après l'âge de 10 ans, cette plasticité se fait rare.

Le potentiel Tout compte fait, le cerveau est à la fois très vulnérable et très résistant. Dans un cas étonnant, l'hémisphère gauche entier du cerveau d'un enfant de 5 ans fut amputé. Adulte, son côté droit était paralysé, et son champ visuel droit était inopérant. Mais il pouvait parler, lire et écrire, et sa compréhension était à ce point bonne qu'il poursuivit des études collégiales avec brio et possédait même un QI supérieur à la moyenne (Smith et Sugar, 1975).

Des cas comme ce dernier suggèrent que l'utilisation du plein potentiel du cerveau peut s'avérer possible. Si les traumatismes cérébraux nous aident à mieux comprendre les limites du cerveau, ils soulèvent toutefois des questions quant à l'usage plus complet d'un cerveau sain. L'avenir nous réserve peut-être des percées importantes sur le plan de la mémoire, de l'intelligence ou du rétablissement par suite de traumatismes crâniens. Pour l'instant, il est intéressant de penser que le cerveau humain n'a pas encore livré tous ses secrets.

Le système endocrinien — un messager lent mais sûr

Le système nerveux n'est pas le seul réseau de communication du corps. Il en existe un second, le **système endocrinien**. Ce système se compose de glandes qui sécrètent des substances chimiques directement dans le sang (illustration 3.16). Ces substances appelées **hormones** sont acheminées partout dans le corps et elles affectent les activités internes ainsi que le comportement. Les hormones s'apparentent chimiquement aux neurotransmetteurs. Comme ces derniers, les hormones actionnent les cellules du corps, lesquelles doivent disposer de récepteurs afin de répondre (Thompson, 1985).

Question : Comment les hormones affectent-elles le comportement?

Bien que nous soyons rarement conscients de leur présence, les hormones nous touchent d'une multitude de façons. D'une part, le débit hormonal en provenance des glandes surrénales augmente durant les situations stressantes; les androgènes (hormones «mâles») sont reliés à la pulsion sexuelle des mâles et des femelles; les hormones sécrétées durant des moments de forte émotivité intensifient la formation de la mémoire; une partie des tourments émotifs de l'adolescence est attribuable aux niveaux élevés d'hormones; les hormones qui prévalent dans des moments de colère

Illustration 3.16 *L'emplacement des glandes endocrines chez l'homme et la femme.*

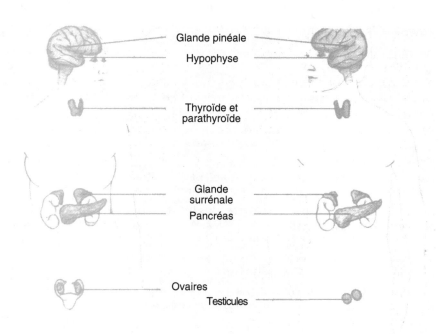

Glande pinéale
Hypophyse

Thyroïde et parathyroïde

Glande surrénale
Pancréas

Ovaires
Testicules

sont différentes de celles qui prédominent dans des moments de peur (Hoyenga et Hoyenga, 1984). Cela n'est qu'un échantillon. Examinons maintenant d'autres effets qu'exercent les hormones sur le corps et le comportement.

L'**hypophyse** est une glande de la taille d'un raisin qui pend à la base du cerveau (illustration 3.14). Un de ses rôles premiers consiste à régulariser la croissance. Durant l'enfance, l'hypophyse sécrète une hormone qui accélère la croissance du corps. Si une trop faible quantité d'**hormone de croissance** est sécrétée, la personne peut conserver une taille inférieure à la moyenne. Une trop forte quantité provoque le **gigantisme** (illustration 3.17). Une sécrétion trop élevée d'hormone de croissance en période tardive entraîne un grossissement des os des bras, des pieds et du visage. Cette condition appelée **acromégalie** déforme l'apparence, et certaines personnes l'ont utilisée à leur avantage en faisant carrière à titre d'attractions, de lutteurs, etc.

L'hypophyse régularise également le fonctionnement d'autres glandes (notamment la thyroïde, les surrénales, les ovaires et les testicules). À leur tour, ces glandes commandent des processus tels la reproduction, le métabolisme ainsi que les réponses au stress. Chez la femme, l'hypophyse gouverne la production du lait durant la grossesse. En raison de ses nombreux effets, l'hypophyse est souvent appelée la «glande maîtresse». Mais la maîtresse a un maître, et l'hypophyse est sous la gouverne de l'hypothalamus, qui se trouve au-dessus d'elle dans le cerveau. Ainsi, l'hypothalamus affecte les glandes de tout le corps, et cela crée le lien principal entre le cerveau et le système glandulaire (Schally et autres, 1977).

La **glande thyroïde** est située dans le cou, de chaque côté de la trachée. La thyroïde régularise le **métabolisme** — le rythme auquel l'énergie est produite et utilisée. Par conséquent, elle peut exercer une grande influence sur la personnalité. Une personne dont la thyroïde est trop active (l'**hyperthyroïdie**) a tendance à être mince, tendue, et agitée. Si la glande n'est pas assez active (l'**hypothyroïdie**), la personne adulte sera plutôt inactive, peu alerte, lente et obèse. Chez l'enfant, l'hypothyroïdie gêne le développement du système nerveux et peut même être la cause d'arriération mentale grave (voir le chapitre 18).

Lorsque vous avez peur ou que vous êtes en colère, votre corps est le théâtre d'un certain nombre d'actions préparatoires importantes : augmentation du rythme cardiaque et de la tension artérielle; libération de sucre dans le courant sanguin pour fournir de l'énergie; tension des muscles, qui reçoivent plus de sang; et préparation à une coagulation rapide en cas de blessure. Comme nous en avons déjà parlé, ces modifications sont provoquées par le système nerveux autonome. Plus précisément, la ramification sympathique du SNA entraîne la libération d'**adrénaline** et de **noradrénaline** en provenance des glandes surrénales. (Rappelez-vous que ces substances agissent également comme des neurotransmetteurs.)

Les glandes surrénales se trouvent immédiatement au-dessus des reins, derrière la cage thoracique. La **médullo-surrénale**, ou la partie centrale des glandes surrénales, est la source de l'adrénaline et de la noradrénaline. Le **cortex surrénal**, ou l'«écorce» des glandes surrénales, produit un second jeu d'hormones appelées corticostéroïdes, dont l'une des fonctions consiste à régulariser le niveau de sel du corps. Un man-

Illustration 3.17 *L'hypoactivité de l'hypophyse peut être la cause de nanisme; l'hyperactivité, de gigantisme.*

L'enfant dont la croissance est très ralentie peut éprouver des troubles affectifs par suite du rejet de ses pairs ou des adultes. Une des causes les plus fréquentes de ce retard est l'insuffisance d'hormone de croissance. Si l'état n'est pas soigné, l'enfant peut mesurer de 15 à 30 centimètres de moins que ses pairs. L'adulte souffrira d'**hypopituitarisme**, c'est-à-dire que son corps sera bien proportionné, mais petit.

Pendant de nombreuses années, on n'a traité le nanisme qu'au moyen d'injections d'hormone de croissance humaine. La substance provenait de l'hypophyse de cadavres humains — un procédé laborieux et coûteux. De nos jours, on peut se procurer une hormone de croissance synthétique à un prix plus raisonnable. L'injection périodique de l'hormone peut permettre à un enfant de grandir de plusieurs centimètres jusqu'à une taille légèrement inférieure à la moyenne.

Malheureusement, l'hormone de croissance synthétique peut occasionner des problèmes. Mal administrée, elle peut causer le gigantisme, l'acromégalie, le diabète ainsi que d'autres affections. Il faut également tenir compte des questions éthiques. Déjà, des parents et des enfants ont été amèrement déçus, lorsque l'enfant n'a pas grandi autant qu'on l'eût espéré. En outre, certains enfants ont éprouvé des difficultés à s'adapter à leur nouvel état «ordinaire». Nombreux sont ceux qui continuent de jouer avec des enfants moins âgés ou qui sont rejetés par leurs pairs. Il se peut même que des parents à l'esprit compétitif exercent des pressions auprès des médecins pour accroître la taille d'enfants qui sont plus petits, mais tout à fait «normaux».

Par conséquent, il est prudent d'affirmer que la réussite de la thérapie de croissance hormonale doit être mesurée à la lumière de l'accroissement du bien-être émotif — et non seulement de la taille. (Abrégé de Franklin, 1984.)

que de certains corticostéroïdes peut entraîner un goût prononcé pour le sel chez les humains (Beach, 1975). Les corticostéroïdes aident également le corps à s'ajuster au stress, en plus d'être une autre source d'hormones sexuelles.

Vous avez peut-être entendu parler de l'usage des «stéroïdes anabolisants» par des athlètes désireux d'accélérer le développement musculaire. Ces substances sont la version synthétique de l'un des corticostéroïdes mâles. Comme tous les corticostéroïdes, elles sont puissantes, donc dangereuses. Rien ne prouve qu'elles améliorent la performance, et elles peuvent même occasionner une baisse du registre vocal ou la calvitie chez les femmes, de même que le rétrécissement des testicules ou l'élargissement de la poitrine chez les hommes (*Sexual Medicine*, avril 1980). Certains usagers peuvent même éprouver des troubles affectifs, voire des réactions presque psychotiques (Harrison et Katz, 1987).

La sécrétion excessive d'hormones surrénales sexuelles peut entraîner le **virilisme**. Chez la femme, cela se manifeste par une augmentation de la pilosité faciale, et chez l'homme, par une diminution du registre vocal au point où on a de la difficulté à comprendre la personne. Chez les enfants, la sécrétion excessive peut occasionner une **puberté précoce**, qui résulte dans un développement sexuel intégral. Un des cas les plus saisissants est celui d'une jeune Péruvienne âgée de cinq ans qui donna naissance à un fils (Strange, 1985).

Dans le cadre de cette brève étude du système endocrinien, nous ne nous sommes penchés que sur les glandes principales. Il n'en demeure pas moins que cela devrait vous donner un bon aperçu du lien qui existe entre le comportement et la personnalité, et le flux et le reflux des hormones.

Dans la section Applications qui suit, nous reviendrons au cerveau pour voir comment la préférence manuelle est reliée à l'organisation cérébrale. La section Exploration porte sur les effets fascinants de la stimulation électrique du cerveau.

Autotest

Voici l'occasion de mesurer votre compréhension de ce qui précède.

1. Les trois divisions principales du cerveau sont le cerveau inférieur ou _____, le _____ et le _____.

2. Les centres réflexes du rythme cardiaque et de la respiration se trouvent dans :

    a. le cervelet   *b.* le thalamus   *c.* la moelle   *d.* la FR

3. Une partie de la formation réticulaire, appelée SAR, sert de système _____ du cerveau.

    a. d'activation   *b.* surrénal   *c.* d'adaptation   *d.* adversatif

4. Le _____ est le relais final, ou «poste de transmission», de l'information sensorielle à destination du cortex.

5. Les aires de «récompense» et de «punition» se trouvent partout dans le système _____, qui est également relié à l'émotion.

6. La redondance et la plasticité précoce sont au coeur de l'étonnante capacité de recouvrement du cerveau par suite de certains types de traumatismes crâniens durant la première enfance. Vrai ou faux?

7. La sécrétion insuffisante de la thyroïde peut causer

    a. le nanisme   *b.* le gigantisme   *c.* l'obésité   *d.* l'arriération mentale

8. La capacité de réponse au stress du corps est reliée à l'action du _____ surrénal.

Réponses :

1. myélencéphale, mésencéphale et télencéphale 2. *c* 3. *a* 4. thalamus 5. limbique 6. vrai 7. *c, d* (durant l'enfance) 8. cortex

Applications : la manualité — gauche ou droit?

Dans la langue de tous les jours, la gauche et la droite s'opposent de nombreuses manières. La gauche est souvent associée à des aspects négatifs, d'où une personne gauche, se lever du pied gauche et ne pas rouler du côté gauche de la chaussée. À l'opposé, la droite est plutôt associée à des aspects positifs, d'où une personne adroite, être le bras droit de quelqu'un et garder la droite.

La main sinistre La manualité gauche a, à tort, mauvaise réputation depuis longtemps. On a taxé les gauchers de maladresse, d'entêtement (dans leur refus d'utiliser leur main droite) et d'inadaptation. Dans les années trente, un psychologue a décrit les gauchers comme des personnes «maladroites à la maison et dans leurs jeux, des gaffeurs et des bousilleurs». Mais comme tout gaucher peut le confirmer, la psychologie moderne a réfuté toutes ces affirmations. La prétendue maladresse des gauchers provient du simple fait que nous vivons dans un monde de droitiers : si la chose peut être empoignée, tournée, pliée, tenue ou tirée, elle a fort probablement été conçue à l'intention des droitiers. Même les poignées de toilette se trouvent du côté droit.

Quelle est la cause de la manualité? Pourquoi y a-t-il un plus grand nombre de droitiers que de gauchers? En quoi les uns se distinguent-ils des autres? La manualité gauche pose-t-elle un problème? A-t-elle des avantages? Les réponses à ces questions nous renvoient au cerveau, où la manualité tire son origine. Voyons ce que la recherche a révélé au sujet de la manualité, le cerveau et vous.

La main dominante Pour commencer, il sera intéressant de comparer vos mains en copiant le motif suivant sur une feuille de papier, de la main droite, puis de la main gauche. Vous remarquerez une nette supériorité de votre main dominante. L'exercice est intéressant parce qu'il n'existe aucune réelle différence entre les deux mains sur le plan de la force ou de la dextérité. L'agilité de la main dominante n'est que l'expression extérieure d'une commande motrice supérieure d'un côté du cerveau (Herron, 1980).

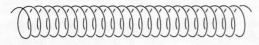

Question : Si une personne est gauchère, cela signifie-t-il que l'hémisphère droit est dominant?

Pas nécessairement. Il est vrai que l'hémisphère droit commande la main gauche, mais l'hémisphère dominant quant à la production du langage chez un gaucher peut se trouver du côté opposé du cerveau.

Le cerveau dominant Quelque 97 pour 100 des droitiers traitent le langage dans l'hémisphère gauche, leur hémisphère dominant. Chez environ 60 pour 100 des gauchers, l'expression verbale provient de l'hémisphère gauche, comme chez les droitiers. Chez environ le quart des gauchers et 3 pour 100 des droitiers, l'hémisphère droit est le siège du langage, et approximativement 15 pour 100 des gauchers utilisent les deux côtés du cerveau à cette fin (Corballis, 1980; Herron, 1980).

Question : Peut-on reconnaître son hémisphère dominant?

Un indice intéressant réside dans la manière d'écrire. Chez les droitiers qui écrivent en maintenant le poignet debout et les gauchers qui écrivent en recourbant le leur, l'hémisphère gauche domine habituellement. Chez les gauchers qui écrivent en maintenant le poignet sous la ligne et les droitiers qui écrivent en recourbant le poignet, c'est d'habitude l'hémisphère droit qui domine (Levy et Reid, 1976; Pines, 1980). Quel est l'hémisphère dominant de vos amis? (Voir l'illustration 3.18).

Avant de tirer une conclusion, sachez que la position de la main ne constitue pas un indice infaillible de l'organisation cérébrale. Le seul moyen sûr d'établir la dominance cérébrale consiste à soumettre la personne à une épreuve médicale où l'on anesthésie un hémisphère à la fois (Springer et Deutsch, 1985).

Question : La manualité gauche est-elle fréquente? Qu'est-ce qui la provoque?

La manualité Les animaux comme les singes manifestent une nette préférence manuelle. Cependant, chez la plupart des espèces, les chances de manualité droite ou gauche sont de 50 pour 100. Chez les humains, environ 90 pour 100 sont droitiers, et 10 pour 100 gauchers. La prédominance de la manualité droite reflète probablement la spécialisation de l'hémisphère gauche en matière de production du langage (Corballis, 1980). Tout porte à croire que la majorité des humains sont droitiers depuis au moins cinquante siècles (Coren et Porac, 1977).

On a cru pendant longtemps que les enfants n'expriment pas de préférence manuelle marquée avant l'âge de 4 ou 5 ans. Mais une étude démontre que la préférence s'établit vers l'âge de 18 mois, voire avant (Gottfried et Bathurst, 1983). Une préférence aussi précoce souligne le fait que la manualité droite ne peut être imposée. Les parents ne devraient jamais tenter de

Applications

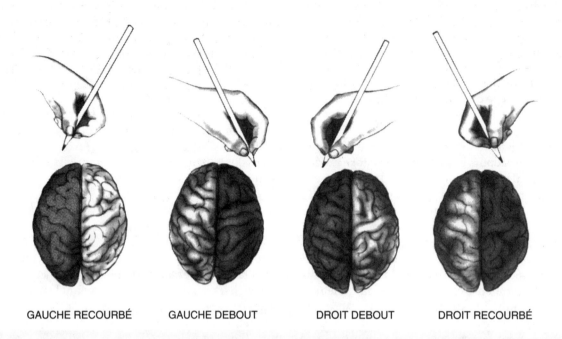

GAUCHE RECOURBÉ   GAUCHE DEBOUT   DROIT DEBOUT   DROIT RECOURBÉ

Illustration 3.18 *La recherche tend à montrer que la position de la main, lorsqu'on écrit, indique quel hémisphère du cerveau est utilisé pour le langage. (Redessiné à partir d'une illustration de M. E. Challinor.)*

forcer un enfant gaucher à utiliser sa main droite. Cela invite à des problèmes de discours et de lecture, étant donné que la manualité est héréditaire (Herron, 1980).

Question : Existe-t-il des inconvénients à la manualité gauche?

À part le fait que les gauchers doivent vivre dans un monde de droitiers, il semble n'y en avoir aucun. Une étude d'envergure menée en Californie auprès d'étudiants du secondaire n'a trouvé aucune différence sur le plan de la réussite scolaire entre les gauchers et les droitiers, de même qu'aucun défaut physique ou mental associé à la manualité gauche (Hardyck et autres, 1976). De fait, la manualité gauche possède peut-être des avantages.

L'avantage gauche L'histoire abonde en artistes gauchers, depuis Léonard de Vinci et Michel-Ange jusqu'à Pablo Picasso et à M.C. Escher. Étant donné que l'hémisphère droit surpasse le gauche en matière d'imagerie et d'aptitudes visuelles, il existe, en théorie, certains avantages à utiliser la main gauche pour le dessin et la peinture (Pines, 1980; Springer et Deutsch, 1985). Que cela soit vrai ou faux, le gaucher semble plus habile à l'organisation de notions ou de symboles verbaux ou picturaux — ce qui explique peut-être pourquoi on trouve un plus grand nombre d'architectes gauchers qu'on l'eût cru (Herron, 1980).

Une différence marquée des gauchers réside dans le fait qu'ils sont habituellement moins **latéralisés** que les droitiers, c'est-à-dire que la spécialisation des deux hémisphères est moins distincte. En fait, les hémisphères se ressemblent davantage sur le plan de la taille et de la forme matérielle. Si vous êtes gaucher, vous pouvez être fier du fait que vos hémisphères sont moins asymétriques que ceux de vos collègues droitiers (Corballis, 1980)! En général, les gauchers sont plus symétriques sur tous les plans — même la taille des pieds (Corballis, 1980).

Dans certaines circonstances, une latéralisation moindre peut constituer un réel atout. Par exemple, les personnes qui sont plutôt gauchères, ou ambidextres, semblent posséder une meilleure mémoire tonale, une aptitude fondamentale en musique (Deutsch, 1978). En conséquence, on trouve un plus grand nombre de musiciens ambidextres qu'on l'eût cru. On ne peut savoir clairement si les personnes douées pour la musique étaient initialement moins latéralisées, ou si la musique développe les deux mains ou, vraisemblablement, les deux côtés du cerveau (Springer et Deutsch, 1985).

Applications

Les aptitudes mathématiques découlent également d'une plus grande utilisation de l'hémisphère droit. Les étudiants très doués pour les mathématiques sont plus enclins à être gauchers ou ambidextres que les autres (Benbow, 1986). L'avantage le plus évident de la manualité gauche se manifeste par suite de traumatismes crâniens. En raison de leur latéralisation moins marquée, les gauchers éprouvent généralement une perte moins prononcée de la parole après que l'un ou l'autre des hémisphères a été affecté, et ils se remettent plus facilement (Geschwind, 1979). Il se peut que le fait d'avoir «les deux pieds dans la même bottine» ne soit pas une si mauvaise affaire, après tout!

Autotest

1. Environ 97 pour 100 des gauchers traitent le langage depuis l'hémisphère gauche, comme les droitiers. Vrai ou faux?

2. Les gauchers qui écrivent en maintenant le poignet sous la ligne ont probablement un hémisphère droit dominant. Vrai ou faux?

3. La plupart des animaux, comme la plupart des humains, affichent une préférence pour les membres droits. Vrai ou faux?

4. En général, les gauchers manifestent une latéralisation moindre non seulement au niveau du cerveau, mais aussi au niveau du corps tout entier. Vrai ou faux?

5. Une étude récente a démontré que les étudiants du secondaire gauchers réussissaient mieux que les droitiers. Vrai ou faux?

Réponses :

1. faux 2. vrai 3. faux 4. vrai 5. faux

Exploration : la stimulation électrique du cerveau — les promesses et périls de la commande du cerveau

Grâce à la **stimulation électrique du cerveau** (SEC), la commande directe du cerveau est devenue une réalité. Dans certains cas, la SEC peut provoquer des comportements animaux ou humains avec la précision du robot. La SEC commence par l'**implantation d'électrodes**, c'est-à-dire la pose de dispositifs de stimulation électrique dans des endroits stratégiques du cerveau. On insère de minces fils ou aiguilles de platine ou d'acier à travers le crâne, sous le cuir chevelu, qu'on relie ensemble à une prise externe unique. De cette manière, on peut stimuler ou commander plus de deux douzaines de points cérébraux.

On peut actionner les électrodes de SEC à distance au moyen de transmetteurs et de récepteurs radio. On promet pour bientôt des récepteurs et d'autres dispositifs de stimulation minuscules, de la taille d'un timbre-poste ou encore plus petits. En plus de faire disparaître toute trace extérieure d'implants de SEC, la miniaturisation peut mener à l'installation de micro-ordinateurs dans le cerveau afin, éventuellement, de maîtriser les crises épileptiques ou d'accroître l'intelligence artificiellement.

Question : À quelles fins utilise-t-on la SEC à l'heure actuelle?

On fait un grand usage de la SEC dans le cadre de la recherche animale en tant que moyen d'exploration des rapports entre le cerveau et le comportement. Un avantage de taille de la SEC est qu'elle permet à l'animal (ou à la personne) de mener une vie normale, le cerveau intact, pendant que l'expérimentateur stimule et endort diverses zones du cerveau.

Une expérience originale menée par W.R. Hess démontra qu'on peut éliminer la rage chez les chats au moyen de la SEC. Depuis, la SEC s'est avérée efficace pour mettre à l'épreuve les comportements fondamentaux chez les animaux et les humains. La stimulation appliquée à la zone appropriée du cerveau peut susciter instantanément la terreur, l'anxiété, la colère, le désir sexuel, l'agressivité, l'attention, le désir de fuite, la faim, la soif, le sommeil, le mouvement des membres, l'euphorie, la réminiscence, la parole, les pleurs et davantage.

Question : Comment les humains répondent-ils à la SEC?

De toute évidence, les expériences de SEC auprès des humains se limitent à des situations issues de besoins médicaux pressants. Par exemple, la SEC peut être utilisée pour déterminer les aires cérébrales qui déclenchent des accès de violence afin de les retirer au moyen de la chirurgie.

Lorsque mise à l'épreuve par SEC, une patiente réagit violemment à la stimulation de l'amygdale (une partie du système limbique) et s'écria : «J'ai l'impression que je vais m'élancer de ma chaise! Retenez-moi, de grâce! Ne me faites pas ça! Je ne vous veux aucun mal!» Lorsque l'interviewer lui demanda : «Aimeriez-vous me frapper?», la patiente répondit : «Oui, je veux frapper quelque chose. Je veux attraper quelque chose et le défaire en morceaux!» On présenta une pile de papier à la patiente, que cette dernière s'empressa de déchirer (King, 1961). Plus tard, elle expliqua qu'elle n'en voulait pas à l'interviewer, mais qu'elle n'éprouvait que le désir de frapper ou de détruire quoi que ce soit.

On obtient une réaction nettement différente en plaçant des électrodes à d'autres points. Après que ses lobes temporaux furent stimulés, une patiente se mit à rire et à faire des commentaires amusants, affirmant que la stimulation lui plaisait beaucoup. Par suite d'une autre stimulation, elle devint flirteuse et finit par exprimer le désir d'épouser le thérapeute. Après avoir mis un terme à la stimulation, elle redevint calme et réservée, sans manifester de bienveillance excessive.

Question : Pourrait-on utiliser la SEC pour dominer une personne contre son gré?

José Delgado, qui a mené des recherches poussées en la matière, affirme que non. À preuve, il cite l'exemple d'agressivité stimulée dans des colonies animales. Les singes qui reçoivent une SEC deviennent agressifs selon la place qu'ils occupent dans la hiérarchie du groupe. S'ils sont au bas de l'échelle, la stimulation n'entraîne que peu d'attaques à l'endroit d'autres singes; s'ils sont cependant dominants, la stimulation provoque aisément des crises et des attaques. Ce qui entraîne la question suivante : «Un dictateur sans merci pourrait-il, aux commandes d'un poste émetteur central, stimuler les cerveaux d'une masse d'individus maintenus en esclavage?» Delgado affirme : «Heureusement, cela dépasse les limites théoriques et pratiques de la SEC.»

Par conséquent, à son présent stade de développement, la SEC ne peut provoquer des comportements qui transforment les humains en robots. Il est vrai, comme on l'a mentionné, qu'on peut influencer les réactions émotives et stimuler l'agressivité ou la libido, par exemple. Mais dans la plupart des cas, les détails de ces sentiments sont régis par la personnalité de la personne et les circonstances. Si une personne avait vraiment l'intention de maîtriser ou de perturber le comportement d'une autre, il lui serait plus facile de le faire au moyen de drogues. Des

Exploration

traces de drogues comme le LSD suffisent à modifier l'activité du cerveau. La menace de pollution au LSD des réservoirs d'eau potable d'une ville constitue un danger bien plus grand que la SEC.

Que réserve donc l'avenir à la SEC? Constituera-t-elle un moyen d'enrayer la douleur insupportable, de maîtriser les crises épileptiques, de mettre un terme à la violence incontrôlable, d'inverser le processus d'arriération mentale ou de relier le cerveau à un ordinateur? Tout cela est possible. Quels sont les enjeux moraux de la recherche actuelle en matière de SEC? Mènera-t-elle à une plus grande maîtrise du cerveau? Quel effet la recherche en SEC a-t-elle sur votre conception de la personnalité, de la pensée et du libre arbitre?

Autotest

1. La SEC s'effectue principalement au moyen de la stimulation électrique de la moelle. Vrai ou faux?

2. La stimulation de l'amygdale provoque des accès d'hostilité et d'agressivité chez les humains. Vrai ou faux?

3. En général, les comportements induits par la SEC ne sont pas affectés par les circonstances extérieures. Vrai ou faux?

4. Les chances que la SEC soit utilisée afin de maîtriser le comportement d'un grand nombre de gens demeurent très faibles. Vrai ou faux?

Réponses :

1. faux 2. vrai 3. faux 4. vrai

Résumé du chapitre

■ Le cerveau et le système nerveux se composent de cellules nerveuses interreliées appelées **neurones**. Ces derniers forment de longs chaînons et des réseaux denses. Ils se transmettent l'information au moyen de **synapses**.

■ La structure de transmission fondamentale des neurones est l'**axone**, mais les **dentrites** (une aire réceptrice), le **soma** (le corps cellulaire et une aire réceptrice également) ainsi que les **boutons terminaux** (les extrémités d'un axone) participent aussi à la transmission.

■ La décharge d'un **potentiel d'action** (impulsion nerveuse) est essentiellement électrique, tandis que la communication entre les neurones est chimique. Les neurones libèrent des substances chimiques appelées **neurotransmetteurs** au niveau de la synapse, qui s'attachent aux **récepteurs** des cellules voisines, ce qui stimule ou inhibe ces dernières. Les neurotransmetteurs appelés **neuropeptides** régularisent, semble-t-il, l'activité cérébrale.

■ Les **nerfs** se composent d'axones et de tissus associatifs. Les neurones et les nerfs du système nerveux périphérique peuvent souvent **se régénérer**. Les dommages causés au système nerveux central sont *permanents*, à moins qu'on ne tente de réparer les zones affectées au moyen de **greffes** ou de l'implantation de tissu sain.

■ Le système nerveux se compose du **système nerveux central** (le cerveau et la moelle épinière) et du **système nerveux périphérique**, qui comprend les systèmes nerveux **somatique** (corporel) et **autonome** (involontaire). Le système autonome compte deux divisions : la ramification **sympathique** (urgence, activation) et la ramification **parasympathique** (maintien, conservation).

■ Le cerveau humain est caractérisé par une **cérébralisation** prononcée, ou un **cortex cérébral** agrandi. L'**hémisphère cérébral gauche** abrite les centres de la parole ou du langage chez la majorité des gens. Il régit également l'écriture, le calcul, l'évaluation du temps et du rythme ainsi que la commande de mouvements complexes. L'**hémisphère droit** est essentiellement non verbal. Il excelle dans les aptitudes spatiales et perceptuelles, la visualisation et la reconnaissance des motifs, des visages et des mélodies.

■ Les «**cerveaux dédoublés**» ont été créés chez des animaux et des humains en sectionnant le **corps calleux**. La personne au cerveau dédoublé présente un niveau d'indépendance inusité entre les hémisphères droit et gauche. Dans certaines circonstances, les hémisphères fonctionnent comme des entités tout à fait distinctes.

■ Les fonctions principales des **lobes** du cortex cérébral sont les suivantes : les lobes **occipitaux** (vision); **pariétaux** (sensations corporelles); **temporaux** (audition et langage); **frontaux** (odorat, commande motrice, discours et pensée abstraite).

■ Il existe un nombre d'**aires associées** du cortex dont la fonction n'est ni sensorielle ni motrice. Ces aires sont reliées à des aptitudes plus complexes comme le langage, la mémoire, la reconnaissance et la solution de problèmes. Des dommages au **centre de Broca** ou au **centre de Wernicke** entraînent des problèmes de langage et de discours appelés **aphasie**. Des dommages causés à d'autres régions peuvent entraîner l'**agnosie**, ou l'incapacité d'identifier des objets au moyen de la vue.

■ Le cerveau se divise en trois régions principales : le **télencéphale**, le **myélencéphale** et le **mésencéphale**.

■ Le **sous-cortex** comprend plusieurs structures cérébrales essentielles. La **moelle allongée** abrite des centres indispensables à la commande réflexe du rythme cardiaque, de la respiration et d'autres fonctions «végétatives». Le **cervelet** assure la coordination, la posture et le tonus musculaire. La **formation réticulaire** transmet les messages sensoriels et une partie, appelée SAR, agit comme système d'activation du cerveau. Le **thalamus** transmet l'information sensorielle au cerveau. L'**hypothalamus** commande l'ingestion de nourriture solide et liquide, les cycles du sommeil, la température du corps ainsi que d'autres stimulations et comportements fondamentaux. Le **système limbique** est fortement relié à l'émotion. Il abrite également des aires distinctes de récompense et de punition ainsi qu'une région appelée l'**hippocampe**, qui joue un rôle important dans la mémoire.

■ Le **système endocrinien** assure la communication **chimique** dans tout le corps grâce à l'émission d'**hormones** dans le courant sanguin. De nombreuses glandes endocrines sont sous l'influence de l'**hypophyse** (la «glande maîtresse»), qui est à son tour régie par l'hypothalamus. Les glandes endocrines influent sur l'humeur, le comportement, voire la personnalité.

■ La plupart des gens sont droitiers; par conséquent, leur hémisphère gauche domine sur le plan de la capacité motrice. Chez 97 pour 100 des droitiers et 60 pour 100 des gauchers, la parole provient également de l'hémisphère gauche. En général, les fonctions cérébrales des gauchers sont moins **latéralisées** que celles des droitiers.

■ La stimulation électrique du cerveau (**SEC**) est utilisée pour étudier les fonctions des diverses régions du cerveau. La SEC est prometteuse à titre de traitement médical. Mais il est peu probable qu'elle puisse un jour servir à diriger le comportement par la force.

Discussion

1. Si vous pouviez modifier le cerveau ou le système nerveux de manière à les améliorer, comment le feriez-vous et pourquoi?

2. Quel serait l'effet d'une drogue qui élève le seuil de décharge des neurones? Qui obstrue le passage des neurotransmetteurs dans la synapse? Qui imite l'effet d'un neurotransmetteur? Qui stimule la FR? Qui supprime l'activité de la moelle?

3. Connaissez-vous quelqu'un qui a été victime d'une attaque d'apoplexie ou d'un traumatisme crânien? Quels en furent les effets? Comment la personne s'en est-elle tirée?

4. Un membre de la famille a des accès de colère et d'agressivité. Au cours de la dernière année, les comportements sont devenus presque incontrôlables. On recommande la SEC comme traitement ultime. En approuveriez-vous l'usage? Selon vous, quelles restrictions devrait-on imposer à l'application du procédé?

5. Croyez-vous que la distinction nette entre les fonctions des hémisphères gauche et droit soit valable? Par exemple, la musique, la danse ou l'art n'engagent-ils pas des aptitudes verbales?

6. Selon Robert Orstein, il faut reconnaître que le plein usage du potentiel humain doit profiter des aptitudes spécialisées des deux hémisphères cérébraux. Par ailleurs, Roger Sperry soutient que «notre système d'éducation tend à négliger l'aspect non verbal de l'intelligence. Il en résulte que notre société moderne exerce une forme de discrimination à l'égard de l'hémisphère droit.» Êtes-vous d'accord? Par conséquent, quels changements apporteriez-vous au système d'éducation actuel?

7. Quels seraient les bénéfices et les inconvénients possibles de posséder un «cerveau dédoublé»?

8. À quel genre de réponses pourrait-on s'attendre, si l'on maintenait en vie une personne dont seule la moelle épinière serait intacte? Dont la moelle épinière et la moelle allongée seraient fonctionnelles? La moelle épinière, la moelle allongée et le cervelet? La moelle épinière, la moelle allongée et le sous-cortex? Toutes les régions du cerveau à l'exception du cortex associatif?

9. Si l'on vous enlevait le cerveau et le remplaçait par un autre, et qu'on plaçait votre cerveau dans un autre corps, quelle serait votre véritable personne : votre ancien corps muni d'un nouveau cerveau, ou votre nouveau corps doté de votre ancien cerveau?

10. Peut-on s'attendre à ce que le cerveau réussisse à se comprendre lui-même un jour? Ou l'étude du cerveau par le cerveau est-elle vouée à l'échec, comme si vous tentiez de vous soulever vous-même?

11. Si les parents d'un enfant de taille normale désiraient lui administrer une hormone de croissance, jugeriez-vous que cela est moral? Expliquez votre réponse.

12. Les transplantations cérébrales effectuées sur des animaux de laboratoire utilisent généralement des tissus en provenance de cerveaux de fœtus. On pourra éventuellement assurer la croissance en laboratoire de cellules aux fins de transplantation. Si la chose s'avérait impossible, et que les cellules de fœtus constituaient la seule source disponible, considéreriez-vous que ces transplantations sont immorales? Sinon, dans quelles conditions seraient-elles acceptables?

CHAPITRE 4

LA SENSATION ET LA RÉALITÉ

APERÇU DU CHAPITRE
LA SENSATION — UNE FENÊTRE SUR LE MONDE

*En ce moment même, vous baignez dans un tourbillon kaléidoscopique de lumière, de chaleur, de pression, de vibrations, de molécules, de radiation, de forces mécaniques et d'autres énergies physiques. Sans les sens, tout cela ne serait que vide sombre et silencieux. La prochaine fois que vous vous imprégnerez de la beauté d'un coucher de soleil, d'une fleur ou d'un ami, rappelez-vous ceci : la **sensation** rend tout cela possible.*

Il est évident que le monde tel que nous le connaissons est créé à partir d'impressions sensorielles, mais il est moins évident que ce qui passe pour la «réalité» est structuré par les sens. Nos organes sensoriels ne peuvent percevoir qu'une gamme limitée d'énergies physiques. Ainsi, nous ne pouvons enregistrer les événements, lorsque nos sens n'y sont pas sensibles. Par exemple, nous ne possédons pas de récepteurs pour les radiations atomiques, les rayons X ou les micro-ondes; c'est pourquoi chacune de ces énergies peut nous blesser sans que nous nous en apercevions.

Le jaune est étonnant, mais le rouge est encore mieux *À quoi ressemblerait le monde, si nous pouvions ajouter de nouveaux sens, si nous pouvions «voir» les rayons gamma, «entendre» les changements de la pression barométrique, ou «goûter» la lumière? Cela tient de la devinette. Il est beaucoup plus facile d'imaginer perdre ou regagner un système sensoriel. Réfléchissons aux paroles de Bob Edens, qui a recouvré la vue à 51 ans, après avoir été aveugle depuis la naissance :*

> Je n'aurais jamais cru que le jaune est si... jaune. Je ne trouve pas de mots, je suis ébloui par le jaune. Mais le rouge est ma couleur favorite. Je ne peux tout simplement y croire. Chaque jour j'ai hâte de me réveiller pour voir ce que je peux voir. Et la nuit, j'observe les étoiles et les lumières scintillantes. Vous ne pourrez jamais savoir comme tout est merveilleux. J'ai vu des abeilles l'autre jour, et elles étaient magnifiques. J'ai vu un camion passer sous la pluie et projeter des gerbes d'eau. C'était sublime. Et vous ai-je dit que je viens d'apercevoir une feuille tourbillonner dans les airs?

Si vous avez tendance à tenir pour acquises les impressions sensorielles quotidiennes, souvenez-vous de Bob Edens. Comme en fait preuve son témoignage, la sensation est notre fenêtre sur le monde. Tous nos comportements significatifs, notre conscience de la réalité physique et notre conception de l'univers proviennent de nos sens. Il n'est donc pas exagéré de déclarer que le sujet du présent chapitre est assez... «sensationnel»!

Questions d'ensemble

- En général, comment fonctionne le système sensoriel?

- Quelles sont les limites de notre sensibilité sensorielle?

- Comment chacun des principaux sens fonctionne-t-il, et qu'est-ce qui cause les troubles sensoriels communs comme la surdité et le daltonisme?

- Pourquoi sommes-nous plus conscients de certaines sensations que d'autres?

- Comment pouvons-nous réduire ou maîtriser la douleur dans des situations ordinaires?

Les propriétés générales du système sensoriel — croyez-en vos yeux, vos oreilles...

Commençons par un paradoxe. D'un côté, nous avons le magnifique pouvoir des sens. En un instant, vous pouvez apercevoir une étoile située à des années-lumière et l'instant d'après, examiner l'univers microscopique d'une goutte de rosée. Pourtant la vision, comme les autres sens, a une sensibilité si limitée qu'elle se comporte comme un **système de réduction de données**, en prenant l'habitude de «réduire» le flot d'information à un courant restreint de renseignements utiles.

On peut considérer la sélection sensorielle en regard du fait que la lumière n'est qu'une mince portion d'une plus grande variété d'énergies. En plus de la lumière visible, le **spectre électromagnétique** comprend les rayons infrarouges et ultraviolets, les ondes radiophoniques, les émissions de télévision, les rayons gamma et d'autres énergies (illustration 4.2, section couleur). Si nos yeux n'étaient pas limités à la lumière, la vision se comparerait à la réception de centaines de «canaux» à la fois, ce qui causerait une grande confusion. Manifestement, la *sélection* de l'information est importante.

Question : Comment s'accomplissent la sélection et la réduction de données?

Une certaine sélection s'exerce simplement parce que les récepteurs sensoriels sont des *transducteurs* biologiques. Un **transducteur** est un dispositif qui convertit un type d'énergie en un autre. Par exemple, une aiguille de phonographe convertit les vibrations en signaux électriques. Frottez l'aiguille sur votre doigt et les enceintes acoustiques reproduisent du bruit. Toutefois, si vous illuminez l'aiguille ou que vous l'immergez dans l'eau froide, aucun son n'est émis. (À ce stade, cependant, il se peut que le propriétaire de la chaîne stéréo devienne bruyant!) De même, chaque organe sensoriel est plus sensible à une variété sélectionnée d'énergie, qu'il traduit facilement en impulsions nerveuses.

En agissant comme transducteurs, de nombreux organes sensoriels **décomposent** l'environnement en *caractéristiques* importantes avant de transmettre des messages au cerveau. Les **caractéristiques de la perception** constituent les éléments essentiels de la structure d'un stimulus, comme les lignes, les formes, les angles, les taches et les couleurs. Les circuits nerveux de nombreux organes sensoriels agissent comme des **détecteurs de caractéristiques**. Autrement dit, ils sont extrêmement sensibles aux structures précises des stimuli. Par exemple, les yeux des grenouilles sont particulièrement sensibles aux petites taches sombres en mouvement. Le chercheur Jerome Levine appelle cette sensibilité le «détecteur d'insectes». Il semble que les yeux des grenouilles sont «câblés» pour détecter les insectes qui volent à proximité. Mais l'insecte (tache) doit se mouvoir. Une grenouille peut mourir de faim, entourée de mouches mortes.

En plus de choisir et d'analyser, les organes sensoriels **codent** les caractéristiques importantes du monde en messages que le cerveau peut comprendre (Hubel et Wiesel, 1979). Pour voir le codage à l'œuvre, essayez cette simple démonstration :

Fermez les yeux un moment, puis appuyez fermement le bout des doigts sur les paupières. Appliquez assez de pression pour «écraser» un peu vos yeux. Faites-le pendant environ 30 secondes et observez ce qui se produit. (Les lecteurs qui ont des problèmes de vision ou des verres de contact devraient s'abstenir.)

Si vous avez suivi ces instructions, vous avez probablement vu des étoiles, des carreaux et des éclairs de couleur qu'on appelle **phosphènes.** La raison en est que les cellules réceptrices de l'oeil, qui réagissent normalement à la lumière, sont également sensibles à la pression dans une certaine mesure. Remarquez cependant que l'oeil ne code les stimulations, y compris la pression, qu'en caractéristiques *visuelles.* Comme résultat, vous éprouvez *des sensations lumineuses,* et non de la pression. La **localisation cérébrale** des fonctions sensorielles contribue aussi à produire cet effet.

Question : Que signifie la localisation cérébrale?
Cela signifie que les récepteurs sensoriels envoient des messages à des endroits précis du cerveau. Certaines régions du cerveau reçoivent l'information visuelle, d'autres, l'information auditive, d'autres, le goût, etc. Ainsi, la sensation que vous éprouvez dépend finalement de la région du cerveau activée.

L'une des implications pratiques de cette localisation consiste à stimuler artificiellement des régions particulières du cerveau pour restaurer la vue, l'ouïe ou d'autres sens. Les chercheurs ont déjà mis à l'épreuve un système qui utilise une caméra de télévision miniature pour créer des signaux électriques qu'on applique sur le cortex visuel (Dobelle et autres, 1974; Dobelle, 1977). (Voir l'illustration 4.1.) Malheureusement, cette vision artificielle fait encore face à des obstacles importants. Toutefois, l'audition artificielle se montre plus fonctionnelle, comme nous le verrons plus tard.

Illustration 4.1 *La conception artistique d'un système de vision artificielle. Les images reçues par un oeil artificiel seraient transmises à des électrodes placées dans la région visuelle du cerveau (illustrée dans la section écorchée). L'oeil artificiel, qui fonctionne comme une caméra de télévision, peut être placé dans l'orbite tel que l'illustre le dessin. L'un des obstacles importants de ce système réside dans la tendance du cerveau à rejeter les électrodes implantées.*

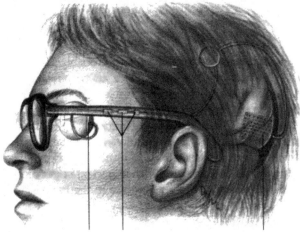

Caméra de télévision   Ordinateur   Électrodes

Il est fascinant de se rendre compte que des expériences comme la vision et l'audition se passent finalement dans le cerveau et non dans l'oeil ou l'oreille. Chaque organe des sens ne constitue que le premier chaînon d'une longue chaîne qui se termine dans la cellule et la forêt de fibres du cerveau. Contrairement à ce qu'on serait tenté de croire, nos organes sensoriels ne fonctionnent pas comme des caméras ou des magnétophones en renvoyant des images du monde. Plutôt, ils recueillent, transforment, analysent, codent et transmettent un flot incessant de données à un cerveau actif et qui a soif d'information. Ce flot incessant d'information s'appelle la **sensation.** Lorsque le cerveau organise les sensations en structures significatives, nous parlons de *perception,* que nous étudierons plus en détail au chapitre 5. Dans un moment, nous verrons comment fonctionne chacun des sens. Mais d'abord, examinons un peu plus la question de notre sensibilité à notre monde «sensationnel».

La psychophysique — jusqu'à la limite

Question : Quel est le son le plus feutré que nous puissions entendre? la lueur la plus faible que nous puissions voir? le toucher le plus léger que nous puissions percevoir?

Les organes des sens constituent notre lien avec la réalité. Quelles sont leurs limites? La **psychophysique** offre quelques réponses. En psychophysique, les changements des stimuli *physiques* sont mesurés et associés aux sensations *psychologiques,* comme le volume sonore, la luminosité ou le goût. L'une des questions fondamentales de la psychophysique est : «Quel est le minimum absolu d'énergie nécessaire pour qu'une sensation ait lieu?» La réponse définit le **seuil absolu** d'un système sensoriel.

La mesure des seuils absolus démontre à quel point nous sommes sensibles. Par exemple, trois photons de lumière sur la rétine suffisent à produire une sensation. Un **photon** est la plus petite unité d'énergie lumineuse, et une réaction à trois photons correspond à apercevoir la flamme d'une chandelle à plus de 50 kilomètres! Le tableau 4.1 donne les seuils absolus approximatifs des cinq sens.

Certains organes sensoriels présentent des limites tant supérieures qu'inférieures. Par exemple, lorsqu'on teste les oreilles pour la hauteur de la tonalité, nous découvrons que les humains peuvent entendre des sons aussi faibles que 20 **hertz** (vibrations à la seconde) et aussi élevés que 20 000 hertz. Il s'agit d'un écart impressionnant qui va du grondement le plus bas d'un orgue à tuyaux jusqu'au cri le plus aigu d'un haut-parleur. Sur le registre inférieur, le seuil est aussi bas qu'il est pratique de l'être. Si les oreilles pouvaient réagir à des sons de moins de 20 hertz, vous pourriez entendre les mouvements de vos propres muscles

Tableau 4.1 *Les seuils absolus*

MODE SENSORIEL	SEUIL ABSOLU
Vision	Flamme d'une chandelle aperçue à 50 kilomètres par une nuit noire et claire
Ouïe	Tic-tac d'une montre dans des conditions calmes à 6 mètres
Goût	1 gramme de sucre dans 9 litres d'eau
Odorat	1 goutte de parfum dans un appartement de 3 pièces
Toucher	Aile d'une abeille qui tombe sur la joue d'une hauteur de un centimètre

(de Galanter, 1962)

(Oster, 1984). Imaginez comme il serait désagréable d'entendre votre corps grincer et craquer comme un vieux rafiot chaque fois que vous bougez.

D'un autre côté, le seuil de 20 000 hertz de l'ouïe humaine pourrait facilement être plus élevé. Les chiens, chauves-souris, chats et autres animaux peuvent entendre des sons bien au delà de cette limite. Voilà pourquoi un sifflet «silencieux» pour chiens (qui peut produire des sons aussi élevés que 40 000 ou 50 000 hertz) peut être entendu par les chiens mais non par les humains. Pour les chiens, ce son existe; mais pour les humains, il se situe au delà du niveau perceptible. On peut aisément concevoir que les seuils définissent les limites du monde sensoriel dans lequel nous vivons. (Si vous désirez acheter une chaîne stéréo pour votre chien, vous aurez du mal à en trouver une qui reproduise des sons de plus de 20 000 hertz!)

Les mécanismes de défense et la perception subliminale

Question : Est-ce que le seuil absolu varie d'une personne à l'autre?

Non seulement les seuils absolus varient-ils d'une personne à l'autre, mais ils varient également chez la même personne selon le moment. Le type de stimulus, l'état du système nerveux et les coûts des interférences sensorielles constituent tous des facteurs déterminants. Les facteurs affectifs également. Des stimuli désagréables, par exemple, peuvent *élever* le seuil de la reconnaissance sensorielle. On appelle cet effet les **mécanismes de défense de la perception**. Ils furent d'abord démontrés lors d'expériences de perception sur des mots «grossiers» et «convenables» (McGinnies, 1949). Les mots grossiers comme *putain, viol, chienne* et *pénis* apparaissaient brièvement à l'écran. Ces mots étaient plus longs

à reconnaître que les mots convenables comme *poulain, voile, chiffre* et *peines*.

Question : Serait-ce parce que les gens voulaient s'assurer d'avoir vu un mot comme pénis avant de le prononcer?

Oui. Pendant des années, les psychologues se soucièrent de cette hypothèse et des faiblesses que présentait l'expérience originale. Mais les recherches ultérieures suggèrent que la perception s'accompagne de mécanismes de défense (Erdelyi, 1974). Apparemment, il est possible de traiter l'information à plus d'un niveau et de résister à celle qui cause de l'anxiété, de l'inconfort ou de l'embarras (Dember et Warm, 1979).

Question : S'agit-il de la perception «subliminale»?

Essentiellement, oui. Chaque fois que l'information est traitée au-dessous du **seuil** de conscience normal, elle est **subliminale**. La perception subliminale fut mise au jour au cours d'une expérimentation où les personnes voyaient une série de formes apparaître à l'écran durant un millième de seconde chacune. Plus tard, elles furent invitées à examiner parmi ces formes d'autres formes «nouvelles» aussi longtemps qu'elles le désiraient. On leur demanda alors de mesurer jusqu'à quel point elles aimaient chacune des formes. Bien qu'elles n'aient pu distinguer les «anciennes» formes des «nouvelles», elles accordèrent de meilleures cotes aux anciennes (Kunst-Wilson et Zajonc, 1980). Il semble que les anciennes formes étaient devenues plus familières, donc plus agréables, même si elles avaient été enregistrées à un niveau inférieur à la perception consciente.

Question : Est-ce qu'on peut appliquer cette découverte à la publicité?

La tentation de manipuler les acheteurs doit être forte, car de nombreuses entreprises ont essayé la publicité subliminale au cours des ans. Mais les techniques de vente subliminales fonctionnent-elles vraiment? Voyons voir.

Dans le cadre d'une tentative de publicité subliminale, un cinéma du New Jersey fit apparaître les mots *Mangez du maïs soufflé* et *Buvez du Coca-Cola* à l'écran pendant trois millièmes de seconde toutes les 5 secondes. Puisque les mots apparaissaient aussi brièvement, ils étaient au-dessous du seuil de perception consciente. Durant les 6 semaines où fut présenté le message, l'entreprise déclara une hausse de 57,5 % des ventes de maïs soufflé, et de 18,1 % des ventes de Coca-Cola.

Dans la fureur qui suivit cette «expérience», certains États s'empressèrent de légiférer contre la «vente invisible». Toutefois, ils n'avaient vraiment rien à craindre. La publicité subliminale s'avéra hautement inefficace (McBurney et Collings, 1984; Vokey et Read, 1985). Ces premières «expériences» ne réussirent que parce qu'elles ne tenaient pas compte des conditions

Dans la dernière levée de boucliers contre les messages subliminaux, on accusa à grands cris la musique rock de diffuser des messages enregistrés à l'envers que les auditeurs pouvaient percevoir inconsciemment.

Les psychologues John Vokey et Don Read (1985) soulignent que selon les chefs religieux, les journalistes et les législateurs, il suffit que des messages subliminaux soient enregistrés pour qu'ils affectent automatiquement les auditeurs. Mais cela est-il le cas? Vokey et Read décidèrent d'en avoir le coeur net.

Vokey et Read enregistrèrent un certain nombre de phrases à l'envers, y compris des extraits de *Jabberwocky* de Lewis Carroll et du 23e psaume de la Bible. Dans une série de tests qui utilisaient les phrases à l'envers, ils ne découvrirent aucune preuve de reconnaissance consciente ou inconsciente de la signification, ni ne purent influencer le comportement des sujets. Sans aucun doute, certains musiciens mal inspirés ont truffé leurs enregistrements de messages à l'envers, dont certains sont très offensants. Toutefois, la recherche de Vokey et Read démontre que les messages subliminaux ne menacent en rien les auditeurs de musique. Les musiciens qui se prêtent à ce jeu ne dupent qu'eux-mêmes.

du temps, du moment de l'année, des films présentés, du type de public, des vitrines du comptoir de friandises, etc.

Pour résumer, il existe des preuves de la perception subliminale. Toutefois, des expérimentations bien dirigées ont montré que les stimuli subliminaux sont en général *faibles*. Les annonceurs ont tout avantage à utiliser les stimuli les plus forts, les plus clairs et les plus remarquables qui soient, comme le font la plupart d'ailleurs. Malgré l'évidence, certains annonceurs se servent encore de la publicité subliminale. Peut-être n'ont-ils pas encore capté le message. Voir le profil 4.1 pour des détails sur une autre controverse.

Les seuils différentiels

La psychophysique étudie également les **seuils différentiels**. La question est la suivante : À quel point un stimulus doit-il *changer* (augmenter ou décroître) avant d'engendrer une *différence juste perceptible*? L'étude des différences juste perceptibles **(djp)** mena à l'une des premières lois naturelles de la psychologie. Appelée *loi de Weber*, on peut la formuler ainsi grosso modo : une djp se produit lorsqu'on garde une *proportion* constante de l'intensité originale du stimulus.

Question : Qu'est-ce que cela signifie en pratique?

Supposons que vous êtes assis dans une salle où il y a dix chandelles allumées. Ces chandelles constituent l'intensité originale du stimulus. Disons maintenant que nous allumons des chandelles, jusqu'à ce que la pièce soit à peine plus éclairée. Si cela prend 3 chandelles de plus, combien de chandelles supplémentaires faudrait-il allumer dans une pièce où brillent 20 chandelles afin de produire une augmentation juste perceptible de clarté? Votre première réponse peut être 3, mais rappelez-vous que la djp est une *proportion*. Nous devons allumer 6 chandelles si nous commençons avec 20; 9 si nous commençons avec 30; et 12 pour 40. Le tableau ci-dessous présente une liste des proportions de Weber pour certaines évaluations.

Hauteur tonale	1/333 (1/3 de 1 pour 100)
Poids	1/50
Volume	1/10
Goût	1/5

Remarquez la différence considérable entre la sensibilité auditive (la hauteur tonale et le volume) comparée au goût. D'infimes changements auditifs sont faciles à déceler. Un voix ou un instrument qui s'écarte de 1/3 de 1 pour 100 de la tonalité se remarque. En ce qui concerne le goût, un changement de 20 pour 100 est nécessaire pour produire une djp. Si une tasse de café compte 5 cuillerées de sucre, il faudra en ajouter une autre (1/5 de 5) avant de déceler une différence dans le goût sucré. Il faut beaucoup de cuisiniers pour gâter la sauce.

La loi de Weber n'est qu'une approximation, parce qu'elle ne s'applique principalement qu'aux stimuli moyens. Pour des évaluations autres que sensorielles, elle s'avère encore plus approximative. Malgré tout, on peut en tirer une leçon. Considérez des évaluations sur l'argent, par exemple. Si vous vous rendiez compte qu'on vous a demandé 5 $ de trop à l'achat d'une chemise, retourneriez-vous chercher votre argent? Si vous découvriez qu'on vous a demandé 5 $ de trop pour une voiture, retourneriez-vous réclamer votre argent? Si vous avez répondu oui à la première question, alors logiquement, votre deuxième réponse devrait aussi être oui. Mais elle ne l'est peut-être pas, car le prix plus élevé d'une voiture fait que 5 $ semble une minuscule différence.

Il est maintenant temps d'examiner chacun des sens en détail. À la prochaine section, nous commencerons par la vision, qui est peut-être le système sensoriel le plus merveilleux d'entre tous.

Autotest

Avant de poursuivre, il serait bon de vérifier rapidement certaines des idées dont il a été question.

1. Les récepteurs sensoriels sont des _____ biologiques, ou des dispositifs qui convertissent un type d'énergie en un autre.

2. Lettvin découvrit que les yeux d'une grenouille sont particulièrement sensibles aux phosphènes. Vrai ou faux?

3. Les caractéristiques importantes de l'environnement sont transmises au cerveau par l'entremise d'un processus appelé

   a. phosphénation   *b.* codage   *c.* détection   *d.* conditionnement

4. La quantité minimale de stimulation nécessaire pour qu'une sensation ait lieu définit le _____ .

5. Un stimulus qui cause l'inconfort ou l'embarras doit être vu plus longtemps avant d'être perçu à cause des _____ .

6. On a démontré que les stimuli subliminaux ont un effet puissant sur le comportement des spectateurs, surtout dans le cadre de longs métrages. Vrai ou faux?

Réponses :

1. transducteurs 2. faux 3. *b* 4. seuil absolu 5. mécanismes de défense de la perception 6. faux

La vision — capter quelques rayons

Question : Lequel des sens est le plus essentiel?

Il n'y a pas vraiment de réponse à cette question. Néanmoins la perte de la vue constitue, pour la plupart, le trouble sensoriel le plus terrible. En raison de sa grande importance, nous explorerons la vision plus en détail que les autres sens. Commençons par les dimensions essentielles de la lumière et de la vision.

Les dimensions de la vision   Rappelez-vous que la pièce dans laquelle vous vous trouvez est remplie de **radiations électromagnétique**s, dont la lumière et d'autres énergies. Le **spectre visible** se compose de différentes longueurs d'onde. Le spectre commence à des longueurs d'onde de 400 nanomètres (un nanomètre représente un milliardième de mètre). Les longueurs d'onde à cette extrémité du spectre produisent des sensations de pourpre ou de violet. Des ondes de plus en plus longues produisent du bleu, du vert, du jaune et de l'orange, jusqu'à atteindre le rouge, qui représente une longueur d'onde de 700 nanomètres (illustration 4.2, section couleur).

Cette propriété physique de la lumière, la *longueur d'onde*, correspond à l'expérience psychologique de la **nuance**, ou la couleur particulière d'un stimulus. La lumière blanche est composée du mélange de l'ensemble des fréquences du spectre. Les couleurs produites par des *bandes étroites* de longueurs d'onde sont dites très **saturées**, ou pures. Une troisième dimension de la vision, la **luminosité**, correspond grosso modo à l'*amplitude* (ou la «hauteur») des ondes de lumière; la lumière de plus grande amplitude transporte plus d'énergie et semble plus intense.

La structure de l'oeil

Question : Est-il exact que l'oeil est comme un appareil-photo?

En poussant la question à la limite, l'oeil pourrait servir d'appareil-photo. Lorsque la surface arrière de l'oeil, sensible à la lumière, baigne dans une solution d'alun, la dernière image qui la frappe apparaît comme une photographie minuscule. Ce fait pourrait servir à un roman policier, mais ce n'est pas vraiment une façon de prendre une photographie. De toute façon, plusieurs éléments essentiels de l'oeil et de l'appareil-photo sont similaires. Les deux possèdent un **cristallin** qui focalise les images sur une couche sensible à la lumière à l'arrière d'un espace clos. Dans un appareil-photo, la pellicule constitue cette couche; dans l'oeil, une couche de **photorécepteurs** (cellules sensibles à la lumière) de la taille et de l'épaisseur d'un timbre forment la **rétine** (illustration 4.3).

Question : Comment l'oeil focalise-t-il?

La focalisation   Le devant de l'oeil est recouvert par la **cornée**. La courbure de cette «fenêtre» transparente fléchit les rayons de lumière vers l'intérieur. Puis, le cristallin, qui est élastique, s'étire ou s'épaissit grâce à une série de muscles, de façon à courber plus ou moins la lumière. La courbure, l'épaississement et l'étirement

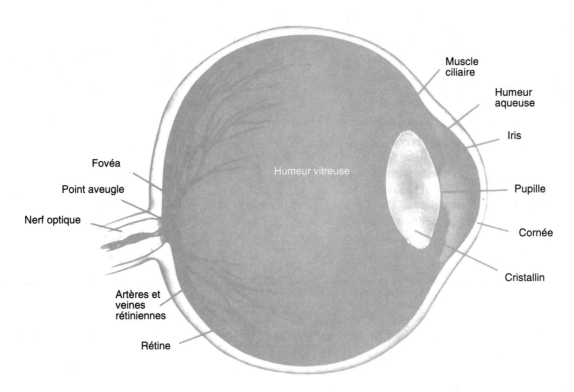

Illustration 4.3 *Une vue simplifiée de l'oeil humain.*

du cristallin s'appellent l'**accommodation**. Dans les appareils-photos, la focalisation se fait plus simplement en changeant la distance entre les lentilles et la pellicule.

Les problèmes visuels La forme de l'oeil affecte également la focalisation. Si l'oeil est trop court, on ne peut focaliser les objets à proximité, mais les objets à distance sont nets. Il s'agit d'**hypermétropie**. Si le globe oculaire est trop long, l'image ne parvient pas à la ré-

tine, et on ne peut focaliser les objets à distance. Cette condition s'appelle la **myopie**. Lorsqu'il y a *malformation* de la cornée ou du cristallin, une partie du champ visuel est au foyer et une autre est embrouillée. Ce problème s'appelle l'**astigmatisme**. On peut corriger ces trois défauts visuels en plaçant des verres ou des lentilles cornéennes devant l'oeil. L'ajout de ces verres change le chemin de la lumière qui arrive et restaure la focalisation exacte (illustration 4.4).

Illustration 4.4 *Les défauts visuels et les verres correcteurs : (a) Un oeil myope (plus long). Le verre concave étend les rayons de lumière juste assez pour augmenter la longueur focale de l'oeil. (b) Un oeil hypermétrope (plus court). Le verre convexe augmente la réfraction (courbure) et renvoie le point de foyer à la*

rétine. (c) Un oeil astigmate (cristallin ou cornée non symétrique). Dans l'astigmatisme, certaines parties de la vision sont nettes et d'autres, embrouillées. Les verres qui corrigent l'astigmatisme sont non symétriques.

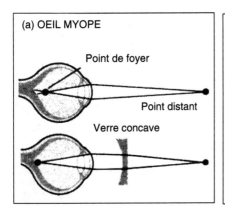

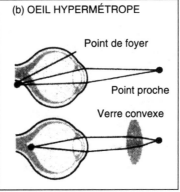

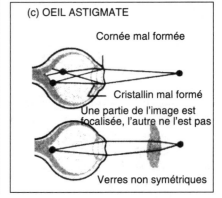

Parfois, avec l'âge, le cristallin devient moins souple et moins apte à s'accommoder. Puisque le cristallin doit se courber davantage afin de focaliser les objets à proximité, le résultat en est la **presbytie**, ou l'hypermétropie causée par le vieillissement. Peut-être avez-vous déjà vu un grand-parent ou un ami âgé tenir le journal à bout de bras à cause de la presbytie. Si vous portez maintenant des verres à cause de la myopie, il se peut que vous ayez besoin de verres à double foyer en vieillissant. Les verres à double foyer corrigent la vision de près *et* de loin.

La maîtrise de la lumière   Il existe une autre similarité importante entre l'oeil et l'appareil-photo. Devant le cristallin de chacun, un mécanisme gouverne la quan-

Illustration 4.5 *Le diaphragme et l'iris.*

tité de lumière qui pénètre. Dans un appareil-photo, ce mécanisme s'appelle le diaphragme; dans l'oeil, c'est **l'iris** (illustration 4.5). L'iris est un muscle circulaire coloré qui se dilate et se contracte pour maîtriser la taille de la **pupille**, l'ouverture au centre de l'oeil.

PROFIL 4.2
Comment le cerveau voit le monde

Les premières hypothèses au sujet de la vision imaginaient une projection presque cinématographique des «images» au cerveau. Mais comme nous l'avons mentionné au chapitre 3, cette conception erronée soulève immédiatement la question de savoir qui regarde le film. Grâce au travail remarquable des psychophysiologistes David Hubel et Torsten Wiesel, qui mérita un prix Nobel, nous savons que le cerveau fonctionne davantage comme un ordinateur que comme une caméra de cinéma ou de télévision.

Hubel et Wiesel enregistrèrent directement l'activité de cellules individuelles dans le cortex visuel. Ce faisant, ils notèrent la région de la rétine à laquelle chaque cellule réagissait. Ils exposèrent ensuite la rétine à des faisceaux lumineux de différentes tailles et formes et enregistrèrent la fréquence à laquelle la cellule du cerveau correspondante émettait ses impulsions nerveuses (illustration 4.6).

Les résultats furent fascinants. De nombreuses cellules du cerveau ne répondaient qu'à des faisceaux d'une certaine largeur ou orientation. Les mêmes cellules n'étaient aucunement «excitées» par un point de lumière ou une illumination totale. D'autres cellules réagirent seulement à des faisceaux dirigés à un certain angle, ou d'une certaine longueur, ou dans une certaine direction (Hubel, 1979; Hubel et Wiesel, 1979).

Le résultat de ces découvertes est que les cellules du cerveau, comme la rétine de la grenouille décrite ci-dessus, agissent comme détecteurs de caractéristiques. Le cerveau semble d'abord décomposer l'information qui lui parvient en lignes, angles, ombrage, mouvement et autres caractéristiques fondamentales. Puis les autres régions du cerveau combinent ces caractéristiques en expériences visuelles significatives (cette notion est approfondie au chapitre 5). La lecture des lettres de cette page est un exemple de ce mécanisme d'analyse de caractéristiques par le système visuel. Étant donné l'ampleur de la tâche, il n'est pas étonnant que 30 pour 100 du cerveau serve à la vision.

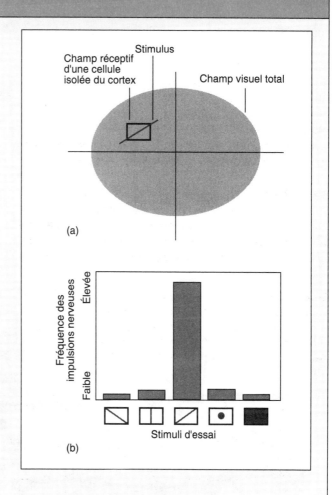

Illustration 4.6 *Le dessin du haut (a) illustre à quelle portion du champ de vision total répond une cellule «typique» du cerveau . Le graphique du bas (b) montre de quelle façon une cellule du cerveau peut servir de détecteur de caractéristiques. Notez comment la cellule ne répond en principe qu'à un seul type de stimulus. (Adapté de Hubel, 1979.)*

L'iris est très important pour la vision normale. La rétine peut s'adapter à des conditions changeantes de lumière, mais seulement très lentement. En effectuant des adaptations rapides, l'iris nous permet de passer rapidement de l'obscurité à la lumière du soleil, ou l'inverse. Dans une lumière faible, les pupilles se **dilatent** (élargissent), et dans une lumière forte, elles se **contractent** (rétrécissent). Lorsque l'iris est ouvert au maximum, la pupille est 17 fois plus grande que lorsqu'il est ouvert au minimum. Sinon, vous resteriez aveuglé plus longtemps en entrant dans une pièce sombre.

Cônes et bâtonnets C'est ici que se termine notre comparaison entre l'oeil et l'appareil-photo. À partir de la rétine, la vision devient un système complexe qui analyse les structures de la lumière (voir le profil 4.2). En outre, l'oeil constituerait un appareil-photo étrange. D'abord, il compte deux types de «pellicule», soit les cellules réceptrices appelées **bâtonnets** et **cônes**. Les cônes, au nombre d'environ 6,5 millions dans chaque oeil, fonctionnent mieux à la lumière vive. Ils produisent aussi des sensations de *couleur* et captent des détails fins. Les bâtonnets eux, au nombre d'environ 100 millions, ne sont pas en mesure de détecter la couleur. La vision pure des bâtonnets est en *noir et blanc*. Toutefois, ces derniers sont beaucoup plus sensibles à la lumière que ne le sont les cônes. Les bâtonnets nous permettent donc de voir dans une lumière très faible.

Comparé à une pellicule dans l'appareil-photo, les récepteurs visuels sont à l'envers. Les cônes et bâtonnets pointent vers l'*arrière* de l'oeil, loin de la lumière (illustration 4.7). De plus, la «pellicule» est trouée. Chaque oeil possède un **point aveugle** parce qu'il n'y a

pas de récepteurs à l'endroit où le nerf optique quitte l'oeil (illustration 4.8). Enfin, l'oeil est constamment en mouvement. Cela serait désastreux pour un appareil-photo, mais comme nous le verrons plus tard, ce phénomène est essentiel à la vision normale.

Question : Existe-t-il d'autres différences entre les cônes et les bâtonnets?

L'acuité visuelle Les cônes se situent principalement au centre de l'oeil. En fait, il existe une petite région en forme de tasse au milieu de la rétine qu'on appelle la **fovéa**, qui ne contient que des cônes (environ 50 000). Si vous regardez l'ongle de votre pouce à la distance d'un bras, son image équivaut à peu près à la fovéa. À l'instar d'une photographie dans un journal qui se compose de nombreux petits points, les cônes entassés de la fovéa produisent la plus grande **acuité** visuelle, ou précision. Autrement dit, la vision est plus nette lorsqu'une image frappe la fovéa. L'acuité décroît à mesure que les images se déplacent vers l'extrémité de la rétine.

L'illustration 4.9 décrit un système très utilisé d'évaluation de l'acuité visuelle. Lorsque la vision ne peut être corrigée au delà de la limite de 20/200 d'acuité, une personne est considérée légalement aveugle. Une vision de 20/200 ne donne qu'une image embrouillée du monde.

Question : À quoi sert le reste de la rétine?

La vision périphérique Les régions à l'extérieur de la fovéa reçoivent également de la lumière, ce qui crée une grande région de **vision périphérique** (de côté).

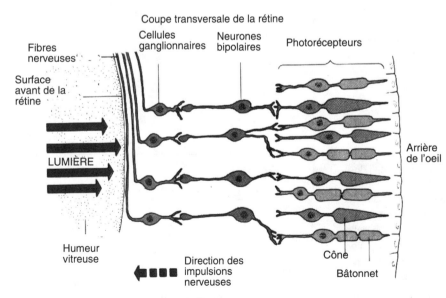

Coupe transversale de la rétine

Cellules ganglionnaires   Neurones bipolaires   Photorécepteurs

Fibres nerveuses

Surface avant de la rétine

LUMIÈRE

Arrière de l'oeil

Humeur vitreuse

Direction des impulsions nerveuses

Cône

Bâtonnet

Illustration 4.7 *L'anatomie de la rétine, l'élément de l'oeil sensible à la lumière. Notez que la lumière ne tombe pas directement sur les cônes et bâtonnets. Elle doit d'abord traverser les couches extérieures de la rétine. Seulement la moitié de la lumière qui parvient au devant de l'oeil atteint les cônes et bâtonnets, ce qui témoigne de l'étonnante sensibilité de l'oeil à la lumière. Les cônes et bâtonnets sont beaucoup plus petits que ne le montre l'illustration. La largeur des plus petits récepteurs est de 1 micron (un millionième de mètre).*

*Cette section contient quelques-unes des illustrations des chapitres 4, 5, 10
et 16. On y a regroupé les exemples dont la représentation en couleur était
nécessaire à la compréhension du texte.*

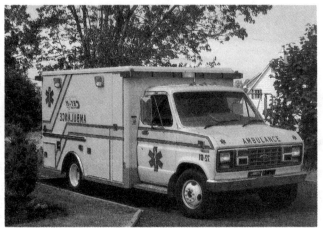 

Illustration 4.10 *Les camions de pompiers jaune-vert sont beaucoup plus visibles à la lumière du jour parce que leur couleur
correspond au sommet de sensibilité des cônes. Toutefois, de nombreuses villes préfèrent toujours le rouge à cause des traditions.*

Illustration 4.11 *Les images
consécutives négatives. Fixez le point
au centre du drapeau pendant au moins
30 secondes. Puis regardez
immédiatement une feuille de papier ou
un mur blancs. Vous verrez alors le
drapeau américain dans ses couleurs
normales. La sensibilité réduite des
récepteurs de jaune, de vert et de noir de
l'oeil, causée par un regard prolongé, a
comme résultat l'apparition des couleurs
complémentaires. Projetez l'image
consécutive du drapeau sur d'autres
surfaces colorées pour obtenir des effets
additionnels.*

LUMIÈRE BLANCHE

Lorsque la lumière blanche traverse un prisme, le spectre lumineux visible apparaît.

PRISME

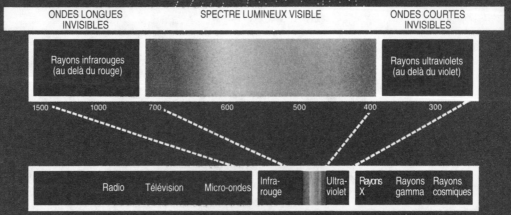

| ONDES LONGUES INVISIBLES | SPECTRE LUMINEUX VISIBLE | ONDES COURTES INVISIBLES |

Rayons infrarouges (au delà du rouge)

Rayons ultraviolets (au delà du violet)

1500   1000   700   600   500   400   300

| Radio | Télévision | Micro-ondes | Infra-rouge | Ultra-violet | Rayons X | Rayons gamma | Rayons cosmiques |

Illustration 4.2 *Le spectre visible.*

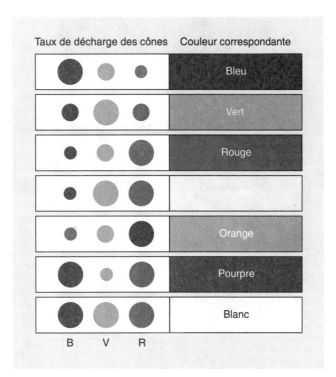

Illustration 4.12 *Les taux de décharge des cônes bleus, verts et rouges en réponse aux différentes couleurs. Plus le cercle colorié est grand, plus le taux de décharge est élevé. Les couleurs sont codées selon l'activité des trois types de cônes de l'oeil normal. (Adapté de Goldstein, 1984.)*

ÊTES-VOUS DALTONIEN?

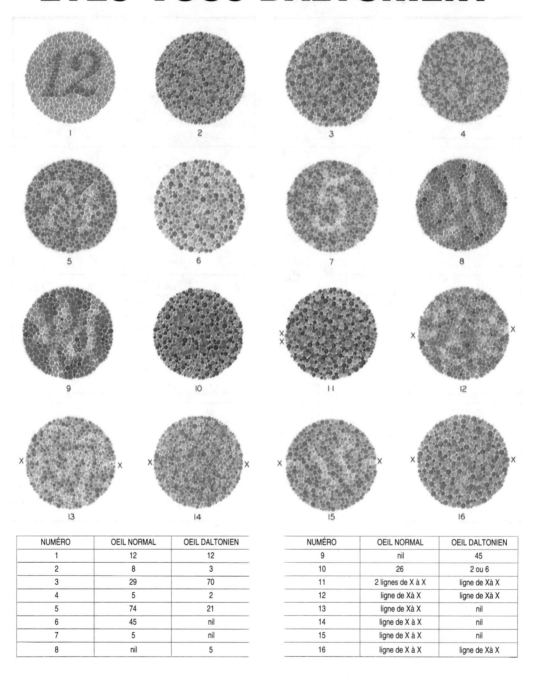

NUMÉRO	OEIL NORMAL	OEIL DALTONIEN
1	12	12
2	8	3
3	29	70
4	5	2
5	74	21
6	45	nil
7	5	nil
8	nil	5

NUMÉRO	OEIL NORMAL	OEIL DALTONIEN
9	nil	45
10	26	2 ou 6
11	2 lignes de X à X	ligne de X à X
12	ligne de X à X	ligne de X à X
13	ligne de X à X	nil
14	ligne de X à X	nil
15	ligne de X à X	nil
16	ligne de X à X	ligne de X à X

Illustration 4.13 *La reproduction d'un test de daltonisme.*

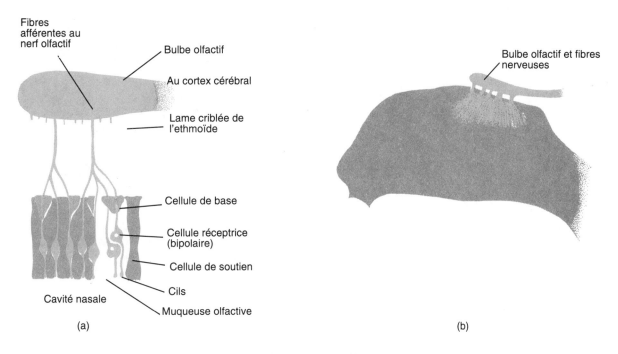

Illustration 4.19 *Les récepteurs de l'odorat (olfaction). Les fibres nerveuses olfactives réagissent aux molécules gazeuses. Les cellules réceptrices sont illustrées dans une coupe transversale, à gauche de la partie (a).*

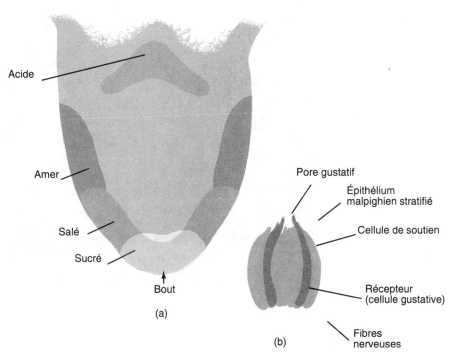

Illustration 4.20 *Les récepteurs du goût : (a) position des récepteurs (papilles gustatives) particulièrement sensibles à quatre qualités de goût. (b) Détail d'une papille gustative à l'intérieur de la langue. On trouve d'autres papilles ailleurs dans le système digestif.*

Illustration 5.1 *La constance de forme. (a) Lorsqu'une porte est ouverte, son image forme en réalité un trapèze. La constance de forme est indiquée par le fait qu'on la perçoit tout de même comme un rectangle. (b) Vous pouvez vous efforcer de voir dans ce dessin une collection de formes plates. Toutefois, si vous maintenez la constance de forme, les carrés déformés suggèrent fortement la surface d'une sphère. (Extrait de «Spherescapes 1», de Scott Walter et Kevin MacMahon, 1983.)*

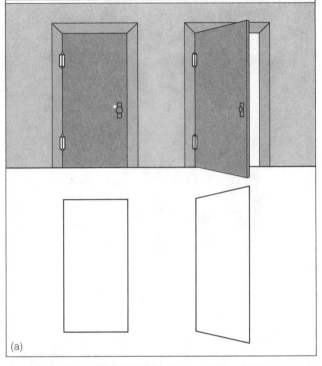

(a)

Illustration 5.14 *Les effets de l'expérience antérieure sur la perception. La modification du visage est plus apparente lorsqu'on la voit à l'endroit, parce qu'elle peut être reliée à l'expérience antérieure.*

Illustration 10.3 *L'imagerie dans la pensée. (En haut) On montra aux sujets un dessin semblable au dessin (a) et des dessins représentant ce dernier dans d'autres positions, comme (b) et (c). Les sujets furent en mesure de reconnaître (a) après l'avoir «tourné» depuis sa position initiale. Toutefois, plus on tournait (a) dans l'espace, plus on prenait de temps à le reconnaître. Ce résultat laisse croire que les sujets formèrent en réalité une image tridimensionnelle de (a) puis tournèrent l'image pour vérifier si elle correspondait (Shepard, 1975). (En bas) Vérifiez votre capacité de manipuler les images mentales : on peut plier chacune de ces formes et en fabriquer un cube; dans quelle forme les flèches se joignent-elles? (D'après Kosslyn, 1985.)*

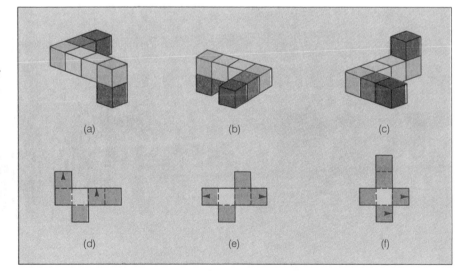

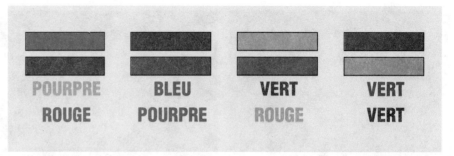

Illustration 10.8   *L'épreuve d'interférence de Stroop. Nommez les couleurs des deux rangées du haut aussi rapidement que possible. Puis, nommez les couleurs de l'encre des mots imprimés dans les deux rangées du bas (ne lisez pas les mots). La difficulté que vous éprouvez à nommer les couleurs des rangées du bas indique à quel point la pensée est intimement liée au langage. Le sens des mots influe profondément sur la réaction qu'ils provoquent en nous (d'après Tzeng et Wang, 1983).*

Illustration 16.7   *Taches d'encre semblables à celles du test de Rorschach. Qu'y voyez-vous?*

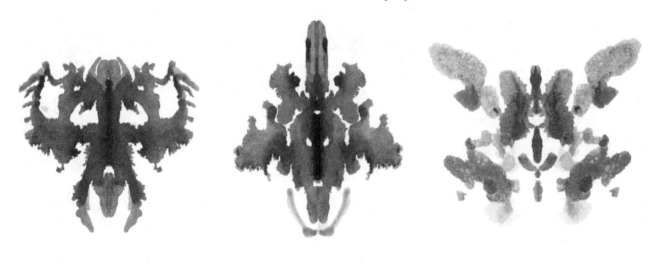

Illustration 4.8 *L'expérience du point aveugle. (a) L'oeil droit fermé, fixez la croix en haut à droite. Tenez le livre à environ 30 centimètres de l'oeil et bougez-le lentement d'avant en arrière. Vous devriez trouver une position où le point noir disparaît. Si tel est le cas, vous avez trouvé le point aveugle. (b) Répétez le processus, mais cette fois, fixez la croix du bas. Lorsque l'espace blanc tombe sur le point aveugle, la ligne noire semble continue. Cela peut vous aider à comprendre pourquoi vous ne voyez habituellement pas le point aveugle dans votre champ de vision.*

Les bâtonnets étant plus nombreux à environ 20 degrés du centre de la rétine, la vision périphérique est en grande partie dépendante des bâtonnets. Heureusement, ces derniers sont très sensibles au *mouvement*. Ainsi, tandis que l'oeil accorde sa meilleure acuité au centre de la vision, il maintient un détecteur de type radar du mouvement dans la vision de côté. La vision «du coin de l'oeil» importe dans les sports, la conduite et le long des ruelles sombres. Ceux qui ont perdu la vision périphérique souffrent de la **vision en tunnel**, une condition qui ressemble au port d'oeillères.

Illustration 4.9 *Épreuves d'acuité visuelle. Dans (a), la précision est indiquée par la vision du plus petit grillage encore perçu en lignes individuelles. La partie (b) exige que vous lisiez des rangées de lettres dont la taille diminue jusqu'à ce que vous ne puissiez plus les distinguer. Les anneaux de Landolt (c) n'ont rien à voir avec les lettres. Tout ce qu'on demande est de distinguer quel côté présente un bris. L'acuité normale est désignée comme la vision 20/20 : à 20 pieds (6 mètres) de distance, vous pouvez distinguer ce qu'une personne normale voit. Si, à cette distance, votre vision est de 20/40, vous n'apercevez que ce qu'une personne normale peut voir à 40 pieds (12 mètres). Si votre vision est de 20/200, vous avez besoin de lunettes! Si elle est de 20/12, cela signifie que vous pouvez voir à 20 pieds ce qu'une personne voit habituellement à 12 pieds (4 mètres), ce qui indique une acuité supérieure à la moyenne. L'astronaute américain Gordon Cooper, qui prétendait voir les rails de chemin de fer du nord de l'Inde à 165 kilomètres au-dessus, avait une acuité de 20/12.*

Les marins, pilotes, astronomes et observateurs militaires font usage depuis longtemps d'un autre aspect intéressant de la vision périphérique. Bien que les bâtonnets n'accordent qu'une faible acuité, ils répondent beaucoup plus à la lumière que ne le font les cônes. Puisque la plupart des bâtonnets se situent à 20 degrés chaque côté de la fovéa, on obtient la meilleure vision nocturne en regardant *à côté* de l'objet que l'on désire voir. Vérifiez cela vous-même un soir en regardant directement et à côté d'une étoile très pâle.

La vision de la couleur — plus qu'il n'y paraît

Quelle couleur diriez-vous est la plus brillante? Le rouge? Le jaune? Le bleu? En réalité, il existe deux réponses à cette question, l'une pour les cônes et l'autre pour les bâtonnets. Les cônes et les bâtonnets diffèrent dans leur *sensibilité maximale à la couleur*, une différence qui revêt une importance pratique. Les cônes sont plus sensibles à la région *vert jaunâtre* du spectre. Autrement dit, si l'on expose toutes les couleurs à la lumière du jour (et que chacune reflète la même quantité de lumière), le vert jaunâtre apparaît *le plus brillant*. L'usage croissant du jaune sur les camions de pompiers et les vestes phosphorescentes portées par les travailleurs de la voirie reflète ce fait.

Question : À quelle couleur les bâtonnets sont-ils le plus sensibles?

Rappelez-vous que les bâtonnets ne produisent pas de sensations de couleur. Si l'on se sert de lumière très faible, aucune couleur n'est perçue. Peu importe, une lumière apparaîtra plus brillante que les autres. Sous cet éclairage, les bâtonnets sont plus sensibles aux lumières *bleu-vert*. Ainsi, la nuit ou dans une faible lumière, lorsque la vision des bâtonnets est la plus importante, la lumière la plus brillante sera la bleue ou la bleu-vert. Pour cette raison, les voitures de police et de patrouille des autoroutes ont maintenant des lumières d'urgence de couleur bleue, la nuit. Vous vous êtes peut-être aussi demandé pourquoi les lumières des pistes des aéroports sont bleues. Cela semble un mauvais choix, mais les pilotes distinguent le bleu très aisément.

Les théories de la couleur

Question : Comment les cônes enregistrent-ils les sensations de couleur?

Aucune réponse courte ne saurait rendre justice à la complexité de la vision des couleurs, mais brièvement, voici la meilleure explication actuelle. La **théorie trichromatique** de la vision des couleurs soutient qu'il existe trois types de cônes, et que chacun d'entre eux est plus sensible à une couleur donnée : le rouge, le vert ou le bleu. On suppose que les autres couleurs sont le résultat des combinaisons de ces trois couleurs, tandis que les sensations de noir et blanc proviennent des bâtonnets.

Un des problèmes fondamentaux de la théorie trichromatique vient de ce qu'il semble y avoir quatre couleurs primaires : le rouge, le vert, le bleu et le jaune. Une deuxième hypothèse, qu'on appelle la **théorie des processus antagonistes**, tente d'expliquer pourquoi on ne peut obtenir un vert rougeâtre ou un bleu jaunâtre. Selon cette théorie, le système visuel perçoit la couleur comme des messages exclusifs. On suppose que le système visuel peut produire des messages pour le rouge ou le vert, le jaune ou le bleu, le noir ou le blanc. Le codage d'une couleur en paire (le rouge par exemple), semble bloquer le message opposé (le vert), donc un vert rougeâtre est impossible, mais un rouge jaunâtre (orange) peut se produire.

Selon la théorie des processus antagonistes, la fatigue causée par la fabrication d'une réponse donne une **image consécutive** de couleur opposée pendant que le système récupère. Pour voir une image consécutive de ce type, regardez l'illustration 4.11 (section couleur) et suivez les instructions.

Question : Quelle théorie de la couleur est exacte?

Les deux! La théorie des trois couleurs s'applique à la rétine, où l'on trouve trois types de **pigments visuels** sensibles à la lumière. Comme prévu, chaque pigment est plus sensible à une certaine longueur d'onde de lumière. Les trois sommets de la sensibilité tombent grosso modo dans les régions du rouge, du vert et du bleu. Comme résultat, les trois types de cônes expédient des impulsions nerveuses à différents rythmes, selon que des couleurs variées sont perçues (illustration 4.12, section couleur). À l'appui de cette théorie, les chercheurs ont récemment confirmé que chaque cône ne contient qu'un seul pigment et que chaque pigment est régi par son propre gène (Nathans et autres, 1986).

Par contraste, la théorie des processus antagonistes semble expliquer les événements enregistrés dans les voies optiques *après* que l'information quitte l'oeil.

Les deux théories semblent donc exactes selon le niveau du système visuel considéré.

Le daltonisme complet et partiel

Connaissez-vous quelqu'un qui s'attire régulièrement l'hilarité générale en portant des vêtements de couleurs violemment contrastées? Ou quelqu'un qui tente timidement d'éviter de dire la couleur d'un objet? Si tel est le cas, vous connaissez probablement un daltonien.

Question : À quoi ça ressemble d'être daltonien? Qu'est-ce qui cause le daltonisme?

Une personne qui est complètement **daltonienne** voit le monde comme un film en noir et blanc. Comment le savons-nous? Dans quelques rares cas, des gens furent daltoniens d'un seul oeil et purent comparer (Hsia et Graham, 1965). Deux couleurs de même intensité apparaissent identiques à une personne daltonienne. Le daltonien n'a pas de cônes, ou ces derniers ne fonctionnent pas normalement (Rushton, 1975).

Le daltonisme complet est rare. Le **daltonisme partiel** est plus commun. Environ 8 pour 100 de la population mâle (mais moins de 1 pour 100 des femmes) sont daltoniens du rouge-vert. (Une autre forme de daltonisme partiel, extrêmement rare, porte sur le jaune et le bleu.)

Le daltonisme est causé par les changements des gènes qui régissent les pigments rouges, verts et bleus des cônes (Nathans et autres, 1986). Le daltonisme du rouge-vert est un caractère récessif, lié au sexe, ce qui signifie qu'il est porté par le chromosome femelle X. Les femmes possèdent deux chromosomes X. Par conséquent, si elles ne reçoivent qu'un gène de couleurs défectueux, elles ont encore une vision normale. Les hommes daltoniens cependant ne possèdent qu'un seul chromosome X, et peuvent donc hériter du défaut de leurs mères (qui ne sont généralement pas daltoniennes.) La personne daltonienne du rouge-vert voit le rouge et le vert comme la même couleur, habituellement un brun jaunâtre (Rushton, 1975; voir illustration 4.10, section couleur).

Question : Comment les daltoniens arrivent-ils à conduire alors? N'éprouvent-ils pas de difficultés avec les feux de circulation?

Les daltoniens du rouge-vert ont une vision normale en ce qui concerne le jaune et le bleu, et leur problème principal consiste à distinguer les feux rouges des verts. En pratique, cela n'est pas difficile. Aux États-Unis et au Canada, le feu rouge est toujours celui du haut et le feu vert est plus brillant. Pour remédier au problème, la plupart des feux de circulation modernes offrent un feu rouge mêlé de jaune, et un feu vert qui est bleu-vert en réalité.

Question : Comment une personne peut-elle dire si elle est daltonienne?

Un test répandu du daltonisme complet et partiel est le test d'**Ishihara**, au cours duquel des nombres et d'autres dessins faits de points sont placés contre une toile de fond également composée de points. Le fond et les nombres sont de couleurs différentes (rouges et verts, par exemple). Une personne daltonienne ne voit qu'une collection de points. La personne dotée d'une vision normale peut déceler la présence des nombres et des dessins. L'illustration 4.13 (section couleur) est une reproduction du test d'Ishihara. Vous ne devriez pas considérer l'illustration comme un vrai test de vision des couleurs, mais il peut vous indiquer si vous êtes daltonien ou non.

L'adaptation à l'obscurité — que la lumière soit!

Question : Qu'arrive-t-il aux yeux, lorsqu'ils s'adaptent à une pièce sombre?

L'**adaptation à l'obscurité** est l'augmentation radicale de la sensibilité à la lumière qui se produit après être entré dans l'obscurité. Supposons que vous entrez dans un cinéma. Si vous arrivez d'un foyer brillamment éclairé, vous devrez presque être guidé à votre siège. Sous peu, toutefois, vous pouvez voir toute la salle en détail (y compris le couple qui s'embrasse dans un coin). Les études de l'adaptation à l'obscurité démontrent qu'il faut de 30 à 35 minutes d'obscurité totale pour atteindre la sensibilité visuelle maximale (illustration 4.14). Lorsque l'adaptation est complète, l'oeil peut déceler des lumières 10 000 fois plus faibles que celles auxquelles il est sensible au départ.

Question : Qu'est-ce qui cause l'adaptation à l'obscurité?

Comme les cônes, les bâtonnets contiennent aussi un **pigment visuel** sensible à la lumière. Lorsque cette dernière les frappe, les pigments visuels blanchissent, ou se décomposent chimiquement. (Les images consécutives causées par les flashes sont un résultat direct de ce blanchissage.) Pour restaurer la sensibilité à la lumière, les pigments visuels doivent se recombiner, ce qui prend du temps. La vision nocturne est causée principalement par une augmentation du pigment du bâtonnet, la **rhodopsine**. Lorsqu'il est complètement adapté à l'obscurité, l'oeil humain est presque aussi sensible à la lumière que celui d'un hibou.

Avant l'éclairage artificiel, l'adaptation graduelle au coucher du soleil posait peu de problèmes. Maintenant nous sommes souvent pris dans une demi-cécité temporaire. Cela n'est habituellement pas dangereux, mais peut le devenir. Bien que l'adaptation à l'obscurité prenne beaucoup de temps, elle peut être éliminée en quelques secondes par la vue de lumière vive. Essayez cette démonstration :

Voyez (et ne voyez pas) par vous-même

Passez de 15 à 20 minutes dans une pièce obscurcie. À la fin de cette période, vous devriez être en mesure de voir nettement. Ensuite, fermez l'oeil gauche et couvrez-le fermement de la main. Allumez une lumière vive pendant 1 ou 2 secondes et regardez-la de l'oeil droit. La lumière éteinte, comparez la vision de vos deux yeux, en ouvrant d'abord l'un puis l'autre. Vous aurez l'oeil droit complètement aveuglé.

Cette expérience devrait vous convaincre de la sagesse d'éviter de regarder les phares des voitures que vous croisez la nuit. Dans des conditions normales, il faut à peu près 20 secondes pour récupérer après un éblouissement, ce qui est amplement suffisant pour qu'un accident se produise. Après quelques verres, cela peut prendre de 30 à 50 pour 100 plus de temps, parce que l'alcool dilate les pupilles, ce qui permet à une plus grande quantité de lumière de pénétrer dans l'oeil.

Question : Existe-t-il un moyen d'accélérer l'adaptation à l'obscurité?

Les bâtonnets sont *insensibles* à la lumière très rouge. Pour tirer parti de ce manque de sensibilité, les sous-marins et les cabines de pilotage des avions sont éclairés en rouge, ainsi que les salles de préparatifs des

Illustration 4.14 *Le déroulement typique de l'adaptation à l'obscurité. La ligne noire illustre comment le seuil de vision baisse à mesure qu'une personne passe du temps dans le noir. (Un seuil plus bas signifie qu'il faut moins de lumière pour voir.) La ligne pointillée indique que les cônes s'adaptent en premier, mais ils cessent bientôt d'ajouter à la sensibilité à la lumière. Les bâtonnets, représentés par les traits, s'adaptent plus lentement. Toutefois, ils continuent d'améliorer la vision nocturne bien après que les cônes sont complètement adaptés.*

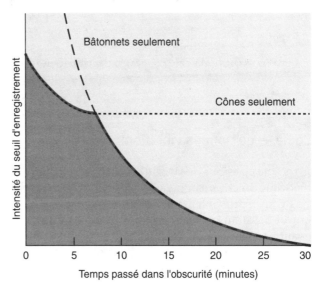

pilotes de chasse et du personnel non navigant. Dans chaque cas, cela permet aux gens de se déplacer rapidement dans l'obscurité sans avoir à s'adapter. Étant donné que le rouge ne stimule pas les bâtonnets, la situation est la même que s'ils avaient passé du temps dans le noir.

Question : Est-ce que manger des carottes peut vraiment améliorer la vision?

L'un des «ingrédients» de la rhodopsine est le **rétinal** (ou rétinène), que l'organisme fabrique à partir de la vitamine A. Lorsque la vitamine A n'est présente qu'en trop petites quantités, une quantité moindre de rhodopsine est produite. Ainsi, une personne qui souffre d'une carence de vitamine A peut développer l'**héméralopie**. Celle-ci fait qu'une personne voit normalement dans la lumière vive lorsqu'elle utilise les cônes, mais devient complètement aveugle la nuit, lorsque les bâtonnets sont censés fonctionner. Les carottes constituent une excellente source de vitamine A et pourraient donc améliorer la vision d'une personne qui souffre d'une carence, mais non celle des gens qui ont une diète adéquate (Carlson, 1981).

Autotest

Après une étude aussi approfondie de la vision, un résumé des questions suivantes vous semblera utile.

1. Le _____ est fait de radiations électromagnétiques dont les longueurs d'onde varient entre 400 et 700 nanomètres.

2. Faites correspondre :

_____ Myopie	A. Vision nette des objets à distance
_____ Hypermétropie	B. Globe oculaire allongé
_____ Presbytie	C. Vision embrouillée des objets à proximité
_____ Astigmatisme	D. Manque de cônes dans la fovéa
	E. Déformation de la cornée ou du cristallin

3. Dans une lumière faible, la vision dépend en grande partie des _____ ; la couleur et les petits détails sont produits par les _____.

4. La fovéa possède la plus grande acuité visuelle en raison de la forte concentration de bâtonnets qu'on y trouve. Vrai ou faux?

5. Hubel et Wiesel découvrirent que les cellules du cortex visuel du cerveau agissent comme
_____.

6. Le terme vision 20/20 signifie qu'une personne peut voir à 20 pieds ce qu'on peut normalement voir à la même distance. Vrai ou faux?

7. Lorsque les cônes sont en service, la couleur la plus visible est

     a. le rouge orangé   *b.* le bleu-vert   *c.* le jaune-orange   *d.* le vert jaunâtre

8. Les yeux deviennent plus sensibles à la lumière la nuit en raison d'un phénomène qu'on appelle
_____.

Réponses :

1. spectre visible 2. B, A, C, E 3. bâtonnets, cônes 4. faux 5. détecteurs de caractéristiques 6. vrai 7. *d* 8. l'adaptation à l'obscurité

L'ouïe — de bonnes vibrations

Le rock, le classique, le jazz, le country, le populaire — quels que soient vos goûts musicaux, la richesse des sons vous a probablement déjà ému ou apaisé. L'ouïe fournit aussi au cerveau un trésor d'information que les autres sens ne peuvent transmettre, comme l'approche d'une voiture qu'on ne voit pas ou l'information transmise par le langage parlé.

Question : Quel est le stimulus de l'ouïe?

Si vous lancez un caillou dans une mare tranquille, un cercle d'ondes s'étendra dans toutes les directions. De la même façon ou presque, le son voyage dans l'air en une série d'ondes invisibles de **compression** (sommets) et de **raréfaction**. Tout objet qui vibre — un diapason, une corde d'instrument de musique ou les cordes vocales — produit des **ondes sonores** en faisant bouger les molécules d'air. D'autres matières, comme les liquides et les solides, peuvent transporter le son, mais ce dernier ne voyage pas dans le vide. Les films qui montrent des personnages qui réagissent au vrombissement de vaisseaux spatiaux d'autres planètes ou à des batailles dans l'espace sont dans l'erreur.

La **fréquence** des ondes sonores (le nombre d'ondes par seconde) correspond à la **tonalité** perçue du son. L'**amplitude**, ou la «hauteur» physique d'une onde sonore indique la quantité d'énergie qu'elle contient. Psychologiquement, l'amplitude correspond au **volume sonore** perçu (illustration 4.15).

Question : Comment les sons sont-ils convertis en impulsions nerveuses?

Ce que nous appelons l'oreille n'est en réalité que le **pavillon**, ou la partie externe, visible de l'oreille. En plus d'être un bon endroit où accrocher des pendants d'oreilles ou poser un crayon, le pavillon sert

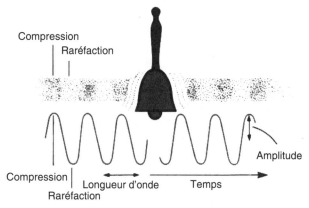

Illustration 4.15 *Des vagues de compression dans l'air, ou vibrations, constituent le stimulus de l'ouïe. La fréquence des ondes sonores en détermine la tonalité, et l'amplitude en définit le volume sonore.*

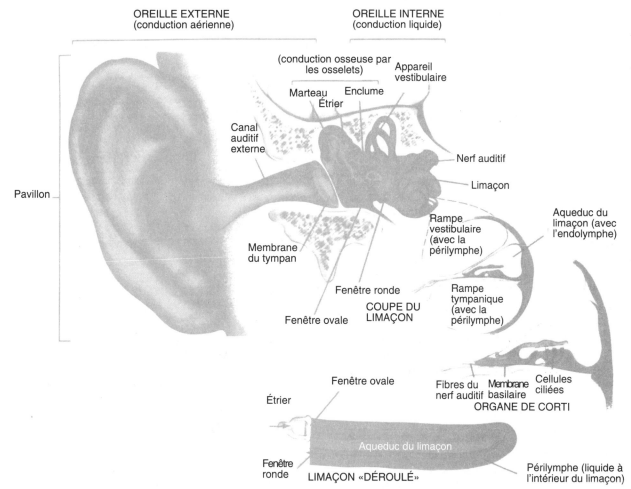

Illustration 4.16 *L'anatomie de l'oreille. L'oreille en entier est un mécanisme qui convertit les ondes de pression d'air en impulsions nerveuses. L'illustration au premier plan montre que lorsque l'étrier fait bouger la fenêtre ovale, la fenêtre ronde se gonfle vers l'extérieur, laissant ainsi des vagues onduler dans le liquide du limaçon. Les vagues touchent les membranes à proximité des cellules ciliées, ce qui fait plier ces dernières, qui véhiculent alors des impulsions nerveuses au cerveau. (Voir la coupe grossie du limaçon.)*

d'entonnoir qui concentre les sons. Après qu'elles sont guidées dans l'oreille, les ondes sonores se frappent au tympan (membrane du tympan), qui est comme une peau de tambour tendue à l'intérieur du canal auriculaire, et font bouger ce dernier, ce qui fait vibrer les **osselets auditifs** à leur tour. Le troisième osselet est fixé à la deuxième membrane, ou peau de tambour, qu'on appelle la **fenêtre ovale**. Cette dernière oscille d'avant en arrière, ce qui produit des vagues dans un liquide à l'intérieur du **limaçon**. Le limaçon est le véritable organe de l'audition, puisque c'est là que sont détectées les vagues du liquide par les petites **cellules ciliées**, qui envoient des impulsions nerveuses au cerveau.

Question : Comment détecte-t-on les sons plus ou moins élevés?

La **théorie de la fréquence** veut qu'à mesure que s'élève la tonalité, des impulsions nerveuses de même fréquence stimulent le nerf auditif, ce qui explique comment des sons allant jusqu'à 4 000 hertz atteignent le cerveau. Mais les tonalités plus élevées s'expliquent autrement. La **théorie de la localisation** affirme que les tonalités élevées s'enregistrent plus fortement à la base du limaçon, près de la fenêtre ovale. Par ailleurs, les tonalités plus basses déplacent les cellules ciliées près de l'extrémité du limaçon. La tonalité est donc signalée par la région du limaçon la plus fortement stimulée. La théorie de la localisation explique également pourquoi les chasseurs perdent parfois l'audition dans une partie étroite du registre tonal. La «coche du chasseur», comme on l'appelle, se produit lorsque les cellules ciliées subissent des dommages dans la zone activée par la tonalité du coup de fusil.

Question : Qu'est-ce qui cause les autres types de surdité?

La surdité Il existe trois types principaux de surdité. La **surdité de transmission** se produit lorsque les tympans ou les osselets sont endommagés ou immobilisés par une maladie ou une blessure, ce qui réduit la transmission des sons à l'oreille interne. Dans bien des cas, on peut remédier à la surdité de transmission au moyen d'un appareil acoustique qui amplifie les sons et les rend plus nets.

La **surdité nerveuse** est une perte d'ouïe qui est la conséquence de blessures aux cellules ciliées ou au nerf auditif. Les appareils acoustiques ne peuvent redresser la situation, parce que les messages auditifs sont bloqués et n'atteignent pas le cerveau. Toutefois, un nouveau système acoustique artificiel permet à certaines personnes atteintes de surdité nerveuse de briser le mur du silence (voir le profil 4.3).

PROFIL 4.3
L'ouïe artificielle

Les chercheurs ont découvert récemment que dans de nombreux cas de surdité «nerveuse», le nerf est en réalité intact. Cette découverte a encouragé la mise au point d'**implants cochléaires** qui contournent les cellules ciliées et stimulent directement le nerf auditif (illustration 4.17).

Comme vous le voyez, les fils d'un microphone transportent des signaux électriques à une bobine externe. Une bobine correspondante sous-cutanée capte les signaux et les transmet au limaçon. Les premiers implants permettaient aux patients d'entendre seulement les sons de basse fréquence, comme l'aboiement d'un chien ou le klaxon d'une voiture qui accélère. De nouveaux modèles à canaux multiples utilisent la théorie de la localisation pour séparer les tonalités élevées des basses, ce qui permet à des personnes auparavant sourdes d'entendre des voix humaines et d'autres sons de haute fréquence (Baker, 1988; Franklin, 1984).

À l'heure actuelle, l'ouïe artificielle demeure rudimentaire. La plupart des patients qui disposent d'implants décrivent le son comme celui «d'une radio qui n'est pas tout à fait bien syntonisée». En fait, 30 pour 100 des adultes qui ont essayé les implants les ont abandonnés (Dreyfuss, 1985). Mais ces derniers vont sûrement s'améliorer même si déjà, il devient difficile de discuter de cette question avec des enthousiastes comme Kristen Cloud. Peu après s'être fait installer un implant, Kristen fut en mesure d'enten-dre une sirène et d'éviter ainsi une voiture qui roulait vite (Williams, 1984). Elle dit simplement que l'implant lui a sauvé la vie.

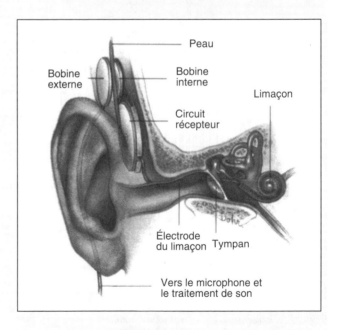

Illustration 4.17 *Un implant cochléaire, ou «oreille artificielle».*

Un troisième problème, appelé **surdité de stimulation**, revêt une importance particulière parce que de nombreux emplois, loisirs et passe-temps peuvent en être la cause. La surdité de stimulation se produit lorsque des sons très intenses endommagent les cellules ciliées du limaçon (comme dans la coche du chasseur). Si vous travaillez dans le bruit ou que vous êtes amateur de musique à plein volume, de motocyclettes, de chasse ou d'une autre activité bruyante, vous risquez peut-être la surdité de stimulation. Les cellules ciliées, qui sont à peu près aussi minces qu'une toile d'araignée, sont très fragiles et peuvent être endommagées facilement.

Question : Quelle intensité rend le son dangereux?

Le danger de perdre l'ouïe dépend à la fois de l'intensité du son et de la durée où vous y êtes exposé. Une exposition quotidienne à 85 décibels ou plus peut causer la surdité permanente. Même brève, une exposition à 120 décibels (un concert rock) peut causer une **augmentation temporaire du seuil**, ou une fatigue auditive, et à 150 décibels, (un jet à proximité) on risque la surdité permanente (Apfel, 1977; Lipscomb, 1974).

Vous serez peut-être intéressé à vérifier le taux de décibels de certaines de vos activités en consultant l'illustration 4.18 afin d'évaluer les risques de votre audition. Cependant, ne vous laissez pas duper par les chiffres, car les décibels sont déterminés selon une échelle logarithmique (comme l'intensité des tremblements de terre). Chaque tranche de 20 décibels multiplie la quantité d'énergie d'un son par 10. Autrement dit, un concert rock de 120 décibels n'est pas seulement deux fois plus puissant qu'une voix normale à 60 décibels; en fait, il est 1 000 fois plus fort. C'est la raison pour laquelle la musique, comme le bruit, peut causer des dommages. Les gens qui s'assoient directement en face des enceintes acoustiques lors de concerts de musique fortement amplifiée courent de grands risques de perte d'audition. Les musiciens Neil Young et David Lee Roth ont fait l'objet de poursuites judiciaires de la part d'amateurs qui prétendaient que leur ouïe avait été endommagée lors de leurs concerts. Les écouteurs de type baladeur peuvent aussi présenter un danger. Si vous êtes en mesure d'entendre le son qui provient des écouteurs du voisin, le volume endommage probablement son ouïe.

Lorsqu'une sensation de bourdonnement, qu'on appelle **acouphène,** résulte de l'exposition à des sons intenses, il se peut que les cellules ciliées soient endommagées (Dunkle,1982; McFadden et Wightman, 1983). Presque tout le monde souffre d'acouphène à un moment ou à l'autre, surtout avec l'âge. Mais après une exposition répétée à des sons qui constituent un avertissement, vous pouvez vous attendre à devenir

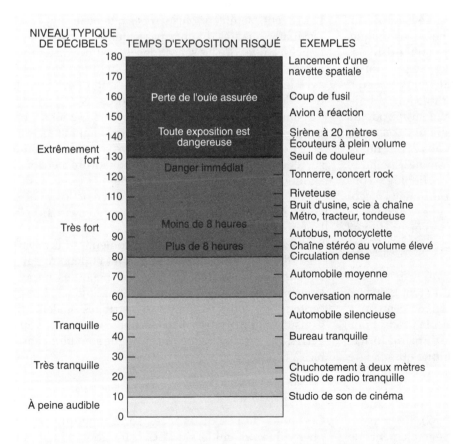

Illustration 4.18 *L'intensité du son se mesure en décibels. Le son le plus faible que la plupart des gens puissent entendre équivaut à 0 décibel. Un son d'environ 110 décibels est désagréablement fort. Une exposition prolongée à des sons qui dépassent 85 décibels peut endommager l'oreille interne. La musique rock qui tourne autour de 120 décibels est réputée avoir causé la perte d'audition chez certains musiciens et peut aussi toucher l'auditoire. Les sons de 130 décibels représentent un danger immédiat pour l'ouïe.*

définitivement dur d'oreille (Apfel, 1977). La prochaine fois que vous serez exposé à un son très fort, rappelez-vous l'illustration 4.18 et prenez vos précautions. (Souvenez-vous aussi que pour une protection temporaire des oreilles, les doigts sont toujours utiles.)

L'odorat et le goût — le nez sait des choses que la langue ne saurait révéler

À moins que vous ne soyez un dégustateur, un parfumeur, un chef ou un gourmet, vous pourriez croire que l'**olfaction** (odorat) et la **gustation** (goût) sont parmi les sens les moins importants. Bien sûr, une personne pourrait survivre sans ces deux **sens chimiques.** Ces derniers peuvent tout de même prévenir un empoisonnement et ajoutent une dimension de plaisir à notre vie quotidienne. Voyons comment ils fonctionnent.

Le sens de l'odorat Les récepteurs de l'odorat réagissent principalement à des molécules gazeuses véhiculées dans l'air. Lorsque l'air pénètre dans le nez, il circule au-dessus d'environ 20 millions de fibres nerveuses enchâssées à l'intérieur du haut des fosses nasales. Les molécules d'air qui passent au-dessus des fibres exposées déclenchent des signaux nerveux qui sont envoyés au cerveau (illustration 4.19, section couleur).

Question : Comment se produisent les différentes odeurs?
Cela demeure toujours un peu mystérieux. Un indice provient du fait qu'il est possible de développer un genre de «cécité de l'odorat» pour une odeur unique. Cette perte, appelée **anosmie**, indique qu'il existe des récepteurs déterminés pour différentes odeurs. En effet, les scientifiques ont remarqué que les molécules qui ont une odeur particulière présentent une forme similaire. Des tailles particulières correspondent aux odeurs suivantes : *florale* (qui ressemble aux fleurs), *camphrée* (comme le camphre), *musquée* (avez-vous déjà senti un boeuf musqué en sueur?), *mentholée* (comme la menthe) et *éthérée* (comme l'éther ou un nettoyant liquide). Toutefois, cela ne veut pas dire qu'il existe différents récepteurs olfactifs comparables aux trois types de cônes de la vision (Gesteland, 1986). Chaque récepteur du nez est probablement sensible à de nombreuses molécules ou combinaisons de molécules.

À l'heure actuelle, on croit qu'il existe des «trous», ou dépressions, de formes différentes sur les récepteurs de l'odorat. Tout comme un morceau qui a sa place dans un casse-tête, une molécule produit une odeur lorsqu'elle correspond à un trou de même forme. Il s'agit de la **théorie chromatographique** qui, malgré les exceptions, semble expliquer bon nombre d'odeurs.

Les résultats d'un récent test à grande échelle révèlent que 1,2 pour 100 de la population n'a aucun sens de l'odorat (Gilbert et Wysocki, 1987). Les personnes atteintes d'anosmie totale croient généralement que l'olfaction n'est pas un sens mineur. Par exemple, une personne anosmique ne put détecter que son immeuble était en feu; elle fut réveillée juste à temps par ses voisins, et non par l'odeur de la fumée (Monmaney, 1987). Sur un plan quotidien, l'anosmie peut représenter une perte réelle. De nombreux anosmiques sont incapables de cuisiner, et ils peuvent s'empoisonner avec de la nourriture avariée.

Question : Quelle est la cause de l'anosmie?
Parmi les risques, on compte les infections, les allergies et les coups à la tête, qui peuvent déchirer les nerfs olfactifs. L'exposition à des produits chimiques comme l'ammoniac, les produits de développement photographique et les potions capillaires peut aussi causer l'anosmie. Si l'odorat est important pour vous, faites attention à ce que vous respirez.

Le goût On compte au moins quatre principales sensations du goût : *le sucré, le salé, l'amer et l'acide.* Nous sommes très sensibles à l'acide, moins à l'amer, encore moins au salé et très peu au sucré. Cet ordre d'importance a peut-être contribué à prévenir l'empoisonnement à l'époque où les humains devaient fouiller pour trouver de la nourriture, parce que les aliments amers et acides sont plus souvent non comestibles.

Question : S'il n'existe que quatre goûts, comment peut-il y avoir tant de saveurs différentes?
Les saveurs semblent plus variées que ne le suggèrent les quatre qualités du goût parce que nous avons tendance à confondre les sensations de texture, de température, d'odeur et même de douleur (piments forts) avec le goût. L'odeur joue un rôle important dans la détection de la saveur. De petits morceaux de pomme, de patate et d'oignon ont presque le même «goût», lorsque le nez est bouché. Il n'est probablement pas exagéré de dire que la saveur subjective se fonde à moitié sur l'odorat. Voilà pourquoi la nourriture perd son «goût», lorsque vous avez un rhume.

Les **papilles gustatives** détectent les quatre goûts primaires. Elle sont situées sur le dessus de la langue, mais aussi à d'autres points à l'intérieur de la bouche (illustration 4.20, section couleur). En mastiquant la nourriture, celle-ci se dissout et pénètre dans les papilles gustatives, où elle déclenche des impulsions nerveuses. Tout comme les sens cutanés, les récepteurs gustatifs ne sont pas distribués également. Consultez l'illustration 4.20 (section couleur) et vous verrez que certaines zones de la langue sont plus sensibles à certains goûts que d'autres.

Question : Les gens semblent avoir des goûts très différents. Pourquoi?
Certaines de ces différences sont génétiques. Le phénylthiocarbamide, ou PTC, a un goût acide pour

environ 70 pour 100 des personnes qui ont subi un test, et n'a aucun goût pour les autres 30 pour 100. Le sens gustatif varie également avec l'âge. Les cellules du goût ne vivent que quelques jours. En vieillissant, le remplacement des cellules ralentit, si bien que le goût diminue (Beidler,1963), ce qui explique pourquoi certains aliments que vous détestiez dans l'enfance sont maintenant acceptables. Les enfants qui refusent de manger légumes, épinards, foie, etc. ne goûtent peut-être pas du tout la même chose que l'adulte qui les force à en manger. Par ailleurs, la plupart des préférences en matière de goût sont acquises. Mangeriez-vous les sé-crétions coagulées des glandes cutanées d'une vache, après qu'elles se sont décomposées? Si oui, vous êtes amateur de *fromage* (Matthews et Knight, 1963)!

Les sens somesthésiques — voler par le fond de la culotte!

Un gymnaste qui semble voler au cours d'un exercice aux barres asymétriques peut se fier autant à ses **sens somesthésiques** qu'à la vision. Même les activités plus ordinaires, comme marcher, courir ou subir un alcootest seraient impossibles sans le recours à l'information somesthésique fournie par le corps.

Question : Quels sont les sens somesthésiques?

Les sens somesthésiques (*soma* signifie corps, et *esthésique*, sentir) comprennent les **sens cutanés** (le tou-cher), les **sens kinesthésiques** (les récepteurs des mus-cles et des jointures qui détectent la position et le mouvement), et les **sens vestibulaires** (les récepteurs de l'oreille interne qui servent au maintien de l'équili-bre). (Les sens vestibulaires contribuent aussi au mal des transports, comme nous le verrons à la section Ex-ploration du présent chapitre.) Étant donné leur im-portance, concentrons-nous maintenant sur les sens cutanés.

Les **récepteurs cutanés** engendrent au moins cinq sensations : *le toucher léger, la pression, la douleur, le froid et le chaud*. Les récepteurs de formes particulières semblent se spécialiser en quelque sorte dans des sen-sations variées (illustration 4.21). Toutefois, la surface de l'oeil, qui ne possède que des terminaisons nerveu-

Illustration 4.21 *Les sens cutanés comprennent le toucher, la pression, la douleur, le froid et le chaud. Ce dessin montre les différentes formes que peuvent prendre les récepteurs cutanés. On a déjà reconnu d'autres formes, mais la plupart se révélèrent des variantes de celles-ci. Le seul récepteur nettement spécialisé* est le corpuscule de Pacini, qui est extrêmement sensible à la pression. Les terminaisons nerveuses libres constituent des récepteurs de la douleur et de toute autre sensation. Pour des raisons obscures, le froid est perçu à la surface de la peau, alors que le chaud est ressenti plus profondément. (Carlson, 1981.)*

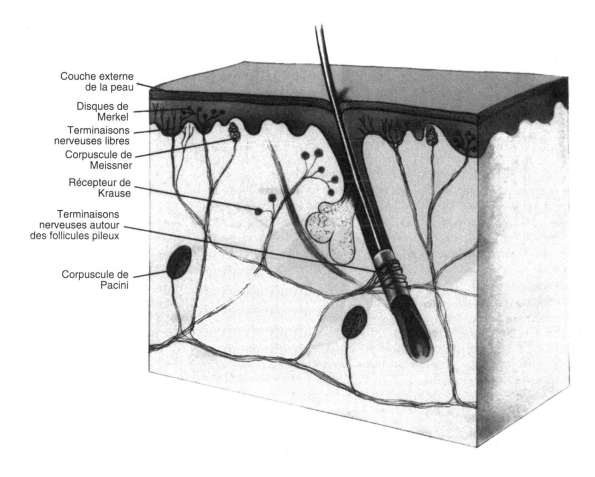

Couche externe de la peau
Disques de Merkel
Terminaisons nerveuses libres
Corpuscule de Meissner
Récepteur de Krause
Terminaisons nerveuses autour des follicules pileux
Corpuscule de Pacini

ses libres, peut produire les cinq sensations (Carlson, 1981). Dans l'ensemble, la peau compte environ 200 000 terminaisons nerveuses pour la température, 500 000 pour le toucher et la pression, et 3 millions pour la douleur.

Question : Est-ce que le nombre de récepteurs d'une zone de la peau est relié à la sensibilité de cette dernière?

Oui. On pourrait «cartographier» la peau en appliquant du chaud, du froid, un toucher, de la pression ou de la douleur à différents points du corps en entier. Ces tests révéleraient qu'on compte des récepteurs cutanés en nombres variés, et que la sensibilité correspond généralement au nombre de récepteurs d'une zone donnée. Comme exemple rudimentaire, essayez ce test de toucher à deux pointes :

On peut vérifier la densité des récepteurs du toucher dans différentes zones du corps en demandant à un ami d'appliquer deux pointes de crayons sur la peau en variant la distance entre les deux crayons. Sans regarder, vous devriez être en mesure de répondre «crayon 1» ou «crayon 2» chaque fois. Enregistrez la distance entre les crayons chaque fois que vous sentez les deux pointes.

Vous découvrirez probablement qu'on peut reconnaître les deux pointes lorsqu'elles sont à 2,5 millimètres de distance sur le bout des doigts, à 6 millimètres sur le nez, et à 7,5 centimètres dans le milieu du dos. En général, les zones importantes comme les lèvres, la langue, le visage, les mains et les organes génitaux possèdent une densité plus élevée de récepteurs.

Question : Les récepteurs de la douleur sont beaucoup plus nombreux que ceux d'autres types. Pourquoi la douleur est-elle si prédominante? La concentration des récepteurs de cette dernière varie-t-elle?

Comme pour les autres sens cutanés, les récepteurs de la douleur sont distribués de façon variée. On trouve une moyenne d'environ 232 points de douleur par centimètre carré derrière le genou, 184 par centimètre carré sur les fesses (la zone de la fessée!), 60 sur la partie charnue du pouce, et 44 sur le bout du nez (Geldard, 1972). (Est-il préférable alors de se faire pincer le nez plutôt que le jarret? Cela dépend de vos préférences!)

En fait, il existe deux types de douleurs. La douleur que transmettent les *grandes* fibres nerveuses est aiguë, vive, rapide et semble provenir de zones précises du corps. Il s'agit du **système d'alerte** du corps. Donnez-vous un petit coup d'épingle et vous ressentirez ce type de douleur. Ce faisant, remarquez que la douleur servant d'alerte disparaît rapidement. En dépit du fait que nous ne l'aimons pas, la douleur constitue normalement un signal que le corps a été, ou va être endommagé. Sans l'alerte donnée par la douleur, nous ne serions pas en mesure de détecter ou de prévenir les blessures (Melzack et Dennis, 1978).

Un deuxième type de douleur est transmis par les *petites* fibres nerveuses. Cette douleur est plus lente, harcelante, pénible, diffuse et désagréable. La situation s'aggrave, lorsque le stimulus de la douleur se répète. Il s'agit du **système de rappel** du corps (Melzack et Dennis, 1978). Il est désolant de constater que le système de rappel peut causer le supplice même lorsque le rappel est inutile, comme dans un cas de cancer terminal, ou lorsque la douleur persiste après qu'une blessure est guérie. Nous traiterons de la douleur plus loin au présent chapitre pour apprendre comment on peut la surmonter. Si vous avez été trop zélé dans la démonstration de l'épingle, peut-être devriez-vous lire cette section dès maintenant!

L'adaptation, l'attention et le portillonnage — en et hors fonction

Chacun des sens que nous avons décrits est continuellement actif. Pourtant, de nombreux événements sensoriels ne parviennent jamais à la conscience. Trois raisons expliquent ce phénomène : d'abord, *l'adaptation sensorielle*, puis *l'attention sensorielle*, enfin, le *portillonnage sensoriel*. Voyons de quelle manière ces trois systèmes drainent l'information.

L'adaptation sensorielle Imaginez que vous entrez dans une maison où l'on a fait cuire du poisson frit, de la choucroute et du navet pour souper (quel souper!). Vous vous évanouiriez probablement à la porte, bien que les personnes se trouvant dans la maison depuis un bon moment ne soient pas conscientes des odeurs de nourriture, à cause de l'**adaptation sensorielle**, qui signifie une diminution de la réaction sensorielle à un stimulus constant ou qui ne change pas.

Heureusement, les récepteurs olfactifs (de l'odorat) sont parmi ceux qui s'adaptent le plus rapidement. Lorsqu'on les expose à une odeur constante, ils envoient des impulsions nerveuses de moins en moins nombreuses au cerveau jusqu'à ce que l'odeur soit imperceptible. L'adaptation à des sensations de pression provenant d'une montre, d'une ceinture, d'une bague ou de lunettes procède du même principe. Les récepteurs sensoriels réagissent mieux aux *changements* de stimulation. Comme l'affirme David Hubel : «Nous devons surtout être informés des changements; personne ne veut ou n'est tenu de se rappeler pendant 16 heures par jour qu'il porte des souliers.» (Hubel, 1979)

Question : S'il faut un changement pour éviter l'adaptation sensorielle, pourquoi la vision n'est-elle pas dotée de la capacité d'adaptation comme l'odorat? Lorsqu'on fixe quelque chose, cette chose ne disparaît pas.

Les cônes et bâtonnets, comme les autres cellules réceptrices, répondraient moins à un stimulus constant si ce n'était que l'oeil bouge normalement des milliers de fois à chaque minute. Ces minuscules mouvements sont causés par des tremblements des muscles de l'oeil qu'on appelle le **nystagmus physiologique**. Bien que trop petits pour être aperçus, ces mouvements renvoient les images visuelles d'un récepteur à l'autre.

Le mouvement perpétuel des yeux assure aux images de toujours tomber sur des récepteurs sains et reposés. La preuve en a été faite au cours d'expériences où l'on fait porter aux sujets un verre de contact spécial auquel est attaché un mini-projecteur de diapositives (illustration 4.22a). Puisque le projecteur suit exactement les mouvements de l'oeil, l'image peut se stabiliser sur la rétine. Puis, les motifs géométriques projetés

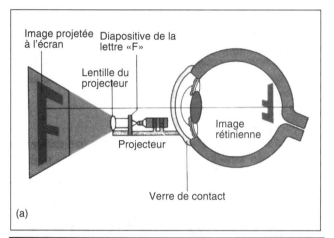

Illustration 4.22 *Des images stabilisées. (a) Un mini-projecteur de diapositives attaché à un verre de contact bouge chaque fois que l'oeil bouge. Par conséquent, l'image projetée disparaît en quelques secondes parce qu'elle ne bouge pas sur la rétine. (b) On obtient un effet similaire, lorsque des changements d'intensité ne dessinent pas un contour net. Le cas échéant, les mouvements de l'oeil ne peuvent empêcher l'adaptation. Si vous fixez le point, la zone plus pâle disparaîtra donc. (Tiré de Comsweet, 1970.)*

disparaissent de la vue en quelques secondes (Pritchard,1961). Vous pouvez obtenir le même effet en fixant l'illustration 4.22b. Puisque le cercle plus pâle n'a pas de contour distinct, la rétine s'adapte à la différence d'intensité et le cercle disparaît graduellement.

L'attention sélective Le prétendu «phénomène du fond de culotte» est lui aussi relié au fonctionnement des systèmes sensoriels. Tandis que vous poursuivez la lecture du présent chapitre dans la position assise, les récepteurs du toucher et de la pression dans le fond de votre culotte envoient des impulsions nerveuses au cerveau. Même si ces sensations étaient présentes auparavant, vous n'en étiez probablement pas conscients jusqu'à cet instant. Le phénomène-du-fond-de-culotte constitue un exemple d'**attention sélective**. Nous sommes en mesure de «capter» n'importe quel des messages sensoriels qui nous assaillent à l'exclusion des autres. «L'effet de la réception mondaine» constitue un autre exemple. Lorsque vous êtes au sein d'un groupe de gens, entouré de voix, vous pouvez sélectionner et écouter la voix de la personne avec qui vous conversez. Ou si cette dernière vous ennuie, vous pouvez prêter l'oreille aux autres conversations dans la pièce. (Assurez-vous de continuer à sourire et à hocher la tête!)

Question : Qu'est-ce qui rend cela possible?

L'attention sélective semble se fonder sur la capacité qu'ont les différentes structures du cerveau de sélectionner et de détourner les messages sensoriels qui leur parviennent (voir le chapitre 3). Mais qu'en est-il des messages qui n'ont pas atteint le cerveau? Se peut-il que certains soient bloqués, tandis que d'autres peuvent passer? Des preuves récentes suggèrent l'existence de **portillons sensoriels** qui régissent de cette façon la foule d'impulsions nerveuses qui arrivent.

Comparez :

L'adaptation sensorielle Une diminution du nombre d'impulsions nerveuses engendrées par les récepteurs sensoriels exposés à un stimulus qui ne change pas.

L'attention sélective La concentration volontaire sur une portion choisie d'une information sensorielle, vraisemblablement en modifiant le circuit des messages à l'intérieur du cerveau.

Le portillonnage sensoriel La modification des messages sensoriels qui arrivent à la moelle épinière, avant qu'ils n'atteignent le cerveau.

Le portillonnage sensoriel de la douleur Ronald Melzack et Patrick Wall ont fourni un exemple fascinant du portillonnage sensoriel. En étudiant les «portillons de la douleur» de la moelle épinière, ils remarquèrent, comme vous l'avez peut-être fait, qu'un type de douleur en annule parfois un autre. Cela laisse entendre que les messages de douleur de différentes fibres nerveuses passent par le même «portillon» neural de la moelle épinière. Si le portillon est «fermé» par un message de douleur, d'autres messages ne sont peut-être pas en mesure de le franchir.

Question : Comment le portillon se ferme-t-il?

Les messages transmis par les fibres nerveuses larges et rapides semblent fermer le portillon de la douleur de la moelle directement, ce qui peut empêcher la douleur plus lente, de type «système de rappel» d'atteindre le cerveau. Les cliniques de la douleur utilisent cet effet en appliquant un faible courant électrique à la peau. Cette stimulation, ressentie comme un chatouillement léger, peut réduire considérablement d'autres douleurs plus pénibles (Melzack et Dennis, 1978).

　　　　Les messages des fibres petites et lentes semblent emprunter un itinéraire différent. Après avoir franchi le portillon de la douleur, ils atteignent un «système central de prévention» du cerveau. Dans certaines circonstances, le cerveau renvoie ensuite un message à la moelle épinière, qui ferme les portillons de la douleur (Melzack et Dennis, 1978; voir l'illustration 4.23). Melzack et Wall croient que ce type de portillonnage

explique l'effet analgésique de l'acupuncture (illustration 4.24). À mesure que les aiguilles de l'acupuncteur sont enfoncées, chauffées ou électrifiées, elles stimulent les petites fibres de la douleur. Ces dernières se relaient dans le centre de prévention pour fermer les portillons à la douleur intense ou chronique (Melzack et Wall, 1983).

　　　　L'acupuncture a un effet secondaire intéressant qui n'est pas prévu par le portillonnage sensoriel. Les gens qui se soumettent à des traitements d'acupuncture témoignent souvent de sensations de légèreté, de détente ou d'euphorie. Comment explique-t-on ces sensations? La réponse semble consister dans la capacité récemment découverte pour le corps de produire des substances semblables aux opiacés. Pour combattre la douleur, le cerveau permet à l'hypophyse de libérer une substance appelée **bêta-endorphine** qui ressemble à la morphine (Snyder et Childers, 1979). Les endorphines (de *endo*, à l'intérieur, et *orphin*, opium) font partie d'une classe de substances chimiques du cerveau, les encéphalines, dont nous avons parlé au chapitre 3.

　　　　Les récepteurs d'endorphine se trouvent en grande quantité dans le système limbique et d'autres zones du cerveau associées au plaisir, à la douleur et à l'émotion (Feldman et Quenzer, 1984). L'acupuncture et la stimulation électrique produisent toutes deux une accumulation d'endorphines dans le cerveau. Autrement dit, le système nerveux fabrique ses propres «drogues» afin d'enrayer la douleur. En fait, cela convient bien à la notion des portillons de la douleur. Le système central de prévention, qui ferme les portillons de la douleur dans la moelle épinière, est extrêmement sensible à la morphine et à d'autres opiacés (Melzack et Wall, 1983).

Illustration 4.23 *Un diagramme d'un portillon sensoriel de la douleur. Une série d'impulsions nerveuses qui franchissent le portillon peuvent empêcher le passage d'autres messages de douleur. Les messages de douleur se relaient au moyen d'un «mécanisme central de prévention» qui régit le portillon et le ferme aux autres impulsions.*

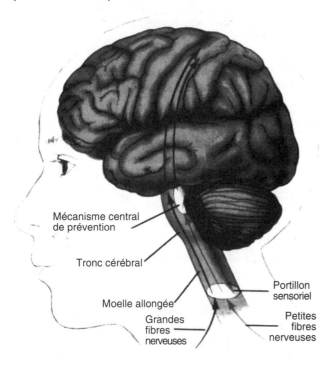

Mécanisme central de prévention

Tronc cérébral

Moelle allongée

Grandes fibres nerveuses

Portillon sensoriel

Petites fibres nerveuses

Illustration 4.24 *Une carte d'acupuncteur. La recherche moderne a commencé à expliquer l'effet analgésique de l'acupuncture (voir le texte).*

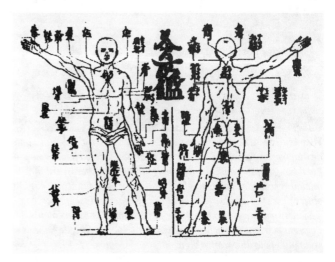

La découverte des endorphines et de leur effet analgésique a causé des remous en psychologie. Il apparaît enfin possible d'expliquer de nombreux phénomènes énigmatiques, notamment l'«ivresse» du coureur, le masochisme, l'acupuncture, et l'euphorie qui accompagne parfois l'accouchement et les rites d'initiation douloureux de certaines cultures primitives. Dans chaque cas, il y a raison de croire que la douleur et le stress engendrent la libération d'endorphines (Kruger et Liebskind, 1984). À leur tour, ces dernières provoquent des sensations de plaisir ou d'euphorie similaires à une intoxication par la morphine (Cannon et autres, 1978).

L'«ivresse» souvent ressentie par les coureurs de longue distance constitue un bon exemple de l'effet de l'endorphine. Lors d'une expérience, on soumit les sujets à une épreuve de tolérance de la douleur. Après les avoir fait courir 1,6 kilomètre, on les soumit au test de nouveau. La deuxième fois, tous purent tolérer la douleur environ 70 pour 100 plus longtemps qu'auparavant. On donna ensuite du naloxone aux coureurs, un médicament qui bloque les effets des endorphines. Après une autre course de 1,6 kilomètre, on soumit de nouveau les sujets au test. Cette fois-ci, ils avaient perdu la tolérance à la douleur acquise précédemment (Haier et autres, 1981). Les gens qui se prétendent «dépendants» de la course peuvent être plus près de la vérité qu'ils ne le croient. À plus forte raison, nous tenons peut-être enfin une explication au comportement de ces personnes intrépides qui prennent un sauna suivi d'une douche glacée!

Une foule de facteurs psychologiques peuvent aussi affecter l'intensité de la douleur. Si vous ne désirez pas vous soumettre aux traitements d'acupuncture ou de stimulation électrique afin d'éliminer la douleur quotidienne, la section Applications donne quelques conseils pratiques pour réduire la douleur. Avant de passer à cette section utile, voici un autotest.

Autotest

1. Parmi les termes suivants, lequel *ne joue pas* un rôle important dans la transduction du son?

   a. le pavillon   *b.* les osselets   *c.* les phosphènes   *d.* la fenêtre ovale   *e.* les cellules ciliées

2. L'exposition quotidienne aux sons d'une intensité de _____ décibels peut causer une perte d'audition permanente.

3. Les implants cochléaires servent principalement à surmonter

   a. la surdité de transmission   *b.* la surdité de stimulation   *c.* la surdité nerveuse   *d.* l'acouphène

4. L'olfaction semble s'expliquer partiellement par la théorie _____ qui concerne la forme des molécules et les sites des récepteurs.

5. Du point de vue de la survie, il est heureux que les goûts acides s'enregistrent d'abord sur le bout de la langue. Vrai ou faux?

6. Lequel des termes suivants fait partie des sens somesthésiques?

   a. la gustation   *b.* l'olfaction   *c.* la raréfaction   *d.* la kinesthésie

7. La douleur d'alerte est transmise par les _____ fibres nerveuses.

8. L'adaptation sensorielle se traduit par une augmentation de la réaction sensorielle qui accompagne un stimulus constant ou qui ne change pas. Vrai ou faux?

9. La capacité du cerveau d'influencer le choix des sensations que nous recevons s'appelle

   a. le portillonnage sensoriel   *b.* l'adaptation centrale   *c.* l'attention sélective   *d.* la prévention sensorielle

10. Les effets analgésiques de l'acupuncture semblent être la conséquence du _____ et de la libération de bêta-endorphine.

Réponses :

1. c 2. 85 3. c 4. chromatographique 5. faux 6. d 7. grandes 8. faux 9. c 10. portillonnage sensoriel

Applications : la maîtrise de la douleur — vous ne sentirez rien

Bon nombre de faits indiquent qu'on peut maîtriser la douleur psychologiquement. En Inde, les fakirs se percent les joues au moyen d'aiguilles ou se couchent sur des lits de clous. Dans d'autres cultures, les gens tolèrent le tatouage, l'étirement, les coupures, les brûlures et autres supplices sans douleur apparente. Comment arrivent-ils à une telle insensibilité? Rien ne prouve que ces personnes sont dépourvues des réactions normales à la douleur. Vraisemblablement, la réponse consiste dans quatre facteurs que tous peuvent utiliser afin de modifier la douleur ressentie au cours de situations particulières : **l'anxiété, la maîtrise, l'attention et l'interprétation.**

L'anxiété On peut distinguer les messages sensoriels essentiels de douleur des réactions affectives qu'ils provoquent (Melzack, 1978). La peur ou un niveau élevé d'anxiété augmentent presque toujours la douleur (Barber, 1959). Un exemple radical d'effet inverse est l'étonnante absence de douleur chez les soldats blessés au cours d'une bataille. Il semble que la permission de cesser de combattre leur cause tellement de soulagement que cet état affectif les empêche de ressentir une douleur qui mettrait un civil au supplice (Melzack et Wall, 1983).

La maîtrise En y réfléchissant un instant, vous conviendriez aisément que la douleur la plus pénible est celle que vous ne pouvez maîtriser. La perte de maîtrise semble accroître la douleur en augmentant l'anxiété et la détresse affective. Les personnes qui sont en mesure de doser, d'éviter ou de maîtriser un stimulus douloureux souffrent moins (Craig, 1978). En général, plus quelqu'un *sent* qu'il maîtrise un stimulus douloureux, moins il ressent de douleur (Kruger et Liebskind, 1984).

L'attention La distraction peut également réduire radicalement la douleur. La douleur, même très persistante, peut être «désactivée» par choix (au moins partiellement), comme toute autre sensation. Dans une expérience, les sujets exposés à une douleur intense furent très soulagés lorsqu'on leur demanda de décrire des diapositives en couleur qu'on leur présentait (Kanfer et Goldfoot, 1968). Dans une autre expérience, on diminua la douleur en demandant aux sujets un effort de concentration afin de se rappeler le nom de leurs professeurs et de leurs cours du secondaire (Ahles et autres, 1983). Pour la même raison, vous avez peut-être oublié temporairement un mal de dent ou une douleur semblable en vous absorbant dans un livre ou un film.

L'interprétation La signification ou l'interprétation qu'on donne à un stimulus douloureux affecte également la douleur (Keefe, 1982). Par exemple, si vous donnez une petite fessée à un enfant qui joue, il en rira probablement. Administrez-lui la même fessée en guise de correction, et il pleurera (Bresler et Trubo, 1979). On a également démontré les effets de l'interprétation en laboratoire. On a découvert lors d'une expérience que de penser à la douleur comme étant agréable (nier la douleur) augmentait considérablement la tolérance à cette dernière (Neufeld, 1970).

Surmonter la douleur

Question : Comment peut-on appliquer ces faits?

D'une certaine manière, on les a déjà appliqués à l'accouchement. La **préparation à l'accouchement naturel**, qui prône l'accouchement assisté d'un minimum de médicaments et d'analgésiques, se sert des quatre facteurs. Pour se préparer à l'accouchement naturel, la future mère apprend de façon très détaillée ce à quoi elle doit s'attendre à chaque phase du travail. Cela contribue grandement à soulager ses craintes et son anxiété. Au cours du travail, elle surveille les sensations qui signalent un progrès et adapte sa respiration selon le cas. Son attention se porte à d'autres sensations que la douleur et son attitude positive est renforcée par le choix de termes comme «contractions» plutôt que «douleurs de l'accouchement». Enfin, à cause des mois de préparation et de sa participation active, elle sent qu'elle *maîtrise* la situation.

Les techniques de l'accouchement naturel réduisent la douleur dans une proportion moyenne de 30 pour 100, ce que nombre de femmes jugent très utile. Toutefois, il importe de se rappeler que le travail peut causer des douleurs très violentes. Une femme ne devrait ressentir aucune culpabilité du fait d'avoir besoin d'analgésiques en cours de travail; de nombreuses femmes qui s'étaient préparées à l'accouchement naturel finissent tout de même par réclamer une anesthésie épidurale (Melzack, 1984).

Dans le cas de douleurs plus modérées, la réduction d'anxiété, la distraction et une maîtrise accrue peuvent modifier la situation. Lorsqu'on est en mesure d'anticiper la douleur (une visite chez le dentiste, le médecin, etc.), on peut alléger l'anxiété en s'assurant d'être *bien informé*. Demandez des explications sur tout ce qui va, ou qui pourrait, vous arriver. Mentionnez également toutes vos craintes. Si vous êtes tendu physiquement, les exercices de détente peuvent contribuer à vous calmer.

Applications

La distraction et la réinterprétation Certains dentistes disposent maintenant de matériel qui peut distraire votre attention de la douleur. On distrait efficacement les patients au moyen de jeux vidéo et d'écouteurs qui diffusent de la musique. En d'autres cas, la concentration sur un objet extérieur peut contribuer à vous distraire de la douleur. Choisissez un arbre dans une fenêtre, un dessin sur le mur ou un autre stimulus et examinez-le attentivement. Une expérience de méditation peut s'avérer incroyablement utile à ces substitutions d'attention. (Les techniques de méditation sont décrites au chapitre 13.) La recherche suggère que ce type de distraction fonctionne mieux pour la douleur modérée ou brève. Lorsqu'il s'agit de douleur forte ou chronique, la réinterprétation est plus efficace (McCaul et Malott, 1984).

Question : Existe-t-il un moyen de maîtriser davantage un stimulus douloureux?

La révulsion En pratique, les choix sont limités. Vous pouvez convenir d'un signal avec le médecin ou le dentiste qui vous laissera savoir si un procédé douloureux va durer ou non. Il existe une autre possibilité plus inhabituelle. La théorie du portillonnage de la douleur de Ronald Melzack précise que l'envoi de messages de douleur *modérée* à la moelle épinière et au cerveau peut effectivement fermer les portillons neurologiques à des messages de douleur plus violente ou imprévisible. Depuis longtemps, les écrits médicaux ont reconnu cet effet. Les médecins ont découvert qu'une stimulation intense à la surface de l'épiderme peut maîtriser la douleur provenant d'autres parties du corps. De même, un stimulus bref, moyennement douloureux, peut soulager une douleur plus intense. Ces méthodes, qui constituent la **révulsion**, sont manifestes parmi certaines des plus vieilles techniques utilisées dans le soulagement de la douleur : l'application de sacs de glace, de bouillottes ou de cataplasmes de moutarde à d'autres parties du corps (Melzack, 1974).

Ces faits suggèrent une façon de diminuer la douleur qui se fonde sur la maîtrise accrue, la révulsion et la libération d'endorphines. Si vous vous pincez, vous pouvez facilement *créer et tolérer* une douleur équivalente à celle qu'engendrent de nombreux traitements médicaux (une injection, une obturation, etc.). La douleur se tolère bien parce que vous êtes en mesure de la maîtriser et qu'elle est prévisible. On peut se servir de ce fait pour *masquer* une douleur à l'aide d'un deuxième stimulus douloureux qu'on applique soi-même. Par exemple, si vous devez subir une obturation, essayez de vous pincer ou d'enfoncer un ongle dans une jointure tandis que le dentiste travaille. Concentrez-vous sur la douleur que vous vous infligez, et augmentez-la chaque fois que le travail du dentiste devient plus pénible. Cette suggestion ne vous conviendra peut-être pas, mais l'observation libre indique que cette technique peut contribuer à surmonter la douleur dans certaines circonstances. Des générations d'enfants l'ont utilisée pour rendre la fessée moins cuisante.

Autotest

1. À l'instar de l'anxiété accrue, une maîtrise accrue tend à augmenter la douleur chez un sujet. Vrai ou faux?

2. Dans une expérience, les sujets à qui l'on a confié la tâche de regarder des diapositives de couleurs et de les commenter ont ressenti moins de douleur que les sujets attentifs au stimulus douloureux. Vrai ou faux?

3. Imaginer une expérience agréable peut constituer une méthode efficace de réduction de la douleur dans certaines situations. Vrai ou faux?

4. La notion de révulsion veut que la relaxation et la désensibilisation soient des éléments clés de la maîtrise de la douleur. Vrai ou faux?

Réponses :

1. faux 2. vrai 3. vrai 4. faux

Exploration : la sensation dans l'espace — l'adaptation à un milieu étranger

À la télévision, on montre souvent les astronautes qui s'amusent à effectuer des acrobaties rendues possibles par l'apesanteur. Mais l'adaptation à la vie dans l'espace n'est ni aussi facile ni aussi plaisante que ces images le suggèrent (Johnson, 1984). En fait, si vous deviez voyager dans l'espace, il y a 50 pour 100 de chances que votre première expérience en orbite se traduise en vomissements (Joyce, 1984). La moitié au moins de tous les astronautes ont souffert du **syndrome d'adaptation à l'espace**, ou «mal de l'espace».

Question : Est-ce que cela ressemble au mal de mer?

Le mal de l'espace Le mal de l'espace est un type de mal des transports. Comme le mal de l'air, de mer ou de la voiture, les premiers signes en sont l'étourdissement et une légère désorientation. Toutefois, le mal de l'espace ne cause généralement pas la pâleur, les sueurs froides et la nausée qu'on peut connaître sur terre. Dans la plupart des maux des transports, ces signaux nous avertissent que le corps est prêt à vomir. Mais dans l'espace, le vomissement est habituellement soudain et inattendu, et souvent provoqué par la vision d'un autre astronaute qui circule tête en bas, ou par celle de la Terre à un angle insolite (Connors et autres, 1985).

Le système vestibulaire

Question : Qu'est-ce qui cause le mal des transports?

Le mal des transports est relié directement au système vestibulaire. Des sacs remplis de liquide, qu'on appelle les **organes de l'otolithe**, contiennent de minuscules cristaux qui baignent dans une masse gélatineuse. La force de gravité ainsi que des mouvements rapides de la tête peuvent faire bouger cette masse. Ce mouvement stimule les cellules réceptrices, ce qui nous permet de ressentir la gravité et le mouvement.

Trois tubes remplis de liquide, qu'on appelle les **canaux semi-circulaires**, font également partie du système vestibulaire. Si vous pouviez grimper à l'intérieur de ces tubes, vous constateriez que les mouvements de la tête font circuler le liquide. Ce dernier fait alors plier une petite «trappe», ou «bouchon», qui se trouve dans la partie élargie du canal qui s'appelle l'**ampoule**. Cette courbure stimule à nouveau les cellules ciliées et indique une rotation de la tête.

Le mal des transports L'explication la plus reconnue du mal des transports consiste dans la **théorie du conflit sensoriel**. Selon cette dernière, l'étourdissement et la nausée se produisent lorsque les sensations provenant du système vestibulaire ne correspondent pas à l'information reçue par les yeux ou le corps.

Un conflit sensoriel se produit, lorsque vous tournez sur vous-même jusqu'à l'étourdissement. Ce faisant, le liquide se met à tourner dans les canaux semi-circulaires. Lorsque vous cessez, le liquide continue à tournoyer, si bien que le cerveau croit que vous bougez encore. Les yeux se mettent alors à bouger involontairement, et le monde semble tourner autour de vous.

Sur la terre ferme, l'information en provenance du système vestibulaire, de la vision et de la kinesthésie est généralement en harmonie. Toutefois, à bord d'un bateau sur une mer houleuse, d'une voiture ou d'un avion, toute l'information peut se désaccorder, ce qui cause la désorientation et finalement, la nausée.

Question : Pourquoi le conflit sensoriel cause-t-il la nausée?

Selon la théorie la plus courante, l'évolution est la principale responsable. De nombreux poisons perturbent la coordination des messages du système vestibulaire, de la vision et du corps. Il se peut donc que nous ayons évolué de manière à réagir au conflit sensoriel en vomissant afin d'éliminer le poison. Toutefois, le but de cette réaction peut ne constituer qu'une maigre consolation pour quiconque a déjà été «vert» et en proie au mal des transports.

Dans l'espace, le conflit sensoriel peut s'intensifier. En état d'apesanteur, le seul fait de retirer une chaussure peut aboutir à une culbute arrière. Dans de telles conditions, les organes de l'otolithe envoient des signaux inattendus au cerveau, et les canaux semi-circulaires ne confirment plus les mouvements de la tête. Parmi les messages que le cerveau reçoit du système vestibulaire et des récepteurs kinesthésiques, très peu sont en accord avec l'expérience passée de toute une vie (Engle et Lott, 1980).

Question : Combien de temps exige l'adaptation à l'apesanteur?

Le mal de l'espace disparaît habituellement en 2 ou 3 jours. Des recherches récentes supposent que cette adaptation se produit à la faveur de la substitution des signaux visuels à l'information vestibulaire qu'effectuent les astronautes. Ultérieurement, cette substitution peut causer le «mal de terre». Immédiatement après leur retour sur terre, surtout après de très longues missions, certains astronautes sont sujets aux étourdissements et à la nausée, et tous sans exception ont de la difficulté à se tenir debout les yeux fermés pendant un jour ou deux (von Baumgarten et autres, 1984).

Exploration

Comment minimiser le mal des transports

Les chercheurs qui essaient de réprimer le mal de l'espace ont beaucoup appris sur ce qui est utile et ce qui ne l'est pas. Les points suivants peuvent contribuer à votre bien-être sur terre .

■ Le traitement médical du mal de l'espace s'est concentré sur les médicaments, dont le plus efficace jusqu'ici est la scopolamine, qu'on peut obtenir sur ordonnance. Les cachets en vente libre contre le mal de mer offrent aussi une certaine protection. Toutefois, l'alcool et les autres drogues aggravent généralement le mal des transports.

■ Les cosmonautes soviétiques ont connu un succès relatif grâce à un dispositif qui limite les mouvements de la tête pendant les deux premiers jours dans l'espace. À bord d'un bateau, d'un avion ou d'une voiture, il peut s'avérer utile de bouger la tête le moins possible. Vous pouvez même vous enrouler une serviette autour du cou afin de limiter ces mouvements. (Si cela ne fonctionne pas, elle vous sera utile à autre chose!)

■ Afin de réduire le conflit sensoriel, ne restez pas dans votre cabine de bateau. En voiture ou en avion, essayez de fermer les yeux, ou encore, fixez un point immobile (comme l'horizon) ou regardez le ciel immobile au-dessus de l'horizon.

■ Restez étendu si possible. Les otolithes sont moins sensibles au mouvement vertical lorsque vous êtes à l'horizontale, et votre tête bougera moins.

■ L'anxiété semble accroître le mal des transports. Certains astronautes ont réussi à apprendre à se concentrer sur des pensées agréables et distrayantes. Si vous en faites autant, assurez-vous de respirer à fond et lentement. En fait, la respiration devient une source d'attention (Nicogossian et Parker, 1982).

Le mal de l'espace n'est qu'un des nombreux comportements qui présentent un défi lors des voyages dans l'espace. En fait, les effets à long terme des missions spatiales sont encore largement méconnus. Bien que ces dernières soient devenues banales, les astronautes demeurent les véritables pionniers d'un environnement sensoriel étrange et étranger.

Autotest

1. Sur 200 astronautes, au moins 150 ont souffert du mal de l'espace. Vrai ou faux?

2. Les mouvements de la tête sont principalement détectés par les canaux semi-circulaires, et la gravité, par les organes de l'otolithe. Vrai ou faux?

3. La théorie du conflit sensoriel semble expliquer le mal de l'espace, mais ne semble pas s'appliquer à d'autres types de mal des transports. Vrai ou faux?

4. On s'est servi d'amphétamines pour réussir à réprimer le mal des transports. Vrai ou faux?

Réponses :

1. faux 2. vrai 3. faux 4. faux

Résumé du chapitre

■ Les organes sensoriels **transforment** l'énergie physique en impulsions nerveuses. À cause de la **sélection**, de la **sensibilité** limitée, de la **détection de caractéristiques** et des structures de **codage**, les sens servent de **système de réduction de données**. On peut comprendre en partie la réaction sensorielle par **la localisation de la fonction** dans le cerveau.

■ Le minimum d'énergie physique nécessaire à la production d'une sensation définit le **seuil absolu**. La quantité de changement nécessaire à une **différence juste perceptible** d'un stimulus correspond au **seuil différentiel**. L'étude des seuils et des sujets connexes s'appelle la **psychophysique**.

■ Les stimuli menaçants ou anxiogènes peuvent hausser le seuil de la reconnaissance. On appelle cet effet les **mécanismes de défense de la perception**. On dit de tout stimulus qui se situe au-dessous du niveau de la perception qu'il est **subliminal**. Il existe des preuves de l'existence de la **perception subliminale**, mais la publicité subliminale est très inefficace.

■ La radiation électromagnétique dans un champ restreint constitue le **spectre visible**. Sur certains plans, l'oeil ressemble à un appareil-photo, mais finalement, il s'agit d'un **système visuel** et non photographique. Les cellules individuelles du cortex visuel du cerveau servent de **détecteurs de caractéristiques** qui analysent l'information visuelle.

■ Les quatre défauts de la vue suivants se corrigent à l'aide de lunettes : la **myopie**, l'**hypermétropie**, la **presbytie** et l'**astigmatisme**.

■ Les **cônes** et les **bâtonnets** sont des **photorécepteurs** qui composent la **rétine** de l'oeil. Les bâtonnets assurent la vision nocturne, la réception en noir et blanc, en plus de détecter le mouvement. Les cônes, qu'on trouve exclusivement dans la **fovéa** ou dans le centre de l'oeil, sont les spécialistes de la vision de la couleur, de l'**acuité** (perception des détails) et de la vision diurne. Les bâtonnets fournissent en grande partie la **vision périphérique**.

■ Les cônes et les bâtonnets n'ont pas la même sensibilité à la couleur. Le *vert jaunâtre* paraît plus brillant pour les cônes; pour les bâtonnets, c'est le *bleu vert* (bien qu'ils le perçoivent sans couleur). La vision de la couleur s'explique par la **théorie trichromatique** de la rétine et par la **théorie des processus antagonistes** du système visuel au delà du cadre de l'oeil.

■ Le **daltonisme** complet est rare, mais 8 pour 100 des hommes et 1 pour 100 des femmes sont daltoniens du rouge-vert (cécité des couleurs). Le daltonisme est un **caractère lié au sexe** porté par le chromosome *X*. Il est révélé au moyen du test **d'Ishihara**.

■ L'**adaptation à l'obscurité**, une augmentation de la sensibilité à la lumière, est causée par une concentration accrue des pigments visuels à la fois dans les cônes et les bâtonnets, mais surtout par la recomposition de **rhodopsine** dans les bâtonnets. Les carences de vitamine A peuvent causer l'**héméralopie**.

■ Les **ondes sonores** constituent le stimulus de l'ouïe. Elles sont transmises par le **tympan**, les **osselets auditifs**, la **fenêtre ovale**, le **limaçon** et finalement, les **cellules ciliées**. La **théorie de la fréquence** et celle de la **localisation** de l'audition expliquent conjointement comment se perçoit la tonalité. Il existe trois types essentiels de surdité; il s'agit de la **surdité nerveuse**, de la **surdité de transmission** et de la **surdité de stimulation**.

■ L'**olfaction** (l'odorat) et la **gustation** (le goût) constituent des **sens chimiques** qui réagissent aux molécules gazeuses ou liquéfiées. La **théorie chromatographique** explique en partie l'odorat. Certaines zones déterminées de la langue réagissent plus intensément au sucré, au salé, aux goûts amers et acides.

■ Les **sens somesthésiques** comprennent les **sens cutanés**, les **sens vestibulaires** et les **sens kinesthésiques**. Les sens cutanés comprennent le toucher, la pression, la douleur, le chaud et le froid. La sensibilité de chacun dépend du nombre de récepteurs présents.

■ Les sensations qui nous arrivent sont affectées par l'**adaptation sensorielle** (la réduction du nombre d'impulsions nerveuses émises), l'**attention sélective** (la sélection et le détournement des messages dans le cerveau) et le **portillonnage sensoriel** (le blocage ou le changement des messages en direction du cerveau). Le portillonnage sélectif des messages de douleur semble avoir lieu dans la moelle épinière.

■ L'**anxiété**, l'**attention** et la **maîtrise** du stimulus affectent la douleur, ainsi que l'**interprétation** d'une expérience et la **révulsion**. On peut donc réduire la douleur en maîtrisant ces facteurs.

■ Différentes formes du **mal des transports** dépendent des messages reçus par le **système vestibulaire**, qui perçoit la gravité et le mouvement. La **théorie du conflit sensoriel** veut que le mal des transports soit causé par une discordance entre les sensations visuelles, kinesthésiques et vestibulaires. On peut éviter le mal des transports en minimisant le conflit sensoriel.

Discussion

1. Votre cerveau gît-il sur la table d'un laboratoire quelque part? Il est théoriquement possible que votre cerveau ait été donné à la science il y a quelque temps. Supposons qu'on l'a préservé et récemment réactivé, et qu'un ordinateur très complexe crée artificiellement des structures d'activité neurologique dans le cortex en imitant des messages sensoriels normaux dans les nerfs. Ces messages reproduisent les images, les sons, les odeurs et les sensations d'une classe de collège. Si tel était le cas, à l'instant même, pourriez-vous le savoir? Seriez-vous en mesure de découvrir que vous n'avez pas de corps? Justifiez votre réponse.

2. William James a dit : «Si un grand chirurgien croisait les nerfs optique et auditif, nous entendrions alors l'éclair et verrions le tonnerre.» Pouvez-vous expliquer ce que James entendait par cet énoncé?

3. Supposons que vous souhaitez concevoir un système qui se sert du toucher pour transmettre les «images» à une personne aveugle. Comment vous y prendrez-vous? Quels sont les avantages et les inconvénients de se servir de différentes parties du corps (les mains, le dos, le front etc.)?

4. Quels changements se produiraient si les seuils absolus de la vision et de l'ouïe changeaient de façon à nous permettre de voir les rayons infrarouges et ultraviolets, et d'entendre des sons allant jusqu'à 50 000 cycles par seconde? (Pensez aux systèmes d'éclairage, aux chaînes stéréo, etc.)

5. Une énigme zen, ou *koan*, est ainsi formulée : «La nuit dernière, j'ai rêvé que j'étais un papillon. Comment puis-je savoir aujourd'hui si je ne suis pas un papillon qui rêve qu'il est un homme?» Pouvez-vous relier cette question à l'idée selon laquelle nous construisons une version de la réalité à partir du monde plus pragmatique des énergies physiques qui nous entourent?

6. Pourquoi croyez-vous que votre voix vous semble si différente, lorsque vous l'entendez dans un enregistrement? (Indice : De quelle autre façon les vibrations de la voix pourraient-elles atteindre le limaçon?)

CHAPITRE 5

PERCEVOIR LE MONDE

APERÇU DU CHAPITRE
AU MEURTRE!

L'histoire suivante est authentique mais légèrement exagérée à des fins pédagogiques.

Je me trouvais dans un supermarché, lorsqu'une jeune fille surgit en courant au détour d'une allée. Elle regardait derrière elle et criait : «Arrêtez! Arrêtez! Vous allez le tuer! Vous allez tuer mon père!» Évidemment, la scène suscita mon intérêt. En retraçant le parcours de la jeune fille, je me trouvai soudain en face d'une scène effroyable. Un homme gisait sur le plancher, surmonté d'un individu énorme de 2 mètres et de 130 kilogrammes, qui n'avait d'humain que l'apparence. Il tenait sa victime à la gorge et lui cognait la tête sur le plancher. Il y avait du sang partout. Je pris la seule décision raisonnable : je m'enfuis en courant...

Lorsque le gérant et moi-même revinrent sur les «lieux du crime», la police venait d'arriver. Un long moment s'écoula avant que la situation ne s'éclaircisse, mais voici ce qui était arrivé : l'«homme du dessous» s'était évanoui et s'était frappé la tête en tombant, ce qui avait causé la coupure (bénigne en réalité) qui expliquait la présence du sang. L'«individu du dessus» avait vu l'homme tomber et tentait de l'empêcher de se blesser davantage, et lui desserrait le col.

Si je n'étais jamais revenu sur les lieux, j'aurais pu jurer au tribunal que j'avais été témoin d'un meurtre. Les cris d'alerte de la jeune fille avaient complètement déterminé ma propre perception. Ce phénomène est compréhensible, mais jamais je n'oublierai le choc que j'ai ressenti à la vue du «meurtrier», l'homme que j'avais perçu un peu plus tôt, en pleine lumière, comme une créature horrible, énorme et cruelle. Cet homme ne m'était pas étranger, en fait, il s'agissait d'un de mes voisins. Je l'avais vu des dizaines de fois déjà, je connaissais son nom, et il était plutôt de petite taille.

Le dernier chapitre traitait de la sensation, ou du trajet de l'information vers le système nerveux. Le sujet du présent chapitre est la **perception,** soit la manière d'assembler les sensations en une «image», ou un modèle du monde, utile. À mesure que nous percevons les événements, le cerveau sélectionne, organise et intègre l'information sensorielle. Ces processus mentaux s'effectuent de façon tellement automatique que nous en sommes à peine conscients. En fait, il faut peut-être une perception aussi fausse que celle décrite ci-dessus pour attirer notre attention sur ce merveilleux processus. La perception crée les visages, les mélodies, les *oeuvres d'art, les illusions et parfois les «meurtres», à partir de la matière première que constituent les sensations. Voyons comment cela se déroule.*

Questions d'ensemble

- Qu'est-ce que la constance perceptive, et quel rôle joue-t-elle dans la perception?
- Quels sont les principes fondamentaux qui régissent le regroupement des sensations en structures significatives?
- Comment pouvons-nous voir la profondeur et juger la distance?
- Quel est l'effet de l'apprentissage sur la perception?
- Comment la perception est-elle modifiée par l'attention, les intentions, les valeurs et les attentes?
- Jusqu'à quel point peut-on se fier aux témoins oculaires?
- La perception extrasensorielle est-elle possible?

La constance perceptive — discipliner un monde anarchique

Que ressent-on lorsqu'on recouvre la vue après une vie passée dans le noir? En réalité, un premier regard sur le monde peut s'avérer décevant. Une personne qui jouit d'une nouvelle vision doit *apprendre* à reconnaître les objets, à lire l'heure, les nombres et les lettres, et à juger la taille et la distance (Senden, 1960). En effet, apprendre à «voir» peut causer de nombreuses frustrations.

Richard Gregory (1977) décrit les expériences de Monsieur S. B., un patient de 52 ans atteint de cataractes, aveugle depuis la naissance. Après une opération qui lui a rendu la vue, M. S. B. lutta pour se servir de ses yeux. Au début, par exemple, il ne pouvait évaluer la distance que dans des situations familières. Un jour, on le trouva en train de s'échapper par une fenêtre de l'hôpital afin de mieux voir la circulation dans la rue. On peut aisément comprendre sa curiosité, mais il fallait le retenir. Sa chambre se trouvait au quatrième étage!

Question : Pourquoi M. S. B. tentait-il de sortir par une fenêtre du quatrième étage? Ne pouvait-il évaluer la distance au moins par la taille des voitures?

Non, parce qu'il faut être familier avec l'apparence des objets, si l'on veut se servir de leur taille dans l'évaluation de la distance. Placez votre main gauche à quelques centimètres de vos yeux et votre main droite, à bout de bras. L'image de votre main droite devrait représenter la moitié de celle de la main gauche. Toutefois, étant donné que vous avez déjà vu vos mains à différentes distances un nombre incalculable de fois, vous savez que votre main droite n'a pas soudaine-

ment rétréci. On appelle ce phénomène la **constance perceptive** : la taille perçue d'un objet demeure la même, lorsque son image rétinienne change. Afin de percevoir votre main de façon précise, vous avez dû recourir à votre expérience. Certaines perceptions — comme voir une ligne sur une feuille de papier — sont tellement fondamentales qu'elles semblent **innées**. Mais une grande partie de la perception est **empirique**, ou fondée sur l'expérience antérieure (Julesz, 1975). Par exemple, Colin Turnbull (1961) relate l'expérience où il a retiré un pygmée des forêts tropicales d'Afrique pour l'emmener dans les vastes plaines de ce continent. Le pygmée n'avait jamais aperçu d'objets à distance éloignée. C'est pourquoi la première fois qu'il vit un troupeau de bisons au lointain, il crut qu'il s'agissait d'une nuée d'insectes. Imaginez sa confusion, lorsqu'on le conduisit auprès des animaux. Il conclut qu'on utilisait la sorcellerie pour le mystifier, car les «insectes» semblaient se transformer en bisons sous ses yeux.

Il se peut également que vous n'ayez pu reconnaître la constance de taille dans des situations inhabituelles. Lorsqu'on les aperçoit du haut des airs, les maisons, les voitures et les gens ne semblent plus de taille normale; ils ressemblent plutôt à des jouets.

La **constance de forme** constitue un autre effet d'intérêt. On peut la démontrer en regardant la page directement au-dessus, puis à un certain angle. Évidemment, la page est rectangulaire, mais la plupart du temps, l'image qui parvient à vos yeux est déformée. Même si l'image du livre change, votre perception de sa forme est constante. (Pour d'autres exemples, voir l'illustration 5.1, section couleur.)

Supposons que vous êtes à l'extérieur en plein soleil. À vos côtés, un ami porte une blouse blanche.

Soudainement, un nuage obscurcit le soleil. La blouse peut alors sembler moins claire, mais elle apparaît toujours blanche, car elle continue de refléter une plus grande *proportion* de lumière que les objets à proximité. Le principe de **constance de luminosité** explique que la luminosité apparente d'un objet demeure la même sous différents éclairages.

En résumé, les structures d'énergie qui atteignent nos sens changent constamment, même lorsqu'elles proviennent du même objet. La constance de taille, de forme et de luminosité nous permettent d'échapper à un monde de confusion dans lequel les objets sembleraient rétrécir et grandir, ou changer de forme comme s'ils étaient faits de caoutchouc, et clignoter comme des néons. La conquête de ces constances n'était qu'un des obstacles que M. S. B. eut à surmonter en apprenant à voir. La prochaine section nous en présente d'autres.

Le regroupement perceptif — la synthèse des éléments

William James a dit : «Pour le nouveau-né, le monde n'est qu'une énorme confusion explosive et bourdonnante.» Comme un nourrisson, M. S. B. eut à trouver une signification à ses sensations visuelles. Il fut bientôt en mesure de lire l'heure sur une grande horloge ainsi que des blocs de lettres qu'il ne connaissait auparavant que par le toucher. Au zoo, il reconnut un éléphant à partir de descriptions qu'on lui en avait faites. Toutefois, pendant plus d'un an après avoir recouvré la vue, l'écriture ne signifiait toujours rien pour lui, et de nombreux objets n'avaient aucun sens jusqu'à ce qu'il les touche. Ainsi, même si M. S. B. avait des *sensations* visuelles, sa capacité de *perception* demeurait limitée.

Question : Comment les sensations s'organisent-elles en perceptions significatives?

L'organisation la plus simple entraîne le regroupement de certaines sensations en un objet, ou *figure*, qui ressort d'un fond plus neutre. L'organisation **figure-fond** est probablement innée, puisqu'elle est la première aptitude de perception à apparaître après que les patients souffrant de cataractes ont recouvré la vue (Hebb, 1949). Dans la perception figure-fond normale, on ne voit qu'une figure. Toutefois, dans le cas des **figures réversibles**, on peut substituer la figure au fond, et vice versa. L'illustration 5.2 montre qu'on peut y apercevoir tout autant une coupe à vin sur fond sombre que deux profils se découpant sur fond blanc. En passant d'un motif à l'autre, vous devriez avoir une idée précise de ce que signifie l'organisation figure-fond.

Question : Qu'est-ce qui cause la formation d'une figure?

Les psychologues de la Gestalt (voir le chapitre 1) étudièrent la question en détail. Même si vous voyiez pour

Illustration 5.2 *Un dessin réversible figure-fond. Voyez-vous deux visages de profil ou une coupe à vin?*

la première fois, conclurent-ils, un certain nombre de facteurs ordonneraient vos perceptions (illustration 5.3).

1. La proximité. Les stimuli voisins ont tendance à se grouper (voir l'illustration 5.3a). Ainsi, si trois personnes sont une à côté de l'autre et qu'une quatrième se tient à 3 mètres d'elles, les trois personnes seront perçues comme un groupe et l'autre, comme une étrangère.

2. La similarité. «Qui se ressemble s'assemble», et les stimuli dont la taille, la forme et la couleur sont similaires ont tendance à se regrouper (illustration 5.3b). Par exemple, imaginez deux fanfares marchant côte à côte; si les membres portent des uniformes distincts, on distinguera deux groupes, et non un seul groupement important.

3. La continuité. Les perceptions tendent à la simplicité et à la continuité. À l'illustration 5.3c, il est plus facile de voir une ligne ondulée par-dessus des carrés que d'observer des formes complexes.

4. La fermeture. La fermeture décrit la tendance à *achever* une figure, afin qu'elle ait une forme générale définie. Chacun des dessins de l'illustration 5.3d présente un ou plusieurs vides, mais on peut y reconnaître une figure. On appelle **figures illusoires** (Parks, 1984) les «formes» blanches qui apparaissent au centre des deux dessins à droite de l'illustration 5.3d. Même de jeunes enfants voient ces formes suggérées, malgré qu'ils sachent qu'elles ne sont «pas vraiment là». Les figures illusoires révèlent à quel point la tendance à voir des formes complètes, même à partir d'indices ténus, est forte.

5. La contiguïté. L'illustration 5.3 ne peut démontrer la contiguïté, ou la proximité dans le temps *et* l'espace.

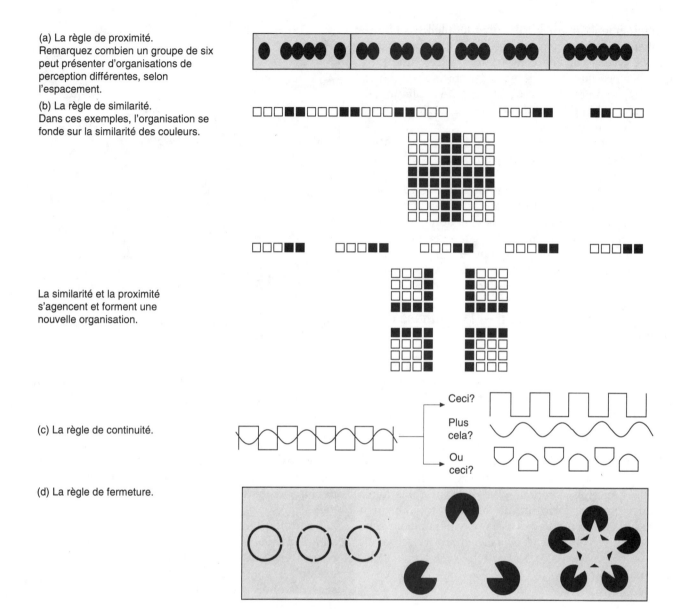

(a) La règle de proximité.
Remarquez combien un groupe de six peut présenter d'organisations de perception différentes, selon l'espacement.

(b) La règle de similarité.
Dans ces exemples, l'organisation se fonde sur la similarité des couleurs.

La similarité et la proximité s'agencent et forment une nouvelle organisation.

(c) La règle de continuité.

(d) La règle de fermeture.

Illustration 5.3 *Illustrations du regroupement perceptif.*

Celle-ci est souvent responsable de la perception de *causalité* entre deux choses (Michotte, 1963). Un psychologue démontre cette règle en classe en se frappant la tête d'une main, tandis qu'il cogne sur une table de bois (hors de vue) de l'autre. Le son du cognement est parfaitement synchronisé aux mouvements de la main visible, ce qui mène inévitablement à la perception que sa tête est en bois.

En plus de ces règles, l'apprentissage et l'expérience antérieure affectent énormément l'organisation de la perception. Comparez l'aptitude immédiate de M. S. B. à reconnaître les lettres à son impuissance à déchiffrer l'écriture à la main. Arrêtez-vous un moment pour examiner l'animal camouflé de l'illustration 5.4. Les motifs de **camouflage** rompent l'organisation figure-fond. Si vous n'aviez jamais vu d'animaux sem-

blables auparavant, seriez-vous en mesure d'apercevoir celui-ci? S'il avait eu à trouver une signification à ce dessin, M. S. B. aurait été complètement dérouté.

D'une certaine manière, nous sommes tous des détectives à l'affût de modèles dans tout ce que nous voyons. En ce sens, un modèle significatif représente une **hypothèse de perception**, ou une supposition que l'on maintient jusqu'à preuve du contraire. N'avez-vous jamais aperçu un «ami» à distance, pour vous rendre compte, en l'approchant, qu'il s'agit d'un pur étranger? Les idées préconçues et les attentes dirigent *activement* notre interprétation des sensations (McBurney et Collings, 1984).

La nature active de l'organisation de la perception est probablement plus manifeste dans le cas des **stimuli ambigus** (des modèles qui prêtent à plus d'une

Illustration 5.4 *Un exemple d'organisation de la perception. Une fois que l'insecte camouflé (un phasme géant) est devenu visible, il est presque impossible de regarder l'image sans le voir.*

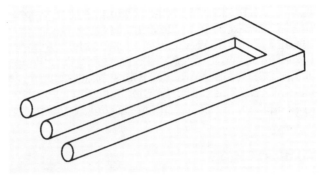

Illustration 5.6 *Une figure impossible — le «machin à trois branches».*

trée par le «machin à trois branches» (illustration 5.6), une **figure impossible**.

Question : L'aptitude à comprendre les dessins est-elle acquise?

Les humains semblent presque toujours comprendre les lignes qui dessinent le *pourtour des surfaces* et n'ont aucune difficulté à reconnaître une ligne unique servant à illustrer les *côtés parallèles* d'un objet étroit, comme une corde. Les lignes délimitant les frontières des couleurs à la surface d'un objet sont une des choses que nous *ne reconnaissons pas* facilement (Kennedy, 1983).

Afin d'illustrer ce point, transportons-nous brièvement chez les Songe, une petite tribu de la Papouasie-Nouvelle-Guinée. Avant d'être soumis à un test, les Songe n'avaient jamais dessiné ou vu de lignes, même pas de griffonnage au sol. Le test consistait à montrer aux Songe des dessins semblables à celui de l'illustration 5.7. À la fin, ils pouvaient aisément reconnaître la main et le perroquet parmi de simples contours. Mais

interprétation). Si vous regardez un nuage, vous découvrirez des dizaines de façons d'en organiser les contours en formes et scènes imaginaires. Même les stimuli les plus clairement définis permettent plus d'une interprétation. Si vous doutez de la nature active de la perception, fixez le dessin de l'illustration 5.5. Dans certains cas, un stimulus peut contenir des renseignements tellement contradictoires que l'organisation de la perception devient impossible. Par exemple, la tendance à convertir un dessin en un objet tridimensionnel est frus-

Illustration 5.5 *Le cube de Necker. Regardez le cube du haut comme un cadre transparent. Si vous le fixez, son organisation change. Parfois, il semble projeté vers le haut, comme le cube en bas à gauche, et à d'autres moments, vers le bas. La différence dépend de la façon dont le cerveau interprète la même information.*

Illustration 5.7 *Des stimuli semblables à ceux que Kennedy (1983) a utilisés afin d'étudier le type d'information universellement reconnue dans des dessins (voir le texte).*

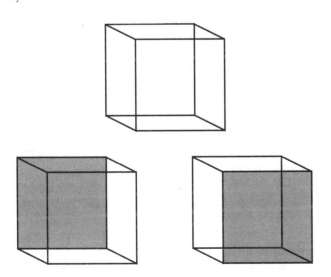

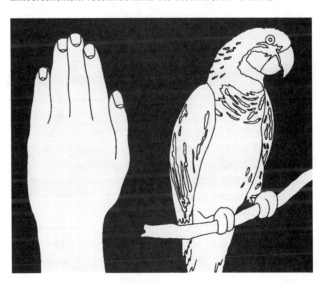

les lignes délimitant les couleurs leur posèrent des problèmes. Par exemple, les demi-lunes sur les ongles leur laissaient croire que ces derniers avaient été endommagés et que de nouveaux ongles poussaient. Par ailleurs, ils croyaient que le perroquet avait subi des coupures à multiples reprises et pourtant, les lignes du dessin correspondaient aux démarcations de couleur des perroquets que l'on trouve en territoire songe (Kennedy, 1983).

L'un des exploits les plus remarquables de l'organisation de la perception mérite un traitement de faveur. À la prochaine section, nous explorerons notre aptitude à créer un espace tridimensionnel à partir d'images rétiniennes plates.

Autotest

Essayez de répondre à ces questions avant de poursuivre.

1. Parmi les termes suivants, lesquels sont sujets à la constance perceptive élémentaire?

   a. l'organisation figure-fond *b.* la taille *c.* l'ambiguïté *d.* la luminosité *e.* la continuité *f.* la fermeture *g.* la forme *h.* la proximité

2. La première organisation perceptive et la plus essentielle qu'une personne retrouve après avoir recouvré la vue est

   a. la continuité *b.* la constance de proximité *c.* la reconnaissance des chiffres et des lettres *d.* la figure-fond

3. Par moments, l'organisation de la perception significative représente une _____ , ou une supposition que l'on maintient jusqu'à preuve du contraire.

4. Les figures ambiguës présentent plus d'une organisation significative. Vrai ou faux?

5. Le dessin qu'on appelle cube de Necker constitue un bon exemple de figure impossible. Vrai ou faux?

6. On a prouvé que les humains reconnaissent universellement des lignes dessinées qui délimitent les pourtours d'une_____ et des parallèles étroites.

Réponses :

1. b,d,g 2. d 3. hypothèse 4. vrai 5. faux 6. surface

La perception de la profondeur — et si le monde était plat...

La **perception de la profondeur** consiste dans la faculté de distinguer un espace tridimensionnel et de juger des distances avec précision. Sans elle, vous ne pourriez réussir à conduire une voiture, à monter à bicyclette, à jouer à la balle, à tirer des paniers, à enfiler une aiguille ou simplement à vous diriger dans une pièce. Le monde vous apparaîtrait comme une surface plate.

Question : Après avoir recouvré la vue, M. S. B. éprouvait de la difficulté à percevoir la profondeur. La perception de la profondeur est-elle acquise?

Certains psychologues (les nativistes) soutiennent que la perception de la profondeur est innée. D'autres (les empiristes) la considèrent acquise. Selon toute vraisemblance, la perception de la profondeur est à la fois innée et acquise. Certaines preuves nous proviennent de travaux fondés sur le **précipice visuel** (illustration 5.8). En principe, ce dernier consiste dans une table à dessus de verre. D'un côté de la table, on trouve un damier directement sous le verre; de l'autre, le damier est situé 1,2 mètre en dessous. Le verre présente donc l'aspect d'un dessus de table d'un côté, et de l'autre, celui d'un précipice.

Afin de soumettre des bébés de 6 à 14 mois à un test de perception de la profondeur, on les plaça au milieu d'un précipice visuel, ce qui leur laissa le choix de ramper vers l'extrémité peu profonde ou l'autre. (Le verre les empêchait de «plonger», s'ils choisissaient l'extrémité profonde.) La majorité des bébés choisirent le côté peu profond. En fait, ils refusèrent pour la plupart l'extrémité profonde même lorsque leur mère les y appelait (Gibson et Walk, 1960).

Question : Si les bébés avaient au moins 6 mois lorsqu'ils furent soumis au test, se peut-il qu'ils aient appris à percevoir la profondeur?

Oui, cela est possible. Toutefois, d'autres tests ont démontré que la perception de la profondeur chez l'humain apparaît toujours à l'âge de 4 mois environ (Aslin et Smith, 1988). Par exemple, la psychologue Jane Gwiazada a doté des poupons de lunettes qui permettent de voir certains motifs en trois dimensions, tandis que les autres demeurent plats. En observant les mouvements de la tête, Gwiazada put discerner à quel moment les bébés perçoivent les trois dimensions pour la

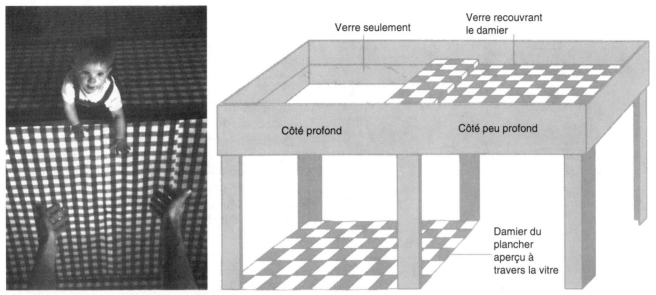

Illustration 5.8 *Les bébés humains et les animaux nouveau-nés refusent de franchir l'extrémité du précipice visuel.*

première fois. Comme dans les autres tests, cela se produit vers l'âge de 4 mois. L'apparition presque universelle de la perception de la profondeur à cet âge laisse croire que cette dernière dépend davantage du développement cérébral que de l'apprentissage individuel. Il est donc fort probable qu'au moins le fondement de la perception de la profondeur soit inné.

Question : Pourquoi alors certains bébés tombent-ils des tables et des berceaux?

Aussitôt que les nourrissons se mettent à ramper activement, ils refusent de traverser le côté profond du précipice visuel (Campos et autres, 1978). Mais il se peut que les bébés qui perçoivent la profondeur ne soient pas en mesure de se rattraper lorsqu'ils glissent. Un manque de coordination, et non une incapacité de voir la profondeur, explique vraisemblablement la plupart des «atterrissages forcés» après l'âge de 4 mois.

Question : Comment les adultes perçoivent-ils la profondeur?

Un certain nombre d'**indices de la profondeur** s'agencent et forment notre connaissance de l'espace tridimensionnel. Ils résident dans des caractéristiques de l'environnement et des messages du corps qui transmettent l'information sur la distance et l'espace. Certains indices fonctionnent à l'aide d'un seul œil (**indices monoculaires**) tandis que d'autres nécessitent les deux (**indices binoculaires**).

Les indices musculaires Comme leur nom l'indique, les indices musculaires proviennent du corps. L'un d'entre eux est l'**accommodation**, un indice monoculaire de la perception de la profondeur. Vous vous souve-

nez peut-être des cristallins du chapitre 4 qui doivent se courber afin de focaliser des objets à proximité. Les sensations des muscles liés au cristallin sont transmises au cerveau, et les différences qu'elles présentent nous aident à juger les distances à environ 1,2 mètre de l'œil. Au delà de cette distance, l'accommodation n'a qu'un effet limité sur la perception de la profondeur. (Toutefois, elle contribue à une illusion intéressante que nous décrirons ultérieurement.) Bien sûr, l'accommodation est plus utile à un horloger ou à une couturière qu'à un joueur de basket-ball ou à un conducteur automobile.

Une deuxième source corporelle d'information sur la profondeur provient de la **convergence**, un indice binoculaire. Lorsque vous regardez un objet à distance, les lignes de la vision de vos yeux sont parallèles. Toutefois, lorsque vous fixez un objet à 15 mètres ou moins, vos yeux doivent converger (ou loucher) pour focaliser (illustration 5.9).

Vous n'en êtes probablement pas conscient, mais à chaque fois que vous évaluez une distance inférieure à 15 mètres (comme lorsque vous vous approchez d'un arrêt, que vous jouez à la balle ou que vous tuez des mouches au moyen de votre laser personnel), vous vous servez de la convergence. De quelle façon? Encore une fois, il existe un lien entre les sensations musculaires et la distance. La convergence est régie par un groupe de muscles attachés au globe oculaire. Ces muscles fournissent de l'information au cerveau sur la position de l'œil, contribuant ainsi à juger la distance. Vous pouvez ressentir la convergence en l'exagérant : fixez le bout de votre doigt et approchez-le de vos yeux, jusqu'à ce que ces derniers se croisent presque. À ce moment, vous pouvez éprouver la sensation des muscles qui commandent le mouvement de l'œil.

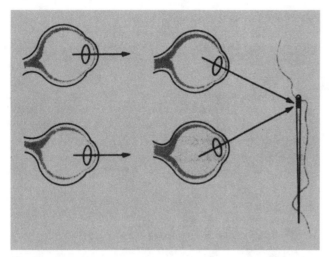

Illustration 5.9 *Les yeux doivent converger, ou être tournés vers l'intérieur du nez, afin de focaliser les objets à proximité.*

La vision stéréoscopique La **disparité rétinienne,** un autre indice binoculaire, constitue la source essentielle de la perception de la profondeur. Elle se fonde sur le simple fait que les yeux sont à une distance d'environ 6 centimètres l'un de l'autre, ce qui explique que chaque

Illustration 5.10 *(a) La vision stéréoscopique. (b) Les photographies illustrent ce que l'oeil droit et l'oeil gauche voient lorsqu'ils regardent un vase. Tenez une fiche ou un petit morceau de papier (de 10 à 12 centimètres de haut) verticalement entre les deux photos. Posez l'arête du nez contre la fiche de façon à ce que chaque oeil ne voit qu'une photo. Détendez-vous les yeux afin qu'ils voient en lignes parallèles, comme s'ils regardaient un objet à distance. Puis essayez d'amalgamer les deux vases en une seule image. La troisième dimension apparaît comme par magie. (c) Répétez la méthode pour les stéréogrammes de points aléatoires, mais gardez les yeux à 20 ou 25 centimètres de la page. Avec un peu de chance, vous apercevrez la forme d'un diamant qui flotte sur le fond. (Voir le texte.) La majorité ne pourra obtenir cet effet sans se servir d'un prisme afin d'amalgamer parfaitement les points du carré de droite à ceux du carré de gauche. (Julesz, 1971; reproduit avec la permission de University of Chicago Press.)*

oeil reçoit une vision du monde légèrement différente. Lorsque les deux images *s'amalgament* en une vue d'ensemble, nous assistons au phénomène de la **vision stéréoscopique**, qui entraîne une forte sensation de la profondeur (illustration 5.10).

On peut se servir de la disparité rétinienne pour produire des films en trois dimensions, en tournant à l'aide de deux caméras légèrement distancées. Les deux images sont ultérieurement projetées à l'écran simultanément. Le public porte des lunettes qui filtrent l'une des images à chaque oeil. Puisque chaque oeil obtient une image séparée, la vision stéréoscopique normale est doublée. Mettez à l'essai la démonstration suivante de disparité rétinienne et d'amalgame.

À plein tube

Formez un tube au moyen d'un morceau de papier. Fermez l'oeil gauche. Posez le tube sur l'oeil droit comme un télescope. Regardez par le tube un objet quelconque éloigné. Posez la main gauche sur le tube, à peu près au milieu, et devant l'oeil gauche. Puis, ouvrez l'oeil gauche; vous devriez voir un «trou» dans votre main. Même un photographe professionnel ne saurait réussir à amalgamer deux images mieux que ne le fait automatiquement votre système visuel.

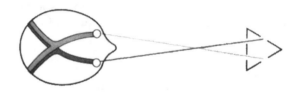

Stéréoscopique : le nerf optique de chaque oeil transmet de l'information aux deux hémisphères du cerveau

Binoculaire : les yeux ont des champs de vision qui se chevauchent

Permet la perception de la profondeur et une évaluation précise de la distance

(a)

(b)   (c)

Question : Comment la disparité rétinienne crée-t-elle la profondeur?

Percevoir la profondeur exige davantage que le seul mélange de deux images, ou «portraits», du monde. À l'illustration 5.10c, vous trouverez deux carrés composés de points au hasard. Notez qu'ils ne contiennent ni lignes, ni contours, ni motifs distincts. Malgré cela, lorsqu'on examine ces **stéréogrammes de points aléatoires** de façon adéquate (un pour chaque oeil), une zone centrale semble se détacher du fond. La chercheuse Bela Julesz croit que ces dessins montrent que le cerveau est très sensible à la **dissemblance** de l'information offerte par les yeux. Dans le cas présent, la profondeur vient de la substitution des points au centre d'un des carrés, qui ne correspondent plus aux points de l'autre carré (Julesz, 1971; Ross, 1976). Grosso modo, l'espace tridimensionnel se tisse à partir des infimes mais innombrables différences entre ce que voient l'oeil gauche et l'oeil droit.

Question : Puisque la disparité est si importante, une personne qui n'a qu'un oeil peut-elle percevoir la profondeur?

Une personne borgne n'a ni convergence ni disparité rétinienne, et l'accommodation n'est utile que pour évaluer de courtes distances, ce qui signifie que cette personne n'a qu'une perception limitée de la profondeur. Essayez de conduire une voiture ou de monter à bicyclette en fermant un oeil, vous constaterez que vous freinez trop vite ou trop tard, et que vous avez de la difficulté à évaluer la vitesse. («Mais, monsieur l'agent, mon manuel de psychologie dit que...») Malgré tout, vous serez en mesure de conduire, bien que ce soit plus ardu qu'à l'accoutumée. Une personne borgne peut même réussir à faire atterrir un avion, une tâche qui dépend beaucoup de la perception de la profondeur.

Les indices graphiques (ou iconiques) de la profondeur — un sujet profond

Un bon film, une peinture ou une photographie peuvent créer une illusion convaincante de profondeur, même s'il n'en existe aucune. Et comme nous l'avons remarqué, une personne borgne peut apprendre à évaluer la profondeur avec précision.

Question : Comment peut-on créer l'illusion de la profondeur sur une surface bidimensionnelle, et comment est-il possible de juger la profondeur à l'aide d'un seul oeil?

La réponse provient des **indices graphiques de la profondeur**, qui sont tous monoculaires (ils ne fonctionnent qu'avec un oeil). Ces indices fournissent presque toute l'information tridimensionnelle (Haber, 1980). Pour comprendre le fonctionnement des indices graphiques, imaginez que vous regardez dehors par une fenêtre. Si vous dessiniez sur la vitre tout ce que vous voyez par la fenêtre, vous obtiendriez une très belle oeuvre, d'une profondeur convaincante. Puis, si vous analysiez tout ce qui se trouve sur la vitre, vous trouveriez les caractéristiques suivantes.

Les indices graphiques de la profondeur

1. La perspective linéaire. Cet indice se fonde sur la convergence apparente des parallèles de l'environnement. Si vous êtes debout entre deux rails de chemin de fer, ils semblent se rencontrer près de l'horizon. Puisque vous savez qu'ils sont parallèles, leur convergence suppose une longue distance (illustration 5.11a).

2. La taille relative. Lorsqu'un artiste désire reproduire deux objets de même taille à différentes distances, il dessine l'objet éloigné plus petit (illustration 5.11b). Des films comme *La guerre des étoiles* ou *Le retour du Jedi* offraient des illusions de profondeur formidables en changeant rapidement l'image de la taille des planètes, des stations et des navettes spatiales.

3. L'ombre et la lumière. La plupart des objets de l'environnement sont éclairés de façon à offrir des modèles nets d'ombre et de lumière. La reproduction de ces modèles peut conférer à un dessin bidimensionnel un aspect tridimensionnel (illustration 5.11c).

4. L'interposition. L'interposition est un indice de profondeur qui se manifeste lorsqu'un objet en bloque partiellement un autre. Tenez vos mains en l'air et demandez à un ami à l'autre bout de la pièce laquelle est la plus près. La taille relative fournira la réponse, si l'une de vos mains est vraiment plus près de votre ami que l'autre. Mais si elle ne se trouve qu'un peu plus près, votre ami aura de la difficulté, jusqu'à ce que vous glissiez une main devant l'autre. L'interposition efface alors tout doute (illustration 5.11d).

5. Les gradients de densité de texture. Les changements de texture contribuent également à la perception de la profondeur. Si vous regardez vos pieds dans une rue de pavés ronds, le sol vous paraîtra rude, mais la texture s'amenuisera et se raffinera si vous regardez au loin (illustration 5.11e).

6. La perspective aérienne. La pollution, le brouillard, la poussière et la brume ajoutent à la distance apparente d'un objet. À cause de la perspective aérienne, les objets aperçus au lointain ont tendance à être brouillés, décolorés et imprécis, même par temps clair, et le phénomène est de plus en plus fréquent dans notre société industrialisée. En fait, c'est lorsqu'il est absent que le brouillard de pollution se remarque le plus. Si vous avez déjà parcouru les vastes espaces des Prairies canadiennes, vous avez peut-être vu des chaînes de montagnes qui semblaient se trouver à quelques kilomètres à peine, pour vous rendre compte ensuite avec étonnement que 80 kilomètres d'air pur vous en séparaient.

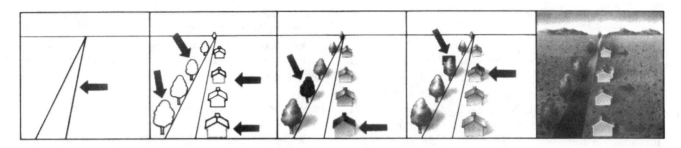

Illustration 5.11 *(a) La perspective linéaire.　(b) La taille relative.　(c) L'ombre et la lumière.　(d) L'interposition.　(e) Les gradients de densité de texture.*

7. La parallaxe de mouvement. On peut voir la parallaxe de mouvement en regardant par une fenêtre et en secouant la tête d'un côté à l'autre. Notez que les objets à proximité semblent parcourir une bonne distance, lorsque votre tête bouge. En comparaison, les arbres, les maisons et les poteaux de téléphone qui se trouvent un peu plus loin ne se meuvent que légèrement par rapport au fond. Les objets éloignés comme les collines, les montagnes ou les nuages ne semblent pas bouger du tout.

Lorsqu'ils sont combinés, les indices graphiques peuvent créer une puissante illusion de profondeur (illustration 5.12).

Question : La parallaxe de mouvement est-elle réellement un indice graphique?

Au sens strict, non, sauf dans les films, à la télévision ou dans les dessins animés. Toutefois, lorsqu'elle est réelle, on peut presque toujours percevoir la profondeur. La profondeur apparente d'un bon film provient en grande partie du mouvement relatif des objets captés par la caméra. Les personnes borgnes dépendent étroitement de la parallaxe de mouvement et souvent, elles ont des mouvements de la tête exagérés afin d'augmenter la parallaxe et de mieux percevoir ainsi la profondeur.

Question : Les indices graphiques de la profondeur sont-ils universels, à l'instar de la compréhension des dessins rudimentaires mentionnés précédemment?

Pas tout à fait. Certaines cultures n'utilisent que des indices graphiques choisis afin de représenter la profondeur et reconnaissent difficilement les autres (Deregowski, 1972). Par exemple, le chercheur William Hudson a soumis à des tests certains membres de tribus éloignées qui n'utilisent pas la taille relative pour illustrer la profondeur dans leurs dessins. Ces personnes perçoivent les dessins simplifiés comme des structures bidimensionnelles. Comme vous le voyez à l'illustration 5.13, ils ne supposent pas, comme nous le faisons, qu'une image plus grande signifie que l'objet représenté est plus près.

Question : Quel est le rôle des indices de la perception de la profondeur dans la vie quotidienne?

L'illusion de la lune Nous nous servons autant des indices graphiques que des indices corporels pour évaluer la profondeur et la distance. Et ces derniers se combinent avec les premiers pour créer ainsi une illusion intrigante. Lorsque la lune se trouve à l'horizon, elle apparaît aussi grosse qu'une pièce d'un dollar, et lorsqu'elle est directement au-dessus de nos têtes, elle a la taille d'un dix sous, c'est-à-dire beaucoup plus petite qu'en début de soirée. Contrairement à ce que certaines personnes croient, l'image de la lune n'est pas amplifiée par l'atmosphère. Si vous prenez une photographie de la lune et que vous mesurez son image, vous constaterez que cette dernière n'est pas plus grande à l'horizon. Mais la lune *semble* plus grosse lorsqu'elle est dans cette position, parce que la **distance apparente** de la lune est plus grande à l'horizon qu'au-dessus de nos têtes.

Illustration 5.12 *La profondeur graphique. Regardez attentivement! L'artiste s'est servi de nombreux indices graphiques de la profondeur pour tromper l'oeil. (M. C. Escher, Still life and Street. © 1937 M. C. Escher/ Cordon Art, Baarn, Hollande. Collection Haags, Gemeentemuseum — La Haye. Reproduction autorisée.)*

Illustration 5.13 *Une image du test de Hudson. La perception bidimensionnelle laisse croire que le chasseur tente d'atteindre l'éléphant au loin plutôt que l'antilope à proximité. Il semble qu'une certaine familiarité avec les conventions relativement à la représentation de la profondeur dans les dessins et les photographies soit nécessaire. (Tiré de «Pictorial Perception and Culture», de J. B. Deregowski. © 1972 par Scientific American, Inc. Tous droits réservés.)*

Question : Mais si elle semble être plus éloignée, ne devrait-elle pas apparaître plus petite?

Non. Lorsqu'elle est au-dessus de nos têtes, il existe peu d'indices de la profondeur autour de la lune. Par contraste, lorsque vous l'apercevez à l'horizon, la lune est derrière les maisons, les arbres, les poteaux de téléphone et les montagnes, qui représentent autant d'indices de la profondeur et qui font que l'horizon apparaît plus éloigné que le ciel au-dessus de nous (Dember et Warm, 1980).

Afin de mieux saisir l'illusion de la lune, imaginez deux ballons, l'un à 3 mètres et l'autre, à 6 mètres. Supposons qu'on gonfle le ballon éloigné jusqu'à ce que son image corresponde à celle du ballon à proximité. Comment savons-nous que le ballon éloigné est le plus gros? Parce que son image est identique à celle du ballon plus près. De même, la lune offre une image de taille identique à l'horizon et au-dessus de nos têtes. Toutefois, l'horizon semble plus éloigné parce que nous sommes en présence d'indices de profondeur plus nombreux, ce qui fait que nous percevons la lune à l'horizon plus grosse (Rock, 1962).

Cette explication porte le nom d'**hypothèse de la distance apparente**. Vérifiez-la en retirant les indices de profondeur pendant que vous regardez la lune à l'horizon. Essayez de regarder la lune à travers un tube de papier, ou placez les mains en forme de télescope la prochaine fois que vous verrez une grosse lune. Elle rétrécira instantanément, aussitôt que les indices auront disparu.

Question : De quelle façon précise la distance apparente change-t-elle la taille de l'image de la lune?

Les chercheurs ont découvert récemment que l'illusion de la lune est directement liée aux changements de l'accommodation (Iavecchia et autres, 1983; Roscoe, 1985). Les indices de profondeur additionnels qui se trouvent à l'horizon font que les yeux se focalisent sur un point plus distant qu'ils ne le font lorsqu'ils regardent vers le ciel. Ces modifications de l'accommodation semblent servir de «mesure» au cerveau et lui permettre de juger la taille des images, notamment celle de la lune.

Autotest

Si ces questions vous posent quelque difficulté, révisez la matière précédente.

1. On se sert du précipice visuel pour vérifier la sensibilité des bébés à la perspective linéaire. Vrai ou faux?

2. Ajoutez un «M» ou un «B» à la suite de chacun des termes suivants, selon qu'il s'agit d'un indice monoculaire ou binoculaire de la profondeur.

   accommodation _____   convergence_____

   disparité rétinienne_____   perspective linéaire_____

   parallaxe de mouvement_____   interposition_____

   taille relative_____   dissemblance stéréoscopique_____

3. Parmi les indices de la question 2, lesquels se fondent sur la rétroaction musculaire?

4. L'interprétation des indices graphiques de la profondeur ne nécessite aucune expérience antérieure. Vrai ou faux?

5. L'image de la lune est très amplifiée par l'atmosphère près de l'horizon. Vrai ou faux?

Réponses :

1. **faux** 2. accommodation (M), convergence (B), disparité rétinienne (B), perspective linéaire (B), parallaxe de mouvement (M), taille relative (M), interposition (M), dissemblance stéréoscopique (B) 3. l'accommodation ou la convergence 4. faux 5. faux

L'apprentissage sensoriel — et si le monde était à l'envers?

L'Angleterre est l'un des rares pays au monde où les gens conduisent à gauche. À cause de cette inversion, il arrive fréquemment aux visiteurs de descendre du trottoir face à face avec une voiture, après avoir pourtant soigneusement regardé la circulation dans le *mauvais* sens. Le problème est tellement répandu en fait que les passages cloutés à proximité des attractions touristiques de Londres présentent les avertissements : «Regardez à droite!» Comme le laisse entendre cet exemple, l'apprentissage a un effet puissant sur la perception, comme nous l'avons déjà constaté auparavant.

Question : Comment l'apprentissage affecte-t-il la perception ?

Les habitudes de perception Une des manières dont l'apprentissage affecte la perception consiste dans les modèles invétérés de l'organisation et de l'attention, qu'on appelle les **habitudes de perception**. Arrêtez-vous un moment à examiner l'illustration 5.14 (section couleur). Le visage de gauche semble quelque peu inhabituel, à coup sûr, mais la distorsion semble bénigne jusqu'à ce qu'on tourne la page à l'envers. Sous un angle normal, le visage paraît grotesque. Pourquoi y a-t-il une différence? Il semble que la plupart des gens ont peu d'expérience de la vision des visages à l'envers. L'apprentissage sensoriel a donc moins d'effet sur la perception que nous avons d'un visage retourné. Lorsque le visage est en position normale, vous savez à quoi vous attendre et quoi regarder.

Avant de poursuivre, lisez à voix haute la courte expression de l'illustration 5.15. Avez-vous lu «Paris au mois d'août»? Si tel est le cas, regardez de nouveau. Le mot «mois» apparaît deux fois dans l'expression, mais à cause de leur connaissance du français, la plupart des lecteurs escamotent le mot répété. Encore une fois, les effets de l'apprentissage sensoriel sont apparents.

Les magiciens se servent des habitudes de perception lorsqu'ils font des tours de passe-passe afin de distraire les spectateurs au cours de leurs numéros. Un autre type de «magie» est relié à la constance de l'environnement. On peut presque toujours supposer qu'une pièce présente grossièrement la forme d'une boîte. Toutefois, ce n'est pas toujours exact; en effet, vue d'un certain angle, une pièce asymétrique peut sembler carrée. Cet effet s'obtient en déformant soigneusement les proportions des murs, du plancher, du plafond et des fenêtres. Une pièce semblable, qu'on appelle **la chambre d'Ames** du nom de son concepteur, défie les habitudes de perception de l'observateur (illustration 5.16).

Puisque le coin gauche de la chambre d'Ames est plus loin de l'observateur que le coin droit, une

Illustration 5.15

personne qui s'y trouve semble très petite, alors que celle dans le coin droit, moins long et plus près, semble très grande. Si une personne marche du coin gauche au coin droit, les observateurs font face à un conflit. Ils peuvent maintenir la constance de forme en voyant la pièce comme un carré, ou ils peuvent favoriser la constance de taille en refusant de voir la personne «grandir». La plupart choisissent la constance de forme et voient les personnes «rétrécir» et «grandir» sous leurs yeux.

Comme nous l'avons mentionné au chapitre précédent, le cerveau est particulièrement sensible aux **caractéristiques de perception** du milieu. Une partie au moins de cette sensibilité semble être acquise. Colin Blakemore et Graham Cooper, de l'université de Cambridge, ont élevé des chatons dans une pièce où les murs étaient couverts de rayures verticales. Un autre groupe de chatons ne voyaient que des rayures horizontales. Lorsqu'ils furent remis en milieu normal, les chats «horizontaux» pouvaient aisément sauter sur une chaise, mais en marchant au sol, ils se heurtaient aux pieds de chaise. Les chats «verticaux», d'autre part, évitaient sans mal les pieds de chaise, mais n'arrivaient pas à sauter sur des surfaces horizontales. Les chats élevés dans les rayures verticales étaient «aveugles» aux lignes horizontales, et les chats «horizontaux» agissaient comme si les lignes verticales étaient invisibles (Lewin, 1974). D'autres expériences démontrent qu'effectivement, les cellules du cerveau correspondant aux caractéristiques manquantes sont moins nombreuses (Grobstein et Chow, 1975).

Question : Se peut-il ainsi qu'un adulte s'adapte à un monde de perceptions complètement différent?

La vision inverse Les expériences au cours desquelles les sujets portent des lunettes qui inversent l'image nous offrent une réponse. Dans l'une de ces expériences, un sujet porta des lunettes qui tournaient le monde à l'envers et inversaient la vision de droite à gauche. Au début, les tâches les plus simples —marcher, se nourrir, etc. — présentaient des difficultés énormes (illustration 5.17). Imaginez vouloir atteindre une poignée de porte et voir la main se diriger du mauvais côté.

Les sujets rapportèrent également que les mouvements de la tête faisaient tourner le monde violem-

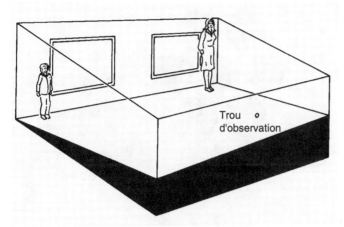

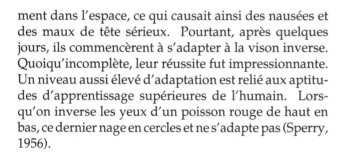

Illustration 5.16 *La chambre d'Ames. Vue du devant, elle semble normale; en réalité, le coin droit est très court, et le coin gauche beaucoup plus long. En outre, le côté gauche de la pièce est incliné par rapport aux spectateurs. Le diagramme montre la forme de la pièce et dévoile pourquoi les gens semblent grandir en traversant la chambre en direction du coin droit, plus près et plus court.*

ment dans l'espace, ce qui causait ainsi des nausées et des maux de tête sérieux. Pourtant, après quelques jours, ils commencèrent à s'adapter à la vison inverse. Quoiqu'incomplète, leur réussite fut impressionnante. Un niveau aussi élevé d'adaptation est relié aux aptitudes d'apprentissage supérieures de l'humain. Lorsqu'on inverse les yeux d'un poisson rouge de haut en bas, ce dernier nage en cercles et ne s'adapte pas (Sperry, 1956).

Question : Est-ce que les choses sont revenues en position normale pour les sujets de l'expérience?

Non. Tant qu'ils portèrent les lunettes, les images visuelles demeurèrent à l'envers. Mais les sujets apprirent à effectuer la plupart des tâches routinières, et leur monde inversé commença à leur sembler relativement normal. Lors d'expériences ultérieures, les sujets portant des lunettes d'inversion furent en mesure de conduire une automobile. Un sujet pilota même un avion après quelques semaines d'adaptation (Kohler, 1962). Ces exploits équivalent à conduire ou à piloter à l'envers et la droite à la place de la gauche. Quelle balade!

Être en **mouvement actif** dans un nouveau monde visuel semble favoriser l'adaptation rapide. Dans une expérience, les personnes portèrent des lunettes qui déformaient énormément la vision. Les sujets qui marchaient s'adaptèrent plus rapidement que ceux qu'on poussait sur un chariot roulant (Held, 1971). Quelle utilité le mouvement offre-t-il? Il est probable que les commandes transmises aux muscles soient reliées à la rétroaction sensorielle (McBurney et Collings,

1984). La position immobile équivaudrait à regarder un film étrange sans pouvoir exercer quelque contrôle que ce soit. Aucun apprentissage sensoriel n'est possible dans ces conditions.

Le niveau d'adaptation Un des facteurs importants qui influencent la perception est le **contexte** extérieur dans lequel on juge un stimulus. Par exemple, un homme qui mesure deux mètres paraîtra «grand» lorsqu'il est entouré de personnes de taille moyenne, et «petit» parmi un groupe de joueurs de basket-ball professionnels. À l'illustration 5.18, le cercle du centre est de taille identique dans les deux dessins. Mais comme pour l'homme dont l'entourage varie, le contexte modifie la taille apparente du cercle. L'illustration 5.19 fait également la démonstration de l'importance du contexte. Que voyezvous au milieu? Si vous lisez de gauche à droite, le contexte vous indique un «13», alors que lu de haut en bas, vous voyez un «B».

En plus des contextes extérieurs, nous possédons tous des **systèmes de référence** *intérieurs*, ou des normes selon lesquelles nous jugeons les stimuli. Si l'on vous demandait de lever un poids de 4 kilogrammes, le qualifieriez-vous de léger, de moyen ou de lourd? La réponse à cette question dépend de votre **niveau d'adaptation** (Helson, 1964). Il s'agit de votre propre

Illustration 5.17 *La vision inverse. L'adaptation à une vision complètement inversée du monde est possible, mais exigeante.*

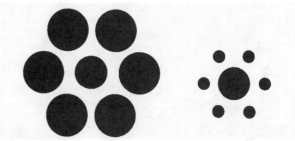

Illustration 5.18 *Les points centraux des deux dessins sont-ils identiques?*

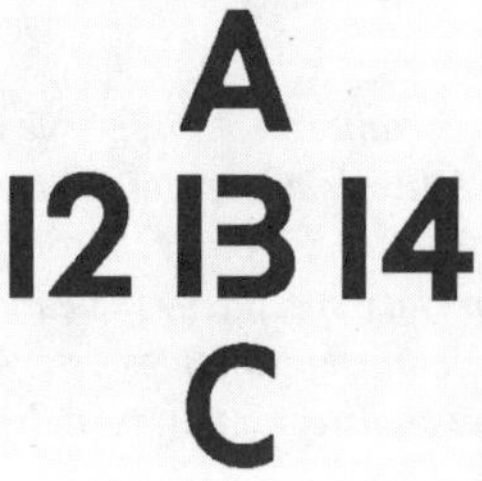

A
I2 I3 I4
C

Illustration 5.19 *Le contexte modifie la signification du motif central.*

«juste milieu», ou système de référence. Le niveau d'adaptation de chacun est constamment modifié par l'expérience. Si la moyenne des poids que vous levez chaque jour est d'environ 4 kilogrammes, ce poids vous paraîtra moyen, tandis que si vous êtes horloger et que vous ne soulevez que des objets minuscules à longueur de journée, le même poids vous paraîtra lourd. Si vous êtes déménageur, votre niveau d'adaptation dépasse 4 kilogrammes et ce poids vous semblera léger.

Les illusions L'apprentissage sensoriel est responsable d'un certain nombre d'**illusions**. Dans ces dernières, la longueur, la position, le mouvement, la courbure et la direction sont constamment méjugés (Gillam, 1980). Les illusions se distinguent des **hallucinations** en ce qu'elles déforment des stimuli qui existent vraiment. Les gens en proie à des hallucinations perçoivent des objets ou des événements qui n'existent pas dans la réalité extérieure (par exemple, ils entendent des voix qui ne sont pas là). Si vous croyez voir un papillon d'un mètre, confirmez votre hallucination en essayant de lui toucher les ailes. Pour détecter une illusion, il faut souvent mesurer un dessin ou lui appliquer une règle.

Les illusions défient notre compréhension de la perception et ont parfois des usages pratiques. Une illusion qu'on appelle le **mouvement stroboscopique** assure le mouvement dans les longs métrages. Les éclairages stroboscopiques que l'on trouve parfois dans les discothèques inversent cette illusion. Chaque fois que le stroboscope clignote, il «immobilise» les danseurs dans une position particulière. Toutefois, lorsque le clignotement s'accélère, le mouvement redevient normal. De même, les films projettent une série rapide d'«instantanés» à l'écran, ce qui réduit ainsi les décalages dans les mouvements, jusqu'à ce que ces derniers soient imperceptibles.

Question : Peut-on expliquer d'autres illusions?

Pas dans toutes les circonstances, ni à la satisfaction générale. Normalement, la constance de forme et de taille, les mouvements usuels des yeux, la continuité et les habitudes de perception se conjuguent de différentes façons et produisent les illusions décrites à l'illustration 5.20. Plutôt que de tenter de toutes les expliquer, concentrons-nous sur une illusion dont la simplicité apparente est trompeuse.

Examinez le dessin familier de l'illustration 5.20a, l'**illusion de Müller-Lyer**. La ligne horizontale se terminant par des flèches semble plus courte que celle dont les extrémités sont en «V». Une mesure rapide vous montrera qu'elles sont de même longueur. Comment expliquer cette illusion? De toute évidence, elle se fonde sur l'expérience d'une vie en matière d'arêtes et d'angles d'édifices. Richard Gregory (1977) croit que vous voyez la ligne des «V» comme s'il s'agissait du coin d'une pièce aperçu de l'intérieur (illustration 5.21). Par contre, la ligne des flèches rappelle le coin d'une pièce ou d'un édifice vu de l'extérieur.

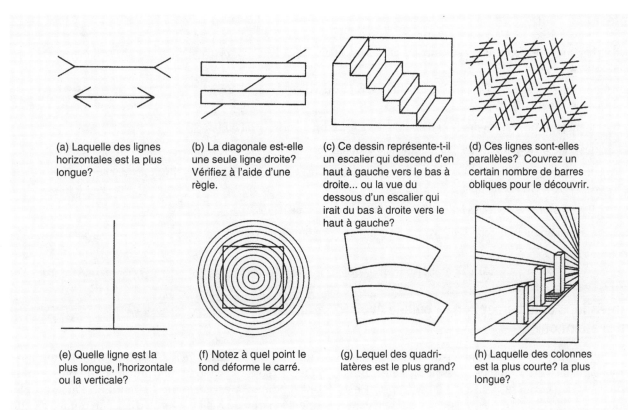

(a) Laquelle des lignes horizontales est la plus longue?

(b) La diagonale est-elle une seule ligne droite? Vérifiez à l'aide d'une règle.

(c) Ce dessin représente-t-il un escalier qui descend d'en haut à gauche vers le bas à droite... ou la vue du dessous d'un escalier qui irait du bas à droite vers le haut à gauche?

(d) Ces lignes sont-elles parallèles? Couvrez un certain nombre de barres obliques pour le découvrir.

(e) Quelle ligne est la plus longue, l'horizontale ou la verticale?

(f) Notez à quel point le fond déforme le carré.

(g) Lequel des quadri-latères est le plus grand?

(h) Laquelle des colonnes est la plus courte? la plus longue?

Illustration 5.20 *Certaines illusions intéressantes de la perception.*

Plus tôt, afin d'expliquer l'illusion de la lune, nous avons mentionné que lorsque deux objets présentent des images de la même taille, l'objet le plus distant doit être plus grand. Il s'agit de l'**invariance taille-distance**. Gregory croit que la même notion explique l'illusion de Müller-Lyer. C'est-à-dire que si la ligne

Illustration 5.21 *Pourquoi la ligne (b) de l'illusion de Müller-Lyer semble-t-elle plus longue que la ligne (a)? Probablement parce qu'elle présente l'aspect d'un coin éloigné plutôt que rapproché. Puisque les lignes verticales forment des images de longueur égale, la ligne plus «distante» doit être perçue comme plus grande.*

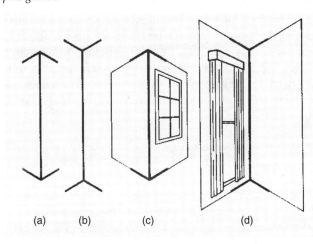

(a)   (b)   (c)   (d)

des «V» paraît plus éloignée que la ligne des flèches, il faut alors compenser en percevant la ligne des «V» plus longue. Cette explication de l'illusion de Müller-Lyer présuppose des années d'expérience dans la vision des lignes droites, des arêtes et des coins, qu'on peut tenir pour acquise dans notre culture.

Question : Existe-t-il un moyen de démontrer que l'expérience passée cause l'illusion?

Si nous pouvions soumettre à un test une personne qui n'aurait vu que des courbes et des lignes ondulées depuis l'enfance, nous saurions déterminer l'importance de l'expérience d'une culture «carrée». Heureusement, une peuplade d'Afrique du Sud, les Zoulous, vivent dans une culture «ronde». En effet, dans leur vie quotidienne, ils n'aperçoivent que rarement une ligne droite : leurs huttes sont en forme de monticules ronds et disposées en cercle, les outils et les jouets sont incurvés, et il n'y a ni routes droites ni édifices carrés.

Question : Qu'arrive-t-il, lorsqu'un Zoulou regarde le motif de Müller-Lyer?

Un Zoulou typique ne perçoit pas l'illusion, à peine voit-il la ligne des «V» comme *légèrement* plus longue que l'autre (Gregory, 1977), ce qui semble confirmer l'importance de l'expérience antérieure et des habitudes de perception dans notre vision du monde.

Autotest

1. Les habitudes de perception peuvent devenir tellement enracinées qu'elles peuvent nous mener à mal percevoir un stimulus. Vrai ou faux?

2. L'apprentissage sensoriel semble conditionner le cerveau à devenir sensible aux _____ de l'environnement.

3. La chambre d'Ames sert à des tests d'adaptation à la vision inverse. Vrai ou faux?

4. Un des facteurs importants de l'adaptation à la vision inverse est

   a. les nouvelles catégories d'apprentissage   *b.* le mouvement actif   *c.* surmonter les illusions   *d.* l'effet du mouvement stroboscopique

5. Quelles illusions les relations taille-distance semblent-elles sous-tendre? _____ et _____ .

6. Le niveau d'adaptation représente votre «juste milieu» personnel, ou votre _____ _____ _____ interne.

Réponses :

1. vrai 2. caractéristiques 3. faux 4. b 5. l'illusion de la lune et l'illusion de Müller-Lyer 6. système de référence

Les intentions et la perception — puis-je avoir votre ... attention?

Vous êtes entouré de sensations visuelles, auditives, olfactives, gustatives et tactiles. Desquelles êtes-vous conscient? La première phase de la perception est l'attention, ou la sélection des messages qui arrivent. L'importance de l'attention ne fait pas de doute. Par exemple, songez à un pilote de ligne aérienne qui ne remarquerait pas que les trappes sont fermées au moment de l'atterrissage. Cette erreur a déjà causé une terrible catastrophe à l'aéroport de Detroit en 1987.

L'attention Comme vous l'avez peut-être retenu au chapitre 4, l'**attention sélective** désigne le fait d'accorder la priorité à certains messages et de différer les autres (Johnston et Dark, 1986). Les psychologues trouvent utile de considérer l'attention sélective un peu comme un *goulot*, ou un rétrécissement du canal d'information qui lie les sens à la perception (Reed, 1988). Lorsqu'un message pénètre dans le goulot, il semble empêcher les autres de passer, ce qui explique peut-être pourquoi il est si difficile d'écouter parler deux personnes à la fois. Normalement, vous pouvez «syntoniser» une personne ou l'autre, mais pas les deux.

Vous êtes-vous déjà senti surchargé en essayant de faire plusieurs choses à la fois? L'**attention partagée** provient souvent de notre *capacité* limitée de stocker l'information et d'y réfléchir. À tout moment, vous devez diviser votre effort mental entre certaines tâches qui méritent toutes plus ou moins d'attention. Par exemple, la première fois qu'une personne apprend à conduire, presque toute son attention est sollicitée par le volant, les freins, la transmission, etc. Toutefois, plus une aptitude devient automatique, moins elle nécessite d'attention. Dans la conduite, l'habileté accrue libère la capacité mentale au profit d'autres tâches, comme ajuster la radio ou poursuivre une conversation (Reed, 1988).

Question : Certains stimuli demandent-ils plus d'attention que d'autres?

Oui. Les stimuli très *intenses* commandent l'attention : ceux qui sont plus percutants, plus forts, ou plus grands ont tendance à capter toute l'attention. Par exemple, une décharge de fusil passerait difficilement inaperçue dans une bibliothèque. Les grosses voitures de couleur vive attirent probablement plus de contraventions que les petites voitures plus neutres.

Les stimuli répétitifs, les stimuli répétitifs, les stimuli répétitifs, les stimuli répétitifs, les stimuli répétitifs, les *stimuli répétitifs* attirent aussi l'attention. Un robinet qui fuit la nuit fait peu de bruit selon les normes, mais la répétition fait qu'il retient l'attention comme le ferait un seul son beaucoup plus fort. On utilise cet effet à répétition, pour ainsi dire, dans la publicité à la télévision et à la radio.

L'ATTENTION EST ÉGALEMENT SOUVENT RELIÉE AU *contraste* OU AU *changement* DE STIMULATION. Les changements typographiques dans la phrase précédente attirent l'attention parce qu'ils sont *inattendus*. Norman Mackworth et Geoffrey Loftus (1978) ont découvert que les gens qui regardent des dessins comme celui de l'illustration 5.22 examinent d'abord et plus longtemps les objets saugrenus (dans le cas présent, la pieuvre). Le changement, le contraste et l'incongruité constituent probablement les sources fondamentales de l'attention. Nous nous **habituons** rapidement (et réagissons moins) aux stimuli prévisibles et stables.

Question : Qu'est-ce qui distingue l'habituation de l'adaptation sensorielle?

L'habituation Comme nous l'avons décrit au chapitre 4, l'*adaptation* diminue le nombre de messages sensoriels envoyés au cerveau. Lorsque les messages atteignent

Illustration 5.22 *L'un des dessins utilisés par Mackworth et Loftus afin d'étudier l'attention. Les observateurs s'attardent aux objets saugrenus plus longtemps qu'à ceux auxquels ils s'attendent. Dans le cas présent, les observateurs regardèrent la pieuvre plus longtemps qu'un tracteur placé au même endroit. Qu'arriverait-il selon vous, si un tracteur apparaissait à l'envers ou sur le toit de la grange?*

ce dernier, le corps réagit en se demandant : «De quoi s'agit-il?» Il s'agit d'une **réaction d'orientation** qui présente certaines caractéristiques : pupilles dilatées, modification des ondes cérébrales, courte pause respiratoire, circulation du sang accrue vers la tête et mouvement en direction du stimulus (Dember et Warm, 1979). Si vous avez déjà vu quelqu'un réagir en retard, vous avez alors observé une réaction d'orientation.

Songez maintenant à ce qui se produit, lorsque vous achetez un nouveau disque. D'abord, l'album retient votre attention du début à la fin, mais lorsqu'il «vieillit», une face complète peut jouer sans que vous y portiez attention. Lorsqu'un stimulus se répète *sans changement*, la réaction d'orientation s'**habitue**, ou diminue.

Les intentions Les intentions jouent également un rôle dans l'attention. Lorsque vous vous trouvez à bord d'une voiture et que vous avez faim, vous remarquez les restaurants et les affiches de nourriture. Si votre réservoir d'essence est à sec, votre attention ira aux stations-service. Assurément, les publicitaires savent que leur annonce gagnera en efficacité si elle capte votre attention. Voilà pourquoi les annonces sont répétitives, aiguës et intentionnellement irritantes. Elles sont également conçues de manière à tirer parti de deux intentions extrêmement répandues au sein de notre société : l'*anxiété* et le *sexe*.

Du rince-bouche aux pneus d'automobile, tout se commercialise en utilisant le sexe comme objet d'attention. Par exemple, une annonce récente de la liqueur Triple Sec parue dans les magazines américains avait comme titre : *Sec's Appeal*. Une autre annonce de liqueur fine montre une femme portant une robe du soir aguichante et dit : «Sentez le velouté». Et que peut-il y avoir de plus flagrant que les annonces de jeans qui montrent un postérieur en gros plan? D'autres annonces conjuguent sexe et anxiété. Les rince-bouche, désodorisants, savons, dentifrices et innombrables articles se vendent au moyen d'annonces qui jouent sur le désir de plaire et d'éviter les situations embarrassantes.

En plus de diriger l'attention, les intentions peuvent altérer la perception :

> *Dans le cadre d'une supposée étude des «modèles de fréquentations chez les étudiants de niveau collégial», on montra aux étudiants mâles la photo d'une étudiante en leur demandant de livrer leur première impression sur l'attrait qu'elle exerçait sur eux. Avant de donner sa cote, chaque sujet devait lire deux passages, l'un érotique et l'autre, pas. La découverte importante consiste dans le fait que plus le passage lu était érotique, plus le jeune mâle donnait une cote élevée. (Stephan et autres, 1971)*

Ce résultat ne vous surprendra pas, si vous avez déjà éprouvé un béguin passager pour quelqu'un. Une personne qui vous a déjà paru irrésistible peut vous sembler bien différente, lorsque vos sentiments changent.

Une autre expérience intéressante démontre qu'un stimulus de nature affective peut détourner l'attention d'autres informations. Les membres d'un organisme juif regardèrent des images semblables à celles de l'illustration 5.23, qui apparaissaient à l'écran une fraction de seconde. Ils éprouvaient de la difficulté à reconnaître les symboles à la périphérie, lorsque le motif central présentait un symbole aussi émotif que la croix gammée (Erdelyi et Appelbaum, 1973). Ce phénomène peut expliquer pourquoi les amateurs d'équipes sportives rivales agissent souvent comme s'ils avaient assisté à deux parties différentes.

Les attentes de perception — à vos marques, prêts...

Tracez un cercle d'environ 7 centimètres de diamètre sur un bout de papier. Puis, dessinez un gros point noir d'environ 1 centimètre de diamètre en haut à gauche du centre, et un autre en haut à droite. Ensuite, tracez un arc incurvé vers le haut d'environ 5 centimètres de longueur sous le centre du cercle. Si vous avez suivi les instructions, votre réaction pourrait être la suivante : «Mais pourquoi ne nous avez-vous pas dit de dessiner un visage heureux?»

À l'instar de ce dessin, la perception semble se diviser en deux processus. Dans le **traitement de bas en haut**, nous analysons l'information par bribes à partir du bas jusqu'à une perception complète (Goldstein, 1984). L'inverse semble aussi se produire. Bon nombre

Illustration 5.23 *Les stimuli qui ont une signification affective influencent l'attention. (Erdelyi et Appelbaum, 1973, p. 50. Reproduction autorisée.)*

d'expériences se fondent sur la connaissance du monde que possède le sujet. Ce principe s'appelle le **traitement de haut en bas**. Dans ce cas, on utilise la connaissance existante afin d'organiser les caractéristiques en un tout significatif. Les deux méthodes sont représentées à l'illustration 5.24. On trouve un autre bon exemple du traitement de haut en bas dans les attentes de perception.

Question : Qu'est-ce qu'une attente de perception?
Un coureur dans les blocs de départ d'une piste est **prédisposé** à réagir d'une certaine manière. De même, l'expérience passée, les intentions ou la suggestion peuvent contribuer à créer une **attente de perception** qui vous dispose à percevoir d'une façon particulière. S'ils entendent une voiture pétarader, il se peut que les coureurs de la piste prennent un faux départ. En réalité, nous prenons tous de faux départs en matière de perception. Essentiellement, une attente est une hypothèse de perception que nous appliquerons *très probablement* à un stimulus, même s'il s'agit d'une réaction inadéquate.

     La prédisposition à la perception nous mène souvent à voir ce à quoi nous nous *attendons*. Par exemple, supposons que vous conduisez dans le désert et que vous n'avez presque plus d'eau. Enfin, vous voyez un pictogramme au loin, sur lequel vous croyez distinguer un robinet. Vous vous détendez, vous croyant sauvé, mais en approchant, le pictogramme devient une pompe à essence. La majorité a connu des expériences similaires où les attentes modifiaient les perceptions.

     Les attentes de perception découlent souvent de la *suggestion*, particulièrement lorsqu'il s'agit de percevoir d'autres personnes. Par exemple, un professeur de psychologie invita un conférencier à enseigner à sa classe. On remit à la moitié des étudiants une page de notes où le professeur invité était décrit comme une

«personne *plutôt froide*, appliquée, critique , pratique et déterminée». Par contre, l'autre moitié reçut une feuille le qualifiant de «personne *chaleureuse*, appliquée, critique, pratique et déterminée» (Kelley, 1950; l'italique est ajouté). Les étudiants ayant reçu la description «froide» perçurent le conférencier comme un homme malheureux et irritable, et ne participèrent pas à la discussion en classe. Ceux de la description «chaleureuse» virent chez l'invité un homme heureux et agréable, et participèrent activement à une discussion en sa compagnie.

Les catégories   Avez-vous déjà vu un jeu de cartes contenant un as de pique *rouge* et un quatre de coeur *noir*? Jerome Bruner se servit d'un *tachistoscope* (un appareil qui projette des images très brièvement) pour projeter des cartes à l'écran. Il découvrit que les observateurs se méprenaient sur les cartes qui ne correspondaient pas à leurs attentes ou à leurs connaissances.

     Par exemple, un six de pique *rouge* était pris à tort pour un six de coeur régulier (Bruner et Postman, 1949). Bruner croit que l'apprentissage sensoriel érige des **catégories** mentales. Les expériences sont ensuite «triées» selon ces catégories. Puisque les observateurs ne disposaient d'aucune catégorie pour un six de pique rouge, ils le perçurent comme un six de coeur. Des catégories comme «voyou», «mental», «pédé», «cochon»

Illustration 5.24 *Cette toile de l'artiste abstrait Al Held mesure 3 mètres sur 3. Si vous la déchiffrez de bas en haut, vous ne verrez que deux petites formes géométriques sombres. Voulez-vous essayer l'inverse? Lorsque vous connaîtrez le titre de l'oeuvre, cela vous permettra d'appliquer votre connaissance et de voir le tableau sous un tout autre jour. Le titre est Le gros N. Le voyez-vous maintenant? (Gracieuseté du Musée des arts modernes de New York.)*

Illustration 5-25 *Les illustrations «Jeune femme /vieille femme». Une démonstration intéressante des attentes de la perception consiste à montrer à certains de vos amis la première image, et à d'autres, la deuxième (couvrez bien les autres images). Puis, montrez à vos amis la troisième image et demandez-leur ce* *qu'ils y voient. Ceux à qui vous avez montré la première verront la vieille femme dans la troisième, tandis que ceux de la deuxième image y verront la jeune femme. Les voyez-vous toutes deux? (D'après Leeper, 1935.)*

ou «garce» sont particulièrement susceptibles de déformer la perception.

Question : Il s'agit là d'extrêmes. La façon de qualifier quelqu'un ou quelque chose fait-elle tant de différence?

Les catégories de la perception, particulièrement celles définies par les étiquettes, changent quelque chose surtout dans la perception des gens. Même un observateur chevronné subit cette influence. Dans le cadre d'une étude, des psychothérapeutes regardèrent le vidéo d'une entrevue. On avait dit à la moitié d'entre eux que l'homme qu'on interviewait cherchait un emploi et à l'autre moitié, qu'il s'agissait d'un patient d'une ins-

titution psychiatrique. Les thérapeutes qui croyaient avoir affaire à un chômeur le trouvèrent «réaliste, sincère et agréable», tandis que les autres le perçurent «sur la défensive, dépendant et impulsif» (Langer et Abelson, 1974).

Au présent chapitre, nous avons passé des perceptions rudimentaires de la forme aux subtilités de la perception des gens et des événements. À la section Applications, nous continuerons cette progression en jetant un regard sur l'objectivité et les témoignages oculaires. Ensuite, la section Exploration traite d'une question intéressante : existe-t-il une preuve de la perception extrasensorielle? Avant de poursuivre, voici un autotest.

Autotest

1. L'attention sélective découle de tous les termes suivants, sauf un. Lequel?

   a. l'habituation *b.* le contraste *c.* le changement *d.* l'intensité

2. Lorsqu'une réaction d'orientation se produit, cela démontre que l'habituation est totale. Vrai ou faux?

3. Des ondes cérébrales modifiées et une circulation sanguine accrue vers la tête sont les signes d'une réaction d'orientation. Vrai ou faux?

4. La recherche montre que l'excitation sexuelle accrue peut inciter une personne à percevoir un membre du sexe opposé comme plus attirant. Vrai ou faux?

5. Dans le traitement de l'information de haut en bas, les caractéristiques individuelles sont analysées et groupées en un tout cohérent. Vrai ou faux?

6. Lorsqu'une personne est préparée à percevoir des événements d'une façon particulière, on dit qu'il existe alors une attente de perception ou une _____.

7. Les attentes de perception sont grandement influencées par l'existence des catégories mentales et des étiquettes. Vrai ou faux?

Réponses :

1. *a* 2. faux 3. vrai 4. vrai 5. faux 6. prédisposition 7. vrai

Applications : la perception et l'objectivité — croire c'est voir

Avez-vous déjà observé un coucher de soleil? Vous le croyez peut-être, mais nous savons qu'en réalité, le soleil ne se «couche» pas. Notre angle de vision change plutôt à mesure que la terre tourne, jusqu'à ce que le soleil soit obscurci par l'horizon. Voulez-vous tenter autre chose? Ce soir, tenez-vous debout face à l'ouest. Avec la pratique, vous parviendrez à vous sentir aspiré vers l'arrière par la terre en rotation en regardant un soleil immobile qui s'estompe dans le lointain (Fuller, 1969).

Ce changement radical de perspective illustre les limites de l'observation «objective». Comme dans le cas de la plupart des perceptions, la vue d'un coucher de soleil est une **reconstitution** active et créatrice des événements. Comme nous l'avons vu, la perception reflète les besoins, les attentes, les attitudes, les valeurs et les croyances d'une personne. Sachant cela, l'expression «voir c'est croire» doit être modifiée. Clairement, nous voyons ce que nous croyons, et vice versa.

Dans certains cas, la perception subjective nourrit la vision personnelle que valorisent la peinture, la musique, la poésie et la création scientifique. Toutefois, elle représente souvent un inconvénient.

Le témoin oculaire   Au tribunal, un témoignage oculaire peut constituer un élément clé du verdict. L'affirmation «Je l'ai vu de mes propres yeux» pèse lourd auprès d'un jury. Mais pour parler franc, un témoignage oculaire est souvent erroné. En fait, les expériences démontrent que la confiance du sujet dans son témoignage n'a aucun rapport avec la fidélité de ce dernier (Wells et Murray, 1983)! En outre, les questions trompeuses sur ce que la personne a vu peuvent ébranler la fidélité d'un témoignage oculaire (Smith et Ellsworth, 1987).

Les psychologues convainquent graduellement les avocats, les juges et les policiers de la faillibilité des témoins oculaires (Wells et Loftus, 1984). Dans un cas, un policier témoigna avoir vu l'accusé tirer sur la victime tandis que tous deux se trouvaient dans une entrée à 36 mètres de distance. Un psychologue démontra qu'à cette distance, la lumière en provenance de l'entrée était extrêmement faible — moins d'un cinquième de la lueur d'une bougie. Pour prouver davantage l'impossibilité de l'identification, un membre du jury se tint dans l'entrée sous un éclairage identique. Aucun des autres jurés ne put l'identifier. L'accusé fut acquitté (Buckout, 1974).

Malheureusement, la perception ne fournit jamais de «reprise instantanée» des événements. Même en plein soleil, un témoignage oculaire n'est pas digne de confiance. Après l'horrible écrasement d'un DC-10 à Chicago en 1979, on interrogea 84 pilotes; 42 d'entre eux affirmèrent que le train d'atterrissage de l'avion était rentré, et 42 déclarèrent le contraire! Comme l'a affirmé un enquêteur, le meilleur témoin est sans doute «un enfant de moins de 12 ans qui n'est pas accompagné de ses parents» (McKean, 1982). Il semble que les adultes soient facilement influencés par leurs attentes.

Lorsqu'une personne est surprise, menacée ou sous l'emprise du stress, ses perceptions sont particulièrement sujettes à la distorsion, ce qui explique pourquoi les témoins de crimes sont souvent en désaccord. Ce problème fut radicalement démontré de la façon suivante : on simula l'attaque d'un professeur par un acteur. Immédiatement après l'événement, on interrogea 141 témoins en détail. On compara ensuite leurs descriptions à un vidéo du crime simulé. Les réponses exactes du groupe (concernant l'apparence, l'âge, le poids et la taille de l'assaillant) ne représentèrent que *25 pour 100* du total possible (Buckhout, 1974).

Question : La victime du crime n'a-t-elle pas un souvenir plus précis des événements qu'un simple témoin?

Une expérience révéla que la fidélité du témoin oculaire est sensiblement la même qu'il s'agisse du témoin d'un crime (qui voit quelqu'un voler une calculatrice) ou de la victime (qui voit sa propre montre se faire voler; Hosch et Cooper, 1982). Les jurés qui accordent plus de crédibilité au témoignage des victimes se trompent peut-être lourdement. Répétons enfin que les témoins qui ont confiance en leur témoignage sont aussi enclins à l'inexactitude que les témoins qui en doutent.

Dans de nombreux crimes, les victimes sont aussi la proie du phénomène de **concentration sur l'arme**. On peut aisément comprendre que la victime fixe toute son attention sur le couteau, le revolver ou toute autre arme utilisée par l'agresseur, mais ce faisant, les détails concernant l'apparence et les vêtements, ou d'autres indices lui échappent (Loftus, 1979).

Les conséquences   Les perceptions quotidiennes sont-elles souvent aussi imprécises et déformées que celles d'un témoin oculaire troublé par l'émotion? La réponse vers laquelle nous nous acheminons est oui, très fréquemment. En gardant cela à l'esprit, vous manifesterez plus de tolérance à l'égard des points de vue d'autrui et plus de prudence au sujet de votre propre objectivité. Cela pourrait également vous inciter à vous soumettre à des **épreuves de vérité** de votre part.

Question : Qu'est-ce qu'une épreuve de vérité?

L'épreuve de vérité   Dans toute situation de doute ou d'incertitude, une épreuve de vérité ajoute des

Applications

renseignements additionnels afin de vérifier vos perceptions.

Le psychologue Sidney Jourard offrit un exemple pertinent d'épreuve de vérité. L'une de ses étudiantes croyait que sa compagne de chambre la volait. Elle se convainquit graduellement de la culpabilité de sa compagne, mais n'en souffla mot. Plus sa méfiance grandit, plus leur relation devint froide et distante. Finalement, poussée par Jourard, elle confronta sa compagne. Cette dernière se disculpa instantanément et exprima son soulagement d'enfin comprendre le tournant mystérieux qu'avait pris leur relation (Jourard, 1974). Une fois leur amitié rétablie, la véritable coupable fut rapidement démasquée.

Si vous avez déjà cru qu'une personne vous manifestait de la colère, de l'insatisfaction ou de l'hostilité sans vérifier l'exactitude de vos perceptions, vous êtes tombé dans un piège subtil. L'objectivité personnelle représente une qualité insaisissable, qu'il faut maintenir au moyen de fréquentes épreuves de vérité. Tout au moins, il est profitable de s'enquérir des sentiments d'une personne à votre égard, lorsque vous doutez. Nul doute que nous pourrions tous devenir de meilleurs «témoins» des événements quotidiens.

Question : Certaines personnes perçoivent-elles les choses plus précisément que d'autres?

L'acuité de la perception Le psychologue humaniste Abraham Maslow (1969) croyait que certaines personnes sont dotées d'une acuité inhabituelle de la perception d'eux-mêmes et d'autrui. Il décrivit ces gens comme des personnes spécialement vivantes, ouvertes, conscientes et saines d'esprit. Il découvrit que le style de leur perception se distinguait par une immersion dans le présent, une absence de timidité, une indépendance face au choix, à la critique et à l'évaluation ainsi qu'un «abandon» général à l'expérience. Le type de perception décrite par Maslow ressemble à celle d'une mère vis-à-vis de son nouveau-né, d'un enfant le jour de Noël ou de deux personnes en amour.

D'autres chercheurs soumirent des maîtres du Zen à des tests d'habituation aux stimuli répétés. Les résultats indiquèrent que les maîtres ne montraient aucun signe de l'habituation à laquelle on s'attendait (Kasamatsu et Hirai, 1966). Ces découvertes tendent à prouver les affirmations voulant que les maîtres Zen perçoivent un arbre avec autant de vivacité la cinquantième fois que la première.

L'attention Sans nécessairement tomber dans la perception restreinte de l'expression : «Lorsque vous avez vu un arbre, vous les avez tous vus», le fait demeure que la plupart d'entre nous avons tendance à voir un arbre et à le classer dans la catégorie des «arbres en général» sans égard au miracle qui se tient devant nous. Comment pouvons-nous donc arriver à briser l'habituation de nos perceptions (sans passer des années à se discipliner à la méditation)? Voici la réponse, d'une simplicité trompeuse : prêtez attention.

Nous ne pouvons y ajouter que les mots du poète William Blake : «Si l'on nettoyait les portes de la perception, l'homme verrait toute chose telle qu'elle est, infinie.»

Autotest

1. On peut décrire la plupart des perceptions comme des reconstitutions actives de la réalité extérieure. Vrai ou faux?

2. L'inexactitude des perceptions des témoins oculaires se produit dans la «vie réelle», mais ne peut être reproduite lors d'expériences de psychologie. Vrai ou faux?

3. La fidélité des faits relatés par les témoins d'un crime simulé peut se mesurer par un pourcentage aussi faible que 25 pour 100. Vrai ou faux?

4. Les victimes de crimes sont des témoins plus fidèles que les observateurs impartiaux. Vrai ou faux?

5. L'épreuve de vérité est un synonyme d'habituation. Vrai ou faux?

Réponses :

1. vrai 2. faux 3. vrai 4. faux 5. faux

Exploration : la perception extrasensorielle — croyez-vous à la magie?

Dans le calme d'un laboratoire, Uri Geller, qui se prétend télépathe, a accepté de démontrer ses soi-disant aptitudes à communiquer par télépathie, à détecter les objets cachés et à prévoir l'avenir. Au cours de l'épreuve, il fut supposément en mesure de choisir parmi dix bobines de films celle qui contenait un objet, de deviner correctement 8 fois sur 8 la face d'un dé agité dans une boîte fermée et de reproduire des dessins scellés à l'intérieur d'enveloppes opaques.

Question : Geller trichait-il, ou se servait-il de talents au delà de la perception normale?

On sait maintenant que Geller trichait (Randi, 1980). Mais de quelle manière? La réponse se trouve dans la discussion suivante de la **perception extrasensorielle** — la prétendue faculté de percevoir des événements qui ne s'explique pas par les normes admises de la perception.

La parapsychologie

La **parapsychologie** constitue l'étude des perceptions extrasensorielles et d'autres phénomènes **«psy»**, c'est-à-dire des événements qui semblent défier les lois scientifiques reconnues. Les adeptes de la parapsychologie cherchent réponse à des questions soulevées par les trois formes que prennent les perceptions extrasensorielles :

1. La voyance. La faculté de percevoir des événements ou d'obtenir de l'information par des voies que ne semblent affecter ni la distance ni les barrières physiques normales.
2. La télépathie. La perception extrasensorielle des pensées d'une autre personne, ou plus simplement, l'aptitude à lire dans les pensées.
3. La prémonition. La faculté de percevoir ou de prédire l'avenir avec

exactitude. Elle peut prendre la forme de *rêves prophétiques* qui révèlent l'avenir.

Pendant que nous y sommes, il vaut mieux ajouter une autre prétendue aptitude «psy» :

4. La psychokinésie. La faculté d'exercer une influence sur les objets inanimés par la force de l'esprit («l'esprit domine la matière»). (On ne peut classer la psychokinésie comme une perception, extrasensorielle ou autre, mais les adeptes de la parapsychologie l'étudient souvent.)

Question : Les adeptes de la parapsychologie ont-ils prouvé l'existence des perceptions extrasensorielles et d'autres aptitudes «psy»?

Les psychologues américains demeurent sceptiques au sujet des aptitudes «psy». Si vous doutez des perceptions extrasensorielles, sachez que certaines expériences semblent en appuyer l'existence. Si vous êtes du nombre des convaincus, vous devriez savoir pourquoi la collectivité scientifique remet en question bon nombre de ces expériences!

La coïncidence Quiconque a déjà connu une expérience vraisemblable de voyance ou de télépathie peut résister à douter de l'existence des perceptions extrasensorielles. Toutefois, la difficulté d'exclure la *coïncidence* rend les exemples de perception extrasensorielle moins concluants qu'ils ne le sont en apparence. Considérons par exemple une expérience typique de télépathie. Au milieu de la nuit, une femme, en visite pour la fin de semaine, eut le pressentiment soudain et urgent de revenir à la maison. À son arrivée, elle trouva la maison en flammes, et

son mari qui dormait à l'intérieur (Rhine, 1953).

Il s'agit d'un exemple frappant, mais il ne confirme pas l'existence de la perception extrasensorielle. Si, par coïncidence, une intuition s'avère exacte, elle peut être *réinterprétée* comme une prémonition ou un cas de voyance (Marks et Kammann, 1979), et dans le cas contraire, on l'oublie tout simplement. La plupart ne se rendent pas compte que des coïncidences semblables sont si fréquentes qu'on devrait s'y *attendre*, et non y voir un mystère ou une bizarrerie (Alcock, 1981).

L'étude formelle des phénomènes «psy» doit beaucoup au défunt J. B. Rhine, qui créa le premier laboratoire de parapsychologie à l'université Duke et consacra le reste de sa vie à établir la preuve des perceptions extrasensorielles. Afin d'éviter les problèmes de coïncidences et d'interprétation a posteriori des perceptions extrasensorielles «naturelles», Rhine tenta de les étudier plus objectivement, en se servant, entre autres, des **cartes de Zener** (illustration 5.26). Lors d'une épreuve typique de voyance, les sujets tentèrent de deviner les symboles des cartes que l'on tirait d'un jeu mêlé. La devinette pure dans ce genre de test offre une moyenne de 5 réussites sur 25 cartes.

Malheureusement, les premières expériences concluantes de Rhine impliquaient des cartes de Zener mal imprimées, qui laissaient voir les symboles au verso. On peut aisément tricher en marquant les cartes du coin de l'ongle ou en mémorisant les marques d'usure. Même si ce n'est pas le cas, il existe des preuves que les premiers expérimentateurs donnaient inconsciemment des indices à leurs sujets par le regard, les expressions du visage ou le mouvement des lèvres. Bref, aucune des premières études

Exploration

Illustration 5.26 *Les cartes de perceptions extrasensorielles dont se servait J. B. Rhine, un des premiers expérimentateurs de la parapsychologie.*

de la parapsychologie n'excluait la possibilité d'une fraude (Alcock, 1981).

Les adeptes de la parapsychologie moderne sont bien conscients du besoin d'expériences selon la technique du double-aveugle, d'enregistrements sûrs et précis, de vérifications scrupuleuses et d'expériences répétées (Rhine, 1974). Au cours des dix dernières années, on a rapporté des centaines d'expériences dans les publications de parapsychologie, dont la plupart étayent l'existence des aptitudes «psy».

Question : Pourquoi donc la plupart des psychologues demeurent-ils sceptiques au sujet des aptitudes «psy»?

D'abord, la fraude continue de pervertir le domaine : Walter J. Levy, ancien directeur du laboratoire de Rhine, fut pris à falsifier des enregistrements, comme le furent d'autres qui avaient obtenu des résultats positifs. Même des scientifiques honnêtes furent victimes de fraude et de tricheries, ce qui justifie une attitude prudente et sceptique.

Les statistiques et probabilités
L'une des critiques les plus importantes de la recherche «psy» tient à l'incohérence. Pour chaque étude aux résultats positifs, d'autres échouent (Hansel, 1980). Il est rare — sinon inconnu — qu'un sujet maintienne ses aptitudes «psy» sur une période prolongée (Jahn, 1982; Schmeidler, 1977). Les chercheurs des perceptions extrasensorielles considèrent que cet effet «déclinant» indique que les aptitudes en matière de parapsychologie sont très fragiles et imprévisibles (Rhine, 1977). D'aucuns prétendent qu'on reconnaît la veine des sujets dont les résultats se maintiennent temporairement au-dessus des probabilités. Lorsque les jours de chance sont écoulés, il est injuste de supposer que la perception extrasensorielle soit temporairement disparue. Il faut tenir compte de *toutes* les tentatives.

Pour comprendre la critique des jours de chance, considérons un exemple. Disons que vous jouez à pile ou face une centaine de fois et que vous notez les résultats. Vous jouez ensuite avec une autre pièce 100 fois, et notez les résultats de nouveau. Pour chaque 10 paires de coups, on peut s'attendre à au moins 5 correspondances entre pile et face. Disons que dans votre liste, vous trouvez 10 paires où les pièces correspondent 9 fois sur 10, ce qui dépasse largement les probabilités. Mais diriez-vous alors que la première pièce «savait» ce qu'allait produire la seconde? Évidemment, l'idée est absurde.

Lorsqu'une personne devine 100 fois de quel côté la pièce va tomber, nous pouvons trouver de nouveau un ensemble de 10 suppositions qui correspond aux résultats réels. Cela signifie-t-il que la personne fut dotée de la faculté de prémonition un certain temps, puis la perdit? Les adeptes de la parapsychologie croient que la réponse est affirmative, et les sceptiques présument que le hasard est seul responsable des correspondances, comme dans l'exemple des deux pièces.

Les méthodes de recherche

Malheureusement, on ne peut **répéter** la plupart des grandes découvertes de la parapsychologie (Gardner, 1977; Hyman, 1977). Qui plus est, les méthodes de recherche améliorées aboutissent généralement à un nombre moindre de résultats positifs. Les partisans de la parapsychologie croient qu'ils peuvent souligner des expériences qui répondent à toutes les critiques possibles. Mais dans presque tous les cas, les sceptiques ne peuvent reproduire les résultats.

Les adeptes des perceptions extrasensorielles, comme l'ancien astronaute Edgar Mitchell, croient que d'autres facteurs expliquent les résultats négatifs : «Le scientifique doit reconnaître que ses propres processus mentaux peuvent influencer le phénomène qu'il observe. S'il s'agit d'un sceptique ardent, il est en mesure de rebuter le sujet.» Cela peut sembler convaincant, mais les sceptiques trouvent l'affirmation injuste. Selon l'argument de Mitchell, quiconque tente une expérience objective ne peut obtenir que deux résultats : il ou elle peut faire la preuve des perceptions extrasensorielles, ou bien être accusé(e) de les avoir supprimées. Il est donc impossible de réfuter les perceptions extrasensorielles aux yeux des fidèles, même si elles n'existent pas en réalité.

La réinterprétation constitue un autre problème des expériences «psy». Par exemple, Mitchell affirma avoir réussi une expérience de télépathie depuis l'espace. Pourtant, les reportages ne firent jamais mention que lors de certains essais, les «récepteurs» de Mitchell eurent des résultats au-dessus des probabilités, alors que d'autres essais se soldèrent par des résultats inférieurs. Selon Mitchell, la deuxième catégorie représentait aussi une «réussite», car elle dénotait des omissions «psy» intentionnelles. Mais comme l'ont noté les sceptiques, si les résultats supérieurs et inférieurs comptent tous deux comme des réussites, comment perdre?

Les perceptions extrasensorielles en spectacle

Les sceptiques et les chercheurs sérieux du domaine sont d'accord sur un point : s'il est vrai que des phénomènes psychiques se produisent, ils ne peuvent être suffisamment maîtrisés pour que des artistes s'en servent. La perception extrasensorielle en spectacle se fonde sur une combinaison de tours de passe-passe, de fraude et de gadgets (illustration 5.27). Uri Geller en est un bon exemple. Ancien magicien de boîte de nuit, il «étonna» le public — et certains scientifiques — à l'échelle du pays grâce à ce qui semblait être de la télépathie, de la psychokinésie et de la prémonition.

Nous avons décrit ci-dessus le rendement de Geller lors de certains tests. Nous avons omis toutefois de mentionner ce que le professeur Ray Hyman de l'université de l'Oregon appelle «l'incroyable laisser-aller» de ces tests. Citons en exemple la reproduction que faisait Geller des dessins scellés. Ce test avait lieu dans une pièce adjacente à celle où les dessins étaient préparés. Les rapports faisant état de la présumée «aptitude» de Geller ne mentionnaient pas le trou qu'il y avait entre les deux pièces, par lequel Geller aurait pu entendre discuter des dessins; ni d'ailleurs le fait que l'ami de Geller, Shipi Stang, était présent lors de chaque épreuve. L'impresario de Geller a depuis lors témoigné que Stang servait souvent de complice à Geller dans ses tricheries (Alcock, 1981). S'agissait-il d'une coïncidence, lorsque Stang se mettait à fredonner le thème du film *2001 : Odyssée de l'espace* quand on montrait l'image d'une navette spatiale? Un manque de vérification semblable s'insinuait dans tous les tests. Dans l'épreuve des «dés dans la boîte», par exemple, on permit à Geller de tenir la boîte, de la secouer et d'avoir l'honneur de l'ouvrir (Randi, 1980; Wilhelm, 1976). Pourquoi n'a-t-on pas rapporté ces détails si pertinents?

Les reportages sensationnels et dénués de sens critique d'événements apparemment paranormaux sont un fait répandu. Des centaines de livres, d'articles et d'émissions de télévision sont produits chaque année par des gens qui se sont enrichis à prôner des affirmations non fondées. Si une personne possédait de véritables pouvoirs psychiques, elle n'aurait pas à gagner sa vie en amusant, en donnant des démonstrations ou en participant à des émissions. Un voyage rapide aux tables de jeu de Las Vegas permettrait à la personne de prendre sa retraite définitive.

Conclusion

Après environ 130 ans d'enquête, il demeure impossible d'affirmer de façon concluante que des événements «psy» se produisent. Comme nous l'avons vu, un examen de ces expériences révèle souvent un sérieux manque de preuve, de méthode et de rigueur scientifique (Alcock, 1981; Hansel, 1980; Marks et Kammann, 1979; Randi, 1980). Toutefois, le scepticisme ne signifie pas automatiquement l'opposition, mais simplement le manque de conviction. Le but de la présente discussion est donc de contrer la *crédulité* qui existe dans

Illustration 5.27 *La psychokinésie simulée. (a) L'exécutant montre à un observateur plusieurs clés régulières. Ce faisant, il plie une des clés en en plaçant l'extrémité dans la fente d'une autre. Normalement, cela se fait à la dérobée, sous la main de l'exécutant. La présente illustration montre tout pour que vous compreniez le subterfuge. (b) Ensuite, le «télépathe» dépose les deux clés dans la main de l'observateur et la referme. Par une habile manipulation, il a empêché l'observateur de voir la clé recourbée. L'exécutant «se concentre» ensuite sur les clés afin de les «recourber à force d'énergie psychique». (c) On dévoile la clé recourbée à l'observateur. «Miracle» accompli. (Adapté de Randi, 1983.)*

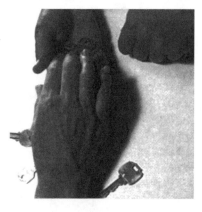
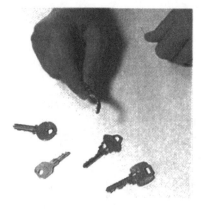

les médias face aux phénomènes «psy».

Question : Que faudrait-il pour démontrer scientifiquement l'existence des perceptions extra-sensorielles?

Tout simplement, une série d'instructions qui permettraient à un observateur compétent et impartial de produire un événement «psy» dans des conditions conformes aux normes (Moss et Butler, 1978). Nul doute que des chercheurs intrépides multiplieront leurs tentatives en vue d'y arriver, tandis que d'autres demeurent sceptiques et croient que 130 années d'efforts sans résultat concluant constituent une raison suffisante d'abandonner la notion de perception extrasensorielle (Swets et autres, 1988). Il semble à tout le moins essentiel d'être d'un scepticisme prudent face aux preuves rapportées dans les publications populaires ou par des chercheurs qui sont d'«ardents croyants» dénués de sens critique. Mais vous saviez déjà ce que vous alliez lire ici, n'est-ce pas?

Autotest

1. Quatre des présumés événements «psy» qui font l'objet de recherches de la part des adeptes de la parapsychologie sont la voyance, la télépathie, la prémonition et la _____.

2. Les cartes de _____ furent utilisées par J. B. Rhine dans les premiers tests de perception extrasensorielle.

3. Le fait qu'elles se produisent naturellement, ou dans la «vie réelle», constitue la meilleure preuve de l'existence des perceptions extrasensorielles. Vrai ou faux?

4. Les sceptiques attribuent les résultats positifs des expériences «psy» à des périodes de chance statistiques. Vrai ou faux?

5. Le taux de répétition est très élevé dans le cas des expériences de perception extrasensorielle. Vrai ou faux?

Réponses :

1. psychokinésie 2. Zener 3. faux 4. vrai 5. faux

Résumé du chapitre

■ La **perception** constitue le processus d'assemblage des sensations en une représentation mentale utile du monde.

■ Dans la vision, l'image projetée sur la rétine change constamment, mais le monde extérieur semble stable et conforme en raison de la **constance de taille, de forme et de luminosité.**

■ L'organisation fondamentale des sensations est une division entre la **figure** et le **fond** (l'objet et la toile de fond). De nombreux facteurs contribuent à organiser les sensations : la **proximité**, la **similarité**, la **continuité**, la **fermeture**, la **contiguïté** et un amalgame de ces derniers. Les éléments rudimentaires des dessins linéaires semblent être universellement reconnus.

■ On peut concevoir l'organisation de la perception comme une **hypothèse** maintenue jusqu'à preuve du contraire. Les **stimuli ambigus** changent l'organisation de la perception, et les **figures impossibles** résistent à toute stabilité de cette dernière.

■ La **perception de la profondeur** (la faculté de percevoir l'espace tridimensionnel et de juger la distance) est présente dans sa forme rudimentaire peu après la naissance (comme le démontrent les épreuves du **précipice visuel** et d'autres méthodes).

■ La perception de la profondeur dépend des **indices musculaires** de l'**accommodation** (courbure du cristallin) et de la **convergence** (mouvement des yeux vers l'intérieur). La **vision stéréoscopique** est attribuable principalement à la **disparité rétinienne** ainsi qu'à l'interposition et à la **dissemblance** des sensations visuelles qui en résultent.

■ De nombreux **indices graphiques** sont également responsables de la perception de la profondeur, dont la **perspective linéaire**, la **taille relative**, l'**ombre et la lumière**, l'**interposition**, les **gradients de densité de texture**, le **brouillard** et la **parallaxe de mouvement**. Tous ces indices de la profondeur sont monoculaires (on peut les utiliser à l'aide d'un seul oeil).

■ L'**illusion de la lune** s'explique en partie par l'**hypothèse de la distance apparente**, qui souligne la présence d'une plus grande quantité d'indices de la profondeur lorsque la lune est à l'horizon. Les changements de l'accommodation contribuent également à l'illusion de la lune.

■ Les **habitudes de perception** influencent énormément l'organisation et l'interprétation des sensations. Des études de la **vision inverse** démontrent que même l'organisation la plus élémentaire est sujette à un certain degré de changement. Le **mouvement actif** accélère l'adaptation à un nouveau milieu.

■ L'une des illusions les plus familières, celle de **Müller-Lyer**, semble être reliée à l'apprentissage sensoriel, à la perspective linéaire et aux relations de l'**invariance taille-distance**.

■ L'**attention** est **sélective** et peut se **diviser** en activités variées. Elle est en rapport étroit avec l'**intensité du stimulus**, la **répétition**, le **contraste**, le **changement** et l'**incongruité**. L'attention s'accompagne d'une **réaction d'orientation**. Lorsqu'un stimulus se répète sans changement, la réaction d'orientation subit l'**habituation**.

■ Les **intentions** et les **valeurs** personnelles modifient souvent les perceptions en changeant l'évaluation de ce qui se présente à la vision et en dirigeant l'attention sur des détails précis.

■ Les perceptions se fondent sur un **traitement de haut en bas** ou de **bas en haut** de l'information. L'attention, l'expérience antérieure, la suggestion et les intentions s'agencent de différentes façons pour créer des **prédispositions à la perception**, ou des **attentes**. Ces dernières préparent la personne à percevoir bien ou mal d'une façon précise. Les attentes s'associent souvent à des catégories et à des étiquettes mentales déjà existantes.

■ La perception est une **reconstitution** active des événements, ce qui explique pourquoi on ne peut se fier aux **témoignages oculaires**. La **concentration sur l'arme** nuit encore davantage à la fidélité des témoins oculaires. L'acuité de la perception est accrue par les **épreuves de vérité**, l'**absence d'habituation** et les efforts conscients visant à **prêter attention**.

■ La **parapsychologie** est l'étude de prétendus **phénomènes «psy»**, notamment la **voyance**, la **télépathie**, la **prémonition** et la **psychokinésie**. La recherche en parapsychologie demeure un sujet de controverse en raison d'une série de problèmes et de déficiences dans les expérimentations. Les **perceptions extrasensorielles en spectacle** se fondent sur le mensonge et les subterfuges.

Discussion

1. Revenez à l'aperçu du chapitre et à l'incident qui y est décrit. Quels facteurs de la perception jouèrent un rôle dans la première version du «meurtre»? Comment la jeune fille influença-t-elle l'interprétation de la scène?

2. Croyez-vous que les perceptions que vous avez d'une discussion ou d'une bataille avec un ami, un parent ou un conjoint soient exactes? Quels facteurs de la perception peuvent influencer votre point de vue?

3. Les cyclistes et motocyclistes se plaignent souvent de ce que les automobilistes ne semblent pas les voir. Quels facteurs de la perception peuvent faire que les automobilistes regardent les cyclistes sans les voir?

4. Un joueur de basket-ball professionnel est à la ligne du lancer-franc pour le dernier lancer d'une partie de championnat nulle. De quels indices de la profondeur peut-il se servir? Une golfeuse professionnelle joue le dernier trou pour une bourse de 10 000 $; de quels indices de la profondeur dispose-t-elle? Une pilote se pose sur un aéroport étranger; quels indices se présen-tent à elle? Vous regardez dans un microscope à l'aide d'un seul oeil; quels indices de la profondeur utilisez-vous?

5. Décrivez une situation que vous avez mal perçue. Qu'est-ce qui a influencé vos perceptions?

6. Quel rôle peut jouer l'habituation dans les accidents du travail (en particulier sur des chaînes de montage) et dans la conduite automobile sur des autoroutes en ligne droite? Quels changements apporteriez-vous dans le cadre du travail ou dans la structure des autoroutes afin de combattre l'habituation?

7. À la lumière de l'aperçu du chapitre et de la section Applications, croyez-vous que les témoignages oculaires au tribunal soient fiables? Quels autres facteurs que l'exactitude des perceptions originales peuvent influencer la fidélité du témoignage?

8. Si vous croyez que les perceptions extrasensorielles se produisent, que faudrait-il pour vous convaincre du contraire? Et si vous n'y croyez pas, que faudrait-il pour vous convaincre de leur existence?

CHAPITRE 6

LES ÉTATS DE CONSCIENCE

APERÇU DU CHAPITRE

Janvier 1959, à Times Square, New York : Peter Tripp, un animateur de radio, a accepté de se priver de sommeil pendant 200 heures dans le cadre d'une levée de fonds pour des oeuvres de bienfaisance. La bataille que livre Tripp contre le sommeil devient bientôt cruelle. Après 100 heures, des hallucinations visuelles commencent à l'assaillir. Il voit des toiles d'araignée dans ses chaussures et assiste, terrifié, à la transformation d'une veste de tweed en un fourmillement de «vers poilus». Lorsque Tripp se rend à un hôtel pour changer de vêtements, un tiroir de commode devient subitement la proie des flammes.

Après 170 heures, le supplice de Tripp devient presque insoutenable. Il résout difficilement des problèmes qui font appel à des opérations simples de la pensée, du raisonnement et de la mémoire. Les tracés de ses ondes cérébrales s'apparentent à ceux d'un sujet endormi, et il n'est plus sûr de sa propre identité. À la fin de la deux centième heure, Tripp ne fait plus la différence entre ses cauchemars éveillés, ses hallucinations et la réalité (Luce, 1965).

Le bain flottant *Passons maintenant à un sujet très éloigné du supplice de Peter Tripp. Il y a quelques années, un physicien nommé John Lilly fut le premier à créer un environnement de **privation sensorielle**. Au cours des expériences de Lilly, les sujets portaient des lunettes opaques et flottaient, nus, dans un réservoir rempli d'eau maintenue à la température du corps (Lilly, 1972). Pendant leur flottaison en apesanteur dans cet environnement «utérin», les sujets étaient privés de toute sensation olfactive, tactile, visuelle, auditive, et gustative.*

Question : Quels sont les effets de la privation sensorielle?

Dans de telles conditions, les sujets perdent souvent la notion du temps et éprouvent de la difficulté à se concentrer. Certains subissent de curieuses modifications de la conscience. Par exemple, un sujet participant à une autre expérience s'est mis à hurler, en proie à la panique : «Un animal au long corps mince et aux nombreuses pattes est sur l'écran, il rampe derrière moi!» (Heron, 1957).

Comme vous pouvez le constater, tant la privation de sommeil que la privation sensorielle influent considérablement sur la conscience. Dans la section suivante, notre étude sur la conscience portera d'abord sur les domaines familiers que sont le sommeil et le rêve, puis abordera d'autres sujets.

Questions d'ensemble

- Qu'est-ce qu'un état de conscience altéré?
- Quels sont les effets de la privation de sommeil ou du changement des structures du sommeil?
- Quelles sont les diverses phases du sommeil?
- En quoi le sommeil onirique et le sommeil profond diffèrent-ils?
- Quelles sont les causes des troubles du sommeil et des événements inhabituels qui surviennent pendant le sommeil?
- Les rêves ont-ils une signification?
- Comment pratique-t-on l'hypnose, et quelles en sont les limites?
- Comment la privation sensorielle influe-t-elle sur la conscience?
- Quels sont les effets des drogues psychotropes les plus communément consommées?
- Pourquoi la toxicomanie est-elle si répandue?

Les états de conscience — les nombreuses facettes du psychisme

La **conscience** est la faculté de nous rendre compte, à tout moment, des sensations, des perceptions, des souvenirs et des sentiments. William James la définit comme un «courant», ou flot de connaissances qui change constamment. Nous passons la majeure partie de notre vie dans un état de conscience de veille ordinaire, lequel est organisé, significatif et clair. La conscience de veille est perçue comme réelle, et se caractérise par les notions familières du temps et du lieu (Marsh, 1977). Toutefois, comme l'a également remarqué James, les états de conscience apparentés à la fatigue, au délire, à l'hypnose, aux drogues et à l'extase diffèrent considérablement de l'état de conscience «normal». Nous nous trouvons tous dans certains états de conscience altérés comme le sommeil, le rêve et la rêverie. Dans notre vie quotidienne, nous pouvons modifier notre état de conscience en prenant part à une course de fond, en écoutant de la musique, en ayant des relations sexuelles ou en d'autres circonstances.

Question : Il ne fait aucun doute qu'il existe de nombreux états de conscience altérés. Comment les différencie-t-on de l'état de conscience normal?

Un **état de conscience** altéré résulte d'un changement de la *qualité* et des *processus* de l'activité mentale. Habituellement, les altérations portent sur les perceptions, émotions, mémoire, notion du temps, pensée, maîtrise de soi et suggestibilité (Tart, 1975). Toute définition mise à part, la plupart des gens savent reconnaître les états de conscience altérés.

Question : Les états de conscience altérés ont-ils d'autres causes?

La liste des causes est pratiquement infinie. En plus de celles qui ont déjà été mentionnées, citons la surcharge sensorielle (par exemple, lors d'un spectacle psychédélique, d'un carnaval ou d'une sortie dans une discothèque), la stimulation monotone («l'hypnose du conducteur», qui se manifeste pendant de longs trajets, constitue un bon exemple), des facteurs physiologiques inhabituels (forte fièvre, hyperventilation, déshydratation, privation de sommeil), la privation sensorielle, et nombre d'autres. Dans le présent chapitre, nous nous limiterons à l'étude du sommeil, du rêve, de l'hypnose, de la privation de stimuli et des effets des drogues (substances chimiques psychotropes).

Pour répondre aux questions soulevées à l'aperçu du chapitre, commençons par l'étude des états de conscience altérés les plus familiers : le sommeil et le rêve.

Le sommeil — un endroit qu'il fait bon découvrir

Chacun d'entre nous passera quelque 25 années de sa vie dans un état de semi-conscience étrange appelé sommeil. Contrairement aux croyances populaires, les êtres humains ne sont pas complètement insensibles lorsqu'ils dorment. Des études ont démontré que vous avez plus de chance de vous réveiller si on prononce votre nom plutôt que celui d'un autre (Webb, 1978). Pareillement, une mère endormie ne sera pas dérangée par le bruit d'un avion qui passe au-dessus de sa maison, mais se réveillera au moindre gémissement de son enfant. Certains peuvent même accomplir des tâches simples en dormant. Au cours d'une expérience, des sujets apprirent à éviter un choc électrique en touchant un interrupteur, chaque fois qu'une tonalité sonore était émise. Ils y parvinrent finalement sans se réveiller. (Un peu de la même façon dont vous maîtrisez la technique de survie fondamentale, qui est d'éteindre votre réveille-matin sans vous réveiller.) Bien entendu, le sommeil impose des limites. Rien n'indique, par exemple, que l'on puisse apprendre les mathématiques, une langue étrangère ou toute autre technique complexe en dormant — surtout si on se trouve en classe à ce moment (Aarons, 1976).

Étant donné ses nombreuses contradictions, le sommeil a toujours su piquer notre curiosité. Que savons-nous sur cette retraite quotidienne?

Le besoin de sommeil

Question : Quelle est l'intensité du besoin de dormir?

Wilse Webb (1975), un spécialiste du sommeil, a qualifié le sommeil de «doux tyran». D'après Webb, le sommeil obéirait à un **rythme biologique inné** que l'on ne peut éviter entièrement. Toutefois, dans certaines situations, le sommeil peut relâcher son emprise, notamment en cas de grand danger. Comme le faisait remarquer l'humoriste Woody Allen : «Le lion et l'agneau reposeront côte à côte, mais l'agneau risque de souffrir d'insomnie.» Vous pourriez donc choisir de rester éveillé pendant une longue durée. Il existe cependant des limites. Des animaux qu'on a empêchés de dormir sont entrés dans le coma et sont morts après plusieurs jours (Kleitman, 1963; Rechtschaffen et autres, 1983).

Au cours d'une série d'expérimentations, on plaça des animaux sur des trépigneuses, au-dessus d'un bassin d'eau, afin de réduire leur sommeil. Même dans ces conditions, le sommeil l'emporta. Les animaux furent bientôt gagnés par le **micro-sommeil** en de nombreuses occasions (Goleman, 1982). Le **micro-sommeil** survient lorsque l'activité cérébrale se modifie jusqu'à produire des tracés qu'on enregistre habituellement lors du sommeil. Les êtres humains peuvent également succomber au micro-sommeil. Au volant, rappelez-vous que le micro-sommeil peut provoquer des macro-accidents.

Question : Combien de temps peut-on se priver de sommeil?

La privation de sommeil À quelques exceptions près, quiconque est privé de sommeil pendant 4 jours ou plus vit un véritable enfer. Cependant, des durées plus longues sans sommeil sont également possibles. Ainsi, le record mondial est détenu par Randy Gardner qui, à l'âge de 17 ans, est resté éveillé pendant 268 heures (11 jours). Fait étonnant, Randy récupéra après seulement 14 heures de sommeil (Dement, 1972). En général, il n'est pas nécessaire de remplacer toutes les heures de sommeil perdues. Comme l'a constaté Randy, la plupart des symptômes causés par la privation de sommeil disparaissent après une seule nuit de repos.

Quelles sont les conséquences de la privation de sommeil? L'âge et la personnalité jouent des rôles importants. Randy Gardner est demeuré lucide jus-

qu'à la fin de sa veille, tandis que Peter Tripp a commencé à se comporter bizarrement. En général, les processus mentaux complexes subissent une détérioration minime après 2 jours sans sommeil. Toutefois, la plupart des gens éprouvent de la difficulté à être attentifs, à demeurer vigilants et à s'adonner à de simples routines (Webb, 1978).

Si vous manquiez d'un peu de sommeil, vous seriez sans doute en mesure de vous secouer afin d'accomplir des tâches plus complexes ou stimulantes. Les tâches simples, ennuyeuses et machinales sont celles qui pâtissent le plus. Comme le précise Wilse Webb : «Ce n'est pas votre raison ou votre mémoire qui fléchit, mais votre volonté de continuer. Vous préféreriez dormir» (Goleman, 1972). On doit s'attendre au pire, lorsqu'un conducteur, un pilote ou un machiniste se trouve dans cet état.

La privation de sommeil pendant des périodes plus longues provoque parfois une **psychose liée à la privation de sommeil**, comme celle qui a affecté Peter Tripp. Cette psychose est caractérisée par un état de confusion, la désorientation, les fantasmes (croyances fausses ou dénaturées) et les hallucinations. Celles-ci peuvent être visuelles, comme le «fourmillement de vers poilus» de Tripp, ou tactiles, comme la sensation d'avoir le visage recouvert de toiles d'araignée. Heureusement, un tel comportement «dérangé» est bien moins fréquent qu'on ne l'a déjà supposé. Les hallucinations et les fantasmes se manifestent rarement avant 60 heures sans sommeil. Les réactions les plus communes à la privation de sommeil sont l'inattention, la fixité du regard, le tremblement des mains, l'abaissement des paupières et la diminution du seuil de douleur (Webb, 1978).

Les structures du sommeil

Question : On a précisé que le sommeil obéissait à un rythme biologique inné. Qu'est-ce que cela signifie?

Les rythmes de sommeil et d'éveil sont réguliers à tel point qu'ils se poursuivent pendant de nombreuses journées, même lorsqu'on a retiré les horloges et éliminé les cycles de clarté-noirceur. Toutefois, dans des conditions semblables, les êtres humains finissent par adopter un cycle veille-sommeil proche de *25 heures*, et non de 24 (Sulzman, 1983). Ces résultats laissent croire que des repères chronologiques externes, notamment la clarté et la noirceur, aident nos rythmes de sommeil à se limiter à une journée normale de 24 heures (illustration 6.1). Dans le cas contraire, bien des gens se laisseraient aller à leurs cycles de sommeil inhabituels.

Question : Quelle est la durée normale du sommeil?

Les dossiers médicaux font état d'un Anglais qui ne dort que 15 minutes à 1 heure par nuit, et qui s'en porte

Illustration 6.1 *Les rythmes de sommeil. Les bandes indiquent les périodes de sommeil pendant les quatrième, cinquième et sixième semaines d'une expérience sur un sujet humain. Au cours des périodes non planifiées, les sujets dormaient et s'éclairaient quand ils le désiraient. Le rythme de sommeil ainsi obtenu fut d'environ 25 heures. Notez la façon dont ce rythme indépendant tend à survenir de plus en plus tard. Lorsque des périodes de noirceur furent déterminées (zone colorée), le rythme s'est rapidement resynchronisé à des journées de 24 heures. (D'après Czeilser, 1981.)*

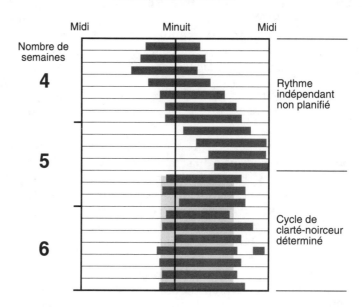

HEURE DE LA JOURNÉE

à merveille. Il s'agit toutefois d'un cas extrêmement rare. Huit pour cent seulement de la population dort en moyenne 5 heures ou moins chaque nuit. La majorité des gens dorment les 7 à 8 heures habituelles. Toutefois, les nuits de 5 heures ou de 11 heures sont aussi fréquentes. On ne peut forcer les gens à dormir 8 heures, pas plus qu'on ne peut leur conseiller de porter des chaussures de pointure moyenne. Il existe toutefois une différence : en général, les **gros dormeurs** tendent à être «inquiets», et les **petits dormeurs**, plus «sereins» (Hartmann, 1981). (Si vous dormez beaucoup, tâchez de ne pas vous en inquiéter!) Le caractère réparateur du sommeil peut expliquer cette différence. Ainsi, les

gens qui se font davantage de mauvais sang ont besoin de dormir plus longtemps.

Question : Les personnes âgées ont-elles besoin de plus de sommeil?

Il se peut que ce soit le cas, mais elles l'obtiennent rarement. Le sommeil diminue à mesure que l'âge augmente. Les gens de plus de 50 ans ne dorment en moyenne que 6 heures par nuit, comparativement aux 20 heures de sommeil quotidiennes des nourrissons, dont les cycles sont habituellement de 2 à 4 heures. La plupart des enfants en pleine croissance ont besoin de faire un somme, puis finissent par ne dormir que la nuit (illustration 6.2). Même à l'âge adulte, certaines personnes font encore la sieste.

Il est très tentant d'essayer de réduire ses heures de sommeil. Toutefois, les gens qui se conforment à des cycles *raccourcis* — par exemple, 3 heures de sommeil et 6 heures de veille — ont souvent de la difficulté à s'endormir, lorsque le cycle l'exige (Webb, 1978). Le rythme de sommeil sous-jacent ne veut tout simplement pas coopérer. Voilà pourquoi les astronautes conservent leurs horaires terrestres habituels, lorsqu'ils sont dans l'espace (Goleman, 1982). Il semble que l'adaptation à des journées *plus longues* se fasse plus facilement. De telles journées peuvent se modifier de façon à correspondre aux **structures du sommeil** naturelles, dont le rapport est de *2 à 1* entre les heures de veille et les heures de sommeil. Une étude a démontré que certaines personnes pouvaient s'adapter à des «journées» de 28 heures (Kleitman et Kleitman, 1953). Les cycles de 36 heures (24 heures de veille et 12 heures de sommeil) se sont malheureusement soldés par un échec (Webb,

Illustration 6.2 *L'évolution des structures du sommeil. De courts cycles de sommeil et de veille se transforment graduellement en un cycle nuit-jour d'adulte. (D'après Williams, 1964).*

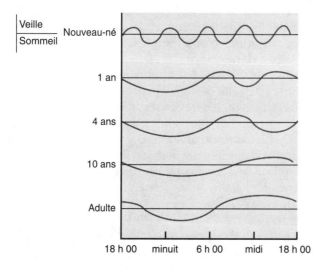

1978). En effet, étant donné que la plupart des gens ne dormaient pas pendant toute la période de 12 heures, ils perdaient régulièrement des heures de sommeil. Nous pouvons donc conclure de nouveau que le sommeil est un «doux tyran». Bien que les structures du sommeil puissent s'assouplir, elles se plient rarement tout à fait à nos fantaisies.

Les phases du sommeil — les hauts et les bas nocturnes

Question : Qu'est-ce qui cause le sommeil?

Selon les premiers spécialistes du sommeil, une certaine substance associée à la fatigue s'accumulerait dans le sang et entraînerait le sommeil. Toutefois, des études menées sur des siamois (dont les corps sont rattachés l'un à l'autre à la naissance) ont démenti cette hypothèse. Souvent, un des jumeaux peut dormir, alors que l'autre est éveillé (illustration 6.3). Pendant les heures de veille, une substance inductrice de sommeil s'accumule dans le cerveau et la moelle épinière, *non* dans le sang. Si on prélève cette substance d'un animal et qu'on l'injecte à un autre, ce dernier s'endort (Pappenheimer, 1976). Il est à noter, toutefois, que cette explication est incomplète. Par exemple, comment expliquer qu'un étudiant bien reposé doive combattre le sommeil lors d'un cours ennuyeux?

On peut affirmer sans se tromper que le sommeil est produit *activement* par plusieurs parties du cerveau : l'hypothalamus, la formation réticulaire, et un «centre du sommeil» situé dans le tronc cérébral. Plutôt que de «s'arrêter» pendant le sommeil, le cerveau modifie les *processus* de son activité, non le volume.

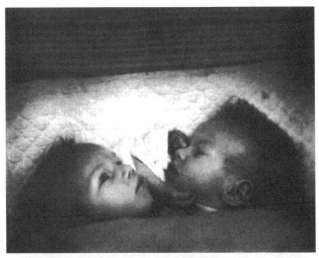

Illustration 6.3 *Bien que ces jumeaux siamois partagent le même apport sanguin, l'un dort pendant que l'autre est éveillé. (Photographie de Yale Joel, Life Magazine. © 1954, Time, Inc.)*

Question : Que se passe-t-il quand on s'endort?

Les phases du sommeil

On peut mesurer les modifications apportées par le sommeil au moyen d'un **électroencéphalographe**, ou appareil d'ondes cérébrales, communément appelé **EEG**. Le cerveau émet de minuscules signaux électriques qu'on peut amplifier et enregistrer. Lorsque vous êtes éveillé et actif, votre EEG présente un tracé de petites ondes rapides appelées **bêta** (illustration 6.4). Immédiatement avant le sommeil, l'EEG adopte un tracé d'ondes plus grandes et plus lentes appelées **alpha**. (Les ondes alpha se produisent également lorsqu'une

Illustration 6.4 *(a) Une séance d'électroencéphalographie. L'homme en arrière-plan est endormi. (b) Modifications du tracé des ondes cérébrales associées aux diverses phases du sommeil. En fait, la plupart des types d'ondes sont présents en tout temps, mais se manifestent plus ou moins souvent au cours des diverses phases de sommeil.*

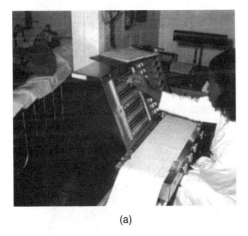

(a)

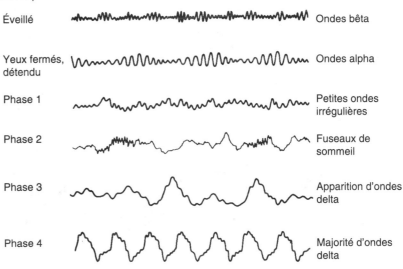

Éveillé	Ondes bêta
Yeux fermés, détendu	Ondes alpha
Phase 1	Petites ondes irrégulières
Phase 2	Fuseaux de sommeil
Phase 3	Apparition d'ondes delta
Phase 4	Majorité d'ondes delta

(b)

personne est détendue et qu'elle laisse ses pensées dériver.) Lorsque vous fermez les yeux, votre respiration ralentit et devient régulière, votre rythme cardiaque ralentit et votre température corporelle baisse.

Phase 1 Lorsque vous perdez conscience et entrez dans la phase du **sommeil léger**, votre rythme cardiaque ralentit davantage. Votre respiration devient plus irrégulière, et les muscles de votre corps se détendent. Ces conditions sont parfois à l'origine d'une contraction musculaire appelée **réflexe hypnique**, lequel est tout à fait normal. (Ne soyez plus embarrassé d'admettre devant vos amis que vous vous endormez à la suite d'un réflexe hypnique.) Les spasmes des muscles des jambes qui se produisent plus tard, pendant le sommeil même, s'appellent **myoclonie**. Ce problème cause environ de 15 à 20 pour 100 de tous les cas d'insomnie.

Pendant la phase 1 du sommeil, l'EEG présente surtout des petites ondes irrégulières, dont certaines ondes alpha. Les personnes qu'on réveille à ce moment peuvent savoir si elles dormaient ou pas.

Phase 2 À mesure que le sommeil devient plus profond, l'EEG commence à présenter des courtes salves d'activités appelées **fuseaux de sommeil**, et la température corporelle baisse davantage (voir l'illustration 6.4). Il semble que les fuseaux de sommeil marquent la véritable frontière du sommeil. Moins de 4 minutes après l'apparition des fuseaux de sommeil, la majorité des personnes que l'on réveille affirment qu'elles dormaient (Bonnet et Moore, 1982).

Phase 3 Au cours de la phase 3, une nouvelle onde cérébrale appelée **delta** commence à apparaître. Les ondes delta sont très grandes et lentes. Elles indiquent un sommeil plus profond et une perte de conscience plus prononcée.

Phase 4 Le **sommeil profond** s'établit environ une heure après le début du sommeil. Pendant cette phase, le tracé des ondes cérébrales présente presque exclusivement des ondes delta, et le dormeur se trouve dans un état d'inconscience. Si vous faites un grand bruit pendant la phase 4, le dormeur se réveillera dans un état de confusion; il peut ou non se souvenir du bruit.

Après un certain temps à la phase 4, le dormeur revient (par les phases 3 et 2) à la phase 1. D'autres passages entre le sommeil profond et le sommeil léger se font pendant la nuit (illustration 6.5).

Les deux états fondamentaux du sommeil

Si vous observez une personne en train de dormir, vous remarquerez bientôt que ses yeux bougent parfois sous ses paupières. Ces **mouvements oculaires rapides** (ou **MOR**) sont fortement associés au rêve (illustration 6.5). Environ 85 pour 100 des personnes réveillées pendant le sommeil MOR ont affirmé avoir rêvé (Cartwright, 1978). Vous pouvez aussi observer aisément les signes du sommeil MOR chez les animaux domestiques comme le chien et le chat. Vous n'avez qu'à surveiller les mouvements oculaires et faciaux ainsi que l'irrégularité de la respiration. (Laissez toutefois tomber, si votre animal favori est un iguane. Les reptiles ne donnent aucun signe de sommeil MOR.)

On peut donc diviser le sommeil en deux états fondamentaux : le sommeil MOR associé au rêve, et le **sommeil NMOR (mouvements oculaires non rapides)**, qui survient principalement au cours des phase 2, 3, et 4 (Cartwright, 1978). Le sommeil NMOR est non onirique environ 90 pour 100 du temps. Il est vrai, toutefois, que des sujets réveillés pendant le sommeil NMOR ont affirmé avoir rêvé. Cependant, les rêves qui ont lieu pendant le sommeil MOR sont plus longs, plus clairs, plus détaillés et plus «irréels» (Foulkes et

Illustration 6.5 *(a) Durée moyenne du sommeil MOR et du sommeil NMOR chez les adultes. Les périodes de MOR occupent environ 20 pour 100 du temps de sommeil total. (b) Modifications types observées lors des phases de sommeil, pendant la nuit. Notez qu'en général, les rêves coïncident avec les périodes MOR.*

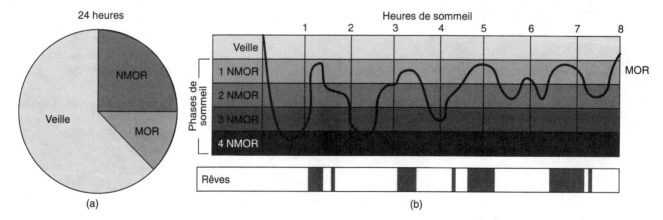

Schmidt, 1983). La première période de sommeil de la phase 1 est habituellement dépourvue de MOR et de rêve. Le reste de la nuit, le sommeil de la phase 1 est habituellement accompagné de mouvements oculaires rapides.

Il semble que le sommeil NMOR nous aide à récupérer de la fatigue qui s'est accumulée pendant la journée. Il augmente avec l'exercice ou l'effort physique (Horne et Staff, 1983). Comparativement, le sommeil MOR diminue, lorsqu'une personne est sujette à un surcroît de stress au cours de la journée. Bien que le sommeil MOR ne dure environ qu'une heure et demie par nuit (environ la même durée qu'un film), son lien avec le rêve le rend aussi important que le sommeil NMOR. Le sommeil MOR peut augmenter considérablement en cas de décès dans la famille, d'ennuis au bureau, de conflit conjugaux ou d'autres événements qui sont sources d'émotions (Hartmann, 1973)

Question : Quelles sont les réactions corporelles d'une personne en train de rêver?

Le sommeil MOR et le rêve Le sommeil MOR constitue une période de grandes émotions. Le coeur bat de façon irrégulière, tandis que la tension artérielle et la respiration oscillent. Tant les hommes que les femmes montrent les signes d'une excitation sexuelle. Les hommes se trouvent en érection; chez les femmes, la circulation sanguine des parties génitales augmente. Ces conditions se manifestent à chaque sommeil MOR, et pas uniquement lors de rêves érotiques. Lorsqu'un rêve érotique survient réellement, l'excitation sexuelle augmente (Cartwright, 1978).

Étant donné toute cette activité émotionnelle, vous pourriez vous attendre à ce que vos muscles soient actifs pendant le rêve. Bien au contraire; au cours du sommeil MOR, le corps devient immobile, comme paralysé. Imaginez un instant les conséquences, si vous aviez vécu réellement certains de vos rêves récents. La paralysie associée au sommeil MOR empêche sûrement certaines équipées nocturnes hilarantes et dangereuses. Heureusement, le changement de position se produit *entre* les périodes MOR (De Koninck et autres, 1983).

Nous allons maintenant étudier certains troubles du sommeil — si vous êtes toujours réveillé. D'abord, voici quelques questions pour mettre à l'essai les notions que vous avez retenues jusqu'à présent.

Autotest

1. Les états de conscience altérés sont définis comme étant principalement des changements du degré de vigilance. Vrai ou faux?

2. La modification temporaire de l'activité cérébrale, qui produit un tracé associé au sommeil, est désignée comme

   a. le sommeil delta *b.* le sommeil léger *c.* le micro-sommeil *d.* la privation de sommeil

3. Habituellement, les fantasmes et les hallucinations se poursuivent plusieurs jours après qu'une personne privée de sommeil est revenue à un sommeil normal. Vrai ou faux?

4. Les adultes plus âgés, et notamment les gens du troisième âge, dorment plus que les enfants, car ils se fatiguent plus facilement. Vrai ou faux?

5. La plupart des études portant sur les structures du sommeil indiquent un rapport de 2 à 1 entre le temps de veille et le temps de sommeil. Vrai ou faux?

6. Les mouvements oculaires rapides (MOR) indiquent qu'une personne est en sommeil profond. Vrai ou faux?

7. Les ondes alpha sont observées pendant la somnolence antérieure au sommeil, tandis que les _____ _____ sont observées pendant la phase 4 du sommeil.

Réponses :

1. faux 2. c 3. faux 4. faux 5. vrai 6. faux 7. ondes delta

Les troubles du sommeil — au programme ce soir : autant en emporte l'oreiller!

Les cliniques du sommeil traitent chaque année des milliers de personnes qui souffrent de troubles du sommeil. Examinons maintenant les notions relatives à certains problèmes usuels.

Le somnambulisme et le somniloquisme À l'instar de nombreux troubles du sommeil, le somnambulisme est inquiétant et fascinant. Les **somnambules** évitent les obstacles, empruntent des escaliers, grimpent aux arbres et, à l'occasion, peuvent sortir par les fenêtres ou se braquer devant des automobiles. Le somnambule a habituellement les yeux ouverts, mais son visage dénué d'expression, son incapacité à reconnaître quiconque et le traînement de ses pieds indiquent qu'il dort. Les enfants de parents qui sont sujets au somnambulisme ou au somniloquisme risquent d'en être eux aussi affligés. On présume donc que ces deux troubles sont héréditaires, du moins en partie (Abe et autres, 1984). Le parent qui trouve son enfant en proie au somnambulisme devrait le remettre doucement au lit. Il n'est pas dangereux, mais inutile, de réveiller un somnambule; en outre, ce dernier oppose souvent une résistance.

Question : Le somnambulisme se produit-il pendant le rêve?

On pourrait penser que les somnambules vivent réellement leurs rêves. Toutefois, rappelez-vous que les personnes sont habituellement immobilisées au cours du sommeil MOR. Les EEG ont démontré que le somnambulisme survient pendant les phases NMOR 3 et 4. Le **somniloquisme** se produit également pendant les phases NMOR du sommeil, et agit à titre d'exutoire de la pensée durant le sommeil NMOR. Le lien qu'on a établi avec les phases plus profondes du sommeil semble expliquer pourquoi les paroles d'un somniloque sont incohérentes, et pourquoi les somnambules se trouvent dans un état de confusion et se rappellent de peu, lorsqu'on les réveille (DSM-III-R, 1987).

Les cauchemars et les terreurs nocturnes La phase 4 du sommeil est également le royaume des **terreurs nocturnes**. Ces épisodes terrifiants diffèrent considérablement des cauchemars ordinaires (tableau 6.1). Un **cauchemar** est simplement un mauvais rêve qui a lieu pendant le sommeil MOR; il est habituellement de courte durée et peut être raconté en détail. Pendant les terreurs nocturnes de la phase 4, la personne est en pleine panique, et peut être la proie d'hallucinations. L'attaque peut durer de 15 à 20 minutes et une fois terminée, la personne se réveille trempée de sueur, en ne se rappelant que très vaguement la terreur elle-même. Étant donné que les terreurs nocturnes se manifestent pendant le sommeil NMOR (lorsque le corps n'est pas immobilisé), la victime peut s'asseoir, crier, sortir du lit ou courir dans la chambre. Les terreurs nocturnes se rattachent

généralement à l'enfance, mais peuvent affecter certains adultes toute leur vie (Kales et Kales, 1973).

La narcolepsie Un des troubles du sommeil les plus graves est la **narcolepsie**. Les narcoleptiques ne peuvent résister à des attaques de sommeil, lesquelles peuvent durer de quelques minutes à une demi-heure, et sont souvent si irrésistibles que la victime peut s'endormir debout, en pleine conversation ou au volant. Les émotions, notamment le rire, provoquent souvent la narcolepsie. La plupart des victimes souffrent également de **cataplexie**, une paralysie musculaire soudaine qui entraîne un affaissement total du corps.

Question : Cette paralysie soudaine s'apparente à celle qui a lieu pendant le rêve. Existe-t-il un lien entre la narcolepsie et le sommeil MOR?

Oui. L'EEG des narcoleptiques indique qu'ils ont tendance à entrer directement en sommeil MOR. (Rappelez-vous que la première période de sommeil MOR survient habituellement 90 minutes environ après le début du sommeil.) Les attaques de sommeil et la paralysie des narcoleptiques semblent avoir lieu lorsque le sommeil MOR s'insinue dans l'état de veille. Heureusement, la narcolepsie est rare. Elle présente des antécédents familiaux, ce qui suggère qu'elle aussi est héréditaire. Cette hypothèse a été confirmée par l'élevage de plusieurs générations de chiens narcoleptiques (Guilleminault et autres, 1976). (Mentionnons que ces chiens font preuve d'une facilité incroyable à apprendre la commande «Couché!».) La narcolepsie est incurable, mais les stimulants peuvent réduire la fréquence des attaques.

L'insomnie Alors que certaines personnes dorment contre leur gré, un nombre beaucoup plus important éprouvent de la difficulté à dormir suffisamment. Environ 32 pour 100 de tous les adultes aux États-Unis souffrent d'insomnie à un degré ou à un autre. Ce

Tableau 6.1 *S'agissait-il d'un cauchemar, ou d'une terreur nocturne?*

	CAUCHEMAR	TERREUR NOCTURNE
Phase du sommeil	❑ MOR	❑ NMOR
Activité	❑ Peu ou pas de mouvement	❑ Mouvements violents du corps, s'assoit, crie, peut courir
Émotion	❑ Peur ou anxiété	❑ Terreur et panique
État mental lorsque réveillé	❑ Cohérent, peut être calmé	❑ Incohérent, désorienté, ne peut être calmé, peut avoir des hallucinations
Changements physiologiques	❑ Ne transpire pas	❑ Transpire abondamment
Souvenir	❑ Se souvient habituellement de son rêve	❑ A oublié l'épisode

(Adapté de Woods et Greenhouse, 1974.)

problème est grave ou chronique chez environ 15 à 20 pour 100 d'entre eux (Hopson, 1986). L'**insomnie** se caractérise par une difficulté à s'endormir, des réveils fréquents au milieu de la nuit, un réveil au petit matin, ou toute combinaison de ces problèmes.

Les Américains dépensent plus d'un demi-milliard de dollars par année à l'achat de somnifères. Il s'agit là d'une triste réalité, surtout si l'on considère que les somnifères vendus librement, comme *Sominex*, *Nytol* et *Sleep-eze* ont peu ou pas d'effets soporifiques (Kales et Kales, 1973). La plupart des *sédatifs* prescrits sont encore pires. Ces drogues (habituellement des barbituriques) diminuant la phase 4 du sommeil et le sommeil MOR, elles détériorent considérablement la qualité du sommeil. En outre, l'accoutumance s'accroît rapidement; la dose initiale devient donc inefficace. Bien des gens deviennent dépendants des somnifères et ont besoin d'un nombre accru de pilules pour s'endormir. Il s'ensuit une **insomnie pharmacodépendante**, un problème grave. On doit laborieusement sevrer les victimes de leurs somnifères. Sinon, des cauchemars affreux et le «rebond du sommeil paradoxal» peuvent les faire retomber dans la consommation de médicaments.

Question : Si les somnifères sont inefficaces, comment traiter l'insomnie?

En fait, il existe un nouveau médicament, appelé triazolam, qui semble traiter efficacement certains cas d'insomnie (Seidel et autres, 1984). Toutefois, même le triazolam présente des inconvénients; il peut également causer le rebond du sommeil paradoxal pendant les quelques premières nuits après qu'on a cessé son utilisation. Plutôt que de consommer des médicaments, il est souvent plus avisé d'apprendre des techniques de comportement pour traiter l'insomnie.

L'**insomnie temporaire** causée par l'inquiétude, le stress ou l'agitation engendre un cycle pendant lequel l'accroissement de l'agitation physique empêche le sommeil. Par la suite, la frustration et la colère augmentent l'agitation et retardent davantage le sommeil. Le manque de sommeil entraîne une frustration accrue, et ainsi de suite. On peut s'en sortir en arrêtant de combattre ce cycle infernal. Il est habituellement plus sage de se lever et de s'adonner à toute tâche utile ou satisfaisante, lorsqu'on éprouve de la difficulté à s'endormir (la lecture d'un manuel de psychologie pourrait constituer un choix judicieux).

Le taux de sucre de certains insomniaques diminue pendant la nuit et provoque ainsi l'agitation et la faim. On peut éviter ces effets en prenant une légère collation avant de se coucher. En outre, les scientifiques ont découvert que l'acide aminé **tryptophane** peut favoriser le sommeil, davantage chez ceux qui dorment mal que ceux qui prennent du temps à s'endormir (Lindsley et autres, 1983). Fait intéressant à noter, le lait contient du tryptophane. Grand-mère avait raison, après tout! Mais elle ne savait apparemment pas qu'un sandwich incorporant oeuf, thon, fromage cottage, graine de soya, noix de cajou, poulet, dinde et banane serait encore meilleur. Tous ces aliments sont également riches en tryptophane (Hartman, 1978; Thompson, 1985).

Question : Qu'en est-il des cas plus graves d'insomnie?

Au départ, l'**insomnie chronique** se traite habituellement par des techniques de relaxation, afin que l'agitation qui précède le sommeil diminue. Les stratégies de *contrôle du stimulus* sont également utiles. Par exemple, on conseille aux patients d'éviter complètement de faire autre chose que de dormir, lorsqu'ils vont au lit. Ils ne doivent pas étudier, manger, regarder la télévision, lire ou même penser, au lit. De cette façon, seul le sommeil devient associé à cette retraite (Bootzin, 1973).

Le meilleur moyen de combattre l'insomnie est également le plus simple. De nombreux insomniaques ont des habitudes de sommeil irrégulières; en adoptant un horaire régulier (se lever et se coucher exactement à la même heure chaque jour), ils peuvent atteindre un rythme corporel stable et améliorer considérablement leur sommeil. (Le profil 6.1 résume les façons de combattre l'insomnie.)

L'apnée du sommeil Comme le dit l'adage : «Riez et le monde entier rira avec vous; ronflez, et vous dormirez seul». En général, le ronflement est inoffensif, mais il peut dénoter un problème grave. Une personne dont le ronflement bruyant est entrecoupé de courts silences et de halètements ou de grognements bruyants peut souffrir d'**apnée du sommeil**. L'apnée du sommeil se caractérise par des pauses respiratoires qui vont de 20 secondes à 2 minutes. À mesure que le besoin d'oxygène s'intensifie, la personne se réveille légèrement et aspire de l'air. Elle se rendort, puis arrête bientôt de respirer. Le cycle se répète des centaines de fois pendant la nuit (Guilleminault, 1979). Vous aurez deviné que ces personnes se plaignent de somnolence diurne, connue sous le nom d'**hypersomnie** (DSM-III-R, 1987).

Question : Quelles sont les causes de l'apnée du sommeil?

Certains types d'apnée se manifestent lorsque le cerveau cesse d'envoyer au diaphragme les signaux qui maintiennent la respiration. Une autre cause est le blocage des conduits respiratoires supérieurs. Dans un cas comme dans l'autre, étant donné que la personne respire normalement pendant la journée, il se peut qu'elle ne soit pas au courant du problème (Scrima et autres, 1982). Un ronflement très bruyant est souvent signe d'apnée. Outre les problèmes qu'elle crée, l'apnée compromet également la santé. Les personnes qui pensent souffrir d'apnée devraient suivre un traitement dans une clinique du sommeil (Hales, 1980).

L'apnée du sommeil est particulièrement dangereuse pendant l'enfance, et on soupçonne qu'il s'agit

PROFIL 6.1
Remèdes comportementaux à l'insomnie

Toutes les méthodes répertoriées ci-dessous traitent efficacement l'insomnie (Borkovec, 1982; Hopson, 1986). Après quelques essais, vous devriez être en mesure de trouver une combinaison qui vous convienne.

Les stimulants   Évitez les stimulants comme le café et la cigarette. Rappelez-vous que l'alcool, bien qu'il ne soit pas un stimulant, détériore également la qualité du sommeil.

Les inquiétudes   Prévoyez un moment, en début de soirée, pour dresser la liste de vos inquiétudes ou soucis ainsi que de solutions possibles.

La relaxation   Apprenez une stratégie mentale ou physique pour vous détendre, comme la relaxation musculaire progressive, la méditation (voir le chapitre 13), ou l'annulation des inquiétudes grâce à l'évocation d'images calmantes. Un exercice vigoureux pratiqué le jour favorise le sommeil, mais constitue une stimulation trop grande le soir; un léger exercice est préférable.

Le contrôle du stimulus   N'associez que le sommeil avec votre chambre à coucher, afin qu'elle ne soit pas source d'inquiétude. (1) Allez au lit seulement lorsque vous vous endormez. (2) Évitez les siestes. (3) Levez-vous à la même heure chaque matin. (4) Au lit, évitez les activités autres que le sommeil. (5) Quittez toujours la chambre à coucher si vous ne dormez pas encore après 10 minutes. (6) Faites autre chose lorsque l'incapacité de vous endormir vous dérange.

L'intention paradoxale   Pour éliminer la tension créée par les efforts pour vous endormir, essayez plutôt de garder les yeux ouverts (dans le noir) et de demeurer éveillé le plus longtemps possible. Cela vous permettra de succomber au sommeil de façon inattendue, et de diminuer l'anxiété liée à l'incapacité de vous endormir.

Illustration 6.6 *On relie souvent les nourrissons menacés de MSN à un dispositif qui supervise leur respiration et leur rythme cardiaque pendant le sommeil. Une alarme avertit les parents de tout affaiblissement du pouls ou de la respiration. (Photographie gracieusement fournie par Healthdyne, Inc.)*

soit la cause. La plupart des nourrissons vont crier, battre l'air et donner des coups de pied si leur nez est bloqué pendant quelques secondes; ces réactions peuvent les sauver, s'ils se tournent sur le ventre. Toutefois, certains bébés demeurent passifs, lorsque leur respiration est bloquée. Ces nourrissons courent un risque plus élevé de succomber à la mort au berceau (Lipsett, 1980).

On doit surveiller attentivement les bébés menacés par la MSN et ce, pendant les six premiers mois de leur vie. À cette fin, les parents peuvent utiliser un moniteur spécial qui sonne l'alarme, lorsque la respiration ou le pouls du bébé s'affaiblit (Naeye, 1980; illustration 6.6). La liste qui suit répertorie certains signaux d'alarme de la MSN. Il est à noter, toutefois, que la MSN peut aussi frapper les bébés qui ne présentent aucun de ces symptômes.

Certains signaux d'alarme de la MSN

- *La mère est une adolescente ou une fumeuse.*
- *Le bébé est prématuré.*
- *Les pleurs du bébé sont inhabituels et aigus.*
- *Le bébé «ronfle», retient sa respiration, ou se réveille souvent la nuit.*
- *Le bébé respire principalement par la bouche.*
- *Le bébé demeure passif, lorsque son visage est enfoui dans un oreiller ou une couverture.*

Les rêves — un monde à part?

Lorsque les chercheurs Nathaniel Kleitman et Eugene Aserinsky découvrirent le sommeil MOR en 1952, ils

d'une des causes de la **mort subite du nourrisson** (MSN), ou «mort au berceau». La MSN est la cause de décès la plus fréquente chez les nourrissons de moins d'un an. Chaque année, elle emporte plus de 10 000 victimes aux États-Unis seulement (Naeye, 1980). Le scénario «type» de la mort au berceau est le suivant : un petit bébé présentant certains symptômes du rhume ou de la grippe est mis au lit. Un peu plus tard, lorsque les parents reviennent surveiller l'enfant, celui-ci est mort.

Les médecins sont d'avis que certains cas de MSN sont causés par une apnée due à l'immaturité de l'appareil respiratoire dans le tronc cérébral (Hales, 1980). D'autres pensent qu'il s'agit d'une anomalie qui fait arrêter les battements du coeur pendant le sommeil. Il semble parfois que le blocage direct du nez en

entrèrent dans l'«âge d'or» de la recherche sur le rêve. Pour conclure notre étude du sommeil, examinons certaines questions éternelles sur le rêve.

Question : Tout le monde rêve-t-il? Les rêves ont-ils lieu instantanément?

La plupart des gens rêvent 4 ou 5 fois par nuit, mais certains ne se rappellent pas leurs rêves. Les «non-rêveurs» sont parfois bouleversés par leurs rêves, lorsqu'on les réveille au cours du sommeil MOR. Les rêves se produisent habituellement à un intervalle de 90 minutes environ. Le premier rêve ne dure que 10 minutes environ; le dernier dure en moyenne 30 minutes, et peut aller jusqu'à 50 minutes. Par conséquent, les rêves se produisent en temps réel, non de façon instantanée (Cartwright, 1978; Dement, 1960).

Question : Quelle importance revêt le sommeil onirique? Est-il essentiel à une activité normale?

Pour répondre à ces questions, William Dement, un spécialiste du rêve, a réveillé des volontaires chaque fois qu'ils entraient en sommeil MOR. Les personnes qu'on a empêchées de dormir plusieurs nuits de suite ont démontré une tendance croissante à rêver. La cinquième nuit, on devait réveiller un grand nombre d'entre elles de 20 à 30 fois pour empêcher le sommeil MOR. Lorsqu'on leur permit de dormir sans interruption, les volontaires rêvèrent davantage. Cette conséquence, appelée **rebond du sommeil MOR**, explique pourquoi les alcooliques sont souvent la proie de cauchemars affreux lorsqu'ils arrêtent de boire (Dement, 1960). L'alcool supprime le sommeil MOR et entraîne un effet de rebond puissant lors de la désintoxication. Il est bon de se rappeler que si l'alcool peut aider une personne à s'endormir, il détériore souvent la qualité du sommeil.

Les sujets de l'expérience de Dement qui ont été privés de sommeil onirique se sont plaints de pertes de mémoire et de concentration, en plus d'un surcroît d'inquiétude pendant le jour. Il semblerait que les personnes privées de rêver soient guettées par la folie. Toutefois, les spécialistes du sommeil désignent maintenant cette notion de «mythe du MOR». Des expériences ultérieures ont démontré que manquer *n'importe quelle* phase de sommeil peut causer un rebond de cette phase. En général, les troubles diurnes sont associés au *montant total* des heures de sommeil perdues, non au type de sommeil perdu (Cartwright, 1978; Johnson et autres, 1972).

Quelle est donc l'utilité du sommeil MOR? Il existe plusieurs hypothèses intéressantes à ce sujet. Pendant les premiers temps de la vie, il se peut que le sommeil onirique stimule le cerveau en développement. Les nouveau-nés passent environ 50 pour 100 de leurs heures de sommeil en sommeil MOR, soit de 8 à 9 heures par jour. Chez les bébés prématurés, la durée du sommeil MOR est supérieure (jusqu'à 75 pour 100

du temps). À l'âge de 5 ans, lorsque le système nerveux est plus mature, le temps de MOR baisse à environ 20 pour 100, environ le même que chez un adulte (Allison et Van Twyer, 1970; Feinberg et Carlson, 1967).

À l'âge adulte, le sommeil MOR peut avoir un autre but. Par exemple, il augmente après l'apprentissage; il peut donc aider à rétablir les substances chimiques du cerveau nécessaires à l'apprentissage et à la mémoire (Hartmann, 1981; Stern, 1981). On a aussi démontré que le sommeil MOR aidait à trier et à intégrer les souvenirs recueillis pendant la journée (Evans, 1984). Les rêves peuvent empêcher la privation sensorielle au cours du sommeil et aider au traitement des émotions. Bien que nous en ayons encore beaucoup à apprendre, il semble évident que le sommeil MOR et le rêve soient requis pour garder le cerveau en bon état de marche.

Des mondes de rêve

Question : À quoi rêve-t-on habituellement?

Calvin Hall, une autorité reconnue dans le domaine des rêves, a réuni et analysé plus de 10 000 rêves (Hall, 1966; Hall et autres, 1982). Hall constate que la plupart des rêves portent sur des événements quotidiens. Les pièces familières de la maison en forment le cadre favori. Les rêves mettent habituellement en scène le dormeur et deux ou trois personnes qui jouent un rôle sur le plan émotif : amis, ennemis, parents ou employeurs. Les actions accomplies sont également familières : courir, sauter, conduire, s'asseoir, parler et regarder. Environ la moitié des rêves relatés comportaient des éléments d'ordre sexuel. Les rêves où l'on vole, flotte ou tombe sont moins fréquents. Hall a également constaté que si vous rêvez davantage maintenant, il se peut que vous en tiriez moins de plaisir. Les émotions désagréables telles que la peur, la colère et la tristesse sont plus fréquentes dans les rêves que les émotions agréables.

Question : Les rêves des hommes et des femmes diffèrent-ils?

Les rêves des hommes et des femmes (dans les cultures occidentales) semblent refléter les rôles traditionnels. Comparativement à ceux des hommes, les rêves des femmes comportent davantage d'émotions et moins d'agressivité, touchent moins à des thèmes sexuels, se passent davantage à l'intérieur et portent plus souvent sur le foyer et la famille. Les personnages masculins sont plus nombreux dans les rêves des deux sexes, et les hommes rêvent plus souvent d'autres hommes que les femmes (Hall, 1984; Winget et Kramer, 1979). Les hommes qui font partie des rêves des hommes sont le plus souvent des rivaux ou des ennemis. Dans leurs rêves, les femmes sont souvent poursuivies ou en danger (Winget et Kramer, 1979).

Les théories sur le rêve

Question : Les rêves sont-ils significatifs?

La plupart des théoriciens s'entendent pour dire que les rêves reflètent nos pensées, fantasmes et émotions diurnes (Cartwright, 1978; Winget et Kramer, 1979). Par conséquent, il serait plus judicieux de se demander jusqu'à quel point on peut aller dans l'interprétation des rêves. Certains théoriciens sont d'avis que les rêves possèdent une signification enfouie profondément, d'autres, que les rêves ne veulent rien dire. Examinons les deux théories.

La théorie psychodynamique sur le rêve L'ouvrage de Sigmund Freud, *l'Interprétation des rêves* (1900), a ouvert les portes d'un nouveau monde d'étude psychologique. Après avoir analysé ses propres rêves, Freud est arrivé à la conclusion que de nombreux rêves représentent l'accomplissement d'**un désir**. Ainsi, un étudiant qui en veut à son professeur peut rêver qu'il le met dans l'embarras en classe; une personne souffrant de solitude peut rêver d'une relation amoureuse; un enfant affamé peut rêver de nourriture.

      Bien que la conception **psychodynamique** de Freud soit intéressante, certaines théories vont à l'encontre de celle-ci. Par exemple, des volontaires participant à une étude sur les effets d'une privation de nourriture prolongée n'ont pas rêvé davantage de nourriture ou d'alimentation (Keys, 1950). Il ne fait aucun doute que Freud aurait répondu que les rêves expriment rarement les besoins de façon aussi directe. Une des intuitions de Freud voulait que les rêves représentent des pensées exprimées en *images* plutôt qu'en mots (Globus, 1987).

      Selon Freud, la conscience se détend pendant le sommeil, ce qui permet aux rêves d'exprimer les désirs et conflits *inconscients* sous la forme de **symboles oniriques** déguisés. Par exemple, la mort peut être symbolisée par un voyage, des enfants, de petits animaux; des relations sexuelles, par une randonnée à cheval ou la danse. De façon semblable, une femme qui est sexuellement attirée par l'époux de sa meilleure amie rêvera qu'elle vole la bague de mariage de son amie et qu'elle la glisse à son doigt, un symbole indirect de ses désirs véritables.

Question : Les rêves possèdent-ils tous une signification cachée?

Probablement pas. Même Freud a constaté que certains rêves ne constituent que des résidus banaux ou insignifiants des événements ordinaires qui se sont déroulés pendant la journée. En outre, vous serez soulagé d'apprendre que la théorie de Freud n'est pas la seule en matière d'interprétation des rêves.

L'hypothèse de l'activation-synthèse Les scientifiques Allan Hobson et Robert McCarley (1977) proposent une théorie tout à fait à l'opposé de celle de Freud. Après avoir étudié le sommeil MOR chez des chats, Hobson et McCarley ont conclu que les rêves se produisaient de la façon suivante : lors du sommeil MOR, certaines cellules du cerveau qui commandent habituellement les mouvements oculaires, l'équilibre et les actions sont mises en activité. Toutefois, étant donné que les messages qui partent des cellules ne peuvent parvenir jusqu'au corps, aucun mouvement ne se produit. Les cellules continuent cependant d'informer les zones supérieures du cerveau de leurs activités. Le cerveau, en tentant d'interpréter ces informations, parcourt ses souvenirs emmagasinés et fabrique un rêve. Hobson et McCarley appellent cette explication des rêves **hypothèse de l'activation-synthèse**. Hobson (1988) explique que «le cerveau est mis en activité pendant le sommeil, puis produit et intègre (synthétise) ses propres informations sensorielles et motrices».

Question : Comment ces théories expliquent-elles le contenu des rêves?

À titre d'exemple, servons-nous du rêve classique de poursuite. Dans un tel rêve, nous courons mais sans résultat, et nos poursuivants se rapprochent. Selon Hobson et McCarley, le cerveau recevrait le message que le corps est en train de courir, mais aucune rétroaction du corps immobile ne le lui confirme. En essayant de donner un sens à ces informations, le cerveau crée un scénario de poursuite. Sous cet angle, les rêves n'ont pas de signification «latente» ou cachée. Ils ne sont que des pensées d'un type différent qui se manifestent pendant le sommeil (Hobson, 1988).

Une perspective d'avenir Il ne fait aucun doute que l'hypothèse de l'activation-synthèse semble expliquer certaines expériences oniriques. Toutefois, elle ne donne pas de précision sur le fonctionnement des rêves dans la vie cérébrale des humains. De nombreux psychologues continuent de croire que les rêves possèdent une signification plus profonde (Cartwright, 1978; Globus, 1987; Winget et Kramer, 1979). Qui plus est, les rêves font certainement une différence dans nos vies : William Dement, un chercheur expérimenté sur le sommeil, a déjà rêvé qu'il était atteint d'un cancer des poumons. Dans son rêve, un médecin lui annonçait sa mort imminente. À cette époque, William Dement fumait deux paquets de cigarettes par jour. «Je n'oublierai jamais les sentiments de surprise, de joie et de soulagement exquis qui ont accompagné mon réveil. Je me sentais renaître», a-t-il indiqué. Il a cessé de fumer le jour suivant (Hales, 1980).

      Au cours des dernières années, on a cessé de croire que les rêves ne pouvaient être interprétés que par des professionnels; on reconnaît maintenant la nature personnelle de la signification des rêves. Par conséquent, de nombreux psychologues encouragent fortement les gens à prendre leurs propres rêves en notes et à les interpréter. La section Applications du présent chapitre présente certaines suggestions pratiques à cette fin.

Autotest

1. Les terreurs nocturnes, le somnambulisme et le somniloquisme ont lieu pendant la phase 1 du sommeil NMOR. Vrai ou faux?

2. La narcolepsie et la cataplexie sont toutes deux associées au sommeil _____.

3. On présume que l'_____ du sommeil est l'une des causes de la MSN.

4. Parmi les choix suivants, lequel n'est *pas* un remède comportemental à l'insomnie?

    a. l'hypersomnie quotidienne *b.* le contrôle du stimulus *c.* la relaxation progressive *d.* l'intention paradoxale

5. Les rêves se déroulent habituellement

    a. au bureau *b.* à l'école *c.* à l'extérieur ou à des endroits non familiers *d.* dans des pièces familières

6. Des émotions désagréables comme la peur, la colère et la tristesse sont plus fréquentes dans les rêves que les émotions agréables. Vrai ou faux?

7. Selon le modèle du rêve de l'activation-synthèse, les rêves sont fabriqués à partir de _____, afin d'expliquer les messages reçus des cellules nerveuses qui commandent les mouvements oculaires, l'équilibre et l'activité corporelle.

Réponses :

1. faux 2. MOR 3. apnée 4. *a* 5. *d* 6. vrai 7. souvenirs

L'hypnose — regardez-moi dans les yeux

«Votre corps devient lourd. Vos yeux sont si fatigués que vous avez de la difficulté à les garder ouverts. Votre corps est chaud, détendu et très lourd. Vous êtes si fatigué que vous ne pouvez pas bouger. Détendez-vous. Dormez, dormez, dormez». Ces paroles sont les dernières qui devraient figurer dans un livre, et les premières qu'un hypnotiseur professionnel pourrait prononcer.

À l'instar du rêve, l'hypnose est entourée d'une aura de mystère. En fait, l'hypnose n'est pas aussi mystérieuse qu'il y paraît. L'**hypnose** est un *état de conscience altéré, caractérisé par la diminution de l'attention et l'augmentation de la suggestibilité.* (Les psychologues ne s'entendent pas tous sur cette définition. Certains considèrent que l'hypnose ne constitue rien d'autre qu'un mélange de conformisme, de détente, d'imagination, d'obéissance et de suggestion.)

Mesmer fut le premier à s'intéresser à l'hypnose, dans les années 1700. Ce médecin autrichien croyait pouvoir guérir les malades en faisant passer des aimants au-dessus de leur corps. Pendant un certain temps, le mesmérisme fut en vogue. Toutefois, les théories de Mesmer relativement à un «magnétisme animal» ont finalement été rejetées, et il fut accusé de charlatanisme et de fraude. Le terme *hypnose* fut utilisé plus tard par un chirurgien anglais nommé James Braid. Le mot grec *hypnos* signifie «sommeil», et Braid s'en

servit pour décrire l'état hypnotique. Nous savons à présent que l'hypnose est différente du sommeil, car les tracés EEG enregistrés pendant l'hypnose sont semblables à ceux de l'état de veille. Une certaine confusion demeure, car certains hypnotiseurs suggèrent de «dormir».

Question : Peut-on hypnotiser n'importe qui?

Environ 8 personnes sur 10 peuvent être hypnotisées, mais seules 4 personnes sur 10 sont des bons sujets. Les gens imaginatifs et enclins à la fantaisie réagissent souvent très bien à l'hypnose (Lynn et Rhue, 1988). Toutefois, les personnes qui sont dénuées de ces traits peuvent également être hypnotisées. Si vous acceptez d'être hypnotisé, vous avez de bonnes chances de l'être. On peut mesurer l'hypnotisabilité en faisant une série de suggestions et en dénombrant celles auxquelles le sujet a réagi. Un test d'hypnose type est l'échelle d'hypnotisabilité de Stanford présentée au tableau 6.2. (Consultez également l'illustration 6.7). Notez que l'échelle progresse depuis des tâches faciles à des tâches plus difficiles.

Question : Comment pratique-t-on l'hypnose? Peut-on hypnotiser quelqu'un contre son gré?

Il existe autant de routines d'hypnose différentes que d'hypnotiseurs. Néanmoins, certains éléments sont communs à toutes. Ils encouragent tous une personne à se concentrer sur ce qui est dit, à se détendre et à se

Tableau 6.2 *L'échelle d'hypnotisabilité de Stanford*

COMPORTEMENT SUGGÉRÉ	CRITÈRE DE PASSAGE
1. Balancement postural	Tombe sans effort
2. Fermeture des yeux	Yeux se ferment sans effort
3. Abaissement de la main (gauche)	S'abaisse d'au moins 15 cm après 10 secondes
4. Immobilisation (bras droit)	Bras s'élève de moins de 2 cm en 10 secondes
5. Verrouillage des doigts	Séparation incomplète des doigts après 10 secondes
6. Rigidité du bras (gauche)	Bras se plie de moins de 5 cm en 10 secondes
7. Mouvement des deux mains	Mains rapprochées d'au moins 15 cm après 10 secondes
8. Inhibition verbale (nom)	Nom non prononcé en 10 secondes
9. Hallucination (mouche)	Tout mouvement, grimace, ou reconnaissance de l'effet
10. Catalepsie oculaire	Yeux demeurent fermés après 10 secondes
11. Posthypnotique (change de chaise)	Toute réponse partielle de mouvement
12. Test d'amnésie	Trois éléments ou moins remémorés

(Adapté de Weizenhoffer et Hilgard, 1959.)

Illustration 6.7 *Lors d'un test d'hypnotisabilité, les sujets tentent de séparer leurs mains après qu'on leur a suggéré que leurs doigts étaient «verrouillés» ensemble.*

Je me sentais léthargique, je ne pouvais pas fixer mon regard et mes yeux étaient fatigués. Mes mains étaient très légères.... Je sentais que je m'enfonçais plus profondément dans ma chaise.... Je sentais que je voulais me détendre de plus en plus.... Mes réactions devenaient plus automatiques. Je n'avais plus besoin de désirer faire des choses ou de vouloir les faire... je les faisais, tout simplement.... Je me sentais flotter.... très près du sommeil (Hilgard, 1968).

sentir fatiguée, à se «laisser aller» et à accepter facilement les suggestions, et à se servir de son imagination (Tart, 1975).

Une personne en état d'hypnose profonde peut être coupée de la réalité, ce qui entraîne une diminution de la «volonté» ou de la maîtrise de soi. Au début, la personne doit faire preuve de collaboration pour être hypnotisée. De nombreux théoriciens estiment que l'hypnose est en fait une **auto-hypnose**. En d'autres termes, l'hypnotiseur agit seulement à titre de guide pour aider la personne à parvenir à un état de conscience altéré qu'elle ne peut atteindre seule.

Question : Comment se sent-on en état d'hypnose?

Vous pourriez être surpris de certaines de vos actions lors de l'hypnose, et vous pourriez avoir l'impression de flotter, de couler, d'être anesthésié ou de vous séparer de votre corps. Les expériences personnelles varient considérablement. Toutefois, les gens ont conscience de ce qui se passe, sauf en état d'hypnose profonde.

Un des éléments clés de l'hypnose est l'**effet suggestif de base**. Les personnes hypnotisées ont l'impression que les actions ou les expériences suggérées sont *automatiques*, qu'elles semblent survenir sans effort (Kihlstrom, 1985). Voici comment une personne a décrit sa séance d'hypnose :

L'hypnose peut également causer une *néodissociation* ou «division» de la conscience. Pour illustrer cet état, le chercheur Ernest Hilgard demande à des sujets hypnotisés de plonger les mains dans un bain d'eau glacée. Les sujets auxquels on a suggéré qu'ils n'éprouveraient pas de douleur ne ressentent rien. On demande ensuite à ces mêmes sujets si une partie de leur cerveau éprouve de la douleur. À l'aide de leur main libre, un grand nombre écrivent «J'ai mal», ou «Arrêtez, vous me faites mal», alors qu'ils continuent d'agir comme s'ils ne souffraient pas (Hilgard, 1977, 1978). Une partie de la personne hypnotisée dit qu'il n'y a pas de douleur et agit comme tel. Une autre partie, que Hilgard appelle l'**observateur caché**, est consciente de la douleur, mais demeure en arrière-plan.

Question : Que peut-on réaliser au moyen de l'hypnose?

On a testé de nombreuses aptitudes pour mesurer la réaction à l'hypnose. Dans certains cas, les preuves étaient manquantes ou contradictoires. Néanmoins, les conclusions suivantes semblent justifiées (Kihlstrom, 1985) :

1. Force surhumaine. L'hypnose n'influence pas davantage la force physique que des directives qui encouragent un sujet à faire de son mieux (Barber, 1970).

2. Mémoire. On a démontré que l'hypnose peut améliorer la mémoire. Toutefois, elle augmente aussi le nombre de souvenirs erronés (Dywan et Bowers, 1983). Pour cette raison, de nombreux États rejettent le témoignage en cour d'une personne qui a été hypnotisée. (Consulter le chapitre 9 pour d'autres détails à ce sujet.)

3. Soulagement de la douleur. L'hypnose peut soulager la douleur (Hilgard et Hilgard, 1983). Par conséquent, elle peut s'avérer particulièrement utile lorsque des calmants ne peuvent être utilisés ou sont inefficaces, par exemple pour soulager la douleur illusionnelle des amputés. (Il s'agit d'une douleur périodique que les amputés attribuent parfois au membre absent.)

4. Régression en enfance. Grâce à l'hypnose, des sujets ont «régressé» jusqu'à l'enfance. Certains théoriciens sont d'avis que ces sujets ne font que se comporter comme des enfants. En outre, le fait que ces personnes en régression continuent d'utiliser des connaissances qu'elles n'ont pu apprendre qu'à l'âge adulte jette un doute supplémentaire. La validité de la régression en enfance, par conséquent, demeure discutable (Kihlstrom, 1985).

5. Changements sensoriels. Les suggestions hypnotiques relatives aux sensations comptent parmi les plus efficaces. Si on lui donne les directives appropriées, une personne peut sentir une petite bouteille d'ammoniaque et réagir comme s'il s'agissait d'un parfum capiteux. Il est également possible de modifier la vision des couleurs, la sensibilité auditive, la notion du temps, la perception d'illusions et de nombreuses autres réactions sensorielles (Kihlstrom, 1985).

L'hypnose semble être un outil précieux pour provoquer un état de détente, maîtriser la douleur (par exemple, chez le dentiste ou en salle d'accouchement), et servir de complément en thérapie ou en consultation. En général, l'hypnose donne de meilleurs résultats si on l'utilise pour changer des expériences subjectives plutôt que pour modifier des comportements, comme cesser de fumer et maigrir. Les effets hypnotiques sont utiles, mais rarement extraordinaires (Hilgard, 1974; Rieger, 1976; Williams, 1974).

L'hypnose de scène

Sur scène, l'hypnotiseur entonne : «Lorsque je compterai jusqu'à 3, imaginez-vous que vous êtes à bord d'un train en direction de Disneyland, et que vous devenez de plus en plus jeune à mesure que le train s'approche». En réponse à ces suggestions, des hommes et des femmes adultes commencent à glousser et à se tortiller comme des enfants qui se rendent à un cirque.

Question : Comment les fantaisistes se servent-ils de l'hypnose pour pousser les gens à faire d'étranges choses?

En fait, ils ont peu ou pas recours à l'hypnose pour donner un bon spectacle. D'après T.X. Barber, une autorité en matière d'hypnose, les hypnotiseurs de scène utilisent plusieurs stratagèmes pour faire leur numéro (Barber, 1970).

1. Suggestibilité de veille. Nous acceptons tous plus ou moins la suggestion, mais sur scène, les gens sont inhabituellement coopératifs, car ils ne veulent pas gâcher le spectacle. Ils se conformeront donc volontiers à presque n'importe quelle directive de l'hypnotiseur.

2. Sélection de sujets obéissants. Les participants à l'hypnose de scène (tous des *volontaires*) sont d'abord «hypnotisés» en tant que groupe. Par conséquent, toute personne qui ne suit pas les directives est éliminée.

3. L'étiquette de l'hypnose élimine les inhibitions. Une fois qu'une personne est désignée comme «hypnotisée», elle peut chanter, danser, faire des bêtises, etc. sans avoir peur de se couvrir de ridicule. Sur scène, «l'hypnose» décharge une personne de la responsabilité de ses actions.

4. L'hypnotiseur agit à titre de «metteur en scène». Une fois que les volontaires se sont détendus et qu'ils ont répondu à quelques suggestions, ils constatent qu'ils sont soudainement devenus les vedettes du spectacle. La réaction du public aux bouffonneries sur scène donne des ailes à bien des gens. L'«hypnotiseur» n'a qu'à diriger la représentation.

5. L'hypnotiseur de scène a recours à des trucs. Dans la moitié des cas, l'hypnotiseur de scène profite de la situation; dans l'autre moitié, il mystifie le public. Voici un exemple courant de mystification :

> *Un des tours de scène les plus impressionnants est de suspendre une personne entre deux chaises. Il s'agit là d'une réalisation étonnante simplement parce que le public ne la remet pas en question. Tout le monde peut y arriver, comme le démontre l'illustration 6.8. Tentez l'expérience!*

En résumé, on peut affirmer que l'hypnose est réelle, et qu'elle peut modifier considérablement l'expérience personnelle. Elle est un outil précieux qui peut servir dans divers milieux, lesquels n'incluent pas la scène ou la télévision. Les «hypnotiseurs» de scène divertissent; ils hypnotisent rarement.

La privation sensorielle — suivre un régime de sensations

Au cours de l'histoire, la **privation sensorielle** (PS) a été l'un des moyens les plus utilisés pour modifier la conscience. La privation sensorielle désigne toute réduction importante de la stimulation externe.

 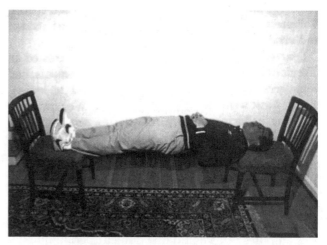

Illustration 6.8 *Disposez trois chaises tel que démontré. Demandez à une personne de s'étendre, puis de se soulever légèrement pendant que vous retirez la chaise du centre. Inclinez-vous gracieusement devant les applaudissements!*

Question : Qu'arrive-t-il, lorsque la stimulation est réduite considérablement?

Grâce à leurs témoignages, les prisonniers au régime cellulaire, les explorateurs de l'Arctique, les pilotes en altitude, les camionneurs de grande distance et les radaristes peuvent nous en donner une bonne idée. Lorsque la stimulation est limitée ou monotone, ces personnes ont parfois des sensations bizarres, des pertes de conscience dangereuses et des perceptions étrangement déformées. Pour en connaître la raison, D.O. Hebb a payé des volontaires afin qu'ils subissent une privation sensorielle en milieu dirigé.

Les sujets passaient plusieurs jours couchés sur le dos dans un petit cubicule. Pour éliminer la vue, ils portaient des lunettes opaques. Des gants et des manchettes cartonnées restreignaient le toucher. En arrière-plan, un sifflement constant masquait tous les autres sons. Ces conditions vous semblent-elles agréables? Si vous vous trouviez dans des conditions semblables, vous pourriez être surpris. Peu de sujets pouvaient endurer plus de 2 ou 3 jours de privation sensorielle sans céder à la panique (Heron, 1957).

Les perturbations

Question : Quels changements surviennent lors de la privation sensorielle?

Comme nous l'avons mentionné à l'aperçu du chapitre, on peut perdre la notion du temps et éprouver de la difficulté à se concentrer. Au sortir d'une période de privation sensorielle, certaines personnes connaissent une distorsion des couleurs, des illusions visuelles importantes, des réactions plus lentes et un bref ondoiement des lignes et des espaces visuels. Au cours de certaines études, des volontaires ont également signalé des images étranges et frappantes.

Aiguillonnés par de tels témoignages, les chercheurs ont bientôt créé un ensemble ingénieux d'environnements de privation sensorielle, et des volontaires, à la recherche d'une excitation sans drogue, se sont précipités aux expériences. Toutefois, la plupart furent déçus. Nous savons à présent que les véritables hallucinations sont rares lors de la privation sensorielle (Zubek, 1969b). Les visions extravagantes et irréelles qui se manifestent parfois sont, en fait, des **images hypnagogiques**, semblables à celles qui précèdent immédiatement le sommeil. Ces images peuvent être frappantes et surprenantes, mais on les méprend rarement pour de véritables objets. Les images hypnagogiques sont apparemment reliées à un nombre accru d'*ondes thêta* produites par le cerveau. Ces ondes cérébrales, dont la fréquence est de 4 à 7 cycles par seconde, se produisent habituellement juste avant le sommeil. La privation sensorielle accroît également leur fréquence (Taylor, 1983).

Les avantages de la privation sensorielle

Au cours des dernières années, les psychologues ont commencé à étudier les avantages possibles de la privation sensorielle. La plupart des études ont porté sur des expériences dans de petits caissons d'isolation comme celui de l'illustration 6.9.

Question : De quelle façon la privation sensorielle peut-elle s'avérer bénéfique?

L'amélioration des sensations Un des effets les plus fréquents de la privation sensorielle est l'accroissement de l'acuité sensorielle. En d'autres termes, la vue, l'ouïe, le toucher et le goût sont temporairement plus sensibles (Suedfeld, 1975; Zubek, 1969b). Certaines personnes indiquent même qu'elles en profitent pour améliorer

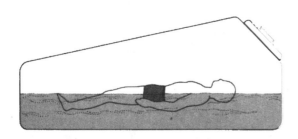

Illustration 6.9 *Caisson d'isolation sensorielle. Les psychologues utilisent de petits bains flottants comme celui qui est présenté ci-dessous, afin d'étudier les effets d'une privation sensorielle modérée. Les sujets flottent dans le noir et dans le silence. L'eau peu profonde, maintenue à la température corporelle, contient des centaines de kilogrammes de sels Epsom, afin que les sujets puissent flotter à la surface.*

leur créativité (Hutchison, 1984). À tout le moins, il semble que porter des bouchons dans les oreilles pendant une journée pourrait constituer un prélude intéressant à un concert!

La détente Comme nous l'avons déjà mentionné, la plupart des gens trouvent que la privation sensorielle prolongée est stressante et désagréable. Toutefois, ils apprécient la grande détente provoquée par de brèves périodes d'isolation sensorielle (Forgays et Belinson, 1986; Suedfeld, 1980). Par exemple, passer une heure ou deux dans un bain flottant diminue la tension artérielle, la tension musculaire, et d'autre signes de stress. Bien entendu, certains affirment qu'on peut obtenir les mêmes effets en prenant un bain chaud. Jusqu'à présent, toutefois, il semblerait qu'une brève période de privation sensorielle constitue l'un des meilleurs moyens de provoquer un état de détente profonde.

Le changement des habitudes Le psychologue Peter Suedfeld a constaté que la privation sensorielle pouvait aider les gens à cesser de fumer ou à perdre du poids. Suedfeld appelle cette technique «thérapie de la stimulation environnementale réduite». Au cours d'une des études, Suedfeld a testé les effets de messages antitabac standard. Ceux-ci ont ensuite été comparés aux effets des mêmes messages combinés à une privation sensorielle. Il a constaté qu'environ le même nombre de personnes ont réussi à arrêter de fumer avec l'un ou l'autre des traitements. Toutefois, 3 mois plus tard, les membres du groupe de privation sensorielle fumaient moins que les autres, dans une proportion de 40 pour 100 (Suedfeld, 1980). Une autre étude a obtenu les mêmes effets bénéfiques chez des personnes qui faisaient partie d'un programme d'amaigrissement fondé sur la privation sensorielle (Borrie et Suedfeld, 1980).

Question : Quelle est l'utilité de la privation sensorielle?
Les clients en caissons d'isolation écoutent des bandes enregistrées qui suggèrent de manger moins ou d'arrêter de fumer. Selon Suedfeld, une personne en état de détente profonde a moins de chance de s'opposer aux suggestions. En outre, une certaine confusion mentale accompagne habituellement la privation sensorielle. Cet état aide à libérer les systèmes de croyances, ce qui permet de modifier à long terme les principes à l'origine des mauvaises habitudes.

La perspective Pendant de nombreuses années, la privation sensorielle fut considérée seulement comme un état perturbateur; elle peut toutefois révéler d'autres avantages. À tout le moins, les prochaines études sur la privation sensorielle devraient parfaire nos connaissances sur le lavage de cerveau, l'isolation des stations météorologiques éloignées, les effets ultérieurs d'une chirurgie oculaire et les problèmes causés par des voyages de longue durée dans l'espace. Il ne fait aucun doute qu'il nous reste beaucoup à apprendre grâce à l'étude du «vide».

Autotest

Répondez aux questions suivantes avant de poursuivre votre lecture.

1. Le terme *hypnose* a été utilisé par un chirurgien britannique nommé
    a. Franz Mesmer   *b.* James Stanford   *c.* T.A. Kreskin   *d.* James Braid

2. Seules 4 personnes sur 10 peuvent être hypnotisées. Vrai ou faux?

3. Qu'est-ce que l'hypnose provoque à coup sûr?
    a. une force inhabituelle   *b.* le soulagement de la douleur
    c. l'amélioration de la mémoire   *d.* des ondes cérébrales semblables à celles du sommeil

4. Parmi les choix suivants, lequel n'est pas une perturbation observée pendant ou immédiatement après la privation sensorielle?
    a. détérioration de la notion du temps   *b.* difficulté à se concentrer
    c. augmentation de la tension artérielle   *d.* accroissement des illusions visuelles

5. On peut habituellement décrire les images frappantes qui se manifestent pendant la privation sensorielle comme étant

  a. des rêveries   *b.* hypnagogiques   *c.* des hallucinations   *d.* hypodynamiques

6. Des périodes de privation sensorielle de longue durée diminuent l'anxiété et provoquent un état de détente profonde. Vrai ou faux?

Réponses :

1. *d* 2. faux 3. *b* 4. *c* 5. *b* 6. faux

La conscience altérée par les drogues — ses hauts et ses bas

Alcool, héroïne, amphétamines, barbituriques, marijuana, cocaïne, LSD, caféine, nicotine... La liste des drogues psychotropes — légales et illégales — est longue. Consommer une **drogue psychotrope** constitue la meilleure façon de modifier sa conscience. Toute substance pouvant modifier l'attention, la mémoire, le jugement, la notion du temps, la maîtrise de soi, les émotions ou la perception est considérée comme une drogue psychotrope (Ludwig, 1966).

Données sur les drogues

La plupart des drogues psychotropes peuvent être évaluées à l'aide d'une échelle qui va de la **stimulation** à la **dépression**. L'illustration 6.10 présente diverses drogues ainsi que leurs effets approximatifs sur le système nerveux central. Un résumé plus complet des drogues psychotropes figure au tableau 6.3.

  La dépendance se divise en deux grandes catégories. Lorsqu'une personne consomme une drogue de façon compulsive afin de maintenir son bien-être corporel, il s'agit d'une **dépendance physique** (ou de **toxicomanie**). La dépendance physique est souvent causée par des drogues qui entraînent des **symptômes de sevrage**. Le sevrage de drogues comme l'alcool, les barbituriques et les opiacés peut s'avérer extrêmement pénible. Par exemple, l'arrêt des barbituriques cause des symptômes graves qui s'apparentent à ceux de la grippe : nausée, vomissements, diarrhée, frissons, transpiration et crampes (Feldman et Quenzer, 1984). La toxicomanie s'accompagne souvent d'une **tolérance**. Le consommateur doit alors prendre des doses de plus en plus fortes pour obtenir l'effet désiré.

  Lorsqu'une personne est en état de **dépendance psychologique**, elle croit que la drogue est nécessaire au maintien de son bien-être émotionnel ou psychologique. Habituellement, ce sentiment est causé par le besoin intense de la drogue et de ses propriétés (Feldman et Quenzer, 1984). Cependant, ne vous méprenez pas : la dépendance psychologique peut influer sur un toxicomane aussi puissamment qu'une dépendance physique. Voilà pourquoi certains psychologues préfèrent définir la toxicomanie de façon plus générale, comme étant «toute structure compulsive de l'habitude». Selon cette définition, la personne qui a perdu la maîtrise de sa consommation de drogue, pour quelque raison que ce soit, est toxicomane (Marlatt et autres, 1988).

  Notez, au tableau 6.3, que les drogues qui risquent le plus de créer une dépendance sont l'alcool, les amphétamines, les barbituriques, la codéine, l'héroïne, la méthadone, la morphine, et le tabac. L'utilisation de

Illustration 6.10 *Spectre et continuum de l'effet des drogues. De nombreuses drogues peuvent être évaluées selon une échelle de stimulation-dépression d'après leurs effets sur le système nerveux central. Bien que le LSD, la mescaline et la marijuana soient répertoriés dans ce tableau, l'échelle de stimulation-dépression s'applique moins à ces drogues. La caractéristique principale des hallucinogènes est leur action sur le psychisme.*

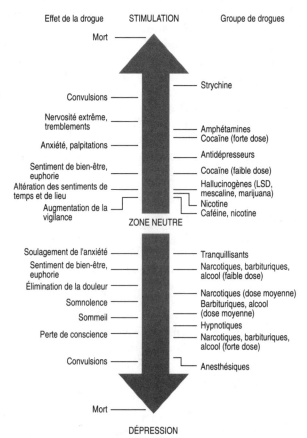

n'importe quelle drogue répertoriée au tableau 6.3 peut mener à une dépendance psychologique.

Les caractéristiques de l'abus   Bien entendu, certaines drogues ont un potentiel d'abus plus élevé que d'autres. Toutefois, il ne s'agit là que d'un côté de la médaille. Il peut souvent s'avérer aussi utile de classifier le *comportement* toxicomane que d'évaluer les drogues. Par exemple, certains demeurent des buveurs mondains toute leur vie, tandis que d'autres deviennent alcooliques peu de temps après avoir pris leur premier verre. Dans ce sens, on peut classifier la toxicomanie comme suit : **expérimentale** (consommation à court terme poussée par la curiosité), **sociale-récréative** (consommation à l'occasion de rencontres sociales, pour le plaisir ou la détente), **circonstancielle** (consommation pour faire face à un problème précis, comme l'ennui, ou le désir de demeurer éveillé), **intensive** (consommation quotidienne associée à des éléments de dépendance), ou **compulsive** (consommation intensive et dépendance extrême; *National Commission of Marihuana and Drug Abuse*, 1973). Les trois dernières catégories sont destructrices, peu importe la drogue consommée. Nous allons maintenant étudier les drogues les plus souvent consommées par des étudiants du collégial.

Les stimulants — amphétamines, cocaïne, caféine, nicotine

Les amphétamines forment un groupe important de stimulants synthétiques. Les drogues habituellement consommées sont la *Dexédrine*, la *Methedrine* et la *Benzédrine*. On a déjà prescrit des amphétamines pour aider à perdre du poids ou traiter une dépression modérée. On condamne maintenant ces deux pratiques, car les patients devenaient souvent dépendants des amphétamines prescrites. Les seuls emplois pleinement justifiés sont le traitement de la narcolepsie et de surdoses de dépresseurs. La consommation illicite d'amphétamines est très répandue chez les personnes qui cherchent à rester éveillées et parmi ceux qui croient que les drogues peuvent améliorer leur rendement mental ou physique.

Les amphétamines créent rapidement la tolérance. La plupart des toxicomanes qui commencent par consommer 1 ou 2 pilules par jour finissent par en prendre des dizaines pour obtenir le même effet. En fin de compte, certains en viennent à s'injecter de la Methedrine («speed») directement dans les veines. Le véritable drogué aux amphétamines connaît habituellement des périodes d'activité frénétique, suivies d'effondrements causés par le manque de nourriture et de sommeil.

Question : Quel danger représentent les amphétamines?

La consommation d'amphétamines présente de nombreux dangers. Pour conserver l'état de stimulation, le toxicomane doit prendre des doses de plus en plus fortes à mesure que sa tolérance augmente. Des doses plus fortes provoquent des nausées, des vomissements, une augmentation de la tension artérielle, des arythmies cardiaques fatales et des crises cardiaques débilitantes. En outre, on doit réaliser que les amphétamines augmentent l'utilisation des ressources du corps; elles ne constituent pas une source magique d'énergie. Par conséquent, les effets provoqués par la consommation d'amphétamines peuvent être dangereux et désagréables. Parmi les effets possibles, on compte la fatigue, la dépression, des cauchemars épouvantables, un état de confusion, une irascibilité non contenue et l'agressivité. Pousser les limites de son corps de façon répétitive à l'aide de stimulants peut mener à des conséquences comme «une perte de poids importante, des plaies et des ulcères inguérissables, des ongles cassants, le grincement des dents, des infections thoraciques chroniques, des maladies du foie, divers troubles reliés à l'hypertension et, dans certains cas, une hémorragie cérébrale.» (Commission d'enquête du gouvernement canadien, 1971.)

Les amphétamines peuvent également entraîner une perte de contact avec la réalité, la **psychose amphétaminique**, où la personne connaît des épisodes de paranoïa et a l'impression que quelqu'un lui veut du mal. C'est pourquoi le toxicomane peut se montrer violent envers d'autres personnes ou envers lui-même (Snyder, 1972).

La cocaïne   La cocaïne, qu'on extrait de la feuille de coca, est un stimulant puissant du système nerveux central. Elle provoque des sensations de vigilance, d'euphorie, de bien-être, de puissance et d'énergie inépuisable (Spotts et Shontz, 1980).

La cocaïne a une longue histoire d'utilisation et d'abus. Au début du siècle, des dizaines de potions et de remèdes vendus librement contenaient de la cocaïne. À cette époque, le Coca-Cola était réellement «le vrai de vrai». De 1886 à 1906, lorsque la loi sur les aliments et les médicaments fut votée, le Coca-Cola contenait de la cocaïne (qui, depuis, a été remplacée par de la caféine; Grinspoon et Bakalar, 1977). De nos jours, la cocaïne est en train de devenir une des drogues les plus utilisées. De 4 à 5 millions d'Américains environ en consomment au moins une fois par mois, et environ 30 millions l'ont essayée (Hammer et Hazelton, 1984).

Question : En quoi la cocaïne et les amphétamines diffèrent-elles?

Leurs effets sur le système nerveux central sont assez semblables. En fait, lorsque des utilisateurs assidus consomment les deux substances lors d'un test aveugle, ils ne font pas la différence entre les deux (Resnick

Tableau 6.3 *Comparaison de drogues psychotropes*

NOM	CLASSIFICATION	USAGE MÉDICAL	DOSE USUELLE	DURÉE DE L'EFFET
Alcool	Sédatif-hypnotique	Solvant, antiseptique	Variable	1-4 heures
Amphétamines	Stimulant	Soulagement d'une dépression modérée, maîtrise de l'appétit et de la narcolepsie	2,5-5 mg	4 heures
Barbituriques	Sédatif-hypnotique	Sédation, diminution de la tension artérielle, traitement de l'hyperthyroïdie	50-100 mg	4 heures
Caféine	Stimulant	Neutralisation des dépresseurs, traitement des migraines	Variable	Variable
Cocaïne	Stimulant, anesthésique local	Anesthésique local	Variable	Variable, périodes brèves
Codéine	Narcotique	Soulagement de la douleur et de la toux	30 mg	4 heures
Héroïne	Narcotique	Soulagement de la douleur	Variable	4 heures
LSD	Hallucinogène	Étude expérimentale sur les fonctions mentales et l'alcoolisme	100-500 mg	10 heures
Marijuana (THC)	Relaxant, euphorisant, hallucinogène à fortes doses	Traitement du glaucome	1-2 cigarettes	4 heures
Mescaline	Hallucinogène	Aucun	350 microgrammes	12 heures
Méthadone	Narcotique	Soulagement de la douleur	10 mg	4-6 heures
Morphine	Narcotique	Soulagement de la douleur	15 mg	6 heures
Psilocybine	Hallucinogène	Aucun	25 mg	6-8 heures
Tabac (nicotine)	Stimulant	Émétique (nicotine)	Variable	Variable

(Les points d'interrogation indiquent des opinions divergentes. Étant donné que les drogues illicites sont souvent frelatées, le consommateur s'expose à des dangers inconnus.)

Tableau 6.3 *Comparaison de drogues psychotropes (suite)*

EFFETS RECHERCHÉS	SYMPTÔMES À LONG TERME	POSSIBILITÉ DE DÉPENDANCE PHYSIQUE	POSSIBILITÉ DE DÉPENDANCE PSYCHOLOGIQUE	POSSIBILITÉ DE DOMMAGES CORPORELS
Altération des sensations, réduction de l'anxiété, sociabilité	Cirrhose, psychose toxique, dommages neurologiques, toxicomanie	Oui	Oui	Oui
Vigilance, activité	Perte d'appétit, fantasmes, hallucinations, psychose toxique	Oui	Oui	Oui
Réduction de l'anxiété, euphorie	Toxicomanie accompagnée de graves symptômes de sevrage, convulsions possibles, psychose toxique, toxicomanie	Oui	Oui	Oui
Vigilance	Insomnie, arythmie cardiaque, augmentation de la tension artérielle	Non	Oui	Oui
Stimulation, volubilité	Dépression, convulsions	Fait l'objet d'un débat	Oui	Oui
Euphorie, élimine le désagrément causé par le sevrage	Toxicomanie, constipation, perte d'appétit	Oui	Oui	Non
Euphorie, élimine le désagrément causé par le sevrage	Toxicomanie, constipation, perte d'appétit	Oui	Oui	Non*
Perspicacité, ivresse, altération des sens	Peut intensifier une psychose existante, réactions de panique	Non	Non?	Non?
Relaxation; augmentation de l'euphorie, des perceptions et de la sociabilité	Cancer des poumons, autres risques pour la santé	Non	Oui	Oui
Perspicacité, ivresse, altération des sens	Peut intensifier une psychose existante, réactions de panique	Non	Non?	Non?
Élimine le désagrément causé par le sevrage	Toxicomanie, constipation, perte d'appétit	Oui	Oui	Non
Euphorie, élimine le désagrément causé par le sevrage	Toxicomanie, constipation, perte d'appétit	Oui	Oui	Non*
Perspicacité, ivresse, altération des sens	Peut intensifier une psychose existante, réactions de panique	Non	Non?	Non?
Vigilance, calme, sociabilité	Emphysème, cancer des poumons, cancer de la bouche et de la gorge, dommages cardio-vasculaires, perte d'appétit	Oui	Oui	Oui

Les personnes qui s'injectent des drogues sans avoir recours à la stérilisation courent un risque élevé de contracter le virus du sida, l'hépatite et des abcès, et d'avoir des troubles de la circulation. Adapté de Resource Book for Drug Abuse Education, NEA, 1969, et mis à jour.

et autres, 1977). À forte dose, les effets des amphétamines peuvent durer plusieurs heures comparativement à la cocaïne qui, assimilée rapidement, a des effets qui vont de 15 à 30 minutes (Woods et autres, 1987).

Question : Quels sont les dangers de la cocaïne?

De nombreux scientifiques pensent qu'elle crée une assuétude, surtout que le nombre des toxicomanes qui en dépendent continue d'augmenter. Toutefois, ce jugement repose sur la définition que l'on donne de l'assuétude. D'une part, rien n'indique que des symptômes de sevrage se manifestent lorsqu'une personne cesse de prendre de la cocaïne (Grinspoon et Bakalar, 1985). D'autre part, de nombreux usagers connaissent un état de besoin puissant, lorsqu'ils essaient d'arrêter d'en consommer (Wilbur, 1986). La tolérance à long terme est peu commune chez les consommateurs de cocaïne, contrairement à la tolérance à court terme. En d'autres termes, les doses subséquentes ont de moins en moins d'effet au cours d'une période de consommation. Par conséquent, si on s'interroge encore sur la dépendance physique, au sens classique du terme, créée par la cocaïne, il existe peu de doute sur l'extraordinaire potentiel d'abus compulsif que la drogue présente (Byck, 1987).

De nombreuses autorités considèrent désormais que la cocaïne est une des drogues les plus dangereuses qui soient consommées à l'heure actuelle. Même les consommateurs intermittents ou ceux qui en prennent pour la première fois courent un risque, car la cocaïne peut causer des convulsions, une crise cardiaque ou une attaque (Cregler et Mark, 1986; Isner, 1986). Le décès de Len Bias, vedette de basket-ball aux États-Unis, survenu en 1986 en est la preuve.

Lorsqu'on permet à des rats et à des singes de consommer librement de la cocaïne, ces derniers la trouvent irrésistible. Un grand nombre d'entre eux finissent même par mourir des suites de convulsions après en avoir consommé une surdose (Hammer et Hazelton, 1984). La cocaïne augmente l'activité dans les voies cérébrales sensibles aux messagers chimiques que sont la dopamine et la noradrénaline. Cette dernière stimule le cerveau, et un accroissement de la dopamine entraîne un «accès» de plaisir. Cette combinaison provoque une satisfaction si puissante que la consommation compulsive de la cocaïne est très fréquente. En résumé, ceux qui consomment de la cocaïne courent le risque élevé de devenir des toxicomanes dépendants et compulsifs.

Le taux d'abus de la cocaïne serait sûrement supérieur si ce n'était de son prix exorbitant. De nombreuses autorités estiment que si la cocaïne était plus abordable, 9 consommateurs sur 10 parviendraient à un usage compulsif. En fait, la cocaïne épurée (ou «crack»), moins coûteuse, semble créer des taux d'abus très élevés chez ceux qui l'essaient.

En dépit de l'attrait qu'elle représente, la consommation de cocaïne n'est pas une partie de plaisir. Une étude portant sur 500 toxicomanes a démontré que ceux-ci souffraient d'anxiété, d'irascibilité, de paranoïa, de problèmes interpersonnels, d'insomnie, de maux de tête, de tremblements et de nausée (Helfrich et autres, 1983; Washton et Gold, 1984).

Voici quelques signes de plus en plus graves de l'abus de cocaïne (Pursch, 1983).

■ **La consommation compulsive**. Si la cocaïne est disponible — par exemple, à une rencontre sociale — vous en consommerez sans aucun doute. Vous ne pouvez résister à la tentation.

■ **La perte de maîtrise**. Une fois que vous avez consommé de la cocaïne, vous continuerez d'en prendre jusqu'à ce que vous soyez épuisé, ou qu'il n'en reste plus.

■ **Le mépris des conséquences**. Il importe peu que votre loyer soit impayé, votre profession, menacée, votre conjoint(e), disparu(e), et votre santé, affectée; vous consommerez quand même de la cocaïne.

Il devient apparent que le potentiel d'abus et de dommages sociaux de la cocaïne est comparable à celui de l'héroïne, cette drogue incontestablement symbole de déchéance. Quiconque croit avoir un problème de cocaïne devrait se rendre à une clinique de toxicomanie ou à une réunion de Cocaïnomanes Anonymes.

La caféine La caféine est la drogue psychotrope la plus souvent consommée aux États-Unis. Elle stimule le cerveau en bloquant les substances chimiques qui inhibent ou diminuent habituellement l'activité nerveuse (Julien, 1985). Ses effets deviennent apparents même à de faibles doses comme 100 à 200 mg (environ 2 tasses de café). Sur le plan psychologique, la caféine supprime la fatigue ou la somnolence, et augmente la vigilance; certaines personnes ont de la difficulté à commencer la journée sans caféine.

Quelle quantité de caféine avez-vous consommée aujourd'hui? Il est courant de considérer le café comme étant la source principale de caféine, mais il en existe de nombreuses autres. On trouve de la caféine dans le thé, de nombreuses boissons non alcoolisées (surtout les colas), le chocolat et le cacao. Plus de 2 000 médicaments vendus librement en contiennent également, dont les remontants, les médicaments contre le rhume, et de nombreux produits d'aspirine connus. Le tableau 6.4 répertorie la quantité de caféine de plusieurs aliments.

Question : La consommation de caféine présente-t-elle des inconvénients graves?

L'abus de caféine peut provoquer une dépendance malsaine appelée **caféisme** (Levitt, 1977). L'insomnie, l'irascibilité, la perte d'appétit, les frissons, l'augmenta-

Café instantané (150 mL), 64 mg
Café au percolateur (150 mL), 108 mg
Café filtre (150 mL), 145 mg
Café décaféiné (150 mL), 3 mg
Thé noir (150 mL), 42 mg
Thé glacé (500 mL), 30 mg
Boisson au cacao (180 mL), 8 mg
Boisson au chocolat (250 mL), 14 mg
Chocolat (30 g), 20 mg
Cola (375 mL), 50 mg
Boisson non alcoolisée (375 mL), 0-52 mg

Tableau 6.4 *Quantité moyenne de caféine dans divers aliments*

tion du rythme cardiaque et l'accroissement de la température corporelle sont des signes de caféisme (illustration 6.11). Les personnes qui boivent de 15 à 20 tasses de café par jour présentent souvent de tels symptômes. La caféine comporte certains risques pour la santé, même en l'absence de caféisme. Elle favorise le développement de kystes du sein chez la femme et peut intensifier l'insomnie, des problèmes d'estomac, des troubles cardiaques et une tension artérielle élevée. Les spécialistes de la santé conseillent vivement aux femmes enceintes d'arrêter complètement leur consommation de caféine, car elle pourrait entraîner des malformations congénitales. On a également établi un rapport possible entre la caféine et les fausses couches (Grady, 1986).

Dans notre société, la caféine n'est pas considérée comme une drogue. Toutefois, comme l'a démontré notre étude, il est sage de se rappeler qu'il s'agit *réellement* d'une drogue et qu'on doit la consommer avec modération.

La nicotine La nicotine est un stimulant naturel qu'on trouve surtout dans le tabac. Elle constitue la drogue psychotrope la plus consommée après la caféine (Julien, 1985).

Question : De quelle façon la nicotine se compare-t-elle avec d'autres stimulants?

La nicotine est une drogue puissante. Elle est tellement toxique qu'elle sert parfois d'insecticide! Consommée à forte dose, elle provoque des douleurs stomacales, des vomissements et la diarrhée, des sueurs froides, des étourdissements, un état de confusion et des tremblements. À très haute dose, la nicotine peut causer des convulsions, une insuffisance respiratoire et la mort (Levitt, 1977). Une seule dose de 50 à 75 mg peut s'avérer mortelle pour un non-fumeur. (On obtient cette dose en fumant de 17 à 25 cigarettes à la chaîne.)

La plupart des fumeurs débutants ont des nausées après une ou deux cigarettes. Comparativement, un grand fumeur peut inhaler 40 cigarettes par jour et

se sentir parfaitement bien. Cette différence indique qu'une tolérance se crée chez les fumeurs réguliers (Levitt, 1977).

Question : La nicotine crée-t-elle vraiment une dépendance?

Selon un rapport émis en 1988 par le chef du service de santé des États-Unis, la nicotine crée une dépendance. Chez de nombreux fumeurs, le sevrage de la nicotine cause des maux de tête, des sueurs, des crampes, de l'insomnie, des problèmes digestifs, de l'irascibilité et un état de besoin intense de cigarettes (Feldman et Quenzer, 1984; Shiffman, 1980). Ces symptômes peuvent durer de 2 à 6 semaines et dépasser en intensité ceux d'un sevrage de l'héroïne. En fait, les taux de rechute sont presque identiques chez les alcooliques, les drogués à l'héroïne, les cocaïnomanes, et les fumeurs qui essaient d'arrêter (Brownell et autres, 1986; Koop, 1988a).

Question : Quelle est la gravité des risques pour la santé posés par la cigarette?

Une cigarette qui brûle émet plus de 6 800 substances chimiques différentes, dont un grand nombre sont *cancérogènes*. En outre, la nicotine elle-même peut être cancérogène (Bock, 1980). On considère maintenant que le cancer des poumons et d'autres types de cancers

Illustration 6.11 *Comme dans le cas d'autres drogues, certains consommateurs peuvent abuser de la caféine.*

causés par la cigarette constituent la cause de décès qu'on peut éviter le plus aux États-Unis. Chez les hommes, 97 pour 100 des décès attribués au cancer des poumons sont causés par la cigarette. Chez les femmes, 74 pour 100 de tous les cas de cancers des poumons sont causés par la cigarette, et ce taux a augmenté considérablement au cours des dernières années. La cigarette est la cause d'environ un tiers de tous les décès attribués au cancer (Reif, 1981).

Si vous pensez que la cigarette est inoffensive, ou que le lien entre la cigarette et le cancer reste à déterminer, vous vous bercez d'illusions. Comme le précise un spécialiste : «Le lien scientifique entre le tabac et le cancer est aussi irréfutable que ne peut l'être tout lien de cause à effet d'une maladie chez l'être humain» (Reif, 1981). Quant à vous, cow-boys des villes, des conclusions semblables s'appliquent au tabac à chiquer ou à priser. Les consommateurs de ces types de tabac courent un risque de 4 à 6 fois supérieur à la normale d'être atteint du cancer de la bouche. Ces types de tabac causent également le rétrécissement des gencives, favorisent les maladies du coeur et créent probablement une dépendance aussi grande que la cigarette (Christian et McDonald, 1987; Foreyt, 1987).

À moins qu'ils ne désirent mourir, les fumeurs doivent tirer une certaine satisfaction de la cigarette. La plupart prétendent que fumer les aide à se concentrer, à se sentir sociables, ou à se calmer. Toutefois, selon le psychologue Stanley Schachter : «Le grand fumeur ne retire aucune satisfaction de la cigarette. Il ne fume que pour éviter les symptômes de sevrage» (Schachter, 1978). Schachter a démontré que la cigarette n'améliore pas l'humeur ou le rendement des grands fumeurs comparativement aux non-fumeurs. D'autre part, les grands fumeurs qui sont *privés* de nicotine se sentent moins bien, et leur rendement est inférieur à celui des non-fumeurs.

Schachter a également démontré que les grands fumeurs ajustent leur consommation afin de maintenir un niveau de nicotine constant. Par conséquent, lorsqu'ils fument des cigarettes plus légères, ils en fument davantage. De plus, s'ils sont stressés (ce qui accélère l'élimination de la nicotine du corps), ils fument davantage (Schachter, 1978). Le lien entre le stress et la nicotine explique probablement pourquoi les étudiants fument davantage lors de périodes stressantes comme des examens, ou des rencontres sociales.

Question : Est-il préférable de cesser de fumer d'un coup sec, ou de diminuer graduellement?

De nombreuses autorités recommandent de diminuer graduellement ou, du moins, d'utiliser une cigarette légère. Toutefois, Schachter et d'autres croient qu'il est préférable de cesser abruptement. Les études de Schachter démontrent que les fumeurs qui diminuent leur consommation se trouvent dans un état constant

THE FAR SIDE par Gary Larson *La véritable raison de l'extinction des dinosaures.*

de sevrage. Cette méthode provoque de l'irascibilité et du désagrément sans mettre vraiment un terme à la cigarette. Les fumeurs qui adoptent des cigarettes plus légères finissent souvent par en fumer davantage pour obtenir la même quantité totale de nicotine. De cette façon, ils peuvent s'exposer à davantage de substances cancérogènes qu'auparavant (Schachter, 1978; Schiffman, 1980). Peu importe la méthode choisie, il n'est pas facile de cesser de fumer. Les personnes qui désirent y arriver devraient être prêtes à faire de nombreux essais infructueux avant de réussir (Brownell et autres, 1986). Fait réjouissant, des dizaines de millions de personnes ont réussi.

Les dépresseurs — les barbituriques et l'alcool

Question : En quoi les dépresseurs et les stimulants diffèrent-ils?

L'alcool et les barbituriques sont les dépresseurs les plus consommés. Les effets de ces drogues se ressemblent tellement que les barbituriques sont parfois désignés comme de l'«alcool solide». Nous allons maintenant étudier les propriétés de chacune d'entre elles.

Les barbituriques

Les barbituriques sont des drogues **sédatives** qui diminuent l'activité cérébrale. En médecine, on s'en sert pour calmer les patients ou les faire dormir. À dose moyenne, les barbituriques ont un effet semblable à une intoxication par l'alcool, mais une surdose peut entraîner le coma ou la mort. Les barbituriques combinés avec de l'alcool sont particulièrement dangereux. Lorsqu'ils sont mélangés, les effets des deux drogues sont multipliés en raison d'une **interaction des drogues** (une drogue accroît l'effet de l'autre).

Les barbituriques sont souvent consommés à dose excessive, car une première dose peut être suivie d'autres doses à mesure que le consommateur perd ses inhibitions ou la mémoire. Marilyn Monroe, Judy Garland et un certain nombre de célébrités ont succombé à une surdose de barbituriques. Celle-ci provoque d'abord un état d'inconscience. Ensuite, elle diminue tellement les centres cérébraux qui régissent le rythme cardiaque et la respiration, que mort s'ensuit.

L'abus Les dépresseurs les plus souvent consommés sont des barbituriques à action brève comme le *Seconal* et le *Tuinal*. La drogue non barbiturique, la *methaqualone* (dont les marques déposées sont *Quaalude*, *Sopor* et *Parest*), est étroitement apparentée à ces drogues (et à l'alcool). Elles seraient consommées en raison de leurs effets immédiats et de la courte durée de l'intoxication (de 2 à 4 heures). Comme dans le cas des autres dépresseurs, la consommation répétée peut créer une dépendance physique et une dépression affective. Freddie Prinze, un fantaisiste connu de la télévision américaine, avait pris des Quaaludes avant de se suicider.

Il arrive trop souvent que l'on prenne de l'alcool en même temps que des dépresseurs à action brève ou qu'on les ajoute à un bol de punch «corsé». Une telle combinaison a provoqué un état de coma chez Karen Ann Quilan; ce dernier a duré 10 ans et s'est terminé par le décès de la jeune femme en 1985. Il n'est pas exagéré de répéter que le mélange de barbituriques et d'alcool peut s'avérer mortel.

L'alcool

Contrairement à la croyance populaire, l'alcool n'est pas un stimulant. La gaieté apparente des gens qui boivent pendant une rencontre sociale est due à l'effet **dépresseur** de l'alcool sur le système nerveux central. Comme l'indique l'illustration 6.12, de faibles quantités d'alcool réduisent l'inhibition et provoquent des sentiments de détente et d'euphorie. Des quantités plus importantes d'alcool affaiblissent davantage le cerveau, jusqu'à ce que le buveur perde conscience. L'alcool n'est pas un aphrodisiaque. Il diminue habi-

tuellement la performance sexuelle, en particulier chez les hommes. Comme l'a remarqué William Shakespeare il y a bien des années, l'alcool «fait naître le désir, mais chasse la performance.»

L'abus L'alcool, qui est le dépresseur favori aux États-Unis, est la source de toxicomanie la plus importante dans ce pays. Plus de 140 millions d'Américains consomment de l'alcool, dont 14 à 18 millions environ connaissent un grave problème d'alcool. Une tendance particulièrement alarmante est l'augmentation marquée de l'alcoolisme chez les adolescents et les jeunes adultes. Une étude récente portant sur des étudiants a démontré que 17 pour 100 (plus de 1 sur 6) sont de gros buveurs. Chez les hommes, ce chiffre s'élevait à 25 pour 100, soit 1 étudiant sur 4 (Olmstead, 1984).

Question : Quels sont les signes de l'alcoolisme?

La reconnaissance de l'alcoolisme Étant donné que l'alcoolisme est un problème très répandu, il est important d'en reconnaître les signaux d'alarme. La transformation d'un buveur normal en un buveur à problème, puis en un alcoolique est souvent subtile. Selon Jellinek (1960), les étapes suivantes caractérisent la progression de l'alcoolisme.

1. La phase initiale. Au début, le buveur mondain commence à avoir plus souvent recours à l'alcool pour diminuer sa tension ou se sentir bien. Les quatre signaux d'alarme de cette période, qui dénotent une dépendance excessive de l'alcool, sont :
L'augmentation de la consommation. La personne boit de plus en plus et son comportement relativement à l'alcool peut commencer à l'inquiéter.
La consommation matinale. La consommation matinale est un signe dangereux, notamment lorsqu'on y a recours pour combattre la gueule de bois ou pour «faire sa journée».
Les remords succédant à un comportement. La personne en état d'ébriété adopte un comportement répréhensible qui suscite un sentiment de culpabilité ou de gêne.
Les trous de mémoire. L'abus d'alcool peut se manifester par une incapacité de se rappeler ce qui s'est produit pendant l'intoxication.
2. La phase cruciale. Un moment décisif survient lorsque la personne commence à perdre la maîtrise de sa consommation d'alcool. À ce stade, elle décide encore du moment et de l'endroit où elle prend son premier verre, mais celui-ci déclenche une réaction en chaîne; un deuxième verre suit, puis un troisième, et ainsi de suite.
3. La phase chronique. À ce stade-ci, les alcooliques boivent de façon compulsive et continue. Ils mangent rarement, s'intoxiquent avec des quantités d'alcool

ALCOOL CONSOMMÉ	REPRÉSENTATION NEURALE	EFFET SUR LE COMPORTEMENT
60 mL de whisky pur à 45 % d'alcool 0,05 % d'alcool dans le sang	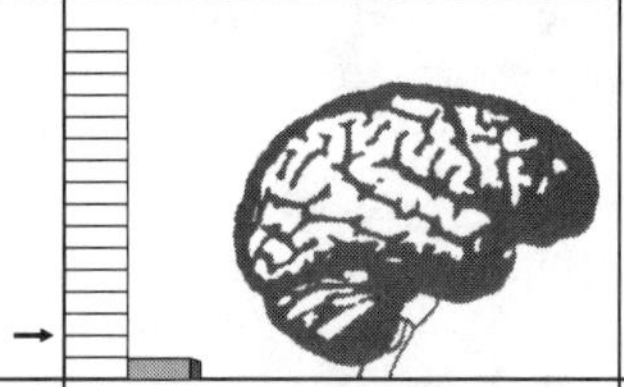	Touche les centres nerveux de la partie supérieure du cerveau; diminution des inhibitions, relâchement des conventions et de la politesse, détente.
180 mL de whisky pur à 45 % d'alcool 0,15 % d'alcool dans le sang	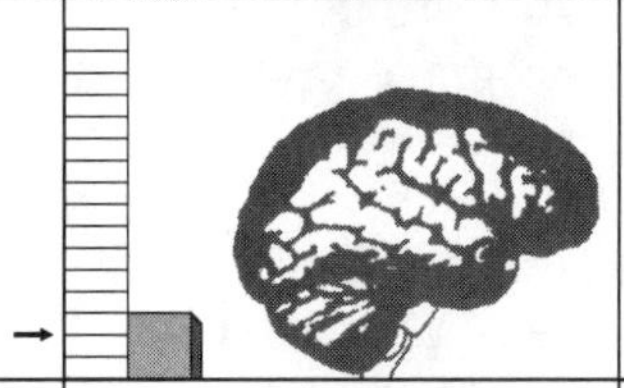	Touche les aires motrices de la partie inférieure du cerveau; démarche titubante, mauvaise articulation, confiance exagérée, comportement impulsif.
300 mL de whisky pur à 45 % d'alcool 0,25 % d'alcool dans le sang	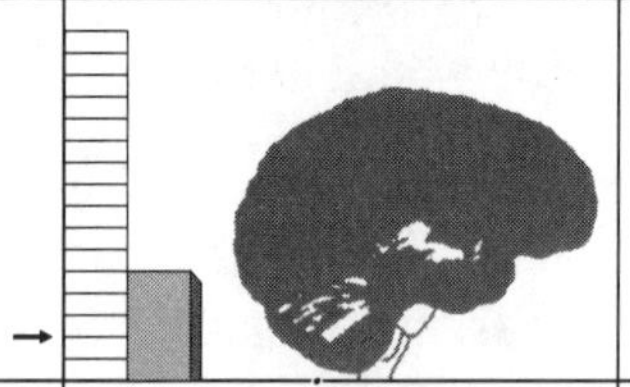	Touche les centres des émotions du cerveau moyen; détérioration des réactions motrices et démarche instable, distorsion des sensations, voit double, s'endort.
480 mL de whisky à 45 % d'alcool 0,4 % d'alcool dans le sang	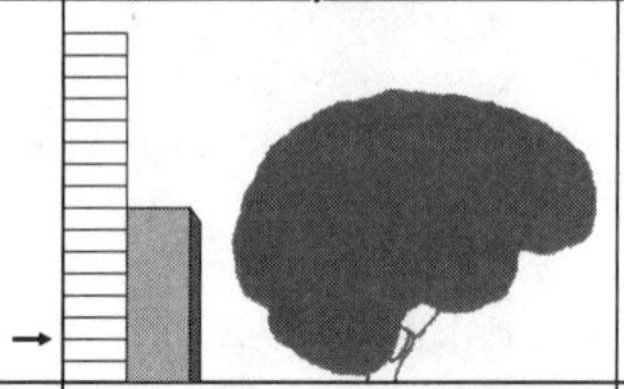	Touche l'aire sensitive du cervelet; détérioration des sens, état de stupeur.
720 mL de whisky à 45 % d'alcool 0,6 % d'alcool dans le sang	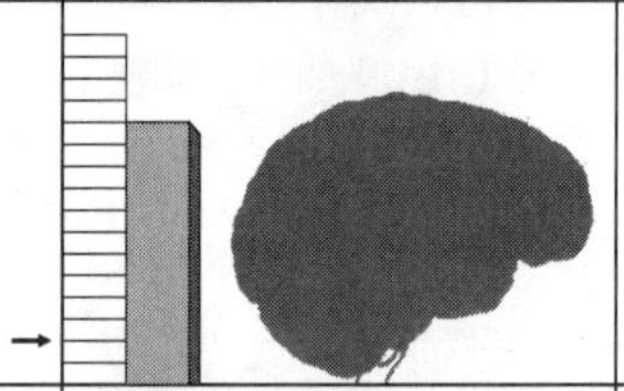	Touche les aires gnosiques du cerveau; perte de conscience, seules les fonctions de la respiration et des battements du coeur demeurent.
960 mL de whisky à 45 % d'alcool 0,8 % d'alcool dans le sang	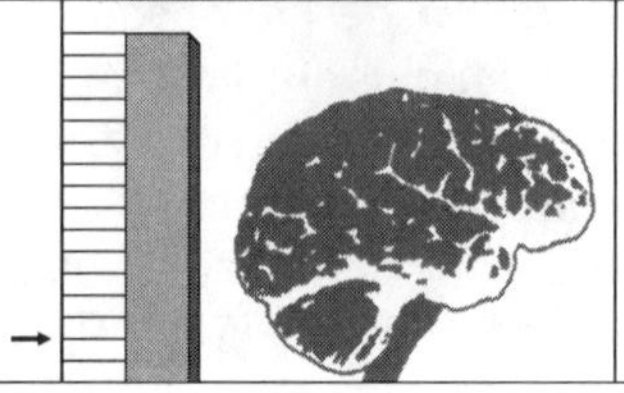	Touche tout le cerveau; arrêt des battements cardiaques et de la respiration, **mort**.

Illustration 6.12 *Les effets de l'alcool sur le comportement sont reliés au taux d'alcool dans le sang et à la suppression des fonctions mentales supérieures qui s'ensuit. Les flèches indiquent le seuil d'intoxication type en vertu de la loi aux États-Unis. (Tiré de Jozef Cohen, Eyewitness Series in Psychology, p. 44. Copyright © par Rand McNally and Company. Imprimé après autorisation.)*

beaucoup moins importantes et éprouvent un intense besoin d'alcool lorsqu'ils en sont privés. Le travail, les rapports familiaux et la vie sociale se détériorent. Cette auto-intoxication est en général tellement compulsive que lorsqu'on donne le choix à un alcoolique, la bouteille viendra avant les amis, la parenté, l'emploi et l'estime de soi. L'alcoolique est un toxicomane.

En guise de complément, le profil 6.2 peut vous aider à mieux comprendre la progression de l'alcoolisme.

De nombreux buveurs mondains-récréatifs pourraient maîtriser beaucoup mieux leur consommation d'alcool. Presque chacun d'entre nous a déjà assisté à une rencontre sociale gâchée par quelqu'un qui a trop bu, trop rapidement. Ceux qui évitent de trop boire s'amusent davantage, et leurs amis aussi. Mais comment éviter de trop boire? Après tout, comme l'a

observé un sage : «La conscience se dissout dans l'alcool.» Les psychologues Roger Vogler et Wayne Bartz (1982) fournissent une partie de la réponse.

Vogler et Bartz ont constaté que la consommation d'alcool procure un sentiment de bien-être tant que le taux dans le sang en demeure inférieur à 0,05. À ce degré, les gens se sentent détendus, euphoriques et sociables. À des taux supérieurs, ils passent d'une intoxication moyenne à un état d'ébriété prononcé. Plus tard, à mesure que descend le taux d'alcool dans le sang, ceux qui ont trop bu deviennent malades et ont le cafard. Le tableau 6.5 présente la quantité approximative qui peut être consommée par heure sans dépasser le taux de 0.05. (Même à ce taux, la conduite d'une automobile peut être affectée.) En adoptant un rythme modéré, ceux qui ont choisi de boire peuvent demeurer à l'aise, agréables et cohérents tout au long de la

PROFIL 6.2
La progression de l'alcoolisme

Premiers signaux d'alarme

Votre consommation vous rend coupable.

Votre consommation a augmenté et vous avez tendance à boire d'un trait.

Vous tâchez de boire avant ou après des rencontres sociales pendant lesquelles vous buvez.

Vous avez commencé à boire à certaines heures, ou pour faire face à certaines situations.

Vous buvez pour dissiper des sentiments d'ennui, de dépression, d'anxiété ou d'inadaptation.

Vous vous sentez blessé par les remarques des autres sur votre consommation.

Vous avez eu des trous de mémoire ou perdu conscience en buvant.

Signaux d'alarme à ne pas négliger

À certains moments, vous avez besoin d'un verre.

Vous buvez le matin pour combattre votre gueule de bois.

Vous promettez de boire moins, et vous mentez au sujet de votre consommation.

Vous regrettez souvent ce que vous avez fait ou dit lorsque vous aviez bu.

Vous avez commencé à boire seul.

Vos fins de semaines sont de longues beuveries, et vous souffrez de la gueule de bois le lundi matin.

Vous avez manqué des heures de travail ou des cours à cause de votre consommation d'alcool.

Vous êtes visiblement soûl lors de rencontres importantes.

Vos rapports avec votre famille ou vos amis ont changé à cause de votre consommation d'alcool.

Tableau 6.5 *Consommation modérée*

Votre poids (kg)	Nombre approximatif de verres pour que le taux d'alcool dans le sang demeure inférieur à 0,05*
45	0,75
55	1,00
65	1,25
70	1,30
80	1,50
90	1,60
100	1,80
Un verre	= 375 mL de bière
	= 125 mL de vin
	= 75 mL de cognac
	= 40 mL de spiritueux à 40 % d'alcool

*Les données du tableau sont approximatives et varient selon des facteurs comme le métabolisme, l'heure du dernier repas, etc. Les évaluations sont tirées de tableaux de Vogler et Bartz (1982).

rencontre ou de l'activité. En résumé, si vous buvez, il pourrait être judicieux de consulter votre nombre «magique» au tableau 6.5.

Le traitement Pour mettre fin à sa maladie, une personne alcoolique doit arrêter de boire et cesser son approvisionnement. On désigne cette phase sous le nom de **désintoxication**. Elle provoque souvent les symptômes du sevrage et peut être extrêmement désagréable pour l'alcoolique. La prochaine étape consiste à tenter de rétablir la santé de l'alcoolique. Habituellement, la consommation excessive et continue d'alcool endommage gravement les organes corporels et le système nerveux. La nourriture, des vitamines et des soins médicaux ne peuvent annuler complètement les dommages, mais un état de santé satisfaisant peut être obtenu. Lorsque les alcooliques sont abstinents et que leur santé est rétablie, on peut les traiter avec des tranquillisants, des antidépresseurs, ou par la psychothérapie. Malheureusement, le taux de réussite de ces méthodes demeure limité.

Une méthode d'entraide qui s'est avérée assez fructueuse est la fraternité des Alcooliques Anonymes (AA). Les AA partent du principe que seul un alcoolique rétabli peut comprendre et aider une personne en proie à l'alcoolisme. Les participants aux réunions des AA reconnaissent qu'ils ont un problème, font part de leurs sentiments et décident de demeurer sobres une journée à la fois. D'autres membres du groupe aident ceux qui s'efforcent de mettre un terme à leur dépendance. (Cocaïnomanes Anonymes et Narcotiques Anonymes utilisent la même méthode.)

Parmi ceux qui demeurent dans les AA pendant plus d'un an, 81 pour 100 ne boivent pas pendant l'année suivante (Sexias, 1981). Le taux de réussite des AA peut provenir du fait que les membres participent volontairement, ce qui signifie qu'ils ont admis qu'ils avaient un grave problème. Malheureusement, il semble que les alcooliques n'affronteront pas leurs problèmes tant qu'ils n'auront pas touché le fond du désespoir. S'ils le désirent, toutefois, les AA peuvent leur proposer une approche pratique du problème.

La marijuana — que nous réserve marie-jeanne?

Si vous choisissez trois Américains au hasard, un d'entre eux aura essayé la marijuana au moins une fois (National Institute of Drug Abuse, 1985). Plus de 18 millions d'Américains peuvent être des usagers réguliers, ce qui place la marijuana dans la même catégorie que le tabac et l'alcool. La **marijuana** et le **hachisch** sont tiré du chanvre *Cannabis sativa*. La principale substance chimique active du *Cannabis* est le tetrahydrocannabinol, ou **THC**. Le THC est un **hallucinogène** modéré, c'est-à-dire qu'il modifie les impressions sensorielles.

On n'a rapporté aucun cas de décès attribué à une surdose de marijuana aux États-Unis (Carr et Meyers, 1980). Toutefois, on connaît assez les effets de la marijuana pour prouver qu'elle n'est pas inoffensive. Il est particulièrement inquiétant de constater que le THC s'accumule dans les tissus adipeux du corps, notamment dans le cerveau et les organes reproducteurs. Même si une personne ne fume de la marijuana qu'une fois par semaine, le corps contient toujours du THC (Nahas, 1979a).

Question : La marijuana crée-t-elle une dépendance physique?

Des études portant sur des grands consommateurs de longue date en Jamaïque, en Grèce et au Costa Rica n'ont pu prouver l'existence d'une dépendance physique (Carter, 1980; Rubin et Comitas, 1975; Stefanis et autres, 1977). Le potentiel d'abus de la marijuana relève principalement du domaine de la dépendance psychologique, non de la toxicomanie.

Les effets immédiats de la marijuana Un sentiment d'euphorie ou de bien-être, la détente, l'altération de la notion du temps et des distorsions perceptuelles constituent les effets psychologiques types de la marijuana (Carr et Meyers, 1980). La marijuana détériore la mémoire à court terme et ralentit l'apprentissage, ce qui peut poser de graves problèmes chez ceux qui en consomment souvent (Nahas, 1979b). Tout bien considéré, l'intoxication à la marijuana est relativement subtile comparativement à une drogue comme l'alcool (Carter, 1980). En dépit de cela, on a prouvé que prendre le volant ou faire fonctionner de la machinerie sous l'influence de la marijuana peut s'avérer extrêmement dangereux. En fait, prendre le volant après avoir consommé n'importe quelle drogue est dangereux.

Question : Dans les journaux, des rapports très alarmants soulignent les dangers de la marijuana. Sont-ils exacts?

Les dangers de la consommation de marijuana Comme l'a déjà déclaré un pharmacien : «Les lecteurs de *Sélection du Reader's Digest* pourraient croire que la marijuana est beaucoup plus dangereuse que la peste noire.» Malheureusement, l'évaluation des risques de la marijuana a été embrouillée par le débat affectif. Tâchons maintenant de procéder à une évaluation réaliste.

Dans les années 1970, de nombreux rapports indiquaient que la marijuana causait des dommages cérébraux et génétiques ainsi que la perte de mémoire. Il s'agit d'accusations graves, mais on a affirmé que chacune d'entre elles était fondée sur des recherches incomplètes ou peu concluantes (Brecher, 1975a; NIDA, 1976; Zinberg, 1976). En outre, des études importantes menées en Jamaïque, en Grèce et au Costa Rica n'ont pu démontrer que les fumeurs de marijuana de longue date souffraient de graves problèmes de santé ou de détérioration mentale (Carter, 1980; Rubin et Comitas, 1975; Stefanis et autres, 1977). La marijuana est-elle donc sans danger pour la santé? Pas vraiment. Comme dans le cas de l'alcool, certains adultes deviennent très dépendants de la marijuana. La consommation de toute drogue, y compris la marijuana, peut détériorer gravement le développement mental, physique et affectif (Nahas, 1979b; Zinberg, 1976).

Les risques pour la santé Après de nombreuses années d'informations conflictuelles, on fait le point sur les dangers pour la santé posés par la marijuana. Après une revue approfondie de recherches, l'académie nationale des sciences des États-Unis (1982) a conclu que les effets à long terme de la marijuana comprenaient plusieurs risques pour la santé.

1. Chez les consommateurs réguliers, la marijuana cause la bronchite chronique et des changements pré-cancéreux des cellules pulmonaires. À l'heure actuelle, on n'a pas démontré le lien direct entre la marijuana et le cancer des poumons, mais on en soupçonne l'existence. Une étude récente menée par des chercheurs suisses a démontré que la fumée de marijuana contient 50 pour 100 de plus d'hydrocarbures cancérogènes que la fumée du tabac. Certains médecins estiment que fumer plusieurs cigarettes de marijuana par semaine équivaut à fumer une douzaine de cigarettes par jour (Nahas, 1979a). D'autres chercheurs ont découvert que «les cellules qui tapissent les voies aériennes de ceux qui ne fument que quelques cigarettes de marijuana par jour subissent autant de dommages microscopiques que ceux qui fument plus d'un paquet de cigarettes par jour» (Wu et autres, 1988).

2. La marijuana diminue temporairement la production de sperme chez l'homme, et certaines études y trouvent la présence d'anomalies. Cela pourrait poser un problème pour un homme qui est peu fertile et qui désire fonder une famille.

3. Au cours d'expériences sur des singes femelles, on a découvert que le THC causait une irrégularité du cycle menstruel et une perturbation de l'ovulation. On ne sait pas s'il en est de même chez la femme. D'autres études portant sur des animaux ont démontré que le THC cause un taux plus élevé de fausses couches et qu'il peut affecter la croissance du foetus (Nahas, 1979a). Comme c'est le cas pour de nombreuses autres drogues, il est préférable de s'abstenir de fumer de la marijuana pendant la grossesse.

4. Le chercheur Herman Friedman a prouvé que le THC peut affaiblir le système immunitaire du corps, ce qui augmente les risque de contracter une maladie (Turkington, 1986).

Lorsqu'on compare les résultats précédents aux études sur les usagers de longue date de marijuana, il semble évident qu'on ne peut dire avec certitude que la marijuana est extrêmement dangereuse ou complètement inoffensive. Bien qu'il reste encore beaucoup à découvrir, la marijuana semble faire partie de la même catégorie que deux drogues dangereuses — le tabac et l'alcool. Seules les futures recherches nous dévoileront «ce que nous réserve marie-jeanne».

Autotest

1. Parmi les drogues répertoriées ci-dessous, lesquelles créent une dépendance physique?

   a. l'héroïne   *b.* la morphine   *c.* la codéine   *d.* la méthadone
   e. les barbituriques   *f.* l'alcool   *g.* la caféine   *h.* les amphétamines

2. La psychose amphétaminique est semblable à une _____ extrême, où la personne se sent menacée et est la proie de fantasmes.

3. Les effets de la cocaïne sur le système nerveux central sont très semblables à ceux de quelle substance?

   a. les Quaaludes   *b.* la codéine   *c.* le *Cannabis*   *d.* les amphétamines

4. La combinaison de _____ et d'alcool peut être mortelle.

5. Prendre un verre peut déclencher une réaction en chaîne et mener à la consommation d'un deuxième verre, et d'un troisième, au cours de la phase cruciale de l'alcoolisme. Vrai ou faux?

6. Le problème de toxicomanie le plus important aux États-Unis a trait à la consommation de

   a. marijuana   *b.* alcool   *c.* tabac   *d.* cocaïne

7. La plupart des spécialistes reconnaissent maintenant que la marijuana crée une dépendance physique. Vrai ou faux?

Réponses :

1. toutes, sauf *g* 2. paranoïa 3. *d* 4. barbituriques ou de la conduite automobile 5. vrai 6. *b* 7. faux

Applications : l'exploration et l'utilisation de vos rêves

Le rêve est l'un des états altérés les plus familiers et un des plus mystérieux. À un moment ou à un autre, nous avons presque tous eu un rêve qui semblait revêtir une signification profonde. Par conséquent, il semble approprié d'examiner de nouveau le rêve dans la présente section Applications. Commençons par la théorie de Freud sur l'interprétation des rêves.

L'interprétation de vos rêves

Pour trouver la signification des rêves, Freud a défini quatre **processus** qui, selon lui, cachent la signification des images oniriques. Par la **condensation**, un seul personnage du rêve en représente plusieurs à la fois. Quelqu'un qui ressemble à votre professeur, agit comme votre père, parle comme votre mère et s'habille comme votre employeur peut constituer une condensation des symboles d'autorité dans votre vie.

On déguise aussi le contenu des rêves grâce au **déplacement**. Ainsi, les émotions ou les actions importantes d'un rêve peuvent devenir des images inoffensives ou apparemment insignifiantes. Par exemple, un étudiant qui en veut à ses parents peut rêver qu'il fait un accident avec leur voiture au lieu de les attaquer directement.

Un troisième processus onirique est la **symbolisation**. Comme nous l'avons déjà mentionné, Freud croyait que les rêves étaient souvent exprimés en images dont le sens est symbolique plutôt que littéral. Pour connaître la signification des rêves, on peut se demander quelles idées ou quels sentiments sont symbolisés par une image onirique. Par exemple, supposons qu'un étudiant rêve qu'il se rend nu à un cours. L'interprétation littérale serait que cet étudiant est exhibitionniste! D'après une signification symbolique plus probable, cet étudiant se sent vulnérable en classe, ou n'a pas étudié pour son examen.

La signification des rêves est aussi déguisée par l'**élaboration secondaire**; on a donc tendance à rendre un rêve plus logique et à y ajouter des détails lorsqu'on s'en souvient. Plus un rêve est frais à la mémoire, plus il a de chance de s'avérer utile.

En déterminant la part de condensation, de déplacement, de symbolisation et d'élaboration secondaire, vous pouvez trouver la signification de vos rêves. Mais il existe un moyen plus facile d'y parvenir. Calvin Hall (1966, 1974), un théoricien du rêve, préfère considérer les rêves comme des pièces de théâtre, et le rêveur, comme un dramaturge. Hall reconnaît que les images et les idées présentes dans les rêves ont tendance à être plus primitives que celles de l'état de veille. Néanmoins, on peut en apprendre beaucoup en considérant simplement le **cadre**, les **personnages**, l'**intrigue** et les **émotions** d'un rêve.

Selon un autre chercheur sur le rêve, Rosalind Cartwright (1969, 1978), les rêves seraient avant tout des «formulations affectives». Le **ton affectif** d'un rêve serait l'indice principal de sa signification. Votre rêve est-il comique, menaçant, joyeux ou déprimant? Vous sentiez-vous seul, jaloux, effrayé, amoureux ou en colère? Cartwright encourage l'utilisation de la vie onirique quotidienne comme une source d'expériences variées et d'enrichissement personnel, et considère que l'exploration des rêves ouvre la voie à l'épanouissement personnel.

Ann Faraday (1972), une théoricienne du rêve, croit également que l'étude des rêves est source d'enrichissement. D'après Faraday, les rêves sont un message *de* vous-même *à* vous-même. Par conséquent, vous pouvez comprendre vos rêves en vous en souvenant, en les écrivant, en déterminant les messages qu'ils contiennent et en vous familiarisant avec *votre* propre système de symboles. Voici comment y arriver.

Comment poursuivre un rêve

1. Avant de vous coucher, projetez de vous souvenir de vos rêves. Gardez un crayon et une feuille de papier, ou un magnétophone à côté de votre lit.
2. Si possible, tâchez de vous réveiller graduellement, sans réveille-matin. Un réveil naturel survient presque toujours après une période de sommeil MOR.
3. Si vous avez rarement souvenir de vos rêves, vous pouvez régler votre réveille-matin de façon à vous réveiller une heure plus tôt que d'habitude. Bien qu'elle soit moins préférable qu'un réveil naturel, cette méthode peut contribuer à vous permettre de vous rappeler vos rêves.
4. Au réveil, demeurez immobile, les yeux fermés, et passez en revue les images du rêve. Essayez de vous souvenir du plus grand nombre de détails.
5. Si possible, faites le premier compte rendu de votre rêve (en l'écrivant ou en l'enregistrant) les yeux toujours fermés. Si vous ouvrez les yeux, vous interromprez vos souvenirs.
6. Passez votre rêve en revue de nouveau et prenez en note le plus de détails additionnels que possible. Les souvenirs d'un rêve disparaissent rapidement. Soyez sûr de décrire les sentiments, l'intrigue, les personnages et les actions du rêve.
7. Notez vos rêves dans un carnet spécialement réservé à cet effet. Conservez l'ordre chronologique de vos rêves et relisez-les régulièrement. Cette méthode vous permettra de cerner les thèmes, conflits et

Applications

Tableau 6.6 *Les effets de certaines drogues sur le rêve*

DROGUE	EFFET SUR LE SOMMEIL MOR
Alcool	Diminution
Amphétamines	Diminution
Barbituriques	Diminution
Caféine	Aucun
Cocaïne	Diminution
LSD	Légère augmentation
Marijuana	Légère diminution ou aucun effet
Opiacés	Diminution
Valium (benzodiazepam)	Diminution

émotions périodiques. Vous en tirerez presque toujours des conclusions importantes.

8. Rappelez-vous, un certain nombre de drogues suppriment les rêves (voir le tableau 6.6).

Étant donné que chaque rêve possède plusieurs significations, ou niveaux de signification, il n'existe pas de moyen défini de s'en servir. Raconter le rêve à d'autres personnes et discuter de sa signification peut constituer un bon départ. Le décrire peut vous aider à en revivre certains sentiments; la famille et les amis peuvent proposer des interprétations auxquelles vous n'auriez pas pensé. Soyez attentifs aux jeux de mots ou de physionomie ainsi qu'à d'autres éléments enjoués de vos rêves. Si, par exemple, vous rêvez que vous participez à un combat de lutte et que l'adversaire vous serre les mains fortement, cela peut signifier que vous sentez que quelqu'un vous «force la main» dans votre vie.

Grâce à un examen minutieux et à quelques déductions, vous trouverez la signification de la plupart de vos rêves. Si vous avez encore de la difficulté à y arriver, vous pouvez utiliser une technique élaborée par Fritz Perls. Selon Perls, le créateur de la thérapie gestaltiste, la plupart des rêves transmettent un message spécial sur ce qui manque à notre vie, ce que nous évitons de faire, ou des sentiments dont on doit se «réapproprier». Perls avait l'impression que les rêves constituent une façon de combler les lacunes de notre expérience personnelle (Perls, 1969).

Une méthode que Perls a trouvée utile est de «jouer le rôle de», ou de «parler au nom de» chaque personnage et objet du rêve. En d'autres termes, si vous rêvez à un homme étrange qui se tient derrière une porte, vous pourriez parler tout haut à l'homme, puis répondre à sa place. Si vous utilisez la méthode de Perls, vous parlez également au nom de la porte, en

vous exprimant peut-être ainsi : «Je suis une barrière. Je te protège, mais je te garde aussi prisonnier. L'étranger a quelque chose à te dire. Tu dois prendre le risque de lui ouvrir pour l'apprendre.»

Un exercice particulièrement intéressant consiste à poursuivre un rêve en tant que rêverie éveillée, afin que la conclusion en soit plus significative. À mesure que le monde des rêves et votre langage onirique personnel deviennent de plus en plus familiers, votre comportement sera la source d'un grand nombre de réponses, de paradoxes, d'intuitions et de découvertes.

L'utilisation de vos rêves

Gordon Globus (1987), un théoricien du rêve, est d'avis que les plus grandes manifestations de notre créativité ont lieu pendant le rêve. Même les personnes terre à terre, constate-t-il, peuvent créer des mondes surprenants chaque nuit, dans leurs rêves. Pour un grand nombre d'entre nous, cette aptitude à créer est perdue dans le tumulte quotidien des stimuli sensoriels. Comment pouvons-nous tirer profit de cette puissance créative, qui demeure inexploitée pendant la journée?

Au cours de l'histoire, nombreux sont les exemples où les rêves ont été le prélude à la créativité et à la découverte. Ainsi, Otto Loewi, un pharmacien récipiendaire du Prix Nobel, a passé plusieurs années à étudier la transmission chimique des influx nerveux. Il fit une découverte sensationnelle après avoir rêvé à une expérience trois nuits de suite. Les deux premières nuits, il s'éveilla et nota l'expérience dans un calepin. Toutefois, il ne comprenait plus la signification de ses notes, le lendemain. La troisième nuit, il se leva après son rêve. Cette fois, au lieu d'écrire son rêve, il se rendit directement à son laboratoire et fit l'expérience. Loewi a affirmé plus tard que si cette expérience lui était venue à l'esprit alors qu'il était éveillé, il l'aurait rejetée.

L'exemple de Loewi nous fait comprendre un peu mieux l'utilisation des rêves pour trouver des solutions créatives. Pendant le rêve, les inhibitions sont réduites, ce qui peut s'avérer particulièrement utile pour résoudre des problèmes qui nécessitent un nouveau point de vue.

La capacité de profiter de ses rêves pour résoudre les problèmes s'améliore si vous vous «préparez» avant de vous coucher. Essayez de penser à un problème que vous désirez régler. Énoncez-le clairement et revoyez toutes les informations pertinentes. Utilisez les suggestions répertoriées à la section précédente. Bien que cette méthode ne produise pas à coup

Applications

sûr une solution originale ou une nouvelle perspective, il ne fait aucun doute qu'elle constituera une aventure.

Le rêve lucide Si vous désirez explorer plus à fond le territoire des rêves, vous pouvez apprendre à rêver de façon lucide. Lors d'un **rêve lucide**, le rêveur «s'éveille» pendant un rêve ordinaire et se sent capable de penser et d'agir normalement. Les rêveurs lucides savent qu'ils rêvent, mais se sentent pleinement conscients à l'intérieur du monde onirique (La Berge, 1981a, 1985).

Au centre d'étude du sommeil de l'université Stanford, Stephen La Berge et ses collègues ont utilisé une méthode unique pour démontrer que les rêves lucides sont réels et qu'ils ont lieu pendant le sommeil MOR. Dans le laboratoire de sommeil, les rêveurs lucides s'entendent pour donner les signaux convenus, lorsqu'ils deviennent conscients qu'ils rêvent. Un de ces signaux est de regarder brusquement en haut pendant un rêve, ce qui entraîne un mouvement oculaire vers le haut. Un autre signal est de serrer les poings droit et gauche (dans le rêve) dans l'ordre convenu. Les changements musculaires correspondants au niveau des poignets peuvent être enregistrés électriquement. De tels signaux démontrent très clairement que le rêve lucide et les mouvements volontaires pendant le rêve sont possibles (La Berge, 1981b, 1985; La Berge et autres, 1981).

Question : Comment apprend-on à rêver lucidement?
La Berge (1980) a constaté qu'on pouvait accroître ses rêves lucides en suivant cette simple routine : lorsque vous vous éveillez spontanément d'un rêve, prenez quelques minutes pour essayer de vous en souvenir. Ensuite, pendant 10 à 15 minutes, lisez ou consacrez-vous à une activité qui nécessite une vigilance complète. Ensuite, pendant que vous êtes étendu et que vous vous rendormez, dites-vous : «La prochaine fois que je rêve, je veux me rappeler que je suis en train de rêver.» Enfin, imaginez-vous endormi, couché sur le lit, alors que vous êtes en train d'avoir le rêve que vous venez de vous remémorer. En même temps, imaginez-vous que vous réalisez que vous rêvez. Suivez ces étapes chaque fois que vous vous éveillez (substituez le souvenir d'un rêve en une autre occasion si vous ne vous éveillez pas d'un rêve).

Question : Pourquoi désirer avoir des rêves lucides?
Les chercheurs s'intéressent aux rêves lucides, car ils fournissent un nouvel outil pour comprendre le rêve. Le recours à des sujets qui peuvent indiquer qu'ils rêvent permet d'explorer les rêves en utilisant des données de première main sur le monde du rêveur lui-même (La Berge, 1985).

Sur le plan personnel, les rêves lucides peuvent convertir les rêves en des «ateliers» nocturnes de croissance affective. Prenons l'exemple de cette femme récemment divorcée qui rêvait fréquemment qu'elle était engloutie par une vague géante. Rosalind Cartwright (1978) demanda à la femme de tenter de nager, la prochaine fois qu'elle serait engouffrée. Avec une grande détermination, elle y arriva, et la terreur du cauchemar disparut. Plus important encore, son rêve modifié lui permit de constater qu'elle pouvait de nouveau affronter la vie.

Autotest

1. Grâce à l'élaboration secondaire, le personnage d'un rêve en représente plusieurs autres. Vrai ou faux?

2. La théorie de Calvin Hall sur l'interprétation des rêves met l'accent sur le cadre, les personnages, l'intrigue et les émotions d'un rêve. Vrai ou faux?

3. Rosalind Cartwright souligne que le rêve est un processus relativement mécanique qui a peu de signification personnelle. Vrai ou faux?

4. L'alcool et le LSD augmentent légèrement le nombre de rêves. Vrai ou faux?

5. «Jouer le rôle de», ou «parler au nom de» chaque élément du rêve est une technique de Fritz Perls pour interpréter les rêves. Vrai ou faux?

6. Les recherches récentes indiquent que le rêve lucide a lieu principalement lors du sommeil NMOR ou des micro-réveils. Vrai ou faux?

Réponses :

1. faux 2. vrai 3. faux 4. faux 5. vrai 6. faux

Exploration : la toxicomanie — de nombreuses questions sans réponse

Question : Pourquoi consomme-t-on de la drogue?

Les gens se droguent pour diverses raisons : curiosité, désir d'appartenir à un groupe, recherche du sens de la vie ou évitement des sentiments d'inadaptation (Lipinski et Lipinski, 1970). Chez les adolescents, les meilleures variables prédictives de la toxicomanie sont la toxicomanie chez les pairs et chez les parents, la délinquance, la mésadaptation parentale, une faible estime de soi, un non-conformisme social, et des événements stressants (Marlatt et autres, 1988). Chez de nombreux jeunes, la consommation de drogue ne constitue qu'un élément d'un problème de comportement plus général. C'est la raison pour laquelle les programmes d'intervention en toxicomanie qui leur enseignent des aptitudes sociales ont relativement bien réussi (Marlatt et autres, 1988).

De nombreux toxicomanes ont recours à la drogue afin d'affronter la vie, mais sans grand succès. Toutes les drogues fréquemment consommées produisent des sentiments de plaisir immédiats. Les conséquences négatives ne viennent que beaucoup plus tard. En raison du plaisir immédiat et du caractère tardif des effets négatifs, les toxicomanes peuvent se sentir bien sur demande. À la longue, bien entendu, la consommation de drogue ne procure plus de plaisir, et le problème du toxicomane empire.

Toutefois, si un toxicomane se sent seulement *mieux* (bien que brièvement) après avoir consommé de la drogue, la toxicomanie devient compulsive (Barrett, 1985).

Les croyances et les attentes du toxicomane sont étroitement reliées aux effets véritables de la drogue. Les caractéristiques de l'alcoolisme illustrent bien la façon dont les attentes encouragent l'abus. Par exemple, Brown, Goldman et Christiansen (1985) ont étudié les attentes des gens relativement à l'alcool. On a questionné les buveurs sur les effets de l'alcool quant aux sentiments généraux de bien-être, à la performance sexuelle, au plaisir social et physique, à l'affirmation de soi, à la relaxation et aux sentiments de puissance. L'étude a démontré que les grand buveurs s'attendent à des effets beaucoup plus positifs et à moins de conséquences négatives que les petits buveurs.

Bien des gens croient que les drogues constituent un moyen magique de se sentir bien tout en évitant, minimisant ou fuyant les situations négatives. Certains observateurs croient que la toxicomanie est si profondément ancrée dans la société moderne que «nous sommes dépendants de la dépendance, c'est-à-dire que, à quelques exceptions près, nous croyons que la vie ne peut être vécue sans drogue». Nous sommes aussi tellement habitués à obtenir ce que nous désirons que nous en sommes venus à croire que «nous devrions être capables, sur demande, d'être calmes, joyeux, minces, travailleurs, créatifs — et, qui plus est, d'avoir une bonne nuit de sommeil» (Farber, 1966). Farber croit que les professionnels de la santé, bien intentionnés mais malavisés, souscrivent en bloc à ces croyances et encouragent inutilement la toxicomanie légale. En effet, comme l'a observé un psychologue :

La dépression, l'inadaptation sociale, l'anxiété, l'apathie, la mésentente conjugale, la mauvaise conduite des enfants ainsi que d'autres problèmes psychologiques et sociaux de la vie sont maintenant redéfinis comme des problèmes médicaux qui doivent être réglés par des médecins à grands renforts de prescriptions (Rogers, 1971).

On peut sans doute pardonner en partie aux médecins et au public d'accorder une confiance excessive aux vertus des drogues, car chaque groupe est la cible de campagnes de publicité de plusieurs millions de dollars destinées à en encourager la consommation. Même la modeste aspirine est maintenant vendue comme un moyen de diminuer la «tension nerveuse». La publicité destinée aux médecins encourage la sur-consommation de drogues d'une façon encore plus flagrante. Une annonce présente une mère affolée avec son enfant et se lit comme suit : «Un tranquillisant aussi durable que ses tensions.» Une autre indique:

L'école, la noirceur, la séparation, une visite chez le dentiste, les monstres. L'anxiété quotidienne des enfants devient parfois impossible. Habituellement, un enfant peut faire face à son anxiété. Mais les anxiétés accablent parfois l'enfant. Il a donc besoin de votre aide. Celle-ci peut inclure Vistaril.

Bien entendu, les médicaments ont une utilisation légale et ont soulagé beaucoup de souffrances. Par contre, le potentiel d'abus des médicaments assez puissants pour soulager la douleur, provoquer le sommeil, mettre fin à la dépression et modifier la conscience d'une quelconque façon est très élevé.

En Occident, la toxicomanie a atteint des proportions épidémiques au cours des dernières années. Les problèmes qui, auparavant, étaient propres aux sous-cultures associées à la drogue et aux pauvres des villes se manifestent à présent régulièrement chez les étudiants du secondaire et du collégial ainsi qu'au sein des classes moyennes. Une étude récente a démontré qu'aux États-Unis, environ 40 pour 100 des médecins de moins de 40 ans consommaient de la marijuana ou de la

Exploration

cocaïne avec leurs amis (McAuliffe, 1986)!

Question : Existe-t-il un moyen de remédier à la toxicomanie?

La prévention Les méthodes traditionnelles ont mis l'accent sur la restriction de l'apport de drogues, l'application stricte de la loi et les sanctions judiciaires. La restriction de l'apport de drogue a été relativement fructueuse dans le cas de certaines drogues. Mais la toxicomanie et la légalité d'une drogue sont deux questions distinctes. La distinction devient apparente lorsqu'on sait que la drogue la plus puissante, destructrice et potentiellement dangereuse qui soit disponible est l'alcool. Selon les normes du gouvernement, l'alcool devrait figurer en premier lieu sur la liste des substances que l'on doit superviser. Et pourtant, il s'agit d'une drogue légale.

Certains observateurs en ont conclu que celui qui désire modifier sa conscience au moyen de drogues en trouvera une, légale ou illégale, pour y arriver. Thomas Szasz (1972, 1985), un psychiatre, qualifie de futiles les tentatives du gouvernement pour «légiférer la moralité» en décidant quelles drogues sont permises. Selon Szasz, les règlements antidrogue actuels produisent un effet semblable à celui de la prohibition de l'alcool pendant les années 1920,

aux États-Unis. En d'autres termes, ils encouragent le marché noir, le crime organisé, la désobéissance à la loi et des empoisonnements occasionnels causés par des drogues frelatées. Comme le précise Szasz : «Le tabac n'est pas considéré comme une drogue au point de vue légal, la marijuana l'est, le gin ne l'est pas, mais le Valium l'est...»

Après une revue intensive des recherches sur les drogues, la toxicomanie et les lois antidrogue, le magazine américain *Consumer Reports* est arrivé aux mêmes conclusions et a ajouté les recommandations suivantes (Brecher, 1972) :

■ Cesser de divulguer la «menace posée par la drogue». La publicité par la peur n'a pas obtenu l'effet escompté; elle a rendu les drogues populaires et accru l'attrait de la toxicomanie récréative.

■ Classifier les drogues logiquement. Notre système de classification actuel considère l'alcool et la nicotine — deux des drogues les plus dangereuses — comme n'étant pas des drogues, alors que la marijuana est mise sur le même pied que l'héroïne — une bêtise scandaleuse et dangereuse. La cocaïne est encore répertoriée comme un narcotique alors qu'il s'agit clairement d'un stimulant. Un système juridique aux fondements scientifiques doit remplacer celui qui se fonde sur la loi.

Bien qu'il soit vrai que la *consommation* de drogues soit essentiellement un «crime sans victime», il demeure que l'*abus* de drogues — légales ou illégales — représente une grave perte sur le plan de la productivité et de la santé mentale chez les citoyens toxicomanes.

Le point de vue de Szasz est évidemment controversé. Nombreux sont ceux qui croient que la réponse au problème de la toxicomanie réside dans des pénalités et une application plus sévère de la loi. Pourtant, si l'on considère objectivement ce problème, on se rend compte qu'une drogue psychotrope est presque toujours disponible. En général, les Américains ont tendance à oublier la fréquence de l'abus de drogues légales comme les tranquillisants ou l'alcool, et à surestimer l'abus de drogues illégales (Drug Abuse Council, 1980).

Bien que des milliards de dollars aient été consacrés à l'application de lois antidrogue, le niveau général de la consommation de drogue a augmenté en Amérique du Nord. À la lumière de ce fait, certains experts croient que la prévention, au moyen de l'éducation et de l'intervention précoce, constitue la réponse au problème de la toxicomanie. Qu'en pensez-vous?

Autotest

1. Les campagnes de publicité destinées aux médecins tendent à exagérer le besoin de traiter les problèmes de comportement à l'aide de médicaments. Vrai ou faux?

2. Les grands buveurs d'alcool apprennent, par expérience, à s'attendre à davantage de conséquences négatives des effets de l'alcool. Vrai ou faux?

3. Selon Thomas Szasz, il est temps que le gouvernement prenne l'initiative de «légiférer la moralité» relativement à la toxicomanie. Vrai ou faux?

4. On a accusé les lois actuelles aux États-Unis de mal classifier certaines drogues. Vrai ou faux?

5. On croit que les effets de renforcement immédiats des drogues, de même que leurs conséquences négatives à retardement contribuent considérablement à la toxicomanie. Vrai ou faux?

Réponses :

1. vrai 2. faux 3. faux 4. vrai 5. vrai

Résumé du chapitre

■ Les états de conscience qui diffèrent de la conscience normale, alerte et de veille s'appellent **états de conscience altérés**. Les états altérés sont surtout associés au sommeil et au rêve, à l'hypnose, à la privation sensorielle et aux drogues psychotropes.

■ Le sommeil obéit à un **rythme biologique inné**, essentiel à la survie. Les personnes et les animaux plus évolués privés de sommeil connaissent des périodes involontaires de **micro-sommeil**. La privation de sommeil modérée affecte surtout la vigilance et le rendement lors de tâches routinières ou ennuyeuses. Une privation de sommeil importante peut (quoique rarement) provoquer une **psychose liée à la privation de sommeil**.

■ Les **structures du sommeil** sont souples, mais la moyenne s'établit à 7 ou 8 heures de sommeil. Le nombre d'heures de sommeil quotidien diminue régulièrement avec l'âge. Les **structures du sommeil** de la plupart des gens s'établissent à un rapport de 2 à 1 entre l'éveil et le sommeil.

■ Le sommeil se divise en quatre **phases**. La phase 1 est celle du **sommeil léger** et la phase 4, celle du **sommeil profond**. Le dormeur alterne entre les phases 1 et 4 (en passant par les phases 2 et 3) plusieurs fois chaque nuit.

■ Il existe deux états fondamentaux de sommeil : le **sommeil MOR (mouvements oculaires rapides)** et le **sommeil NMOR (mouvements oculaires non rapides)**. Le sommeil MOR est beaucoup plus associé au rêve que le sommeil NMOR.

■ Le rêve et les mouvements oculaires rapides ont lieu principalement lors de la phase 1. Le rêve s'accompagne d'une stimulation émotionnelle et d'une détente des muscles squelettiques. Les personnes privées de sommeil onirique connaissent un **rebond du sommeil MOR**, lorsqu'elles peuvent de nouveau dormir sans interruption. Toutefois, la privation totale de sommeil semble être plus néfaste que la privation d'une seule phase.

■ Le **somnambulisme** et le **somniloquisme** se produisent pendant le sommeil NMOR. Les **terreurs nocturnes** ont lieu pendant le sommeil NMOR et les **cauchemars**, pendant le sommeil MOR. La **narcolepsie** (attaques de sommeil) et la **cataplexie** sont causées par le passage soudain à la phase 1 du sommeil MOR au cours des heures de veille normales.

■ L'**insomnie** peut être temporaire ou chronique. Lorsqu'elle est traitée à l'aide de médicaments, la qualité du sommeil est souvent détériorée et une insomnie pharmacodépendante peut se créer. On a prouvé que les **méthodes comportementales** pour combattre l'insomnie sont efficaces.

■ L'**apnée du sommeil** (interruption de la respiration) est une source d'insomnie et d'**hypersomnie** diurne (somnolence). On soupçonne que l'apnée est l'une des causes de la **mort subite du nourrisson** (MSN).

■ Le **contenu des rêves** se rapporte généralement à des situations, personnes et cadres familiers. Les rêves comportent plus souvent des émotions négatives que des émotions positives. Selon la théorie freudienne, ou **psychodynamique**, les rêves expriment des désirs inconscients souvent cachés par des **symboles oniriques**. De nombreux théoriciens ont remis en question la théorie de Freud sur le rêve. Par exemple, d'après le **modèle d'activation-synthèse**, le rêve est un processus physiologique.

■ L'**hypnose** est un état altéré caractérisé par la diminution de l'attention et l'augmentation de la suggestibilité. L'hypnose semble pouvoir provoquer la détente, soulager la douleur et modifier les perceptions. L'**hypnose sur scène** tire parti du comportement type sur scène et utilise des stratagèmes pour simuler l'hypnose.

■ Des conditions de stimulation extrêmes ou inhabituelles provoquent souvent des états de conscience altérés. La **privation sensorielle** en constitue un excellent exemple. De longues périodes de privation sensorielle sont stressantes et perturbatrices. Toutefois, de brèves périodes peuvent favoriser la créativité et la détente. La privation sensorielle sert également à mettre un terme à des habitudes de longue date.

■ Une **drogue psychotrope** est une substance qui affecte le cerveau en modifiant la conscience. La plupart des drogues psychotropes peuvent être classées selon une échelle qui va de la **stimulation** à la **dépression**.

■ Les drogues peuvent créer une **dépendance physique** (assuétude) ou une **dépendance psychologique**, ou les deux. Les drogues qui créent une dépendance physique sont l'héroïne, la morphine, la codéine, la méthadone, les barbituriques, l'alcool, les amphétamines, le tabac et, sans doute, la cocaïne. Toutes les drogues psychotropes peuvent mener à la dépendance psychologique.

■ On peut classifier la consommation de drogue comme suit : **expérimentale, récréative, circonstancielle, intensive** et **compulsive.** La toxicomanie est le plus souvent associée aux trois derniers types.

■ Les **stimulants** font facilement l'objet d'un abus en raison de la période de dépression qui suit souvent la stimulation. Les risques les plus grands sont associés aux **amphétamines,** à la **cocaïne** et à la **nicotine**, mais même la **caféine** peut poser un problème. En outre, la nicotine peut provoquer le cancer des poumons et d'autres problèmes de santé.

■ Les **barbituriques** sont des dépresseurs aux effets semblables à ceux de l'alcool. Le niveau d'une surdose aux barbituriques s'approche de la dose d'intoxication, ce qui en fait une drogue dangereuse. Le mélange de barbituriques et d'alcool peut entraîner une **interaction des drogues**.

■ L'**alcool** est la drogue la plus répandue et celle dont on abuse le plus souvent. La progression d'un problème d'alcoolisme se caractérise habituellement par une **phase initiale** où la consommation augmente, une **phase cruciale** où la consommation d'un seul verre peut déclencher une réaction en chaîne, et une **phase chronique** où la personne vit pour boire, et boit pour vivre.

■ La **marijuana** crée une toxicomanie semblable à l'alcoolisme. Les études sur des usagers de longue date n'ont pu prouver que la marijuana provoquait des changements radicaux de la santé. Toutefois, des études en laboratoire ont démontré que la marijuana pouvait causer le cancer des poumons et d'autres problèmes de santé.

■ On peut utiliser les rêves pour approfondir la connaissance de soi. Selon Freud, la signification des rêves est cachée par la **condensation**, le **déplacement**, la **symbolisation** et l'**élaboration secondaire**. Hall met l'accent sur le **cadre**, les **personnages**, l'**intrigue** et les **émotions** d'un rêve. La théorie de Cartwright, selon laquelle les rêves sont des **formulations affectives**, de même que la technique de Perls, qui consiste à **parler au nom** des éléments du rêve, sont également utiles. Les rêves peuvent servir à **la solution créative de problèmes**, notamment lorsqu'on parvient à maîtriser ses rêves grâce au **rêve lucide**.

■ La toxicomanie est causée par divers facteurs, notamment les tentatives de faire face à des situations, les qualités renforçantes immédiates des drogues psychotropes et les attentes relatives à la valeur et aux effets des drogues. Les remèdes proposés vont des pénalités sévères à la légalisation. On est toujours en quête d'une solution.

Discussion

1. De quelle façon changerait votre vie, si vous deviez dormir 15 heures par jour? De quelle façon changerait-elle, si vous n'aviez besoin que de 2 heures de sommeil par jour? Renonceriez-vous au sommeil, si vous le pouviez?

2. Vous est-il déjà arrivé d'être privé de sommeil pendant une longue durée? Si oui, comment avez-vous réagi? Quelles ont été les difficultés les plus importantes?

3. Décrivez un de vos rêves récents. Quel est le lien avec vos expériences et sentiments diurnes? Quelle autre signification y associez-vous? À votre avis, prendre note de ses rêves en vaut-il la peine?

4. Vous est-il déjà arrivé de résoudre un problème dans un rêve? Quelle maîtrise exercez-vous sur le contenu de vos rêves?

5. «L'état MOR ne constitue pas un état de sommeil; au cours du sommeil MOR, nous sommes paralysés et en proie aux hallucinations.» Êtes-vous d'accord avec cet énoncé? Si vous étiez en train de rêver en ce moment, comment pourriez-vous le prouver?

6. Êtes-vous en accord ou en désaccord avec l'idée que la prohibition de la consommation de drogues mène au frelatage, aux marchés noirs, au crime organisé, au refus des toxicomanes de demander de l'aide, et à des dommages plus importants causés par l'incarcération que ceux causés par les drogues elles-mêmes? Quels sont les arguments qui viennent à l'appui de votre opinion?

7. À votre avis, pourquoi existe-t-il un contraste si important entre les lois qui régissent la consommation de marijuana et celles qui régissent l'alcool et le tabac?

8. Dans son roman *Le meilleur des mondes*, Aldous Huxley a décrit une drogue imaginaire, appelée *soma*, qui rendait les gens continuellement heureux et coopératifs. Si une telle drogue existait, comment en régiriez-vous la consommation? Pourquoi? Si on découvrait une drogue qui améliorait la créativité, quel usage en permettriez-vous? Et s'il s'agissait d'une drogue qui améliorait la mémoire?

9. Si vous avez déjà assisté ou participé à une démonstration d'hypnose sur scène, comment votre expérience se compare-t-elle avec l'analyse de Barber à ce sujet?

10. Vous êtes-vous déjà trouvé en situation de privation sensorielle (comme dans un bain flottant ou dans une salle de radars)? Comment avez-vous réagi? À votre avis, pourquoi de brèves périodes de privation sensorielle sont-elles reposantes, et de longues périodes, stressantes?

11. Pensez-vous qu'il est «naturel» de chercher à atteindre des états de conscience altérés? Quels sont les états altérés acceptés dans notre culture? Quels sont les états qui font l'objet d'une controverse? Quels états altérés sont clairement rejetés? À votre avis, comment en est-on arrivé à de telles différences?

12. Étant donné la dépendance créée par le tabac et l'alcool, devrait-on en permettre la publicité? Devrait-on permettre aux compagnies américaines de tabac d'encourager la cigarette dans d'autres pays où il existe une conscience publique moins grande relativement aux dangers du tabac?

13. Si on vous donnait carte blanche, comment régleriez-vous le problème de la toxicomanie dans votre pays?

TROISIÈME PARTIE
L'APPRENTISSAGE ET LA CONNAISSANCE

CHAPITRE 7

LE CONDITIONNEMENT ET L'APPRENTISSAGE
Première partie

APERÇU DU CHAPITRE
QU'AVEZ-VOUS APPRIS À L'ÉCOLE AUJOURD'HUI?

À l'époque où l'auteur vieillissant du présent ouvrage fréquentait le collège, les étudiants découvrirent un «jeu» passionnant qui impliquait la plomberie des dortoirs. En actionnant la chasse d'eau pendant que quelqu'un était sous la douche, la pression de l'eau froide baissait soudainement, et l'eau chaude devenait bouillante. Naturellement, la victime poussait des cris de terreur, tandis que ses réflexes la faisaient reculer de douleur. On découvrit bientôt qu'en actionnant toutes les chasses d'eau simultanément, les effets se multipliaient d'autant!

Le son d'une chasse d'eau constitue probablement l'un des stimuli les moins inspirants du monde. Mais à une certaine époque, une foule d'étudiants tiquaient chaque fois qu'ils entendaient ce bruit. Leurs réactions à ce stimulus antérieurement neutre étaient le résultat d'un conditionnement classique, un type d'apprentissage que nous explorerons en détail au présent chapitre.

Considérons à présent une autre situation d'apprentissage. Supposons que vous vous trouvez à l'école et que vous «mourez de faim». Vous trouvez un distributeur automatique et y déposez votre dernier dollar pour vous procurer une friandise. Vous abaissez la touche et... rien! Comme vous êtes civilisé et en pleine possession de vos moyens, vous abaissez les autres touches, vérifiez le retour de pièces de monnaie et cherchez un responsable. Toujours rien. Votre estomac gargouille. Oubliant vos manières et votre contenance, vous donnez un petit coup de pied à la machine (question de lui faire savoir ce que vous pensez d'elle). Au moment où vous abandonnez, la machine se met à ronronner et vous rend une tablette de chocolat, plus 15 cents! Une fois que cela s'est produit, il est fort probable que vous répétiez «la réaction du coup de pied» à l'avenir. Et si cette dernière s'avère rentable à quelques reprises, elle peut devenir un trait de comportement régulier. Dans ce cas, l'apprentissage se fonde sur le conditionnement opérant (aussi appelé le conditionnement instrumental).

Les conditionnements classique et opérant constituent le fondement d'une grande partie de l'apprentissage humain. En fait, le conditionnement se ramifie dans tous les domaines de notre vie. Il peut être utile d'en apprendre davantage à *ce sujet. Êtes-vous disposé à apprendre sur l'apprentissage? Si tel est le cas, poursuivez votre lecture! Le présent chapitre et le suivant explorent le conditionnement et les autres modes d'apprentissage.*

Questions d'ensemble

- Qu'est-ce que l'apprentissage? Comment est-il relié au comportement inné?
- Qu'est-ce que le conditionnement classique? Ai-je été conditionné?
- Qu'est-ce que le conditionnement opérant? Comment affecte-t-il le comportement humain?
- De quelle manière sommes-nous influencés par le conditionnement et les modes de récompense?
- Comment le conditionnement s'applique-t-il à des problèmes pratiques?

Qu'est-ce que l'apprentissage — est-il exact qu'on devienne forgeron en forgeant?

Le tisserin est un curieux oiseau qui noue des tiges d'herbe afin de retenir son nid. Comment apprend-il à faire des noeuds? Il ne l'apprend pas! Les tisserins élevés en réclusion totale pendant quelques générations font encore des noeuds la première fois qu'ils construisent leur nid.

Les noeuds du tisserin constituent un **mécanisme inné de réaction (MIR)**. Ce dernier constitue une chaîne de mouvements instinctifs qu'on trouve chez presque tous les membres d'une espèce. À l'instar d'autres **comportements innés**, les mécanismes héréditaires contribuent à satisfaire les besoins des animaux (par exemple, songez au chat qui fait sa toilette). Un **réflexe** constitue un comportement inné plus simple, comme par exemple cligner des yeux lorsque les cils se touchent. Des comportements plus complexes, comme l'instinct maternel chez les animaux de classe inférieure, conjuguent les mécanismes innés de réaction et les réflexes.

Question : Les humains ont-ils des instincts?

Les humains n'ont pas d'instincts, du moins tels qu'ils sont décrits par la plupart des psychologues. Pour être qualifié d'instinctif, un comportement doit être à la fois complexe et «propre à l'espèce». Les **comportements propres à l'espèce** se rencontrent chez tous les membres d'une espèce ou presque. Outre les réflexes, aucun autre comportement humain ne remplit les conditions requises. Toutefois, la capacité d'apprentissage compense largement les lacunes de la «programmation» instinctive chez les humains.

Notre aptitude à apprendre est tellement évoluée que la plupart de nos activités quotidiennes sont soit complètement apprises, soit touchées directement par l'apprentissage. Imaginez si vous oubliiez soudai-nement tout ce que vous avez appris. Que pourriez-vous faire? Vous ne seriez plus en mesure d'écrire, de lire ou de parler, ni de vous nourrir, de trouver votre chemin, de conduire une voiture, de jouer du basson ou de «faire la fête». Nul besoin de préciser que vous seriez totalement invalide (et ennuyeux).

Question : L'apprentissage est évidemment très important. En existe-t-il une définition formelle?

L'**apprentissage** est un *changement de comportement relativement permanent causé par le renforcement.* Notez que cette définition *exclut* les changements temporaires apportés par la motivation, la fatigue, la maturation, la maladie, les blessures ou les drogues, lesquelles peuvent toutes modifier le comportement, sans toutefois constituer un apprentissage.

Question : L'apprentissage n'est-il pas le résultat de la pratique?

Cela dépend de ce que vous entendez par la pratique. La répétition d'une réaction ne se traduit pas nécessairement en apprentissage, à moins qu'un type de *renforcement* n'intervienne. Le **renforcement** représente tout événement qui favorise la répétition d'une réaction. Ainsi, lorsque je veux apprendre un truc à un chien, je peux renforcer les bonnes réponses en lui donnant de la nourriture chaque fois qu'il s'assoit. De même, un enfant qu'on félicite ou qu'on embrasse lorsqu'il ramasse ses jouets apprendra à être rangé. Il s'agit ici d'exemples mais comme nous le verrons, on peut renforcer l'apprentissage de nombreuses façons.

Les antécédents et les conséquences La première étape du dévoilement des secrets de l'apprentissage consiste à noter ce qui se produit immédiatement avant et après une réaction. Les événements qui la précèdent s'appellent les **antécédents**, et ceux qui la suivent, les **conséquences**. L'attention que l'on prête aux événements

Comparez : les comportements acquis et innés

Comportement inné Une structure de comportement innée ou génétique.

Mécanisme inné de réaction (MIR) Une série de réactions génétiques qui se produisent mécaniquement et presque universellement au sein d'une espèce.

Réflexe Une réponse innée et automatique à un stimulus; par exemple, le clignement des yeux, le réflexe du genou ou la dilatation de la pupille.

Comportement propre à l'espèce Comportement structuré démontré par tous les membres normaux d'une espèce donnée (un MIR, par exemple).

Apprentissage Tout changement relativement permanent du comportement qu'on peut attribuer à l'expérience mais non à la fatigue, à la maturation, aux blessures, etc.

avant et après l'apprentissage contribue à comprendre ce dernier.

Dans le conditionnement classique, toute l'«action» se passe avant la réaction. Nous commençons par un stimulus qui déclenche déjà une réaction. Par exemple, imaginez qu'une bouffée d'air (le stimulus) soit dirigée vers vos yeux. Cela vous fera automatiquement cligner des yeux (la réaction). Le clignement se produit sans apprentissage antérieur. Puis, supposons que nous actionnons un klaxon (un autre stimulus), avant que chaque bouffée d'air n'atteigne vos yeux. Qu'arrive-t-il si le klaxon et la bouffée d'air se produisent simultanément à maintes reprises? Sous peu, le klaxon à lui seul vous fait cligner des yeux. Puisqu'auparavant vous ne cligniez pas en entendant le klaxon, un apprentissage a eu lieu. De même, si vous salivez chaque fois que vous mangez un gâteau, vous pouvez apprendre à saliver à la seule *vue d*'un gâteau.

Dans le conditionnement classique, les *événements antécédents* s'*associent* l'un à l'autre. Un stimulus qui n'engendre pas de réaction est lié à un autre qui le fait. L'apprentissage est manifeste, lorsque le nouveau stimulus commence également à faire naître des réactions.

Le conditionnement opérant porte sur l'apprentissage affecté par les *conséquences*. Une réaction peut être suivie d'un renforcement, d'une punition ou de rien du tout, et ces résultats déterminent si la réaction est susceptible de se répéter. Par exemple, si vous portez un vêtement qui vous attire nombre de compliments (renforcement), il est probable que vous le portiez de nouveau. Si les gens grognent, vous insultent, appellent la police ou hurlent (punition), vous le porterez moins souvent sans doute.

Maintenant que vous avez une idée des deux types fondamentaux d'apprentissage, examinons le conditionnement classique plus en détail.

Le conditionnement classique — y a-t-il quelque chose qui cloche chez Pavlov?

Au début du siècle, un événement se produisit dans le laboratoire du physiologiste russe **Ivan Pavlov**, qui lui valut une notoriété durable. Le fait était si ordinaire qu'un autre homme aurait pu l'ignorer : les chiens de Pavlov salivaient rien qu'à le regarder!

En fait, Pavlov étudiait la digestion. Afin d'observer la salivation, il déposait de la viande en poudre ou un autre amuse-gueule sur la langue d'un chien. Après de nombreuses reprises, Pavlov remarqua que les chiens salivaient *avant* que la nourriture n'atteigne leur bouche. Finalement, les chiens se mirent à saliver à la seule vue de Pavlov. S'agissait-il d'affection mal placée? Pavlov connaissait la réponse. La salivation est normalement une réaction réflexe (automatique, non acquise). Puisque les animaux salivaient à la vue de la nourriture, une certaine forme d'apprentissage avait eu lieu. Pavlov appela ce type d'apprentissage le **conditionnement**. À cause de l'importance qu'il revêt dans l'histoire de la psychologie, on l'appelle maintenant le **conditionnement classique** (ou **répondant**).

Question : Comment Pavlov a-t-il étudié le conditionnement?

L'expérimentation de Pavlov Après avoir observé que la viande en poudre causait un réflexe de salivation automatique, Pavlov commença ses expérimentations classiques (illustration 7.1). Pour commencer, il sonna une cloche. À l'origine, la cloche correspondait à un *stimulus neutre* (il n'engendrait pas de réaction). Après avoir sonné la cloche, il déposait de la viande en poudre sur la langue du chien. Chaque fois qu'il sonnait la cloche, la viande succédait, ce qui causait infailliblement la salivation. Il répéta cette séquence de nombreuses fois : cloche, viande en poudre et salivation. Finalement, comme le conditionnement s'installait, la cloche seule commença à causer la salivation (illustration 7.2). Par association, la cloche, qui n'avait aucun effet auparavant, commença à engendrer la même réaction que la nourriture, ce qui fut démontré en sonnant la cloche seulement et en constatant que le chien salivait.

Les psychologues disposent de plusieurs termes pour décrire ces événements. La cloche de l'expérimentation de Pavlov est d'abord un **stimulus neutre** (**SN**, qui ne provoque pas de réaction). Avec le temps, la cloche devient un **stimulus conditionnel (SC)**, soit un stimulus auquel le chien a *appris* à réagir. La viande en poudre constitue un **stimulus inconditionnel** (**SI**, parce que le chien n'a pas à apprendre à y réagir). Les stimuli inconditionnels engendrent habituellement des réactions réflexes. Puisqu'un réflexe est «inné», on l'appelle une **réaction inconditionnelle (RI**,

Illustration 7.1 *Le dispositif de conditionnement de Pavlov. Lors des premières expérimentations de ce dernier, un tube transportait la salive du chien à un levier qui mettait en fonction un dispositif d'enregistrement (extrême gauche). Le plat de nourriture devant l'animal était combiné avec divers stimuli de conditionnement.*

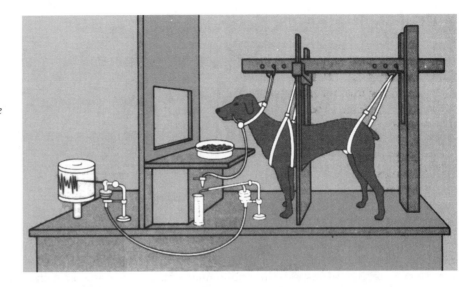

donc non apprise). Dans l'étude de Pavlov, la salivation correspond à la RI. Lorsque la cloche à elle seule cause la salivation, la réaction n'est plus un simple réflexe, il s'agit plutôt d'une **réaction conditionnelle (RC,** illustration 7.2).

Question : Ces termes et initiales sont-ils tous nécessaires?

En un mot, oui, car ils nous permettent de reconnaître des similitudes parmi les nombreux cas de conditionnement classique. Résumons donc les termes en nous servant d'un exemple précédent :

Avant le conditionnement	**Exemple**
SI → RI	Bouffée d'air → clignement d'oeil
SN → aucun effet	Klaxon → aucun effet

Après le conditionnement	**Exemple**
SC → RC	Klaxon → clignement d'oeil

Voyez maintenant si vous pouvez appliquer les termes à l'explication des effets de la douche et de la chasse d'eau décrits à l'aperçu du chapitre.

1. Quelle est la réaction à un stimulus inconditionnel (non apprise)?

_____

2. Quel est le stimulus inconditionnel qui déclenche la réaction?

_____

3. Quel est le stimulus conditionnel?

_____

Voyons si vous vous êtes servi des termes exacts. La réaction à un stimulus inconditionnel, non apprise, était le recul réflexe devant l'eau chaude. Cette dernière constituait le stimulus inconditionnel et le son de la chasse d'eau, le stimulus conditionnel. Le son de la chasse d'eau était neutre à l'origine, mais à cause du conditionnement, il déclencha un réflexe.

Les éléments du conditionnement classique — enseignez la salivation à votre jeune frère

À la faveur du conditionnement classique, nombre d'événements intéressants se produisent. Afin de les observer,

Illustration 7.2 *Le processus du conditionnement.*

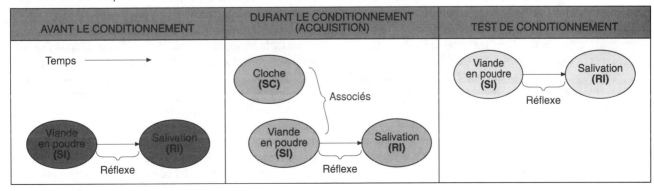

Illustration 7.3   *L'acquisition et l'extinction d'une réaction conditionnée. (D'après Pavlov, 1927.)*

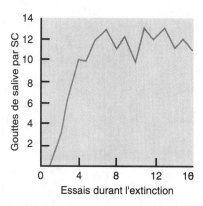

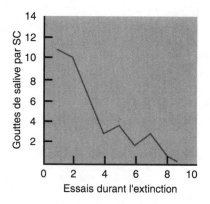

vous pourriez sonner une cloche, verser du jus de citron dans la bouche d'un enfant, et conditionner la salivation à la cloche. Les réactions de l'enfant pourraient ensuite servir à explorer d'autres aspects du conditionnement.

L'acquisition   Durant l'**acquisition**, ou l'entraînement, on doit **renforcer** la réaction à un stimulus conditionnel (illustration 7.3). Dans le conditionnement classique, le renforcement se produit chaque fois que le SC est suivi ou doublé d'un stimulus inconditionnel (SI). Dans le cas de notre enfant, la cloche est le SC, la salivation, la RI, et le jus de citron, le SI. Afin de renforcer la salivation au son de la cloche, il faut combiner la cloche avec le jus de citron. Le conditionnement sera plus rapide si le SI succède *immédiatement* au SC. Dans la plupart des réflexes, le délai maximal entre le SC et le SI se situe entre une demie et cinq secondes environ (Schwartz, 1984).

Le conditionnement d'ordre supérieur   Une fois la réaction apprise, elle peut entraîner un **conditionnement d'ordre supérieur**, dans lequel on utilise un SC bien appris afin de renforcer l'apprentissage ultérieur. Servons-nous de nouveau de notre enfant qui salive. Comme résultat de l'apprentissage précédent, la cloche engendre maintenant la salivation, sans le recours au jus de citron. Afin d'aller un peu plus loin, vous pourriez battre des mains, puis sonner la cloche. (On ne se sert pas du jus de citron.) Comme auparavant, l'enfant aurait tôt fait d'apprendre à saliver, lorsque vous battez des mains. (Ce petit truc pourrait vous rendre populaire auprès de vos voisins et amis.)

Au moyen du conditionnement d'ordre supérieur, on peut mener l'apprentissage un peu plus loin qu'avec le stimulus conditionnel original. De nombreux publicitaires utilisent cet effet en couplant des images qui évoquent des sensations agréables (comme des gens qui sourient et ont du plaisir) avec des images de leurs produits. Évidemment, ils espèrent que vous apprendrez, par association, à éprouver des sensations agréables à la vue de leurs produits.

Question : Après que le conditionnement a eu lieu, qu'arriverait-il, si le SI ne succédait plus au SC?

L'extinction et le recouvrement spontané   Si le SI ne succédait plus jamais au SC, le conditionnement s'**éteindrait**. Si la cloche (de notre exemple) sonnait à maintes reprises et n'était pas suivie du jus de citron, la tendance de l'enfant à saliver au son de la cloche serait *inhibée* (ou supprimée). Nous voyons ainsi qu'on peut affaiblir le conditionnement classique en supprimant le renforcement (illustration 7.3). Ce processus s'appelle l'**extinction**.

Question : S'il faut du temps pour que prenne place le conditionnement, n'en faut-il pas pour le renverser?

Oui. En fait, le renversement complet du conditionnement peut nécessiter plusieurs séances d'extinction. Si l'on sonne la cloche et que l'enfant ne réagit plus, on peut supposer que l'extinction est totale. Toutefois, si l'on sonne la cloche le lendemain, il se peut que l'enfant réagisse encore au début. Cette réaction porte le nom de **recouvrement spontané**, lequel explique pourquoi la personne victime d'un grave accident de voiture peut avoir besoin de nombreuses promenades lentes et calmes avant que ne s'éteigne complètement sa peur.

La généralisation   Une fois qu'une personne ou un animal a appris à réagir à un stimulus conditionnel, des stimuli *similaires* au SC peuvent également déclencher une réaction. Par exemple, il se peut que nous découvrions que notre enfant conditionné salive au son de la sonnerie du téléphone ou de la porte. Cet effet, appelé la **généralisation**, a été vérifié à maintes reprises dans le cadre d'études tant sur des humains que sur des animaux (Kimble, 1961).

On peut facilement voir l'utilité de la généralisation de la réponse à un stimulus. Considérons l'exemple d'un enfant qui se brûle les doigts en jouant avec des allumettes. En vertu des principes du conditionnement, la vue d'une allumette en flamme deviendra un stimulus conditionnel de peur. Mais l'enfant ne craindra-t-il que les allumettes? En raison de la généralisation de la réponse à un stimulus, l'enfant devrait également concevoir une saine peur des flammes de briquet, de foyer, de cuisinière, etc. Heureusement, la

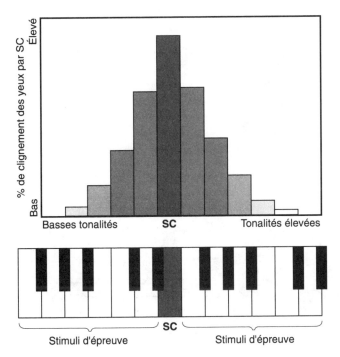

Illustration 7.4 *La généralisation de la réponse à un stimulus. Les stimuli similaires au SC provoquent également une réaction.*

généralisation tend à étendre l'apprentissage à de nouveaux cadres et à des situations similaires, sinon nous serions tous beaucoup moins adaptables.

Comme vous l'avez sans doute deviné, la généralisation de la réponse à un stimulus a des limites. Les tests indiquent une diminution graduelle de la réaction à mesure que les stimuli ressemblent de moins en moins au SC initial (Siegel et autres, 1968). Autrement dit, si vous conditionnez une personne à cligner des yeux chaque fois que vous touchez une note particulière au piano, le clignement s'atténuera, lorsque vous jouerez des notes plus hautes ou plus basses. Si les notes sont *beaucoup* plus hautes ou beaucoup plus basses, la personne ne réagira pas du tout (illustration 7.4).

La discrimination Examinons une autre idée à l'aide de notre enfant qui salive (et qui doit maintenant s'apprêter à se cacher dans la garde-robe). Supposons que l'enfant est conditionné de nouveau au moyen d'une cloche comme SC. À titre d'expérience, nous lui laissons parfois entendre un sifflet au lieu d'une cloche, mais auquel nous ne faisons jamais succéder un SI (le jus de citron). Au début, le sifflet cause la salivation, en raison de la généralisation. Mais après l'avoir entendu quelques fois encore, l'enfant cesse d'y réagir, car il a désormais appris à *discriminer*, soit à réagir différemment à la cloche et au sifflet. Essentiellement, la réaction généralisée de l'enfant au sifflet s'est éteinte.

La **discrimination** constitue une partie importante de l'apprentissage. Par exemple, vous vous souvenez peut-être des sentiments d'anxiété ou de peur

que vous ressentiez enfant, lorsque votre mère ou votre père prenait un ton de voix qui annonçait la fessée. La plupart des enfants apprennent rapidement à distinguer les tons de voix associés à la douleur de ceux qui dénotent l'affection et l'approbation.

Le conditionnement classique chez les humains — un sujet émotif

Question : Dans quelle proportion l'apprentissage humain se fonde-t-il sur le conditionnement classique?

Dans sa forme la plus simple, le conditionnement classique dépend des réactions réflexes. Rappelez-vous qu'un *réflexe* est fiable, car il s'agit d'une relation stimulus-réaction innée. Par exemple, la douleur cause le retrait réflexe de nombreuses parties du corps. La pupille de l'oeil se contracte par réflexe sous des lumières trop vives, et de nombreux aliments font saliver. Les humains peuvent très bien associer une de ces réactions réflexes — ou d'autres — à un nouveau stimulus. À tout le moins, vous avez sûrement remarqué à quel point l'eau vous vient à la bouche lorsque vous voyez ou sentez une pâtisserie. Vous avez peut-être même salivé en voyant des images de nourriture (un citron par exemple).

Les façons plus subtiles dont le conditionnement nous affecte sont sans doute plus importantes. En plus des simples réflexes, des réactions *affectives*, ou «viscérales», plus complexes peuvent être conditionnées à de nouveaux stimuli. Par exemple, si vous aviez comme réaction affective de rougir lorsqu'enfant, on vous punissait, il se peut que vous rougissiez encore à l'âge adulte lorsque vous êtes embarrassé. Ou encore songez à l'association de la douleur à votre première visite chez le dentiste. Lors de rendez-vous ultérieurs, votre coeur débattait-il et vos mains étaient-elles moites *avant* même que le dentiste ne commence son travail? De nombreuses réactions autonomes *involontaires* du système nerveux sont liées à des situations et des stimuli nouveaux au moyen du conditionnement classique.

La **phobie** constitue un autre exemple commun d'un tel conditionnement. Les phobies sont des peurs qui persistent même lorsqu'aucun danger concret n'existe. Les personnes qui ont peur des animaux, de l'eau, des hauteurs, du tonnerre, du feu, des insectes ou de quoi que ce soit peuvent souvent associer leur peur à une occasion où elles furent effrayées, blessées, perturbées ou souffrantes par suite d'une exposition à l'objet ou au stimulus craint. Les réactions de ce type, appelées **réactions affectives conditionnées (RAC)**, se transforment souvent en phobies à la faveur du mécanisme de la généralisation (illustration 7.5). En fait, on se sert beaucoup d'une thérapie appelée la

Illustration 7.5 *Un exemple hypothétique de RAC qui devient une phobie. L'enfant s'approche du chien (a) et a peur de lui (b). La peur se généralise à d'autres animaux domestiques (c) puis, à presque tous les animaux à poil (d).*

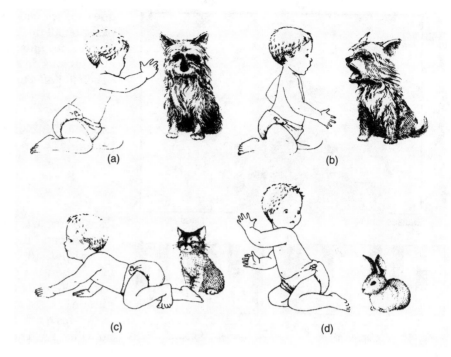

désensibilisation afin d'*éteindre*, ou de contre-conditionner, les peurs, les anxiétés et les phobies.

Le conditionnement substitutif ou d'occasion On peut également apprendre indirectement les réactions affectives conditionnées, ce qui accroît leur effet sur nous. Par exemple, une expérience a démontré que les personnes apprennent à réagir affectivement à une lumière si elles en voient une autre recevoir un choc électrique chaque fois que la lumière s'allume. Même si les sujets ne reçoivent jamais directement de chocs, ils développent malgré tout une RAC à la lumière (Bandura et Rosenthal, 1966). Les enfants qui acquièrent la peur du tonnerre en regardant leurs parents y réagir sont soumis à un conditionnement similaire.

Le **conditionnement substitutif classique**, comme on l'appelle, se produit lorsque nous observons les réactions affectives d'une autre personne à un stimulus et que par conséquent, nous apprenons à réagir de façon affective au même stimulus. Un apprentissage semblable affecte probablement les émotions dans de nombreuses situations. Par exemple, le film *Les dents de la mer* a fait de la baignade dans l'océan un stimulus

conditionnel de peur pour de nombreux spectateurs. Si les films peuvent nous affecter à ce point, on peut s'attendre à ce que les émotions de nos parents, de nos amis et de nos proches nous touchent encore davantage. Par exemple, comment un enfant de la ville apprend-il à craindre les serpents et à réagir affectivement à de simples images de ces derniers? L'avertissement «les serpents sont dangereux» ne suffit pas à expliquer la réaction *affective* de l'enfant. Il est plus vraisemblable que des peurs semblables se transmettent en observant les réactions de crainte d'autrui lorsque le mot «serpent» est mentionné ou que l'image d'un serpent apparaît à la télévision. (Pour un autre aperçu des RAC, consultez le profil 7.1.)

Les attitudes affectives que nous développons à l'égard de certains types d'aliments, de partis politiques, de groupes minoritaires, d'ascenseurs, etc. ne sont probablement pas seulement conditionnées par l'expérience directe, mais aussi de manière substitutive. Les parents qui se demandent comment ou à quel endroit leur enfant a bien pu «attraper» une peur ou une attitude affective particulière devraient se regarder dans la glace.

Autotest

Assurez-vous de bien répondre à ces questions avant de poursuivre.

1. Les réactions automatiques complexes qu'on appelle les _____ aident de nombreux animaux à s'adapter à leur milieu.

   a. généralisations de réactions affectives   *b.* discriminations inconditionnelles
   c. mécanismes innés de réaction   *d.* relâcheurs

2. Le conditionnement classique, étudié par le physiologiste russe _____, porte également le nom de conditionnement _____.

3. Le conditionnement classique est renforcé, lorsque le _____ suit le _____ .

   a. SC, SI   *b.* SI, SC   *c.* RI, RC   *d.* SC, RC

4. Un entraînement qui inhibe (ou affaiblit) une réaction à un stimulus conditionnel s'appelle _____.

5. Lorsqu'on utilise un stimulus conditionnel pour renforcer l'apprentissage d'un autre SC, un conditionnement d'ordre supérieur a lieu. Vrai ou faux?

6. De nombreuses phobies commencent vraisemblablement lorsqu'une RAC s'étend à d'autres situations similaires. Vrai ou faux?

7. Le conditionnement provoqué par l'observation de la douleur, de la joie ou de la peur chez les autres s'appelle le conditionnement _____.

8. Une relation stimulus-réaction innée s'appelle

   a. un stimulus inconditionnel   *b.* une RAC   *c.* un réflexe   *d.* un renforçateur

Réponses :

1. *c* 2. Pavlov, répondant 3. *b* 4. extinction 5. vrai 6. vrai 7. substitutif 8. *c*

Que pensez-vous de la musique sidérale et des créatures rampantes?

Sans aucun doute, nos goûts, aversions et craintes sont acquis à titre de réactions affectives conditionnées. Par exemple, dans le cadre d'une étude récente, des étudiants de niveau collégial développèrent des RAC, lorsqu'on associa des formes géométriques de couleur au thème musical du film *La guerre des étoiles*. Les formes coloriées correspondaient au SC et la musique, qui créait présumément des sensations agréables chez les étudiants, au SI. Lors d'épreuves subséquentes, les étudiants accordèrent de meilleures cotes aux images associées à la musique agréable qu'à celles accompagnées de silence (Bierly et autres, 1985). Comme nous l'avons déjà mentionné, les publicitaires tentent d'obtenir le même effet en couplant leurs produits à des images et à de la musique agréables. Nombre d'étudiants font de même lors d'un premier rendez-vous.

Grâce au conditionnement classique, il est possible d'apprendre à craindre ou à détester à peu près n'importe quoi. Toutefois, se peut-il que certaines craintes s'apprennent plus facilement que d'autres (illustration 7.6)? La **théorie de la peur** de Martin Seligman (1972) soutient cette hypothèse. Seligman croit que l'évolution nous prépare à développer rapidement des craintes à certains stimuli, comme les serpents et les araignées. D'autres objets usuels sont plus susceptibles de causer des douleurs ou des blessures (un marteau, une douille d'ampoule ou des skis, par exemple). Pourtant, ces objets donnent lieu à moins de phobies que les serpents ou les araignées.

Pourquoi la crainte des créatures rampantes s'acquerrait-elle plus facilement? En vertu de la théorie de Seligman, ces stimuli représentent des dangers depuis plus longtemps dans l'histoire de l'humanité. À la faveur de la sélection naturelle, ils sont devenus des stimuli conditionnels extrêmement efficaces. Les expérimentations au cours desquelles la peur était conditionnée par des images d'araignées, de serpents, de formes neutres et de prises électriques soutiennent la théorie de Seligman (Hugdahl et Karker, 1981). Peut-être l'évolution future permettra-t-elle aux humains de développer des peurs appropriées aux douilles et aux skis!

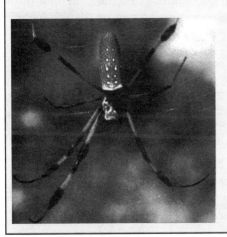

Illustration 7.6 *Lequel de ces stimuli représente le meilleur stimulus conditionnel de la crainte? Pourquoi avez-vous choisi celui-là?*

Le conditionnement opérant — les pigeons jouent-ils au ping-pong?

Comme nous l'avons vu, le **conditionnement opérant** désigne la manière dont nous associons les réactions à leurs conséquences. Le principe fondamental du conditionnement opérant (ou instrumental) est simple : les actions suivies de renforcement ont tendance à se répéter. Un des pionniers de l'apprentissage, le théoricien Edward L. Thorndike, appelait ce principe la **loi de l'effet**. D'après lui, l'apprentissage se trouve renforcé chaque fois qu'une réaction est suivie d'un résultat satisfaisant. Pensez à notre exemple du distributeur automatique. Puisque les coups de pied avaient pour effet de faire tomber la nourriture et l'argent, les probabilités de répéter la «réaction du coup de pied» sont accrues.

Comme nous l'avons vu, le conditionnement classique est passif et involontaire, et «arrive» simplement lorsqu'un SC et un SI sont associés. Par contre, le conditionnement opérant permet d'«agir» sur le milieu. Ainsi, le conditionnement opérant désigne principalement l'apprentissage des conduites *volontaires*. Par exemple, lever la main en classe pour attirer l'attention du professeur est une conduite opérante acquise. (Voir le tableau 7.1 pour d'autres comparaisons de conditionnement classique et opérant.)

L'idée selon laquelle les récompenses affectent l'apprentissage n'est certainement pas nouvelle aux yeux des parents (et d'autres entraîneurs de petits animaux). Toutefois, les parents, à l'instar des professeurs, des politiciens, des superviseurs et même de vous, peuvent se servir de récompenses de manière fortuite, inexacte ou mal inspirée. D'ailleurs, le terme même de «récompense» n'est pas exact; on devrait plutôt parler de «renforçateur», parce que les récompenses n'augmentent pas toujours les réactions. Si vous tentez de donner de la réglisse à un enfant en guise de récompense pour sa bonne conduite, cela ne fonctionnera que si l'enfant aime la réglisse. Ce qui constitue un renforcement chez une personne ne l'est pas nécessairement chez une autre. Dans la pratique, les psychologues définissent un **renforçateur opérant** comme tout événement qui succède à une réaction et en augmente la probabilité.

L'acquisition d'une réaction opérante La plupart des études en laboratoire de l'apprentissage instrumental eurent lieu dans un genre de **chambre de conditionnement**, appelée également boîte de Skinner (d'après B. F. Skinner, qui l'inventa afin d'étudier le conditionnement opérant, illustration 7.7). Un bref regard sur cet appareil éclaircira la méthode du conditionnement opérant.

Les aventures du rat Miki

On place un rat affamé dans une petite chambre semblable à une cage. Les murs sont nus, à l'exception d'une barre de métal et d'un plateau dans lequel on peut déposer de petites bouchées de nourriture (illustration 7.7).

Vraiment, il n'y a pas grand-chose à faire dans une boîte de Skinner, ce qui augmente les probabilités que notre sujet ait la réaction que nous désirons renforcer, soit abaisser la barre de métal. La faim assure également que l'animal sera motivé à chercher de la nourriture et à *émettre*, ou à exprimer librement, une variété de réactions. Regardons notre sujet de nouveau.

Les nouvelles aventures du rat Miki

Pendant un certain temps, notre sujet se promène, fait sa toilette, sent dans les coins ou se tient sur ses pattes de derrière — comme tout bon rat. Puis, voilà que cela arrive. Il pose sa patte sur la barre de métal pour mieux voir le dessus de la cage. Clic! la barre se baisse, et une bouchée de nourriture tombe dans le plateau. Le rat se précipite, mange la bouchée, puis fait sa toilette. Lorsqu'il explore la cage de nouveau, il s'appuie sur le levier. Clic! après un aller au plateau, il retourne à la barre et la sent, puis y pose la patte. Clic! sous peu, le rat s'installe dans une routine sans histoire, qui consiste à abaisser souvent la barre.

Remarquez que le rat n'a pas acquis de nouvelle aptitude dans le cas présent. Il possédait déjà les réactions nécessaires à abaisser la barre; la récompense ne change que la *fréquence* à laquelle il abaisse la barre. Le conditionnement opérant utilise le renforcement afin de modifier la fréquence des réactions ou d'en changer la structure.

Tableau 7.1   *Comparaison du conditionnement classique et du conditionnement opérant*

	CONDITIONNEMENT CLASSIQUE	CONDITIONNEMENT OPÉRANT
Nature de la réaction	Involontaire, réflexe	Spontanée, volontaire
Renforcement	Se produit avant la réaction (le stimulus conditionnel est associé au renforcement du stimulus)	Se produit après la réaction (la réaction est suivie d'un stimulus ou d'un événement de renforcement)
Rôle du sujet	Passif (réaction provoquée)	Actif (réaction émise)
Nature de l'apprentissage	Association entre les stimuli antécédents	Probabilité de réaction modifiée par les conséquences

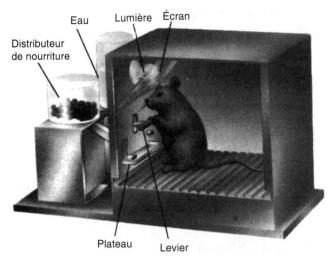

Illustration 7.7 *La boîte de Skinner. Inventé par B. F. Skinner, ce simple dispositif permet l'étude attentive du conditionnement opérant. Lorsque le rat abaisse le levier, une bouchée de nourriture ou une goutte d'eau lui parvient automatiquement.*

L'illustration 7.8 offre un bon exemple de renforcement opérant qui modifie le comportement. Les résultats proviennent d'une tentative de réduction du nombre de comportements déviants (comme les bagarres, les cris et les crises de rage) affichés par les enfants d'une classe spéciale. Comme vous pouvez le constater, le chaos régnait durant la période initiale. Toutefois, lorsqu'on renforça un bon comportement (comme prêter attention ou rester assis), les gestes perturbateurs cessèrent rapidement (O'Leary et Becker, 1967).

Pour être efficace, le renforcement opérant doit être **contingent de la réaction**, c'est-à-dire qu'on ne doit l'accorder qu'immédiatement après l'apparition de la réaction. Si les enfants de l'exemple précédent avaient reçu le renforcement à l'aveuglette, leur comportement ne se serait nullement amélioré. Dans des situations qui vont de l'étude ordinaire au travail soutenu, le renforcement contingent affecte aussi le *rendement*.

Le façonnement Même dans une boîte de Skinner nue, il se peut que le rat prenne beaucoup de temps avant d'abaisser accidentellement la barre et de manger la bouchée de nourriture. Nous pourrions attendre une éternité avant qu'une réaction plus complexe n'advienne. Par exemple, il se peut que vous attendiez longtemps avant qu'un canard ne sorte de sa cage par accident, qu'il n'allume la lumière, qu'il ne joue d'un piano miniature, qu'il n'éteigne et qu'il ne retourne dans sa cage. S'il s'agit du comportement que vous désirez récompenser, vous n'en aurez sûrement pas la chance.

Question : Comment enseigne-t-on des tours compliqués aux animaux qu'on voit à la télévision ou dans les parcs d'attractions?

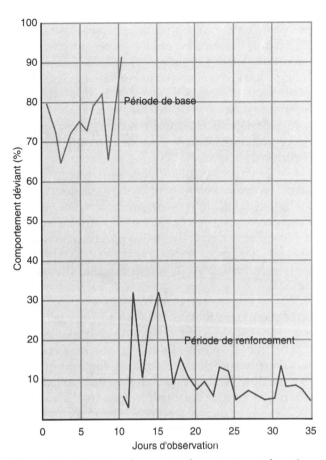

Illustration 7.8 *Le renforcement et le comportement humain. Le graphique illustre la quantité de comportements déviants auxquels s'adonnent les enfants dans une classe chaque jour. Ces derniers prévalaient avant que ne soit instauré le renforcement pour bonne conduite. L'efficacité du renforcement est indiquée par la baisse rapide des pleurs, des coups, et des crises de rage. (Adapté de O'Leary et Becker, 1967).*

Grâce au **façonnement**, qui est le modelage graduel des réactions en une structure finale planifiée. Examinons de nouveau notre sujet, le rat Miki.

Les façons du rat Miki

Supposons que le rat n'a pas encore appris à manier la barre et qu'il ne démontre aucun intérêt envers cette dernière. Au lieu d'attendre qu'il l'abaisse accidentellement une première fois, nous pouvons façonner ses modes de comportement. D'abord, nous nous donnons comme but de lui faire voir la barre. Chaque fois qu'il se tourne vers elle, on le renforce grâce à une bouchée de nourriture. Sous peu, Miki passe beaucoup de temps à contempler la barre. Puis, nous le renforçons chaque fois qu'il fait un pas en direction de la barre. Lorsqu'il se tourne vers la barre mais qu'il s'en éloigne, rien ne se passe. Mais lorsqu'il y fait face et qu'il fait un pas en avant, clic! ses réactions se façonnent.

En changeant les règles afin d'obtenir une réponse favorable, on peut graduellement entraîner le rat à s'approcher de la barre et à l'abaisser. On peut récompenser les réactions lorsqu'elles se rapprochent de plus en plus du mode final désiré jusqu'à l'obtention de ce dernier. Le principe du façonnement réside donc dans le renforcement des **approximations successives** vers la réaction désirée. B. F. Skinner enseigna à deux pigeons à jouer au ping-pong en se servant de cette méthode (illustration 7.9 et profil 7.2).

Le façonnement s'applique également aux humains. Supposons par exemple que vous désirez étudier davantage, faire le ménage plus souvent ou faire plus d'exercice. Dans chaque cas, il pourrait être utile de vous fixer une série d'objectifs progressifs et quotidiens, et de vous récompenser vous-même pour chaque pas modeste dans la bonne direction (Watson et Tharp, 1981).

L'extinction Vous pourriez vous attendre à ce qu'un rat cesse d'abaisser sa barre dès que l'approvisionnement en nourriture prend fin. En fait, le rat n'arrêterait pas immédiatement d'abaisser la barre. Tout comme l'acquisition d'une réaction opérante requiert du temps, il en va de même pour l'**extinction opérante**. Si une réaction acquise n'est pas renforcée, elle s'estompe graduellement. L'extinction opérante correspond donc à la notion générale d'extinction du conditionnement classique.

Même lorsque l'extinction semble achevée, il peut y avoir résurgence de la réaction renforcée. Si l'on retire un rat de la boîte de Skinner après l'extinction et qu'on lui accorde un court répit, il recommencera d'abaisser la barre en revenant dans la boîte.

Question : L'extinction requiert-elle autant de temps la deuxième fois ?

Si le renforcement est omis, le maniement de la barre s'éteindra de nouveau, d'habitude plus rapidement. La brève apparition d'une réaction opérante après l'ex-

---

PROFIL 7.2
Les contraintes biologiques — le raton laveur farouche

La réussite que connut B. F. Skinner en enseignant à ses pigeons à jouer au ping-pong tenait beaucoup au fait que les pigeons picotent naturellement les objets. À une certaine époque, les psychologues crurent que toute réaction volontaire pouvait s'enseigner au moyen du conditionnement opérant. Mais ces dernières années, il est devenu évident que certaines réactions s'acquièrent mieux que d'autres. Cette observation laisse entendre qu'il existe un nombre de **contraintes biologiques**, ou limites, au conditionnement opérant, en particulier dans le cas des animaux. Par exemple, deux psychologues de renom, Keller et Marion Breland, se lancèrent dans le dressage commercial d'animaux pour des émissions de télévision, des zoos et des parcs d'attractions. De pair avec leur succès, ils connurent quelques échecs révélateurs.

Dans un cas, les Breland tentèrent, dans le cadre d'une réclame, de conditionner un raton laveur à insérer des pièces de monnaie dans une tirelire. Le raton frotta plutôt les pièces à répétition, d'un air radin (Breland et Breland, 1961). Aucun renforcement n'aurait pu venir à bout de ce comportement. Les Breland connurent d'autres échecs avec d'autres types d'animaux. Dans chaque cas, un mode de comportement inné empêchait l'apprentissage. Ils appelèrent ce problème le **mouvement instinctif** : les réactions acquises ont tendance à «dériver» vers celles qui sont innées. Le comportement «radin» du raton laveur était tout simplement une réaction innée de laver la nourriture. À la lumière de ces observations, il est sage de se rappeler que les lois de l'apprentissage sont restreintes par le carcan des limites et des possibilités biologiques (Adams, 1980).

---

tinction constitue un autre exemple de *recouvrement spontané*, dont nous avons déjà parlé dans le cas du conditionnement classique, et qui semble très adaptatif. Le rat réagit encore à une situation qui produisait de la nourriture auparavant : «Je vérifie si les règles ont changé!»

Le renforcement opérant — comme il vous plaira!

Chez les humains, un renforçateur efficace peut aller du simple bonbon au compliment. On peut diviser ces renforçateurs en catégories utiles : les *renforçateurs primaires, secondaires, généralisés* et *dominants*. Ils ont tous un effet marqué sur nos vies. Examinons-les en détail.

Le renforcement primaire

Les **renforçateurs primaires** sont naturels, c'est-à-dire non acquis. Ils s'appliquent donc presque universellement à une espèce donnée. Ils sont habituellement de

---

Illustration 7.9 *On se servit des principes du conditionnement opérant afin d'entraîner ces pigeons à jouer au ping-pong.*

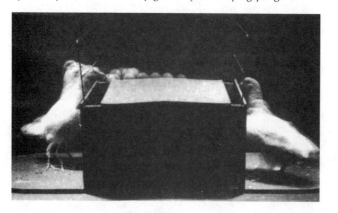

nature biologique, assurent le confort et mettent fin à la douleur, ou répondent à un besoin physique immédiat. La nourriture, l'eau et le sexe sont des agents de renforcement primaires manifestes. Chaque fois que vous ouvrez le réfrigérateur, que vous allez à une fontaine, que vous montez le chauffage ou que vous vous permettez une excursion au bar laitier, vos gestes reflètent l'effet d'un renforçateur primaire.

En plus des exemples les plus flagrants, il existe des renforçateurs primaires moins naturels. Un des plus courants et des plus puissants consiste dans la **stimulation intracrânienne** (SIC), qui met en jeu la stimulation directe des «centres de plaisir» du cerveau (Olds et Fobes, 1981; illustration 7.10).

Câbler un rat pour le plaisir

L'usage de la stimulation du cerveau comme récompense nécessite l'implantation de minuscules électrodes dans certaines zones du cerveau. On peut entraîner un rat «câblé pour le plaisir» à abaisser la barre d'une boîte de Skinner afin de transmettre une stimulation électrique à son propre cerveau. Certains rats doivent répéter le maniement des milliers de fois à l'heure avant d'obtenir ce résultat. Après 15 ou 20 heures d'abaissement continu, les animaux tombent parfois d'épuisement. Lorsqu'ils se raniment, ils recommencent leur manège. Si le circuit de récompense n'est pas désactivé, l'animal préférera le maniement de la barre à la nourriture, à l'eau et au sexe.

On peut trembler à l'idée de ce qui pourrait se produire, si les implantations au cerveau étaient faciles et pratiques (elles ne le sont pas). Chaque entreprise, de *Playboy* à General Motors, aurait son propre dispositif en vente, et il faudrait surveiller les politiciens de beaucoup plus près!

Le renforcement secondaire

Dans certaines sociétés primitives, l'apprentissage est encore fortement lié à la nourriture, à l'eau et à d'autres renforçateurs primaires. Toutefois, la plupart d'entre nous réagissons à une gamme beaucoup plus vaste de récompenses et de renforçateurs. L'argent, les louanges, l'attention, l'approbation, le succès, l'affection, les diplômes et autres récompenses servent tous de **renforçateurs secondaires** ou *acquis*.

Question : Comment un renforçateur secondaire peut-il arriver à favoriser l'apprentissage?

Certains renforçateurs secondaires sont simplement associés à des renforçateurs primaires. En voici une démonstration.

Le rat au bouton

Un rat enfermé dans une boîte de Skinner apprend au moyen du conditionnement opérant à abaisser la barre pour obtenir des bouchées de nourriture. Chaque maniement récompensé est également suivi d'un bref signal sonore. Après une période d'entraînement où sont associés maniement, nourriture et signal sonore, on déménage notre rat dans une autre cage qui ne contient pas de barre, mais plutôt un bouton au mur. Lorsque le rat appuie sur ce dernier, il entend le signal sonore mais ne reçoit pas de nourriture. Bien qu'on ne lui accorde pas de renforçateur primaire (nourriture), le rat apprend à appuyer sur le bouton pour déclencher le signal sonore. Parce qu'il était associé à la nourriture, le signal sonore est devenu un renforçateur secondaire.

Les jetons Les renforçateurs secondaires qui peuvent être *échangés* contre des renforçateurs primaires sont

(a)

(b)

Illustration 7.10   *Dans le dispositif illustré en (a), le rat peut abaisser un levier afin de transmettre une faible stimulation électrique au «centre du plaisir» du cerveau. On a aussi «câblé» des humains en vue de la stimulation du cerveau (b). (Voir le chapitre 3 pour plus de renseignements sur la stimulation intracrânienne.)*

susceptibles de gagner de la valeur plus directement. Les billets de banque imprimés ont peu de valeur propre. Vous ne pouvez ni les manger, ni les boire, ni dormir dessus. Toutefois, ils peuvent être échangés contre de la nourriture, de l'eau, un gîte et d'autres nécessités. Dans une série d'expérimentations classiques, on enseigna à des chimpanzés à travailler pour des **jetons**.

> On montra d'abord aux chimpanzés à mettre des jetons de poker dans un distributeur «Singe-rie» qui donnait des raisins frais ou secs en échange d'un jeton. Une fois que les animaux apprirent à échanger des jetons contre de la nourriture, ils furent en mesure d'apprendre de nouvelles tâches afin d'obtenir des jetons. La valeur des jetons fut maintenue en permettant de temps à autre aux chimpanzés d'utiliser le «Singe-rie» pour obtenir de la nourriture en échange de jetons (illustration 7.11; Wolfe, 1936; Cowles, 1937).

Les personnes ou les animaux qui reçoivent des renforçateurs primaires peuvent rapidement s'en *rassasier*, c'est-à-dire s'en satisfaire pleinement et ne plus en désirer. Par exemple, si vous désirez utiliser du bonbon afin de renforcer un enfant déficient à nommer correctement les choses, l'enfant ne peut démontrer de l'intérêt que lorsqu'il a faim. Un des avantages importants des jetons est qu'ils ne perdent pas leur valeur de renforcement aussi rapidement que les renforçateurs primaires. Voilà pourquoi les jetons (de plastique, ou des étoiles dorées, etc.) sont utiles, lorsqu'on travaille avec des enfants perturbés, des adolescents et des adultes dans le cadre de programmes spéciaux, ou lors-

Illustration 7.11 *Les jetons de poker ne représentent habituellement rien ou presque pour les chimpanzés, mais celui-ci va travailler très fort à les gagner une fois qu'il aura compris que le distributeur «Singe-rie» lui échange de la nourriture contre ses jetons.*

qu'on éduque des déficients mentaux (illustration 7.12). On utilise même les jetons parfois dans des classes du cours primaire régulier. Le but est de fournir une récompense immédiate et tangible afin d'inciter les enfants à apprendre. Les jetons peuvent toujours être échangés contre de la nourriture, des biens, des privilèges, ou des sorties au cinéma, au parc d'attractions, etc.

Question : Les gens accumulent parfois de l'argent même si tous leurs besoins sont satisfaits. Pourquoi?

Les renforçateurs généralisés Il est intéressant de constater que les chimpanzés qui travaillaient pour des jetons avaient également tendance à les accumuler, même lorsqu'ils avaient faim, ce qui laisse entendre, comme d'autres observations similaires, que l'argent peut devenir un **renforçateur généralisé** (un renforçateur secondaire qui s'est fortement détaché des renforçateurs primaires). Non seulement l'argent peut-il être échangé contre des renforçateurs primaires, mais il peut aussi mener à d'autres renforçateurs secondaires, comme le prestige, l'attention, l'approbation, le statut ou le pouvoir. Cette propriété rend la valeur de l'argent si générale au sein de la société que les gens le recherchent et l'accumulent parfois dans le seul but d'en avoir.

Les réactions dominantes La découverte de ce qui peut servir de renforçateur peut se révéler délicate. Les compliments, le bonbon ou la tape dans le dos peuvent fonctionner chez l'un et pas chez l'autre. Une des issues de ce dilemme consiste à y appliquer le **principe de Premack**. Cette notion, proposée par David Premack (1965), veut que toute réaction fréquente (ou dominante) puisse être utilisée afin d'en renforcer une qui l'est moins. Disons que vous aimez la musique et en écoutez souvent. Par contraste, vous *détestez* sortir les ordures et ne le faites pas souvent. Le cas échéant, on pourrait renforcer la tâche des ordures à l'aide de la musique. En exigeant de vous-même de sortir les ordures avant d'écouter de la musique, vous augmenterez la fréquence de la réaction. Un autre exemple consiste à se servir de jeux vidéo afin de renforcer efficacement le façonnement du comportement des enfants qui en sont adeptes (Buckalew et Buckalew, 1983).

    Si vous désirez appliquer le renforcement à la modification de votre propre comportement (vos habitudes d'apprentissage scolaire, par exemple), souvenez-vous que tout ce que vous faites fréquemment (regarder la télévision, parler à des amis, écouter de la musique) peut servir de renforçateur.

Le délai de renforcement

Le renforcement a le plus d'effet sur l'apprentissage instrumental, lorsque l'intervalle entre la réaction et ses conséquences est court. On peut démontrer ce fait à la faveur d'une simple expérience.

Le rat Miki et ses amis subissent un délai

On entraîne plusieurs groupes de rats à abaisser la barre d'une boîte de Skinner afin d'obtenir de la nourriture en échange. Pour certains, la bouchée de nourriture suit immédiatement le maniement, mais on entraîne d'autres rats à attendre plus longtemps entre l'abaissement et la récompense. Lorsque le délai atteint les quelque 50 secondes, très peu d'apprentissage en résulte. Et si la livraison de nourriture suit le maniement de la barre après plus d'une minute et demie, aucun apprentissage n'est possible (illustration 7.13; Perin, 1943).

Si vous désirez récompenser un animal ou une personne qui a fourni une bonne réponse, la récompense sera plus efficace si vous l'accordez *immédiatement* après la réaction.

Illustration 7.12 *Le renforcement au sein d'une économie de jetons. Ce graphique illustre l'effet de l'usage de jetons en guise de récompense du comportement adéquat dans une aile psychiatrique. Le comportement souhaitable consistait à faire le ménage et les lits, à assister aux séances de thérapie, etc. Les jetons mérités pouvaient être échangés contre de petites douceurs comme des repas, des goûters, du café, des privilèges à la salle de jeu ou des permissions de fin de semaine. Le graphique compte plus de 24 heures par jour, car il représente le total des heures de bonne conduite de tous les patients. (Adapté de Ayllon et Azrin, 1965).*

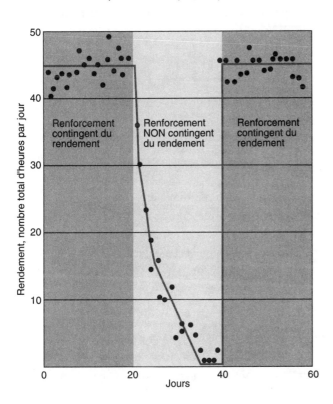

Question : Disons que je travaille très fort à obtenir un A pour un cours durant le semestre. Le délai de renforcement m'empêcherait-il d'apprendre quoi que ce soit?

Non, pour plusieurs raisons. D'abord, en tant qu'humain, vous êtes en mesure d'anticiper la récompense future. Puis, vous obtenez un renforcement grâce aux examens et aux devoirs tout au long du semestre. Enfin, un seul renforçateur peut souvent maintenir une *chaîne* de réactions. Barnabus, un rat entraîné par les psychologues de l'université Brown, nous fournit un exemple simple d'une **réaction en chaîne**.

Barnabus le grand

En travaillant soigneusement depuis la dernière réaction jusqu'à la première, Barnabus fut entraîné à établir une chaîne de réactions encore plus longue afin d'obtenir une seule bouchée de nourriture. En pleine forme, Barnabus pouvait monter un escalier en colimaçon, traverser un pont étroit, grimper à une échelle, tirer une voiture-jouet à l'aide d'une chaîne, monter dans la voiture, pédaler jusqu'au deuxième escalier, monter l'escalier, ramper le long d'un tube, grimper dans un monte-charge et descendre sur une plate-forme, abaisser un levier et recevoir sa bouchée de nourriture et... recommencer! (Pierrel et Sherman, 1963).

De nombreux gestes quotidiens font appel à une réaction en chaîne semblable. La longue série de gestes nécessaires à la préparation d'un repas, par exemple, est récompensée par le résultat final. Un luthier peut passer trois mois à accomplir des milliers d'étapes pour la récompense ultime d'entendre la première note d'un instrument. Attacher un soulier est une réaction en chaîne brève mais familière.

Illustration 7.13 *L'effet du délai de renforcement. Remarquez à quelle rapidité décline le résultat de l'apprentissage lorsque la récompense est différée. Les animaux qui apprenaient à abaisser une barre dans une boîte de Skinner ne montrèrent aucun signe d'apprentissage, lorsque la récompense suivait le maniement après plus de 100 secondes. (Perin, 1943.)*

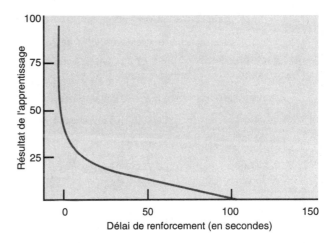

Le comportement superstitieux Le renforcement n'affecte pas que la dernière réaction qui le précède, mais également d'autres réactions légèrement antérieures, ce qui explique l'apprentissage de nombreuses superstitions humaines. Lorsqu'une golfeuse frappe son bâton trois fois au sol et qu'elle obtient ensuite un coup exceptionnel, sa réussite ne renforce pas que le bon swing, mais également les trois coups frappés. En cours de conditionnement opérant, les animaux développent ainsi des réactions inutiles. Si un rat se gratte l'oreille immédiatement avant la première fois où il abaisse la barre, il peut continuer à se la gratter à chaque occasion subséquente. Tout ce dont il a besoin pour obtenir la nourriture est d'abaisser la barre, mais l'animal peut continuer à se gratter l'oreille «superstitieusement», comme si cela était nécessaire.

Question : Mais si le comportement superstitieux n'est pas nécessaire, pourquoi continue-t-il?

Les gestes superstitieux *semblent* sans doute rentables à la personne ou à l'animal. Par exemple :

Illustration 7.14 *De nombreux joueurs se fient aux porte-bonheur. Un comportement superstitieux de la sorte provient du fait que le porte-bonheur est occasionnellement associé au renforcement (gagner).*

Les pigeons ne devraient pas parier

On place un pigeon à l'intérieur d'une boîte de Skinner, où il peut picoter une clé trois fois afin d'obtenir de la nourriture. Puis, on verrouille la clé. La nourriture tombe par intermittence sur le plateau, tandis que le pigeon continue à picorer. Il n'y a aucun lien entre la becquetée et la nourriture, mais il semble y en avoir un. Au cours de 20 périodes d'essai de 20 minutes chacune, le pigeon procède à environ 2 700 becquetées «superstitieuses» (Neuringer, 1970).

Bon nombre de superstitions humaines semblent se fonder sur le même modèle. Lorsque vous tirez le morceau le plus long d'une fourchette (un os) de dinde et que vous jouissez peu après d'un sort favorable, vous pouvez imputer votre bonne fortune à la fourchette (illustration 7.14). Si vous marchez sous une échelle et que vous vous fracturez une jambe, il se peut que vous évitiez les échelles par la suite. Chaque fois que vous en évitez une et que rien de fâcheux ne se produit, votre réaction superstitieuse est renforcée. On peut également expliquer la croyance en la magie de manière semblable. Les rituels destinés à faire venir la pluie, à empêcher la maladie ou à produire d'abondantes récoltes ont sans doute gagné la faveur des adeptes en semblant parfois donner des résultats. Du reste, mieux vaut prévenir que guérir!

Autotest

1. Les réactions du conditionnement opérant sont_____, tandis que celles du conditionnement classique sont passives, _____.

2. On appelle _____ le fait de changer la procédure de manière à ce qu'un animal (ou une personne) s'entraîne graduellement à réagir de la façon désirée.

3. L'extinction du conditionnement opérant est également sujette _____ d'une réaction.

   a. aux approximations successives *b.* au façonnement *c.* à l'automation *d.* au recouvrement spontané

4. Le renforcement du conditionnement opérant dépend des conséquences d'une réaction, ou de ce qui se produit après qu'on l'applique. Vrai ou faux?

5. Les renforçateurs primaires sont ceux qu'on apprend au moyen du conditionnement classique. Vrai ou faux?

6. Les jetons sont principalement des renforçateurs _____.

7. Les réactions superstitieuses sont

   a. façonnées par le renforcement secondaire   *b.* éteintes
   c. dominantes   *d.* inutiles à l'obtention d'un renforcement

Réponses :

1. volontaires ou produites, involontaires ou provoquées 2. façonnement 3. *d* 4. vrai 5. faux 6. secondaires 7. *d*

Le renforcement partiel — Las Vegas : une boîte de Skinner pour les humains?

SERENDIPITÉ (n.f.) : découverte d'une chose à la faveur de la recherche d'une autre

D'après ce qu'on raconte, B. F. Skinner étudiait le conditionnement opérant lorsqu'il tomba en panne de bouchées de nourriture. Afin de poursuivre, il fit en sorte qu'une seule bouchée serve à récompenser toutes les autres réactions. Ainsi débuta l'étude formelle des **programmes de renforcement**. Jusqu'ici, nous avons traité du renforcement opérant comme s'il était continu. Le **renforcement continu** signifie qu'un renforçateur succède à chaque réaction, ce qui est possible en laboratoire, mais il en va autrement dans la vie quotidienne. La plupart de nos réactions ne sont pas récompensées de manière constante. L'apprentissage de la vie quotidienne se fonde sur le **renforcement intermittent**, où les renforçateurs ne succèdent pas à chaque réaction. On peut appliquer ce dernier de différentes façons, dont chacune affecte les réponses de manière particulière, en plus de produire un effet général : *les réactions acquises au moyen du renforcement partiel sont extrêmement résistantes à l'extinction.* Pour une raison obscure, perdue dans la connaissance de la psychologie, ce phénomène porte le nom d'**effet du renforcement intermittent** et s'applique à la fois aux conditionnements classique et opérant.

Question : Comment le renforcement intermittent peut-il rendre une réaction plus forte?

Si vous êtes déjà allé à Las Vegas ou dans une Mecque du jeu semblable, vous avez sans doute souri à la vue des innombrables rangées de gens qui tirent les manettes des machines à sous. Afin de mieux comprendre les effets du renforcement partiel, imaginez-vous que vous visitez Las Vegas pour la première fois. Vous insérez une pièce de monnaie dans une machine à sous, puis tirez la manette. Cinq pièces de monnaie s'en écoulent. Insérant une de vos nouvelles pièces, vous tirez de nouveau la manette. Encore une fois, un petit gain. Puis, à votre insu, quelqu'un met hors fonction le mécanisme de récompense. Soudainement, tous les coups ne donnent rien. Bien sûr, vous réagirez plusieurs fois avant d'abandonner. Toutefois, lorsque l'extinction succède au renforcement continu, le message devient clair sous peu : plus de profit.

Par contraste, songez au renforcement intermittent. Vous commencez par insérer cinq pièces de monnaie sans gain. Vous êtes à la veille d'abandonner, mais décidez de jouer une fois de plus. Bingo! La machine vous remet quarante pièces de monnaie. Après, les gains continuent de façon sporadique, parfois importants, parfois minimes. Tous les coups sont impré-

visibles. Parfois, vous obtenez deux gains consécutifs, et parfois vous jouez 20 ou 30 fois sans que rien ne tombe. Supposons encore que le mécanisme de récompense est hors fonction. À combien de reprises croyez-vous réagir cette fois-ci, avant que votre comportement de tirer la manette ne s'éteigne? Puisque vous avez développé une attente selon laquelle chaque coup pourrait être «le» coup, il sera difficile de résister à jouer une fois de plus... et une autre... et une autre encore. En outre, étant donné que le renforcement intermittent comprend de longues périodes de non-récompense, il sera plus difficile de distinguer les périodes d'extinction de celles de renforcement. Il est exact d'affirmer que l'effet du renforcement intermittent en a laissé plus d'un sans le sou. Même les psychologues en visite à Las Vegas se font souvent «plumer», et pourtant, ils sont bien informés.

Les programmes de renforcement intermittent

Les modes de distribution du renforcement intermittent sont presque illimités. Examinons les quatre possibilités principales, qui ont des effets intéressants sur nous.

La proportion fixe (PF) Qu'arriverait-il, si un renforçateur ne succédait à une réaction que de temps à autre? Ou si l'on faisait suivre d'un renforcement la troisième, quatrième ou cinquième réaction? Chacun de ces modes représente un **programme de proportion fixe**. La proportion de renforcement aux réactions est fixe : PF-2 signifie que la deuxième réaction est récompensée, PF-3, que chaque troisième réaction l'est, etc.

Les programmes de proportion fixe engendrent un *taux très élevé de réactions* (illustration 7.15). Un rat affamé sujet à un programme PF-10 se débarrassera vite de 10 réponses, s'arrêtera pour manger, puis accomplira 10 autres réactions. Une situation similaire se produit dans le cas des ouvriers agricoles ou industriels qui sont rémunérés à la pièce. Lorsqu'un nombre défini d'articles doit être fabriqué pour un salaire donné, le rendement est élevé.

La proportion variable (PV) Un **programme de proportion variable** constitue une légère variante du programme fixe. Par exemple, au lieu d'être récompensé à toutes les quatre réponses (PF-4), une personne ou un animal sujet à un programme PV-4 n'est récompensé qu'*environ* à chaque quatrième réponse. Il faut parfois qu'une réaction se répète 2, 5 ou 4 fois avant d'obtenir un renforcement. Le nombre réel de réactions requises varie, mais il correspond en moyenne à quatre (dans cet exemple). Le programme de proportion variable engendre aussi un taux élevé de réactions.

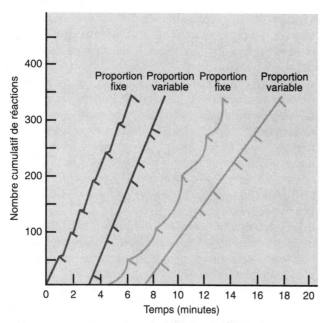

Illustration 7.15 *Modes de réactions typiques des programmes de renforcement. On obtient des résultats semblables en branchant un appareil d'enregistrement cumulatif dans une boîte de Skinner. Le dispositif se compose d'une bande de papier mobile et d'un crayon mécanique qui saute chaque fois qu'advient une réaction. Des réactions rapides provoquent un tracé escarpé, alors que la ligne horizontale indique l'absence de réaction. Les traits courts sur la ligne indiquent le moment du renforcement.*

Question : Les programmes de PV semblent moins prévisibles que les PF. Cela produit-il un effet sur l'extinction?

Oui. Puisque le renforcement est moins prévisible, les programmes de PV ont tendance à offrir une plus grande résistance à l'extinction que les PF. Jouer à la machine à sous est un exemple de comportement maintenu par un programme de proportion variable. Un autre exemple provient de l'enfant qui réclame une friandise au supermarché. Le nombre de fois que l'enfant doit demander avant d'être renforcé varie, ce qui le rend persistant. Le golf, le tennis et nombre d'autres sports sont aussi renforcés selon le mode de la proportion variable. Il peut suffire d'un bon coup sur 5 ou sur 10 pour créer un fanatique!

L'intervalle fixe (IF) Dans un autre mode, on accorde le renforcement à la première bonne réaction qui survient après une durée fixe. Ainsi, un rat sujet à un programme à IF-30 secondes doit attendre que 30 secondes s'écoulent après la dernière réaction renforcée, avant que le maniement de la barre ne soit de nouveau rentable. Le rat peut abaisser la barre tant qu'il le désire dans l'intervalle, mais il ne sera pas récompensé. Les **programmes à intervalle fixe** ne donnent qu'un taux

modéré de réactions, qui se traduisent par des périodes d'activité entremêlées de périodes oisives. Les animaux qui travaillent d'après un programme IF semblent développer un sens aigu du passage du temps. Par exemple :

Le rat Miki fait la pause

Le rat Miki, entraîné selon un programme IF-60 secondes, vient tout juste d'être renforcé pour avoir abaissé le levier. Que fait-il? Il flâne dans sa cage, fait sa toilette, fredonne, sifflote, lit des magazines et se fait les ongles. Après 50 secondes, il va vers la barre et lui applique une légère pression — il vérifie. Cinquante-cinq secondes plus tard, il appuie deux ou trois fois sur le levier, mais il n'obtient toujours rien. Cinquante-huit secondes, et il décide de l'abaisser rapidement; 59, 60 secondes, et il donne le coup qui lui assure le renforcement. Après un ou deux coups de plus (non renforcés), il se balade de nouveau durant le prochain intervalle.

Question : La paie hebdomadaire constitue-t-elle un programme IF?

Les exemples intégraux de programmes à intervalle fixe sont rares, mais la rémunération hebdomadaire s'en approche. Toutefois, remarquez que la plupart des gens ne travaillent pas plus rapidement immédiatement avant le jour de la paie, comme il est prévu dans les programmes IF. Un exemple plus exact consiste à remettre un devoir toutes les deux semaines dans le cadre d'un cours. Immédiatement après avoir remis un travail, il est probable que votre production tombe à zéro pendant une semaine ou plus. Puis, plus la date de remise approche, une frénésie de travail s'empare de vous. La dinde de Noël constitue un autre exemple d'intervalle fixe. Généralement, la fréquence de vérification de la volaille augmente à mesure que la dinde cuit (Schwartz, 1984).

L'intervalle variable (IV) Les **programmes à intervalle variable** sont une variante des intervalles fixes. Ici, le renforcement est accordé à la première réaction exacte qui survient après une durée variable. D'après un programme IV-30 secondes, le renforcement est disponible après un intervalle d'*environ* 30 secondes. Les programmes IV engendrent des *taux lents et stables* de réactions, et une résistance formidable à l'extinction. Lorsque vous composez un numéro de téléphone et obtenez une ligne occupée, la récompense (obtenir la communication) dépend d'un programme IV. Il se peut que vous deviez attendre 30 secondes ou 30 minutes. Si vous êtes comme la plupart, vous composerez obstinément jusqu'à ce que vous obteniez la communication. La pêche fonctionne également selon un programme IV, ce qui peut expliquer la ténacité de nombreux pêcheurs à la ligne (Schwartz, 1984).

Comparez : les programmes de renforcement

Programme de renforcement Une règle ou un plan destiné à déterminer quelles réactions seront renforcées.

Renforcement continu Un programme de renforcement où chaque réaction est suivie d'un renforçateur.

Programme de proportion fixe Un mode selon lequel un nombre défini de réactions doit s'accomplir afin d'obtenir un renforcement.

Programme de proportion variable Un mode selon lequel le nombre de réactions requises à l'obtention d'un renforcement varie.

Programme à intervalle fixe Un mode selon lequel le renforcement est accordé à la première réaction exacte qui survient après une durée déterminée depuis la dernière réaction renforcée.

Programme à intervalle variable Un programme où le renforcement est disponible après des périodes de durée variée.

Le contrôle du stimulus — les habitudes en laisse

Lorsque vous conduisez, votre comportement aux intersections est régi par le feu vert ou rouge. De même, les nombreux stimuli que nous rencontrons quotidiennement agissent comme des signaux d'arrêt ou d'aller qui guident les réactions, ce qui constitue le **contrôle du stimulus**. Selon une définition plus formelle, les stimuli antécédents (qui surviennent avant la réaction) affectent également le conditionnement opérant. Lors d'une situation particulière, si une réaction est renforcée, elle tend à être régie par les stimuli présents dans la situation donnée. Voyez comment cela se déroule avec notre ami Miki le rat.

Miki dans la nuit

Tandis qu'il apprenait la réaction d'abaisser la barre, Miki se trouvait dans une boîte de Skinner éclairée par une lumière vive. Au cours de plusieurs séances d'entraînement, la lumière est allumée ou éteinte par intermittence. Lorsqu'elle est allumée, un maniement du levier produit de la nourriture; éteinte, le maniement ne donne rien. Nous observons sous peu que le rat abaisse vigoureusement la barre lorsque la lumière est allumée, et qu'il l'ignore une fois la lumière éteinte.

Dans cet exemple, la lumière indique les conséquences qui adviendront si une réaction se produit. Un exemple similaire consisterait pour un enfant à apprendre à demander des bonbons à sa mère lorsque celle-ci est de bonne humeur, et seulement à ce moment-là. Dans le cadre du conditionnement opérant, les stimuli qui précèdent une réaction récompensée ont tendance à influencer le *moment* et le *lieu* où la réaction se produit.

On pourrait prouver le contrôle du stimulus au moyen de notre exemple, en livrant de la nourriture lorsque la lumière est *éteinte*. Un rat bien entraîné pourrait ne jamais découvrir que les règles ont changé.

La généralisation Deux aspects importants du contrôle du stimulus sont la **généralisation** et la **discrimination**. Revenons à l'exemple du distributeur automatique (à l'aperçu du chapitre) afin d'illustrer ces notions. D'abord, la généralisation.

Question : La généralisation est-elle la même dans les conditionnements classique et opérant?

En principe, oui. Les réactions suivies de renforcement ont tendance à se répéter en présence d'antécédents similaires. Par exemple, supposez que vous avez été récompensé de façon stable en donnant des coups de pied à un distributeur précis. Votre réaction du coup de pied tend à se répéter en présence de cette machine; elle est régie par le contrôle du stimulus. Supposons maintenant qu'il existe sur le campus trois autres distributeurs identiques à celui qui est rentable. À cause de leur similarité, vous aurez tendance à étendre votre réaction aux trois autres. Si chaque machine fonctionne à coups de pied, votre réaction peut se *généraliser* à d'autres machines qui ont une vague ressemblance avec l'originale.

La généralisation est encore illustrée par la façon dont les enfants font usage de mots nouveaux. La psychologue Melissa Bowerman (1977) étudiait le comportement d'un enfant qui prononça le mot «neige» la première fois en jouant dehors dans la neige. Pendant un certain temps toutefois, l'enfant appela «neige» chacun des termes suivants : la queue blanche d'un cheval-jouet, un bateau blanc, une couverture de flanelle blanche et du lait renversé par terre. Une généralisation similaire explique pourquoi les enfants appellent temporairement tous les hommes «papa», au grand embarras des parents.

La discrimination Entretemps, de retour au distributeur automatique... Comme nous l'avons déjà mentionné, **discriminer** signifie réagir différemment à différents stimuli. Parce qu'un distributeur automatique a renforcé votre réaction de coup de pied, vous avez commencé à malmener d'autres machines identiques (généralisation), et parce que cela s'est avéré aussi rentable, vous avez rudoyé des machines similaires (généralisation additionnelle). Si les coups de pied à ces nouvelles machines demeurent sans effet, la réaction du coup de pied qui s'y est généralisée s'éteindra en raison du non-renforcement. Ainsi, votre réaction aux machines d'une taille et d'une couleur particulières est constamment récompensée, alors que la même réaction à des machines différentes est éteinte. Vous avez appris à discriminer entre les stimuli antécédents qui

PROFIL 7.3
Le contrôle du stimulus

On peut clarifier le rôle des stimuli discriminants à l'aide d'un exploit intéressant accompli par Jack, un des amis psychologues de l'auteur. Jack décida d'enseigner à son chat à dire son nom. Voici comment il s'y prit : d'abord, il caressa le dos du chat, et si ce dernier miaulait d'une façon qui rappelait vaguement son nom, Jack lui donnait immédiatement un peu de nourriture. Si le chat répétait ce miaulement particulier en d'autres temps, il ne recevait rien. Le processus se répéta de nombreuses fois chaque jour. Grâce au façonnement graduel, le miaulement du chat devint presque identique à son nom. En outre, ce miaulement était régi par le contrôle du stimulus : lorsqu'on lui caressait le dos, le chat disait son nom; sans la caresse, il gardait le silence ou miaulait normalement. Les psychologues utilisent le symbole S+ pour un stimulus qui précède les réactions renforcées, et le symbole S- pour les stimuli discriminants qui précèdent les réactions non renforcées (Schwartz, 1984). Le diagramme ci-contre résume l'entraînement du chat.

Je devrais ajouter ici que j'ignorais que Jack eût un nouveau chat ou qu'il l'eût entraîné. Je lui rendis visite un soir et j'aperçus le chat sur les marches du perron. Je lui caressai le dos et lui dis : «Bonjour Chaton, comment t'appelles-tu?» Quelle ne fut pas ma surprise, lorsqu'il répliqua immédiatement : «Ralph!»

ANTÉCÉDENT	RÉACTION	CONSÉQUENCE
S + ⟶	«Ralph» ⟶	Nourriture
S − ⟶	«Ralph» ⟶	Rien
S + ⟶	«Miau» ⟶	Rien

signalent ou non le renforcement. Par conséquent, votre mode de réaction se modifiera afin de correspondre aux **stimuli discriminants** (illustration 7.16).

La plupart des conducteurs sont familiers avec le stimulus discriminant que représente une voiture de police sur l'autoroute, lequel signale clairement qu'un ensemble défini de renforcements s'applique. Comme vous l'avez probablement observé, la présence de la voiture de police provoque de rapides réductions de vitesse, des changements de voie, du pare-chocs à pare-chocs et, à Los Angeles, des échanges de coups de feu. (Consultez le profil 7.3.)

La discrimination de stimulus s'illustre judicieusement par les chiens «renifleurs» qu'on utilise dans les aéroports et aux frontières afin de dénicher drogues et explosifs. On enseigne à ces chiens à reconnaître la contrebande grâce à un entraînement de discrimination opérante, au cours duquel ils ne sont renforcés que lorsqu'ils approchent de conteneurs garnis de drogues et d'explosifs (illustration 7.17). La discrimination de stimulus a manifestement un effet important sur le comportement humain. Apprendre à reconnaître différentes sortes d'automobiles, d'oiseaux, d'animaux, de vins, de musiques et même de réponses

Illustration 7.16 *Le contrôle du stimulus. On se servit du façonnement opérant pour enseigner à Flo, le morse, d'abord à se couvrir la face (à gauche), puis à asperger son entraîneur. Un poisson constitue sa récompense. Notez le signal manuel de l'entraîneur, qui sert de stimulus discriminant pour régir le rendement de Flo. (Photographies © 1984, Los Angeles Times.)*

aux tests de psychologie dépend en partie de l'apprentissage de la discrimination opérante.

Au programme Certains exemples du présent chapitre sont simplifiés et un peu irréalistes. Ils furent choisis afin d'exprimer clairement les principes fondamentaux du conditionnement. Afin d'achever notre discussion, la section Applications traite d'exemples plus réalistes d'apprentissage humain et animal. En outre, la section Exploration propose une expérience personnelle d'application du conditionnement opérant à votre propre comportement. Ne manquez pas ce supplément de programme!

Illustration 7.17   *L'entraînement par discrimination opérante sert à développer les talents des chiens «policiers».*

Autotest

1. Deux aspects du contrôle du stimulus sont la _____ et la _____ .

2. Les réactions ont tendance à survenir en présence de stimuli discriminants associés au renforcement et à ne pas survenir en présence de stimuli discriminants associés au non-renforcement. Vrai ou faux?

3. La généralisation d'un stimulus s'applique à la production d'une réaction opérante en présence de stimuli similaires à ceux qui précèdent le renforcement. Vrai ou faux?

4. Lorsqu'une récompense suit chaque réaction, il s'agit de

   a. renforcement continu   *b.* renforcement fixe   *c.* renforcement de proportion   *d.* renforcement dirigé

5. Le renforcement intermittent a tendance à engendrer des réactions plus lentes et une résistance à l'extinction réduite. Vrai ou faux?

6. Le programme de renforcement associé aux machines à sous et à d'autres types de jeux est

   a. de proportion fixe   *b.* de proportion variable   *c.* à intervalle fixe   *d.* à intervalle variable

7. Si vous êtes en mesure de réussir un examen en classe qui a lieu toutes les trois semaines, votre étude est renforcée à l'aide d'un programme _____ . Si vous devez étudier en vue d'examens rapides non prévus, l'étude est renforcée par un programme _____ . Le style d'examens qui nécessiterait le plus d'étude constante chaque jour est celui _____ .

Réponses :

(examens rapides)
1. généralisation, discrimination 2. vrai 3. vrai 4. *a* 5. faux 6. *b* 7. à intervalle fixe, à intervalle variable, à intervalle variable

Applications : la gestion du comportement — le conditionnement quotidien

On assiste à la naissance d'une technologie du comportement. Comme vous le verrez, les principes du conditionnement se sont ramifiés dans les affaires, l'éducation, l'industrie et au foyer. Si vous comprenez ces principes, vous en ferez souvent usage. Il est impossible de décrire toutes les possibilités, mais certains exemples devraient approfondir votre compréhension.

Le conditionnement des animaux domestiques

Une des erreurs les plus répandues que commettent les gens avec les animaux, surtout avec les chiens, est de les frapper lorsqu'ils n'accourent pas en entendant leur nom. Les appeler devient alors un stimulus conditionné de peur et de retrait. Il n'est pas étonnant que l'animal désobéisse, lorsqu'on l'appelle par la suite.

Question : Comment le conditionnement peut-il corriger cet état de faits?

Une excellente façon d'entraîner un animal à venir lorsque vous l'appelez consiste à lui donner un signal distinct ou à le siffler lorsqu'il mange, chaque jour. Cela fait du signal un stimulus discriminant de récompense (nourriture). L'efficacité du signal s'accroît si on l'utilise à d'autres moments et dans d'autres conditions, et si on le fait suivre d'abord continuellement, puis fréquemment, enfin occasionnellement d'un peu de nourriture. On peut accomplir cela en gardant sur soi des biscuits pour chiens lors de l'entraînement. (La nourriture pour chiens en conserve se place difficilement dans une poche.) Finalement, aucun «pot-de-vin» ne sera nécessaire au maintien de l'efficacité du signal si ce dernier est conditionné d'après un programme de renforcement intermittent. Ultérieurement, on peut substituer les caresses et la flatterie à la nourriture.

Question : Que peut-on faire d'un animal qui quête à table?

Les animaux ne quêtent que pour une seule raison : on les a déjà récompensés d'agir ainsi. Habituellement, le propriétaire est importuné par la demande de l'animal et il cherche à le décourager en ne lui accordant rien. Mais il y a toujours une occasion où Fido est absolument irrésistible. Si le propriétaire cède, la quête est renforcée selon un programme partiel, ce qui le rend très résistant à l'extinction et renforce la persistance. Si vous ne voulez pas que vos animaux quêtent, ne leur cédez jamais en les récompensant. Si vous désirez qu'ils le fassent sans bruit, récompensez-les après une période de silence, et non par suite d'une requête particulièrement «implorante». Puis, allongez graduellement la durée du silence.

Le conditionnement en affaires

La plupart des applications commerciales et industrielles des principes de renforcement se rapportent aux effets des divers bonis, des calendriers de paiement, des primes de rendement, des commissions et des régimes d'intéressement. Avant ces différentes mesures, les gens avaient l'habitude de travailler à salaire fixe ou à un taux horaire. On peut considérer le salaire fixe comme un programme de récompense à intervalle fixe. Le lien est faible entre la quantité d'efforts fournis entre deux chèques et le montant de ce dernier, et cela s'applique partiellement aux taux horaire. Bien qu'il soit exact qu'un plus grand nombre d'heures représente un chèque plus élevé, un employé reçoit le même salaire, que l'heure soit productive ou oisive. Il peut être démoralisant de voir les autres travailler moins et recevoir le même salaire.

Forts de ces principes, les psychologues industriels ont cherché à relier davantage salaire et production. La solution de rechange la plus simple consiste à rétribuer les employés à la pièce (proportion fixe). Lorsqu'une personne reçoit un petit montant d'argent pour chaque tâche accomplie, qu'il s'agisse d'un kilo cueilli, d'une chemise cousue, etc., la production tend à s'accroître parce qu'un plus grand nombre d'articles équivaut à une somme accrue d'argent. Le travail à la pièce a pourtant mauvaise réputation, car les employeurs paient si peu par article qu'il faut des quantités énormes de travail avant d'obtenir un salaire convenable. Par exemple, les employés d'une petite tannerie de Los Angeles sont payés chaque semaine pour un nombre prédéterminé d'articles (portefeuilles, sacs à main, etc.). Les employés peuvent travailler le nombre d'heures qu'ils désirent dans une journée, et au rythme voulu, ce qui leur permet une grande souplesse, et à l'entreprise, de ne rétribuer que le travail accompli.

L'adaptation commerciale des programmes de renforcement la plus utilisée consiste à combiner le taux horaire et les primes de rendement pour récompenser les efforts additionnels. Les récompenses à intervalle fixe (taux horaire ou salaire) garantissent un niveau minimal de production et donnent aux

Applications

travailleurs une certaine sécurité salariale. En outre, le renforcement de proportion fixe (primes de rendement, bonis, commissions ou participation aux bénéfices) lie les efforts accrus à un salaire augmenté ou à d'autres récompenses. Par exemple, dans le cadre d'une étude menée auprès des commis d'un grand magasin, on accorda à ces derniers la chance de mériter des congés payés en atteignant des objectifs de vente et de stocks déterminés. Cette stratégie apporta une remarquable amélioration de leur rendement, comparé à celui d'un groupe témoin (Luthans et autres, 1981).

Le conditionnement et les enfants

Les enfants semblent posséder un besoin presque illimité d'attention, ce qui fait de cette dernière et de l'approbation des parents de puissants renforçateurs.

Question : Comment cela affecte-t-il l'enfant?

Les parents renforcent parfois inconsciemment **la recherche négative d'attention** chez l'enfant. En général, on *ignore* les enfants lorsqu'il sont tranquilles ou qu'ils jouent paisiblement. Ils obtiennent de l'attention lorsqu'ils font plus de bruit, qu'ils crient «Maman!» à tue-tête, qu'ils piquent une crise de colère, qu'ils se rendent intéressants ou qu'ils brisent un objet. L'attention qu'on leur accorde alors peut se traduire par une remontrance, mais il s'agit tout de même d'attention, qui renforce leur recherche négative. Les parents peuvent éviter ce phénomène en ignorant les enfants lorsque ces derniers recherchent l'attention au moyen d'un comportement perturbateur. Toutefois, si le besoin d'attention décline parce qu'il n'est pas renforcé, on doit récompenser un autre comportement à sa place. Les parents témoignent de changements radicaux dans le comportement de leurs enfants lorsqu'ils s'efforcent de s'occuper d'eux, de les complimenter ou de passer du temps en leur compagnie, lorsque les enfants sont tranquilles ou qu'ils jouent paisiblement.

Question : Que peut-on faire dans le cas d'un enfant qui pique une crise de rage dans un magasin lorsqu'on lui refuse une friandise?

Les enfants sont réalistes. Si vous dites : «Non, tu n'auras pas de bonbon» et que vous n'en dérogez pas, l'enfant saura à quoi s'en tenir. Les enfants sont en mesure de discerner entre ce qui est dit et la *véritable* possibilité de récompense; ils apprennent à piquer des crises en présence d'un des parents et pas avec l'autre, à distinguer la sensibilité des parents et celle de leurs grand-parents à leurs demandes et à faire la différence entre un non ordinaire et un non colérique.

Le problème surgit lorsqu'un non occasionnel devient un : «D'accord, mais tais-toi!» Le cas échéant, les pleurs et les plaintes ont étés récompensés selon un programme partiel, et se produiront encore plus fréquemment à l'avenir. La clé réside dans la cohérence. Si les crises ne sont *jamais* rentables, on les abandonnera.

Question : Et si la crise s'avère franchement embarrassante? Parfois les parents sont disposés à faire n'importe quoi pour calmer un enfant.

Il faut une bonne dose de courage pour entreprendre un programme de non-récompense des crises, mais ce dernier fonctionne. Si vous n'avez rien contre l'idée d'acheter des bonbons mais que vous détestez les crises, essayez d'obtenir de l'enfant qu'il vous «aide» en quelque sorte (silencieusement) en échange de la récompense. Si nécessaire, éloignez-vous de l'enfant et ne revenez auprès de lui que lorsqu'il s'est calmé; ou encore, quittez le magasin avec l'enfant lorsqu'il commence une crise et n'y revenez que lorsqu'il est calme.

Le conditionnement des autres adultes

Les étudiants ne se rendent pas souvent compte de l'ascendant qu'ils exercent sur leurs professeurs. Même les plus endurcis des enseignants sont tout de même humains (croyez-le ou non), donc sensibles à la réussite de leurs protégés. Ce fait peut démontrer les effets de la récompense sur le comportement humain.

Le façonnement d'un prof

Aux fins de cette démonstration, environ la moitié (ou plus) des étudiants de la classe doivent participer. Il faut d'abord choisir un comportement cible, comme par exemple «donner le cours du côté droit de la pièce» (soyez simples, les professeurs ne sont pas très doués). Commencez l'entraînement de la façon suivante : chaque fois que l'enseignant se tourne vers la droite ou qu'il fait un pas dans cette direction, les étudiants devront afficher une mine réellement intéressée, en plus de sourire, de poser des questions, de se pencher vers l'avant et de regarder leur maître. Si ce dernier se tourne vers la gauche ou qu'il s'y dirige, les étudiants devront s'adosser, bâiller, examiner leurs cheveux, fermer les yeux ou arborer un air d'ennui. Bientôt, à son insu, l'enseignant passera la majeure partie de son temps à enseigner à droite.

Ce truc occupe la tête de liste des préférences des étudiants en psychologie depuis des années. À une certaine époque, un de mes professeurs donnait tous ses cours du côté droit de la classe en manipulant constamment les cordons des tentures, que nous avions ajoutés au conditionnement la deuxième semaine.

Applications

Comme nous l'avons souligné en discutant du renforcement des enfants, l'attention et l'approbation constituent de puissantes récompenses du comportement humain. Il est bon de s'en souvenir lors de vos relations avec les autres.

Question : Mais comment peut-on l'appliquer?

Le travail de deux éducateurs, Paul S. Graubard et Harry Rosenberg, constitue un excellent exemple. Ils enseignèrent à des «incorrigibles, des déviants et des mésadaptés sociaux» à se servir du renforcement auprès de leurs confrères de classe. Ils citent l'exemple de Peggy, une étudiante jolie et intelligente qui n'arrivait pas à se faire des amis et qui soulevait tellement d'hostilité qu'elle en était malheureuse, ce qui affaiblissait grandement son rendement scolaire.

Lorsqu'on lui demanda de trouver trois étudiants desquels elle désirait l'amitié, Peggy nomma les trois qui l'insultaient le plus souvent. Voici comment elle commença à appliquer les principes de renforcement qu'elle avait appris : elle se mit à ignorer Doris, lorsque cette dernière l'invectivait. Et lorsque Doris était gentille, Peggy la complimentait ou lui demandait de se joindre à elle. Doris eut tôt fait de parler en bien de Peggy et de s'asseoir à ses côtés en classe, en plus de prendre l'autobus avec elle sans se quereller, ce qui ne s'était jamais vu.

Peggy traita de la même manière un autre étudiant qui lui démontrait de l'hostilité. Chaque fois qu'Eugène l'insultait, elle se détournait de lui. Mais la première fois où il la croisa sans rien dire, elle lui fit un grand sourire et dit : «Bonjour Eugène, comment ça va?» Les auteurs ajoutent qu'après être revenu du choc initial, Eugène devint le meilleur ami de Peggy (Graubard et Rosenberg, 1974).

Une expérience de vie En 1948, B. F. Skinner publia *Walden Two*, un roman utopique au sujet d'une communauté modèle qui se fondait sur la technique de comportement. Un tel groupe pouvait-il fonctionner? Sur une petite échelle, la réponse semble affirmative. Une communauté semblable organisée à l'université du Kansas fut couronnée d'un certain succès. Les étudiants participèrent à un projet de vie expérimental dans le cadre duquel 30 hommes et femmes partageaient une grande maison (Miller, 1976). Au sein de cette «communauté», le travail, la direction et l'autonomie étaient directement liés aux principes du comportement. Le partage des tâches constitue un bon exemple de l'approche opérante du projet. Les tâches essentielles comme la cuisine et le ménage se divisaient en quelque 100 besognes, et chacune était définie en vertu du résultat final espéré. Les résidants s'acquittaient eux-mêmes de toutes les tâches, et un membre de la collectivité effectuait une vérification quotidienne. (Ce rôle faisait l'objet d'une rotation.) Afin de maintenir le rendement, on accordait des crédits à chaque tâche. À la fin du mois, les résidants ayant accumulé 400 crédits bénéficiaient d'une importante baisse de loyer.

Le système réussit très bien à maintenir des habitudes quotidiennes de travail. Comme toute personne qui a partagé un logement le sait, les bonnes intentions ne suffisent pas à accomplir les tâches. Fait encore plus important, les résidants cotèrent le projet comme supérieur à la vie au dortoir et à d'autres solutions semblables, et s'en estimèrent très satisfaits (Miller, 1976). Le projet de vie expérimental constitue un bon exemple d'application des principes du conditionnement au comportement humain.

Les exemples cités devraient contribuer à vous faire saisir l'importance de la compréhension du conditionnement et de l'application des principes de ce dernier aux problèmes de la vie quotidienne. Il faut de la pratique pour en assurer le succès, mais vos efforts garantissent une appréciation plus profonde de leur application. Faites-en l'essai!

Autotest

1. Les animaux domestiques qui quêtent de la nourriture sont souvent très persistants parce qu'on les a récompensés d'après un programme de renforcement intermittent. Vrai ou faux?

2. On peut considérer un salaire fixe comme un renforcement à intervalle fixe, et le travail à la pièce, comme un programme de proportion fixe. Vrai ou faux?

3. La recherche négative d'attention chez l'enfant est renforcée, lorsque le parent ignore le comportement perturbateur et qu'il complimente les réactions plus convenables. Vrai ou faux?

4. Les compliments, l'attention et l'approbation peuvent servir de puissants renforçateurs du comportement humain. Vrai ou faux?

Réponses :

1. vrai 2. vrai 3. faux 4. vrai

Exploration : l'autogestion du comportement

La présente discussion pourrait constituer le début d'une des «explorations» les plus personnelles de ce livre. Il subsiste très peu de doute que la récompense qu'on s'accorde à soi-même affecte le comportement (Watson et Tharp, 1981). De nombreuses personnes ont appris à se servir avec succès de l'auto-renforcement afin de modifier ou de maîtriser leur propre comportement. À tout le moins, l'expérience de l'autogestion peut vous rendre plus conscient de votre comportement et de ce qui le régit.

Ce qui suit équivaut donc à une invitation à mettre sur pied un projet personnel d'autogestion. Aimeriez-vous augmenter le nombre d'heures d'étude hebdomadaire, faire plus d'exercice, suivre plus de cours, vous concentrer plus longtemps ou lire un plus grand nombre de livres? Toutes ces activités et bien d'autres peuvent être améliorées en suivant les règles suivantes.

1. Choisissez un comportement cible. Déterminez l'activité que vous désirez changer.

2. Notez une ligne de base. Notez combien de temps vous passez à accomplir l'activité cible à l'heure actuelle, ou comptez le nombre de réactions souhaitables ou non que vous avez chaque jour.

3. Fixez-vous des buts. Rappelez-vous le principe du façonnement et définissez des buts réalistes d'amélioration graduelle à chaque semaine. En outre, fixez-vous des objectifs quotidiens qui s'additionnent aux buts hebdomadaires.

4. Choisissez des renforçateurs. Si vous atteignez votre but quotidien, quelle récompense vous accorderez-vous? Celle-ci peut consister à regarder la télévision, à manger du chocolat, à voir des amis, à jouer d'un instrument de musique, ou à faire toute chose susceptible de vous faire plaisir. Définissez aussi une récompense hebdomadaire. S'agira-

t-il d'un film, d'un souper au restaurant, d'une excursion de fin de semaine?

5. Notez vos progrès. Gardez un enregistrement minutieux du temps que vous consacrez chaque jour à l'activité en question.

6. Célébrez vos succès. Si vous atteignez votre objectif quotidien, accordez-vous votre récompense. Si vous échouez, soyez honnête envers vous-même et ne la prenez pas. Faites de même pour votre but hebdomadaire.

7. Adaptez votre plan à mesure que vous en apprenez davantage sur votre comportement. Le progrès global renforcera vos tentatives d'autogestion.

Si vous éprouvez des difficultés à trouver des récompenses, ou si vous ne désirez pas vous servir du système en entier, rappelez-vous que tout ce qui se fait peut servir de renforcement (le principe de Premack). Par exemple, si vous regardez la télévision chaque soir et que vous désirez étudier davantage, faites-vous une règle de ne pas allumer la télé avant d'avoir étudié une heure (ou toute durée choisie). Puis allongez la période de semaine en semaine.

Voici un échantillon du plan d'un étudiant :

1. *Comportement cible* : nombre d'heures consacrées à l'étude.

2. *Ligne de base notée* : une moyenne de 15 minutes par jour totalisant 75 minutes par semaine.

3. *But de la première semaine* : augmentation du temps d'étude à 20 minutes par jour; but hebdomadaire de 2 heures d'étude. *But de la deuxième semaine* : 25 minutes par jour et 2,5 heures par semaine. *But de la troisième semaine* : 30 minutes par jour et 3 heures par semaine. *But ultime* : atteindre et maintenir 8 heures d'étude par semaine.

4. *Récompense quotidienne pour l'atteinte d'un but* : 1 heure de guitare le soir; pas de guitare si le but n'est pas atteint.
Récompense hebdomadaire pour l'atteinte d'un but : voir un film ou acheter un disque.

L'auto-enregistrement Même si vous trouvez difficile de vous accorder et de vous retirer des récompenses, il est probable que vous réussissiez. Le simple fait de savoir que vous atteignez un but constitue une récompense suffisante. La clé de tout programme d'autogestion devient donc de garder un enregistrement précis, ce qui fut démontré dans une étude par les étudiants d'un cours d'introduction à la psychologie qui enregistrèrent le temps consacré à l'étude et tracèrent un graphique de leur comportement quotidien et hebdomadaire relativement à l'étude. Bien qu'aucune récompense spéciale ne fût accordée, les étudiants qui enregistrèrent leur temps obtinrent de meilleurs résultats que les autres (Johnson et White, 1971).

Contrat Si vous avez de la difficulté à vous plier aux techniques décrites ici, il se peut que vous désiriez essayer le **contrat de comportement**. À cette fin, énoncez un problème de comportement *précis* que vous désirez maîtriser ou un but que vous voulez atteindre. Énoncez également les récompenses que vous recevrez, les privilèges que vous perdrez ou les punitions qu'il vous faudra accepter. Le contrat devrait être dactylographié et signé par vous et une personne de confiance.

Un contrat de comportement peut s'avérer très motivant, surtout si un léger châtiment en fait partie. Voici un exemple rapporté par Nurnberger et Zimmerman (1970) : un étudiant du doctorat avait rempli toutes les conditions sauf sa thèse. Pourtant, en deux ans, il n'avait pas rédigé une seule ligne. On lui dressa un contrat dans lequel il accepta d'écrire un nombre précis de pages chaque semaine. Afin de s'assurer le respect de l'échéance, il rédigea des chèques postdatés, qui seraient encaissés au cas où il échouerait. Ces chèques étaient émis à l'ordre d'organismes qu'il méprisait (le Ku Klux Klan et le parti nazi américain). Depuis le moment où il signa le contrat jusqu'à l'obtention de son diplôme, le rendement de l'étudiant s'améliora grandement.

Obtenir de l'aide La tentative de gérer ou de modifier votre propre comportement peut s'avérer plus difficile qu'il n'y paraît. Si vous croyez avoir besoin de renseignements additionnels, consultez un des ouvrages cités ci-dessous. Vous trouverez également des conseils judicieux à la section Applications du chapitre 8. Si vous vous lancez dans un projet d'automodification et que vous n'atteignez pas vos buts,

sachez que l'aide professionnelle est disponible.

Pour plus de renseignements, consultez :

Watson, D. L., et Tharp, R. G. *Self-directed behavior.* Pacific Grove, CA : Brooks/Cole, 1981.

Williams, R. L., et Long, J. D. *Toward a self-managed life style.* Boston, MA : Houghton Mifflin, 1979.

Autotest

1. Après avoir choisi un comportement cible à renforcer, il est judicieux de noter une ligne de base de manière à fixer des buts réalistes au changement. Vrai ou faux?

2. L'auto-enregistrement, même sans l'usage d'autres récompenses, peut apporter les changements désirés du comportement cible. Vrai ou faux?

3. Selon le principe de Prémack, on peut utiliser un contrat de comportement afin de renforcer les changements de ce dernier. Vrai ou faux?

4. Un plan d'autogestion devrait inclure le principe du façonnement afin de définir une série de buts graduels. Vrai ou faux?

Réponses :

1. vrai 2. vrai 3. faux 4. vrai

Résumé du chapitre

■ Le conditionnement **classique**, ou **répondant**, et le conditionnement **opérant**, ou **instrumental**, constituent les deux types fondamentaux d'apprentissage. Dans le cadre du conditionnement classique, un stimulus auparavant neutre provoque une réaction au moyen de l'**association** à un autre stimulus. Dans le conditionnement opérant, la fréquence et le mode de réactions volontaires sont modifiés par les **conséquences** de ces dernières.

■ De nombreux animaux possèdent des modes de comportement **innés** beaucoup plus complexes que des **réflexes**. Ces comportements s'organisent en **mécanismes innés de réaction (MIR)**, qui sont stéréotypés, **propres à l'espèce**.

■ L'**apprentissage** constitue un changement relativement permanent du comportement en raison de l'expérience. L'apprentissage selon les processus du conditionnement dépend du **renforcement**. Ce dernier augmente la probabilité que survienne une réaction donnée.

■ Le conditionnement classique, étudié par **Pavlov**, est occasionné par un **stimulus neutre (SN)** associé à un **stimulus inconditionnel (SI)**. Le SI cause un réflexe appelé **réaction inconditionnelle (RI)**. Si le SN est constamment associé au SI, il devient un **stimulus condi-**

tionnel (SC) apte à engendrer une réaction par lui-même. Cette dernière est une **réaction conditionnelle (RC)**, ou apprise.

■ Lorsque le stimulus conditionnel est suivi du stimulus inconditionnel, le conditionnement est **renforcé**. On peut également se servir d'un SC bien assimilé afin d'approfondir l'apprentissage dans le cadre d'un processus appelé **conditionnement d'ordre supérieur**. Lorsque le SC est présenté seul à répétition, le conditionnement est **éteint** (affaibli ou inhibé). La réapparition temporaire d'une réaction conditionnée lorsque l'extinction semble achevée s'appelle le **recouvrement spontané**.

■ Grâce à la **généralisation**, les stimuli semblables au stimulus conditionnel engendrent également une réaction. La généralisation donne lieu à la **discrimination de stimuli**, lorsqu'un organisme apprend à réagir à un stimulus, et non aux stimuli semblables.

■ Le conditionnement s'applique tant aux réactions viscérales ou affectives qu'aux simples réflexes. Par conséquent, les **réactions affectives conditionnées (RAC)** se produisent également. Les craintes irrationnelles appelées **phobies** sont peut-être des RAC. Le conditionnement des réactions affectives peut se produire directement ou de manière **substitutive**.

■ Le conditionnement opérant advient lorsqu'un geste volontaire est suivi d'un **renforçateur**. Le renforcement du conditionnement opérant augmente la fréquence ou la probabilité d'une réaction. Le résultat se fonde sur la **loi de l'effet**.

■ Les réactions opérantes complexes peuvent s'enseigner en renforçant les **approximations successives** en vue de la réaction finale souhaitée. Il s'agit du **façonnement**, qui s'avère particulièrement utile dans le dressage des animaux. Toutefois, les diverses **contraintes biologiques,** comme le **mouvement instinctif**, limitent parfois l'apprentissage chez l'animal.

■ Si une réaction opérante n'est pas renforcée, elle peut s'**éteindre**. Mais après que l'extinction semble achevée, il se peut qu'elle réapparaisse temporairement (**recouvrement spontané**).

■ Les **renforçateurs primaires** sont «naturels», c'est-à-dire qu'il s'agit de récompenses inscrites dans la physiologie. La **stimulation intracrânienne** des «centres de plaisir» du cerveau peut également servir de renforçateur primaire.

■ Les **renforçateurs secondaires** sont acquis. Leur valeur de renforcement s'obtient généralement par l'association directe à des renforçateurs primaires ou par des échanges contre ces derniers. Les **jetons** et l'argent deviennent une valeur de renforcement de cette façon. On peut échanger de l'argent contre d'autres renforçateurs si nombreux qu'il devient parfois un **renforçateur généralisé**. Les réactions **dominantes**, ou fréquentes, peuvent servir à renforcer les réactions peu fréquentes.

■ Le **délai** de renforcement réduit grandement l'efficacité de ce dernier, mais on peut construire de longues **réactions en chaîne** à la faveur desquelles un seul renforçateur engendre de nombreuses réactions. Les **comportements superstitieux** font souvent partie des réactions en chaîne parce qu'ils *semblent* associés au renforcement.

■ On peut accorder une récompense, ou un renforcement, **continuellement** (après chaque réaction) ou selon un **programme de renforcement intermittent,** lequel entraîne une meilleure résistance à l'extinction. Les quatre principaux programmes de renforcement sont les suivants : les programmes **de proportion fixe ou variable**, et ceux **à intervalle fixe ou variable**.

■ Les stimuli qui précèdent une réaction renforcée ont tendance à gouverner cette dernière ultérieurement. Il s'agit du **contrôle du stimulus**, qui présente deux aspects : la **généralisation** et la **discrimination**. La première occasionne une réaction opérante en présence de stimuli similaires à ceux qui précèdent le renforcement. Dans le cas de la discrimination, les réactions surviennent en présence de **stimuli discriminants** associés au renforcement (**S+**), et elles sont retenues en présence de stimuli associés au non-renforcement (**S-**).

■ Les principes opérants s'avèrent utiles à la gestion du comportement dans des conditions quotidiennes. L'autogestion peut tirer avantage de l'**autorenforcement**, de l'**auto-enregistrement** et du **contrat de comportement**.

Discussion

1. Dernièrement, vous avez reçu un choc d'électricité statique chaque fois que vous avez touché une poignée de porte. Vous remarquez une légère hésitation avant d'ouvrir une porte. Pouvez-vous analyser cette situation en fonction du conditionnement classique?

2. Au cours des ans, il est arrivé qu'un ballon vous explose dans le visage pendant que vous le souffliez. À présent, vous faites la grimace et éprouvez de la tension lorsque vous en soufflez un. De quel genre de conditionnement s'agit-il? Quel programme de renforcement a contribué au conditionnement? Comment pourriez-vous éteindre la réaction?

3. Vous êtes responsable d'un groupe d'élèves de cinquième année qui se réunissent fréquemment à la récréation. Certains membres du groupe ont exclu de leurs activités une fillette plus jeune et un garçon très timide. De quelle façon pourriez-vous utiliser les principes du renforcement afin d'améliorer la situation? (Servez-vous de techniques qui visent à la fois les deux enfants et le groupe.)

4. Quel rôle le conditionnement a-t-il joué dans le choix de votre matière principale? de vos amis? d'un emploi? des vêtements que vous portez aujourd'hui?

5. D'après vous, quelle serait la manière idéale d'être rémunéré pour un emploi? Le salaire devrait-il être hebdomadaire, horaire ou quotidien? Devrait-il être lié à la production? Devrait-on offrir d'autres récompenses que l'argent? Si vous étiez à la tête d'une entreprise, quelle serait selon vous la façon idéale de rémunérer vos employés?

6. Combien de situations pouvez-vous nommer où les récompenses sont inadéquates (par exemple, des exemptions fiscales au profit des parents plutôt que des gens sans enfants, de meilleurs sièges à ceux qui n'attendent pas en ligne, etc.)? Que pensez-vous d'appliquer les techniques de comportement à ces situations?

7. Comment les principes du conditionnement opérant pourraient-ils servir à encourager les gens à ramasser les détritus (quelles récompenses pourraient être offertes, et comment garder ces dernières à prix modique)?

8. De quelles manières le mouvement instinctif pourrait-il être adaptatif pour un animal? De quelles façons pourrait-il ne pas l'être? Croyez-vous que l'apprentissage humain présente des signes de contraintes biologiques?

CHAPITRE 8

LE CONDITIONNEMENT ET L'APPRENTISSAGE
Deuxième partie

APERÇU DU CHAPITRE
MARTIN LE MALIN

*L'*oeil hagard et brillant regarde très vite des deux côtés. La main gauche s'agite frénétiquement, un peu à la manière d'un film en accéléré. Elle se convulse, danse, se lève et frappe, sans jamais rater la cible. Simultanément, la main droite décrit des cercles furieux : demi-tour à gauche, tour complet à droite, autre tour à gauche... Les gestes sont coulants, constants et incroyablement rapides; ils s'accompagnent de mouvements de tout le corps, de tapements du pied et d'onomatopées énigmatiques comme : «Hon!... IIIh!... Yack!... Wow!... »*

S'agit-il d'un grave désordre neurologique ou des effets d'un nouveau médicament puissant? En réalité, le passage décrit Martin, 10 ans, qui se livre à son jeu vidéo préféré, la planche à roulettes animée!

La maîtrise du jeu électronique dont Martin fait preuve, malgré la fièvre, est à certains égards très impressionnante. En vous y essayant, vous constaterez que ces jeux sont plus difficiles qu'il n'y paraît. Les talents de Martin rivalisent avec ceux que nécessitent la dactylographie ou la conduite automobile. Comment a-t-il appris les mouvements complexes assurant l'excellence qu'il démontre à cette tâche inhabituelle? Après tout, on ne l'a récompensé de ses bonnes réponses ni par de la nourriture ni par de l'argent. En réalité, le jeu de prédilection de Martin fournit deux éléments clés sous-jacents à l'apprentissage : un milieu qui réagit bien, et de l'information.

Les jeux vidéo favorisent souvent l'apprentissage rapide (de compétences malheureusement inutiles). Chaque fois que vous actionnez une des commandes, la machine réagit instantanément par des sons, des dessins animés et un résultat plus ou moins élevé. La bonne réaction de la machine ainsi que l'information qu'elle fournit peuvent s'avérer très motivantes, si le but du joueur est de gagner ou de maîtriser le jeu. La même dynamique s'applique à de nombreuses situations d'apprentissage : si vous tentez d'apprendre à vous servir d'un ordinateur, à jouer d'un instrument de musique, à cuisiner ou à résoudre des problèmes mathématiques, le renforcement consiste à savoir que vous avez réussi à atteindre le but désiré.

Au chapitre 7, nous avons présenté l'apprentissage comme s'il était purement mécanique. Nous nous efforcerons à présent de l'analyser à un niveau supérieur. En lisant le présent chapitre, rappelez-vous *que l'apprentissage se fonde sur l'information.*

Questions d'ensemble

- À quels égards le conditionnement classique et le conditionnement opérant se ressemblent-ils?
- Qu'est-ce que la rétroaction et comment affecte-t-elle l'apprentissage?
- Comment la punition agit-elle sur le comportement?
- Qu'est-ce que l'apprentissage cognitif? L'apprentissage se produit-il par imitation?
- Comment la capacité motrice s'acquiert-elle le mieux?
- Comment peut-on changer une mauvaise habitude?
- Les effets de la violence à la télévision sont-ils vraiment graves?

La perspective du conditionnement — de grandes attentes

Un garçon entend la cloche d'un camion de crème glacée qui s'approche. La pensée de la délicieuse friandise le fait saliver. Il court au camion, s'achète de la crème glacée et la mange. De quel type d'apprentissage s'agit-il? Si vous croyez être en présence à la fois de conditionnement classique et de conditionnement opérant, vous avez raison.

Les deux composantes de l'apprentissage

Dans la réalité, les deux types de conditionnement sont souvent entrelacés. On appelle ce phénomène **l'apprentissage à double composante**. Comme vous pouvez le voir à l'illustration 8.1, le comportement du garçon reflète les deux types d'apprentissage. En raison du conditionnement classique, il salivera chaque fois qu'il entendra la cloche du camion. En outre, la cloche est un stimulus discriminant (S+) qui indique une récompense, si certaines réactions s'accomplissent. Lorsqu'il entend la cloche, le garçon se précipite au camion pour acheter et manger de la crème glacée (conditionnement opérant). Les réactions involontaires du garçon sont modifiées par le conditionnement classique, tandis que le conditionnement opérant façonne son comportement volontaire.

Question : Outre le fait qu'on les trouve souvent ensemble, les conditionnements classique et opérant ont-ils autre chose en commun?

L'information Autrefois, les psychologues se représentaient le conditionnement comme un «estampillage» de comportements. À présent, nombre d'entre eux voient l'apprentissage comme un *traitement d'informa-*

tion. Selon ce **modèle informatif**, l'apprentissage crée des **attentes** mentales relativement aux événements. Une fois acquises, les attentes modifient le comportement. Par exemple, le chercheur Robert Rescorla (1980, 1987) explique le conditionnement classique de la façon suivante : le stimulus conditionnel (SC) précède le stimulus inconditionnel (SI) et pour cette raison, le SC *prédit* le SI. En présence du SC, le cerveau *s'attend* à ce que le SI suive. Par conséquent, le cerveau prépare le corps à réagir au SI.

Dans notre exemple, chaque fois que le garçon entend la cloche ou voit le camion, sa bouche salive afin de le préparer à manger de la crème glacée. De la même manière, lorsque vous vous apprêtez à recevoir une injection, vos muscles se tendent et vous retenez votre souffle en préparation à la douleur. Notez que le SC fournit une *information* utile sur le SI avant que ce dernier n'apparaisse. Le conditionnement pavlovien n'a rien d'un processus «stupide» unissant deux stimuli qui se trouvent à arriver simultanément. Le conditionnement survient plutôt lorsque nous sommes en quête d'information sur le monde (Rescorla, 1988).

À la réflexion, les renforçateurs opérants fournissent également de l'information. Dans le cadre du conditionnement opérant, nous apprenons à nous *attendre* à ce qu'une certaine réaction engendre un effet donné à un moment précis (Bolles, 1979). Selon ce point de vue, la récompense indique à une personne ou à un animal que la réaction était «correcte» et digne d'être répétée. De la même manière, les stimuli ou événements antérieurs à l'action indiquent quelle réaction obtient un renforçateur. Ainsi, lorsque notre garçon entend la cloche, il s'*attend* à ce que la course vers le camion et l'achat de la crème glacée mènent à la consommation de la friandise. Si l'attente change, le comportement de l'enfant changera aussi. Imaginez ce qui se passerait, si le camion de crème glacée changeait de

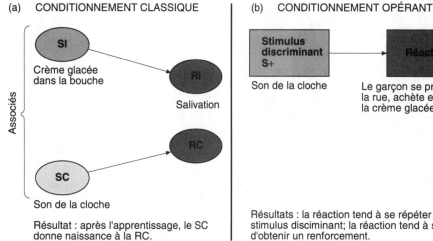

Illustration 8.1 *La double source de l'apprentissage*

trajet et que le garçon continuait de se précipiter pour trouver à sa place un camion de déchets dont il entend le signal sonore de sécurité. Une extinction rapide s'ensuivrait à mesure que les attentes du garçon passeraient de «cloche égale crème glacée» à «cloche égale ordures».

La propriété adaptative de l'information contribue à expliquer pourquoi une grande partie de l'apprentissage humain se produit sans renforcement évident comme la nourriture, l'eau, etc. Les humains apprennent facilement des réactions qui n'ont que l'effet désiré ou qui les rapprochent d'un but. Examinons cette idée plus à fond.

La rétroaction

Supposez que l'on vous demande de lancer des dards sur une cible. Chaque dard traverse un écran qui vous empêche de voir si vous avez atteint le but. Si vous en lanciez 1 000 de cette façon, on ne s'attendrait qu'à très peu d'amélioration de votre part, car aucune *rétroaction* n'est fournie. La **rétroaction** (l'information sur l'effet d'une réaction) revêt une importance particulière dans l'apprentissage humain. Par exemple, rappelez-vous que le jeu vidéo de Martin ne le récompensait pas de façon explicite de ses bonnes réponses. Toutefois, parce qu'il fournissait une rétroaction, un apprentissage rapide eut lieu.

La valeur de la rétroaction (aussi appelée la **connaissance des résultats**, ou **CR**) constitue l'une des leçons les plus utiles qu'on puisse tirer de l'étude de l'apprentissage. Une rétroaction accrue améliore presque toujours l'apprentissage et le rendement.

Question : *Comment s'applique la rétroaction?*
Il existe de nombreuses méthodes présentement en usage. Si vous désirez apprendre à jouer d'un instrument de musique, à chanter, à parler une langue se-

conde ou à prononcer un discours, l'enregistrement sur cassette d'une rétroaction peut s'avérer très utile. Dans le domaine sportif, on se sert de vidéocassettes afin de tout améliorer, du service au tennis à certains mouvements du base-ball. Si vous désirez faire usage de la rétroaction de façon similaire, sachez que les reprises enregistrées sont très utiles, lorsqu'un entraîneur compétent veut attirer l'attention sur certains détails importants (Salmoni et autres, 1984).

Les moyens d'apprentissage La rétroaction s'avère utile en éducation également. Au cours des dernières années, on a combiné l'apprentissage opérant avec la rétroaction de deux manières intéressantes : l'*enseignement programmé* et l'*enseignement assisté par ordinateur*.

Question : *De quelle manière ces techniques utilisent-elles la rétroaction?*
La rétroaction est d'autant plus efficace qu'elle est *fréquente, immédiate* et *détaillée*. L'**enseignement programmé** présente aux étudiants un format qui requiert des réponses précises sur l'information donnée. Cette méthode offre une rétroaction fréquente afin d'éviter les erreurs d'apprentissage, en plus de permettre aux étudiants de travailler à leur rythme. (L'autotest qui suit la présente section a été préparé selon un format programmé afin de vous en fournir un exemple.)

Dans le cadre de l'**enseignement assisté par ordinateur** (**EAO**), les étudiants travaillent à des terminaux individuels. L'ordinateur affiche les leçons à l'écran, et les étudiants tapent les réponses. En plus d'accorder une rétroaction immédiate, l'ordinateur est en mesure *d'analyser chaque réponse*, ce qui permet d'utiliser un **programme ramifié**, lequel procure de l'information additionnelle et pose des questions supplémentaires, lorsque les réponses sont inexactes. Les récents programmes d'EAO, qui utilisent des logiciels d'intelligence artificielle (voir le chapitre 10), donnent

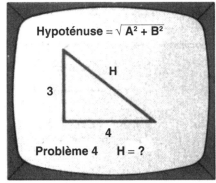 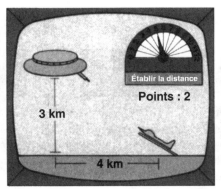 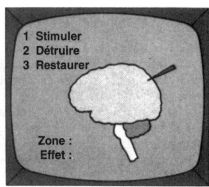

Illustration 8.2 *L'enseignement assisté par ordinateur. L'écran de gauche affiche un problème mathématique typique du modèle exercice et pratique, dans lequel les étudiants doivent trouver l'hypoténuse du triangle. L'écran du milieu présente le même problème sous forme de jeu pédagogique, lequel accroît l'intérêt et la motivation. On demande alors à l'enfant d'établir la bonne distance entre son arme à rayons et le vaisseau spatial en orbite afin de «pulvériser» l'ennemi. L'écran de droite affiche une simulation pédagogique. Ici, les étudiants placent une «sonde» à différents endroits du cerveau humain. Ils sont en mesure de «stimuler, détruire ou restaurer» les zones choisies. Pour chaque zone modifiée, le nom de cette dernière apparaît à l'écran, ainsi qu'une description des effets sur le comportement. Cela permet aux étudiants d'explorer par eux-mêmes les fonctions principales du cerveau.*

même des suggestions sur l'inexactitude des réponses et sur ce qui est requis pour les corriger.

Les élèves de l'école primaire semblent particulièrement bien réussir à l'aide du «tuteur informatique» en raison de la rétroaction rapide et du rythme individuel. Les adultes en profitent aussi. Par exemple, on a découvert que l'EAO accélère la formation dans les secteurs commercial et militaire (Alessi et Trollip, 1985; Dossett et Hulvershorn, 1983) tout autant que l'apprentissage scolaire de nombreux sujets de niveau collégial (Kulic et autres, 1980). Bien que le niveau ultime de compétence ou de connaissance ne soit pas plus élevé que celui que l'on obtient grâce aux méthodes conventionnelles, l'EAO fait épargner temps et efforts (Wexley, 1984).

L'enseignement informatique le plus simple consiste dans l'**exercice et la pratique** à un rythme individuel. Selon cette formule, les étudiants répondent à des questions semblables à celles que l'on trouve dans un manuel imprimé, mais avec l'avantage d'avoir immédiatement accès aux bonnes réponses. En outre, l'ordinateur accorde une connaissance des résultats accrue, comme la vitesse à laquelle vous avez travaillé, le pourcentage de réponses exactes, ou comment vos résultats se comparent aux exercices antérieurs (Lepper, 1985).

Des programmes d'EAO de niveau supérieur comprennent des **jeux** et des **simulations pédagogiques**. Les jeux pédagogiques se servent d'histoires, de rivalité, d'effets sonores et de graphiques comiques afin d'accroître l'intérêt et la motivation (illustration 8.2). Dans le cadre des simulations pédagogiques, les étudiants considèrent des problèmes dans une situation imaginaire ou un «microcosme». En voyant l'effet de leurs choix, les étudiants découvrent les principes fondamentaux de la physique, de la biologie, de la psychologie et d'autres matières (Lepper, 1985).

Les psychologues ne font que commencer à exploiter pleinement la valeur et à découvrir les limites de l'enseignement assisté par ordinateur. Néanmoins, il est probable que leurs efforts améliorent non seulement l'éducation, mais aussi la compréhension de l'apprentissage humain.

Autotest

Afin de vous donner une idée de la nature de l'enseignement programmé, cet autotest vous est présenté dans un format programmé. Cachez les mots à gauche, et découvrez-les à mesure que vous remplissez les espaces.

classique *double*	Dans de nombreuses situations d'apprentissage, le conditionnement _____ et le conditionnement opérant surviennent simultanément. On appelle ce phénomène l'apprentissage à _____ composante. Souvent, un renforçateur qui s'applique à une réaction opérante sert également de stimulus
classique *attentes*	incondititionnel du conditionnement _____. Le modèle informatif de l'apprentissage veut que les conditionnements classique et opérant créent des _____ mentales qui modifient le comportement. Une grande partie de l'apprentissage humain se fonde sur la rétroaction informative
connaissance *résultats* *rétroaction* *exercice*	relativement aux effets d'une réaction. La rétroaction s'appelle aussi la CR, ou _____ des _____. L'enseignement programmé fonctionne à un rythme individuel et fournit une _____ immédiate. La forme la plus simple d'enseignement assisté par ordinateur consiste dans l'_____ et la pratique.

La punition — les freins du comportement

Pour le meilleur et pour le pire, la punition est une des façons les plus populaires de modifier le comportement. Les fessées, les réprimandes, la perte de certains privilèges, les amendes, les sentences, les licenciements, les échecs aux examens, etc. révèlent tous un usage généralisé de la punition (illustration 8.3). La question de l'apprentissage serait incomplète sans un regard sur la punition. Toutefois, avant de commencer, il est sage de revenir brièvement sur le renforcement.

Le renforcement négatif et la punition Jusqu'ici, nous avons insisté sur le **renforcement positif**, qui advient lorsqu'un événement agréable ou souhaité suit une réaction. Mais de quelle autre manière l'apprentissage peut-il être renforcé? Le temps est venu de considérer le revers du conditionnement : un **renforcement négatif** se produit lorsqu'une réaction élimine un événement *déplaisant*. Il augmente les réactions, à l'instar du renforcement positif. Toutefois, il y parvient en faisant disparaître *l'inconfort*.

Supposons qu'un mal de tête vous fait prendre de l'aspirine. L'aspirine sera renforcée négativement, si le mal de tête cesse. De même, on peut enseigner à un rat à abaisser une barre afin d'obtenir de la nourriture (renforcement positif), ou encore lui administrer de légers chocs jusqu'à ce qu'il abaisse un levier qui mette fin aux chocs (renforcement négatif). D'une manière ou de l'autre, le maniement de la barre s'accroîtrait parce qu'il mène à une situation souhaitée (la nourriture ou la fin de la douleur). Les renforcements positif

Illustration 8.3 *On se sert depuis longtemps de la punition afin de supprimer les comportements indésirables.*

> ## Édit de Louis XI, Roi de France
> ## A. D. 1481
>
> • Quiconque vendra du beurre contenant des pierres ou autre chose (qui ajoute du poids) sera mis au pilori, et ledit beurre sera placé sur sa tête jusqu'à ce qu'il soit complètement fondu par l'action du soleil. Les chiens peuvent le lécher et les gens, l'abreuver de toutes les injures diffamatoires qui leur plaisent sans offense à Dieu ou au Roi. Si le soleil n'est pas assez chaud, l'accusé sera exposé dans le grand vestibule de la prison face à un grand feu, où chacun pourra le voir. •

et négatif se combinent souvent. Si vous avez très faim, l'ingestion d'un repas est renforcée par le bon goût de la nourriture (renforcement positif) et par la fin de la sensation pénible de la faim (renforcement négatif).

De nombreuses personnes prennent à tort le renforcement négatif pour une punition. Toutefois, la **punition** est «tout événement qui suit une réaction et *diminue* la probabilité qu'elle se reproduise» (Adams, 1980). Comme nous l'avons dit, le renforcement négatif *accroît* la réaction, et la différence se vérifie à l'aide d'un exemple hypothétique. Supposons que vous habitez un appartement et que la chaîne stéréo de votre voisin fonctionne tellement à tue-tête que vous en avez mal aux oreilles. Si vous frappez sur le mur et que le son baisse (renforcement négatif), il est probable que vous recommencerez à frapper à l'avenir. Mais si vous frappez et que le volume augmente (punition), ou si le voisin vient vous frapper (autre punition), il est peu probable que vous recommenciez.

Comme autre exemple, considérez un toxicomane en sevrage. S'il consomme de la drogue, les symptômes de sevrage disparaissent temporairement. La consommation de drogue est donc renforcée négativement. Par ailleurs, si la drogue augmentait la douleur (punition), le toxicomane cesserait rapidement d'en prendre.

Question : La confiscation de privilèges, d'argent ou d'autres éléments positifs reliés à une réaction donnée ne constitue-t-elle pas une punition?

Oui. Il y a également punition lorsqu'un renforçateur ou une condition positive sont retirés, comme dans le cas de la perte de privilèges. Ce deuxième type porte le nom de **punition par soustraction** (Cautela et Kearny, 1986). Les parents qui forcent leurs adolescents à rester à la maison pour mauvaise conduite appliquent la punition par soustraction. Les contraventions de stationnement et autres amendes se fondent également sur ce type de punition. L'illustration 8.4 résume ce dont nous avons parlé jusqu'à présent.

Comparez : renforcement et punition

Renforcement positif Survient lorsqu'une réaction est suivie d'une récompense ou d'un autre événement positif.

Renforcement négatif Survient lorsqu'une réaction est suivie de la fin d'un malaise ou du retrait d'une condition négative.

Punition Survient lorsqu'une réaction est suivie d'une douleur ou de tout autre événement négatif, comme le retrait d'un renforçateur positif (punition par soustraction).

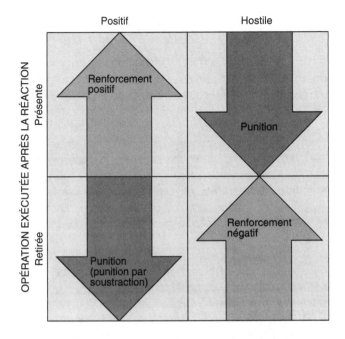

Illustration 8.4 *Les types de renforcement et de punition. L'effet d'un événement dépend du fait qu'il est présent ou absent, après qu'une réaction a lieu. Chaque carré définit une possibilité : les flèches pointant vers le haut indiquent une augmentation de la réaction ; celles pointant vers le bas, une diminution de la réaction. (Adapté de Kazdin, 1975.)*

Les variables affectant la punition

Question : Le renforcement intensifie la réaction. La punition l'affaiblit-elle?

Nombreux sont ceux qui croient que la punition met fin à un comportement indésirable. Mais est-ce toujours vrai? Les psychologues ont appris que l'effet de la punition dépend grandement de l'*opportunité*, de la *cohérence* et de l'*intensité* de cette dernière. La punition réussit mieux à supprimer le comportement lorsqu'elle se produit simultanément ou *immédiatement* après la réaction (opportunité), et lorsqu'on l'applique *chaque fois* que se produit la réaction (cohérence). Ainsi, un chien qui a pris l'habitude de toujours japper peut être efficacement (et humainement) puni par une aspersion sur le museau chaque fois qu'il aboie. Dix à quinze traitements de la sorte suffisent habituellement à réduire grandement le jappement. Tel ne serait pas le cas d'une punition occasionnelle ou trop longtemps différée. Si vous découvrez que votre chien a creusé et rongé un arbre en votre absence, il sera inutile de le punir longtemps après le fait accompli. De même, la menace bien connue de l'enfance : «Attends que ton père revienne, tu vas voir...» réussit beaucoup mieux à transformer le père en ogre qu'à punir efficacement une réaction indésirable.

Une **punition sévère** peut se révéler très efficace à mettre fin à un comportement. Lorsqu'un en-

fant met le doigt à l'intérieur d'une douille et qu'il reçoit un choc, il s'agit sans doute du dernier essai qu'il fera *jamais*. Le plus souvent, cependant, la punition ne *supprime* que temporairement une réaction. Si cette dernière est encore renforcée, la punition peut s'avérer particulièrement inefficace. Les réactions supprimées au moyen de **punitions légères** réapparaissent habituellement. Si un enfant est puni d'avoir volé un goûter dans le réfrigérateur avant le souper, il se peut qu'il se passe de goûters pendant un certain temps. Mais puisque le vol fut récompensé par le goûter même, l'enfant s'adonnera probablement de nouveau aux larcins alimentaires.

Ce fait fut démontré expérimentalement en tapant des rats sur la patte, tandis qu'ils maniaient des barres à l'intérieur d'une boîte de Skinner. Deux groupes de rats bien entraînés furent soumis à un programme d'extinction. On punissait un groupe par une tape sur la patte pour chaque maniement de la barre, et pas l'autre groupe. On aurait pu s'attendre à ce que la tape cause l'extinction du maniement de la barre plus rapidement et pourtant, il n'en fut rien, comme vous pouvez le constater à l'illustration 8.5. La punition ralentit temporairement la réaction, mais ne causa aucunement une extinction plus rapide. Frapper les rats ou les enfants a peu d'effet permanent sur une réaction renforcée. Il faut toutefois répéter qu'une punition intense peut supprimer une réaction de façon permanente. Des expériences ont démontré qu'on peut supprimer des actes aussi essentiels que manger. Des animaux châtiés sévèrement tandis qu'ils mangent cessent parfois de se nourrir complètement (Bertsch, 1976).

Question : Doit-on alors se servir de la punition afin de modifier le comportement?

L'usage adéquat de la punition Les parents, professeurs, entraîneurs d'animaux et autres disposent de trois outils fondamentaux afin de modifier le simple apprentissage : premièrement, le *renforcement* intensifie les réactions, deuxièmement, le *non-renforcement* cause l'extinction des réactions, et enfin, la *punition* supprime les réactions. Ces outils fonctionnent mieux lorsqu'ils sont combinés. Lorsque la punition est légère, comme elle doit l'être, sa valeur peut être limitée si des renforçateurs sont encore disponibles dans la situation donnée. Si vous choisissez la punition, il est sage de récompenser le comportement de rechange désirable. Du point de vue informatif, la punition indique à une personne ou à un animal qu'une réaction était «mauvaise». Toutefois, si elle n'indique pas la «bonne» réponse, elle n'*enseigne pas de nouveaux comportements*. En l'absence de renforcement, la punition devient moins efficace.

Dans une situation qui présente un danger immédiat, comme dans le cas d'un enfant qui veut toucher

PROFIL 8.1
Si vous devez sévir, voici comment

Il est des moments où la punition s'avère nécessaire à modifier le comportement d'un enfant, d'un animal et même d'un autre adulte. Si vous croyez devoir punir, voici certains conseils à garder à l'esprit :

1. *Ne punissez pas si vous pouvez décourager la mauvaise conduite d'une autre façon.* Servez-vous amplement du renforcement positif, surtout des compliments, afin de prôner le comportement désirable. En outre, essayez d'abord l'extinction et voyez ce qui arrive, lorsque vous passez sous silence un problème de comportement; ou concentrez-vous sur une activité désirable et renforcez-la par des compliments.

2. *Appliquez la punition pendant ou immédiatement après la mauvaise conduite.* Bien sûr, la punition immédiate n'est pas toujours possible. Dans le cas d'enfants plus vieux ou d'adultes, le délai peut être comblé en énonçant clairement le fait puni. Si vous n'êtes pas en mesure de punir *immédiatement* un animal, attendez la prochaine occasion de méfait.

3. *Utilisez le minimum de punition nécessaire à supprimer la mauvaise conduite.* Souvent, des reproches ou une réprimande sont suffisants. Évitez les punitions physiques sévères; par exemple, ne giflez jamais un enfant. La confiscation de privilèges ou d'autres renforçateurs positifs (punition par soustraction) fonctionne habituellement bien pour les enfants plus âgés et les adultes.

Une punition fréquente perd de son efficacité, tandis que la punition excessive ou cruelle a de sérieux effets secondaires négatifs (voir le texte).

4. *Soyez cohérent.* Soyez très clair sur ce que vous considérez comme une mauvaise conduite et punissez cette dernière chaque fois qu'elle se produit. Ne punissez pas un comportement un jour pour y passer outre le lendemain. Si vous donnez habituellement trois chances à l'enfant, ne changez pas les règles en explosant sans avertissement à la première offense. Les deux parents doivent tenter de punir leurs enfants pour les mêmes raisons et de la même façon.

5. *Attendez-vous à ce que la personne punie soit en colère.* Reconnaissez brièvement cette colère, mais ne la renforcez pas. Soyez prêt à admettre votre erreur si vous avez puni quelqu'un à tort ou trop sévèrement.

6. *Punissez avec respect et bienveillance.* Permettez à la personne punie de maintenir sa dignité. Par exemple, ne punissez pas une personne en présence d'autrui, autant que possible. Une relation solide où règne la confiance tend à minimiser les problèmes de comportement. Idéalement, les autres devraient ressentir le *désir* de bien se conduire pour mériter vos louanges, et non par crainte du châtiment.

---

quelque chose de chaud ou d'un chien qui court dans la rue, une légère punition peut prévenir un désastre. Dans de tels cas, la punition fonctionne le mieux lorsqu'elle entraîne des actes *incompatibles* avec les réactions que vous désirez supprimer. Supposons qu'un enfant tend la main vers l'élément d'une cuisinière. Une tape sur le derrière suffirait-elle à le punir? Probablement, mais il serait toutefois préférable de frapper la main tendue de l'enfant de façon à ce que cette dernière se *retire* de la source du danger. Consultez le profil 8.1 pour plus de renseignements sur la punition.

Question : Quels désavantages comporte l'usage de la punition?

Les effets secondaires de la punition

Le problème fondamental de la punition est qu'elle inspire habituellement l'*aversion* (parce que douloureuse). Par conséquent, les personnes et les situations associées à la punition ont tendance également, en raison du conditionnement classique, à devenir des objets d'aversion (craintes, détestées, etc.). Cette association

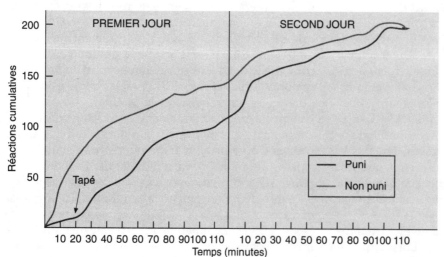

Illustration 8.5 *L'effet de la punition sur l'extinction. Immédiatement après la punition, le taux du maniement de la barre diminue, mais à la fin du deuxième jour, les effets de la punition sont disparus. (D'après B. F. Skinner, The Behavior of Organisms. © 1938. D. Appleton-Century Co., Inc. Reproduit avec l'autorisation de Prentice-Hall, Inc.)*

explique sans doute pourquoi les enfants choisissent souvent de briser les fenêtres de l'école en présence d'autres cibles disponibles. La nature déconditionnante de la punition la rend particulièrement inefficace à utiliser, lorsqu'on désire apprendre à un enfant à manger correctement ou à devenir propre.

L'évitement et la fuite Un deuxième problème important vient de ce que les stimuli déconditionnants favorisent habituellement **l'apprentissage par fuite** et **l'apprentissage par évitement**. Le premier reflète simplement le processus de renforcement négatif :

> *On place un chien dans une cage à deux compartiments qu'on appelle une boîte à navettes. Si l'animal reçoit un choc dans l'un des deux compartiments, il apprendra rapidement à sauter dans l'autre, afin de fuir le choc. Si un signal sonore annonce le choc 10 secondes avant qu'il ne se produise, le chien aura tôt fait d'associer le signal au choc. Il évitera alors la douleur en sautant avant que ne survienne le choc (Solomon et Wynne, 1953).*

Les psychologues émettent l'hypothèse que l'évitement entraîne l'apprentissage à double composante, dont nous avons traité. Un animal apprend d'abord, grâce au conditionnement classique, à ressentir la peur au son du signal. Ensuite, quitter le compartiment, lorsque le signal retentit, réduit la peur, ce qui renforce négativement l'évitement. Il s'agit ici d'apprentissage opérant.

Les nouvelles automobiles sont dotées d'une sonnerie désagréable qui s'actionne lorsqu'une personne tourne la clé dans le démarreur avant d'attacher sa ceinture. La plupart des conducteurs apprennent vite à attacher leur ceinture pour mettre fin au pénible signal. Cela constitue un exemple de conditionnement par fuite. Le conditionnement par évitement devient manifeste, lorsque le conducteur apprend à boucler sa ceinture avant que ne sonne l'alarme (Cautela et Kearny, 1986). Toutefois, tous n'atteignent pas ce point, car le signal s'arrête si l'on attend assez longtemps, ce qui amène certains à passer outre patiemment.

Une fois l'évitement acquis, il se révèle particulièrement persistant. On peut mettre hors fonction le choc de la boîte à navettes, et pourtant le chien continuera à sauter dans l'autre compartiment chaque fois qu'il entend le signal, ce qui est plutôt énigmatique : en effet, si le signal n'est jamais suivi d'un choc, pourquoi la peur du signal ne s'éteint-elle pas? Selon le modèle informatif, le chien a appris que le signal est suivi du choc. Si le chien quitte avant le moment où se produit normalement le choc, il ne reçoit aucune autre information qui lui indique de changer ses attentes (Schwartz, 1984).

Question : Comment l'apprentissage par fuite et celui par évitement sont-ils reliés à la punition?

Les deux types d'apprentissage sont partie intégrante de l'expérience quotidienne. Par exemple, si vous travaillez avec une personne désagréable et vulgaire, vous serez porté au début à fuir sa conversation, et plus tard, à l'éviter complètement. Chaque fois que vous l'esquivez, votre évitement est renforcé par une sensation de soulagement. Dans de nombreuses situations de punitions fréquentes, de tels désirs d'évitement et de fuite sont provoqués. Par exemple, les enfants qui s'éloignent de leurs parents qui les punissent (fuite) peuvent rapidement apprendre à mentir (évitement) au sujet de leur comportement ou à passer autant de temps que possible à l'extérieur du foyer (évitement).

L'agression La punition comporte un troisième problème : elle peut accroître grandement l'*agression*. Les chercheurs ont démontré que les animaux réagissent constamment à la douleur en attaquant quiconque ou quoi que ce soit à proximité (Azrin et autres, 1965). Un exemple commun de cet effet nous est fourni par le chien fidèle qui donne un petit coup de dent à son maître durant une intervention douloureuse chez le vétérinaire.

Nous savons également qu'une des réactions les plus répandues à la frustration est l'agression (illustration 8.6). En règle générale, la punition est douloureuse, frustrante ou les deux. Par conséquent, elle fournit un cadre très favorable à l'apprentissage de l'agression. Lorsqu'un enfant reçoit une fessée, il peut se sentir fâché, frustré et hostile. Et s'il va frapper son frère, sa soeur ou un voisin? Libérer ainsi sa frustration et sa colère lui procure une sensation agréable, ce qui constitue un danger, car l'agression ainsi récompensée aura tendance à être répétée lors d'autres occasions frustrantes. On a découvert dans le cadre d'une étude que les garçons trop agressifs avaient été sévèrement

Illustration 8.6 *La frustration et l'agression représentent souvent des effets secondaires de la punition.*

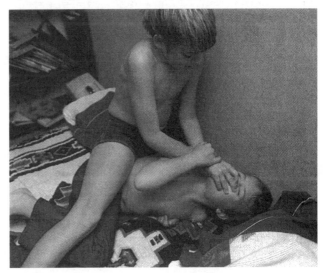

punis pour des gestes agressifs à la maison. Puisque l'agression était supprimée au foyer, les parents étaient souvent étonnés d'apprendre que leurs «bons garçons» s'étaient battus à l'école ou livrés à d'autres types d'agression (Bandura et Walters, 1959).

Pour résumer, l'erreur la plus commune dans l'utilisation de la punition consiste à ne se fier qu'à elle pour l'entraînement ou la discipline. L'adaptation affective globale d'un enfant ou d'un animal domestique discipliné à l'aide de récompenses est généralement supérieure à celle d'un enfant ou d'un animal discipliné surtout par la punition. La punition fréquente rend l'enfant ou l'animal malheureux, confus, anxieux, agressif et terrifié par la source de punition. Les enfants souvent punis par leurs parents ou leurs professeurs n'apprennent pas seulement à détester ces derniers, mais aussi à ne pas aimer et à éviter les activités associées à la punition (le travail scolaire ou domestique, par exemple; Munn, 1969). Il n'est pas entièrement déraisonnable de se servir à l'occasion de légères punitions à l'endroit d'enfants de 3 à 5 ans (voir la section Applications du chapitre 15), mais il existe sûrement d'autres façons d'aimer et de traiter les enfants que celle décrite par l'adage : «Qui aime bien châtie bien.»

L'apprentissage cognitif — au delà du conditionnement

Question : Tout l'apprentissage n'est-il qu'un lien entre les stimuli et les comportements?

On peut considérer une partie de l'apprentissage de cette façon. Mais, comme nous l'avons vu, même le conditionnement le plus fondamental comporte des éléments intellectuels. Pour illustrer davantage ce fait, supposons que vous avez été conditionné — en couplant une lumière et un choc — à ressentir de la peur chaque fois que la lumière s'allume. Si ensuite le choc est mis hors fonction et qu'on allume la lumière à maintes reprises, votre crainte s'éteindra graduellement. Qu'arriverait-il, si on vous *disait* seulement que le choc ne succèderait pas à la lumière? La surprise consisterait à découvrir que la crainte disparaît presque immédiatement (Grings et Lockhart, 1963; Wickens et autres, 1963). En tant qu'humain, vous êtes en mesure de prévoir la récompense ou la punition future, et de réagir conformément. (Vous vous demandez sans doute pourquoi cela ne fonctionne pas, lorsqu'un médecin ou un dentiste vous dit : «Cela ne fera pas mal.» L'explication est simple : ils mentent!)

Il ne fait aucun doute que l'apprentissage humain comprend une importante dimension *cognitive*, ou intellectuelle. En tant qu'humains, nous sommes très affectés par l'information, les attentes, les perceptions, les images mentales, etc. Grosso modo, l'**appren-** **tissage cognitif** correspond à la compréhension, à la connaissance, à la prévision ou à d'autres processus mentaux. Au delà du conditionnement fondamental, l'apprentissage cognitif s'étend au domaine de la mémoire, de la pensée, de la résolution de problèmes et du langage. Puisque les prochains chapitres traitent de ces questions, nous nous limiterons ici à un premier aperçu au delà du conditionnement.

Les cartes cognitives Comment arrivez-vous à vous orienter dans votre ville? Est-il juste de supposer que vous avez simplement appris à faire une série de virages à gauche et à droite pour vous déplacer d'un endroit à l'autre? Il est encore plus probable que vous avez développé une image mentale globale de la configuration de votre ville. Cette **carte cognitive** (représentation intérieure de relations) vous sert de guide même lorsque vous devez prendre un détour ou emprunter un nouveau chemin.

Question : Les animaux sont-ils capables d'apprentissage cognitif?

Une petite «singerie» psychologique nous prouve qu'ils en sont capables. Dans le cadre d'une expérimentation, des chimpanzés observèrent des psychologues qui cachaient divers fruits à différents endroits d'un champ. Ultérieurement, on lâcha les chimpanzés dans le champ. Ceux qui avaient observé la dissimulation trouvèrent environ 12 fruits chacun. Le groupe témoin de chimpanzés n'en trouva qu'un en moyenne — la plupart du temps en suivant les singes renseignés et en partageant le «fruit de leur labeur» (Menzel, 1978). En fait, il n'est pas surprenant que les animaux supérieurs soient capables d'apprentissage cognitif. Même un humble rat, qui n'est pas vraiment un génie, apprend *où* se trouve la nourriture dans un labyrinthe, et pas seulement quels détours prendre pour se la procurer (Tolman, 1946).

D'une certaine manière, les cartes cognitives s'appliquent également à d'autres types de connaissance. Par exemple, on pourrait dire que vous avez conçu une «carte» de la psychologie en lisant le présent ouvrage, ce qui expliquerait peut-être pourquoi certains étudiants trouvent utile d'illustrer par des dessins comment les notions apparentées sont reliées entre elles.

L'apprentissage latent L'apprentissage cognitif se révèle aussi à la faveur de **l'apprentissage latent** (caché), c'est-à-dire que l'apprentissage se produit parfois sans renforcement apparent et demeure caché jusqu'à ce que ce dernier soit présent.

Miki le rat, deuxième du nom, trouve son profit

On permet à deux groupes de rats d'explorer un labyrinthe. Les rats du premier groupe trouvent de la nourriture à l'extrémité du labyrinthe et apprennent bientôt à retrouver leur chemin dans le labyrinthe lorsqu'ils sont relâchés. Les rats du second groupe ne sont pas récompensés et ne montrent aucun signe d'apprentissage. Mais lorsqu'on leur accorde de la nourriture plus tard, ils se débrouillent aussi bien que les rats du premier groupe à l'intérieur du labyrinthe. (Tolman et Honzik, 1930)

Bien qu'aucun signe extérieur ne fût manifeste, les rats non récompensés avaient appris leur chemin dans le labyrinthe. Par conséquent, leur apprentissage fut d'abord latent (illustration 8.7).

Question : Comment ont-ils appris en l'absence de renforcement?

Apparemment, satisfaire sa curiosité peut suffire à récompenser l'apprentissage (Harlow et Harlow, 1962). Chez les humains, l'apprentissage latent est probablement relié aux compétences de haut niveau, comme de prévoir une récompense future. Par exemple, en raccompagnant à la maison une charmante consoeur de classe, vous pouvez mentalement prendre note du trajet menant chez elle, même si un rendez-vous ne constitue encore qu'un rêve flou.

L'apprentissage par la découverte On peut résumer presque toute la signification de l'apprentissage cognitif par le mot *compréhension*. Chacun de nous a déjà assimilé des idées *machinalement* (répétition et mémorisation), et bien que la méthode soit efficace, bon nombre de psychologues croient que l'apprentissage s'avère plus durable lorsque les gens *découvrent* les faits et les principes par eux-mêmes (Lepper, 1985). Dans le cadre de l'**apprentissage par la découverte**, les compétences s'acquièrent par l'intuition et la compréhension plutôt que par coeur (Bruner, 1968).

Question : À quoi bon, puisque dans les deux cas, il y a apprentissage?

L'illustration 8.8 montre la différence. On a enseigné à deux groupes d'étudiants à calculer la surface d'un parallélogramme; certains furent encouragés à voir qu'en «déplaçant un morceau» du parallélogramme, on obtenait un rectangle et ultérieurement, ces étudiants se montrèrent plus habiles à résoudre des problèmes inusités que ceux qui n'avaient que mémorisé la formule (Wertheimer, 1959). Tel que suggéré par cet exemple, l'apprentissage par la découverte tend à engendrer une meilleure compréhension de problèmes ou de situations nouvelles (Lepper, 1985). En somme, il vaut la peine de prendre des mesures additionnelles afin de nourrir l'intuition et d'approfondir la compréhension, quitte à ce que l'apprentissage par la découverte prenne plus de temps.

Comparez : l'apprentissage cognitif et les notions connexes

Apprentissage cognitif Apprentissage de haut niveau qui englobe la pensée, la connaissance, la compréhension et la prévision.

Carte cognitive Images intérieures ou autres représentations mentales d'une région (labyrinthe, ville, campus) qui sous-tendent la capacité de choisir des itinéraires de rechange vers le même but.

Apprentissage latent Apprentissage qui survient sans renforçateurs apparents et qui ne s'exprime pas tant qu'il n'y pas de renforcement présent.

Apprentissage par la découverte Apprentissage qui se fonde sur l'intuition et la compréhension plutôt que sur l'application mécanique de règles.

Apprentissage par observation Apprentissage qui s'accomplit en observant et en imitant les gestes d'une autre personne (modèle) ou en remarquant les conséquences de ces gestes.

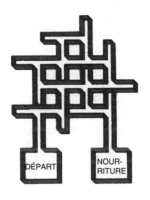

(a)

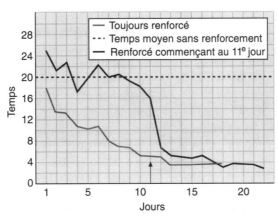

(b)

Illustration 8.7 *L'apprentissage latent. (a) Le labyrinthe utilisé par Tolman et Honzik afin de démontrer l'apprentissage latent chez les rats. (b) Les résultats de l'expérimentation. Remarquez les progrès rapides qui se sont produits, lorsqu'on a donné de la nourriture aux animaux auparavant non renforcés, ce qui indique qu'il y a eu apprentissage, mais que ce dernier est demeuré caché ou inexprimé. (Adapté de Tolman et Honzik, 1930.)*

Illustration 8.8 *L'apprentissage par compréhension et par coeur. Pour certains types d'apprentissage, la compréhension peut s'avérer supérieure, quoique les deux soient utiles. (D'après Wertheimer, 1959.)*

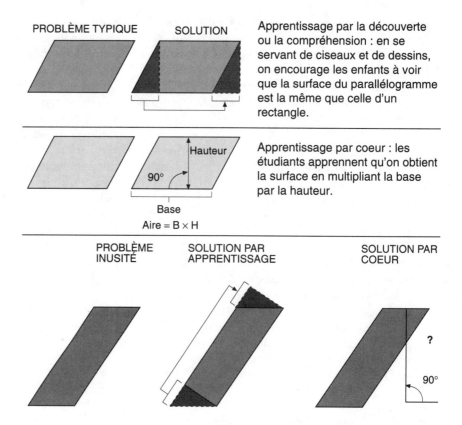

PROBLÈME TYPIQUE   SOLUTION

Apprentissage par la découverte ou la compréhension : en se servant de ciseaux et de dessins, on encourage les enfants à voir que la surface du parallélogramme est la même que celle d'un rectangle.

Hauteur
90°
Base
Aire = B × H

Apprentissage par coeur : les étudiants apprennent qu'on obtient la surface en multipliant la base par la hauteur.

PROBLÈME INUSITÉ   SOLUTION PAR APPRENTISSAGE   SOLUTION PAR COEUR

?
90°

Le modelage — faites ce que je fais et non ce que je dis

La classe observe attentivement un potier adroit transformer une motte d'argile en vase à fleurs. Il ne fait aucun doute qu'on peut acquérir de nombreux talents à l'aide de ce qu'Albert Bandura (1971) appelle l'**apprentissage par observation**, ou **modelage**, ou simplement l'imitation. La valeur de ce type d'apprentissage est flagrante : imaginez avoir à *dire* à quelqu'un comment attacher ses chaussures, danser un pas, faire du crochet ou jouer de la guitare. Bandura croit que tout ce qui peut s'acquérir par apprentissage direct peut s'apprendre par l'observation. Souvent, cela permet à une personne de s'éviter l'étape fastidieuse des tâtonnements.

Question : Nous apprenons vraisemblablement par observation, mais de quelle manière?

L'apprentissage par observation

En observant un **modèle** (un exemple), une personne peut d'abord apprendre de nouvelles réactions, puis apprendre à répéter ou à éviter des conduites acquises au préalable (selon ce qui arrive au modèle en pareil cas) et enfin, assimiler une règle générale qui peut s'appliquer à différentes situations (Rosenthal et Zimmerman, 1978).

Plusieurs choses doivent avoir lieu pour favoriser l'apprentissage par observation. D'abord, l'apprenti doit prêter *attention* au modèle et *mémoriser* ce qui se fait. (Un mécanicien de garage à ses débuts peut démontrer assez d'intérêt pour observer une mise au point au complet, mais ne peut se rappeler toutes les étapes.) Puis, l'apprenti doit être en mesure de *reproduire* le comportement modèle. (Il suffit parfois d'un peu de pratique, mais il se peut que l'apprenti ne puisse jamais accomplir le comportement. J'ai beau admirer les prouesses des gymnastes de calibre international, jamais je n'arriverai à les reproduire, peu importe la pratique.) Si un modèle *réussit* une tâche ou qu'il en est *récompensé*, il est fort probable que l'apprenti imite son comportement. En général, les modèles qui sont attirants, valables, admirés ou prestigieux ont tendance à être imités (Bandura et Walters, 1963). Enfin, une fois la nouvelle réaction mise à l'essai, *le renforcement normal détermine si elle sera répétée ultérieurement.* (Notez ici la similarité avec l'apprentissage latent décrit auparavant.)

L'imitation de modèles Le modelage a un effet important sur le comportement. Dans le cadre d'une expérimentation classique, des enfants observèrent un adulte attaquer un jouet gonflable. Certains d'entre eux virent l'adulte s'asseoir sur le jouet, le frapper du poing ou à l'aide d'un marteau et lui donner des coups de pied. D'autres virent ces gestes reproduits dans un film en couleur. Un troisième groupe vit une version en dessins animés de l'agression. Puis, on frustra les enfants (en leur confisquant des jouets favoris) et on leur permit de jouer avec le jouet gonflable. La plupart imitèrent l'attaque telle qu'ils l'avaient observée chez l'adulte (illustration 8.9). Certains y mirent même du leur! Il est intéressant de constater que le dessin animé favorisa à peine moins l'agression que le modèle adulte réel et le modèle filmé (Bandura et autres, 1963).

Question : Les enfants imitent-ils donc aveuglément les adultes?

Non. Souvenez-vous que l'apprentissage par observation permet à une personne de répéter une réaction, mais que la répétition même dépend de la récompense ou de la punition accordée au modèle. Néanmoins, la recherche indique que lorsque des parents disent à un enfant de faire telle chose, mais qu'ils modèlent un tout autre comportement, les enfants tendent à imiter ce que *font* les parents et *non* ce qu'ils *disent* (Bryan et Walbek, 1970). Ainsi, grâce au modelage, les enfants apprennent non seulement les attitudes, les gestes, les émotions et les traits de personnalité, mais aussi les craintes, les anxiétés et les mauvaises habitudes.

Considérons une situation typique. Le petit Pierre-Philippe-Emmanuel Lebrun vient d'être interrompu dans ses jeux par son cadet. Fâché et frustré, il frappe son frère, ce qui interrompt leur père qui regarde la télévision. Le père frappe immédiatement le petit Pierre-Philippe-Emmanuel, sous prétexte que cela lui apprendra à frapper son jeune frère, ce qui est hélas trop vrai. En raison des effets du modelage, il n'est pas réaliste d'exiger d'un enfant de faire «ce que je dis et non ce que je fais». Le message donné par le père est clair : «Tu m'as frustré, donc, je vais te frapper.» Est-il étonnant alors que l'enfant fasse la même chose lorsqu'il est frustré?

Question : La télévision peut-elle servir de modèle à l'apprentissage par observation?

On peut le croire. Comme l'a déjà déclaré un récidiviste : «La télé m'a enseigné à voler des voitures, à entrer dans des édifices par effraction, à cambrioler des gens et même à duper un ivrogne. Une fois, j'ai cambriolé une station-service après avoir regardé un épisode d'*Hawaï 5-0*. L'émission m'a montré comment m'y prendre.»

En plus d'enseigner de nouveaux comportements anti-sociaux, la télévision est en mesure de **désinhiber** certaines impulsions dangereuses latentes chez les spectateurs. Par exemple, de nombreuses émissions de télévision véhiculent le message que la violence est un comportement normal et acceptable. Pour certaines personnes, ce message peut abaisser le niveau d'inhibitions qui les empêchent de démontrer leurs sentiments d'hostilité (Berkowitz, 1984). La désinhibition peut même s'étendre aux impulsions auto-destructrices. On a prouvé qu'après l'épisode d'un feuilleton au cours duquel un personnage se suicide, les suicides réels augmentent parmi les téléspectateurs (Phillips, 1982).

Le monde selon la télé américaine

Saviez-vous que pour les Américains, le monde est principalement peuplé de professionnels mâles, blancs et membres de la classe moyenne? Saviez-vous que les femmes ne composent que 28 pour 100 de la population, que la moitié de la population féminine est adolescente ou au début de la vingtaine, et que le tiers d'entre elles ne travaillent pas et n'ont rien de mieux à faire que d'offrir un soutien affectif aux hommes et de leur servir d'objets sexuels? Que les groupes minoritaires remplissent généralement les fonctions d'employés de service, de criminels, de victimes ou d'étudiants? Que plus de la moitié de tous les scélérats parlent avec un accent étranger? Que la plupart des victimes sont des femmes célibataires, de jeunes garçons ou des non-Blancs? Si vous regardez beaucoup la télévision américaine, il s'agit là des impressions que vous en retirez chaque jour (Carlson, 1986; Charren et Sandler, 1983; commission américaine des droits civils, 1977).

Il est évident que la réalité de la télévision ne correspond pas à celle de la vie. Chaque jour, la télé déverse un flot de mauvais modèles. En voici d'autres exemples :

■ Les mariages stables et heureux figurent rarement à la télé car ils ne font pas l'objet de bons scénarios.

Illustration 8.9 *Un enfant de la maternelle imite le comportement agressif d'un modèle adulte qu'il vient de voir dans un film. (Gracieuseté de Albert Bandura.)*

■ Aux grandes heures d'écoute, on peut voir en moyenne trois personnes consommer de l'alcool par heure, et dans les feuilletons, six en moyenne par heure. Les personnages de la télévision boivent 15 fois plus d'alcool que d'eau.

■ La plupart des travailleurs sont des symboles d'autorité, comme des policiers, des médecins, des avocats, des juges, etc. Les enfants qui regardent la télévision apprennent davantage sur les coroners et les espions que sur le monde du travail réel (Charren et Sandler, 1983).

■ Les feuilletons font mention des relations sexuelles environ 1,5 fois par heure. Dans la même émission, pendant une période de 6 mois, les personnages vécurent 8 divorces et 4 séparations. Au cours de la même période, 21 couples vivaient ou couchaient ensemble hors des liens du mariage (Brown, 1986).

La violence télévisée perturbe davantage. Aux États-Unis, on diffuse environ 188 heures d'émissions violentes par semaine (illustration 8.10). Quatre-vingt-un pour cent de toutes les émissions contiennent en moyenne 5,2 agressions violentes par heure (Huesmann et Eron, 1986). Il s'échange plus de coups de feu au cours d'une soirée de télé américaine qu'en une année dans une ville de taille moyenne. Quatre-vingt-cinq pour cent de ces coups de feu manquent leur cible, ce qui peut laisser croire que la violence ne finit jamais dans un bain de sang (Charren et Sandler, 1983). Plus de la moitié des vidéoclips contiennent de la violence, et plus des trois quarts d'entre eux renferment une imagerie sexuelle (Brown, 1986). À la télévision, les agents de la paix contribuent plus souvent à la violence qu'ils ne l'entravent (Oskamp, 1984). L'homicide, le vol, le rapt et l'assaut constituent 85 pour 100 des crimes télévisés, alors que dans le monde réel, ils ne comptent que pour 5 pour 100. Enfin, les policiers de la

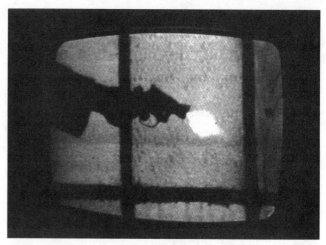

Illustration 8.10   *La violence télévisée peut favoriser l'apprentissage de l'agression par observation.*

télévision résolvent la majorité des enquêtes criminelles par des actes de violence (Carlson, 1986).

Y a-t-il lieu de s'inquiéter des distorsions et des stéréotypes du «royaume de la télé»? Il semble que oui. Dans plus de 99 pour 100 des foyers américains, la télévision est à toutes fins utiles un membre de la famille. La moyenne d'écoute en Amérique excède désormais 7 heures par jour. Si elles avaient à choisir entre la plomberie et la télévision, de nombreuses familles hésiteraient! De toute évidence, la télévision constitue une influence majeure dans la vie de la plupart des enfants et de nombreux adultes (Oskamp, 1984).

Bon nombre de psychologues sont particulièrement inquiets des effets de la violence des ondes sur les enfants (voir le profil 8.2). Étant donné l'influence de la télévision sur les sociétés occidentales, cette dernière mérite un examen plus approfondi, ce que nous entreprendrons à la section Exploration du présent chapitre.

Autotest

1. Le renforcement négatif augmente la réaction; la punition la supprime. Vrai ou faux?

2. Les trois facteurs suivants influencent grandement l'efficacité de la punition : l'opportunité, la cohérence et_____.

3. La punition légère ne _____ que temporairement une réaction qui est aussi renforcée.

    a. augmente   *b.* aggrave   *c.* remplace   *d.* supprime

4. Trois effets secondaires indésirables de la punition sont :1) un conditionnement de peur et de ressentiment, 2) un encouragement à l'agression, 3) l'apprentissage de réactions par la fuite ou par _____.

5. Chez les humains, l'extinction d'une réaction conditionnée peut subir l'influence des attentes. Vrai ou faux?

6. On désigne de _____ la représentation intérieure des relations.

7. L'apprentissage qui apparaît soudainement en présence d'une récompense ou d'une incitation au rendement s'appelle

    a. l'apprentissage par la découverte   *b.* l'apprentissage latent   *c.* l'apprentissage par coeur   *d.* la réminiscence

8. Les psychologues utilisent le terme _____ pour décrire l'apprentissage par observation.

9. Lorsqu'un modèle réussit, qu'il est attirant, valable ou prestigieux, son comportement est

   a. difficile à reproduire   *b.* moins fréquenté   *c.* plus souvent imité   *d.* sujet au transfert positif

10. Les enfants qui observèrent un adulte réel se comporter de manière agressive devinrent plus agressifs, à l'opposé de ceux qui observèrent le même comportement dans un film ou un dessin animé. Vrai ou faux?

Réponses :

1. vrai 2. l'intensité 3. *d* 4. l'évitement 5. vrai 6. carte cognitive 7. *b* 8. modelage 9. *c* 10. faux

---

PROFIL 8.2
La vie après la télévision : une expérimentation naturelle

Les enfants et adultes nord-américains passent la majorité de leurs heures de loisir à regarder la télévision. Quel effet cela a-t-il sur le comportement? Une étude récente pose un regard fascinant sur la vie à l'intérieur de la boîte à images. Une équipe de chercheurs trouvèrent une ville dans le nord-ouest du Canada qui ne captait aucune émission de télévision. Lorsqu'ils surent que la ville allait bientôt bénéficier de la télévision, les chercheurs sautèrent sur l'occasion rarissime : Tannis Williams et son équipe soumirent les résidants à des tests avant l'arrivée de la télévision, puis deux ans plus tard. Cette expérimentation naturelle révéla qu'après l'avènement de la télévision :

■ On assista à un déclin de la lecture chez les enfants (Corteen et Williams, 1986).

■ Les résultats des enfants à des épreuves de créativité chutèrent (Harrison et Williams, 1986).

■ La perception qu'avaient les enfants des rôles sexuels devint plus stéréotypée (Kimball, 1986).

■ Il y eut une augmentation importante de l'agression physique et verbale (illustration 8.11) chez les garçons et les filles, et cette augmentation fut répartie également parmi des enfants qui présentaient un taux bas ou élevé d'agression avant de regarder la télévision (Joy et autres, 1986).

Ce dernier résultat n'est pas étonnant. Les chercheurs découvrent régulièrement que la télévision influe grandement sur l'agression. À la lumière de ces découvertes, il est logique que le Canada, la Norvège et la Suisse aient réduit la quantité de violence permise à la télévision (Levinger, 1986).

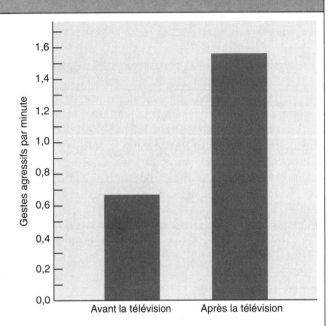

Illustration 8.11   *Le graphique illustre le nombre moyen d'actes agressifs commis par minute avant et après l'avènement de la télévision dans une ville du Canada. L'augmentation de l'agression après la télévision est importante. On se servit de deux autres villes qui avaient déjà la télévision à des fins de comparaison. Aucune ne montra une augmentation similaire de l'agression durant la même période. (Données de Joy et autres, 1986.)*

Les principes de l'apprentissage en action — la rétroaction

Les psychologues ont découvert que les humains peuvent apprendre à maîtriser des activités corporelles que l'on croyait auparavant involontaires. Les maîtres du Zen et du yoga font preuve depuis des années d'une maîtrise exceptionnelle du rythme cardiaque, de la tension artérielle, de la consommation d'oxygène et de la température de certaines parties du corps. Et nous découvrons à l'heure actuelle que dans les conditions appropriées, toute personne peut reproduire ces effets qui semblent impossibles.

Le yoga électronique? En appliquant le principe de la rétroaction à la maîtrise du corps, nous en venons à la **rétroaction biologique.** Si je vous disais : «Faites monter la température de votre main droite», vous en seriez probablement incapable parce que vous ne pourriez mesurer votre succès. Pour vous faciliter la tâche, nous pourrions attacher un petit thermomètre sensible à votre main, lequel serait relié par un fil à un signal lumineux qui indiquerait toute hausse de température. Puis, tout ce que vous auriez à faire serait de garder la lumière allumée le plus longtemps possible. Grâce à la pratique et à l'aide de la rétroaction biologique, vous seriez en mesure d'apprendre à hausser la température de votre main à volonté.

Question : Que faites-vous en fait lorsque vous réussissez à faire monter la température de la main?

Si l'on vous demandait de décrire ce que vous faites, vous pourriez répondre : «J'ai eu des pensées de chaleur» ou «J'ai éprouvé une sensation, lorsque la lumière s'est allumée, que j'ai tenté de retrouver.» En réalité, lorsqu'on vous procure une rétroaction, vous êtes en mesure de répéter les réactions, même subtiles. La rétroaction biologique favorise l'apprentissage en convertissant les réactions physiologiques en un signal net qui fournit de l'*information* sur les réactions adéquates.

Question : Tout cela est-il utile?

Les applications de la rétroaction biologique

La rétroaction biologique est pleine de promesses comme moyen de guérir les *troubles psychosomatiques* (maladies causées surtout par le stress et les facteurs affectifs; illustration 8.12). Par exemple, Elmer et Alyce Green ont réussi à entraîner des gens à éviter la migraine grâce à la rétroaction biologique. On attache des senseurs aux mains et au front des patients, qui apprennent ensuite à rediriger la circulation sanguine depuis la tête jusqu'à leurs extrémités. Puisque les migraines sont causées par un afflux sanguin trop important à la tête, la rétroaction biologique permet aux patients de court-circuiter les migraines avant qu'elles ne se développent (Luce et Peper, 1971).

Dès les premiers succès, nombreux furent ceux qui prévoyaient que la rétroaction biologique serait le remède aux maladies psychosomatiques, à l'anxiété, aux phobies, à la toxicomanie et à d'autres problèmes. En réalité, elle s'est avérée utile, mais elle n'est pas une cure miracle. La rétroaction biologique peut vraiment soulager les maux de tête causés par la tension musculaire ou les migraines (Adler et Adler, 1976; Blanchard et autres, 1982; Budzynski, 1977). Elle semble également être en mesure de réduire l'hypertension artérielle et de régulariser les rythmes cardiaques intermittents (Blanchard et autres, 1984; Kristt et Engel, 1975). On s'est même servi avec quelque succès de la technique afin de maîtriser des crises d'épilepsie (Sterman, 1977).

De quelle manière la rétroaction biologique peut-elle être utile dans des cas semblables? Certains chercheurs croient que nombre de ses bienfaits proviennent de la *relaxation générale* (Blanchard et Epstein, 1978). D'autres soulignent qu'elle ne comporte aucune magie en soi. La méthode ne fait que servir de «miroir» pour venir en aide à une personne qui s'adonne à l'*autorégulation* (Green et Schellenberger, 1986; Norris, 1986). Tout comme le miroir ne peigne pas les cheveux, la rétroaction biologique n'accomplit rien par elle-même. Toutefois, elle peut aider les gens à changer leur comportement.

La rétroaction biologique offre un potentiel dans la réadaptation des personnes qui souffrent de troubles nerveux, de désordres musculaires et d'attaques d'apoplexie (Orne, 1982). Par exemple, Neal Miller (1985) nous parle d'un enfant souffrant d'une blessure qui lui a paralysé la main. Afin d'aider l'enfant à retrouver le mouvement, on a attaché des électrodes aux muscles du bras. Chaque fois que l'enfant réussissait à fléchir les bons muscles, des points apparaissaient à l'écran d'un ordinateur. La rétroaction biologique a aidé le garçon à retrouver l'usage de sa main.

Question : La rétroaction biologique s'applique-t-elle à l'activité cérébrale?

Le contrôle alpha Les ondes alpha constituent une des structures d'ondes cérébrales qu'on peut enregistrer à l'aide de l'EEG (électroencéphalogramme). Le psychologue Joseph Kamiya s'est servi de l'EEG pour mettre au point un système qui indique aux sujets la production d'ondes alpha au moyen d'une lumière ou d'une sonnerie (Kamiya, 1968). Les sujets des premières études de contrôle alpha témoignèrent que des niveaux élevés d'ondes alpha correspondaient au plaisir, à la relaxation, à un état de veille passive et à des images paisibles.

Certains virent dans ces découvertes un moyen possible d'accéder à «l'extase instantanée». Mais plus récemment, on a soulevé de sérieuses questions sur l'utilisation des ondes alpha pour favoriser la relaxation profonde. En effet, la recherche a démontré que chez certaines personnes, une production accrue d'alpha est le fruit de la relaxation tandis que chez d'autres, elle survient à la faveur d'une excitation *intense* (Orne et

Illustration 8.12 *L'entraînement par rétroaction biologique, qui met en cause la tension musculaire et la circulation sanguine, sert à soulager les maux de tête et à favoriser la relaxation. Ici, un signal de rétroaction biologique est retransmis au patient au moyen d'écouteurs, ce qui lui permet de modifier ses activités corporelles.*

Wilson, 1978). Pour le moment, il semble bien que nous n'ayons pas encore atteint l'ère du «yoga électronique». Cela se vérifie surtout dans le cas des appareils domestiques de «rétroaction alpha» à prix modique, lesquels sont tellement imprécis que certains usagers «en extase» écoutent en réalité le bruit des câbles électriques de la maison plutôt que leurs propres ondes cérébrales (Beyerstein,1985).

Les principes de l'apprentissage en action — apprendre habilement des habiletés

Une **capacité motrice** désigne une série d'actions modelées en une exécution facile et efficace. La dactylographie, la marche, le saut à la perche, les tirs au but, le jeu de golf, la conduite automobile, l'écriture et le ski sont autant d'exemples de capacités motrices.

Question : Comment apprend-on les capacités motrices?

Bon nombre commencent comme de simples réactions en chaîne. Toutefois, à mesure que s'améliorent les compétences, nous développons généralement des **programmes moteurs** à cet effet (Blumenthal, 1976). Ces derniers sont des plans ou des modèles mentaux de ce que devrait être un mouvement adroit. Un bon exemple de ce type d'apprentissage fut fourni par un ami guitariste de l'auteur. Le guitariste se coupa un jour à l'index de la main droite avant un récital. Normalement, il pinçait ses cordes à l'aide du pouce, de l'index et du majeur. Comment pouvait-il jouer avec un doigt blessé? Sans problème! Il se servit plutôt du majeur et de l'annulaire. Ses talents en musique se trouvaient dans sa tête (comme un programme moteur), et non dans ses doigts (illustration 8.13).

Question : Comment les programmes moteurs guident-ils le mouvement?

Afin d'exécuter un mouvement, comme la marche, nous nous servons de la rétroaction du corps et des sens pour comparer nos actions à un idéal (ou programme) intérieur. Une surveillance semblable, additionnée aux corrections rapides, nous permet de marcher sur la glace, le sable, les rochers et les marches sans perdre nos aptitudes. Les programmes moteurs sous-tendent également de nombreuses aptitudes sportives. Par exemple, un joueur de basket-ball peut ne jamais répéter exactement le même coup au cours d'une partie, ce qui rend presque impossible la pratique de tous les coups. L'athlète consommé apprend plutôt une variété de programmes généraux, et non un ensemble de réactions définies (Klausmeir, 1975).

Les nouvelles aptitudes exigent habituellement une direction consciente. Songez au moment où vous avez appris à monter à bicyclette. Au début, presque toute votre attention était mobilisée par le fait de péda-

ler, de guider, de garder l'équilibre et de freiner; il n'était sûrement pas question de faire la conversation avec un autre cycliste ou d'admirer le paysage. Toutefois, à mesure que se développent les programmes moteurs, nous prêtons moins attention à des mouvements donnés (voir le chapitre 5). Finalement, les aptitudes deviennent *automatisées* ou presque automatiques, ce qui libère les centres du cerveau et permet de prendre des décisions et de traiter d'autres informations (Singer, 1978). Ainsi, un bon cycliste ou une bonne skieuse peut profiter du paysage, une personne qui tricote peut converser ou regarder la télévision et un bon chauffeur peut syntoniser la radio ou penser à autre chose qu'à la conduite.

L'apprentissage habile d'habiletés

Dans votre vie, vous aurez à relever le défi d'apprendre de nouvelles capacités motrices. Comment la psychologie peut-elle augmenter l'efficacité de votre apprentissage? La recherche suggère de garder à l'esprit les consignes suivantes (Drowatzky,1975; Gagne et Fleishman, 1959; Klausmeir, 1975; Meichenbaum, 1977; Singer, 1978) :

Illustration 8.13 *Une photographie stroboscopique de la capacité motrice. Les expositions multiples révèlent la complexité d'un mouvement adroit. Les capacités motrices sont guidées par des plans ou des programmes mentaux.*

Illustration 8.14   *Les courbes de rendement de l'apprentissage échelonné et de l'apprentissage massif. Les sujets apprirent à garder une flèche lumineuse sur une cible en mouvement. Lors de la première séance, le groupe d'apprentissage échelonné connut un meilleur rendement. Après une période de repos, le rendement était similaire dans les deux groupes. Toutefois, lors d'épreuves ultérieures, les sujets du groupe d'apprentissage massif accusèrent un rendement plus faible. (Extrait de Jones et Ellis, 1962.)*

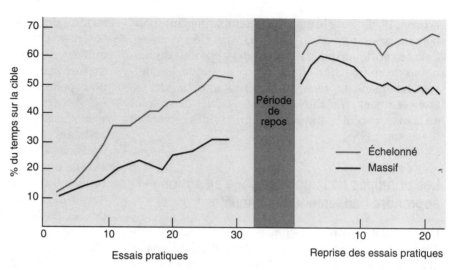

1. Commencez par observer et imiter un *modèle chevronné.* Le modelage donne une bonne image mentale du talent. À ce stade, essayez simplement de saisir une image visuelle du mouvement habile.

2. Apprenez des *règles verbales* afin de soutenir l'apprentissage moteur, car elles sont particulièrement utiles au premier stade de l'apprentissage de compétences. Par exemple, en commençant à apprendre le ski de fond, il est utile de répéter : «Bras gauche, pied droit, bras droit, pied gauche.» Plus tard, lorsque la compétence s'automatise, le discours intérieur peut devenir encombrant.

3. La pratique devrait être le plus près possible de la *réalité* de façon à ce que les indications et réactions artificielles ne fassent pas partie de la compétence. Un plongeur de compétition devrait pratiquer sur un tremplin, et non sur une trampoline. Si vous désirez apprendre à skier, pratiquez sur de la neige, et non de la paille.

4. Obtenez de la *rétroaction* d'un miroir, d'un vidéo, d'un entraîneur ou d'un spectateur. Autant que possible, trouvez quelqu'un de compétent qui puisse diriger votre attention sur la *correction des réactions* au moment où elles se produisent.

5. Lorsque cela est possible, il vaut mieux pratiquer des entités naturelles plutôt que de diviser la tâche en parties arbitraires. Lorsqu'on apprend à dactylographier, il vaut mieux commencer avec de vrais mots plutôt qu'avec des syllabes insensées.

6. Apprenez à *évaluer* et à *analyser* votre propre rendement. Rappelez-vous que vous essayez d'apprendre un programme moteur, et non d'entraîner vos muscles. Les programmes moteurs relèvent en réalité de l'esprit.

La dernière consigne entraîne une autre suggestion. La recherche a montré que le seul fait de penser ou d'imaginer une exécution adroite peut contribuer à l'apprentissage (Annett, 1979; Kemeny et Maltzman, 1987). Cette technique, appelée **pratique mentale**, semble être utile en ce qu'elle raffine les programmes moteurs. Bien que

la pratique mentale soit mieux que rien du tout, elle ne remplace pas la pratique véritable. En outre, plus vous vous habituez à une compétence, plus la pratique mentale est utile (Drowatzky, 1975; Meichenbaum, 1977). Lorsque vous commencez à exceller dans une compétence qui vous intéresse, essayez la pratique mentale; vous serez surpris de son efficacité.

Les effets de la pratique   Il est bon de savoir également que l'amélioration du rendement d'une capacité motrice est plus rapide, lorsqu'on alterne les courtes séances de pratique et les périodes de repos (illustration 8.14). Ce modèle, qu'on appelle l'**apprentissage échelonné,** réduit la fatigue et l'ennui au minimum; il peut aussi éviter à l'apprenti de pratiquer des erreurs lorsqu'il est fatigué.

Le contraire de l'apprentissage échelonné est l'**apprentissage massif,** au cours duquel on n'accorde pas de repos, ou bien peu, entre les séances d'apprentissage. Notez à l'illustration 8.14 que l'apprentissage massif réduit le rendement durant la formation. Comme vous pouvez également le constater, les apprentissages échelonné et massif engendrent la même quantité apprise après une brève période d'entraînement. Toutefois, à la longue, les compétences apprises au moyen de l'apprentissage échelonné se retiennent mieux que celles acquises par l'apprentissage massif (Bouzid et Crawshaw, 1987; Drowatzky, 1975). Cela peut laisser croire qu'il vaut mieux garder les séances de pratique courtes et bien espacées, si vous désirez apprendre à dactylographier, à utiliser un ordinateur, à jouer d'un instrument de musique, à jongler ou à passer maître dans quelque autre discipline.

Le transfert d'entraînement   La plupart des skieurs avertis sont familiers avec la «méthode de longueur graduelle», selon laquelle le skieur débutant apprend sur des skis courts et faciles à manoeuvrer, et passe graduellement à des skis plus longs à mesure que se développe son talent. Cette technique utilise intuitivement le **transfert positif**, qui a lieu lorsque la maîtrise d'une activité vient en aide à la maîtrise d'une seconde. Comme autre exemple, on peut songer à apprendre à garder en équilibre et à guider une bicyclette avant d'apprendre à conduire une motocyclette ou un scooter.

Question : Existe-t-il un transfert négatif?

En effet, il existe un **transfert négatif** : les compétences qu'on développe à la faveur d'une situation entrent en conflit avec celles que nécessite une nouvelle tâche. Apprendre à rouler de reculons avec une voiture à laquelle est attachée une remorque constitue un bon exemple. Normalement, lorsque vous reculez avec une voiture, le volant est tourné dans la direction où vous allez, comme lorsque vous roulez vers l'avant. Toutefois, avec une remorque, le volant doit être tourné dans la direction contraire à celle où vous vous dirigez. La situation a comme résultat un transfert négatif, et donne lieu à des scènes amusantes sur les terrains de camping et les descentes de bateaux.

Sous un aspect plus sérieux, de nombreux accidents tragiques causés par le transfert négatif ont mené à la normalisation générale des postes de pilotage des avions. Heureusement, le transfert négatif est habituellement bref et se produit moins souvent que le transfert positif (Drowatzky, 1975). Il est probable qu'un transfert négatif surviendra davantage lorsqu'un ancien stimulus requiert une nouvelle réaction. Si vous êtes déjà tombé sur une poignée de porte du type qu'il faut tirer alors que la porte doit être poussée, vous apprécierez cette dernière remarque.

Jusqu'ici, nous avons souligné des manières d'augmenter l'apprentissage. En guise de volte-face, la prochaine section Applications décrit des façons de changer les mauvaises habitudes. Même si vous n'en avez probablement aucune, vous pouvez tout de même y trouver quelques trucs à transmettre à vos parents et amis, qui sont étrangement aveugles à leurs propres défauts.

Autotest

1. La rétroaction biologique consiste dans un type de méditation au cours de laquelle on apaise le corps afin d'en détecter le fonctionnement. Vrai ou faux?

2. Deux éléments principaux de l'entraînement par rétroaction biologique semblent être la relaxation et l'autorégulation. Vrai ou faux?

3. La rétroaction biologique soulage vraiment

   a. la dépression   *b.* le diabète   *c.* les ulcères d'estomac   *d.* les maux de tête causés par la tension musculaire

4. Joseph Kamiya a mis au point une technique à la faveur de laquelle les sujets peuvent maîtriser la production cérébrale d'_____.

5. Une des étapes importantes de la maîtrise de nombreuses capacités motrices s'accomplit lorsque la compétence devient

   a. réversible   *b.* automatisée   *c.* graduée   *d.* fixe

6. Les modèles mentaux, appelés _____, semblent sous-tendre les capacités motrices bien assimilées.

7. Dans le cadre de l'apprentissage d'une capacité motrice, l'apprentissage massif entraîne un rendement supérieur à l'apprentissage échelonné. Vrai ou faux?

8. Il est généralement utile d'apprendre des règles verbales qui ont pour but de renforcer l'apprentissage moteur au début de l'apprentissage d'une compétence. Vrai ou faux?

Réponses :

1. faux 2. vrai 3. *d* 4. ondes alpha 5. *b* 6. programmes moteurs 7. faux 8. vrai

Applications : de bonnes façons de changer de mauvaises habitudes

Question : Comment puis-je me servir des lois de l'apprentissage afin de changer de mauvaises habitudes?

Les techniques suivantes offrent quelques possibilités. Elles combinent des idées tirées du présent chapitre avec des idées de chapitres précédents.

L'extinction

Essayez de découvrir ce qui renforce la réaction et de retirer, d'éviter ou de différer le renforcement.

Exemple : Une étudiante a acquis l'habitude de prendre des pauses de plus en plus longues en étudiant. Presque toujours, ses pauses s'allongent parce qu'elle regarde la télévision.

Commentaire : De toute évidence, la télévision renforce la prise de pauses plus fréquentes. Afin d'améliorer ses habitudes d'étude, l'étudiante pourrait demander à sa compagne de chambre d'agir comme surveillante et de lui rappeler qu'elle ne peut regarder la télévision tant que son travail n'est pas terminé. Ou encore, elle pourrait exiger d'elle-même de fournir deux heures d'étude pour chaque demi-heure passée à regarder la télé. Elle peut différer le renforcement en établissant comme règle de faire la vaisselle, de repasser ou d'accomplir une autre tâche avant d'allumer la télévision.

Exemple : Pauline a un problème un peu différent. Lorsqu'elle lit le soir, elle ne réussit à se concentrer que 15 minutes environ, puis, elle se dirige à la cuisine pour un goûter. En plus de prendre du retard dans ses lectures, elle gagne du poids.

Commentaire : Les goûters récompensent son impulsion d'éviter la lecture. Elle devrait lire à l'école ou à la bibliothèque, de façon à différer l'impulsion de manger et la récompense du goûter. À la maison, elle peut se constituer des délais en ne gardant que de la nourriture qu'il faut préparer avant de manger, ou que des denrées de base, de façon à avoir à sortir si elle désire ses friandises. S'astreindre à une promenade avant de prendre un goûter peut aussi contribuer à différer le renforcement (Ferster et autres, 1962).

Des réactions de rechange

Essayez d'obtenir le même renforcement avec de nouvelles réactions.

Exemple : Une jeune mère se rend compte qu'elle crie après ses enfants plus souvent qu'elle ne le souhaite.

Cette habitude semble être renforcée par les périodes de calme relatif qui succèdent à ses cris.

Commentaire : Afin d'éviter cette habitude (qui est renforcée négativement), elle devrait autant que possible ne pas prêter attention aux enfants lorsque ces derniers sont bruyants, et leur accorder une attention spéciale, les louanger et leur démontrer son approbation lorsqu'ils jouent paisiblement et de façon constructive. De cette manière, elle et les enfants obtiennent les mêmes renforçateurs (le calme et l'attention) pour de nouvelles conduites.

Exemple : François boit des quantités de plus en plus importantes de bière lorsqu'il revient du travail à la maison le soir. Il se sent habituellement plus détendu mais souvent, il boit trop et se querelle avec d'autres membres de la famille.

Commentaire : Frank pourrait mieux répondre à son besoin de se détendre et de dissiper la frustration de sa journée de travail en participant à une activité sportive comme la course à pied, la natation, les quilles, le hockey, etc. Un sport d'équipe organisé pourrait lui assurer de s'en tenir à son activité substitutive.

Les signaux et les antécédents

Évitez ou réduisez les signaux qui engendrent les mauvaises habitudes.

Exemple : Un étudiant a remarqué à quel point il fait des achats impulsifs au supermarché. Comme première étape dans le but d'éviter cette mauvaise habitude, il a commencé à magasiner après avoir pris un repas parce qu'il a observé que la faim constitue un signal de ses achats de nourriture.

Commentaire : Il devrait également dresser une liste d'achats et s'y conformer. De cette manière, il ne cherchera que les articles qu'il a l'intention d'acheter et non ceux qui suscitent des impulsions. S'il sait que l'allée des bonbons représente un danger pour lui, il devrait l'éviter tout à fait.

Exemple : Un père a remarqué qu'il harcèle et critique son fils de 4 ans presque chaque soir parce que ce dernier verse de la sauce tomate sur son souper. Il est également contrarié par d'autres situations quotidiennes où il critique son fils.

Commentaire : Le père a cerné un signal de sa critique excessive. Il peut l'éviter en donnant à son fils un petit

Applications

bol de sauce tomate afin de prévenir la bataille régulière à l'heure du souper. D'autres signaux de harcèlement peuvent être évités de façon similaire à mesure qu'on les discerne (Schmidt, 1976).

Exemple : René n'est pas prêt à arrêter de fumer, mais il souhaite diminuer. Il a soustrait de nombreux signaux du besoin de fumer de sa routine quotidienne en retirant les cendriers, les allumettes et les cigarettes additionnelles de sa maison, de sa voiture et de son bureau. Il s'efforce également d'éviter les situations où il fume habituellement le plus en se tenant à l'écart des autres fumeurs, en faisant une promenade à pied après les repas (et en laissant ses cigarettes à la maison), et en mâchant de la gomme lorsqu'il se sent nerveux.

Commentaire : Afin d'augmenter sa maîtrise du tabac, René devrait réduire les signaux. Il pourrait commencer par ne fumer qu'à l'intérieur, jamais dehors ou dans sa voiture. Puis, il peut se limiter à fumer seulement à la maison, ensuite, dans une seule pièce, enfin, dans un seul fauteuil. S'il se rend jusque là, il se peut qu'il désire limiter son habitude de fumer à un lieu inintéressant comme la salle de bains, la cave ou le garage (Goldiamond, 1971).

Les chaînes de réactions

Rompez les réactions en chaîne qui précèdent un comportement indésirable.

Il s'agit d'une autre stratégie qui domine les antécédents. L'idée principale est de brouiller la chaîne d'événements qui mène à la réaction indésirable (Watson et Tharp, 1981).

Exemple : Presque chaque soir, Serge arrive à la maison, allume la télévision et boit deux ou trois colas en mangeant presque tout un sac de biscuits ou de chips. Puis il prend une douche et se change. Lorsqu'arrive l'heure du souper, il n'a plus d'appétit. Serge se rend compte qu'il substitue les friandises au souper. S'il prend son souper, il se sent repu à l'excès.

Commentaire : Serge pourrait résoudre son problème en prenant sa douche immédiatement en arrivant à la maison ou en n'allumant la télévision qu'après le repas.

Les réactions incompatibles

Ayez des réactions incompatibles en présence de stimuli qui précèdent habituellement la mauvaise habitude.

Exemple : Un coureur a pris l'habitude des faux départs à la piste et est souvent disqualifié.

Commentaire : Le coureur devrait se préparer aux rencontres en demeurant dans les blocs de départ pendant que son entraîneur tire quelques coups de départ.

Exemple : Une enfant a pris l'habitude de jeter son manteau par terre après avoir franchi la porte d'entrée. Après une réprimande, elle va l'accrocher.

Commentaire : Les parents devraient se rendre compte que la réprimande est devenue le signal d'accrocher le manteau. On ne devrait pas seulement gronder la fillette, mais exiger qu'elle remette son manteau, qu'elle aille dehors, qu'elle repasse la porte et qu'elle accroche son manteau. Bientôt, passer la porte deviendra le signal d'accrocher son manteau.

Exemple : Julie se ronge les ongles à tel point qu'ils en sont douloureux et laids. Elle a trouvé plusieurs situations qui l'incitent à se ronger les ongles et souhaite briser le lien entre ces situations et sa mauvaise habitude.

Commentaire : Julie devrait dresser une liste des comportements incompatibles qu'elle pourrait adopter lorsqu'elle ressent le besoin de se ronger les ongles. Il pourrait s'agir de se mettre les mains dans les poches, de prendre des notes en classe, de dessiner, de se croiser les bras, de s'appuyer les mains sur quelque chose, de mâcher de la gomme, de jouer d'un instrument de musique ou de se peigner les cheveux (Perkins et Perkins, 1976).

La pratique négative

Servez-vous de la pratique négative afin d'associer une mauvaise habitude à l'inconfort.

Exemple : Richard a l'habitude de répéter «tu sais» ou «euh» trop souvent en parlant.

Commentaire : Dans le cadre de la pratique négative, on répète une réaction jusqu'à ce qu'elle devienne ennuyeuse, douloureuse ou épuisante, ce qui nous rend plus conscients de l'habitude et tend à la décourager. Richard devrait prendre 15 minutes chaque jour au cours desquelles il doit répéter les mots «tu sais» et «euh» sans relâche en pensant : «Je déteste le son de ces mots dans la bouche d'une autre personne.» Il devrait répéter ses erreurs jusqu'à ce qu'il désire réellement y mettre fin.

Applications

La rétroaction

L'usage de la rétroaction constitue une des approches les plus directes pour changer de mauvaises habitudes.

Exemple : Quatre étudiants du collège louent une maison et s'inquiètent de leurs factures d'électricité élevées. Ils désirent également faire l'effort de conserver l'énergie. Toutefois, jusqu'ici, leurs bonnes intentions n'ont pas réussi à réduire leurs factures d'électricité.

Commentaire : Les colocataires devraient noter leur consommation d'électricité quotidienne en inscrivant dans un registre les chiffres affichés sur le compteur d'électricité. Une étude menée auprès des familles qui utilisent ce genre de rétroaction quotidienne a démontré que leur consommation d'énergie a grandement diminué (Palmer et autres, 1977).

Rassemblons le tout

Comme dans les exemples que nous vous avons soumis, de nombreux comportements problématiques réagissent aux changements des éléments fondamentaux d'apprentissage. Si vous désirez changer une mauvaise habitude, prêtez attention aux *antécédents*, à la *réaction* même et aux *conséquences* qui succèdent au comportement. Voici un plan général.

Le changement d'habitudes, étape par étape

1. Cernez le comportement à changer. Soyez précis sur ce que vous faites, dites ou pensez qui est indésirable et vous ennuie.

2. Trouvez les antécédents. Pendant une semaine, prenez des notes sur les stimuli qui précèdent le comportement à changer. En outre, tentez de trouver toute chaîne de réactions qui mène au comportement indésirable. Comptez également les comportements intérieurs (pensées) qui précèdent le comportement à bannir.

3. Prenez aussi note de ce qui succède immédiatement au comportement indésirable. Pouvez-vous nommer les renforçateurs qui maintiennent la mauvaise habitude en place?

4. Dressez un plan de changement, en vous inspirant de la présente section et de la section Exploration du chapitre 7. Cherchez des façons de différer ou de retirer les renforçateurs, ou de les obtenir en ayant d'autres réactions (désirables). Évitez, réduisez ou éliminez les signaux antécédents que vous avez cernés. En outre, tentez d'avoir des réactions aux signaux qui soient incompatibles. Brouillez ou réarrangez les réactions en chaîne antécédentes. Le cas échéant, appliquez la pratique négative.

5. Continuez d'enregistrer la fréquence de la réaction indésirable et révisez votre plan au besoin.

Le dernier point vaut la peine d'être souligné. Comme nous l'avons mentionné au chapitre 7, presque toutes les habitudes bénéficient de l'enregistrement. Prenez en note chaque jour le nombre de fois que vous arrivez en retard en classe, que vous fumez une cigarette, que vous regardez une heure de télévision, que vous buvez une tasse de café, que vous vous rongez les ongles, que vous jurez, ou quoi que ce soit que vous désirez changer. Un simple décompte sur un bout de papier fera l'affaire, sinon vous pouvez vous procurer un compteur mécanique comme on en utilise au golf ou pour compter les calories. Le seul fait de tenir un registre contribue à rompre les habitudes, et la rétroaction peut s'avérer motivante si vous faites des progrès.

Si les problèmes persistent Dans le présent chapitre et au précédent, nous avons souligné l'application des principes de l'apprentissage à des problèmes quotidiens. De nombreuses difficultés simples peuvent être réglées sans avoir recours à un entraînement spécial. Si toutefois vous avez une habitude vraiment incommodante, comme de trop manger ou de consommer trop d'alcool, de cocaïne, de cigarettes ou de marijuana, il peut être plus pratique de consulter un professionnel.

Autotest

1. Éliminer ou éviter le renforcement d'une mauvaise habitude peut contribuer à y mettre fin, mais le délai de renforcement n'a aucun effet. Vrai ou faux?

2. Une mère qui complimente ses enfants lorsqu'ils sont tranquilles plutôt que de crier après eux lorsqu'ils sont bruyants reçoit le même renforcement pour une réaction de rechange. Vrai ou faux?

3. Se limiter à fumer dans une seule pièce de la maison constitue un exemple d'utilisation de la rétroaction afin de modifier une mauvaise habitude. Vrai ou faux?

4. Afin de briser le lien entre une réaction indésirable et les situations où cette dernière se produit, il peut être utile de s'exercer à avoir une réaction incompatible dans les mêmes situations. Vrai ou faux?

5. Dans le cadre de la pratique négative, nous apprenons à éviter ou à réduire les signaux qui déclenchent une mauvaise habitude. Vrai ou faux?

Réponses :   1. faux 2. vrai 3. faux 4. vrai 5. faux

Exploration : le modelage et la télévision — le petit écran comme professeur

On peut constater l'effet de la télévision par les chiffres suivants : lorsqu'une personne moyenne obtient son diplôme d'études secondaires, elle a regardé la télévision durant 15 000 heures, comparé à 11 000 heures passées en classe. Au cours de cette période, les téléspectateurs auront vu quelque 18 000 meurtres et d'innombrables cambriolages, incendies criminels, explosions à la bombe, tortures et raclées (Oskamp, 1984). Il est vrai que la programmation s'est quelque peu améliorée au cours des dernières années aux États-Unis. Des émissions comme *The Bill Cosby Show* ont contribué à un équilibre plus que souhaitable aux heures de grande écoute. De façon générale toutefois, les actes violents, les dynamitages, les échanges de coups de feu, les accidents automobiles à grande vitesse, les stéréotypes et le sexisme prédominent encore (Eron, 1986; Palmer, 1987).

Question : Plus tôt, vous avez décrit les effets de l'apprentissage par observation. S'appliquent-ils à la violence télévisée?

La télévision et l'agression Pour ce qui est des effets de la violence sur les enfants, la réponse semble être affirmative. Jusqu'ici, on a accompli des centaines d'études, mettant en cause plus de 10 000 enfants. Une grande majorité présente la même conclusion : «Si des groupes importants d'enfants regardent beaucoup de violence sur les ondes, ils seront plus enclins à agir de manière agressive.» (Comstock et autres, 1978; Joy et autres, 1986; Levinger, 1986; Liebert et autres, 1973; *National Institute of Mental Health*, 1982; Rubinstein, 1978). Autrement dit, tous les enfants ne deviendront pas nécessairement plus agressifs, mais bon nombre le seront.

Question : Comment la violence télévisée affecte-t-elle les enfants?

Comme l'a démontré Albert Bandura dans son étude à l'aide du jouet gonflable, les enfants peuvent apprendre de nouvelles manières agressives en observant un comportement violent ou agressif, ou en venir à la conclusion que la violence est acceptable. De toute manière, il est plus probable qu'ils agissent de façon agressive. Il est important de se rappeler que les jeunes enfants ne saisissent pas les subtilités des scénarios de la télévision. Un enfant peut simplement se rappeler que lorsque les «bons» ont été importunés par qui que ce soit, ils ont agressé. À la télévision, les héros font preuve d'autant de violence que les malfaiteurs, et on les en complimente en général. Les drames télévisés tendent à transmettre le message que la violence mène au succès et à la popularité.

Les psychologues Rowell Huesmann et Neil Malamuth (1986) croient que l'habitude de l'agression s'acquiert surtout dans les dix premières années de la vie. À ce moment, l'agression devient un style de comportement incrusté qui s'avère très difficile à changer. L'agression risque de devenir le style de comportement dominant, si le milieu de l'enfant lui fournit des modèles agressifs et renforce l'agression. Tout comme les enfants peuvent apprendre à lancer une balle par observation, ils peuvent également apprendre à frapper ceux qui les dérangent.

En plus de favoriser l'imitation de l'agression, la télévision tend à réduire la sensibilité aux actes agressifs. Comme toute personne témoin d'une bataille de rue ou d'une agression vous le dira, la violence télévisée est aseptisée et irréaliste. La réalité est grossière, laide et révoltante. Même décrite en détail, la violence à la télévision s'observe dans le confort du foyer. Pour certains spectateurs, cette combinaison diminue les réactions affectives aux scènes violentes. Lorsque Victor Cline et ses collègues montrèrent à un groupe de garçons le film d'une bataille sanglante, ils découvrirent que les téléspectateurs avides (en moyenne 42 heures d'écoute par semaine) démontraient beaucoup moins d'émotions que ceux qui regardaient peu ou pas la télévision (Cline et autres, 1972).

Il semble que la télévision puisse causer une *désensibilisation* à la violence. Dans une autre étude, des étudiants de collège virent cinq films pour adultes qui contenaient de la violence faite aux femmes. Les hommes enregistrèrent régulièrement des niveaux d'anxiété moins élevés à la vue du dernier film qu'au premier (Lintz et autres, 1984).

Question : Est-il juste d'affirmer alors que la violence télévisée cause l'agression chez les téléspectateurs, surtout chez les enfants?

Non, cela serait exagéré. La violence télévisée rend l'agression plus *probable*, mais ne la «cause» pas forcément (Freedman, 1984; Levinger, 1986). De nombreux autres facteurs augmentent les risques que des pensées hostiles se changent en actions (Berkowitz, 1984). Chez les enfants, à quel point ils *s'identifient* aux personnages agressifs constitue un de ces facteurs (Huesmann et autres, 1983). Voilà pourquoi il est affligeant que des héros de la télévision se comportent de manière aussi agressive que les malfaiteurs. Les jeunes qui croient que l'agression constitue une façon acceptable de régler les problèmes, que les descriptions de la violence à la télévision sont exactes et qui s'identifient aux personnages que propose la télévision sont davantage sujets à imiter l'agression de la télé (Eron, 1986).

Question : Ne pourrait-on se servir de l'influence de la télévision de façon positive?

La télévision comme modèle positif On ne peut nier le formidable pouvoir d'informer et de divertir dont dispose la télévision. Lorsque ces caractéristiques se conjuguent, dans le cadre de séries comme *Racines* ou *Holocauste*, l'effet peut être plutôt constructif. Le meilleur exemple de la télévision en tant que force sociale positive consiste dans des émissions éducatives comme *Sesame Street* et *Passe Partout*. Plus de 150 rapports de recherche font état de l'influence de telles émissions, et une écrasante majorité d'entre eux sont positifs. Manifestement, la télévision peut enseigner aux enfants en captant leur intérêt et leur attention (Rubinstein, 1978).

Comme modèle d'attitudes et de réactions prosociales, on pourrait se servir de la télévision afin de promouvoir l'entraide, la collaboration, la charité et la fraternité de la même façon qu'elle a servi jusqu'ici à normaliser et à encourager l'agression. Plus de 200 études à ce jour démontrent que le comportement prosocial à la télévision influence celui des téléspectateurs (Hearold, 1987). Par exemple, des enfants ont regardé une émission qui met l'accent sur l'entraide (un épisode de *Lassie*) dans le cadre d'une expérimentation. Ultérieurement, ces enfants se sont

avérés mieux disposés que d'autres à venir en aide à un chiot en détresse, même lorsque cela signifiait la perte d'une occasion de gagner des prix (Rubinstein et autres, 1974).

Modérer l'effet de la télévision Outre débrancher l'appareil, que peuvent faire les parents au sujet des effets négatifs de la télévision? En réalité, ils peuvent faire beaucoup. Les enfants imitent en général les habitudes d'écoute de leurs parents et se guident sur les réactions des parents aux émissions. Ces derniers peuvent changer bien des choses s'ils se conforment aux indications suivantes (Eron, 1986; Huesmann, 1986; Schneider, 1987).

Les guides télé : les parents

1. Limitez les heures d'écoute totales de façon à ce que la télévision ne domine pas la vision du monde de votre enfant. Si nécessaire, établissez des horaires d'écoute permise.
2. Surveillez attentivement ce que regardent vos enfants. Changez de canal ou fermez l'appareil lorsque vous vous objectez à une émission. Soyez prêts à offrir des jeux ou des activités qui stimulent l'imagination et la créativité de vos enfants.
3. Cherchez activement des émissions qui plairont à vos enfants, surtout celles qui présentent des modèles de comportement positif et des attitudes sociables.
4. Regardez la télévision en compagnie de vos enfants afin d'être en mesure de contrecarrer ce qu'on présente. Aidez votre enfant à distinguer

entre la réalité et la fiction de la télévision. Répondez aux distorsions et aux stéréotypes à mesure qu'ils apparaissent au petit écran.
5. Discutez des conflits sociaux et des solutions violentes que propose la télévision. Demandez à votre enfant de quelle façon les situations sont irréalistes et pourquoi la violence présentée ne fonctionnerait pas dans le monde réel. Encouragez l'enfant à proposer des réactions aux situations plus adultes, plus réalistes et plus positives.
6. Montrez à l'aide de votre désapprobation que les héros violents ne sont pas des modèles à imiter. Souvenez-vous que les enfants qui s'identifient aux personnages de la télévision sont plus susceptibles d'être influencés par l'agression télévisée. En suivant ces lignes de conduite, vous pouvez aider vos enfants à profiter de la télévision sans trop subir l'influence des émissions et de la publicité.

Songez-y Presque depuis ses tout débuts, la télévision a été maudite et défendue, louée et rejetée. Dans le cadre de notre discussion, peut-être voudrez-vous réfléchir aux questions suivantes : Pourquoi montre-t-on tant de violence à la télé? Croyez-vous que vos opinions ou votre comportement soient influencés par la télévision? Étant donné vos connaissances du modelage, quels changements apporteriez-vous à la programmation? Les autres regarderaient-ils les émissions que vous proposez? Et vous?

Autotest

1. Les enfants sont plus susceptibles d'imiter les personnages de la télévision auxquels ils s'identifient, mais cela s'applique uniquement aux personnages non violents. Vrai ou faux?

2. Une exposition prolongée à la télévision semble diminuer la sensibilité affective à la violence. Vrai ou faux?

3. La recherche psychologique indique que la violence télévisée cause le comportement agressif chez les enfants. Vrai ou faux?

4. La recherche indique que les gestes positifs montrés à la télévision ont peu ou pas d'effet sur les téléspectateurs. Vrai ou faux?

Réponses :

1. faux 2. vrai 3. faux 4. faux

Résumé du chapitre

■ On trouve l'**apprentissage à double composante** dans de nombreuses situations de la vie . Il s'agit d'une combinaison du conditionnement classique et du conditionnement opérant.

■ Selon le **modèle informatif**, le conditionnement crée des **attentes**, qui modifient la structure des réactions. Dans le conditionnement classique, le SC crée une attente du SI qui lui succède habituellement. Dans le cadre du conditionnement opérant, l'apprentissage se fonde sur l'attente d'une réaction qui comporte un effet précis.

■ La **rétroaction**, ou **connaissance des résultats**, contribue à l'apprentissage et améliore le rendement. Elle est plus efficace lorsqu'elle est **immédiate, détaillée** et **fréquente**.

■ L'**enseignement programmé** divise l'apprentissage en une série de courtes étapes et fournit une rétroaction immédiate. L'**enseignement assisté par ordinateur (EAO)** accomplit la même chose, mais offre l'avantage additionnel de fournir, au besoin, des exercices de rechange et de l'information. L'**exercice et la pratique,** les **jeux pédagogiques** et les **simulations pédagogiques** sont trois variantes de l'EAO.

■ Dans le **renforcement positif**, la récompense (un événement plaisant) suit la réaction. Dans le **renforcement négatif**, la réaction met fin à l'inconfort. La **punition** réduit les réactions. Elle se produit lorsque la réaction est suivie d'un événement désagréable ou de l'élimination d'un événement positif (**punition par soustraction**).

■ La punition est plus efficace lorsqu'elle est **immédiate, cohérente** et **intense**. La **punition légère** supprime temporairement les réactions qui sont aussi renforcées ou qui furent acquises grâce au renforcement.

■ Les effets secondaires indésirables de la punition comprennent le **conditionnement de peur** aux agents de punition et aux situations liées à la punition; l'apprentissage de **réactions de fuite ou d'évitement** et l'encouragement à l'**agression.**

■ L'**apprentissage cognitif** comprend les processus mentaux supérieurs comme la compréhension, la connaissance et la prévision. Même dans des situations d'apprentissage relativement simples, les animaux et les humains semblent former des **cartes cognitives** (représentations intérieures de relations). Dans l'**apprentissage latent**, l'apprentissage demeure caché ou invisible jusqu'à ce qu'une récompense ou une mesure incitative au rendement se manifeste. L'**apprentissage par la découverte** met l'accent sur l'intuition et la compréhension, par contraste avec l'**apprentissage par coeur.**

■ Une grande partie de l'apprentissage humain s'accomplit par l'observation, ou le modelage. **Le modelage (apprentissage par observation)** subit l'influence de nombreux facteurs, en particulier des caractéristiques personnelles du modèle et du succès ou de l'échec du comportement de ce dernier. Les études ont démontré que l'agression est facilement apprise et exprimée par modelage.

■ Durant l'**entraînement par rétroaction biologique**, les processus corporels sont surveillés et convertis en signal qui indique ce que fait le corps. À force de pratique, la rétroaction biologique permet la modification de nombreuses activités corporelles. Elle est pleine de promesses dans l'élimination de certaines maladies reliées au stress. On évalue encore son effet à long terme. L'utilité du **contrôle alpha** (contrôle volontaire des ondes cérébrales) est discutable.

■ Les **capacités motrices** sont des réactions en chaîne non verbales et d'exécution facile. Des modèles mentaux intérieurs, les **programmes moteurs**, régissent les capacités motrices. L'apprentissage d'une capacité motrice s'accomplit mieux lorsque la pratique est **échelonnée** plutôt que **massive**. Selon la relation entre l'apprentissage antérieur et la nouvelle tâche, les capacités motrices peuvent montrer des signes de **transfert positif ou négatif** (passer à une nouvelle situation).

■ On peut gérer les mauvaises habitudes en maîtrisant les **antécédents** et les **conséquences** des réactions indésirables. Les stratégies utiles se concentrent sur l'**extinction, les réactions de rechange, les signaux et antécédents, les réactions en chaîne, les réactions incompatibles, la pratique négative** et la **rétroaction.**

■ La violence télévisée augmente la probabilité d'agression de la part des téléspectateurs. La violence à la télévision modèle et enseigne l'agression et **désensibilise** les téléspectateurs à la violence. La télévision peut aussi promouvoir le **comportement prosocial**. En guidant le choix de leurs enfants et en discutant de ce qui est présenté, les parents peuvent réduire l'effet négatif des émissions de télévision.

Discussion

1. Pouvez-vous trouver une seule de vos activités qui ne soit pas touchée par l'apprentissage?

2. Comment pourriez-vous incorporer plus de rétroaction ou plus de rétroaction immédiate dans vos habitudes d'apprentissage scolaire?

3. Si vous pouviez changer les méthodes afin d'augmenter l'apprentissage dans une classe du cours primaire, que feriez-vous?

4. Les châtiments corporels sont interdits dans de nombreuses écoles. À votre avis, quels seraient les avanta-

ges et les inconvénients de l'abolition de la punition corporelle au foyer?

5. Tracez la carte du campus de votre école tel que vous vous le représentez maintenant. Tracez ensuite la carte du même campus tel que vous le voyiez à votre première visite. Comment la deuxième carte diffère-t-elle de la première?

6. Décrivez un comportement que vous avez appris par observation. Quels étaient les avantages de cet apprentissage? Quels en étaient les inconvénients? Quels changements auraient rendu le modèle plus efficace?

7. Trouvez une mauvaise habitude que vous aimeriez changer. De quelle manière pourriez-vous appliquer les principes abordés au présent chapitre pour changer votre habitude?

8. Trouvez des réactions incompatibles qui peuvent s'accomplir en public afin de prévenir les comportements suivants : fumer, faire craquer ses jointures, jurer, se ronger les ongles, se tordre les mains, s'arracher les cils?

9. Comment expliqueriez-vous les nombreuses distorsions des émissions de télévision? Croyez-vous que les gens regardent la télévision malgré ces distorsions ou à cause d'elles?

10. À votre avis, les émissions de télé devraient-elles offrir une classification relative à la violence, comme celle du cinéma? Avez-vous des suggestions relativement à ce qui pourrait être fait quant à la qualité des émissions et à la quantité de violence qu'elles contiennent?

CHAPITRE 9
LA MÉMOIRE

APERÇU DU CHAPITRE
«MON DIEU! QUE SE PASSE-T-IL?»

En février 1978, Steven Kubacki faisait du ski de fond sur la glace du lac Michigan. Il s'arrêta un instant pour jouir de la solitude hivernale. Il faisait froid, beaucoup plus en fait qu'il ne s'en était rendu compte. Steven décida de revenir sur ses pas. En quelques minutes, survint une autre révélation : il était perdu. Errant sur la glace, il s'engourdit et se sentit extrêmement fatigué.

Mettez-vous à la place de Steven Kubacki et vous comprendrez la misère qu'il a dû supporter par la suite. Il se souvient très bien d'avoir erré sur la glace, seul et perdu. Immédiatement après, il se souvient de s'être réveillé dans un champ. Mais regardant autour de lui, Steven comprit que quelque chose n'allait pas. C'était le printemps! Le sac à dos à côté de lui contenait des espadrilles, des lunettes protectrices pour la natation et une paire de lunettes, tous des objets inconnus. Il regarda ses vêtements — également étrangers — et se demanda : «Mon Dieu! Que se passe-t-il?» Quatorze mois s'étaient écoulés depuis qu'il était parti faire du ski de fond (Loftus, 1980). Comment était-il parvenu à ce champ? D'où provenaient tous ces objets inconnus? Steven ne trouvait pas de réponse. Il avait perdu plus d'une année de sa vie dans un état d'amnésie totale.

Comme le démontre si bien le cas de Steven Kubacki, la vie sans la mémoire n'aurait aucun sens. Imaginez la terreur et la confusion que vous ressentiriez en voyant tous vos souvenirs effacés, de la naissance jusqu'à l'instant présent. Vous n'auriez plus d'identité, de connaissance, de vie passée, vous ne reconnaîtriez ni vos parents ni vos amis. Rien que le vide total. Dans le vrai sens du terme, nos souvenirs sont ce que nous sommes.

Le présent chapitre traite de la mémoire et de l'oubli. Si vous êtes curieux, vous trouverez tous ces renseignements intéressants. Il contient aussi une longue section sur la façon d'améliorer les possibilités de la mémoire. Comme étudiant, vous êtes à même d'apprécier l'utilité de cette discussion. Chacun (vous y compris) ou presque peut apprendre à utiliser la mémoire de manière plus efficace.

- Comment emmagasinons-nous l'information dans **notre** mémoire?
- Existe-t-il plus d'un type de mémoire?
- Comment mesure-t-on la mémoire?
- Qu'est-ce que la «mémoire photographique»?
- Qu'est-ce qui provoque l'oubli?
- Les souvenirs quotidiens sont-ils précis?
- Comment peut-on améliorer la mémoire?

Les étapes de la mémoire — votre esprit est-il en acier trempé ou s'agit-il d'une passoire?

De nombreuses personnes perçoivent leur mémoire comme «un entrepôt poussiéreux de faits». En réalité, la **mémoire** est un *système actif* qui reçoit, emmagasine, organise, modifie et récupère l'information. D'une certaine façon, elle fonctionne comme un ordinateur (illustration 9.1). L'information qui doit être enregistrée est d'abord **codée**, ou convertie en un format utilisable. Cette étape correspond à l'entrée de données dans un ordinateur. Ensuite, l'information est **emmagasinée**, ou conservée dans le système. (Nous verrons plus loin que la mémoire humaine dispose de trois systèmes différents d'entreposage.) Enfin, les souvenirs doivent être **récupérés**, ou extraits de l'entrepôt, pour devenir utiles. Pour se souvenir de quelque chose, il faut que le codage, l'emmagasinage et l'extraction aient lieu.

Question : Quels sont les trois systèmes de mémoire distincts que l'on vient de mentionner?

Les psychologues ont discerné trois étapes de la mémoire. Il faut que l'information passe par ces trois étapes pour être sauvegardée longtemps (illustration 9.2).

La mémoire sensorielle Supposons qu'une amie vous demande d'acheter différents articles au marché. Comment vous en souviendrez-vous? L'information passe d'abord par la **mémoire sensorielle** qui retient une copie exacte de ce qui a été vu ou entendu pendant quelques secondes ou moins. Par exemple, lorsque vous regardez un objet et que vous fermez ensuite les yeux, une **icône**, ou une image fugace, restera pendant environ une demi-seconde (Klatzky, 1980). Sans la mémoire sensorielle, un film ne serait plus qu'une suite d'images fixes. De même, l'information que vous entendez est conservée sous forme d'un bref **écho** dans la mémoire sensorielle pendant environ 2 secondes (Klatzky, 1980). En général, la mémoire sensorielle ne retient l'information que le temps nécessaire à la transférer au deuxième système de mémoire.

La mémoire à court terme La mémoire ne garde pas tout ce que nous pouvons voir ou entendre. Supposons que la radio joue à l'arrière-plan pendant qu'une amie vous

lit sa liste d'épicerie. Vous souvenez-vous aussi de ce que l'annonceur dit? Probablement pas, parce que l'*attention sélective* (mentionnée aux chapitres 4 et 5) détermine quelle information se rend à la **mémoire à court terme (MCT)**. Les souvenirs à court terme sont brefs, mais tout de même plus longs que les souvenirs sensoriels. En prêtant attention aux paroles de votre amie, vous placerez la liste d'épicerie dans la mémoire à court terme (tout en ignorant la voix à la radio qui vous enjoint d'acheter le «beurre Bureau»).

Question : Comment les souvenirs à court terme sont-ils codés?

Les souvenirs à court terme peuvent être emmagasinés comme des images. Mais le plus souvent, ils sont entreposés par le *son*, surtout dans le cas des mots et des lettres (Klatzky, 1980). Lorsqu'au cours d'une soirée on vous présente Yves et que vous oubliez son nom, il se peut que vous lui donniez un nom qui *ressemble à* Yves (comme Steve, par exemple) plutôt qu'un nom qui sonne différemment, comme Gaston ou Roger. Votre amie à la liste d'épicerie peut se compter chanceuse si vous ne

Illustration 9.1 *D'une certaine manière, l'ordinateur fonctionne comme un système de mémoire mécanique. Tous deux traitent l'information et permettent le codage, l'emmagasinage et l'extraction de données.*

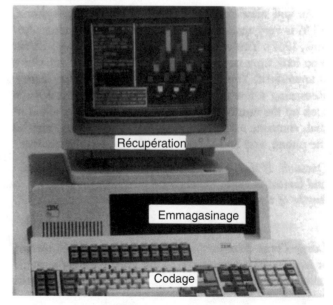

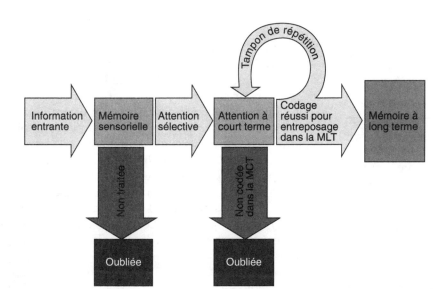

Illustration 9.2   *On croit que la mémoire comporte au moins trois étapes. L'information qui entre est d'abord conservée pendant une seconde ou deux par la mémoire sensorielle. L'information sélectionnée par l'attention est alors transférée pour un entreposage temporaire à la mémoire à court terme. Si cette nouvelle information n'est pas rapidement codée, ou révisée, elle s'efface. Si elle est transférée à la mémoire à long terme, elle devient relativement permanente, bien que difficile à récupérer. Ce qui précède constitue un modèle utile de mémoire, mais ne représente pas nécessairement ce qui se passe dans le cerveau.*

rapportez pas des tomates au lieu des patates et des pailles au lieu des pâtes!

La mémoire à court terme sert d'entrepôt *temporaire* à de *petites quantités* d'information. À moins que l'information ne soit importante, elle est «éjectée» de la MCT et définitivement perdue. La mémoire à court terme empêche notre esprit d'emmagasiner des noms, dates, numéros de téléphone et autres faits sans importance (Miller, 1964). Par le fait même, elle nous fournit une **mémoire active** où s'accomplit presque toute la pensée. Composer un numéro de téléphone, effectuer un calcul mental, se souvenir d'une liste d'emplettes, etc. relèvent de la MCT (Atkinson et Shriffrin, 1971).

En composant un numéro de téléphone, vous avez sans doute remarqué que la MCT est très sensible aux *interruptions* ou aux *interférences* (Adams, 1967). La MCT vous a sûrement déjà joué le tour suivant : vous cherchez un numéro, puis allez à un téléphone en le répétant; vous le composez, mais la ligne est occupée. Quelques minutes plus tard, il faut que vous cherchiez de nouveau le numéro. Cette fois-ci, comme vous vous apprêtez à composer le numéro, on vous pose une question; vous répondez, retournez au téléphone, et découvrez que vous avez encore oublié le numéro.

Question : Si la mémoire à court terme est brève, facilement interrompue et limitée en «espace», comment pouvons-nous avoir une mémoire prolongée?

La mémoire à long terme   L'information importante ou *significative* est transférée au troisième système de mémoire, dite à long terme. Contrairement à la MCT, la **mémoire à long terme (MLT)** est un entrepôt permanent d'information. La MLT renferme tout ce que vous connaissez du monde, depuis les asperges jusqu'aux zèbres, des mathématiques au Monopoly en passant

par les faits et l'imagination. Et pourtant il semble qu'il n'y ait aucun danger de manquer d'espace dans la MLT, car elle a une capacité d'emmagasinage presque sans limite (Klatzky, 1980).

Question : Les souvenirs à long terme sont-ils codés comme des sons?

Non. L'information est emmagasinée dans la MLT selon sa *signification* et son importance, et non par le son. Si vous faites une erreur de MLT, elle sera probablement liée au sens. Par exemple, si vous désirez retenir le mot FERME à partir d'une liste mémorisée, les mots ÉTABLE ou GRANGE vous viendront vraisemblablement à l'esprit plutôt que TERME.

Lorsqu'une nouvelle information entre dans la mémoire à court terme, elle est reliée aux connaissances emmagasinées dans la MLT, ce qui lui donne sa signification et la rend plus facile à emmagasiner dans la MLT. Par exemple, essayez de mémoriser l'histoire suivante :

Grâce à des bijoux en gage qui constituaient son financement, notre héros brava courageusement les ricanements méprisants. «Vos yeux vous trompent, dit-il. Un oeuf, et non pas une table, représente adéquatement cette planète inexplorée.» Et voilà que trois soeurs robustes en cherchèrent la preuve. Elles allèrent de l'avant, les jours devinrent des semaines, et de nombreux sceptiques répandirent des rumeurs alarmantes sur la limite. Enfin, de nulle part surgirent des créatures ailées bienvenues, ce qui annonçait un succès momentané. (Adapté de Dooling et Lachman, 1971.)

Cette histoire souligne l'effet du sens sur la mémoire. Les gens à qui on fournit le titre de l'histoire furent en mesure de s'en souvenir beaucoup mieux que ceux à qui on tut le titre. Voyez si le titre vous vient en aide aussi bien qu'à eux. Il s'agit de «Colomb découvre l'Amérique».

Comparez : les systèmes de mémoire

Mémoire sensorielle La première étape de la mémoire, qui retient un enregistrement explicite et intégral de l'information qui lui parvient pendant quelques secondes ou moins.

Mémoire à court terme Le système de mémoire qui sert à retenir de petites quantités d'information durant des périodes relativement brèves.

Mémoire active Un autre nom de la mémoire à court terme, particulièrement lorsqu'elle sert à la pensée et à la solution de problèmes.

Mémoire à long terme Le système de mémoire qui sert à l'entreposage relativement permanent d'information importante.

La mémoire double Les mémoires à court et à long terme se chargent de la plupart des tâches de mémoire quotidiennes. Afin de résumer leur corrélation, imaginez-vous la mémoire à court terme comme un bureau placé à l'entrée d'un immense entrepôt rempli de classeurs (MLT). Lorsque l'information pénètre dans l'entrepôt, elle est d'abord déposée sur le bureau, et comme ce dernier est de petite taille, il faut le débarrasser rapidement pour laisser la place à l'information nouvelle. On élimine carrément certains articles sans importance. L'information significative ou importante prend place parmi les classeurs permanents (mémoire à long terme).

Lorsqu'on veut utiliser les connaissances de la MLT pour répondre à une question, l'information revient à la MCT. Ou, dans notre analogie, on sort un dossier des classeurs (MLT) et on le met sur le bureau (MCT) où il peut servir. (Les adeptes de l'ordinateur peuvent comparer la MCT à la mémoire vive, et la MLT, au disque dur.)

Maintenant que vous avez une idée générale des mémoires à court et à long terme, il est temps de les examiner en détail. Les sections qui suivent devraient contribuer à approfondir vos connaissances.

Autotest

Choisissez : A. *mémoire sensorielle* B. *MCT* C. *MLT*

1. __________ Mémoire active
2. __________ Retient l'information pendant quelques secondes ou moins
3. __________ Emmagasine une icône ou un écho
4. __________ Permanente, capacité illimitée
5. __________ Retient temporairement de petites quantités d'information
6. __________ L'attention sélective en détermine le contenu
7. La MCT est améliorée par les interruptions ou interférences,car l'attention est plus concentrée à ces moments-là. Vrai ou faux?

Réponses :

1. B **2.** A **3.** A **4.** C **5.** B **6.** B **7.** faux

La mémoire à court terme — connaissez-vous le nombre magique?

Question : Quelle quantité d'information la mémoire à court terme peut-elle retenir?

En guise de réponse, lisez une fois les chiffres suivants. Puis, fermez le livre et écrivez-en autant que vous le pouvez dans le bon ordre.

8 5 1 7 4 9 3

Il s'agit d'un **test de mémoire immédiate des chiffres**. Si vous avez pu répéter correctement cette série de 7 chiffres, vous disposez d'une mémoire à court terme moyenne. Essayez maintenant de mémoriser la série de chiffres suivante, en ne les lisant qu'une fois.

7 1 8 3 5 4 2 9 1 6 3

Cette série dépassait probablement la capacité de votre mémoire à court terme. Le psychologue George Miller a démontré que la mémoire à court terme se limite à ce qu'il appelle le «nombre magique» de **7 bits** (plus ou moins 2) d'information (Miller, 1956). Un *bit* est une unité d'information — un seul chiffre, par exemple. Comme si la mémoire à court terme disposait de 7 «tiroirs» ou «casiers» dans lesquels on peut placer des éléments distincts. Lorsque tous les tiroirs de la MCT sont remplis, il n'y a plus de place pour l'information nouvelle (Klatzky, 1980). Imaginez comment cela fonctionne à une réception. Supposons que l'hôtesse se met à vous présenter tous les invités : «Édouard, Barbara, Diane, Rose, Henri, Serge, Linda... » Vous vous dites : «Arrêtez», mais elle continue : «Éric, Jean, Gilles,

François, Mariette, Daniel, Patricia, Georges, Richard.» L'hôtesse vous laisse, contente de vous avoir présenté à tous. Et vous passez la soirée à parler à Édouard, à Barbara et à Richard, les seules personnes dont vous avez retenu le prénom.

La reprogrammation Avant de continuer, mettez de nouveau à l'épreuve votre mémoire à court terme, cette fois-ci au moyen de lettres. Lisez les lettres suivantes une fois, puis regardez ailleurs et essayez de les écrire en ordre.

> **TVI BMUS NY MCA**

Notez qu'il y a 12 lettres, ou bits d'information, ce qui dépasse la limite de 7 éléments de la MCT. Toutefois, puisque les lettres sont divisées en 4 groupes, ou **fragments** d'information, de nombreux étudiants sont en mesure de les mémoriser.

Question : Comment la fragmentation est-elle utile?

Elle **recode** l'information en unités plus grandes. Le plus souvent, elle tire profit des unités déjà emmagasinées dans la mémoire à long terme. Par exemple, vous avez peut-être remarqué que NY est l'abréviation de New York. Les bits N et Y deviennent alors un fragment. Lors d'une expérience sur la mémoire qui eut recours à des listes semblables, les sujets mémorisèrent davantage les lettres regroupées en fragments familiers : TV, IBM, ONU, YMCA (Bower et Springston, 1970). Si vous avez recodé les lettres de cette façon, nul doute que vous vous êtes souvenu de la liste complète.

La fragmentation laisse croire que la MCT retient environ 7 des quelconques éléments que nous utilisons, qu'il s'agisse de chiffres, de lettres, de mots, d'expressions ou de phrases connues (Klatzky, 1980). Représentez-vous de nouveau la MCT comme un bureau. Grâce à la fragmentation, nous combinons plusieurs éléments en une «pile» d'information, ce qui nous permet de placer 7 de ces piles sur le bureau, où il n'y avait place auparavant que pour 7 articles.

Question : Combien de temps durent les souvenirs à court terme?

La répétition Les souvenirs à court terme semblent s'estomper et disparaître très rapidement. Toutefois, on peut les prolonger en les répétant en silence jusqu'à ce qu'on en ait besoin. On a souvent recours à cette méthode pour mémoriser un numéro de téléphone dont on ne se servira qu'une fois.

Garder un souvenir à court terme vivant en le répétant en silence s'appelle la **répétition**. Répéter un souvenir à court terme longtemps augmente les chances qu'il soit enregistré dans la mémoire à long terme. Et si on ne peut le répéter, le souvenir ne peut être

recyclé ou déplacé dans la MLT. Sans répétition, la MCT est extrêmement courte.

Au cours d'une expérimentation, les sujets entendirent des syllabes dénuées de sens comme XAR, suivies d'un nombre comme 67. Aussitôt que les sujets entendaient le nombre, ils commençaient à compter à rebours par groupes de trois (pour les empêcher de répéter la syllabe). Après seulement 18 secondes de délai, les résultats de la mémoire chutèrent à zéro (Peterson et Peterson, 1959).

Après *18 secondes* sans répétition, les souvenirs à court terme s'étaient enfuis à tout jamais! Souvenez-vous en lorsque vous n'avez qu'une seule occasion d'entendre une information que vous désirez vous rappeler. Par exemple, si on vous présente à quelqu'un, et que son nom échappe à votre MCT, il n'y a aucune façon de le récupérer. Afin d'éviter cette situation embarrassante, vous pouvez toujours vous en tirer en disant : «Je suis curieux, comment épelez-vous votre nom?» Malheureusement, on peut souvent vous répliquer d'un ton glacial : «B-R-U-N-O R-O-Y, c'est pourtant simple.» Pour éviter l'embarras, prêtez attention au nom, répétez-le plusieurs fois et essayez de vous en servir dans les prochaines phrases — avant de le perdre.

La mémoire à long terme — où vit le passé

Une électrode fut placée à l'emplacement numéro 11 du cerveau de la patiente. Elle dit immédiatement : «Oui, monsieur, je crois que j'ai entendu une mère appeler son petit garçon quelque part. Il me semble que cela est arrivé il y a des années. Il s'agissait d'une voisine de mon quartier.» Peu de temps après, l'électrode fut appliquée au même endroit. La patiente dit de nouveau : «Oui, j'entends les mêmes sons familiers, il me semble que c'est une femme qui appelle, la même femme» (Penfield, 1958). Ces déclarations furent produites par une femme qui subissait une intervention cervicale pour épilepsie. On ne se servit que d'anesthésiques locaux (il n'existe pas de récepteurs de la douleur dans le cerveau), si bien que la patiente était éveillée pendant qu'on stimulait électriquement son cerveau (illustration 9.3). Lorsqu'on les activait, certaines zones du cerveau semblaient produire des souvenirs vivaces d'événements depuis longtemps tombés dans l'oubli.

Question : Cela signifie-t-il que toutes les expériences qu'une personne a vécues sont emmagasinées en mémoire?

La permanence Des résultats semblables amenèrent le neurochirurgien Wilder Penfield à affirmer que le cerveau enregistre le passé comme «une bande de film continue, avec trame sonore» (Penfield, 1957). Mais il s'agit d'une exagération, comme vous le savez sans doute. De nombreux événements ne dépassent jamais

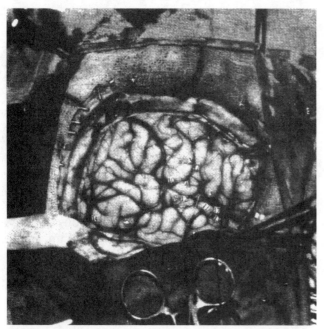

Illustration 9.3 *Le cortex cérébral exposé d'un patient subissant une intervention au cerveau. Les chiffres représentent les points qui produisirent des «souvenirs» lorsqu'on les stimula électriquement. Toutefois, une évaluation critique de ces rapports suggère qu'il s'agit davantage de rêves que de souvenirs, ce qui soulève des questions sur la permanence des souvenirs à long terme. (Tiré de Wilder Penfield, The Excitable Cortex in Conscious Man, 1958. Gracieuseté de l'auteur et de Charles C. Thomas, éditeur, Springfield, Illinois.)*

la mémoire à court terme. Qui plus est, dans seulement 3 pour 100 des cas environ, la stimulation du cerveau produit des expériences qui ressemblent à des souvenirs. La plupart des rapports ressemblent aux rêves plus qu'aux souvenirs, et nombre d'entre eux relèvent de la fiction. Les spécialistes de la mémoire Elizabeth et Geoffrey Loftus ont examiné attentivement les travaux de Penfield ainsi que les recherches sur les «sérums de vérité» et l'hypnose. Ils concluent qu'il existe peu de preuves de la permanence absolue des souvenirs à long terme (Loftus et Loftus, 1980). Il est probablement plus exact d'affirmer que les souvenirs à long terme sont *relativement* permanents, ou de longue durée.

La construction de souvenirs

Il existe une autre raison de douter des affirmations de Penfield. À mesure que se forment d'autres souvenirs à long terme, les anciens souvenirs sont souvent mis à jour, transformés, perdus ou *révisés* (Cofer, 1975). Pour illustrer ce point, Loftus et Palmer (1974) montrèrent à des sujets le film d'un accident automobile. Ensuite, on demanda à certains sujets d'évaluer la vitesse des voitures lorsqu'elles se sont «fracassées». Pour d'autres, on substitua à «fracassées» les termes «tamponnées, heurtées ou frappées». Une semaine plus tard, on demanda aux sujets s'ils avaient vu du verre brisé. Ceux à qui on avait parlé des

voitures «fracassées» avaient tendance à dire oui. (Le film ne montrait aucun verre brisé.) La nouvelle information («fracassées») s'était incorporée aux souvenirs des sujets et avait modifié ces derniers.

La mise à jour de souvenirs s'appelle le **traitement constructif**. La recherche montre que les vides de la mémoire, bien que communs, peuvent être comblés par la logique, les suppositions ou l'information nouvelle (Loftus, 1977, 1980). En effet, il est possible d'avoir des «souvenirs» d'événements qui n'ont jamais existé (comme se souvenir de verre brisé lors d'un accident, alors qu'il n'y en avait pas). Les personnes soumises aux expérimentations d'Elizabeth Loftus qui eurent ces **pseudo-souvenirs** (faux souvenirs) furent souvent vexées d'apprendre qu'elles avaient fourni de faux «témoignages» (Loftus, 1980).

La mise à jour de souvenirs à long terme est un problème répandu parmi les services de police. Par exemple, un témoin peut choisir la photo d'un suspect dans les fichiers de la police ou voir une photo dans les nouvelles. Ultérieurement, le témoin identifie le suspect en personne (dans un alignement ou en cour). Le témoin se souvient-il réellement du suspect sur les lieux du crime? Ou n'est-ce pas plutôt à partir de la photographie récemment aperçue? Même si le suspect est innocent, on s'en «souviendra» comme d'un criminel. Il est fort possible qu'une photo mette à jour le souvenir original, ou s'y *mêle*. De nombreux cas tragiques d'erreurs d'identité se sont ainsi produits.

Question : Ne pourrait-on pas avoir recours à l'hypnose afin d'éviter de tels malentendus?

Certaines anecdotes le laissent croire. Est-ce exact? Pour une réponse, consultez le profil 9.1.

L'organisation

La mémoire à long terme peut enregistrer jusqu'à un quadrillion de bits d'information distincts au cours d'une vie (Asimov, 1967). Comment est-il possible de trouver rapidement des souvenirs précis? L'«index de mémoire» de chacun est extrêmement bien organisé.

Question : Voulez-vous dire que l'information est organisée par ordre alphabétique, comme dans un dictionnaire?

Pas du tout! Si je vous demande de me nommer un animal noir et blanc qui vit sur la glace, est parent du poulet et ne peut pas voler, nul besoin d'aller de l'abeille au zèbre pour trouver la réponse. Vous penserez sûrement aux oiseaux noir et blanc qui vivent dans l'Arctique. Lesquels ne volent pas? Eurêka! La réponse est le pingouin.

L'organisation de l'information dans la MLT se fonde sur les règles, les images, les catégories, les symboles, la similarité, la signification formelle ou personnelle (Atkinson et Shiffrin, 1971). Ces dernières années, les psychologues ont mis au point une image de la

En 1976, près de Chowchilla, en Californie, 26 enfants furent enlevés d'un autobus scolaire et gardés en otages contre une rançon. Sous hypnose, le chauffeur d'autobus se souvint du numéro d'immatriculation de la camionnette des ravisseurs. Ce souvenir contribua à éclaircir le cas et mena à la libération des enfants. De telles réussites peuvent laisser croire que l'hypnose améliore la mémoire. Mais est-ce bien le cas? Lisez ce qui suit, et jugez par vous-même.

La recherche a démontré qu'une personne hypnotisée est plus susceptible qu'une personne normale de se servir de son imagination pour combler les vides de mémoire. En outre, lorsqu'on donne de faux renseignements aux sujets hypnotisés, ces derniers tendent à les emmagasiner en mémoire (Sheehan et autres, 1984). On a démontré que les questions «tendancieuses» posées durant l'hypnose peuvent modifier les souvenirs (Sanders et Simmons, 1983). Et même lorsqu'un souvenir est entièrement faux, la confiance qu'y met la personne hypnotisée peut s'avérer inébranlable (Laurence et Perry, 1983). Encore plus révélateur est le fait que l'hypnose augmente les faux souvenirs plus que les vrais. Au cours d'une expérimentation, plus de 80 pour 100 des nouveaux souvenirs produits par des sujets hypnotisés étaient *inexacts* (Dyman et Bowers, 1983).

De façon générale, on peut conclure que l'hypnose ne contribue pas grandement à améliorer la mémoire (Kihlstrom, 1985). Même lorsqu'elle dévoile de nouveaux renseignements, il n'y a aucune façon de distinguer les vrais souvenirs des faux. De toute évidence, l'hypnose ne constitue pas l'antidote à l'oubli que certains enquêteurs de police souhaiteraient qu'elle soit.

structure ou de l'organisation des souvenirs. Un exemple servira à illustrer cette recherche.

On vous donne les deux énoncés suivants, auxquels vous devez répondre par oui ou non : *Un canari est un animal. Un canari est un oiseau.* Auquel répondez-vous le plus rapidement? Collins et Quillian (1969) ont découvert que le deuxième énoncé provoque un oui plus rapide que le premier. Pourquoi en est-il ainsi? Collins et Quillian croient qu'un **modèle de réseau** de la mémoire l'explique. Selon eux, la MLT s'organise en réseau d'idées reliées (illustration 9.4). Lorsque des idées sont éloignées, il faut une chaîne d'association plus longue pour les relier. Plus deux éléments sont séparés, plus la réponse prend de temps à venir. Autrement dit, *canari* est probablement près de *oiseau* dans vos «fichiers de mémoire». *Animal* et *canari* sont plus éloignés. Rappelez-vous toutefois que cela n'a rien à voir avec l'ordre alphabétique. Nous parlons ici d'organisation qui se fonde sur les significations reliées.

Les psychologues ont encore beaucoup à apprendre sur la nature de la mémoire à long terme. À l'heure actuelle, une chose se détache clairement : les gens qui disposent de bonnes mémoires excellent dans l'organisation et la signification de l'information (Mandler, 1968). La section Applications du présent chapitre vous indique comment vous servir de l'organisation et de la signification dans le but d'améliorer la mémoire.

Illustration 9.4   *Un réseau hypothétique de faits sur les animaux illustre ce que signifie la structure de la mémoire. De petits réseaux d'idées semblables à celui-ci s'organisent probablement en unités de plus en plus grandes et selon des niveaux de signification plus élevés. (Adapté de Collins et Quillian, 1969.)*

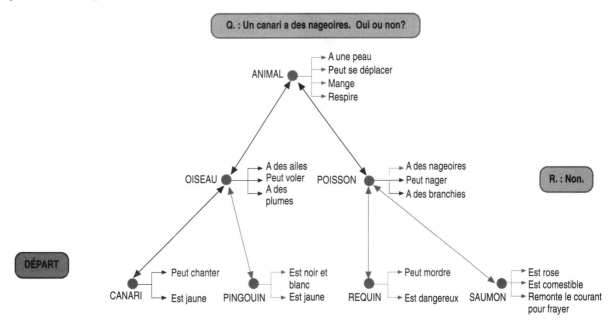

Autotest

1. Le test de mémoire immédiate des chiffres sert communément à mesurer la MLT. Vrai ou faux?

2. Il existe des preuves que la MCT dure environ 18 secondes, sans répétition. Vrai ou faux?

3. On peut retenir l'information indéfiniment dans la mémoire à court terme grâce à

    a. la fragmentation   *b.* le recodage   *c.* le réseau   *d.* la répétition

4. Le traitement constructif est souvent responsable de la création de pseudo-souvenirs. Vrai ou faux?

5. La stimulation électrique du cerveau a démontré de façon concluante que tous les souvenirs sont définitivement emmagasinés, mais qu'on ne peut pas tous les récupérer. Vrai ou faux?

6. Les souvenirs provoqués sous hypnose sont plus vivaces, complets et fiables que les souvenirs normaux. Vrai ou faux?

7. Les _____ d'information reliée constituent un exemple de la structure ou de l'organisation qu'on trouve dans la MLT.

Réponses :

1. faux 2. vrai 3. *d* 4. vrai 5. faux 6. faux 7. réseaux

La mesure de la mémoire — j'ai la réponse sur le bout de la langue

Au départ, il semble qu'on se souvienne de quelque chose ou pas, mais quelques moments de réflexion vous convaincront que cela n'est pas toujours exact. Par exemple, avez-vous déjà reconnu quelqu'un que vous n'aviez vu qu'une seule fois auparavant et que vous croyiez avoir totalement oublié? Si tel est le cas, vous avez eu recours à une forme de mémoire partielle appelée la *reconnaissance*. La mémoire partielle se démontre également par l'**état du bout de la langue**. Vous avez une réponse ou un souvenir presque à votre portée — sur le bout de la langue.

    Dans la cadre d'une étude de l'état du bout de la langue, des étudiants d'université lurent la définition de mots comme *sextant*, *sampan* et *améthyste*. On demanda aux étudiants qui eurent un «trou» et ne purent nommer un des mots définis de donner toute autre information possible à ce sujet. Souvent, ils pouvaient deviner avec exactitude la première et la dernière lettre, et même le nombre de syllabes du mot qu'ils cherchaient. Ils étaient également en mesure de trouver des mots dont la consonance ou le sens étaient les mêmes que ceux du mot défini (Brown et McNeill, 1966). On a également découvert que les gens peuvent souvent prédire s'ils se souviendront de quelque chose (Nelson, 1987). Cette aptitude se fonde sur un état appelé la **sensation de connaissance**. On peut facilement observer des réactions de ce type lors de jeux télévisés, où les sensations de connaissance se produisent juste avant qu'on donne au participant la chance de répondre.

    Parce que la mémoire n'est pas un événement de tout ou rien, il existe plusieurs façons de la mesurer. Trois **tâches de mémoire** communément utilisées sont

le *rappel*, la *reconnaissance* et le *réapprentissage*. Voyons ce qui les distingue.

Le rappel Quel est le titre de la première chanson de votre album favori? Qui a gagné la coupe Stanley l'an dernier? Qui sont les pères de la Confédération? Si vous êtes en mesure de répondre à ces questions, vous faites preuve de rappel. Se **rappeler** signifie fournir ou reproduire des faits ou de l'information. Des épreuves de rappel nécessitent souvent une mémoire *textuelle (mot à mot)*. Si vous étudiez un poème ou un discours jusqu'à le réciter sans regarder, vous vous le rappelez. Si vous complétez une question, vous vous servez du rappel. Lorsque vous rédigez une composition et que vous fournissez des faits et des idées sans documentation, vous faites également usage du rappel, même si vous n'avez pas appris textuellement votre composition. Ces dernières sont plus difficiles parce qu'elles n'offrent aucun indice qui vienne en aide à la mémoire.

    L'ordre dans lequel l'information est mémorisée influe sur le rappel de manière intéressante. Afin d'en faire l'expérience, tentez de mémoriser la liste suivante, en ne la lisant qu'une seule fois :

PAIN, POMMES, SODA, JAMBON, BISCUITS, RIZ, LAITUE, BETTERAVES, MOUTARDE, FROMAGE, ORANGES, CRÈME GLACÉE, BISCOTTES, FARINE, OEUFS

Si vous êtes comme la plupart des gens, vous aurez plus de difficulté à vous rappeler les mots du centre de la liste. L'illustration 9.5 montre les résultats d'une épreuve similaire. Notez que le plus grand nombre d'erreurs se trouve dans les termes du milieu. Ce phénomène s'appelle l'**effet de la place dans la série**. Il

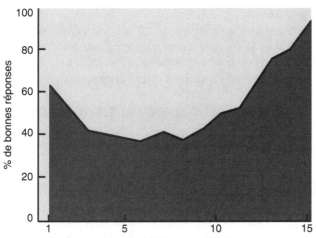

Illustration 9.5 *L'effet de la place dans la série. Le graphique affiche le pourcentage des sujets qui se souviennent avec précision de chaque article d'une liste. Le rappel fonctionne mieux pour les premiers et derniers articles. (Données de Craik, 1970.)*

Illustration 9.6 *Les alignements de police ont recours à la sensibilité de la mémoire de reconnaissance.*

semble qu'on se souvienne mieux des derniers articles d'une liste parce que ceux-ci sont encore dans la mémoire à court terme. On se souvient également des premiers, car ils sont entrés dans une MCT «vide» où ils ont pu être répétés (Tarpy et Mayer, 1978). Les termes du milieu ne sont ni dans la MCT ni dans la MLT, donc ils sont souvent perdus.

La reconnaissance Si vous tentiez d'écrire tout ce dont vous vous souvenez d'un cours de l'année dernière, vous pourriez en conclure que vous avez appris très peu. Toutefois, vous pourriez recourir à un test plus sensible qui se fonde sur la **reconnaissance.** Par exemple, on pourrait vous donner un test à *choix multiple* sur les faits et notions du cours. Puisque ce type de test vous oblige à reconnaître la bonne réponse, il peut apporter la preuve d'un apprentissage important.

La mémoire de reconnaissance peut se révéler étonnamment précise pour les images, les photographies et autres données visuelles. Un chercheur montra 2 560 photos à des sujets au rythme d'une aux dix secondes. Puis on montra aux sujets 280 paires de photographies. Une paire sur deux provenait du premier jeu, et l'autre était similaire mais nouvelle. Les sujets reconnurent, avec un taux de réussite de 80 à 95 pour 100, les photographies qu'ils avaient vues auparavant (Haber, 1970). Cette découverte explique pourquoi on entend si souvent : «J'oublie peut-être les noms, mais jamais les visages.»

La reconnaissance est généralement supérieure au rappel, ce qui explique pourquoi les policiers ont recours aux photos et aux alignements pour identifier les suspects (illustration 9.6). Les témoins qui ont des différends dans leur rappel de la taille, du poids, de l'âge ou de la couleur des yeux d'un suspect s'enten-

dent parfaitement lorsque seule la reconnaissance est requise.

Question : La reconnaissance est-elle toujours supérieure?
Cela dépend en grande partie des **distracteurs** utilisés. Ces derniers sont de faux articles ajoutés aux éléments à reconnaître. Si les distracteurs ressemblent beaucoup à l'élément clé, la mémoire peut s'avérer médiocre. Un problème inverse se produit parfois lorsqu'un seul choix semble être le bon. Cette situation peut engendrer un **faux positif**, ou une fausse impression de reconnaissance. Par exemple, on a vu des cas où les témoins décrivaient le criminel comme étant noir, grand ou jeune. Puis, dans un alignement, le suspect était le seul Noir parmi des Blancs, le seul de grande taille ou le seul jeune (Loftus, 1980). Dans de telles circonstances, il est fort probable qu'une fausse identification ait lieu.

Le réapprentissage Dans le cadre d'une expérimentation classique sur la mémoire, un psychologue lut chaque jour un passage en grec à son fils, depuis l'âge de 15 mois jusqu'à 3 ans. À l'âge de 8 ans, on lui demanda s'il se rappelait le passage en grec. Il ne fit preuve d'aucun rappel. Puis, on lui fit entendre des extraits du passage qu'il avait entendu et des extraits d'autres passages en grec. Fut-il en mesure de reconnaître celui qu'il avait entendu dans son jeune âge? «C'est du grec pour moi!» dit-il, ne montrant aucun signe de reconnaissance (et provoquant des mines réprobatrices chez toutes les personnes présentes).

Si le psychologue en était resté là, il aurait pu conclure qu'aucun souvenir de grec ne persistait. Toutefois, on demanda ensuite au garçon de mémoriser la citation originale ainsi que d'autres de difficulté égale. Cette fois, son apprentissage antérieur refit surface. L'enfant mémorisa le passage entendu dans son enfance 25 pour 100 plus vite que les autres (Burtt, 1941). Comme le suggère cette expérience, le réapprentissage constitue en général la mesure la plus sensible de la mémoire.

Lorsqu'une personne est soumise à une épreuve par **réapprentissage,** comment déterminer si un souvenir subsiste? Comme dans l'exemple du garçon, le réapprentissage est mesuré au moyen d'une **cote d'épargne.** Supposons que vous prenez une heure pour mémoriser tous les noms d'un annuaire téléphonique (d'une très petite ville). Deux ans plus tard, vous les réapprenez en 45 minutes. Parce que vous avez «épargné» 15 minutes, votre cote d'épargne serait de 25 pour 100 (15 divisé par 60 multiplié par 100). Des épargnes de ce type constituent une bonne raison d'étudier une grande variété de matières. Il peut sembler que le temps passé à étudier l'algèbre, l'histoire ou une langue étrangère est gaspillé parce qu'on en perd une grande partie en un an ou deux. Mais si jamais vous avez besoin de cette information, vous verrez que vous pouvez la réapprendre en beaucoup moins de temps.

La rédintégration Il existe une quatrième façon de révéler les souvenirs. Vous trouvez une photo prise à votre sixième anniversaire ou à votre dixième Noël. En la regardant, un souvenir en entraîne un autre, et un autre, ainsi de suite. (Représentez-vous cela comme la poursuite des «branches» du réseau de votre mémoire.) En peu de temps, vous avez libéré un flot de détails qui semblaient oubliés. Ce processus s'appelle la **rédintégration.** Nombreux sont ceux qui trouvent que des souvenirs du genre sont empreints des odeurs du passé — d'une ferme visitée dans l'enfance, de la cuisine de grand-mère, du bord de la mer, du cabinet d'un médecin, du parfum ou de la lotion d'un ancien amant, etc. L'idée principale de la rédintégration est qu'un souvenir sert d'indice pour en déclencher un autre. Par conséquent, on peut reconstituer une expérience passée dans sa totalité à partir d'un infime souvenir. Ces types de souvenirs se rattachent généralement à l'expérience personnelle plutôt qu'à l'apprentissage officiel.

L'imagerie eidétique — imaginez-vous cela!

Question : Qu'est-ce qu'une mémoire photographique? Comment diffère-t-elle des types de mémoire déjà décrits?

L'**imagerie eidétique**, qu'on désigne de mémoire photographique, se produit lorsqu'une personne a des images visuelles assez nettes pour être «scrutées» ou conservées au moins 30 secondes. L'imagerie eidétique survient le plus souvent dans l'enfance, et 8 enfants sur 100 en font l'expérience (Haber, 1969).

Dans une série de tests, on montra à des enfants une image d'*Alice au pays des merveilles* (illustration 9.7). Afin d'éprouver votre imagerie eidétique, regardez l'image et lisez les instructions. Voyons maintenant ce dont vous vous souvenez. Pouvez-vous dire (sans regarder de nouveau) quel ceinturon du tablier d'Alice est le plus long? Les pattes avant du chat sont-elles croisées? Combien la queue du chat compte-t-elle de rayures? Après avoir retiré l'image, on demanda à un garçon de 10 ans ce qu'il avait vu. Il dit : «Je vois l'arbre, un arbre gris à trois embranchements. Je vois le chat qui a des rayures sur la queue.» Lorsqu'on lui demanda de dénombrer les rayures, le garçon répondit : «Il y en a environ 16 » (le nombre exact!) Il continua ensuite à décrire le reste de l'image avec une précision remarquable (Haber, 1969).

Ne soyez pas déçu si vous n'avez pas très bien réussi à démontrer vos compétences eidétiques. Une grande partie de l'imagerie eidétique disparaît pendant l'adolescence et devient très rare chez les adultes (Haber, 1974). En réalité, ce changement ne constitue pas vraiment une perte. La mémoire à long terme de la majorité des mémorisateurs eidétiques n'est pas supérieure à la moyenne.

Les images intérieures Les images eidétiques sont projetées devant une personne. De nombreux psychologues croient que la mémoire utilise un deuxième type d'imagerie. Vous rappelez-vous combien de portes compte votre maison ou votre appartement? Pour répondre à une question semblable, un grand nombre de gens se forment une **image intérieure** de chaque pièce et comptent les portes qu'ils «voient».

Kosslyn, Ball et Reisler (1978) trouvèrent une façon intéressante de démontrer que les souvenirs existent sous forme d'images. Les sujets mémorisèrent d'abord un genre de carte au trésor semblable à celle de l'illustration 9.8a. On leur demanda ensuite d'imaginer un point noir qui irait d'un objet, comme l'arbre, à

Comparez : les façons de récupérer les souvenirs

Le rappel Fournir ou reproduire l'information mémorisée au moyen d'un minimum d'indices externes.

La reconnaissance Souvenir dans lequel la matière apprise antérieurement est identifiée avec précision comme quelque chose de déjà vu.

Le réapprentissage Réapprendre quelque chose qui a déjà été appris; utilisé comme mesure de la mémoire de l'apprentissage antérieur.

La rédintégration Le processus de reconstitution d'un souvenir complexe en entier après en avoir observé ou remémorisé une partie seulement.

l'autre, comme la hutte au sommet de l'île. Les sujets formèrent-ils réellement une image? Il semble que oui. Comme le présente l'illustration 9.8b, le temps passé à faire «bouger» le point est en lien direct avec les distances réelles de la carte.

Certaines gens ont des images intérieures tellement vivaces qu'elles aussi disposent d'une «mémoire photographique». A. R. Luria (1968) en cite un exemple notoire dans un de ses ouvrages. Luria étudia un homme (Monsieur S.) qui avait une mémoire presque infinie des images visuelles. Monsieur S. se souvenait de presque tout ce qui lui était arrivé avec une précision remarquable. Lorsque Luria mit à l'épreuve la mémoire de Monsieur S. en ayant recours à des listes de mots ou de nombres de plus en plus longues, il découvrit que peu importe la longueur de la liste, Monsieur S. se la rappelait sans erreur. Les psychologues croyaient auparavant qu'une mémoire aussi exceptionnelle était un cadeau biologique et qu'on ne pouvait l'acquérir. Toutefois, la recherche récente soulève des questions sur cette conclusion (voir le profil 9.2).

Aussi incroyable que cela puisse paraître à un étudiant appliqué, la mémoire de Monsieur S. lui causait de grandes difficultés. Il se rappelait tellement de choses qu'il n'arrivait pas à distinguer les faits importants des banalités. Par exemple, si on l'avait soumis à des épreuves après la lecture du présent chapitre, non seulement se serait-il souvenu de chaque mot, mais aussi de toutes les images que chaque mot suscitait et de toutes les visions, de tous les sons et de toutes les impressions qui survinrent à la lecture. Trouver la réponse à une question précise, rédiger une composition ou même comprendre une simple phrase représentait donc une grave difficulté pour lui.

Illustration 9.7 *On se sert d'images semblables afin de déterminer quels enfants ont une imagerie eidétique. Pour mettre à l'épreuve votre imagerie eidétique, regardez l'image durant 30 secondes. Puis, regardez une surface vierge et essayez d'y projeter l'image. Si vous disposez d'une bonne imagerie eidétique, vous serez en mesure de voir l'image en détail. Revenez maintenant au texte et tentez de répondre aux questions. (Redessiné depuis une illustration d'Alice au pays des merveilles de Lewis Carroll.)*

Illustration 9.8 *(a) Une «carte au trésor» semblable à celle utilisée par Kosslyn, Ball et Reisler (1978) afin d'étudier les images en mémoire. (b) Le graphique illustre combien de temps les sujets prirent pour faire bouger un point imaginaire à des distances variées sur les images mentales de la carte. (Voir le texte pour une explication.)*

(a)

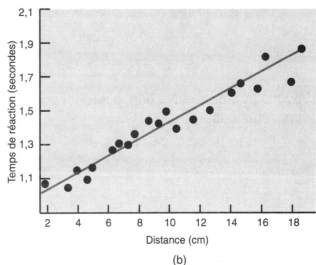

(b)

PROFIL 9.2
Peut-on acquérir une mémoire exceptionnelle?

Au début, un étudiant bénévole que nous appellerons Serge se rappelait 7 chiffres — une cote normale d'étudiant de collège. Pouvait-il s'améliorer par la pratique? Pendant 20 mois, le psychologue William Chase guida Serge dans la mémorisation de listes de chiffres de plus en plus longues. Finalement, Serge était en mesure de mémoriser environ 80 chiffres, comme dans l'échantillon suivant :

> 928420480508422689539901902529128079997 0
> 660657471731060108058526972602635733213 5

Comment Serge parvint-il à de tels sommets de la mémoire? Il s'y prit en fragmentant les chiffres en groupes significatifs de 3 à 4 chiffres chacun. La passion de Serge pour les courses de longue distance aida considérablement. Par exemple, pour lui, les trois premiers chiffres ci-dessus représentaient 9 minutes et 28 secondes, un bon temps pour une course de 3 kilomètres. Lorsque les temps de course ne fonctionnaient pas, Serge eut recours à d'autres associations, comme l'âge et les dates, pour fragmenter les chiffres (Ericsson et Chase, 1982).

Chase et le psychologue Anders Ericsson croient que la prestation de Serge démontre que la mémoire exceptionnelle n'est qu'une extension acquise de la mémoire normale. Ils croient que cela s'applique même aux personnes qui ont des mémoires phénoménales comme Monsieur S. (le sujet étudié par Luria et décrit plus tôt). Comme preuve additionnelle, ils notent que la mémoire à court terme ne s'améliora pas au cours des mois de pratique. Par exemple, il ne se rappelait toujours que 7 consonnes. La mémoire phénoménale de Serge relativement aux chiffres grandit à mesure qu'il trouvait des façons de coder les chiffres afin de les emmagasiner rapidement dans la MLT.

On peut discuter la notion selon laquelle Monsieur S. avait une mémoire normale. Avec la même facilité, Monsieur S. pouvait mémoriser des chaînes de chiffres, des consonnes sans signification, des formules mathématiques et des poèmes en langue étrangère. Sa mémoire était si puissante qu'il devait imaginer des façons d'*oublier* — comme d'écrire l'information sur un bout de papier et de le brûler.

En somme, il existe des preuves qu'on peut acquérir une mémoire exceptionnelle. On peut toutefois débattre la question de savoir si des mémoires exceptionnelles comme celle de Monsieur S. se fondent sur des images inhabituellement vivaces ou sur d'autres compétences rares.

Autotest

À moins que vous ne disposiez d'une mémoire comme celle de Monsieur S., il peut être bon de vérifier si vous êtes en mesure de répondre aux questions suivantes avant de poursuivre.

1. Quatre techniques communes servant à mesurer ou à démontrer la mémoire sont

   _____   _____

   _____   _____

2. Les tests de choix multiple nécessitent avant tout une mémoire de _____.

3. Les épreuves faciles nécessitent le _____ des faits et des notions.

4. Comme mesure de la mémoire, une cote d'épargne est associée à

   a. la reconnaissance *b.* l'imagerie eidétique *c.* le réapprentissage *d.* la reconstitution

5. La mémoire à long terme des enfants qui ont une imagerie eidétique n'est pas supérieure à la moyenne. Vrai ou faux?

Réponses :

1. le rappel, la reconnaissance, le réapprentissage, la réintégration 2. reconnaissance 3. rappel 4. c 5. vrai

Voyons pourquoi euh... bon, pourquoi nous euh... oublions!

Question : Pourquoi certains souvenirs se perdent-ils si rapidement? Par exemple, pourquoi est-il difficile de se souvenir de l'information d'un examen après une semaine ou deux?

En général, l'oubli survient en grande partie immédiatement après la mémorisation. Lors d'une fameuse série d'expérimentations, **Herman Ebbinghaus** (1885) vérifia sa propre mémoire à des périodes variées après l'apprentissage. Comme il voulait s'assurer de ne pas être influencé par l'apprentissage antérieur, il mémorisa donc des **syllabes sans signification** comme les mots de 3 lettres suivants : GEX, CEF et WOL. L'importance de se servir de mots sans aucun sens est illustrée par le fait que FAB, ALL et DUZ ne sont plus utilisés dans les épreuves de mémoire, car les étudiants qui y reconnaissent les noms de détersifs se les rappellent aisément.

En attendant durant diverses périodes avant de se tester lui-même, Ebbinghaus édifia une **courbe de** l'oubli (illustration 9.9). Grâce au soin minutieux qu'apporta Ebbinghaus à ses travaux, ces découvertes demeurent valides aujourd'hui. Notez que l'oubli est rapide au début et qu'il est ensuite suivi d'une chute lente. Comme étudiant, vous devriez noter que l'oubli est minimal lorsque peu de temps s'écoule entre la révision et l'examen. Toutefois, n'y voyez pas une raison pour le bourrage de crâne. L'erreur que la plupart des étudiants commettent est de ne faire *que* du bourrage de crâne. Si vous le faites, vous n'aurez pas à vous rappeler très longtemps, mais il se peut que vous n'ayez pas appris suffisamment au départ. Si vous avez recours à de courtes séances d'étude quotidiennes en plus de réviser intensément la matière avant un examen, vous bénéficierez d'une bonne préparation et d'un délai minimum.

Question : La courbe d'Ebbinghaus montre un taux de rétention de moins de 30 pour 100 après seulement deux jours. L'oubli est-il véritablement aussi rapide?

Non, pas toujours. L'information significative ne se perd pas aussi rapidement que les syllabes sans signification. Par exemple, des épreuves démontrent que des étudiants en espagnol oublient en moyenne 30 pour 100 du vocabulaire au cours des trois années qui succèdent à la fin de leurs études. Toutefois, après ce déclin rapide, ils n'oublient que très peu durant les 20 années subséquentes (Bahrick, 1984). Ainsi, l'oubli de l'information significative bien assimilée a lieu lentement. En fait, à mesure que se renforce l'apprentissage, certaines connaissances deviennent presque permanentes. (Cette idée est approfondie à la section Exploration.)

«Je n'oublierai jamais ce bon vieux... euh... mais comment s'appelle-t-il?» L'oubli est à la fois frustrant et embarrassant. Pourquoi *oublions*-nous? La courbe d'Ebbinghaus offre une image générale de l'oubli, mais ne l'explique pas. Nous devons chercher plus loin.

L'absence de codage

Quelle tête trouve-t-on sur un cent américain? De quel côté regarde-t-elle? Quelle inscription peut-on lire au-dessus? Pouvez-vous en dessiner un avec précision et y faire les inscriptions appropriées? Lors d'une expérimentation intéressante, Nickerson et Adams (1979) demandèrent à un groupe important d'étudiants de dessiner un cent. Peu s'en montrèrent capables. Au moins, les étudiants pouvaient-ils reconnaître le dessin d'un cent authentique parmi des faux? (Voir illustration 9.10.) Encore une fois, très peu.

La raison la plus évidente de l'oubli est aussi celle à laquelle on s'attarde le moins. Dans bien des cas, nous «oublions» parce qu'au départ, aucun souvenir ne s'est formé. De toute évidence, peu de gens codent les détails d'un cent. Si vous êtes ennuyé par des oublis fréquents, il est sage de vous demander : «Est-ce que j'ai emmagasiné l'information au départ?»

Le déclin

On croit aussi que l'oubli est causé par le fait que les **traces mnésiques** (changements dans les cellules nerveuses ou l'activité cérébrale) s'estompent, s'affaiblissent ou **déclinent** avec le temps. Le déclin apparaît vraiment comme un facteur dans la perte de mémoire sensorielle. Un déclin semblable s'applique aussi à la mémoire à court terme. L'information emmagasinée dans la MCT semble provoquer un bref courant d'activité dans le cerveau qui s'éteint rapidement (Shiffrin et Cook, 1978). La mémoire à court terme fonctionne donc comme un «seau percé» : la nouvelle information s'y déverse sans cesse, mais elle disparaît rapidement pour être remplacée par des renseignements encore plus récents (Miller, 1956).

La désuétude Est-il possible que le déclin des traces mnésiques explique également l'oubli à long terme?

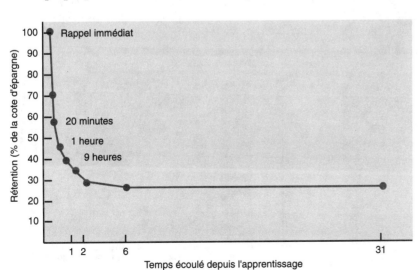

Illustration 9.9 *La courbe de l'oubli. Le graphique montre la quantité apprise (mesurée au moyen du réapprentissage) après différentes périodes de temps. Notez à quel point l'oubli survient rapidement. Le matériel appris consistait en des syllabes sans signification. L'information significative ne s'oublie pas aussi rapidement. (D'après Ebbinghaus, 1885.)*

C'est-à-dire, les traces de la mémoire à long terme pourraient-elles tomber en **désuétude** et finalement devenir si faibles qu'on ne puisse les récupérer? Aussi tentante que semble cette théorie, il y a de fortes raisons d'en douter. L'une d'entre elles est la récupération de souvenirs qu'on croyait oubliés grâce à la rédintégration. Une autre raison est que la désuétude n'explique pas pourquoi certains souvenirs inutilisés s'estompent, tandis que d'autres restent pour la vie. Une troisième contradiction sera reconnue par quiconque a déjà consacré du temps aux personnes âgées. Les personnes atteintes de sénilité oublient à tel point qu'elles ne peuvent se rappeler ce qui s'est passé une semaine auparavant. Pourtant, en même temps que les souvenirs récents de l'oncle Oscar s'estompent, ce dernier peut avoir des souvenirs vivaces d'événements du passé banals et depuis longtemps tombés dans l'oubli. «Oui, je m'en souviens comme si c'était hier» dira-t-il, en oubliant qu'il a déjà mentionné l'histoire qu'il s'apprête à raconter un peu plus tôt dans la journée. En bref, la désuétude ne peut expliquer à elle seule l'oubli à long terme.

Question : Si le déclin et la désuétude ne suffisent pas à expliquer l'oubli, qu'est-ce qu'il faut?

Il existe plusieurs possibilités additionnelles. Considérons brièvement chacune d'entre elles.

L'oubli par défaut d'indices

Souvent, les souvenirs semblent *disponibles* mais inaccessibles. Par exemple, lorsque vous avez quelque chose «sur le bout de la langue», vous savez que la réponse est là, mais qu'elle demeure «hors de portée». Cette situation indique que de nombreux souvenirs sont

Illustration 9.10 *En raison des nombreux indices qu'elles fournissent, les photographies évoquent souvent de nombreux souvenirs.*

«oubliés» parce que les **indices** présents au moment de l'apprentissage sont absents quand vient le temps d'extraire l'information. Par exemple, si l'on vous demandait : «Que faisiez-vous le lundi après-midi de la troisième semaine de septembre il y a deux ans?», vous pourriez répondre : «Voyons donc, comment pourrais-je savoir?» Toutefois, si l'on vous rappelait : «C'est le jour où le palais de justice a brûlé» ou «C'est le jour où Marie a eu son accident d'automobile», vous vous en souviendriez immédiatement. La présence de tels indices accroît toujours la mémoire (illustration 9.10). En théorie, la mémoire fonctionne mieux lorsque vous étudiez dans la même pièce où vous passez un examen. Puisque cela est souvent impossible, il peut être sage de varier le cadre de votre étude afin de ne pas lier trop fortement les souvenirs à un endroit en particulier (Smith, 1985).

L'apprentissage selon l'état Presque tout le monde a entendu l'histoire de l'ivrogne qui avait perdu son portefeuille et a dû s'enivrer de nouveau afin de le récupérer. Bien que cette histoire soit racontée à la blague, elle n'est pas tellement loin de la vérité. L'*état corporel* qui prévaut en cours d'apprentissage peut constituer un indice d'importance de la mémoire (Overton, 1985). Pour cette raison, l'information acquise sous l'effet des drogues se récupère mieux lorsqu'on est dans le même état — un effet qu'on désigne d'**apprentissage selon l'état**.

Un effet similaire s'applique aux états affectifs. Par exemple, Gordon Bower (1981) découvrit que lorsque les gens apprenaient des listes de mots pendant qu'ils étaient de bonne humeur, ils s'en souvenaient mieux quand ils étaient heureux de nouveau. Les gens apprenant pendant qu'ils sont tristes se souviennent mieux quand ils sont tristes (illustration 9.11). Le lien entre les indices affectifs et la mémoire peut expliquer

Illustration 9.11 *L'effet de l'humeur sur la mémoire. Les sujets se rappellent mieux lorsque leur humeur est la même au moment de l'épreuve et au moment de l'apprentissage. (Adapté de Bower, 1981.)*

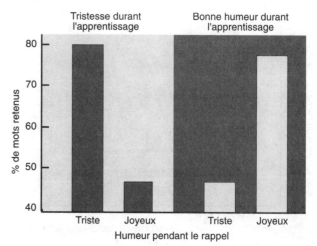

Tristesse durant l'apprentissage   Bonne humeur durant l'apprentissage

% de mots retenus

Triste   Joyeux   Triste   Joyeux

Humeur pendant le rappel

pourquoi les couples qui se querellent souvent finissent par se rappeler — et par raviver — de vieux différends.

L'interférence

Une autre explication de l'oubli provient d'une expérience au cours de laquelle des étudiants apprirent des listes de syllabes sans signification. Après avoir étudié, les étudiants d'un groupe dormirent pendant huit heures et furent ensuite soumis à des épreuves de mémoire des listes. Un deuxième groupe demeura éveillé pendant huit heures et s'adonna à ses activités habituelles. Lorsque les membres du deuxième groupe furent soumis à des épreuves, ils se rappelèrent *moins* que le groupe qui avait dormi (illustration 9.12). La différence se fonde sur le fait qu'un apprentissage nouveau peut **interférer** avec un apprentissage antérieur (Shiffrin, 1970). Une telle interférence semble s'appliquer tant à la mémoire à court terme qu'à celle à long terme (Klatzky, 1980). Comme vous l'avez vu au chapitre 8, cela s'applique aussi aux capacités motrices sous forme du transfert négatif.

On ne sait pas encore clairement si les nouveaux souvenirs modifient les traces mnésiques existantes ou s'ils rendent plus ardue la «récupération» des souvenirs antérieurs. De toute façon, il ne fait aucun doute que l'interférence est une cause importante de l'oubli (Johnson et Hasher, 1987). Les étudiants de collège qui mémorisèrent 20 listes de mots (une par jour) ne se rappelèrent que 15 pour 100 de la dernière liste. Les étudiants qui n'apprirent qu'une seule liste se la rappelèrent à 80 pour 100 (Underwood, 1957; illustration 9.13).

Les effets de l'ordre Les étudiants qui avaient dormi se rappelèrent mieux parce que l'**interférence rétroactive**

Illustration 9.12 *La quantité oubliée après une période de sommeil ou d'éveil. Notez que le sommeil cause moins de perte de mémoire que l'activité d'une personne éveillée. (D'après Jenkins et Dallenbach, 1924.)*

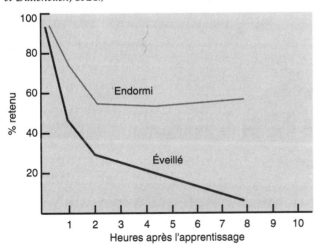

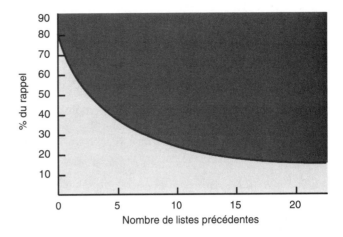

Illustration 9.13 *Les effets de l'interférence sur la mémoire. Un graphique de la relation approximative entre le pourcentage retenu et le nombre de listes de mots mémorisées. (Adapté de Underwood, 1957.)*

était maintenue au minimum. Cette dernière représente la tendance du nouvel apprentissage à inhiber la récupération de l'ancien. Éviter un nouvel apprentissage empêche l'interférence rétroactive. Cela ne signifie pas nécessairement que vous devriez vous cacher dans le placard après avoir étudié en vue d'un examen. Toutefois, vous devriez éviter d'étudier d'autres matières jusqu'à l'examen. Dormir après avoir étudié peut contribuer à retenir les souvenirs, tandis que la lecture, l'écriture ou la télévision peuvent causer de l'interférence.

L'interférence rétroactive se démontre aisément en laboratoire au moyen de l'arrangement suivant :

Groupe expérimental :		
Apprentissage A	Apprentissage B	Épreuve A
Groupe témoin :		
Apprentissage A	Repos	Épreuve A

Supposons que vous apparteniez au groupe expérimental. Dans la tâche A, vous apprenez une liste de numéros de téléphone; dans la tâche B, une liste de numéros d'assurance sociale. Quel est votre résultat à l'épreuve de la tâche A (les numéros de téléphone)? Si vous ne vous souvenez pas autant que les membres du groupe témoin qui n'apprennent *que* la tâche A, il y a donc eu interférence rétroactive. La deuxième chose apprise a interféré avec le souvenir de la première chose assimilée; l'interférence a exercé une action en «arrière», ou rétroactive (illustration 9.14).

L'**interférence proactive** est la deuxième source fondamentale d'oubli. Elle survient lorsque l'apprentissage antérieur inhibe le rappel de l'apprentissage ultérieur. Une épreuve d'interférence proactive pourrait présenter la forme suivante :

> *Groupe expérimental :*
> Apprentissage A   Apprentissage B   Épreuve B
>
> *Groupe témoin :*
> Repos   Apprentissage B   Épreuve B

Si le groupe expérimental se souvient moins que le groupe témoin à l'épreuve de la tâche B, l'apprentissage de la tâche A a donc interféré avec le souvenir de la tâche B.

Question : L'interférence proactive exerce donc une action «en avant»?

Oui. Par exemple, si vous vous bourrez le crâne pour un examen de psychologie et que le même soir, vous en faites autant pour un examen d'histoire, votre souvenir de la deuxième matière étudiée (l'histoire) sera moins précis que si vous n'aviez étudié que de l'histoire. (À cause de l'interférence rétroactive, votre souvenir de la psychologie en pâtirait également.) Plus grande est la similarité entre deux matières étudiées, plus grande est l'interférence. La morale, bien sûr, consiste à ne pas remettre au lendemain la préparation des examens.

Le refoulement

Interrompez votre lecture pour un moment et évoquez les événements des dernières années de votre vie. Quel genre de choses jaillissent le plus facilement à l'esprit? De nombreuses personnes trouvent qu'elles ont tendance à se rappeler les événements heureux davantage que les déceptions et les désagréments (Linton, 1979). Un psychologue clinicien appellerait cette tendance le **refoulement**, ou l'oubli motivé. Grâce au refoulement, les souvenirs douloureux, menaçants ou embarrassants sont maintenus hors de la conscience au moyen des forces de la personnalité. L'oubli des échecs passés, des événements perturbateurs de l'enfance, des noms des personnes que vous détestez ou des rendez-vous auxquels vous préférez ne pas aller peuvent indiquer un refoulement.

Question : Si je tente d'oublier un examen auquel j'ai échoué, est-ce que je le refoule?

Non. Le refoulement se distingue de la **répression**, qui représente une tentative volontaire de rejeter quelque chose de l'esprit. En ne pensant pas à l'examen, vous l'avez simplement réprimé. Si vous le décidez, vous pouvez vous en souvenir. Les cliniciens considèrent que le refoulement véritable est un événement *inconscient*. Lorsqu'un souvenir est refoulé, nous ne savons même pas que nous l'avons oublié. (Voir le chapitre 12 pour en savoir davantage sur le refoulement.)

Les souvenirs-flashes

Pourquoi se rappelle-t-on vivement certains événements traumatisants tandis qu'on en refoule d'autres? Les psychologues Roger Brown et James Kulik (1977) se servent du terme **souvenirs-flashes** pour décrire les images durables qui sont fixées dans la mémoire à des moments de tragédie intime, d'accident ou d'autres événements importants. Selon votre âge, il se peut que vous ayez un souvenir-flash de l'attaque sur Pearl Harbor, de l'assassinat de John F. Kennedy ou de la catastrophe de la navette spatiale. Ces souvenirs présentent la caractéristique intéressante de se concentrer principalement sur la façon dont vous avez réagi aux événements (Rubin, 1985). La sécrétion d'adrénaline et de corticotrophine aux moments d'émotion ou de stress explique la vivacité de ces souvenirs. On a démontré que les deux hormones accroissent la mémoire, possiblement en modifiant la chimie cérébrale (Gold, 1987; McGaugh, 1983).

Incidemment, les souvenirs-flashes ne sont pas tous négatifs. En général, quand un événement est surprenant, important ou affectif, les souvenirs vivaces sont plus probables (Rubin, 1985). Le tableau 9.1 offre une liste de souvenirs qui avaient la netteté d'un «flash» pour au moins 50 pour 100 d'un groupe d'étudiants du collège. Les souvenirs qu'ils déclenchent chez vous sont-ils vivaces?

Illustration 9.14 *Les interférences proactive et rétroactive. L'ordre de l'apprentissage et de l'épreuve indique si l'interférence est rétroactive (action en arrière) ou proactive (action en avant).*

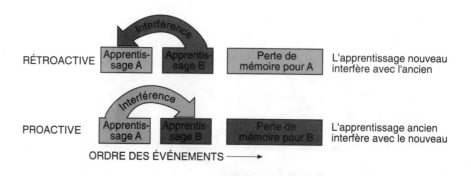

Tableau 9.1   *Des éclairs de mémoire*

Indice de mémoire	Pourcentage des étudiants qui ont des souvenirs-flashes
Un accident de voiture dont vous avez été la victime ou le témoin	85
La première fois où vous avez rencontré votre compagnon ou votre compagne de chambre	82
Le soir de la remise des diplômes à l'école secondaire	81
Le soir du bal des finissants (que vous y soyez allé ou non)	78
Une première expérience amoureuse	77
Une occasion de parler en public	72
Lorsque vous avez reçu votre lettre d'admission au collège	65
Votre premier rendez-vous (quand vous l'avez rencontré(e)	57
Lorsqu'on tira sur le président Reagan à Washington	52

(Tiré de Rubin, 1985.)

La formation des souvenirs — des découvertes «choquantes»

Dans notre discussion sur l'oubli, nous ne nous sommes pas arrêtés à la possibilité que les souvenirs se perdent à mesure qu'ils se forment. Par exemple, une blessure à la tête peut causer un vide dans les souvenirs qui précèdent l'accident. L'**amnésie rétrograde**, comme on l'appelle, concerne l'oubli d'événements qui se sont passés *avant* une blessure ou le début d'une maladie. (Par contraste, l'**amnésie antérograde** désigne l'oubli des événements qui ont lieu *après* une blessure ou un traumatisme.) On peut comprendre l'amnésie rétrograde si l'on suppose qu'il faut un certain temps avnt de déplacer l'information de la mémoire à court terme vers celle à long terme. La formation d'un souvenir à long terme s'appelle la **facilitation mnésique** (John, 1967). Cette dernière ressemble un peu à l'inscription de son nom dans le ciment. Une fois le ciment pris, l'information (votre nom) est assez durable, mais pendant que le ciment durcit, on peut l'effacer (amnésie) ou écrire par-dessus (interférence).

Considérons une expérimentation classique de facilitation mnésique, au cours de laquelle on place un rat sur une petite plate-forme. Le rat saute sur le plancher et reçoit un choc électrique douloureux. Après le choc, on peut retourner le rat à la plate-forme, mais il ne sautera plus. Manifestement, le rat se rappelle le choc. S'en souviendrait-il si la facilitation était perturbée?

Il est intéressant de constater qu'une façon d'empêcher la facilitation mnésique consiste à donner un type de choc différent, un **choc électroconvulsif (CEC;** Jarvik, 1964). Le CEC est un léger choc électrique au cerveau. Il ne fait aucun tort à l'animal, mais il détruit tout souvenir en formation. Si chaque choc douloureux (celui dont l'animal se souvient) est suivi d'un CEC (qui efface les souvenirs pendant la facilitation mnésique), le rat sautera encore et encore. Chaque fois, le CEC efface le souvenir du choc douloureux. (Les CEC sont utilisés en psychiatrie pour traiter la dépression profonde chez les humains. Utilisée de cette façon, la thérapie des électrochocs cause également la perte de mémoire.)

Question : Qu'arriverait-il si on donnait des CEC quelques heures après l'apprentissage?

Les souvenirs récents sont plus faciles à perturber que les anciens (Gold, 1987). Si on laisse assez de temps s'écouler entre l'apprentissage et les CEC, la mémoire n'est pas touchée. Il semble que la facilitation mnésique soit déjà achevée. Voilà pourquoi les gens qui subissent des blessures à la tête ne perdent habituellement que les souvenirs qui précèdent immédiatement l'accident, tandis que les souvenirs plus anciens demeurent intacts (Baddeley, 1976). De même, vous oublierez davantage si vous étudiez, puis restez éveillé 8 heures et dormez ensuite 8 heures, que si vous étudiez, puis dormez 8 heures et restez ensuite éveillé durant 8 heures. Dans les deux cas, il s'écoule 16 heures. Toutefois, dans le deuxième, l'oubli est réduit parce que la facilitation commence avant que l'interférence n'ait lieu.

Question : Peut-on améliorer la mémoire à l'aide des drogues?

Les drogues et la facilitation mnésique La possibilité d'améliorer chimiquement la mémoire intrigue les psychologues depuis longtemps. Nous savons depuis quelque temps que divers stimulants accélèrent la facilitation, lorsqu'on les administre immédiatement après l'apprentissage (McGaugh, 1983). Notez toutefois que cela ne fait que réduire le temps où peut se produire l'interférence; cela n'améliore pas la mémoire par magie. En outre, on doit administrer les drogues en question (metrazol, strychnine, nicotine, caféine et amphétamines) à doses soigneusement vérifiées. Si le dosage est à peine trop fort, la mémoire sera *perturbée* (McGaugh, 1970).

Question : Quel est l'effet de l'alcool sur la mémoire?

Les pertes de mémoire sont fréquentes, lorsqu'une personne boit trop d'alcool. Cela peut être causé en partie par l'apprentissage selon l'état. À des degrés élevés d'intoxication, l'alcool semble empêcher directement le codage et la facilitation mnésique de souvenirs. Une personne qui souffre d'un trou de mémoire éthylique peut perdre de quelques minutes à plusieurs heures de mémoire (Loftus, 1980). La recherche indique clairement qu'étudier lorsqu'on est ivre constitue une excellente façon de *diminuer* les résultats d'examens (Birnbaum et autres, 1978).

Question : Quelle zone du cerveau cause la facilitation mnésique?

De la MCT à la MLT En réalité, de nombreuses zones du cerveau sont responsables de la mémoire, mais l'**hippocampe** est particulièrement important. Enfouie profondément dans le cerveau, cette structure semble agir comme un genre de «gare d'aiguillage» entre la MCT et la MLT.

Les humains qui ont subi des dommages à l'hippocampe semblent absolument incapables d'emmagasiner de nouveaux souvenirs. Brenda Milner a décrit un patient type. Deux ans après une opération qui a affecté l'hippocampe, un patient de 29 ans continua à dire qu'il avait 27 ans et que l'opération venait d'avoir lieu (Milner, 1965). Sa mémoire des événements avant l'intervention demeurait nette, mais la formation de nouveaux souvenirs à long terme lui semblait presque impossible. (Autrement dit, il souffrait d'amnésie antérograde.) Lorsque ses parents déménagèrent dans une maison un peu plus loin dans la même rue, il ne pouvait se rappeler la nouvelle adresse. Il lisait aussi les mêmes magazines plusieurs fois sans avoir l'impression de les connaître. Si vous rencontriez cet homme, il semblerait plutôt normal, car il dispose encore de sa mémoire à court terme. Mais si vous quittiez la pièce pour y revenir 15 minutes plus tard, il agirait comme s'il ne vous avait jamais rencontré (Milner, 1965). Il y des années, son oncle préféré est mort, mais son deuil est toujours aussi vif chaque fois qu'on lui parle de cette mort. Comme la capacité de former de nouveaux souvenirs durables lui fait défaut, il vit éternellement dans le présent.

Le cerveau et la mémoire La masse de quelque 1,36 kilogramme du cerveau humain contient quelque part tout ce que nous savons : les codes postaux, les visages de nos proches, les airs préférés, le goût des pommes et une infinité d'autres choses. Où se trouve cette information? Karl Lashley, un pionnier de la recherche sur le cerveau, décida de trouver un **engramme**, ou trace mnésique, dans les années 1920. Lasley enseigna à des animaux à courir dans des labyrinthes, puis retira des parties de leurs cerveaux afin de voir comment la mémoire du labyrinthe changeait. Après 30 ans, il admit sa défaite : les engrammes ne se trouvent dans aucune zone précise du cerveau. Peu importe quelle partie du cortex il retranchait, seulement la *quantité* enlevée correspondait à la perte de mémoire.

Illustration 9.15 *Une aplysie. Le système nerveux relaivement simple de cet animal marin permet aux scientifiques d'étudier la mémoire telle qu'elle est vécue dans les cellules nerveuses simples.*

Question : Comment les souvenirs s'enregistrent-ils donc dans le cerveau?

Les scientifiques qui étudient des animaux simples commencent à discerner les façons exactes dont les cellules nerveuses individuelles enregistrent l'information. Il existe maintenant de nombreuses preuves que l'apprentissage modifie l'activité électrique, la structure et la chimie du cerveau (McGaugh, 1983). Par exemple, Eric Kandel et ses collègues étudièrent l'apprentissage chez l'*aplysie*, un mollusque marin (illustration 9.15). Kandel découvrit que, chez l'aplysie, l'apprentissage se produit quand certaines cellules nerveuses d'un circuit modifient la quantité de transmetteurs chimiques qu'elles émettent (Kandel, 1976). De tels changements déterminent quels circuits se renforcent et lesquels s'affaiblissent. On a aussi démontré qu'une augmentation des récepteurs chimiques se produit durant l'apprentissage (Lynch et Baudry, 1984).

En se fondant sur ces percées, les scientifiques font présentement l'étude d'une variété incroyable de produits chimiques et de processus cérébraux qui affectent la mémoire (McGaugh, 1983). Si cette recherche réussit, il se peut que l'on soit en mesure de venir en aide aux milliers de personnes qui souffrent de troubles de la mémoire. Les chercheurs produiront-ils jamais une «pilule de mémoire» pour ceux qui jouissent d'une mémoire normale? Certains neurologues affirment que la mémoire peut être et sera améliorée artificiellement. Toutefois, la «pilule de physique» ou la «pilule de mathématiques» n'est pas pour demain.

Autotest

1. Selon la courbe de l'oubli d'Ebbinghaus, nous oublions lentement au début, puis un déclin rapide se produit. Vrai ou faux?

2. Quelle explication satisfait à la perte des souvenirs à court terme?

   a. le déclin   *b.* la désuétude   *c.* le refoulement   *d.* l'interférence

3. Quand les souvenirs sont disponibles mais inaccessibles, il se peut qu'il s'agisse d'oubli par défaut d'indices. Vrai ou faux?

4. Lorsque l'apprentissage d'une chose rend le rappel d'une autre plus difficile, l'oubli peut être causé par
   _____.

5. On vous demande de mémoriser de longues listes de numéros de téléphone. Vous apprenez une nouvelle liste chaque jour pendant dix jours. Lorsqu'on vous soumet à une épreuve pour la liste 3, vous vous rappelez moins bien qu'une personne qui n'a appris que les trois premières listes. Votre perte de mémoire plus importante est probablement causée par

   a. la désuétude   *b.* l'interférence rétroactive   *c.* la régression   *d.* l'interférence proactive

6. On croit que le refoulement est un genre d'oubli motivé. Vrai ou faux?

7. L'amnésie rétrograde est le résultat de l'accélération de la facilitation mnésique. Vrai ou faux?

8. Les chercheurs ont clairement établi que les engrammes s'emmagasinent dans l'hippocampe. Vrai ou faux?

Réponses :

1. faux 2. *a* et *d* 3. vrai 4. l'interférence 5. *b* 6. vrai 7. faux 8. faux

Comment améliorer votre mémoire — les clés de la banque de mémoire

En attendant la mise au point d'une pilule de mémoire, concentrons-nous sur des façons d'améliorer votre mémoire dès maintenant.

La connaissance des résultats Les processus d'apprentissage sont favorisés lorsque la rétroaction, ou la connaissance des résultats, vous permet de vérifier si vous apprenez. La rétroaction vous aide également à déterminer la matière qui nécessite davantage de pratique. En outre, il peut être satisfaisant de savoir si vous vous êtes rappelé ou si vous avez répondu adéquatement. Une des principales façons d'obtenir une rétroaction en étudiant est la *récapitulation*.

La récapitulation La récapitulation signifie se répéter à soi-même ce qu'on a appris. Si vous voulez vous rappeler quelque chose, il faudra éventuellement le récupérer. La récapitulation vous oblige à pratiquer la récupération d'information à mesure que vous l'apprenez. Quand vous lisez un texte, vous devriez vous arrêter fréquemment et essayer de vous souvenir de ce que vous venez de lire en le résumant à voix haute. Répondre aux autotests du présent ouvrage constitue une forme de récapitulation. Si vous n'y avez pas eu recours, vous vous privez d'une bonne façon d'améliorer votre mémoire. Il est bon également de récapituler par vous-même. Dans une expérimentation, le meilleur résultat de mémoire fut mérité par un groupe d'étudiants qui passèrent 80 pour 100 du temps à récapituler et 20 pour 100 seulement à lire (Gates, 1968). Peut-être que les étudiants qui se parlent à eux-mêmes ne sont pas si fous après tout.

Le surapprentissage De nombreux étudiants ont démontré que la mémoire est grandement améliorée, lorsqu'on poursuit l'étude au delà de la simple maîtrise. Autrement dit, après que vous avez appris une matière assez bien pour vous en souvenir une fois sans erreur, vous devriez continuer d'étudier. Le surapprentissage est votre meilleure assurance contre le trou de mémoire à l'examen à cause de la nervosité ou de l'anxiété.

La sélection L'humaniste hollandais Érasme a dit qu'une bonne mémoire devrait être comme un filet de pêche : elle devrait retenir toutes les grosses prises et laisser s'échapper les petites. Si vous résumez les paragraphes d'un manuel en quelques idées ou termes importants, la gestion des tâches de la mémoire sera facilitée. Notez vos textes soigneusement et faites preuve de sélection, et résumez par des notes en marge. La plupart des étudiants marquent trop leurs textes. Si tout est souligné, vous n'avez pas été sélectif.

La pratique échelonnée Celle-ci est généralement supérieure à la pratique massive (Rea et Modigliani, 1987). En améliorant l'attention et la facilitation mnésique, trois séances d'étude de 20 minutes peuvent se traduire par plus d'apprentissage qu'une heure d'étude continue. La meilleure façon d'appliquer ce principe est d'établir un *horaire*. Si la majorité des étudiants gardaient un registre honnête de leurs activités hebdomadaires, ils constateraient sans doute qu'en réalité, ils consacrent bien peu de temps à l'étude réelle. Pour établir un horaire efficace, définissez des moments pendant la semaine avant, après et entre les cours où vous étudierez des matières particulières. Puis traitez ces périodes comme s'il s'agissait de cours auxquels vous devez assister.

L'organisation Supposons qu'il vous faut mémoriser la liste suivante : *nord, homme, rouge, printemps, femme, est, automne, jaune, été, garçon, bleu, ouest, hiver, fille, vert, sud*. On pourrait réorganiser en fragments cette liste plutôt difficile de la façon suivante : *nord-est-sud-ouest, printemps-été-automne-hiver, rouge-jaune-vert-bleu, homme-femme-garçon-fille*. Cette simple réorganisation rendit la deuxième liste beaucoup plus facile à retenir lors d'épreuves portant sur les deux listes (Deese et Hulse, 1967). Lors d'une autre expérimentation, les étudiants qui se fabriquèrent des histoires à partir de longues listes de mots à mémoriser apprirent les listes mieux que les autres (Bower et Clark, 1969). L'organisation des notes de cours et les sommaires des chapitres peuvent s'avérer utiles pour l'étude. Il peut même être utile de résumer les sommaires, afin que l'organisation générale des idées devienne simple et nette.

Les apprentissages total et partiel Si vous deviez mémoriser un discours, serait-il préférable d'essayer de l'apprendre du début à la fin ou en petites portions comme des paragraphes? En général, il est plus efficace d'emmagasiner l'information en entier plutôt qu'en parties, en particulier dans le cas d'information courte et organisée. Apprendre par parties peut être préférable dans le cas d'information extrêmement longue et compliquée. Tentez d'étudier la plus grande quantité d'information *importante* à la fois.

Pour du matériel très long ou complexe, essayez la *méthode des parties progressives*. Selon cette méthode, vous séparez une tâche en courtes sections. D'abord, vous étudiez la partie A jusqu'à ce que vous la maîtrisiez. Puis, étudiez les parties A et B; puis, A, B et C; etc. Il s'agit d'une bonne façon d'apprendre le texte d'une pièce, un long morceau de musique ou un poème. Après avoir appris le matériel, vous devriez aussi le pratiquer en commençant par d'autres sections que A (C, D ou B, par exemple). Cela vous empêchera de vous perdre ou d'avoir un trou de mémoire au beau milieu d'une prestation.

La place dans la série Chaque fois que vous devez apprendre quelque chose en *ordre*, soyez conscient de *l'effet de la place dans la série*. Comme vous vous en souviendrez, il s'agit de la tendance à faire plus d'erreurs dans la mémorisation des termes du milieu d'une liste. Si on vous présente une foule de personnes, les noms que vous oublierez probablement sont ceux du milieu, vous devriez donc faire un effort d'attention supplémentaire. Le milieu d'une liste, d'un poème ou d'un discours devrait faire également l'objet d'une attention spéciale et de pratique additionnelle.

Le sommeil Rappelez-vous que dormir après l'étude réduit l'interférence. Puisque de toute évidence vous ne pouvez pas dormir après chaque séance d'étude ou tout étudier juste avant de dormir, votre horaire d'étude devrait comprendre de longues pauses entre les matières. Il est aussi important de respecter vos temps libres et vos pauses que de vous conformer aux périodes d'étude.

La révision Si vous avez échelonné votre pratique et surappris, la révision sera le couronnement de vos efforts. La révision peu avant un examen réduit le temps au cours duquel vous devez vous souvenir de détails importants. Lorsque vous révisez, réduisez la quantité d'information nouvelle au minimum. Il peut s'avérer réaliste de prendre ce que vous avez déjà appris et d'y ajouter un peu de bourrage de crâne de dernière minute. Mais rappelez-vous que trop d'information nouvelle peut interférer avec ce que vous savez déjà.

Les indices Les meilleurs indices de mémoire sont ceux qui étaient présents lors du codage (Reed, 1988). Par exemple, les étudiants d'une expérience devaient se rappeler une liste de 600 mots. En lisant la liste (et en ne sachant pas qu'elle ferait l'objet d'une épreuve), les étudiants ajoutaient trois mots synonymes à chaque mot de la liste. Lors d'une épreuve ultérieure, on se servit des mots ajoutés pour stimuler la mémoire des étudiants. Ces derniers se rappelèrent un fabuleux 90 pour 100 de la liste originale (Mantyla, 1986). Cela vous indique pourquoi il peut être utile d'*élaborer* de l'information en apprenant. Quand vous étudiez, tâchez d'avoir recours à de nouveaux noms, de nouvelles idées ou des termes nouveaux dans plusieurs phrases. En outre, formez des images qui contiennent l'information nouvelle et reliez-les à vos connaissances acquises. Votre but devrait consister à fabriquer des indices significatifs dans votre code de mémoire, afin de récupérer l'information lorsque vous en avez besoin.

Le recours à une stratégie de rappel Le rappel réussi est souvent le résultat d'une *recherche* de mémoire planifiée (Reed, 1988). Par exemple, une étude prouva que les étudiants se rappellent les noms qui leur échappent s'ils font usage d'information partielle (Read et Bruce, 1982, cités par Reed, 1988). Les étudiants tentaient de répondre à des questions comme : «Son rôle le plus célèbre fut celui de l'épouvantail dans le film *Le magicien d'Oz*, avec Judy Garland». (La réponse est Ray Bolger.) L'information partielle qui aida les étudiants à se souvenir portait sur des impressions relatives à la longueur du nom, aux sons des lettres, aux noms similaires et aux renseignements connexes (comme les noms des autres personnages du film). Une autre stratégie utile constitue à défiler les lettres de l'alphabet, en essayant chaque lettre comme première lettre du nom ou du mot que vous recherchez.

L'usage d'une variété d'indices, même partiels, ouvre la voie à la mémoire. Le profil 9.3 fournit d'autres conseils pour retrouver le contexte et rafraîchir la mémoire. Ensuite, la section Applications présente certaines des méthodes mnémotechniques les plus puissantes.

PROFIL 9.3
Les détectives de la mémoire

Peut-être ne vous voyez-vous pas comme un «détective de la mémoire», mais des investigations actives peuvent contribuer à améliorer le rappel. L'entrevue cognitive, une technique utilisée pour rafraîchir la mémoire des témoins oculaires, constitue un exemple. R. Edward Geiselman et Ron Fisher créèrent l'entrevue cognitive en vue d'aider les détectives. Utilisée à bon escient, elle donne 35 pour 100 de plus d'information exacte que les interrogatoires normaux (Geiselman et autres, 1986).

En suivant quatre étapes simples, vous pouvez appliquer les principes cognitifs à votre propre mémoire. La prochaine fois que vous serez à la recherche d'un souvenir perdu, que vous savez être là quelque part, mettez à l'épreuve la stratégie de recherche suivante :

1. Dites ou écrivez tout ce dont vous vous souvenez qui se rapporte à l'information recherchée. Ne vous souciez pas de la banalité apparente; chaque bribe d'information que vous vous rappelez peut servir d'indice qui en entraîne d'autres.
2. Tâchez de vous souvenir des événements ou de l'information dans un ordre différent. Laissez errer votre mémoire en amont ou dans le désordre, ou commencez par ce qui vous a impressionné le plus.
3. Souvenez-vous de différents points de vue. Révisez les événements en vous plaçant mentalement dans des endroits différents. Ou essayez de vous rappeler l'information comme le ferait une autre personne. Lors d'un examen, par exemple, demandez-vous ce dont se souviendraient les autres étudiants ou votre professeur sur un sujet donné.
4. Revenez mentalement à la situation où vous avez appris l'information. Tentez de recréer l'environnement ou de revivre l'événement. Ce faisant, ajoutez les sons, les odeurs, les détails du temps, les objets à proximité, les autres personnes présentes, ce que vous avez pensé ou dit et ce que vous ressentiez en apprenant l'information (Fisher et Geiselman, 1987).

Ces stratégies contribuent à recréer le contexte dans lequel l'information fut apprise, en plus de fournir de nombreux indices de mémoire. Si vous considérez le rappel comme un genre de «chasse au trésor», il se peut même que vous aimiez le travail de détective.

Autotest

1. Afin d'améliorer la mémoire, il est raisonnable de passer autant sinon plus de temps à récapituler qu'à lire. Vrai ou faux?

2. L'organisation de l'information durant l'étude a peu d'effet sur la mémoire parce que la mémoire à long terme est déjà très organisée. Vrai ou faux?

3. La méthode d'étude des parties progressives convient le mieux à des tâches d'apprentissage longues et complexes. Vrai ou faux?

4. Dormir immédiatement après avoir étudié perturbe grandement la facilitation mnésique. Vrai ou faux?

5. À mesure que de nouveaux renseignements sont codés et répétés, il est utile d'élaborer sur leur signification et de les relier à d'autre information. Vrai ou faux?

Réponses :

1. vrai 2. faux 3. vrai 4. faux 5. vrai

Applications : les mnémoniques — la magie de la mémoire

Question : Certains artistes de variétés se servent de la mémoire comme élément de leur spectacle. Ont-ils une imagerie eidétique?

Divers «spécialistes de la mémoire» amusent en donnant des démonstrations au cours desquelles ils mémorisent le nom de toutes les personnes présentes à un banquet, l'ordre de toutes les cartes d'un jeu, de longues listes de noms ou d'autres quantités invraisemblables d'information. De tels exploits peuvent sembler magiques, mais s'ils le sont, vous aussi pouvez disposer d'une mémoire magique. Ces trucs sont possibles grâce à l'utilisation de **mnémoniques**, qui sont tous des systèmes de mémoire ou d'aide à la mémoire possibles.

Certaines méthodes mnémoniques sont tellement répandues que tout le monde les connaît. Les professeurs de français répètent depuis toujours à leurs élèves la phrase : «Mais où est donc Carnior?» afin qu'ils se souviennent des conjonctions mais-ou-et-donc-carni-or. Ceux qui ont peine à distinguer tribord de bâbord peuvent se rappeler que tribord contient la lettre «i» comme droite, et bâbord la lettre «a», comme gauche.

Les méthodes mnémoniques sont des façons d'éviter d'apprendre par *coeur* (apprentissage par simple répétition). On a démontré à maintes reprises la supériorité de l'apprentissage mnémonique comparé à l'apprentissage par coeur. Par exemple, Bower (1973) demanda à des étudiants d'apprendre 5 listes différentes de 20 mots sans lien. Après une courte séance d'étude, on demanda aux sujets de se rappeler les 100 articles. Les sujets ayant recours aux mnémoniques se souvinrent de 72 mots en moyenne, alors que le groupe témoin, qui n'utilisait que l'apprentissage par coeur, ne se rappela que 28 mots.

Les artistes de scène ont rarement une mémoire naturellement supérieure. Ils comptent plutôt grandement sur des procédés mnémotechniques pour réaliser leurs prouesses. Très peu de ces systèmes peuvent vous être utiles en tant qu'étudiant, mais les principes qui les sous-tendent le sont. En pratiquant les mnémoniques, vous devriez être en mesure d'améliorer considérablement votre mémoire sans effort. Voici donc les principes fondamentaux des mnémoniques :

1. Utilisez des images mentales. Il existe au moins deux genres de mémoire, *visuelle et verbale*. Les illustrations visuelles, ou images, sont en général plus faciles à se rappeler que les mots. Il est donc très utile de transformer l'information en images mentales (Kroll et autres, 1986; Paivio, 1969).

2. Donnez un sens aux choses. Donner un sens à l'information contribue à la transférer de la mémoire à court terme à celle à long terme. Si vous tombez sur des termes techniques qui ont peu ou pas de sens pour vous, *donnez*-leur en un, même s'il vous faut modifier le terme pour ce faire. (Les exemples qui suivent la liste clarifient cette question.)

3. Familiarisez-vous avec l'information. Reliez-la à ce que vous savez. Une autre façon d'emmagasiner l'information dans la mémoire à long terme est de la rapprocher de celle qui s'y trouve déjà. Si certains faits ou notions d'un chapitre semblent aisément se fixer dans votre mémoire, associez-y d'autres faits plus difficiles.

4. Formez des associations mentales bizarres, inusitées ou exagérées. Dans la plupart des cas, il est préférable de former des images mentales sensées (Reed, 1988). Toutefois, en associant deux idées, deux termes ou deux images mentales, il semble que plus l'association est farfelue et exagérée, plus vous vous en souviendrez ultérieurement. Les images bizarres peuvent rendre l'information emmagasinée plus *distincte*, donc plus facile à retenir.

Un échantillon d'applications types des mnémoniques devrait clarifier ces quatre points.

*Exemple 1 Disons que vous avez 30 nouveaux mots de vocabulaire à mémoriser en espagnol. Vous pouvez recourir à l'apprentissage par coeur (les répéter jusqu'à ce que vous commenciez à les assimiler), ou les apprendre presque sans effort en utilisant la **méthode du mot clé** (Pressley et autres, 1980). Pour vous rappeler que le mot pajaro signifie oiseau, vous pouvez le relier à un mot clé en français : pajaro sonne comme paréo. Donc, pour me rappeler que pajaro signifie oiseau, j'imaginerai un paréo imprimé d'oiseaux. J'essaierai de rendre l'image la plus vivace possible, en imaginant des oiseaux aux couleurs éblouissantes et aux ailes en mouvement. De même, pour le mot carta qui signifie «lettre», j'imaginerai une carte remplie d'enveloppes. Si vous vous servez de liens semblables pour le reste de la liste, il se peut que vous ne vous les rappeliez pas tous, mais vous les obtiendrez sans autre pratique. En fait, si vous venez de former les images de pajaro et de carta, il vous sera presque impossible de revoir ces mots sans vous rappeler ce qu'ils signifient.*

Question : Qu'arrivera-t-il, si je crois que pajaro signifie «paréo» à mon examen d'espagnol?

Voilà pourquoi vous devriez former une ou deux images additionnelles afin que le mot important (oiseau, en l'occurrence) soit répété.

Exemple 2 Disons que vous devez apprendre le nom de tous les os et muscles du corps humain dans le cadre de votre cours de biologie. Vous tentez de vous rappeler que l'os de la

Applications

mâchoire est la mandibule. *Vous pouvez aisément l'associer à quelqu'un qui mange dans un vestibule, ou à une main dans une bulle (ridiculisez l'image au maximum). Si le muscle dénommé* latissimus dorsi *vous donne du fil à retordre, transformez-le en : «La 'tite Simus dort si...», et complétez en pensant : «si elle dort sur le dos», où se trouve le muscle en question.*

Question : Il semble qu'il y ait davantage à se rappeler, et non moins. Il semble aussi que cela puisse favoriser les fautes d'orthographe.

Les mnémoniques ne constituent pas des substituts complets de la mémoire normale, elles ne font qu'aider cette dernière. Elles ne seront d'aucune utilité à moins que vous ne vous serviez abondamment d'*images*. Ces dernières vous reviendront facilement. Pour ce qui est de l'orthographe, on peut considérer les mnémoniques comme des indices construits dans la mémoire. Souvent, lors d'un examen, vous trouverez que l'indice le plus mince est tout ce dont vous avez besoin pour vous rappeler correctement. Une image mnémonique se compare à quelqu'un qui murmurerait derrière votre épaule : «Psst, le nom du muscle ressemble à «la 'tite Simus dort si..» Si les fautes d'orthographe persistent, tentez de créer un aide-mémoire à ce chapitre également.

Voici deux autres exemples qui vous feront apprécier la souplesse de l'approche mnémonique de l'étude.

Exemple 3 *Votre professeur d'histoire de l'art s'attend à ce que vous soyez en mesure de nommer l'artiste en vous montrant des diapositives lors d'un examen. Vous n'avez vu les diapositives qu'une seule fois en classe. Comment vous en souvenir? Lorsqu'on vous montre les diapositives en classe, transformez chaque nom d'artiste en objet ou en image. Puis, représentez-vous l'objet à l'intérieur des toiles de chacun. Par exemple, vous pouvez voir Rembrandt comme un être rampant, qui se faufile parmi toutes les toiles du maître. Ou, si vous vous souvenez de l'oreille coupée de Van Gogh, vous pouvez reproduire une immense oreille ensanglantée à chacun de ses tableaux.*

Exemple 4 *Si vous éprouvez de la difficulté à vous rappeler l'histoire, évitez d'y penser comme à quelque chose du passé lointain. Représentez-vous chaque personnalité de l'histoire comme une connaissance actuelle (un ami, un parent, un professeur, etc.). Puis représentez-vous ces gens faisant tout ce que les personnages historiques ont accompli. En outre, tâchez de visualiser les batailles ou autres événements comme s'ils se produisaient dans votre ville, ou transformez les parcs et écoles en pays. Servez-vous de votre imagination.*

Question : Comment peut-on recourir aux mnémoniques pour se souvenir des choses dans l'ordre?

Voici trois techniques utiles :

1. Formez une chaîne. Pour se rappeler des listes d'idées, d'objets ou de mots dans l'ordre, essayez de former un lien exagéré (image mentale) qui relie le premier article au deuxième, le deuxième au troisième, etc. Pour vous rappeler la liste suivante dans l'ordre — *éléphant, poignée de porte, corde, montre, mitraillette, oranges* — imaginez un gros *éléphant* sur une *poignée de porte* qui joue avec une *corde* qui y est attachée. Imaginez ensuite une *montre* attachée à la corde, et une *mitraillette* tirant des *oranges* sur la montre. On peut se servir de cette technique avec succès pour des listes de 20 éléments ou plus. Essayez-la la prochaine fois que vous aurez laissé votre liste d'épicerie à la maison.

2. Faites une promenade mentale. Les orateurs de la Grèce antique avaient une façon intéressante de se rappeler l'ordre des idées en prononçant un discours. Il s'agissait de se promener en esprit le long d'un sentier connu. Ce faisant, ils associaient les sujets aux images des statues qu'ils trouvaient sur le sentier. Vous pouvez faire de même en «plaçant» des objets ou des idées le long de votre promenade mentale.

3. Utilisez un système. Souvent, on peut former un autre mot à partir de la première lettre ou syllabe des mots, comme rappel de l'ordre. Mémorisez la liste suivante : 1 est un brun, 2 est un aveu, 3 est un octroi, 4 est un pâtre, 5 est un lynx, 6 est un lys, 7 est un net, 8 est une huître, 9 est un oeuf, 10 est un indice. Afin de se rappeler la liste dans l'ordre, formez une image qui associe le premier article de votre liste à un brun. Par exemple, si votre premier mot est *rideau*, imaginez-vous un rideau de scène de teinte brune. Puis, associez aveu au deuxième mot, etc.

Si vous n'avez jamais utilisé de mnémoniques, il se peut que vous demeuriez sceptique, mais tentez l'expérience de bonne foi. La plupart des gens considèrent qu'ils peuvent grandement améliorer leur mémoire au moyen de ces procédés. Mais rappelez-vous que les mnémoniques ne fournissent que les indices donnés auparavant, elles ne les remplacent pas. Comme pour toute chose valable, la mémorisation demande des efforts.

Applications

Autotest

1. On désigne de _____ les systèmes de mémoire et d'aide à la mémoire.

2. Parmi les moyens suivants, lequel est le moins susceptible d'améliorer la mémoire?

   a. utiliser des images mentales exagérées
   b. former une chaîne d'association
   c. transformer l'information visuelle en information verbale
   d. associer l'information nouvelle à de l'information déjà connue

3. Imaginer le nez d'une Monique de votre connaissance peut servir de mnémonique au terme mnémonique. Vrai ou faux?

4. L'étude que mena Bower en 1973 démontra qu'en général, les mnémoniques n'améliorent que la mémoire des mots ou des idées reliés. Vrai ou faux?

Réponses :

1. mnémoniques 2. c 3. vrai 4. faux

Exploration : combien existe-t-il de types de mémoire?

Comme nous l'avons vu, la *mémoire* est un terme qui englobe les mémoires à court et à long terme. En outre, il est clair qu'il existe plus d'un type de mémoire à long terme. Examinons encore un peu les mystères de la mémoire.

La mémoire des compétences et des faits Un fait curieux se produit chez toutes les personnes qui souffrent d'amnésie. Un patient comme celui décrit par Brenda Milner (1965; voir la discussion plus haut) peut se montrer incapable d'apprendre un numéro de téléphone, une adresse ou le nom d'une personne. Et pourtant, ce patient, comme bien d'autres patients, apprit la tâche frustrante de dessiner en observant ses mains inversées dans un miroir. De même, les amnésiques peuvent apprendre à terminer des casse-tête compliqués dans le même temps que les sujets normaux (McKean, 1983; illustration 9.16). Ces observations ont mené de nombreux psychologues à conclure que les souvenirs à long terme se classent dans au moins deux catégories. L'une pourrait s'appeler la **mémoire des méthodes** (ou mémoire des compétences) et l'autre, la **mémoire des faits**.

La mémoire des méthodes comprend les réactions conditionnées fondamentales comme celles de la dactylographie, de la solution d'un casse-tête ou de la manipulation d'un bâton de golf. Des souvenirs semblables ne s'expriment pleinement que par des actions. Il semble que la mémoire des compétences s'enregistre dans les zones «inférieures» du cerveau, surtout le cervelet, et qu'elle soit apparue tôt dans l'évolution du cerveau (Tulving, 1985). Elle semble représenter les éléments «automatiques» du conditionnement, de l'apprentissage et de la mémoire.

La mémoire des faits consiste dans la faculté d'apprendre l'information précise, comme des noms, des visages, des mots, des dates et des idées. Il s'agit du type de mémoire qui manque à un amnésique et que la plupart d'entre nous tenons pour acquis. Certains psychologues croient que la mémoire des faits se subdivise en deux autres types, qu'on appelle la mémoire sémantique et la mémoire épisodique (Tulving, 1985).

La mémoire sémantique Une grande partie de notre *connaissance factuelle* du monde est presque totalement immunisée contre l'oubli. Les noms d'objets, les jours de la semaine et les mois de l'année, des compétences mathématiques simples, les saisons, les mots et le langage ainsi que d'autres faits généraux sont durables. Ces faits composent en partie la MLT appelée la **mémoire sémantique**. Celle-ci sert de dictionnaire mental ou d'encyclopédie des connaissances de base.

La mémoire épisodique La mémoire sémantique n'a aucun lien avec les époques ou les endroits. Par exemple, il est rare qu'on se rappelle où et quand on a appris le nom des saisons. Par contraste, la **mémoire épisodique** est «autobiographique». Elle enregistre les événements de la vie (ou épisodes) jour après jour, année après année. Vous rappelez-vous votre septième anniversaire? Votre premier rendez-vous? Un accident dont vous avez été témoin? Votre premier jour au collège? Les idées de ce texte? Ce que vous avez mangé au déjeuner il y a trois jours? Il s'agit là de souvenirs épisodiques.

Question : Les souvenirs épisodiques durent-ils aussi longtemps que les souvenirs sémantiques?

En général, les souvenirs épisodiques s'oublient plus facilement que les souvenirs sémantiques, (à l'exception des souvenirs-flashes) parce que l'information nouvelle ne cesse de se déverser dans la mémoire épisodique. Arrêtez-vous un moment, et rappelez-vous ce que vous avez fait l'été dernier. Il s'agit d'un souvenir épisodique. Notez maintenant que vous vous rappelez que vous venez à peine de vous souvenir de quelque chose. Vous avez un nouveau souvenir épisodique dans lequel vous vous souvenez de vous être souvenu en lisant le présent texte! Il est facile de concevoir ce que nous exigeons de notre système de mémoire.

Illustration 9.16 *Le casse-tête de la tour. Tous les disques de couleur doivent être transférés à un autre bâton, sans jamais placer un grand disque par-dessus un petit. Un amnésique apprit à résoudre le casse-tête en 31 mouvements, le minimum possible. Pourtant, chaque fois qu'il commençait, il soutenait qu'il ne se rappelait pas avoir résolu le casse-tête auparavant et qu'il ne savait pas comment commencer. Des preuves de ce genre indiquent que la mémoire des compétences se distingue de la mémoire des faits.*

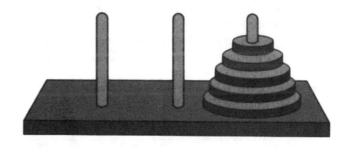

Exploration

Combien de types de mémoire?
En réponse à la question posée au titre de la présente section, il est très probable qu'il existe 3 types de mémoire à long terme : la mémoire des méthodes, la mémoire sémantique et la mémoire épisodique. Toutefois, le rapport entre ces derniers fait encore l'objet d'un débat animé (Johnson et Hasher, 1987). Bien que le débat continue et qu'on puisse découvrir d'autres types de mémoire à l'avenir (Tulving, 1985, 1986), il semble que le casse-tête qu'on appelle la mémoire prend forme.

Autotest

1. Les souvenirs des méthodes sont emmagasinés dans la MCT, alors que les souvenirs des faits le sont dans la MLT. Vrai ou faux?

2. Les souvenirs sémantiques et épisodiques relèvent tous deux de la mémoire des faits. Vrai ou faux?

3. La mémoire épisodique est presque complètement immunisée contre l'oubli. Vrai ou faux?

4. La mémoire épisodique est en grande partie autobiographique. Vrai ou faux?

5. En général, les souvenirs sémantiques s'oublient plus facilement que les souvenirs épisodiques. Vrai ou faux?

Réponses :

1. faux 2. vrai 3. faux 4. vrai 5. faux

Résumé du chapitre

■ La **mémoire** est un système actif qui ressemble à un ordinateur et qui **code, emmagasine** et **récupère** l'information.

■ Les humains semblent disposer de trois systèmes de mémoire interreliés. Il s'agit de la **mémoire sensorielle**, de la **mémoire à court terme** (MCT, aussi appelée **mémoire active**) et de la **mémoire à long terme** (MLT).

■ La mémoire sensorielle est exacte, mais très brève. Au moyen de l'**attention sélective**, on peut transférer de l'information à la MCT.

■ La MCT a une capacité d'environ **7 bits** d'information, mais celle-ci peut s'accroître par la **fragmentation**, ou le **recodage**. Les souvenirs à court terme sont brefs et très sensibles à l'**interruption**, ou **interférence**; toutefois, on peut les prolonger par la **répétition**.

■ La MLT fonctionne à titre d'entrepôt général de l'information, en particulier de l'information *significative*. Les souvenirs à long terme sont *relativement permanents*, ou durables. La MLT semble disposer d'une capacité presque *illimitée d'entreposage*.

■ La MLT est sujette au **traitement constructif**, ou à la révision et à la mise à jour continues. La MLT est très *organisée* afin de permettre la récupération de l'information désirée. Le modèle, ou **structure**, des **réseaux** de la mémoire fait l'objet de nombreuses études.

■ L'**hypnose** peut améliorer la mémoire dans une faible mesure, mais elle augmente aussi le nombre de **faux souvenirs**.

■ L'**état du bout de la langue** indique que la mémoire n'est pas un événement du tout ou rien. On peut donc révéler les souvenirs par le **rappel**, la **reconnaissance**, le **réapprentissage** ou la **rédintégration**.

■ Dans le rappel, la mémoire fonctionne sans *indices explicites*, comme dans une *composition*. Le rappel d'une information révèle souvent l'**effet de la place dans la série** (les articles du milieu sont davantage sujets aux erreurs). Un test de reconnaissance répandu est celui du *choix multiple*, qui ne requiert que la sélection de la bonne réponse. Dans le réapprentissage, le matériel «oublié» est réappris, et la mémoire est indiquée par une **cote d'épargne**. Dans la rédintégration, les souvenirs sont **reconstruits** à mesure que chaque souvenir sert d'indice au souvenir suivant.

■ L'**imagerie eidétique** (mémoire photographique) se produit lorsqu'une personne est en mesure de projeter une image sur une surface vierge. De telles images permettent le rappel bref et presque complet chez certains enfants. On trouve rarement l'imagerie eidétique chez les adultes. Toutefois, de nombreux adultes ont des **images intérieures de mémoire**, qui peuvent se révéler très vives.

■ La **mémoire exceptionnelle** peut être acquise en trouvant des moyens d'emmagasiner l'information directement dans la MLT. L'apprentissage n'a aucun effet sur les limites de la MCT. Certaines personnes disposent d'une mémoire exceptionnelle qui excède ce que peut accomplir l'apprentissage.

■ **Herman Ebbinghaus** étudia en détail l'oubli et la mémoire. Sa **courbe de l'oubli** indique que l'oubli se produit le plus rapidement immédiatement après l'apprentissage, ce qui constitue une bonne raison de s'adonner à la **révision périodique** en étudiant.

■ L'**absence de codage** d'information est une cause fréquente de l'oubli. Dans la mémoire sensorielle et la

MCT, l'oubli reflète probablement le **déclin** et les **traces mnésiques** du système nerveux. Le déclin, ou **désuétude**, des souvenirs peut aussi expliquer la perte de mémoire à long terme, mais pas tout l'oubli.

■ Souvent, l'oubli se produit **par défaut d'indices.** C'est-à-dire que l'information est *disponible* mais *inaccessible* en raison de l'absence des indices nécessaires à la récupérer. Le pouvoir de déclenchement de souvenirs des indices est révélé par l'**apprentissage selon l'état**, et par le lien entre l'humeur et la mémoire.

■ On peut imputer l'oubli dans les mémoires à court terme et à long terme à l'**interférence** des souvenirs entre eux. Lorsque l'apprentissage récent interfère avec la récupération d'apprentissage antérieur, il s'agit d'**interférence rétroactive.** Si l'apprentissage ancien interfère avec le nouveau, il s'agit d'**interférence proactive.**

■ Le **refoulement** consiste dans l'oubli de souvenirs douloureux, embarrassants ou traumatisants. On croit que le refoulement est inconscient, contrairement à la **répression**, qui constitue une tentative consciente d'éviter de penser à quelque chose.

■ L'**amnésie rétrograde** et les effets des chocs électroconvulsifs (CEC) peuvent s'expliquer par la notion de **facilitation mnésique.** La théorie de la facilitation veut que les **engrammes** (traces mnésiques permanentes) soient formés durant une période critique après l'apprentissage. Jusqu'à la facilitation, les souvenirs à long terme se détruisent facilement.

L'**hippocampe** est la zone du cerveau reliée à la facilitation mnésique.

■ Au stade où en est la recherche des engrammes au sein du cerveau, on croit maintenant à des changements dans les cellules nerveuses individuelles. Les changements qu'on a le mieux prouvés sont les modifications des quantités de **transmetteurs chimiques** émis par les cellules et le nombre de **récepteurs** de chaque cellule.

■ On peut améliorer la mémoire en utilisant la **rétroaction** et la **récapitulation**, le **surapprentissage**, la **sélection** et l'**organisation** d'information, ainsi qu'en se servant de la **pratique échelonnée,** de la **méthode des parties progressives** et des **stratégies de recherche** actives. Les effets de la **place dans la série**, du **sommeil**, de la **révision**, des **indices** et de l'**élaboration** devraient aussi contribuer à l'étude ou à la mémorisation.

■ Les **procédés mnémoniques** s'appuient sur des images mentales et des associations inusitées pour lier la nouvelle information à des souvenirs familiers déjà emmagasinés dans la MLT. Ces stratégies donnent un sens personnel à la nouvelle information et en facilitent la mémorisation.

■ La **mémoire des faits** semble se distinguer de la **mémoire des méthodes.** La mémoire des faits se subdivise en **mémoire sémantique** et en **mémoire épisodique.** Les propriétés des types de mémoire et les liens entre eux font présentement l'objet d'un débat.

Discussion

1. Quel type d'examen en classe préférez-vous? Pourquoi? Que considéreriez-vous comme la façon idéale d'être mis à l'épreuve? («Jamais» ne constitue pas une réponse.)

2. Aimeriez-vous avoir une mémoire semblable à celle de l'homme qu'a étudié A. R. Luria? Quels seraient les avantages et les inconvénients d'une telle mémoire? Monsieur S. ne se rappelait pas les visages. Pouvez-vous expliquer pourquoi? Si, à l'âge adulte, vous conserviez l'imagerie eidétique, comment l'utiliseriez-vous?

3. Si vous deviez abandonner soit la MCT soit la MLT, laquelle choisiriez-vous? Songez attentivement à votre réponse.

4. Nous avons vu qu'il y a plusieurs raisons d'oublier. Laquelle d'entre elles les mnémoniques combattent-elles le plus efficacement? Comment minimiseriez-vous les autres raisons importantes de l'oubli?

5. Vous devez étudier du français, de l'espagnol, de la psychologie et de la biologie le même soir, et avez peu de temps pour les pauses. Dans quel ordre croyez-vous qu'il serait préférable d'étudier ces matières afin de minimiser l'interférence? Pourquoi?

6. Si les scientifiques mettaient au point une pilule qui améliore la mémoire, croyez-vous qu'elle serait disponible à la majorité? Voudriez-vous l'essayer? Si l'on créait une drogue qui permette l'oubli sélectif des souvenirs, en favoriseriez-vous l'utilisation par les victimes de viol, d'assaut, de catastrophe ou d'un horrible accident?

7. De quelles stratégies mnémoniques vous êtes-vous servi pour étudier? Laquelle s'est avérée la plus utile? Comment une personne à l'imagerie mentale limitée peut-elle utiliser les mnémoniques?

8. Qu'avez-vous fait pour vous souvenir des codes postaux?

9. Décrivez un cas d'erreur d'identité que vous avez vu aux nouvelles télévisées. Quel aspect de la mémoire contribue à ce genre d'erreur?

10. En rapport avec la présente discussion, croyez-vous que les souvenirs évoqués sous hypnose devraient servir de preuve en cour? Un spécialiste a suggéré d'enregistrer sur vidéo des séances au cours desquelles on interroge les témoins ou les victimes sous hypnose. Si le jury disposait de telles vidéocassettes, croyez-vous que les témoignages sous hypnose seraient plus fiables? Expliquez.

CHAPITRE 10

LA CONNAISSANCE ET LA CRÉATIVITÉ

APERÇU DU CHAPITRE
UNE PETITE PARTIE D'ÉCHECS?

David Levy était dans une situation épineuse. Il en était à la quatrième partie d'un tournoi d'échecs en six parties et il essayait une nouvelle stratégie. S'il perdait la partie, Levy aurait à payer 2500 $ de sa poche. La première partie s'était soldée par un match nul, et Levy avait gagné la deuxième et la troisième. Mais, à la quatrième partie, il s'était embourbé dans une subtile lutte tactique, et il perdait. Qu'est-ce qui ne fonctionnait pas? Au cours des parties précédentes, Levy s'était fié au genre de manoeuvre ouverte qui avait fait de lui un maître international. Par contre, la force de son adversaire tenait à un style de jeu puissant, tactique et à court terme. «Puissant» n'est peut-être pas le terme exact, «invincible» serait plus juste, comme eut tôt fait de le constater Levy. Pour le moment, David Levy trouvait chaussure à son pied. Il observa en silence le bras du robot Échecs 4.7 jouer sa dernière pièce et gagner la partie.

Échecs 4.7 est un logiciel qui a déjà gagné le tournoi d'échecs du Minnesota contre des humains. Toutefois, David Levy, le champion écossais en titre, se révéla un adversaire plus tenace. Après avoir perdu la quatrième partie, Levy reprit rapidement son style de jeu original — et gagna le tournoi (Ehara, 1980). Malgré toute leur puissance potentielle, les ordinateurs ne sont en mesure de planifier que cinq ou six coups (en envisageant plus d'un milliard de possibilités). Ils ne commettent aucune erreur à court terme, mais on peut les vaincre en usant de stratégie et de prévision.

La victoire de David Levy symbolise la capacité unique que possèdent les humains de penser de façon créatrice et intelligente. Nous savons comment «pensent» les ordinateurs car nous les avons créés. Mais comment expliquer la créativité et la capacité de résoudre des problèmes de David Levy? Ou la vôtre? La pensée, la résolution de problèmes et la créativité constituent les sujets passionnants du présent chapitre.

Questions d'ensemble

- Quelle est la nature de la pensée?
- Les animaux pensent-ils?
- Quelles unités fondamentales servent à la pensée, et comment diffèrent-elles?
- De quelle manière les idées et le langage influent-ils sur la pensée?
- Peut-on enseigner le langage aux animaux?
- Que savons-nous en matière de résolution de problèmes et de créativité?
- À quel point l'intuition est-elle précise?
- La créativité s'apprend-elle?
- Qu'est-ce que l'intelligence artificielle?

Qu'est-ce que la pensée? — c'est dans la tête!

La pensée prend des formes diverses, dont la rêverie, les fantaisies, la résolution de problèmes et le raisonnement, pour n'en citer que quelques-unes. De façon plus formelle, la **pensée**, ou la **connaissance**, représente la manipulation mentale des images, des idées, des mots, des règles, des symboles et des préceptes. Comment les psychologues étudient-ils la pensée? Le défi ressemble à celui qui consiste à découvrir le fonctionnement d'un ordinateur au moyen de questions répétitives comme : «Je me demande ce qui surviendrait si je faisais ceci?» Mais en **psychologie cognitive**, l'«ordinateur» est le cerveau et la pensée, le «programme» que nous cherchons à comprendre.

Bien que la capacité de penser ne se limite pas aux humains, imaginez essayer d'inculquer à un animal les prouesses de Shakuntala Devi, qui détient le «record mondial» du calcul mental. Devi a déjà multiplié deux nombres de 18 chiffres chacun (7 686 369 774 870 multiplié par 2 465 099 745 779) dans sa tête et elle a donné la réponse en 28 secondes (Morain, 1988). (Si vous ne l'avez pas encore trouvée, il s'agit de 18 947 668 177 995 426 773 730.)

Question : À quel point les animaux sont-ils capables de penser?

La plupart des propriétaires d'animaux domestiques vous raconteront avec plaisir des histoires en démontrent la capacité de penser apparente de leurs protégés. Un ami peut dire : «Tu aurais dû voir comment Hercule a trouvé le tour d'entrer dans l'armoire où était cachée sa nourriture.» Les animaux pensent-ils réellement dans des situations semblables? De façon rudimentaire, oui. La définition la plus fondamentale de la pensée consiste dans une **représentation intérieure** d'un problème ou d'une situation. (Imaginez un joueur d'échecs qui tente mentalement plusieurs coups avant de se décider à jouer une pièce.)

Les animaux font preuve de représentation intérieure dans les **problèmes de réaction différée**. Par exemple, on pourrait permettre à un animal affamé d'observer quelqu'un cacher de la nourriture en dessous d'une des trois boîtes d'une expérience. Après un certain délai, on libère l'animal. Peut-il choisir la bonne boîte? Si le délai est bref, oui. Parfois, le comportement animal indique des niveaux de pensée beaucoup plus élevés. En fait, le psychologue allemand Wolfgang Köhler croyait que des animaux comme les chimpanzés étaient capables de compréhension.

L'**intuition** est une réorganisation mentale soudaine des éléments d'un problème qui rend la solution évidente. Pour vérifier la compréhension, Köhler mit au défi Sultan, son chimpanzé le plus brillant, au moyen d'un **problème de bâtons multiples**. Dans ce problème,

Illustration 10.1 *Le psychologue Wolfgang Köhler croyait que la solution d'un problème de bâtons multiples révélait la capacité de compréhension du chimpanzé.*

des bâtons de différentes longueurs étaient disposés entre la cage et une banane (illustration 10.1). Pour atteindre la banane, Sultan devait se servir du premier bâton pour se saisir du deuxième (qui était plus long). Il pouvait ensuite utiliser le deuxième bâton afin de récupérer un bâton encore plus long, qui servait à son tour à aller chercher la banane (Köhler, 1925).

Lorsqu'il fit face à ce problème, Sultan regarda la banane, puis les bâtons, et encore la banane. Se saisissant du premier bâton, Sultan, doucement et sans hésitation, régla le problème et ratissa la banane.

Les psychologues ont débattu longtemps à savoir si les chimpanzés de Köhler faisaient preuve de compréhension. Récemment, toutefois, David Premack (1983) découvrit d'autres preuves de la compréhension dans la résolution de problèmes chez les chimpanzés. Lors d'une expérimentation fascinante, Premack montra à un chimpanzé la vidéocassette d'un acteur sautant de haut en bas sous un régime de bananes. Il montra ensuite au singe plusieurs photographies qui illustraient l'acteur dans des positions variées. L'animal choisit la photo représentant l'acteur qui grimpait sur une chaise. Notez que ce choix n'a du sens que si le chimpanzé a compris que l'acteur tentait d'atteindre les bananes.

Ces dernières années, les preuves de l'intelligence des animaux et de leur capacité de penser s'accumulent, mais pas sans controverse (voir le profil 10.1).

Des unités fondamentales de la pensée À l'aperçu du chapitre, nous avons eu recours au jeu d'échecs comme exemple de la pensée humaine. Considérons brièvement un autre cas. Le grand maître d'échecs Miguel Najdorf a déjà mené 45 parties d'échecs de front, *les yeux bandés*. On évalue à 3 600 le nombre des différentes positions qu'il a manoeuvrées au cours de cette soirée (Hearst, 1969).

Comment Nadjorf a-t-il pu accomplir cet exploit? Comme la majorité des gens, il a probablement eu recours aux *unités fondamentales de la pensée* suivantes : les **images**, les **réactions musculaires**, les **concepts** et le **langage**, ou les **symboles**. On peut combiner ces quatre représentations de l'information en

---

PROFIL 10.1
À quel point les animaux sont-ils intelligents?

Les preuves de la capacité de pensée intelligente chez les animaux sont variées et, aux yeux de nombreux chercheurs, convaincantes :

■ Les singes sont en mesure de choisir, entre trois objets, celui qui diffère des deux autres.

■ Lorsqu'on déplace un contenant d'eau sucrée à une distance donnée d'une ruche chaque jour, les abeilles se dirigent vers le nouvel emplacement *avant* que l'eau ne soit déplacée.

■ Les pigeons sont capables d'apprendre à choisir la photographie d'êtres humains parmi une série de photos d'objets variés.

■ On permet à un chimpanzé de se regarder dans un miroir. Puis, on l'anesthésie et on lui dessine un point rouge sur le front. Lorsqu'il se réveille et se voit de nouveau dans le miroir, il essaie d'effacer le point.

Ces exemples démontrent-ils vraiment l'existence de la pensée chez les animaux? Certains psychologues l'affirment, d'autres, pas. Que faudrait-il alors pour vérifier la pensée animale? Le psychologue Donald Griffin suggère que nous observions un comportement *polyvalent* et *approprié* à des circonstances changeantes. Il croit également que la pensée est implicite dans des actions qui semblent planifiées en toute connaissance des résultats probables. Comme exemple, les loutres de mer choisissent des pierres de taille appropriée et s'en servent pour dégager les mollusques de leur coquille. Elles se servent ensuite des pierres pour ouvrir la coquille (illustration 10.2).

Aussi convaincants que puissent être ces exemples, on les a contestés. Par exemple, Epstein, Lanza et Skinner ont conditionné des pigeons à répéter un comportement compréhensif

Illustration 10.2 *Le comportement en apparence intelligent des loutres de mer et d'autres animaux reflète-t-il la capacité de penser, l'instinct ou le conditionnement? La preuve n'est toujours pas concluante, alors les psychologues diffèrent d'opinions.*

comme en possèdent prétendument les animaux supérieurs. Toutefois, David Premack répliqua que les pigeons ne montraient que l'*apparence* de la pensée, parce que leur comportement était fortement dirigé par le renforcement.

Comme nous l'avons mentionné, il semble raisonnable de supposer que les animaux pensent. Toutefois, il est certain qu'on poursuivra le débat quant aux limites de leur intelligence et à la question de savoir si les exemples précis démontrent la pensée, l'instinct ou le conditionnement. (Sources : Epstein et autres, 1981; Griffin, 1984; Herrnstein, 1979; Premack, 1983; Rose, 1984.)

pensée complexe, et il arrive que l'on ait vraiment besoin de toute l'aide possible. Afin d'accomplir leurs exploits, les joueurs d'échecs aux yeux bandés s'en remettent aux images visuelles, aux sensations musculaires qui mettent en jeu les «lignes de force», aux concepts («la deuxième partie s'ouvre à l'anglaise») et à un système de notation spécial, ou au «langage» des échecs (Hearst, 1969).

Nous examinerons bientôt les unités de la pensée mentionnées ci-dessus. Sachez toutefois que la pensée fait appel à l'attention, à la reconnaissance des structures, à la mémoire, à la prise de décision, à l'intuition, au savoir et à bien d'autres choses encore. Le présent chapitre ne représente qu'un échantillon de ce qu'étudient les cognitivistes.

Comparez : quatre façons de se représenter mentalement l'information

Image Le plus souvent, une représentation qui a des qualités iconiques.

Imagerie musculaire Les représentations intérieures des événements selon les sensations musculaires engendrées, évoquées ou imaginées.

Concept Une idée généralisée qui représente une catégorie, ou une classe d'objets ou d'événements regroupés selon un principe quelconque.

Langage Un ensemble de mots, ou de symboles, et de règles qui en ordonnent la combinaison, utilisés dans la communication et la pensée, et compris par une collectivité importante.

L'imagerie mentale — la grenouille a-t-elle des lèvres?

À la faveur d'un sondage mené auprès de 500 personnes, on découvrit que 97 pour 100 des sujets possèdent des images visuelles, et 92 pour 100, des images auditives. Plus de 50 pour 100 ont une imagerie qui comprend le mouvement, le toucher, le goût, l'odorat et la douleur (McKellar, 1965). Lorsque nous parlons d'images, nous pensons habituellement aux «représentations» mentales. Mais comme vous pouvez le constater, les images peuvent aussi faire appel aux autres sens. Par exemple, votre image d'une pâtisserie peut contenir l'odeur délicieuse et l'apparence de cette dernière. Certaines personnes sont également dotées d'une rare forme d'imagerie qu'on appelle **synesthésie**. Chez elles, les images dépassent les obstacles sensoriels normaux (Marks, 1978). Par exemple, elles peuvent écouter de la musique et percevoir une explosion de couleurs

et de goûts tout autant que de sensations sonores. En dépit de ces variantes, on accepte généralement l'idée que les personnes ont recours aux images pour réfléchir et résoudre des problèmes.

Ces dernières années, Stephen Kosslyn et d'autres chercheurs ont contribué grandement à notre compréhension de l'imagerie mentale. Par exemple, Kosslyn (1983) découvrit que les images mentales ne sont pas plates comme des photographies. Pour évoquer les travaux de Kosslyn, songez à la question suivante : la grenouille a-t-elle des lèvres en plus d'un bout de queue? À moins que vous n'embrassiez souvent les grenouilles, vous aborderez probablement la question au moyen d'images mentales. Pour y répondre, la plupart des gens disent d'abord s'imaginer la grenouille, puis «regarder» sa bouche, et enfin **tourner mentalement** le batracien afin d'en examiner la queue (Kosslyn, 1983). Les images mentales ne sont donc pas nécessairement plates, et on peut les déplacer au besoin (illustration 10.3, section couleur).

Question : Comment se sert-on des images pour résoudre des problèmes?

On peut utiliser les **images emmagasinées** afin de mettre à profit l'expérience antérieure dans la résolution de problèmes. Si l'on vous demandait : «Combien d'usages pouvez-vous imaginer à un vieux pneu d'automobile?», il se peut que vous commenciez par vous représenter tous les usages que vous avez déjà vus. Pour trouver des solutions plus originales, on peut avoir recours aux **images créées**. La recherche démontre que les gens qui disposent d'une bonne capacité d'imagerie ont tendance à obtenir de meilleurs résultats lors d'épreuves de créativité (Shaw et Belmore, 1983). Ainsi, un artiste est en mesure de se représenter complètement une sculpture avant même de commencer à y travailler.

La «taille» d'une image mentale influe-t-elle sur la pensée? Pour le découvrir, imaginez tout d'abord un chat assis près d'une mouche. Puis, concentrez-vous sur les oreilles du chat afin de les percevoir nettement. Ensuite, imaginez un lapin se tenant près d'un éléphant; combien de temps vous faut-il pour «voir» les pattes antérieures du lapin? Plus que pour voir les oreilles du chat?

Lorsqu'un lapin est représenté près d'un éléphant, l'image du lapin doit être petite parce que l'éléphant est gros. En utilisant ces essais, Kosslyn (1975) découvrit que plus une image est petite, plus il est difficile d'en «voir» les détails. Pour mettre à profit cette découverte, tentez de former des images trop grandes des choses auxquelles vous désirez penser. Par exemple, afin de comprendre l'électricité, imaginez les fils comme de gros tuyaux où circulent des électrons de la taille d'une balle de golf; et pour comprendre l'oreille humaine, explorez-la (grâce à l'oeil de votre esprit) comme s'il s'agissait d'une vaste caverne; etc.

L'imagerie musculaire

Question : De quelle façon les réactions musculaires sont-elles liées à la pensée?

Il est étonnant de constater que nous pensons tout autant avec notre corps qu'avec notre tête. Jerome Bruner (1966) croit que nous nous représentons souvent les choses selon un genre **d'imagerie musculaire** créée par des gestes ou des actions *implicites* (inexprimées). Par exemple, les gens qui «parlent» avec leurs mains se servent de ces gestes tant pour s'aider à penser qu'à communiquer. Les *sensations kinesthésiques* (impressions qui proviennent des muscles et des jointures) révèlent une quantité importante d'information. Lorsqu'une personne parle, ces sensations contribuent à structurer le flot des idées (Horowitz, 1970). Si vous tentez d'expliquer à un ami comment modeler de la pâte à pain, il peut vous sembler impossible de résister à agiter les mains en décrivant les gestes appropriés.

Une grande partie de la pensée s'accompagne de tension musculaire et de **micromouvements** dans tout le corps. Dans une étude classique, on demanda à un sujet d'imaginer qu'il enfonçait un clou à l'aide d'un marteau. Ce faisant, une explosion d'activité fut enregistrée dans les muscles de son bras inactif (Jacobson, 1932). Si vous souhaitez démontrer le lien entre l'activité musculaire et la pensée, demandez à un ami qui a participé à un événement sportif de décrire ce qui s'est passé. En plus de la narration, vous obtiendrez sûrement une «reprise instantanée» des grand moments!

Les concepts — je vous l'assure, c'est un truc-machin-chouette

Un **concept** est une idée qui représente une classe d'objets ou d'événements. Les concepts sont des outils puissants parce qu'ils nous permettent de penser *abstraitement*, à l'abri des détails distrayants. Par exemple, supposons que vous montrez à un enfant de 5 ans deux grosses grenouilles-jouets, et quatre petites. Vous lui demandez ensuite : «Y a-t-il plus de grenouilles que de bébés-grenouilles?» Lorsque Markman et Seibert (1976) posèrent la même question à des enfants de la maternelle, la plupart se trompèrent et dirent : «Plus de bébés-grenouilles.» Les chercheurs ajoutèrent ensuite le concept de *famille* au problème («Voici une famille de grenouilles. Y a-t-il plus de grenouilles ou de bébés-grenouilles?») L'ajout du concept diminua radicalement les erreurs de jugement des enfants.

Question : Comment apprend-on les concepts?

Le processus au cours duquel on classifie l'information en catégories significatives s'appelle la **formation de concepts**. Dans son aspect le plus fondamental, la formation de concepts fait appel à l'expérience des **instances positives** et **négatives** dudit concept. Cela n'est pas aussi simple qu'il y paraît. Imaginez un enfant qui apprend le concept du *chien*.

Nom d'un chien!

Une fillette et son père se promènent. Chez un voisin, ils voient un chien de taille moyenne. Le père dit : «Regarde le chien.» En passant devant le parterre suivant, l'enfant aperçoit un chat et s'exclame : «Chien!» Son père la corrige : «Non, c'est un chat.» L'enfant pense à présent : «Bon, alors les chiens sont gros et les chats sont petits.» Chez le voisin suivant, elle voit un pékinois et dit : «Chat!» «Non, c'est un chien», réplique son père.

La confusion de l'enfant est compréhensible. Elle pourrait même croire que le pékinois est une vadrouille! Toutefois, en présence d'instances positives et négatives de plus en plus nombreuses, la fillette reconnaîtra finalement tous les exemples de cette catégorie — les chiens —, du danois au chihuahua.

En tant qu'adultes, nous acquérons plus souvent les concepts en apprenant ou en établissant des **règles**. Par exemple, un *triangle* est une forme fermée qui se compose de trois côtés correspondant à des droites. L'apprentissage des règles est généralement plus efficace que les exemples, mais ces derniers demeurent importants (Rosenthal et Zimmerman, 1978). Il est peu probable que la mémorisation d'une série de règles permette à un profane de classer de façon appropriée la musique *punk, nouvel âge, le jazz fusion, la salsa, le rock* et le *rap*.

Question : Existe-t-il différents types de concepts?

Oui, on a distingué plusieurs types généraux de concepts. Un **concept conjonctif** désigne une classe d'objets qui ont plus d'une caractéristique en commun. On appelle parfois les concepts conjonctifs les concepts «et» : pour appartenir à la catégorie, un objet doit posséder «telle caractéristique *et* telle autre *et* telle autre». Par exemple, une *motocyclette* doit posséder deux roues *et* un moteur *et* un guidon.

Les **concepts relationnels** classent les objets selon le lien qui les unit à autre chose ou selon la relation entre les caractéristiques dudit objet. *Plus grand, au-dessus, à gauche, au nord* et *à l'envers* constituent tous des concepts relationnels. Un autre exemple nous provient du mot *soeur*, qui se définit comme «un membre du sexe féminin considéré dans sa relation à une autre personne qui a les mêmes parents».

Les **concepts disjonctifs** désignent les objets qui comptent au moins une caractéristique parmi plusieurs possibles. Il s'agit des «concepts ou — ou bien». Pour en faire partie, un objet doit posséder «telle caractéristique *ou* telle autre *ou bien* telle autre». Par exemple, au base-ball, une *prise* est *ou* une prise sur élan, *ou*

Illustration 10.4 *À quel moment une tasse devient-elle un bol ou un vase? Afin de décider à quelle catégorie conceptuelle appartient un objet, il est utile de relier ce dernier à un prototype (exemple idéal). Les sujets d'une expérience choisirent la tasse numéro 5 comme étant la «meilleure». (D'après Labov, 1973.)*

un lancer au-dessus du marbre *ou bien* une fausse balle. La propriété «ou — ou bien» des concepts disjonctifs augmente la difficulté d'apprentissage de ces derniers.

Lorsque vous pensez au concept *oiseau*, dressez-vous mentalement la liste des caractéristiques que possèdent les oiseaux? Probablement pas. Outre les règles et les caractéristiques, la plupart des gens ont recours aux **prototypes,** ou modèles idéaux, afin de définir des concepts (Rosch, 1977). Par exemple, un rouge-gorge constitue un oiseau modèle, tandis qu'une autruche n'en est pas un; ce qui nous indique que tous les exemples d'un concept n'en sont pas également représentatifs. Par exemple, quel dessin parmi ceux de l'illustration 10.4 représente le mieux une tasse? À un moment donné, une tasse qu'on dessine plus haute ou plus large devient un vase ou un bol. Quand savons-nous que la frontière a été franchie? Nous comparons sans doute mentalement les objets à une tasse «idéale», comme celle du numéro 5. En fin de compte, il est diffi-

Illustration 10.5 *L'utilisation de prototypes dans la définition de concepts. Même s'il est de forme inhabituelle, on peut lier l'objet (a) à un modèle (un paire de pinces régulière), et ainsi le reconnaître. Mais que représentent les objets (b) et (c)? Si vous ne les reconnaissez pas, consultez l'illustration 10.7. (D'après Bransford et McCarrell, 1977.)*

cile de définir des concepts, lorsque nous ne sommes pas en mesure de trouver un prototype pertinent. Par exemple, quels sont les objets présentés à l'illustration 10.5?

Grosso modo, les concepts correspondent à deux types de signification. Le sens **dénotatif** d'un mot ou d'un concept équivaut à sa définition exacte. Le **sens connotatif** désigne sa signification personnelle ou affective. Par exemple, le sens dénotatif du mot *nu* (sans vêtements) est le même pour un nudiste que pour

Illustration 10.6 *Voici un exemple du différentiateur sémantique d'Osgood. On peut établir le sens connotatif du mot «jazz» en l'évaluant sur les différentes échelles. Indiquez vos propres cotes en inscrivant des points ou des «X» dans les espaces. Joignez les points par une ligne; puis, demandez à un ami d'évaluer le mot et comparez vos réponses. Il peut s'avérer intéressant de faire la même expérience pour la musique rock, disco et classique. Vous pouvez également essayer le mot psychologie. (Tiré de C. E. Osgood. Copyright © 1952 American Psychological Association. Reproduction autorisée.)*

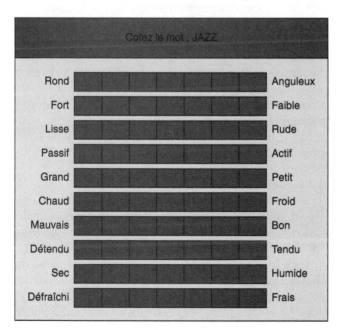

Cotez le mot : JAZZ

Rond							Anguleux
Fort							Faible
Lisse							Rude
Passif							Actif
Grand							Petit
Chaud							Froid
Mauvais							Bon
Détendu							Tendu
Sec							Humide
Défraîchi							Frais

un censeur, mais on peut s'attendre à ce que les connotations en diffèrent.

Question : Pouvez-vous énoncer plus clairement ce que signifie le sens connotatif?

Le chercheur Charles Osgood (1952) se servit d'une méthode appelée le **différentiateur sémantique** afin de mesurer le sens connotatif (illustration 10.6). Lorsque les mots ou les concepts sont évalués à différentes échelles, la plupart des sens connotatifs qu'ils empruntent se réduisent aux dimensions de *bon-méchant*, *fort-faible* et *actif-passif*. (On dirait le titre d'un film : *Le bon, le méchant, le fort, le faible, l'actif et le passif*.) Étant donné que les concepts varient selon ces dimensions, les mots ou les expressions qui ont plus ou moins le même sens dénotatif peuvent emprunter des connotations fort différentes. Par exemple, je suis *consciencieux*, vous êtes *minutieux*, il est *pointilleux*!

Autotest

1. On a prouvé que les chimpanzés sont capables de résoudre des problèmes intuitivement, mais certains psychologues demeurent convaincus qu'il s'agit de pensée véritable. Vrai ou faux?

2. Faites la liste des quatre unités fondamentales de la pensée :
   _____   _____
   _____   _____

3. La synesthésie équivaut à se servir des sensations kinesthésiques afin de transmettre la pensée. Vrai ou faux?

4. Le fait de se fier à l'imagerie dans la pensée signifie que les micromouvements nuisent à la résolution de problèmes. Vrai ou faux?

5. Les humains semblent être en mesure de former des images tridimensionnelles qu'ils peuvent déplacer et tourner mentalement. Vrai ou faux?

6. Un *tal* désigne toute chose qui est petite, bleue et poilue. *Tal* est un concept_____.

7. Le sens connotatif du mot *nu* est «d'être sans vêtements». Vrai ou faux?

Réponses :

1. vrai 2. images, réactions musculaires, concepts, et langage ou symboles (d'autres termes peuvent faire partie de la liste) 3. faux 4. faux 5. vrai 6. conjonctif 7. faux

Le langage — fais-moi signe !

Comme nous l'avons mentionné, la pensée n'a pas toujours recours au langage. Qui n'a pas cherché un mot ou une expression qui existe à l'état de notion vague ou d'impression? Néanmoins, la pensée se fonde principalement sur le langage, lequel permet de **coder** le monde en symboles faciles à utiliser.

L'étude du sens des mots et du langage s'appelle la **sémantique**. C'est ici que le lien entre le langage et la pensée devient le plus évident. Supposons qu'au cours d'une épreuve d'intelligence, on vous demande d'encercler le mot qui n'appartient pas à la série :

GRATTE-CIEL   CATHÉDRALE
TEMPLE   PRIÈRE

Si vous avez encerclé prière, vous avez répondu comme la plupart des gens le font. Essayez maintenant un autre problème, en encerclant de nouveau le terme étranger :

CATHÉDRALE   PRIÈRE
TEMPLE   GRATTE-CIEL

Si vous n'aviez vu que cette question, vous auriez probablement encerclé «gratte-ciel». Le nouvel ordre des mots provoque un glissement de sens subtil (Judson et Cofer, 1956, cité par Mayer, 1977).

Des problèmes d'ordre sémantique sont souvent soulevés, lorsqu'un mot a un sens équivoque ou double. Le choix des mots peut influencer directement la pensée en changeant le sens : l'armée d'un pays en a-t-elle «envahi» un autre, ou a-t-elle procédé à une «incursion défensive»? Le réservoir d'eau d'une ville est-il «à moitié plein» ou «à moitié vide»? Préférez-vous manger du «boeuf de l'Ouest» ou de la «vache enragée»? (illustration 10.8, section couleur)

La structure de la langue

En premier lieu, une langue doit fournir des *symboles* qui représentent les objets et les idées. Les symboles qu'on appelle les mots se composent de **phonèmes** (principaux sons du discours) et de **morphèmes** (sons du discours regroupés en unités significatives, comme des syllabes ou des mots). Par exemple, en français, les sons *m*, *b*, *w* et *a* ne peuvent former la syllabe *mbwa*,

Illustration 10.7   *Le contexte peut combler le manque de prototypes appropriés dans la définition de concepts.*

mais en swahili, oui. On peut organiser les unités de langage d'innombrables façons.

En second lieu, une langue doit comporter une **grammaire**, ou un ensemble de règles, pour convertir les sons en mots, et les mots en phrases. Une partie de la grammaire, qu'on appelle la **syntaxe**, traite de l'ordre des mots dans la phrase. La syntaxe a son importance car lorsqu'on change l'ordre des mots dans une phrase, on en change aussi le sens : «Le chien mord l'homme» et «L'homme mord le chien».

La grammaire traditionnelle se préoccupe de la langue de «surface» — celle qu'on parle. Les idées révolutionnaires du linguiste Noam Chomsky se fondent sur les règles tacites que nous utilisons pour traduire l'essentiel des idées en phrases diverses. Chomsky (1968) croit que nous n'apprenons pas toutes les phrases que nous prononçons. Nous les *créons* plutôt activement en appliquant les **règles de transformation**. Par exemple, «Le chien mord l'homme» peut se transformer ainsi :

> *Passé* : Le chien a mordu l'homme.
> *Passif* : L'homme a été mordu par le chien.
> *Négative* : Le chien n'a pas mordu l'homme.
> *Interrogative* : Le chien a-t-il mordu l'homme?

Les enfants font preuve de l'utilisation des règles de transformation lorsqu'ils forment des phrases comme : «Le monsieur est mouru», où ils appliquent la règle normale au verbe *mourir*, qui est toutefois irrégulier.

La troisième caractéristique, peut-être la plus importante de la langue, est qu'elle est **productive**. La grande force de toute langue qui se respecte consiste à engendrer de nouvelles pensées ou de nouvelles idées. Étant donné que les mots ne ressemblent pas aux choses qu'ils représentent, on peut les réarranger de façon à produire une variété infinie de phrases sensées (Bruner, 1966). Certaines relèvent de la plaisanterie : «Il ne ferait pas de mal à un éléphant», et d'autres sont profondes : «Tous les êtres humains naissent libres et égaux en dignité et en droits.» Dans les deux cas, c'est la qualité productive de la langue qui fait de celle-ci un outil de la pensée aussi puissant.

Question : Les animaux se servent-ils du langage?

Les animaux communiquent. Les cris, les mouvements et les appels du mâle chez les animaux sont lourds de sens et immédiatement compris par les autres représentants de l'espèce (Premack, 1983). Toutefois, en grande partie, la communication animale naturelle est très limitée. Même les gorilles et les singes ne produisent que quelques dizaines de sons distincts, qui transmettent des messages comme «attaque», «fuite» ou «nourriture ici». Qui plus est, la communication animale ne semble pas dotée de la qualité productive du langage humain. Par exemple, lorsqu'un singe donne un «signal de détresse d'aigle», cela signifie à peu près «je vois un aigle». Les singes ne sont pas en mesure d'ajouter la nuance «je ne vois pas un aigle», ou «Dieu merci, ce n'était pas un aigle», ou encore «le gros monstre que j'ai aperçu hier était tout un aigle» (Glass et autres, 1979).

Question : Peut-on enseigner à un animal à se servir du langage?

Les psychologues s'y sont essayés à plusieurs reprises. Examinons certains de leurs succès et de leurs échecs.

Les chimpanzés parlants Les premières tentatives d'enseignement du langage aux chimpanzés se soldèrent par un échec monumental. Le record mondial était détenu par Viki, qui ne pouvait prononcer que quatre mots (*maman, papa, tasse* et *haut*) après six ans d'entraînement intensif (Fleming, 1974; Hayes, 1951). (En fait, les quatre mots sonnaient plutôt comme une éructation.) Puis il y eut une percée. Beatrice et Allen Gardner, de l'université du Nevada à Reno, eurent recours au conditionnement opérant et à l'imitation pour enseigner à un chimpanzé femelle du nom de Washoe à se servir du **langage Ameslan** (*American Sign Language*). L'Ameslan est un ensemble de gestes que les malentendants utilisent (chaque geste représente un mot).

Les aptitudes à la communication de Washoe s'épanouirent rapidement à mesure que grandissait son «vocabulaire». Elle eut tôt fait d'accoler des structures de phrase rudimentaires comme «viens — donne sucre», «dehors s'il vous plaît», «donne caresse» et «ouvre manger boire». Elle dispose à l'heure actuelle d'un vocabulaire d'environ 240 signes et peut construire des phrases de 6 mots. Elle communique même avec d'autres chimpanzés à l'aide du langage des signes, et elle «enseigne» ce dernier à son fils adoptif, Loulis (Gardner et Gardner, 1969; Rose, 1984).

D'aucuns sont sceptiques relativement aux compétences de Washoe, car son organisation des «mots» est quelque peu fortuite. Les enfants apprennent rapidement la différence de sens dans l'ordre des mots comme «donne-moi bonbon» et «moi donne bonbon». Les travaux de David Premack (1970) procurent une réponse aux sceptiques. Il a enseigné à un chimpanzé femelle nommée Sarah à se servir de 130 «mots» qui consistaient de jetons de plastique alignés sur un tableau magnétique (illustration 10.9).

Dès le début de son entraînement, on demanda à Sarah de mettre les mots dans l'ordre requis. Elle a appris à répondre aux questions, à désigner les choses «semblables» ou «différentes», à classer les objets selon la couleur, la forme et la taille, et à construire des phrases composées (Premack et Premack, 1983). Un de ses exploits les plus extraordinaires consiste à se servir de **relations conditionnelles** à l'intérieur de phrases : «Si Sarah prend pomme, alors Marie donne Sarah chocolat»; ou «Si Sarah prend banane, alors Marie donne pas Sarah chocolat».

Question : Peut-on affirmer avec certitude que les chimpanzés comprennent de tels échanges?

La plupart des chercheurs qui ont travaillé avec des singes croient qu'ils communiquent réellement avec eux. Les réactions spontanées des chimpanzés sont particulièrement frappantes. Washoe a déjà «fait ses besoins» sur le dos du psychologue Roger Fouts tandis qu'elle était installée sur ses épaules. Lorsque Fouts, ennuyé, lui demanda pourquoi elle avait fait cela, Washoe lui répondit par signes : «C'est amusant!»

Une des preuves les plus convaincantes de la compréhension du langage par les animaux nous provient des travaux de Penny Patterson, qui a entraîné un gorille nommé Koko à se servir de plus de 300 signes. Patterson considère les conversations tenues sur les *événements passés* et les *impressions* comme des indications sûres de la compréhension de Koko (Patterson et autres, 1987). Par exemple, trois jours après que Koko eut mordu Patterson, la conversation suivante eut lieu :

> Moi : *Qu'as-tu fait à Penny?*
> Koko : *Mordre*
> Moi : *Tu l'admets?*
> Koko : *Désolé mordre égratigne. Mauvais mordre.*
> Moi : *Pourquoi mordre?*
> Koko : *Parce que fâché.*
> Moi : *Pourquoi fâché?*
> Koko : *Sais pas.*
> (Adapté de Patterson, 1978)

De tels échanges sont impressionnants. Mais la communication et l'utilisation véritable du langage sont deux choses distinctes. Plusieurs psychologues ont fait part de leur doute quant à la possibilité qu'ont les singes d'utiliser vraiment le langage. Entre autres, les chimpanzés «parlent» rarement sans incitation. Bon nombre de leurs phrases présumément originales sont en réalité des réponses à des questions ou l'imitation de signes que leur fait leur professeur. En outre, il semble que les singes ne font qu'exécuter des chaînes de *réac-*

Illustration 10.9   *Après avoir lu le message : «Sarah met pomme seau banane assiette» sur le tableau magnétique, Sarah s'est exécutée selon les directives. (Tiré de «Teaching Language to an Ape», par Ann J. Premack et David Premack. Copyright © 1972 par Scientific American Inc. Tous droits réservés.)*

tions opérantes pour obtenir de la nourriture ou d'autres «récompenses» (Savage-Rumbaugh et autres, 1979; Terrace, 1985). En ayant recours à des réactions de la sorte, les singes manipulent leurs entraîneurs pour obtenir ce qu'ils veulent.

Certains croient que les chimpanzés ont fait des singes de leurs entraîneurs. Toutefois, les psychologues Roger et Debbi Fouts ont récemment réfuté ces critiques. L'analyse qu'ils ont effectuée de quelque 6 000 conversations entre chimpanzés indique que seulement 5 pour 100 d'entre elles avaient trait à la nourriture. Les Fouts ont également enregistré sur vidéo des conversations entre chimpanzés qui eurent lieu en l'absence d'humains qui auraient pu leur donner des indices (Fouts et autres, 1984). Ainsi, peut-être les chimpanzés feront-ils des singes des critiques! Bien que la question soit loin d'être réglée, une telle recherche promet de révéler quelques-uns des mystères de l'apprentissage du langage. En fait, elle s'est déjà avérée utile dans l'apprentissage du langage des enfants aphasiques (les enfants atteints de graves troubles de langage; Huges, 1974).

La résolution de problèmes — la réponse est en vue

Une bonne façon d'aborder la résolution de problèmes est d'en résoudre un. Tentez de régler le suivant :

Un grand paquebot (le Queen Ralph) *fonce sur le port à 30 kilomètres à l'heure. Il se trouve à 80 kilomètres de la rive, lorsqu'une mouette s'élance du pont et s'envole vers le port. Au même instant, un croiseur quitte le port à 50 kilomètres à l'heure. L'oiseau va et vient entre le croiseur et le* Queen Ralph *à la vitesse de 66 kilomètres à l'heure. Quelle distance l'oiseau aura-t-il parcourue, lorsque les deux bateaux se rencontreront?*

Si vous ne voyez pas immédiatement la réponse à ce problème, relisez-le. (La solution est révélée brièvement au paragraphe **Les solutions intuitives**.)

Nous résolvons tous un nombre incroyable de problèmes chaque jour. La résolution de problèmes peut s'appliquer à des choses aussi banales que trouver une façon de transformer des restes en repas comestible, ou aussi importantes que mettre au point un remède contre le cancer. Dans chaque cas, nous commençons par prendre conscience qu'il existe probablement une réponse et qu'en y pensant bien, on peut trouver une solution. La résolution de problèmes compte une foule d'approches différentes.

Les solutions mécaniques

On parvient aux **solutions mécaniques** par **tâtonnements** ou par **coeur**. Si j'oublie la combinaison du cadenas de ma bicyclette, je peux la découvrir par tâtonnements. À l'ère des ordinateurs ultra-rapides, de nombreuses solutions par tâtonnements sont mieux servies par ces derniers. Un ordinateur peut livrer toutes les combinaisons possibles des cinq chiffres de mon cadenas en une fraction de seconde.

Lorsqu'on solutionne un problème par coeur, la pensée est guidée par un ensemble de règles apprises. Si vous disposez d'une bonne formation en mathématiques, vous avez peut-être résolu le problème de l'oiseau et des bateaux par coeur. (J'espère que non. Il existe une solution plus facile.)

Les solutions par compréhension

On peut résoudre de nombreux problèmes mécaniquement ou en ayant recours aux modes habituels de pensée. Dans le cas présent, un niveau de réflexion supérieur, fondé sur la **compréhension**, est requis. Le psychologue Karl Duncker (1945) mena une série d'expérimentations classiques sur le sujet. Il confia le problème suivant à ses étudiants :

Étant donné une tumeur inopérable à l'estomac et des rayons qui, à forte intensité, détruisent tous les tissus (sains et malades), comment peut-on détruire la tumeur sans endommager les tissus adjacents? (On montra aussi aux étudiants le dessin de l'illustration 10.10.)

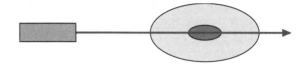

Illustration 10.10 *Une représentation graphique du problème de la tumeur de Duncker. La tache noire représente la tumeur entourée de tissus sains. Comment peut-on détruire la tumeur sans endommager les tissus sains? (D'après Duncker, 1945.)*

Question : Que révélait ce problème sur la résolution de problèmes?

Duncker demanda aux étudiants de livrer leurs réflexions à haute voix et découvrit que la résolution de problèmes réussie comporte deux phases. D'abord, les étudiants devaient découvrir les **propriétés générales** d'une bonne solution. Cette phase prit fin lorsqu'ils se rendirent compte que l'intensité des rayons devait diminuer en direction de la tumeur. Puis, dans la deuxième phase, ils proposèrent une série de **solutions fonctionnelles** (efficaces) et choisirent la meilleure. (Une des bonnes solutions consiste à concentrer de faibles rayons sur la tumeur à différents angles. Une autre solution est d'assurer la rotation du corps du patient afin de minimiser l'exposition des tissus sains.)

Comparez : les solutions par compréhension

Solution générale Une solution qui énonce correctement les conditions requises, sans expliquer en détail la marche à suivre.

Solution fonctionnelle Une solution détaillée, pratique et efficace.

Il peut être utile de résumer ici à l'aide d'un exemple plus familier. Quiconque s'amuse à réussir le cube de Rubick commence au niveau mécanique du *tâtonnement*. Si vous désirez emprunter la voie facile, il suffit de trouver un livret d'instructions qui fournit les étapes d'une solution *par coeur*. Avec le temps, ceux qui persistent commencent à *comprendre* les *propriétés générales* du casse-tête, et peuvent ensuite le résoudre régulièrement.

L'heuristique «Vous ne pouvez pas y arriver de cette façon.» C'est souvent ce qu'on croit lorsqu'on fait face à un problème. La résolution de problèmes demande souvent une stratégie. Si le nombre de solutions possibles est faible, une **recherche aléatoire** peut suffire. Il s'agit d'un autre exemple de solution par tâtonnements, où l'on essaie toutes les possibilités. Par exemple, imaginez que vous êtes en voyage et que vous décidez de rendre visite à un vieil ami, J. Tremblay, dans la ville où vous êtes de passage. Vous ouvrez l'annuaire du téléphone et y trouvez 47 J. Tremblay. Bien sûr, vous pourriez composer tous les numéros jusqu'à ce que vous tombiez sur le bon. «Pas question, vous dites-vous. Y a-t-il un moyen de restreindre la recherche? Oh! oui, je me souviens que Jean vit sur la plage.» Puis, muni d'une carte, vous n'appelez que les numéros correspondant à une adresse des rues riveraines (Ellis et Hunt, 1983).

L'approche de l'exemple précédent est **heuristique**, c'est-à-dire qu'elle relève d'une stratégie de résolution de problèmes. En général, l'heuristique réduit le nombre de solutions qu'une personne peut considérer. Dans la résolution de problèmes plus complexes, l'heuristique ne garantit pas le succès, mais elle y contribue certainement. Voici quelques stratégies qui fonctionnent souvent :

- Essayez de déterminer en quoi la situation actuelle diffère du but désiré. Puis, trouvez les moyens de réduire la différence.
- Partez du but désiré pour revenir au point de départ, soit la situation actuelle.
- Si vous ne pouvez atteindre directement le but, déterminez un objectif intermédiaire ou un sous-problème qui vous en rapproche.
- Représentez le problème de façon différente, à l'aide de graphiques, de diagrammes ou d'analogies par exemple.
- Créez une solution possible et vérifiez-la. Ce faisant, vous éliminerez de nombreuses solutions ou trouverez ce qui est nécessaire à la solution.

La résolution de problèmes idéale

La résolution de problèmes idéale L'heuristique la plus valable peut consister à concevoir une stratégie de pensée *générale*. Le psychologue John Bransford et ses collègues énumèrent les cinq étapes qui mènent, selon eux, à la solution de problèmes efficace : identifier, définir, explorer, agir et apprendre, et examiner (Bransford et autres, 1986; Bransford et Stein, 1984). Afin d'appliquer la stratégie de pensée idéale, vous devez *préciser* le problème, le *définir* clairement, en *explorer* ensuite les solutions possibles et les connaissances connexes. Puis, vous devez *agir* en mettant à l'essai une solution possible ou une hypothèse. Enfin, vous devez *examiner* les résultats et *apprendre* de ces derniers. Évidemment, chaque solution mise à l'épreuve peut mener à d'autres sous-problèmes, qui peuvent à leur tour être réglés grâce aux étapes «idéales» jusqu'à l'obtention d'une solution satisfaisante.

Les solutions intuitives

Les singes de Köhler semblaient parfois faire preuve *d'intuition* dans la résolution de problèmes. Chez les humains, on parle d'intuition, lorsqu'une réponse surgit tout à coup après une vaine période de réflexion. Une intuition est généralement tellement *rapide* et *nette* qu'on se demande souvent comment une solution aussi évidente a pu nous échapper.

Revenons maintenant au problème des bateaux et de l'oiseau. La meilleure façon d'y trouver une solution est par intuition. Étant donné que les deux bateaux couvrent la distance de 80 kilomètres (50 + 30) en une heure exactement et que l'oiseau vole à 66 kilomètres à l'heure, ce dernier aura parcouru 66 kilomètres lorsque les bateaux se rencontreront. Nul besoin des mathématiques si vous recourez à l'intuition dans ce problème.

Lors d'une expérience récente, des collégiens cotèrent à quel degré (froid, tiède ou chaud) ils se sentaient de la résolution de problèmes par intuition. Les étudiants faisant preuve d'intuition sautaient souvent directement de «froid» à la bonne réponse. Par contre, ceux qui se sentaient de plus en plus «tièdes» puis «très chauds» donnaient souvent une mauvaise réponse (Metcalfe, 1986). L'étonnant message que recèle cette étude est que si l'intuition n'est pas *rapide*, vous vous dirigez vers une mauvaise réponse.

Question : Que signifie réellement «avoir de l'intuition»?

La nature de l'intuition

La nature de l'intuition Les psychologues Robert Sternberg et Janet Davidson (1982) ont étudié des personnes qui résolvaient des problèmes nécessitant de l'intuition, ou des «manquements à la logique». Selon eux, l'intuition fait appel à trois compétences. La première est **l'encodage sélectif**, qui désigne la sélection d'information pertinente au problème, tout en laissant de côté les distractions. Par exemple, considérez le problème suivant :

> *Si votre tiroir renferme des bas blancs et des bas noirs, mêlés dans la proportion de 4 à 5, combien de bas devrez-vous sortir afin de constituer une paire de la même couleur?*

La personne qui ne se rend pas compte que «mêlés dans la proportion de 4 à 5» constitue un renseignement inutile ne parviendra sans doute pas à la réponse exacte, 3 bas.

L'intuition relève également de la **combinaison sélective**, qui consiste à relier des unités d'information utile apparemment sans lien. Faites l'essai de cet échantillon :

> *Étant donné deux sabliers, un de 7 minutes et l'autre, de 11 minutes, quelle est la façon la plus simple de minuter la cuisson d'un oeuf, d'une durée de 15 minutes?*

La réponse exige qu'on se serve des deux sabliers combinés. D'abord, on retourne les deux sabliers en même temps. Lorsque le sablier de 7 minutes est écoulé, il est temps de commencer à faire bouillir l'oeuf. À ce moment, il reste 4 minutes avant que le sablier de 11 minutes ne soit écoulé. Après ces quatre minutes, il ne reste qu'à le retourner simplement, et lorsqu'il sera de nouveau écoulé, le délai de 15 minutes sera écoulé.

Une troisième source d'intuition réside dans la **comparaison sélective**, ou la capacité de comparer de nouveaux problèmes à de l'information ancienne ou des problèmes déjà résolus. L'exemple du porte-chapeaux, dans lequel on demande aux sujets de construire une structure permettant d'y accrocher un manteau dans le milieu d'une pièce, en constitue une bonne illustration. Pour tous outils, on donne aux sujets deux longues planches et un serre-joint. La solution, offerte à l'illustration 10.11, est d'accoler les deux planches à l'aide du serre-joint de manière à ce qu'elles soient coincées entre le plafond et le plancher. Si l'on vous soumettait ce problème, vous seriez peut-être plus en mesure de le résoudre en songeant d'abord à la façon dont les pieds de lampe sont coincés entre le plafond et le plancher.

Les fixations La facilité avec laquelle sont résolus les problèmes relève d'une variété de facteurs. Un des obstacles les plus importants s'appelle la **fixation**, qui est la tendance à «s'accrocher» à de fausses solutions ou à ne pas voir les solutions de rechange. Le meilleur exemple en est la **rigidité fonctionnelle**, qui désigne l'incapacité de concevoir de nouveaux usages (fonctions) pour les objets familiers ou ceux qui servent déjà à un usage précis. Si vous vous êtes déjà servi d'une pièce de dix sous en guise de tournevis, vous avez vaincu la rigidité fonctionnelle.

Question : Comment la rigidité fonctionnelle influe-t-elle sur la résolution de problèmes?

Karl Duncker, qui a inventé le terme *rigidité fonctionnelle*, l'a démontré à la faveur d'une étude astucieuse. Duncker mit des étudiants au défi de fixer une bougie sur une boîte à la verticale de manière à ce que la bougie brûle normalement. Il donna à chacun trois bougies, des allumettes, des boîtes de carton, des punaises et d'autres articles. La moitié des sujets trouvèrent ces articles *à l'intérieur* des boîtes de carton, et les autres, étalés sur le dessus d'une table.

Duncker découvrit que lorsque les articles se trouvaient dans les boîtes, la résolution du problème s'avérait très difficile, parce que les boîtes étaient perçues comme des *contenants*, et non comme des articles qui pouvaient faire partie de la solution. (Si vous n'avez pas encore trouvé la solution, vérifiez l'illustration 10.12.) Nul doute que nous pourrions éviter une foule de fixations si nous assouplissions notre approche de la classification du monde (Langer et Piper, 1987). Par exemple, dans le cas du problème de Duncker, on peut faciliter la créativité en disant : «Cela *pourrait* être une boîte» plutôt que : «Cela *est* une boîte.»

La rigidité fonctionnelle n'est qu'un des blocages psychologiques qui nuisent à l'intuition. Voici un autre exemple : comment retireriez-vous un billet de cinq dollars qui se trouve sous une pile d'objets en équilibre précaire (sans toucher ou déplacer les objets)? Une bonne solution consiste à déchirer le billet en deux et d'en tirer délicatement les deux extrémités. Bien des gens n'arrivent pas à cette solution parce qu'on leur a

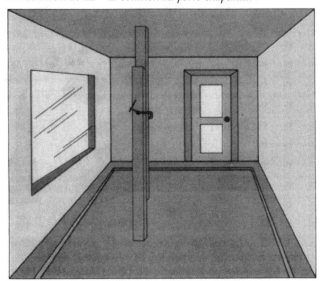

Illustration 10.11 *La solution au porte-chapeaux.*

Illustration 10.12 *Le matériel nécessaire à la résolution du problème de la bougie fut remis aux sujets dans des boîtes (a) ou séparément (b). La rigidité fonctionnelle causée par la condition (a) interférait avec la solution du problème, laquelle est illustrée par le dessin (c).*

appris à ne pas détruire l'argent (Adams, 1980). Notez également l'effet de placer quelque chose dans une catégorie, dans le cas présent, «les objets de valeur» (qu'on ne devrait pas détruire). Le profil 10.2 fait la liste des blocages psychologiques et des fixations.

PROFIL 10.2
Les barrières de la pensée créatrice

1. Les barrières affectives : L'inhibition et la peur du ridicule, la peur de commettre une erreur, l'incapacité de tolérer l'ambiguïté et l'auto-critique trop sévère.

2. Les barrières culturelles : Les valeurs qui veulent que la fantaisie soit une perte de temps, que le jeu soit réservé aux enfants, que la raison, la logique et les nombres soient de bonnes choses, que les sentiments, les intuitions, le plaisir et l'humour soient mauvais ou qu'ils n'aient rien à voir avec le sérieux de la résolution de problèmes.

3. Les barrières acquises : Les conventions qui déterminent l'usage (rigidité fonctionnelle), le sens, les possibilités et les tabous.

4. Les barrières perceptives : Les habitudes qui empêchent de distinguer les éléments importants d'un problème.

Autotest

Avant de poursuivre la lecture, il peut être utile de voir si vous pouvez répondre aux questions suivantes.

1. Les langues véritables sont _____ parce qu'elles engendrent de nouvelles possibilités.

2. Les principaux sons du discours sont les _____ et les unités significatives du discours s'appellent les _____ .

3. L'exploit le plus remarquable du chimpanzé Sarah fut la construction de phrases qui comportaient

    a. la négation   *b.* les relations conditionnelles   *c.* la grammaire adulte   *d.* les questions non provoquées

4. La critique considère que les «phrases» construites par les singes sont des réactions _____ qui n'ont presque pas de sens pour l'animal.

5. L'intuition désigne la solution de problèmes par coeur, ou par tâtonnements. Vrai ou faux?

6. La première phase de la solution de problèmes par la compréhension consiste à découvrir les propriétés générales de la solution appropriée. Vrai ou faux?

7. Les stratégies de résolution de problèmes qui guident la recherche de solutions constituent_____ .

8. Un élément commun qui sous-tend l'intuition est que l'information est encodée, combinée et comparée

    a. mécaniquement   *b.* par coeur   *c.* fonctionnellement   *d.* sélectivement

9. Le terme *fixation* désigne le point auquel une intuition utile se fixe dans la pensée. Vrai ou faux?

Réponses :

1. productives 2. phonèmes, morphèmes 3. *b* 4. opérantes 5. faux 6. vrai 7. l'heuristique 8. *d* 9. faux

---

La pensée créatrice — l'éloquence, la souplesse et l'originalité

Comme nous l'avons noté, la résolution de problèmes peut résulter de la pensée mécanique, intuitive ou de la compréhension. Ajoutons que le raisonnement peut être **inductif** (allant des faits précis aux observations générales) ou **déductif** (allant des principes généraux aux situations précises). La pensée peut aussi être **logique** (elle traite l'information donnée pour aboutir à de nouvelles conclusions selon des règles explicites) ou **illogique** (intuitive, associative ou personnelle).

Question : En quoi la pensée créatrice se distingue-t-elle de la résolution de problèmes ordinaire?

La pensée créatrice fait appel à tous ces styles de pensée (dans diverses combinaisons) *et* à l'éloquence, à la souplesse et à l'originalité (Guilford, 1950). On peut illustrer le sens de ces termes en revenant à un exemple précédent. Supposons que vous désirez trouver un ou des usages créateurs aux millions de pneus d'automobiles rejetés chaque année. On pourrait évaluer la créativité de vos suggestions de la façon suivante : l'**éloquence** se détermine par le nombre de suggestions que vous soumettez, la **souplesse**, par le nombre de fois où vous passez d'une catégorie à une autre, et l'**originalité**, par la nouveauté de vos suggestions. En additionnant le nombre de fois où vous avez fait preuve d'éloquence, de souplesse et d'originalité, on peut évaluer la créativité de votre pensée relativement au problème donné. Autrement dit, nous évaluerions votre capacité de **pensée divergente** (Wallach, 1985; voir le profil 10.3).

Comparez : deux styles de pensée importants

Pensée divergente La pensée qui donne naissance à de nombreuses idées ou solutions de rechange; un élément important de la pensée créatrice.

Pensée convergente La pensée qui se dirige vers la découverte d'une seule bonne réponse établie; pensée conventionnelle.

La pensée divergente est la mesure de résolution créatrice de problèmes la plus utilisée. Dans le cadre de la résolution de problèmes ou de la pensée ordinaire, il existe une bonne réponse, et le problème consiste à la trouver, ce qui mène à la **pensée convergente** (les lignes de pensée convergent vers la bonne réponse). La **pensée divergente** est l'inverse, et elle donne naissance à de nombreuses possibilités depuis un point de départ (Wallach, 1985).

Il existe plusieurs épreuves de pensée divergente. Dans l'**épreuve des usages inusités,** on demande à une personne de trouver autant d'usages qu'elle peut à un objet (comme les pneus mentionnés ci-dessus). Dans l'**épreuve des conséquences**, l'objectif consiste à répondre à une question comme : «Que se passerait-il, si chacun perdait soudainement le sens de l'équilibre et ne pouvait se tenir debout?» Les sujets tentent de dresser une liste du plus grand nombre de réactions possible. Dans l'**épreuve des anagrammes**, on donne aux sujets un mot comme *créativité* et on leur demande de le réarranger en créant autant de mots qu'ils peuvent. Chacune de ces épreuves sert à évaluer l'éloquence, la souplesse et l'originalité. (Pour d'autres exemples d'épreuves de pensée divergente, voir l'illustration 10.13.) Les épreuves de pensée divergente font appel apparemment à une autre ressource de l'intelligence. En général, il y a peu de corrélation entre ces épreuves et les tests de quotient intellectuel (Wallach, 1985).

Question : La créativité n'est-elle pas davantage que la pensée divergente? Qu'en est-il d'une personne qui fournit un grand nombre de réponses inutiles à un problème?

Voilà une bonne question. La pensée divergente constitue certes une part importante de la pensée créatrice, mais il y a plus. Pour être créatrice, la réponse à un problème doit être plus que nouvelle, inusitée ou originale. Elle doit aussi être utile ou sensée, et doit remplir les exigences du problème (MacKinnon, 1962). Il s'agit ici de la fragile démarcation entre un «plan insensé» et un «éclair de génie» (illustrations 10.14 et 10.15). Autrement dit, la personne créatrice tire profit du raisonne-

---

Une rêverie a-t-elle interrompu votre lecture du présent chapitre? Le psychologue clinicien Jerome Singer (1974) a découvert que la plupart des gens s'adonnent à la rêverie à un moment ou l'autre de la journée. Que savons-nous de cette forme unique de la pensée?

Le contenu Deux des thèmes les plus courants des rêveries sont le **héros conquérant** et le **martyr offensé**. Sous le thème du héros, le rêveur se donne le beau rôle en tant que personne célèbre, riche ou puissante : une personnalité en vue, un athlète, un musicien, un grand chirurgien, un brillant avocat ou un amant romantique. Ces thèmes semblent refléter le besoin de maîtrise et d'évasion des frustrations de la vie quotidienne. Les rêveries des martyrs proviennent du sentiment d'être négligé, rejeté ou mal apprécié des autres. Dans les fantaisies, les autres en viennent à regretter leurs actions passées et à se rendre compte de la *merveilleuse personne* qu'est le rêveur.

Les avantages Les rêveries comblent souvent un besoin de stimulation durant des tâches routinières ou ennuyeuses. Elles améliorent également notre capacité de différer le plaisir immédiat afin d'atteindre nos buts. Et sur le plan quotidien, les fantaisies peuvent constituer un exutoire aux impulsions frustrées. Si vous éprouvez momentanément le désir fou de tuer l'imbécile devant vous sur l'autoroute, substituer la fantaisie à l'action peut vous éviter un désastre (Biblow, 1973).

La plus grande valeur des fantaisies est peut-être leur contribution à la créativité. Au domaine imaginaire de la fantaisie, rien n'est impossible — une qualité qui permet une éloquence et une souplesse de pensée extraordinaires. Pour la plupart des gens, les rêveries et les fantaisies sont liées à l'adaptation affective constructive, à des niveaux d'agression moins élevés et à une plus grande souplesse ou créativité mentale (Singer, 1974). Cela explique peut-être pourquoi Albert Einstein, un des penseurs les plus reconnus, était, selon sa propre expression, «désordonné et rêveur».

---

ment et de la pensée critique qui produisent des idées nouvelles (Snow, 1986).

Question : Existe-t-il une structure de pensée créatrice?

Les phases de la pensée créatrice Un bon résumé de la séquence des événements de la pensée créatrice propose cinq phases :

1. L'orientation En premier lieu, il faut définir le problème et en distinguer les dimensions importantes.
2. La préparation Dans la deuxième phase, les penseurs faisant preuve de créativité s'imprègnent d'autant d'information pertinente au problème qu'ils le peuvent.
3. L'incubation La plupart des problèmes importants donnent lieu à une période pendant laquelle toutes les

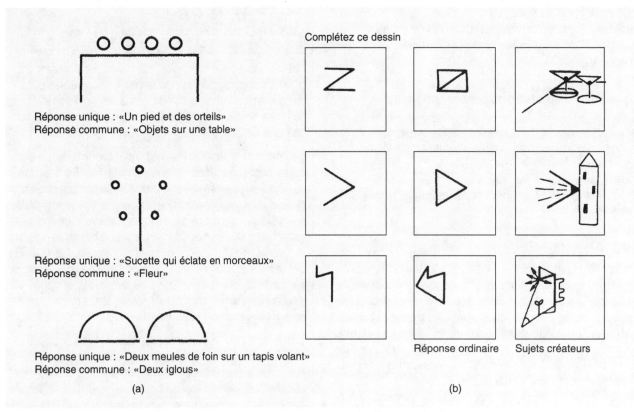

Complétez ce dessin

Réponse unique : «Un pied et des orteils»
Réponse commune : «Objets sur une table»

Réponse unique : «Sucette qui éclate en morceaux»
Réponse commune : «Fleur»

Réponse unique : «Deux meules de foin sur un tapis volant»
Réponse commune : «Deux iglous»

Réponse ordinaire   Sujets créateurs

(a)   (b)

Illustration 10.13   *Quelques épreuves de pensée divergente. Les réponses créatrices sont plus originales et plus complexes [(a) d'après Wallach et Kogan, 1965; (b) d'après Barron, 1958].*

solutions tentées s'avèrent vaines. À ce moment, la résolution de problèmes peut atteindre le niveau subconscient : alors qu'il semble qu'on ait écarté le problème, il «mijote» encore en arrière-plan.

4. L'illumination La phase d'incubation se termine souvent par une intuition rapide ou par une suite d'intuitions, lesquelles produisent souvent l'effet «Eurêka!», souvent illustré dans les dessins animés par une ampoule qui apparaît au-dessus de la tête du penseur.

5. La vérification La phase finale consiste à vérifier et à éprouver de façon critique la solution obtenue en cours d'illumination. Si cette dernière est fausse, le penseur retourne à la phase de l'incubation.

Évidemment, la pensée créatrice n'est pas toujours aussi nette. Néanmoins, ces phases constituent un bon résumé de la séquence type d'événements.

Il peut vous être utile de lier les phases à l'histoire suivante, plus ou moins véridique. La légende veut que le roi de Syracuse (une cité de la Grèce antique) soupçonna son orfèvre d'avoir substitué des métaux de moindre valeur à l'or de sa couronne et d'avoir empoché la différence. Le roi soumit le problème à Archimède, fameux mathématicien et penseur.

Archimède commença par définir le problème (*orientation*) : «Comment puis-je déterminer que les métaux ont été insérés dans la couronne sans endommager cette dernière?» Il vérifia ensuite toutes les mé-

thodes connues d'analyse des métaux (*préparation*), et toutes impliquaient la coupe ou la fonte de la couronne, ce qui le força à écarter temporairement le problème (*incubation*). Puis, comme il entrait dans son bain un jour, Archimède sut tout à coup qu'il tenait la solution (*illumination*). Tout à sa joie, on dit qu'il se mit à courir nu dans la rue en criant : «Eurêka! Eurêka!» (J'ai trouvé!)

En observant son corps flotter dans le bain, Archimède se rendit compte que différents métaux de poids égal déplaceraient des quantités d'eau différentes. Par exemple, une livre de cuivre occupe plus de place

Illustration 10.14   *Les idées créatrices combinent originalité et faisabilité. (Adapté de McMullan et Stocking, 1978.)*

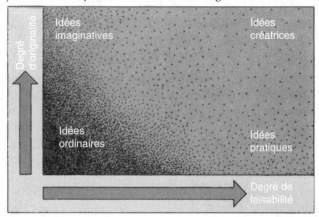

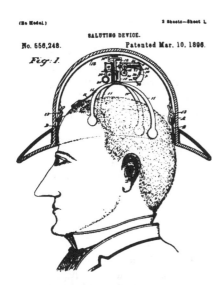

Illustration 10.15   *Le dispositif du salut du chapeau. Selon le brevet d'invention, il sert à effectuer «automatiquement des salutations polies en élevant et en faisant tourner le chapeau au-dessus de la tête de la personne qui salue, lorsque ladite personne se penche vers la ou les personnes saluées». En plus d'être originale et nouvelle, une solution créatrice doit satisfaire aux exigences du problème. S'agit-il ici d'une solution créatrice au «problème» de soulever son chapeau?*

qu'une livre d'or, qui est plus dense. Il ne lui restait plus qu'à vérifier la solution (*vérification*). Il plaça une quantité d'or (de poids égal à celle qu'avait reçue l'orfèvre) dans une baignoire remplie d'eau. Il nota le niveau d'eau et retira l'or. Puis, il immergea la couronne. Était-elle fabriquée d'or pur? Si oui, elle ferait monter l'eau exactement au même niveau. Malheureusement, la pureté de la couronne et le sort réservé à l'orfèvre sont deux éléments demeurés inconnus à ce jour!

Question : Qu'est-ce qui rend une personne créatrice?

La personnalité créatrice Selon les stéréotypes populaires, les personnes très créatrices sont excentriques, introverties, névrosées et mésadaptées, ont des intérêts déséquilibrés et souvent, frôlent la folie. Bien que certains artistes de renom cultivent une image qui correspond à ce stéréotype, ce dernier n'est pas très réaliste. Les études du psychologue Donald MacKinnon brossent un tableau très différent de la personne créatrice. Après avoir soumis des écrivains, des architectes, des mathématiciens et des scientifiques à des épreuves détaillées, MacKinnon (1968) et autres tirèrent les conclusions suivantes :

1. Peu importe le quotient intellectuel, certaines personnes sont créatrices et d'autres, pas. Pour les personnes d'intelligence normale ou supérieure, il y a peu de corrélation entre la créativité et le QI (Nelson et Crutchfield, 1970; Taylor, 1978).

2. Les personnes créatrices ont un éventail de connaissances et d'intérêts supérieur à la moyenne, et elles ont plus de facilité à agencer des idées provenant de sources diverses.

3. Les personnes créatrices sont ouvertes à l'expérience. Elles acceptent les pensées irrationnelles et ne sont pas inhibées sur le plan des émotions et des fantaisies.

4. Les sujets de MacKinnon tiraient du plaisir des pensées, idées, notions et possibilités symboliques. Ils avaient tendance à s'intéresser à la vérité, à la forme et à l'esthétique plutôt qu'à la reconnaissance ou au succès. Leur travail créateur constituait un but en soi.

5. Les personnes très créatrices valorisent l'indépendance et démontrent une préférence pour la complexité. Toutefois, elles sont avant tout non conventionnelles et non conformistes dans leur travail; dans les autres domaines de leur vie, elles ne montrent aucun signe particulier de bizarrerie ou d'incongruité. En effet, la plupart des personnalités créatrices ressemblent au profil 10.4.

Question : La créativité s'apprend-elle?

Nos connaissances à ce chapitre sont encore élémentaires. Néanmoins, il y a tout lieu de croire que certaines compétences créatrices peuvent s'apprendre. À la section Applications du présent chapitre, vous trouverez une brève discussion de quelques stratégies utiles.

Tout comme la pensée irrationnelle et intuitive peut contribuer à la résolution créatrice de problèmes, elle peut aussi mener à des erreurs de pensée. Les prochaines sections nous renseignent à ce sujet.

PROFIL 10.4
Le profil créateur

Les qualités suivantes se retrouvent régulièrement chez les personnes créatrices :

1. Une conscience inhabituelle des gens, des événements et des problèmes.
2. Un haut degré d'éloquence.
3. La souplesse dans le maniement des nombres, des notions, des médias et des situations sociales.
4. L'originalité des idées et des expressions; le sens de l'humour.
5. La capacité d'abstraction, d'organisation et de synthèse.
6. Un haut niveau d'énergie ou d'activité.
7. La persévérance dans des tâches d'intérêt.
8. L'impatience face aux besognes routinières ou répétitives.
9. Une volonté de prendre des risques.
10. Une imagination fertile et spontanée qui, dans l'enfance, peut prendre la forme d'un compagnon imaginaire.

(Source : Meeker, 1978)

L'intuition — raccourci mental ou dangereux détour?

Problème 1 *Une épidémie se déclare, et 600 personnes sont à l'agonie. Les médecins se trouvent devant une alternative : s'ils administrent le médicament A, ils sauveront 200 personnes; s'ils donnent le médicament B, il y a une chance sur trois que les 600 personnes soient sauvées, et deux chances sur trois qu'aucune ne s'en sorte. Quel médicament devraient-ils choisir?*

Problème 2 *Encore une fois, 600 personnes sont à l'agonie, et les médecins doivent choisir. S'ils donnent le médicament A, 400 personnes mourront. S'ils choisissent le B, il y a une chance sur trois que personne ne meure, et deux chances sur trois que les 600 personnes décèdent. Quel médicament devraient-ils choisir?*

La plupart des gens choisissent le médicament A pour le premier problème et le B pour le second, ce qui est fascinant car les deux problèmes sont identiques. La seule différence est que le premier est exprimé en vies à sauver, et le second, en vies perdues. Pourtant, même les gens qui se rendent compte que leurs réponses sont contradictoires ont de la difficulté à les changer (Kahneman et Tversky, 1972, 1973).

L'intuition Comme l'indique l'exemple, nous prenons souvent des décisions qui se fondent sur l'intuition plutôt que sur la logique, ce qui peut fournir des réponses rapides, mais aussi mener à des erreurs parfois graves. Deux psychologues reconnus, Daniel Kahneman et Amos Tversky, ont étudié pendant 20 ans la façon dont les gens prennent des décisions et prévoient les événements incertains. Pour parler carrément, ils ont découvert que le jugement humain est souvent grandement déficient (Kahneman et autres, 1982). Le fait de comprendre les erreurs qu'ils ont découvertes peut vous aider à les éviter. Examinons certaines erreurs communes.

La représentativité Un piège du jugement très répandu est illustré par la question suivante :
Quelle proposition est la plus plausible?

A. Boris Becker perdra le premier set d'un match de tennis, mais gagnera le match.

B. Boris Becker perdra le premier set.

Tversky et Kahneman (1982) découvrirent que la majorité considère la première proposition plus plausible. Toutefois, cette réponse intuitive ne tient pas compte d'un fait important : la probabilité que deux événements se produisent en même temps est plus faible que la probabilité d'un seul événement, peu importe lequel. (Par exemple, la probabilité de tomber sur face lorsqu'on tire à pile ou face est 0,5, et la probabilité d'obtenir deux faces, 0,25.) Donc, A est moins probable que B.

Tversky et Kahneman croient que de telles conclusions fautives se fondent sur une erreur d'intuition appelée **représentativité**, en vertu de laquelle on accorde plus de poids à un choix parce qu'il semble représentatif de ce que nous savons déjà. Ainsi, on compare l'information sur Becker à un modèle mental du comportement probable d'un joueur de tennis professionnel. Le premier choix semble mieux correspondre à ce modèle et donc, semble plus probable, même s'il ne l'est pas.

Les probabilités sous-jacentes Une deuxième erreur de jugement commune consiste à ignorer le **taux initial**, ou la probabilité sous-jacente d'un événement. Par exemple, dans une expérience, on affirma aux sujets qu'on leur donnerait la description de 100 personnes — 70 avocats et 30 ingénieurs. On leur demanda ensuite de deviner, sans rien connaître de la personne en question, s'il s'agissait d'un avocat ou d'un ingénieur. Tous firent état de probabilités qui correspondaient à la proportion de 70 pour 100 d'avocats et de 30 pour 100 d'ingénieurs. On remit ensuite la description suivante aux sujets :

Richard est un homme âgé de 30 ans. Il est marié, sans enfant. Homme de grand talent et très motivé, il est promis à un brillant avenir dans sa sphère d'activité. Il est bien aimé de ses collègues.

Notez que la description ne fournit aucun renseignement supplémentaire sur l'occupation de Richard. Il se peut toujours qu'il soit ingénieur ou avocat. Les probabilités devraient donc encore s'évaluer à 70-30. Toutefois, la plupart ramenèrent celles-ci à 50-50. Intuitivement, il semble que Richard ait autant de chances d'être ingénieur qu'avocat, mais cette supposition ne tient pas du tout compte des probabilités sous-jacentes.

Sans doute est-il heureux que nous ignorions parfois les probabilités sous-jacentes. Sinon, combien de gens se marieraient encore face à un taux de divorce de 50 pour 100? Ou combien se risqueraient encore en affaires? Par contre, les personnes qui fument, ou qui consomment de l'alcool et prennent ensuite le volant, ou encore qui ne portent pas leur ceinture de sécurité en voiture ne tiennent pas compte de risques élevés de blessure ou de maladie. Dans de nombreuses situations à risque élevé, l'ignorance du taux initial équivaut à croire que vous êtes l'exception à la règle.

L'encadrement Sans doute, la conclusion la plus générale des travaux de Kahneman et Trevsky s'applique à la façon dont un problème est énoncé, ou **encadré**, ce qui influe sur les décisions (Tversky et Kahneman, 1981). Comme l'a révélé le premier exemple de la présente discussion, les gens donnent souvent des réponses différentes au même problème énoncé de façon quelque peu différente. Généralement, l'encadrement ou l'énoncé le plus *large* d'un problème donne lieu aux décisions les plus rationnelles. Toutefois, les gens énoncent souvent les problèmes de façon de plus en plus étroite jusqu'à ce qu'émerge la seule réponse possible. Par exemple, pour le choix d'une carrière, il est sage de considérer le salaire, les conditions de travail, la satisfaction professionnelle, les compétences requises, la disponibilité des postes futurs et nombre d'autres facteurs. Et pourtant, de telles décisions se réduisent souvent à des réflexions comme : «J'aime écrire, alors je vais devenir journaliste», ou «Je peux développer ma créativité en faisant de la photographie». Encadrer des décisions aussi étroitement augmente grandement le risque de faire des choix médiocres.

Conclusion Nous n'avons mentionné que quelques-unes des erreurs d'intuition commises face à l'incertitude. L'étude de la décision intuitive trouve rapidement des applications dans les secteurs du diagnostic médical, des décisions financières, de la stratégie militaire, de l'investissement, des relations internationales et autres. Dans chaque secteur, les gens apprennent à y songer deux fois avant de prendre une décision. Avec la pratique, vous aussi pouvez apprendre à discerner les erreurs comme celles que nous avons décrites. Souvenez-vous que les raccourcis menant à la réponse court-circuitent souvent la pensée lucide — ce que nous allons examiner de plus près à la prochaine section Applications.

Autotest

1. L'éloquence, la souplesse et l'originalité sont les caractéristiques de

    a. la pensée convergente   *b.* la pensée déductive   *c.* la pensée créatrice   *d.* la méthode par tâtonnements

2. Dressez la liste des phases de la pensée créatrice dans l'ordre qui convient :

    _____   _____   _____

3. La capacité d'organisation, d'abstraction et de synthèse des idées bloque la créativité; il s'agit de qualités non créatrices. Vrai ou faux?

4. Pour être créatrice, une idée originale doit également être pratique et réalisable. Vrai ou faux?

5. L'intelligence et la créativité sont étroitement reliées; plus le quotient intellectuel d'une personne est élevé, plus elle est susceptible d'être créatrice. Vrai ou faux?

6. Catherine est célibataire, franche et très brillante. Étudiante au collège, elle se pencha sur le problème de la discrimination et sur d'autres questions sociales, et participa à quelques contestations. Quel énoncé est le plus probable ?

    a. Catherine est caissière de banque   *b.* Catherine est caissière de banque et féministe

7. La probabilité que deux événements surviennent en même temps est plus faible que la probabilité qu'un des deux survienne seul. Vrai ou faux?

8. Habituellement, la façon la plus large d' _____ un problème donne lieu aux décisions les plus rationnelles.

Réponses :

1. *c* 2. l'orientation, la préparation, l'incubation, l'illumination, la vérification 3. faux 4. vrai 5. faux 6. *a* 7. vrai 8. encadrer

Applications : vers une pensée et une résolution de problèmes meilleures

À un moment ou l'autre, nous éprouvons tous des difficultés à réfléchir et à résoudre des problèmes. Ce qui suit devrait vous avertir des problèmes les plus courants.

Une attitude mentale rigide Essayez de résoudre les problèmes de l'illustration 10.16. Si vous avez de la difficulté, demandez-vous quelles hypothèses vous faites. Les problèmes sont destinés à démontrer les limites de l'attitude mentale. (Les réponses à ces problèmes ainsi qu'une explication des attitudes qui en empêchent la solution se trouvent à la page 276.) En plus des hypothèses et des attitudes mentales que nous ajoutons à un problème, ce dernier peut provoquer une attitude déconcertante. En voici un exemple simple : le mot *peau* se prononce «po», le mot *saut* se prononce «so» et une douleur au pluriel se prononce _____. Voici un autre exemple : voyez si vous pouvez décoder chaque série de lettres pour en faire un mot qui les utilise toutes :

DEO _____
RSEV _____
MERI _____
TEICR _____
VRILE _____
ETOPE _____

Voici maintenant une autre liste :

TALP _____
OLB _____
EEGLMU _____
SPERA _____
DNIAVE _____
ETOPE _____

Avez-vous remarqué que la dernière anagramme est la même dans les deux listes? Pourtant, bien des gens ne la décodent pas par le même mot. Pour compléter la première liste (*ode, vers, rime, écrit, livre*), l'anagramme ETOPE devient habituellement *poète*. Dans la deuxième liste (*plat, bol, légume, repas, viande*), ETOPE devient *potée*.

Maintenant que vous êtes averti des dangers des hypothèses erronées, voyez si vous pouvez répondre aux questions suivantes :

1. Les Argentins n'ont pas de 4 juillet. Vrai ou faux?
2. Combien d'anniversaires de naissance la personne moyenne compte-t-elle?
3. Un fermier avait 19 moutons. Tous sont morts sauf 9. Combien lui reste-t-il de moutons?

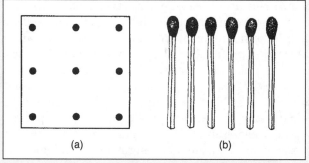

Illustration 10.16 *(a) Neuf points sont disposés dans un carré. Pouvez-vous les relier en traçant 4 lignes droites continues sans lever votre crayon? (b) On doit disposer 6 allumettes de façon à former 4 triangles. Les triangles doivent être de même taille, et chaque côté doit correspondre à la longueur d'une allumette. (Les solutions de ces problèmes sont à la page 276.)*

4. Certains mois ont 30 jours, d'autres, 31. Combien de mois ont 28 jours?
5. J'ai 2 pièces de monnaie dont le total équivaut à 1,05 $. Une des deux pièces n'est pas un cinq cents. Quelles sont les deux pièces?

Ces questions sont conçues pour provoquer des erreurs de pensée. Voici les réponses :

1. Faux. Bien sûr qu'ils ont un quatre juillet. Ils ne sautent certainement pas du 3 au 5. **2.** Un, que la personne célèbre chaque année. **3.** Dix-neuf — 9 vivants et 10 morts. **4.** Tous. **5.** Une pièce de un dollar et une pièce de cinq cents. Une des pièces n'est pas un cinq cents, mais l'autre, oui!

Si vous êtes tombé dans le piège de l'une ou l'autre des questions, rappelez-vous qu'il faut à tout prix vérifier les hypothèses que vous formulez lors de la résolution de problèmes.

Problèmes de logique Une des difficultés importantes de la pensée relève du *raisonnement logique*. De simples séquences de pensée logique peuvent constituer une série de *prémisses* (propositions) accompagnées d'une *conclusion*. Ce raisonnement s'appelle un **syllogisme**, dont on peut évaluer la *validité* et la *vérité* de la *conclusion*. Il est possible de tirer de vraies conclusions d'une logique erronée, ou de fausses conclusions d'une logique valable. Les exemples suivants illustrent comment cela se passe.

Applications

Syllogisme I

> *Tous les humains sont mortels. (**Prémisse majeure**)*
> *Toutes les femmes sont des humains. (**Prémisse mineure**)*
> *Donc, toutes les femmes sont mortelles. (**Conclusion**)*

Commentaire : Comme vous pouvez le constater à l'illustration 10.17, la logique de ce syllogisme est valable. Puisque les prémisses sont vraies, la conclusion l'est aussi. Le diagramme indique que toutes les femmes se trouvent à l'intérieur de la frontière des mortels.

Syllogisme II

> *Toutes les femmes sont des humains.*
> *Tous les humains sont mortels.*
> *Donc, tous les mortels sont des femmes.*

Commentaire : Dans cet exemple, la conclusion tirée est fausse parce que le raisonnement n'est pas valable. Le diagramme du syllogisme I montre que tous les mortels ne sont pas des femmes. Notez le changement minime nécessaire à engendrer une fausse conclusion. Considérez maintenant le syllogisme III.

Syllogisme III

> *Tous les psychologues sont bizarres.*
> *Marie est psychologue.*
> *Donc, Marie est bizarre.*

Commentaire : Dans le cas présent, le raisonnement est valable, mais la conclusion est fausse parce que la première prémisse l'est. Tous les psychologues *ne sont pas* bizarres (juré!). Considérons maintenant un autre syllogisme.

Syllogisme IV

> *Tous les canards ont des ailes.*
> *Tous les oiseaux ont des ailes.*
> *Donc, tous les canards sont des oiseaux.*

Illustration 10.17

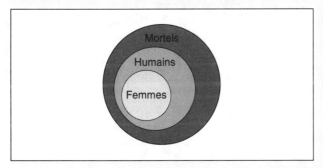

Commentaire : Ce syllogisme démontre l'importance de porter une attention spéciale à la logique. Le raisonnement semble valable puisque la conclusion est vraie, mais substituez *chauves-souris* ou *avions* à *canards* et vérifiez la conclusion. Il est bon de prendre l'habitude de remettre en question la logique utilisée par les politiciens, les annonceurs, voire les psychologues.

Le simplisme Il peut être trop simple de l'affirmer, mais le simplisme est une autre source importante des erreurs de réflexion. Deux types de simplisme sont particulièrement problématiques : le premier est la **forme de pensée du tout ou rien**, à la faveur de laquelle on classe les choses comme bonnes ou mauvaises, vraies ou fausses, acceptables ou inacceptables, honnêtes ou malhonnêtes, ce qui empêche de percevoir la complexité de la plupart des problèmes humains.

Le deuxième type consiste à penser selon des **stéréotypes**, qui sont particulièrement nuisibles lorsqu'entrent en jeu les relations humaines. Une vision simpliste, imprécise ou rigide des hommes, des Noirs, des femmes, des conservateurs, des libéraux, des policiers ou de tout autre groupe de personnes peut mener à une perception confuse des membres du groupe en question. Essayez de dépister les stéréotypes et autres erreurs dans vos habitudes de réflexion.

Accroître la créativité — les remue-méninges

Thomas Edison expliqua sa créativité en disant : «Le génie se compose d'un pour cent d'inspiration, et de 99 pour 100 de transpiration.» De nombreuses études de la créativité démontrent que le «génie» relève autant de la persévérance et du dévouement que de l'inspiration (Hunt, 1982). Une fois qu'on a reconnu que la créativité peut se traduire par un dur labeur, on peut ensuite contribuer à l'améliorer. Voici quelques suggestions à cet effet (de Hayes, 1978, et autres sources).

1. Définissez le problème dans ses grandes lignes. Autant que possible, étendez la définition d'un problème. Par exemple, supposons que le problème est le suivant : dessinez une meilleure porte. Fort probablement, la solution sera ordinaire. Pourquoi ne pas reformuler le problème : dessinez une meilleure façon de traverser un mur? Votre solution pourrait alors être plus originale. Le mieux serait peut-être de dire : trouvez une meilleure façon de diviser des aires

Applications

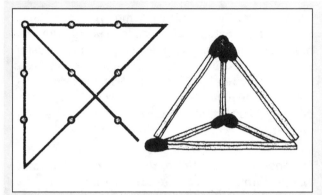

Illustration 10.18 *Les solutions des problèmes. (a) On peut résoudre le problème des points en traçant la ligne au delà du carré formé par les points. La plupart des gens croient à tort que cela est défendu. (b) On peut résoudre le problème des allumettes en construisant une pyramide tridimensionnelle. La majorité croit que les allumettes doivent être disposées sur une surface plane.*

de travail et de séjour. Cette formulation pourrait engendrer des solutions réellement créatrices (Adams, 1980).

Supposons que vous êtes le chef d'une équipe dont le but est de concevoir un nouvel ouvre-boîtes. Comme vous êtes astucieux, vous demandez au groupe de penser à l'*ouverture* en général, et non à l'ouverture de boîtes. Cette approche fut exactement celle dont on se servit pour mettre au point les conserves à fermeture étanche. En discutant du concept de l'ouverture, un membre de l'équipe de conception fit valoir que la nature a ses propres «ouvreurs», comme la ligne fine d'une gousse de pois. Au lieu d'un nouvel outil, le groupe inventa les pots auto-ouvrants (Stein, 1974).

2. Créez l'atmosphère propice. Diverses expérimentations indiquent que les gens trouvent des réponses plus originales, spontanées et imaginatives lorsqu'ils sont en présence d'autres personnes (modèles) occupées à la même chose (Amabile, 1983). Si vous désirez devenir plus créateur, passez plus de temps en compagnie de personnes créatrices. Il s'agit là de la prémisse qui sous-tend une grande partie de la formation en art, en théâtre, en danse et en musique.

3. Allouez du temps à l'incubation. Tenter de précipiter ou de forcer la solution d'un problème peut simplement favoriser la fixation sur une solution sans issue. Lors d'une expérience, on demanda aux sujets quelles seraient toutes les conséquences possibles si les gens n'avaient plus besoin de se nourrir. La plupart des sujets trouvèrent rapidement plusieurs idées, puis, plus rien. Après avoir réfléchi un certain temps,

quelques sujets furent interrompus et obligés de s'adonner à une autre tâche pendant 20 minutes. Puis, ils revinrent à la question originale. L'interruption améliora leurs résultats, même s'ils n'avaient pas travaillé plus longtemps que le groupe témoin (Fulgosi et Guilford, 1968).

4. Recherchez des renseignements variés. Rappelez-vous que la créativité requiert la pensée divergente. Plutôt que de vous fier à une logique plus profonde, tentez d'appliquer votre «prospection» mentale à d'autres objets. Par exemple, Edward de Bono (1970) recommande de chercher des mots au hasard dans le dictionnaire et de tous les relier au problème. Souvent, cette activité offrira une nouvelle perspective ou ouvrira une autre voie. Par exemple, supposons qu'on vous demande de trouver de nouvelles façons de nettoyer une plage polluée par le pétrole, et que vous n'arrivez à rien. En suivant les suggestions de Bono, vous devriez lire les mots suivants choisis au hasard, relier chacun d'entre eux au problème et voir quelles pensées ils provoquent : *algue, rouille, pauvre, grossir, mousse, or, cadre, trou, diagonale, vide, tribu, marionnette, nez, lien, dériver, portrait, fromage, charbon.*

5. Cherchez des analogies. Comme le suggère le principe de la comparaison sélective mentionné plus tôt, de nombreux «nouveaux» problèmes sont en réalité de vieux problèmes déguisés. Se représenter un problème de diverses façons en constitue souvent la solution. La plupart des problèmes deviennent plus faciles à résoudre lorsqu'ils sont représentés de manière efficace. Par exemple, considérez celui-ci :

> *Deux excursionnistes empruntent un sentier abrupt à 6 heures du matin. Elles marchent toute la journée, en se reposant à l'occasion, et arrivent au sommet à 18 heures. Le jour suivant, elles commencent à descendre le sentier à 6 heures du matin. Elles s'arrêtent plusieurs fois en chemin et varient leur allure. Elles sont de retour à 18 heures. En descendant, une des excursionnistes, une mathématicienne, fait remarquer à l'autre qu'elles passeront à un endroit du sentier exactement à la même heure que la veille. Son amie, une profane des chiffres, a peine à la croire, puisque durant les deux jours, elles se sont arrêtées et sont reparties à maintes reprises, et ont souvent changé d'allure. Le problème : la mathématicienne a-t-elle raison?*

Peut-être verrez-vous immédiatement la réponse à ce problème. Sinon, pensez-y de la façon suivante : et s'il y avait deux couples d'excursionnistes, un qui monte et l'autre qui descend la piste, et que les deux le fassent le *même jour*? Il devient alors évident que les deux couples d'excursionnistes se rencontreront à un point ou à l'autre de la piste. Donc, ils seront au même

Applications

endroit au même moment. La mathématicienne avait raison (adapté de Hayes, 1978).

6. Différez l'évaluation. Différentes études suggèrent que les gens sont plus enclins à la créativité lorsqu'on les laisse libres de jouer avec les idées et les solutions sans avoir à se soucier d'une évaluation éventuelle. Aux premières phases de la pensée créatrice, il importe d'éviter de critiquer vos efforts. Se soucier de l'exactitude des réponses tend à inhiber la créativité (Amabile, 1983). Cette notion fait l'objet de la prochaine section.

Une autre approche de la créativité s'appelle le remue-méninges. Bien que ce dernier constitue une technique de groupe, on peut l'appliquer à la résolution de problèmes individuelle.

Le remue-méninges Le principe essentiel du remue-méninges consiste à séparer la *production* et la *critique* d'idées. Afin de favoriser la pensée divergente au sein d'un groupe qui veut résoudre des problèmes, on encourage les participants à trouver autant d'idées que possible sans crainte de la critique ou de l'évaluation. On procède à l'examen et à l'évaluation des idées uniquement après que la séance de remue-méninges est terminée (Haefele, 1962). À mesure que fusent librement les idées, on assiste à un **effet de stimulation croisée** à la faveur duquel les idées de l'un déclenchent celles de l'autre. Les quatres règles fondamentales d'une séance de remue-méninges réussie sont les suivantes :

1. La critique de quelque idée que ce soit est totalement proscrite. Toute évaluation n'a lieu qu'à la fin de la séance.

2. On encourage la modification ou la combinaison d'idées. Ne vous souciez pas d'attribuer le mérite des idées à quelqu'un ou de les garder intactes. Mêlez-les!

3. On recherche une foule d'idées. Aux premiers stades du remue-méninges, la quantité prime sur la qualité. Tâchez de dénicher une foule d'idées.

4. Les idées inusitées, farfelues ou saugrenues sont précieuses. Laissez libre cours à votre imagination!

Question : Comment le remue-méninges s'applique-t-il à la résolution de problèmes individuelle?

L'idée principale à retenir est de *suspendre votre jugement*. On doit d'abord générer des idées sans égard à la logique, à l'organisation, à la précision, à la pratique ou à toute autre forme d'évaluation. Par exemple, en rédigeant une composition, vous commencez par noter vos idées, aussi nombreuses que possible et comme elles vous viennent, peu importe le désordre. Plus tard, vous y reviendrez, les réarrangerez, récrirez et critiquerez vos efforts.

Pour vous aider à suivre les règles 2,3 et 4 de la méthode de remue-méninges, voici une liste qui peut favoriser la pensée originale. Vous pouvez l'utiliser pour voir si vous avez oublié une solution possible (adapté de Parnes, 1967).

Liste de vérification de la créativité

1. Redéfinir. Trouvez d'autres usages à tous les éléments du problème (cela vous empêchera de développer des fixations qui bloquent la créativité).

2. Adapter. Comment pourriez-vous adapter d'autres objets, idées, méthodes ou solutions à ce problème?

3. Modifier. Essayez de changer tout ce que vous pouvez.

4. Grossir. Exagérez tout ce à quoi vous pensez. Réfléchissez sur une grande échelle.

5. Minimiser. Et si vous réduisiez tout? Si vous effaciez les différences? «Réduisez» le problème.

6. Substituer. Comment pouvez-vous substituer un objet, une idée ou une méthode à un(e) autre?

7. Réarranger. Divisez le problème en diverses parties et mêlez-les.

8. Inverser. Examinez le problème en ordre inverse, considérez-en le contraire et les données à l'envers.

9. Combiner. C'est l'évidence même.

En prenant l'habitude de soumettre un problème à chacune de ces étapes, vous devriez être en mesure de réduire grandement les risques de passer outre une solution utile, originale et créatrice.

Autotest

1. En évaluant un syllogisme, il est possible de tirer une conclusion vraie d'une logique fausse, ou une fausse conclusion d'une logique valable. Vrai ou faux?

2. Les stéréotypes constituent un exemple du simplisme de la pensée. Vrai ou faux?

3. La fréquentation de gens créateurs accroît la créativité. Vrai ou faux?

4. Dans le remue-méninges, on évalue toutes les idées de façon critique à mesure qu'elles jaillissent. Vrai ou faux?

5. Définir les grandes lignes d'un problème produit un effet de stimulation croisée qui peut inhiber la pensée créatrice. Vrai ou faux?

Réponses :   1. vrai 2. vrai 3. vrai 4. faux 5. faux

Exploration : l'intelligence artificielle

Il y a belle lurette que Jean-Sébastien Bach, compositeur allemand du XVIIIe siècle, n'a pas écrit de musique. On peut donc pardonner à ceux qui écoutent la musique composée par Kemal Ebcioglu de confondre ce dernier avec le grand musicien. En 1988, Ebcioglu mit au point un logiciel qui compose des harmonies ressemblant énormément à celles de Bach. Ebcioglu analysa la musique de Bach et distingua 350 règles qui en régissent l'harmonie. Le logiciel qui en résulta a recours à ce qu'on appelle *l'intelligence artificielle*. Ses compositions ressemblent à de la bonne musique classique, ce qui démontre le pouvoir de l'intelligence artificielle. Certains défauts, petits mais flagrants, ainsi qu'un manque d'inspiration en révèlent les déficiences (Maugh, 1988).

L'**intelligence artificielle (IA)** désigne les logiciels capables d'accomplir des choses qui, lorsqu'elles sont exécutées par des personnes, font appel à l'intelligence (Best, 1986). Elle se fonde sur le fait que de nombreuses tâches — qu'il s'agisse d'harmoniser la musique ou de donner un diagnostic — se réduisent à une série de règles qui s'appliquent à un ensemble de données. L'IA est utile dans des situations qui nécessitent de la vitesse, une vaste mémoire et de la persévérance. En fait, les logiciels d'IA s'acquittent mieux de certaines tâches que les humains.

L'IA et la connaissance

L'intelligence artificielle constitue une bonne façon d'explorer certaines des plus vieilles questions relatives à l'esprit, comme la compréhension du langage, la prise de décisions et la résolution de problèmes. Les cognitivistes ont de plus en plus recours à l'IA comme outil de recherche de deux manières principales.

Dans le cadre des **simulations par ordinateur**, on utilise des programmes qui simulent le comportement humain, surtout la résolution de problèmes. Ici, l'ordinateur sert de «laboratoire» qui vérifie des modèles de connaissance. Si un logiciel se comporte comme les humains (et commet les mêmes erreurs), alors le logiciel peut représenter un bon modèle de notre façon de penser (Mayer, 1983).

Les systèmes experts sont des programmes qui affichent une connaissance poussée d'un sujet ou d'une aptitude précise. Ils ont démystifié certaines zones de la capacité humaine qui consiste à convertir des compétences complexes en règles simples qu'un ordinateur peut suivre. On a créé les systèmes experts afin de prévoir le temps, d'analyser les formations géologiques, de diagnostiquer les maladies, d'indiquer à quel moment vendre ou acheter des actions, de jouer aux échecs, de lire un texte, de faire de la psychothérapie et d'accomplir un ensemble d'autres tâches.

Les experts et les novices Le travail avec l'intelligence artificielle a surtout permis de distinguer entre les experts et les novices. Par exemple, la recherche sur les grands maîtres d'échecs indique que les compétences de ces derniers se fondent sur une **connaissance organisée** et des **stratégies acquises**. Autrement dit, devenir champion ne provient pas d'un renforcement général de l'esprit. Les grands joueurs d'échecs n'ont pas nécessairement une meilleure mémoire que les débutants (sauf pour la position des pièces). Et en général, ils ne devancent pas davantage les coups que les joueurs moins avancés.

Ce qui distingue les maîtres est leur capacité de reconnaître les *structures* qui proposent les lignes de jeu à adopter ultérieurement (Best, 1986). Cela contribue à éliminer un grand nombre de coups possibles. Par conséquent, le maître ne perd pas de temps à explorer des voies stériles. Les experts sont plus en mesure de voir la vraie nature des problèmes et de les définir selon des principes généraux (Rabinowitz et Glaser, 1985).

L'expérience permet également plus de **traitement automatique**, soit une réflexion plus rapide et relativement sans efforts qui se fonde sur l'expérience de problèmes similaires. Le traitement automatique libère l'attention et dégage de «l'espace» dans la mémoire à court terme, ce qui permet de travailler au problème. Au maximum de leur compétence, les experts tendent à s'élever au-dessus des règles et des plans; leurs décisions, leur pensée et leurs actions deviennent rapides et coulent de source. Ainsi, lorsqu'un champion d'échecs reconnaît un modèle au jeu, la meilleure tactique lui vient à l'esprit presque automatiquement (Dreyfus et Dreyfus, 1986).

Les limites Ce qui précède nous indique que les experts d'un domaine ne règlent pas nécessairement mieux les problèmes d'une autre sphère, pas plus qu'ils ne deviennent plus intelligents (Bransford et autres, 1986). La même conclusion vaut pour l'intelligence artificielle. Les systèmes experts ont été portés aux nues comme étant le remède possible aux erreurs au sein de tâches comme le contrôle du trafic aérien, l'exploitation de centrales nucléaires et le contrôle des armements. Toutefois, les systèmes experts sont en réalité des «génies idiots». Ils sont très habiles dans une certaine marge de résolution de problèmes, mais complètement idiots pour le reste.

Éventuellement, l'IA prendra la forme de robots qui reconnaissent les voix, agissent et parlent «intelligemment» (Best, 1986). Mais les scientifiques cognitifs prennent conscience que l'«intelligence» des machines est finalement «aveugle» en

Exploration

dehors de l'ensemble des règles qui les régissent. Par contre, la connaissance humaine est beaucoup plus souple. Par exemple, vou pouvé conprend dé mo mal ortograffié. Les ordinateurs sont très textuels et facilement coincés par de telles erreurs.

Les humains peuvent tenir compte des exceptions, du contexte et des interprétations au fil de leur pensée. Nous assumons aussi les responsabilités de nos actes et prenons des engagements. Un système expert qui fonctionne selon des règles traite l'information sans égard au sens des gestes. Les systèmes experts ne seront peut-être jamais en mesure de prévoir le nombre infini d'événements qui peuvent survenir. Par conséquent, leurs gestes peuvent être catastrophiques lors de situations imprévues (Denning, 1988).

Il est évident que l'intelligence artificielle jouera un rôle de plus en plus notoire dans la recherche cognitive et dans nos vies. Toutefois, elle ne semble pas prête à remplacer la touche humaine dans bien des domaines. Bien que Bach eût pu être fasciné par l'IA, il est douteux que la magie de sa musique soit jamais éclipsée par une machine.

Autotest

1. Deux aspects de l'intelligence artificielle sont les simulations par ordinateur et le traitement automatique. Vrai ou faux?

2. On se sert souvent des simulations par ordinateur afin de vérifier les modèles de connaissance humaine. Vrai ou faux?

3. La connaissance organisée, les stratégies acquises et le traitement automatique sont tous des caractéristiques de l'expérience humaine. Vrai ou faux?

4. On peut désigner les systèmes experts de systèmes largement intelligents parce que leurs règles et leur heuristique s'appliquent à presque toute situation problématique. Vrai ou faux?

Réponses :

1. faux 2. vrai 3. vrai 4. faux

Résumé du chapitre

■ La pensée est le maniement des **représentations intérieures** des situations ou des stimuli extérieurs.

■ Les animaux révèlent une capacité de penser lorsqu'ils résolvent des **problèmes de réaction différée** et dans certains cas, des problèmes qui semblent faire appel à la compréhension ou à l'**intuition**. Certains psychologues ne sont cependant toujours pas convaincus de ces compétences.

■ Quatre unités fondamentales de la pensée sont les **images**, les **concepts**, les **réactions musculaires** et le **langage**.

■ La plupart des gens ont des images intérieures d'un genre ou l'autre, lesquelles peuvent être **emmagasinées** ou **créées**. Parfois elles dépassent les frontières sensorielles normales dans un type d'imagerie qu'on désigne de **synesthésie**. Les images qu'on utilise à la résolution de problèmes peuvent être tridimensionnelles, et leur taille peut changer.

■ Les **images musculaires** sont créées par la mémoire des actions ou par les **actions implicites**. Les **sensations kinesthésiques** et les **micromouvements** semblent contribuer à structurer le flot de pensées de nombreuses personnes.

■ Un **concept** est l'idée généralisée d'une classe d'objets ou d'événements. La **formation de concepts** se fonde sur les **instances positives** et **négatives**, ou plus communément, sur l'**apprentissage des règles**. Dans la pratique, la définition de concepts fait souvent appel aux **prototypes**, ou modèles généraux de la catégorie du concept. Les concepts peuvent être **conjonctifs** (concepts «et»), **disjonctifs** (concepts «ou — ou bien») ou **relationnels**.

■ Le sens **dénotatif** d'un mot ou d'un concept correspond à sa définition au dictionnaire. Le sens **connotatif** est personnel ou affectif, et peut être mesuré au moyen du **différentiateur sémantique**.

■ Le langage permet l'**encodage** des événements en **symboles** pour en faciliter le maniement mental. Dans le langage, la pensée est influencée par le sens. La **sémantique** désigne l'étude du sens.

■ La langue transmet le sens en combinant une série de symboles selon un ensemble de règles (**grammaire**), qui comprend les règles de l'ordre des mots (**syntaxe**). Une langue véritable est **productive** et on peut s'en servir pour engendrer de nouvelles idées ou possibilités.

■ La communication animale est relativement limitée parce qu'elle manque de symboles qui peuvent être facilement réarrangés. Les tentatives d'enseignement de systèmes comme l'**Ameslan** aux chimpanzés laissent croire à certains que les primates sont capables d'utiliser le langage. D'autres doutent de cette conclusion.

■ On peut arriver à la solution d'un problème **mécaniquement** (par **tâtonnements** ou par **coeur**), mais les solutions mécaniques sont souvent inefficaces ou ne fonctionnent pas à moins d'être assistées par ordinateur.

■ Les solutions par **compréhension** commencent généralement par la découverte des **propriétés générales** de la réponse. Puis vient la proposition de nombre de **solutions fonctionnelles**.

■ L'**heuristique** contribue souvent à la résolution de problèmes. Il s'agit de stratégies qui réduisent la recherche de solutions. La **stratégie idéale** est une stratégie heuristique générale.

■ Lorsque la compréhension mène à une solution rapide, on dit qu'il y a eu **intuition**. Trois éléments de l'intuition sont l'**encodage sélectif**, la **combinaison sélective** et la **comparaison sélective**.

■ La **fixation** peut empêcher l'intuition et d'autres solutions de problèmes. La **rigidité fonctionnelle** est une fixation répandue, mais les **blocages affectifs**, les **valeurs culturelles**, les **conventions acquises** et les **habitudes de perception** causent également des problèmes.

■ La pensée créatrice requiert la **pensée divergente**, laquelle est caractérisée par l'**éloquence**, la **souplesse** et l'**originalité**. Pour être créatrice, une solution doit être utile ou sensée, en plus d'être originale. Les **fantaisies** constituent la principale source de pensée divergente.

■ L'**orientation**, la **préparation**, l'**incubation**, l'**illumination** et la **vérification** constituent les cinq phases habituelles de la résolution de problèmes, mais la pensée créatrice ne s'y conforme pas toujours.

■ Les études indiquent que la **personnalité créatrice** comporte un nombre de caractéristiques définies, dont la plupart sont en contradiction avec les stéréotypes populaires. Il semble y avoir peu ou pas de corrélation entre le QI et la créativité.

■ La pensée intuitive mène souvent à l'erreur. On peut tirer de fausses conclusions, alors qu'une réponse semble hautement **représentative** de ce que l'on tient déjà pour vrai. Un autre problème consiste à ignorer le **taux initial** (ou la **probabilité sous-jacente**) d'un événement. L'énoncé ou l'**encadrement** d'un problème dans ses grandes lignes contribue souvent à éclaircir la pensée.

■ Une **attitude mentale rigide**, une **logique fautive** et le **simplisme** sont les sources principales des erreurs de pensée. Diverses stratégies, notamment le **remue-méninges**, tendent à accroître la résolution créatrice de problèmes.

■ La **simulation par ordinateur** et les **systèmes experts** constituent les deux zones principales de la recherche en **intelligence artificielle**. Ces deux techniques viennent en aide aux scientifiques qui explorent la nature de la pensée humaine, de la connaissance et de l'expérience.

Discussion

1. Si vous perdiez soudainement votre capacité de vous représenter mentalement les problèmes extérieurs, quels changements auriez-vous à apporter à votre comportement?

2. À votre avis, les chimpanzés à qui l'on enseigne à se servir de signaux manuels se servent-ils réellement du langage des signes? Expliquez pourquoi.

3. Décrivez une occasion où vous avez utilisé l'imagerie afin de résoudre un problème. Quels sont les avantages et les inconvénients de l'imagerie en comparaison d'autres modes de pensée?

4. Comment les différences de connotation prêtent-elles aux discussions et aux malentendus? Croyez-vous qu'on doive ou qu'on puisse normaliser le sens connotatif?

5. Le texte laisse entendre que les animaux communiquent, mais n'utilisent pas le langage au sens humain. Êtes-vous d'accord? Pouvez-vous donner un exemple de communication animale qui puisse se qualifier de langage?

6. Pensez à la personne la plus créatrice que vous connaissiez. Comment est cette personne? Comment se distingue-t-elle de vos connaissances moins créatrices?

7. À votre avis, devrait-on avoir recours à des mesures de pensée divergente ou créatrice afin de sélectionner les étudiants qui désirent être admis à un collège? Expliquez pourquoi.

8. Quel effet croyez-vous que les termes suivants puissent avoir sur l'imagination : la télévision; les jouets très réalistes; les temps libres ou non structurés; de hauts niveaux de stress ou d'anxiété; les parodies, le jeu de rôles ou la comédie; la privation sensorielle; la surcharge sensorielle?

9. Pouvez-vous donner un exemple tiré du monde réel de chacun des concepts de Kahneman et de Tversky (la représentativité, le taux initial et l'encadrement)?

10. À quel genre de tâches croyez-vous qu'on doive appliquer l'intelligence artificielle? Seriez-vous à l'aise avec des diagnostics médicaux informatisés, par exemple? Et s'il s'agissait d'une attaque nucléaire?

QUATRIÈME PARTIE

LA MOTIVATION, L'ADAPTATION ET LA SANTÉ

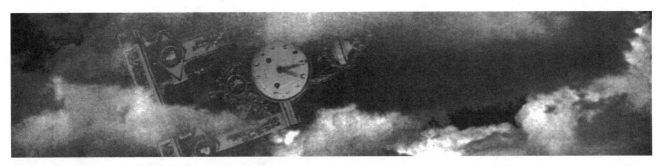

CHAPITRE 11

LA MOTIVATION

APERÇU DU CHAPITRE
LE VOL DU «GOSSAMER ALBATROS»

Qu'éprouveriez-vous en traversant la Manche aux commandes d'un avion à pédales? Le cycliste Bryan Allen l'a découvert à ses dépens puisqu'il a été le premier à être à la fois pilote et «moteur» d'un engin ainsi conçu pour relier la France à l'Angleterre. À bord de son délicat appareil, le «Gossamer Albatros» (l'albatros aux ailes de gaze), il mit trois heures à effectuer le voyage au cours duquel de forts vents contraires, une soif intense, des crampes aux jambes et une fatigue extrême le poussèrent aux limites de son endurance. Voici quelques extraits de son récit :

6 h 59 — Enfin, le poste radio émet quelques mots : «La France est en vue, encore 7 km!»

Que ce soit 7 km ou bien 700... Je me rends bien compte que je dépéris. Les vents contraires augmentent et je me dis... Ne lâche pas mon vieux, ne lâche pas maintenant. Tu réussiras!

Et tandis que je balance ainsi entre l'espoir et le découragement, le poste crépite à nouveau : «Altitude de 15 cm, je répète, 15 cm. Redresse-le au plus vite!»

7 h 29 — Plus que 2 km. C'est encore moins que la distance parcourue, il y a deux ans, pour remporter le prix Kremer avec le «Gossamer Condor». Mais, à bord du Condor, je n'avais pas eu à faire face à de tels vents et à de si grandes turbulences, ni à endurer la soif et les crampes... Malgré mes douleurs, je réussis à relever l'appareil à 2 m. «C'est sans espoir, me dis-je sans cesse, c'est sans espoir...»

7 h 36 — Le rivage est à 400 m... 100 m... J'utilise maintenant des réserves que je n'aurais jamais cru posséder...

La motivation Le présent chapitre traite des objectifs, des besoins et des motifs qui sous-tendent des comportements comme celui de Bryan Allen. Les efforts ultimes d'Allen («J'utilise maintenant des réserves que je n'aurais jamais cru posséder») ne sont qu'un des comportements hautement motivés parmi lesquels on trouve l'alimentation, l'étanchement de la soif et l'accomplissement d'exploits semblables à ceux décrits ci-dessus. Afin d'expliquer une telle diversité de motifs, il convient d'utiliser le vaste éventail de théories à notre disposition, qu'il s'agisse des systèmes d'alimentation de notre cerveau ou de l'actualisation de soi selon Maslow. Les pages suivantes vous présentent certaines de ces théories utiles et passionnantes.

- Existe-t-il divers types de motivations?
- Qu'est-ce qui cause la faim, la soif et la suralimentation?
- En quoi l'appétit sexuel et l'évitement de la douleur sont-ils différents?
- De quelle façon l'éveil est-il relié à la motivation?
- Comment faisons-nous l'apprentissage de nos motivations?
- Existe-t-il des motivations plus fondamentales que d'autres?
- Qu'est-ce qu'une motivation intrinsèque?
- Peut-on se servir de la psychologie dans le domaine de l'alimentation?
- Quelles sont les causes des troubles de la nutrition?

La motivation — une force qui entraîne, une force qui pousse

Nous sommes perpétuellement en mouvement; nous poursuivons divers objectifs avec plus ou moins d'acharnement. On peut poursuivre le même but pour différents motifs ou en poursuivre plusieurs pour une seule et même raison. Le concept de la motivation explique les différentes facettes de notre comportement. La **motivation** est, en fait, «la dynamique du comportement; le processus de déclenchement, de maintien, et de direction des activités de l'organisme» (Goldenson, 1970).

Question : Pouvez-vous clarifier cet énoncé?

Bien sûr. Relions le concept de la motivation à une suite d'événements simples.

> *Lise étudie à la bibliothèque (la psychologie, quoi d'autre!). Elle commence bientôt à avoir faim et éprouve de la difficulté à se concentrer. Son estomac se contracte. Devenant de plus en plus agitée, elle se dirige vers un distributeur pour s'acheter une pomme. Comme l'appareil est vide, elle se rend à la cafétéria, qui est fermée. Lise revient à la bibliothèque, ramasse ses livres et va chercher sa voiture. Une fois chez elle, elle se prépare un repas. Et, enfin rassasiée, elle se remet à étudier.*

La recherche de nourriture chez Lise a été *déclenchée* par un besoin physiologique de faim, *maintenue* parce que son besoin n'a pas été immédiatement satisfait, et *dirigée* vers des sources possibles de nourriture. Notez que sa recherche ne *prend fin* qu'avec la réalisation de ses objectifs.

Un modèle de motivation De nombreux comportements motivés peuvent être déclenchés par un **besoin**. Dans le cas de Lise, c'est une diminution de certaines substances à l'intérieur de ses cellules qui fut à l'origine de sa recherche. Les besoins engendrent un état psychologique ou une émotion qu'on appelle **pulsion** (la faim, dans le cas de Lise). Cette pulsion entraîne à son tour une **réponse** (ou une série d'actions) destinée à atteindre un **but** en vue d'assouvir le besoin. La satisfaction du besoin interrompt temporairement ce cycle

motivationnel. La motivation peut donc être simplement illustrée par le modèle suivant:

Question : Pourquoi utiliser des termes comme besoin et pulsion? N'expriment-ils pas une seule et même réalité?

Les deux mots sont nécessaires parce que la force des besoins peut différer de celle des pulsions. Si vous décidiez de jeûner, votre besoin de nourriture augmenterait quotidiennement, mais vous auriez probablement moins «faim» au septième jour qu'au premier; votre besoin augmente progressivement, mais votre pulsion ne se manifeste pas constamment.

Mais avant de croire que nous avons là un modèle des plus complets, observons le comportement nutritionnel de Lise dans une autre situation :

> *Lise vient de terminer son repas composé d'une soupe, d'une salade, d'un steak bien épais servi avec une grosse pomme de terre au four, de la moitié d'une miche de pain et de deux morceaux de gâteau au fromage, le tout arrosé de quatre tasses de café. Son repas terminé, Lise fait état du malaise qu'elle ressent des suites d'une telle surconsommation. Peu de temps après, sa camarade de chambre arrive, munie d'une tarte aux fraises. Lise explique qu'il s'agit là de son dessert préféré et en mange trois grosses pointes, qu'elle avale à l'aide d'une tasse de café.*

S'agit-il ici de faim? On peut certes affirmer que ce repas gargantuesque a su combler les besoins physiologiques de Lise...

Question : Comment ceci affecte-t-il notre modèle de motivation?

Cet épisode démontre que le comportement motivé peut être «entraîné» par des stimuli externes ou «poussé» par des facteurs internes. On appelle **valeur d'incitation** la force «d'entraînement» des buts. Certains buts sont tellement irrésistibles (une tarte aux fraises, par exemple) qu'ils motivent un comportement sans qu'il y ait de besoin interne. D'autres ont une valeur d'incitation si faible qu'ils sont rejetés même s'ils répondent à un besoin. À titre d'exemple, des larves fraîches et vivantes sont fort appréciées en certains endroits du monde, mais elles répugneront sans doute à l'Américain moyen, si affamé soit-il.

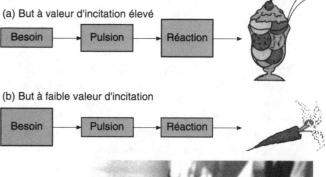

Comparez : les divers aspects de la motivation

Motivation Les mécanismes d'un organisme qui déclenchent un comportement ou dirigent ce dernier vers un but.

Besoin Une condition donnée d'un organisme qui peut stimuler le comportement à répondre à une nécessité; les besoins sont souvent reliés à une diminution de substances organiques essentielles.

Pulsion L'expression psychologique de la motivation qui découle d'un besoin interne ou d'un but volontaire, par exemple, la faim, la soif, et le désir de réussite matérielle.

But Le but ou la cible d'une série de comportements motivés et dirigés.

Valeur d'incitation La valeur qu'une personne ou qu'un animal accorde à un but, sans égard à la capacité de ce dernier de répondre à un besoin.

Il est bon de savoir que, dans la plupart des cas, la conduite est stimulée *à la fois* par des besoins internes et des stimuli externes. De plus, un besoin intense peut transformer un incitateur médiocre en but attrayant. En effet, vous ne mangerez probablement jamais de larves d'insectes, mais vous vous êtes sûrement déjà contenté de restes rebutants quand votre réfrigérateur était vide. Les incitateurs nous aident aussi à comprendre des motivations comme celles de la réussite, du prestige et de l'approbation, qui ne semblent correspondre à aucun besoin interne (illustration 11.1).

Divers types de motivations Pour les besoins pédagogiques, nous diviserons les motivations en trois grandes catégories :

1. Les motivations fondamentales se fondent sur des besoins biologiques essentiels à la survie. Les plus importantes sont la faim, la soif, l'évitement de la douleur, le besoin d'air, l'élimination des déchets et le maintien de la température corporelle. Les motivations fondamentales sont innées.
2. Les besoins de stimulation semblent également innés, mais ils ne sont cependant pas nécessaires à la survie. On croit qu'ils servent plutôt à l'information et à la stimulation du système nerveux. L'activité, la cu-

Illustration 11.1 *L'intensité des pulsions est déterminée par une interaction entre les besoins et les incitateurs (ci-dessus). (a) Un besoin modéré combiné à un but dont la valeur d'incitation est élevée engendrera une pulsion intense. (b) Même en présence d'un grand besoin, une pulsion peut être modérée si le but possède une faible valeur d'incitation. Il ne faut cependant pas oublier que la valeur d'incitation est souvent matière de goûts; aussi affamés qu'ils soient, peu de gens accepteraient en effet de manger les larves d'insectes apparaissant sur la photo.*

riosité, l'exploration, la manipulation et les contacts physiques font partie de cette catégorie.
3. Les motivations acquises, ou secondaires, rendent compte de la grande diversité des comportements humains, tel que suggéré à l'aperçu du présent chapitre. Un comportement comme celui de Bryan Allen se justifie mieux par des motifs ou des buts acquis. Nombre de motivations secondaires se rattachent à des besoins appris de puissance, d'appartenance (le besoin de faire partie d'un groupe), d'acceptation, de prestige, de sécurité et d'accomplissement. Les importantes motivations de la peur et de l'agression semblent aussi soumises à l'apprentissage.

Les motivations fondamentales et l'homéostasie — de la survie au confort

Quelle importance la nourriture a-t-elle dans votre vie? Et qu'en est-il de l'eau? Du sommeil? De l'air? De la régulation thermique? Pour la plupart d'entre nous, l'assouvissement de ces besoins physiologiques est tellement machinal que nous avons tendance à oublier à quel point ils dictent notre conduite. Mais il suffit de les amplifier par des circonstances comme la famine, la pauvreté, une noyade évitée de peu ou une longue exposition au froid pour que se manifeste leur emprise sur notre comportement. Après tout, de bien des façons, nous sommes encore des animaux.

Les pulsions biologiques sont essentielles parce qu'elles maintiennent l'**homéostasie**, ou l'équilibre physiologique (Cannon, 1932).

Question : Qu'est-ce que l'homéostasie?

Le terme *homéostasie* veut dire «se tenir prêt» ou «condition stable». Le corps possède en effet certains niveaux idéaux de température, de concentrations chimiques dans le sang, de tension artérielle, etc., et lorsqu'il s'en écarte, des réactions automatiques viennent rétablir l'équilibre rompu. Pour en faciliter la compréhension, imaginez que les mécanismes homéostatiques ressemblent à ceux d'un *thermostat* réglé à une certaine température.

Un (très) bref exposé sur les thermostats

Si la température d'une pièce s'abaisse à un niveau inférieur à celui qui a été réglé sur le thermostat, celui-ci déclenche automatiquement le chauffage. Lorsque la température atteint ou dépasse légèrement le degré idéal, le chauffage s'arrête. Ce système permet de maintenir la température de la pièce à quelques degrés du niveau idéal.

Dans le corps humain, les premières réactions aux déséquilibres se font aussi automatiquement. Si, par exemple, on a trop chaud, le flux sanguin augmente en surface et la transpiration est provoquée afin d'abaisser la température corporelle. On ne se rend compte du besoin de maintenir l'homéostasie que lorsque le déséquilibre se prolonge et qu'il exige que l'on cherche de l'ombre, de la chaleur, de la nourriture ou de l'eau.

Étant donné que la faim est l'une des pulsions fondamentales les mieux comprises et les plus intéressantes, nous l'étudierons en détail avant de parler des pulsions biologiques en général. Avant de poursuivre, essayez de répondre aux questions suivantes.

Autotest

1. Les motivations _____, maintiennent, et _____ les activités de l'organisme.

2. Les besoins _____ la motivation, tandis que les incitateurs l'_____.

Classifiez les besoins suivants en utilisant la lettre de votre choix.

A. Motivation fondamentale   B. Besoin de stimulation   C. Motivation acquise

3. ___ la curiosité   6. ___ la soif

4. ___ le prestige   7. ___ l'accomplissement de soi

5. ___ le sommeil   8. ___ les contacts physiques

9. On appelle thermostasie le maintien de l'équilibre physiologique. Vrai ou faux?

10. Un but ayant une grande valeur d'incitation est susceptible d'engendrer une pulsion même s'il n'y a aucun besoin interne à satisfaire. Vrai ou faux?

Réponses :

1. déclenchent, dirigent 2. poussent, entraînent 3. B 4. C 5. A 6. A 7. C 8. B 9. faux 10. vrai

La faim — excusez mes borborygmes; j'ai l'hypothalamus qui frétille

Question : Qu'est-ce qui cause la faim?

Lorsqu'on a faim, on associe probablement le désir de nourriture aux sensations venant de l'estomac. Logiquement, c'est sous cet angle que débutèrent les recherches sur la faim. Une des premières expériences menée par Cannon et Washburn en 1912 avait pour but de vérifier si les contractions d'un estomac vide causaient la faim. À cet effet, Washburn s'exerça à avaler un ballon. Une fois dans son estomac, on soufflait le ballon à l'aide d'un tube de manière à enregistrer les contractions gastriques (illustration 11.2). Cannon et Washburn notèrent que lorsque l'estomac de Washburn se contractait, ce dernier éprouvait une sensation de

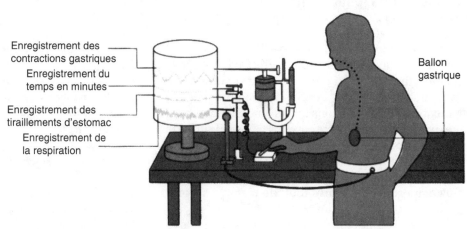

Illustration 11.2 *Le Dr Cannon, lors d'une des premières études sur la faim, utilisa un dispositif fort simple qui lui permettait à la fois d'enregistrer les tiraillements d'estomac et les contractions gastriques (d'après Cannon, 1934).*

Enregistrement des contractions gastriques
Enregistrement du temps en minutes
Enregistrement des tiraillements d'estomac
Enregistrement de la respiration
Ballon gastrique

«tiraillement» propre à la faim. Ils en conclurent que la faim n'était autre chose qu'une série de contractions gastriques.

Des recherches subséquentes contredirent toutefois cette théorie; on devine qu'il n'y a pas que l'estomac qui ait un rôle à jouer dans le processus de la faim. De nombreuses personnes ressentent la faim comme une sensation de fatigue ou de fébrilité qui ne semble pas associée à l'estomac. Et, bien que l'alimentation soit limitée lorsque ce dernier est dilaté (plein), on peut prouver que l'estomac n'est pas essentiel à la sensation de faim.

Question : Comment cela a-t-il été démontré?

On a d'abord observé que chez les animaux, le sectionnement des nerfs sensoriels de l'estomac (afin que les sensations provenant de l'estomac ne soient plus ressenties) n'avait nullement affecté leur appétit. Le fait que plusieurs personnes aient subi une ablation pure et simple de l'estomac est encore plus convaincant; ces gens continuent en effet d'éprouver la faim et de manger de façon régulière. On pense que c'est un facteur *central* qui causerait la faim, et il semble maintenant que le taux de sucre dans le sang joue un rôle important. Si l'on injecte de l'insuline à un humain, celle-ci provoque une **hypoglycémie** (diminution du taux de sucre dans le sang), une stimulation de la sensation de faim et des contractions gastriques (Hoyenga et Hoyenga, 1984). Aussi étrange que cela puisse paraître, le foie pourrait, lui aussi, influencer l'appétit.

Question : Le foie?

Oui, le foie! Des recherches ont démontré que le foie réagit à un manque de «carburant physiologique» en transmettant des impulsions nerveuses au cerveau, ce qui déclenche une sensation de faim (Friedman et Stricker, 1976).

Question : Quelle partie du cerveau régit la faim?

Bien que de nombreuses zones du cerveau soient influencées par la faim, il n'existe pas de «centre de la faim» comme tel. L'**hypothalamus**, une petite région à la base du cerveau (illustration 11.3), semble toutefois être une zone d'importance.

Les cellules de l'hypothalamus sont sensibles aux variations du taux de sucre (et peut-être d'autres substances) dans le sang. L'hypothalamus reçoit aussi des messages en provenance du foie et de l'estomac (Hoyenga et Hoyenga, 1984). On croit que ces messages se combinent pour produire la faim. Un secteur de l'hypothalamus pourrait aussi faire partie d'un **système d'alimentation** au sein même du cerveau. En effet, si on stimule à l'aide d'électrodes *l'hypothalamus latéral* d'un animal bien nourri, celui-ci se met immédiatement à manger. (Le mot *latéral* signifie tout simplement les côtés de l'hypothalamus.) Et si ce même secteur est détruit, l'animal refuse de manger et mourra de faim s'il n'est pas nourri de force (Anand et Brobeck, 1951).

Illustration 11.3 *L'emplacement de l'hypothalamus dans le cerveau humain.*

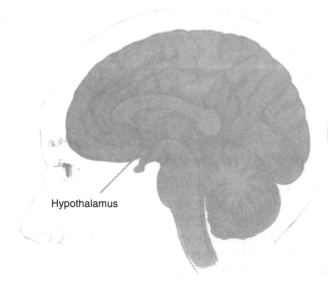

Hypothalamus

Un autre secteur de l'hypothalamus semble faire partie d'un **système de satiété** (de «freinage») de la faim. En effet, si l'*hypothalamus ventro-médian* est détruit, une suralimentation spectaculaire s'ensuit (on entend par *ventro-médiane* la zone inférieure centrale de l'hypothalamus); des rats ayant subi de tels dommages se suralimentent au point de devenir complètement obèses. Certains atteignent un poids de 1 000 grammes et plus, et deviennent si gros qu'ils arrivent à peine à se mouvoir. Or, un rat normal pèse environ 180 grammes. Afin de vous représenter une telle variation à l'échelle humaine, imaginez-vous une personne de 80 kilos qui grossirait jusqu'à en peser 450!

La faim, tout comme le cerveau, est fort complexe. S'il est clair que l'hypothalamus y joue un rôle, il serait bon de répéter que les scientifiques se sont révélés incapables d'en localiser les simples «centres de contrôle». Les conséquences de dommages infligés à l'hypothalamus, par exemple, pourraient simplement refléter le fait qu'un grand nombre d'activités sensorielles et motrices traversent ce secteur (Thompson, 1985).

Il n'est guère surprenant que la faim soit plus que de simples systèmes «d'allumage» et de «freinage» dans le cerveau. On pense que les graisses emmagasinées dans le corps y sont aussi pour quelque chose. L'organisme agit en effet comme s'il possédait un **point d'équilibre** relativement à la *proportion* des graisses qu'il accumule (LeMagnen, 1980); ce point se comporterait comme un «thermostat» de la graisse. Votre point d'équilibre individuel correspond en fait au poids que vous maintenez lorsque vous ne faites aucun effort ni pour en prendre, ni pour en perdre. Quand votre corps passe sous le point d'équilibre, il se peut que vous ayez faim presque tout le temps (Friedman et Tricker, 1976).

Question : Les gens ont-ils des points d'équilibre différents?

Oui. Il semble que les points d'équilibre soient en partie innés, et en partie déterminés par les premiers modèles alimentaires. Les enfants adoptés dont les parents biologiques étaient obèses ont plus de chances de devenir obèses à leur tour (Stunkard et autres, 1986). Ceci indique que le poids d'une personne adulte est largement influencé par ses gènes. Mais le point d'équilibre peut aussi être modifié de façon permanente quand un enfant est suralimenté. Si un problème de poids survient dans l'enfance, à l'âge mûr, la personne affectée aura des cellules adipeuses plus *nombreuses* et de *taille plus importante*. Si, par contre, cette personne ne devient obèse qu'à l'âge adulte, ses cellules seront plus grandes, mais leur quantité n'augmentera habituellement pas. Par conséquent, un problème de poids sera toujours beaucoup plus difficile à régler s'il a débuté pendant l'enfance.

Question : Pourquoi se suralimente-t-on?

L'obésité Les points d'équilibre ne sont qu'une des pièces d'un casse-tête fort compliqué que les scientifiques cherchent encore à résoudre. Leur recherche est stimulée par le fait que l'obésité représente un risque important pour la santé, et entraîne, pour plusieurs, des stigmates sociaux et une perte d'amour-propre (Brownell, 1982).

Peut-être que si l'on n'obéissait qu'aux besoins internes de nourriture, moins de personnes se suralimenteraient. Mais, comme nous l'avons vu plus tôt, l'apparence et l'odeur de la nourriture incitent souvent les gens à manger, même s'ils n'ont pas faim. Il semble que plusieurs personnes soient sensibles à ce qu'on appelle les **signaux externes de l'alimentation** (indices associés à la nourriture; Rodin, 1978). Si l'on est influencé par ces signaux, on sera probablement plus enclin à manger quand la nourriture est appétissante, bien en vue, et facile à obtenir (Schachter et Rodin, 1974).

Même l'heure peut influencer l'alimentation. Lors d'une expérience fascinante, on permit à des sujets en attente dans une pièce de grignoter des craquelins. Sur le mur se trouvait une horloge dont on pouvait soit ralentir, soit accélérer le mécanisme. Lorsqu'on fit croire à des sujets obèses que l'heure du repas était plus rapprochée qu'elle ne l'était vraiment (horloge rapide), ces derniers mangèrent plus de craquelins que lorsqu'ils crurent l'heure du repas plus éloignée (horloge lente). Des sujets de poids normal *diminuèrent* leur consommation quand ils eurent l'impression que l'heure du repas approchait (Schachter et Gross, 1968). Quand l'horloge marquait 18 h 05, la réaction des sujets obèses semblait être : «Hum... c'est l'heure du repas, je dois bien avoir faim!».

Question : Cela veut-il dire que les obèses sont plus sensibles aux signaux externes de l'alimentation?

Jusqu'à tout récemment, on croyait que les obèses étaient des «mangeurs stimulés de l'extérieur». Les gens minces, de leur côté, avaient la réputation d'être plus à l'écoute de leurs signaux internes. Cette façon de voir les choses est malheureusement trop simpliste. On peut en effet trouver parmi des personnes de toute corpulence des gens particulièrement sensibles aux signaux externes de l'alimentation; ce problème n'est donc pas strictement réservé aux obèses (Rodin, 1981). Les signaux de l'alimentation peuvent tout de même entrer en ligne de compte dans certains cas de suralimentation. La psychologue Judith Rodin a découvert, par exemple, que des jeunes filles plus sensibles aux signaux externes risquaient davantage de gagner du poids lors d'un séjour de deux mois dans une colonie de vacances (Rodin, 1978).

Il est aussi fort possible que le **régime** alimentaire puisse contribuer à la suralimentation. À titre d'exemple, soumettre des animaux à une diète dite «de supermarché» peut les rendre obèses, voire difformes. Lors d'une expérience, on nourrit des rats de biscuits aux brisures de chocolat, de salami, de fromage, de bananes, de guimauves, de chocolat au lait, de beurre d'arachides et de gras. Ces rats prirent presque trois fois plus de poids que ceux du groupe témoin, qui n'avaient mangé que la nourriture habituelle destinée aux rats de laboratoire (Sclafani et Springer, 1976). (La nourriture des rats de laboratoire est un mélange de divers aliments insipides; croyez-moi, vous non plus n'hésiteriez pas à manger plus de biscuits que de cette mixture!) Nous aussi sommes affectés par le contenu de notre nourriture. En général, les *goûts sucrés*, une *teneur élevée en gras* et la *variété* tendent à encourager la suralimentation (Ball et Grinker, 1981). Il semble donc que notre société offre les pires sortes d'aliments à ceux qui ont des tendances à l'obésité.

Bien qu'il soit tentant de déclarer que l'obésité est le fruit d'une suralimentation constante, cette affirmation relève du mythe. Des études menées par Albert Stunkard (1980) et Judith Rodin (1978) démontrent que la suralimentation survient surtout quand une personne prend du poids. Une fois ce poids ajouté, il se maintient, même si l'on suit un régime normal. Qui plus est, beaucoup de gens qui prennent du poids restreignent aussi leurs activités physiques et brûlent ainsi moins de calories. Voilà pourquoi certaines personnes obèses peuvent continuer à grossir tout en ingérant moins de calories que leurs voisins, pourtant plus minces (Ball et Grinker, 1981).

Question : Est-il vrai que certaines personnes se suralimentent lorsqu'elles sont contrariées?

Oui. Les gens ayant des problèmes de poids risquent autant de manger lorsqu'ils ressentent de l'anxiété, de la colère, de l'ennui ou de la détresse que lorsqu'ils ont faim (Bruch, 1973; Hoyenga, 1984). Qui plus est, le chagrin accompagne souvent l'obésité dans notre société obsédée par le poids (Rodin, 1978). Ceci entraîne un cycle de suralimentation qui engendre des bouleversements affectifs, puis, à nouveau, la suralimentation, ce qui rend la maîtrise du poids extrêmement difficile.

En résumé, la suralimentation découle d'une interaction complexe entre les influences internes et externes, le régime alimentaire, les émotions, les gènes, l'exercice physique, et beaucoup d'autres facteurs (Rodin, 1978). Pour répondre à la question de départ, les gens deviennent obèses de différentes manières, et pour différentes raisons. Les chercheurs sont manifestement loin d'avoir gagné la «guerre des bourrelets». (Pour connaître un autre point de vue sur la suralimentation, voir le profil 11.1.)

PROFIL 11.1
Le paradoxe des diètes à répétition

Si les diètes sont si efficaces, pourquoi doit-on en publier des centaines de «nouvelles» à tous les ans? Parce que si les gens qui suivent un régime perdent du poids, la plupart le reprennent peu de temps après. Il se peut même qu'un effet de balancier les fasse reprendre plus de kilos qu'ils en avaient d'abord perdus. Mais pourquoi cela se produit-il? Un grand nombre de chercheurs pensent maintenant que la diète (s'affamer) modifie la physiologie de l'organisme.

En fait, les diètes forcent le corps à devenir super-efficace dans la *conservation* et le stockage des calories sous forme de graisse (Bennet et Gurin, 1982). Tout régime peut produire cet effet, mais les diètes à répétition (ou la prise et la perte de poids en alternance) sont particulièrement dommageables. De fréquentes **variations cycliques du poids** causées par les diètes tendent en effet à ralentir le **niveau du métabolisme**, lequel régit la quantité d'énergie dépensée par le corps. Ceci rendra la perte de poids beaucoup plus difficile à chaque diète et facilitera la reprise des kilos perdus à la fin du régime (Brownell et autres, 1986; Brownell, 1988).

L'évolution nous a apparemment préparés à conserver l'énergie en temps de disette, et à stocker les graisses en période d'abondance. Le fait de s'affamer temporairement n'aura donc aucun effet durable sur le poids. Pour éviter de sauter inutilement du festin à la famine, il faut changer, de façon permanente, ses principales habitudes alimentaires. Nous reviendrons sur ce sujet à la section Applications du présent chapitre.

D'autres facteurs de la faim

La recherche sur la suralimentation indique qu'il n'y a pas que les besoins physiologiques de nourriture qui puissent affecter la «faim». Examinons donc d'autres facteurs intéressants.

Les facteurs culturels Apprendre à considérer certains aliments appétissants et d'autres dégoûtants a, de toute évidence, beaucoup à faire avec les habitudes alimentaires. En Amérique du Nord, nous ne pourrions envisager de manger les yeux d'une tête de singe bouillie. Ce plat est pourtant très recherché dans d'autres parties du monde. De même, beaucoup de sociétés tiendraient sans doute pour barbare notre empressement à consommer autant de viande, à manger de la vache et à cuire le poisson. Les **valeurs culturelles** influencent donc la valeur d'incitation de divers aliments.

Le goût Les goûts peuvent aussi varier considérablement en matière de nourriture «normale». Une expérience a démontré que plus une personne a faim, meilleure est la nourriture sucrée (Cabanac et Duclaux, 1970). De plus, il est intéressant de noter qu'on peut facilement engendrer un **dégoût alimentaire** si la nourriture offerte cause un malaise, ou si elle est ingérée avant l'apparition d'une nausée causée par autre chose (Nashman, 1970). Cette nourriture sera non seulement évitée, mais pourra, à son tour, soulever le coeur. Un ami de l'auteur, s'étant un jour rendu malade en se délectant (disons plutôt en se *gavant*) de pâtisseries au fromage, n'a, depuis, jamais pu poser les yeux sur un de ces délices.

Question : Si l'on se sent malade longtemps après l'ingestion, comment associe-t-on le malaise à la nourriture ingérée?

Voilà une question intéressante! Le dégoût alimentaire est un type de conditionnement classique. Or, comme nous l'avons vu au chapitre 7, de longs délais entre le SC et le SI empêchent normalement le conditionnement. C'est pourquoi certains psychologues pensent qu'il existe une tendance biologique à associer les malaises gastriques à la nourriture absorbée antérieurement. Cet apprentissage a généralement pour effet de protéger les hommes et les animaux (Garcia et autres, 1974). Cependant, il est affligeant de constater que des gens qui souffrent du cancer subissent de telles aversions longtemps après que les nausées entraînées par les médicaments sont passées (Bernstein, 1978).

Si vous aimez les animaux, une façon originale d'aborder un problème vieux comme le monde suscitera votre intérêt. Aux quatre coins du pays, les éleveurs de bétail empoisonnent, piègent ou abattent les prédateurs. Ce comportement a déjà presque éliminé le loup gris et menace maintenant le coyote en certains endroits. Comment peut-on sauver le coyote sans causer d'inadmissibles pertes de bétail?

Au cours d'une expérimentation désormais classique, on donna à des coyotes de l'agneau contaminé au chlorure de lithium. Les coyotes qui goûtèrent l'appât éprouvèrent rapidement des nausées et vomirent. Après un ou deux traitements semblables, les animaux développèrent la **méfiance des appâts**, soit une aversion durable pour la viande contaminée (Gustavson et Garcia, 1974). Si cette solution était appliquée méthodiquement, le conditionnement par dégoût alimentaire pourrait résoudre les problèmes entre éleveurs et prédateurs à un coût moindre que celui encouru par les méthodes traditionnelles (illustration 11.4). (On pourrait peut-être même utiliser cette technique pour régler une fois pour toutes la situation du «Road runner» (coucou terrestre) et de son ennemi juré, Wiley le coyote.

Les dégoûts pourraient aussi permettre d'éviter de graves déséquilibres alimentaires. Si, par exemple, on décide de suivre une diète farfelue et de ne plus manger que des pamplemousses, on deviendra éventuellement malade. Avec le temps, l'association du malaise ressenti à l'ingestion de l'agrume engendrerait

Illustration 11.4 *Tout comme les humains et les autres animaux, les coyotes peuvent développer des dégoûts alimentaires quand la nourriture est associée à la nausée.*

une aversion pour ce dernier qui rétablirait un certain équilibre alimentaire.

Une étude classique sur l'**autorégulation alimentaire** a permis de découvrir que les bébés humains se nourrissaient de façon équilibrée quand ils avaient le libre choix de leur nourriture (Davis, 1928). Étant donné que les nourrissons faisaient parfois bombance, l'équilibre général de leur alimentation pouvait découler en partie du processus décrit ci-dessus. Il faudrait cependant se souvenir que la «sagesse du corps» est quelque peu limitée; les divers aliments qu'on offrait aux bébés étaient frais, et servis sans assaisonnements ni sucre. Si des bonbons leur avaient été offerts, les petits enfants s'en seraient probablement bourrés (Story et Brown, 1987). Nous semblons tous entretenir une préférence innée pour les aliments sucrés ou gras (un bon steak juteux, du poulet frit, des biscuits, des gâteaux, etc.; Katahn, 1984). Par conséquent, l'envie de manger des gâteries peut facilement l'emporter sur la tendance, beaucoup plus faible, à équilibrer son alimentation.

De retour aux motivations fondamentales — la soif, la sexualité et la douleur

Les mécanismes qui régissent la faim s'appliquent, pour la plupart, à presque toutes les autres motivations fondamentales. La soif, par exemple, n'est que partiellement reliée à la sécheresse de la bouche ou de la gorge.

En effet, quand on administre des médicaments qui gardent la bouche constamment sèche ou mouillée, la soif et la consommation d'eau restent normales. À l'instar de la faim, la soif semble être régie par l'hypothalamus où l'on trouve des systèmes distincts de *soif* et de *satiété de la soif*. Et comme la faim, la soif est fortement influencée par l'apprentissage individuel et les valeurs culturelles.

La soif Vous ne l'aurez peut-être pas remarqué, mais il existe en fait deux types de soif. La **soif extracellulaire** se produit lorsqu'on perd de l'eau contenue dans les fluides qui entourent nos cellules. Les saignements, les vomissements, les diarrhées, la transpiration ou l'absorption d'alcool peuvent causer ce type de soif (Houston, 1985). Quand de tels phénomènes (surtout quand il s'agit de transpiration) font perdre à la fois eau et minéraux à l'organisme, un liquide légèrement salé peut être préférable à l'eau pure.

Question : Pourquoi une personne assoiffée choisirait-elle donc de boire de l'eau salée?

Avant que l'organisme ne puisse retenir l'eau absorbée, il faudra d'abord remplacer les minéraux perdus (surtout du sel) lors de la transpiration. En laboratoire, les animaux préfèrent de beaucoup boire de l'eau salée quand le niveau de sel dans leur corps est abaissé (Stricker et Verbalis, 1988). De même, certains peuples nomades du Sahara aiment particulièrement boire du sang, probablement à cause de la salinité de ce dernier. (N'ont-ils jamais pensé au V-8?)

Le deuxième type de soif est celui qui nous assaille lorsque nous mangeons un repas salé. Ici, l'organisme ne perd pas de fluides; c'est plutôt un *excédent* de sel qui draine ces derniers hors de la cellule qui, en se rétrécissant, déclenche une **soif intracellulaire**. Ce type de soif peut être étanchée en buvant de l'eau pure.

Les besoins de nourriture, d'eau, d'air, de sommeil, ou d'élimination sont relativement semblables du fait qu'ils sont tous engendrés par une combinaison d'activités du corps et du cerveau, qu'ils peuvent tous être modifiés par l'apprentissage et l'environnement culturel, et qu'ils sont tous influencés par des facteurs externes. Mais deux des motivations fondamentales diffèrent des autres; il s'agit des pulsions sexuelles et de l'évitement de la douleur. Chacune d'entre elles se distingue de manière fort intéressante.

Question : De quelle manière la pulsion d'évitement de la douleur diffère-t-elle des autres?

La douleur Contrairement aux pulsions de faim, de soif ou de fatigue, qui vont et viennent par cycles assez réguliers au cours d'une journée, l'évitement de la douleur est une **pulsion intermittente**, c'est-à-dire qu'elle se manifeste de façon irrégulière, puisqu'elle ne se déclenche que lorsque les tissus corporels sont endommagés. La plupart des motivations fondamentales poussent à rechercher activement des buts volontaires (de la nourriture, de l'eau, de la chaleur, etc.); la pulsion d'évitement a pour but d'éliminer la douleur.

Étonnamment, la pulsion d'évitement de la douleur est en partie acquise. C'est du moins ce qui ressort d'une étude au cours de laquelle de jeunes chiens furent protégés, dans des cages spéciales, des bosses, des morsures et des autres douleurs inhérentes à la vie normale d'un chiot. À l'âge adulte, ces chiens réagirent étrangement à la douleur. Par exemple, lorsqu'on mit la flamme vive d'une allumette près de leur museau, beaucoup s'en rapprochèrent comme s'ils ne ressentaient pas de douleur (Melzack et Scott, 1957). Selon toute vraisemblance, ces chiens n'avaient pas appris le sens de la douleur et ne savaient pas comment l'éviter.

L'évitement de la douleur chez les humains semble aussi être influencé par l'apprentissage. Certains pensent qu'il faut être «durs» et ne jamais montrer de douleur; d'autres se plaignent haut et fort au moindre petit bobo. Comme on pouvait s'y attendre, l'attitude des premiers rehausse leur niveau de tolérance à la douleur, et celle des seconds l'abaisse (Klienke, 1978). De telles dispositions expliquent pourquoi certaines peuplades peuvent endurer les coupures et brûlures, la flagellation, le tatouage et le perçage de la peau, alors que de tels traitements mettraient la plupart d'entre nous au supplice.

Les pulsions sexuelles Les motivations sexuelles sont assez exceptionnelles par rapport aux autres besoins biologiques. De nombreux psychologues pensent même que la sexualité n'est pas une motivation fondamentale, puisque (n'en déplaise à certains) elle n'est pas essentielle à la survie de l'*individu*; naturellement, elle est indispensable à la survie de l'*espèce*.

Chez les animaux inférieurs, les pulsions sexuelles sont directement reliées aux activités hormonales de l'organisme. Les femelles ne sont intéressées à l'accouplement qu'en période d'**oestrus**, ou de rut (causé par la libération dans le sang d'une hormone appelée oestrogène). Les hormones jouent aussi un rôle important chez le mâle; pour la majorité des espèces inférieures, la castration représente en effet la fin des pulsions sexuelles. Mais contrairement à la femelle, le mâle est toujours prêt à l'accouplement. Les pulsions de ce dernier sont essentiellement stimulées par le comportement réceptif d'une femelle. Chez les animaux, l'activité sexuelle est donc étroitement reliée au cycle de fécondité.

Question : Jusqu'à quel point les hormones affectent-elles le comportement sexuel des humains?

Le lien entre les hormones et les pulsions sexuelles s'amenuise à mesure qu'on remonte l'échelle biologique.

Les hormones affectent encore le comportement sexuel humain, mais de façon assez limitée. Une recherche consciencieuse n'a d'ailleurs jamais pu établir de relation entre l'activité sexuelle des femmes et leur cycle menstruel (Udry et Morris, 1977). Ce sont plutôt des facteurs intellectuels, culturels et émotifs qui définissent, chez l'être humain, l'expression de sa sexualité. Nous ne sommes toutefois pas totalement libérés du joug hormonal; on a en effet remarqué que l'émasculation entraînait une perte de libido chez l'homme, et que certaines femmes ressentaient des changements dans leur appétit sexuel par suite d'utilisation de contraceptifs oraux (McCauley et Ehrhardt, 1976).

Les pulsions sexuelles sont, dans une très large mesure, **non homéostatiques**. Chez l'être humain, le désir peut être éveillé par à peu près n'importe quoi, et ce, n'importe quand. Il n'existe donc aucun lien concret entre le désir et la privation (le laps de temps écoulé depuis la dernière satisfaction). Il est vrai que le désir tend à augmenter avec le temps, mais une activité sexuelle récente ne l'empêche pas de réapparaître. L'ori-

ginalité des pulsions sexuelles réside dans le fait que l'on recherche autant leur éveil que leur apaisement.

On peut illustrer par l'exemple suivant la propriété non homéostatique des pulsions sexuelles : si on permet à un animal de copuler jusqu'à ce qu'il ne semble plus intéressé à le faire, et qu'on lui présente ensuite un nouveau partenaire, l'animal reprendra immédiatement son activité sexuelle. On appelle cette conduite *l'effet Coolidge*, du nom de l'ancien président américain, Calvin Coolidge. Qu'est-ce qu'un ancien président vient faire dans l'étude du comportement sexuel, me demanderez-vous? Voici : lors de la visite d'une ferme expérimentale, Mme Coolidge aurait demandé si les coqs s'accouplaient plus d'une fois par jour. «Oh! oui, madame, lui répondit-on, au moins une douzaine de fois par jour.»«Vous direz ça au président», dit-elle d'un air absent. Un peu plus tard, lorsque le président fut rendu au même endroit, on lui fit le message de Mme Coolidge. Il réagit en demandant si les coqs s'accouplaient toujours avec la même poule. «Que non, lui dit-on, ils changent plusieurs fois de poulette». «Vous direz ÇA à Mme Coolidge», aurait-il répliqué.

Autotest

1. Les systèmes de commande de la faim et de la soif sont reliés à _____ dans le cerveau.

2. Le système de satiété de la faim de l'hypothalamus signale à l'organisme qu'il est temps de manger lorsque les signaux du foie lui parviennent et qu'il détecte des changements du taux de sucre. Vrai ou faux?

3. Un régime varié à haute teneur en sucre et en gras encourage la suralimentation seulement chez les personnes qui ont tendance à manger lorsqu'elles sont angoissées. Vrai ou faux?

4. La méfiance des appâts est induite lorsque

   a. un goût spécifique se développe   *b.* le point d'équilibre de l'organisme est modifié
   c. l'hypothalamus est stimulé électriquement   *d.* un dégoût alimentaire est engendré

5. Les personnes qui suivent régulièrement des régimes améliorent leur rendement de fois en fois; elle s perdent du poids de plus en plus rapidement à chaque diète. Vrai ou faux?

6. La soif peut être qualifiée d'intracellulaire ou d' _____ .

7. L'évitement de la douleur est une pulsion _____ .

8. Le comportement sexuel de l'animal dépend, dans une large mesure, des niveaux d'oestrogène dans l'organisme de la femelle, et de la période d'oestrus chez le mâle. Vrai ou faux?

Réponses :

1.l'hypothalamus 2.faux 3.faux 4.d 5.faux 6.extracellulaire 7.intermittente 8.faux

Les pulsions de stimulation — les sauts en parachute, les films d'horreur, et le monde du plaisir

On dit souvent que la curiosité est un bien vilain défaut; rien n'est pourtant plus faux. Les pulsions **d'exploration, de manipulation** et de simple **curiosité** ont plutôt une valeur de survie pour la majorité des animaux. Comme nous l'avons mentionné plus tôt, de telles pulsions pourraient s'expliquer par la nécessité

vitale de rester attentif aux sources de nourriture et de danger, ainsi qu'à d'autres éléments importants de l'environnement. Les pulsions de curiosité semblent néanmoins aller au delà de ces besoins.

Malin comme un singe

Lors d'une expérience, des singes confinés dans une boîte faiblement éclairée ont rapidement appris à effectuer une simple opération visant à leur ouvrir une fenêtre sur le monde (Butler et Harlow, 1954). Dans une expérience similaire, des singes comprirent vite comment résoudre un casse-tête mécanique constitué de tiges de métal, de crochets et de morailbns imbriqués (Butler, 1954; illustration 11.5). Dans les deux cas, aucune récompense n'était allouée pour l'exploration et la manipulation.

Les singes précités semblent avoir agi par pur plaisir. On peut établir un parallèle avec l'être humain qui s'intéresse aux jeux vidéo, aux échecs, aux casse-tête ou au cube de Rubick. La curiosité, ce désir de tout *savoir*, semblerait en effet être une pulsion importante; la recherche scientifique, la curiosité intellectuelle ainsi que d'autres activités complexes en seraient le prolongement.

La pulsion de stimulation sensorielle ressemble beaucoup à celle de curiosité. Il est maintenant reconnu que les humains et les animaux recherchent activement la stimulation (Reykowski, 1982). Nous avons parlé, au chapitre 6, des personnes qui ont subi une longue ou intense **privation sensorielle** (les prisonniers, les explorateurs de l'Arctique, les opérateurs de systèmes radars, les chauffeurs de camions...). Ces gens disent souvent ressentir une certaine distorsion sensorielle accompagnée de troubles de la pensée. Le système nerveux aurait donc besoin de stimulations variées et organisées pour réagir normalement (Suedfeld, 1975).

Le besoin de motivation peut même être observé chez les nourrissons; lorsqu'on montre des motifs de complexité variable à des bébés (illustration 11.6), ces derniers passent plus de temps à observer les dessins les plus complexes (Berlyne, 1966). En fait, l'enfant humain semble avoir un appétit quasi insatiable pour la stimulation. Le temps qu'un enfant apprenne à mar-

cher, il a déjà presque tout goûté, touché, examiné, manipulé et, en ce qui a trait à ses jouets, brisé!

Question : Les besoins de stimulation sont-ils homéostatiques?

La théorie de la vigilance

Certains psychologues soutiennent que non, mais en reliant les besoins de stimulation au concept d'homéostasie, on obtient un modèle utile qui facilite la compréhension d'un grand nombre d'activités humaines. Ce modèle, qu'on appelle la **théorie de la vigilance** de la motivation, suppose qu'il existe un niveau de vigilance optimal pour chaque type d'activité, et que les gens agissent de façon à la maintenir à ce niveau (Hebb, 1966).

Question : Qu'entend-on par vigilance?

La **vigilance** désigne les divers niveaux d'activation de l'organisme et du système nerveux. Elle est nulle à la mort, faible pendant le sommeil, modéré durant l'accomplissement des tâches journalières et optimale à des moments d'excitation, d'émotion, ou de panique. La théorie de la vigilance veut qu'on devienne mal à l'aise si cette dernière est trop faible (quand une personne s'ennuie) ou trop élevée (peut-être dans le cas de terreur, d'angoisse ou de panique). La curiosité et la recherche de stimulation pourraient être interprétées comme des tentatives de redressement d'un niveau de vigilance trop faible. La majorité des adultes varie-raient donc leurs activités afin de conserver un niveau

Illustration 11.5   *Des singes apprennent, avec un plaisir évident, à tirer des verrous placés dans leur cage. Aucune récompense ne leur étant accordée, ce comportement semble démontrer l'existence des besoins de stimulation. (Gracieuseté de Harry F. Harlow.)*

Illustration 11.6   *Le psychologue Berlyne a étudié la curiosité chez les nourrissons en leur soumettant divers dessins. Les bébés regardaient d'abord à droite, du côté des motifs les plus complexes. (Tiré de Science, 153:25-33. Copyright © 1966 par l'American Association for the Advancement of Science.)*

adéquat d'activation; la musique, l'exercice physique, la conversation, le sommeil, et beaucoup d'autres activités pourront ainsi être combinées afin de maintenir l'éveil à un niveau modéré, prévenant du même coup l'ennui et la sur-stimulation.

Question : Est-ce que le besoin de motivation varie d'une personne à l'autre?

Amateurs de sensations

Les citadins qui débarquent à la campagne se plaignent souvent de la tranquillité, et recherchent «l'action». Les campagnards trouvent la ville «excessive», «démesurée» et «trépidante», et veulent retrouver le calme et la sérénité. La théorie de la vigilance veut aussi que le niveau d'activation idéal varie selon les individus, et que chacun apprend à rechercher le sien propre.

Marvin Zuckerman a mis au point un test visant à mesurer ces variations. Son *échelle de recherche de sensations* (ERS) comporte des énoncés semblables aux suivants (de Zuckerman et autres, 1978) :

La recherche du frisson et de l'aventure

- *J'aimerais sauter en parachute.*
- *Je pense que j'éprouverais beaucoup de plaisir à descendre en skis, à toute allure, les flancs d'une haute montagne.*

La recherche de nouvelles expériences

- *J'aime explorer seul(e), au risque de m'y perdre, une ville étrangère ou un secteur inconnu.*
- *J'aime goûter des choses que je n'ai jamais essayées auparavant.*

L'absence d'inhibitions

- *J'apprécie les soirées folles, «décontractées».*
- *J'aime souvent m'enivrer (boire de l'alcool ou fumer de la marijuana).*

La sensibilité à l'ennui

- *Je déteste regarder un film que j'ai déjà vu.*
- *J'aime la compagnie de gens spirituels qui ont la répartie vive, même s'ils ont parfois tendance à offusquer les autres.*

Les personnes qui obtiennent un résultat élevé en répondant à la version intégrale de ce test sont généralement extroverties et indépendantes, et elles aiment le changement (illustration 11.7). Elles déclarent aussi avoir des partenaires sexuels plus nombreux que les gens dont les résultats sont plus faibles, risquent plus de se retrouver parmi les fumeurs, et préfèrent la nourriture épicée, aigre et croustillante aux aliments fades. Ceux qui recherchent moins les sensations sont ordonnés, aimants et généreux, et ils apprécient la compagnie d'autrui (Zuckerman, 1978). Dans quelle catégorie êtes-

vous? (La plupart des gens se retrouvent quelque part entre les deux.)

Question : Existe-t-il un niveau idéal de vigilance?

Les niveaux de vigilance

Sans tenir compte des différences individuelles, l'accomplissement d'une tâche est habituellement plus facile si le niveau d'activation est *modéré*. Supposons que vous deviez rédiger une composition dans le cadre d'un examen. Si vous êtes plutôt somnolent et vous sentez paresseux (niveau d'activation trop faible), vos résultats en souffriront. Si, par contre, vous êtes angoissé et affolé à l'idée de subir cet examen (niveau d'activation trop élevé), votre rendement laissera aussi à désirer. Ce rapport entre l'efficacité du rendement et le niveau de vigilance peut s'illustrer à l'aide d'une **parabole inversée** (illustration 11.8).

Lorsque le niveau d'activation est très faible, l'organisme ne dispose pas d'assez d'énergie pour fonctionner efficacement. Plus le niveau augmente, plus le rendement s'améliore, jusqu'au milieu de la courbe; puis l'efficacité chute à mesure que l'émotivité, l'agitation et la désorganisation augmentent. On peut ressentir une telle désorganisation en tentant désespérément de faire démarrer sa voiture sur la voie ferrée, alors que le train arrive en rugissant.

Question : Le rendement est-il toujours meilleur quand l'activation est modérée?

Non. Le niveau optimal d'activation dépend de la complexité de la tâche à accomplir. S'il s'agit d'une tâche facile, une activation plus intense risque peu d'en compromettre l'exécution. Pour une tâche relativement *simple*, le niveau optimal de vigilance est *élevé*. Lorsque la tâche est plus *complexe*, le meilleur rendement provient de *bas niveaux d'activation*. Ce rapport s'appelle **la loi de Yerkes-Dodson** (illustration 11.8). On peut l'appliquer à un large éventail de tâches et l'utiliser pour

Illustration 11.7 *La recherche de frissons est une des activités favorites des amateurs de sensations.*

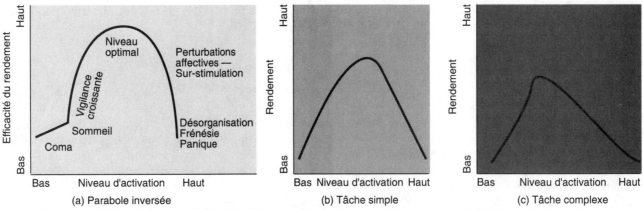

Illustration 11.8 (a) *La relation entre l'efficacité et le niveau d'activation apparaît comme une parabole inversée. Le niveau optimal d'activation ou de motivation est plus élevé pour une tâche simple (b) que pour une tâche complexe (c).*

des mesures de motivations autres que celle de l'activation.

Voici quelques exemples qui illustrent l'application de la loi de Yerkes-Dodson. Lors d'une rencontre d'athlétisme, il est presque impossible qu'un coureur soit trop stimulé avant une course. La tâche est directe et tout à fait élémentaire : courir le plus vite possible sur une courte distance. Par contre, un joueur de golf qui doit frapper son dernier coup roulé lors d'un important tournoi, ou un professionnel du basket-ball qui effectue un lancer franc décisif sont tous deux confrontés à des tâches beaucoup plus complexes. Une excitation excessive ne pourrait alors que leur nuire. L'effet négatif sur le rendement d'un état d'exacerbation se fait aussi ressentir auprès d'étudiants qui vivent l'«angoisse des examens»...

Question : Est-il vrai qu'en apprenant à se calmer, on a plus de chances de réussir ses examens?

Souvent, mais pas toujours. Des études menées auprès d'étudiants angoissés ont démontré que les plus inquiets étaient ceux qui ne maîtrisaient pas la matière. Dans un tel cas, garder votre sang-froid ne réussirait qu'à vous maintenir calme devant l'échec! La meilleure façon d'éviter l'angoisse des examens est de s'y sur-préparer (Spielberger et autres, 1976). (Pour plus de renseignements, voir le chapitre 12.)

Les rythmes circadiens

Nous avons vu que les changements momentanés de la vigilance affectent grandement le rendement. Mais qu'en est-il des cycles d'activation plus longs? Influent-ils aussi sur l'énergie, la motivation et le rendement? Les chercheurs savent depuis longtemps que l'organisme fonctionne comme un instrument bien accordé, vivant aux rythmes «d'horloges biologiques internes». Notre corps subit, à toutes les 24 heures, une série de changements qu'on appelle **rythmes circadiens** (d'une durée approximative d'un jour).

Tout au long de la journée, d'importantes variations de température, de tension artérielle, de volume d'urine et d'acides aminés ont lieu à l'intérieur de l'organisme. L'activité du foie, des reins et des glandes endocrines est aussi touchée. Ces activités, et bien d'autres, atteignent des niveaux optimaux à certains moments du jour (Moore-Ede et autres, 1982). La libération d'adrénaline (hormone de stimulation générale) dans l'organisme est particulièrement importante. Le taux d'adrénaline dans le sang peut tripler ou même quintupler au cours de la journée (Luce, 1971).

La majorité des gens sont plus alertes et énergiques lorsqu'ils sont au niveau optimal de leurs rythmes circadiens (Horne et autres,1980). Les différences de niveaux sont si radicales que, lorsqu'une personne «de jour» partage une chambre avec une autre «de nuit», elles évalueront probablement leur relation de façon négative (Watts, 1982). Cela se comprend aisément; qu'y a-t-il de pire que de voir s'activer quelqu'un autour de soi, quand on est à moitié endormi ou vice-versa?

Changement et décalage horaires Les effets des rythmes circadiens deviennent encore plus manifestes lors de fluctuations importantes d'horaire. Par exemple, il est bien connu que les gens d'affaires, les diplomates, les athlètes et tous les autres voyageurs à l'échelle internationale commettent souvent des erreurs ou offrent un rendement inférieur lorsque le décalage horaire perturbe leurs rythmes quotidiens (Rader et Hicks, 1987). Si on voyage à de grandes distances, vers l'est ou vers l'ouest, les hauts et les bas des rythmes circadiens se déphasent relativement au soleil et aux horloges. On s'aperçoit par exemple que la période d'activation optimale se situe à 4 h du matin, tandis que le temps de repos tombe en plein milieu du jour. Les changements d'horaire au travail produisent les mêmes effets et entraînent une baisse d'efficacité, ainsi que la fatigue, l'irritabilité, les troubles gastriques, la nervosité, la dépression et une diminution de l'agilité d'esprit (Akerstedt et autres, 1982).

Question : Combien de temps faut-il pour s'adapter à de telles fluctuations d'horaire?

Dans le cas de fluctuations majeures (5 heures ou plus), on peut prendre de quelques jours à deux semaines pour retrouver un certain synchronisme. L'adaptation au décalage horaire est plus longue lorsqu'on reste à l'intérieur (dans une chambre d'hôtel, par exemple), où l'on peut continuer à dormir et à manger aux heures habituelles. Les sorties, où l'on doit dormir, manger et fréquenter des gens selon le nouvel horaire, ont tendance à accélérer l'adaptation (Moore-Ede et autres, 1982)

Le *sens* dans lequel on voyage affecte aussi l'adaptation. Si on s'envole vers l'ouest, cette dernière sera relativement facile et prendra, en moyenne, 4 ou 5 jours. Si on se dirige vers l'est, elle prendra 50 pour 100 plus de temps (illustration 11.9). Pourquoi y a-t-il une différence? Parce que, quand on voyage vers l'est, le soleil se lève plus tôt (par rapport à chez soi); quand on voyage vers l'ouest, il se lève plus tard. Rappelez-vous qu'au chapitre 6, nous avons dit que les cycles de l'éveil et du sommeil durent naturellement plus de 24 heures. C'est pour cette raison que la plupart des gens ont plus de facilité à «avancer» (veiller plus tard et faire la grasse matinée) qu'à faire l'inverse.

Lorsqu'on voyage vers l'est, il faut dormir durant l'après-midi qui précède le départ, et se lever au moment où le corps pense que c'est le milieu de la nuit. De même, les changements à reculons dans les quarts de travail (nuit, soir, jour) sont plus dommageables que ceux qui s'effectuent vers l'avant (jour, soir, nuit). S'il faut absolument en changer, les cycles de trois jours seulement sont moins perturbateurs que ceux d'une semaine (Williamson et Sanderson, 1986). Mais le mieux est encore de ne jamais changer ses heures de travail; même le service de nuit continuel est moins perturbateur que les roulements de quarts.

Question : Mais en quoi tout cela nous regarde-t-il si nous ne sommes ni voyageurs, ni travailleurs de quarts?

Rares sont les collégiens qui n'ont jamais passé de nuits blanches, surtout à la veille d'un examen final. En pareilles circonstances, comme en toute période difficile, il est sage de se rappeler les effets d'un dérèglement des rythmes organiques. Tout écart important à l'horaire régulier risque en effet de coûter plus qu'il ne rapporte. On accomplit souvent davantage en une heure de travail matinal qu'en trois heures de labeurs nocturnes. Ces heures gagnées en efficacité pourront tout aussi bien être consacrées au sommeil. Si l'on doit changer sa routine habituelle, on devrait le faire graduellement sur une période de quelques jours.

Lorsqu'on entrevoit des changements de rythmes organiques (les voyages, les périodes d'examen, les roulements de quarts), il est généralement pré-

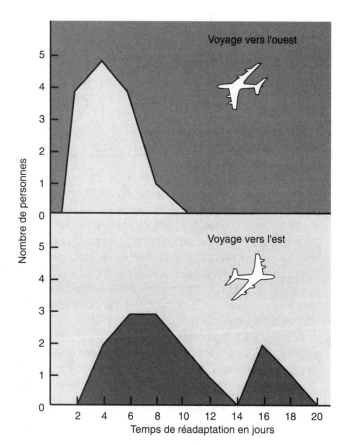

Illustration 11.9   *Le temps requis pour s'adapter à un changement de 6 fuseaux horaires : la période moyenne de réadaptation est plus courte dans le cas de voyages vers l'ouest que pour les déplacements vers l'est. (Données de Beljan et autres, 1972; citées par Moore-Ede et autres, 1982.)*

férable de se **pré-adapter** au nouvel horaire. À titre d'exemple, avant de voyager, on devrait se coucher une heure plus tôt (ou plus tard) à tous les jours, jusqu'à ce que le cycle de sommeil corresponde au fuseau horaire de la destination. Si cela est impossible, on peut au moins partir tôt lorsqu'on voyage vers l'est, et tard quand on va vers l'ouest. (Rappelez-vous que *tôt* et *est* comportent chacun trois lettres.)

Question : Les rythmes circadiens sont-ils reliés aux biorythmes?

Non. Tout porte à croire que la théorie des biorythmes, qui est exploitée commercialement, est un faux système. Les raisons d'une telle conclusion sont expliquées au profil 11.2.

Les motivations acquises — des frissons garantis et la poursuite de l'excellence

Bon nombre de motivations sont directement acquises; de toute évidence, les compliments, l'argent, le succès, le plaisir, et autres renforçateurs du même genre ont un

PROFIL 11.2
Les biorythmes — faits ou fumisterie?

Étant donné la grande popularité dont elle jouit, vous avez sûrement déjà entendu parler de la théorie des biorythmes. Peut-être vous y êtes-vous même intéressé? Quels sont les énoncés de cette théorie? Sur quelles preuves repose-t-elle? Vaut-elle la peine d'être appliquée?

La théorie des biorythmes Cette théorie veut que nous soyons tous soumis à trois cycles : un cycle physique de 23 jours, un cycle affectif de 28 jours et un cycle intellectuel de 33 jours. La première moitié de chacun de ces cycles est censée être positive (constituée de bons jours), la seconde, négative. La théorie soutient que les cycles commencent à la naissance et continuent la vie durant. Les jours où les cycles passent du positif au négatif sont appelés «journées critiques». Lorsque les 3 cycles entrent en même temps dans des journées critiques, on dit que les risques d'accident ou de désastre sont des plus importants.

La promotion de la théorie des biorythmes se fait souvent à l'aide de cas de célébrités qui ont commis de graves erreurs, subi de terribles accidents ou donné d'inoubliables performances quand leurs biorythmes «jouaient pour ou contre» eux. Mais les promoteurs de la théorie oublient souvent d'examiner les cas qui ne concordent pas (Louis, 1978).

Ne gaspillez pas votre argent! Mais peut-être avez-vous déjà pris connaissance de quelques-uns des problèmes logiques de cette théorie... Pourquoi les cycles débutent-ils à la naissance?

Après tout, le foetus est vivant avant de naître. Est-ce à dire qu'une césarienne pourrait changer le cours de nos vies, ou que le simple fait de naître quelques jours avant ou après la date prévue modifie à jamais notre destinée? Et pourquoi les cycles dureraient-ils exactement 23, 28 et 33 jours pour tous les habitants de la terre?

Mais la preuve la plus accablante contre la théorie des biorythmes nous vient de tentatives de corrélation entre ces derniers et divers événements. Notamment, un chercheur a comparé 100 parties de base-ball sans buts ni coups sûrs aux biorythmes des lanceurs. Les résultats? Il n'existe aucun lien entre les cycles et ce rendement (Louis, 1978). Au Canada, la Commission de la santé et de la sécurité au travail de la Colombie-Britannique a étudié plus de 13 000 accidents du travail. Les conclusions? Les accidents ne risquent pas plus de se produire aux jours critiques qu'à n'importe quel autre moment (Nelson, 1976). D'autres études ont démontré qu'il n'existait absolument aucune corrélation entre les accidents d'avion et les biorythmes des pilotes, ou entre les biorythmes et la guérison post-opératoire, le moment de la mort, ou les résultats des golfeurs professionnels (Holmes et autres, 1980; Wolcott et autres, 1977).

En résumé, les preuves recueillies vont fermement à l'encontre de la théorie des biorythmes. Donc, si vous échouez à un examen, avez un accident, perdez une partie, insultez votre patron ou divorcez, ne cherchez pas d'excuses du côté des lignes sinueuses de vos biorythmes!

---

effet sur nos objectifs et nos désirs. Mais comment les gens font-ils pour apprendre à aimer des activités de prime abord douloureuses ou effrayantes? Pourquoi escaladent-ils des parois rocheuses, sautent-ils en parachute, courent-ils des marathons, prennent-ils des bains saunas et plongent-ils dans des lacs glacés? En guise de réponse, mettons-nous donc en situation.

Lorsqu'une personne essaie pour la première fois une drogue comme l'héroïne, elle ressent une «extase» passagère. Mais, à mesure que l'effet se dissipe, un malaise ou un besoin maladif se fait sentir. La manière la plus facile d'éliminer ce malaise est de prendre une autre dose de drogue (réflexe rapidement assimilé par la majorité des toxicomanes). Mais avec le temps, l'assuétude s'installe; la drogue cesse de procurer du plaisir, mais elle continue de soulager le malaise. En même temps, les effets secondaires en deviennent de plus en plus douloureux. Rendu à ce point, l'utilisateur s'est donné une nouvelle et puissante motivation. Le cercle vicieux est maintenant engagé : l'héroïne soulage le malaise mais garantit cependant le retour de l'état de manque en quelques heures.

La théorie des antagonismes Le psychologue Richard L. Solomon (1980) nous a proposé une fascinante théo-rie qui explique les phénomènes de dépendance et autres motivations acquises. Selon sa **théorie des antagonismes**, si un stimulus produit une émotion intense (comme la peur ou le plaisir), une émotion opposée tend à remplacer cette dernière une fois le stimulus passé. Si par exemple vous avez mal et que la douleur cesse, vous ressentez une plaisante sensation de soulagement; si vous éprouvez du plaisir (comme dans le cas d'utilisation de drogues) et que ce dernier disparaisse, vous ressentez ensuite un malaise ou un besoin de retrouver la sensation perdue; si vous êtes en amour et vous sentez bien auprès de votre partenaire, vous serez mal à l'aise lorsque ce dernier sera absent.

Question : Qu'arrive-t-il si le stimulus se répète?

Solomon présume que lorsqu'un stimulus est répété, notre réponse s'habitue, ou s'affaiblit. Le premier saut d'un parachutiste est souvent terrifiant, mais à force de sauter, la peur s'atténue et se transforme graduellement en euphorie. Par contre, les effets secondaires affectifs ont plutôt tendance à s'intensifier. Après un premier saut, le parachutiste en herbe éprouve souvent une sensation brève, mais grisante, de soulagement; par suite de nombreuses expériences semblables, le parachutiste chevronné ressent plutôt une «bouffée» d'exaltation qui dure des heures (illustration 11.10). À la faveur de la répétition, les effets secondaires agréables s'intensifient, tandis que le «coût» (la douleur ou la peur) diminue. La théorie des antagonismes nous explique donc comment le parachutisme, l'escalade et le saut à ski, entre autres entreprises périlleuses, peuvent devenir renforçants. Si vous aimez les films d'horreur ou les montagnes russes, vos motivations pourraient découler des mêmes phénomènes.

Les motivations sociales

La rivalité et la réussite sont des valeurs prioritaires dans nos sociétés occidentales; dans d'autres pays moins industrialisés il se peut que le besoin de réussite soit très faible. Certains de vos amis peuvent s'intéresser plus que d'autres au succès, à l'argent, aux biens, au prestige, à l'amour, à l'approbation, aux résultats scolaires, à la domination, au pouvoir ou à l'appartenance à un groupe. Nous parlons ici de différences en matière d'ambitions et de **motivations sociales**. Ces dernières sont acquises par des mécanismes complexes de socialisation et de conditionnement culturel. On comprend facilement que le comportement des meilleurs artistes, scientifiques, athlètes, éducateurs et dirigeants repose sur ces besoins appris, celui de réussite en particulier.

Le besoin de réussite Le **besoin de réussite** n'est pas la seule motivation sociale d'importance, mais certainement une des plus notables. En effet, pour bien des gens, être «motivé» signifie s'intéresser à la réussite. À d'autres chapitres, nous examinerons les motivations qui sous-tendent l'agression, l'amour, l'association, et la recherche d'approbation; pour le moment, concentrons-nous sur le besoin de réussite.

Ce besoin peut se définir comme étant un désir de satisfaire à des *normes individuelles d'excellence* (McClelland, 1961). Les personnes ayant un fort besoin de réussite s'efforcent toujours de bien faire dans des situations pour lesquelles elles sont susceptibles d'être évaluées.

Question : Un peu comme les gens d'affaires qui ne vivent que pour la réussite?

Pas nécessairement. Le besoin de réussite peut mener au succès financier et au prestige, mais une personne qui réussit en art, en musique, en science et en athlétisme peut rechercher l'excellence, sans égard aux récompenses matérielles. Ce besoin diffère en effet du **besoin de puissance**, qui se traduit par un désir d'*exercer une influence* sur autrui, ou de dominer (McClelland, 1975). Les gens qui ont un grand besoin de puissance veulent que leur importance soit visible; ils s'achètent des objets de valeur, lisent des magazines à la mode et tentent d'exploiter leurs relations.

Illustration 11.10 *Un parachutiste amateur plonge dans le vide. L'enchaînement affectif type d'un premier saut consiste en : l'anxiété avant, la terreur pendant et le soulagement après. Après un grand nombre de sauts, l'enchaînement devient : l'empressement avant, l'euphorie pendant et l'exaltation après. Ce dernier enchaînement renforce fortement le parachutisme.*

David McClelland (1958, 1961), et nombre d'autres psychologues se sont intéressés aux effets des besoins fort et faible de réussite. À l'aide d'une simple mesure du besoin de réussite, McClelland s'est aperçu qu'il pouvait prévoir le comportement des sujets en bien des circonstances, selon qu'ils étaient plus ou moins animés du désir de réussir. Dans une de ses études notamment, il a comparé la situation professionnelle de diplômés universitaires aux résultats obtenus lors d'une évaluation, en deuxième année, de leur besoin de réussite. Quatorze ans après leur sortie de l'université, ceux qui avaient un besoin de réussite élevé se trouvaient plus souvent dans des professions comportant des éléments de risque et des responsabilités que ceux qui possédaient un besoin de réussite inférieur (McClelland, 1965). Il est intéressant de noter que les résultats obtenus par les étudiants relativement au besoin de réussite ont diminué ces dernières années (Lueptow, 1980). Certains psychologues croient que ceci pourrait contribuer à expliquer la baisse spectaculaire des résultats aux *tests d'aptitude scolaire (TAS)* observée au cours des dix dernières années (Hoyenga et Hoyenga, 1984).

Les caractéristiques de ceux qui désirent réussir Vous êtes devant cinq cibles plus ou moins éloignées. On vous remet une petite poche de sable que vous lancez sur la cible de votre choix. La cible «A» est à la portée de tous; «B», à la portée de la majorité; «C», à la portée de certaines personnes; «D», à la portée de très peu de gens, et «E», à peu près impossible à atteindre. Si vous touchez la cible «A», on vous donne 2,00 $; «B», 4,00 $; «C», 8,00 $; «D», 16,00 $; et «E», 32,00 $. Vous n'avez droit qu'à un seul lancer. Quelle cible choisirez-vous? La recherche de McClelland indique que si vous avez un fort besoin de réussite, vous sélectionnerez «C», voire, «D».

Les gens ayant un besoin de réussite supérieur prennent des risques de façon *modérée*. En présence d'un problème ou d'un défi, ils écartent les buts trop faciles parce que ces derniers offrent peu de satisfaction. Ils évitent aussi les situations trop risquées car celles-ci présentent peu de chances de réussite, et la réussite éventuelle relève plus du hasard que du talent. Les personnes qui ont un besoin de réussite inférieur choisissent soit les valeurs sûres, soit les objectifs impossibles; d'un côté comme de l'autre, elles ne risquent pas d'être tenues personnellement responsables de l'échec.

Le désir d'accomplissement et la prise de risques calculés se traduisent bien souvent par la réussite dans l'exécution des tâches. Les personnes ayant un grand besoin de réussite réussissent mieux diverses opérations en laboratoire; elles terminent souvent des travaux complexes; elles obtiennent aussi de meilleurs résultats à l'école secondaire et au collège, et tendent à exceller dans la profession de leur choix. Les collégiens dotés d'un fort besoin de réussite tendent à attribuer leurs succès à leurs propres aptitudes, et leurs échecs, à un manque d'efforts (Kleinke, 1978). Ainsi, ces étudiants redoublent d'efforts face à de piètres résultats. En d'autres termes, plus la vie est coriace, plus les «coriaces» s'animent!

La crainte du succès

Avez-vous déjà dissimulé vos talents afin d'être accepté au sein d'un groupe? Vous êtes-vous déjà empêché de «gagner» dans les sports ou à l'école? Avez-vous déjà «fait l'imbécile» devant vos amis? Voilà des comportements que nous avons tous adoptés un jour ou l'autre. Chacune de ces actions renferme un évitement, ou une crainte du succès (voir le profil 11.3). De toute évidence, la peur du succès peut refréner les efforts de réussite.

Mais pourquoi éviter le succès? La plupart du temps, parce que la réussite peut exiger un difficile changement de la perception de soi, que de nombreuses personnes ont peur du rejet lorsqu'elles se démarquent d'un groupe, et que certains craignent les exigences supplémentaires d'un statut de «gagnant» (Tresemer, 1977). Ces trois raisons sont illustrées par la décision d'une secrétaire de démissionner après qu'on lui a offert un poste de surveillante. Lorsqu'on lui demanda pourquoi elle avait agi ainsi, elle dit qu'elle ne voulait

---

PROFIL 11.3
Qui a peur du grand méchant succès?

Avec lesquelles des affirmations suivantes êtes-vous d'accord?

1. Je ne suis heureux(se) que lorsque je fais mieux que les autres.

2. La réussite commande le respect.

3. Il est extrêmement important que je réussisse tout ce que j'entreprends.

4. La rançon du succès est souvent plus grande que les récompenses qu'il entraîne.

5. Je pense que les personnes qui ont réussi sont souvent seules et tristes.

6. Je trouve que notre société attache trop d'importance à la réussite.

(Tiré de : Zuckerman et Allison, 1976)

Acquiescer aux trois premières affirmations démontre une attitude positive face à la réussite. Les gens qui sont d'accord avec les trois dernières ont plutôt tendance à éviter le succès. On pourrait penser qu'il n'est jamais souhaitable de rejeter la réussite. En réalité, y attacher trop d'importance peut constituer un désavantage aussi lourd que vouloir l'éviter. On sait que notre société comporte son lot de bourreaux de travail malheureux. En dernière analyse, une vie réussie consiste à savoir équilibrer le besoin de réussite et les autres besoins.

---

pas devenir «femme de carrière» parce qu'elle avait peur d'être rejetée par ses anciens camarades de travail, et qu'elle n'aimait pas donner d'ordres aux autres.

Question : Cette crainte du succès est-elle l'apanage des femmes?

Les hommes sont autant sujets que les femmes à la crainte du succès (Kearney, 1985). Mais notre société engendre des conflits additionnels pour ces dernières. À l'âge adulte, une foule d'hommes et de femmes auront en effet appris à considérer qu'il n'est pas «féminin» d'exceller (de Charms et Muir, 1978). Naturellement, les femmes qui réussissent sont souvent celles qui définissent le succès comme une caractéristique «féminine» acceptable (Kleinke, 1978). Peut-être que le mouvement de libération des femmes et l'évolution des mentalités contribueront à éloigner ce fardeau des futures générations de femmes ambitieuses et pleines de talents.

La clé du succès?

Que faut-il faire pour réussir brillamment? Le psychopédagogue Benjamin Bloom a effectué une étude intéressante auprès de l'élite américaine dans six champs d'activité différents : les pianistes de concert, les sculpteurs, les nageurs olympiques, les champions de tennis, les mathématiciens et les chercheurs en neurologie. Bloom (1985) a découvert que le dynamisme et la détermination, et non un grand talent naturel, étaient à la base de la réussite des gens qu'il a étudiés.

Le développement des sujets de Bloom débuta quand leurs parents les initièrent à la musique, à la natation, à la science, etc., pour «le simple plaisir de la chose». Au début, un grand nombre d'enfants avaient des aptitudes plutôt ordinaires (un nageur olympique se rappelle notamment avoir perdu des courses à maintes reprises lorsqu'il avait dix ans). À un moment donné, on commença cependant à reconnaître les talents des jeunes, qui se mirent à travailler avec plus d'ardeur. Bientôt, les parents remarquèrent les rapides progrès de leurs rejetons et recrutèrent des entraîneurs plus spécialisés. Après de nouveaux succès et d'autres encouragements, les jeunes commencèrent à «vivre» pour leur talent. La majorité consacrèrent plusieurs heures par jour à parfaire leurs aptitudes. Ceci dura des années jusqu'à ce qu'ils atteignent des sommets exceptionnels de réussite.

Ce qui ressort des études de Bloom est que le talent résulte du dévouement et du travail acharné, et que ces derniers sont stimulés par un appui sans réserve des parents, et par l'importance qu'ils accordent au fait de toujours faire de son mieux. D'autres recherches sur des enfants prodiges et des adultes remarquables ont aussi démontré qu'un entraînement rigoureux et une formation professionnelle sont souvent les gages d'une grande réussite (Wallach, 1985). La croyance qui veut que le talent «s'épanouisse» de lui-même relève, dans une large mesure, du mythe.

La hiérarchisation des besoins — du haut de cette pyramide, toutes les motivations de l'univers vous contemplent

Au chapitre 1, nous avons mentionné que le psychologue humaniste Abraham Maslow a défini l'actualisation de soi comme le développement complet du potentiel individuel. Pour ajouter à son travail, Maslow a proposé l'existence d'une **hiérarchie** (ou organisation) des besoins humains, c'est-à-dire que certains besoins sont plus fondamentaux et puissants que d'autres. Pensez un moment aux besoins qui influencent votre comportement. Lesquels vous semblent les plus forts? Lesquels vous demandent le plus de temps et d'énergie? Examinez maintenant la hiérarchie selon Maslow (illustration 11.11). Notez que les besoins physiologiques se trouvent à la base; étant nécessaires à la survie, ils sont prééminents et dominent tous ceux qui sont placés plus haut. On peut dire, par exemple, que «la nourriture est reine au pays des affamés».

Maslow croit que les besoins supérieurs ne s'expriment que si les besoins physiologiques dominants

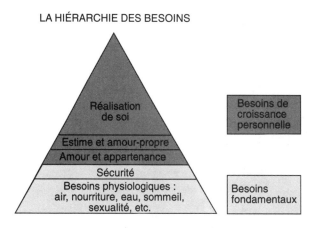

Illustration 11.11   *Maslow croit que les besoins inférieurs de la hiérarchie sont dominants. Les besoins fondamentaux doivent être comblés avant que ne s'expriment pleinement les besoins de croissance. Les désirs d'actualisation de soi se manifestent par plusieurs méta-besoins (voir le texte).*

sont satisfaits. Ce raisonnement vaut pour les besoins de sûreté et de sécurité. Et tant qu'on n'a pas atteint un niveau fondamental d'ordre et de stabilité dans la satisfaction des besoins les plus bas, on risque d'être moins attiré par des visées supérieures. Par exemple, une personne qui a extrêmement soif ne s'intéresse pas à la poésie ou au papotage sur la pluie et le beau temps. C'est pourquoi Maslow a désigné les deux premiers niveaux de la hiérarchie de **besoins fondamentaux**. Les besoins supérieurs, ou **besoins de croissance** personnelle comprennent les besoins d'amour et d'appartenance (famille, amitié et affection), d'estime des autres et de soi (reconnaissance et amour-propre) et d'actualisation de soi (illustration 11.12). Bien que Maslow estime que les désirs d'actualisation sont universels, il les a placés au haut de sa pyramide. Ce choix indique qu'il considère ces derniers fragiles et susceptibles d'être éclipsés par des besoins inférieurs.

Question : Comment les besoins d'actualisation de soi se manifestent-ils?

Maslow a utilisé le terme «**méta-besoins**» pour désigner les motivations d'actualisation moins puissantes mais importantes sur le plan humain (Maslow, 1970). Ces méta-besoins sont énumérés au tableau 11.1. Maslow croit qu'il existe une tendance à remonter dans la hiérarchie jusqu'aux méta-besoins. Une personne qui a répondu à ses besoins de survie mais qui n'a pas satisfait ses méta-besoins vit ce qu'on appelle le «syndrome de la décadence» et ressent du désespoir, de l'apathie et de l'aliénation; il ne suffit pas simplement d'assurer sa survie et son confort matériel pour mener une vie remplie et satisfaisante.

La hiérarchie de Maslow n'est pas bien étayée par la recherche et on peut se poser quelques questions à son sujet. Comment peut-on, par exemple, y justifier

Tableau 11.1 *La liste des méta-besoins selon Maslow.*

Les méta-besoins sont considérés comme une expression
des tendances à l'actualisation de soi, ou du développement
complet du potentiel individuel.

1. L'intégrité (l'unité)
2. La perfection (l'équilibre et l'harmonie)
3. L'exécution (la finalité)
4. La justice (l'équité)
5. La richesse (la complexité)
6. La simplicité (la quintessence)
7. La vivacité (la spontanéité)
8. La beauté (la symétrie)
9. La bonté (la bienveillance)
10. L'unicité (l'individualité)
11. L'allégresse (le bien-être)
12. La vérité (la réalité)
13. L'autonomie (l'auto-suffisance)
14. La signification (les valeurs)

Illustration 11.12 *Des athlètes en fauteuil roulant participent à d'intenses compétitions sportives. Maslow aurait considéré cette démarche comme étant une expression du besoin d'actualisation de soi.*

l'utilisation du jeûne comme moyen de protestation? Comment le méta-besoin de justice peut-il prévaloir sur le besoin plus fondamental de nourriture? (La réponse réside peut-être dans le fait que le jeûne soit temporaire et volontaire.) Malgré de telles objections, les vues de Maslow ont exercé une profonde influence en tant qu'outils de compréhension et d'appréciation de la richesse du jeu des motivations humaines. Plutôt qu'une théorie scientifique, la hiérarchisation des besoins illustre un point de vue philosophique.

Question : Maslow pense-t-il que beaucoup de gens sont motivés par les méta-besoins?

Il estime que seulement une personne sur 10 est essentiellement motivée par les besoins d'actualisation de soi. La plupart des gens se préoccupent davantage d'estime, d'amour et de sécurité, et ce, peut-être parce que les mesures d'incitation et les récompenses de notre société sont axées sur le conformisme, l'uniformité et la sécurité à l'école, au travail et dans les relations affectives. À quand remonte la dernière fois où vous avez répondu à un méta-besoin?

Les motivations intrinsèque et extrinsèque

Certaines personnes cuisinent pour gagner leur pain et considèrent qu'elles travaillent fort; d'autres mitonnent pour le plaisir et rêvent d'ouvrir un restaurant... Tandis que certaines gens voient l'ébénisterie, le jardinage ou la joaillerie comme d'agréables passe-temps, d'autres les envisagent comme des corvées pour lesquelles ils sont payés. Comment les mêmes activités peuvent-elles représenter du «travail» pour les uns, et du «plaisir» pour les autres?

Lorsqu'on s'engage dans une activité par plaisir, pour démontrer ses compétences ou pour améliorer ses aptitudes, la motivation est généralement *intrinsèque*. On a affaire à une **motivation intrinsèque** quand il n'existe pas de motifs ultérieurs ou de récompenses externes visibles; l'activité devient une fin en soi. Ce type de motivation est étroitement lié aux besoins supérieurs de la hiérarchie de Maslow. La **motivation extrinsèque** découle plutôt de facteurs externes évidents comme le salaire, les résultats scolaires, les récompenses, les obligations et l'approbation. La plupart des activités que nous considérons comme du «travail» sont généralement extrinsèquement motivées.

Du plaisir à la corvée On pourrait penser qu'une augmentation des incitateurs extrinsèques a pour effet de renforcer la motivation, mais ce n'est pas toujours le cas. Des études menées auprès d'enfants ont en effet démontré que des récompenses excessives peuvent saper l'intérêt spontané (Ross et autres, 1976). Par exemple, des enfants généreusement récompensés pour l'utilisation de crayons-feutres «Magic-Markers» ont démontré ultérieurement peu d'intérêt à leur égard (Greene et Lepper, 1974). Apparemment, le «plaisir» peut être transformé en «corvée» si on *exige* qu'une personne exécute quelque chose qu'elle aurait autrement trouvé agréable. On observa aussi un effet semblable quand on récompensa des collégiens adultes pour avoir assemblé des casse-tête (Daniel et Esser, 1980).

L'effet contraire est aussi vrai; les gens sont plus susceptibles d'être créateurs lorsqu'ils sont intrinsèquement motivés que quand on leur promet des récompenses extrinsèques. En milieu de travail, on peut augmenter la *quantité* de travail grâce à des salaires et à des primes d'encouragement, mais la *qualité* se rattache davantage à des facteurs intrinsèques comme l'intérêt, la liberté d'action et la critique constructive (Amabile, 1983; Kohn, 1987). Quand une personne est intrinsèquement motivée, des éléments de défi, de surprise et de complexité rendent sa tâche plus satisfaisante; si l'accent porte sur la motivation extrinsèque, le défi, la surprise et la complexité sont plutôt considérés comme des obstacles à l'atteinte d'un objectif (Pittman et Heller, 1987).

Question : Comment peut-on appliquer le concept de motivation intrinsèque?

La motivation ne peut pas toujours être intrinsèque, et elle ne doit pas l'être. Toutes les tâches utiles ne sont pas intrinsèquement satisfaisantes. En outre, la motivation extrinsèque est souvent nécessaire afin de développer assez d'habileté ou de connaissances pour rendre une activité intrinsèquement profitable. On observe ce phénomène lors de l'apprentissage de la lecture, d'un instrument de musique ou d'un sport. Au début, des encouragements ou des incitateurs externes peuvent être utiles à l'acquisition de l'habileté requise pour produire une motivation intrinsèque.

Les deux types de motivation sont donc nécessaires. Mais on ne doit pas abuser du type extrinsèque. Les psychologues Greene et Lepper (1974) résument : premièrement, si au départ une activité ne comporte aucune motivation intrinsèque, l'utilisation de récompenses extrinsèques ne peut nuire; deuxièmement, si les talents requis font défaut, des récompenses extrinsèques peuvent être nécessaires pour commencer; troisièmement, les récompenses extrinsèques peuvent attirer l'attention sur une activité et permettre le développement d'un véritable intérêt — en particulier pour la motivation de l'apprentissage chez les enfants; enfin, si on doit utiliser des récompenses ou des incitateurs extrinsèques, il faut se servir des plus minimes, seulement si nécessaire, et les retirer au plus vite. Il est bon de se rappeler que plus une activité est complexe, plus les récompenses extrinsèques nuisent (Kohn, 1987). En suivant ces règles, vous éviterez d'éliminer la spontanéité et la satisfaction de la motivation des autres, particulièrement de celle des enfants.

Autotest

1. L'exploration, la manipulation et la curiosité démontrent l'existence d'un besoin de _____.

2. Les gens qui obtiennent des résultats élevés sur l'échelle de la recherche de sensations (ERS) sont plutôt extrovertis, indépendants, et ont tendance à apprécier le changement. Vrai ou faux?

3. Lorsqu'une tâche est complexe, le niveau optimal d'activation est_____; si la tâche est simple, le niveau idéal est _____.

4. La relation qui existe entre l'activation et l'efficacité peut être qualifiée de :

   a. non homéostatique   *b.* corrélation négative   *c.* parabole inversée   *d.* résultat à l'ERS

5. Le besoin de réussite se définit par un désir de satisfaire à des _____.

6. Les gens ayant un grand besoin de réussite sont attirés par les valeurs sûres et les objectifs impossibles. Vrai ou faux?

7. La crainte du succès est fréquente chez les hommes, mais est rarement observée chez les femmes. Vrai ou faux?

8. Maslow soutient que les méta-besoins sont nos besoins les plus fondamentaux. Vrai ou faux?

9. La motivation intrinsèque est souvent minée par la promesse de récompenses externes pour l'accomplissement d'activités de nature agréable. Vrai ou faux?

Réponses :

1. stimulation 2. vrai 3. bas/élevé 4. c 5. normes individuelles d'excellence 6. faux 7. faux 8. faux 9. vrai

Applications : les régimes comportementaux — l'avenir en minceur

Le but des discussions précédentes était de vous aider à comprendre de nombreuses motivations fondamentales. La présente section offre une application de la recherche motivationelle en examinant des techniques psychologiques de maîtrise du poids.

Question : Que peut-on faire pour maîtriser son poids?
Depuis des années, l'approche fondamentale est de «suivre une diète», c'est-à-dire réduire radicalement la quantité de nourriture ingérée pour un temps limité. Théoriquement, ceci est parfaitement logique; on doit manger moins pour maigrir. Mais, comme nous l'avons déjà vu, la majorité des gens qui perdent du poids de cette manière le reprennent aussitôt. De plus, comme l'indique la section Exploration, les diètes peuvent comporter d'autres risques.

Quand on veut perdre du poids, il faut réviser nos *habitudes alimentaires* et vérifier les *signaux déclencheurs* de notre appétit. Les gens qui réussissent à modifier leurs habitudes peuvent espérer une perte de poids définitive. Cette approche, qu'on appelle **régime comportemental**, est de beaucoup supérieure aux simples régimes amaigrissants. La liste suivante vous offre un résumé de plusieurs techniques comportementales utiles (données compilées d'après Kiell, 1973; Lake, 1973; Mayer, 1968; Trotter, 1974; ainsi que des sources indiquées).

1. Tout programme d'amaigrissement doit commencer par un examen médical Près de 5 pour 100 des problèmes de poids sont d'origine physiologique.
2. Apprenez à connaître vos habitudes alimentaires en vous observant et en tenant un «journal de bord». Commencez par noter vos habitudes alimentaires pendant 2 semaines. Inscrivez ce que vous mangez, où et quand vous le mangez, ainsi que les événements et sensations qui précèdent et suivent la consommation de nourriture. Notez aussi les réactions de votre entourage (quelqu'un vous encourage-t-il à vous suralimenter?).
3. Comptez vos calories, mais ne vous laissez pas mourir de faim! Afin de perdre, vous devez ingérer moins; le décompte des calories contribue à calculer votre consommation de façon précise.
4. Développez des techniques qui vous aideront à maîtriser l'art de manger. Diminuez d'abord vos portions. N'apportez sur la table que ce que vous pensez manger. Rangez toute nourriture avant de sortir de la cuisine. Mangez lentement, avalez chaque bouchée avant d'en prendre une autre, comptez vos bouchées, et laissez de la nourriture dans votre assiette. Le plus souvent, évitez de manger seul; vous risquez moins de vous suralimenter devant les autres. (Une exception : les soirées où on trouve de la nourriture en abondance et où on vous encourage à manger. Une autre exception : manger avec une personne qui a tendance à se suralimenter. Dans chacun des cas, il vous sera plus facile de manger.)
5. Apprenez à atténuer vos signaux déclencheurs individuels. Lorsque vous aurez déterminé les moments et les endroits où vous mangez le plus souvent, évitez-les. Essayez de cantonner vos repas dans une seule pièce. Ne lisez pas, ne regardez pas la télévision, n'étudiez pas et ne parlez pas au téléphone en mangeant. Exigez de vous-même d'interrompre toute activité lorsqu'il est temps de manger. Faites particulièrement attention au «syndrome de la collation tardive»; la plupart des calories sont ingérées tard dans la journée ou durant la soirée. Ne gardez pas de nourriture à vue et trouvez à vous occuper pendant cette période difficile.
6. Évitez les collations. Achetez des aliments à faible teneur en calories qui exigent une certaine préparation, et ne vous en préparez qu'une seule portion à la fois. Lorsque vous avez une soudaine envie de manger, réglez une minuterie à 20 minutes et jugez si vous avez encore faim après ce délai. Essayez ainsi de retarder vos collations plusieurs fois. Calmez votre appétit en vous bourrant de carottes crues, de bouillons, d'eau, de café et de thé.
7. Faites de l'exercice physique. L'effort physique permet de brûler des calories. Arrêtez d'utiliser les ascenseurs! Ajoutez à vos occupations journalières toutes les activités qui vous viennent à l'esprit. Contrairement à ce qu'on dit, l'exercice régulier n'augmente pas l'appétit; pour des raisons encore obscures, il abaisse le point d'équilibre de stockage des graisses (Bennet et Gurin, 1982). Nombre de psychologues sont maintenant convaincus qu'aucune diète n'est longtemps efficace sans une augmentation de l'exercice physique (Katahn, 1984). Brûler aussi peu que 200 calories supplémentaires par jour peut jouer un rôle important dans la prévention de reprise de poids (Foreyt, 1987b).
8. Engagez-vous à fond dans la guerre des kilos. Faites participer le plus de gens possible à votre bataille. Des organismes officiels comme les Outremangeurs Anonymes sont en mesure de vous appuyer dans vos démarches (Foreyt, 1987b).
9. Dressez la liste des récompenses en cas de réussite et des punitions en cas d'échec. Il peut s'avérer

Applications

utile de définir des récompenses. Ne vous récompensez jamais avec de la nourriture!

10. Portez la courbe de vos progrès sur un graphique. Notez votre poids, la quantité de calories ingérées et faites un bilan journalier de votre rendement. (Fixez-vous des objectifs réalistes en diminuant graduellement les calories. La perte d'un demi-kilo par semaine est raisonnable; rappelez-vous qu'il ne s'agit pas seulement de perdre du poids, mais de changer vos habitudes alimentaires.) Soyez fiers de vos succès; affichez-les à la vue de tous. La rétroaction face à vos progrès représente probablement la technique la plus importante de toutes.

11. Attention aux rechutes! Efforcez-vous de reconnaître les situations précises où vous risquez le plus de vous suralimenter. Établissez un plan pour vous aider à affronter les risques de rechute en vous servant des principes énumérés ci-dessus (Foreyt, 1987b). Dites-vous qu'un seul écart de conduite ne signifie pas que vous avez «manqué votre coup». Les faiblesses devraient être interprétées comme des erreurs passagères, non comme des invitations à démissionner (Marlatt et Gordon, 1985).

12. Déterminez votre «seuil de tolérance». Une étude menée auprès des membres de l'organisation des *Weight Watchers* a démontré que ceux qui avaient réussi à maintenir leur perte de poids n'avaient regagné qu'un kilo et demi ou moins. En d'autres termes, s'ils dépassaient le seuil des 1 500 grammes, ils effectuaient immédiatement les corrections nécessaires à leur diète et à leurs exercices (Brownell et autres, 1986).

Soyez patient lorsque vous suivez ce programme. Vos habitudes alimentaires ont pris des années à se former; il faut au moins leur accorder quelques mois pour changer. Si ces techniques ne vous permettent pas de perdre du poids, il serait utile que vous consultiez un psychologue qui connaît les régimes comportementaux.

Autotest

1. Selon les spécialistes des régimes comportementaux, près de 45 pour 100 des cas d'obésité sont d'origine physiologique. Vrai ou faux?

2. En plus de brûler des calories supplémentaires, l'exercice physique permet d'abaisser le point d'équilibre corporel. Vrai ou faux?

3. En utilisant l'approche comportementale, vous devriez tenir un «journal de bord», tout en évitant de compter les calories. Vrai ou faux?

4. Ceux et celles qui réussissent à perdre du poids admettent qu'un seul écart à leur diète «gâche tout». Vrai ou faux?

Réponses :

1. faux 2. vrai 3. faux 4. faux

Exploration : l'anorexie et la boulimie — quand la faim ne justifie plus les moyens

Sous les draps d'hôpital qui la recouvrent, Sylvie ressemble à un squelette décharné. Si on ne réussit pas à mettre fin à son cycle autodestructeur, elle peut mourir de sous-alimentation. Comment peut-on en arriver là avec une motivation aussi fondamentale que celle de la faim? Des recherches récentes sur des cas comme celui de Sylvie ont ouvert une fenêtre fascinante sur le problème des motivations qui ont mal tourné.

Les troubles de la nutrition

Le grave trouble de sous-alimentation dont souffre Sylvie s'appelle **anorexie mentale**. Les victimes de l'anorexie, qui sont surtout des adolescentes (seulement 5 pour 100 des cas sont masculins) subissent une dangereuse perte de poids causée par une famine volontaire. Ce problème affecte le pourcentage inquiétant d'une jeune femme (âgée entre 12 et 18 ans) sur 100.

Question : Est-ce que les anorexiques perdent l'appétit?

L'anorexie mentale n'est pas qu'une simple perte du désir de nourriture. Beaucoup d'anorexiques continuent en effet à ressentir la faim et ont de la difficulté à se sous-alimenter. On décrit plutôt ce trouble comme une *quête inexorable de minceur excessive*. Les personnes qui en souffrent ont une phobie de grossir. Le problème commence souvent par une diète normale qui dégénère graduellement en obsession. Avec le temps, les anorexiques éprouvent de la faiblesse, voient disparaître leur cycle menstruel, et s'exposent dangereusement aux infections. De 5 à 18 pour 100 meurent des suites de la sous-alimentation ou autres problèmes connexes; la mort de la chanteuse américaine Karen

Carpenter en est un bon exemple. Certaines victimes d'anorexie mentale se rendent compte du danger potentiel de leur diète excessive, mais elles se sentent incapables d'arrêter.

La boulimie, ou le syndrome des excès-purgations, est un autre trouble important de la nutrition. Les boulimiques se gavent de nourriture pour ensuite se forcer à vomir ou à prendre des laxatifs pour ne pas grossir. Tout comme l'anorexie, la boulimie se rencontre beaucoup plus chez les femmes que chez les hommes. Une étude récente auprès d'étudiantes de collège indique que 5 pour 100 (une sur 20) sont boulimiques (Hart et Ollendick, 1985).

Dans une société où la minceur est à l'honneur, un trouble semblable peut sembler inoffensif. Pourtant, comme l'anorexie mentale, les excès et les purgations peuvent entraîner de graves problèmes de santé : maux de gorge, perte de cheveux, spasmes musculaires, dommages aux reins, déshydratation, caries dentaires, inflammation des glandes salivaires, irrégularité du cycle menstruel, perte d'appétit sexuel, et même crises cardiaques.

Reconnaître les troubles

Question : Est-ce qu'une personne peut être à la fois anorexique et boulimique?

Oui. Près de 50 pour 100 des anorexiques sont aussi boulimiques. En effet, il n'est pas rare de voir des parents d'anorexiques les presser à manger plus. Toutefois, si l'anorexique se plie aux exigences de ses parents, elle peut se cacher pour aller vomir dans la salle de bains.

Même si elles s'apparentent, l'anorexie et la boulimie sont deux affections distinctes. Les gens qui

souffrent d'anorexie perdent au moins 15 pour 100 de leur poids initial. Certains perdent du poids en jeûnant et en suivant des diètes. Ceux qui sont aussi boulimiques font alterner gavage et purgation. Quoi qu'il en soit, les anorexiques subissent de graves pertes de poids. Par opposition, les personnes exclusivement boulimiques sont de toutes corpulences, des plus maigres aux plus gros. En fait, la plupart sont à peine plus minces que la normale.

La boulimie est plus difficile à détecter que l'anorexie parce que le poids reste souvent normal, et que les excès et les purgations peuvent être dissimulés. On peut toutefois reconnaître la boulimie en présence d'au moins trois des symptômes suivants : crises de bombance; dissimulation des quantités de nourriture ingérées durant une crise; gavage suivi de purgations ou de douleurs abdominales; tentatives répétées de perdre du poids par l'entremise de régimes draconiens; recours aux vomissements, aux laxatifs ou aux diurétiques pour perdre du poids; variations fréquentes de poids de plus de 1500 grammes; prise de conscience d'un problème d'alimentation associé à une incapacité de le régler; nervosité et état dépressif après les crises.

Question : Qu'est-ce qui provoque l'anorexie et la boulimie?

Les causes   Tant les anorexiques que les boulimiques ont une crainte exagérée de devenir gros et une conception peu réaliste de ce que devrait être une taille normale. Les anorexiques, surtout, ont des images déformées de leur corps; la plupart surestiment leur masse corporelle d'au moins 25 pour 100 et continuent à se trouver «gros», même quand ils dépérissent à vue d'oeil.

Exploration

Les anorexiques sont souvent décrits comme des enfants «parfaits»; on les dit serviables, attentionnés, dociles et obéissants. Nombre d'entre eux sont des gagnants en puissance qui cherchent frénétiquement à atteindre la perfection dans le domaine qui les intéresse : la maîtrise du poids et la minceur à tout prix. La seule pensée de grossir les fait frémir. Ils sentent alors qu'ils perdent, littéralement, le contrôle.

Les boulimiques aussi recherchent la maîtrise, à la différence qu'ils doivent constamment lutter pour la conserver. Ils sont obsédés par tout ce qui est poids, nourriture, alimentation, et ne pensent qu'à se débarrasser des aliments qu'ils ont ingérés. La majorité semble convaincue que tout ce qui est gros est mauvais, que tout ce qui est mince est beau, et que ce qui est beau est bon. Ils ressentent donc de la culpabilité, de la honte, du mépris de soi et de l'anxiété après une crise. Pour un grand nombre, vomir diminue l'anxiété; le vomissement devient donc très renforçant.

Les diètes Des études récentes suggèrent que les diètes peuvent même encourager l'excès. La plupart des boulimiques n'ont-ils pas d'abord commencé par suivre un régime «normal» avant de s'adonner aux purgations?

Question : Comment les diètes encouragent-elles les excès?

Les psychologues Janet Polivy et Peter Herman ont découvert que les gens à la diète mangent *plus* à la suite d'un gros repas que lorsqu'ils n'ont rien mangé auparavant. Il semble qu'ils soient à peine capables de freiner leur appétit; quand ils considèrent avoir «failli» à leur régime, il cessent de réprimer leur envie de manger et un excès s'ensuit. Ce phénomène peut se produire même si on ne fait que *dire* à ces personnes qu'elles viennent d'ingérer un repas à haute teneur en calories (quand ce n'est pas vrai). Par conséquent, tant qu'une personne à la diète *s'imagine* qu'elle maîtrise la situation et que sa diète est intacte, elle mange avec retenue. Mais aussitôt qu'elle pense avoir dérogé, elle ne se retient plus et a tendance à se gaver de nourriture. En résumé, les pressions sociales qui nous poussent à suivre des diètes, ainsi que le lien entre ces dernières et les excès, contribuent à l'augmentation des cas de boulimie.

Le traitement Dans presque tous les cas, les personnes qui souffrent d'anorexie mentale et de boulimie devront avoir recours à des soins professionnels pour rétablir leurs habitudes alimentaires. Le traitement de l'anorexie débute habituellement par l'hospitalisation du malade. Une diète étroitement surveillée lui est ensuite prescrite afin qu'il recouvre son poids et sa santé.

Puis, le patient entreprend une thérapie qui l'aidera à comprendre les conflits personnels et familiaux qui l'ont poussé à perdre du poids. Dans le cas de la boulimie, les psychologues ont connu un certain succès grâce à une thérapie comportementale qui comprend une surveillance rigoureuse et volontaire de l'alimentation, et la suppression graduelle des réflexes de vomissement.

Bien qu'on ait fait de grands progrès dans le domaine des troubles de la nutrition, la majorité des anorexiques ne consultent pas et beaucoup refusent même énergiquement de le faire. Les boulimiques cherchent parfois de l'aide, mais ils ne le font habituellement que lorsque leurs habitudes alimentaires sont devenues intolérables. Quoi qu'il en soit, il faut souvent beaucoup d'insistance de la part de la famille et des amis pour qu'une personne qui souffre de ces troubles accepte la consultation. Ceci dit, il est bon de souligner à nouveau que l'anorexie mentale et la boulimie sont des affections dangereuses qui menacent sérieusement la santé et qui disparaissent rarement d'elles-mêmes. (Sources : DSM-III-R, 1987; Moore, 1981; Polivy et Herman, 1985; Rosen et Leitenburg, 1982; Schlessier-Stroop, 1984.)

Autotest

1. L'anorexie mentale est aussi connue comme le syndrome des excès-purgations. Vrai ou faux?

2. Une personne peut être à la fois anorexique et boulimique. Vrai ou faux?

3. Les anorexiques ont tendance à se voir 25 pour 100 moins corpulents qu'ils ne le sont en réalité. Vrai ou faux?

4. Les gens qui suivent des diètes mangent *plus* s'ils ont pris un gros repas que s'ils n'avaient rien mangé. Vrai ou faux?

Réponses :

1. faux 2. vrai 3. faux 4. vrai

Résumé du chapitre

■ Les motivations **déclenchent, maintiennent** et **dirigent** les activités. Elles s'expriment selon le modèle suivant : **besoin, pulsion, but, atteinte du but** (diminution du besoin).

■ Un comportement peut être stimulé par des **besoins** (poussée) ou des **buts** (entraînement). L'attrait d'un but et la capacité qu'il a d'entraîner l'action sont reliés à la **valeur d'incitation**.

■ Les trois principaux types de motivations sont : les **motivations fondamentales** (axées sur les besoins physiologiques de survie), les **besoins de stimulation** (qui incitent à l'activité, à l'exploration, à la manipulation, etc.) et les **motivations secondaires** (stimulées par des besoins acquis et des buts désirés). La plupart des motivations fondamentales sont **homéostatiques**.

■ La faim est influencée par l'interaction complexe de facteurs dont la saturation de l'estomac, les niveaux de sucre dans le sang, le métabolisme du foie, et le stockage des graisses. La faim semble être directement régie par l'**hypothalamus**, qui possède des zones qui agissent comme des systèmes **d'alimentation** et de **satiété**.

■ D'autres facteurs pouvant influencer la faim sont : le **point d'équilibre** de l'organisme, les **signaux externes de l'alimentation**, l'attrait et la variété de notre **régime alimentaire**, les **préférences** acquises, les **dégoûts alimentaires** et les **valeurs culturelles**.

■ Tout comme la faim, la soif et les autres motivations fondamentales sont affectées par un grand nombre de facteurs physiologiques qui semblent essentiellement répondre à l'hypothalamus. La soif peut être qualifiée d'**intracellulaire** ou d'**extracellulaire**.

■ L'évitement de la douleur est une pulsion qui diffère des autres parce qu'elle est **intermittente** (par opposition à **cyclique**). L'évitement de la douleur et la tolérance de la douleur sont partiellement acquises. Les pulsions sexuelles diffèrent par leur qualité **non homéostatique** (on en recherche autant la montée que l'apaisement).

■ Les besoins de stimulation comprennent les désirs d'**exploration**, de **manipulation**, de **changement**, et de **stimulation sensorielle**. On les dit innés parce qu'ils ne semblent nullement influencés par les récompenses externes.

■ Les besoins de stimulation peuvent s'expliquer en partie par la **théorie de la vigilance**, qui nous dit que les niveaux optimaux d'activation sont, autant que possible, toujours maintenus. Le niveau optimal d'activation varie d'une personne à l'autre. Les besoins de stimulation peuvent être évalués grâce à l'*échelle de la recherche des sensations (ERS)*.

■ Le rendement maximal dans le cadre d'une tâche s'obtient souvent lorsque le niveau d'activation est *modéré*.

La relation entre ces facteurs peut être illustrée par une **parabole inversée**. La **loi de Yerkes-Dodson** ajoute que l'exécution des tâches simples est favorisée par un niveau d'activation élevé, tandis que celle des tâches plus complexes est facilitée par un niveau inférieur.

■ Les **rythmes circadiens** de l'activité physiologique sont étroitement reliés aux cycles du sommeil, de l'activité et de l'énergie. Les décalages horaires et les changements de quarts de travail peuvent grandement dérégler le sommeil et les rythmes organiques. Voyager vers l'est augmente les troubles du décalage horaire, et les déplacements de quarts de travail «à reculons» sont plus dommageables que ceux vers l'avant; une «**préadaptation**» aux nouveaux horaires peut en atténuer les effets. La théorie des biorythmes est fausse et n'est aucunement reliée aux rythmes circadiens.

■ Les **motivations sociales** sont acquises par la socialisation et le conditionnement culturel. Ce type de motivation explique souvent la grande diversité des désirs humains. La **théorie des antagonismes** suggère un modèle de fonctionnement de certaines motivations acquises.

■ Une des motivations sociales les plus importantes et les plus étudiées est celle du **besoin de réussite**. Ce besoin ne doit pas être confondu avec le **besoin de puissance**. Un grand besoin de réussite est souvent synonyme de réussite, de bons choix de carrière et de prise de risques *modérés*. Il a été prouvé que les hommes, comme les femmes, sont parfois susceptibles de ressentir de la **crainte** face au **succès**.

■ La **hiérarchie des besoins** de Maslow divise les motivations en deux grandes catégories : les **besoins fondamentaux** et les **besoins de croissance** personnelle. Les besoins situés au bas de la pyramide sont **prééminents** (dominants) par rapport à ceux qui sont placés plus haut. L'actualisation de soi, le plus élevé et le plus fragile des besoins, s'exprime par des **méta-besoins**.

■ La **motivation intrinsèque** est reliée aux besoins supérieurs de la hiérarchie de Maslow. Dans bien des cas, la **motivation extrinsèque** (celle qui est engendrée par d'évidentes récompenses externes) peut faire diminuer la motivation intrinsèque, le plaisir et la créativité.

■ À cause des limites des diètes traditionnelles, il est préférable de modifier ses habitudes alimentaires. Les **régimes comportementaux** engendrent de tels changements en utilisant des techniques de maîtrise de soi.

■ L'**anorexie mentale** (famine volontaire) et la **boulimie** (excès et purgations) sont deux grands troubles de la nutrition. Toutes deux mettent en cause des problèmes d'anxiété, d'image et de maîtrise de soi.

Discussion

1. Laquelle des motivations fondamentales vous apparaît la plus puissante? Pourquoi? Laquelle occupe le plus de votre temps et de vos énergies? Comment pourrait-on déterminer la force de ces motivations chez les animaux?

2. Discutez de certains des facteurs qui peuvent contribuer à provoquer une sur-alimentation au réveillon de Noël, ou à toute autre occasion du même genre.

3. Les pulsions sexuelles ne sont pas essentielles à la survie de la personne et peuvent être facilement éclipsées par les autres motivations fondamentales. Pourquoi pensez-vous que notre société concentre tant d'énergie sur la sexualité?

4. Donnez des exemples de besoins de stimulation dans le comportement humain. Pensez-vous que l'éducation aiguise la curiosité ou les besoins de stimulation?

5. À votre avis, est-ce que la place que la société nord-américaine donne à la compétition stimule le désir d'accomplissement, ou l'amoindrit? (Pensez, par exemple, à une situation où il ne pourrait y avoir qu'un(e) seul(e) «gagnant(e)».)

6. Comment pourriez-vous utiliser le concept des incitateurs pour améliorer votre motivation à l'étude?

7. Dans la pièce intitulée *Lady Windermere's Fan*, l'écrivain Oscar Wilde fait dire à un de ses personnages : «Il existe deux grandes tragédies dans ce bas monde : la première est de ne pas obtenir tout ce que nous désirons; la seconde de l'obtenir, justement. Des deux calamités, cette dernière est la pire.» Que pensez-vous que Wilde ait voulu dire? Quelle est l'origine de vos motivations?

8. Si vous aviez un revenu garanti, travailleriez-vous? Que feriez-vous de votre temps? Pour combien de temps? Qu'est-ce que cela vous apprend (le cas échéant) sur les sources de motivation intrinsèque?

9. Comment notre société a-t-elle contribué aux troubles de la nutrition comme l'obésité, l'anorexie mentale et la boulimie? Dans certaines sociétés, on considère un certain embonpoint comme étant une mesure de protection bénéfique contre les famines éventuelles. Aurions-nous tendance à prendre la grosseur comme un signe de bonne santé?

CHAPITRE 12

L'ÉMOTION

APERÇU DU CHAPITRE
LA MORT VAUDOU

Il existe peu d'événements aussi bizarres que la mort subite causée par le «vaudou» ou la «magie». Pourtant, de nombreux chercheurs ont assisté à ce spectacle étrange. Voici ce qui se produit quand un membre d'une tribu s'aperçoit qu'un ennemi lui a jeté un mauvais sort :

> Le voilà, frappé d'horreur, les yeux fixés sur les terribles baguettes, les bras levés comme pour chasser le sorcier mortel... Ses joues blémissent, ses yeux deviennent vitreux, et son visage est affreusement convulsé... Son corps se met à trembler, et ses muscles se tordent involontairement. Il chancelle, puis s'affaisse... À partir de ce moment, il devient de plus en plus malade et tourmenté. Il refuse de manger et se tient à l'écart des affaires courantes de la tribu. À moins qu'on ne lui fasse subir un contre-sortilège, la mort le guette à plus ou moins brève échéance. (Basedow, 1925; cité par Cannon, 1942.)

À première vue, la mort vaudou semble exiger la reconnaissance du pouvoir de la magie, mais elle ne repose en fait que sur le pouvoir de l'émotion. Walter Cannon (1942), un psychologue bien connu qui a étudié de nombreuses morts vaudou, croit que celles-ci découlent des changements corporels qui accompagnent les émotions fortes. Plus précisément, il pense que la peur des victimes ensorcelées est tellement intense qu'elle provoque une crise cardiaque ou quelque autre désordre physiologique.

Des recherches récentes indiquent que l'explication de Cannon n'est juste qu'en partie. On pense maintenant que ces morts ne sont pas causées par la peur elle-même, mais bien par la réaction tardive du corps à cette dernière. Le système nerveux parasympathique renverse habituellement les modifications engendrées par l'émotion forte. Par exemple, le rythme cardiaque qui augmente fortement en cas de peur intense est ensuite ralenti par le système parasympathique. On croit que la réponse affective d'une personne ensorcelée est si intense que le système nerveux parasympathique réagit avec excès en ralentissant le coeur jusqu'à l'arrêt (Seligman, 1974).

Nous en apprendrons davantage sur ce sujet plus loin dans le présent chapitre. Pour l'instant, contentons-nous de dire que les émotions sont plus que le sel de la vie; pour certains, elles représentent le sel de la mort.

Questions d'ensemble

- Qu'est-ce qui cause l'émotion?
- Qu'arrive-t-il au corps pendant l'émotion?
- Les «détecteurs de mensonges» peuvent-ils vraiment détecter les mensonges?
- Comment les émotions se développent-elles?
- Jusqu'à quel point le «langage du corps» et l'expression du visage peuvent-ils révéler les émotions?
- Comment les psychologues expliquent-ils les émotions?
- Que savons-nous des manières de faire face aux situations menaçantes, aux sentiments d'impuissance et à la dépression?
- Quelle est la nature de l'amour?

La dissection d'une émotion — comment vous sentez-vous?

Si un savant fou remplaçait le cerveau de votre meilleur ami par un ordinateur perfectionné, comment vous en apercevriez-vous? Un des premiers signes révélateurs serait l'absence d'émotion. Celle-ci ajoute grandement au sens de la vie et à la profondeur de l'affection qu'on porte à autrui.

Avez-vous déjà attendu qu'une personne soit de bonne humeur avant de lui demander un service? Si c'est le cas, vous savez que les émotions influencent beaucoup le comportement. D'une part, il est plus facile de prendre une décision quand on est de bonne humeur (Isen et Means, 1983). De plus, les gens qui sont heureux sont portés à aider davantage ceux qui sont dans le besoin (O'Malley et Andrews, 1983). Il est par contre tout aussi évident que les émotions peuvent avoir des effets négatifs; la haine, la colère, le mépris, le dégoût et la peur perturbent le comportement et les relations interpersonnelles.

La racine du mot **émotion** signifie «mettre en mouvement», et les émotions nous mettent effectivement en mouvement. Premièrement, l'organisme est physiquement éveillé par l'émotion. C'est cette agitation physiologique qui fait dire aux gens qu'ils sont «remués» par une pièce de théâtre, des obsèques ou un élan de générosité. Deuxièmement, nous sommes souvent motivés, voire poussés à agir par des émotions comme la peur, la colère ou la joie. Tout cela s'appuie peut-être sur le fait que les émotions sont reliées à des **comportements adaptatifs** fondamentaux comme l'attaque, le repli, la recherche du confort, l'aide à autrui, la reproduction, etc. (Plutchik, 1980). Bien que les émotions humaines soient parfois perturbatrices, comme lorsqu'on a le trac ou qu'on perd ses moyens pendant une compétition sportive, elles contribuent le plus souvent à la survie. Voilà sans doute pourquoi on a conservé ces dernières durant l'évolution.

La majorité des gens associent les battements de coeur, les mains moites et les «nerfs en boule» aux émotions. Ces observations ne sont pas fausses puisque les **changements physiologiques** du corps représentent un élément important de la peur, de la colère, de la joie, etc. Ces changements affectent notamment le rythme cardiaque, la tension artérielle et la transpiration. (Nous reviendrons plus tard sur ce sujet.) La plupart de ces réactions sont engendrées par la libération d'**adrénaline** dans le sang. L'adrénaline est une hormone qui stimule le système nerveux sympathique, lequel fait fonctionner le corps.

Les **expressions affectives**, ou les signes extérieurs de ce qu'une personne ressent, sont un autre élément important de l'émotion. Par exemple, lorsqu'on est très effrayé, les mains tremblent, le visage se crispe et la posture devient défensive et tendue. L'émotion est aussi trahie par des variations marquées du timbre de la voix. D'autres signes de l'émotion vont de la rage folle aux derniers mots, étonnamment calmes, laissés sur un enregistreur de vol lors de l'écrasement d'avions. De telles expressions affectives revêtent une importance particulière du fait qu'elles permettent de communiquer l'émotion d'une personne à une autre (illustration 12.1). Le dernier élément important relève des **sensations affectives**, ou de l'expérience individuelle de l'émotion. Cet élément est celui que l'on connaît généralement le mieux.

Comparez : les quatres éléments de l'émotion

Le comportement adaptatif Les actions qui aident les humains et les animaux à survivre et à s'adapter à des conditions variables.

Les changements physiologiques de l'émotion Les variations de l'activité physiologique (particulièrement au niveau des réactions involontaires) et d'éveil général qui accompagnent les états affectifs.

Les expressions affectives Tout comportement qui montre des signes extérieurs qu'une émotion est ressentie, en particulier les signes qui communiquent la présence d'émotions à autrui.

Les sensations affectives L'expérience individuelle et subjective de l'émotion.

Illustration 12.1 *Jusqu'à quel point les expressions du visage révèlent-elles l'émotion? Après avoir deviné quelle émotion ces gens ressentent, allez à la page 316.*

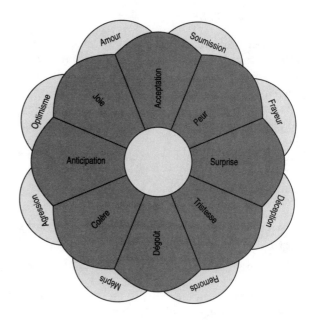

Illustration 12.2 *Les émotions fondamentales et mixtes. Dans le modèle proposé par Robert Plutchik, les huit émotions fondamentales apparaissent au centre de l'image. Les émotions adjacentes peuvent se combiner afin de produire les émotions énumérées en périphérie. Des combinaisons qui mettent en cause des émotions très disjointes sont aussi possibles. (Adapté de Plutchik, 1980.)*

Question : Certaines émotions sont-elles plus fondamentales que d'autres?

Robert Plutchik (1980) affirme qu'il existe huit **émotions fondamentales : la peur, la surprise, la tristesse, le dégoût, la colère, l'anticipation, la joie** et **l'acceptation** (la réceptivité). Cette liste semble courte, mais chacune des émotions peut varier en *intensité*. La colère, par exemple, peut se traduire en rage ou en simple agacement.

Une des idées les plus intéressantes de Plutchik porte sur les combinaisons d'émotions fondamentales. Tel que démontré à l'illustration 12.2, chaque paire d'émotions adjacentes peut se combiner pour en produire une troisième plus complexe. D'autres combinaisons sont aussi possibles. Par exemple, un enfant sur le point de manger le biscuit qu'il a volé peut ressentir à la fois de la joie et de la peur. Le résultat? De la culpabilité (rappelez-vous votre enfance). De même, la jalousie peut être une combinaison d'amour, de colère et de peur.

Nous tenterons plus tard de rassembler tous les éléments de l'émotion en une définition unique, seulement après avoir examiné l'éveil physiologique et les expressions affectives.

La physiologie et l'émotion — l'éveil, la mort subite et le mensonge.

Dans une large mesure, les aspects physiques de l'émotion sont innés, ou font partie intégrante du corps. Les

réactions physiologiques d'un aborigène d'Afrique face à un animal sauvage, et celles d'un citadin devant un rôdeur sont somme toute assez similaires. Les ressemblances sont généralement les mêmes dans le cas d'émotions désagréables, notamment la tension musculaire, les battements de coeur, l'irritabilité, la gorge sèche, la transpiration, le trac, les mictions fréquentes, l'agitation, la sensibilité aux bruits sonores ainsi qu'un grand nombre de réflexes internes (Shaffer, 1947). Ces réactions sont presque universelles parce qu'elles sont causées par le **système nerveux autonome (SNA)**. Rappelez-vous le chapitre 3 : les réactions du SNA sont *automatiques* et normalement involontaires. Le SNA se divise en **ramification sympathique** et **parasympathique**.

Question : Que font ces ramifications pendant l'émotion?

Combattre ou fuir

La ramification sympathique prépare le corps à l'activité d'urgence (combattre ou fuir) par la stimulation de nombreux systèmes physiologiques et par l'inhibition de certains autres. (Les effets du SNA sont énumérés au tableau 12.1.) Les changements qui s'opèrent ont tous une fonction : du sucre est libéré dans le sang pour fournir de l'énergie instantanée, le coeur bat plus vite afin de distribuer le sang aux muscles, la digestion est

Tableau 12.1 *Les effets du système nerveux autonome*

Organe	Système parasympathique	Système sympathique
Pupille	Rétractation pour diminuer la lumière	Dilatation pour augmenter la lumière
Glandes lacrymales Muqueuses du nez et de la gorge Glandes salivaires	Stimulation des sécrétions	Inhibition des sécrétions causant la sécheresse
Coeur Vaisseaux sanguins	Ralentissement du rythme cardiaque, contraction des vaisseaux sanguins	Accélération du rythme cardiaque et dilatation des vaisseaux pour augmenter le flux sanguin
Poumons, trachée	Contraction des bronches afin de détendre la respiration	Dilatation des bronches afin d'augmenter la respiration
Oesophage Estomac Vaisseaux sanguins de l'abdomen	Stimulation des sécrétions et des mouvements	Inhibition des sécrétions et des mouvements, déviation du flux
Foie	Libération de la bile	Rétention de la bile
Pancréas	——	Libération de sucre dans le sang
Intestins	Stimulation des sécrétions	Inhibition des sécrétions
Rectum Reins Vessie	Excitation, expulsion des selles et de l'urine	Inhibition, rétention des selles et de l'urine
Vaisseaux sanguins de la peau	Dilatation, augmentation du flux sanguin	Contraction; la peau devient froide et moite
Glandes sudoripares	Inhibition	Stimulation pour augmenter la transpiration
Follicules pileux	Relâchement	Contraction pour faire dresser les poils

temporairement interrompue, le flux sanguin est restreint en surface pour réduire le saignement, etc. La plupart des réactions sympathiques augmentent les chances de survie d'une personne ou d'un animal en cas d'urgence. (Pour en savoir davantage sur un côté intéressant de l'éveil sympathique, lisez le profil 12.1.)

La ramification parasympathique renverse habituellement l'éveil affectif et agit de manière à calmer et à détendre le corps. Après une émotion forte, le coeur ralentit, les pupilles se rétractent, la pression artérielle diminue, etc. En plus de rééquilibrer l'organisme, le système parasympathique contribue à l'accumulation et à la conservation de l'énergie corporelle.

Le système parasympathique réagit beaucoup plus lentement que le sympathique. Voilà pourquoi le rythme cardiaque accéléré, la tension musculaire et d'autres signes d'alerte prennent de 20 à 30 minutes pour disparaître après une émotion aussi intense que la peur. Il se peut même que le système parasympathique réagisse de manière excessive à un grand choc affectif et abaisse trop la tension artérielle. C'est pourquoi certains sont parfois étourdis ou s'évanouissent à la vue du sang ou après d'autres chocs du même genre (Kleinknecht, 1986).

La mort subite Comme nous venons de le voir, le système parasympathique risque de réagir excessivement à une peur intense. On appelle cette réaction le **phénomène de rebond parasympathique**. Quand ce dernier est grave, il peut entraîner la mort. Les malédictions vaudou n'en sont pas les seules causes; on a prouvé qu'en temps de guerre, les affrontements peuvent être si violents que certains soldats meurent littéralement de peur (Moritz et Zamcheck, 1946). Même dans la vie de tous les jours, de telles morts sont possibles. Un jour, on a admis une jeune femme terrifiée à l'hôpital parce qu'elle croyait qu'elle allait mourir. Une sage-femme avait prédit que les deux soeurs de cette jeune personne mourraient avant l'âge de seize et de vingt-et-un ans respectivement. Celles-ci décédèrent comme prévu. La sage-femme avait aussi annoncé que la jeune femme succomberait avant l'âge de 23 ans. On la trouva morte dans son lit d'hôpital le jour suivant son admission, soit deux jours avant son vingt-troisième anniversaire (Zimbardo, 1975). Elle avait apparemment été victime de sa propre terreur.

Question : Le responsable de telles morts est-il toujours le système parasympathique?

Probablement pas. Dans le cas de personnes âgées ou de gens ayant des troubles cardiaques, l'effet direct de l'activation sympathique peut s'avérer suffisant pour provoquer une crise cardiaque et un écroulement. Par exemple, lors d'un concert à la mémoire du regretté Louis Armstrong, la veuve de ce dernier subit une crise cardiaque pendant qu'elle exécutait l'accord final du «St.Louis Blues». Le psychiatre George Engel (1977) a étudié des centaines de cas semblables et croit que la plupart mènent à la mort. Il a découvert que presque la moitié de toutes les morts subites correspondent à l'interruption extrêmement traumatisante d'une relation intime, comme l'anniversaire de la mort de l'être cher. Notamment, les veufs depuis peu ont un taux de mort subite de 40 pour 100 plus élevé que celui des hommes mariés du même âge. Il est clair que les relations interpersonnelles sont une des sources les plus puissantes de réponses affectives chez les humains.

PROFIL 12.1
L'émotion — tout est dans le regard

Question : Est-il vrai que les yeux peuvent trahir les émotions?

Les yeux ont toujours été considérés comme le «miroir de l'âme», les révélateurs de l'émotion. Quand on doute de quelqu'un, on lui demande souvent de nous «regarder dans les yeux», et les joueurs de poker avertis prétendent qu'ils arrivent à deviner un bluff en utilisant la même technique. Le psychologue Eckhard Hess (1975) croit qu'on s'intéresse alors surtout à la dimension des pupilles. Au tableau 12.1, nous avons vu que l'émotion est susceptible d'affecter ces dernières; précisons que l'*éveil*, l'*intérêt* ou l'*attention* peuvent stimuler le système nerveux sympathique et dilater (agrandir) les pupilles.

La dilatation des pupilles se produit autant lors d'émotions plaisantes que d'émotions déplaisantes (Woodmansee, 1970). Malgré cela, les gens ont tendance à voir les pupilles *dilatées* comme un signe de sensations agréables, et les pupilles *rétractées* comme une indication de sentiments désagréables. Afin d'illustrer ce propos, Hess (1975) montra deux photographies d'une jeune femme séduisante à un groupe d'hommes. Sur l'une des photographies, la jeune femme avait les pupilles dilatées, sur l'autre, les pupilles rétractées. Les hommes décrivirent immanquablement la femme aux pupilles dilatées comme étant «douce», «féminine» ou «jolie»; la même femme, avec les pu-

Illustration 12.3 *Choisissez le visage qui vous semble le plus séduisant, chaleureux ou sympathique. La recherche de Eckhard Hess (1975) indique que vous opterez pour le visage de gauche parce que les pupilles sont dilatées.*

pilles rétractées devenait «dure», «égoïste» et «froide» (illustration 12.3).

Bien sûr, cet effet ne se limite pas aux femmes. Dans le cadre d'une autre expérience, on présenta deux personnes du sexe opposé à des sujets qui devaient choisir un(e) partenaire pour l'expérience. On avait donné à l'un des deux partenaires de chaque couple des gouttes pour dilater les pupilles. Les sujets des deux sexes eurent tendance à choisir comme partenaire la personne aux pupilles dilatées. (Peut-être avons-nous enfin découvert pourquoi les méchants du cinéma ont toujours de petits yeux.)

Les détecteurs de mensonges

Parce que les changements physiologiques causés par le SNA sont de bons indicateurs d'émotion, on a conçu de nombreux moyens de les mesurer. Le «détecteur de mensonges» en est un. Si vous n'avez encore jamais subi d'examen semblable, cela vous arrivera peut-être un jour. Nous n'entendons pas par là que vous deviendrez criminel; nous nous fondons plutôt sur le fait qu'un nombre croissant d'entreprises utilisent les détecteurs de mensonges pour déterminer l'honnêteté des employés. Mais on doit mettre cette pratique en doute pour deux raisons : premièrement, la précision du détecteur est discutable; deuxièmement, de tels examens empiètent souvent sur la vie privée des gens (Lykken, 1981).

Question : Qu'est-ce qu'un détecteur de mensonges? Les détecteurs de mensonges détectent-ils vraiment les mensonges?

Le détecteur de mensonges s'appelle plus précisément un **polygraphe** (illustration 12.4). Ce dernier (dont le nom signifie «écritures multiples») est un dispositif qui enregistre les variations du **rythme cardiaque**, de la **tension artérielle**, du **rythme respiratoire** et du **réflexe psychogalvanique (RPG)**. (On enregistre le RPG à la

surface de la main grâce à des électrodes qui mesurent la conduction cutanée ou, plus simplement, la transpiration.) Même s'il est connu sous ce nom parce que la police l'utilise, le polygraphe n'est pas, en réalité, un détecteur de mensonges. Comme l'affirme David Lykken (1981), un adversaire de cette utilisation du polygraphe, il n'existe pas de «réaction type du menteur» adoptée par tous les gens qui ne disent pas la vérité. La machine n'enregistre que l'*éveil affectif général* — elle ne peut distinguer le mensonge de la peur, de l'anxiété, ou de l'excitation.

Lorsque l'opérateur de polygraphe veut détecter un mensonge, il commence par poser des **questions anodines** (neutres) comme : «Quel est votre nom?», «Qu'avez-vous mangé au déjeuner?», etc. Cela permet de déterminer une «ligne de base» relativement aux réactions affectives du sujet. Puis il demande des **questions pertinentes** : «Avez-vous tué Hemsley?». On présume alors que la personne qui ment devient anxieuse ou émotive quand elle doit répondre à ces questions.

Question : Mais le simple fait de se faire questionner ne rend-il pas nerveux?

Oui, mais afin de minimiser ce problème, un examinateur aguerri posera une *série* de questions en y incorporant des éléments critiques. Une personne innocente

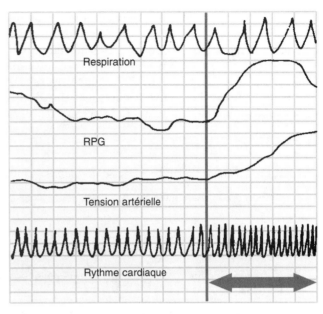

Illustration 12.4 *(a) Le polygraphe type est muni de dispositifs capables de mesurer le rythme cardiaque, la tension artérielle, la respiration et le réflexe psychogalvanique. Les stylos fixés sur le dessus de la machine enregistrent les réponses corporelles sur un rouleau de papier mobile.*

(b) Les variations désignées par la flèche indiquent un éveil affectif. Si de telles réactions sont enregistrées lorsqu'une personne répond à une question, cette personne peut avoir menti; il est aussi possible que l'éveil soit causé par d'autres facteurs.

risque toujours de répondre d'une manière émotive, mais seule une personne coupable est censée réagir davantage aux questions clés. Par exemple, on peut montrer à un présumé voleur de banque plusieurs photographies et lui demander : «Est-ce bien le caissier qui a été victime du vol? Était-ce plutôt celui-ci?» (Lykken, 1974).

Une autre façon de procéder consiste à poser aux sujets des **questions de vérification** qui pourront être comparées aux questions critiques (Saxe et autres, 1985). Les questions de vérification sont conçues pour rendre à peu près n'importe qui nerveux : «Avez-vous déjà volé quelque chose à votre lieu de travail?» Elles sont habituellement construites de façon à ce qu'il soit très difficile d'y répondre par un «non» inconditionnel sans mentir. En théorie, elles permettent à l'examinateur d'analyser les réactions d'une personne face au doute et à l'appréhension. Les réactions aux questions critiques peuvent alors être comparées à celles aux questions de vérification.

Cependant, même quand l'interrogatoire est bien mené, les détecteurs manquent de précision. En août 1978, on reconnut Floyd Fay coupable du meurtre de son ami Fred Ery. Afin d'établir son innocence, Fay demanda un examen polygraphique, qu'il échoua. Fay passa donc deux années en prison, avant que le véritable meurtrier n'avoue son crime. Le psychologue David Lykken (1981) a constitué des dossiers relativement à trois cas semblables, où des gens ont passé de un à cinq ans derrière les barreaux à cause d'une preuve fondée sur des résultats polygraphiques.

Question : Si Floyd Fay était innocent, pourquoi a-t-il échoué l'examen polygraphique?

Mettez-vous à sa place, et vous comprendrez. Imaginez que l'examinateur vous demande : «Avez-vous tué Fred?». De toute évidence, cette question est critique puisque vous connaissiez Fred et que vous êtes suspect dans l'affaire. Qu'arriverait-il à *votre* rythme cardiaque, *votre* pression artérielle, *votre* respiration et *votre* transpiration dans une situation semblable?

Les partisans du détecteur de mensonges prétendent que la précision de celui-ci s'établit de 90 à 95 pour 100. Mais une expérience de laboratoire a démontré que cette précision chute à 25 pour 100 lorsque les sujets pensent à des choses stimulantes ou contrariantes pendant l'interrogatoire (Smith, 1971). De même, le polygraphe peut être induit en erreur par la douleur auto-infligée, les tranquillisants, ou les gens qui mentent sans nervosité (Waid et Orne, 1982). Pire encore, le détecteur se trompe plus souvent en étiquetant les innocents comme coupables que les coupables comme innocents (Lykken, 1981). Afin d'éviter de telles erreurs, il faudrait que le polygraphe soit extrêmement précis — plus précis encore que ne l'affirment maintenant même ses plus ardents défenseurs (Murphy, 1987). Lors d'études sur le terrain, mettant en cause de véritables crimes et des personnes soupçonnées de crimes , environ une personne innocente sur cinq est jugée coupable par le détecteur de mensonges (Saxe et autres, 1985). Dans certains cas, 75 pour 100 des personnes sont accusées à tort de mentir, soit trois personnes sur quatre.

En 1988, le Congrès américain a voté une loi qui limite formellement l'usage du détecteur de mensonges en ce qui a trait aux postulants et aux employés de l'entreprise privée. Mais, en cas de vol, un employeur pourra encore l'utiliser si l'employé avait accès aux biens volés, si l'employeur entretient un «doute raisonnable» quant à l'implication de l'employé, ou si l'employeur rédige un rapport sur l'incident où il énumère les preuves qui étayent ses soupçons. Il se peut que vous deviez subir un examen polygraphique. Le cas échéant, nous vous conseillons de rester calme et de contester vivement les résultats, si la machine vous accuse à tort.

Autotest

Essayez de répondre correctement aux questions suivantes :

1. De nombreux changements physiologiques associés à l'émotion sont causés par la libération dans le sang de l'hormone

   a. atropine   *b.* adrénaline   *c.* attributine   *d.* amoduline

2. Les _____ affectives servent souvent à communiquer nos états affectifs à autrui.

3. La frayeur, le remords et la déception sont quelques-unes des émotions fondamentales énumérées par Robert Plutchik. Vrai ou faux?

4. L'éveil affectif est étroitement lié à l'activité du système nerveux _____.

5. Le système sympathique prépare l'organisme à «combattre ou fuir» en stimulant le système parasympathique. Vrai ou faux?

6. Le système parasympathique inhibe la digestion, en plus d'augmenter la tension artérielle et le rythme cardiaque. Vrai ou faux?

7. Quels changements physiologiques sont mesurés à l'aide du polygraphe?
   _____

8. En fait, le polygraphe est un détecteur _____.

9. Les pupilles se dilatent lors d'émotions agréables et se rétractent lors d'émotions désagréables. Vrai ou faux?

Réponses :

1. *b* 2. expressions 3. faux 4. autonome 5. faux 6. faux 7. le rythme cardiaque, la tension artérielle, le rythme respiratoire, le réflexe psychogalvanique 8. d'éveil ou d'émotion 9. faux

Le développement et l'expression des émotions — des bébés émotifs et des corps expressifs

Question : Les émotions se développent-elles tôt?

Même les réactions fondamentales comme la **colère**, la **peur** et la **joie** (qui semblent être innées) prennent du temps à se développer. La seule réaction affective que les nouveau-nés expriment clairement est l'**excitation** générale. Tous les parents savent cependant que la vie affective du nourrisson prend peu de temps à s'épanouir. Un chercheur (Bridges, 1932) a étudié un grand nombre de bébés pour s'apercevoir que toutes les émotions humaines fondamentales apparaissent avant l'âge de deux ans. Bridges a aussi découvert que les émotions naissent suivant un ordre logique et que la première séparation importante survient entre les émotions agréables et désagréables (illustration 12.5).

Des études plus récentes indiquent qu'avant l'âge d'un an, les bébés peuvent exprimer de la gaieté, de la surprise, de la peur, de la colère, de la tristesse, du dégoût, et de l'intérêt (Saarni, 1982). Ce développement est important, puisqu'il contribue aux fascinants jeux affectifs entre adultes et nourrissons. Par exemple, de nouveaux parents qui voient ou entendent un bébé pleurer se sentent agacés, irrités, troublés ou malheureux; leur pression artérielle et leur transpiration augmentent (Frodi et autres, 1978). De telles réactions poussent les parents à s'occuper du bébé, ce qui augmente les chances de survie de ce dernier.

Question : L'ordre suivant lequel les émotions se développent est-il le même pour les enfants de toutes les sociétés?

Le développement de l'aptitude à exprimer les émotions est probablement relié à la croissance du cerveau, puisque les enfants de toutes les société évoluent selon le même modèle (Greenberg, 1977). Il semble en effet que les bébés du monde entier apprennent vite à communiquer ce qu'ils aiment ou n'aiment pas. (Vous n'avez qu'à promener bébé dans sa poussette pour vous en apercevoir!)

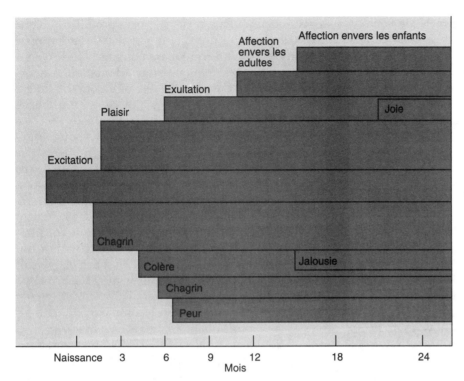

Illustration 12.5 *Chez le nourrisson humain, les émotions se distinguent rapidement d'une capacité initiale d'excitation. (D'après K.M.B. Bridges, 1932. Réimprimé avec la permission de la Society for Research in Child Development, Inc.)*

Les expressions affectives

Les expressions affectives ont-elles été héritées du temps où l'homme était primitif et semblable à l'animal? Charles Darwin le pense. Darwin (1872) a observé que les tigres, les singes, les chiens et les humains montrent tous les dents sous l'effet de la rage. Il croit que les expressions affectives ont été gardées durant tout le processus évolutif parce que la communication des émotions contribue à la survie (illustration 12.6).

Question : Les expressions affectives sont-elles les mêmes pour tout le monde?

Les plus fondamentales semblent être assez universelles. Les enfants qui viennent au monde sourds et aveugles ont peu de chances de calquer les expressions affectives des autres. Ils utilisent pourtant les mêmes expressions faciales pour montrer leur joie, leur tristesse, leur dégoût, etc. (Knapp, 1978). En fait, la gestuelle de ces enfants pourrait représenter un des rares exemples d'expression affective «pure». La majorité des adultes ont appris à maîtriser soigneusement leurs expressions faciales; de nombreuses gestuelles deviennent ainsi propres à chaque société. Chez les Chinois par exemple, tirer la langue est un geste de surprise, et non d'irrévérence ou de taquinerie. Malgré de telles différences, les expressions faciales de *peur*, de *surprise*, de *tristesse*, de *dégoût*, de *colère* et de *bonheur* sont reconnues par les gens de toutes les sociétés (Ekman, 1980). Vous remarquerez que celles-ci englobent la plupart des émotions fondamentales énumérées plus tôt dans le présent chapitre. Il est en outre agréable de constater que le sourire est l'expression faciale de l'émotion la plus universelle et la plus facilement reconnaissable (Boucher et Carlson, 1980).

Illustration 12.6 *Le «bâillement» de ce babouin est en fait un avertissement. Les expressions affectives permettent de maintenir les relations de dominance sans avoir recours à beaucoup de combats comme tels.*

Le langage corporel Si un ami s'approche de vous en disant : «Hé, mon salaud! Comment ça va?» Seriez-vous offensé? Probablement pas, parce que de telles salutations sont habituellement accompagnées d'un grand sourire. Les expressions corporelles et faciales de l'émotion parlent leur propre langage et ajoutent des messages à ce qui se dit verbalement. La **kiné-siologie**, qu'on appelle officieusement le langage du corps, est l'étude de la communication par les mouvements corporels, la posture et l'expression faciale.

Question : Quel genre de messages sont transmis par le langage corporel?

La plupart des livres populaires sur le langage corporel (Fast, 1970, par exemple) tendent à donner des significations particulières aux gestes; une femme qui se tient raide, les bras croisés sur la poitrine, les jambes serrées, est censée émettre le signal «ne pas toucher». Mais les chercheurs en kinésiologie soutiennent que les gestes ont rarement une signification unique (Swensen, 1973). Le message de la femme pourrait bien être : «Il fait froid dans cette pièce». Il importe aussi de se rappeler que la signification des gestes varie d'une société à l'autre. Par exemple, que veut-on dire si on réunit le pouce et l'index pour former un cercle? En Amérique, ce sera «Tout va bien» ou «Parfait!»; en France ou en Belgique, «Vous ne valez rien»; et au sud de l'Italie, «Vous êtes un imbécile!» (Ekman et autres, 1984). Donc, si on enlève le vernis des significations culturelles, il est plus réaliste d'affirmer que le langage du corps ne communique habituellement qu'un ton affectif général.

La partie la plus expressive et la plus remarquée du corps est sans doute le visage. Les physio-

logistes pensent que ce dernier peut produire quelque 20 000 expressions dont la plupart sont des **mimiques**, composées de deux expressions fondamentales ou plus. Imaginez par exemple que vous échouez un examen injuste : vos yeux, vos sourcils et votre front trahiraient fort probablement de la colère, tandis que votre bouche exprimerait de la tristesse (Knapp, 1978).

La majorité d'entre nous pensons pouvoir déterminer avec assez d'exactitude les sentiments des autres en observant leurs expressions faciales. Mais comment pouvons-nous porter de tels jugements, lorsqu'il existe des milliers de mimiques? La solution réside dans le fait que les expressions du visage peuvent être ramenées aux dimensions fondamentales de **plaisir-déplaisir**, d'**attention-rejet**, et d'**activation** (ou d'éveil; Schlosberg, 1954). Quand on sourit en menant la vie dure à un copain, on ajoute un message de plaisir et d'acceptation à l'insulte verbale, ce qui change la signification de cette dernière. Comme on dit dans les westerns : «Souris quand tu dis ça, cow-boy.»

Le corps transmet aussi d'autres sensations affectives dont les plus générales seraient la **relaxation** ou la **tension**, et la **sympathie** ou l'**antipathie**. La relaxation se traduit par la pose décontractée des bras et des jambes; la sympathie s'exprime principalement en se penchant vers une personne ou un objet (Mehrabian, 1969; illustration 12.8). La position du corps révèle donc des sentiments normalement cachés. Vers qui «vous penchez-vous» donc?

Imaginez-vous à 30 mètres d'une salle de classe où l'on distribue les résultats d'un examen. Tandis que les étudiants sortent un par un, seriez-vous capable (sans regarder leurs expressions faciales) de distinguer ceux qui ont bien réussi de ceux qui ont échoué? En fait, votre tâche ne devrait pas être si difficile. La recherche indique que la *posture* trahit l'état affectif d'une personne : quand on réussit, on a tendance à se tenir plus droit (Weisfeld et Beresford, 1982; illustration 12.9) On se demande encore si cette tendance est le fruit de

Illustration 12.7 *Les expressions corporelles et faciales ne permettent pas toujours de «reconnaître» correctement les émotions. L'expression déchirante qui se lit sur le visage de Frank De Vito est trompeuse; M. et Mme De Vito viennent en effet d'apprendre qu'ils ont gagné un million de dollars à la loterie du New Jersey.*

Illustration 12.8 *Les émotions sont souvent révélées de façon inconsciente par les gestes et la posture du corps.*

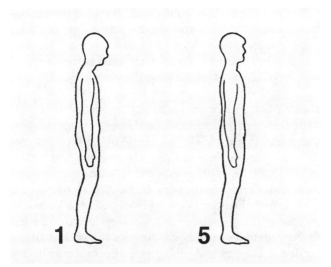

Illustration 12.9 *La posture et la réussite. Les personnages ci-dessus illustrent les deux extrémités d'une échelle à cinq niveaux destinée à mesurer la rectitude du corps. La réussite de sujets humains dans diverses situations se reflète par une posture droite. (Adapté de Weisfeld et Beresford, 1982.)*

l'évolution ou simplement acquise. Dans un cas comme dans l'autre, il semble que se tenir droit fièrement ou courber l'échine piteusement soient des comportements courants.

Question : La posture et les mouvements du corps peuvent-ils trahir les mensonges et la supercherie?

Si vous connaissez bien une personne, vous serez peut-être à même de déceler les mensonges grâce aux changements d'expression de cette dernière (Ekman et Friesen, 1975). Mais ne vous y fiez pas. La majorité des gens ont en effet appris à soigneusement maîtriser leurs expressions faciales. Le fait de sourire pour ne pas blesser une personne qui vous remet un cadeau décevant en est un bon exemple. À cause de cette maîtrise, le mensonge est souvent mieux révélé par la partie inférieure du corps (Ekman et Friesen, 1975); même un bon arnaqueur risque d'être trop préoccupé par la maîtrise de ses mots et de son visage pour penser aux indices corporels énumérés au profil 12.2.

Les théories de l'émotion — plusieurs façons d'avoir peur d'un ours

Question : Est-il possible d'expliquer ce qui se produit quand on ressent de l'émotion? De quelle manière l'éveil, le comportement, la connaissance, l'expression et les sentiments sont-ils reliés?

Les diverses théories de l'émotion offrent différentes réponses à ces questions. Examinons certaines des plus connues.

La théorie de James-Lange (1884-1885)

Le bon sens veut qu'après avoir vu un ours, on éprouve de la peur, le corps s'active, et on court (on sue et on crie). Mais des chercheurs ont mis cette séquence d'événements en doute. Vers 1880, le psychologue américain William James (un fonctionnaliste) et le physiologiste danois Carl Lange ont émis l'hypothèse que le sens commun se trompait. Selon eux, ce n'est pas l'activation physiologique (comme l'augmentation du rythme cardiaque) qui suivrait la sensation (comme la peur), mais plutôt *la sensation affective qui suivrait l'activation physiologique*. Par conséquent, après avoir vu un ours, on court, on s'active, *puis* on éprouve de la peur en prenant conscience des réactions du corps.

Afin d'étayer cette théorie, James souligne qu'on ne ressent souvent pas d'émotion avant d'avoir réagi. Si par exemple vous conduisez une automobile et qu'un autre véhicule apparaît soudain devant vous, votre auto fera une embardée, glissera et s'arrêtera abruptement sur l'accotement; ce n'est qu'après vous être arrêté que vous remarquerez vos battements de coeur, votre respiration accélérée et vos muscles tendus, et que vous prendrez conscience de votre peur.

La théorie de Cannon-Bard (1927)

Le physiologiste Walter Cannon et son élève Phillip Bard ont trouvé maintes raisons de mettre la théorie de James-Lange en doute. S'ils concèdent volontiers que le corps s'active sous l'effet de l'émotion, Cannon (1932) et Bard pensent toutefois que les sensations affectives et l'éveil physiologique sont traités simultanément par le cerveau. D'après leur théorie, la vue de l'ours stimule le thalamus qui pousse à son tour le cortex et l'hypothalamus à agir. Le cortex commande les sensations et le comportement affectif, et l'hypothalamus, l'éveil physiologique. Donc, si l'ours est jugé dangereux, l'éveil physiologique, la course et la sensation de peur seront tous provoqués *en même temps* par l'activité cérébrale.

La théorie cognitive de l'émotion de Schachter (1971)

Les théories précédentes s'intéressent surtout aux réactions physiologiques. Stanley Schachter se rend compte que des facteurs cognitifs (intellectuels) entrent aussi en ligne de compte. Schachter croit qu'on ressent de l'émotion lorsqu'on appose une *étiquette* particulière à une activation physiologique générale. Il présume qu'on a besoin d'interpréter nos sensations quand on est en état d'activation. Imaginez que vous êtes dans une rue mal éclairée et que quelqu'un se glisse derrière vous en disant : «Hou!». Qui que soit cette personne, votre corps est mis en éveil (le coeur bat plus fort, les paumes deviennent moites, etc.). Si cette personne vous est complètement étrangère, vous pourriez interpréter cet éveil comme étant de la peur; si, par contre, il s'agit d'un bon ami, vous étiquetterez vos sensations comme de la surprise ou de la joie. L'étiquette apposée à l'éveil physiologique, que ce soit la colère, la peur, ou la joie, est influencée par les expériences passées, la situation, et la réaction d'autrui.

Les appuis à la théorie cognitive proviennent d'une expérience au cours de laquelle des sujets regardent un film burlesque (Schachter et Wheeler, 1962). Avant de voir le film, un tiers des sujets reçoivent une injection d'adrénaline, le deuxième tiers, une injection de placebo, et le dernier tiers, un tranquillisant. Ce sont les sujets à qui l'on a injecté l'adrénaline qui trouvent le film plus drôle et qui se divertissent le plus en le regardant. Par opposition, ceux qui ont pris le tranquillisant s'amusent le moins. Ceux du groupe placebo ont des réactions ambivalentes.

Selon la théorie cognitive, les personnes à qui l'on a injecté l'adrénaline sont agitées, mais ne peuvent expliquer pourquoi elles se sentent ainsi. Elles se réjouissent donc quand le film leur permet de croire que leur excitation est attribuable au divertissement. Cette expérience ainsi que d'autres indiquent clairement que l'émotion est beaucoup plus qu'une simple agitation physiologique; la perception, l'expérience, l'attitude et le jugement sont autant de facteurs intellectuels qui l'affectent. Schachter vous dirait que si vous rencontrez un ours, votre corps sera en activation. Si l'ours semble menaçant, vous interpréterez votre activation comme de la peur; si l'ours veut vous serrer la main, vous serez content, ébahi et soulagé!

L'attribution   Passons maintenant du burlesque et de la peur des ours à l'appréciation de corps nus. Le chercheur Stuart Valins (1967) a ajouté une notion intéressante à la théorie de Schachter. Il pense que l'activation peut provenir de plusieurs sources — un processus qui modifie la perception des émotions. Afin de démontrer de telles **attributions**, Valins (1966) présenta à des collégiens mâles une série de diapositives de femmes nues. En regardant les images, chacun des sujets pouvait entendre un battement de coeur amplifié qu'il croyait être le sien, quand il s'agissait en réalité d'un battement enregistré conçu pour battre *plus fort* au moment où l'on montrait certaines diapositives (mais pas toutes).

On demanda ensuite à tous les sujets de choisir les diapositives les plus attrayantes. Les étudiants soumis au faux pouls choisirent invariablement les diapositives accompagnées de «battements de coeur». Autrement dit, lorsqu'un étudiant voyait une diapositive et entendait *son* coeur battre plus fort, il attribuait l'«émotion» qu'il ressentait à ce qu'il voyait. Sa réaction était : «En voilà une que j'aime», peut-être suivi de : «Mais pourquoi donc?». Des recherches récentes

---

PROFIL 12.2
Tel est pris qui croyait prendre

Le vendeur vous jure qu'il s'agit de «l'achat du siècle». Or, s'il n'est pas de ceux dont le nez allonge quand ils racontent des histoires, comment pouvez-vous savoir qu'il ment? La majorité des gens pensent que les yeux fuyants et les tortillements sont des signes incontestables de mensonge. Mais Paul Ekman (1986) a découvert que ni l'un ni l'autre de ces indices n'augmentent chez la personne qui ment. En outre, contrairement à ce qu'on pense généralement, les gestes de nervosité comme se frotter, s'examiner sous toutes ses coutures, se gratter, se tortiller une mèche, se frotter les mains, se mordre les lèvres, se gratter le menton, etc., ne sont pas toujours signes de mensonge.

Par ailleurs, les gestes que les gens utilisent pour *illustrer ce qu'ils disent* peuvent être révélateurs. Ces gestes, qu'on appelle **illustrateurs**, tendent à *diminuer* lorsqu'une personne ment. En d'autres termes, les gens qui «parlent avec leurs mains» gesticulent beaucoup moins quand ils mentent.

Les **gestes symboliques**, gestes ayant une signification sans équivoque au sein d'une société particulière, peuvent aussi trahir le mensonge. Des signes comme un pouce relevé ou un cercle formé du pouce et de l'index pour signifier que tout va bien, un majeur relevé pour insulter, un hochement de tête pour ac-

quiescer ou pour refuser, en sont quelques exemples. Les gestes symboliques tendent à *augmenter* lorsqu'une personne ment. Qui plus est, ces derniers révèlent souvent les sentiments réels contraires à ceux qu'exprime le menteur. Par exemple, une personne pourrait sourire en disant : «Oui, j'aimerais bien goûter à vos pattes de porc confit», en hochant doucement la tête de gauche à droite...

Mais les signes les plus sûrs du mensonge restent ceux que le SNA envoie, parmi lesquels on trouve le clignement des paupières, le rougissement ou le blémissement de la peau, la dilatation des pupilles, l'accélération ou le dérèglement de la respiration, la transpiration, les déglutitions fréquentes, les erreurs d'élocution ainsi que l'augmentation de la force et du timbre de la voix. Toutes ces choses sont difficiles à réprimer. Mais rappelez-vous que ces indices, au même titre que le polygraphe, peuvent également indiquer des émotions comme la culpabilité, la peur, l'anxiété ou l'appréhension, en plus du mensonge.

Il existe d'autres erreurs révélatrices que les menteurs commettent avec le corps, le visage, l'élocution et les fausses émotions. Mais on peut affirmer *sans mentir* que les bons menteurs peuvent souvent tromper la majorité des gens, parole!

indiquent que les sujets se persuadent que la diapositive est en effet plus attrayante afin de justifier leur semblant d'excitation (Truax, 1983).

Question : Cela semble quelque peu artificiel. Est-il vraiment important de savoir ce à quoi l'activation est attribuable?

Oui. Pour comprendre comment l'attribution s'applique dans la réalité, pensez aux effets d'une ingérence parentale dans l'amour naissant d'un fils ou d'une fille. Souvent, le fait de vouloir briser un jeune couple ne fait qu'*intensifier* l'affection que les partenaires éprouvent l'un pour l'autre. L'intervention des parents ajoute en effet de la frustration, de la colère, de la peur ou de l'excitation (s'ils doivent se voir en cachette) aux sentiments du couple. Étant donné qu'ils éprouvent déjà de l'affection l'un pour l'autre, ils risquent d'attribuer ce surplus d'émotion au «grand amour» (Walster, 1971).

Selon la théorie de l'attribution, les chances sont plus grandes d'«aimer» quelqu'un qui remue nos émotions et ce, même quand la peur, la colère, la frustration et le rejet sont de la partie. Par conséquent, si vous voulez réussir une demande en mariage, emmenez la personne chère sur un pont suspendu balayé par le vent au-dessus d'un gouffre profond, et regardez-la droit dans les yeux. Tandis que son coeur battra la chamade (à cause du pont, pas de vos beaux yeux), faites-lui connaître vos sentiments. La théorie de l'attribution veut que l'autre se dise alors : «Mon Dieu, je dois bien t'aimer aussi!».

L'histoire précédente n'est pas tirée par les cheveux autant qu'on pourrait le croire. Lors d'une étude ingénieuse, on demanda à une expérimentatrice de procéder à une enquête auprès d'hommes dans un parc; certains se balançaient sur un pont suspendu à 70 mètres au-dessus d'une rivière, d'autres se tenaient sur un pont de bois solide à 3 mètres du sol. Après avoir répondu aux questions, chacun des sujets recevait le numéro de téléphone de l'expérimentatrice afin de «pouvoir s'informer des résultats de l'enquête, s'il le désirait». Or, les hommes interrogés sur le pont suspendu furent beaucoup plus enclins à téléphoner à la «dame du parc» (Dutton et Aron, 1974). Ils avaient apparemment confondu leur état d'activation exacerbée avec de l'attirance pour l'expérimentatrice. On peut vraiment parler ici de «grands frissons amoureux»! (On parlera plus amplement de l'amour à la section Exploration du présent chapitre.)

L'hypothèse de la rétroaction faciale

Bien que Schachter y ait ajouté les notions cognitives de pensée et d'interprétation, notre vision de l'émotion demeure incomplète. Qu'en est-il des expressions affectives? Comment influencent-elles l'émotion? Charles Darwin a remarqué que le visage semblait jouer un rôle

Illustration 12.10 *Quelle théorie de l'émotion pourrait le mieux décrire la réaction de ces gens? Étant donné la complexité des émotions, il semble que chacune contient un élément de vérité.*

important, mais ce dernier n'est-il qu'un simple «tableau d'affichage affectif»?

Le psychologue Carrol Izard (1977) fut parmi les premiers à proposer que le visage influence l'émotion. Selon Izard et d'autres, l'activité affective engendre des changements innés de l'expression faciale. Le visage donne ensuite des indices au cerveau de manière à faciliter l'identification de l'émotion ressentie (Strongman, 1987). Cette théorie est connue sous le nom d'**hypothèse de la rétroaction faciale**, selon laquelle le fait d'avoir des expressions faciales et de s'en rendre compte donne lieu à l'expérience affective. L'exercice physique, même s'il engendre un état d'activation physiologique, n'est pas perçu comme une émotion parce qu'il ne déclenche pas d'expressions affectives.

Le psychologue Paul Ekman pousse le raisonnement un peu plus loin : il pense même que «faire des grimaces» pourrait engendrer l'émotion. Dans le cadre d'une étude, ses collègues et lui guidèrent minutieusement des sujets pendant que ces derniers composaient leur visage, muscle par muscle, pour former des expressions de surprise, de dégoût, de tristesse, de colère, de peur, et de bonheur (illustration 12.11). Les réactions physiologiques des sujets étaient surveillées durant toute la durée de l'expérience.

Contrairement à ce qu'on aurait pu penser, les grimaces provoquent des changements au niveau du système nerveux autonome, évalués d'après le rythme cardiaque et la température de la peau. Chaque expression faciale produit en outre un différent modèle d'activité. Par exemple, un visage en colère augmente le rythme cardiaque et la température de la peau, tandis qu'un visage empreint de dégoût diminue ceux-ci (Ekman et autres, 1983).

Il semble donc que les expressions déterminent l'émotion autant que l'émotion détermine les expressions. Cela pourrait expliquer un phénomène intéressant que vous avez probablement déjà observé : lorsque vous êtes déprimé, le fait de vous forcer à sourire entraîne parfois une amélioration réelle de votre humeur (Laird, 1974, 1984).

Un modèle contemporain de l'émotion

On pense maintenant que toutes les théories que nous avons décrites sont partiellement justes : James et Lange avaient raison d'affirmer que les rétroactions de l'activation et du comportement augmentent l'expérience affective; Cannon et Bard ne s'étaient pas trompés sur la séquence des événements; et Schachter a démontré l'importance de la connaissance. De nos jours, les psychologues savent de plus en plus que la manière d'**évaluer** une situation influence grandement le cours des émotions (Strongman, 1987). (L'évaluation désigne l'interprétation personnelle d'un stimulus. Ce dernier est-il bon ou mauvais? Menaçant ou rassurant? À propos ou hors de propos? Etc.) Or, la théorie de Schachter néglige le rôle des autres aspects de l'émotion (comme l'expression faciale) et ne semble pas convenir à toutes les situations. En effet, comment un enfant qui n'a jamais appris à étiqueter ses émotions peut-il en éprouver?

De nombreuses théories de l'émotion ont été énoncées au cours des dernières années. Au lieu de choisir la «meilleure» d'entre elles, tirons-en plutôt les éléments principaux afin d'élaborer un **modèle contemporain de l'émotion** (illustration 12.12).

Imaginez qu'un énorme chien se précipite sur vous en grondant et en montrant les dents. La manière contemporaine de comprendre l'émotion serait la suivante : le *stimulus affectif* (le chien) est *évalué* (jugé) comme étant une menace ou une autre source de réaction affective. (Vous vous dites : «Oh! Problème en vue!») Votre évaluation affective provoque alors un *éveil du SNA* (votre coeur bat et votre corps s'agite). Cette évaluation engendre aussi des *expressions affectives innées* (votre visage se convulse de peur et votre posture se raidit) et entraîne en même temps un *comportement adaptatif* (la fuite) et un changement de conscience, que vous reconnaissez comme l'expérience subjective de la peur. (L'intensité de ce *sentiment affectif* est directement proportionnelle au niveau d'éveil du SNA.)

Chacun des éléments de l'émotion (l'éveil du SNA, le comportement adaptatif, l'expérience subjective et les expressions affectives) peut ensuite rétroagir sur l'évaluation initiale et modifier celle-ci; en d'autres termes, cette rétroaction change vos pensées, votre jugement et votre perception de l'émotion. De tels changements modifient du même coup toutes les autres

Illustration 12.11 *La rétroaction faciale et l'émotion. Des sujets d'une étude menée par Ekman formèrent des expressions faciales comme celles normalement produites par l'émotion, lesquelles provoquèrent des changements physiologiques. (D'après Ekman et autres, 1983).*

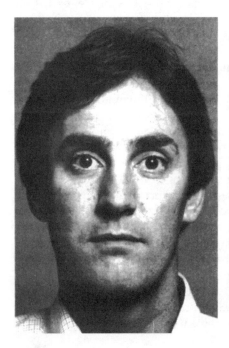 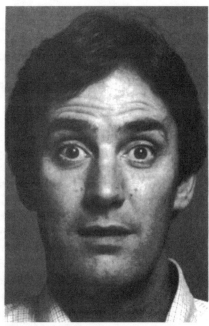 

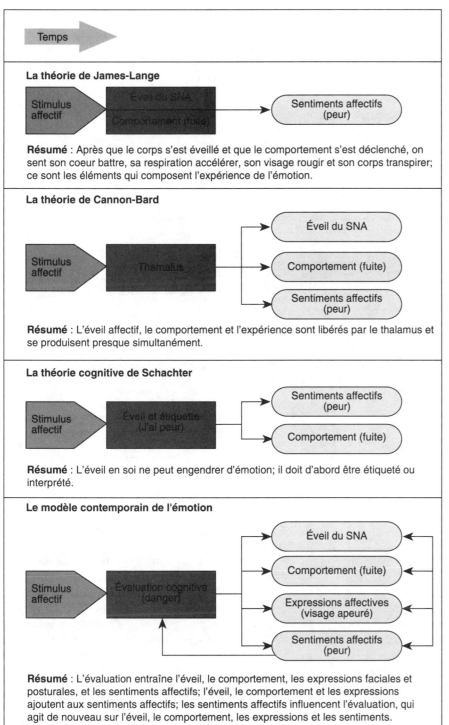

Illustration 12.12   *Les théories de l'émotion*

réactions qui, à leur tour, agissent sur l'évaluation ou l'interprétation des événements. L'émotion peut donc s'épanouir, être réorientée ou diminuer en cours de route. Notez que le stimulus affectif initial peut être externe (le chien qui attaque) ou interne (le souvenir du chien qui attaque, du rejet d'un amoureux ou du compliment d'un ami). Voilà pourquoi de simples pensées ou souvenirs peuvent engendrer de la peur, de la tristesse ou du bonheur (Strongman, 1987).

Dans la prochaine section du présent chapitre, nous examinerons de plus près l'influence que peut exercer l'évaluation affective, particulièrement en ce qui a trait au traitement d'une menace. Mais avant de continuer, pourquoi ne pas évaluer vos connaissances à l'aide du test qui suit.

Autotest

1. La peur est la première réaction affective qu'on identifie chez un nouveau-né. Vrai ou faux?

2. Le mode de développement affectif des nourrissons humains varie énormément d'une société à l'autre. Vrai ou faux?

3. Charles Darwin soutient que les expressions affectives contribuent à la survie des animaux. Vrai ou faux?

4. _____ est le nom officiel utilisé pour désigner le «langage du corps».

5. Quelles sont les trois dimensions affectives communiquées par les expressions faciales?

   a. le plaisir ou le déplaisir   *b.* la complexité   *c.* l'attention ou le rejet
   d. la colère   *e.* la curiosité ou l'indifférence   *f.* l'activation

6. Selon la théorie de James-Lange, l'expérience affective précède l'éveil physiologique et le comportement affectif. (On voit un ours, on a peur et on s'enfuit.) Vrai ou faux?

7. La théorie de Cannon-Bard veut que l'éveil physiologique et l'expérience affective se produisent
   _____.

8. Selon la théorie cognitive de Schachter, l'éveil physiologique doit d'abord être étiqueté ou interprété pour engendrer une expérience affective. Vrai ou faux?

9. Les sujets de l'étude de Valins utilisant des faux battements de coeur ont attribué l'augmentation de leur rythme cardiaque à l'effet d'un placebo. Vrai ou faux?

10. En essayant de remuer les oreilles, vous étirez les commissures de vos lèvres, ce qui forme un sourire; vous rigolez à chaque fois. Qu'est-ce qui expliquerait le mieux une telle réaction?

    a. l'attribution   *b.* la théorie de Cannon-Bard   *c.* l'évaluation   *d.* la rétroaction faciale

Réponses :

1. faux 2. faux 3. vrai 4. kinésiologie 5. *a,c,f* 6. faux 7. simultanément 8. vrai 9. faux 10. *d*

Faire face aux émotions — «Suis-je en bonne ou en mauvaise posture?»

Situation : On vous choisit pour prononcer un discours devant 300 personnes; un médecin vous dit que vous devez subir une grave et douloureuse opération; ou encore, votre grand amour vous quitte. Quelle serait votre réaction affective en de telles circonstances? Comment traitez-vous la menace affective? Richard Lazarus (1975, 1981, 1984) pense qu'il existe deux étapes importantes dans le traitement d'une situation menaçante. La première s'appelle l'**évaluation primaire**, par laquelle on décide si une situation est à propos ou hors de propos, rassurante ou menaçante. Cette évaluation répond essentiellement à la question : «Suis-je en bonne ou en mauvaise posture?» (Lazarus et Folkman, 1984). On procède ensuite à une **évaluation secondaire**, qui permet de déterminer les ressources disponibles et de choisir une manière de traiter la menace ou le défi. («Que puis-je faire pour régler cette situation?»)

Lors d'une expérience fascinante, Joseph Spiesman et ses collègues (1964) ont démontré les effets affectifs entraînés par l'évaluation d'une situation menaçante. Aux fins de cette étude, on utilisa un film explicite intitulé *Subincision* afin de stimuler les réactions affectives des volontaires. La subincision est un rite d'initiation qui permet aux jeunes aborigènes australiens d'être acceptés parmi les hommes. Trois ou quatre adultes retiennent un garçon afin de l'empêcher de s'échapper. On pratique ensuite sur l'adolescent une opération rudimentaire et manifestement douloureuse, qui consiste à pratiquer une incision de la partie inférieure du pénis sur toute sa longueur. Pour rendre les choses encore plus pénibles, l'opération est effectuée à l'aide d'un silex affilé. Il va sans dire que la majorité des spectateurs réagissent de manière émotive à ces scènes horribles.

On montra quatre versions du film afin de mesurer les effets affectifs des différentes évaluations. La première version n'avait pas de bande sonore; la deuxième insistait sur les aspects douloureux et traumatisants de l'opération; la troisième traitait de l'opération d'une manière intellectuelle et détachée; et la dernière passait outre le côté menaçant de l'opération et niait que cette dernière fût douloureuse.

Question : La bande sonore a-t-elle influencé les réactions affectives?

L'enregistrement du rythme cardiaque et la RPG démontrent clairement que l'évaluation d'une situation en influence les réactions affectives. Le film qui insistait

© 1985 Universal Press Syndicate

The Far Side *par Gary Larson* *«Georges, l'indicateur du niveau d'essence s'est allumé! Nous allons tous mourir! Attends... Oups, je me suis trompé, c'est la lumière de l'interphone qui clignote.»*

sur l'aspect douloureux engendrait en effet davantage d'émotions que le film muet, tandis que la bande sonore intellectuelle et négatrice atténuaient ces dernières. La façon de jauger une situation influence donc beaucoup la manière d'y faire face. Par exemple, on peut évaluer un discours comme étant une menace intense ou un défi et une occasion de se produire en public. Insister sur l'aspect menaçant (imaginer l'échec, le rejet ou la honte) est de toute évidence une invitation au désastre.

Faire face à la menace   Un fois l'évaluation secondaire faite, nos tentatives de prise en charge sont ou bien axées sur le problème, ou bien axées sur l'émotion (Lazarus et Folkman, 1984). Avec le **traitement axé sur le problème**, on vise à dominer ou à modifier la situation difficile en soi; avec le **traitement axé sur l'émotion**, on tente plutôt de maîtriser nos réactions affectives.

Question : Ne peut-on pas utiliser les deux types de traitement à la fois?

Oui. Les deux types de traitement peuvent parfois s'entraider. Imaginons qu'une femme se sent anxieuse en montant sur le podium pour faire un discours. Si cette dernière fait des exercices respiratoires pour réduire son anxiété (traitement axé sur l'émotion), elle aura moins de difficulté à survoler ses notes et amélio-

rera sa prestation (traitement axé sur le problème). Vous trouverez au profil 12.3 des stratégies (des deux types) qui vous aideront à mieux faire face aux situations souvent menaçantes que sont les examens.

Il est malheureusement possible que les deux types de traitement se nuisent ou se gênent mutuellement. Par exemple, au seuil d'une décision importante, vous pourriez éprouver une détresse affective insoutenable et être tenté de faire des choix expéditifs et peu judicieux afin de soulager cette dernière. Cette façon de procéder contribue peut-être à faire face à ses émotions, mais elle empêche toute forme de traitement axé sur le problème (Lazarus et Folkman, 1984). Mais l'adaptation est un sujet en soi. Au chapitre suivant, nous parlerons d'autres réactions face à des situations angoissantes, menaçantes et chargées d'émotion.

La défense psychologique — du karaté mental?

Les situations menaçantes sont souvent accompagnées d'une émotion déplaisante qu'on appelle l'**anxiété**. Les personnes anxieuses se sentent tendues, mal à l'aise, craintives, inquiètes, et vulnérables, ce qui peut entraîner un traitement essentiellement *défensif* axé sur l'émotion. L'anxiété étant déplaisante, on souhaite habituellement l'éviter, mais si elle est causée par des situations difficiles ou par nos propres défauts et limites, elle peut être atténuée par des **mécanismes de défense psychologiques**.

Question : Qu'entend-on par mécanismes de défense psychologiques et comment réduisent-ils l'anxiété?

On appelle mécanisme de défense toute technique utilisée pour éviter, nier ou déformer les sources de menace ou d'anxiété. Les mécanismes de défense contribuent aussi à maintenir une image idéalisée de soi, ce qui nous permet de vivre confortablement avec nous-même. De nombreux mécanismes ont d'abord été précisés par Sigmund Freud, qui pensait que ces derniers agissaient d'une manière *inconsciente*. Une telle défense inconsciente engendre souvent des «points aveugles» pour la conscience, comme lorsqu'une personne extrêmement avare ne veut pas reconnaître qu'elle est radine. Nous avons tous eu recours à ces mécanismes à un moment donné. Examinons-en quelques-uns parmi les plus répandus. (Une liste plus complète a été dressée au tableau 12.2.)

La négation   La négation est un des mécanismes de défense les plus fondamentaux. Il consiste à se protéger d'une réalité déplaisante en refusant de l'accepter ou d'y croire. La négation est étroitement liée à la mort, à la maladie ainsi qu'à d'autres expériences tout aussi douloureuses et menaçantes. Si par exemple on vous

PROFIL 12.3
Faire face à l'angoisse des examens

Quand vous passez un examen, vous sentez-vous souvent très tendu et anxieux? Passez-vous votre temps à vous demander si vous réussirez? Avez-vous des «trous de mémoire» même quand vous connaissez la réponse? Vous sentez-vous pressé, incapable ou paniqué?

Si vous avez répondu oui à la plupart de ces questions, vous éprouvez probablement une grande angoisse face aux examens. L'**angoisse des examens** se traduit par la combinaison d'une activation *physiologique* élevée (malaise, tension, transpiration, battements de coeur, nervosité) et d'une *inquiétude exagérée* pendant les examens. Cette combinaison d'inquiétude et d'activation tend à distraire les étudiants en provoquant des bouffées de pensées et de sentiments contrariants (Mueller et Thompson, 1984).

Inquiétude, quand tu nous tiens «Je ne suis certain d'aucune de ces réponses; je dois être stupide. Je suis incapable de faire ce test. Je ne passerai jamais. Et le temps qui passe... Et si j'étais recalé?» On s'inquiète ainsi lorsque l'épreuve est jugée menaçante. Or, ce genre d'inquiétude est au coeur de l'angoisse des examens, puisqu'elle empêche directement de penser à ces derniers (Eysenck, 1984; Salame, 1984). En fait, certains élèves en proie à l'angoisse des examens passent autant de temps à s'inquiéter qu'à se concentrer sur l'épreuve.

Le traitement de l'angoisse des examens
Au cours des dernières années, les psychologues ont réussi à traiter l'angoisse des examens de manière relativement efficace. Voyons ce que nous pouvons tirer de leurs efforts.

La préparation L'antidote le plus efficace pour combattre l'angoisse des examens demeure le *travail acharné*. En effet, beaucoup d'angoissés des examens étudient tout simplement trop peu et trop tard (Becker, 1982). Paradoxalement, plus un étudiant pense qu'il va échouer, moins il est enclin à étudier. La solution à l'angoisse des examens repose donc sur une préparation excessive et une révision effectuée bien avant le «grand jour». Les étudiants qui sont bien préparés obtiennent de meilleurs résultats, s'inquiètent moins et sont moins susceptibles de devenir trop activés (Lazarus et Folkman, 1984).

La relaxation Apprendre à se détendre contribue également à réduire l'angoisse des examens (Ricketts et Galloway, 1984); le soutien d'autrui peut aussi atténuer cette angoisse (Sarason, 1981). Si vous avez tendance à être trop anxieux pendant une épreuve, il serait bon d'en parler avec votre professeur. Le fait de préparer vos examens avec un ami ou un collègue bienveillant pourrait aussi vous aider.

La répétition Certains étudiants découvrent qu'on peut réduire la nervosité pendant les examens en répétant consciencieusement la manière de faire face aux contrariétés. Avant l'épreuve, imaginez que vous avez un blanc, que vous manquez de temps ou que vous paniquez. Planifiez ensuite calmement le mode d'adaptation pour chacune de ces situations (concentrez-vous sur la tâche, résolvez une question à la fois, etc., Watson et Tharp, 1981).

La restructuration de la pensée L'inquiétude étant une des composantes majeures de l'angoisse des examens, changer ses structures de pensées défaitistes est peut-être la meilleure solution qu'on puisse adopter (Wise et Haynes, 1983). Il est souvent dans l'intérêt de l'étudiant angoissé de dresser la liste des pensées défaitistes qui l'empêchent de se concentrer pendant les examens. Il faut ensuite apprendre à combattre ses inquiétudes à l'aide de réponses rassurantes et rationnelles. (On appelle ces dernières des *pensées d'adaptation*; voir le chapitre 13 pour en savoir davantage.)

Supposons par exemple qu'un étudiant se dit : «Je vais échouer à cet examen, et tous mes amis penseront que je suis stupide». Pour combattre cette pensée contrariante, l'étudiant peut se dire : «Si je me prépare adéquatement et que je maîtrise mes inquiétudes, je réussirai probablement. Même si je n'y arrive pas, ce ne sera pas la fin du monde; mes amis m'aimeront toujours, et je tâcherai de faire mieux la prochaine fois».

Les étudiants qui s'en tirent bien face aux examens adoptent généralement une attitude terre-à-terre et tentent de faire de leur mieux, même dans des circonstances difficiles; l'expérience aidant, la majorité d'entre eux apprendront à être moins éprouvés par les épreuves.

---

disait que vous n'aviez plus que 3 mois à vivre, comment réagiriez-vous? Il est probable que votre première réaction soit : «Voyons donc, on a dû prendre les mauvaises radiographies», «Le médecin se trompe sûrement», ou plus simplement «C'est impossible!» De telles réactions sont courantes à l'annonce de la mort d'un proche : «Ça ne se peut tout simplement pas... Je n'en crois pas un mot!»

Le refoulement Freud a remarqué que ses patients avaient énormément de difficulté à se rappeler les évé-

nements bouleversants ou traumatisants de leur enfance; de puissantes forces semblent exclure ces douloureux souvenirs de la conscience. Freud désigne ce phénomène de **refoulement**. On réprime ainsi les pensées et les élans douloureux ou menaçants afin de se protéger. Les sentiments hostiles envers un être aimé, le nom de personnes antipathiques et les échecs du passé sont souvent les cibles du refoulement.

La formation réactionnelle La **formation réactionnelle** est un mécanisme par lequel les élans sont non

Tableau 12.2 *Les mécanismes de défense psychologiques*

La compensation	La neutralisation d'une faiblesse réelle ou imaginaire par la mise en valeur des traits désirables ou la recherche de l'excellence dans d'autres domaines.
La négation	La protection de soi contre une réalité déplaisante par un refus de percevoir celle-ci.
La fantaisie	La satisfaction des désirs inassouvis par des réalisations ou des activités imaginaires.
L'intellec-tualisation	La dissociation affective d'une situation menaçante ou d'une source d'anxiété par l'utilisation de termes impersonnels pour en parler.
L'isolation	La séparation des pensées ou des sentiments contradictoires dans différents compartiments mentaux «d'une logique impénétrable» afin qu'ils n'entrent pas en conflit.
La projection	L'attribution à autrui de ses propres sentiments, défauts ou élans inacceptables.
La rationalisation	La justification de son comportement par des explications raisonnables et rationnelles, mais fausses.
La formation réactionnelle	L'inhibition d'élans dangereux par l'exagération d'un comportement opposé.
La régression	Le retour à un stade de développement antérieur ou à des habitudes et à des situations moins exigeantes.
Le refoulement	L'exclusion de la conscience des pensées douloureuses ou dangereuses.
La sublimation	La satisfaction des désirs inassouvis ou des élans inacceptables par l'entremise d'activités constructives.

seulement réprimés, mais aussi contenus par l'exagération d'un comportement opposé. Par exemple, une mère qui éprouve un agacement inconscient face à ses enfants pourra, par formation réactionnelle, les surprotéger à l'excès et devenir trop indulgente à leur égard. Ses pensées réelles sont «Je les hais» et «J'aimerais qu'ils disparaissent», mais elles sont remplacées par «Je les aime» et «Je ne sais pas ce que je ferais sans eux». La mère échange ainsi ses élans défavorables contre de l'amour «possessif» pour ne pas avoir à admettre son hostilité envers ses enfants. Le principe sur lequel repose la formation réactionnelle est qu'une personne simulera un comportement opposé afin de bloquer des élans ou des sentiments menaçants.

La régression Dans son sens le plus large, la **régression** signifie le retour à des situations ou à des habitu-des antérieures ou moins exigeantes. La plupart des parents qui ont un second enfant doivent subir une certaine forme de régression de la part du premier. Voyant que l'attention dont il fait l'objet est menacée par l'arrivée de son nouveau rival, l'enfant plus âgé retrouve son babil enfantin, mouille son lit et reprend des activités infantiles. La régression n'est cependant pas toujours aussi grave : l'enfant qui s'ennuie à la colonie de vacances et qui veut retrouver la sécurité d'un environnement familier régresse légèrement; l'adulte qui fait une crise ou l'époux qui «retourne chez sa mère» aussi.

La projection La **projection** est un processus inconscient qui nous protège de l'anxiété que pourrait entraîner la reconnaissance de nos propres défauts et traits inacceptables. Une personne qui *projette* tend à voir chez les autres ses imperfections et ses élans inadmissibles. Ce procédé diminue l'anxiété en exagérant les caractéristiques défavorables chez les autres, ce qui détourne l'attention de ses propres carences.

L'auteur du présent ouvrage travaillait autrefois pour un marchand cupide qui trompait beaucoup de ses clients. Cet homme se considérait pourtant comme un citoyen exemplaire et un bon chrétien. Comment justifiait-il alors sa cupidité et sa malhonnêteté? Il croyait fermement que tous ceux qui entraient dans son magasin avaient l'intention de *le* tromper par tous les moyens. En réalité, peu ou aucune de ces personnes ne partageaient ses dispositions, mais notre marchand projetait sa propre malhonnêteté sur les autres.

La rationalisation Tous les professeurs connaissent ce phénomène étrange : une incroyable vague de calamités déferle toujours sur le chemin d'un examen; un nombre incalculable de mères, de pères, de soeurs, de frères, de tantes, d'oncles, de grands-parents, d'amis, de parents et d'animaux deviennent malades ou meurent; des moteurs se décrochent soudainement du châssis des automobiles; des livres se perdent ou sont volés; des réveils se détraquent et ne sonnent plus.

L'invention de prétextes vient d'une tendance naturelle à vouloir expliquer son comportement. Quand le prétexte est raisonnable, rationnel et convaincant (mais faux), on dit qu'il s'agit de rationalisation. La **rationalisation** procure des explications pour un comportement qu'on juge soi-même quelque peu discutable. Un exemple typique nous est fourni par un étudiant qui ne rend pas un devoir donné au début du semestre et qui explique :

> *Mon automobile est tombée en panne il y a deux jours, et je n'ai pas pu me rendre à la bibliothèque avant hier. Mais les livres que je voulais consulter étaient tous sortis; j'ai fait ce que j'ai pu. Puis, comble de malchance, le ruban de ma machine à écrire s'est brisé hier soir. Les magasins étant tous fermés, je n'ai pu terminer ce travail à temps.*

Si on lui demande pourquoi il a attendu jusqu'à la dernière minute (la véritable raison de son retard), l'étudiant répliquera par une autre série de rationalisations. Si celles-ci sont aussi mises en doute, l'étudiant pourra devenir émotif puisqu'il sera forcé de se voir sans l'écran de ses rationalisations.

Question : Jusqu'ici, les mécanismes de défense semblent peu souhaitables. Comportent-ils des avantages?

Les gens qui ont trop souvent recours aux mécanismes de défense deviennent moins adaptables, parce qu'ils consomment une grande quantité d'énergie affective à maîtriser leur anxiété et à maintenir une image peu réaliste d'eux-mêmes. Les mécanismes de défense comportent toutefois des avantages : ils nous empêchent d'être submergés pas les menaces immédiates, ce qui nous laisse du temps pour apprendre à traiter les frustrations et les menaces permanentes d'une manière plus efficace. Si vous reconnaissez dans ces pages un de vos comportements, n'allez pas croire que vous êtes victime d'une insécurité désespérante car, tel que mentionné plus tôt, la majorité des gens font occasionnellement appel à ces mécanismes.

Les deux mécanismes de défense qui possèdent résolument plus d'avantages sont la *compensation* et la *sublimation*.

La compensation Les **réactions compensatoires** sont des défenses contre le sentiment d'infériorité. Une personne qui a un défaut ou un point faible (réel ou imaginaire) fera tout en son possible pour le surmonter ou le compenser par l'excellence dans un autre domaine. Jack LaLanne est un des pionniers de la musculation en Amérique. LaLanne fit carrière en culturisme avec succès malgré qu'il ait été un jeune homme mince et souffreteux. Mais peut-être serait-il plus juste de dire *grâce au* fait qu'il ait été un jeune homme mince et souffreteux. On peut illustrer la compensation par des dizaines d'exemples : un enfant bègue qui excelle en art oratoire au collège; Franklin D. Roosevelt qui accomplit de grandes réalisations politiques après avoir souffert de polio; Hellen Keller qui, enfant, était sourde et aveugle, devint une penseuse et auteure remarquable; Ray Charles et Stevie Wonder ainsi que plusieurs autres qui sont devenus des musiciens reconnus malgré leur cécité.

La sublimation La **sublimation** consiste à satisfaire ses désirs inassouvis (surtout les désirs sexuels) par des activités constructives et socialement reconnues. Freud pense que l'art, la musique, la danse, la poésie, la recherche scientifique et d'autres activités créatrices servent à canaliser l'énergie sexuelle dans un comportement productif. Il croit aussi que même les désirs les plus ardents peuvent être sublimés. Par exemple, une personne très agressive peut recevoir l'approba-

tion générale en devenant soldat professionnel, boxeur ou joueur de football. La cupidité peut mener à la réussite dans le monde des affaires, le mensonge se sublimer en talent de conteur, de créateur littéraire ou de politicien.

Les motivations sexuelles semblent être celles qui se subliment le plus souvent et le plus facilement. Freud en aurait pour son argent avec les activités modernes comme le surf, la motocyclette, les sprints automobiles, la danse et la musique rock, pour n'en nommer que quelques-unes. Les gens les apprécient pour une foule de raisons, mais il est difficile d'ignorer la riche symbolique sexuelle qui apparaît derrière chacune de ces activités.

L'impuissance acquise — y a-t-il de l'espoir?

Question : Qu'arrive-t-il quand les défenses sont inefficaces, ou lorsqu'on évalue une situation menaçante comme étant sans espoir?

Bruno Bettelheim (1960), qui a survécu aux camps de concentration nazis, explique une réaction qu'il appelle la démoralisation, par le fait que de nombreux prisonniers se sentent si impuissants qu'ils développent un détachement de «zombi» et se transforment en véritables cadavres ambulants. Martin Seligman (1974) a remarqué une réaction semblable chez les prisonniers de guerre du Vietnam. Seligman fait état du cas d'un jeune *marine* qui s'adaptait étonnamment bien au stress relié à sa condition de prisonnier de guerre. Sa bonne santé était apparemment attribuable à une promesse de ses geôliers qu'il serait relâché à une certaine date s'il collaborait. Comme la date en question approchait, le jeune homme exultait. Puis, on lui assena la terrible nouvelle : on n'avait jamais eu l'intention de le relâcher. Il s'enfonça immédiatement dans une profonde dépression et refusa de manger ou de boire. Il mourut peu de temps après.

Nous reconnaissons qu'il s'agit là d'exemples extrêmes, mais ils démontrent encore une fois la puissance des émotions. En tentant d'expliquer de tels phénomènes, la recherche s'est récemment arrêtée sur la notion d'**impuissance acquise**.

On a étudié l'impuissance acquise à l'aide d'animaux mis dans une cage à double compartiment (illustration 12.13). Des chiens placés dans un de ces compartiments apprennent vite à sauter dans l'autre afin d'éviter un choc électrique. Si on les avertit d'avance (en diminuant par exemple l'intensité d'une lumière), la plupart des chiens apprennent à éviter le choc en sautant la barrière avant que ce dernier ne soit émis. La majorité des chiens agissent ainsi, sauf ceux qui ont appris à se sentir impuissants.

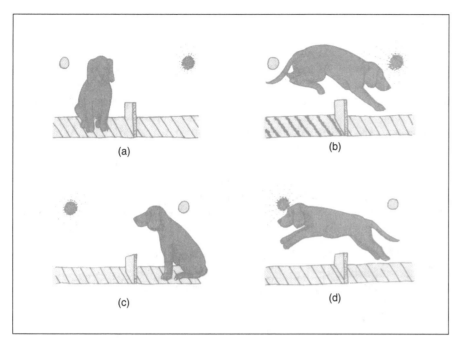

Illustration 12.13 *Dans le cadre de l'apprentissage normal de la fuite et de l'évitement, on diminue l'intensité d'une lumière quelques instants avant que le plancher ne s'électrifie (a). Étant donné que la lumière ne veut encore rien dire pour lui, le chien reçoit le choc (soit dit en passant non préjudiciable à sa santé) et saute la barrière (b). Le chien apprend bientôt à surveiller l'intensité de la lumière (c) et à sauter avant de recevoir le choc (d). Les chiens qu'on a réduits à l'impuissance ne tentent que rarement d'échapper aux chocs, encore moins de les éviter.*

Question : Comment provoque-t-on le sentiment d'impuissance chez le chien?

Avant de faire l'expérience de la cage à double compartiment, certains chiens sont retenus par un harnais (qui les empêche de s'échapper) et soumis à plusieurs chocs douloureux. Les animaux sont ainsi impuissants à empêcher les chocs (Overmier et Seligman, 1967). Quand on les place dans la cage à compartiments, la réaction de ces chiens au premier choc est de se tapir, de hurler et de gémir; aucun ne cherche à s'échapper. Ils se résignent désespérément à leur sort. En effet, n'ont-ils pas appris qu'ils ne pouvaient rien faire pour empêcher ces chocs?

On observe des effets similaires chez les humains qui échouent ou qui reçoivent des punitions imprévisibles et inévitables (Fox et Oakes, 1984). Cependant, dans le cas des humains, l'attribution (vous vous en rappelez?) influence grandement l'impuissance. Les gens que l'on réduit à l'impuissance dans une situation risquent davantage de démontrer de l'impuissance dans d'autres situations s'ils attribuent leur échec à des facteurs *durables et courants* (étant incapable de résoudre une série de casse-tête, on en déduit qu'on est stupide). Par contre, le fait d'attribuer ses échecs à des facteurs précis (on n'est pas expert en casse-tête ou on n'est pas vraiment intéressé) tend à empêcher l'impuissance acquise de s'étendre (Alloy et autres, 1984; Anderson et autres, 1984).

Question : Quel rapport y a-t-il entre l'impuissance acquise et l'émotion?

La dépression Seligman et ses associés ont souligné les similitudes entre l'impuissance acquise et la dépres-

sion. Les symptômes de ces dernières comprennent en effet des sentiments d'incompétence et de désespoir, une diminution de l'activité, une perte d'agressivité, une baisse des pulsions et de l'appétit sexuels et, chez les humains, une tendance à s'imaginer qu'on échoue, même lorsque cela n'est pas le cas (Miller et autres, 1977).

La dépression est un des troubles affectifs les plus répandus, et découle certainement de nombreux facteurs. Mais Seligman a bien établi que l'impuissance acquise joue à tout le moins un rôle dans certains cas de dépression et de désespoir. Seligman (1972) décrit par exemple le cas d'Alain, un garçon de 15 ans. Alain considère l'école comme étant une suite interminable d'échecs et de bouleversements. Les autres élèves le traitent comme s'il était stupide; en classe, il répond rarement aux questions parce qu'il ne connaît pas certains des mots. Il se sent déprécié de toutes parts. Il ne s'agit peut-être pas ici de chocs électriques, mais ces facteurs agissent néanmoins comme des «chocs» psychologiques, et Archie se sent impuissant à les empêcher. Lorsqu'il quittera l'école, ses chances de réussir seront minces parce qu'il aura appris à endurer passivement tous les bouleversements que la vie lui réserve.

Question : La recherche de Seligman nous indique-t-elle comment «désapprendre» l'impuissance?

L'espoir Dans le cas des chiens, il s'agit de les faire passer de force du côté électrifié au compartiment «sûr». Après plusieurs fois, l'animal reprend «espoir» et retrouve un sentiment de maîtrise de l'environnement. On est encore à étudier les manières de produire les mêmes résultats chez les humains. Il semble toutefois évident qu'une personne comme Alain profiterait d'un programme d'éducation qui lui permette de «réussir» à maintes reprises. Ce pronostic se fonde sur d'autres expériences menées auprès des animaux. En effet, lorsqu'on inculque aux animaux **la maîtrise des unités d'apprentissage**, ils deviennent plus résistants à l'impuissance acquise (Volpicelli et autres, 1983). Par exemple, ceux qui ont appris à échapper aux chocs persévèrent davantage lorsqu'ils sont soumis à des décharges inévitables; ils n'abandonneront pas, même si la situation est désespérée.

De telles découvertes indiquent qu'il serait possible d'«immuniser» les gens contre l'impuissance et la dépression en leur apprenant à maîtriser des défis apparemment impossibles à relever. Les écoles d'endurcissement, où on se mesure aux rigueurs de l'alpinisme, de la descente de rapides et de la survie en forêt, pourraient servir de modèle à ce genre d'entreprise.

En terminant, on ne doit jamais négliger l'importance de l'espoir. Aussi fragile qu'elle puisse sembler, cette émotion est un antidote puissant contre la dépression et l'impuissance. À titre individuel, vous pourriez trouver l'espoir dans la religion, la nature, les relations humaines ou même dans la technique. Mais où que vous le trouviez, rappelez-vous sa valeur : l'espoir est la plus importante de toutes les émotions humaines.

Autotest

1. Dans le modèle d'adaptation proposé par Richard Lazarus, on choisit la manière de traiter une menace lors de l'évaluation _____.

2. Lazarus nous dit que le traitement de situations menaçantes peut être à la fois axé sur le problème et axé sur l'_____.

3. La majorité des gens sont éveillés quand ils passent une épreuve, mais ceux qui sont sujets à l'angoisse des examens sont particulièrement enclins à une inquiétude excessive. Vrai ou faux?

4. Plus un étudiant s'attend à échouer un examen, plus il aura tendance à étudier. Vrai ou faux?

5. La répétition mentale des manières de traiter calmement les problèmes potentiels entraînés par une épreuve peut contribuer à diminuer l'angoisse des examens. Vrai ou faux?

6. La défense psychologique qu'on appelle la négation se définit par la tendance à vouloir expliquer et justifier ses actions. Vrai ou faux?

7. Le mécanisme de défense qui repose sur la satisfaction des désirs inassouvis par des réalisations ou des activités imaginaires s'appelle

     a. la compensation   *b.* l'isolation   *c.* la fantaisie   *d.* la sublimation

8. La compensation consiste à attribuer ses propres caractéristiques ou motivations indésirables à autrui. Vrai ou faux?

9. Les deux mécanismes de défense qu'on considère constructifs sont

     a. la compensation   *b.* la négation   *c.* l'isolation   *d.* la projection
     e. la régression   *f.* la rationalisation   *g.* la sublimation

10. La dépression chez les humains ressemble à _____ qu'on observe lors d'expériences chez les animaux.

Réponses :

1. secondaire 2. émotion 3. vrai 4. faux 5. vrai 6. faux 7. *c* 8. faux 9. *a, g* 10. l'impuissance acquise

Applications : faire face à la dépression — un problème universel

Des études démontrent que jusqu'à 78 pour 100 des collégiens américains souffrent de certains symptômes de la dépression. Quelle que soit la période de l'année, environ un quart de la population étudiante éprouve de tels symptômes (Beck et Young, 1978). Lors d'une étude plus récente, des collégiens ont affirmé être déprimés une ou deux fois par mois. Ces dépressions durent de quelques heures à plusieurs jours (Snyder et Smith, 1985). Pourquoi tant d'étudiants ont-ils le cafard? Quantité de facteurs contribuent habituellement à rendre dépressif; ceux qui suivent comptent parmi les plus répandus :

1. Le stress relié à la difficulté croissante des études collégiales et la pression exercée pour faire un choix de carrière font souvent sentir aux étudiants qu'ils ne s'amusent pas autant qu'ils le voudraient, ou que leurs efforts sont dénués de sens.
2. Il n'est pas rare que les étudiants qui ont laissé leurs parents et amis derrière éprouvent de la solitude et de l'isolement. Auparavant, ils pouvaient compter sur l'appui de la famille, d'un groupe d'amis du secondaire et souvent d'un(e) ami(e) de coeur.
3. Des problèmes au niveau des études ou des résultats scolaires déclenchent fréquemment la dépression. Nombre d'étudiants qui arrivent au collège ont peu d'expérience en matière d'échec et le coeur rempli d'espoir. En outre, beaucoup ne possèdent pas les compétences fondamentales nécessaires à la réussite académique.
4. La séparation d'un couple intime, qu'il s'agisse d'une ancienne ou d'une nouvelle flamme (Beck et Young, 1978), représente la quatrième source répandue de dépression.

Reconnaître la dépression De toute évidence, la majorité des gens savent quand ils sont «démoralisés». Aaron Beck, un expert en dépression, affirme cependant qu'on est plus que démoralisé si on remplit les cinq conditions suivantes :

1. Entretenir constamment une mauvaise opinion de soi.
2. Se laisser aller à l'autocritique et se blâmer fréquemment.
3. Interpréter de manière négative des événements qui ne nous dérangent habituellement pas.
4. Considérer que l'avenir est sombre et sans espoir.
5. Se sentir submergé par les responsabilités.

Question : Comment peut-on combattre la dépression?

Combattre la dépression Beck et Greenberg (1974) suggèrent de commencer par l'élaboration d'un *horaire quotidien* où sont programmées des activités pour toutes les heures du jour. Il est préférable de débuter avec des tâches faciles et de s'atteler progressivement à des activités plus difficiles. On doit cocher chacune des activités à mesure qu'on les complète. De cette manière, on brise le cycle infructueux engendré par un sentiment d'impuissance et de retard accumulé (les étudiants dépressifs passent beaucoup de temps à dormir). Une suite de réalisations, de réussites ou de joies peuvent suffire à vous redonner de l'entrain. Si toutefois on manque de compétences pour réussir au collège, il faut demander de l'aide pour les acquérir. Il ne faut jamais sombrer dans l'impuissance.

Beck et Greenberg croient aussi que les sentiments de désespoir et d'inutilité sont nourris par des pensées négatives ou autocritiques. Ils recommandent de noter ces pensées comme elles arrivent, particulièrement celles qui précèdent un sentiment de tristesse. Après les avoir recueillies, il faut fournir des réponses rationnelles à chacune d'entre elles. On répondra par exemple à la pensée «Personne ne m'aime» en dressant une liste des gens qui éprouvent de l'affection pour nous.

Les attaques de «cafard scolaire» sont fréquentes et doivent être différenciées des cas de dépression. La dépression profonde est en effet un grave problème qui peut mener au suicide ou à une importante détérioration du fonctionnement affectif.

Question : Comment distingue-t-on une dépression mineure d'un problème plus grave?

Il est plutôt difficile de faire cette distinction parce que celle-ci se rattache à de nombreuses dimensions psychologiques. Dans la pratique, on pourra cependant trouver une réponse utile à cette question en parcourant la liste des 10 «signaux d'avertissement», laquelle a été établie par l'association nationale américaine de santé mentale afin d'aider les gens à différencier une simple dépression d'un état qui exige qu'on fasse appel à des professionnels.

Les signaux d'avertissement de la dépression

1. Un sentiment général de désespoir et d'abattement.
2. Une incapacité de se concentrer, rendant la lecture, l'écriture et la conversation difficiles : la pensée et l'activité sont ralenties parce que l'esprit est absorbé par l'angoisse interne.

Applications

3. Des changements au niveau des activités physiques comme la nutrition, le sommeil et la sexualité : des plaintes fréquentes au sujet de la condition physique sans signes de maladie physiologique.

4. Une perte d'estime de soi, ce qui entraîne une remise en question perpétuelle du mérite personnel.

5. Un retrait causé par une peur démesurée du rejet d'autrui.

6. Des menaces ou des tentatives de suicide, lequel est considéré comme un moyen d'échapper à un monde hostile ou comme une reconnaissance de la futilité de l'existence.

7. Une hypersensibilité aux propos et aux actions d'autrui, doublée d'une irritabilité générale.

8. De la colère mal placée et de la difficulté à gérer la plupart des émotions. De la colère contre soi-même, à cause de ce qu'on croit être une absence totale de valeur personnelle, ce qui produit un sentiment général de colère souvent dirigé vers autrui.

9. Des sentiments de culpabilité dans beaucoup de situations : une personne dépressive présume qu'elle a tort et qu'elle est responsable du malheur des autres.

10. Une dépendance extrême d'autrui : des sentiments d'impuissance, puis de colère face à l'impuissance.

Aucun élément en lui-même (sauf peut-être le numéro 6) n'est un signe absolu de grave dépression, mais si l'on en observe plusieurs, il serait sage de consulter un spécialiste. Les éléments de cette liste ne se rapportent en outre qu'à une dépression mineure; quand la dépression est plus grave, elle se traduit par un important problème de santé mentale.

Autotest

1. Le fait de se laisser aller à l'autocritique et de se blâmer fréquemment sont des conséquences naturelles d'un grand espoir de réussite au collège. Vrai ou faux?

2. Quelle que soit la période de l'année, près de la moitié des collégiens éprouvent des symptômes de dépression. Vrai ou faux?

3. Afin de briser le cycle de la dépression et de l'impuissance, Beck et Greenberg suggèrent de se débarrasser d'abord des tâches difficiles. Vrai ou faux?

4. Vouloir contrer les pensées négatives et autocritiques ne fait que souligner celles-ci, ce qui empire la dépression. Vrai ou faux?

5. Des sentiments généraux d'irritabilité et de sensibilité aux actions d'autrui sont souvent des signes de dépression. Vrai ou faux?

Réponses :

1. faux 2. faux 3. faux 4. faux 5. vrai

Exploration : l'amour — pour traquer une émotion insaisissable

L'amour est une des aventures humaines les plus intenses. D'ailleurs, on en vient presque tous un jour à se demander si les sentiments qu'on entretient sont «profonds ou superficiels», s'il s'agit «d'amour ou de convoitise». Cela revient à se demander : «Qu'est-ce que l'amour?» Pensez notamment aux différentes façons d'aimer vos parents, vos amis, votre conjoint ou votre partenaire sexuel.

Question : De quelle manière les différents types d'amour se distinguent-ils?

C'est la question qui poussa récemment le psychologue Robert Sternberg à proposer sa **théorie triangulaire de l'amour**. Bien qu'elle en soit encore au stade préliminaire, cette théorie peut vous aider à mieux comprendre vos propres relations affectives.

Les triangles amoureux

Sternberg (1986, 1987) pense que l'amour se compose d'**intimité**, de **passion**, et d'**engagement**. Comme vous pouvez le voir à l'illustration 12.14, on peut se représenter chacun de ces facteurs par un côté de triangle. Voyez aussi comme ces trois éléments peuvent se combiner pour former 7 différents types d'amour. Nous examinerons ces derniers plus loin, mais étudions d'abord les trois «ingrédients» de l'amour.

L'intimité   Une relation peut être qualifiée d'intime si elle comporte de l'affection, du partage, de la communication et de l'entraide. L'intimité augmente régulièrement au début, mais elle se stabilise avec le temps. Par la suite, les gens engagés dans des relations à long terme s'aperçoivent de moins en moins de leur intimité et de leur interdépendance.

La passion   La passion se rapporte surtout à l'*activation physiologique*, qui peut être sexuelle, mais qui peut aussi provenir d'autres sources car, comme nous l'avons vu plus tôt, peu importe la cause, cette dernière peut être interprétée comme de la passion au sein d'une relation amoureuse (Bersheid et Walster, 1974b). Cela explique sûrement pourquoi l'amour-passion se produit souvent sur un fond de danger, d'adversité ou de frustration — particulièrement dans le cadre des téléromans et des romans à l'eau de rose! La passion est le facteur principal de l'*intensité* amoureuse. Il n'est donc pas surprenant que l'amour romantique suscite les sentiments d'amour les plus forts. En revanche, l'amour fraternel est le moins intense d'entre tous (Sternberg et Grajeck, 1984).

L'engagement   Le troisième côté du triangle amoureux repose sur la décision d'aimer une autre personne et sur le niveau d'engagement à long terme qu'on prend vis-à-vis de cette dernière. L'engagement part à zéro avant de se rencontrer, et augmente régulièrement à mesure qu'on apprend à se connaître. Tout comme l'intimité, il tend ensuite à se stabiliser. Il peut cependant osciller au fil des bons et des mauvais moments de la relation. L'engagement diminue rapidement lorsqu'une liaison est sérieusement menacée.

Les sept essences de l'amour

La présence ou l'absence d'intimité, de passion ou d'engagement produit 8 triangles. Le premier illustre le **non-amour**, soit l'absence totale des trois éléments.

Quand on éprouve de la **sympathie**, on se sent près d'une personne et on communique bien avec

Illustration 12.14   *La théorie triangulaire de l'amour de Sternberg*

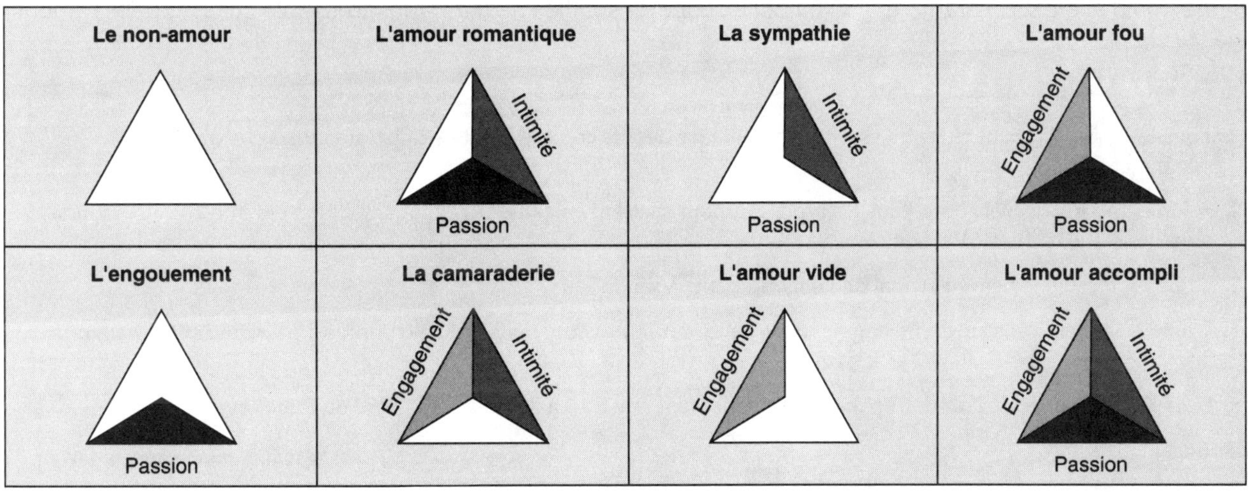

Exploration

elle. Toutefois, on ne ressent ni passion ni engagement profond envers celle-ci. Un camarade de classe sympathique pourrait faire partie de cette catégorie.

L'**amour romantique** combine l'intimité (l'union et l'affection) et la passion (qui prend souvent la forme d'une attirance physique). Malgré son intensité, l'amour romantique ne comporte pas beaucoup d'engagement au départ. Pensez par exemple aux histoires d'amour de vacances qui se terminent assez facilement par le départ des amoureux.

On appelle **amour fou** un engagement rapide fondé sur une attirance physique (passion), qui ne comprend pas d'intimité affective. L'amour fou est du type «Je te rencontre et t'épouse le mois suivant»; les relations qui commencent de cette manière risquent d'échouer, parce que les partenaires s'y engagent avant même de bien se connaître.

L'**engouement** est encore plus superficiel; ici, on brûle de passion, mais on ne partage ni intimité ni engagement avec l'être aimé. Mais avec le temps, il se peut que l'engouement mène à des formes d'amour beaucoup plus durables.

La **complicité** se fonde sur l'affection et l'attachement profond attribuable au respect, aux intérêts mutuels et à une solide amitié entre deux êtres. Il s'agit d'une émotion modérée, mais elle est constante et durable, et elle a tendance à grandir avec les années. La complicité représente «le type d'affection qu'on ressent pour les gens avec qui notre vie est profondément entrelacée» (Walster et Walster, 1978).

Les couples en arrivent souvent à ressentir peu de passion et d'intimité dans leurs relations; ceux qui ne restent ensemble que par engagement ou par habitude éprouvent de l'**amour vide**.

L'**amour accompli** se rencontre lorsque deux personnes sont mutuellement passionnées, engagées et étroitement liées. Un amour aussi complet et équilibré ne survient qu'au sein de relations très particulières.

Comment aimer son prochain?

Les catégories décrites ci-dessus ne ferment sûrement pas le dossier de l'amour. Il existe sans doute d'autres façons d'aimer. De plus, la théorie de Sternberg accorde peut-être trop d'importance à la passion. En effet, dans la plupart des relations, l'intimité et l'engagement occupent une place plus importante que la passion (Clark et Reis, 1988).

Notre société accorde aussi trop d'importance à la passion comme l'un des facteurs principaux requis pour «tomber» amoureux. En pensant ainsi, on néglige pourtant le fait que l'étape passionnée de l'«amour à couper le souffle» ne dure que 6 à 30 mois (Walster et Walster, 1978). Et qu'arrive-t-il quand cette étape se termine? Très souvent, les gens se séparent.

Il est dangereux de penser qu'on peut vivre pour toujours au septième ciel. Les gens qui sont principalement absorbés par la passion négligent en effet de construire une relation plus durable. Au lieu de sous-estimer la complicité, on devrait comprendre que les amoureux doivent d'abord être amis. De fait, l'amour accompli n'est en réalité qu'un composé d'amour romantique et d'amitié.

Vous pourriez être tenté de comparer vos propres relations à ces triangles amoureux; si vous choisissez de le faire, rappelez-vous qu'il existe une très grande variété de relations et que peu d'entre elles sont parfaites (Trotter, 1986). Lors d'une autre étude, Sternberg et Michael Barnes (1986) ont découvert que nos relations sont généralement satisfaisantes, si l'on croit que notre partenaire ressent à notre égard les sentiments qu'on *aimerait* qu'il entretienne.

Pendant les années soixante-dix, certains politiciens ont écarté les études portant sur l'amour en invoquant leur manque de rigueur scientifique. Mais dans un monde souvent envahi par la violence, la haine et le désespoir, qu'y a-t-il de plus important que de comprendre cet état insaisissable qu'on appelle l'amour?

Autotest

1. Tous les types d'amour peuvent essentiellement être décrits comme étant de la passion vis-à-vis d'une autre personne. Vrai ou faux?

2. Selon la théorie de Sternberg, tous les types d'amour mettent en cause un engagement envers une autre personne ou envers une relation. Vrai ou faux?

3. La passion est l'élément principal de l'engouement. Vrai ou faux?

4. L'amour insensé consiste en un engagement fondé sur la passion, mais qui ne comprend pas d'intimité. Vrai ou faux?

5. L'étape passionnée de l'amour ne dure habituellement que de 6 à 30 semaines. Vrai ou faux?

Réponses :

1. faux 2. faux 3. vrai 4. vrai 5. faux

Résumé du chapitre

■ Les émotions ont probablement été retenues au fil de l'évolution parce qu'elles se rattachent à de nombreux **comportements adaptatifs**. Les **changements physiologiques** à l'intérieur du corps, les **expressions affectives** (les signes extérieurs de l'émotion) et les **sensations affectives** (l'expérience subjective de l'émotion) sont d'autres éléments fondamentaux de l'émotion.

■ Les **émotions fondamentales** sont les suivantes : *la peur, la surprise, la tristesse, le dégoût, la colère, l'anticipation, la joie* et *l'acceptation*. Les autres émotions seraient des combinaisons de ces premières.

■ Les changements physiologiques associés à l'émotion sont causés par l'**adrénaline**, une hormone libérée dans le sang, et par l'activité du **système nerveux autonome** (SNA).

■ La **ramification sympathique** du SNA s'occupe surtout d'activer le corps, tandis que sa **ramification parasympathique** se charge de freiner ce dernier. Les morts subites attribuables aux émotions intenses et prolongées sont vraisemblablement causées par un **phénomène de rebond parasympathique**. Les crises cardiaques provoquées, par une émotion soudaine et intense semblent être imputables à une activation sympathique.

■ Le **polygraphe**, ou «détecteur de mensonges», mesure l'activation affective en surveillant *le rythme cardiaque, la pression artérielle, le rythme respiratoire* et *le réflexe psychogalvanique* (RPG). De nombreux chercheurs contestent la précision de cet appareil.

■ Les émotions se développent à partir de l'**excitation générale** qu'on observe chez les nouveau-nés. Parmi les émotions fondamentales, trois (*la peur, la colère* et *la joie*) semblent être innées. Les principales expressions affectives, comme le fait de sourire, de froncer les sourcils ou de montrer les dents sous le coup de la colère seraient aussi innées. Les **expressions faciales** semblent être au coeur de l'émotion. Par conséquent, certains psychologues considèrent que ces dernières proviennent d'étapes antérieures de l'évolution.

■ Les gestes et mouvements du corps (le langage corporel) expriment aussi des sentiments, mais ils transmettent un **ton affectif** plutôt que des messages universels précis. Les trois dimensions de l'expression faciale sont le **plaisir-déplaisir**, l'**attention-rejet** et l'**activation**. L'étude formelle du langage du corps s'appelle la **kinésiologie**. On peut parfois détecter le mensonge en observant les changements au niveau des **illustrateurs** et des **gestes symboliques**, ou des signaux d'**éveil général**.

■ La **théorie de James-Lange** veut que l'*expérience* affective suive les réactions physiologiques de l'émotion. La **théorie de Cannon-Bard** dit au contraire que les réactions physiologiques et l'expérience affective se produisent en même temps, et que les émotions s'organisent au niveau du cerveau.

■ La **théorie cognitive** de Schachter insiste sur l'importance des *étiquettes*, ou interprétations, qu'on appose sur les sensations d'activation physiologique. Le processus d'**attribution**, par lequel on associe l'activation physiologique à une personne, à un objet ou à une situation en particulier, est également important.

■ Selon l'**hypothèse de la rétroaction faciale**, les sensations et l'information transmises par les expressions affectives contribuent à définir l'émotion qu'une personne ressent.

■ Le modèle contemporain de l'émotion accorde plus d'importance aux effets de l'**évaluation cognitive** des situations. De plus, les divers éléments de l'émotion sont considérés comme intimement liés et interactifs.

■ L'**évaluation primaire** d'une situation influence grandement la réaction affective à celle-ci. Les réactions de peur dépendent particulièrement de l'évaluation de la menace. L'**évaluation secondaire** sert à déterminer le traitement d'une situation. Ce traitement peut être **axé sur le problème** ou **axé sur l'émotion**.

■ L'anxiété, la menace ou le sentiment d'incapacité entraînent souvent le recours aux **mécanismes de défense** psychologiques. On en a déjà relevé un grand nombre, notamment *la compensation, la négation, la fantaisie, l'intellectualisation, l'isolation, la projection, la rationalisation, la formation réactionnelle, la régression, le refoulement* et *la sublimation*.

■ On a utilisé le concept de l'**impuissance acquise** pour expliquer le refus de traiter les situations menaçantes, et aussi comme modèle pour comprendre la **dépression**. La **maîtrise des unités d'apprentissage** constitue un antidote important contre l'impuissance.

■ La **dépression** est un trouble affectif grave et étonnamment courant. Les actions et les pensées qui vont à l'encontre des sentiments d'impuissance tendent à atténuer la dépression.

■ La **théorie triangulaire de l'amour** de Sternberg décrit l'amour comme étant une combinaison de **passion**, d'**intimité** et d'**engagement**. La combinaison de ces trois éléments peut produire le **non-amour**, la **sympathie**, l'**engouement**, l'**amour romantique**, l'**amour fou**, la **complicité**, l'**amour vide** ou l'**amour accompli**.

Discussion

1. Vous considérez-vous plus émotif ou moins émotif que la moyenne? Quel rôle l'apprentissage a-t-il joué dans le développement de votre vie affective? (Pensez à l'influence de la famille, des amis et de la société.)

2. Comment vos émotions contribuent-elles à votre jouissance de la vie? Et comment vous nuisent-elles?

3. Chacune des théories de l'émotion comporte une part de vérité; quels éléments semblent s'appliquer le mieux à vos propres émotions?

4. Quels seraient les avantages et les inconvénients d'une vie sans émotion? (Vous pourriez vous servir de l'exemple de M. Spock, de «Patrouille du cosmos», pour vous aider à répondre à cette question.)

5. Selon vous, quelles limitations supplémentaires devrait-on apporter à l'usage de dispositifs de détection de mensonges par l'entreprise privée? Par l'armée? Par l'État?

6. Avez-vous appris le «langage corporel» de vos parents? Les gestes de votre visage et de vos mains ressemblent-ils aux leurs?

7. Les mécanismes de défense énumérés au présent chapitre étaient décrits en fonction de la psychodynamique, c'est-à-dire de l'équilibre des forces de la personnalité. Pourriez-vous expliquer certains de ces mécanismes en vous servant plutôt de la théorie de l'apprentissage? (*Indice :* pensez en fonction d'apprentissage par évitement et de récompenses rattachées aux réactions défensives.)

8. Quels sont les avantages et les inconvénients des mécanismes de défense? Pensez-vous qu'il soit possible qu'une personne en soit complètement dépourvue?

9. Comment l'école, la famille et l'État favorisent-ils les sentiments d'impuissance? Comment peuvent-ils (ou pourraient-ils) stimuler les sentiments de confiance, de compétence ou d'«espoir»?

10. Une atmosphère de compétition et d'évaluation se répand dans de nombreuses écoles. Comment cela peut-il contribuer à l'angoisse des examens? Pensez-vous que le nombre d'examens devrait augmenter ou diminuer? S'il diminuait, quelles solutions de rechange proposeriez-vous?

11. Selon vous, qu'est-ce que l'amour? Pensez-vous que la théorie de Sternberg a su en saisir la quintessence? Pourquoi croyez-vous que notre société accorde autant d'importance à la passion comme condition pour tomber amoureux? Quelles sont les conséquences de ce jugement?

CHAPITRE 13

LA SANTÉ, LE STRESS ET LE POUVOIR D'ADAPTATION

APERÇU DU CHAPITRE
COMMENT L'ÊTRE HUMAIN DEVIENT UNE BOMBE À RETARDEMENT

Lors de son arrestation, Jean était installé sur un bélier mécanique de 3 tonnes, et ses yeux fixaient le vide. Derrière lui s'étendait un sillon de destruction de plus d'un kilomètre. Jean venait d'ouvrir un chemin large et droit à travers cours, champs et chaussées. Le chemin conduisait à son domicile, où le bélier était habituellement garé. Pourquoi Jean avait-il posé ce geste? Il expliqua que son père lui avait interdit d'emprunter la voiture plus tôt dans la matinée. Quelques heures plus tard, sa colère éclata.

Question : Qu'est-ce qui peut amener quelqu'un à réagir d'une manière aussi draconienne à un désaccord familial?

En ce qui concerne Jean, on peut dire qu'il était frustré — très frustré. Il se peut que vous vous soyez déjà senti aussi frustré que Jean, au moment où il s'installa au volant. Par exemple, imaginez que vous cherchez à garer votre voiture dans un parc de stationnement bondé, après avoir été retardé dans un embouteillage. Vous êtes en retard à votre examen. Après une quinzaine de minutes effrénées, vous apercevez finalement un espace vide. Vous vous en approchez, mais une Volkswagen surgit et se précipite dans «votre» place. Le conducteur de la voiture qui vous suit klaxonne impatiemment, et votre radiateur surchauffe. Dans une situation pareille, il se peut que vous soyez saisi par le désir irrépressible de foncer sur tout ce qui se trouve sur votre chemin — autres voitures, piétons, lampadaires, arbres ou plates-bandes. Peu de gens donnent suite à de telles impulsions, mais le sentiment est répandu. La frustration s'accompagne souvent d'impulsions agressives.

Question : Frustration et colère sont-elles identiques?

Non. La frustration est un état affectif négatif qui naît lorsqu'on ne peut atteindre un but. Le père de Jean a contrarié le désir de ce dernier d'utiliser la voiture. De la même façon, la quête de l'espace de stationnement, dans notre parc imaginaire, a été freinée par la présence des autres voitures.

La frustration n'est qu'une des nombreuses causes de stress, que nous examinerons plus en détail au présent chapitre. Le stress, qui se manifeste chaque fois qu'un défi ou une menace force une personne à s'adapter, est une composante normale de la vie. Cependant, lorsqu'il est particulièrement grave ou de longue durée, il peut nuire considérablement à la santé. La première partie du présent chapitre traite du stress et de ses effets. Plus tard, nous aborderons d'autres facteurs qui influent sur la santé et le bien-être, puis parlerons des moyens efficaces de faire face au stress.

Questions générales

- Quelle est la nature du stress?
- Quels sont les facteurs qui déterminent la gravité du stress?
- Qu'est-ce qui cause la frustration, et comment y réagit-on?
- Existe-t-il différents types de conflits? Comment réagit-on en cas de conflit?
- Comment le stress est-il relié à la santé et à la maladie?
- Qu'entend-on par psychologie de la santé?
- À l'exception du stress, quels sont les autres facteurs de comportement qui affectent la santé? Que peut-on faire pour promouvoir la santé?
- Quelles sont les meilleures stratégies de gestion du stress?
- La méditation est-elle utile pour faire face au stress?

Le stress — stimulant ou menace?

On pense généralement que le stress est un facteur nécessairement négatif, ou que son absence totale constitue une situation idéale. Cependant, au dire du chercheur Hans Selye (1976), «l'absence totale de stress équivaut à la mort». Tel qu'énoncé à l'aperçu, le **stress** naît chaque fois que nous devons nous adapter à notre environnement. Évidemment, les événements déplaisants comme la pression au travail et les difficultés conjugales ou financières sont des sources de stress. Mais les voyages, la pratique des sports, un nouvel emploi, l'escalade en montagne, les rendez-vous amoureux et d'autres activités agréables provoquent également le stress. Même si vous n'aimez pas les sensations fortes, un mode de vie sain comporte malgré tout une bonne dose de stress.

La **réaction au stress** de votre corps commence par la même excitation du système nerveux autonome que celle qui se produit lors d'une émotion. Imaginons que vous êtes sur le sommet venteux d'un tremplin de ski pour la première fois, et que la situation vous stresse. Nous observerons alors une accélération du pouls et de la respiration, une hausse de la tension artérielle et musculaire ainsi que d'autres réactions. De tels stress *de courte durée* peuvent s'avérer inconfortables, mais ils sont rarement dommageables. (Votre atterrissage peut s'avérer tout autre, cependant.) Plus loin, nous décrirons les changements physiques *à long terme* qui peuvent accompagner le stress de longue durée, lesquels peuvent être très dommageables.

Question : Nous savons que le stress de longue durée est dommageable. Mais pourquoi le stress est-il dommageable dans certaines situations, et non dans d'autres?

Les réactions au stress sont plus complexes qu'on ne l'avait d'abord cru. Examinons certains des facteurs clés qui indiquent si le stress est dommageable ou non.

Lorsque le stress se transforme en tension Il va presque sans dire que certains événements agissent davantage comme des **stresseurs** que d'autres. Les agents de police, par exemple, manifestent un taux anormalement élevé de troubles reliés au stress. La menace de blessure ou de mort, associée à des confrontations périodiques avec des citoyens ivres ou agressifs, produit des effets certains. Un facteur important est la nature *imprévisible* du travail du policier. Un agent qui s'apprête à donner une contravention ne sait jamais si le conducteur du véhicule est un citoyen affable ou un fugitif armé.

Une expérimentation intéressante portant sur trois groupes de rats montre à quel point l'absence de prévisibilité accroît le stress. On administra des chocs précédés d'une tonalité d'avertissement au premier groupe. Le second ne reçut que des chocs, alors que le troisième n'eut droit qu'à la tonalité. Quelques semaines plus tard, on pratiqua une autopsie sur les rats. Les animaux n'ayant pas reçu de chocs n'avaient aucun ulcère d'estomac, tandis que ceux qui en avaient été l'objet sans avertissement manifestaient des ulcères graves. Par ailleurs, les rats ayant été avertis de la venue du choc avaient peu d'ulcérations, voire aucune (Weiss, 1972).

La **pression** constitue un autre élément du stress, notamment celui qui est relié au travail. Elle se manifeste lorsqu'on doit accélérer l'exécution de certaines tâches, respecter des délais, faire face sans préavis à une charge de travail accrue, ou travailler à plein rendement pendant de longues périodes. La plupart des étudiants qui ont survécu à des examens finaux connaissent les effets de la pression.

Question : Et si je fixe moi-même les délais? La source de pression fait-t-elle une différence?

Oui. Les gens ressentent davantage les effets du stress dans des situations où ils exercent peu de **maîtrise**. Par exemple, DeGood (1975) a soumis des collégiens à une tâche déplaisante qui consistait à éviter des chocs. Certains sujets pouvaient choisir leurs propres périodes de repos, tandis que d'autres se reposaient aux moments indiqués. Le premier groupe a démontré les signes d'un niveau de stress moins élevé (tel que mesuré par la tension artérielle) que celui qui n'avait pas le choix (illustration 13.1). L'incapacité de pouvoir dominer les stresseurs s'apparente beaucoup aux conditions qui causent l'impuissance acquise décrites au chapitre 12.

Des études indiquent que si des «chocs» émotifs sont *violents* ou *répétitifs*, *imprévus*, *incontrôlables* et reliés à la *pression*, le stress s'en trouvera accru et causera probablement des dommages. Au travail, le stress chronique entraîne parfois l'**épuisement professionnel**, une forme d'épuisement affectif décrit au profil 13.1.

Évaluation des stresseurs Quelle que soit l'importance des événements *extérieurs*, ceux-ci n'expliquent pas en-

Illustration 13.1 *Le travail à la chaîne peut être très stressant, car les employés ne peuvent maîtriser le rythme de production.*

PROFIL 13.1
L'épuisement professionnel — la bienveillance au prix de la santé

Consternée, une jeune infirmière réalise que sa bienveillance a fait place au cynisme; elle a «perdu toute patience envers ses patients» et voudrait qu'ils «aillent se faire soigner ailleurs». De telles réactions dénotent clairement l'épuisement professionnel, un état qui se manifeste en cas d'épuisement physique, mental et affectif (Farber, 1983). À quoi correspond l'épuisement professionnel? La psychologue Christina Maslach (1982) a défini trois facettes du problème.

D'abord, il inclut l'*épuisement affectif*. Ceux qui en souffrent sont fatigués, tendus, apathiques et affligés de divers maux. Ils se sentent «vidés» et se fichent de leur travail. Une autre facette est la *dépersonnalisation*, ou l'indifférence à l'égard des autres. Dans ce cas, ils traitent les clients froidement, comme s'il s'agissait d'objets, et éprouvent de la difficulté à se soucier du bien-être de ces derniers. Le troisième aspect est la *diminution du rendement*. Rendement médiocre, sentiment d'impuissance, de désespoir ou d'irritation, faible estime de soi et désir de changer d'emploi ou de carrière caractérisent cet état.

L'épuisement professionnel peut survenir quel que soit l'emploi, mais il est fréquent au sein des professions d'assistance, exigeantes au point de vue affectif : soins infirmiers, enseignement, travail social, consultation ou travail policier (Farber, 1983).

Il est ironique de constater que le travail qui entraîne l'épuisement professionnel peut aussi être stimulant et satisfaisant. Si notre société désire conserver la bienveillance et l'engagement de ces employés, elle doit apporter plusieurs changements, tels que la redéfinition des postes, des charges de travail et des responsabilités, afin de parvenir à un meilleur équilibre entre les exigences et les satisfactions. L'élaboration de meilleurs systèmes de soutien social au travail pourrait également s'avérer utile, par exemple les groupes d'entraide pour les infirmières et les prodigueurs de soins. Ces derniers peuvent ainsi donner et recevoir un soutien affectif en parlant de leurs sentiments, de leurs problèmes et de ce qui les stresse (Sully, 1983). Avant tout, il faudrait mieux comprendre le stress de ceux qui ont pour tâche de répondre aux besoins des autres.

---

tièrement le stress. Comme vous l'avez probablement remarqué, certaines personnes sont stressées par des événements considérés comme stimulants pour d'autres. Le stress varie donc selon notre perception d'une situation. Un de mes amis considère qu'il est stressant d'écouter à la file cinq disques de rock de son fils; ce dernier trouverait stressant d'écouter un des disques d'opéra de son père. Le stress dépend de la signification que l'on donne à des événements. Comme vous l'avez vu au chapitre 12, lorsqu'un stresseur est perçu comme une menace, une réaction au stress particulièrement puissante s'ensuit (Lazarus et autres, 1985).

Qu'entend-on par «se sentir menacé par un stresseur»? La plupart des situations quotidiennes ne provoquent pas chez vous un sentiment de danger. La menace relève davantage de la notion de maîtrise. Comme l'indique le psychologue Michael Gazzaniga : «Les animaux et les êtres humains sont particulièrement sujets au stress lorsqu'ils ne peuvent — ou pensent ne pas pouvoir — exercer une maîtrise sur leur environnement immédiat» (Gazzaniga, 1988). En bref, nous nous sentons menacés tant par un *manque de maîtrise perçu* que par un manque de maîtrise réel.

Dans une situation donnée, vous sentez que vous exercez une maîtrise, lorsque vous pensez atteindre les objectifs fixés. En d'autres termes, on se sent menacé si on a l'impression de ne pas être assez *compétent* pour répondre à une exigence précise (Bandura, 1986; Woolfolk et Richardson, 1978). Par conséquent, l'intensité de la réaction corporelle au stress est souvent tributaire de ce que nous pensons et disons relativement aux stresseurs. S'entraîner à penser pour éviter le déclenchement de la réaction corporelle au stress pourrait s'avérer utile (Gazzaniga, 1988). (Certaines stratégies pour maîtriser des pensées troublantes sont décrites à la section Applications du présent chapitre.)

Nous examinerons de nouveau le stress et ses effets. Pour l'instant, étudions-en les deux causes principales (et trop familières) : la frustration et le conflit.

La frustration — impasses et échecs

Question : Quelles sont les causes de la frustration?

Les obstacles de tous genres causent la frustration. Il serait utile d'établir la différence entre les sources de frustration *externes* et *personnelles*. La **frustration externe** est provoquée par des conditions qui ne relèvent pas de la personne et entravent l'atteinte d'un objectif, par exemple une crevaison, le refus d'une demande en mariage, constater que le garde-manger est vide quand on veut nourrir son chien, constater que le réfrigérateur est vide quand on veut nourrir son estomac, constater que le réfrigérateur a disparu quand on revient chez soi et être chassé de sa maison par son chien affamé. La frustration externe découle donc du *retard*, de l'*échec*, du *rejet*, de la *perte* et d'autres entraves directes aux intentions.

Les obstacles externes peuvent être *sociaux* (lenteur d'un conducteur, spectateurs de grande taille au cinéma, quelqu'un qui n'attend pas son tour), ou *non sociaux* (portes coincées, une batterie morte, une partie remise à cause de la pluie). Si vous demandez à 10 de vos amis ce qui les a frustrés récemment, la plupart mentionneront le comportement de quelqu'un («ma soeur a emprunté une de mes robes alors que je voulais la porter», «mon superviseur est injuste», «mon professeur d'histoire est trop sévère»). En tant qu'animaux

sociaux, nous sommes très sensibles aux sources de frustration sociales.

La frustration augmente habituellement en même temps que la **force**, l'**urgence** ou l'**importance** d'une intention entravée. Un illusionniste submergé dans un bassin d'eau et entravé de 100 kg de chaînes deviendrait *assez* frustré si une serrure refusait de s'ouvrir. Rappelez-vous aussi que nous devenons plus motivés à mesure que nous approchons de notre objectif. Par conséquent, la frustration s'intensifie lorsqu'on rencontre un obstacle à proximité d'un but. Si vous avez déjà manqué de peu une bonne note, vous étiez probablement très frustré. Si vous l'avez manquée de très peu — eh bien, la frustration forme le caractère, n'est-ce pas?

Le dernier facteur influant sur la frustration est résumé par l'adage suivant : «C'est la goutte d'eau qui fait déborder le vase.» Les effets d'une frustration *répétée* peuvent s'accumuler jusqu'à ce qu'une petite contrariété déclenche une réaction inopinément violente. Le garçon qui a tracé son chemin dans la campagne (voir l'aperçu du chapitre) avait probablement été frustré plusieurs fois auparavant par son père.

La **frustration personnelle** a trait aux caractéristiques personnelles. Si vous mesurez 1,40 m et que vous rêvez de devenir joueur de basket-ball, vous serez sans doute très frustré. Si vous voulez être médecin et que vous n'obtenez que des «D», il en ira de même. Dans ces deux exemples, la frustration est causée par des limites personnelles. Pourtant, on peut *percevoir* les causes de l'échec comme externes. Nous examinerons de nouveau cette question à la section Applications. Pour l'instant, étudions certaines réactions types à la frustration.

Les réactions à la frustration

L'**agression** est l'une des réponses les plus fréquentes et les plus constantes (Miller, 1941). En fait, le lien entre la frustration et l'agression est si usuel, qu'il n'est presque pas nécessaire de le prouver par des expérimentations. Il suffit de parcourir le journal pour trouver des exemples comme le suivant :

Autocide justifié

Burien, Washington (AP) — Barbara Smith a commis un acte d'agression, mais elle ne sera pas inculpée. Sa victime était une vieille Oldsmobile qui, trop souvent, a refusé de démarrer.

Sur les lieux du crime, l'agent Jim Fuda a trouvé une voiture démolie, un bâton de base-ball brisé et une femme de 23 ans satisfaite.

«Je me sens bien, a déclaré cette dernière. Cette voiture m'a causé bien des ennuis et je l'ai tuée.»

Question : La frustration entraîne-t-elle toujours l'agression? Existe-t-il d'autres réactions?

Bien que le lien entre les deux soit fort, la frustration ne provoque pas toujours l'agression. Habituellement, cette dernière n'est pas la première ou la seule réaction. Plus souvent, la frustration entraîne la **persévérance**, laquelle se caractérise par le redoublement d'**efforts vigoureux** et des **réactions variées**. Ainsi, si vous insérez votre dernière pièce dans un distributeur automatique et que rien ne se passe après que vous avez appuyé sur un bouton, vous allez probablement appuyer plus fort et plus vite (effort vigoureux), puis sur tous les autres boutons (réaction variée). La persévérance peut vous aider à *contourner* un obstacle afin d'atteindre votre but. Toutefois, si la machine refuse *toujours* de fonctionner, ou de vous rembourser, vous pouvez devenir agressif et lui donner des coups de pied (ou, du moins, lui dire ses quatre vérités).

La persévérance peut être très variable. Surmonter un obstacle permet de mettre un terme à la frustration et de satisfaire le besoin ou l'intention. Il en va de même pour l'agression qui élimine ou détruit un obstacle. Supposons des hommes des cavernes assoiffés, mais séparés d'un point d'eau par un animal menaçant. On peut voir facilement qu'en attaquant cet animal, ils assureraient leur survie. Dans la société moderne, une telle agression directe est rarement acceptable. S'il y a une longue file à l'abreuvoir, l'agression ne constitue pas la réaction adéquate. Étant donné que l'agression est perturbatrice et, en général, déconseillée, elle est souvent *déplacée*.

Question : De quelle façon déplace-t-on l'agression? A-t-on souvent recours au déplacement?

Diriger l'agression vers une source de frustration peut s'avérer impossible, voire trop dangereux. Si vous êtes frustré par votre supérieur ou un professeur, le coût d'une agression directe peut être trop élevé (perdre votre emploi ou échouer à un cours obligatoire). L'agression peut être déplacée, ou *redirigée*, vers la personne ou la chose disponible.

Les cibles de l'**agression déplacée** ont tendance à être plus sécuritaires, ou moins susceptibles de riposter que la source de frustration initiale. Diriger son agression contre la campagne plutôt que contre son père constitue un bon exemple. Il se forme parfois de longues *chaînes*, où une personne déplace son agression à la suivante. Ainsi, une femme d'affaires frustrée par des impôts élevés réprimande un employé; celui-ci retient sa colère jusqu'à ce qu'il revienne chez lui, où il crie après son épouse; celle-ci crie après les enfants, lesquels s'en prennent au chien. Le chien poursuit le chat, qui saute ensuite sur la cage du canari.

Les psychologues attribuent la majeure partie de l'hostilité et du penchant destructeur à un déplace-ment d'agression. Ainsi, les mauvais traitements infligés à des enfants augmentent en même temps que le chômage (Steinberg et autres, 1981). La tendance à déplacer son agression sur un **bouc émissaire, c'est-à-dire une cible habituelle,** est particulièrement dommageable. Aux États-Unis, cette tendance s'est manifestée à grande échelle entre 1880 et 1930, alors que les lynchages de Noirs augmentaient lorsque le prix du coton était à la baisse (et que la frustration était à la hausse; Dollard et autres, 1939). En dépit des récents progrès, de nombreux groupes minoritaires continuent d'être des boucs émissaires. Il suffit de penser à l'hostilité témoignée à l'égard des Arabes aux États-Unis, lorsque des Américains étaient tenus en otage en Iran.

Question : Un de mes amis, très frustré, a abandonné l'école et est parti en voyage. De quel type de réaction à la frustration s'agit-il?

Une autre réaction importante à la frustration est la **fuite**, ou le **retrait**. La frustration engendre le stress et le désagrément. Si les autres réactions ne réduisent pas les sentiments de frustration, la personne peut tenter de fuir. La fuite peut signifier quitter réellement la source de frustration (abandonner l'école, un emploi ou un conjoint), ou la fuir *psychologiquement*. Deux formes répandues de fuites psychologiques sont l'*apathie* (feindre l'indifférence) ou la *consommation de drogues* comme l'alcool, la marijuana ou des narcotiques. (Voir l'illustration 13.2 pour un résumé des réactions usuelles à la frustration.)

Illustration 13.2   *La frustration et ses réactions.*

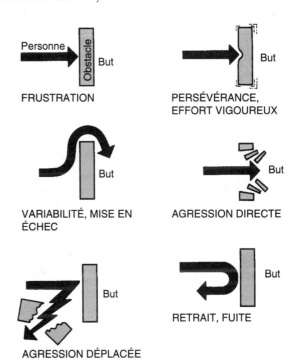

Le conflit — oui-non-oui-non-oui-non-oui-non-oui-non... Peut-être

Le **conflit** naît lorsqu'on doit choisir entre des besoins, désirs, intentions, souhaits ou demandes externes *incompatibles* ou *contradictoires*. Ainsi, de nombreux étudiants doivent choisir entre l'université et le travail, le mariage et le célibat, ou l'étude et l'échec. Il existe quatre formes fondamentales de conflit, lesquelles ont leurs propres effets et caractéristiques (Lewin, 1935; voir les illustrations 13.3 et 13.4).

Les conflits approche-approche

Le conflit le plus simple se manifeste lorsqu'on doit choisir entre deux options *positives* ou désirables. Choisir entre le chocolat et la vanille lorsque vous achetez de la crème glacée peut générer un conflit temporaire. Toutefois, si vous aimez vraiment les deux saveurs, vous choisirez rapidement. Même lorsque des décisions majeures sont en jeu, les **conflits approche-approche** sont les plus faciles à résoudre. Ainsi, la fable selon laquelle une mule serait morte de soif et de faim parce qu'elle ne pouvait choisir entre l'eau ou le grain est irréaliste. Lorsque les deux options sont positives, la décision penche rapidement d'un côté ou de l'autre.

Les conflits évitement-évitement

Le conflit **évitement-évitement** se manifeste lorsqu'on doit choisir entre deux options *négatives* ou indésirables, c'est-à-dire lorsqu'on «tombe de Charybde en Scylla» (ou qu'on va de mal en pis). En réalité, les conflits évitement-évitement comportent des dilemmes comme le choix entre l'étude et l'échec, une grossesse indésirée et l'avortement, le dentiste et la carie dentaire, ou un emploi monotone et la pauvreté.

Question : Supposons que je ne m'oppose pas à l'avortement, ou que je considère toute grossesse comme un événement sacré qui ne doit pas être interrompu?

À l'instar de maintes situations stressantes, ces exemples ne constituent des conflits que selon les valeurs et les besoins personnels. Si une femme veut mettre un terme à sa grossesse et qu'elle ne s'oppose pas à l'avortement, elle ne connaît aucun conflit; pas davantage que si elle s'oppose à l'avortement en toutes circonstances.

　　Les doubles conflits d'évitement ne comportent souvent aucune issue : les deux options sont négatives, mais il est aussi impossible qu'indésirable d'*éviter de choisir*. Imaginez le dilemme d'une personne prise dans un incendie alors qu'elle habite au vingtième étage. Devrait-elle sauter et se tuer à coup sûr? Ou affronter

Illustration 13.3 *Trois formes élémentaires de conflits.*

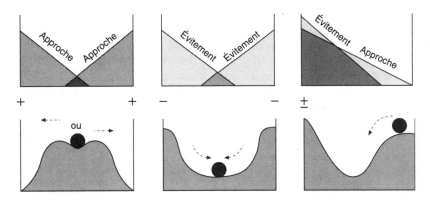

Illustration 13.4 *Diagrammes de conflits. Comme le montrent les sections en couleur des graphiques, le désir d'approcher ou d'éviter un conflit s'intensifie, lorsque l'objectif est en vue. Les effets de ces tendances sont illustrés sous chaque graphique. Dans chaque exemple, le «comportement» de la balle représente la nature du conflit décrit plus haut. Un conflit d'approche (à gauche) est facilement réglé. Le fait d'approcher de son but rend celui-ci plus attirant (graphique) et entraîne une solution rapide. (Peu importe la direction, la balle parcourt le trajet entier jusqu'à l'un des objectifs.) Dans un conflit d'évitement (au centre), les tendances à l'évitement sont au point mort, et l'inaction s'ensuit. Dans un conflit approche-évitement (à droite), l'approche évolue jusqu'au point où les désirs d'approcher et d'éviter s'annulent l'un l'autre. Une fois de plus, ces tendances sont représentées (ci-dessus) par le mouvement de la balle. (Graphiques d'après Miller, 1944.)*

les flammes et mourir d'asphyxie et de brûlures? On peut facilement comprendre pourquoi les personnes qui se trouvent dans de telles situations deviennent *paralysées* par suite d'une incapacité de prendre une décision ou d'agir. Une personne prise au piège peut d'abord penser à sauter par la fenêtre, s'en approcher, puis reculer après avoir regardé 20 étages plus bas. Elle peut ensuite essayer de sortir par la porte, puis reculer de nouveau lorsque la chaleur et la fumée s'infiltrent. Dans des sinistres de ce genre, les gens meurent souvent dans leur chambre, car ils ont été incapables d'agir.

L'indécision, l'inaction et la paralysie ne constituent pas les seules réactions aux doubles conflits d'évitement. Étant donné que ces derniers sont stressants et rarement résolus, il arrive parfois que l'on s'en retire complètement. Cette réaction est une autre forme de fuite et peut expliquer le comportement de cet étudiant qui ne pouvait payer ses études qu'en travaillant. Toutefois, à cause de son emploi, il ne pouvait obtenir des notes suffisantes. Quelle a été sa solution, après une longue période de conflit et d'indécision? Il est entré dans la marine.

Les conflits approche-évitement Il est difficile de résoudre ces conflits. Étant donné qu'on les fuit rarement, ils sont plus incommodants que les conflits d'évitement. Le **conflit approche-évitement** se manifeste lorsque le but ou l'activité nous attire et nous rebute en même temps. L'attirance nous évite de fuir, mais ses aspects négatifs nous troublent et nous accablent. Prenons l'exemple d'un étudiant qui, pour la première fois, se rend chez son amie. Le père de cette dernière, un lutteur professionnel velu de 2,13 mètres et de 135 kilos, l'accueille à la porte. Il lui donne une poignée de main à lui broyer les os et annonce en grognant que si sa fille

n'est pas rentrée à temps, il le brisera en deux. La jeune fille plaît bien à l'étudiant, et le couple passe une soirée agréable. Mais va-t-il la réinviter? Tout dépend du rapport de force entre son attirance et sa peur. Il éprouvera certainement un sentiment d'*ambivalence* à l'idée de la réinviter, sachant que cela pourra occasionner une autre rencontre avec le père de la jeune fille.

L'**ambivalence** (un mélange de sentiments positifs et négatifs) est au coeur des conflits approche-évitement. On la traduit généralement par le terme *approche partielle* (Miller, 1944). Puisque notre étudiant est encore attiré par la jeune fille, il se peut qu'il la fréquente à l'école et ailleurs. Mais il se peut qu'il ne lui donne plus de rendez-vous. D'autres exemples plus réalistes de conflits approche-évitement comprennent un projet de mariage que les parents désapprouvent fortement, le désir de devenir acteur, alors qu'on a un trac fou, le désir d'acheter une voiture sans vouloir régler les mensualités, le désir de manger, alors qu'on est obèse, et le désir d'aller à l'école, tandis qu'on déteste l'étude. Dans la vie, la prise de décisions importantes comporte cette dimension approche-évitement.

Question : Les conflits de la vie ne sont-ils pas plus compliqués que ceux qu'on décrit ici?

Oui. Dans les faits, les conflits sont rarement aussi tranchés que ceux-ci. Les personnes qui vivent des conflits font habituellement face à plusieurs dilemmes à la fois, de sorte que plusieurs types de conflits s'entrecroisent. Le quatrième type de conflit nous rapproche de la réalité.

Doubles conflits approche-évitement On vous offre deux emplois : le premier comporte un bon salaire, mais la tâche et l'horaire ne sont pas intéressants; l'autre offre un travail stimulant et un horaire idéal, mais il est mal rémunéré. Lequel choisirez-vous? Cette situation illustre mieux les choix que nous avons à faire dans la réalité. Les choix présentés ne sont ni tout à fait positifs, ni tout à fait négatifs. Autrement dit, il s'agit d'un **double conflit approche-évitement**, dans lequel chaque proposition comporte des éléments positifs et négatifs.

Tout comme dans le cas d'un simple conflit approche-évitement, les personnes aux prises avec un double conflit approche-évitement éprouvent un sentiment d'ambivalence devant chaque choix. Il s'ensuit qu'elles **vacillent**, ou hésitent, entre les propositions.

Au moment même où l'on est prêt à arrêter son choix, les aspects négatifs de ce dernier apparaissent subitement menaçants. Que faire? Se replier sur l'autre option. Si vous avez déjà été attiré par deux personnes à la fois, et que chacune possédait des qualités que vous aimiez et que vous n'aimiez pas, il y a de fortes chances que vous ayez connu la vacillation.

Dans la vie, la plupart des doubles conflits approche-évitement représentent un peu plus qu'un simple ennui. Lorsqu'ils mettent en jeu des décisions importantes, comme celle de choisir une carrière, une école, un conjoint, un emploi, ou d'avoir ou non un enfant, ils ajoutent grandement au stress.

Autotest

Répondez aux questions suivantes avant de poursuivre.

1. Une meilleure perception de la maîtrise d'une source de stress est habituellement associée à une réduction du stress subi. Vrai ou faux?

2. L'épuisement émotionnel, la dépersonnalisation et la diminution du rendement sont des caractéristiques de l'_____ .

3. On peut associer les retards, les rejets et les pertes à des frustrations _____ .

4. Lequel des termes suivants *ne désigne pas* une réaction commune à la frustration?

    a. l'ambivalence *b.* l'agression *c.* l'agression déplacée *d.* la persévérance

5. _____ peut être considéré comme un type d'agression déplacée.

6. Roch Gibraltar mesure 2,13 mètres et pèse 135 kilos. Ses ambitions de devenir jockey sont tombées à l'eau. La source de sa frustration est principalement _____ .

7. En tant que réaction à la frustration, on peut considérer l'apathie comme une forme d'_____ .

8. La forme de conflit la plus facile à résoudre est généralement un conflit _____ .

9. L'inaction et la paralysie sont propres aux conflits évitement-évitement. Vrai ou faux?

10. Les conflits approche-évitement entraînent des émotions contradictoires qu'on appelle _____ .

Réponses :

1. vrai 2. épuisement professionnel 3. extérieures 4. *a* 5. Le recours à un bouc émissaire 6. personnelle 7. évitement 8. approche-approche 9. vrai 10. ambivalence

La santé et le stress — démasquer un tueur caché

À l'université de Washington, le docteur Thomas Holmes et ses collègues ont confirmé la théorie suivante : les événements stressants peuvent réduire la capacité naturelle de l'organisme de se défendre contre la maladie. Par conséquent, le stress peut entraîner la maladie (Holmes et Masuda, 1972). Holmes a constaté que les bouleversements et le chagrin précédaient souvent la maladie et, ce qui étonne davantage, que presque tout *changement* majeur dans la vie d'une personne exigeait une adaptation et pouvait augmenter la propension aux accidents et à la maladie.

Question : Comment puis-je savoir si je subis trop de stress?

Les unités d'événements stressants   Holmes et son équipe ont mis au point une échelle d'évaluation afin de mesurer les risques pour la santé auxquels une personne s'expose, lorsque les facteurs de stress s'additionnent. Leur **échelle de réadaptation sociale (ERS)** est illustrée au tableau 13.1. Notez que l'effet des événements est exprimé en **unités d'événements stressants (UES)**.

En prenant connaissance de l'échelle, vous constaterez qu'un événement positif peut être aussi coûteux en stress qu'un bouleversement. Le mariage équivaut à 50 unités de stress, même s'il est généralement considéré comme un événement heureux. Notez également qu'un grand nombre d'éléments commencent par : «Changement de...» Cela signifie qu'une amélioration des conditions de vie peut être aussi coûteuse qu'un déclin.

Tableau 13.1   *L'échelle de réadaptation sociale (ERS)*

RANG	ÉVÉNEMENT	UNITÉS D'ÉVÉNEMENTS STRESSANTS	RANG	ÉVÉNEMENT	UNITÉS D'ÉVÉNEMENTS STRESSANTS
1	Décès du conjoint	100	22	Changement de responsabilités au travail	29
2	Divorce	73	23	Départ d'un enfant du foyer familial	29
3	Séparation du conjoint	65	24	Problèmes avec la belle-famille	29
4	Incarcération	63	25	Dépassement personnel	28
5	Décès d'un membre de la famille immédiate	63	26	Début ou cessation d'emploi du conjoint	26
6	Blessure ou maladie	53	27	Début ou fin des classes	26
7	Mariage	50	28	Changement des conditions de vie	25
8	Congédiement	47	29	Changement des habitudes personnelles	24
9	Réconciliation conjugale	45	30	Difficultés avec le patron	23
10	Retraite	45	31	Changement d'horaire et de conditions de travail	20
11	Changement de l'état de santé d'un membre de la famille	44	32	Déménagement	20
12	Grossesse	40	33	Changement d'école	20
13	Problèmes sexuels	39	34	Changement de loisirs	19
14	Ajout d'un membre à la famille	39	35	Changement dans la pratique religieuse	19
15	Rajustement en affaires	39	36	Changement d'activités sociales	18
16	Changement de condition financière	38	37	Emprunt inférieur à 20 000 $	17
17	Décès d'un ami intime	37	38	Changement des habitudes de sommeil	16
18	Changement de travail	36	39	Changement du nombre de rencontres familiales	15
19	Changement du nombre des différends conjugaux	35	40	Changement des habitudes alimentaires	15
20	Emprunt sur hypothèque ou en vue d'un achat important	31	41	Vacances	13
21	Saisie d'une hypothèque ou d'un prêt	30	42	Noël	12
			43	Infractions mineures	11

Adaptation avec la permission des auteurs de «Social readjustment rating scale», de T.H. Holmes et R.H. Rahe, Journal of Psychosomatic Research, 1967. Reproduit avec la permission de Pergamon Press, Ltd.

Pour vous servir de l'échelle, additionnez les UES de tous les événements vécus au cours de l'année qui vient de s'écouler, et comparez le total aux normes suivantes :

> *0-150 : aucun problème important*
> *150-199 : crise bénigne (33 % de risques de maladie)*
> *200-299 : crise modérée (50 % de risques de maladie)*
> *300 ou plus : crise majeure (80 % de risques de maladie)*

L'ERS présente une liste d'événements marquants de la vie et évalue leur influence sur la propension à la maladie.

Selon Holmes, les risques d'accidents ou de maladie dans un avenir rapproché sont très élevés, lorsque le total d'UES d'une personne dépasse 300.

On peut obtenir une évaluation plus modeste en additionnant les UES des six derniers mois seulement. Les résultats obtenus auprès du personnel de l'armée américaine figurent ci-dessous; ils se rapportent à une période de 6 mois (Rahe, 1972).

UES	Moyenne de cas de maladie signalés au cours d'une période de 6 mois
0-100	1,4
300-400	1,9
500-600	2,1

Question : Étant donné qu'un grand nombre d'événements stressants ne concernent pas les jeunes adultes ou les étudiants du collège, l'ERS s'applique-t-elle à ces personnes?

L'ERS convient davantage aux adultes plus âgés et mieux établis. Toutefois, des études ont démontré que la santé des collégiens était aussi affectée par des événements stressants comme l'entrée à l'université, le changement d'orientation ou une rupture amoureuse (Martin et autres, 1975).

L'ERS ne constitue pas une évaluation infaillible du stress, car certaines études n'ont pu prouver le lien entre les UES et la maladie (Schless, 1977; Weinberger, 1987) et on tente encore de déterminer si les événements positifs sont toujours stressants (Feuerstein et autres, 1986). On a surtout critiqué le fait que des personnes réagissent différemment aux mêmes événements. Pour ces raisons, l'ERS ne constitue, au mieux, qu'un indicatif sommaire du stress. Néanmoins, on doit prendre au sérieux un nombre élevé d'UES. Si votre total est supérieur à 300, un changement dans vos activités ou votre style de vie pourrait s'avérer nécessaire. Rappelez-vous qu'«un homme averti en vaut deux».

Question : Le stress doit dépendre d'autres facteurs que les événements majeurs. N'y a-t-il pas un lien entre le stress constant et la santé?

Les dangers des contrariétés   Outre leurs effets immédiats, les événements stressants créent souvent une sorte d'«effet ondulatoire», c'est-à-dire que nombre de frustrations et d'irritations quotidiennes découlent de l'événement initial.   Nombreux sont ceux qui doivent affronter un stress constant au travail ou à la maison, et ce dernier ne relève pas d'événements majeurs.   À la lumière de ces faits, le psychologue Richard Lazarus et ses collègues ont étudié les effets d'un stress peu intense, mais fréquent.   Lazarus (1981) appelle ce stress **contrariété** ou **microstresseur**.   Les contrariétés sont des tracas quotidiens pénibles : bouchons de circulation, perte de notes de cours, disputes avec un colocataire ou exigences peu réalistes de l'employeur.

Lors d'une étude échelonnée sur une année, Lazarus a demandé à 100 sujets de noter la fréquence et la gravité de leurs contrariétés ainsi que de remplir des questionnaires sur leur santé physique et mentale. Comme il s'en était douté, les contrariétés fréquentes et graves prédisent mieux l'état de santé affectif et physique quotidien que les événements marquants.   Toutefois, ces derniers annoncent les changements de santé qui surviennent un ou deux ans après qu'ils ont eu lieu. Il semble donc que les contrariétés quotidiennes soient plus étroitement reliées à la santé.   Les changements majeurs ont davantage d'effets à long terme.

Au cours d'études subséquentes, Lazarus et d'autres chercheurs ont constaté que l'importance accordée aux contrariétés influe sur le degré de stress que ces dernières provoquent (Lazarus et autres, 1985).   Les contrariétés que l'on perçoit comme étant relatives à notre propre système de valeurs risquent d'être plus dommageables.   Pour bien des gens, elles ont trait au travail, à la famille et aux relations interpersonnelles. Toutefois, comme l'indique le psychologue Rand Gruen : «Certains trouvent primordial de s'occuper de paperasserie et de planification» (Fisher, 1984). Le stress se manifeste donc en soi, pas dans l'environnement; il est toujours relié à la personnalité, aux valeurs, aux perceptions et aux ressources personnelles.

Question : Que faire, lorsque notre pointage d'UES est élevé ou que nous nous sentons excessivement contrariés?

Il serait bon d'utiliser des techniques de gestion du stress.   En cas de problèmes graves, on doit apprendre ces techniques directement d'un thérapeute ou à une clinique du stress.   En cas de stress ordinaire, on peut se débrouiller seul.   La section Applications du présent chapitre vous donnera un bon point de départ.   Entre-temps, détendez-vous!

Les troubles psychosomatiques

Comme nous l'avons vu, le stress chronique ou répété peut détériorer la santé physique et perturber le bien-être affectif (Selye, 1976).   Les réactions au stress prolongé sont reliées, notamment, à un grand nombre de maladies psychosomatiques.   La plupart des gens admettent que les ulcères d'estomac sont reliés au stress, mais il en va de même pour de nombreuses autres maladies.   Les **troubles psychosomatiques** (*psyche* : esprit; *soma* : corps) se caractérisent par l'association de facteurs psychologiques avec des dommages réels aux tissus corporels.   Ils *diffèrent* donc de l'hypocondrie.   Les **hypocondriaques** s'*imaginent* atteints d'une maladie. Un ulcère hémorragique ne doit rien à l'imagination, et pourrait s'avérer fatal.   Déclarer: «C'est *seulement* psychosomatique», c'est se méprendre sur la gravité des maladies reliées au stress.

Question : Quelles maladies sont psychosomatiques? Qui peut en souffrir?

Les problèmes les plus usuels sont d'ordre gastro-intestinal et respiratoire (par exemple, les ulcères et l'asthme), mais ils ne sont pas les seuls.   On compte également l'eczéma (démangeaisons cutanées), l'urticaire, les migraines, la polyarthrite rhumatoïde, l'hypertension (tension artérielle élevée), la colite (ulcération du colon) et les maladies du coeur.   En fait, il ne s'agit là que des problèmes graves.   Des troubles mineurs sont également reliés au stress, par exemple la tension musculaire, les maux de tête, les douleurs au cou ou au dos, l'indigestion, la constipation, la fatigue, l'insomnie et les troubles sexuels (Brown, 1980; Hurst et autres, 1979).   On estime qu'au moins la moitié des patients qui consultent un médecin souffrent d'un trouble psychosomatique ou d'une maladie qui s'accompagne de symptômes psychosomatiques.

On aurait tort de présumer que le stress est la seule cause des maladies psychosomatiques.   Habituellement, plusieurs facteurs entrent en ligne de compte, dont les différences héréditaires, la faiblesse d'un organe en particulier et les réactions acquises au stress. La personnalité joue aussi un rôle.   Jusqu'à un certain point, il existe des «personnalités à ulcère», des «personnalités à asthme» etc.   Le modèle le mieux documenté est la «personnalité cardiaque» — une personne sujette aux troubles cardiaques.

Le type A   Deux cardiologues reconnus, Meyer Friedman et Ray Rosenman, ont étudié la façon dont certaines personnes se créent un stress inutile.   Après une étude à long terme sur les problèmes cardiaques, Friedman et Rosenman (1974) ont classé les gens en deux catégories : les **personnalités de type A** (ceux qui courent un risque élevé d'avoir une crise cardiaque) et les **personnalités de type B** (les autres).   Ils assurèrent un suivi pendant 8 ans et constatèrent que le taux des maladies du coeur était deux fois plus élevé chez les personnes de type A que chez celles de type B (Rosenman et autres, 1975).

Question : Qu'est-ce qui caractérise la personnalité de type A?

Les personnes de type A sont fonceuses, ambitieuses, très compétitives, déterminées et combatives (illustration 13.5). Elles croient qu'avec un peu d'effort, elles peuvent surmonter n'importe quel obstacle, et exigent d'elles-mêmes ce qu'il faut pour y arriver. Lors de tests sur la capacité physique (sur une trépigneuse), les sujets de type A travaillaient à la limite de leur endurance, mais affirmaient être moins fatigués que ceux de type B (Glass, 1977). Les personnes de type A ne savent pas quand s'arrêter.

Les personnes de type A montrent des signes évidents d'impatience et de colère ou d'hostilité chronique; elle semblent s'irriter du déroulement normal des événements, se hâtent d'une activité à l'autre, s'imposent une course contre la montre et se sentent continuellement frustrées et en colère. Les sentiments de colère et d'hostilité sont fortement associés à l'accroissement du risque de crise cardiaque (Lenfant et Schweizer, 1985).

Question : Certains reportages ont indiqué que le comportement de type A n'était pas un facteur qui causait la crise cardiaque. Pourquoi?

Certaines études récentes n'ont pu démontrer le lien entre le comportement de type A et les crises cardiaques (Case et autres, 1985). Toutefois, selon de nombreux chercheurs, il se peut que la classification de départ, entre les types A et B, ait été erronée. On croit de plus en plus que la colère et l'hostilité constituent les aspects dominants du comportement de type A (Chesney et Rosenman, 1985; Friedman et Booth-

Illustration 13.5 *Les personnes de type A se sentent continuellement en colère, irritées et hostiles.*

Kewley, 1987; Wright, 1988). En outre, des centaines d'études *ont* validé la notion de type A. Bref, les personnes de type A auraient avantage à se soucier de l'augmentation des risques pour la santé auxquels elles s'exposent.

Question : Comment déterminer si une personne est de type A?

Le court test d'auto-évaluation du tableau 13.2 résume un grand nombre d'habitudes destructrices des personnes de type A. Si la plupart s'appliquent à vous, vous êtes peut-être de ce type.

Lors d'une étude à grande échelle portant sur des victimes d'attaques cardiaques, on a démontré que la modification du comportement de type A réduisait considérablement le taux des attaques cardiaques répétées (Friedman et autres, 1984). Étant donné que notre société accorde beaucoup de valeur à la réussite, à la compétition et à la maîtrise, il n'est pas surprenant que de nombreuses personnes développent une personnalité de type A. La meilleure façon d'éviter le stress ainsi provoqué consiste à adopter des comportements contraires à ceux qui sont répertoriés au tableau 13.2 (Suinn, 1982). Il est tout à fait possible de réussir dans la vie sans sacrifier sa santé en cours de route. (Pour de plus amples détails sur la façon de lutter contre le comportement de type A, consultez l'ouvrage de Friedman et Rosenman intitulé *Type A behavior and your heart*.)

Question : En quoi les personnes de type A ne souffrant pas de maladies du coeur diffèrent-elles de celles qui en sont affectées?

La personnalité robuste Au cours des dix dernières années, les psychologues Salvatore Maddi et Suzanne Kobasa (1984) ont étudié des personnes dotées d'une **«personnalité robuste»**, c'est-à-dire inhabituellement résistantes au stress. Maddi et Kobasa ont d'abord comparé deux groupes de directeurs d'une grande société de service public qui occupaient tous des postes très stressants. Pourtant, alors que certains d'entre eux avaient tendance à tomber malades après des événements stressants, d'autres l'étaient rarement. Quelle était la différence entre les deux groupes? Tous deux possédaient les traits d'une personnalité de type A et se ressemblaient également à d'autres égards. Toutefois, les gens de personnalité robuste avaient une conception de la vie différente, laquelle se résumait ainsi :

1. Elles possédaient un sens de l'*engagement* personnel envers elles-mêmes, le travail, la famille et d'autres valeurs stabilisantes.
2. Elles sentaient qu'elles maîtrisaient leur vie et leur travail.
3. Elles avaient tendance à considérer la vie comme une série de *défis*, plutôt que de menaces ou de problèmes.

Tableau 13.2 *Caractéristiques d'une personne de type A*

Cochez les énoncés qui s'appliquent à vous.

☐ Vous avez l'habitude de mettre l'accent sur divers mots clés dans la conversation courante, même si de telles accentuations sont inutiles.

☐ Vous finissez les phrases des autres à leur place.

☐ Vous bougez, marchez et mangez *toujours* rapidement.

☐ Vous parcourez rapidement tout document et préférez les résumés et les condensés de livres.

☐ Vous devenez facilement irrité par la lenteur de la circulation.

☐ Vous vous impatientez du rythme auquel se déroulent la plupart des événements.

☐ Vous ne portez pas attention aux détails ou à la beauté de ce qui vous entoure.

☐ Vous vous efforcez d'avoir en tête ou de faire deux ou plusieurs choses en même temps.

☐ Vous vous sentez toujours vaguement coupable, lorsque vous vous détendez, prenez des vacances ou ne faites absolument rien pendant plusieurs jours.

☐ Vous évaluez votre valeur en termes quantitatifs (nombre de notes A, montant du revenu, nombre de parties gagnées, etc.).

☐ Vous avez des gestes nerveux ou des tics musculaires (grincement des dents, serrement des poings ou tambourinement des doigts).

☐ Vous essayez de planifier un nombre croissant d'activités dans les délais les plus courts possible et ne laissez la place à aucun imprévu.

☐ Vous pensez souvent à autre chose en parlant.

☐ Vous assumez plus de responsabilités que vos capacités ne vous le permettent.

Résumé et adapté de Meyer Friedman et Ray H. Rosenman, *Type A behavior and your heart* (New York: Alfred A. Knopf, 1974).

Ces traits semblaient permettre à la personnalité robuste de transcender le stress. Certains aspects de cette recherche ont été critiqués; il faudra donc examiner plus à fond la nature de la robustesse (Hull et autres, 1987). Cependant, il est évident que l'adaptation active au stress peut transformer considérablement celui-ci en défi sain.

Il nous faut encore répondre à une question fondamentale : comment le stress, et la façon dont nous réagissons à celui-ci, se traduisent-ils en dommages corporels? La réponse semble résider dans les défenses du corps contre le stress, un mécanisme appelé *syndrome général d'adaptation*.

Le syndrome général d'adaptation

Les études sur le **syndrome général d'adaptation** (S.G.A.) ont commencé lorsqu'un physiologiste canadien, Hans Selye (1976), a constaté que les premiers symptômes de presque tout traumatisme (empoisonnement, infection, blessure ou stress) ou maladie étaient identiques à toutes fins pratiques. Après de plus amples recherches, Selye a conclu que le corps réagissait de la même façon à tout stress, qu'il s'agisse d'une infection, d'un échec, d'un embarras, d'une adaptation à un nouvel emploi, d'ennuis à l'école ou d'une aventure passionnée.

Question : Quelle forme prend la réaction du corps au stress?

Le S.G.A. se déroule en trois étapes : une *réaction d'alarme*, un *stade de résistance* et un *stade d'épuisement* (Selye, 1976).

En **réaction d'alarme**, le corps mobilise ses ressources pour faire face au surcroît de stress. L'hypophyse sécrète une hormone qui augmente la production d'adrénaline et de noradrénaline des surrénales. Lorsque ces hormones arrivent dans le sang, certains processus corporels s'accélèrent et d'autres ralentissent, de façon à ce que les ressources corporelles soient dirigées aux endroits nécessaires.

Il est heureux que notre corps réagisse instantanément et automatiquement aux urgences. Mais aussi brillant soit-il, ce système d'urgence automatique peut aussi causer des problèmes (Wilson, 1986). À la première phase de la réaction d'alarme, les symptômes observés sont le mal de tête, la fièvre, la fatigue, des douleurs musculaires, le souffle court, la diarrhée, les maux d'estomac, la perte d'appétit et le manque d'énergie. Notez que ces symptômes sont également ceux d'une maladie, d'un voyage stressant, de la maladie des hautes altitudes, d'une semaine d'examens finaux et (probablement) d'une nouvelle aventure amoureuse!

Les défenses corporelles se stabilisent en peu de temps, et les symptômes de la réaction d'alarme disparaissent. Physiquement, le corps s'est ajusté pour résister au stress. Toutefois, l'apparence extérieure de la normalité coûte cher. Au cours du **stade de résistance**, le corps peut davantage faire face à la source de stress initiale (illustration 13.6), mais sa résistance aux autres sources de stress est amoindrie. Par exemple, des animaux qu'on transporte dans un environnement extrêmement froid deviennent plus résistants au froid, mais plus sensibles aux infections. C'est à ce stade

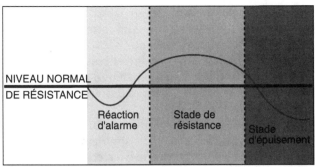

NIVEAU NORMAL
DE RÉSISTANCE

Réaction
d'alarme

Stade de
résistance

Stade
d'épuisement

Illustration 13.6   *Le syndrome général d'adaptation. Lors de
la réaction d'alarme initiale au stress, la résistance devient
inférieure à la normale. Elle augmente à mesure que les
ressources corporelles sont mobilisées, demeure élevée lors du
stade de résistance, puis diminue de nouveau au stade
d'épuisement. (Tiré de Le stress de la vie de Hans Selye.
Copyright © 1956, 1976 par Hans Selye. Utilisé avec
l'autorisation de McGraw-Hill Book Company.)*

qu'apparaissent les premiers signes de troubles
psychosomatiques.

Si le stress se poursuit, on peut atteindre le
stade d'épuisement. Les ressources corporelles sont
alors épuisées et les hormones du stress sont réduites.
À moins qu'on ne trouve un moyen de soulager le stress,
il s'ensuivra une maladie psychosomatique, une perte
de santé grave ou un effondrement complet.

Les stades du S.G.A. peuvent sembler
mélodramatiques si vous êtes jeune et en santé, ou
n'avez jamais subi de stress prolongé. Toutefois, on ne
devrait jamais prendre le stress à la légère. Chez des
animaux parvenus aux derniers stades du S.G.A., Selye
a observé les dommages suivants : augmentation et
décoloration des surrénales, réduction importante du
thymus, de la rate et des ganglions lymphatiques, et

ulcères d'estomac profondément hémorragiques (Cox,
1978). En plus de provoquer ces effets directs, le stress
peut perturber le **système immunitaire** du corps, ce
qui nous rend vulnérables à la maladie (Jemmott et
Locke, 1984; voir le profil 13.2).

PROFIL 13.2
Le stress et le système immunitaire

Les spécialistes de la santé commencent à découvrir que le
corps et le cerveau travaillent de concert en tant que «système
de soins médicaux». Il devient évident que le système
immunitaire du corps est réglé en partie par le cerveau (Ader,
1981; Schwartz, 1984). Étant donné ce lien, le stress, des
pensées troublantes et des émotions peuvent influer sur le
système immunitaire et rendre le corps plus vulnérable à la
maladie (Gazzaniga, 1988; McCabe et Schneiderman, 1984;
Schwartz, 1984; on appelle ce domaine de recherche «*psycho-
neuro-immunologie*»; glissez ce terme dans une de vos conversations, si vous voulez observer une réaction au stress!)

Fait intéressant, la maîtrise semble encore influer sur la
façon dont le stress nous affecte. Par exemple, une étude
récente a démontré que la réaction du système immunitaire était
supprimée chez les rats qui recevaient des chocs auxquels ils
ne pouvaient échapper, contrairement aux rats qui pouvaient
éviter les chocs (Laudenslager et autres, 1983). Une autre a
prouvé que le système immunitaire était affaibli chez des étudiants en période d'examens finaux (Jemmott et autres, 1983).
On pourrait donc en conclure que le lien entre le stress et la
maladie s'établit en partie au niveau des changements du système immunitaire. Cela pourrait expliquer pourquoi il est si
commun de tomber malade pendant qu'on se trouve dans une
situation stressante.

Autotest

1. L'ERS de Holmes semble prédire les changements de santé à long terme, tandis que la fréquence et la gravité des
   contrariétés quotidiennes sont étroitement reliées à l'évaluation immédiate de la santé. Vrai ou faux?

2. Les ulcères, les migraines et l'hypocondrie sont tous des troubles psychosomatiques fréquents. Vrai ou faux?

3. On commence à prouver que le trait dominant chez les personnes de type A est l'impatience plutôt que les
   sentiments de colère et d'hostilité. Vrai ou faux?

4. Parmi les choix suivants, lequel n'est *pas* un trouble psychosomatique?

   a. l'hypertension   *b.* la colite   *c.* l'eczéma   *d.* le thymus

5. L'engagement, le défi et la maîtrise caractérisent la personnalité robuste. Vrai ou faux?

6. Le premier stade du S.G.A. s'appelle réaction _____.

7. La plupart des symptômes externes du stress disparaissent lors du stade de _____.

8. La suppression du système immunitaire est amoindrie lorsqu'une personne se rend compte qu'elle ne peut
   maîtriser des événements stressants. Vrai ou faux?

Réponses :

1. vrai 2. vrai 3. faux 4. d 5. d 6. d'alarme 7. résistance 8. faux

La psychologie de la santé — à votre santé!

La plupart des gens reconnaissent que la santé est importante — surtout la leur. Pourtant, presque la moitié des décès sont dus principalement à des comportements ou des styles de vie malsains. Une nouvelle spécialité appelée **psychologie de la santé** se consacre à changer la situation. Ce modèle consiste essentiellement à promouvoir la santé et à prévenir la maladie (Matarazzo, 1984). Les psychologues du domaine connexe de la **médecine du comportement** appliquent des connaissances psychologiques aux problèmes médicaux. Ils s'intéressent, entre autres, à la maîtrise de la douleur, à l'adaptation à la maladie chronique, au respect des directives du médecin, aux troubles psychosomatiques et à d'autres sujets semblables (Feuerstein et autres, 1986).

Les facteurs de risque du comportement

Au début du siècle, les décès étaient surtout attribuables aux maladies infectieuses et aux accidents. De nos jours, on souffre et on meurt de maladies reliées au «style de vie», comme les maladies du coeur, les cancers du poumon et les problèmes connexes (Patton et autres, 1986). De toute évidence, certains comportements et styles de vie favorisent la santé, tandis que d'autres augmentent les risques de maladie et de mort (Matarazzo, 1984).

Question : Quels sont les types de comportement malsains?

Bien que certaines causes de mauvaise santé soient indépendantes de notre volonté, les psychologues de la santé ont défini un certain nombre de **facteurs de risque du comportement** que l'on *peut* maîtriser. Nous nous sommes attardés à l'étude du stress, car celui-ci joue un rôle clé dans de nombreux problèmes de santé. Voilà pourquoi la gestion du stress constitue une activité primordiale en psychologie de la santé (Feuerstein et autres, 1986). Outre le stress, chacun des facteurs de comportement suivants augmente les risques d'accident, de maladie et de mort précoce : l'hypertension non traitée, la cigarette, l'abus d'alcool ou d'autres drogues, les excès de table, le manque d'exercice, le comportement de type A et la conduite automobile à des vitesses excessives (Matarazzo, 1984; Miller, 1983).

Le style de vie Imaginez-vous avancer dans la vie, jusqu'à la vieillesse. Faites-le deux fois — la première fois en supposant que votre style de vie comporte un grand nombre de facteurs de risque du comportement, et la deuxième, avec un style de vie sain. Vous devriez être en mesure de constater que si d'innombrables petits risques s'additionnent, ils augmentent considérablement la propension à la maladie. Si vous fumez, imaginez la quantité de fumée d'une vie entière passant par vos poumons en une semaine ou en une journée. Si vous buvez, imaginez les assauts du volume d'alcool d'une vie entière sur votre cerveau, votre estomac et votre foie, et concentrez-les en un seul mois. Vous seriez empoisonné, ravagé et bientôt décédé. Si votre régime alimentaire est élevé en gras et en cholestérol, imaginez le blocage des artères d'une vie entière (illustration 13.7).

Bien que nous en ayons tout l'air, nous ne désirons pas vous sermonner, mais simplement vous rappeler que les facteurs de risque exercent une influence certaine. Pire encore, les styles de vie malsains créent presque toujours des risques multiples (Fuerstein et autres, 1986). Ainsi, les gens qui fument ont tendance à boire trop, ceux qui mangent trop ne font pas assez d'exercice, etc. (Matarazzo, 1984).

Illustration 13.7 *À long terme, les facteurs de risque du comportement et les styles de vie influent sur le plan de la santé et de l'espérance de vie.*

Les comportements pro-santé

Pour aider à prévenir la maladie et à favoriser le bien-être, les psychologues de la santé tentent d'abord d'éliminer les facteurs de risque du comportement. Toute la médecine ou la chirurgie du monde peut s'avérer insuffisante pour rétablir la santé, si on ne change pas son comportement. Nous connaissons tous quelqu'un qui a eu une crise cardiaque ou une maladie du poumon et qui ne peut ou ne veut pas changer les habitudes qui ont contribué à sa maladie (Matarazzo, 1984).

Les psychologues tentent également de multiplier les comportements qui favorisent la santé, comme l'exercice régulier, un régime équilibré et la gestion du stress. Ces derniers peuvent s'avérer aussi simples que l'utilisation de la ceinture de sécurité en voiture — une habitude qui augmente considérablement l'espérance de vie!

On pourrait croire que des pratiques de santé fondamentalement saines prolongent la vie d'une personne. Mais est-ce le cas? Une étude majeure, menée à Alameda County, en Californie, a permis de faire le point (Belloc, 1973; Belloc et Breslow, 1972; Breslow et Enstrom, 1980). Dans le cadre de cette étude, environ 7 000 sujets ont rempli un questionnaire détaillé sur la santé qui portait sur 7 pratiques saines. Au cours des années suivantes, on a accordé une attention particulière aux dossiers médicaux de ces personnes. Avant que nous n'abordions les résultats de cette étude, cochez les énoncés qui correspondent à votre comportement.

Comportements pro-santé fondamentaux

1. Je dors de 7 à 8 heures par nuit.
2. Je me maintiens au poids idéal approprié à ma taille, ou à proximité de celui-ci.
3. Je n'ai jamais fumé.
4. Je consomme peu ou pas d'alcool.
5. Je fais régulièrement de l'exercice.
6. Je prends un petit déjeuner chaque jour.
7. Je ne mange jamais ou rarement entre les repas.

Les auteurs de cette étude ont constaté que le taux de décès des hommes qui avaient adopté les sept pratiques de santé était presque 4 fois plus bas que celui des hommes qui en avaient adopté 3 ou moins. Le taux de décès des femmes qui se conformaient aux sept pratiques était 2 fois plus bas que celui des femmes qui en suivaient 3 et moins. Ainsi, l'espérance de vie qui reste à un homme de 45 ans n'adoptant régulièrement que 3 comportements est de 22 ans environ, comparativement à 33 ans dans le cas d'un homme du même âge, mais qui suit 6 ou 7 pratiques de santé. Il s'agit d'une augmentation de 50 pour 100.

Des études subséquentes ont démontré que les 5 premières pratiques sont les plus importantes pour favoriser la santé. On doit noter, toutefois, que ce ne sont pas les seuls éléments d'un style de vie sain, mais seulement ceux qui ont été examinés dans le cadre de cette étude (Matarazzo, 1984).

Les campagnes de prévention et de santé

La cigarette est la «cause de décès évitable la plus importante aux États-Unis» (Lichtenstein et Brown, 1972). Il s'agit clairement du seul facteur de risque du comportement aussi fatal (Matarazzo, 1984). En tant que telle, la cigarette constitue un bon exemple des possibilités offertes par la modification du comportement pour prévenir la maladie.

Question : Qu'ont fait les psychologues de la santé pour réduire les risques?

Les efforts récents pour «immuniser» les jeunes contre la tentation de commencer à fumer offrent un aperçu de la psychologie de la santé en pleine action. Le fumeur qui dit : «Il est facile d'arrêter de fumer; je l'ai déjà fait des dizaines de fois» énonce une vérité fondamentale — cesser de fumer s'avère très difficile. En fait, seul 1 fumeur sur 10 connaît un succès à long terme. Par conséquent, la meilleure façon de combattre le problème du tabagisme consisterait à l'empêcher avant qu'il ne devienne une habitude ancrée. Lors d'un programme de prévention, on a donné à des étudiants du secondaire des informations «standard» sur les effets malsains du tabac. Ensuite, pour renforcer les effets du programme, les étudiants ont *mis en scène* des façons de résister aux pressions des pairs, des adultes et des annonces publicitaires. Des études de suivi ont indiqué

PROFIL 13.3
Ayez du cœur

Un bon exemple de campagne de santé communautaire est le programme Stanford de prévention des maladies du cœur (Meyer et autres, 1980). Ce projet combinait une campagne de médias sur les facteurs de risque des maladies du cœur — la cigarette, le régime alimentaire et l'exercice — avec des «ateliers» de groupes pour personnes à risque élevé. Les résultats furent satisfaisants : après 2 ans, le nombre de fumeurs a diminué de 17 pour 100 au sein des deux collectivités cibles. Comparez ce chiffre avec l'*augmentation* de 12 pour 100 des populations semblables, mais non traitées.

De tels progrès peuvent sembler modestes, mais ils sont encourageants, rentables et très prometteurs (Foreyt, 1987; Miller, 1983). En général, les résultats ont démontré une réduction de 15 pour 100 des risques de maladies du cœur dans les villes cibles (Farquhar et autres, 1984). Pensez à une personne que vous aimez et qui reste en santé ou en vie plus longtemps; vous apprécierez la valeur de tels efforts.

que chez les étudiants qui avaient participé à la mise en scène, le risque de commencer à fumer était deux fois moindre que chez les étudiants du groupe témoin (Hurd et autres, 1980).

En plus des petits projets comme celui décrit précédemment, les **campagnes de santé communautaires** mises de l'avant par les psychologues ont connu un certain succès. Il s'agit de projets d'éducation destinés à diminuer les combinaisons des principaux facteurs de risque (voir le profil 13.3).

On peut donc conclure que chacun d'entre nous doit prendre la responsabilité de conserver et de favoriser la santé (Patton et autres, 1986). Dans la section Applications qui suit, nous nous pencherons de nouveau sur le stress; vous apprendrez certaines méthodes pour gérer et affronter plus efficacement ce risque majeur pour la santé. Auparavant, l'autotest suivant peut vous aider à conserver une note prospère à votre prochain examen de psychologie.

Autotest

1. L'ajustement à la maladie chronique et la maîtrise de la douleur sont des sujets qui devraient intéresser davantage un spécialiste en _____ qu'un psychologue de la santé.

2. Sur le plan de la santé, quel choix ne constitue *pas* un facteur de risque du comportement?

     a. l'excès d'exercice   *b.* la cigarette   *c.* le comportement de type A   *d.* l'hypertension

3. Prendre un petit déjeuner chaque jour et manger rarement entre les repas se sont avérés les comportements prosanté les plus importants lors de l'étude d'Alameda County. Vrai ou faux?

4. Les psychologues de la santé préfèrent la _____ à la modification ultérieure d'habitudes (comme la cigarette) qui sont difficiles à changer une fois prises.

5. On croit maintenant que bien des liens entre le stress, les émotions et la santé relèvent des changements de l'activité du système _____ du corps.

Réponses :

1. médecine du comportement 2. *a* 3. faux 4. prévention 5. immunitaire

Applications : la gestion du stress

La façon la plus simple de faire face au stress consiste à en modifier ou à en éliminer la source — en quittant un emploi stressant, par exemple. Évidemment, puisque cela s'avère souvent impossible, il est important d'apprendre à gérer son stress.

Tel que démontré à l'illustration 13.8, le stress déclenche des *réactions corporelles*, des *pensées troublantes* et un *comportement inefficace*. En outre, chaque élément intensifie les effets négatifs des autres; le cercle vicieux est alors formé. En effet, une fois que le «jeu du stress» est commencé, *vous perdez* — à moins que vous ne brisiez le cycle. Les informations qui suivent vous enseignent comment y arriver. (Les techniques de gestion du stress sont tirées de Davis et autres, 1980; Meichenbaum, 1977; Woolfolk et Richardson, 1978; et d'autres sources telles qu'indiquées.)

Les réactions corporelles

Une grande partie du désagrément immédiat du stress est causée par la réponse affective du corps, laquelle est de «combattre ou fuir». Le corps est prêt à agir; les muscles sont tendus et le coeur bat rapidement. Lorsque nous ne pouvons agir, seule la «tension» demeure. Il serait bon d'apprendre une méthode fiable et non médicamenteuse de relaxer.

L'exercice Étant donné que le stress prépare le corps à l'action, on peut en dissiper les effets en faisant de l'exercice, notamment celui qui fait appel à tous les muscles du corps. La natation, la danse, le saut à la corde, le yoga et surtout la marche constituent des exutoires efficaces. Assurez-vous de choisir des activités qui sont assez vigoureuses pour soulager la tension, mais assez agréables pour que vous vous y adonniez régulièrement. On peut gérer le stress efficacement en faisant de l'exercice chaque jour.

La méditation De nombreux conseillers en gestion de stress recommandent la méditation pour tranquilliser le corps et favoriser la relaxation. Nous étudierons des techniques de méditation et les effets de celles-ci à la prochaine section Exploration. Pour l'instant, précisons seulement que la méditation s'apprend facilement — il est donc inutile de prendre un cours commercial coûteux. À noter également qu'on peut méditer en écoutant ou en jouant de la musique, en marchant dans la nature et en s'adonnant à son passe-temps préféré.

La relaxation progressive Par relaxation progressive, on sous-entend l'apprentissage d'une relaxation systématique, complète et volontaire. Il suffit de contracter tous les muscles d'une zone du corps donnée (les bras, par exemple), puis de les détendre volontairement. On apprend ainsi à ressentir consciemment la tension musculaire avec acuité. Lorsque chaque zone est détendue, le changement est plus remarquable et maîtrisable. Avec de la pratique, on peut réduire considérablement la tension.

Le comportement inefficace

Vos réactions aggravent souvent votre stress. Les suggestions suivantes peuvent vous aider à gérer le stress plus efficacement.

Ralentissez Étant donné que le stress est autogène, essayez de ralentir délibérément votre rythme, surtout si vous l'avez accéléré au cours des ans. Dites-vous : «L'important n'est pas d'arriver le premier, mais simplement d'arriver», ou «Mon objectif est la distance, pas la vitesse».

Planifiez La désorganisation crée le stress. Considérez votre situation d'un oeil nouveau et planifiez vos activités. L'établissement de priorités est aussi utile. Demandez-vous ce qui est vraiment important et concentrez-y vos efforts. Apprenez à ignorer les irritations banales mais troublantes. Avant tout, lorsque vous êtes stressé, privilégiez la simplicité.

Parvenez à un équilibre Le travail, les études, la famille, les amis, les intérêts, les passe-temps, les loisirs, la collectivité, la religion — une vie satisfaisante comporte nombre d'éléments importants. Le stress naît souvent lorsqu'on accorde beaucoup trop d'importance à un élément — surtout aux études ou au travail. Visez la qualité de vie, pas la quantité. Tâchez de parvenir à un équilibre entre un «bon stress» stimulant et la relaxation. Lorsque vous ne faites «rien», vous faites en fait quelque chose de très important : vous vous allouez du temps pour traînasser, bouquiner, bricoler, jouer et faire un somme.

Reconnaissez et acceptez vos limites Nous nous fixons bien souvent des objectifs irréalistes et perfectionnistes. Étant donné que la perfection est impossible, bien des gens se sentent inadéquats, quels que soient leurs accomplissements. Fixez-vous des objectifs graduels et réalisables. En outre, établissez les limites de vos tentatives quotidiennes. Apprenez à refuser des exigences ou des responsabilités supplémentaires.

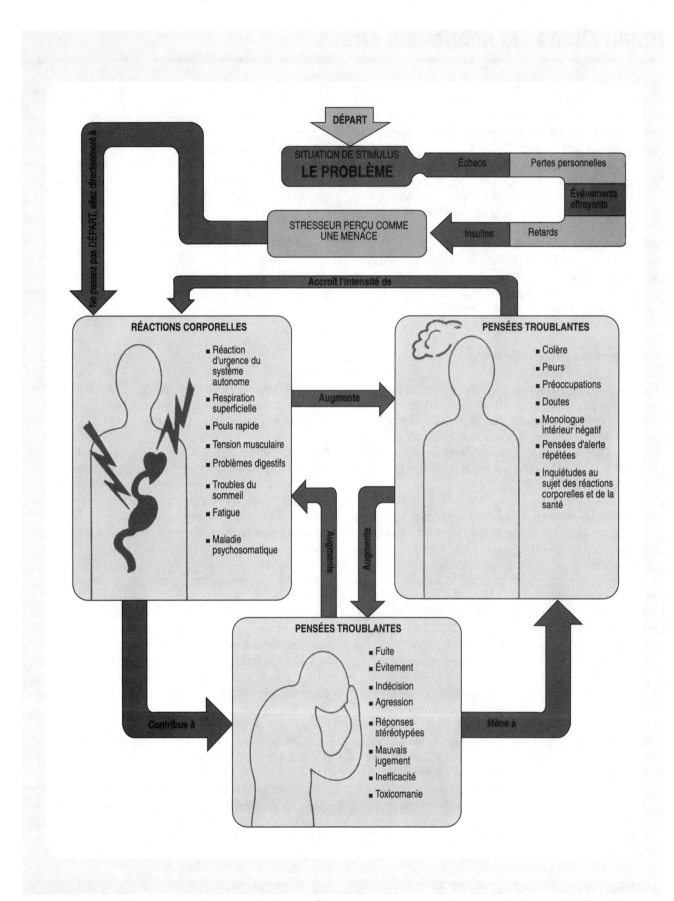

Illustration 13.8   *Le jeu du stress (Adapté de Rosenthal et Rosenthal, 1980).*

Applications

Cherchez le soutien social   Des études récentes ont démontré que des relations étroites et positives avec les autres favorisent la santé et le moral (Cobb, 1976). En effet, le soutien de la famille et des amis sert de tampon pour amortir les effets des événements stressants (Paradine et autres, 1981). Il peut s'avérer extrêmement utile de parler de ses problèmes et d'exprimer ses tensions. Si vos difficultés s'aggravent, consultez un thérapeute, un conseiller ou un ecclésiastique (notez que les barmen ne figurent pas sur cette liste).

Les pensées troublantes

Supposons que vous passez un examen. Tout à coup, vous vous rendez compte que vous manquez de temps. Si vous vous dites : «Oh non, c'est épouvantable, tout est perdu», votre réaction corporelle comportera probablement la transpiration, la tension et un estomac noué. Par contre, si vous vous dites : «J'aurais dû regarder l'heure, mais m'énerver ne servira à rien; je vais donc prendre une question à la fois», votre niveau de stress sera considérablement plus bas.

Comme nous l'avons déjà mentionné, le stress dépend beaucoup de notre perception des événements. Les symptômes physiques et la tendance à prendre de mauvaises décisions augmentent à la suite de pensées ou d'un monologue intérieur négatifs. Bien souvent, ce que vous vous dites peut faire la différence entre la capacité de faire face et l'effondrement.

Les pensées d'adaptation   Donald Meichenbaum, de l'université de Waterloo, au Canada, a popularisé une technique appelée **inoculation contre le stress**, laquelle enseigne comment combattre la peur et l'anxiété à l'aide d'un monologue intérieur composé de **pensées d'adaptation**. D'abord, on doit dépister et maîtriser les pensées négatives et auto-critiques, car elles augmentent directement l'excitation physique (Schuele et Wiesenfeld, 1983). Pour combattre cet effet, on apprend à remplacer les pensées négatives par des pensées d'adaptation tirées d'une liste. Finalement, on élabore ses propres listes.

Question : Comment les pensées d'adaptation s'appliquent-elles?

Les pensées d'adaptation servent à bloquer, ou à contrecarrer, le monologue intérieur négatif lors de situations stressantes. Avant de prononcer un bref discours, par exemple, vous pourriez remplacer : «J'ai peur», «C'est au-dessus de mes capacités», «Je vais avoir un trou de mémoire et je vais paniquer» ou «Je vais avoir l'air stupide et ennuyeux» par : «Je vais parler de quelque chose que j'aime» ou «Je vais prendre de grandes respirations avant de commencer mon discours», ou «Les battements de mon coeur signifient que je suis prêt à faire de mon mieux». Voici d'autres exemples de pensées d'adaptation.

Se préparer à une situation stressante
Je vais procéder étape par étape.
Si je deviens nerveux(se), je prendrai une courte pause.
Demain, tout sera terminé.
J'y suis déjà parvenu.
Qu'est-ce que je dois faire, exactement?

Affronter la situation stressante
Détends-toi, rien ne peut te faire de mal.
Suis les étapes, concentre-toi sur la tâche.
Rien ne presse, procède étape par étape.
Personne n'est parfait, je n'ai qu'à faire de mon mieux.
Tout sera bientôt terminé, reste calme.

Toutefois, Meichenbaum précise que le seul fait de se dire les «bonnes» choses ne suffit parfois pas à améliorer sa tolérance au stress. On doit mettre cette méthode en pratique lors de vraies situations de stress et élaborer sa propre liste de pensées d'adaptation, d'après celles qui fonctionnent le mieux. L'apprentissage de cette technique et d'autres techniques de gestion du stress permet de constater que le stress se crée lui-même en grande partie. Savoir que l'on peut dominer une situation stressante constitue en soi un antidote contre le stress.

S'adapter à la frustration et au conflit

Un psychologue étudiant la frustration plaça des rats sur une petite plate-forme au sommet d'un long poteau. Il les fit ensuite sauter vers deux portes surélevées, une étant verrouillée et l'autre pas. Si le rat choisissait la bonne porte, cette dernière s'ouvrait et il atterrissait sain et sauf sur une autre plate-forme. S'il choisissait la porte verrouillée, il rebondissait sur celle-ci et atterrissait dans un filet beaucoup plus bas.

On rendit le problème insoluble et très frustrant en déterminant au hasard et en alternance quelle porte serait verrouillée. Après un certain temps, la plupart des rats réagirent de façon stéréotypée : ils choisirent chaque fois la même porte. On verrouilla ensuite celle-ci de façon permanente. Le rat n'avait qu'à choisir l'autre porte pour éviter la chute, mais à chaque fois, il rebondissait sur la porte verrouillée (Maier, 1949).

Applications

Question : Ne s'agit-il pas de persévérance?

Non. La persistance qui n'est pas *souple* peut devenir un comportement stéréotypé «stupide» comme celui du rat de l'exemple précédent. Lorsqu'on fait face à la frustration, il est important de savoir quand abandonner et prendre une nouvelle direction. Voici quelques suggestions pour éviter la frustration inutile :

1. Tentez de déterminer la source de frustration. Est-elle externe ou interne?

2. La source de frustration peut-elle être modifiée? Serait-il difficile d'y arriver? Pouvez-vous réellement la maîtriser?

3. Si la source de frustration peut être modifiée ou éliminée, les efforts pour y arriver en valent-ils la peine?

Répondre à ces questions aide à déterminer si la persévérance s'avérera futile. On doit apprendre à accepter que certaines choses ne peuvent être changées.

Il faut aussi différencier les *vrais* obstacles des obstacles *imaginaires*. Trop souvent, nous nous créons nos propres obstacles imaginaires. Par exemple :

> *Anita veut travailler à temps partiel. À sa première postulation, on lui répond qu'elle n'a pas assez d'«expérience». Elle est maintenant frustrée, car elle ne peut pas travailler. Elle doit posséder de l'expérience, mais ne peut y arriver sans travailler. Elle a donc cessé de chercher un emploi.*

Le manque d'expérience d'Anita constitue-t-il un véritable obstacle? À moins qu'elle ne postule de *nombreux* emplois, il est impossible de dire si elle a surestimé son importance. À ses yeux, cet obstacle est assez réel pour empêcher d'autres efforts, mais si elle était persévérante, elle pourrait trouver une «porte déverrouillée». Si, après maints efforts, l'expérience s'avère réellement essentielle, elle peut en accumuler autrement, par exemple en prenant un emploi bénévole temporaire.

Question : Comment puis-je transiger plus efficacement avec les conflits?

La plupart des suggestions précédentes peuvent également s'appliquer aux conflits. Toutefois, voici certains détails à retenir, lorsque vous êtes en situation de conflit ou que vous devez prendre une décision difficile :

1. Prenez votre temps, lorsque vous prenez des décisions importantes. Recueillez les informations pertinentes et pesez le pour et le contre. On regrette souvent des décisions prises à la hâte. Même si vous prenez la mauvaise décision, vous le regretterez moins si vous avez fait tout votre possible pour éviter une erreur.

2. Si possible, mettez *partiellement* les décisions importantes à l'épreuve. Si vous projetez de déménager dans une autre ville, tâchez d'y passer quelques jours auparavant. Si vous choisissez une université, faites de même. Si les cours ont déjà débuté, assistez à quelques-uns. Si vous désirez apprendre à faire de la plongée sous-marine, louez l'équipement pendant un certain temps avant d'acheter.

3. Essayez de parvenir à des compromis. Là encore, recueillez toutes les informations pertinentes. Si vous pensez que vous n'avez qu'une ou deux options, et que celles-ci sont peu souhaitables ou insupportables, renseignez-vous auprès d'un professeur, d'un conseiller, d'un pasteur ou d'un centre de service social. Vous pourriez découvrir d'autres aspects.

4. Si tout le reste échoue, prenez une décision et accommodez-vous en. L'indécision et le conflit coûtent cher. Parfois, il est préférable d'adopter une ligne de conduite et de s'y tenir, à moins qu'elle ne s'avère manifestement erronée par la suite.

En classe, vous pourriez décrire certaines situations de frustration et de conflit que vous avez vécues, et comment vous les avez réglées. Donnez des exemples où vous vous en êtes tiré à merveille, et d'autres où votre solution a laissé à désirer. Avez-vous d'autres remarques?

Autotest

1. L'exercice, la méditation et la relaxation progressive combattent efficacement les pensées négatives. Vrai ou faux?

2. La recherche démontre que le soutien social de la famille et des amis influe peu sur les effets du stress sur la santé. Vrai ou faux?

3. Un des éléments de l'inoculation contre le stress consiste à utiliser des pensées d'adaptation positives. Vrai ou faux?

4. La réponse stéréotypée peut s'avérer particulièrement troublante lorsqu'on fait face à la frustration. Vrai ou faux?

Réponses :

1. faux 2. faux 3. vrai 4. vrai

Exploration : la méditation — les minivacances

La méditation désigne un ensemble d'exercices mentaux destinés à interrompre le flot habituel des pensées, des soucis et de l'analyse (Shapiro, 1984; Wilson, 1986). Elle se présente sous plusieurs formes et revêt une signification différente selon les cultures. Dans la présente section, nous nous intéressons à la méditation en tant que stratégie d'auto-maîtrise pour diminuer l'excitation physique et mentale. Les personnes qui méditent régulièrement dans le but de gérer leur stress constatent une diminution de l'excitation physique et de l'anxiété quotidiennes. Même si la méditation n'est pas pratiquée chaque jour, elle peut servir à mettre un terme aux inquiétudes et aux pensées de peur (Wilson, 1986).

La méditation prend deux formes principales. La **méditation par concentration** consiste à se concentrer sur un seul point central tel qu'un objet, une pensée ou sa propre respiration. Comparativement, la **méditation par réceptivité** est «ouverte» ou expansive, c'est-à-dire que l'attention du sujet est élargie de façon à inclure la conscience non critique de toute son expérience subjective et de sa présence sur terre (Walsh, 1984). Elle permet, par exemple, de perdre conscience de soi lorsqu'on marche dans la nature, dans un état d'esprit calme et réceptif. Contrairement aux apparences, il est plus difficile de parvenir à la méditation par réceptivité qu'à la méditation par concentration (Smith, 1986). Voilà pourquoi nous étudierons cette dernière en tant que méthode pratique d'auto-maîtrise.

Question : Comment procède-t-on?

La méditation par concentration Le principe fondamental de ce type de méditation consiste à rester immobile et à se concentrer tranquillement sur un objet externe ou sur un stimulus interne comme un mot ou sa propre respiration (Wilson, 1986). Lors d'une expérimentation, on a demandé à des étudiants d'université de se concentrer sur leur respiration :

En position assise, laissez votre respiration se détendre et devenir naturelle. Si possible, laissez-la adopter son propre rythme et sa profondeur. Concentrez-vous sur votre ventre, pas sur votre nez ou votre gorge. Ne vous laissez pas distraire par des pensées ou des stimuli externes. Cela peut s'avérer difficile au début, mais redirigez toujours votre attention sur votre respiration. Ne tenez compte de rien d'autre (Maupin, 1965).

Les sujets ne réussirent pas tous cet exercice, mais après deux semaines, ceux qui y parvinrent connurent des expériences de concentration profonde, des sensations corporelles plaisantes et un détachement extrême des inquiétudes et des distractions extérieures.

Une autre méthode consiste à utiliser un **mantra**, lequel est un mot doux et coulant qu'on peut répéter facilement. Au lieu de se concentrer sur sa respiration, on répète silencieusement un mantra. Deux mantras très utilisés sont «om» et «om mani padme hum.» Comme la respiration, un mantra sert surtout à se concentrer. Si d'autres pensées surviennent lors de la méditation, on doit reporter son attention au mantra aussi souvent que requis, afin de conserver l'état de méditation.

La réaction de détente De nombreux cours de méditation commerciaux proposent un mantra sur mesure pour chacun. Herbert Benson, un chercheur en médecine, a toutefois constaté que les avantages physiques de la méditation sont les mêmes, peu importe le mantra. Ceux-ci comprennent la diminution du pouls, de la tension artérielle et musculaire, et d'autres signes de stress.

Selon Benson, le noyau de la méditation est la **réaction de détente**, c'est-à-dire un mécanisme physiologique inné qui s'oppose à ceux de l'activation «combattre ou fuir» du corps. Benson est d'avis que la plupart d'entre nous avons tout simplement oublié comment nous détendre profondément. Les sujets de ses expérimentations réussissent à provoquer la réaction de détente en suivant ces directives :

Asseyez-vous confortablement. Fermez les yeux. Détendez profondément tous vos muscles en commençant par les pieds et en terminant par le visage. Gardez-les très détendus.

Respirez par le nez. Prenez conscience de votre respiration. Lorsque vous expirez, dites silencieusement le mot «won».

Ne vous souciez pas de parvenir à un degré profond de relaxation. Demeurez passif et laissez la relaxation se produire à son propre rythme. Attendez-vous à des pensées importunes. Quand celles-ci surviennent, n'en tenez pas compte et continuez de répéter «won». (Adapté de Benson, 1977)

Question : Outre la détente, quels sont les autres effets de la méditation?

Les effets de la méditation On a prétendu bien des choses extravagantes au sujet de la méditation. Par exemple, les membres du mouvement de méditation transcendantale (MT) ont déclaré que 20 minutes de méditation étaient aussi bénéfiques qu'une nuit complète de sommeil, ce qui est faux. Une étude récente a démontré que le simple fait de se reposer pendant 20 minutes provoquait les mêmes effets corporels que la méditation (Holmes, 1984; Holmes et autres, 1983). Les adeptes de la méditation ont également prétendu

Exploration

que celle-ci améliorait la mémoire, la vigilance, la créativité et l'intuition. Là encore, on doit vérifier la validité de telles affirmations, car la plupart sont fondées sur des témoignages personnels ou sur des études douteuses. Ainsi, une étude de Warrenburg et Pagano (1983) n'a pu démontrer le lien entre la méditation transcendantale et une amélioration des compétences verbales, musicales ou spatiales.

Avant de rejeter la méditation, toutefois, nous allons approfondir notre exploration. Une revue complète des études sur la méditation a permis de tirer des conclusions intéressantes (Pagano et Warrenburg, 1983).

Comme nous l'avons indiqué, la méditation provoque une réaction de détente. Le fait que d'autres activités atteignent le même but n'annule pas la valeur de la méditation en tant que moyen de maîtriser la relaxation. En outre, on doit se rappeler que la relaxation est aussi mentale que physique. Les personnes qui ont de la difficulté à éloigner les pensées troublantes alors qu'elles veulent se détendre peuvent avoir recours à la méditation pour gérer leur stress (Smith, 1986).

Tous ceux qui méditent régulièrement affirment que leur niveau de stress quotidien a diminué et que leur bien-être a augmenté. Cet effet semble être véritable. Il ne s'agit pas d'un placebo et ne dépend pas de la personne qui médite. À noter qu'on peut obtenir un effet semblable en se consacrant à certaines activités reposantes comme la relaxation musculaire, la rêverie constructive et même la lecture.

On a démontré que ceux qui méditaient régulièrement réagissaient au stress de façon plus prononcée, lors de tests en laboratoire. Toutefois, ils se remettaient plus vite que les autres sujets et affirmaient se sentir moins stressés.

Comme vous pouvez le constater, les effets de la méditation sont bénéfiques, mais ils sont loin d'être magiques. En fait, on peut conclure que de nombreuses activités provoqueront la réaction de détente. Selon Benson (1975), les éléments suivants y parviendront :

1. Un environnement calme.

2. Une diminution de la tension musculaire.

3. Un mécanisme mental (comme la répétition d'un mot) qui aide à éloigner les pensées des soucis ordinaires et rationnels.

4. Une attitude passive quant à la «réussite» de la relaxation.

Résumé Bref, d'après des études récentes, la méditation par concentration n'est qu'un moyen parmi d'autres de provoquer la réaction de détente. Pour bien des gens, rester assis calmement et «se reposer» peut s'avérer tout aussi efficace. Toutefois, si vous êtes de ceux qui éprouvent de la difficulté à chasser les pensées troublantes, la méditation par concentration pourrait favoriser davantage la relaxation. Quelle que soit la méthode choisie, il importe surtout de prendre le temps chaque jour de se détendre. La méditation et d'autres techniques semblables vous permettent de «prendre congé» de vos pensées et de vos inquiétudes quotidiennes, tout en réduisant votre stress — un bienfait indispensable de nos jours.

Autotest

1. Le point d'attention de la méditation par concentration est «ouvert» ou expansif. Vrai ou faux?

2. Les mantras sont des mots qu'on se répète silencieusement afin de terminer une séance de méditation. Vrai ou faux?

3. La recherche menée par Herbert Benson a indiqué qu'il est nécessaire de choisir minutieusement son mantra pour obtenir les bienfaits physiques de la méditation. Vrai ou faux?

4. Le bienfait le plus immédiat de la méditation est la capacité qu'elle a de produire la réaction de détente. Vrai ou faux?

Réponses :

1. faux 2. faux 3. faux 4. vrai

Résumé du chapitre

■ Le **stress** se produit lorsqu'on doit s'adapter.

■ Le stress est plus dommageable dans des situations qui comportent de la *pression*, un *manque de maîtrise*, l'*imprévisibilité* du stresseur, et des chocs affectifs *intenses* ou *répétés*. Le stress s'intensifie lorsqu'on perçoit une situation en tant que *menace* et qu'on ne se sent pas assez *compétent* pour y faire face. En milieu de travail, un stress de longue durée, surtout celui qui est associé à la prestation de soins, peut mener à l'**épuisement professionnel**.

■ La **frustration** est un état affectif négatif qui se manifeste lorsque la progression vers un objectif est entravée. Les sources de frustration peuvent être *externes* ou *personnelles*.

■ La frustration externe est causée par un *retard*, un *échec*, un *rejet*, une *perte* et d'autres entraves directes aux intentions. La frustration personnelle est causée par des *caractéristiques personnelles* que l'on ne peut maîtriser. La frustration s'intensifie à mesure qu'augmentent la *force*, l'*urgence* ou l'*importance* de l'intention entravée.

■ Les réactions de comportement à la frustration comprennent la *persévérance*, des *efforts plus vigoureux*, la *mise en échec*, l'*agression directe*, l'*agression déplacée* (dont le recours à un *bouc émissaire*), la *fuite* ou le *retrait*.

■ On se trouve en situation de **conflit** quand on doit choisir entre des options contradictoires. Les quatre types principaux de conflits sont ceux d'**approche-approche** (choix entre deux options désirables), d'**évitement-évitement** (les deux options sont négatives), d'**approche-évitement** (un objectif ou une activité comportant des aspects tant positifs que négatifs), et les **doubles conflits approche-évitement** (les deux choix comportent des avantages et des inconvénients).

■ Les conflits approche-approche sont les plus faciles à résoudre. Les conflits d'évitement sont difficiles à résoudre et se caractérisent par l'*inaction*, l'*indécision*, la *paralysie* et un *désir de fuite*. Les gens demeurent habituellement dans des situations de conflit approche-évitement, mais ne réussissent pas à les résoudre complètement. Les conflits approche-évitement sont associés à l'*ambivalence* et à l'*approche partielle*. L'*indécision* (la vacillation entre des options) constitue probablement la réaction commune aux doubles conflits d'approche-évitement.

■ Des études portant sur l'*échelle d'évaluation de la réadaptation sociale* indiquent que l'accumulation d'événements stressants peut augmenter la propension aux accidents ou à la maladie. Toutefois, la santé psychologique et mentale à court terme est plus étroitement reliée à l'intensité et à la gravité des soucis quotidiens, ou **contrariétés**.

■ Lorsque le stress est intense ou prolongé (surtout quand il est associé à une réaction affective négative), il peut causer des dommages comme des ulcères ou d'autres problèmes *psychosomatiques*. Les **troubles psychosomatiques** (esprit-corps) ne s'apparentent pas à l'**hypocondrie**, laquelle se caractérise par la tendance à s'imaginer en proie à une terrible maladie.

■ Les personnes qui possèdent une **personnalité de type A** sont compétitives, combatives, souvent hostiles ou en colère, et continuellement impatientes. Ces traits — surtout la colère et l'hostilité — se combinent et doublent les risques de faire une crise cardiaque. Ceux qui ont une **personnalité robuste** semblent résister au stress, même s'ils possèdent les traits d'une personnalité de type A.

■ Le corps réagit au stress au cours d'une série de stades appelée **syndrome général d'adaptation** (S.G.A.). Ces stades sont l'**alarme**, la **résistance** et l'**épuisement**. Les réactions corporelles et les modifications de la résistance du S.G.A. sont étroitement apparentées à celles qu'on observe lors du développement de troubles psychosomatiques. En outre, le stress peut réduire l'immunité du corps contre la maladie.

■ Les **psychologues de la santé** s'intéressent au comportement qui aide à conserver et à favoriser la santé. Des études sur la santé et la maladie ont déterminé un certain nombre de **facteurs de risque du comportement** et de **comportements pro-santé**. Les psychologues de la santé ont été les premiers à déployer des efforts pour *prévenir* le développement d'habitudes malsaines et pour améliorer le bien-être grâce à des **campagnes de santé communautaires**.

■ Un grand nombre de techniques d'adaptation peuvent servir à gérer le stress. La plupart portent sur l'un des domaines suivants : les *réactions corporelles*, le *comportement inefficace* et les *pensées troublantes*.

■ La **méditation par concentration** est une technique d'auto-maîtrise qui peut servir à réduire le stress. Les deux principaux avantages de la méditation sont l'interruption des pensées anxieuses et la **réaction de détente**.

Discussion

1. Comment pourriez-vous diminuer les conflits ou éviter de prendre une mauvaise décision dans les situations suivantes : le choix d'une école, le choix d'une orientation scolaire, le choix de se marier ou non, le choix d'un emploi et l'achat d'une automobile?

2. Calculez vos unités d'événements stressants. Si le résultat est élevé, que pouvez-vous faire pour réduire les risques de maladie? Si le nombre est bas, que pouvez-vous pour mettre un peu de piment dans votre vie? Pouvez-vous voir un lien entre les périodes où vous avez été malade et le nombre d'événements stressants ou de contrariétés qui les ont précédées?

3. À votre avis, quelles sont les principales sources de stress dans notre société? Quelles mesures devrait-on prendre pour les combattre?

4. Il y a plus de 10 ans, le journaliste Alvin Toffler a prédit qu'un grand nombre de personnes seraient des victimes du «choc du futur», c'est-à-dire un état de stress et de désorientation provoqué par des changements sociaux trop rapides. À votre avis, cette opinion est-elle justifiée de nos jours ou dans un avenir rapproché?

5. Expliquez pourquoi vous êtes en accord ou en désaccord avec l'énoncé suivant (attribué au professeur Eugène Télégène) : «La télévision est l'opium du peuple. Si tous les écrans de télévision en Amérique du Nord devenaient soudainement vides, la santé mentale des habitants s'effondrerait, car ceux-ci ne pourraient plus fuir leurs problèmes en regardant la télévision.»

6. De quelle façon pourriez-vous le mieux vous adapter aux sources de frustration suivantes : les retards, les pertes, le manque de ressources, l'échec et le rejet?

7. À la lumière du lien entre le tabac et la santé, le gouvernement devrait-il continuer de verser des subventions importantes aux producteurs de tabac? Pourquoi?

8. À votre avis, pourquoi ne tient-on pas toujours compte du lien entre les facteurs de risque du comportement et la santé? Quelle importance accordez-vous à la santé? De quelle façon vos proches justifient-ils leurs comportements malsains? Et vous?

CINQUIÈME PARTIE

LA PERSONNALITÉ ET LE DÉVELOPPEMENT HUMAINS

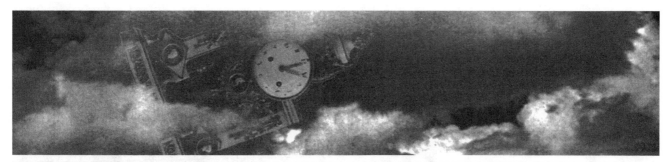

CHAPITRE 14

LE DÉVELOPPEMENT DE L'ENFANT

APERÇU DU CHAPITRE
DES ESPRITS ÉTRANGERS

Vous ne l'avez peut-être pas remarqué, comme un peu tout le monde, mais il y a des extra-terrestres parmi nous. Et d'autres nous arrivent chaque jour. Ils ressemblent énormément à vous et à moi, mais en plus petit, et ils raisonnent différemment. Ils tiennent un étrange discours et posent de nombreuses questions. Il est évident qu'ils essaient de comprendre comment nous vivons. Leur but est de prendre notre place sur la planète. Qui sont ces êtres? D'où viennent-ils? Il n'y a pas lieu de s'alarmer : ils ne proviennent pas du cosmos, mais bien de l'intérieur. Ils sont le produit de la vie qui engendre la vie. Ce sont les enfants.

L'étude des enfants contribue à répondre à la question : comment suis-je devenu la personne que je suis aujourd'hui?, ce qui rend déjà l'étude des enfants satisfaisante. Mais une autre raison suscite notre intérêt : la compréhension du monde chez l'enfant diffère en qualité de la vôtre et de la mienne. Pénétrer dans le cercle de conscience d'un enfant est presque aussi intrigant que de rencontrer une personne d'une autre culture, voire d'une autre planète. Bref, les enfants sont des créatures extrêmement intéressantes, et une grande partie de la recherche en psychologie porte sur eux.

Question : Quelle branche de la psychologie étudie les enfants?

L'étude des enfants se situe au coeur de la psychogenèse. Toutefois, il faut reconnaître que les psychologues s'intéressent à toutes les phases de la vie, du berceau au tombeau. On peut décrire la psychogenèse comme étant l'étude des changements graduels du comportement et des aptitudes, de la conception à la mort. En présence d'une telle définition, il est évident que la psychogenèse comprend maints sujets — tellement, en fait, que certains apparaissent à d'autres chapitres.

Le présent chapitre aborde un certain nombre de sujets généraux et de principes du développement, notamment les événements d'une grande portée des premières années de la vie. Le prochain chapitre traite du développement au cours de toute la vie et s'attarde à certains problèmes qui surviennent souvent à différents stades. Peut-être que la connaissance du développement peut favoriser le vôtre! Découvrez la réponse en poursuivant votre lecture.

Questions d'ensemble

- Que peuvent faire les nouveau-nés?
- À quel point les nourrissons sont-ils conscients de leur milieu?
- Comment l'hérédité et le milieu influent-ils sur le développement?
- Les styles de rôles parentaux sont-ils importants?
- Quelle importance revêt l'attachement affectif d'un enfant à ses parents?
- Comment les enfants acquièrent-ils le langage et les aptitudes du raisonnement?
- Comment les enfants acquièrent-ils des valeurs et le sens moral?
- Quels sont les effets d'un premier milieu médiocre?
- Que peut-on faire afin d'améliorer les premières phases du développement?
- De quelle manière le choix du sexe, les conseils génétiques et autres ont-ils touché les parents et les enfants?

Le nouveau-né — le modèle de série est offert avec options

À la naissance, le **nouveau-né** est totalement impuissant et meurt si l'on ne s'en occupe pas. Les nouveau-nés ne peuvent lever la tête, se retourner ou se nourrir eux-mêmes. Cela signifie-t-il qu'ils sont inertes et qu'ils ne sentent rien? Certainement pas! Les nouveau-nés sont en mesure de voir, d'entendre, de sentir, de goûter et de réagir à la douleur et au toucher. Bien que les sens soient moins aigus à la naissance, les bébés réagissent immédiatement à leur milieu. En fait, ils suivront des yeux un objet qu'on déplace et se tourneront en direction des sons. On peut également observer nombre de *réflexes* adaptatifs chez le nouveau-né. Il se saisira avec une force étonnante d'un objet pressé sur sa paume. Le **réflexe de préhension** est tellement fort que de nombreux bébés peuvent se suspendre à une barre, tels de petits trapézistes. Vraisemblablement, le réflexe de préhension améliore les chances de survie du nourrisson en l'empêchant de tomber. On peut démontrer l'existence d'un autre réflexe adaptatif en touchant la joue d'un nouveau-né. Immédiatement, ce dernier se tourne vers le doigt qui le touche, comme s'il cherchait quelque chose.

Question : De quelle façon ce réflexe est-il adaptatif?

Le **réflexe des points cardinaux**, comme on le désigne, aide le nourrisson à trouver une bouteille ou un sein. Puis, lorsqu'une tétine touche la bouche du bébé, le **réflexe de succion** lui permet d'obtenir la nourriture dont il a besoin. En même temps, la nourriture procure une récompense, dont la vigueur s'intensifie rapidement durant les premiers jours qui suivent la naissance. Ainsi, nous constatons que l'apprentissage commence immédiatement chez le nouveau-né.

Le **réflexe de Moro** présente aussi un certain intérêt. Si la tête du bébé s'incline ou que celui-ci est surpris par un bruit intense, il aura des mouvements semblables à une étreinte, qui se comparent à ceux qu'ont les bébés-singes pour s'agripper à leur mère. (On laisse à l'imagination du lecteur le soin de faire le lien.)

Il est tentant de considérer les nouveau-nés comme des amas de réflexes. Mais ceux-ci peuvent réagir de façon beaucoup plus subtile qu'on ne l'a d'abord cru. Par exemple, Andrew Meltzoff et Keith Moore (1977, 1983) ont découvert que les nourrissons sont des imitateurs nés. L'illustration 14.1 montre Meltzoff qui tire la langue, ouvre la bouche et fait la moue devant une petite fille de 20 jours. Le bébé l'imitera-t-il? Les enregistrements vidéo de bébés subissant cette épreuve confirment qu'ils imitent les mimiques des adultes. Dès l'âge de neuf mois, les bébés sont en mesure d'imiter d'autres actions et de les répéter le lendemain (Meltzoff, 1988). Ce mimétisme contribue clairement à l'apprentissage rapide dans l'enfance.

Question : Quel degré d'intelligence possèdent les nouveau-nés?

Le psychologue de l'enfance Jerome Bruner (1984) croit que les nourrissons sont plus brillants que ne le croient la plupart des gens. Il cite une expérience au cours de laquelle des bébés de 3 à 8 semaines semblaient comprendre le lien qui existe entre la voix et le corps d'une personne. Lorsque les bébés entendaient la voix de leur mère qui leur parvenait de l'endroit où elle se tenait, ils demeuraient calmes. Par contre, si la voix de leur mère provenait d'un haut-parleur placé à quelques pieds, les bébés s'agitaient et pleuraient. Bruner croit que cela et d'autres expérimentations similaires démontrent que l'esprit humain est déjà très actif à la naissance.

Illustration 14.1   *L'imitation chez le nouveau-né. Dans la rangée de photos du haut, Andrew Meltzoff fait des grimaces au bébé. La rangée du bas illustre les réactions du bébé. Des enregistrements vidéo de Meltzoff et des bébés soumis à l'épreuve assurent l'objectivité. (Gracieuseté de Andrew N. Meltzoff.)*

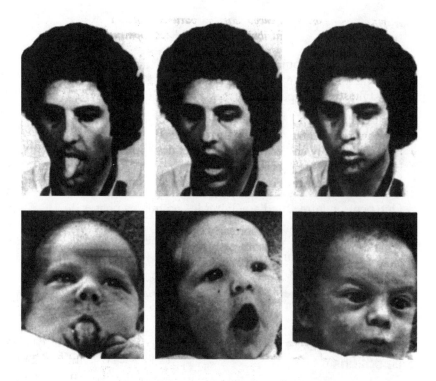

On peut saisir un autre aspect de la vie intime des nourrissons à partir d'épreuves de la vision.

Question : Comment peut-on vérifier la vision d'un bébé?

Travailler avec des bébés fait appel à l'imagination, car ceux-ci ne peuvent parler. Pour vérifier la vision d'un bébé, Robert Fantz (1963) a mis au point un dispositif qu'on appelle une **chambre de vision** (illustration 14.2a). Placé sur le dos à l'intérieur de la chambre, l'enfant fait face à un espace éclairé au-dessus de lui. Puis, on y place deux objets. En observant le mouvement des yeux du bébé et les images qu'ils reflètent, on peut déterminer ce que regarde le bébé.

Fantz découvrit que les bébés de 3 jours préfèrent les motifs compliqués, comme les damiers et les cibles, à des rectangles de couleur plus simples. D'autres chercheurs ont trouvé que les cercles et les courbes excitent davantage les nourrissons, et que ces derniers contemplent plus longtemps le rouge et le bleu que d'autres couleurs (illustration 14.2b; Bornstein, 1975; Ruff et Birch, 1974). De telle découvertes indiquent, comme l'a déjà déclaré un ami de l'auteur, «qu'il existe réellement une personne à l'intérieur de ce petit corps».

Sans doute la découverte qu'un bébé passe plus de temps à observer un visage humain qu'un visage brouillé ou un ovale colorié revêt-elle encore plus d'importance (illustration 14.2c). Au moyen de véritables visages humains, Fantz a découvert que les bébés préfèrent les visages familiers à ceux qui ne le sont pas. Toutefois, cette préférence s'inverse vers l'âge de 2 ans. En effet, c'est à ce moment que les objets inusités présentent plus d'intérêt pour l'enfant. Par exemple, Jerome Kagan (1971) a montré des masques de visages tridimensionnels à des enfants de deux ans et découvert que ces derniers étaient fascinés par un visage présentant des yeux sur le menton et un nez au milieu du front. Kagan croit que leur intérêt provient du besoin de comprendre en quoi le visage embrouillé diffère de ce à quoi ils s'attendent.

La maturation

Le développement précoce des aptitudes que nous avons décrit se déroule parallèlement à la **maturation**, qui désigne la croissance physique et le développement du corps — en particulier, du système nerveux. La maturation sous-tend la *progression ordonnée* des aptitudes fondamentales, surtout les capacités motrices comme ramper et marcher.

Alors que le *rythme* de maturation varie d'un enfant à l'autre, l'*ordre* en est presque universel. Par exemple, la force et la coordination dont un enfant a besoin pour s'asseoir sans soutien apparaissent avant celles requises pour ramper. Par conséquent, les enfants du monde entier s'assoient généralement avant de ramper (et rampent avant de se tenir debout, se tiennent debout avant de marcher, etc.; illustration 14.3).

Question : Et pourquoi mon cousin, Bruno le bizarre, n'a-t-il jamais rampé?

À l'instar de votre cousin Bruno, quelques enfants roulent, grimpent ou se traînent au lieu de ramper. Très peu passent directement de la position assise à la verticale, puis à la marche (Robson, 1984). Pourtant, une séquence ordonnée du développement moteur demeure évidente. En général, l'augmentation de la maîtrise

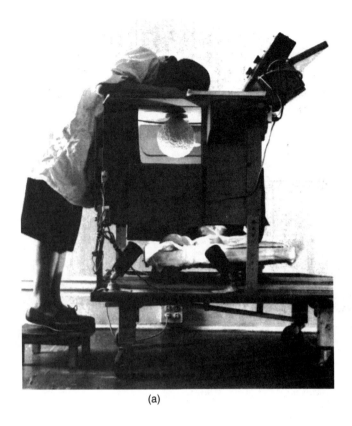

(a)

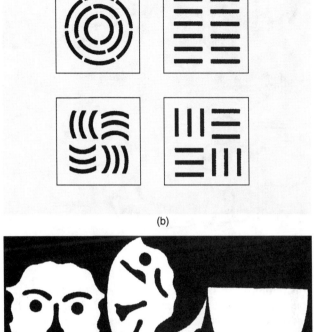

(b)

(c)

Illustration 14.2 *(a) On observe le mouvement des yeux et les points de fixation des bébés dans la «chambre de vision» de Fantz. (b) Les nouveau-nés de 13 semaines préfèrent les cercles concentriques et les courbes comme ceux de gauche aux motifs de lignes droites situés à droite. (c) Les enfants soumis à l'épreuve de la* chambre de vision contemplent le visage normal plus longtemps que le visage mêlé, et les deux visages plus longtemps que le dessin de droite. (Gracieuseté de David Linton. Dessins tirés de «The Origin of Form Perception» de Robert L. Fantz. Copyright © 1961 par Scientific American, Inc. Tous droits réservés.)*

musculaire chez l'enfant se fait *de la tête aux pieds*, et du *milieu du corps aux extrémités*.

La prédisposition La maturation provoque souvent une **prédisposition** à l'apprentissage. Selon le principe de la prédisposition (aussi connu comme le **principe de la primauté motrice**), aucun exercice répété ne suffira à développer une aptitude tant que les structures physiques nécessaires ne seront pas prêtes. Par exemple, un enfant ne peut apprendre à marcher ou à aller aux toilettes avant d'être assez développé pour maîtriser les muscles nécessaires. Les parents qui tentent de forcer leurs enfants à maîtriser des aptitudes pour lesquelles ils ne sont pas prêts ouvrent la porte à l'échec. Ils courent également le risque de frustrer leur enfant.

Question : On peut donc dire qu'il existe des âges définis auxquels les enfants sont prêts à apprendre certaines habiletés?

Non. La prédisposition n'est pas un état du tout ou rien. La formation trop hâtive restera sans succès, alors que celle légèrement en avance peut réussir, sans être efficace; l'entraînement au moment où la maturation de l'enfant est adéquate se traduit par un apprentissage rapide.

De nombreux parents ont hâte de voir progresser leurs enfants, et la tentation est toujours forte de précipiter les choses. Toutefois, il faut reconnaître qu'on peut s'épargner bien des peines en respectant le rythme de croissance personnel de l'enfant. Par exemple, considérez le cas de parents impatients qui veulent apprendre la propreté à un enfant de 18 mois en 10 semaines éprouvantes remplies de fausses alarmes et d'accidents. Si les parents attendaient que l'enfant ait deux ans, ils pourraient réussir en trois semaines seulement. Une étude récente a indiqué que les parents peuvent décider du début de l'apprentissage de la propreté, mais que la maturation tend à déterminer le moment où ce dernier s'achève (Martin et autres, 1984). (L'apprentissage se termine en général vers l'âge de 30 mois.) Alors pourquoi combattre la nature?

Peut-être l'aspect le plus frappant du bébé humain consiste en la rapidité fulgurante à laquelle il se transforme d'un nourrisson impuissant en une personne

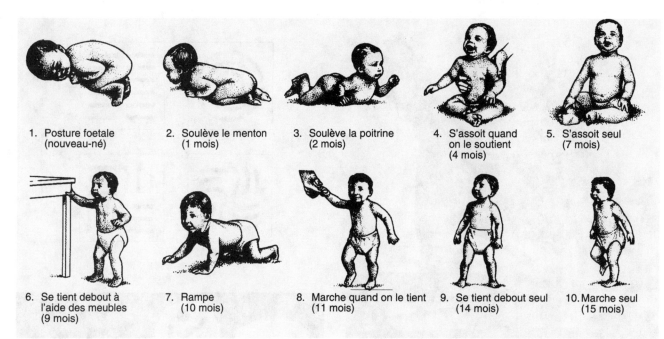

1. Posture foetale (nouveau-né)
2. Soulève le menton (1 mois)
3. Soulève la poitrine (2 mois)
4. S'assoit quand on le soutient (4 mois)
5. S'assoit seul (7 mois)
6. Se tient debout à l'aide des meubles (9 mois)
7. Rampe (10 mois)
8. Marche quand on le tient (11 mois)
9. Se tient debout seul (14 mois)
10. Marche seul (15 mois)

Illustration 14.3 *Le développement moteur. La plupart des nouveau-nés suivent une structure ordonnée de développement moteur. Bien que l'ordre auquel les enfants progressent soit le même, il existe de grandes différences individuelles en ce qui concerne l'âge auquel chaque aptitude se manifeste. Les âges cités représentent la moyenne des enfants américains. Il n'est pas rare que de nombreuses aptitudes apparaissent 1 ou 2 mois plus tôt que la moyenne, ou encore quelques mois plus tard (Frankenberg et Dodds, 1967).*

indépendante. La croissance précoce est extrêmement rapide. Vers la troisième année de sa vie, l'enfant se tient debout, marche, parle, explore et a une personnalité unique. À aucun autre moment après la naissance le développement ne se déroule aussi rapidement. Durant cette période, il s'exerce un jeu fascinant entre les forces qui forment le développement de l'enfant, dont les éléments les plus importants sont l'hérédité et le milieu.

L'hérédité et le milieu — l'inné et l'acquis

Question : Qu'est-ce qui influence davantage le développement, l'hérédité ou le milieu?

Pendant longtemps les psychologues ont débattu — parfois chaudement — de l'importance relative de l'inné et de l'acquis dans la détermination du comportement. On ne saurait nier les effets puissants de l'**hérédité** (l'inné). Au moment de la conception, lorsqu'un spermatozoïde et un ovule s'unissent, un nombre fantastique de traits personnels et de structures de croissance sont déjà déterminés. On estime que l'information génétique transmise à chaque cellule humaine remplirait des millions de pages, en petits caractères.

Question : Comment fonctionne l'hérédité?

L'hérédité Le noyau de chaque cellule du corps contient 46 structures fibreuses appelées **chromosomes** qui transmettent les instructions codées de l'hérédité. Les **gènes** constituent des zones plus petites sur les chromosomes, et chacun d'entre eux transmet des instructions qui influent sur un processus particulier ou une caractéristique personnelle. Les gènes se composent d'ADN, ou d'acide désoxyribonucléique, lequel est une longue molécule chimique qui ressemble à une échelle et qui se compose de molécules plus petites. L'ordre de ces dernières, qui sont les bases organiques, constitue le code d'information génétique. Il existe au moins 100 000 gènes dans chaque cellule humaine, peut-être plus. Dans certains cas, un seul gène est responsable d'un caractère hérité, comme la couleur des yeux. Toutefois, la plupart des caractéristiques sont **polygéniques**, ou déterminées par de nombreux gènes qui se combinent.

Les gènes sont dominants ou récessifs. Lorsqu'un gène est **dominant**, le trait qu'il régit sera présent chaque fois que le gène le sera. Lorsqu'un gène est **récessif**, il doit être couplé à un autre gène récessif avant que ne s'en exprime l'effet. Des exemples éclairciront cette relation. Nous recevons la moitié de nos chromosomes (et des gènes) de chacun de nos parents. Si vous receviez un gène d'oeil brun de votre père et d'oeil bleu de votre mère, vous auriez les yeux bruns, car les gènes d'oeil brun sont dominants.

Question : Si les gènes d'oeil brun sont dominants, comment se fait-il que deux parents aux yeux bruns aient parfois un enfant aux yeux bleus?

Si chaque parent possède des gènes d'oeil brun, les enfants du couple ne peuvent qu'avoir des yeux bruns. Mais si chaque parent a un gène d'oeil brun et un gène d'oeil bleu, ils auront tous deux les yeux bruns, mais il y a une chance sur 4 que leurs enfants héritent des gènes d'oeil bleu et aient ainsi les yeux bleus (illustration 14.4).

Le sexe est également déterminé génétiquement par deux chromosomes spéciaux. Un enfant qui hérite de deux **chromosomes X** sera de sexe féminin. Un chromosome X couplé à un **chromosome Y** donne un enfant de sexe masculin. L'ovule de la femme donne toujours un chromosome X puisqu'elle possède deux chromosomes X dans son bagage génétique. Par contre, la moitié du sperme masculin contient des chromosomes X, et l'autre moitié, des chromosomes Y. Cela comporte des conséquences qui vont au delà de la détermination du sexe, car certains caractères sont **liés au sexe**, ou transmis par les gènes récessifs des chromosomes X. Le daltonisme en constitue un exemple, car il est transmis sur un chromosome X de la mère au fils. (Dans de rares cas, les caractères génétiques liés au sexe sont transmis par un chromosome Y, mais cela est vraiment exceptionnel.)

L'inné Les instructions héréditaires que transmettent les chromosomes influencent le développement toute la vie en touchant l'évolution de la croissance, le moment de la puberté et le cours du vieillissement. Les grandes lignes de la **séquence de croissance humaine** sont donc universelles. Elles s'appliquent de la conception à la sénescence et à la mort, comme l'indique le tableau 14.1. En outre, l'hérédité détermine la couleur des yeux, celle de la peau et la propension à certaines maladies. Elle sous-tend la maturation et la séquence ordonnée du développement moteur, en plus d'exercer une influence certaine sur la taille et la forme du corps, la grandeur, l'intelligence, le potentiel athlétique, les traits de personnalité et une foule d'autres détails (illustration 14.5). Accordez un point à ceux qui favorisent l'hérédité en tant que facteur le plus important du développement!

L'acquis Ce qui précède signifie-t-il que le **milieu** (l'acquis) occupe le siège arrière du développement? Absolument pas. Comme l'a remarqué Aldous Huxley (1965), les humains d'aujourd'hui sont physiquement similaires aux hommes des cavernes qui vivaient il y a quelque 20 000 ou 30 000 ans. Un bébé intelligent né aujourd'hui pourrait devenir n'importe quoi — un programmeur, un ingénieur ou un biochimiste qui a un faible pour l'aquarelle, par exemple. Mais un bébé néo-paléolithique ne pouvait devenir autre chose qu'un chasseur ou un cueilleur de nourriture. Accordez un point aux partisans du milieu!

L'interaction de l'inné et de l'acquis L'issue de ce débat, dont nous n'avons vu que l'aperçu, consiste à reconnaître que l'hérédité et le milieu sont *également* importants. En fait, ils sont inséparables. À mesure qu'une personne grandit, il y a un jeu, ou une *interaction* constante entre la force de l'inné et celle de l'acquis. L'hérédité façonne le développement en lui fournissant un cadre de possibilités et de limites personnelles qui sont modifiées par l'apprentissage, l'alimentation, la maladie, la culture et d'autres facteurs du milieu.

Question : À quel moment après la naissance les différences héréditaires apparaissent-elles?

Immédiatement après. Depuis la naissance, les bébés sont des personnes uniques. Jerome Kagan (1969) a découvert que les nouveau-nés diffèrent notablement dans l'activité, l'irritabilité, la distractivité et d'autres aspects du **tempérament** (qui désigne les fondements physiques de la personnalité, notamment l'humeur, la sensibilité et les niveaux d'énergie). Une autre étude a indiqué qu'on peut diviser les bébés en trois catégories : les *enfants faciles* (environ 40 pour 100 de ceux qu'on a observés) sont détendus et agréables; les *enfants difficiles* (environ 10 pour 100) sont d'humeur

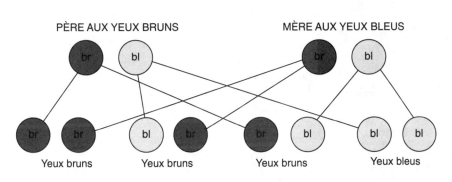

PÈRE AUX YEUX BRUNS   MÈRE AUX YEUX BLEUS

Yeux bruns   Yeux bruns   Yeux bruns   Yeux bleus

Illustration 14.4 *Structures génétiques des enfants dont les parents ont les yeux bruns et ont chacun un gène d'oeil brun et un gène d'oeil bleu. Puisque le gène d'oeil brun est dominant, seulement un enfant sur 4 aura les yeux bleus.*

Tableau 14.1   *Séquence de la croissance humaine*

PÉRIODE	DURÉE (APPROXIMATIVE)	NOM DESCRIPTIF
Période germinale	Deux premières semaines après la conception	Zygote (l'oeuf)
Période embryonnaire	2 à 8 semaines après la conception	Embryon
Période foetale	De 8 semaines après la conception à la naissance	Foetus
Période néonatale	De la naissance à quelques semaines plus tard	Nouveau-né
Petite enfance	De quelques semaines après la naissance jusqu'à ce que l'enfant marche solidement; certains enfants marchent à moins d'un an, tandis que d'autres n'en sont pas capables avant 17 ou 18 mois	Nourrisson
Pas de nom pour cette période	De 15 à 18 mois jusqu'à environ 24 à 30 mois	Bambin
Pas de nom précis	De 2 ou 3 ans jusqu'à 6 ans	Enfant d'âge préscolaire
Années du milieu de l'enfance	D'environ 6 ans à environ 12 ans	Pas de nom précis
Pubescence	Période d'environ 2 ans avant la puberté	Pas de nom précis
Puberté	Point du développement auquel les changements biologiques de la pubescence atteignent leur paroxysme marqué par la maturité sexuelle	Pas de nom précis
Adolescence	Du début de la pubescence jusqu'à la maturité sociale (période difficile à déterminer)	Adolescent

Âge adulte
   Jeune adulte (19-25)
 	
   Adulte (26-40)
 	
   Maturité (41 et plus)
	De l'adolescence à la mort; parfois subdivisé en d'autres périodes comme ci-contre à gauche	Adulte

Sénescence	Pas de limite définie qui s'applique à tous; extrêmement variable; caractérisée par une détérioration physique et psychologique marquée	Adulte (sénile), «troisième âge»

Gracieuseté de Tom Bond.

* Remarque : Les périodes de croissance n'ont pas de début ou de fin exacte. Les âges sont approximatifs, et on peut considérer que chaque période se fond dans la suivante.

Illustration 14.5   *Des jumeaux identiques. Les jumeaux qui partagent les mêmes gènes (jumeaux identiques) démontrent la puissante influence de l'hérédité. Même lorsqu'ils sont élevés séparément, les jumeaux identiques présentent des ressemblances frappantes dans leur capacité motrice, leur développement physique et leur apparence (Horn et autres, 1976).*

changeante, intenses et facilement irritables; enfin, les *enfants distants* (environ 15 pour 100) sont introvertis et sans expression, ou timides. Les autres ne correspondent précisément à aucune de ces catégories (Thomas et Chess, 1977, 1986). Peut-être devrions-nous les baptiser d'enfants «génériques»?

En raison des différences innées dans la disposition à sourire, à pleurer, à s'exprimer vocalement, à chercher à atteindre ou à prêter attention, les bébés deviennent rapidement des *participants actifs* à leur propre développement — surtout au développement social. Les enfants qui grandissent modifient le comportement de leurs parents en même temps qu'ils en sont affectés. Par exemple, Annie est un bébé facile qui sourit beaucoup et qu'on n'a aucune peine à nourrir, ce qui stimule sa mère à la toucher, à la nourrir et à lui démontrer son affection. La réaction de la mère satisfait Annie et provoque plus de sourires et de réactions positives. Une *relation* dynamique s'est établie entre la mère et la fille.

On peut détecter des différences de tempérament régulières pendant au moins les deux premières années de la vie (Matheny et autres, 1984). Toutefois, vers l'âge de dix ans, les personnalités des enfants n'offrent que peu de signes de l'irritabilité, de l'activité ou de l'attention observées durant la petite enfance (Kagan, 1976). De telles découvertes mettent encore l'accent sur les forces du milieu qui continuent à modifier les potentiels innés à chaque année qui passe.

En résumé, on peut dire qu'une combinaison de trois facteurs détermine le **niveau de développement** d'une personne à tout âge de la vie : *l'hérédité, le milieu* et le *propre comportement* de la personne. Ces trois facteurs sont intrinsèquement reliés.

Autotest

1. Si un bébé est surpris, il aura des gestes qui ressemblent à une étreinte. Ce réflexe porte le nom de

   a. réflexe de préhension *b*. réflexe des points cardinaux *c*. réflexe de Moro *d*. réflexe adaptatif

2. Après l'âge de deux ans, les bébés soumis à l'épreuve de la chambre de vision indiquent une préférence marquée pour les visages familiers et les motifs simples. Vrai ou faux?

3. À mesure que l'enfant se développe, il y a une _____ constante entre les forces de l'hérédité et celles du milieu.

4. Laquelle des séries de termes suivantes représente une progression exacte?

   a. zygote, foetus, embryon, nouveau-né, nourrisson   *b*. zygote, embryon, nouveau-né, foetus, nourrisson
   c. embryon, zygote, foetus, nouveau-né, nourrisson   *d*. zygote, embryon, foetus, nouveau-né, nourrisson

5. On peut désigner les enfants «distants» d'introvertis, d'inexpressifs ou de timides. Vrai ou faux?

6. La séquence observée dans le déroulement organisé de nombreuses réactions fondamentales relève de la _____.

7. Le principe de la primauté motrice porte aussi le nom de _____.

8. L'ADN contient un code composé de gènes dominants et récessifs. Vrai ou faux?

Réponses :

1. c 2. faux 3. interaction 4. d 5. vrai 6. maturation 7. prédisposition 8. faux

Le premier environnement — la formation du roseau pensant

De toute évidence, l'environnement commence à modifier le comportement immédiatement après la naissance, mais le milieu prénatal revêt également une certaine importance. En temps normal, nous supposons que le **milieu intra-utérin** de la matrice est extrêmement protégé et stable, ce qu'il est généralement, mais certaines conditions peuvent influer sur le développement avant la naissance.

Les influences prénatales

Au cours du développement embryonnaire et prénatal, il est fort possible que l'influence de l'environnement atteigne l'intérieur protégé de la matrice. Si la santé ou l'alimentation de la mère est déficiente, que celle-ci contracte certaines maladies comme la rubéole ou la syphilis, qu'elle consomme des drogues ou qu'elle soit exposée à des rayons X ou à des radiations atomiques, le foetus peut subir des dommages, que l'on désigne de **déficiences congénitales** (illustration 14.6). Ces dernières diffèrent des **problèmes génétiques**, qui sont

innés. (Voir la section Exploration du présent chapitre.)

Question : Comment est-il possible d'endommager l'embryon ou le foetus?

L'effet des drogues Comme vous le savez peut-être, le sang de la mère ne se mêle pas directement à celui de l'enfant qu'elle porte. Néanmoins, certaines substances, surtout les drogues, atteignent le foetus. Si la mère est morphinomane, héroïnomane ou dépendante de la méthadone, le bébé peut naître toxicomane. La plupart des médicaments usuels sur ordonnance atteignent le foetus, et bon nombre d'entre eux peuvent y causer des malformations.

Une liste même partielle des médicaments dangereux souligne le besoin de prudence en matière de consommation de médicaments durant la grossesse. Parmi les substances potentiellement dangereuses, on trouve l'anesthésie générale, la cortisone, la tétracycline, des doses excessives de vitamines A, D, B_6 et K, la cocaïne, certains barbituriques, les opiacés, les tranquillisants, les hormones sexuelles de synthèse, et peut-être même la caféine et l'aspirine (Cox, 1984; Jacobson et autres, 1984).

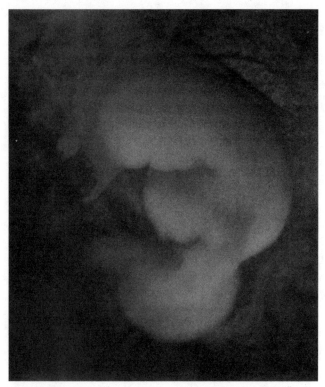

Illustration 14.6   *En raison de la croissance rapide des structures fondamentales, le foetus est sensible à une variété de maladies, de drogues et de sources de radiation, particulièrement au cours du premier trimestre (3 mois) de la gestation.*

Question : Qu'en est-il de l'alcool et du tabac?

L'usage répété et abusif d'alcool chez la femme enceinte peut provoquer le **syndrome d'alcoolisme foetal**. Les nourrissons qui en sont atteints sont très petits à la naissance, en plus de présenter une variété de déficiences physiques et des malformations faciales, et certains sont déficients mentaux. Les fausses couches et les accouchements prématurés sont également fréquents (Matarazzo, 1984). Il apparaît de plus en plus évident que même la consommation modérée d'alcool durant la grossesse peut être nuisible (Strissguth et autres, 1984).

Il semble que l'alcool prive le foetus d'une quantité importante d'oxygène, ce qui entraîne des lésions cérébrales irréversibles (Matarazzo, 1984). La quantité *maximale* d'alcool qu'une femme enceinte peut boire quotidiennement devrait se limiter à une once de spiritueux, ou à un verre de vin ou encore à deux verres de bière (Furey, 1982). Au cours des trois premiers mois de la grossesse, la consommation fréquente de quantités d'alcool, même aussi restreintes, peut causer des dommages. Étant donné les risques, le meilleur conseil qu'on puisse donner aux femmes enceintes est l'abstinence totale.

Le tabac a également un effet nocif sur le développement prénatal. Il peut accélérer ou diminuer le rythme cardiaque du foetus, et l'abus du tabac chez la femme enceinte augmente les risques de fausse couche. En outre, les grosses fumeuses courent davantage de risques d'accouchements prématurés ou encore donnent naissance à des bébés dont le poids se situe sous la normale, deux facteurs qui à leur tour accroissent les risques de maladie ou de décès après la naissance (Cox, 1984). Le taux de mortalité chez les nouveau-nés immédiatement avant, pendant ou après la naissance est 27 pour 100 plus élevé chez la femme qui fume durant la grossesse (Matarazzo, 1984). La femme enceinte qui fume deux paquets de cigarettes par jour bloque environ 25 pour 100 de la quantité d'oxygène qui parvient au foetus.

La naissance

Plus que jamais auparavant, les parents sont en mesure de choisir comment se déroulera la naissance de leur enfant. Cette dernière devrait-elle avoir lieu traditionnellement, à l'hôpital? Devraient-ils avoir recours à l'accouchement naturel? Le père devrait-il assister à l'accouchement? Ces dernières années, les chercheurs ont minutieusement sondé l'effet de tels choix. Examinons brièvement ce qu'ils ont appris.

L'accouchement traditionnel   Jusqu'à tout récemment, les **accouchements médicaux** dans les salles de travail des hôpitaux constituaient la règle dans le monde occidental. Au cours de ces accouchements, un médecin assiste la mère et lui administre des médicaments pour atténuer la douleur. Il peut s'agir d'analgésiques ou encore, d'anesthésie générale qui cause la perte de conscience. Mais avec le temps, tant les médecins que les parents ont constaté que l'anesthésie générale durant l'accouchement comporte d'importants désavantages. D'abord, les médicaments atténuent, voire éliminent l'état de conscience de la mère. En outre, ils réduisent le flot d'oxygène qui parvient au foetus, et peuvent provoquer une anesthésie partielle chez le nouveau-né. Ces facteurs retardent parfois le développement musculaire et neurologique des bébés dont les mères ont reçu de fortes doses d'anesthésiques (Brackbill, 1979).

Dans les cinq dernières années, on a eu beaucoup moins recours à l'anesthésie générale lors de l'accouchement. Néanmoins, dans 95 pour 100 des accouchements aux États-Unis, on utilise une forme ou une autre d'analgésique. Assurément, les mères ne devraient pas se sentir coupables d'avoir à utiliser un analgésique en cours d'accouchement, mais il semble toutefois qu'il soit sage d'en utiliser le moins possible.

La naissance préparée   Que peuvent faire les parents pour atténuer les douleurs de la naissance tout en assurant à leur rejeton le meilleur départ possible dans la vie? De nombreux psychologues croient que la solution tient à l'**accouchement naturel**, ou **préparé**. La préparation à l'accouchement naturel la plus répandue est sans doute la *méthode Lamaze*, mise au point par le médecin français Ferdinand Lamaze.

Les couples s'initient à la méthode Lamaze au cours de la grossesse. Une partie de la formation consiste à expliquer le déroulement de l'accouchement sur le plan physique. Les femmes qui comprennent tout à fait ce qui se passe dans leur corps éprouvent moins de craintes. On enseigne également aux couples des méthodes de respiration et de maîtrise musculaire afin d'amoindrir la douleur durant la naissance. Un autre facteur important consiste à enseigner au père ou à un ami à venir en aide à la mère durant l'accouchement.

L'accouchement naturel abrège généralement le travail et réduit la douleur. En outre, il s'agit d'une célébration de la vie plutôt que d'un problème médical ou d'une maladie. Les parents sont donc plus susceptibles de percevoir l'accouchement comme une expérience très heureuse, lorsque ce dernier se déroule naturellement et que le père est présent (Tanzer et Block, 1976). (Le bébé devrait-il aussi profiter de cette célébration ? Consultez le profil 14.1 où l'on traite de la naissance «en douceur».)

Question : À quel point est-il important que le père assiste à l'accouchement?

Pour la plupart des parents, l'intensité affective reliée à la naissance en décuple l'effet. Au moment de la naissance, le père peut se former des souvenirs qui, en plus de l'accompagner toute sa vie, peuvent influer sur son empressement à prendre soin de son enfant ou sur ses réactions, lorsque ce dernier provoque sa colère. Les chercheurs ont démontré qu'en général, les pères traversent mieux la transition au rôle de parent lorsqu'ils participent à la préparation de l'accouchement (Grossman et autres, 1980). Toutefois, bien que la participation à la naissance même puisse profiter au père, il semble qu'elle ne soit pas essentielle. L'*attitude* du père relativement à la naissance de l'enfant revêt la plus grande importance. Une étude récente a prouvé que les pères qui *désiraient* être présents à l'accouchement témoignaient plus d'intérêt à leur bébé durant la première année et semblaient plus portés à en prendre soin (Grossman et Volkmer, 1984), qu'ils aient ou non assisté à l'accouchement.

De nombreux hôpitaux disposent maintenant de **chambres de naissance** plus intimes où le père peut co-habiter (illustration 14.7), ce qui permet à ce dernier de participer à la naissance et de partager les soins prodigués au nouveau-né, tout en assurant la disponibilité de soins médicaux immédiats s'il devait y avoir complications. Même dans les salles d'accouchement traditionnelles, on permet au père d'assister à la

---

PROFIL 14.1
La naissance en douceur

On arrache brusquement un bébé à la tiède sécurité de l'utérus pour le pousser dans un monde froid et bruyant. On l'accueille avec des lumières crues, des voix fortes, la rupture du cordon ombilical et la pesée sur une balance glacée. Selon l'obstétricien français Frederick Leboyer, ces facteurs font de la naissance un événement inutilement traumatisant.

Leboyer (1975) s'est fait le défenseur d'une méthode de **naissance en douceur** qu'il croit être agréable tant à la mère qu'à l'enfant. L'accouchement se déroule dans une pièce à l'éclairage tamisé, où règne le silence. Immédiatement après la naissance, on place le bébé sur le ventre de sa mère et on le masse doucement. Après quelques minutes, on coupe le cordon ombilical et on baigne le nouveau-né dans l'eau tiède. Leboyer croit que cette méthode est supérieure aux procédés classiques, qu'il considère «violents et cruels».

D'un point de vue médical, certaines méthodes de Leboyer peuvent s'avérer risquées. Par exemple, il se peut que dans une salle d'accouchement sombre, on ne puisse détecter à temps un «bébé bleu» ou toute autre complication. Néanmoins, la naissance en douceur plaît à de nombreux parents, et des milliers d'accouchements se sont déroulés selon la méthode Leboyer.

Il faut également considérer qu'intrinsèquement, la naissance est traumatisante. Un certain degré de stress au cours de la naissance peut être normal, voire désirable. On a prouvé que les bébés nés par césarienne (accouchement chirurgical) ont un taux de survie moins élevé.

Leboyer prétend que la naissance en douceur engendre des enfants plus heureux, plus sains, plus détendus et dont l'équilibre émotif est plus stable. Toutefois, les preuves à l'appui de cette théorie ne sont pas très convaincantes. S'il est vrai que durant les 15 à 20 minutes qui succèdent à la naissance les bébés Leboyer sont plus détendus que d'autres nouveau-nés (Oliver et Oliver, 1978), par la suite, aucune différence d'avec les bébés nés de façon plus traditionnelle n'a pu être mesurée (Nelson et autres, 1980). Et même si les bébés Leboyer étaient différents, pourrait-on en conclure que la naissance en douceur est profitable? Peut-être que les parents qui choisissent la naissance en douceur ont-ils tendance à être plus affectueux et attentionnés. Si tel est le cas, la santé affective ultérieure de leur enfant ne relève peut-être pas du tout de la naissance même.

Sans aucun doute, les parents doivent choisir la méthode d'accouchement qui les rend le plus à l'aise, et nombre d'entre eux considèrent la naissance en douceur comme une solution souhaitable. Mais jusqu'ici, il semble que les naissances en douceur profitent davantage aux parents qu'aux bébés!

naissance, à titre d'observateur ou d'assistant de la mère durant le travail et l'accouchement. Dans certains cas, le père coupe le cordon ombilical et donne au bébé son premier bain. En outre, on emmène moins rapidement les nouveau-nés à la pouponnière; dans certains hôpitaux, le bébé passe sa première nuit avec ses parents dans la chambre de naissance. De toute évidence, de tels changements font que la naissance est plus satisfaisante sur le plan psychologique pour la mère, le père et l'enfant.

Les influences maternelle et paternelle

Dans les années subséquentes, le milieu de l'enfant s'étend et intègre les influences de la culture, de la sous-culture, de la famille, de l'école, de la télévision et des pairs. Toutefois, immédiatement après la naissance de l'enfant et dans les premières années, l'influence capitale provient des pourvoyeurs de soins. La qualité du maternage et du paternage revêt donc une importance primordiale.

Une étude révélatrice de l'**influence maternelle** débuta par la sélection d'enfants supérieurement compétents (enfants A), ou d'enfants moins compétents (enfants C). En observant des enfants de plus en plus jeunes, il apparut que les modèles A et C s'installaient dès l'âge de 3 ans.

Afin de comprendre le phénomène, les chercheurs visitèrent des foyers et observèrent des enfants de moins de 3 ans en présence de leur mère (White et Watts, 1973). Les **styles de soins** observés variaient grandement, de la «supermère» à la «gardienne de zoo». Les mères du premier type faisaient tout en leur pouvoir afin de multiplier les expériences éducatives de leurs enfants et d'encourager ceux-ci à prendre des initiatives, ce qui engendrait un enfant A, compétent dans tous les domaines du développement. À l'opposé, les mères «gardiennes de zoo» prenaient bien soin de leurs enfants sur le plan physique, mais n'interagissaient

Illustration 14.7 *Le changement des attitudes relativement à la naissance a favorisé une meilleure préparation à l'accouchement et une participation plus active aux soins prodigués au nouveau-né.*

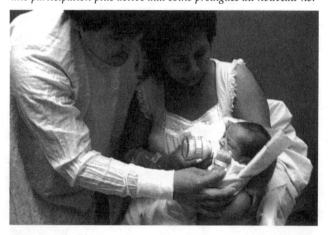

presque pas avec eux. Leurs habitudes d'éducation étaient très rigides et hautement structurées. Il en résultait des enfants C qui avaient tendance à aborder les problèmes de manière inflexible (Pines, 1969).

Les soins optimaux relèvent également de la **qualité de l'accord** entre parents et enfants (Chess et Thomas, 1986). Par exemple, un enfant distant peut éprouver plus de difficultés à s'adapter, si ses parents font preuve d'impatience plutôt que de souplesse. Dans le cadre d'une étude qui tend à la même conclusion, on a découvert qu'à l'âge de 6 ans, on peut prévoir, jusqu'à un certain point, les aptitudes intellectuelles d'un enfant selon la *bonne réaction* que lui témoigne sa mère durant la petite enfance (Coates et Lewis, 1984). Il semble que les mères efficaces sont sensibles aux besoins de leurs enfants. Autrement dit, elles modifient leur propre comportement afin de satisfaire les besoins changeants de leur enfant à chaque phase du développement.

Dans l'ensemble, de telles découvertes étayent deux théories que défendent depuis longtemps les psychologues du développement, la première voulant que le maternage change quelque chose, et la deuxième, que les premières phases du développement aient un effet permanent sur la personne.

Question : Ne négligez-vous pas le rôle du père?

Oui. Les pères exercent également une influence marquante sur le développement social et intellectuel de leur enfant. En fait, leur contribution est unique, car leur interaction avec leur enfant diffère de celle de la mère. Des études récentes sur l'**influence paternelle** révèlent que le rôle principal du père consiste à être le *compagnon de jeu* du bébé (illustration 14.8). En général, le père passe de 4 à 5 fois plus de temps à jouer avec son bébé qu'à lui prodiguer des soins (Parke et Sawin, 1977).

Ce rôle du père peut apparaître mineur dans le développement de l'enfant, mais il n'en est rien. Dès la naissance et par la suite, le père porte à l'enfant une attention visuelle plus marquée que celle de la mère. Il est beaucoup plus tactile (il soulève, chatouille et manie le bébé), plus stimulant sur le plan physique, et joue plus rudement ou encore de façon plus inhabituelle, comme lorsqu'il imite le bébé (Crawley et Sherrod, 1984; Parke et Sawin, 1977). La mère parle davantage à l'enfant, se prête à des jeux plus classiques (comme le coucou!) et, comme nous l'avons déjà mentionné, passe plus de temps à donner les soins (illustration 14.9). Ces différences de comportement entre le père et la mère se poursuivent au moins jusqu'au milieu de l'enfance (Russell et Russell, 1987).

Ainsi, dès les premiers jours de la vie, les nourrissons ont une perception très différente des sexes masculin et féminin. Les femmes, qui procurent le confort, les soins et la stimulation verbale ont également tendance à être disponibles. Les hommes vont et viennent, et lorsqu'ils sont présents, l'action, l'exploration

Illustration 14.8 *En général, le contribution du père au développement précoce ne met pas l'accent sur les mêmes éléments que celle de la mère.*

et le risque prédominent (Herbert et Greenberg, 1983). Il n'est donc pas étonnant que les styles de soins maternels et paternels semblent avoir une influence définitive sur le développement des fonctions sexuelles de l'enfant (Biller, 1982; Siegal, 1987).

Le développement social — j'ai le béguin pour toi mon bébé

Dès leur premier jour, les enfants sont des êtres sociaux. Leur capacité d'imiter les adultes et l'intérêt qu'ils portent au visage humain, comme nous l'avons déjà mentionné, constituent de bons exemples de leur sensibilité aux autres. En outre, comme en fait foi la discussion précédente, les relations de l'enfant avec ses parents influencent fortement son développement personnel et social.

Deux éléments majeurs du début du développement social de l'enfant sont la croissance de la conscience de soi et l'élargissement de la conscience des autres.

La conscience de soi Lorsque vous regardez dans un miroir, vous reconnaissez l'image qui vous apparaît comme étant la vôtre — sauf peut-être, tôt le lundi matin. À quel âge ce sens de la reconnaissance s'est-il d'abord développé? À l'instar de nombreux autres événements du développement, la **conscience de soi** dépend de la maturation du système nerveux.

Question : Comment la conscience de soi apparaît-elle chez l'enfant?

Lors d'une expérience, sûrement très amusante, les mères d'enfants âgés de 9 à 24 mois appliquèrent en secret un point rouge sur le nez de leur rejeton. On plaça ensuite les enfants en face d'un miroir afin de les soumettre à une épreuve. Il s'agissait de savoir à quel moment l'enfant se rendrait compte de la présence du point rouge sur son nez, ce qui indiquerait la reconnaissance de l'image du miroir. La possibilité que l'enfant de 9 mois touche son nez était presque nulle, mais chez l'enfant dans sa deuxième année, elle s'accroissait

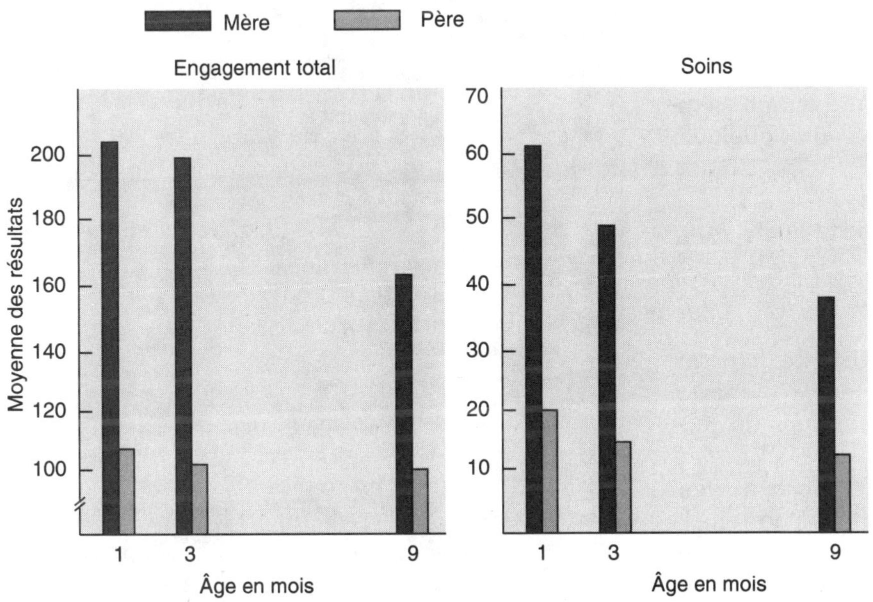

Illustration 14.9 *Les interactions mère-bébé et père-bébé. Ces graphiques illustrent ce qui se passe au cours d'une journée ordinaire dans un échantillon de 72 foyers américains. Le graphique de gauche indique le nombre de contacts que les parents ont eus avec leurs enfants, qu'il s'agisse de toucher et de serrer le bébé, ou de lui parler et de lui sourire. Le graphique de droite indique la quantité de soins (langer, laver, nourrir, etc.) prodiguée par chacun des parents. Notez que dans chaque cas, les interactions mère-bébé excèdent largement les interactions père-bébé. (Tiré de Belsky et autres, 1984).*

radicalement. Dans le cadre d'une épreuve de reconnaissance encore plus concluante, on montra aux enfants des enregistrements vidéo d'eux-mêmes à la télévision. La plupart des enfants de moins de 15 mois ne furent pas en mesure de reconnaître leur propre image (Lewis et Brooks-Gunn, 1979). Le développement de la conscience de soi suit donc de près l'évolution de la croissance humaine (Kagan, 1976), et lorsqu'on la combine avec la conscience des autres qui grandit aussi, elle constitue le coeur du développement social.

La reconnaissance sociale   À peu près au même moment que se développe la conscience de soi, les enfants deviennent de plus en plus conscients des autres. Avez-vous déjà remarqué la façon dont les adultes observent parfois la physionomie des autres avant de réagir? On peut également observer une telle **reconnaissance sociale** chez les bébés. Vers l'âge d'un an, la plupart des enfants *se réfèrent* à leur mère (la regardent) lorsqu'ils se trouvent dans une situation inhabituelle.

Lors d'une récente étude sur la reconnaissance sociale, on a placé des bébés sur un précipice visuel (comme on en trouve aux illustrations du chapitre 5). Le côté profond du précipice était juste assez haut pour que les bébés soient tentés de le traverser sans toutefois passer aux actes. La plupart des bébés placés sur le bord du précipice regardaient continuellement leur mère, laquelle leur faisait des grimaces (à des fins scientifiques, bien entendu!). Lorsque le visage de leur mère exprimait de la joie ou de l'intérêt, la plupart des bébés traversaient le côté profond; par contre, s'ils y voyaient de la crainte et du danger, peu de bébés franchissaient le précipice (Sorce et autres, 1985). Ainsi, vers la fin de la première année, les bébés sont conscients de la physionomie d'autrui et la consultent pour s'orienter (Klinnert, 1984). Une fois de plus, nous voyons prendre racine une aptitude sociale importante.

Le noeud du développement social se situe au sein de l'attachement affectif qui unit le bébé à la personne qui lui prodigue des soins. Avant d'examiner directement le sujet, considérons d'abord certains comportements animaux connexes pour en tirer quelques leçons.

Les périodes critiques et l'empreinte

Question : Pourquoi les premières expériences de la vie ont-elles un effet aussi durable?

On peut l'expliquer en partie par l'existence de périodes critiques lors de l'acquisition de certains comportements. Une **période critique** est un temps de plus grande sensibilité aux influences, positives et négatives, du milieu. Souvent, certains événements doivent avoir lieu au cours d'une période critique pour que la personne ou l'animal puisse se développer normalement. Par exemple, Konrad Lorenz, un éthologiste qui a étudié le comportement animal, s'est un jour demandé pourquoi les oisons suivent leur mère. L'explication évidente semblait être : «C'est instinctif», mais Lorenz a prouvé autre chose.

Mère Lorenz

Normalement, le premier gros objet en mouvement qu'aperçoit un oison est sa mère. Lorenz fit couver des oeufs d'oie dans un incubateur, de sorte qu'il fut le premier objet que les oies aperçurent. À partir de ce moment, les oisons suivirent Lorenz et réagirent même à son appel comme s'il s'agissait de leur mère (illustration 14.10; Lorenz 1937).

L'empreinte   On peut constater que «suivre mère l'oie» n'est pas un mode de réaction automatique. Ce dernier s'établit plutôt à la faveur d'une période critique, par l'expérience essentielle que constitue la vision d'un gros objet en mouvement. On désigne d'**empreinte** l'apprentissage rapide et précoce d'un mode de comportement permanent de ce type.

Chez la plupart des oiseaux, la période critique d'empreinte est très brève. Par exemple, Hess (1959) a démontré que si les canetons ne s'imprègnent pas de leur mère ou de tout autre objet dans les 30 heures qui suivent l'éclosion, ils ne le feront jamais. (Certains canetons se sont imprégnés de leurres, de balles, de blocs de bois ou d'autres objets saugrenus.) Pour de nombreuses espèces, l'empreinte et d'autres événements

Illustration 14.10   *«Mère» Lorenz mène ses protégés. Les oisons se sont imprégnés de Lorenz parce qu'il est le premier objet en mouvement qu'ils aient vu après avoir éclos.*

qui ont lieu au cours de périodes critiques ont des conséquences permanentes (Lorenz, 1962).

La revanche du choucas

L'empreinte sert habituellement à attacher un jeune animal à sa mère. À la maturité sexuelle, elle guide également le choix de l'accouplement. Dans une autre expérience de Lorenz, un choucas s'est imprégné de lui. Lorsque l'oiseau atteignit sa maturité sexuelle, Lorenz devint l'objet de son rite d'accouplement, lequel consistait entre autres à déposer des vers dans la bouche du compagnon convoité, comme le constata avec étonnement Lorenz un jour qu'il s'était assoupi sur la pelouse. Lorsqu'il refusa le cadeau, le choucas lui rentra le ver dans l'oreille. (Ce qui prouve que le naturel revient toujours au galop!)

L'attachement

Question : L'empreinte se produit-elle chez les humains?

Les cas authentiques d'empreinte se limitent aux oiseaux et à d'autres animaux (Hess, 1959). Toutefois, les bébés humains développent un **attachement affectif** envers leurs *premiers gardiens* (habituellement, les parents), et il existe une période critique (la première année grosso modo) au cours de laquelle cela doit se produire afin de permettre un sain développement (Bowlby, 1969, 1973).

Vers l'âge de 8 à 12 mois, un signe direct qui indique la formation d'un lien affectif apparaît chez les enfants : ils font preuve d'**angoisse de séparation** (pleurs et signes de peur), lorsque leurs parents les laissent seuls ou en compagnie d'étrangers (Kagan, 1976). Il est intéressant de constater que les bébés qui passent beaucoup de temps avec leur grand-mère semblent s'attacher à cette dernière presque autant qu'à leur mère (Myers et autres, 1987). Chez la plupart des enfants, ces attachements constituent la première étape qui leur permettra d'étendre leurs relations sociales aux autres.

L'attachement peut jouer une influence déterminante au début du développement. Les bébés qui s'attachent en toute sécurité à leurs parents font preuve ultérieurement de plus de souplesse, de curiosité, de compétence en matière de résolution de problèmes et d'aptitudes sociales à la maternelle (Parke et Asher, 1983).

Question : Les garderies pour jeunes enfants influent-elles sur la qualité de l'attachement?

Dans la plupart des cas, il semble que non. D'une part, l'angoisse de séparation disparaît normalement lorsque ladite séparation d'avec les parents devient un événement habituel. D'autre part, les conclusions d'études portant sur les garderies indiquent que «la garde non maternelle *de grande qualité* ne semble pas comporter d'effets nuisibles sur l'attachement maternel, le déve-loppement intellectuel, le comportement socio-affectif ou la santé physique des enfants d'âge pré-scolaire» (Etaugh, 1980; Tephy et Elardo, 1984), si les heures de garderie n'excèdent pas 20 heures par semaine. Le cas échéant, certains signes d'insécurité apparaissent souvent dans la relation entre la mère et l'enfant (Belsky et Rovine, 1988). Cette insécurité se manifeste surtout si l'enfant est l'aîné, qu'il est âgé de moins d'un an et que sa mère travaille à temps plein (Barglow et autres, 1987). Outre ces considérations, la clé d'un attachement sûr consiste pour une mère à accepter les signaux et les rythmes de son enfant, et à y être sensible (Belsky et autres, 1984).

Ces dernières années, on a assisté à une grande controverse au sujet de l'influence qu'exercent sur l'attachement les événements qui se produisent immédiatement après la naissance. Le profil 14.2 présente une discussion sur le lien mère-enfant.

Les singes orphelins La recherche menée sur des singes rhésus indique que, tout comme l'empreinte, l'attachement des petits peut avoir des effets durables. Harry Harlow (1966, 1967) a démontré que les bébés-singes qu'on séparait de leur mère et qu'on élevait dans l'isolement devenaient des animaux adultes perturbés. Notamment, ces singes sans mère ne développent jamais de comportement sexuel normal, et lorsque les femelles ont des petits, elles sont des mères très médiocres. Elles rejettent froidement leurs petits ou font preuve d'indifférence à leur égard, quand elles ne les brutalisent pas. On a suggéré que les parents humains qui violentent, rejettent ou blessent physiquement leurs enfants font preuve d'un comportement semblable. En effet, la plupart des parents violents ont eux-mêmes été rejetés ou maltraités durant leur enfance. En outre, certains psychologues croient qu'on peut relier le comportement antisocial à un manque d'attachement dans l'enfance (Magid, 1988). Les enfants qui présentent de graves problèmes d'attachement n'apprennent ni à faire confiance à autrui, ni à s'en soucier. Par conséquent, nombre d'entre eux sont cruels, coléreux et auto-destructeurs.

Combler les **besoins affectifs** d'un bébé est tout aussi important que de répondre aux besoins plus évidents de ce dernier, qu'il s'agisse de nourriture, d'eau ou de soins physiques. Tout bien considéré, un des aspects les plus importants du développement dans la première année de la vie semble être la création d'un lien de confiance et d'affection entre le bébé et au moins une autre personne (voir le chapitre 15). Les parents craignent souvent de «gâter» leur enfant par un excès d'attention, mais dans les deux premières années, cela est presque impossible. En fait, la capacité ultérieure de connaître des relations chaleureuses et affectueuses peut en dépendre.

PROFIL 14.2
Le lien mère-nourrisson — un débat délicat

Dans l'aile d'un hôpital, on réserve aux nouvelles mamans un contact traditionnel avec leur enfant : un bref coup d'oeil après la naissance et des visites de 30 minutes à toutes les quatre heures pour la tétée. Dans une autre aile, les mères d'un «groupe de contact prolongé» gardent leur bébé pendant une des trois heures qui succèdent à la naissance, et durant cinq heures additionnelles chaque après-midi et ce, au cours des trois jours qui suivent l'accouchement. Le contact prolongé exerce-t-il une influence?

Une première série d'études menées par Marshall Klaus et John Kennel (1982) semblaient indiquer que le contact intime précoce entre une mère et son enfant comporte des avantages durables. Selon Klaus et Kennel, les premières heures qui succèdent à la naissance constituent une période délicate. Les couples mère-enfant qui passent alors plus de temps ensemble forment donc un **lien émotionnel** plus fort entre eux, surtout, croient les chercheurs, si le contact précoce comporte des touchers d'épiderme à épiderme.

Klaus et Kennel ont observé que les bébés «liés» sont plus alertes et réagissent davantage, en plus d'être plus sains et éveillés que ceux qu'on a privés d'un contact prolongé. Toutefois, la majorité des études plus récentes et minutieuses ne soutiennent pas la théorie voulant qu'un contact précoce prolongé soit crucial au lien mère-nourrisson (Myers, 1984). On allègue également que les enfants adoptés, les bébés prématurés ou nés par césarienne développent tous un lien normal et affectueux avec leur mère. Même Klaus et Kennel reconnaissent aujourd'hui qu'il est peu probable qu'une chose aussi importante que l'attachement affectif relève *uniquement* des premières heures après la naissance (Klaus et Kennel, 1984). Les humains sont extrêmement adaptables, et il existe de nombreuses occasions favorables à l'attachement au cours des premières années de la vie.

Les défenseurs des liens affectifs continuent à croire que le contact précoce mère-nourrisson est bénéfique, tandis que même les spécialistes qui en doutent reconnaissent que permettre à la mère, au père et à l'enfant d'être ensemble au cours des premières heures est humain et naturel. Par conséquent, même si on a prouvé que le contact précoce n'est pas essentiel, il demeure indubitablement une expérience constructive et satisfaisante sur le plan affectif.

Autotest

1. Le milieu intra-utérin est tellement bien protégé qu'il influe très peu sur le développement d'une personne. Vrai ou faux?

2. La «supermère» fait tout en son pouvoir pour créer des expériences éducatives, mais accepte son enfant comme il est. Vrai ou faux?

3. En général, les modes de comportement paternels diffèrent très peu de ceux de la mère. Vrai ou faux?

4. Des signes évidents de conscience et de reconnaissance de soi apparaissent chez la plupart des bébés à environ 8 mois. Vrai ou faux?

5. La _____ sociale de la physionomie des parents est évidente chez les enfants d'environ un an.

6. L'empreinte peut s'effectuer chez un caneton après la période critique, si l'on accorde une attention spéciale à ses besoins affectifs. Vrai ou faux?

7. L'apparition de l'angoisse de séparation chez un bébé correspond à la formation de son attachement à ses parents. Vrai ou faux?

8. Les chercheurs ont conclu que le contact mère-nourrisson immédiatement après la naissance est essentiel au développement optimal. Vrai ou faux?

Réponses :

1. faux 2. vrai 3. faux 4. faux 5. reconnaissance 6. faux 7. vrai 8. faux

Le développement du langage — les bébés loquaces

Les premiers mots d'un bébé relèvent presque du miracle. Comment arrivons-nous à entrer dans le monde du langage? Comme nous en ferons la preuve, le développement social jette les bases de l'apprentissage du langage. Mais avant d'examiner ce lien, voyons d'abord le développement du langage.

L'acquisition du langage Le développement du langage est étroitement lié à la maturation. Vers l'âge d'un mois, le bébé est en mesure de maîtriser ses pleurs suffisamment pour en faire un outil propre à attirer l'attention, et les parents peuvent distinguer la nature de ses besoins par le ton des pleurs. À environ 6 à 8 semaines, bébé commence à **gazouiller** (répétition des voyelles comme «ooo» et «aaa»).

Dès l'âge de six mois, le système nerveux est assez développé pour permettre à l'enfant de prendre des objets, de sourire, de rire, de s'asseoir et de **babiller**. À ce stade, les consonnes s'ajoutent et créent un flot continu de sons répétés, et l'influence du milieu se manifeste par un babillage accru lorsque les parents parlent à l'enfant (Mussen et autres, 1979).

Vers l'âge d'un an, le bébé se tient debout seul pendant quelques instants et répond à des mots comme *non* ou *bonjour*. Peu après se forme le premier lien entre les mots et les objets, et les enfants appellent leurs parents «maman» ou «papa». Entre un an et demi et deux ans, les enfants sont en mesure de se tenir debout et de marcher tout seuls, et leur vocabulaire contient alors entre 24 et 200 mots. D'abord, ils traversent le **stade du mot-phrase**, où ils ne prononcent que des mots comme «jus», «dodo» etc. (Bloom et Lahey, 1978). Peu après, ils organisent des phrases simples de deux mots qu'on désigne de **discours télégraphique** : «Veut ours», «Maman partie». Dès ce moment, la croissance du vocabulaire et des compétences linguistiques de l'enfant se déroule à un rythme phénoménal. En première année, l'enfant comprend environ 8 000 mots et en utilise à peu près 4 000.

Les racines du langage

Dans le cadre d'une étude fascinante, les chercheurs Louis Sander et William Condon (1974) filmèrent des nouveau-nés qui écoutaient des sons variés. Une analyse ultérieure de toutes les images du film se révéla parfois étonnante : le mouvement des bras et des jambes des nourrissons est synchronisé au rythme de la parole humaine. Les bruits aléatoires, les tapements rythmiques ou les sons des voyelles isolés n'engendrent pas cette «danse du langage». Seule la cadence naturelle de la parole produit cet effet.

Pourquoi des poupons de quelques jours à peine «dansent»-ils exclusivement au son de la parole? Peut-être la reconnaissance du langage est-elle innée. Le linguiste Noam Chomsky (1968, 1975) prétend depuis longtemps que les humains sont dotés d'une **prédisposition biologique** au développement du langage. Selon lui, l'organisation du langage est innée, comme la capacité de coordination de la marche. Cette hypothèse expliquerait le fait que tous les enfants du monde utilisent un nombre limité de structures dans leurs premières phrases. Voici certaines de ces structures (Mussen et autres, 1979) :

Identité :	«Vois Annick.»
Inexistence :	«Lait parti.»
Possession :	«Ma poupée.»
Agent-action :	«Maman donne.»
Négation :	«Pas balle.»
Question :	«Où chien?»

Question : La théorie de Chomsky offre-t-elle une explication à la rapidité du développement du langage?

Peut-être, mais de nombreux psychologues croient que Chomsky sous-estime l'importance de l'apprentissage (Bruner, 1983). Les **psycholinguistes** (spécialistes de la psychologie du langage) ont démontré que le langage n'est pas mystérieusement «mis en fonction» par le discours adulte. L'imitation des adultes et les récompenses pour s'être servi des termes adéquats (comme lorsque l'enfant demande un biscuit) font également partie de l'apprentissage du langage. Qui plus est, les parents et les enfants commencent à communiquer bien avant que l'enfant ne soit en mesure de parler. Des mois d'efforts partagés précèdent le premier mot de l'enfant (Miller, 1977). À ce point de vue, le comportement des bébés filmés reflète une disposition à interagir *socialement* avec les parents, et non la reconnaissance innée du langage.

Question : Comment les parents communiquent-ils avec les bébés, avant que ceux-ci ne parlent?

Les premières communications Les parents se donnent beaucoup de peine pour faire sourire et parler leur bébé (illustration 14.11). Ce faisant, ils apprennent rapidement à modifier leurs gestes de façon à garder l'attention, la stimulation et l'activité du bébé au plus haut niveau (Brazelton et autres, 1974). Le jeu de la «bibitte a monte... a monte... a monte... oups! partie!» constitue un bon exemple. À la faveur de ces jeux, les adultes et les bébés arrivent à partager des rythmes et des attentes similaires (Stern, 1982) et créent rapidement un système de **signaux** partagés. Le toucher, la voix, le regard et le sourire contribuent à jeter les bases de l'utilisation ultérieure du langage. Plus précisément, ces signaux établissent un modèle **à tour de rôle** dans la conversation (Bruner, 1983; Snow, 1977).

Mère	*Nathalie*
	(sourit)
«Oh! le beau sourire!	
Oui, c'est gentil!	
Oui.	
C'est un très joli petit sourire.	(éructe)
Oh! excusez-moi!	
Cela va mieux, non ?	
Oui.	(gazouille)
Oui.	(sourit)
Qu'est-ce qui t'amuse donc?»	

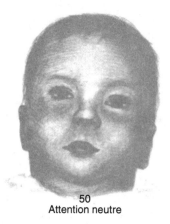
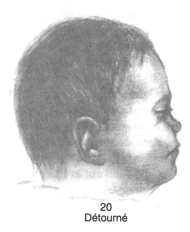

85
Attention moyenne

50
Attention neutre

20
Détourné

Illustration 14.11 *Échelle de participation du bébé. Ces échantillons tirés d'une échelle de 90 points indiquent différents niveaux de participation, ou d'attention de l'enfant. Les bébés participent aux «conversations» de la période du prélangage en prêtant et en maintenant leur attention, de même qu'en souriant, en regardant ou en gazouillant (tiré de Beebe et autres, 1982).*

Vus de l'extérieur, de tels échanges peuvent sembler insignifiants, mais en réalité, ils représentent une communication réelle. Les gazouillements et l'attention du bébé constituent un moyen d'interagir avec les parents sur le plan affectif (Stern et autres, 1975). Dès l'âge de trois mois, certains enfants émettent un plus grand nombre de sons lorsqu'un adulte les fait participer à un modèle d'interaction à tour de rôle (Bloom et autres, 1987; voir l'illustration 14.12).

En résumé, certains éléments du langage sont peut-être innés, mais le plein épanouissement du langage exige une culture attentive. Maintenant que nos sujets (les bébés) parlent, passons à une vue plus globale du développement intellectuel.

Illustration 14.12 *Le graphique illustre comment l'enfant apprend à prendre son tour à la faveur des jeux qu'il partage avec sa mère. Pendant plusieurs mois, Richard ne réagit à des jeux comme «Coucou!» ou «Donne le jouet» que lorsque sa mère en prenait l'initiative. Toutefois, vers l'âge de neuf mois, il commença rapidement à prendre les devants de l'action. Bientôt, il devint le meneur dans près de la moitié des jeux. Apprendre à agir à tour de rôle et à diriger ses gestes vers une autre personne sous-tend les compétences linguistiques fondamentales (tiré de Bruner, 1983).*

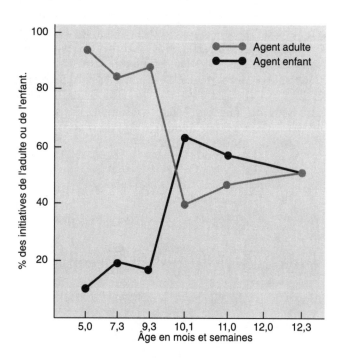

Le développement cognitif — comment les enfants apprennent-ils à penser, et comment pensent-ils à apprendre?

Question : En quoi la compréhension du monde d'un enfant diffère-t-elle de celle d'un adulte?

En général, le raisonnement d'un enfant est moins abstrait que celui d'un adulte. Les enfants ont moins recours aux généralisations, aux catégories et aux principes, et ont tendance à fonder leur compréhension du monde sur des exemples particuliers, des sensations tangibles et des objets concrets.

Le fait qu'ils ne reconnaissent pas la permanence des objets constitue un indice de la nature concrète du raisonnement chez les jeunes enfants. Les enfants plus âgés et les adultes savent qu'un objet qu'ils ne voient pas existe toujours. Mais lorsqu'un bébé de 4 à 5 mois joue avec une balle et que celle-ci disparaît derrière un objet quelconque, il croit qu'elle a cessé d'exister et ne la cherche plus.

Longtemps après que les enfants ont découvert la permanence des objets, leur pensée demeure concrète dans d'autres domaines. Par exemple, avant l'âge de 6 ou 7 ans, ils ne sont pas en mesure d'effectuer des *transformations*. Si vous montrez à un enfant un verre petit et large rempli de lait, et un autre grand et étroit tout aussi plein, l'enfant déclarera que le plus grand verre contient plus de lait et ce, même si vous versez devant lui le contenu du petit verre dans le grand verre vide. L'apparente transformation du lait d'une moindre quantité en une plus grande n'ébranle pas leur conviction; ils ne réagissent qu'au fait que *plus grand* semble signifier *plus* (illustration 14.13). Après l'âge d'environ 7 ans, cette situation ne trompe plus les enfants, ce qui explique peut-être qu'on désigne cette époque «d'âge de raison». En effet, à partir de 7 ans, on constate une nette tendance à la pensée plus abstraite (Elkind, 1968).

Question : Existe-t-il un modèle de croissance intellectuelle dans l'enfance?

Le psychologue et philosophe suisse Jean Piaget (1951, 1952) en est persuadé.

La théorie de Piaget sur le développement cognitif

Piaget croyait que tous les enfants traversent une série de phases distinctes du développement intellectuel (illustration 14.14). La majeure partie de ses idées lui vinrent en observant ses propres enfants résoudre différents problèmes de raisonnement. (On peut croire

que l'illustre carrière de Piaget commença un jour où sa femme lui dit : «Jean, occupe-toi des enfants pendant un certain temps.») Ses nombreuses observations l'amenèrent à la conclusion que l'intelligence grandit sous l'effet de processus mentaux qu'il désigne d'*assimilation* et d'*accommodation*.

L'**assimilation** consiste à se servir de modèles existants dans de nouvelles situations. Supposons que le jouet préféré de Renaud est un marteau en plastique qu'il manie adéquatement et dont il adore se servir pour frapper sur ses blocs. Pour son anniversaire, Renaud reçoit une clé anglaise géante. S'il utilise cette dernière pour frapper, il l'a alors assimilée à une structure mentale existante.

L'*accommodation* modifie les idées existantes afin de les adapter à de nouvelles exigences. Par exemple, un jeune enfant peut croire qu'une pièce de dix cents vaut moins qu'une pièce de cinq cents, plus grande. Lorsqu'il commence à dépenser de l'argent, il doit changer d'idée relativement à la signification de «plus» et «moins». Ainsi, les situations nouvelles s'assimilent aux idées existantes, et de nouvelles idées se créent qui s'accommodent aux nouvelles expériences.

Les théories de Piaget ont exercé une profonde influence sur notre façon de voir les enfants. Voici un bref résumé de ses découvertes.

La période sensori-motrice (0-2 ans) Au cours des deux premières années de la vie, le développement intellectuel est en grande partie *non verbal*. L'enfant cherche surtout à apprendre à coordonner les mouvements *déterminés* avec l'information en provenance des sens.

Illustration 14.13 *Les enfants de moins de 7 ans supposent intuitivement qu'en transvasant du liquide d'un contenant petit et large dans un autre long et étroit, le volume augmente.*

Illustration 14.14 *Jean Piaget — philosophe, psychologue et fin observateur des enfants.*

L'acquisition graduelle de la notion d'**objet permanent** est également importante à ce stade. Vers l'âge d'un an et demi, l'enfant commence à poursuivre activement les objets qui disparaissent et vers deux ans, il est en mesure de prévoir le mouvement d'un objet dissimulé par un écran. Par exemple, en observant un train électrique, l'enfant regarde plus loin que la fin du tunnel plutôt que de fixer son regard à l'endroit où le train est disparu.

En général, les aspects du développement à ce stade indiquent que les conceptions de l'enfant deviennent plus *stables*. Les objets cessent d'apparaître ou de disparaître comme par enchantement, et un univers plus ordonné et prévisible se substitue aux sensations confuses et décousues de la petite enfance.

La période préopératoire (2-7 ans) Au cours de cette période, l'enfant développe la pensée *symbolique* et l'utilisation du langage. Mais sa pensée est encore très **intuitive**. (Vous souvenez-vous, enfant, d'avoir imaginé que le soleil et la lune vous suivaient en marchant?) En outre, l'utilisation du langage semble plus avancée qu'elle ne l'est en réalité; en effet, l'enfant a tendance à confondre les mots avec les objets qu'ils représentent. S'il appelle un bloc «auto», et que vous en faites un «train», il peut se vexer car aux yeux des enfants, le nom de l'objet constitue une partie aussi importante de ce dernier que la taille, la forme ou la couleur, ce qui semble souligner un souci d'appellation. Chez l'enfant préopératoire, un nom insultant peut blesser autant qu'un coup de bâton. Songez par exemple à une petite fille dont le frère aîné a provoqué la colère. Cherchant une façon de se venger de son adversaire plus grand et plus fort, elle trouve : «Espèce de fille manquée!», la pire insulte qui lui soit venue à l'esprit.

Au cours de la période préopératoire, l'enfant est également plutôt **égocentrique**, c'est-à-dire incapable d'adopter le point de vue d'une autre personne. L'ego de l'enfant semble constituer le centre de son monde. Par exemple, montrez à une petite fille un miroir à double face. Puis, tenez-le entre vous et l'enfant de manière à ce que cette dernière s'y voit. Si vous lui demandez ce qu'elle croit que *vous* voyez, elle dira que vous apercevez *son* reflet plutôt que le vôtre. La notion d'égocentrisme peut expliquer pourquoi les enfants semblent parfois désespérément égoïstes ou obstinés à ne pas collaborer. Un enfant qui bloque l'écran de télévision en restant devant croit que s'il voit, vous voyez aussi. Si vous lui demandez de se déplacer afin que vous puissiez voir, il se peut qu'il se rapproche de l'écran pour mieux voir!

La période opératoire concrète (7-11 ans) Un des développements importants de cette période est la maîtrise du concept de **conservation**. Ce concept s'acquiert,

lorsque l'enfant comprend que le fait de transformer une boule de pâte à modeler en «serpent» ne change rien à la quantité de pâte à modeler, et que le transvasement d'un liquide d'un verre long et étroit dans un récipient moins profond ne réduit pas non plus le volume du liquide. Dans chaque cas, le volume demeure le même en dépit d'un changement de forme ou d'apparence : on conserve la quantité originale (voir l'illustration 14.13).

Au cours de la période opératoire concrète, l'enfant commence à intégrer les notions du temps, d'espace et de nombres à sa pensée. Il a recours aux catégories et aux principes, et peut traiter logiquement des situations ou des objets concrets. Ces compétences expliquent pourquoi, à la période des opérations concrètes, les enfants cessent de croire au père Noël. Étant donné qu'ils comprennent la conservation, ils se rendent compte que le sac du père Noël ne peut contenir autant d'objets ou qu'il est impossible à quiconque de visiter tous les foyers en une seule nuit (Fehr, 1976). De même, Charles Croll (1986) découvrit que 65 pour 100 des enfants âgés de 5 à 7 ans croyaient à l'existence de la *Tooth Fairy* (la fée qui accorde un souhait pour chaque dent qui tombe). Vers l'âge de 7 ou 8 ans par contre, la plupart des enfants se rendent compte qu'il s'agit d'un personnage fictif.

L'acquisition de la notion de réversibilité des pensées et des opérations constitue un autre développement important de cette période. La conversation suivante avec un garçon âgé de 4 ans, encore au stade préopératoire, illustre l'absence de réversibilité (Phillips, 1969).

> *- As-tu un frère?*
> *- Oui.*
> *- Comment s'appelle-t-il?*
> *- Jean.*
> *- Jean a-t-il un frère?*
> *- Non.*

La **réversibilité** de la pensée permet aux enfants en période opératoire concrète de reconnaître que 4 fois 2 = 8, et donc, que 2 fois 4 = 8 également. Les enfants plus jeunes doivent mémoriser chaque équation séparément. Ainsi, il se peut qu'un enfant sache que 4 fois 9 = 36, mais qu'il ne se rende pas compte que 9 fois 4 égalent aussi 36.

La période des opérations formelles (11 ans et plus) Généralement, un peu après l'âge de 11 ans, l'enfant commence à se dissocier des objets concrets et des exemples précis. La pensée se fonde davantage sur des principes abstraits. Les enfants sont en mesure de réfléchir à leurs pensées et deviennent moins égocentriques. L'enfant plus vieux ou l'adolescent devient graduellement capable de considérer des possibilités hypothétiques (voir le profil 14.3). Par exemple, si vous demandez à un jeune enfant : «Que se passerait-il, selon toi, si les gens pouvaient voler tout à coup?», l'enfant répondrait sans doute : «Mais les gens ne peuvent pas voler». Les enfants plus âgés sont en mesure d'envisager les possibilités et de discuter des conséquences.

Au cours de la période des opérations formelles, on atteint la pleine capacité intellectuelle adulte. Un peu plus vieux, l'adolescent est capable de raisonnement inductif et déductif, et peut assimiler les mathématiques, la physique, la philosophie, la psychologie et autres matières abstraites. À partir de ce moment, l'amélioration des facultés intellectuelles relève plutôt de l'acquisition de connaissances, de l'expérience et de la sagesse que des apports à la capacité fondamentale de penser.

Piaget aujourd'hui La théorie de Piaget constitue une «carte routière» utile à la compréhension du fonctionnement de la pensée de l'enfant. Mais d'autres recherches indiquent que le développement intellectuel n'est pas aussi strictement lié à une structure âge-stade, comme le prétendait Piaget. De nos jours, de nombreux psychologues affirment que Piaget accordait trop peu de mérite à l'apprentissage (Harris, 1986). Par exemple, les enfants de potiers peuvent répondre correctement à des questions sur l'argile avant l'âge prédit par Piaget (Bransford et autres, 1986). Selon les théoriciens de l'apprentissage, les enfants acquièrent sans cesse des connaissances précises et ne traversent pas des prétendues périodes d'accroissement des facultés mentales générales (Carey, 1986).

De nombreuses études démontrent que l'intelligence de l'enfant s'améliore radicalement à peu près aux périodes qu'a délimitées Piaget. En fait, des chercheurs ont récemment fait la preuve que des cycles de croissance cérébrale ont lieu à des périodes qui correspondent à celles de Piaget (Thatcher et autres, 1987). Ainsi, la vérité se situe peut-être quelque part entre les stades de Piaget et la théorie moderne de l'apprentissage. Il semble du moins que des études ultérieures préciseront et rectifieront les idées qui ont découlé de la décision fatidique que prit Piaget de «s'occuper des enfants pendant un certain temps».

PROFIL 14.3
Le *Monopoly* à la Piaget

On peut mémoriser plus facilement les périodes du développement cognitif de Piaget en les associant à un exemple unique. Que se passerait-il à chaque stade, si nous jouions au *Monopoly* avec l'enfant?

Période sensori-motrice : L'enfant met les maisons, les hôtels et les dés dans sa bouche et joue avec les cartes «Chance».

Période préopératoire : L'enfant joue au *Monopoly*, mais invente ses propres règlements et ne comprend pas les directives.

Période opératoire concrète : L'enfant comprend la majorité des règlements et s'y conforme, mais n'est pas capable de transactions hypothétiques relatives aux hypothèques, aux prêts et aux pactes conclus entre joueurs.

Période des opérations formelles : L'enfant ne joue plus mécaniquement; les transactions complexes et hypothétiques propres à chaque jeu sont désormais à sa mesure.

Autotest

Reliez chaque élément à l'une des périodes suivantes.

A. sensori-motrice B. préopératoire C. opératoire concrète D. opérations formelles

1. _____ pensée égocentrique
2. _____ pensée abstraite et hypothétique
3. _____ mouvement déterminé
4. _____ pensée intuitive
5. _____ conservation
6. _____ réversibilité
7. _____ objet permanent
8. _____ développement non verbal

9. L'assimilation désigne l'application de connaissances ou de modèles de pensée existants à de nouvelles situations. Vrai ou faux?

10. Dans quel ordre se déroule habituellement le développement du langage?

a. pleurs, gazouillements, babillage, discours télégraphique

b. babillage, pleurs, gazouillements, discours télégraphique

c. babillage, pleurs, gazouillements, discours télégraphique

d. pleurs, babillage, gazouillements, identité

11. Le psycholinguiste s'intéresse particulièrement aux interactions sociales et au tour de rôle de la période du prélangage. Vrai ou faux?

Réponses : 1. B 2. D 3. A 4. B 5. C 6. C 7. A 8. A 9. vrai 10. *a* 11. vrai

Le développement moral — se doter d'une conscience

Une personne atteinte d'une maladie mortelle souffre atrocement. Elle réclame la mort. Devrait-on déployer des efforts thérapeutiques pour la maintenir en vie? Si l'un de vos amis devait absolument réussir un examen et qu'il vous demande de tricher, le feriez-vous? Ces questions sont d'ordre *moral* et relèvent de la conscience. Comment acquiert-on les valeurs morales? Le psychologue Lawrence Kohlberg (1981a) croit que l'enfant les acquiert en même temps que la capacité de penser et de raisonner.

Question : Sur quoi fonde-t-il sa théorie?

Les dilemmes moraux Aux fins de l'étude du développement moral, Kohlberg a placé des enfants d'âges différents devant des *dilemmes moraux*. En voici un dont il s'est servi (Kohlberg, 1969, adapté) :

> *Une femme atteinte du cancer était à l'agonie, et un seul médicament pouvait la sauver. L'inventeur du médicament, un pharmacien, chargeait dix fois le prix de fabrication. Le mari de la femme malade ne pouvait débourser que 1 000 $, mais le pharmacien en voulait 2 000 $. Le mari demanda donc un rabais ou un crédit, mais le pharmacien refusa. Alors le mari, désespéré, cambriola le magasin pour s'emparer du médicament. Aurait-il dû le faire? Avait-il tort ou raison? Pourquoi?*

On demanda à chaque enfant ce qu'aurait dû faire le mari. En classant les raisons données pour chaque choix, Kohlberg distingua trois niveaux du développement moral.

Au premier, le niveau **préconventionnel**, les conséquences des actes (la punition, la récompense ou un échange de faveurs) déterminent la pensée morale. Au deuxième, le niveau **conventionnel** du développement moral, les actes sont soumis au désir de se conformer aux attentes d'autrui ou aux règles et valeurs sociales admises. Le troisième, le niveau **postconventionnel**, représente le développement moral avancé et à ce niveau, le comportement est régi par des principes moraux personnels. Outre les trois principaux niveaux, Kohlberg a précisé six stades du développement moral (tableau 14.2). Il jugea nécessaire à l'époque de combiner les stades 5 et 6 parce qu'en pratique, il était difficile de les séparer (Kohlberg, 1981b). Toutefois, il demeurait convaincu que la moralité se développe en trois phases : préconventionnelle, conventionnelle et postconventionnelle.

Question : Chacun atteint-il le dernier niveau?

Kohlberg et ses collègues découvrirent que les gens traversent les phases à des rythmes différents et que bon nombre d'entre eux n'atteignent pas le niveau postconventionnel, celui des principes. Les stades préconventionnels (1 et 2) sont propres aux jeunes enfants et aux délinquants. La morale conventionnelle de groupe des stades 3 et 4 est représentative des enfants plus âgés et de la majorité de la population adulte. Kohlberg a estimé que la moralité postconventionnelle, représentant l'autonomie et les grands principes, n'est le fait que de 20 pour 100 de la population adulte.

La moralité et la réalité Afin d'illustrer l'importance du développement moral, comparons deux personnes diamétralement opposées. Appliquons d'abord l'analyse de Kohlberg à des déclarations attribuées à l'officier nazi Adolf Eichmann, qu'on accusa de complicité dans la mort de milliers de Juifs en Allemagne durant la Deuxième Guerre mondiale :

> *En réalité, je n'étais qu'un simple rouage dans l'engrenage, qui exécutait les directives du Reich [stade 1]. Cela ne me concernait en aucune façon [stade 2]. Pourtant, que dois-je «admettre»? J'exécutais des ordres [stade 1] (Kohlberg, 1969).*

Comparez cette citation aux paroles du mahatma Gandhi, qui se souleva contre la domination britannique en Inde. Gandhi a déjà déclaré devant un tribunal anglais :

> *Je devais soit obéir à un système, que je considérais avoir déjà causé assez de torts à mon pays, soit courir un risque... Je suis donc ici pour me soumettre sereinement à la plus importante pénalité qui puisse m'incomber en vertu de ce que la loi considère un crime volontaire, et de ce qui m'apparaît comme étant le plus grand devoir d'un citoyen.*

À l'instar d'autres grands meneurs (Lincoln, Martin Luther King, monseigneur Tutu), Gandhi menait manifestement sa vie politique au niveau moral postconventionnel.

Le développement moral constitue un sujet prometteur pour la recherche future. Par exemple, examinons les travaux de la psychologue Carol Gilligan.

Justice ou altruisme? Gilligan (1982) a observé que le système de Kohlberg ne se préoccupe que de la morale de la *justice*. En se fondant sur des études menées auprès de femmes qui faisaient face à de véritables dilemmes, Gilligan allégua qu'il existe également une morale de l'*altruisme* et de la responsabilité. Par exemple, elle soumit l'histoire suivante à des enfants américains âgés de 11 à 15 ans :

Le porc-épic et les taupes

> *Cherchant asile contre le froid, un porc-épic demanda à une famille de taupes de partager leur maison pour l'hiver. Les taupes acceptèrent. Mais comme leur taupinière était toute petite, elles s'aperçurent bientôt que le porc-épic les égratignait chaque fois qu'il bougeait. Finalement, elles lui demandèrent*

Tableau 14.2 *Les phases du développement moral de Kohlberg*

NIVEAU PRÉCONVENTIONNEL

Stade 1 : L'orientation selon la punition. Les actes sont évalués en vertu d'une punition possible, et non en fonction du bien et du mal; on met l'accent sur l'obéissance à l'autorité.
Exemple : «Il ne devrait pas voler le médicament parce qu'il pourrait se faire prendre et être emprisonné» (évitement de la punition).

Stade 2 : L'orientation selon la recherche du plaisir. Les besoins individuels déterminent les actes; le souci des besoins d'autrui se limite au donnant, donnant, et exclut la loyauté, la gratitude ou la justice.
Exemple : «Il est inutile de voler le médicament parce que sa femme mourra probablement avant qu'il ne soit libéré» (intérêt personnel).

NIVEAU CONVENTIONNEL

Stade 3 : L'orientation selon la bonne fille ou le bon garçon. La bonne conduite est celle qui plaît à l'entourage immédiat ou qui recueille l'approbation; on met l'accent sur la «gentillesse».
Exemple : «Il ne devrait pas voler le médicament parce que les autres vont croire qu'il est voleur. Sa femme ne voudrait pas qu'un crime lui sauve la vie» (évitement de la désapprobation).

Stade 4 : L'orientation selon l'autorité. À ce stade, on se soucie surtout de se conformer à la loi, à l'ordre et à l'autorité, de faire son devoir et d'obéir aux règles sociales.
Exemple : «Bien que sa femme ait besoin du médicament, il ne devrait pas enfreindre la loi pour l'obtenir. Aux yeux de la justice, tous sont égaux, et la maladie de sa femme ne justifie pas le vol» (morale traditionnelle de l'autorité).

NIVEAU POSTCONVENTIONNEL

Stade 5 : L'orientation selon le contact social. L'obéissance aux lois et aux règlements se fonde sur une analyse rationnelle et sur des accords mutuels; on reconnaît que les règlements sont discutables, mais on les observe pour le bien de la collectivité et au nom de la démocratie.
Exemple : «Il ne devrait pas voler le médicament. La décision du pharmacien est répréhensible, mais il faut maintenir le respect mutuel des droits d'autrui» (contrat social).

Stade 6 : La moralité des principes individuels. Le comportement est régi par les principes moraux qu'adopte la personne, lesquels ont tendance à être généraux ou universels; on accorde une grande valeur à la justice, à la dignité et à l'égalité.
Exemple : «Il devrait voler le médicament et ensuite se livrer aux autorités. Il aura à faire face à une pénalité, mais il aura sauvé une vie humaine» (principes moraux individuels).

---

de s'en aller. Mais le porc-épic refusa, en disant : «Si vous n'êtes pas contentes, je vous suggère de vous en aller.»

Gilligan découvrit que les garçons ayant lu l'histoire avaient tendance à opter pour la justice dans la résolu-

tion de ce dilemme : «C'est la maison des taupes, et ils ont conclu un accord. Le porc-épic doit s'en aller.» Par contre, les filles considéraient plutôt des solutions qui feraient le bonheur de tous et chacun, comme : «Recouvrez le porc-épic d'une couverture.»

Gilligan croit que, pour la plupart, les psychologues masculins ont défini la maturité morale en vertu de la justice et de l'autonomie et que de ce point de vue, la préoccupation des femmes à l'égard des relations peut apparaître comme une faiblesse plutôt qu'une force. (Une femme qui se soucie de ce qui peut plaire ou venir en aide aux autres serait classée au stade 3 du système de Kohlberg.) Mais Gilligan croit que l'altruisme constitue un élément important du développement moral, et que les hommes tardent à l'acquérir.

Quelle que soit l'issue de ce débat, la recherche sur le développement moral semble très valable. Bon nombre des problèmes auxquels nous faisons face aujourd'hui — la surpopulation, la destruction de l'environnement, le crime, le racisme — sont essentiellement des problèmes de conscience individuelle.

Nous avons donc examiné certains aspects majeurs du développement. En guise de conclusion, la section suivante décrit les effets de la *privation* et de l'*enrichissement*, deux conditions qui touchent presque toutes les facettes de la petite enfance.

La privation et l'enrichissement — une définition pratique de la tendresse

Le journal annonce : «En Afrique, on a trouvé un enfant sauvage élevé par les singes.» Au fil des ans, on a rapporté plusieurs découvertes d'«enfants sauvages». Il s'agit d'enfants qui ont prétendument grandi sous la garde d'animaux et qui agissent comme ces derniers, lorsqu'on les découvre. En réalité, il n'existe que très peu de preuves que de tels enfants aient existé, mais il n'est pas nécessaire de recourir à cet extrême afin de prouver les effets destructeurs de la **privation**.

Comparez : privation et enrichissement

Privation En cours de développement, la perte ou l'absence de stimulation normale, de nourriture, de confort, d'amour, etc.; une condition de carence.

Enrichissement En cours de développement, toute tentative d'apporter de la nouveauté, de la complexité et de la stimulation perceptive ou intellectuelle au milieu de l'enfant.

Il existe de nombreux cas confirmés d'enfants qui ont passé les 5 ou 6 premières années de leur vie confinés dans une garde-robe, un grenier ou un autre milieu limité. Lorsqu'on découvre ces enfants, ils sont habituellement muets, gravement déficients et atteints sur

Un enfant caché trouve des parents aimants

LONG BEACH (AP) — L'histoire de Rebecca connut un dénouement, lorsque le bureau du shérif reçut une information semblable à des centaines d'autres. Ils trouvèrent Rebecca dans des vêtements trempés d'urine, endormie sur un petit lit dur dans la chambre à coucher de ses parents.

Selon un des policiers, elle était presque comme un animal. Son univers se résumait à la chambre et au placard, où elle était enfermée pendant des heures. Aujourd'hui, Rebecca vit dans un foyer d'adoption spacieux.

Depuis qu'elle a été sauvée, elle a pris 6 kilogrammes et grandi de 12 centimètres. Mais elle demeure toute petite, car elle ne pesait que 11 kilogrammes et ne mesurait que 64 centimètres en avril dernier.

Lorsqu'on l'a trouvée, Rebecca n'était même pas en mesure de ramper et maintenant, elle marche. Elle ne connaissait que quelques mots et peut désormais faire des phrases complètes. Si ce n'est de la douleur qu'on lit dans ses yeux, elle ressemble presque en tous points aux autres bébés. Mais Rebecca n'est pas un bébé : elle a neuf ans, et son pédiatre croit qu'elle ne rattrapera jamais le retard accumulé.

le plan affectif. Certains souffrent de **nanisme de privation** — croissance retardée liée à l'isolement, au rejet ou à la carence générale d'un milieu familial (voir l'extrait de journal de l'encadré). Les tentatives d'enseigner à ces enfants à parler et à se conduire normalement ne connaissent qu'un succès moyen. Ces exemples ainsi que la discussion précédente sur l'attachement portent à croire que de bien des façons, la petite enfance constitue une *période relativement critique* du développement.

Question : Quels aspects de la privation sont responsables des torts causés?

Un des premiers indices apparut, lorsque le psychanalyste René Spitz (1945) compara deux groupes d'enfants. Un groupe se composait de poupons sains et vifs dans une institution que Spitz désignait de «pouponnière». Il étudia l'autre groupe de bébés dans un «foyer pour enfants trouvés», où ils souffraient de troubles qu'il appela l'**hospitalisme**. Il s'agit d'une dépression profonde accompagnée de pleurs et de mélancolie, de même que de longues périodes d'immobilité ou de bercement compulsif et d'une absence de réactions normales aux autres humains. Le foyer pour enfants trouvés avait un taux de mortalité néo-natale exceptionnellement élevé, et le développement des survivants était gravement retardé.

Spitz compara les conditions des deux institutions et trouva des différences frappantes. À la pouponnière, chaque bébé avait son propre gardien, tandis qu'au foyer, on trouvait une infirmière pour huit enfants. À la lumière de ces faits, Spitz affirma que le

«gaspillage» chez les bébés du foyer était la conséquence du manque de «figures maternelles» fiables.

Question : Autrement dit, les bébés ne réussissaient pas à former un lien d'attachement à un adulte, n'est-ce-pas?

Oui. Des travaux récents démontrent que l'absence d'attachement constitue un élément majeur de la privation en bas âge. Par exemple, en dépit de meilleures conditions de vie dans une institution canadienne, on ne parvint pas à redresser le déclin de la santé mentale des enfants. Ces derniers ne s'améliorèrent que lorsqu'on les plaça chez des parents adoptifs ou au sein de foyers nourriciers (Flint, 1978).

Un deuxième facteur important de nombreux cas de privation est le manque de **stimulation perceptive**. Tous les bébés «gaspillés» qu'étudia Spitz étaient bien traités physiquement. Toutefois, on les gardait dans des pièces nues, dans des berceaux bordés de draps blancs. Les enfants n'apercevaient que le plafond, et leurs seuls contacts avec les autres se limitaient à de brèves périodes quotidiennes au cours desquelles on les nourrissait ou les langeait. Pour employer un euphémisme, *il ne se passait rien* chez ces enfants : pas de changement, pas d'information, pas de caresses, pas d'attention et surtout, pas de stimulation; en un mot, la privation au sens le plus fort du terme.

La stimulation du nouveau-né

Des expériences sur les animaux ont confirmé les effets destructeurs du manque de stimulation dans la petite enfance. Par exemple, Harry Harlow sépara des bébés singes rhésus de leur mère à la naissance. On remplaça les vraies mères par des **mères de substitution** (artificielles), en l'occurrence des mannequins de taille et de forme semblables à celles de vrais singes. Certains substituts étaient fabriqués de métal froid et rigide, d'autres étaient recouverts de douce ratine (illustration 14.15). Lorsqu'on offrit aux bébés le choix entre les deux mères, ils optèrent régulièrement de se coller à la mère de ratine douce et ce, même si l'on dotait la mère de métal d'une bouteille, source de nourriture.

Les singes manifestaient un «amour» et un attachement identiques à la mère en tissu et à la mère naturelle. Lorsqu'on leur faisait peur à l'aide de couleuvres en caoutchouc, de jouets à ressort ou d'autres «stimuli de crainte», les bébés singes couraient vers leur mère de ratine et s'y agrippaient pour se rassurer (Harlow et Zimmerman, 1958). Harlow en conclut qu'une des dimensions les plus importantes de la stimulation néo-natale tient au **confort du contact** que procurent les étreintes, les caresses et les touchers accordés au bébé. Les découvertes d'Harlow ne sont peut-être pas concluantes pour les humains, mais d'autres travaux les appuient. Par exemple, un chercheur a trouvé qu'une période de touchers additionnels de 20 minutes par jour suffit à accélérer le développement de bébés en institution (Casler, 1965).

Pour de nombreux psychologues, le confort du contact est une composante de la justification à la défense de l'allaitement maternel. En effet, ce dernier constitue presque une garantie que le bébé recevra une quantité adéquate de touchers, et semble contribuer à l'attachement (Jensen et autres, 1981). En outre, les mères qui donnent le sein produisent du **colostrum** plutôt que du lait dans les jours qui succèdent à la naissance. Le colostrum est un liquide riche en protéines qui transmet les anticorps de la mère au bébé et aide à prévenir certaines maladies infectieuses.

Question : Et si la mère ne peut pas allaiter son enfant ou décide de ne pas le faire?

Les avantages de l'allaitement maternel ne sont pas prépondérants. Si la mère est consciente de l'importance du toucher et des caresses, en aucune façon l'allaitement artificiel n'est inférieur à l'allaitement

Illustration 14.15 *Un bébé singe s'agrippe à une mère de substitution recouverte de ratine. Les bébés s'attachent à une mère «au contact confortable» mais non à une mère semblable en métal, et ce, même si cette dernière donne de la nourriture. (Courtoisie de Harry Harlow, laboratoire de primates de l'université du Wisconsin.)*

maternel sur le plan psychologique. En fait, la chaleur ou la froideur, la détente ou la tension, et l'acceptation ou le rejet de la mère sont des facteurs bien plus importants que le type d'allaitement (Heinstein, 1963). La sensibilité au rythme d'alimentation et aux besoins du bébé semble constituer la clé d'un attachement sain chez le bébé (Ainsworth, 1979).

Le confort du contact peut également expliquer la tendance qu'ont de nombreux enfants à s'attacher à des objets inanimés, comme des couvertures ou des jouets en peluche, ce qui ne semble toutefois présenter aucun danger. Une étude récente d'enfants âgés entre 2 et 3 ans «attachés à une couverture» démontra qu'ils ne souffraient pas davantage d'insécurité que les autres (Passman, 1987). Linus serait donc normal!

L'enrichissement Si une quantité insuffisante de stimulation limite le développement, une surabondance peut-elle l'accélérer? Dans le cadre de nombreuses tentatives de réponse à cette question, on eut recours aux **milieux enrichis**, auxquels on ajoute volontairement plus de nouveauté, de complexité et de stimulation. Les milieux enrichis constituent la «terre» où grandiront peut-être des enfants plus brillants. Par exemple, commençons par une expérience au cours de laquelle on éleva des rats dans un milieu enrichi (Kretch et autres, 1962).

Des cerveaux améliorés

Au début, on divisa les bébés rats en deux groupes. On dressa le premier groupe dans des conditions pauvres en stimuli, c'est-à-dire qu'on plaça les rats dans des cages adéquates mais non stimulantes, dont les murs étaient gris et qui ne contenaient rien à explorer. Par contre, le deuxième groupe habitait une espèce de «royaume du rat» : les murs de ce milieu riche en stimuli étaient décorés de motifs colorés, et la cage était remplie de plates-formes, d'échelles et de cagibis à découvrir. Lorsque les rats parvinrent à maturité, on les soumit au test du labyrinthe. Les rats stimulés écrasèrent leurs rivaux. En outre, des épreuves ultérieures démontrèrent que les rats stimulés possédaient des cerveaux plus gros et plus lourds, dont le cortex était plus épais.

Il y a loin du rat à l'homme, mais un accroissement de la taille du cerveau causé par la stimulation sensorielle n'est pas un facteur à négliger. Si la stimulation peut améliorer l'«intelligence» d'un rat inférieur, il est raisonnable de croire que la stimulation profite également aux bébés humains.

Question : En a-t-on des preuves?

Comme on peut s'y attendre, il est beaucoup plus difficile de démontrer l'existence de tels phénomènes chez les humains. Au chapitre 18, vous trouverez une explication complète de l'influence du milieu sur l'intelligence. Examinons maintenant deux exemples d'enrichissement qui s'appliquent aux humains.

Les enfants aiment saisir et toucher les choses, mais en temps normal, cette aptitude se développe environ 5 mois après la naissance. Dans le cadre d'une expérimentation menée dans un hôpital public, on accorda aux nouveau-nés plusieurs types de stimulation additionnelle chaque jour pendant plusieurs mois (White et Held, 1966). Chaque enfant qui profitait des conditions de stimuli enrichis était manipulé 15 minutes de plus par jour, et placé dans une position lui permettant une exploration visuelle à l'extérieur du berceau, dont les draps n'étaient pas blancs mais imprimés de motifs colorés. Au-dessus de chaque berceau était suspendue une série d'objets aux couleurs vives et brillantes. Aussi limités que puissent sembler ces changements, ils accéléraient de six semaines la **portée de direction visuelle**, ce qui constitue un progrès substantiel du développement.

L'exemple ci-dessus n'est qu'une des nombreuses expériences qui démontrent une relation positive entre la stimulation et l'amélioration de diverses aptitudes — en particulier, des facultés intellectuelles.

Un des exemples les plus prometteurs de l'enrichissement est le programme *Head Start* (bon départ), dont le but consiste à préparer des enfants défavorisés à l'école, en leur procurant une stimulation intellectuelle et en les aidant à «apprendre à apprendre». Les études portant sur *Head Start* et d'autres **programmes d'éducation préscolaire** similaires indiquent une amélioration réelle du rendement scolaire ultérieur, surtout chez les enfants les plus nécessiteux (Scarr et Weinberg, 1986). Il ne fait aucun doute que ces programmes enrichissent la vie de nombreux enfants.

Résumé La plupart des gens reconnaissent que les soins physiques prodigués aux bébés exigent beaucoup de tendresse et d'amour. Mais comme nous l'avons expliqué, une définition complète de la tendresse devrait englober les besoins psychologiques du bébé. En général, les effets de la privation et de l'enrichissement semblent s'appliquer à *toutes* les catégories du développement dont nous avons parlé. Il serait bon d'inscrire la stimulation intellectuelle et perceptive, les touchers affectueux et la chaleur intime en tête de la liste des besoins de l'enfant.

Autotest

1. Selon Kohlberg, le niveau conventionnel du développement moral se distingue par la soumission à l'autorité extérieure. Vrai ou faux?

2. L'intérêt personnel et l'évitement de la punition sont des éléments de la morale postconventionnelle. Vrai ou faux?

3. Environ 80 pour 100 des adultes atteignent le niveau postconventionnel du raisonnement moral. Vrai ou faux?

4. Gilligan considère l'acquisition du sens de la justice comme le fondement du développement moral. Vrai ou faux?

5. Les «singes orphelins» de Harlow s'attachaient à leur mère de substitution en métal si cette dernière les nourrissait. Vrai ou faux?

6. René Spitz a désigné d'hospitalisme l'absence de stimulation perceptive. Vrai ou faux?

7. L'allaitement maternel empêche la mère de fournir une quantité suffisante de contact à son enfant. Vrai ou faux?

8. On peut dire des programmes d'éducation préscolaire qu'ils constituent des tentatives d'enrichir le milieu d'enfants déshérités. Vrai ou faux?

Réponses :

1. vrai 2. faux 3. faux 4. faux 5. faux 6. faux 7. faux 8. vrai

Applications : comment profiter pleinement de l'époque magique de la vie

Les idées présentées au présent chapitre ont des applications évidentes, mais certaines méritent d'être soulignées ou expliquées.

La maturation Il est bon de se rappeler que les différences individuelles dans le rythme de maturation constituent la règle du développement humain. Les parents consciencieux font la différence entre l'**enfant statistique** et l'**enfant particulier**. Les normes du développement précisant les âges auxquels apparaissent des aptitudes données se fondent sur des *moyennes*, qui comportent des variantes plus ou moins accentuées. Ainsi, il est sensé de s'attendre à des plateaux, à des renversements et à des périodes de progrès rapide dans le développement d'un enfant en particulier. Cela s'applique non seulement à l'apparition des capacités motrices comme la marche, mais également au développement du langage et aux périodes du développement cognitif décrites par Piaget. Sous tous les aspects du développement, il faut respecter le caractère unique de l'enfant, ce qui implique de résister à la tentation de comparer l'enfant aux autres — surtout en sa présence. Chaque enfant est une personne, et il faut le juger comme tel.

L'enrichissement

Comme nous l'avons mentionné, les bébés ont besoin de stimulation, et les parents peuvent leur fournir de nombreuses occasions d'expériences sensorielles variées. Il faut entourer le bébé de couleurs, de musique, de gens et de choses à voir, à goûter, à sentir et à toucher. Les bébés ne sont pas des légumes. Il est donc parfaitement sensé de leur parler, de les emmener à l'extérieur, de suspendre des mobiles au-dessus de leur berceau et de réaménager leur chambre de temps à autre. En outre, plus les enfants passent de temps à interagir avec leurs parents, plus vite ils développent le langage et la capacité de raisonner (Clarke-Stewart et Koch, 1983). La plupart des parents pourraient recourir beaucoup plus à leur imagination afin d'enrichir le milieu de l'enfant.

Question : Peut-on exagérer l'enrichissement?

La réponse tient davantage à la *qualité* qu'à la quantité d'enrichissement. Rappelez-vous que le but consiste à créer un monde qui *répond* à l'enfant — mais qui ne le bombarde pas de stimuli.

La bonne réaction La notion de **bonne réaction** s'applique tant aux jouets et aux objets qu'au comportement des parents. Les jouets qui réagissent aux gestes de l'enfant comme les balles, les hochets et les miroirs — même une cuiller et une assiette à tarte — accélèrent le rythme d'apprentissage. Les situations qui permettent à l'enfant de percevoir la relation de cause à effet de son propre comportement sont particulièrement efficaces. Comme le souligne le psychologue Paul Chance, les jouets les plus coûteux sont généralement ceux qui obtiennent les moins bonnes réactions. Un téléviseur de 500 $ constitue probablement le jouet qui réagit le moins bien, et une balle de un dollar, le mieux (Chance, 1982).

De nombreux spécialistes se préoccupent des parents qui poussent le développement intellectuel de leurs enfants dans le but douteux d'en faire de «superbébés». Il est sage de répéter que submerger l'enfant sous une montagne de stimuli, de fiches pédagogiques et d'exercices ne constitue pas un enrichissement. Les parents qui voient le jeu et l'apprentissage comme si leurs bambins se préparaient à entrer à l'université comblent leurs propres besoins aux dépens de ceux de l'enfant (Alvino et autres, 1985). Le véritable enrichissement s'adapte à la curiosité et aux intérêts de l'enfant, au lieu de lui faire ressentir la pression du rendement.

Question : L'enrichissement n'est-il utile que dans la petite enfance?

Certainement pas. À chaque phase de l'enfance, un milieu enrichi est profitable. En fait, Jerome Kagan a observé que la stimulation chez l'enfant plus âgé influe davantage sur l'intelligence qu'on ne l'avait cru.

Une étude de Kagan portait sur des bébés élevés dans les huttes sombres d'un petit village du Guatemala. Comme ils ne profitaient d'aucune stimulation, ces enfants étaient gravement attardés vers l'âge de 2 ans. Pourtant, à 11 ans, ils devenaient de magnifiques enfants — gais, alertes et actifs (Kagan et Klein, 1973). La riche stimulation de la vie de village chez l'enfant plus âgé suffisait à contrer l'influence de la privation du début de la vie.

Question : En général, quels genres de situations sont les plus aptes à favoriser le développement intellectuel?

De retour à Piaget

La théorie de Piaget propose idéalement de favoriser les situations légèrement nouvelles, inusitées ou stimulantes. Rappelez-vous que l'intelligence se développe principalement à la faveur de l'accommodation.

Applications

L'expansion de l'intelligence a ses exigences, mais les expériences trop inusitées peuvent causer la frustration et le repli sur soi-même. Il semble donc que le passage graduel au delà du niveau de compréhension actuel de l'enfant est la meilleure méthode. Les parents efficaces adoptent généralement un genre de *stratégie d'une étape d'avance*, lorsqu'ils adaptent leur éducation au niveau des aptitudes de l'enfant (Heckausen, 1987).

Les parents peuvent contribuer énormément à la croissance intellectuelle par leur attitude auprès de l'enfant lorsque celui-ci *explore* le monde. L'enfant qui entend à répétition : «Ne touche pas à cela» ou «Je t'ai dit non!» risque de devenir passif et terne sur le plan intellectuel (Carew et autres, 1976). Mettre presque tous les objets usuels hors de portée de l'enfant constitue une grave erreur.

En outre, les travaux de Piaget démontrent l'importance de s'adresser à l'enfant à un niveau de langage adéquat. Si vous répondez à la question : «Pourquoi le soleil se lève-t-il le matin?» par une explication qui relève de la physique, il se peut que le jeune enfant n'y comprenne rien. Une réponse qui prend en considération le point de vue égocentrique de l'enfant sera sans doute plus éclairante. Par exemple : «Pour que tu saches qu'il est temps de se lever» constitue une réponse parfaitement satisfaisante pour l'enfant. Plus tard, on peut fournir des explications de plus en plus abstraites et précises.

Il est également bon de se rappeler que l'enfant est un novice du langage. Bien des «idioties» que disent les enfants n'ont un sens apparent que pour l'adulte ayant la patience de le chercher. Lorsque les enfants se sentent libres d'exprimer leurs idées et qu'ils se sentent compris, cela favorise la croissance intellectuelle.

Question : Existe-t-il des lignes directrices afin de s'adresser aux enfants à leur niveau intellectuel?

Dans un livre merveilleux intitulé *Using Psychology*, le psychologue Morris Holland offre des suggestions sur la meilleure façon de s'adresser aux enfants aux différentes phases du développement intellectuel. En voici quelques extraits (Holland, 1975) :

1. Période sensori-motrice (0-2 ans). Les jeux actifs avec l'enfant sont les plus efficaces à ce stade. Favorisez l'exploration par le toucher, l'odorat et la manipulation des objets. Jouer à coucou constitue une bonne manière d'établir la permanence des objets.

2. Période préopératoire (2-7 ans). Bien que les enfants commencent à se parler à eux-mêmes et à exécuter les solutions aux problèmes, le toucher et la vision sont encore plus utiles que les explications verbales. Les exemples concrets ont également plus de signification que les généralisations. On devrait encourager l'enfant à classer les choses de diverses façons. Des démonstrations à l'aide de liquides, d'argile ou d'autres substances peuvent contribuer à l'apprentissage du concept de conservation.

3. Période opératoire concrète (7-11 ans). À ce stade, les enfants ont recours à la généralisation, mais ils ont encore besoin d'exemples précis afin de saisir nombre d'idées. Attendez-vous à une certaine incohérence, lorsque l'enfant exerce son aptitude à appliquer les notions de temps, d'espace, de quantité et de volume aux situations nouvelles.

4. Période des opérations formelles (11 ans et plus). À ce moment, il est plus réaliste d'expliquer les choses verbalement ou symboliquement. Venir en aide à l'enfant dans la maîtrise des règles et des principes généraux porte désormais ses fruits. Encouragez l'enfant à fabriquer des hypothèses et à imaginer les choses autrement.

Voilà qui devrait vous aider à vous adapter aux modèles intellectuels changeants manifestés par les enfants en développement.

Autotest

1. La notion selon laquelle l'enfant particulier diffère de «l'enfant statistique» s'applique au développement du langage et des facultés intellectuelles, mais non au développement moteur. Vrai ou faux?

2. Dans le cadre de son étude d'un village du Guatemala, Kagan découvrit qu'un milieu stimulant peut parfois contrer l'influence d'une grave privation dans l'enfance. Vrai ou faux?

3. Dans le but de favoriser l'accommodation, il est préférable d'offrir de l'information ou des situations légèrement au-dessus du niveau de compréhension actuel de l'enfant. Vrai ou faux?

4. Jouer à coucou constitue une bonne façon d'aider l'enfant sensori-moteur à maîtriser le concept de conservation. Vrai ou faux?

Réponses :

1. faux 2. vrai 3. vrai 4. faux

Exploration : le meilleur des mondes de la génétique et de la reproduction

Dans son illustre roman *Le meilleur des mondes*, Aldous Huxley décrivit une société futuriste au sein de laquelle des «usines de bébés» produisent des milliers de doubles humains destinés au travail. Auteur des années trente, Huxley entrevoyait un avenir où l'on se servirait du génie biologique à des fins totalitaires et sinistres. Maintenant que cet avenir est devenu le temps présent, nous découvrons plutôt que certaines des possibilités prévues par Huxley ont permis à des couples infertiles d'avoir des enfants. Et souvent pourtant, de nouvelles solutions créent de nouveaux problèmes. À la présente section Exploration, nous décrirons brièvement certains progrès récents de la médecine et de la génétique qui soulèvent d'intéressantes questions d'ordre social, psychologique et moral.

Le génie biologique

Jusqu'à tout récemment, l'adoption constituait la seule solution de rechange pour les couples souffrant de stérilité irréversible. Aujourd'hui, ces couples peuvent recourir à une variété d'options. Examinons-en deux qui revêtent un intérêt particulier.

L'insémination artificielle Si son conjoint est stérile, une femme peut se soumettre à l'**insémination artificielle**, méthode au cours de laquelle le sperme d'un donneur anonyme féconde la femme. On choisit le donneur de façon à ce que la couleur des yeux et des cheveux, la taille etc. correspondent le mieux à celles du mari. Pour des raisons affectives évidentes, on mélange parfois le sperme du conjoint à celui du donneur. Il est ainsi impossible de déclarer qui est vraiment le père.

Les bébés-éprouvettes La technique de la **fécondation in vitro** a

récemment permis à des couples infertiles de mettre au monde des enfants porteurs des gènes du père et de la mère. Pour engendrer un bébé-éprouvette, on prélève des ovules de l'ovaire de la mère lors d'une opération. On dépose ensuite les ovules dans une éprouvette contenant des substances nutritives, et on y ajoute les spermatozoïdes du père. Après que l'ovule est fécondé et qu'il commence à se diviser, on l'implante dans l'utérus de la mère, où il se développe normalement. Une nouvelle variante de la fécondation in vitro consiste à prélever l'ovule d'une tierce personne au profit du couple stérile. On féconde alors l'ovule avec le sperme du père, que l'on implante dans l'utérus de la mère. Toutefois, les couples infertiles qui envisagent d'avoir recours à cette méthode devraient savoir que le taux de réussite de la première tentative n'est que de 6 pour 100, et que les coûts varient entre 4 000 $ et 6 000 $.

Questions et controverses

Les méthodes présentées ci-dessus soulèvent des questions d'ordre pratique, affectif, moral, voire religieux. Le lecteur s'en posera sûrement de nombreuses, mais certaines lui échapperont peut-être. En voici quelques-unes.

On se sert à maintes reprises de nombreux donneurs dans le cadre de l'insémination artificielle. Dans une clinique, le même donneur a engendré 50 bébés. Qu'arriverait-il, si ce donneur souffrait d'une maladie ou d'une défaut génétique? Et si les enfants engendrés par le même donneur se rencontraient et se mariaient? Puisqu'ils seraient frère et soeur consanguins, leur descendance courrait un grand risque de présenter des défauts génétiques. Quelles règles devrait-on appliquer

au choix et au suivi du donneur de l'insémination artificielle?

De nombreux scientifiques croient que la manipulation des ovules lors de la fécondation in vitro peut augmenter les risques de difformité chez le nouveau-né. Si l'enfant naît avec un défaut, le médecin est-il responsable? Et si plus d'un ovule est fécondé? Devrait-on le donner à un autre couple stérile? Le laisser mourir équivaudrait-il à un avortement? Devrait-on permettre à un couple non marié d'avoir recours à la fécondation in vitro?

Le choix du sexe La possibilité de choisir le sexe de l'enfant avant sa conception constitue un autre progrès qui risque d'influencer les parents. La méthode consiste à isoler des spermatozoïdes contenant des chromosomes X et Y, et à féconder l'ovule avec du sperme qui n'engendre que des garçons ou des filles.

À l'heure actuelle, les techniques de choix du sexe ne *garantissent* pas de produire un enfant du sexe désiré. Elles sont également coûteuses (environ 400 $), et l'obligation d'avoir recours à l'insémination artificielle déplaît à certains couples. Un autre problème provient du fait que les deux tiers de tous les couples américains sans enfant préfèrent que leur aîné soit un garçon. Si un grand nombre de couples choisissaient le sexe de leurs enfants, n'y aurait-il pas une surabondance de garçons?

La génétique et les parents

Ces dernières années, une meilleure compréhension de la génétique humaine a également influencé les parents. On est de plus en plus en mesure de combattre les troubles «de famille». Il est désormais possible de préciser un grand nombre de troubles génétiques, comme l'anémie

Exploration

à hématies falciformes, l'hémophilie, la fibrose kystique, la dystrophie musculaire, l'albinisme et certaines formes de déficience mentale.

La consultation génétique Les futurs parents qui croient être porteurs de défauts génétiques peuvent recourir à la **consultation génétique**. En examinant l'historique familial de chacun des parents éventuels, et parfois en cartographiant directement les chromosomes, les généticiens peuvent calculer les risques de troubles génétiques (Rowley, 1984).

Question : Que peut faire un couple qui présente des risques élevés de défauts génétiques?

Connaissant les risques, le couple peut choisir de ne pas avoir d'enfant; ou si les probabilités jouent en leur faveur, ils peuvent choisir de courir le risque. Même en présence d'une probabilité de défauts génétiques, certains couples choisissent d'avoir des enfants, mais la femme se soumet à un test en cours de grossesse afin de détecter la présence ou l'absence de défaut. Ces tests prénataux se pratiquent par **amniocentèse**, c'est-à-dire le prélèvement d'un échantillon du liquide amniotique dans l'utérus. Cette méthode permet de déterminer le sexe du fœtus et de détecter de nombreux défauts génétiques.

L'amniocentèse se pratique généralement à la quinzième semaine de grossesse. Ainsi, lorsqu'on détecte un grave défaut génétique, les couples qui ne s'opposent pas à l'avortement peuvent choisir de mettre fin à la grossesse. Les parents qui n'acceptent pas l'avortement ont tout de même l'avantage d'être avertis, et peuvent se préparer du mieux possible à prendre soin de leur enfant.

L'avenir

Les récents progrès en matière de biologie et de génétique ainsi que les connaissances révolutionnaires sur l'ADN qui régit l'hérédité sont propres à changer la condition humaine en profondeur. Examinons certaines possibilités.

L'eugénique Il est fort probable que les plantes et les animaux se sont améliorés davantage au cours des 50 dernières années que dans les 5 000 ans précédents. Cette amélioration s'est effectuée en grande partie grâce à l'eugénique, c'est-à-dire le croisement sélectif de caractéristiques souhaitées. Certains extrémistes ont même suggéré d'appliquer l'eugénique aux humains. Mais cette idée est truffée de problèmes d'ordre moral. Comment choisir des caractéristiques souhaitables? Et qui déciderait à qui confier le rôle de parents? En pratique, il est peu probable que l'eugénique devienne jamais une pratique répandue chez les humains. Par contre, le recours régulier à la consultation génétique pourrait comporter un effet eugénique sur les générations futures.

Le génie génétique Il se peut qu'un jour on soit en mesure de se débarrasser des gènes défectueux et de les remplacer par des gènes normaux. Pourrait-on alors se servir du même génie génétique afin de créer la beauté, l'intelligence, la résistance au vieillissement et des qualités athlétiques surhumaines? En théorie, oui, mais sur le plan pratique, probablement pas. Des milliers de gènes modifient ces caractéristiques, sans parler de l'influence du milieu. C'est pourquoi le génie génétique limité à un ou deux gènes se pratiquera sans doute bientôt, mais la manipulation des gènes sur une grande échelle n'est pas pour demain. Le **clonage**, ou la production d'un organisme complet à partir d'une seule cellule, continuera vraisemblablement d'appartenir au domaine de la science-fiction (relativement aux humains), du moins dans l'avenir immédiat.

Les cartes génétiques Un spécialiste en génie génétique prévoit qu'un jour, on munira les gens d'une «carte d'identité génétique» qui présentera les résultats des analyses de sang effectuées durant l'enfance, ce qui indiquerait à quelles maladies héréditaires la personne est sujette, ou quels problèmes cette dernière pourrait transmettre à un enfant en combinant sa structure génétique avec celle de son partenaire (Milunsky, 1977).

Les progrès rapides des techniques qui touchent l'hérédité et la conception contribuent grandement à la compréhension du comportement et, comme nous l'avons mentionné, soulèvent d'importantes questions psychologiques et morales. Vous en trouverez d'autres à la section Discussion qui conclut le présent chapitre.

Exploration

Autotest

1. La méthode de fécondation in vitro exige que la femme soit fécondée par le sperme d'un donneur. Vrai ou faux?

2. On produit des bébés-éprouvettes en fécondant un ovule à l'extérieur de l'organisme. Vrai ou faux?

3. À l'heure actuelle, la technique de choix du sexe peut produire des garçons, mais ne garantit pas des bébés de sexe féminin. Vrai ou faux?

4. On a recours à l'amniocentèse surtout pour déterminer le sexe du bébé. Vrai ou faux?

5. Le terme *eugénique* désigne la production d'un organisme entier à partir d'une seule cellule. Vrai ou faux?

Réponses :

1. faux 2. vrai 3. faux 4. faux 5. faux

Résumé du chapitre

■ Le **nouveau-né** humain compte de nombreux *réflexes adaptatifs*, dont les **réflexes de préhension, des points cardinaux, de succion et de Moro.** Les nouveau-nés présentent des signes immédiats d'apprentissage et d'appréciation des conséquences de leurs gestes.

■ Les épreuves de la **chambre de vision** révèlent de nombreuses préférences visuelles chez le nouveau-né. Il est attiré par des structures complexes, circulaires, incurvées, rouges ou bleues. Il préfère aussi les visages humains, surtout ceux de son entourage. Plus tard, il s'intéresse aux visages étrangers.

■ La **maturation** du corps et du système nerveux est à la base de la *progression* ordonnée du développement moteur, cognitif et du langage. Toutefois, le *rythme* de maturation varie d'une personne à l'autre. De nombreuses aptitudes précoces relèvent du principe de **prédisposition** (ou **primauté motrice**).

■ La *controverse de l'inné et de l'acquis* concerne les contributions au développement de l'**hérédité** (inné) et du **milieu** (acquis). Les directives héréditaires sont transmises par les **chromosomes** et les **gènes** de chaque cellule du corps. La plupart des caractéristiques sont **polygéniques** et reflètent l'effet combiné des gènes **dominants** et **récessifs**. L'hérédité influence un grand nombre des caractéristiques personnelles et programme la **séquence de croissance humaine**.

■ Les différences de **tempérament** à la naissance relèvent aussi de l'hérédité. Il en existe trois catégories principales : les enfants *faciles*, les enfants *difficiles* et les enfants *distants*.

■ La plupart des psychologues admettent que l'hérédité et le milieu constituent des forces inséparables et *interactives*. Le **niveau de développement** reflète donc l'*hérédité*, le *milieu* et les effets du *propre comportement* de l'enfant.

■ Le **développement prénatal** est sujet aux influences du milieu sous forme de maladies, de drogues, de ra-diation et dépend de l'alimentation, de la santé et des émotions de la mère. Les dommages prénataux causés au foetus peuvent s'avérer des **déficiences congénitales.**

■ Les enfants sains viennent au monde soit par l'**accouchement traditionnel** ou par l'**accouchement naturel (préparé)**. Toutefois, ce dernier comporte l'avantage de minimiser le recours aux anesthésiques. La présence du père à la naissance semble souhaitable, bien que son attitude face à la naissance soit plus importante encore. On n'a pas réussi à prouver que la **naissance en douceur** ait des avantages durables, bien que les parents la choisissent pour d'autres raisons.

■ Les études portant sur les parents et leurs enfants indiquent que les **styles de soins** influencent profondément le développement intellectuel et affectif. En général, la mère prend soin du bébé, et le père est le compagnon de jeu de ce dernier.

■ La **conscience de soi** et la **reconnaissance sociale** sont des éléments du développement social du début de la vie. Comme l'illustre l'**empreinte** chez les animaux, il existe de nombreuses **périodes critiques** du développement, dont l'**attachement affectif** d'un bébé humain à son pourvoyeur de soins. L'**angoisse de séparation** reflète cet attachement.

■ Le **développement du langage** passe de la maîtrise des **pleurs** au **gazouillement**, au **babillage**, à l'usage de **mots isolés** et enfin au **discours télégraphique**.

■ Les structures du discours télégraphique laissent croire à une *prédisposition biologique* au langage, qui s'accroît par l'apprentissage. La **communication du prélangage** entre parents et enfant fait appel à des *rythmes partagés*, à des *signes* non verbaux et au *tour de rôle*.

■ L'intelligence d'un enfant est *moins abstraite* que celle d'un adulte. Jean Piaget croyait que la croissance intellectuelle se déroule à la faveur d'une combinaison de l'**assimilation** et de l'**accommodation**. Il affirmait également que les enfants traversent une série de **périodes cognitives** fixes : **sensori-motrice (0-2 ans)**, **préopératoire (2-7 ans)**, **opératoire concrète (7-11 ans)** et **opératoire formelle (11 ans et plus)**.

■ Lawrence Kohlberg a élaboré une théorie selon laquelle le **développement moral** traverse une série de stades que révèle le raisonnement. Ces phases se regroupent selon trois niveaux : **préconventionnel, conventionnel** et **postconventionnel**. Certains psychologues ont contesté le fait que le développement moral ne se mesure qu'en vertu de la justice.

■ La **privation** *perceptive*, *intellectuelle* et *affective* retarde gravement le développement. Même la croissance physique peut en être affectée, comme l'illustre le **nanisme de privation**.

■ La stimulation perceptive est essentielle au développement normal. Des études sur les singes indiquent également que le **contact** représente une importante source d'attachement et de stimulation. L'**enrichissement** délibéré du milieu de l'enfant profite au développement.

■ Les parents avisés font la différence entre l'**enfant statistique** et l'**enfant particulier**. L'enrichissement efficace *réagit bien* aux intérêts et aux besoins de l'enfant, en plus de tenir compte du niveau de développement cognitif.

■ De nombreux progrès récents de la génétique et de la reproduction, notamment l'**insémination artificielle, la fécondation in vitro, les techniques de choix du sexe, l'amniocentèse, l'eugénique et le clonage**, soulèvent des questions d'ordre moral et social.

Discussion

1. Les humains devraient-ils tenter de maîtriser leur propre hérédité? Qui déciderait des caractéristiques à développer? Qui les obtiendrait? Dans quel but? Approuveriez-vous le recours au génie génétique pour retarder ou empêcher le vieillissement?

2. Si la pré-sélection du sexe d'un enfant devient possible, quel effet croyez-vous qu'aurait la proportion des naissances masculines et féminines *à long terme*? (À l'heure actuelle, pour 100 filles qui viennent au monde, 106 garçons naissent.) Expliquez votre prédiction. Quelles en sont les implications? (Si la population devenait masculine à 70 pour 100, le taux des naissances et la croissance démographique ralentiraient énormément.)

3. Lequel des énoncés suivants serait de nature à éclairer la décision de parents éventuels en consultation génétique : «Il y a une chance sur cent que votre enfant souffre d'une anomalie des chromosomes» ou : «Vous devez vous rendre compte que cela peut arriver ou non.»?

4. Que pensez-vous des questions pratiques et morales suivantes? Devrait-on dire la vérité sur leur origine aux enfants conçus par insémination artificielle ou par l'ovule d'une donneuse? Devrait-on garder des dossiers qui leur permettraient de retrouver leurs parents donneurs en cas de besoin? Comment réagiriez-vous sur le plan psychologique à l'annonce de votre conception in vitro?

5. En vertu de l'importance de l'attachement et de la participation du père aux soins, quels changements apporteriez-vous aux congés de maternité et de paternité? Modifieriez-vous la division des tâches traditionnelles entre le père et la mère? Expliquez.

6. Quelle est votre réaction à la déclaration suivante de l'anthropologue Margaret Mead : «Les pères sont une nécessité biologique, mais un accident social»?

7. Quels sont les avantages de traiter les enfants en «petits adultes»? Quels en sont les inconvénients? Quelle est la valeur des enfants dans une société?

8. De combien de façons croyez-vous qu'un enfant puisse récompenser sa mère, et vice versa?

9. Quel type de jouets choisiriez-vous pour un bébé ou un jeune enfant? Lesquels seraient les meilleurs, les simples ou les compliqués? Pourquoi? Votre choix varierait-il pour un enfant plus âgé? Pourquoi?

10. De quelle façon l'hérédité a-t-elle influencé votre développement? Quel effet a eu le milieu? Comment l'éducation changerait-elle, si les parents devaient enseigner aux enfants à parler et à marcher?

11. Comment avez-vous répondu au dilemme moral de Kohlberg au sujet du mari qui volait le médicament pour sa femme? Croyez-vous que votre réponse reflète le rôle que joue le raisonnement moral dans votre personnalité?

12. Croyez-vous que les déserteurs, les activistes et les objecteurs de conscience des années 1960 agissaient par intérêt personnel ou à un niveau de moralité plus élevé? À quel niveau de moralité diriez-vous qu'agissait Oliver North avant le scandale des Contras et de l'Iran en 1988? Quel niveau de raisonnement moral affichent en général les personnages des émissions dramatiques, des comédies et des commerciaux à la télévision?

CHAPITRE 15

DE LA NAISSANCE À LA MORT : LE DÉVELOPPEMENT AU COURS DE LA VIE

APERÇU DU CHAPITRE
LA VIE AVEC BILLY

À peine âgé de cinq ans, Billy est déjà un terrible cauchemar pour ses parents. Il pique d'incontrôlables crises de nerfs et semble ne jamais dormir. Il ne parle pas encore. Il fouille dans les armoires, déchire les robes de sa mère et urine sur ses vêtements. Il brise les meubles et répand du détersif et de la nourriture sur les planchers. Il ne rate jamais l'occasion d'attaquer sa mère, et, une fois, il lui a sauté à la gorge pour la mordre. Il a même déjà essayé de cacher son jeune frère dans la boîte aux jouets. Quand les parents de Billy lui ont acheté une poupée à laquelle ils ont donné le prénom de sa petite soeur, ils n'ont pas tardé à la retrouver tête première dans la cuvette des toilettes.

Billy refuse de manger quoi que ce soit, à l'exception de hamburgers froids et graisseux provenant d'un certain restaurant. Chaque semaine, ses parents doivent en acheter un lot qu'ils cachent un peu partout dans la maison, de sorte que Billy ne puisse les manger en une seule fois. Quand la famille va se balader en auto, il leur faut faire des détours pour éviter les restaurants, car Billy écume et veut se jeter par la fenêtre quand il en aperçoit (Moser, 1965). Comme vous pouvez le constater, Billy n'affiche pas le comportement d'un enfant de 5 ans ordinaire.

Question : Quel est son problème?

Billy est un enfant autistique. Son problème est très particulier. Très peu d'enfants débutent aussi mal dans la vie. Toutefois, nous avons tous et chacun à faire face aux défis et aux problèmes qui surgissent au cours d'un sain développement. Des obstacles comme apprendre à devenir propre ou à s'établir une identité sont communs à tous. D'autres sont plus particuliers. Dans les deux cas, les défis qui accompagnent le développement ne cessent pas avec l'enfance, ils se poursuivent jusqu'à un âge avancé.

Au présent chapitre, nous étudierons le développement du point de vue génétique. Les psychologues du développement étudient la continuité et le changement du comportement au cours d'une vie (Baltes 1987). À la lecture du présent *chapitre, portez une attention particulière à tout ce qui pourrait s'appliquer à votre vie, et à celle de Billy; on retrouvera ce dernier un peu plus loin.*

Questions d'ensemble

■ Quels sont les tâches et les problèmes particuliers à l'enfance, à l'adolescence, à l'âge adulte et au grand âge?

■ Quels sont les problèmes les plus sérieux reliés à l'enfance?

■ Dans quel sens le développement de l'adolescent offre-t-il tant de défis?

■ Que se passe-t-il au point de vue psychologique, chez l'adulte et la personne âgée?

■ De quelle façon les parents efficaces élèvent-ils leurs enfants?

■ Comment les attitudes envers la mort sont-elles en train de changer?

Le cycle de la vie — sentier tortueux ou avenue ensoleillée?

Si vous vous faites un point d'honneur d'être une personne spéciale, vous avez tout à fait raison. Il n'y a rien de tel qu'une «personne spéciale» ou une «vie spéciale». Toutefois, il existe des similitudes générales universellement reconnues dans **les stades de la vie** : la petite enfance, l'enfance, l'adolescence, le début de l'âge adulte, l'âge mûr et la vieillesse. Chacune des étapes place la personne en présence de nouvelles **activités de développement** à maîtriser. Les habiletés à acquérir ou les changements personnels à opérer contribuent à parvenir à un développement optimum. On pourrait donner comme exemple l'apprentissage de la lecture pendant l'enfance, l'ajustement à la maturité sexuelle pendant l'adolescence et l'établissement d'une carrière à l'âge adulte (Havighurst, 1979).

Dans un de ses ouvrages les plus importants, le théoricien Erik Erikson suggère qu'à chaque étape de notre vie, nous avons à faire face à une «situation de crise» ou à un **dilemme psychosocial**. Selon Erikson, la résolution de chacun des dilemmes crée un nouvel équilibre entre la personne et la société. Un dénouement malheureux rompt l'équilibre et rend plus difficile le règlement de crises subséquentes. Une sucession de «réussites» mène à un développement sain et à une vie satisfaisante. Ceux pour qui les dénouements sont malheureux peuvent être amenés à voir la vie comme un «chemin tortueux».

Question : Quelles sont les tâches et les crises les plus importantes reliées au développement?

C'est une question très générale qui demande une réponse élaborée. Poursuivez votre lecture!

Premièr stade, la première année de la vie : la confiance ou la méfiance Durant la première année de leur vie,

les enfants sont complètement dépendants des autres. D'après Erikson, une première attitude de **confiance** ou de **méfiance** s'installe à cette époque. La confiance s'établit quand les bébés reçoivent de la chaleur, de la tendresse, de l'amour et des soins, de façon adéquate. La méfiance est causée par des soins inadéquats ou imprévisibles et des parents froids, indifférents ou qui affichent une attitude de rejet. Une méfiance fondamentale peut entraîner plus tard l'insécurité, la suspicion ou l'incapacité de communiquer avec les autres. À noter que la confiance fondamentale et le lien de sécurité que les bébés développent avec leurs parents requièrent les mêmes conditions (voir le chapitre 14).

Deuxième stade, 1-3 ans : l'autonomie ou la honte et le doute Durant la deuxième étape, le maîtrise de soi grandissante des enfants s'exprime en grimpant, en touchant, en explorant et par un désir général de faire les choses eux-mêmes. Les parents contribuent à stimuler **l'autonomie** chez les enfants en les encourageant à essayer de nouvelles habiletés. Toutefois, il faut s'attendre à ce que les efforts maladoits de l'enfant se résument à renverser des choses, à tomber, à se mouiller et à bien d'autres «incidents». Ainsi, les parents qui *ridiculisent* ou *surprotègent* leurs enfants peuvent provoquer chez eux un sentiment de **honte** ou de **doute** quant à leurs compétences.

Troisième stade, 3-5 ans : l'initiative ou la culpabilité Au cours de la troisième étape, les enfants passent de la simple maîtrise de soi à la prise d'initiatives. Par le jeu, l'enfant apprend à planifier, à assumer des responsabilités et à mener à bien une tâche. Les parents renforcent la prise d'**initiatives** en donnant à leurs enfants la liberté de jouer, de poser des questions, d'avoir recours à leur imagination et de choisir leurs activités (illustration 15.1). Les enfants peuvent être handicapés sur le plan affectif si leurs parents les critiquent sévèrement,

Illustration 15.1 *Selon Erikson, les enfants âgés entre 3 et 5 ans apprennent à planifier et à entreprendre des activités au moyen du jeu.*

leur défendent de jouer ou ne les encouragent pas à poser des questions. Dans ce cas, les enfants apprennent à développer un sentiment de **culpabilité** au sujet des activités qu'ils entreprennent.

Quatrième stade, 6-12 ans : la productivité ou le sentiment d'infériorité

Nombre d'événements qui se produisent au milieu de l'enfance sont symbolisés par la première journée en classe. À une vitesse étourdissante, votre monde s'est élargi bien au-delà de votre famille, et vous avez eu à faire face à toute une série de nouveaux défis.

Selon Erikson, les années passées à l'école primaire deviennent «l'entrée dans la vie» des enfants. À l'école, les élèves acquièrent des compétences appréciées par la société, et les succès ou les échecs peuvent avoir des effets à long terme sur leur sentiment de compétence. Les enfants développent le sens de l'**application** si on les félicite d'avoir accompli des activités productives telles que : construire, peindre, cuisiner, lire, étudier et autres. Par contre, si on qualifie les efforts d'un enfant de malpropres, d'infantiles, ou d'inadéquats, il en résulte un sentiment d'**infériorité**. Pour la première fois, les professeurs, les camarades de classe et les adultes hors du cercle familial revêtent autant d'importance que les parents en ce qui a trait à la formation d'attitudes face à soi-même.

Cinquième stade, l'adolescence : l'identité ou la confusion des rôles

Dans notre culture, plusieurs personnes considèrent l'adolescence comme une période perturbée. Pris entre l'enfance et le monde adulte, l'adolescent doit faire face à des problèmes uniques. Erikson considère que le besoin de répondre à la question «qui suis-je?» est la tâche fondamentale de cette étape de la vie. Une maturation physique tout autant que mentale

Illustration 15.2 *On remarque des différences importantes de taille et de maturité chez des adolescents du même âge. Dans la photo, les filles ont 13 ans et les garçons, 16 ans. Une maturation qui se manifeste soit plus tôt ou plus tard que la moyenne peut* nuire à la «recherche d'identité». (Tiré de «Growing Up» par J.M. Tanner. Copyright © Septembre 1973 publié par Scientific American, Inc. All rights reserved.)

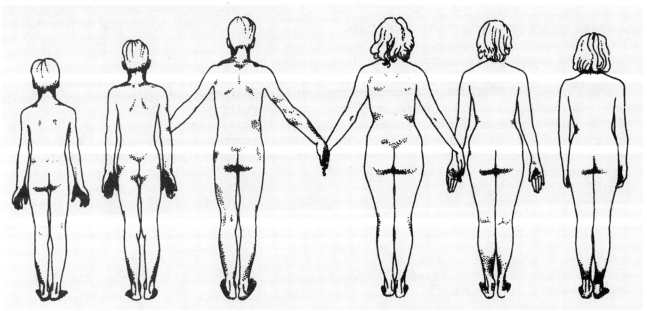

permet l'apparition de nouveaux sentiments chez la personne, lui donne un nouveau corps et provoque de nouvelles attitudes (illustration 15.2). L'adolescent doit se construire une **identité** qui se tienne à partir des perceptions qu'il a de lui-même et de ses relations avec les autres. Des situations conflictuelles vécues à titre d'étudiant, d'ami, d'athlète, de travailleur, de fils ou de fille, d'amoureux, etc., doivent être intégrées dans une perception de soi unifiée (nous y reviendrons un peu plus loin). Selon Erikson, les personnes qui ne parviennent pas à se créer une identité souffrent de **confusion quant à leur rôle**, d'incertitude face à ce qu'ils sont et à ce qu'ils font.

Question : Quel est le conflit le plus important à survenir chez le jeune adulte, selon Erikson?

Sixième stade, le début de l'âge adulte : intimité ou isolement

Durant cette période, la personne ressent le besoin essentiel d'avoir une certaine qualité d'**intimité** dans sa vie. Après s'être formé une solide identité, celle-ci est prête à partager avec d'autres un amour ou une amitié profonde. Par «intimité», Erikson entend la capacité de se soucier des autres et de partager des expériences avec eux ou elles. En accord avec le point de vue d'Erikson, 75 pour cent des femmes et des hommes qui fréquentent un collège placent un bon mariage et une vie de famille au premier rang des objectifs de leur vie d'adulte (Bachman et Johnson, 1979). Néanmoins, le mariage ou l'engagement sexuel ne garantit pas que l'intimité règnera : bon nombre des relations entre adultes demeurent superficielles et vides. L'impossibilité pour une personne d'établir un climat d'intimité avec les autres peut aboutir à un sentiment de profond **isolement**. La personne se sent seule et délaissée. Cette situation favorise souvent l'apparition de difficultés ultérieures.

Septième stade, l'âge mûr : la générativité ou la stagnation

Selon Erikson, le goût de servir de guide à la nouvelle génération est la principale source d'équilibre chez l'adulte d'âge mûr. Cette qualité appelée générativité s'exprime à la faveur du souci de soi, de ses enfants et du futur. Ce souci de pérennité peut être accompli en guidant ses propres enfants ou en aidant ceux des autres (comme un enseignant, un membre du clergé ou un entraîneur). On peut aussi satisfaire ce besoin par un travail productif ou créateur. Dans tous les cas, la personne doit étendre son énergie et sa sollicitude au bien-être des autres et de la société pris dans leur ensemble. Un échec à ce niveau est marqué par une préoccupation **stagnante** de ses propres besoins et caprices. La vie n'a plus de signification et la personne se sent amère, lugubre et prise au piège.

Question : Quels sont, d'après Erikson, les conflits reliés à la vieillesse?

Huitième stade, la vieillesse : l'intégrité ou le désespoir

Parce que la vieillesse est un temps propice à la réflexion, la personne doit être en mesure de faire un retour sur les événements passés, de les accepter et d'éprouver de la satisfaction. D'après Erikson, les sept premières étapes de la vie sont le fondement d'une vieillesse réussie. La personne dont la vie a été riche et responsable est dotée d'un sens de l'**intégrité**, ce qui lui permet de faire face à la vieillesse et à la mort avec dignité. Si le regret s'installe lors de la revue d'événements passés, la personne âgée vit du **désespoir**. Le cas échéant, la personne croit que sa vie n'a été qu'une longue suite de déceptions, qu'elle a échoué et qu'il est trop tard pour y changer quoi que ce soit. La vieillesse et la mort qui menace deviennent alors pour eux une source de peur et de dépression.

Lorsqu'on condense en quelques pages les événements de toute une vie, il importe de laisser tomber les menus détails. Même si le processus entraîne beaucoup de pertes, l'effet qui en résulte donne une image plus claire du cycle entier de la vie. Selon vous, la description donnée par Erikson représente-t-elle avec exactitude l'allure que prendra votre futur? Probablement pas. Néanmoins, les dilemmes dont nous avons parlé reflètent les principaux événements psychologiques de la vie de bien des gens. La connaissance de ces événements peut vous permettre de prévoir les périodes plus particulièrement difficiles de la vie. Vous pouvez aussi être plus en mesure de comprendre les émotions et les problèmes vécus par des amis ou de la parenté, à différentes étapes du cycle de la vie.

Maintenant que notre tour d'horizon de la naissance à la mort est terminé, nous reviendrons sur plusieurs étapes pour nous attarder sur certains de leurs défis, de leurs événements déterminants, de leurs tâches et de leurs problèmes. Avant de commencer, il serait bon de répondre à l'autotest qui suit.

Autotest

Vous trouverez utile de faire ici un résumé des huit stades de la vie selon la théorie d'Erikson. Remplissez ce résumé afin de vérifier votre connaissance des étapes. Comparez vos réponses à celles données au bas de l'autotest, de sorte que votre résumé soit exact.

Stades	Crises	Dénouement heureux
La première année de la vie	1. _____ ou 2. _____	Confiance dans son milieu et dans les autres
1 à 3 ans	Autonomie ou 3. _____	Sentiments de maîtrise de soi et de compétence
3 à 5 ans	4. _____ ou culpabilité	Capacité de commencer ses propres activités
6 à 12 ans	Productivité ou 5. _____	Confiance dans l'exécution d'habiletés productives, apprentissage du travail
L'adolescence	6. _____ ou confusion des rôles	Une image de soi totalement intégrée
Le début de l'âge adulte	Intimité ou 7. _____	Habileté à créer des liens d'amour et d'amitié avec les autres
L'âge mûr	Générativité ou 8. _____	Intérêt pour la famille, la société et les générations futures
La vieillesse	9. _____ ou 10. _____	Sentiment de dignité et d'accomplissement, acceptation de la mort

Réponses :

1. confiance 2. méfiance 3. honte et doute 4. initiative 5. infériorité 6. identité 7. isolement 8. stagnation 9. intégrité 10. désespoir

Les problèmes de l'enfance — pourquoi les parents ont-ils les cheveux gris?

Vous souvenez-vous d'une période de votre enfance où tout ce que vous entrepreniez menait au désastre ou presque? Cela ne devrait pas être très difficile. Il est tout à fait extraordinaire que certains d'entre nous aient réussi à survivre à l'enfance. Creuser des tunnels, descendre le long des cheminées, sauter à bord des trains ou en bas des maisons, ramper dans un égout pluvial, fabriquer des bombes — et pire encore — font partie des aventures ordinaires de l'enfance.

Question : Si les initiatives et la productivité sont importantes dans l'enfance, quelles limites les parents doivent-ils imposer à l'exploration du monde par leurs enfants?

Une réponse nous est fournie par la psychologue Diana Baumrind (1980), qui a examiné les effets des trois principales manières d'élever des enfants. Selon Baumrind, chaque style influence différemment le comportement des enfants. Voyons si vous pouvez en reconnaître quelques-uns.

Les parents autoritaires considèrent que les enfants ont peu de droits mais par contre, ont des responsabilités d'adulte. Les parents autoritaires ont tendance à exiger des enfants qu'ils respectent des normes rigides de comportement. On s'attend à ce que l'enfant ait un comportement exemplaire et qu'il accepte sans discuter l'idée que se font ses parents d'un bon ou d'un mauvais comportement. Les enfants de ces parents sont particulièrement obéissants et exercent une grande maîtrise d'eux-mêmes. Mais ils ont aussi tendance à cacher leurs émotions, à être renfermés, appréhensifs et à manquer de curiosité.

Les parents permissifs considèrent que les enfants ne doivent pas avoir beaucoup de responsabilités, mais qu'ils ont des droits similaires à ceux des adultes. Ces parents exigent rarement de leurs enfants un comportement responsable. Les règlements ne sont pas appliqués et les enfants font habituellement ce qui leur plaît, ce qui a tendance à faire d'eux des enfants dépendants, immatures, dont le comportement laisse souvent à désirer. Ces enfants sont désoeuvrés et ont tendance à perdre la «maîtrise de soi».

Selon Baumrind, les **parents efficaces** établissent un juste équilibre entre leurs droits et ceux de leurs enfants. Ces parents font *preuve d'autorité* mais ne sont pas autoritaires, c'est-à-dire qu'ils surveillent le comportement de leurs enfants, mais qu'ils sont aussi capables d'amour et d'affection. Les parents efficaces ont recours à la discipline ferme et cohérente, et non pas dure ou inflexible. En règle générale, ils encouragent l'enfant à être responsable. Cette façon d'élever les enfants a pour effet de les rendre compétents, indépendants, curieux, sûrs et maîtres d'eux-mêmes. Ainsi, en établissant un juste équilibre entre la liberté et la contrainte, les parents efficaces aident leurs enfants à devenir adultes.

Pour vous aider à mieux élever vos enfants, rappelez-vous que le stress fait partie de la vie normale, même pendant l'enfance. Cela ne veut pas dire que les parents doivent saisir toutes les occasions de stresser leurs enfants. Toutefois, cela suppose que les enfants n'ont pas à être toujours protégés d'une stimulation stressante. La **surprotection** (qu'on appelle parfois «amour dévorant») peut être aussi nuisible pour un enfant que le fait de le stresser, ou d'être trop sévère ou trop permissif.

Lorsqu'*ils* commencent une activité, la plupart des enfants réussissent très bien à garder le stress à un niveau acceptable (Murphy et Moriarty, 1976; illustration 15.3). Par exemple, à la piscine publique, on peut voir des enfants faire des sauts périlleux du tremplin de 10 mètres et d'autres se contenter de patauger en eau peu profonde. Tant qu'il n'y a pas de danger immédiat, il vaut mieux laisser faire les enfants lorsqu'ils sont pris dans des arbres, ou s'étourdissent, ou se chamaillent avec les enfants du voisinage, etc. Quelques égratignures peuvent préparer un enfant à faire face aux futures situations de stress. Pensez seulement que l'auteur du présent ouvrage, s'il n'avait pas eu à traverser des périodes difficiles, n'aurait peut-être pas, une fois adulte, eu le désir de sonder les profondeurs du psychisme.

Question : Comment savez-vous si un enfant est soumis à une trop grande quantité de stress?

Les problèmes normaux de l'enfance

Les spécialistes de l'enfance Chess, Thomas et Birch (1965) ont dressé une liste des difficultés que la plupart des enfants auront à rencontrer un jour ou l'autre. Celles-ci peuvent être interprétées comme des réactions normales au stress inévitable qui accompagne la croissance.

1. Tous les enfants ont de temps à autre, de la **difficulté à dormir.** Cela se manifeste par de l'insomnie, des cauchemars ou le désir de se blottir dans le lit des parents.

Illustration 15.3 *Lorsqu'ils commencent une activité, la plupart des enfants réussissent très bien à garder le stress à un niveau acceptable.*

2. Les **peurs reliées** à la noirceur, aux chiens, à l'école, à une pièce ou à une personne en particulier, sont aussi usuelles.

3. La plupart des enfants éprouveront parfois une **très grande timidité**, et seront ainsi contraints par d'autres enfants à leur céder leurs jouets, leur place dans une file d'attente et ainsi de suite.

4. Lorsque rien ne fonctionne au goût de l'enfant, celui-ci peut éprouver des **moments d'insatisfaction** temporaires.

5. Les enfants vivent aussi des périodes de **négativisme généralisé** accentué par des accès de colère, le refus de faire ce qu'on leur demande, ou une tendance à dire non par principe.

6. Un autre problème normal est le fait que les enfants **s'accrochent**, refusent de se séparer de leurs mères ou de faire quoi ce soit par eux-mêmes.

7. Le développement ne se fait pas toujours en douceur. Chaque enfant vivra occasionnellement des périodes de **régression** à des comportements plus infantiles.

La **rivalité fraternelle** est un autre problème qui se manifeste à l'âge scolaire. Il est normal qu'une certaine jalousie, une certaine rivalité et même une certaine hostilité se développent entre frères et soeurs. Il arrive même que la rivalité fraternelle soit constructive. Une certaine quantité d'échanges agressifs entre frères et soeurs donne l'occasion aux enfants d'apprendre à maîtriser leurs émotions, à devenir plus sûrs d'eux-mêmes et à acquérir l'esprit d'équipe (Bank et Kahn, 1982). Les parents peuvent contribuer à garder ces conflits à l'intérieur de normes raisonnables en évitant de «prendre parti» et en résistant à la tentation de comparer les enfants entre eux.

Les parents doivent aussi s'attendre à une forme de **révolte** de la part de leurs enfants. La plupart des enfants d'âge scolaire se rebiffent parfois contre les limites et les règlements imposés par les adultes. Pour beaucoup d'enfants, le fait d'être avec ses camarades lui donne l'occasion de «laisser échapper la vapeur» en faisant des choses défendues par les adultes. C'est normal pour un enfant de faire des dégâts, d'être bruyant, hostile ou destructeur, mais jusqu'à un certain point.

Il est important de se rappeler que les «problèmes normaux» peuvent cacher des troubles encore plus sérieux, s'ils s'aggravent ou durent très longtemps. Des problèmes d'ordre plus sérieux sont présentés à la section suivante.

Les problèmes sérieux de l'enfance — un mauvais départ

Même si les troubles émotifs sévères n'affectent qu'une minorité d'enfants, ceux-ci sont toutefois plus nombreux qu'on ne le croit.

Question : Quelle est la nature de ces problèmes?

Les troubles d'apprentissage de la propreté

La difficulté se situe parfois au niveau de l'apprentissage de la propreté ou d'un manque de maîtrise des intestins et de la vessie. Les deux problèmes les plus courants sont l'**énurésie** (un manque de maîtrise de la vessie) et l'**encoprésie** (un manque de maîtrise des intestins). L'énurésie est plus fréquente que l'encoprésie et beaucoup plus présente chez les hommes que chez les femmes. Se mouiller et se salir peuvent très bien constituer des moyens d'exprimer de la frustration ou de l'hostilité contenue.

Les parents ne devraient pas s'alarmer d'un retard dans l'apprentissage de la propreté ou encore de quelques petits «incidents». Comme il a été dit au chapitre 14, l'apprentissage de la propreté est terminé à l'âge de trente mois en moyenne. Il n'est toutefois pas surprenant de voir des enfants prendre jusqu'à six mois de plus. Et même si les problèmes persistent, ils peuvent être d'ordre physique. Par exemple, bon nombre d'enfants qui mouillent leur lit le font parce qu'ils se détendent complètement dans leur sommeil. On peut aider ces enfants en réduisant la quantité de liquide qu'ils boivent dans la soirée, en s'assurant qu'ils vont aux toilettes avant de se mettre au lit et peut-être aussi en les récompensant pour chaque nuit «passée au sec». Un peu de compréhension, de tact et de sympathie aide énormément à alléger les troubles bénins. Les parents devraient faire appel à des professionnels s'ils ont à faire face à des problèmes encore plus sérieux.

Les troubles de l'alimentation

Les troubles de l'alimentation se présentent sous diverses formes. L'enfant troublé peut vomir ou refuser de prendre toute nourriture sans raison ou encore peut décider radicalement de manger trop ou pas assez. La **suralimentation** est parfois encouragée par un parent qui ne se sent pas aimé et qui compense en inondant son enfant «d'amour» sous forme de nourriture. Certains parents suralimentent leurs enfants parce qu'ils considèrent qu'un bébé joufflu est un enfant en santé et qu'il est aussi plus joli. Peu importe la façon de voir, il reste qu'un enfant suralimenté vit des problèmes et développe des habitudes alimentaires qui auront des conséquences sa vie durant.

Comme nous l'avons mentionné au chapitre 11, l'**anorexie mentale** (une perte d'appétit d'origine nerveuse) comprend de sérieux cas de *sous-alimentation* ou d'auto-privation. Ce sont surtout les adolescentes qui souffrent d'anorexie mentale. En plus des causes décrites au chapitre 11, les conflits liés à la maturité sexuelle peuvent expliquer l'anorexie. En se privant de nourriture, les adolescentes retardent le développement de leur corps et l'apparition de leurs menstruations (Palazolli, 1978). Cela reporte à plus tard le moment où elles auront à agir en adultes.

Les troubles de l'élocution

Les problèmes d'élocution les plus fréquents sont : le **trouble de la parole** et le **bégaiement**. Un retard important dans l'apprentissage du langage peut être un sérieux handicap. Voici l'exemple de Tommy, âgé de 5 ans, qui utilise encore le discours télégraphique : «Moi aller dehors. Maman dans auto maintenant. Boire tasse Tommy.» (Van Riper et Emerick, 1984). Il arrive parfois que le trouble de la parole soit causé par un manque de stimuli intellectuels pendant la première enfance. Au nombre des autres causes possibles, on trouve : les parents qui découragent les tentatives de l'enfant dans sa quête d'autonomie, les pressions vécues pendant l'enfance, la déficience mentale et les troubles affectifs.

Par le passé, le bégaiement était associé à un trouble psychologique et on a fait porter à de nombreux parents la responsabilité du problème d'élocution de leur enfant. De nos jours, les chercheurs croient que le bégaiement a habituellement une origine physique. Par exemple, il y a quatre fois plus d'hommes que de femmes qui bégaient et il semble que ce soit en partie héréditaire (Sheedan et Costley, 1977). Toutefois, les peurs ou l'angoisse acquises et certains modèles de langage accentuent probablement aussi le problème (Van Riper et Emerick, 1984). Habituellement, le bégaiement survient lorsqu'une personne craint de bégayer. Alors, afin d'épargner à l'enfant un surplus de frustration et d'angoisse, les parents doivent s'abstenir de se fâcher ou de critiquer. Si un enfant suit un traitement orthophonique avant l'adolescence, il y a de fortes chances que le bégaiement disparaisse. Dans certains cas, il est possible qu'il disparaisse de lui-même. Mais s'il ne disparaît pas ou n'est pas traité, le bégaiement peut nous suivre toute la vie.

Les troubles de l'apprentissage

Peu de temps après son arrivée à l'école, Gary devint timide et difficile. Son professeur crut déceler une difficulté d'apprentissage, ce que confirma un spécialiste dans le domaine. Les **difficultés d'apprentissage** comprennent notamment des problèmes avec la pensée, la perception, le langage, l'attention ou les niveaux d'activité. Le problème particulier de Gary est la **dyslexie**, une inaptitude à comprendre ce qu'on lit. Pour cette raison, il se sentait souvent confus et «stupide» en classe, même s'il était doté d'une intelligence normale.

À l'heure actuelle, les causes de la dyslexie ne sont pas encore connues. Toutefois, les chercheurs croient qu'elle peut être reliée à la dominance d'un côté du cerveau sur l'autre. Comme on l'a mentionné au chapitre 3, le côté gauche du cerveau domine habituellement le côté droit en ce qui concerne la capacité de parler. Pour une minorité de gens, le côté droit domine ou partage cette même capacité avec le côté gauche. Les gens dont la dominance du cerveau est renversée

Illustration 15.4 *L'apprentissage de l'enfant hyperactif peut être sérieusement affecté par son inaptitude à tenir en place et à porter attention.*

ou partagée sont plus enclins à subir des troubles du langage, dont la dyslexie (Durden-Smith et De Simone, 1984; Marx, 1983).

L'**hyperactivité** est la plus importante de toutes les difficultés d'apprentissage. L'enfant hyperactif bouge constamment et ne peut se concentrer (illustration 15.4). Il parle très vite, ne peut rester en place, finit rarement son travail, est très impulsif et porte rarement attention à quoi que ce soit. De 3 à 5 pour cent des enfants américains souffrent d'hyperactivité, et cinq fois plus de garçons que de filles sont atteints (Varley, 1984). À moins qu'elle ne soit très bien canalisée, l'hyperactivité peut limiter sérieusement la capacité d'apprendre de l'enfant (Mannuzza et autres, 1988).

Question : Qu'est-ce qui provoque l'hyperactivité?

La théorie la plus répandue propose que l'hyperactivité résulte d'une **dysfonction cérébrale mineure** (DCM). Les experts qui soutiennent cette théorie associent l'hyperactivité soit à un retard dans le développement du cerveau, soit à une lésion cérébrale identifiée. Les médecins utilisent habituellement des stimulants pour la maîtriser. (Les stimulants aident les enfants à avoir une attention plus soutenue.) D'une part, ces médicaments semblent bien diminuer l'excès d'activité (Solanto, 1984). D'autre part, les psychologues se sont opposés à l'usage de médicaments puissants qu'ils considèrent dangereux et inutiles (Havighurst, 1976).

Question : Quels traitements proposent-ils?

Certains chercheurs ont découvert que les **changements de comportement** sont aussi efficaces qu'un traitement médicamenteux (Gadow, 1985; Pelham, 1977). Le changement de comportement est la mise en application des principes d'apprentissage aux problèmes humains. L'idée essentielle consiste à trouver des moments où l'enfant hyperactif est calme et attentif, et de le récom-

penser d'un tel comportement. Les progrès durent plus longtemps si les enfants apprennent à se maîtriser eux-mêmes de cette façon, plutôt que de compter seulement sur un traitement aux médicaments (Franks, 1987).

Autisme infantile Un enfant sur 2 500 est atteint d'**autisme** et les garçons le sont 4 fois plus souvent que les filles. L'autisme est un des problèmes les plus graves de l'enfance. L'enfant autistique est prisonnier de son propre monde et semble ne pas avoir besoin d'affection ou de contact avec les autres. Il ne semble même pas savoir ou se soucier de savoir qui sont ses parents.

En plus d'être extrêmement isolé, l'enfant autistique peut piquer d'énormes colères — qui comprennent parfois des comportements auto-destructeurs comme se frapper la tête contre quelque chose. Malheureusement, croyant bien faire, de nombreux parents ont, sans le vouloir, récompensé de tels comportements en s'inquiétant de ceux-ci et en leur prêtant une attention particulière (Edelson, 1984). De nombreux enfants autistiques sont muets. Et s'ils parlent, ils font de l'**écholalie**, c'est-à-dire qu'ils répètent souvent, de façon exaspérante, tout ce qui a été dit. Ces enfants font souvent des gestes répétitifs comme se bercer, battre des bras, ou agiter les doigts devant le visage. De plus, il peut arriver qu'ils n'aient aucune réaction à un bruit extrêmement fort (blocage sensoriel), ou ils peuvent passer des heures à regarder les gouttes d'eau tomber du robinet («dérapage» sensoriel; Ferster, 1968; Rimland, 1978).

Question : Les parents provoquent-ils l'autisme?

Il fut un temps où les parents étaient tenus responsables des troubles d'autisme de leurs enfants. Il est maintenant reconnu que l'autisme est causé par une anomalie héréditaire du système nerveux (Schopler, 1978). Cela explique pourquoi même bébé, l'enfant autistique est distant et ne se blottit pas dans les bras de ses parents. De récentes recherches tendent à démontrer que l'anomalie pourrait se situer au niveau du cervelet, lequel influe sur l'attention et l'activité motrice (Courchesne et autres, 1988).

Question : Que peut-on faire pour aider les enfants autistiques?

Malgré les traitements, seulement un enfant autistique sur quatre se rapproche de la normalité. Toutefois, presque tous les enfants autistiques peuvent faire des progrès, s'ils reçoivent les soins appropriés (Schopler, 1978). Plus tôt débute le traitement, plus les changements de comportement ont des chances de réussir.

Vous souvenez-vous de l'enfant décrit à l'aperçu du chapitre? Billy était un des premiers patients du programme expérimental conçu par le psychologue Ivar Lovaas. Billy avait été choisi à cause de son goût tout à fait spécial pour les hamburgers. Enseigner le langage à Billy représente un aspect de son traitement. Au début, il devait apprendre à souffler une allumette, en faisant le son «ou». Chaque fois qu'il émettait le son «ou», on le récompensait en lui donnant une bouchée de ses hamburgers adorés. Ensuite, on le récompensait parce qu'il avait émis des sons sans signification. Si par hasard il disait un mot, il était récompensé. Après plusieurs semaines, il en était venu à prononcer des mots comme *balle, lait, maman* et *moi*. Au

moyen de ce procédé minutieux, Billy était enfin parvenu à parler. Il est à noter que ce procédé est en fait un exemple de **façonnement opérant**, comme nous l'avons vu au chapitre 7.

Dans un programme de modification du comportement, on change chacun des comportements problématiques de l'enfant autistique au moyen de récompenses ou de punitions. En plus de la nourriture, les thérapeutes ont découvert que les stimulations sensorielles comme le chatouillement ou la musique constituent souvent un très bon renforcement pour les enfants autistiques (Rincover et Newsom, 1985). Et bien étrangement, les chercheurs ont découvert que lorsque des comportements comme se frapper la tête ou se mordre la main sont punis, cela peut couper court aux comportements auto-destructeurs (Haywood et autres, 1982). Des progrès considérables peuvent s'accomplir, lorsque ces efforts sont soutenus à la maison par un engagement des parents dans le traitement (Short, 1984).

L'autisme et les autres problèmes importants de l'enfance constituent un défi de taille lancé à l'ingéniosité des psychologues, des éducateurs et des parents. Toutefois, des pas de géants ont été accomplis depuis ces dernières années. On a toutes les raisons de croire qu'à l'avenir, on sera à même d'aider davantage les enfants qui débutent mal dans la vie.

Autotest

Essayez de répondre aux questions suivantes avant de poursuivre votre lecture.

1. Des régressions ou des retours à des comportements infantiles sont des signes certains de l'existence d'un sérieux problème de l'enfance. Vrai ou faux?

2. Lorsqu'ils sont prolongés ou exagérés, les troubles du sommeil et les peurs particulières peuvent être le signe que l'enfant a de sérieux problèmes. Vrai ou faux?

3. Une dose raisonnable de rivalité fraternelle est tout à fait normale. Vrai ou faux?

4. L'encoprésie est le terme scientifique qui désigne un manque de maîtrise de la vessie. Vrai ou faux?

5. L'enfant hyperactif est perdu dans son propre monde. Vrai ou faux?

6. Selon les recherches effectuées par Diana Baumrind, les parents efficaces font preuve d'autorité dans leur façon de traiter le comportement de leurs enfants. Vrai ou faux?

Réponses :

1. faux 2. vrai 3. vrai 4. faux 5. faux 6. faux

L'adolescence — la meilleure des époques, la pire des époques

L'adolescence est un temps de changement, d'exploration, d'exubérance et de recherche empreinte de jeunesse. C'est aussi un temps de soucis et de problèmes. Il serait même à propos de qualifier l'adolescence de «la meilleure des époques, la pire des époques». Au cas où vous auriez oublié, voici un aperçu des problèmes et des défis qui caractérisent ce chapitre coloré de la vie.

L'adolescence et la puberté

L'adolescence désigne la période qui souligne le passage de l'enfance au monde adulte. La plupart des sociétés reconnaissent ce changement. Toutefois, le temps que dure l'adolescence varie considérablement d'une culture à l'autre (Siegel, 1982). Par exemple, la plupart des jeunes filles américaines de 14 ans vont à l'école et demeurent chez leurs parents. Par contre, de nombreuses adolescentes de 14 ans qui vivent au Proche-Orient sont mariées et ont des enfants (Santrock, 1984). Dans notre culture, les personnes âgées de 14 ans sont des adolescents, ailleurs, ils peuvent être des adultes.

Beaucoup de gens confondent l'adolescence et la puberté. Mais comme vous pouvez le constater, l'adolescence, qui est définie du point de vue culturel, diffère de la puberté, un événement *biologique*. La **puberté** désigne une croissance physique rapide, accompagnée de changements hormonaux qui apportent la maturité sexuelle. Il est intéressant de voir que la **poussée de croissance** survient beaucoup plus rapidement chez les adolescentes que les adolescents (illustration 15.5). Cette différence explique pourquoi les filles sont plus grandes que les garçons, pendant environ un an ou deux. (Souvenez-vous des danses où les filles dépassaient tous les garçons d'une tête.) Pour les filles, le début de la puberté se passe entre 11 et 14 ans et pour la plupart des garçons, entre 13 et 16 ans (Kaluger et Kaluger, 1984).

Comparez : adolescence et puberté

Adolescence La période de temps qui, du point de vue social, se situe entre l'enfance et la vie des adultes.

Puberté La période de temps qui, du point de vue biologique, représente l'atteinte de la maturité sexuelle et la possibilité de se reproduire.

À l'époque de votre puberté, vous est-il arrivé de passer des *heures* à vous préparer à aller à une fête, à une danse ou à un autre événement social? Si tel est le cas, vous n'étiez pas la seule personne du genre. Pendant la puberté, la conscience du corps et le souci de l'apparence physique sont très accentués (Siegel, 1982). Qui plus est, au début de l'adolescence, environ la moitié des garçons et le tiers des filles se disent insatisfaits de leur apparence (Rosenbaum, 1979). Dans bien des cas, ces sentiments relèvent du *moment* où survient la puberté. Les filles sont momentanément «trop grandes» et les garçons «trop petits», et ceux et celles qui accusent un retard dans leur développement sexuel sont mécontents de leurs corps.

Question : En quoi le moment de la puberté est-il si important?

La maturation rapide et la maturation tardive

Parce que la puberté entraîne beaucoup de changements rapides, elle est susceptible de causer du stress chez à peu près tout le monde. Quand la puberté arrive trop tôt ou trop tard, son influence peut être exagérée — pour le meilleur et pour le pire.

Pour les garçons, la maturation rapide est généralement bénéfique. Habituellement, cela rehausse l'image qu'ils ont d'eux-mêmes et leur procure un avantage social et athlétique (Peterson, 1987). Ces raisons font que les garçons qui connaissent une maturation rapide ont tendance à être plus posés, plus détendus, plus dominateurs, plus sûrs d'eux-mêmes et plus populaires auprès de leurs pairs (Santrock, 1984; Siegel,

Illustration 15.5 *Le taux normal de croissance chez les garçons et chez les filles. Un fait à noter : la croissance dans les premières années de l'adolescence est équivalente à celle de la période de 1 à 3 ans. Remarquez aussi la poussée de croissance précoce chez les filles.*

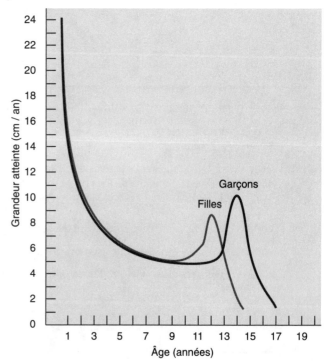

1982). Bon nombre des garçons qui ont une maturation tardive s'inquiètent du retard qu'ils accusent dans leur développement. Par contre, une fois la maturité atteinte, ils ont tendance à être plus volubiles, plus passionnés, plus assurés et plus tolérants envers eux-mêmes que la moyenne.

Pour les filles, les avantages d'une maturation rapide ne sont pas aussi nets. Au primaire, les fillettes plus développées ont *moins* de prestige auprès de leurs camarades. Probablement parce qu'elles sont plus grandes et plus lourdes que leurs compagnons et compagnes de classe. Toutefois, au secondaire, un développement rapide entraîne un *plus grand* prestige social et l'approbation des adultes. Par contre, les filles dont la maturation est tardive ont, en principe, l'avantage de devenir plus grandes et plus minces que les filles dont la maturité est rapide. De plus, les filles dont la maturation est précoce sortent plus tôt avec les garçons, sont plus indépendantes et participent davantage à l'école (Siegel, 1982); par contre, elles y ont souvent plus de problèmes.

Comme vous pouvez le constater, il existe des avantages et des inconvénients à la puberté, qu'elle soit rapide ou tardive. La recherche prématurée d'une identité constitue un autre inconvénient de la maturation rapide (Siegel,1982). Lorsqu'un adolescent ou une adolescente prend l'allure d'un adulte, il se peut qu'il soit traité comme tel. Idéalement, ce changement donne lieu à plus de maturité et d'indépendance. Mais qu'arrive-t-il lorsqu'une personne est traitée en adulte, alors qu'elle n'est pas prête sur le plan affectif? Alors, sa recherche d'identité peut être interrompue trop hâtivement, et la personne garde une image de soi appauvrie et déformée (voir le profil 15.1).

La recherche d'une identité

Comme il en a été question plus tôt, beaucoup de psychologues considèrent que la formation d'une identité est une tâche clé de l'adolescence. Des problèmes d'identité peuvent aussi survenir à d'autres périodes de la vie. Mais en général, la puberté annonce le moment de commencer à se former une nouvelle image de soi, plus adulte. Répondre à la question «qui suis-je?» est aussi une des conséquences du développement cognitif. Quand les adolescents ont atteint le stade des opérations formelles, ils sont plus en mesure de poser des questions sur la place qu'ils occupent dans le monde, la morale, les valeurs, la politique, les relations interpersonnelles et même de discuter de leurs pensées intimes. De plus, le fait de pouvoir réfléchir à des questions hypothétiques permet à l'adolescent de se faire une idée de l'avenir et de ce qu'il peut offrir, et de se demander «qui serai-je?», une question beaucoup plus réaliste (Coleman et autres, 1977).

PROFIL 15.1
Précipité dans le monde adulte

Le psychologue David Elkind (1981) croit que bon nombre de parents tentent de précipiter le développement de leurs enfants. Elkind s'inquiète des parents qui essaient d'élever le quotient intellectuel de leurs bébés, de les forcer à «lire» l'alphabet ou de leur faire faire de la gymnastique ou de la natation avant même qu'ils n'aient trois mois. Cette façon de les pousser, croit-il, peut expliquer pourquoi un nombre sans cesse croissant d'enfants ont récemment commencé à montrer des signes sérieux de stress. De plus, les enfants pressés deviennent des adolescents pressés — poussés par les parents et les médias à croître rapidement. Elkind croit que trop d'adolescents sont laissés à eux-mêmes et qu'ils ne reçoivent pas l'encadrement et le support nécessaire pour devenir des adultes sains (Elkind, 1984).

L'argument principal d'Elkind est que les adolescents d'aujourd'hui sont précipités trop vite dans le monde adulte. La violence, la toxicomanie, les films pornographiques, la criminalité juvénile, la grossesse chez les adolescentes, le divorce, les familles monoparentales, les agressions sexuelles — pour Elkind, tout ceci et plus encore ne fait que confirmer que les adolescents n'ont pas de place dans la société d'aujourd'hui.

Selon Elkind, les **signes sociaux** traditionnels de l'adolescence ont presque tous disparu. (Les signes sociaux identifient le statut social d'une personne — comme un permis de conduire ou une alliance.) À titre d'exemple, Elkind nous fait remarquer que les vêtements pour enfants et pour adolescents ont de plus en plus l'allure de vêtements d'adultes. Les filles sont tout spécialement encouragées à porter des vêtements séduisants et des maillots de bain suggestifs.

Il est évident que cet auteur émet une opinion clinique et qu'il ne s'agit nullement d'un fait prouvé. Il est possible que son point de vue soit exagéré, de fait, tout ce qu'il dit peut être sujet à discussion. Toutefois, le portrait qu'il trace de l'adolescent «devenu adulte, mais qui n'a nulle part où aller» est condidéré comme très provocant.

David Elkind a noté un autre schème de la pensée chez l'adolescent. Selon Elkind (1984), beaucoup d'adolescents se soucient d'un **public imaginaire**, c'est-à-dire qu'ils agissent comme si les autres devinaient leurs pensées et leurs émotions. Cela mène parfois à une prise de conscience pénible — comme le fait de croire que *tout le monde* n'a d'yeux que pour leur dernière coupe de cheveux ratée. Le public imaginaire de l'adolescent semble aussi expliquer que celui-ci adopte, pour attirer l'attention, des «attitudes» qui se reflètent par le port de vêtements ou par un comportement bizarres. Peu importe le cas, les adolescents deviennent très soucieux de régir les impressions qu'ils créent sur les autres (Santrock, 1984). Pour nombre d'entre eux,

Illustration 15.6   *L'appartenance à des bandes et à des groupes d'amis permet aux adolescents de se bâtir une identité à l'extérieur de leurs liens avec les parents. Toutefois, l'identification excessive à une clique qui rejette toute personne dont l'apparence ou le comportement sont différents peut freiner la croissance personnelle.*

être «en représentation» leur permet de définir la forme d'une identité naissante.

Question : Quelle est l'influence des parents sur la création de l'identité?

Les parents et les camarades   Pour l'adolescent, la recherche d'une identité se traduit souvent par un accroissement des conflits avec les parents. Toutefois, cela ne pose pas nécessairement un problème, car certains conflits avec les parents sont essentiels à la création d'une identité propre. Une absence totale de conflit peut signifier que l'adolescent a peur de rechercher son indépendance (Siegel,1982). De nos jours, les adolescents et leurs parents ont trouvé des terrains d'entente sur des sujets comme la religion, le mariage et la morale. Les conflits les plus importants semblent porter surtout sur des questions plus superficielles, notamment les styles de vêtements, les bonnes manières, le comportement en public, etc. De façon générale, les adolescents ont tendance à exagérer les différends qui existent entre leurs parents et eux (Learner et Shea, 1982).

À l'école secondaire, étiez-vous du genre sportif, bon chic bon genre, grosse tête, branché, cowboy, punk, ou mod? Pendant l'adolescence, une identification plus forte avec ses camarades est chose commune. Jusqu'à un certain point, l'appartenance à des groupes sécurise les adolescents et leur permet de s'identifier à quelqu'un ou à quelque chose en dehors de la famille. De plus, l'appartenance à un groupe les prépare à vivre en société. Les enfants ont tendance à se voir plutôt comme membres d'une famille ou d'un petit groupe d'amis et non comme membres de la société dans son ensemble. Ainsi, l'acquisition d'une identité plus glo-

bale comme «membre de la société» peut constituer une étape importante de l'apprentissage du monde adulte (Kohlberg, 1976; illustration 15.6).

Question : L'appartenance à des groupes est-elle limitative?

Oui, elle l'est. La conformité aux valeurs des pairs atteint des sommets au début de l'adolescence, mais demeure en force au moins durant tout le secondaire (Newman, 1982). Pendant cette période, la possibilité que le groupe ne vienne entraver la croissance personnelle est sans cesse présente (Newman et Newman, 1987). À la fin des études secondaires, beaucoup d'adolescents n'ont pas fait un tour d'horizon suffisant de champs d'intérêts variés, de valeurs, de professions, d'habiletés ou d'idéologie. Peut-être est-ce pourquoi les étudiants considèrent les études ou le travail comme un moyen de couper les ponts avec les comportements antérieurs — une façon de changer ou de développer leur identité personnelle. Pour bon nombre de ceux qui choisissent de poursuivre leurs études, il serait plus approprié de parler d'un délai de changements éventuels d'identité. Ce faisant, les collégiens se donnent la possibilité d'effectuer d'importants changements au niveau de leurs plans de carrière, de leurs styles personnels, etc. Généralement, le désir d'adopter une identité adulte prend de plus en plus de place au cours des dernières années de collèges (Santrock, 1984).

La recherche d'une identité, que nous venons d'aborder, peut être très intense pendant l'adolescence, mais elle ne s'arrête pas là. Le contenu de la prochaine section traite du jeune adulte et des développements futurs. Avant de poursuivre votre lecture, vous avez maintenant la possibilité de vérifier votre mémoire.

Autotest

1. Dans la plupart des sociétés, l'adolescence commence avec l'apparition de la puberté et finit lorsque celle-ci est terminée. Vrai ou faux?

2. Les avantages d'une maturation rapide sont plus évidents chez les garçons que chez les filles. Vrai ou faux?

3. Selon David Elkind, les signes traditionnels de l'adolescence et du monde adulte se sont estompés. Vrai ou faux?

4. Le public imaginaire désigne les pressions de conformisme que les adolescents croient se voir imposer par les adultes. Vrai ou faux?

Réponses :

1. faux 2. vrai 3. vrai 4. faux

Les défis du monde adulte — une schématisation des hauts et des bas de la vie

Passé la vingtaine, période où les choses se calment, le développement de l'adulte est alors sans heurt et ne présente aucun intérêt, ne croyez-vous pas? Faux! Une suite de changements passablement prévisibles sont associés au développement qui a lieu entre l'adolescence et la vieillesse.

Question : Quels sont les changements de personnalité et les développements psychologiques auxquels une personne peut s'attendre en tant qu'adulte?

D'autres études ont apporté des précisions sur les sujets discutés par Erikson. Mais l'expérience clinique du psychiatre Roger Gould, qui s'intéresse à la personnalité de l'adulte, s'avère des plus complètes. Les recherches de Gould (1975) révèlent que les modèles les plus fréquents qu'on trouve chez les adultes américains sont les suivants.

16 à 18 ans : le désir d'autonomie Cette période est caractérisée par une lutte pour se libérer de l'emprise des parents. Les efforts en ce sens contribuent à faire vivre beaucoup d'angoisse aux adolescents au sujet de leur avenir et de leur dépendance des parents.

18 à 22 ans : le temps de quitter le foyer La plupart des gens quittent le foyer au début de la vingtaine. Ce départ est habituellement lié à l'apparition de nouvelles relations avec d'autres adultes. Ces amis servent de substituts à la famille et de complices dans l'apprentissage de la liberté.

22 à 28 ans : se créer une vie réaliste Au milieu de la vingtaine, règne la tendance à vouloir maîtriser le monde. Les deux activités les plus importantes deviennent alors la réussite (recherche de la compétence) et le désir d'établir des liens avec les autres. Il est à remarquer que la deuxième activité correspond, dans la théorie d'Erikson, à l'emphase mise sur le besoin d'intimité de cette période. Les couples mariés de ce groupe d'âge accordent énormément de valeur à l'unité et à la complicité.

29 à 34 ans : la remise en question Au début de la trentaine, bon nombre de gens vivent une période de crise. Ils remettent sérieusement en question leur conception de la vie. La foi qu'ils avaient en leurs valeurs et en leurs choix est ébranlée. Déconcertée, la personne recherche fébrilement un style de vie qui saura donner une signification à la deuxième partie de sa vie. Pendant cette période de grande insatisfaction, le couple marié est particulièrement vulnérable. Les aventures extra-conjugales et les divorces sont les symptômes usuels de la «remise en question».

35 à 43 ans : l'état d'urgence Les gens âgés de 35 à 40 ans deviennent plus conscients de la réalité de la mort. Le fait de se rendre compte que la vie a une fin crée une pression chez eux. Ils s'efforcent davantage de réussir leur carrière ou d'atteindre leurs objectifs de vie. Enseigner, prendre soins des autres ou les servir contribue à alléger l'angoisse vécue au cours de cette période.

43 à 50 ans : la stabilité L'urgence présente au stade précédent laisse maintenant la place, vers la fin de la quarantaine, à une meilleure acceptation du destin. Le sentiment prédominant est que les dés sont joués et qu'on peut s'accommoder des décisions prises antérieurement. Ceux qui ont des familles commencent à apprécier leurs enfants en tant que personnes et n'essaient plus autant de leur imposer leurs propres valeurs.

50 ans et plus : l'adoucissement Passé la cinquantaine, les gens s'adoucissent. L'accent est mis sur le partage quotidien des joies et des peines. Ils sont moins préoccupés par le prestige, la richesse, la réussite et les buts abstraits. La pression des dernières années donne lieu maintenant au désir de savourer la vie et ses petites douceurs.

Question : Quand la crise de l'âge mûr survient-elle?

Une crise de l'âge mûr? Il est clair que tous ne vivent pas les problèmes associés à la mi-temps de la vie. Beaucoup de gens poursuivent leur cheminement pendant cette période et n'ont pas de problèmes particuliers. Toutefois, le psychologue Daniel Levinson a mené une étude approfondie qui explique ce à quoi ressemble une «crise de l'âge mûr» lorsqu'elle se produit. Levinson (1978, 1986) précise 5 périodes de l'âge adulte au cours desquelles les personnes passent par d'importantes transitions (tableau 15.1). Une **période de transition** met fin à un modèle de vie et ouvre la porte à de nouvelles possibilités (Levinson, 1986). D'après Levinson, la plupart de ses sujets (tous des hommes) ont vécu une période d'instabilité, d'angoisse et de changements lorsqu'ils ont atteint l'étape de transition de l'âge mûr, c'est-à-dire, entre 37 et 41 ans. (Notez que cela correspond étroitement à la période d'état d'urgence de Gould.)

    Environ la moitié de tous les hommes qui participaient à l'étude de Levinson ont déclaré voir la période de l'âge mûr comme une «dernière chance» qui leur est donnée d'atteindre leurs buts. Ces buts étaient souvent considérés comme un événement crucial — par exemple, obtenir un poste de supervision, atteindre un certain salaire, devenir professeur agrégé ou gérant de magasin, etc. Pour ces personnes, la période de l'âge mûr est source de stress, mais vivable. Un deuxième modèle comporte des gens qui subissent un déclin important à l'âge mûr, souvent causé par le choix d'une profession ou d'un style de vie qui ne mène nulle part. Dans certains cas, les sujets ont réussi sur le plan matériel, mais sentent qu'ils ne font rien d'utile. Un troisième modèle nous présente de courageux individus qui ont réussi à s'échapper d'une structure de vie très peu prometteuse. Pour eux, la décision de «repartir à zéro» est habituellement suivie d'une période de reconstruction qui peut durer ente 8 et 10 ans.

    Ainsi, si la crise d'âge mûr a lieu, elle peut tout aussi bien représenter un danger qu'offrir de nouvelles avenues. Idéalement, c'est le temps de peaufiner les identités ancrées, d'atteindre des buts fixés longtemps auparavant, de trouver ses propres vérités et de se préparer à la vieillesse (Barrow et Smith, 1979). Il est aussi important de souligner que pour beaucoup de gens, la vie diffère complètement du sommaire général donné ici. Le développement de l'adulte est complexe et le chemin parcouru par une personne au cours de sa vie, unique.

L'âge mûr Quand les gens atteignent la quarantaine et la cinquantaine, la perte de vitalité et de force, et le constat de ne plus être jeune les obligent à se rendre compte qu'ils ont plus d'années derrière eux qu'il ne leur en reste à vivre. Au même moment, ils bénéficient d'une plus grande stabilité du fait qu'ils abandonnent la poursuite du «rêve impossible» (Sheehy, 1976). C'est qu'ils essaient d'accepter davantage leur vie et le fait que certains rêves ne se réaliseront plus.

    Pour la plupart des femmes, l'âge mûr est associé à la **ménopause**, période au cours de laquelle celles-ci sont mises en présence de la réalité du vieillissement pour la première fois.

    Les menstruations cessent et la femme ne peut plus procréer. La production d'oestrogène baisse considérablement — ce qui cause parfois des changements radicaux sur le plan de l'apparence et de l'humeur, et au niveau physique, provoque des «bouffées de chaleur» (une sensation soudaine et désagréable de chaleur).

    Certaines femmes éprouvent autant de difficulté à s'adapter à la ménopause qu'elles en ont eu à

Tableau 15.1   *Trois points de vue sur les défis du développement*

ERIKSON	GOULD	LEVINSON
L'ENFANCE Confiance/méfiance (1) Autonomie/honte,doute (1-3) Initiative/culpabilité (3-5) Productivité/infériorité (6-12)		
L'ADOLESCENCE Identité/confusion (12-18)	Désir d'autonomie (16-18)	Passage à l'âge adulte (17-22)
LE DÉBUT DE L'ÂGE ADULTE Intimité/isolement	Départ du foyer (18-22) Bâtir une vie réaliste (22-28) Remise en question (29-34)	Transition à la trentaine (28-33)
L'ÂGE MÛR Générativité/stagnation	État d'urgence (35-43) Stabilité (43-50) Adoucissement (50 et plus)	Milieu de la vie (40-45) Passage à la cinquantaine (50-55)
LA RETRAITE		Passage à la soixantaine (60-65)
LA VIEILLESSE Intégrité/désespoir		

s'adapter à l'adolescence, et nombre d'entre elles vivent des moments d'angoisse, d'irritabilité et de dépression. Toutefois, la plupart des femmes qui ont traversé la période de la ménopause avouent qu'elles s'attendaient à pire et qu'une bonne partie de leur angoisse provenait du fait qu'elles ne savaient pas à quoi s'en tenir (Mussen et autres, 1979).

Question : Les hommes vivent-ils des changements similaires?

Les hommes ne vivent pas de changements physiques qui peuvent s'apparenter à ceux causés par la ménopause. Par contre, des experts croient maintenant que les hommes entre 40 et 60 ans passent souvent par une période appelée **climatère**, au cours de laquelle se produisent d'importants changements physiologiques (Zaludek, 1976). Au cours du climatère, la baisse de production des hormones mâles peut entraîner l'apparition de symptômes semblables à ceux vécus par les femmes lors de leur ménopause. Toutefois, les hommes sont encore fertiles et nombre de leurs symptômes (dépression, angoisse et irritabilité) sont probablement reliés au fait qu'ils doutent d'eux-mêmes à cause d'une baisse de vitalité et des changements que subit leur apparence physique.

Au début de la soixantaine, la difficulté de mener une vie saine et enrichissante est accentuée par l'inévitable processus du vieillissement. Les problèmes des gens âgés sont-ils exceptionnels? Et mettent-ils en péril leur intégrité et leur confort? Nous essaierons de répondre à ces questions à la prochaine section.

Le vieillissement — serai-je encore utile à 64 ans?

En 1978, les étudiants du collège de Long Beach en Californie élisaient Pearl Taylor reine du festival du printemps. Mademoiselle Taylor avait tout d'une gagnante : l'apparence, l'intelligence, la personnalité et la popularité parmi ses pairs. À peu près à la même époque, les résidants de Raleigh en Caroline du Nord élisaient Isabella Cannon à la mairie.

Question : Ces deux événements ont-ils une signification spéciale?

Pas vraiment, sauf que Pearl était âgée de 90 ans lors de son élection, et qu'Isabella était pour sa part âgée de 73 ans (Barrow et Smith, 1979). Toutes deux font partie de la population vieillissante de l'Amérique. À l'heure actuelle, quelque 30 millions d'Américains ont plus de 65 ans. En l'an 2020, quelque 50 millions de personnes, ou *une personne sur cinq*, auront atteint cet âge. Ces chiffres démontrent que les personnes âgées représentent le segment de la société qui croît le plus rapide-

ment. On comprend donc pourquoi les psychologues s'intéressent de plus en plus au phénomène du vieillissement.

Question : Quel sort la vie réserve-t-elle aux gens âgés?

Le processus du vieillissement varie grandement. La plupart d'entre nous ont connu des gens âgés se situant aux deux extrêmes : d'une part, ceux qui sont actifs, en santé, contents et dont l'esprit est vif et clair; d'autre part, ceux qui sont confus, puérils, dépendants et séniles. Bien que les variations soient énormes, il est tout de même possible d'établir des règles générales.

Le vieillissement Le **vieillissement biologique** est un processus graduel qui débute très tôt dans la vie. La plupart des habiletés physiques connaissent un fonctionnement optimal entre 25 et 30 ans. Par la suite, une baisse graduelle se produit au niveau de la force musculaire, de la flexibilité, de l'efficacité du système circulatoire, de la vitesse des réflexes, de l'acuité sensorielle et des autres fonctions de l'organisme.

Question : Les gens sont-ils vieux à 30 ans?

Si peu! Les meilleures performances ont lieu à des âges différents selon les activités. Pour les joueurs de baseball et de football professionnels, elles se situent au milieu de la vingtaine; pour les joueurs de quilles professionnels, au milieu de la trentaine; pour les artistes et les musiciens, dans la cinquantaine; et pour les politiciens, les philosophes, les hommes d'affaires, les industriels et les autres, au début de la soixantaine.

Ceux qui sont encore jeunes peuvent considérer le fait de vieillir physiquement comme la menace la plus lourde de la vieillesse (voir le profil 15.2). Toutefois, il est faux de croire que la plupart des gens âgés sont malades, infirmes ou séniles. À peine 5 pour 100 des gens âgés de 65 ans et plus sont placés dans des foyers. En ce qui a trait à la possibilité d'un déclin mental, le docteur Alex Comfort (1976) précise que le cerveau humain ne rétrécit ni ne dessèche, non plus qu'il périsse ou se détériore avec l'âge. Habituellement, il fonctionne bien pendant neuf décennies.

À titre de **gérontologue** (qui étudie le processus du vieillissement), Comfort prétend que seulement 25 pour 100 des handicaps qui affectent les gens âgés sont d'origine médicale. Les autres 75 pour 100 ont des causes sociales, politiques ou culturelles.

L'hypothèse de Comfort est confirmée par des études sur les aptitudes intellectuelles des gens âgés. Avec l'âge, le classement général aux tests d'intelligence subit une légère baisse. Même s'il est vrai que la **capacité d'adaptation** (à des activités qui requièrent une vitesse d'exécution et un apprentissage rapide) diminue, les **habiletés cristallisées,** comme le vocabulaire et l'emmagasinage de connaissances, progressent même au-delà de 70 ans (Baltes et Schaie, 1974). La

PROFIL 15.2
Le vieillissement biologique — quelle est la durée de la vie?

Peu importent les causes biologiques du vieillissement, les humains grandissent, mûrissent, vieillissent et meurent dans un temps déterminé. La durée possible de nos vies est limitée par la **durée de vie maximale**. Même dans les meilleures conditions, les humains comme les animaux ont un nombre limité d'années à vivre. On évalue la durée potentielle de la vie humaine entre 95 et 110 ans (Botwinick, 1984).

Pour la plupart des gens, l'**espérance de vie** (le nombre d'années que vit, en moyenne, une personne) est plus courte que la durée possible de la vie. Dans les années 1800, la moyenne d'espérance de vie se situait à 36 ans. De nos jours, l'espérance de vie moyenne pour les Américains est de 72 ans pour les hommes et de 79 ans pour les femmes. Avec l'amélioration des soins de santé, l'espérance de vie devrait se rapprocher sensiblement de la durée de vie maximale.

À l'heure actuelle, on ne possède aucun moyen de prolonger la durée de la vie humaine. Par contre, nous avons toutes les raisons de croire que l'espérance de vie peut être augmentée. Si vous voulez contribuer personnellement à en élever la moyenne, voici quelques petits conseils qui vous permettront de vivre longuement (Coni et autres, 1984) :

1. Abstenez-vous de fumer.
2. Ne prenez que très peu d'alcool, ou pas du tout.
3. Évitez l'embonpoint.
4. Si votre tension artérielle est trop élevée, faites-vous traiter.
5. Restez actif sur le plan social et économique pendant votre retraite
6. Faites de l'exercice tout au cours de votre vie.

Nous pouvons ajouter ceci : mariez-vous (les personnes mariées vivent plus longtemps), apprenez à gérer le stress, et choisissez-vous des parents qui vivent mieux!

baisse d'aptitude intellectuelle généralement attribuée aux gens âgés n'est qu'un mythe.

Question : Quelles sortes de personnes s'adaptent le mieux au processus du vieillissement?

Activité et désengagement On a avancé deux grandes théories pour expliquer le succès de l'adaptation aux changements physiques et sociaux du vieillissement. La **théorie du désengagement** prétend qu'il est normal, avec l'âge, de vouloir se retirer de la société (Cumming et Henry, 1961). Selon cette théorie, les personnes âgées accueillent volontiers le désengagement, car elles peuvent alors se désister de responsabilités et de rôles devenus trop astreignants pour elles. Par la même occasion, la société bénéficie de ce désengagement car cela permet aux jeunes de prendre la relève et d'insuffler de nouvelles énergies.

Nous avons certainement tous connu des gens qui se sont désengagés lorsque devenus vieux. Toutefois, la théorie du désengagement est discutable parce qu'elle fait du retrait un exemple de vieillissement réussi. Bien que le désengagement se voit beaucoup, il n'est certainement pas la solution idéale.

Question : Que propose la deuxième théorie?

La **théorie de l'activité** nous offre un autre point de vue, la notion du «n'avoir rien à perdre» qui prône que l'activité est l'essence de la vie des gens de tous les âges. En vertu de la théorie de l'action, les gens qui demeurent actifs sur le plan physique, mental et social vieilliront mieux (Havighurst, 1961).

Les tenants de la théorie de l'activité croient que les personnes âgées devraient continuer aussi longtemps que possible les activités qu'elles pratiquaient auparavant. Si une personne doit cesser certaines activités ou abandonner certains rôles, elle devrait remplacer ces derniers par d'autres. Ce faisant, la personne âgée conserve une meilleure image d'elle-même, retire plus de satisfaction et est plus appréciée de la société — ce qui facilite son vieillissement.

Question : Laquelle des théories est la plus juste?

La majorité des études sur le vieillissement appuient la *théorie de l'activité*, même s'il y a des exceptions (Barrow et Smith, 1979). Par contre, certaines personnes cherchent vraiment à se désengager, on ne peut alors affirmer qu'une théorie est plus «juste». En fait, une combinaison d'activités et de désengagement semble être le secret d'un vieillissement réussi. Par exemple, un chercheur a trouvé que les gens âgés ont tendance à maintenir les activités qui leur procurent de la satisfaction et à se désengager de celles qui ne le font plus (Brown, 1974). En fin de compte, il semble que pour les gens âgés, le degré de satisfaction dépend du temps passé à accomplir des activités qui ont une certaine signification (Horn et Meer, 1987; illustration 15.7).

L'«agéisme» Vous avez tous, d'une façon ou d'une autre, été victimes d'«**agéisme**», c'est-à-dire, de discrimination en vertu de l'âge. Celle-ci s'applique tout aussi bien aux jeunes qu'aux plus vieux. Par exemple, une personne peut solliciter un emploi et se faire dire qu'elle est «trop jeune» ou «trop vieille». Dans certaines sociétés, le respect des gens âgés est fondamental. Au Japon, le vieillissement est très bien vu et plus les gens avancent en âge, plus ils gagnent le respect des autres et améliorent leur statut (Kimmel, 1988). Toutefois, dans la plupart des pays occidentaux, l'«agéisme» semble avoir un effet négatif sur les citoyens âgés. Cet effet s'exprime habituellement par de l'aversion et de la haine envers les personnes âgées, sans compter le rejet qu'elles sont amenées à vivre. Comme Alex Comfort (1976) nous le fait remarquer, l'idée de la «vieillesse»

Illustration 15.7 *Les centres communautaires et les programmes d'exercices destinés aux personnes du troisième âge illustrent parfaitement les bienfaits de la théorie de l'activité. Le fait de demeurer actifs donne aux gens âgés le sentiment de maîtriser leur vie. Comme il a été dit aux chapitres 12 et 13, ce sentiment de puissance contribue au bien-être physique et mental.*

est très souvent utilisée pour éloigner les gens âgés d'un travail productif. Selon Comfort, la retraite n'est souvent qu'une forme déguisée de congédiement et de chômage.

Un autre aspect de l'«agéisme» consiste à stéréotyper les gens âgés. Des stéréotypes tels que «vieux souillon», «vieille commère», «vieux gâteux» et autres contribuent à perpétuer les mythes qui soutiennent la discrimination en vertu de l'âge. Comparez ces images à celles que l'on présente de la jeunesse : celle-ci est fraîche, entière, attrayante, dynamique, active, prometteuse, séduisante, etc. Même des stéréotypes positifs peuvent être la source de problèmes. Si les gens âgés sont perçus comme des gens bien nantis, intelligents ou ayant de l'expérience, cela peut masquer les vrais problèmes de la vieillesse (Gatz et Pearson, 1988). L'important est de se rendre compte qu'il existe une très grande variété de gens âgés — depuis l'invalide et le sénile jusqu'à la grand-mère friande d'exercices.

Question : Que pouvons-nous faire au sujet de l'«agéisme»?

Un des meilleurs moyens de lutter contre l'«agéisme» est de démolir les stéréotypes par des faits. Par exemple, des études ont démontré que dans le cadre de nombreux emplois, les gens âgés réussisent mieux dans les tâches qui demandent vitesse et habileté (Giniger et autres, 1983). Avec l'âge, il s'opère réellement un ralentissement progressif. Mais on y remédie souvent par l'expérience, l'habileté ou la compétence (Schaie, 1988). À titre d'exemple, une étude à démontré que des dactylos plus âgées avaient été plus lentes que des dactylos plus jeunes à un test de temps de réaction. Par contre, il n'y avait aucune différence entre les jeunes dactylos et les plus âgées quant à la vitesse de frappe (Salthouse, 1987).

D'un point de vue plus général, Bernice Neugarten (1971) a étudié le style de vie de 200 personnes âgées entre 70 et 79 ans. Elle a découvert que 75 pour 100 de ces gens aimaient le genre de vie qu'ils menaient depuis leur retraite. Les découvertes de Neugarten contredisaient d'autres mythes au sujet de la vieillesse.

1. En général, les personnes âgées ne s'isolent pas et ne sont pas négligées par leurs familles. La plupart d'entre elles *préfèrent* ne pas vivre avec leurs enfants.
2. Les personnes âgées sont rarement placées en institution psychiatrique par des enfants ingrats.
3. Les personnes âgées qui vivent seules ne s'ennuient pas nécessairement, non plus qu'elles se désolent.
4. Très peu de personnes âgées montrent des signes de sénilité et de troubles mentaux, et très peu souffrent d'une santé mentale déficiente.

Bref, la plupart des sujets âgés de Neugarten étaient actifs, psychologiquement sains et bien intégrés. De telles constatations invitent à mettre un terme à la désuétude forcée où tombent les gens âgés. Comme groupe, les gens âgés constituent une source très valable de savoir, d'énergie et d'habiletés qu'il ne nous est plus permis d'ignorer. Face aux défis que nous lance l'incertitude de l'avenir de la planète, nous avons besoin de toute l'aide possible!

La mort — le rideau tombe

Chère Solange : *Pensez-vous souvent à la mort?*

Une curieuse

Chère curieuse : *Non, c'est bien la dernière chose à laquelle je veux penser.*

La mort est un sujet d'importance pour nous tous. Les statistiques sur la mort sont très convaincantes, une personne sur une meurt. Malgré cela, il semble y avoir une conspiration du silence autour du sujet de la mort. En conséquence, la plupart d'entre nous sont très mal informés du processus de la mort, lequel est aussi fondamental que celui de la naissance.

Nous avons vu au cours du présent chapitre, l'importance de comprendre les principales tendances du développement. En gardant ceci à l'esprit, examinons les réactions affectives que provoque la mort, conclusion inéluctable de la vie.

La peur de la mort

Il n'existe pas autant de peurs de la mort qu'on ne le croyait. Dans un groupe de 1 500 adultes, environ 4 pour 100 seulement ont montré avec certitude qu'ils craignaient leur propre mort (Kastenbaum et Aisenberg, 1972). On pourrait supposer que plus les gens vieillissent, plus ils sont effrayés par la mort. Toutefois, une étude sur des personnes âgées entre 30 et 82 ans n'a pu établir de lien significatif entre la peur de la mort et l'âge de la personne (Conte et autres, 1982). Il semble cependant que ces peurs réelles changent avec l'âge. Selon Hall (1922), les plus jeunes craignent la mort en soi tandis que les plus vieux craignent les circonstances de celle-ci.

Ces résultats semblent vouloir indiquer une absence générale de peur face à la mort, mais il existe une autre explication. Il serait plus juste de dire que ces résultats sont le reflet d'une profonde négation de la mort. Le seul fait que la mort est un sujet tabou nous incite à croire à l'existence de peurs sous-jacentes. Quand la revue *Psychology Today* a fait une enquête sur le sujet de la mort auprès de ses lecteurs, moins du tiers ont affirmé provenir de familles où l'on parlait librement de la mort (Shneidman, 1971). En général, la connaissance que les gens ont de la mort se limite à l'image artificielle et irréelle que présentent les émissions de télévision. À l'âge de 17 ans, une personne aura été témoin d'environ 18 000 morts à la télévision dont la plupart seront des *assassinats* et non des décès causés par la vieillesse ou la maladie (Oskamp, 1984).

Les réactions face à une mort prochaine

Les travaux d'Elizabeth Kübler-Ross (1975) nous donnent un compte rendu plus précis des réactions affectives face à la mort. Kübler-Ross est thanatologue (qui étudie le phénomène de la mort) et a passé des centaines d'heures auprès de patients en phase terminale. Elle a découvert que les mourants ont tendance à vivre différentes réactions affectives lorsqu'ils se préparent à mourir. Voici la description de cinq réactions fondamentales.

1. La négation et l'isolement Une première réaction typique à l'approche de la mort consiste à vouloir nier la réalité et à rejeter toute information confirmant que le moment est arrivé. Au début, la personne croit «qu'il y a eu une erreur», que les radiographies ou les rapports de laboratoire ne sont pas les siens, ou que le médecin s'est trompé. Cette façon de réagir peut conduire à ignorer ou à éviter tout ce qui rappelle la situation.

2. La colère Plusieurs mourants ressentent de la colère et se demandent «pourquoi moi?» Quand ils font face à l'ultime menace de se voir dépouillés de tout ce qui leur est cher, la colère peut laisser place à la rage ou à l'envie envers ceux qui continueront à vivre. Et pour un certain temps, ils en veulent même à leurs meilleurs amis, car ils sont envieux de leur bonne santé.

3. Le marchandage Une autre réaction fréquente du patient en phase terminale est de marchander avec lui-même ou avec Dieu. «Laissez-moi vivre un peu plus longtemps et je ferai tout pour le mériter.» Il essaie de gagner du temps en adoptant un «bon» comportement (je ne fumerai plus), en corrigeant les erreurs passées ou en jurant que si on lui accorde plus de temps, il se consacrera à sa religion.

4. La dépression Plus la mort approche, plus la personne se rend compte qu'elle ne pourra pas l'éviter, et des sentiments d'inutilité, d'épuisement et de dépression profonde prennent place. Elle se rend compte qu'elle sera séparée de ses amis, de ses proches et de la routine familière de la vie, ce qui cause chez elle une profonde tristesse.

5. L'acceptation Si la mort n'est pas subite, plusieurs personnes parviennent à composer avec le fait qu'elles vont mourir et à l'accepter calmement. La personne qui accepte la mort n'éprouve ni joie ni tristesse, mais elle est réconciliée avec l'inévitable. L'acceptation est en général un signe que le dilemme de la mort a été résolu. Le besoin d'en parler prend fin, et la compagnie silencieuse des autres est souvent tout ce qui est souhaité.

Les patients en phase terminale n'ont pas nécessairement toutes ces réactions, et celles-ci ne se présentent pas toujours dans cet ordre. La façon dont les gens meurent varie énormément et dépend de leur maturité affective, de leur croyance religieuse, de leur âge, de leur éducation, de l'attitude de leurs proches, etc. En général, la réaction au choc initial donne lieu à la négation de la situation et à de la colère face à une éventuelle acceptation de celle-ci. Toutefois, il arrive que des gens qui semblaient avoir accepté la mort meurent le coeur rempli de colère et de rage envers l'inévitable. Et au contraire, des gens qui ne l'acceptaient pas cessent la lutte et meurent paisiblement. De façon générale, les gens meurent comme ils ont vécu (DeSpelder et Strickland, 1983).

Il serait faux de considérer l'énumération que nous a faite Kübler-Ross des différents stades comme une liste dont la séquence est immuable. Il serait encore plus dommage de croire que la personne qui ne démontre pas toutes les réactions affectives présentées soit anormale ou immature (Shneidman,1987). La liste présente plutôt des réactions typiques et normales à l'approche de la mort. Il est aussi intéressant de noter que de nombreuses réactions similaires accompagnent toute perte importante, qu'il s'agisse d'un divorce, de l'incendie de sa maison, de la mort d'un animal favori ou de la perte d'un emploi.

Question : À quoi peut me servir toute cette information?

En premier lieu, elle peut aider autant le mourant que les survivants à reconnaître les périodes de dépression, de colère, de négation et de marchandage, et à y faire face. Deuxièmement, l'information contribue à se rendre compte que les amis intimes et les proches de la personne en phase terminale peuvent ressentir les mêmes émotions avant ou après le décès de la personne, car eux aussi doivent affronter une perte.

Le plus important serait peut-être de reconnaître que le mourant peut avoir besoin de partager ses émotions avec les autres et de parler ouvertement de la mort. Il arrive trop souvent que la personne mourante se sente isolée et séparée des autres par le mur de silence érigé par le médecin, les infirmières et la famille. Les adultes ont tendance à «geler» devant une telle situation, se contentant de dire «je ne sais pas quoi faire.»

Vous pouvez plus facilement offrir un soutien dans un moment pareil si vous comprenez ce qu'une personne mourante subit. Le simple fait de passer du temps avec la personne et de partager honnêtement ses émotions peut amener de la dignité, de l'acceptation et donner une signification à la mort.

La perte Une période de deuil suit habituellement la mort d'un ami ou d'un proche. Le deuil est une réaction naturelle et normale à la mort, et permet aux survivants de s'habituer à leur perte.

Le deuil suit habituellement une structure bien déterminée (Parkes, 1979; Schulz, 1978). Il débute généralement par une période de **choc** ou d'engourdissement. Pendant une courte période de temps, le survivant vit dans un état second au cours duquel il montre très peu d'émotions. La plupart éprouvent énormément de difficulté à accepter la réalité de leur perte. Cette période prend habituellement fin avec les funérailles, lesquelles provoquent les larmes et la montée de sentiments de désespoir jusque-là retenus (illustration 15.8).

Le choc initial est suivi par une douloureuse **angoisse du deuil.** Pendant cette période, la personne survivante désire ardemment la présence de la personne décédée et quelquefois, vit des moments de co-

Illustration 15.9 *Comme rituels culturels, les funérailles favorisent l'expression des émotions et procurent aux survivants, qui doivent faire face à la mort d'un être cher, une impression de conclusion.*

lère et d'angoisse. Le désir que la personne décédée soit encore avec elle est très intense, et il arrive souvent que la personne en deuil continue à croire que la personne décédée est encore vivante. Elle peut entendre sa voix et la voir dans ses rêves. Pendant ce temps, des moments d'agitation et de détresse surviennent en alternance avec des périodes de désespoir silencieux où la douleur est très vive.

Les premières réactions fortes au deuil laissent place petit à petit à des semaines, voire des mois d'**apathie,** de **découragement** et de **dépression.** La personne doit faire face à un nouveau paysage affectif où se trouve un énorme vide impossible à combler. La vie ne semble plus avoir beaucoup de signification et les perspectives d'avenir sont presque nulles. La personne en deuil peut habituellement retourner à son travail ou à d'autres activités après deux ou trois semaines. Toutefois, l'insomnie, la perte d'énergie et d'appétit et d'autres signes de dépression peuvent continuer.

Petit à petit, les personnes en deuil acceptent ce qui ne peut être changé et connaissent un nouveau départ. Des moments pénibles de tristesse peuvent encore surgir, mais ils sont moins fréquents et moins aigus. Même s'ils sont encore douloureux, les souvenirs qu'elles ont de la personne décédée incluent maintenant des images positives et un plaisir empreint de nostalgie. À ce point, on peut affirmer que la personne sera bientôt parvenue à la **résolution** de son deuil.

Les réactions des gens face au deuil varient considérablement, comme dans le cas des réactions à l'approche de la mort. Toutefois, il faut généralement compter un mois ou deux avant que les étapes les plus intenses du deuil ne se soient écoulées. Comme vous pouvez le constater, le deuil permet aux personnes survivantes de se débarrasser de leur angoisse et de se préparer à poursuivre leur vie.

Question : Est-il vrai que la suppression du deuil entraîne des problèmes ultérieurement?

On a compris depuis longtemps que la suppression du deuil entraîne une dépression plus grave et plus longue. Toutefois, il existe très peu de preuves à l'appui de cette idée. L'absence d'une période de deuil intense ne signifie pas nécessairement qu'il y aura des problèmes plus tard (Worthman et Silver, 1987). Les gens en deuil devraient vivre leur chagrin à leur façon et à leur rythme propres — sans se soucier de savoir s'ils ont trop de peine ou pas assez. Les conseils suivants vous aideront à mieux vivre un deuil.

Mieux vivre son deuil

- *Regardez votre perte en face et évitez de vous isoler.*
- *Partagez vos émotions avec vos proches et vos amis.*
- *N'esquivez pas vos sentiments au moyen de l'alcool ou de drogues.*
- *Donnez-vous le temps de vivre votre deuil; ne le précipitez pas et ne le supprimez pas (Coni et autres, 1984).*

Le sujet de la mort a complété la boucle du cycle de la vie. À la prochaine section, celle des Applications, nous reviendrons sur le rôle des parents, un procédé qui relie très étroitement la vie des adultes à celle des enfants.

Autotest

Vérifiez ici vos connaissances.

1. De quelle catégorie d'âge se créer une vie réaliste constitue-t-il l'activité principale?

    a. 18-22   *b.* 22-28   *c.* 29-34   *d.* 35-43

2. La description que fait Levinson de la «crise de l'âge mûr» correspond plus ou moins chez Gould à :

    a. le désir d'autonomie   *b.* la remise en question   *c.* l'état d'urgence   *d.* l'atteinte de l'équilibre

3. En moyenne, l'homme vit sa ménopause entre 45 et 50 ans. Vrai ou faux?

4. Plusieurs signes de vieillissement biologique font leur apparition aussi tôt que le milieu de la vingtaine. Vrai ou faux?

5. L'expert des problèmes du vieillissement est un _____.

6. La théorie de l'activité du vieillissement optimal suggère que les gens diminuent leurs activités et se retirent des groupes communautaires lorsqu'ils ont atteint un âge avancé. Vrai ou faux?

7. Passé 65 ans, la plupart des gens âgés montrent des signes évidents de sénilité et requièrent des soins spécialisés. Vrai ou faux?

8. Pendant la période de marchandage telle que décrite par Kübler-Ross, la personne mourante se dit «pourquoi moi?». Vrai ou faux?

9. La première étape du deuil se caractérise par un état de choc ou d'engourdissement. Vrai ou faux?

10. Selon toute évidence, la suppression du deuil entraîne des problèmes subséquents tels que, par exemple, une grave dépression. Vrai ou faux?

Réponses :

1. b 2. c 3. faux 4. vrai 5. gérontologue 6. faux 7. faux 8. faux 9. vrai 10. faux

Applications : le rôle parental — la tâche la plus importante du monde

L'éducation des enfants regroupe les nombreux problèmes du développement sur une seule scène. Un rôle parental efficace profite autant aux adultes qu'aux enfants, alors que si les parents n'aident pas leurs enfants à bien démarrer dans la vie, tout le monde en souffre : l'enfant, les parents et la société. Un développement sain nécessite une compétence sur les plans affectif et social, de même que de saines facultés intellectuelles. En plus des aptitudes nécessaires à la réussite, les parents efficaces donnent à leurs enfants la capacité d'aimer, d'être heureux et de se réaliser.

Question : Que peuvent faire les parents pour favoriser le développement sain de leurs enfants?

La réponse réside en grande partie dans deux domaines clés des relations parent-enfant, soit la communication et la discipline. Dans chaque domaine, les parents peuvent donner l'exemple de la tolérance, de la compréhension et de l'acceptation qui vont au-delà de leur rôle traditionnel en tant que dispensateurs de permissions et d'interdictions.

L'éducation des enfants

Aucun psychologue ne nierait que l'amour est essentiel à un développement sain, mais la *discipline* peut jouer un rôle tout aussi important. Les parents dont les enfants sont difficiles, délinquants ou malheureux peuvent honnêtement prétendre qu'ils leur ont prodigué de l'amour. Pourtant, lorsque les parents ne fixent pas certaines limites de comportement, les enfants deviennent antisociaux, agressifs et anxieux. Comme on l'a vu au présent chapitre, les parents trop permissifs, ceux qui se laissent dominer ou manipuler, créent des modes de comportements égocentriques chez leurs enfants.

Question : Cela signifie-t-il que la discipline devrait être stricte et implacable?

Non. On a vu que les parents autoritaires ont également des effets peu souhaitables sur leurs enfants. Les familles ne doivent pas ressembler à un camp militaire. Une discipline efficace est autoritaire, mais sensible; l'objectif est de socialiser un enfant sans susciter de frustration inutile ni détruire les liens d'amour et de confiance entre le parent et l'enfant. Une étude qui s'échelonne sur 22 ans a démontré que les enfants dont les parents étaient portés à la critique, sévères ou autoritaires deviennent souvent des adultes égocentriques. Les enfants se montrent également plus violents que la moyenne et souffrent de toxicomanie (Dubow et autres, 1987).

Question : Comment conserver un équilibre?

De nombreux spécialistes préconisent un style d'éducation qui reconnaît les besoins psychologiques d'un enfant. La discipline devrait laisser aux enfants la liberté d'exprimer leurs sentiments de vive voix ou par leurs actions. Cette liberté ne signifie pas que l'enfant fait ce que bon lui semble, mais qu'il a la possibilité d'agir librement dans le cadre de limites bien définies. Bien entendu, certains parents peuvent fixer des limites plus ou moins «strictes». Ce choix est moins important que la cohérence des normes parentales. Une discipline cohérente offre sécurité et stabilité à l'enfant; sans cohésion, le monde de l'enfant semble peu fiable et imprévisible.

Question : Comment conserver certaines limites?

Les parents ont tendance à fonder la discipline sur l'une ou plusieurs des techniques suivantes : l'affirmation de l'autorité, le retrait de l'amour ou la gestion du comportement de l'enfant (Coopersmith, 1968; Hoffman, 1977).

L'affirmation de l'autorité se manifeste par des punitions corporelles ou une démonstration de force où les parents retirent des jouets ou des privilèges. D'autres parents utilisent le **retrait de l'amour** en refusant de parler à un enfant, en menaçant de partir, en rejetant l'enfant ou en agissant comme s'il n'était pas digne d'être aimé. Les **techniques de gestion du comportement** comprennent la louange, la reconnaissance, l'approbation, les règlements, le raisonnement et ainsi de suite afin de favoriser un comportement souhaitable. Chaque méthode peut dominer efficacement le comportement d'un enfant, mais les effets secondaires diffèrent considérablement.

Question : Quels sont les effets secondaires?

Les techniques axées sur l'autorité, notamment les punitions dures ou sévères, sont associées à la peur, à la haine des parents et à un manque de spontanéité et de chaleur. Les enfants punis sévèrement ont également tendance à se montrer intraitables, rebelles et agressifs (Patterson, 1982).

Le retrait de l'amour, qui est un mode de discipline important au sein de la classe moyenne, crée des enfants qui ont tendance à être autodisciplinés. On pourrait dire que ces enfants ont développé une bonne conscience. On les décrit souvent comme des

Applications

enfants «modèles» ou comme étant inhabituellement «dociles». Toutefois, ils sont également anxieux, inquiets et dépendants de l'approbation des adultes.

Les techniques de gestion du comportement sont également limitées. Il importe surtout de les adapter soigneusement au niveau de compréhension de l'enfant. Les jeunes enfants ne peuvent pas toujours voir le lien entre les règles, les explications et leur propre comportement. En dépit de leurs limites, les techniques de gestion du comportement sont très encouragées dans un domaine important du développement de l'enfant. Le psychologue Stanley Coopersmith (1968) a établi un lien direct entre les styles de discipline parentaux et l'**estime de soi** d'un enfant.

Question : Qu'est-ce que l'estime de soi?

L'estime de soi désigne une confiance tranquille qui provient du fait de se considérer comme une personne de valeur. De nombreux théoriciens considèrent que l'estime de soi est essentielle à la santé affective. Ceux et celles qui ont une faible estime d'eux-mêmes s'accordent peu de valeur en tant que personne.

Lors d'études sur des enfants, Coopersmith a constaté qu'une faible estime de soi est reliée au recours à des punitions corporelles ou au retrait de l'amour. Comparativement, une forte estime de soi est reliée aux techniques de gestion du comportement qui mettent l'accent sur une discipline claire et cohérente, associée à un intérêt et à un souci importants des parents relativement à l'enfant. Par conséquent, les parents ont avantage à minimiser les punitions corporelles et à éviter un retrait de l'amour inutile.

Question : Les punitions corporelles et le retrait de l'amour devraient-ils être proscrits?

Des parents efficaces ont recours à chacun des trois types importants de discipline à un moment ou l'autre, et chacun semble avoir sa place. Les conclusions de Coopersmith ne font qu'indiquer que les punitions corporelles et le retrait de l'amour devraient être utilisés avec prudence. Lorsqu'ils ont recours à ces formes de punition, les parents devraient suivre les lignes directrices suivantes (voir également le chapitre 8) :

1. Les parents devraient clairement séparer la désapprobation de l'action de la désapprobation de l'enfant. Au lieu de dire : «Je vais te punir parce que *tu es méchant*», on devrait dire : «Je suis fâchée à cause de *ce que tu as fait*».
2. Les punitions infligées à un enfant ne devraient jamais être dures ou nuisibles. Ne punissez jamais un enfant corporellement lorsque vous êtes en colère. En outre, rappelez-vous que donner l'impression à un enfant que vous ne l'aimez plus peut s'avérer plus douloureux qu'une fessée.
3. La punition est plus efficace si elle est administrée immédiatement, particulièrement si l'enfant est jeune.
4. La fessée et d'autres formes de punitions corporelles ne sont pas particulièrement efficaces dans le cas des enfants de moins de 2 ans. Cela ne fera que déconcerter et effrayer l'enfant. En outre, la fessée devient moins efficace après l'âge de 5 ans car elle a tendance à humilier l'enfant et à susciter du ressentiment.
5. Réservez les punitions corporelles à des situations qui constituent un danger immédiat pour un jeune enfant, par exemple, lorsque ce dernier se jette dans la rue.
6. Rappelez-vous également qu'il s'avère plus efficace de récompenser les enfants lorsque ces derniers se comportent bien, que de les punir à cause d'une mauvaise conduite.

Après l'âge de 5 ans, les techniques de gestion du comportement sont les plus efficaces sur le plan de la discipline, surtout celles qui mettent l'accent sur la communication.

La communication entre parent et enfant

Lorsqu'une communication claire se maintient entre le parent et l'enfant, de nombreux problèmes de discipline peuvent être évités avant qu'ils ne s'intensifient. Selon le Dʳ Haim Ginott (1965), il est essentiel de distinguer les sentiments d'un enfant du comportement de ce dernier. Étant donné que les enfants (et les parents également) ne choisissent pas leurs sentiments futurs, il est important de permettre la libre expression des sentiments.

L'enfant qui apprend à considérer que certains sentiments sont «mauvais» ou inacceptables doit renier une partie bien réelle de son expérience. Ginott encourage les parents à apprendre à leurs enfants que tous les sentiments sont appropriés; seules les actions peuvent être blâmées. De nombreux parents ne se rendent pas compte qu'ils bloquent la communication et l'expression des sentiments de leurs enfants. Examinons la conversation type suivante, extraite du livre de Ginott (1965) :

> *Fils : Je suis stupide, je le sais. Regarde mes résultats scolaires.*
> *Père : Tu dois seulement travailler plus fort.*
> *Fils : Je travaille déjà plus fort et ça n'a servi à rien. Je n'ai rien dans la tête.*
> *Père : Je sais que tu es brillant.*
> *Fils : Je suis stupide, je le sais.*
> *Père : (d'une voix forte) Tu n'es pas stupide!*
> *Fils : Oui, je le suis!*
> *Père : Tu n'es pas stupide. Stupide!*

Applications

En discutant avec l'enfant, le père ne saisit pas que son fils *se sent* stupide. Le père aiderait davantage son fils, s'il l'encourageait à parler de ses sentiments.

Question : Comment pourrait-il y arriver?

Il pourrait lui poser les questions suivantes : «Tu penses vraiment que tu n'es pas aussi intelligent que les autres? Te sens-tu souvent ainsi? Te sens-tu mal à l'aise à l'école?» De cette façon, l'enfant a l'occasion d'exprimer ses émotions et de se sentir compris. Le père pourrait conclure ainsi : «Tu sais, je crois que tu es un bon garçon. Mais je comprends comment tu te sens. Tout le monde se sent stupide, parfois.»

La communication avec un enfant peut également s'avérer le fondement d'une discipline efficace. Thomas Gordon (1970), un psychologue pour enfants qui a élaboré un programme appelé Formation de parents efficaces, offre une suggestion utile. D'après lui, les parents devraient parler en leur nom plutôt qu'en celui des enfants et utiliser le «je» plutôt que le «tu».

Question : Quelle est la différence?

Les messages associés au «tu» se manifestent sous forme de menaces, d'injures, d'accusations, de tyrannie, de sermons ou d'analyses. En général, les messages associés au «tu» disent aux enfants ce qui «cloche» chez eux.

Un message associé au «je» est une forme de communication qui dit aux enfants quels sont les effets de leur comportement sur nous. Prenons l'exemple suivant afin d'illustrer la différence. Après une dure journée de travail, Suzanne veut se reposer un peu. Elle commence à se détendre en lisant le journal, lorsque sa fille de 5 ans commence à jouer du tambour avec son jouet. La plupart des parents réagiraient avec un message associé au «tu» :

> *«Va jouer dehors tout de suite.» (tyrannie)*
>
> *«Ne fais pas tant de bruit quand quelqu'un essaie de lire.» (sermon)*
>
> *«Tu fais vraiment exprès, aujourd'hui, n'est-ce pas?» (accusation)*
>
> *«Tu n'es qu'une enfant gâtée.» (injure)*
>
> *«Je vais te flanquer une taloche!» (menace)*

Gordon suggère d'envoyer un message associé au «je» comme «Je suis très fatiguée et j'aimerais lire. Je me sens en colère et je ne peux pas lire quand tu fais autant de bruit.» L'enfant doit donc assumer la responsabilité des effets de ses actions. Si cela ne réfrène pas le mauvais comportement, les conséquences peuvent être aussi énoncées en tant que message associé

au «je» : «J'aimerais que tu arrêtes de frapper sur ce tambour; sinon, voudrais-tu aller dehors?» Si l'enfant continue de jouer du tambour à l'intérieur de la maison, elle s'expose à ce que le jouet lui soit retiré. Si elle va dehors, elle a pris la décision de jouer du tambour tout en respectant les désirs de sa mère. De cette façon, tant le parent que l'enfant ont pu conserver leur dignité personnelle, et un conflit inutile a pu être évité.

Voici deux autres conseils sur la communication avec les enfants : consacrez plus de temps à l'écoute et pratiquez ce que vous prêchez.

Les enfants maltraités

Malheureusement, aucune étude du rôle parental ne serait complète sans une brève discussion sur les enfants maltraités. Même si nous nous refusons à l'admettre, les mauvais traitements infligés aux enfants sont répandus. Certains estiment qu'environ 3,5 à 14 pour 100 des enfants sont maltraités physiquement par leurs parents. Même si le pourcentage le plus bas est probablement exact, il représente tout de même plusieurs millions d'enfants qui sont battus chaque année aux États-Unis (Browne, 1986). Dans environ le tiers des cas, l'enfant est gravement blessé et doit être hospitalisé, et des centaines d'entre eux mourront même des sévices infligés par leurs parents.

Question : Qu'est-ce qui caractérise un parent maltraitant?

Les caractéristiques des parents maltraitants Les parents maltraitants sont souvent jeunes (moins de 30 ans) et ont un faible revenu. Toutefois, selon les professionnels qui travaillent auprès des enfants maltraités, l'âge et le niveau de revenu des parents varient considérablement.

Les parents maltraitants mènent souvent des vies dont le niveau de stress et de frustration est très élevé. Ils connaissent des problèmes comme la solitude, la mésentente conjugale, le chômage, la toxicomanie, le divorce, la violence familiale, l'alcoolisme et l'anxiété reliée au travail (Giovannoni et Becerra, 1979). Certains parents savent qu'ils maltraitent leur enfant, mais sont incapables de s'arrêter. D'autres détestent littéralement leurs enfants ou éprouvent de l'aversion pour eux. Le désordre, les couches, les pleurs ou les besoins de l'enfant sont intolérables pour le parent. Ces parents s'attendent à ce que l'enfant les aime et les rende heureux. Lorsque l'enfant (qui a habituellement moins de 3 ans) ne peut répondre à ces exigences peu réalistes, le parent

Applications

réagit avec une colère meurtrière. Une étude récente a permis de découvrir un fait étonnant au sujet des mères maltraitantes : en plus d'être fortement stressées et tendues, elles sont davantage portées à croire que leurs enfants les contrarient *intentionnellement* (Bauer et Twentyman, 1985).

Selon les estimations récentes les plus précises, environ 30 pour 100 de tous les parents qui ont été maltraités au cours de leur enfance vont maltraiter leurs enfants (Kaufman et Zigler, 1987). De tels parents n'ont tout simplement jamais appris à aimer ou à discipliner un enfant, ou à communiquer avec lui.

Quand commence le cycle de violence? Il est triste de constater qu'il se manifeste presque immédiatement dans l'enfance :

Bambins maltraitants

Lors d'une étude récente, on a observé des enfants maltraités de 1 à 3 ans qui interagissaient avec des compagnons de jeu. On voulait alors déterminer comment les enfants maltraités réagissaient, lorsqu'un autre enfant pleurait ou ressentait du chagrin. Dans presque chaque cas, les enfants maltraités réagissaient à la détresse par de la peur, des menaces ou des agressions (Main et George, 1985).

En résumé, les enfants maltraités deviennent rapidement des enfants maltraitants, puis des adultes maltraitants.

Question : Comment peut-on remédier aux mauvais traitements infligés aux enfants?

La prévention des mauvais traitements De nombreux organismes publics comptent maintenant des équipes chargées d'identifier les enfants battus ou négligés. Toutefois, les «remèdes» légaux aux enfants maltraités ne sont pas très satisfaisants. Les tribunaux peuvent prendre la garde d'un enfant, ou les parents peuvent accepter de plein gré que l'enfant soit placé dans une famille adoptive. Dans certains cas, l'enfant peut demeurer avec les parents, mais sous la supervision du tribunal. Même dans ce cas, les parents risquent de blesser encore l'enfant s'ils ne vont pas chercher d'aide.

Des groupes d'entraide animés par d'anciens parents maltraitants et des bénévoles soucieux apportent une aide considérable aux parents. L'un de ces groupes est Parents Anonymes, un organisme national de parents déterminés à s'entraider afin d'arrêter de maltraiter les enfants. Des groupes locaux mettent sur pied des réseaux de membres que les parents peuvent appeler lorsqu'ils sont en crise. Les parents apprennent également comment contenir des impulsions violentes et comment s'occuper de leurs enfants. Une telle formation peut s'avérer particulièrement efficace lorsqu'elle se donne à la maison, où les mauvais traitements ont lieu (Nomellini et Katz, 1983).

Une autre façon de prévenir les mauvais traitements est de changer les attitudes des parents. Une étude menée auprès des parents a révélé que les punitions corporelles sont communément acceptées dans plusieurs pays. Même le fait de frapper un enfant avec une courroie de cuir ou un bâton en bois est considéré comme «modérément grave» (Giovannoni et Becerra, 1979). Un enfant devait être «projeté sur un mur» ou «frappé au visage avec le poing» avant qu'on ne considère qu'il s'agisse d'un mauvais traitement. Comme l'ont indiqué les auteurs de l'étude, l'attitude du public semble être : «Il est acceptable de frapper son enfant, mais pas trop fortement; en fait, il est acceptable de blesser son enfant, mais pas trop gravement.»

Pour envisager le problème franchement, nous devons réaliser que la démarcation entre la discipline acceptable et les mauvais traitements n'est pas claire. En tant que société, nous semblons indiquer que «la violence est acceptable, en autant que l'enfant n'est pas blessé; le cas échéant, il s'agit de mauvais traitements.» Bien entendu, lorsque l'enfant est maltraité, il est trop tard pour effacer les actes de violence. La meilleure solution à l'abus corporel réside donc dans le changement de nos attitudes envers les punitions corporelles et les droits des enfants.

Autotest

1. Dans ce texte, la discipline efficace accorde de la liberté aux enfants dans le cadre de limites uniformes et logiques. Vrai ou faux?

2. Coopersmith a constaté qu'une forte estime de soi dans l'enfance est reliée à une discipline fondée sur les techniques de gestion du comportement ou le retrait de l'amour. Vrai ou faux?

3. La fessée et autres punitions corporelles sont le plus efficaces lorsque les enfants ont moins de 2 ans. Vrai ou faux?

4. Les parents autoritaires accordent à leurs enfants peu de droits, mais de nombreuses responsabilités. Vrai ou faux?

5. Environ 30 pour 100 de tous les parents qui ont été maltraités dans leur enfance feront de même avec leurs enfants. Vrai ou faux?

Réponses :   1. vrai 2. faux 3. faux 4. vrai 5. vrai

Exploration : à l'approche de la mort — de nouvelles avenues

En 1967, H. Bedford, professeur de psychologie à Glendale en Californie, mourait à l'âge de 73 ans. Son corps fut immédiatement congelé dans une solution d'azote liquide, ce qui en fit ainsi la première personne aux États-Unis à essayer de tromper la mort au moyen de la cryogénisation (Keeffe, 1977). L'histoire de monsieur Bedford n'est qu'une des façons d'illustrer le changement des attitudes envers la mort.

Pour certains, la mort est une tragédie soudaine. Pour d'autres, cela représente l'espoir d'être enfin libérés de leurs douleurs. Peu importe la situation, nous aurons tous à affronter la mort, la dernière étape de la vie. Par conséquent, il est dans l'intérêt de chacun de se renseigner sur la mort. À la présente section, nous ajouterons à nos discussions antérieures sur la mort en considérant quatre nouvelles orientations qui sortent des sentiers battus. Ce sont : les unités de soins palliatifs, l'euthanasie passive, l'euthanasie active et la cryogénisation.

Les unités de soins palliatifs

Au début du siècle, la plupart des gens mouraient à la maison. De nos jours, aux États-Unis, dans plus de 70 pour 100 des cas, les gens décèdent le plus souvent dans des hôpitaux ou des unités de soins palliatifs (Fulton, 1979). De même que les gens ont commencé à remettre en question les funérailles traditionnelles (l'embaumement, l'exposition, le luxe des cercueils et le faste des cérémonies), nombreux sont ceux qui remettent maintenant en question les traitements prodigués aux malades en phase terminale. Il arrive trop souvent que les mourants soient isolés, effrayés, qu'ils souffrent et qu'on les dépossède de leurs derniers jours. Les unités de soins palliatifs ont été créées pour remédier à la situation.

L'unité des soins palliatifs est un hôpital pour les patients en phase terminale. Elle est la réplique d'un modèle anglais dont le but est de donner des soins spécialisés aux personnes mourantes et d'améliorer la qualité de vie de leurs derniers jours. La première unité de soins palliatifs a vu le jour afin de répondre aux besoins des malades en phase terminale, c'est-à-dire : savoir que quelqu'un se soucie d'eux, garder la maîtrise de leur vie et avoir un mot à dire sur leur propre mort. Le fonctionnement de ces premières unités contrastait énormément avec celui des pavillons réservés aux mourants de certains hôpitaux.

Question : De quelle façon les unités de soins palliatifs sont-elles différentes?

Premièrement, le personnel est nombreux. Ces unités procurent soutien, conseils, information et accompagnement des bénévoles, des autres patients, du personnel, des membres du clergé et des conseillers. On traite ces patients avec amitié et bonté, de sorte que lorsque le moment de leur mort arrive, ils savent qu'on se souviendra d'eux avec respect et amour.

Deuxièmement, l'atmosphère est très différente de celle que l'on trouve dans les hôpitaux traditionnels. Les unités de soins palliatifs tentent de fournir un environnement agréable aux patients, une atmosphère intentionnellement informelle et la sensation de continuer à vivre. Les visites sont permises en tout temps, pour la famille, les amis, les enfants et même les animaux domestiques. On s'occupe continuellement des patients : jeux de société, excursions d'une journée, cocktails avant le souper s'ils le désirent, spectacles et visites des bénévoles. Bref, la vie continue pour eux.

Une troisième caractéristique des unités de soins palliatifs est la liberté de choix accordée aux malades. Les patients décident de ce qu'ils mangent, s'ils prendront des médicaments contre la douleur ou pas, et s'ils veulent ou non poursuivre leurs traitements. Les malades peuvent aussi choisir d'être soulagés plutôt que d'endurer d'intolérables douleurs. Dans ce cas, on leur donne la préparation Brompton, un mélange de sirop à saveur de cerises et de morphine. La dose de morphine contenue dans le cocktail Brompton est suffisamment calibrée pour empêcher le patient de devenir euphorique ou sonné. Elle ne sert qu'à empêcher la douleur.

De nos jours, il existe des unités de soins palliatifs dans la plupart des grandes villes américaines, canadiennes et européennes. Leur succès est tel qu'elles seront bientôt présentes dans beaucoup d'autres pays. En même temps, les traitements des patients en phase terminale dans les hôpitaux se sont grandement améliorés — résultat des efforts entourant la création d'unités de soins palliatifs.

Le droit de mourir?

Le droit de mourir? La notion du «droit de mourir» exprime plutôt le droit de vivre en paix et confortablement jusqu'à la mort. Récemment, on s'est beaucoup intéressé au cas de Karen Ann Quinlan. En 1975, Karen entra dans le coma après avoir absorbé une surdose de drogues et d'alcool. Après que les médecins eurent annoncé qu'elle ne sortirait jamais de son coma, les parents de Karen entreprirent une bataille juridique afin de pouvoir débrancher le respirateur artificiel et les autres machines qui la maintenaient en vie. En 1976, la Cour suprême du New Jersey accorda la permission aux parents de donner l'ordre qu'on retire les équipements qui prolongeaient la vie de Karen. En dépit du pronostic des médecins, Karen continua à vivre pendant encore 10 ans. Elle mourut en 1985, à l'âge de 31 ans.

Avons-nous le droit de mourir? Les médecins et les autres intervenants du milieu médical ont

Exploration

l'obligation morale et légale de préserver et de prolonger la vie. Dans la majorité des pays, les membres de la famille ou les tuteurs n'ont pas le droit de donner la permission qu'on retire les appareils qui maintiennent une personne en vie. Une façon de se sortir de ce dilemme est le **testament de vie**. Le but de ce dernier est de libérer les malades incurables et en phase terminale d'une mort lente et cruelle, et de leur permettre de mourir dans la dignité.

Le testament est rédigé quand la personne est encore en santé et stipule qu'en cas de maladie incurable, la personne ne désire pas être maintenue en vie artificiellement ou au moyen de mesures héroïques. Dans plusieurs pays, le testament de vie n'a pas encore de force exécutoire, mais il reflète clairement le désir des malades en phase terminale de prendre eux-mêmes leurs décisions. Voici l'exemple d'un testament de vie très utilisé.

Le testament de vie

Dans l'éventualité où je serais atteint(e) d'une totale incapacité physique ou mentale, je réclame le droit de mourir dignement et exige de ne pas être maintenu(e) en vie au moyen de médicaments, d'acharnement thérapeutique ou de mesures héroïques. Je désire toutefois que me soit administré tout médicament susceptible de diminuer mes souffrances même s'il devait hâter le moment de ma mort.

L'euthanasie Le droit de mourir tel que gagné par les parents de Karen Quinlan peut être considéré comme une **euthanasie passive**, c'est-à-dire qu'on laisse la mort se produire mais qu'on ne la provoque pas. Dans le cas d'une **euthanasie active** ou un «suicide avec l'aide d'un médecin», on prend des mesures, à la demande du patient, afin de hâter la mort, possiblement par l'administration de médicaments qui provo-

quent la mort sans douleur.   Ces deux formes d'euthanasie soulèvent des dilemmes d'ordre moral pour les médecins dont la profession est de garder les patients en vie. D'un autre côté, les médecins ont aussi juré de faire preuve d'*humanité* dans l'administration de leurs traitements. En gardant le second point de vue à l'esprit, les tenants de l'euthanasie croient que chaque personne a le droit fondamental de mourir dans la dignité et avec un minimum de douleurs. Dans plusieurs pays, on pratique déjà l'euthanasie passive dans une certaine mesure. Si jamais l'euthanasie active devenait légale (beaucoup de gens trouvent cette idée tout à fait inacceptable), il serait aussi possible pour la famille d'une personne invalide de réclamer l'euthanasie.

Les arguments contre l'euthanasie sont nombreux. Le cas de Karen Delahanty, de Avon au Connecticut, constitue un bon point de départ à la discussion. Karen entra dans le coma par suite d'une collision frontale, et les médecins annoncèrent qu'elle n'avait aucune chance de s'en sortir. Un an plus tard, elle reprit miraculeusement conscience. Et si l'euthanasie avait été pratiquée?

Outre la possibilité d'une guérison soudaine, d'autres questions viennent à l'esprit : Quelle garantie y a-t-il que le choix de l'euthanasie a été fait en toute liberté et sans aucune pression extérieure? Peut-on faire confiance aux membres de la famille de prendre la bonne décision? Se sentiront-ils coupables par la suite? Et quelles seront les réactions affectives du personnel médical face à une «mise à mort par pitié»? Avez-vous d'autres objections à l'euthanasie?

La cryogénisation Afin de compléter notre bref aperçu des nouvelles approches de la mort, parlons un peu plus de **cryogénisation**. Cette technique consiste à congeler le

corps d'une personne aussitôt après sa mort. Le but est de garder la personne congelée jusqu'à ce que la science médicale perfectionne des moyens de dégeler, de réparer et de ranimer la personne. Les gens qui ont subi une cryogénisation misent sur la possibilité que lorsqu'ils seront ranimés, il existera un traitement pour les guérir de la maladie qui les a fait mourir.

Question : Est-ce que la congélation fonctionne?

La cryogénisation doit être perçue comme un effort symbolique pour défier la mort ou peut-être une façon de se protéger émotivement contre la mort. Actuellement, la cryogénisation est impossible à réaliser parce que la congélation endommage trop le corps (Vogel, 1988). Les cristaux de glace formés lors de la congélation et de la décongélation du cerveau humain le transformeraient sûrement en bouillie — effaçant la presque totalité des souvenirs qui y étaient emmagasinés. Si on réussissait à ranimer une personne congelée à sa mort, celle-ci n'aurait plus d'identité et ne comprendrait peut-être pas pourquoi et comment elle se trouve là. Ces personnes seraient pour la plupart très âgées (jusqu'à maintenant, les personnes qui ont été congelées étaient d'âge mûr ou avancé). Le coût élevé d'entretien de la cryogénisation pendant de nombreuses années constitue un autre problème. (Tim Leary, le gourou du LSD n'a eu que la tête congelée — il n'avait pas les moyens de faire congeler tout son corps.) Et en Californie (quelle surprise!), on a parlé d'un cas où les employés négligents d'une entreprise de cryogénisation ont laissé dégeler des corps.

Alors que pour certains, la cryogénisation est la seule voie possible vers l'immortalité, il semble bien que celle-ci déborde largement les cadres de la technologie actuelle.

Exploration

Autotest

1. Le but d'une unité de soins palliatifs est de geler les personnes qui sont mortes de maladies susceptibles de devenir curables. Vrai ou faux?

2. Selon la méthode d'euthanasie passive, on permet à la mort d'avoir lieu, mais on ne la provoque pas. Vrai ou faux?

3. La cryogénisation est une forme passive d'euthanasie. Vrai ou faux?

4. Dans la plupart des pays, l'euthanasie active est autorisée si la personne en phase terminale a rédigé un testament de vie. Vrai ou faux?

Réponses :

1. faux 2. vrai 3. faux 4. faux

Résumé du chapitre

■ Selon Erikson, chaque étape de la vie comporte une **crise psychosociale** particulière. Ces crises se produisent d'après la séquence suivante : *la confiance ou la méfiance, l'autonomie ou la honte ou le doute, l'initiative ou la culpabilité, la productivité ou le sentiment d'infériorité, l'identité ou la confusion des rôles, l'intimité ou l'isolement, la générativité ou la stagnation, et l'intégrité ou le désespoir.* En plus des dilemmes précisés par Erikson, nous croyons que chaque étape de la vie requiert une bonne maîtrise des **activités de développement**.

■ Les parents se classent en trois catégories, les *autoritaires*, les *permissifs* et les *efficaces*. Si on en juge par l'influence sur les enfants, les parents qui font preuve de fermeté et de compréhension réussissent le mieux.

■ Très peu d'enfants grandissent sans connaître les problèmes normaux de l'enfance, y compris : **le négativisme, le fait de s'accrocher, les peurs particulières, les troubles du sommeil, le manque de satisfaction générale, la régression, la rivalité entre frères et sœurs** et **la révolte**.

■ De sérieux problèmes affectent environ un enfant sur dix. Les difficultés se situent surtout au niveau de l'*apprentissage de la propreté* (notamment l'énurésie et l'encoprésie), les *troubles de l'alimentation*, comme la **suralimentation** et l'**anorexie mentale** (auto-inanition); *les troubles de l'élocution* (le **trouble de la parole**, le **bégaiement**); et les *troubles d'apprentissage* (la **dyslexie**, l'**hyperactivité** et d'autres problèmes). L'**autisme chez les enfants** constitue un des problèmes les plus sérieux qui puisse survenir. Certains cas d'hyperactivité et d'autisme peuvent être traités avec succès grâce à la technique de **modification du comportement**.

■ L'**adolescence** est un statut social défini culturellement. La **puberté** est un fait biologique. La *maturation rapide* est bénéfique pour la plupart des gar-

çons; pour les filles, les effets sont parfois bons, parfois mauvais. Un des dangers de la maturation rapide est la *formation prématurée d'une identité*. À l'adolescence, la formation de l'identité est accélérée par le développement cognitif et subit l'influence des parents et des pairs.

■ Dans notre société, des événements relativement constants marquent le développement de l'adulte. Ils vont du désir d'autonomie du début de la vingtaine à une meilleure acceptation de la vie au cours de la cinquantaine. Des recherches ont montré que la *crise de l'âge mûr* affecte beaucoup de gens âgés entre 37 et 41 ans. L'adaptation à cette période est souvent rendue plus difficile pour les femmes par la **ménopause** et pour les hommes, par le **climatère**.

■ Le *nombre et la proportion* de gens âgés dans la population ont augmenté. Le **vieillissement biologique** débute entre 25 et 30 ans, mais les meilleures performances dans l'accomplissement d'une tâche particulière peuvent survenir à différents moments de la vie. Il n'existe pas à proprement parler de baisse de capacité intellectuelle, du moins pas avant l'âge de 80 ans.

■ Les **gérontologues** ont énoncé deux principales théories d'un vieillissement bien réussi. La **théorie du désengagement** qui soutient qu'avec l'âge, il est nécessaire et souhaitable de se retirer de la société; et la **théorie de l'activité** qui affirme que l'adaptation optimale au processus du vieillissement réside dans la poursuite des activités et le maintien de la participation sociale. Les deux théories comportent des éléments de vérité, mais celle de l'activité a gagné plus d'adeptes.

■ L'«**agéisme**» désigne les préjugés, la discrimination et la création de stéréotypes en vertu de l'âge. Il affecte les gens de tous les âges, mais plus cruellement les gens âgés. Dans la plupart des cas, l'agéisme est fondé sur des stéréotypes, des mythes et des informations erronées.

■ Les réactions habituelles à l'approche de la mort sont : la **négation**, la **colère**, le **marchandage**, la **dépression** et l'**acceptation**. Le **deuil** entraîne aussi une série de réactions normales, allant de l'état de choc à l'acceptation finale.

■ La discipline utilisée par les parents efficaces a tendance à mettre l'accent sur les **techniques de gestion du comportement des enfants** (plus précisément la communication), plutôt que sur la **revendication de l'autorité** et le **retrait de l'amour**. Il n'existe à l'heure actuelle que très peu de solutions au problème des **enfants maltraités**. À peu près 30 pour 100 de tous les enfants maltraités deviennent des parents maltraitants.

■ Les nouvelles approches de la mort comprennent la **création d'unités de soins palliatifs**, le **testament de vie** et la **cryogénisation**. La controverse existe toujours cependant au sujet des questions morales entourant l'**euthanasie passive** et l'**euthanasie active**.

Discussion

1. Décrivez un incident de votre enfance qui a eu un effet positif sur vous et qui vous a aidé à grandir. Décrivez-en un qui a eu l'effet contraire. Quelle est la différence entre ces deux incidents?

2. Lorsque vous étiez enfant, receviez-vous des punitions corporelles? À l'heure actuelle, quelle est votre attitude à ce sujet? Utiliseriez-vous les punitions corporelles à l'endroit de vos propres enfants?

3. De quelle façon les parents aggravent-ils les conflits que vivent les jeunes adultes en quête de leur indépendance?

4. Connaissez-vous quelqu'un qui a «échoué» à une ou à plusieurs étapes du développement selon Erikson? Quels ont été les effets à long terme sur le développement de cette personne?

5. Selon l'anthropologue Margaret Mead : «Nous sommes devenus une société qui néglige les enfants, qui a peur d'eux.» Qu'en pensez-vous?

6. Avons-nous besoin d'un «mouvement de libération des enfants» pour établir les droits civils de ces derniers? (N'oubliez pas que peu de parents ont envers leurs enfants la politesse qu'ils ont envers les étrangers.)

7. Pensez-vous que la «crise de l'âge mûr» est un phénomène courant? Vous attendez-vous à ce que des gens d'une autre culture vivent une crise semblable? Les personnes nées à différentes époques ont des expériences de vie très variées. D'après vous, à quel point cela affecte-t-il les structures du développement et la possibilité de problèmes à la mi-temps de la vie?

8. À quel moment et de quelle façon désireriez-vous mourir? Si vous étiez atteint d'une maladie mortelle, désireriez-vous en être informé? Croyez-vous qu'une mort subite est préférable à une mort annoncée?

9. Devrait-on permettre l'euthanasie passive? Devrait-on permettre l'euthanasie active? Quels sont les pour et les contre dans chaque cas? Croyez-vous que le «testament de vie» est une bonne idée? Pourquoi?

10. Si vous aviez le choix de garder toujours le même âge, lequel choisiriez-vous? Et pourquoi? Que pensez-vous du vieillissement?

11. Jusqu'à quel point les périodes affectives entourant la mort décrites par Kübler-Ross peuvent-elles être généralisées? Décrivent-elles les réactions de gens que vous connaissiez et qui sont morts?

12. Pourquoi croyez-vous que les mourants se sentent si souvent isolés? De quelle façon croyez-vous que les hôpitaux et les foyers pour personnes âgées pourraient mieux répondre aux besoins affectifs des gens en phase terminale?

CHAPITRE 16

LES DIMENSIONS DE LA PERSONNALITÉ

APERÇU DU CHAPITRE
LA NATURE CACHÉE

Nous voilà en pleine campagne du Colorado; la voiture parcourt péniblement les derniers mètres désespérément crevassés qui la séparent d'une vieille maison de ferme, un monument de laisser-aller. À peine immobilisés, nous sommes accueillis par Annette qui accourt en poussant des exclamations de joie.

Annette avait toujours démontré un certain penchant pour la «brousse», il n'était donc pas étonnant de trouver ici celle qu'on appelait autrefois «la terreur de la dixième rue». Mais le changement avait quand même été assez radical. Après l'échec de son mariage, elle avait échangé son rôle de femme au foyer pour celui de pionnière. Le mot n'est pas trop fort; Annette avait d'abord été ouvrière de ranch et bûcheron, et avait alors survécu à des hivers rigoureux.

Les changements dans la vie d'Annette étaient si importants que nous nous étions imaginé la trouver complètement différente. Au contraire, elle était plus que jamais fidèle à elle-même.

Mais peut-être avez-vous déjà vécu une expérience semblable? Il est toujours intéressant de revoir un ami après de nombreuses années de séparation; si l'on est d'abord frappé par les changements qui se sont opérés, on découvre bientôt avec plaisir que ces derniers sont superficiels. Sous le vernis qui le recouvre, le quasi-étranger qui nous fait face possède un coeur qui bat au même rythme que celui de la personne que nous connaissions. Les psychologues désignent du nom de personnalité l'esprit de constance qui existe au coeur de chacun.

La dimension spéciale *Malgré les progrès techniques de notre société, le facteur humain joue encore un rôle important en ce qui a trait à la réussite ou à l'échec. Des erreurs de jugement ont grandement contribué à l'explosion du Challenger. Dans le même ordre d'idées, on entend souvent que l'élément le plus dangereux d'une automobile est «l'abruti qui est au volant». La personnalité influence sans doute un grand nombre d'aspects de la vie quotidienne. En effet, le choix d'un partenaire, la sélection d'un groupe d'amis, l'entente avec les collègues, l'élection d'un président ainsi que de nombreuses autres situations soulèvent des questions au sujet de la personnalité. Mais qu'est-ce que la personnalité? De quelle façon se distingue-t-elle du tempérament, du caractère ou des attitudes? Ses caractéristiques sont-elles constantes? Voilà les questions auxquelles nous tenterons de répondre au présent chapitre.*

Questions d'ensemble

- Comment les psychologues définissent-ils la *personnalité*?
- Certains traits de la personnalité sont-ils plus importants ou fondamentaux que d'autres?
- Le rang de naissance influence-t-il la personnalité?
- Qu'est-ce que l'androgynie psychologique (et est-ce contagieux)?
- Comment les psychologues mesurent-ils la personnalité?
- Qu'est-ce qui cause la timidité? Que peut-on faire pour y remédier?
- Quel rapport y a-t-il entre l'hérédité et la personnalité?

Avez-vous de la personnalité?

«Jim n'est peut-être pas beau, mais il a une belle personnalité.» «Les collègues de mon père pensent qu'il est tout à fait charmant; s'ils le voyaient à la maison, ils verraient sa véritable personnalité.» «On a peine à croire qu'il s'agit de deux soeurs, elles ont des personnalités tellement différentes.»

Ces quelques exemples illustrent la fréquence à laquelle nous utilisons le mot *personnalité*. Mais la plupart des gens semblent incapables d'en définir le sens autrement que par des termes, comme «charme», «charisme» ou «style», différents de ceux utilisés par les psychologues. Pour ces derniers, il est absurde de se demander si «on a une personnalité», ou de proclamer qu'une personne «a une belle personnalité». Sur le plan psychologique, nous avons tous une personnalité.

Question : Dans quel sens les psychologues utilisent-ils ce mot?

La personnalité étant une *construction mentale hypothétique*, les psychologues ne s'accordent pas sur la définition à lui donner. (Les constructions mentales hypothétiques sont des notions explicatives qu'on ne peut observer directement.) La plupart s'entendent cependant pour décrire la **personnalité** comme étant le *mode de comportement particulier et persistant* d'une personne. En d'autres mots, la personnalité se traduit par la constance de nos caractéristiques passées, présentes et futures, et par l'ensemble des qualités, des attitudes, des valeurs, des rêves, des amours, des haines et des habitudes qui font de nous des êtres uniques.

Question : De quelle manière cette définition diffère-t-elle de celle qu'en donnent la plupart des gens?

De nombreuses personnes confondent la personnalité avec le **caractère**. Le mot *caractère* suggère les notions de *jugement* et d'*évaluation* plutôt que de simple description. Si vous dites d'une personne qu'elle a de la personnalité, en voulant dire qu'elle est amicale, ouverte et attirante, vous parlez sûrement de ce que notre société appelle «avoir bon caractère». Pourtant, en certains endroits, la férocité, l'instinct guerrier et la cruauté sont considérés comme des atouts. S'il est vrai que

l'ensemble des membres d'une société possèdent une personnalité, le caractère (du moins, un bon) n'est pas l'apanage de chacun. (Connaissez-vous des gens ayant bon caractère?)

Il ne faut pas non plus confondre la personnalité et le **tempérament**. Ce dernier constitue la «matière première» de la personnalité et définit les aspects héréditaires de l'affectivité, soit la sensibilité, la force et la rapidité des réactions, les humeurs dominantes et les changements d'humeur (Allport, 1961). Rappelez-vous que les différences de tempérament apparaissent dès la naissance.

Illustration 16.1 *Cet homme a-t-il de la personnalité? Et vous?*

Les psychologues examinent la personnalité

Les psychologues ont recours à un grand nombre de notions pour expliquer la personnalité. Pour une meilleure compréhension de ce chapitre et du suivant, il serait donc utile de définir quelques termes fondamentaux.

Les traits Nous utilisons la notion de traits chaque fois que nous parlons de la personnalité de nos amis et de nos connaissances. On dira par exemple que notre ami Daniel est *sociable, ordonné* et *intelligent*, ou que notre soeur Andrée est *timide, sensible* et *créative*. Les psychologues considèrent généralement les traits comme des *qualités durables* qu'on peut déterminer par l'observation du comportement. Si nous voyons Daniel parler à des étrangers (d'abord au supermarché, puis lors d'une soirée entre amis), nous en tirerons la conclusion qu'il est «sociable»; il se peut ensuite que nous nous fondions sur ce trait pour prédire son comportement à l'école ou au travail. Comme vous pouvez le constater, il n'est pas rare d'utiliser les traits afin de prédire le comportement futur selon le comportement passé (Rowe, 1987). Les traits suggèrent aussi une certaine constance du comportement. Pour le comprendre, songez aux changements minimes survenus aux traits de votre meilleur ami au cours des cinq dernières années.

Les types Vous êtes-vous déjà demandé : «Quel type de personne est-ce?», au moment de rencontrer quelqu'un? Le fait de s'intéresser ainsi aux *types* de personnalité est tout à fait légitime. Les **types de personnalité** désignent des groupes de gens ayant en commun certains traits ou caractéristiques (Potkay et Allen, 1986) et sont souvent évoqués dans la vie de tous les jours. On peut en effet parler du type dirigeant d'entreprise, du type athlétique, maternel, *yuppie*, ténébreux, etc.

Question : L'utilisation des «types» de personnalité est-elle justifiable?

Au fil des ans, les psychologues ont suggéré diverses manières de catégoriser la personnalité. Examinons d'abord l'hypothèse de Carl Jung, selon laquelle les gens sont soit **introvertis** (timides et égocentriques), soit **extrovertis** (audacieux et ouverts). Ces termes sont si souvent utilisés que nous nous considérons tous comme faisant partie de l'une ou l'autre de ces catégories. Mais «l'extroverti» le plus extravagant, le plus spirituel et le plus noceur que vous connaissiez est parfois introverti; de même, les grands introvertis peuvent faire preuve d'assurance et de sociabilité dans certaines situations. En résumé, deux catégories (ou même plusieurs) ne suffisent pas à décrire les différences de personnalité.

Même si les types tendent à simplifier la personnalité à l'extrême, ils n'en possèdent pas moins une certaine valeur. La plupart du temps, les psychologues les utilisent afin d'étiqueter rapidement les gens qui ont des traits similaires. Vous vous souviendrez sans doute qu'au chapitre 13, nous avons mentionné que la classification des gens selon leur personnalité (type A ou type B) permettait de déterminer leur prédisposition aux crises cardiaques.

L'image de soi Une autre manière de comprendre la personnalité est d'examiner la perception qu'ont les gens d'eux-mêmes. Il est facile de déterminer les grandes lignes de cette perception en demandant aux gens de parler d'eux-mêmes. En d'autres termes, l'**image de soi** représente la *perception* qu'une personne a de ses propres traits de personnalité. Bref, il s'agit de l'ensemble des opinions et des sentiments que nous entretenons sur notre identité propre (Potkay et Allen, 1986).

De nombreux psychologues pensent que l'image de soi influence grandement le comportement. Nous créons librement cette image au fil des événements quotidiens, et la révisons à mesure que nous vivons de nouvelles expériences. Une fois établie, l'image de soi tend à modeler notre monde subjectif de manière à guider nos préoccupations, nos souvenirs et nos pensées (Markus et Nurius, 1986).

L'image de soi peut aussi grandement influencer l'équilibre personnel — surtout si elle est *inexacte* ou *inadéquate* (Potkay et Allen, 1986). À titre d'exemple, imaginez une étudiante qui se considère stupide, dénuée de qualités et ratée en dépit du fait qu'elle ait complété avec succès trois années de collège; affligée d'une si piètre opinion d'elle-même, cette étudiante sera probablement toujours déprimée et anxieuse, indépendamment de son succès scolaire. Le chapitre suivant présente des problèmes de ce type.

Les théories de la personnalité La personnalité est si complexe qu'on s'y perdrait aisément sans l'aide d'une structure pour nous guider. Comment les observations que nous en faisons s'imbriquent-elles? Peut-on expliquer et prédire le comportement à l'aide de notre connaissance de la personnalité? Comment la personnalité se développe-t-elle? Pourquoi les gens souffrent-ils de troubles de l'affectivité? Comment peut-on les aider? C'est en voulant répondre à de telles questions que les psychologues ont élaboré un impressionnant éventail de théories. Une **théorie de la personnalité** est un ensemble de suppositions, d'idées et de principes que l'on met de l'avant afin d'expliquer la personnalité. Au présent chapitre, deux théories des traits de la personnalité seront exposées, tandis qu'au suivant, nous nous attarderons aux théories plus détaillées de Sigmund Freud, de B.F. Skinner et de Carl Rogers.

Comparez : les principes fondamentaux de la personnalité

La personnalité Les caractéristiques psychologiques et modes de comportement relativement invariables qui sont propres à une personne.

Le caractère L'évaluation subjective de la personnalité, particulièrement en ce qui a trait aux qualités désirables et indésirables d'une personne.

Le tempérament Les fondements physiologiques de la personnalité, qui comprennent l'humeur dominante, la sensibilité, le dynamisme, etc.

Les traits Les modes de comportement relativement permanents et persistants qu'une personne affiche dans la plupart des circonstances.

Les types de personnalité Les catégories utilisées pour décrire la personnalité, dont chacune représente une famille de traits.

L'image de soi La connaissance de ses propres traits de personnalité; l'ensemble des croyances, des opinions et des sentiments qu'une personne entretient sur elle-même.

Les théories de la personnalité Le système de notions et de principes corrélatifs utilisés pour comprendre et expliquer la personnalité.

Le modèle des traits — l'art de se décrire en 18 000 mots ou moins

Maintenant que vous avez acquis quelques notions fondamentales, faisons un examen plus approfondi de la personnalité. En combien de mots pouvez-vous décrire la personnalité d'un grand ami? Vous ne devriez pas être à court; il existe en effet plus de 18 000 mots pouvant servir à qualifier les caractéristiques personnelles (Allport et Odbert, 1936). Comme nous l'avons mentionné plus haut, les **traits** sont des qualités relativement permanentes et persistantes qu'une personne affiche dans la plupart des circonstances (voir le profil 16.1). Si, par exemple, vous êtes une personne habituellement optimiste, réservée et amicale, ces qualités pourraient être considérées comme étant les traits durables de votre personnalité.

Question : Et si je suis parfois pessimiste, audacieux ou timide?

Les trois premières qualités demeurent des traits si elles sont les plus *typiques* de votre comportement. Supposons que Pierre-Jean-Jacques est un étudiant qui aborde la plupart des situations avec optimisme, mais qui a pour habitude de s'attendre au pire chaque fois qu'il passe un examen. Si son pessimisme se limite à ce genre de situation ainsi qu'à quelques autres, on pourra quand même dire qu'il est optimiste.

En général, cette théorie a recours aux traits qui caractérisent le mieux une personne. Vérifiez parmi les

---

PROFIL 16.1
Les modes d'étude des extrovertis

À la bibliothèque, où préférez-vous étudier? La réponse à cette question peut révéler un trait fondamental de votre personnalité.

Nous avons déjà établi qu'il serait plutôt simpliste de diviser les gens en *types* introvertis ou extrovertis. D'un autre côté, beaucoup de psychologues considèrent le *niveau* d'introversion ou d'extraversion d'une personne comme un des *traits* importants de la personnalité. Examiné sous cet angle, ce niveau peut comporter des liens intéressants avec le comportement.

On a découvert récemment que les étudiants très extrovertis choisissaient pour étudier des endroits où les chances de rencontrer des gens étaient les plus élevées et où il y avait plus de bruit (Campbell et Hawley, 1982). À la bibliothèque du campus de l'université de Colgate (où l'étude a été menée), les étudiants extrovertis se tiennent dans la salle commune du deuxième étage, tandis que les introvertis choisissent les cabinets d'étude situés aux premier et troisième étages.

---

qualités énumérées au tableau 16.1 celles qui vous représentent le mieux. Les traits que vous avez choisis ont-ils tous la même importance? Certains sont-ils plus puissants ou fondamentaux que d'autres? Y en a-t-il qui se chevauchent? Si, par exemple, vous avez coché «dominant», avez-vous aussi choisi «confiant» et «audacieux»? Les réponses à ces questions intéresseraient sûrement les **théoriciens du trait**. Afin de comprendre la personnalité, ces derniers tentent de classifier les traits et de découvrir lesquels sont les plus fondamentaux.

Question : Existe-t-il différents types de traits?

La classification des traits Le psychologue Gordon Allport (1961), qui s'intéressait grandement à la personnalité, a précisé plusieurs types de traits. Les **traits communs** sont ceux que partagent la plupart des membres d'une société. Ils soulignent les similitudes entre les personnes d'une même culture, ou font ressortir les traits auxquels cette dernière accorde le plus d'importance. Au sein de la société américaine par exemple, la compétition est un trait relativement courant. Par contre, chez les Hopis de l'Arizona, cette caractéristique est plutôt rare. Mais les traits communs nous apprennent peu de choses des personnes elles-mêmes. Bien qu'un grand nombre d'Américains soient compétitifs, chaque personne risque de l'être à des degrés différents. Même si nous n'étudions que des personnes très compétitives, il faut considérer les qualités propres à chacun, soit les **traits individuels**.

Si vous avez de la difficulté à saisir la différence entre ces deux types de traits, pensez à ce qui suit. Supposons que vous désirez acheter un chien. Vous chercherez d'abord à connaître les caractéristiques générales de la race (les traits communs); vous voudrez

Tableau 16.1 *La liste de vérification des adjectifs*

Cochez les caractéristiques qui décrivent le mieux votre personnalité. Certains traits sont-ils plus fondamentaux que d'autres?		
agressif	organisé	ambitieux
confiant	loyal	généreux
chaleureux	audacieux	prudent
sensible	mûr	talentueux
sociable	actif	drôle
dominant	terne	précis
humble	déluré	tourné vers l'avenir
prévenant	sérieux	serviable
ordonné	anxieux	conformiste
libéral	curieux	optimiste
doux	obligeant	passionné
gentil	maniaque	honnête
enjoué	émotif	accommodant
astucieux	calme	fiable
jaloux	religieux	nerveux

ensuite en savoir plus long sur la «personnalité» particulière (les traits individuels) du chien qui vous intéresse.

Allport fait également la distinction entre les **traits cardinaux**, les **traits centraux** et les **traits secondaires**. Les traits cardinaux sont si fondamentaux que toutes les activités d'une personne peuvent s'y rattacher. On disait par exemple que le facteur prépondérant dans la vie d'Albert Schweitzer était son «respect de toute chose vivante». De même, la vie d'Abraham Lincoln était gouvernée par l'honnêteté. Mais selon Allport, peu de gens possèdent des traits cardinaux.

Question : De quelle manière les traits centraux et secondaires diffèrent-ils des traits cardinaux?

Les traits centraux représentent la charpente de la personnalité. Allport a découvert qu'il suffit d'un nombre étonnamment restreint de traits centraux pour arriver à saisir l'essence d'une personne. Des collégiens à qui l'on avait demandé de décrire en quelques mots une personne qu'ils connaissaient bien le firent en utilisant en moyenne aussi peu que 7,2 traits centraux (Allport, 1961).

Par contre, les traits secondaires représentent des aspects moins immuables et moins importants de la personnalité. C'est pourquoi leur nombre peut varier d'une description à l'autre. Vos propres traits secondaires comprennent des éléments tels que vos préférences alimentaires, vos attitudes, vos opinions politiques, vos goûts en matière de musique, etc. Pour Allport, la description de la personnalité pourrait donc ressembler à ce qui suit :

Nom : Marie Labiche
Âge : 22 ans
Traits cardinaux : aucun

Traits centraux : possessive, autonome, artiste, théâtrale, égocentrique et confiante
Traits secondaires : préfère les vêtements colorés, aime travailler seule, d'idéologie libérale, est toujours en retard...

Les traits d'origine La deuxième principale manière d'aborder la question des traits nous a été proposée par Raymond B. Cattell (1965). Cattell voulait dépasser la simple classification des traits; il désirait étudier la personnalité en profondeur pour comprendre l'organisation et l'interdépendance des traits.

Il commença par observer ce qu'il nomma les **traits de surface**, soit les caractéristiques qui composent la partie visible de la personnalité. À l'aide de questionnaires, d'observations directes et de données réelles, Cattell a accumulé des données sur les traits de surface d'un grand nombre de personnes. Il s'aperçut que les traits se présentent souvent en *grappes*. En fait, certains traits apparaissent si souvent ensemble qu'ils pourraient n'en représenter qu'un seul, plus fondamental. Cattell a désigné de **traits d'origine** cette dernière catégorie de traits qui sous-tendent la personnalité.

Question : De quelle manière les traits d'origine sont-ils différents des traits centraux décrits par Allport?

La différence principale réside dans le fait qu'Allport a classé les traits de manière subjective, tandis que Cattell a utilisé une technique statistique appelée **analyse factorielle** afin de réduire les traits de surface à des traits d'origine. L'analyse factorielle a recours aux corrélations pour déterminer quels traits sont en relation réciproque. Utilisant cette méthode de travail, Cattell a dressé une liste de 16 traits d'origine sous-jacents. Il croit qu'il s'agit là du nombre fondamental nécessaire à la description de la personnalité de chacun.

On utilise le test 16 P.F. (*the Sixteen Personality Factor Questionnaire*) pour mesurer les traits d'origine. Comme de nombreux tests de ce genre, le 16 P.F. peut contribuer à élaborer un **profil de traits**, c'est-à-dire un graphique personnel des résultats obtenus pour chaque trait. Ces profils peuvent s'avérer utiles à «illustrer» la personnalité de quelqu'un ou à comparer les caractéristiques de deux personnes ou plus (illustration 16.2).

Avant de lire la section suivante, répondez aux questions qui se trouvent au profil 16.2. Vous serez ainsi à même de comprendre une vieille controverse du monde de la psychologie de la personnalité.

Les traits, la constance et les situations

Depuis de nombreuses années, les psychologues débattent l'importance des traits de la personnalité et des circonstances externes dans la détermination du comportement. Il semble maintenant assuré que les traits

PROFIL 16.2
Comment percevez-vous la personnalité?

Le questionnaire suivant vous aidera à comprendre les idées que vous entretenez au sujet de la personnalité; les affirmations qu'il contient sont-elles vraies ou fausses?

1. Les actions de mes amis sont relativement constantes d'un jour et d'une situation à l'autre. Vrai ou faux?

2. Le fait qu'une personne soit honnête ou malhonnête, aimable ou cruelle, brave ou lâche dépend des situations auxquelles elle fait face. Vrai ou faux?

3. La plupart des gens que je connais depuis longtemps ont conservé la personnalité qu'ils avaient lorsque je les ai rencontrés la première fois. Vrai ou faux?

4. Les membres d'une même profession (comme les professeurs, les avocats ou les médecins) se ressemblent beaucoup parce que leur travail exige qu'ils agissent d'une certaine manière. Vrai ou faux?

5. La personnalité d'un compagnon de chambre éventuel est l'une des premières choses que je voudrais connaître à son sujet. Vrai ou faux?

6. Je pense que les circonstances immédiates déterminent généralement le comportement habituel des gens. Vrai ou faux?

7. Afin d'être à l'aise dans l'exercice d'une fonction donnée, une personne doit avoir une personnalité qui s'harmonise avec cette dernière. Vrai ou faux?

8. Lors d'une noce, presque tous les gens seront courtois, quelle que soit leur personnalité. Vrai ou faux?

Comptez maintenant le nombre de fois où vous avez répondu «vrai» aux questions impaires. Faites de même pour les questions paires. Si vous avez acquiescé à la plupart des questions impaires, vous avez tendance à percevoir la personnalité comme étant fortement influencée par des traits ou des tendances durables. Si vous avez acquiescé à la plupart des questions paires, vous considérez que la personnalité dépend beaucoup des situations et des circonstances externes. Si la quantité de réponses affirmatives est presque égale d'un côté comme de l'autre, cela veut dire que vous accordez autant d'importance aux traits qu'aux situations comme sources de comportement. Cette dernière façon de percevoir la personnalité est celle que privilégient aujourd'hui de nombreux psychologues de la personnalité.

de la personnalité sont relativement constants sur de longues périodes de temps (Conley, 1984; Moss et Susman, 1980). Cependant, les *situations* influencent aussi fortement le comportement. Il serait en effet plutôt étrange de lire en assistant à une partie de football, de danser au cinéma, de s'endormir dans les monta-

gnes russes ou de s'esclaffer au salon funéraire. Mais les traits de votre personnalité seront toujours à l'origine des activités de votre choix, qu'il s'agisse de la lecture, du cinéma ou du football. En présence de telles observations, la majorité des psychologues s'entendent maintenant pour dire que les traits *interagissent* avec les

Illustration 16.2 *Les 16 traits d'origine, évalués à l'aide du test 16 P.F. de Cattell, apparaissent de part et d'autre du graphique. Les résultats peuvent se présenter sous forme de courbe, ce qui permet d'établir le profil d'une personne ou d'un groupe. Les profils montrés ici représentent la moyenne obtenue par des groupes de pilotes d'avion, d'artistes et d'écrivains. Remarquez les différences qui existent entre les courbes de ces deux derniers groupes et celle des pilotes. (D'après Cattell, 1973.)*

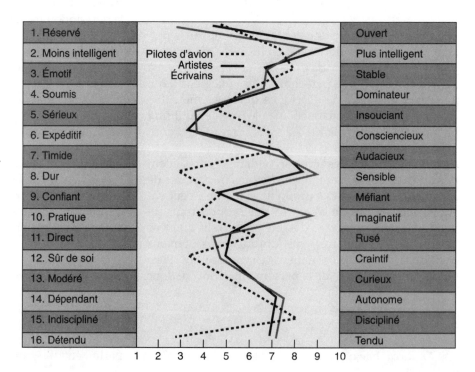

situations pour déterminer le comportement (Loevinger et Knoll, 1983). (On aborde plus à fond ce sujet au chapitre 17.)

Afin de comprendre ce qu'on entend par **interactions entre traits et situations**, imaginez ce qui arriverait si vous passiez de l'église à la salle de classe, à une fête puis à un match de football; à mesure que le décor changerait, vous deviendriez sans doute plus tapageur et plus turbulent. Voilà un exemple d'effets situationnels sur le comportement. Mais, en même temps, vos traits personnels se révéleraient : si vous êtes plus tranquille que la moyenne en classe, il est probable que vous serez plus tranquille que la moyenne partout ailleurs (Rorer et Widiger, 1983).

La notion de traits entraîne d'intéressantes questions concernant la personnalité. Examinons brièvement deux aspects fascinants de la recherche sur les traits.

Le rang de naissance — la personnalité est-elle hiérarchisée?

Nous sommes tous des aînés, des enfants uniques, des enfants du milieu ou des cadets. Si vous deviez repartir à zéro, que choisiriez-vous d'être? Votre choix devrait s'établir en fonction des traits de personnalité que vous préféreriez avoir. Le rang de naissance, ou la **position ordinale** dans la famille, marque la personnalité.

Question : Quels traits attribue-t-on au rang de naissance?

Premier-né ou cadet? Une différence marquée s'établit surtout entre le **premier-né** et le **cadet** d'une famille. Les premiers-nés semblent avoir plus de chances de parvenir à un rang éminent que les cadets. Freud, Kant, Beethoven, Dante, Einstein ainsi qu'un nombre étonnant de personnes ayant atteint des sommets dans leurs champs d'activité respectifs étaient des premiers-nés (Harris, 1964). Les premiers-nés obtiennent de meilleurs résultats aux niveaux secondaire et collégial. Un plus grand nombre d'entre eux obtiennent des bourses d'étude prestigieuses et ils sont plus nombreux à figurer parmi les étudiants en médecine ou les diplômés. La plupart des astronautes américains étaient des premiers-nés (Harris, 1964; Hilton, 1967). Bref, les premiers-nés tendent à rechercher la réussite et à être des personnes responsables, appliquées et disciplinées, dont la fierté et l'estime de soi sont élevées (Howarth, 1980).

Avant de vous féliciter d'être l'aîné de votre famille, ou de vous lamenter sur votre sort de cadet, prenez ceci en considération : les premiers-nés sont aussi plus timides, plus conformistes et plus enclins à l'anxiété et à la névrose que les cadets (Howarth, 1980; Schachter, 1959).

Question : Quels sont les points forts des cadets?

Les cadets tendent à exceller dans les relations sociales. Ils sont affectueux, amicaux et à l'aise en compagnie d'autrui. En outre, ils sont souvent plus originaux et créatifs que leurs aînés. Ils sont donc plus populaires auprès de leurs pairs. Ils démontrent aussi de meilleures aptitudes sociales dans leurs rapports avec les étrangers (Ickes et Turner, 1983).

Question : De quelle façon le rang de naissance influence-t-il la personnalité?

Les attitudes parentales La réponse à cette question semble dépendre de la «trousse affective» dont les parents dotent chaque enfant. Parce qu'ils sont les premiers, les plus vieux sont souvent l'objet de plus d'attention, de compliments et d'égards que les plus jeunes; on leur parle davantage, on les punit plus souvent, et ils reçoivent plus de stimulation et d'affection que les cadets (Belsky et autres, 1984). L'aîné est en outre plus susceptible d'être un enfant désiré, et il sera allaité plus longtemps (Sears et autres, 1957).

De tels comportements privilégient les premiers-nés qui, en retour, se considèrent importants. De plus, les aînés apprennent à reporter sur eux-mêmes les exigences de leurs parents. Par exemple, les femmes d'affaires cadres qui ont réussi dans des domaines normalement réservés aux hommes sont souvent des premières-nées. Même si l'on ne peut établir ce lien avec certitude, il se pourrait que le succès de ces dernières découle du fait qu'elles aient été particulièrement encouragées par leurs parents (Hoyenga et Hoyenga, 1984).

Un des inconvénients majeurs d'être un premier-né est l'angoisse et l'incohérence des nouveaux parents. Les aînés deviennent ainsi plus angoissés et ont tendance à se conformer au monde des adultes. Les parents admettent régulièrement avoir été moins sévères et plus détendus à l'endroit des autres enfants. Le dernier-né est particulièrement sujet à être couvé et à récolter moins de responsabilités que ses frères et soeurs. En d'autres termes, les premiers-nés tendent à agir en fonction de leurs parents, tandis que les cadets tendent à agir en fonction de leurs pairs (Markus, 1981).

Il est bon de préciser que les effets du rang de naissance ne peuvent être considérés qu'au sens large. Le fait de naître le premier ou le dernier ne veut pas nécessairement dire qu'on doit se conformer aux profils décrits ci-dessus. D'innombrables facteurs comme le nombre d'enfants, le sexe, les différences d'âge et l'âge des parents peuvent modifier les effets du rang de naissance. Par exemple, il se peut qu'un troisième enfant né 4 ou 5 années après celui qui le précède reçoive presque autant d'attention de la part des parents qu'un premier-né. Malgré tout, lorsqu'on considère un vaste échantillonnage de la population, on peut relever de légers effets attribuables au rang de naissance (Ernst et Angst, 1983; Sutton-Smith, 1982).

Comparativement à ceux du rang de naissance, les effets imputables au fait d'être une fille ou un garçon agissent beaucoup plus sur la personnalité. Qu'entend-on par traits «masculins» ou «féminins»? Pour le découvrir, examinons un deuxième aspect des plus intéressants de la recherche sur les traits.

L'androgynie psychologique — êtes-vous masculin, féminin ou androgyne?

Êtes-vous agressif, ambitieux, assuré, athlétique, décidé, dominant, énergique, indépendant, individualiste et autonome? Avez-vous l'esprit analytique et compétitif? Êtes-vous toujours prêt à prendre des risques? Si oui, vous êtes très «masculin». Êtes-vous affectueux, enjoué, innocent, compatissant, influençable, aimable, crédule, loyal, sensible, timide, doux, sympathique, tendre, compréhensif, chaleureux et complaisant? Si c'est le cas, vous êtes plutôt du type «féminin».

Question : Et si je possède des traits appartenant aux deux catégories?

Alors vous pourriez être **androgyne**. Les caractéristiques énumérées ci-haut découlent de la recherche de la psychologue Sandra Bem. Celle-ci a utilisé des listes comportant différents traits pour élaborer son **questionnaire Bem sur la fonction sexuelle** (*Bem Sex Role Inventory* — BSRI) qui se compose de 20 traits «masculins» (autonomie, assurance, etc.), de 20 traits «féminins» (affectivité, amabilité, etc.) et de 20 traits neutres (sincérité, cordialité, etc.). Ce questionnaire fut ensuite remis par Bem et ses collègues à des milliers de personnes à qui on demandait d'indiquer si les traits qui s'y trouvaient s'appliquaient à elles. Parmi les gens interrogés, 50 pour 100 appartenaient aux catégories masculine ou féminine traditionnelles, 15 pour 100 se classaient dans la catégorie opposée à leur sexe et 35 pour 100 étaient androgynes (marquant des points dans les catégories masculine et féminine).

Question : Vous ne nous avez toujours pas expliqué ce que signifie être androgyne. S'agit-il de posséder à la fois des traits masculins et des traits féminins?

L'androgynie psychologique   Le mot **androgynie** signifie littéralement «homme-femme». Bien que ce terme évoque les androïdes, l'asexualité et le changement de sexe, il désigne plutôt le fait de présenter les caractères des deux sexes.

L'intérêt que Bem porte à l'androgynie vient de sa conviction que notre société complexe exige de la souplesse en ce qui a trait aux rôles sexuels. Elle pense qu'il est bon, et même plus que jamais nécessaire, que

les hommes soient doux, compatissants, sensibles et complaisants, et que les femmes soient énergiques, autonomes, indépendantes et ambitieuses *selon les circonstances*. En résumé, Bem est d'avis qu'un plus grand nombre de gens devraient être androgynes (illustration 16.3).

L'adaptabilité   Bem et ses collègues ont mené une série d'expériences intéressantes en vue de démontrer que les androgynes sont plus adaptables et moins entravés par les images et les rôles que comportent les comportements dits «masculins» ou «féminins». Par exemple, au cours d'une expérience, Bem permit à des personnes d'effectuer une tâche soit «masculine» (huiler une charnière, clouer des planches, etc.), soit «féminine» (préparer un biberon, rouler une pelote de laine, etc.). Les hommes masculins et les femmes féminines s'en tinrent aux activités propres à leur sexe, et ce, même si les tâches du sexe opposé étaient plus payantes!

Bem conclut de ses nombreuses études que des attitudes sexuelles rigides entravent sérieusement le comportement, surtout chez les hommes (Bem, 1974, 1975a, 1975b, 1981). Elle croit que les hommes masculins ont beaucoup de difficulté à démontrer de la chaleur, de l'enjouement et de la sollicitude (même lorsque de telles qualités sont appropriées), parce qu'ils considèrent ces traits comme «féminins». De même, les femmes féminines arrivent difficilement à être indépendantes et assurées, même lorsque ces attitudes sont nécessaires.

Illustration 16.3   *Les personnes androgynes peuvent facilement s'adapter aux situations traditionnellement «masculines» et «féminines».*

Pendant les années qui ont suivi les premières études de Bem, l'androgynie a tour à tour été encouragée, décriée et contestée. Les choses se sont tassées depuis, et nous sommes maintenant en mesure de brosser le tableau suivant :

■ Avoir des traits «masculins» veut surtout dire être indépendant et assuré. La «masculinité» est donc reliée à l'estime de soi et à la réussite dans de nombreuses situations.

■ Avoir des traits «féminins» signifie d'abord être dévoué et agir en fonction d'autrui. La «féminité» implique donc une plus grande intimité sociale avec autrui et un bonheur conjugal accru.

En somme, il est avantageux de posséder des caractéristiques «masculines» et «féminines», quel que soit son sexe (Spence, 1984).

Bien entendu, un grand nombre conserveront toujours une vision traditionnelle de la masculinité et de la féminité. Les chercheurs qui s'intéressent à la personnalité s'efforcent néanmoins de démontrer qu'on peut trouver des traits «féminins» et «masculins» chez la même personne, et que l'androgynie représente un équilibre hautement adaptatif.

Autotest

1. Le _____ désigne les aspects héréditaires de l'affectivité.

2. Le mot_____ désigne la présence ou l'absence de qualités personnelles désirables.

   a. personnalité   *b.* trait d'origine   *c.* caractère   *d.* tempérament

3. Un système selon lequel les gens sont classés comme étant introvertis ou extrovertis, est un exemple d'approche par les_____ de la personnalité.

4. On appelle _____ la perception que l'on a de sa propre personnalité.

5. Allport croit que peu de gens possèdent des traits_____.

6. Les traits centraux sont partagés par la majorité des membres d'une société. Vrai ou faux?

7. Cattell pense que des grappes de traits_____ trahissent la présence des traits_____ qui les sous-tendent.

8. Le questionnaire de la personnalité préparé par Cattell permet d'évaluer 16 traits de surface. Vrai ou faux?

9. On se sert du questionnaire Bem sur la fonction sexuelle pour déterminer les traits d'origine chez les androgynes. Vrai ou faux?

10. Tandis que les premiers-nés ont tendance à réussir tout ce qu'ils entreprennent, les cadets possèdent souvent de grandes aptitudes sociales. Vrai ou faux?

Réponses :

1. tempérament 2. c 3. types 4. image de soi 5. cardinaux 6. faux 7. de surface, d'origine 8. faux 9. faux 10. vrai

L'évaluation de la personnalité — les barèmes psychologiques

Un des plus grands apports du modèle des traits a été d'entraîner le perfectionnement de la mesure et des tests de la personnalité. En effet, afin d'étudier les traits, les psychologues ont jugé utile de créer des manières d'évaluer cette dernière. Ces démarches se sont avérées très précieuses dans les secteurs de la recherche, de l'industrie, de l'éducation et du travail clinique.

Question : Comment «évalue»-t-on la personnalité?

Les psychologues utilisent des méthodes telles que l'**entrevue**, l'**observation**, le **questionnaire** et le **test projectif** pour mesurer la personnalité. Chaque mé-

thode représente le perfectionnement d'une façon naturelle de juger une personne. Comme elles sont toutes soumises à certaines limites (que nous verrons plus tard), elles sont souvent combinées.

Il vous est sûrement déjà arrivé de «jauger» un amoureux, ami ou employeur éventuel en conversant avec lui (entrevue). Peut-être avez-vous déjà demandé (questionnaire) à un camarade : «Cela m'embête d'être en retard, pas toi?» Observez-vous parfois vos professeurs, lorsque ceux-ci sont en colère ou embarrassés, afin de découvrir leur «vrai» visage (observation)? Ou, avez-vous remarqué que lorsque vous dites : «Je pense que la majorité des gens croient que...», vous exprimez souvent vos propres convictions (projection)? Voyons comment les psychologues mettent chacune de ces méthodes en application pour explorer la personnalité.

L'entrevue

Une des manières les plus directes d'en apprendre plus long sur une personne est de discuter avec elle. Une entrevue est qualifiée de **non directive**, si la conversation n'est pas planifiée et si la personne interviewée en choisit les sujets; elle sera **structurée (directive)**, si l'intervieweur obtient l'information qu'il recherche en posant une série de questions planifiées.

Question : Pourquoi a-t-on recours aux entrevues?

Les entrevues sont surtout utilisées pour détecter les troubles de la personnalité, sélectionner des candidats à un poste, permettre à un étudiant de s'inscrire, choisir les gens qui participeront à des programmes spéciaux et pour étudier la dynamique de la personnalité. Elles permettent aussi de recueillir de l'information en vue d'une psychanalyse ou d'une thérapie. Par exemple, un thérapeute posera d'abord la question suivante à son patient dépressif : «Avez-vous déjà pensé au suicide? En quelles circonstances?», et pourra ensuite lui demander : «Comment vous sentiez-vous par rapport à cela?», ou «De quelle manière vos sentiments actuels diffèrent-ils de ceux que vous ressentiez à ce moment-là?»

En plus de fournir de l'information, les entrevues permettent d'observer le ton de voix, les gestes des mains, la posture et l'expression du visage. Les renseignements ainsi divulgués par le corps sont importants, puisqu'ils peuvent modifier radicalement le message transmis, comme dans le cas d'une personne qui vous annoncerait qu'elle est parfaitement calme, tout en tremblant de tout son corps.

Les limites   Si les entrevues permettent une compréhension rapide de la personnalité, elles présentent certaines lacunes. D'une part, les intervieweurs risquent d'être influencés par des idées préconçues. Ils peuvent se méprendre sur le compte d'une personne étiquetée «femme au foyer», «collégienne», «athlète du secondaire», «voyou» ou «mordu du ski», à cause des idées qu'ils entretiennent au sujet de divers modes de vie. D'autre part, la personnalité même de l'intervieweur peut influencer le comportement de la personne interviewée, ce qui accentuera ou déformera certaines caractéristiques de cette dernière.

L'**effet de halo** présente aussi un problème. L'effet de halo est une tendance à généraliser une impression favorable ou défavorable en l'appliquant à des aspects distincts de la personnalité (illustration 16.4). Une personne sympathique et attirante sera souvent jugée plus mûre, intelligente et bien adaptée qu'elle ne l'est en réalité. On doit toujours considérer l'effet de halo lorsqu'on soumet des candidats à une entrevue. La première impression compte vraiment!

Limitées ou pas, les entrevues sont une méthode estimée d'évaluation de la personnalité. Dans de nombreux cas, elles représentent une étape essentielle à la prestation d'autres tests de la personnalité, à la consultation ou à la thérapie.

L'observation directe et les échelles d'évaluation

Les gares d'autobus, aéroports, stations de métro et autres endroits publics exercent-ils sur vous une certaine fascination? Beaucoup de gens trouvent du plaisir à observer le comportement d'autrui. Appliquée à l'évaluation de la personnalité, l'observation directe n'est en fait que le prolongement de cette curiosité naturelle. Par exemple, un psychologue observera un enfant perturbé parmi d'autres enfants : reste-t-il à l'écart? devient-il hostile ou agressif sans avertissement? Grâce à des observations attentives, le psychologue précisera les caractéristiques de la personnalité de l'enfant et déterminera la nature des problèmes de ce dernier.

Illustration 16.4   *Quelle impression avez-vous de la personne qui porte un veston noir? Les intervieweurs sont souvent influencés par l'effet de halo (voir le texte).*

Question : L'observation n'est-elle pas soumise aux mêmes problèmes de perception que l'entrevue?

Oui. Les mauvaises perceptions peuvent causer des problèmes. C'est pourquoi on utilise parfois des **échelles d'évaluation** (tableau 16.2). Ces échelles réduisent les chances d'omettre certains traits et d'en exagérer d'autres. Elles devraient peut-être faire partie intégrante de tout processus de sélection, que ce soit d'un compagnon de chambre, d'un époux ou d'un amoureux!

Une autre manière d'évaluer la personnalité est de procéder à une **évaluation du comportement**. Ici, des observateurs notent le nombre de fois que différentes *actions* se produisent, au lieu de relever les traits qu'ils pensent trouver chez une personne. À titre d'exemple, les psychologues qui travaillent auprès des malades mentaux hospitalisés pourraient consigner la fréquence des agressions, des soins personnels, de la parole et des comportements inhabituels (Alevizos et Callahan, 1977).

Les évaluations du comportement ne sont pas strictement limitées au comportement visible. Elles peuvent aussi s'avérer utiles en matière d'exploration des processus de la pensée. Lors d'une étude en particulier, on demanda à des étudiants souffrant d'une grande angoisse face aux mathématiques de penser tout haut pendant qu'ils résolvaient des problèmes. On analysait ensuite leurs pensées afin de déterminer avec précision les causes de leur angoisse (Blackwell et autres, 1985).

Les tests situationnels Les **tests situationnels** représentent une forme plus spécialisée d'observation directe. Ils se fondent sur l'hypothèse selon laquelle la meilleure façon de savoir comment une personne réagira dans certaines situations est de simuler ces dernières. Ces tests soumettent les gens à la frustration, à la tentation, à la pression, à l'ennui ou à tout autre état susceptible de révéler les caractéristiques de leur personnalité.

Question : Comment procède-t-on à ces tests?

La formation dite «tirer ou ne pas tirer», offerte aux policiers dans de nombreux services, constitue un exemple vivant de test situationnel (illustration 16.5). Les agents de police doivent parfois prendre des décisions à la seconde près concernant l'utilisation de leur arme; toute erreur peut être fatale. Dans le cadre du test «tirer ou ne pas tirer», des acteurs jouent le rôle de jeunes ou de criminels armés. Pendant que des scènes évoquant des situations à risque élevé se déroulent sur vidéo, les agents doivent décider de tirer ou de ne pas tirer. Voici le récit d'un journaliste qui a subi ce test (et qui a échoué; Gersh, 1982) :

> *J'ai mal jugé les situations : je me suis fait tuer par un homme caché dans une penderie, par un autre qui tenait une personne en otage, par une femme interrompue alors qu'elle embrassait son amoureux et par un homme qui semblait être en train de nettoyer son fusil. De plus, j'ai tué un ivrogne qui tirait un peigne de sa poche, un adolescent qui dégainait un pistolet à eau... Tout cela me semblait tellement réel!*

Tableau 16.2 *Échantillonnage de questions faisant partie d'une échelle d'évaluation*

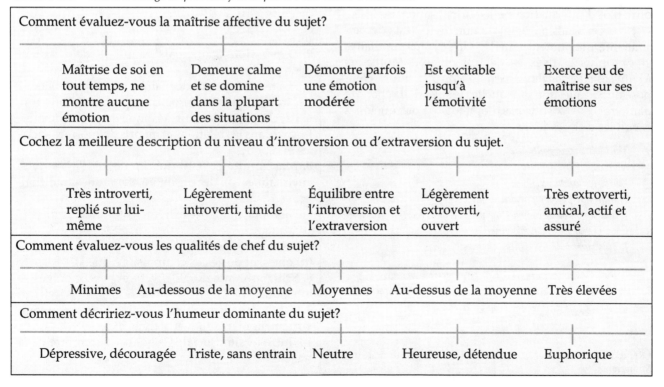

Comment évaluez-vous la maîtrise affective du sujet?				
Maîtrise de soi en tout temps, ne montre aucune émotion	Demeure calme et se domine dans la plupart des situations	Démontre parfois une émotion modérée	Est excitable jusqu'à l'émotivité	Exerce peu de maîtrise sur ses émotions

Cochez la meilleure description du niveau d'introversion ou d'extraversion du sujet.				
Très introverti, replié sur lui-même	Légèrement introverti, timide	Équilibre entre l'introversion et l'extraversion	Légèrement extraverti, ouvert	Très extroverti, amical, actif et assuré

Comment évaluez-vous les qualités de chef du sujet?				
Minimes	Au-dessous de la moyenne	Moyennes	Au-dessus de la moyenne	Très élevées

Comment décririez-vous l'humeur dominante du sujet?				
Dépressive, découragée	Triste, sans entrain	Neutre	Heureuse, détendue	Euphorique

Illustration 16.5 *Un policier se soumet au test «tirer ou ne pas tirer». Un nombre croissant de services policiers ont recours à ce test situationnel. Tous les agents doivent le réussir.*

En plus de la formation qu'il procure, ce test permet de repérer les recrues qui ne possèdent pas le jugement nécessaire au port d'arme en public.

Les questionnaires de personnalité

La plupart des **questionnaires de personnalité** consistent en des épreuves écrites où les gens répondent à des questions à leur sujet. Comme mesure de la personnalité, ils sont plus *objectifs* que les entrevues et l'observation. Les questions, la passation et l'analyse des résultats sont tous soumis à des normes qui neutralisent les opinions ou les préjugés de l'examinateur. (Le chapitre 18 offre plus d'information sur la normalisation des tests.)

On a mis au point de nombreux tests de personnalité, notamment le 16 P.F. Un des plus populaires et des plus utilisés est le test objectif *Minnesota Multiphasic Personality Inventory (MMPI)*, qui se compose de 550 questions auxquelles le sujet doit répondre par «vrai», «faux» ou «pas d'opinion». Voici quelques exemples de questions :

Tout a le même goût.
Mon esprit fait défaut.
J'aime les animaux.
Autant que possible, j'évite les foules.
Je n'ai jamais eu de comportement sexuel qui s'écarte des normes.
On a essayé de m'empoisonner.
Je suis sujet à de fréquentes rêveries.*

Question : Comment ces questions révèlent-elles quoi que ce soit sur la personnalité? Si, par exemple, la personne a le rhume et que «tout a le même goût»?

* Reproduction autorisée. Copyright 1943, 1970 par l'université du Minnesota.

Pour répondre à cette question et sourire un peu, consultez le profil 16.3.

Le MMPI mesure 10 des aspects majeurs de la personnalité (tableau 16.3). Après avoir compilé le MMPI, on collige les résultats sous la forme d'un **profil MMPI** (illustration 16.6). En comparant le profil d'une personne aux résultats obtenus par des adultes normaux, le psychologue peut déceler différents troubles de personnalité.

Tableau 16.3 *Les catégories du MMPI*

1. Hypocondrie Anxiété excessive du sujet à propos de sa santé.
2. Dépression Sentiments d'inutilité, de désespoir et de pessimisme.
3. Hystérie Présence de plaintes physiques reliées à des troubles affectifs (problèmes psychosomatiques).
4. Psychopathe déviant Manque de profondeur affective dans les relations et mépris des normes sociales et morales.
5. Masculinité et féminité Le degré d'agressivité «masculine» ou de sensibilité «féminine» traditionnelles.
6. Paranoïa Méfiance extrême et sentiments de persécution.
7. Psychasthénie Présence de craintes irrationnelles (phobies) et de gestes compulsifs (rituels).
8. Schizophrénie Repli affectif et pensée ou gestes inhabituels ou bizarres.
9. Hypomanie Excitabilité affective, humeur ou comportement maniaques et activité excessive.
10. Introversion sociale Tendance à se retirer de la société.

PROFIL 16.3
Les tests de personnalité : critique du raisonnement

L'humoriste Art Buchwald (1965) s'est déjà moqué des questionnaires de personnalité en rédigeant le sien propre. Les exemples suivants en sont extraits. Répondez «oui», «non» ou «je ne veux rien savoir!»

J'ai toujours froid aux yeux.
Les cris de mort me rendent nerveux.
Je crois sentir aussi bon que la moyenne des gens.
Je m'endors presque toujours sans dire «au revoir».
J'utilise trop de cirage à chaussures.
La vue du sang ne m'excite plus.

Plus récemment, la psychologue Carol Sommer a ajouté ces précieuses lignes au questionnaire de Buchwald :

Je salive à la vue de mitaines.
Bébé, j'avais très peu de passe-temps.
Les épinards me donnent un sentiment de solitude.
Les histoires salées me font penser au sexe.
Je reste dans la baignoire jusqu'à ce que j'aie l'air d'un raisin sec.
J'aime mettre des caméléons sur des tissus quadrillés.
Je ne finis jamais ce que.

Ces questions semblent ridicules, mais elles ne sont pas si éloignées des vrais tests. Comment alors ces derniers peuvent-ils révéler quoi que ce soit sur la personnalité? Disons qu'une seule question ne révèle rien. Par exemple, une personne qui trouve que «tout a le même goût» peut être simplement enrhumée. Les dimensions de la personnalité n'apparaissent qu'à la faveur des *structures* de réponses.

On a choisi les questions du MMPI en fonction de leur capacité de révéler quelles personnes présentent des troubles psychiatriques. Par exemple, si les personnes déprimées répondent régulièrement d'une façon particulière à la même série de questions, on peut supposer que les autres qui répondent de manière similaire sont aussi sujettes à la dépression. Aussi idiotes que puissent sembler les questions de la liste précédente, il se peut que certaines d'entre elles fonctionnent dans un test officiel. Mais avant qu'une question ne fasse partie d'un test, il faut établir la preuve de sa corrélation étroite avec un trait ou une dimension de la personnalité.

Question : À quel point le MMPI est-il précis?

La précision du MMPI ou de tout autre questionnaire de personnalité repose sur la supposition que les gens sont disposés à dire la vérité à leur sujet. Cette supposition est si importante qu'on a ajouté des **échelles de validité** au MMPI afin de détecter les tentatives de «feindre le bon» (se faire passer pour meilleur) ou de «feindre le mal» (se faire passer pour pire) chez les sujets. D'autres échelles contribuent à adapter les résultats finals influencés par l'attitude défensive ou par la tendance à exagérer les déficiences ou les troubles.

Malheureusement, les échelles de validité ne suffisent pas à assurer l'exactitude. Si l'on se servait des seuls résultats du MMPI dans la classification des névrosés (trop anxieux), des déprimés et des schizophrènes, un grand nombre de personnes normales seraient étiquetées faussement (Cronbach, 1970). Il est heureux que de tels jugements prennent en considération l'information en provenance des entrevues et d'autres sources.

La plupart des psychologues sont bien conscients des limites des tests de personnalité. S'ils étaient les seuls à s'en servir, l'ordre des problèmes serait limité. Toutefois, de nombreux organismes, dont

Illustration 16.6 *Un profil MMPI illustrant des résultats hypothétiques qui indiquent la normalité, la dépression et la psychose.*

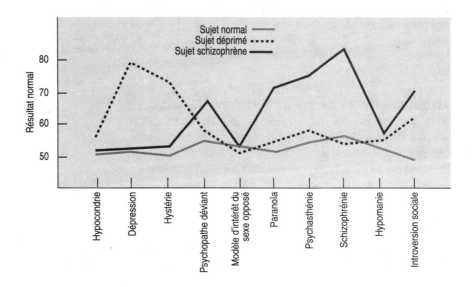

les entreprises commerciales, ont régulièrement recours aux tests de personnalité et commettent parfois des erreurs ou des abus. Rappelez-vous que la cour suprême des États-Unis a limité l'usage des tests comme critère d'emploi ou de promotion. Si vous croyez qu'un test était injuste, vous pourriez avoir recours aux tribunaux.

Les tests projectifs de personnalité — taches d'encre et complots secrets

Les tests projectifs abordent la personnalité de façon très différente des autres techniques. Les entrevues, l'observation, les échelles d'évaluation ou les questionnaires révèlent en général des traits explicites et observables. Par contre, les tests projectifs tentent de dévoiler des désirs, des pensées et des besoins profondément enfouis ou *inconscients*.

Peut-être qu'enfant vous adoriez découvrir des visages ou des objets dans les nuages. Ou peut-être avez-vous appris quelque chose sur la personnalité de vos amis en observant leurs réactions à des films ou à des toiles. Le cas échéant, vous avez déjà un aperçu du fonctionnement des tests projectifs. Un **test projectif** fournit des *stimuli ambigus* que doivent décrire les sujets, ou dont ces derniers doivent s'inspirer pour raconter une histoire. La description d'un stimulus non ambigu (le dessin d'une voiture, par exemple) ne révèle presque rien de la personnalité. Mais lorsqu'on fait face à un stimulus ou à une situation floue, on doit organiser et interpréter ce que l'on voit en fonction des expériences passées. Chacun voit quelque chose de différent dans un stimulus projectif, et ce qui est perçu peut dévoiler le fonctionnement intérieur de la personnalité du sujet.

Étant donné que les tests projectifs ne se fondent pas sur des réponses vraies ou fausses, les sujets peuvent difficilement feindre ou «prévoir» les tests. En outre, ces tests peuvent constituer un trésor d'information, puisque les réponses ne se limitent pas au simple oui ou non, ou vrai ou faux.

Question : Le test des taches d'encre constitue-t-il une technique projective?

Le test des taches d'encre de Rorschach
Le test de *Rorschach* est un des tests projectifs les plus anciens et les plus utilisés. Mis au point par le psychologue suisse Hermann Rorschach dans les années 1920, il comporte un série de 10 taches d'encre normalisées, dont la couleur, l'intensité, la forme et la complexité varient.

Question : Comment fonctionne le test?

D'abord, on montre au sujet chaque tache, et on lui demande de décrire ce qu'il y voit (illustration 16.7, section couleur). Le psychologue peut ensuite revenir à une tache et demander au sujet d'en préciser certaines sections, de détailler les descriptions précédentes ou d'inventer une histoire tout à fait différente. Les différences évidentes de contenu — comme «du sang coulant sur un poignard» par rapport à «des fleurs poussant dans un champ» — contribuent à révéler les conflits et les fantasmes personnels. Et pourtant, on considère que le contenu est moins important que les parties de la tache dont on se sert pour former une image, et la façon dont cette dernière est organisée. Ces facteurs permettent au psychologue de voir comment une personne conçoit le monde, et de détecter les troubles du fonctionnement de la personnalité.

Le test d'aperception thématique
Le *test d'aperception thématique* (TAT), mis au point par le psychologue et théoricien de la personnalité Henry Murray, de Harvard, constitue un autre test projectif populaire.

Question : Comment le TAT se distingue-t-il du test de Rorschach?

Le TAT comporte 20 dessins qui illustrent différentes situations de la vie (illustration 16.8). On montre chaque dessin au sujet, à qui l'on demande d'inventer une histoire sur les personnages qui s'y trouvent. Ensuite, on montre le dessin au sujet une deuxième ou même une troisième fois, en lui demandant de détailler les histoires précédentes ou d'en raconter de nouvelles.

La compilation du TAT se limite à l'analyse du contenu des histoires. Le psychologue se préoccupe surtout des questions fondamentales abordées dans chaque histoire : l'interprétation se concentre sur les sentiments des gens, la façon dont ceux-ci interagissent, les événements qui mènent à la situation évoquée par le dessin et la fin de l'histoire. Le psychologue peut également tenir compte du nombre de fois où le personnage central de chaque histoire est en colère, surveillé, amorphe, jaloux ou menacé. Par exemple, voici l'histoire qu'a écrite un étudiant pour décrire l'illustration 16.8 :

> *La jeune fille est sortie avec un garçon que sa mère déteste. La mère la met en garde de ne pas revoir ce jeune homme. La mère dit : «Il est le portrait de ton père.» Le père et la mère sont divorcés. La mère sourit, car elle croit avoir raison. Mais elle ignore ce que veut sa fille. Celle-ci va revoir le jeune homme, de toute façon.*

Question : Les tests projectifs sont-ils précis?

Les limites des tests projectifs
Bien qu'ils soient populaires auprès des psychologues cliniciens, les tests projectifs sont ceux parmi tous les tests de personnalité dont la *validité* est la moins élevée. (Un test est valide lorsqu'il mesure ce qu'il prétend mesurer; voir le chapitre 18.) En raison de la subjectivité des résultats,

Illustration 16.8 *Voici une image semblable à celles qu'utilise le test d'aperception thématique. Si vous désirez simuler le test, racontez une histoire qui explique ce qui a mené à la situation illustrée, ce qui arrive à présent et le dénouement.*

l'*objectivité* du jugement chez les différents utilisateurs du TAT et du test de Rorschach est faible. Après que le sujet a interprété un stimulus ambigu, l'examinateur doit interpréter à son tour les réponses (parfois) ambiguës du sujet. En un certain sens, l'interprétation d'un test projectif constitue un autre test pour l'examinateur!

En dépit des désavantages des tests projectifs, de nombreux psychologues en reconnaissent la valeur, surtout s'ils font partie d'une **batterie** de tests et d'entrevues. On dit qu'entre les mains d'un clinicien habile et expérimenté, les tests projectifs peuvent détecter des conflits importants et contribuer à fixer les objectifs d'une thérapie. En outre, puisqu'ils ne sont pas structurés, ils sont plus susceptibles d'amener le client à parler de sujets anxiogènes que les questions directes des inventaires et des entrevues.

Les meurtriers instantanés — un exemple de recherche

Les études de la personnalité nous fournissent des indices sur des événements humains parmi les plus déroutants. Prenons le cas de Fred Cowan, un étudiant modèle à l'école qu'on décrivait comme un homme tranquille, doux et aimant les enfants. Malgré sa haute stature (2 mètres, 100 kilogrammes), les collègues de Fred disaient de lui qu'on «pouvait facilement lui marcher sur les pieds».

Fred Cowan représente un phénomène intrigant : le meurtrier instantané — une personne douce, tranquille, timide et d'un bon naturel qui bascule dans la violence sans avertissement (Lee et autres, 1977). Après une période de suspension de deux semaines, Fred retourna à son travail bien décidé à tirer les choses au clair avec son superviseur. Incapable de trouver ce dernier, il tua quatre collègues et un policier avant de mettre fin à ses jours.

Question : Un tel comportement est-il contraire à la notion des traits de personnalité?

Il peut sembler que les meurtriers instantanés sont dignes de mention simplement parce qu'ils constituent des candidats à la violence hautement improbables. Au contraire, Melvin Lee, Philip Zimbardo et Minerva Bertholf ont mené des recherches qui indiquent que les meurtriers instantanés basculent dans la violence *parce qu'*ils sont timides, réservés et inexpressifs, et non malgré ce fait. Ces recherches portèrent sur des prisonniers de la Californie. Dix d'entre eux avaient commis un homicide comme première offense inattendue. Neufs prisonniers étaient des criminels dont le dossier affichait des expériences violentes avant le meurtre, et seize avaient été condamnés pour des crimes non violents.

Question : Les composantes des personnalités des prisonniers différaient-elles?

Lee et ses collègues soumirent les prisonniers à une batterie de tests, dont le MMPI, un test destiné à mesurer la timidité, une liste de vérification d'adjectifs et des entrevues privées avec chaque prisonnier. Comme prévu, les meurtriers instantanés se révélèrent passifs, timides et trop retenus. Les prisonniers chez qui la violence était habituelle étaient «masculins» (agressifs), impulsifs et moins sujets à se percevoir comme timides qu'une personne ordinaire (Lee et autres, 1977).

Les entrevues et autres observations ont révélé que les personnes tranquilles et trop retenues sont susceptibles d'être particulièrement violentes lorsqu'elles perdent la maîtrise d'elles-mêmes. Les attaques auxquelles elles se livrent sont déclenchées en général par une irritation ou une frustration banale, mais l'attaque reflète des années de sentiments de colère et de mépris non exprimés. Lorsque les meurtriers instantanés relâchent finalement la maîtrise stricte qu'ils exercent sur leur comportement, une attaque furieuse et déchaînée s'ensuit, dont la proportion n'a rien à voir habituellement avec l'offense qu'on a commise à leur égard. Certains ne se souviennent pas de quelques-uns ou de tous leurs gestes violents.

En comparaison, les meurtriers qui ont déjà fait preuve de violence affichèrent des réactions très différentes. Bien qu'ils aient tué, leur violence était modérée — habituellement juste suffisante à infliger le mal nécessaire. En général, ils avaient l'impression qu'on les avait trahis ou trompés et qu'ils faisaient le nécessaire afin de remédier à la situation ou de conserver leur virilité (Lee et autres, 1977).

Ce bref exemple illustre comment on peut appliquer certaines notions et techniques dont nous avons parlé afin de les mieux comprendre. La section Applications suivante devrait équilibrer votre perception de la personnalité. Ne soyez pas timides, lisez!

Autotest

1. Les questions planifiées sont utilisées dans le cadre d'une entrevue _____.

2. L'effet de halo représente la tendance qu'a l'interviewer d'influencer la personne interrogée. Vrai ou faux?

3. Parmi les mesures de la personnalité suivantes, laquelle est la plus objective?

   a. échelles d'évaluation   *b.* questionnaires de personnalité   *c.* tests projectifs   *d.* TAT

4. Les tests situationnels permettent l' _____ directe des caractéristiques de la personnalité.

5. Sur quelle échelle du MMPI une personne psychotique aurait-elle le résultat le plus élevé?

   a. dépression   *b.* hystérie   *c.* schizophrénie   *d.* hypomanie

6. Le recours aux stimuli ambigus est caractéristique de(s)

   a. entrevues   *b.* tests projectifs   *c.* inventaires de personnalité   *d.* l'observation directe

7. Le contenu des réponses au MMPI représente une indication des désirs, des pensées et des besoins inconscients. Vrai ou faux?

8. L'évaluation du comportement exige l'observation directe des gestes de la personne ou un rapport direct de ses pensées. Vrai ou faux?

9. Il est étonnant de découvrir que les meurtriers instantanés sont habituellement trop retenus, très masculins et plus impulsifs que la moyenne. Vrai ou faux?

Réponses :

1. directive 2. faux 3. *b* 4. observation 5. *c* 6. *b* 7. faux 8. vrai 9. faux

Applications : valentines farouches et valentins hésitants — comprendre la timidité

Est-ce que :

vous avez du mal à parler aux étrangers?

vous vous méfiez des gens?

vous vous sentez mal à l'aise en société?

vous vous sentez nerveux en compagnie d'étrangers?

Si oui, vous comptez parmi les *40 pour 100* des collégiens qui se considèrent timides. Si vous êtes timide, il peut être utile de savoir que de nombreuses personnes le sont. Toutefois, les trois quarts des personnes s'avouant timides disent qu'elles n'aiment pas l'être (Zimbardo et autres, 1978). Comme trait de personnalité, la **timidité** désigne la tendance à éviter les autres, ainsi que des sentiments d'inhibition sociale (malaise et tension en société; Buss, 1980). Les timides ne regardent pas dans les yeux, se replient lorsqu'on leur parle, parlent trop bas et démontrent peu d'intérêt ou participent peu aux conversations.

Question : Qu'est-ce qui cause la timidité?

Les éléments de la timidité En premier lieu, les timides manquent souvent d'**entregent**. Nombre d'entre eux n'ont tout simplement pas appris à rencontrer les autres ou à commencer et à poursuivre une conversation. L'**angoisse sociale** constitue un autre facteur de timidité. Presque tout le monde se sent nerveux dans des circonstances sociales (comme la rencontre d'un étranger attirant). Il s'agit généralement d'une réaction de *peur à l'évaluation* (la peur d'être embarrassé, du ridicule, du rejet ou de ne pas être à la hauteur de la situation). Toutefois, la peur de l'évaluation est habituellement plus intense ou fréquente chez les timides. Un troisième problème incombe aux personnes timides, celui du **préjugé auto-destructeur** de leur pensée, c'est-à-dire la tendance qu'elles ont à toujours se blâmer, lorsqu'une rencontre ne se déroule pas bien (Girodo, 1978).

Les causes situationnelles de la timidité Les situations sociales *nouvelles* ou *non familières* déclenchent le plus souvent la timidité. Une personne à l'aise avec sa famille et ses intimes peut devenir timide et maladroite lorsqu'elle rencontre un étranger. La timidité s'accroît également dans les cérémonies officielles, en présence d'une personne de statut supérieur, lorsqu'on est remarquablement différent des autres ou qu'on est

le centre de l'attention (être conférencier par exemple; Buss, 1980; Pilkonis, 1977).

Question : La plupart des gens ne deviennent-ils pas prudents et gênés en de telles circonstances?

Oui, et c'est pourquoi il faut voir ce qui distingue la personnalité des timides et des non-timides.

La dynamique de la personnalité timide On a tendance à croire que les timides sont enfermés dans leurs sentiments et leurs pensées. De façon étonnante, les chercheurs Jonathan Cheek et Arnold Buss (1979) n'ont trouvé aucun lien entre la timidité et la **conscience intime de soi** (l'attention aux sentiments, aux pensées et aux rêves intérieurs). Ils ont plutôt découvert que la timidité est reliée à la **conscience de soi publique**.

Les personnes dont la conscience de soi publique est élevée sont intensément conscientes d'elles-mêmes en tant qu'*objets sociaux* (Buss, 1980). Elles se soucient de ce que les autres pensent d'elles et se sentent évaluées. Elles ont peur de dire des bêtises ou de sembler ridicules. Nombre de timides ainsi préoccupés croient être rejetés, même s'il n'en est rien. En public, ils se sentent «nus» ou «transparents», ce qui provoque l'anxiété ou carrément la peur au cours de rencontres sociales et mène à la maladresse et à l'inhibition (Buss, 1986).

Presque tous se sentent anxieux en certaines occasions sociales. Mais les timides et les non-timides *étiquettent* cette anxiété de façon très différente : les timides considèrent leur anxiété sociale comme un *trait de personnalité permanent*. Autrement dit, la timidité devient partie intégrante de leur image d'eux-mêmes. Par contre, les non-timides croient que les *situations extérieures* causent leurs sentiments de timidité occasionnels. Lorsque des non-timides éprouvent de l'anxiété ou le «trac», ils supposent que c'est le cas de presque tout le monde dans les mêmes circonstances (Zimbardo et autres, 1978).

L'étiquette est importante, car elle influence *l'estime de soi*. En général, les non-timides possèdent une meilleure estime d'eux-mêmes que les timides, parce qu'ils s'accordent le mérite de leurs succès sociaux et qu'ils reconnaissent que l'échec dépend souvent des circonstances. Par contre, les timides se blâment de leurs échecs en société et ne s'attribuent jamais le mérite de leurs succès (Buss, 1980; Girodo, 1978).

Applications

Question : Que peut-on faire afin de réduire la timidité?

Vaincre la timidité

Les gens de passage en Chine sont souvent étonnés par l'absence presque totale de timidité chez les Chinois. En Amérique, de nombreux enfants semblent se débarrasser de la timidité à mesure qu'ils acquièrent des aptitudes sociales et une plus vaste expérience en société. Certains adultes triomphent de la timidité en ayant recours à une clinique de la timidité ou à un programme similaire. Chacune de ces observations laisse croire que la timidité n'est pas permanente. Si vous êtes timide et que vous désirez changer, l'information qui suit peut constituer un point de départ. Même si vous n'êtes pas timide, certaines idées peuvent vous être utiles.

Les convictions du timide Le psychologue Michel Girodo (1978), qui dirigeait une clinique de la timidité, observa que la timidité se maintient à l'aide de convictions irréalistes ou auto-destructrices. En voici un échantillon :

1. *Si tu attends assez longtemps au cours d'une réunion sociale, quelque chose va se passer.*
Commentaire : Cet énoncé sert à masquer la peur d'engager la conversation. Pour que deux personnes se rencontrent, l'une des deux doit faire un effort, et ce peut être vous.
2. *Les personnes populaires ne doivent leurs invitations aux rencontres ou leurs rendez-vous qu'à la chance.*
Commentaire : Cela est faux, sauf pour les occasions où une personne est formellement présentée à une autre. Les gens socialement plus actifs font l'effort de rencontrer les gens et de passer du temps en leur compagnie. Ils adhèrent à des clubs, invitent des gens, engagent la conversation et ne laissent presque rien au hasard.
3. *Les chances de rencontrer quelqu'un qui s'intéresse à socialiser sont les mêmes, peu importe où je me trouve.*
Commentaire : Voilà une autre excuse pour l'inaction. Il est rentable de rechercher les situations qui offrent des possibilités élevées de contacts sociaux comme les clubs, les équipes et les événements scolaires.
4. *Si quelqu'un ne me trouve pas sympathique de prime abord, il ne m'aime vraiment pas et ne m'aimera jamais.*
Commentaire : Cette conviction provoque une timidité inutile. Même lorsqu'une personne n'affiche pas immédiatement son intérêt, cela ne signifie pas qu'elle ne vous aime pas. L'amitié se développe avec le temps et au fil des occasions.

Des convictions aussi pessimistes peuvent être remplacées par des énoncés comme :

1. Il faut que je sois actif dans des situations sociales.
2. Je ne peux pas attendre d'être complètement détendu ou à l'aise avant de prendre un risque social.
3. Je n'ai pas à faire semblant d'être ce que je ne suis pas, car cela me rend davantage anxieux.
4. Il se peut que je croie que les autres m'évaluent durement, mais en réalité, c'est moi qui suis trop dur à mon égard.
5. Je peux me fixer des objectifs raisonnables qui visent au développement de mon expérience et de mes aptitudes sociales.
6. Même les gens qui possèdent beaucoup d'entregent ne réussissent pas à 100 pour 100. Je ne devrais pas tant m'en faire lorsqu'une rencontre échoue. (Adaptation de Girodo, 1978.)

L'entregent

L'apprentissage des aptitudes sociales requiert de la pratique. Savoir rencontrer des gens et engager la conversation n'a rien d'«inné». On peut pratiquer l'entregent directement de maintes façons. Par exemple, il peut être utile d'enregistrer plusieurs de vos conversations. Vous pourriez être étonné par la façon dont vous interrompez l'interlocuteur, vous arrêtez, n'écoutez pas ou manquez d'intérêt. De même, regardez-vous dans un miroir et exagérez vos mimiques de surprise, d'intérêt, de dégoût, de plaisir, etc. Ces méthodes permettent à bien des gens d'apprendre à ajouter l'animation et la compétence à la façon dont ils se présentent.

Les premiers échanges Une étude récente menée auprès de 200 hommes et femmes a révélé que 90 pour 100 d'entre eux acceptaient le fait que lors d'une tentative de rencontre, l'homme ou la femme peut approcher l'autre. Il semble que qui que vous soyez, homme ou femme, vous avez le choix d'engager la conversation. Si vous prenez l'initiative, quelle est la meilleure manière de débuter? Dans le cadre d'une étude du psychologue Chris Kleinke (1986), 1 000 hommes et femmes évaluèrent une série de «phrases de rencontre» typiques. Une analyse de ces énoncés indiqua que ceux-ci se classaient en trois catégories : *direct*, *inoffensif* (doux et sans malice) et *charmant-désinvolte*. Les exemples suivants illustrent chacune des catégories (adaptation de Kleinke, 1986).

Applications

Direct

Je suis un peu intimidé, mais j'aimerais vous rencontrer.
Puisque nous sommes tous deux seuls, aimeriez-vous vous joindre à moi?
Votre (chandail, jupe, veste) est magnifique.

Inoffensif

Bonjour.
Surveilleriez-vous mes livres quelques minutes?
Il fait beau aujourd'hui, non?
Pouvez-vous me dire où se trouve _____ ?

Charmant-désinvolte

Crois-tu que la chance me sourit aujourd'hui?
Je joue au champ, mais là, je crois que je viens de frapper un coup de circuit.
Chez toi ou chez moi?
Je suis une proie facile, et toi?

Une large proportion d'hommes et de femmes préférèrent le style direct ou inoffensif. Les déclarations charmantes ou désinvoltes furent les moins populaires, surtout auprès des femmes. Les échanges de présentation qu'on entend si souvent dans la bouche des personnages masculins et féminins au cinéma semblent inefficaces dans la vie.

La conversation Une des façons les plus simples d'améliorer la conversation consiste à poser des questions.

Une bonne série de questions détourne l'attention sur l'autre et indique que vous êtes intéressé. Nul besoin de compliquer les choses, des questions comme : «Où travaillez, étudiez, vivez-vous? ; aimez-vous la danse, les voyages, la musique?» suffisent. Après avoir rompu la glace, les meilleures questions sont souvent celles qui donnent lieu à des réponses ouvertes (Girodo, 1978) :

Quel coin du pays avez-vous visité? (plutôt que : êtes-vous déjà allé à Vancouver?)

Comment est la vie dans ce quartier? (plutôt que : aimez-vous vivre dans l'est?)

Quel genre de cuisine préférez-vous? (plutôt que : aimez-vous la cuisine chinoise?)

Il est aisé de constater l'utilité de ce type de questions. En y répondant, les gens donnent souvent de l'«information gratuite» sur eux-mêmes. On peut se servir de ces données additionnelles pour poser d'autres questions ou pour passer à d'autres sujets de conversation.

Ce bref survol d'idées ne saurait se substituer à la pratique. Vaincre la timidité exige un effort véritable en vue d'acquérir de nouvelles compétences et de mettre à l'épreuve les vieilles attitudes et convictions. Cela peut même exiger l'aide d'un conseiller ou d'un thérapeute. À tout le moins, le ou la timide doit être prêt à prendre des risques d'ordre social. Briser les barrières de la timidité comporte toujours des rencontres difficiles ou ratées. Néanmoins, les récompenses sont énormes : camaraderie humaine et liberté personnelle.

Autotest

1. Les sondages indiquent que 14 pour 100 des étudiants du collégial se considèrent timides. Vrai ou faux?

2. L'anxiété sociale et la peur de l'évaluation se rencontrent presque exclusivement chez les timides; les non-timides connaissent rarement ces craintes. Vrai ou faux?

3. Les personnes et les situations non familières déclenchent souvent la timidité. Vrai ou faux?

4. La conscience de soi publique et la tendance à s'étiqueter de timide constituent des caractéristiques importantes de la personnalité timide. Vrai ou faux?

5. Le changement des convictions intimes et la pratique de l'entregent peuvent contribuer à vaincre la timidité. Vrai ou faux?

Réponses :

1. faux 2. faux 3. vrai 4. vrai 5. vrai

Exploration : les jumeaux identiques — des personnalités jumelles?

Certaines races canines ont la réputation d'être amicales, agressives, intelligentes, calmes ou affectives. Ces différences relèvent de la **génétique du comportement** — l'étude des traits de *comportement* hérités. En effet, on hérite de ces derniers tout autant que des traits physiques. Par exemple, l'élevage sélectif des animaux peut mener à des différences spectaculaires sur le plan du comportement social, de l'émotivité, de la capacité d'apprentissage, de l'agression, de l'activité et d'autres comportements (Sprott et Staats, 1975).

Question : Dans quelle mesure ces découvertes s'appliquent-elles aux humains?

L'étude génétique des humains repose surtout sur la comparaison de jumeaux identiques et d'autres proches parents. Il est certain que ces études sont moins concluantes que celles menées auprès des animaux. Néanmoins, elles indiquent que l'intelligence, certains troubles mentaux, le tempérament et d'autres qualités complexes sont influencés par l'hérédité. (Pour des exemples précis sur la recherche en génétique du comportement, voyez les chapitres 14 et 18.) À la lumière de ces découvertes, nous sommes en droit de nous demander si les gènes influencent la personnalité.

Question : La comparaison des personnalités de jumeaux identiques contribuerait-elle à répondre à la question?

En effet, surtout si les jumeaux ont été séparés à la naissance ou peu après.

Les jumeaux du Minnesota Au cours des dernières années, les psychologues de l'université du Minnesota ont étudié des jumeaux qui ont grandi dans des foyers sépa-rés. À l'université, les jumeaux réunis sont soumis à de nombreux tests médicaux et psychologiques. Ces tests sondent les ondes cérébrales, les capacités physiques, la santé, l'alimentation, le Q.I., les goûts, les craintes, les fantasmes, les rêves, les ambitions, les traits de personnalité, etc. de chacun des jumeaux (illustration 16.9).

Les tests, ainsi que d'autres travaux, indiquent que les jumeaux identiques sont très semblables, même lorsqu'ils ont été élevés sé-parément (Bouchard et autres, 1981). Comme tous les jumeaux identiques, les jumeaux réunis pos-sèdent une apparence et un ton de voix extraordinairement similaires. Les observateurs sont également frappés par le nombre de fois où les jumeaux affichent des expressions du visage, des gestes de la main et des tics nerveux identiques (comme se ronger les ongles ou taper des doigts).

Les résultats de nombreux tests physiques effectués auprès de jumeaux identiques se ressemblent tellement qu'ils auraient pu être ob-tenus par la même personne lors de journées différentes. Comme nous le verrons au chapitre 18, les ju-meaux identiques, même élevés sé-parément, ont des résultats dont la corrélation est très élevée aux tests de quotient intellectuel. Les jumeaux séparés montrent aussi une ten-dance à partager les mêmes talents. Si l'un des jumeaux excelle dans le dessin, la musique, la danse, le théâ-tre ou le sport, il est fort probable que l'autre en fasse autant — mal-gré les grandes différences de mi-lieu dans l'enfance (Farber, 1981).

Toutes ces observations indi-quent clairement que l'hérédité a un effet marquant sur chacun de nous. En ce qui a trait à la personnalité, certaines similarités existent, mais elles sont de moindre force. Par exemple, les jumeaux identiques dif-fèrent sur le plan de la dominance et de l'extraversion, c'est-à-dire qu'un des jumeaux est habituellement plus dominant et extroverti que l'autre

Illustration 16.9   *Les jumelles identiques réunies Terry et Margaret se soumettent à des tests pulmonaires à l'université du Minnesota. Les chercheurs ont recueilli une grande variété de données médicales et psychologiques sur chaque couple de jumeaux.*

Exploration

(Farber, 1981). En raison de ces différences, les profils de personnalité de jumeaux séparés ont beaucoup en commun, mais ne sont en aucune façon identiques.

Tout compte fait, il semble raisonnable de conclure qu'il existe un facteur génétique de la personnalité (Farber, 1981). Toutefois, il est relativement faible en comparaison des grandes similarités physiques des jumeaux identiques (Scarr et autres, 1981). Cette modeste conclusion contredit les reportages sur les jumeaux qu'on trouve dans la littérature populaire. En effet, celle-ci donne l'impression que nous sommes en présence d'un puissant contrôle génétique du comportement.

Question : Par exemple?

Les «jumeaux Jim» De nombreux jumeaux réunis qui participaient à l'étude du Minnesota affichaient des similarités bien au-delà de ce à quoi on peut s'attendre au nom de l'hérédité. Les «jumeaux Jim», James Lewis et James Springer, en sont un bon exemple. Ces deux jumeaux réunis, comme les autres, avaient la même taille et le même poids, et sensiblement le même langage, les mêmes manières et postures.

Toutefois, les similarités ne s'arrêtaient pas là. Les deux Jim avaient épousé et divorcé deux femmes nommées Linda. Tous deux avaient reçu une formation de policier et avaient nommé leur fils aîné James Allan. Tous deux conduisaient une Chevrolet et passaient leurs vacances d'été à la même plage. Tous deux aimaient la menuiserie et le dessin mécanique, et avaient construit des bancs circulaires autour des arbres de leur cour, etc. (Holden, 1980).

En contrepoint De telles coïncidences peuvent sembler étonnantes de prime abord. Mais le lecteur averti se rendra compte qu'elles ne relèvent en rien de la génétique. En premier lieu, ces coïncidences sont plutôt répandues. Par exemple, il n'est pas rare que deux personnes étrangères l'une à l'autre possèdent la même marque de voiture. Les probabilités que cela arrive dans le cas de la Chevrolet sont de 1 sur 7 (Nelson, 1982).

Question : Cela peut être le cas de certaines similarités, mais qu'en est-il des passe-temps, de la formation policière, etc.?

En deuxième lieu, il est important de se rendre compte que des similarités peu probables se produisent aussi chez des gens sans lien de parenté. Par exemple, songez aux deux femmes qui ont découvert qu'elles avaient le même nom de jeune fille et partageaient le même numéro d'assurance sociale. Toutes deux étaient nées le même jour et s'appelaient Patricia Ann Campbell. Après avoir appris l'existence de l'autre, elles découvrirent les similarités suivantes : toutes deux avaient un père nommé Robert, avaient travaillé à la tenue de livres, avaient deux enfants du même âge, avaient étudié la cosmétologie et aimaient la peinture à l'huile. Elles avaient toutes deux épousé des militaires, etc. («Fate», 1983).

De telles similarités ne surprennent pas vraiment. Deux adultes du même âge et du même sexe sont susceptibles d'avoir de nombreuses expériences en commun parce qu'ils vivent à la même époque et exercent leurs choix de société depuis un éventail similaire. En fait, une étude récente a comparé des jumeaux avec des couples d'étudiants de même âge et de même sexe, sans lien de parenté. Les couples sans parenté étaient presque aussi semblables que les jumeaux en ce qui a trait aux convictions politiques, aux intérêts en musique, aux choix religieux, aux emplois, aux passe-temps, aux mets préférés, etc. (Wyatt et autres, 1984).

Imaginez qu'on vous a séparé à la naissance d'un frère jumeau ou d'une soeur jumelle. Que feriez-vous si vous retrouviez aujourd'hui ce frère ou cette soeur? Fort probablement, vous passeriez les deux ou trois jours suivants à parler sans cesse. Et de quoi parleriez-vous? Il y a fort à parier que vous compareriez tous les aspects imaginables de vos vies.

De telles circonstances garantissent presque que vous et votre jumeau ou jumelle dresseriez une longue liste de similarités («Eh! nous utilisons la même marque de dentifrice!») Pourtant, deux personnes du même âge et du même sexe sans lien de parenté auraient une liste qui rivaliserait avec la vôtre — *si* elles étaient aussi motivées à trouver des ressemblances.

Bref, de nombreuses coïncidences «ahurissantes» que partagent les jumeaux réunis constituent peut-être un exemple spécial de l'illusion des circonstances positives décrite au chapitre 1.

Les ressemblances jaillissent à la mémoire des jumeaux réunis, et on oublie les différences.

Résumé Les objections précédentes ne nient pas le fait que l'hérédité influence la personnalité. Une série d'études démontrent que l'hérédité peut être à 40 ou 50 pour 100 responsable de la variation de certains traits de personnalité (Loehlin et autres, 1988). Même si cela se vérifiait (de nombreux psychologues croient que le pourcentage est trop élevé), nous croyons que certaines personnes exagèrent l'importance de l'hérédité relativement aux préférences personnelles, aux intérêts et au comportement particulier.

Il est toujours dangereux d'attribuer trop d'importance à l'hérédité face au comportement humain, car cela peut facilement mener au racisme et à des attitudes sexistes. Il

Exploration

est sage de se rappeler que nous n'héritons pas de traits de comportements particuliers, mais plutôt de certaines manières possibles et générales de réagir au milieu. L'expérience peut ensuite modifier grandement ces traits hérités (Farber, 1981). Heureusement, nous ne sommes pas des robots programmés génétiquement, dont le comportement serait prévu pour la vie.

Autotest

1. La génétique du comportement est l'étude de l'influence de l'hérédité sur les traits et modes de comportement. Vrai ou faux?

2. Contrairement à la recherche antérieure, l'étude du Minnesota trouva très peu de corrélation entre les Q.I. des jumeaux identiques réunis. Vrai ou faux?

3. La recherche menée auprès de jumeaux identiques indique que l'hérédité constitue l'influence la plus puissante sur la personnalité adulte. Vrai ou faux?

4. Un grand nombre de preuves révèlent aujourd'hui que les gènes influencent fortement les préférences et les intérêts personnels, mais pas les traits de personnalité. Vrai ou faux?

Réponses :

1. vrai 2. faux 3. faux 4. faux

Résumé du chapitre

■ La **personnalité** se définit comme le mode de comportement particulier et persistant d'une personne. Le **caractère** est la personnalité évaluée, ou la possession de caractéristiques souhaitables. Le **tempérament** désigne les aspects héréditaire et physiologique de la nature affective d'une personne.

■ Les **traits** de personnalité sont les qualités personnelles permanentes qui se détachent du comportement. Les traits comportent un degré de constance et contribuent à prédire le comportement futur. Les **types** de personnalité regroupent les gens en catégories selon les traits partagés ou les caractéristiques semblables. Bien qu'ils aient tendance à simplifier la personnalité, les types n'en demeurent pas moins parfois utiles. L'**image de soi**, ou la perception de ses propres traits de personnalité, influence le comportement. Les **théories de la personnalité** combinent des hypothèses, des idées et des principes afin d'expliquer la personnalité.

■ Les **théories des traits** tentent de préciser les qualités les plus durables ou les plus caractéristiques de la personnalité. Allport a établi des distinctions utiles entre les **traits communs** et les **traits individuels**, ainsi qu'entre les **traits cardinaux, centraux** et **secondaires.**

■ Un autre modèle de traits, mis au point par Cattell, attribue les **traits de surface** visibles à l'existence de **traits d'origine** sous-jacents. Cattell a précisé 16 traits d'origine au moyen d'une méthode statistique appelée **analyse factorielle.**

■ Le *Sixteen Personality Factor Questionnaire* (16 P.F.) sert à mesurer les traits d'origine de Cattell. Comme dans le cas d'autres mesures de traits, on peut présenter le résultat du 16 P.F. sous forme de **profil de traits.**

■ Les traits semblent **interagir** avec les **situations** qui déterminent le comportement. Pris séparément, aucun des deux facteurs ne peut expliquer nos gestes.

■ De nombreuses recherches indiquent que le rang de naissance, ou la **position ordinale** au sein de la famille, peut influencer le développement de la personnalité. Les **premiers-nés** et les enfants uniques ont tendance à vouloir réussir, mais ils sont également plus timides, plus conformistes et plus anxieux. Les **cadets** sont plus sujets à briller en société.

■ Bem et ses collègues ont mené des travaux qui révèlent qu'à peu près le tiers de tous les gens sont **androgynes**. L'androgynie psychologique (la possession de traits masculins et féminins) semble liée à une plus grande adaptabilité ou souplesse du comportement.

■ L'**évaluation** précise **de la personnalité** revêt une grande importance aux yeux des psychologues. Les techniques dont on se sert généralement comprennent les **entrevues**, l'**observation**, les **questionnaires** et les **tests projectifs.**

■ Les **entrevues directives** et **non directives** procurent nombre de données, mais elles sont sujettes au biais de l'observateur et aux erreurs de perception. L'**effet de**

halo (la tendance à généraliser les premières impressions) peut aussi abaisser le degré d'exactitude d'une entrevue.

■ L'**observation directe**, qui a parfois recours aux **tests situationnels**, à l'**évaluation du comportement** et aux **échelles d'évaluation** permet d'évaluer le comportement réel d'une personne.

■ Les **questionnaires de personnalité**, comme le *Minnesota Multiphasic Personality Inventory (MMPI)* sont objectifs, mais leur exactitude et leur validité sont discutables.

■ Les **tests projectifs** exigent du sujet de projeter ses pensées ou ses sentiments sur un stimulus ambigu ou une situation non structurée. Le test des taches d'encre de *Rorschach* est une technique projective bien connue. Le *test d'aperception thématique (TAT)* en est une autre.

Les tests projectifs ont une validité et une objectivité très faibles. Néanmoins, ils sont utiles à de nombreux cliniciens, surtout lorsqu'ils font partie d'une **batterie de tests**.

■ La **timidité** est une combinaison d'inhibition sociale et d'anxiété. Elle se caractérise par une **conscience de soi publique** accrue et une tendance à considérer la timidité comme un trait permanent. On peut la modifier en changeant les convictions auto-destructrices et en améliorant l'entregent.

■ Les études portant sur les jumeaux identiques séparés révèlent que l'hérédité contribue de façon importante aux traits de la personnalité adulte. Toutefois, de nombreuses correspondances sensationnelles entre jumeaux séparés relèvent davantage de la coïncidence et de la mémoire sélective.

Discussion

1. L'influence du rang de naissance constitue-t-elle un type de personnalité? Jusqu'à quel point simplifie-t-elle trop les choses?

2. Avez-vous déjà été soumis à des tests ou à des entrevues de personnalité? L'évaluation de votre personnalité vous a-t-elle paru exacte?

3. En quelles circonstances considéreriez-vous qu'un test de personnalité constitue une intrusion dans la vie privée? Croyez-vous qu'il est juste qu'on ait recours aux tests de personnalité pour choisir des candidats à un poste?

4. Si vous n'aviez à choisir que trois traits de personnalité, lesquels vous sembleraient les plus fondamentaux? Pourquoi?

5. Si vous aviez à sélectionner les candidats d'un long vol dans l'espace, comment effectueriez-vous votre choix? Que pourriez-vous faire afin d'améliorer votre jugement de la personnalité des candidats?

6. Croyez-vous qu'il existe un «caractère national»? Est-ce que tous les Allemands, Français, Canadiens, etc. ont des traits communs à toute la société?

7. Connaissez-vous quelqu'un qui possède un trait cardinal? Quels traits centraux croyez-vous posséder? Quels traits secondaires?

8. Croyez-vous que les animaux aient une personnalité? Justifiez votre réponse.

9. Pouvez-vous nommer des célébrités (comédiens, politiciens, athlètes, artistes, musiciens) qui vous semblent androgynes? Avez-vous des amis ou des connaissances androgynes? Êtes-vous d'accord ou non avec Bem qui affirme que ces gens sont plus adaptables?

10. Lors de la couverture de retrouvailles entre jumeaux, pourquoi croyez-vous que les médias ont exagéré le rôle de la génétique dans la personnalité et le comportement humains?

CHAPITRE 17

LES THÉORIES DE LA PERSONNALITÉ

APERÇU DU CHAPITRE
ANGUILLES, COCAÏNE, HYPNOSE ET RÊVES

Une de ses premières découvertes scientifiques fut de trouver l'emplacement des testicules d'une anguille. Plus tard, il se procura de la cocaïne et entreprit d'en étudier les valeurs médicinales. Il se convainquit rapidement qu'il s'agissait d'une drogue miracle et déclara : «J'ai usé de cocaïne de nouveau, et une petite quantité me transporta à des sommets d'une manière enchantée. Je recueille présentement de la documentation pour une chanson qui vantera les vertus de cette substance magique» (Jones, 1953). Mais cet éloge prit fin rapidement, lorsqu'il prescrivit de la cocaïne à un ami morphinomane, qui devint à la fois cocaïnomane et morphinomane. Son intérêt se porta ensuite sur l'hypnose, qu'il abandonna lorsque la pratique cessa de répondre à ses besoins. À l'âge de 44 ans, critiqué et presque inconnu dans les milieux intellectuels, il publia son premier ouvrage. Il s'agissait d'une oeuvre fondamentale, l'Interprétation des rêves (1900), dont on ne vendit que quelque 1 000 exemplaires.

Question : De qui s'agit-il?

Le héros de ce bref essai est le théoricien de la personnalité le plus célèbre, Sigmund Freud. Il publia ouvrage après ouvrage, jusqu'à ce qu'il ait édifié une théorie de la personnalité qui influença profondément la pensée moderne. Les théoriciens qui s'en inspirèrent lui doivent une fière chandelle.

Comme il existe des douzaines de théories de la personnalité, nous ne pouvons présenter que les plus marquantes. Par souci de clarté, nous nous limiterons à trois grandes théories : (1) les théories psychodynamiques, (2) les théories behavioristes et (3) les théories humanistes. Les théories psychodynamiques se concentrent sur les rouages intérieurs de la personnalité, notamment les conflits intérieurs. Les théories behavioristes accordent une grande importance au milieu externe, de même qu'aux effets du conditionnement et de l'apprentissage. Les théories humanistes mettent l'accent sur l'expérience subjective et la croissance personnelle.

Questions d'ensemble

- Comment les théories psychodynamiques expliquent-elles la personnalité?
- Sur quoi porte la démarche behavioriste de la personnalité?
- Comment les théories humanistes diffèrent-elles des autres?
- Selon chaque point de vue (psychodynamique, behavioriste et humaniste), quels événements de l'enfance influent sur la personnalité adulte?
- Comment peut-on promouvoir l'auto-actualisation?
- Votre niveau de contrôle de soi est-il faible ou élevé, et comment cela influe-t-il sur votre comportement?

La théorie psychanalytique — le ça m'est venu en rêve

La **théorie psychanalytique**, la plus répandue des théories psychodynamiques, est issue de l'étude clinique de personnes troublées. Sigmund Freud, un médecin viennois, s'intéressa à la personnalité après s'être rendu compte qu'un grand nombre de ses patients ne présentaient aucune manifestation physique de leurs problèmes. Comme Freud l'a affirmé : «Ma vie a porté sur un objectif unique, celui de déduire ou de deviner la constitution de l'appareil mental, et la nature des forces qui interagissent et se neutralisent à l'intérieur de celui-ci.» De 1890 environ, et jusqu'à sa mort en 1939, Freud a élaboré une théorie de la personnalité dont un simple résumé ne peut rendre la complexité. Nous ne nous pencherons que sur ses principales caractéristiques.

Question : Comment Freud voyait-il la personnalité?

La structure de la personnalité

Freud voyait la personnalité comme un système dynamique régi par trois structures : le **ça**, le **moi** et le **surmoi**. Chacune de ces instances est un système complexe en soi, et selon Freud, la plupart des manifestations du comportement engage l'activité des trois.

Le ça   Le ça se compose d'instincts et de pulsions biologiques innés. Il est égoïste, irrationnel et impulsif, en plus d'être totalement **inconscient**. Le ça fonctionne selon le **principe du plaisir**, ce qui signifie que toutes sortes de pulsions régies par la recherche du plaisir se manifestent librement. Si la personnalité était sous l'emprise exclusive du ça, le monde sombrerait dans le chaos le plus total.

Freud pensait que le ça était le puits d'énergie de la **psyché** (ou personnalité) tout entière. Cette énergie, appelée **libido**, provient des **pulsions de vie** (appelées **éros**). Selon Freud, la libido favorise la survie, sous-tend les désirs sexuels et s'exprime chaque fois

que nous sommes à la recherche de plaisir. Freud a également décrit les **pulsions de mort** (**thanatos**), qu'il tenait responsables des désirs d'agression et de destruction (illustration 17.1). À titre de preuve, Freud présenta la litanie des guerres et de la violence qui parsèment l'histoire de l'humanité. Par conséquent, la plupart des énergies du ça servent à libérer des tensions reliées à la sexualité et à l'agressivité.

Le moi   On désigne souvent le moi d'«exécutant», parce qu'il dirige les énergies en provenance du ça. Le ça est pareil à un souverain aveugle dont le pouvoir est énorme, mais qui doit compter sur d'autres pour mettre ses ordres à exécution. Le ça ne peut que former des images mentales des choses qu'il désire (ce que l'on appelle «processus de pensée primaire»). Le moi s'approprie un certain pouvoir en reliant les désirs du ça à la réalité extérieure.

Question : Existe-t-il d'autres différences entre le moi et le ça?

Oui. Rappelez-vous que le ça fonctionne selon le principe du plaisir. Par contraste, le moi est guidé par le **principe de réalité**, c'est-à-dire qu'il reporte l'action jusqu'à ce que la situation s'y prête. Le moi est le siège de la pensée, de la planification, de la résolution de problèmes et de la prise de décisions. Il régit la personnalité de manière consciente.

Question : Quel est le rôle du surmoi?

Le surmoi   Le surmoi agit à titre de juge ou de censeur des pensées et des gestes du moi. Une partie du surmoi, appelée la **conscience morale**, reflète tout acte pour lequel une personne a été punie. Lorsqu'il y a désobéissance aux normes de la conscience morale, la punition intérieure prend la forme de *culpabilité*. Une seconde partie du surmoi est l'**idéal du moi**. Ce dernier reflète tout comportement ayant fait l'objet de l'approbation ou d'une récompense des parents. Il est la source de la poursuite d'objectifs et d'aspirations. Lorsqu'on répond

Illustration 17.1 *Freud considère la personnalité comme l'expression de deux forces conflictuelles : les pulsions de vie et les pulsions de mort. Celles-ci sont illustrées ici dans le dessin d'Allan Gilbert. (Si vous ne discernez pas le symbolisme de la mort au premier coup d'oeil, regardez l'illustration à distance.)*

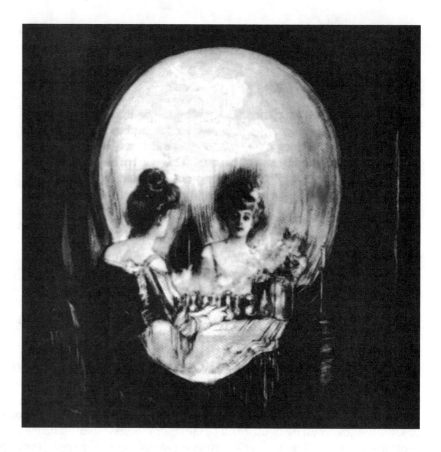

à ses normes, on ressent de la *fierté*. Le surmoi agit à titre de «parent intériorisé» qui discipline le comportement. En termes freudiens, une personne dont le surmoi est faible affichera une personnalité délinquante, criminelle ou antisociale. À l'opposé, une personne dont le surmoi est trop sévère manifestera des signes d'inhibition, d'inflexibilité ou de culpabilité insupportable.

La dynamique de la personnalité

Question : Comment le ça, le moi et le surmoi interagissent-ils?

Il importe de savoir que Freud n'a pas imaginé le ça, le moi et le surmoi comme des parties du cerveau ou comme de «petites personnes» aux commandes de la psyché humaine. Ce sont, en réalité, des processus mentaux séparés et conflictuels. La théorie de Freud présente un équilibre de pouvoir précaire entre les trois. Par exemple, les demandes de plaisir immédiat du ça entrent souvent en conflit avec les restrictions morales du surmoi. Un exemple servira à illustrer le rôle de chaque composante de la personnalité.

Freud en bref

Supposons que vous êtes attiré sexuellement par une autre personne. Le ça réclame la satisfaction immédiate de ses désirs sexuels, mais se heurte au surmoi (qui abhorre l'idée même de comportement sexuel). Le ça dit : «Ne te gêne pas!», et le surmoi répond froidement : «N'y repense même jamais!» Et que dit le moi? «J'ai une idée!»

Bien qu'il s'agisse d'une simplification extrême, celle-ci capte l'essence de la pensée freudienne. Afin de réduire la tension, le moi peut poser des gestes menant à l'amitié, à l'idylle, aux fréquentations et au mariage. Si le ça est inhabituellement puissant, il se peut que le moi joue la carte de la séduction. Si le surmoi l'emporte, le moi sera peut-être contraint de *détourner* ou de *sublimer* l'énergie sexuelle à la faveur d'autres activités (sport, musique, danse, redressements assis, douches froides). Selon Freud, les conflits intérieurs et l'énergie détournée caractérisent généralement le mode de fonctionnement de la personnalité.

Question : Le moi est-il toujours coincé entre les deux?

Essentiellement oui, et les pressions exercées sur lui peuvent être énormes. En plus de répondre aux demandes conflictuelles du ça et du surmoi, le moi surchargé doit traiter avec la réalité extérieure. Selon Freud, l'angoisse surgit, lorsque le moi est menacé ou accablé. Les pulsions du ça occasionnent l'**angoisse névrotique**, lorsque le moi éprouve de la difficulté à les maîtriser. Les menaces de punition du surmoi entraînent une **angoisse morale**. Chacun développe des moyens de calmer ces angoisses, et un grand nombre ont recours à des *mécanismes de défense du moi* pour atténuer les conflits intérieurs (voir le chapitre 12).

Les niveaux de conscience En vertu d'un grand principe de la théorie psychanalytique et d'autres théories psychodynamiques, le comportement exprime souvent des forces inconscientes (ou cachées). L'**inconscient** renferme des émotions et des souvenirs réprimés, en plus des instincts du ça. Il est intéressant de souligner que les scientifiques contemporains commencent à isoler des zones du cerveau où semblent loger les effets inconscients décrits par Freud, notamment celles reliées à l'émotion et à la mémoire comme l'hippocampe du système limbique (Reiser, 1985; Wilson, 1985).

Bien qu'ils existent au-delà de la conscience, les pensées inconscientes, les sentiments et les désirs peuvent se manifester dans le comportement de manière déguisée ou symbolique. Par exemple, si vous rencontrez une personne avec qui vous désirez faire plus ample connaissance, il se peut que vous laissiez un livre ou une veste chez elle sans vous en rendre compte, afin de vous assurer de la revoir.

Question : On a dit plus tôt que le ça est entièrement inconscient. Les gestes du moi et du surmoi le sont-ils également?

À l'occasion, oui, mais ils agissent également à deux autres niveaux de la conscience (illustration 17.2). Le niveau **conscient** comprend tout ce dont nous avons conscience à un moment donné, notamment les pensées, les perceptions, les sentiments et les souvenirs. Le **préconscient** renferme de la matière que l'on peut facilement ramener au niveau conscient. En songeant à un moment où vous avez éprouvé de la colère ou du rejet, vous ramenez un souvenir du niveau préconscient au niveau conscient.

Le mode de fonctionnement du surmoi nous fournit une autre indication des niveaux de la conscience. Tantôt, nous tentons consciemment d'être fidèles à des codes ou à des normes éthiques, et tantôt, nous pouvons être saisis d'un sentiment de culpabilité sans trop savoir pourquoi. La théorie psychanalytique attribue le second type de culpabilité aux activités inconscientes du surmoi. La psychologie freudienne

Illustration 17.2 *La relation approximative entre le ça, le moi et le surmoi, et les niveaux de la conscience.*

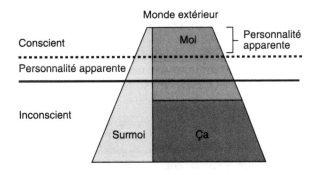

affirme que des événements vraiment inconscients ne peuvent être facilement ramenés à un niveau conscient ou connus directement par la personne.

À la lumière d'un certain nombre de termes tirés de la théorie psychanalytique, le tableau 17.1 résume ce que nous avons étudié jusqu'à maintenant.

Le développement de la personnalité

Toute société doit veiller à la **socialisation** de ses enfants en enseignant à ces derniers une langue, des coutumes, des règlements, des rôles et des préceptes moraux. Le travail de préparation des enfants à leur participation à la société revient aux parents. Le modèle est pratique et fidèle. Pendant qu'ils veillent à la socialisation de leurs enfants, les parents laissent des traces de leur propre personnalité à leur progéniture.

Question : Comment cela se produit-il? Quels facteurs influent le plus sur le développement de la personnalité adulte?

Chaque théorie présente une version différente des événements marquants du processus de formation de la personnalité. Poursuivons en examinant le point de vue psychanalytique.

Une fable freudienne? Selon Freud, la personnalité de l'enfant se forme avant l'âge de six ans au cours d'une série de **stades psychosexuels**. Il affirme que les besoins de plaisir érotique des enfants ont des effets durables sur le développement. L'importance qu'il accorde à la sexualité infantile est l'un des aspects les plus controversés de sa théorie. Il utilise toutefois le mot *sexe* dans un sens très large en parlant des différentes sources de plaisir.

Freud a précisé quatre stades psychosexuels, soit les stades **oral**, **anal**, **phallique** et **génital**. À chaque stade, une zone différente du corps devient la principale **zone érogène** de l'enfant (une zone capable de lui procurer du plaisir). Chaque zone sert de source principale de plaisir, de frustration et d'expression de soi. Freud croyait que l'on peut retracer un grand nombre de traits de la personnalité adulte à des **fixations** survenues à un ou plusieurs stades.

Question : Qu'est-ce qu'une fixation?

Une fixation est un conflit non réglé ou un complexe émotionnel occasionné par la satisfaction excessive ou la frustration. La description des stades psychosexuels explique pourquoi Freud accordait une grande importance aux fixations.

Le stade oral Durant la première année de vie, les plus grands plaisirs de l'enfant proviennent des stimulations buccales. Si l'enfant est suralimenté ou frustré, il se peut qu'apparaissent des traits oraux. Pour exprimer

Tableau 17.1   *Termes psychanalytiques clés*

Théorie psychanalytique La théorie freudienne de la personnalité qui met l'accent sur les forces inconscientes et les conflits intérieurs pour expliquer le comportement.

Ça Selon Freud, la partie la plus primitive de la personnalité, qui demeure inconsciente, qui fournit de l'énergie aux autres parties du psychisme et qui exige une gratification immédiate.

Principe du plaisir Mode de fonctionnement du ça qui exige la satisfaction immédiate des désirs et des besoins.

Psyché L'esprit, la vie intellectuelle et la personnalité dans son ensemble.

Libido Selon Freud, la force principalement orientée vers le plaisir qui fournit de l'énergie aux sous-éléments de la personnalité.

Éros Selon Freud, les «instincts de vie».

Thanatos L'instinct de mort, selon Freud.

Moi Selon Freud, l'élément exécutant de la personnalité aux commandes du comportement rationnel.

Principe de réalité Mode de fonctionnement du moi qui régit le délai de l'action (ou de la gratification) jusqu'au moment opportun.

Surmoi Selon Freud, l'introjection des valeurs parentales et sociales.

Conscience morale Selon Freud, élément du surmoi responsable de la culpabilité, lorsqu'on manque aux normes.

Idéal du moi Selon Freud, élément du surmoi qui représente le comportement idéal; une source de joie, lorsqu'on respecte les normes.

Angoisse névrotique Appréhension qui surgit lorsque le moi doit se battre pour endiguer les pulsions du ça.

Angoisse morale Appréhension éprouvée lorsque les pensées, pulsions ou gestes entrent en conflit avec les normes imposées par le surmoi.

Inconscient Selon Freud, la zone du cerveau au-delà de la conscience, notamment les pulsions et désirs dont une personne n'est pas entièrement consciente.

Conscient Zone du cerveau où loge la totalité des activités mentales (pensées, images, sentiments, souvenirs, etc.) dont une personne est consciente à tout moment.

Préconscient Zone du cerveau qui renferme l'information qui ne se trouve pas dans la conscience à un moment déterminé, mais que l'on peut ramener volontairement au niveau conscient.

Illustration 17.3   *Le cigare omniprésent de Freud était-il un signe de fixation orale?*

soin de beaucoup d'attention (elles aiment qu'on les materne). Les frustrations qui se produisent plus tard au stade oral peuvent mener à un comportement agressif, souvent sous forme de morsure. Ici, la fixation crée un adulte **oral agressif** aimant la dispute (il se délecte d'ironie mordante!), qui est cynique et qui exploite autrui.

Le stade anal Entre l'âge d'un et de trois ans, l'attention de l'enfant se déplace vers le processus d'élimination. En période d'apprentissage de la propreté, celui-ci peut mériter l'approbation de ses parents, ou exprimer sa rébellion ou sa frustration, en «se retenant» ou en «expulsant». L'apprentissage de la propreté peut donc imprégner la personnalité de telles réactions, selon qu'il est sévère ou indulgent. Freud a décrit la personnalité **anale rétentive** (qui se retient) comme étant entêtée, parcimonieuse, ordonnée et propre jusqu'à l'obsession. Par ailleurs, la personnalité **anale expulsive** est désordonnée, destructrice ou cruelle.

Le stade phallique Les traits adultes de la **personnalité phallique** sont l'orgueil, l'exhibitionnisme, la fierté et le narcissisme (fixation affective à soi-même). Selon Freud, ces traits prennent forme entre l'âge de 3 et de 6 ans, période durant laquelle l'accroissement de l'intérêt sexuel amène l'enfant à éprouver une attirance sexuelle pour le parent du sexe opposé. Chez le garçon, cette attirance mène au **complexe d'Oedipe**, où celui-ci

leurs besoins oraux, les adultes mâchent de la gomme, se rongent les ongles, fument, s'embrassent, se suralimentent et abusent d'alcool (illustration 17.3).

Question : Que se produit-il en présence d'une fixation orale?

Les fixations précoces produisent une personnalité **fixée au stade oral**. Ces personnes sont crédules (elles avaleront n'importe quoi!) et passives, en plus d'avoir be-

rivalise avec le père pour obtenir l'affection de la mère. Freud croyait que le garçon se sent menacé par le père (la peur de la castration, plus précisément), et que pour apaiser ses angoisses, il doit **s'identifier** au père. La rivalité prend fin, lorsque l'enfant cherche à imiter son père. Ce faisant, il commence à accepter les valeurs paternelles et à former sa conscience morale.

Question : Qu'en est-il de l'enfant de sexe féminin?

Le **complexe d'Électre** est la contrepartie féminine du complexe d'Oedipe, en vertu duquel la fillette devient amoureuse du père et entre en concurrence avec la mère. Selon Freud toutefois, celle-ci parvient à s'identifier à la mère plus graduellement, et le procédé prête moins bien à la formation d'une conscience morale. Freud croyait que les personnes de sexe féminin éprouvent déjà le sentiment de castration, et qu'en raison de cela, elles sont moins portées à s'identifier à la mère que ne le sont les garçons à l'endroit du père. Cette idée, bien que mise en doute par de nombreuses féministes contemporaines, s'explique si l'on se rapporte au temps de Freud.

La période de latence Selon Freud, il existe une période de *latence*, de 6 ans à la puberté. Il ne s'agit pas d'un stade proprement dit, mais d'une période durant laquelle le développement psychosexuel est interrompu. Bien que cette notion de «mise en veilleuse» soit difficile à accepter, Freud considéra cette période comme un temps relativement calme en comparaison des six premières années tempétueuses de la vie.

Le stade génital À la puberté, la montée de l'énergie sexuelle redonne vie à tous les conflits non réglés des années précédentes. Selon Freud, cela explique pourquoi l'adolescence peut être une période difficile, hautement émotive et tourmentée. Le stade génital commence à la puberté. Tout au long de l'adolescence, cette dernière se caractérise par une capacité grandissante d'entretenir des rapports sociaux réfléchis. Ce stade se termine par la formation de relations amoureuses adultes et la réalisation d'une sexualité adulte accomplie.

Un regard critique Aussi étrange qu'elle puisse paraître, la théorie du développement de Freud a exercé une grande influence pour plusieurs raisons. D'abord, elle lança l'idée que les premières années de la vie aident à la formation de la personnalité adulte. Elle affirma également que l'alimentation, l'apprentissage de la propreté et les premières expériences sexuelles étaient des événements importants du développement de la personnalité. Enfin, Freud fut l'un des premiers à suggérer que le développement s'effectue par stades. (Les stades psycho*sociaux* d'Erik Erikson décrits au chapitre 15 sont une ramification moderne de la pensée freudienne.)

Question : Le modèle freudien du développement jouit-il de l'approbation générale?

Bien qu'un nombre important de psychologues adhèrent presque sans réserve aux idées de Freud, bon nombre d'entre eux remettent en question quelques-unes de ses hypothèses. Ainsi, certains trouvent difficilement acceptable l'idée d'une période de latence à l'abri de toute sexualité et n'exerçant aucune influence sur le développement de la personnalité. On remet aussi en question l'idée qu'un père sévère ou menaçant contribue au développement d'une conscience morale solide chez l'enfant mâle. Des études démontrent qu'un fils développera vraisemblablement une conscience morale solide si le père est affectueux et compréhensif, plutôt que sévère et enclin à la punition (Mussen et autres, 1969; Sears et autres, 1957). Freud a également accordé une trop grande importance au rôle de la sexualité dans le développement de la personnalité. En effet, d'autres mobiles et facteurs cognitifs revêtent une aussi grande importance. On pourrait allonger la liste des critiques; quoi qu'il en soit, on trouve un élément de vérité dans presque tout ce que Freud a mis de l'avant.

Les théories psychodynamiques — les descendants de Freud

Les idées de Freud attirèrent des adeptes brillants, au même rythme rapide que fut remis en question l'importance qu'il accorda aux instincts et à la sexualité. On désigne de **néo-freudiens** (*néo* signifie «nouveau») ceux qui demeurèrent fidèles à l'essentiel de la pensée freudienne. Parmi les mieux connus, on compte Karen Horney, Anna Freud (la fille de Freud), Otto Rank et Erich Fromm. D'autres adeptes de la première heure se sont distanciés davantage et ont élaboré leurs propres théories divergentes, notamment Alfred Adler, Harry Sullivan et Carl Jung.

Question : Comment la pensée de ces gens se distingue-t-elle de celle de Freud?

Pour l'instant, nous nous limiterons à trois modèles, soit un rejet de la pensée de Freud (Adler), une adhésion à l'essentiel de la théorie freudienne (Horney) et une application des idées de Freud dans une théorie connexe mais unique (Jung).

Alfred Adler (1870-1937) Adler se distancia de Freud parce qu'il ne croyait pas à l'importance que ce dernier accordait à l'inconscient, aux instincts et à la sexualité. Il croyait que nous sommes des êtres *sociaux* gouvernés par des désirs sociaux, *non* par des instincts biologiques. Selon Adler, la principale force de la personnalité est la **quête de supériorité**. Cette recherche est un combat pour vaincre les imperfections, une quête de compétence et d'achèvement ainsi que la maîtrise des défauts.

Question : Quelle est la motivation derrière la «quête de supériorité»?

Adler croyait que nous éprouvons tous des **sentiments d'infériorité**, étant donné notamment que nous débutons dans la vie comme de petits enfants, faibles et relativement impuissants dans un monde d'adultes plus imposants et plus puissants. Les sentiments d'infériorité peuvent également provenir de nos limites personnelles. La quête de supériorité émane de tels sentiments.

Bien que tous aspirent à la supériorité, chacun tente de **compenser** ses différentes limites en empruntant des voies distinctes. Adler croyait que cette situation crée un **mode de vie** (ou modèle de personnalité) propre à chacun. Selon lui, l'essentiel du mode de vie de tout être humain est déjà formé à l'âge de cinq ans. (Il croyait aussi que des indices précieux sur le mode de vie d'une personne étaient révélés par le souvenir le plus lointain que celle-ci pût évoquer. Il serait donc intéressant de fouiller votre mémoire à la recherche du souvenir le plus lointain et de constater ce que celui-ci vous indique.) Plus tard cependant, Adler commença à insister sur la notion d'un **moi créateur**, selon lequel les personnes *créent* leurs personnalités à la faveur de choix et d'expériences.

Karen Horney (1885-1952)

À titre de néo-freudienne, Karen Horney est demeurée fidèle à la majorité des préceptes de Freud. En même temps toutefois, elle modifia ou rejeta certaines notions, en plus d'en suggérer des nouvelles. Elle résista également aux idées plus mécaniques, biologiques et instinctives de Freud. En tant que femme par exemple, elle rejeta la notion de Freud selon laquelle «l'anatomie est la destinée», c'est-à-dire que les hommes sont supérieurs aux femmes. Horney fut l'une des premières à contester ce parti pris évident de la pensée freudienne.

Horney différait également d'opinion avec Freud sur les causes de la névrose. Selon Freud, les personnes névrosées sont aux prises avec des pulsions du ça qu'elles ne peuvent dominer. Selon Horney, l'**angoisse fondamentale** se manifeste, lorsque les personnes se sentent isolées et démunies dans un monde hostile. Ces sentiments trouvent leur origine dans l'enfance. L'angoisse fondamentale amène les personnes troublées à privilégier un seul mode d'interaction avec autrui.

Question : Qu'entend-on par «mode d'interaction»?

Selon Horney, chacun de nous pouvons nous **rapprocher** des autres (en comptant sur eux pour de l'amour, du soutien ou de l'amitié), nous **éloigner** des autres en nous repliant sur nous-mêmes, en agissant en «solitaire» ou en étant «fort» et «indépendant», ou en nous

opposant à autrui (par l'agression, la concurrence ou la domination). Horney croyait que la santé affective reflète l'équilibre entre le rapprochement, l'éloignement et l'opposition, et que les troubles émotifs tendent à favoriser le recours exclusif à l'un des trois modes, un point de vue qui demeure valable de nos jours.

Carl Jung (1875-1961)

Carl Jung fut l'élève de Freud, mais les deux empruntèrent des voies différentes dès que Jung commença à mettre ses propres idées en valeur. Comme Freud, Jung appela la partie consciente de la personnalité le moi, mais il remarqua qu'il existe une **persona**, ou un «masque» entre le moi et le monde extérieur. La persona est le «moi public», celui qu'on présente à autrui lorsqu'on joue un rôle particulier ou qu'on tente de dissimuler ses sentiments les plus secrets. Comme on l'a mentionné au chapitre précédent, les gestes du moi peuvent refléter des attitudes d'**introversion** (où l'énergie est dirigée principalement à l'intérieur) ou d'**extraversion** (ou l'énergie est dirigée principalement à l'extérieur).

Question : Jung et Freud s'entendent-ils sur l'inconscient?

Jung utilise le terme **inconscient personnel** pour désigner ce que Freud appelle tout simplement l'inconscient. L'inconscient personnel est un magasin d'expériences, de sentiments et de souvenirs personnels qui ne sont pas directement connaissables. Mais Jung diffère de Freud en suggérant la notion d'un **inconscient collectif** plus profond que tous les humains partagent. Jung croyait que depuis l'aube de l'humanité, tous les humains se sont familiarisés avec la naissance, la mort, le pouvoir, les images de Dieu, du père et de la mère, les animaux, la terre, l'énergie, le mal, la renaissance, etc., et que de tels universaux créent des **archétypes**, soit des idées originales ou des modèles.

Les archétypes, que l'on trouve dans l'inconscient collectif, sont des images inconscientes qui nous amènent à réagir de manière émotive aux *symboles* de naissance, de mort, d'énergie, d'animaux, du mal, etc. Jung croyait avoir détecté des symboles de tels archétypes dans l'art, la religion, les mythes et les rêves de toutes les cultures de tous les âges. Disons, par exemple, qu'un homme rêve qu'il danse avec sa soeur. Selon Freud, cela révélerait des sentiments incestueux inconscients, alors que selon Jung, l'image de la soeur représenterait un côté féminin inexprimé de la personnalité masculine, et le rêve, la danse cosmique où s'entrelacent la «masculinité» et la «féminité» de toutes les vies.

Question : Certains archétypes sont-ils plus importants que d'autres?

Deux archétypes importants sont l'**anima** (le principe féminin de la personnalité) et l'**animus** (le principe masculin). Chaque personne possède les deux, et Jung croyait que les deux doivent s'exprimer. La présence d'anima chez les hommes et d'animus chez les femmes nous permet également d'interagir avec les membres du sexe opposé.

Jung considéra l'**archétype du soi** comme le plus important. Ce dernier représente l'unité, et sa présence entraîne un mouvement vers l'équilibre, l'intégralité et l'harmonie de la personnalité. Jung croyait que nous nous enrichissons, lorsque l'équilibre est atteint entre le conscient et l'inconscient, l'anima et l'animus, la pensée et les sentiments, la perception et l'intuition, la persona et le moi, l'introversion et l'extraversion.

Question : Jung parlait-il de réalisation de soi?

Essentiellement, oui. Jung fut le premier à utiliser l'expression *réalisation de soi* pour décrire le désir d'achèvement et d'unité. Il croyait que toutes les cultures représentaient l'archétype du soi sous forme de **mandalas**, ou cercles magiques, de quelque nature que ce soit (illustration 17.4)

Bien que la théorie de Jung ne relève pas de la science, l'homme avait du génie et de l'intuition. Pour en apprendre davantage sur la pensée de Jung, vous pourriez commencer par lire son autobiographie, *Ma vie. Souvenirs, rêves et pensées*.

Illustration 17.4 *Jung considéra les motifs circulaires comme des symboles de l'archétype du soi et des représentations d'unité, d'équilibre et d'achèvement de la personnalité.*

Autotest

1. Énumérez les trois divisions de la personnalité telles que décrites par Freud _____.

2. Quelle division est totalement inconsciente? _____.

3. Quelle division est responsable de l'angoisse morale? _____.

4. Freud a proposé l'existence de l'archétype de la mort appelé thanatos. Vrai ou faux?

5. Le modèle de Freud sur le développement de la personnalité s'appuie sur la notion de stades _____.

6. Placez les stades suivants dans l'ordre qui convient : phallique, anal, génital, oral
_____.

7. Selon Freud, la personnalité anale-rétentive tend à être obstinée et avare. Vrai ou faux?

Associez :

8. _____ quête de supériorité   **A.** Freud

9. _____ angoisse fondamentale   **B.** Adler

10. _____ principe du plaisir   **C.** Horney

11. _____ inconscient collectif   **D.** Jung

12. _____ anima

Réponses :

1. ça, moi, surmoi 2. ça 3. surmoi 4. faux 5. psychosexuels 6. oral, anal, phallique, génital 7. vrai 8. B 9. C 10. A 11. D 12. D

L'apprentissage des théories de la personnalité — déjà vu

Question : Comment les behavioristes abordent-ils l'étude de la personnalité?

Selon certains opposants, comme si les gens étaient des robots, comme R2D2 de la *Guerre des étoiles*. En réalité, le modèle behavioriste n'est pas aussi mécanique que certains détracteurs le laissent entendre, et ses valeurs sont bien reconnues. D'une part, les behavioristes ont démontré à maintes reprises que les enfants peuvent *apprendre* des choses comme la gentillesse, l'hostilité, la générosité ou le penchant à la destruction (Bandura et Walters, 1963; Hoffman, 1975). Mais quel est le rapport avec la personnalité? Il est entier, selon les behavioristes.

Le modèle behavioriste souligne que la personnalité n'est ni plus ni moins qu'une suite de comportements appris. La personnalité, comme tout autre comportement appris, s'acquiert à la faveur du conditionnement classique et opérant, de l'apprentissage par observation, du renforcement, de l'extinction, de la généralisation et de la discrimination (illustration 17.5). Lorsque la mère dit : «C'est pas une bonne idée d'utiliser le robot culinaire pour faire des pâtés de boue. Si tu veux devenir une bonne grande fille, tu ne recommenceras pas, n'est-ce pas?», elle sert de modèle et aide au façonnement de la personnalité de l'enfant.

Les **théoriciens de l'apprentissage** stricts rejettent l'idée que la personnalité se compose de traits cohérents. Ils affirment, par exemple, qu'il n'existe pas de trait comme «l'honnêteté» (Bandura, 1973; Mischel, 1968).

Illustration 17.5 *Freud croyait que les pulsions agressives sont «instinctuelles». Par contraste, les théories behavioristes supposent que les traits de la personnalité comme l'agressivité sont acquis. L'agression de ce garçon résulte-t-elle de l'apprentissage par observation, de punitions sévères ou d'un renforcement antérieur?*

Question : Il est évident que certaines gens sont honnêtes, tandis que d'autres ne le sont pas. Comment l'honnêteté peut-elle être un trait de la personnalité?

Un théoricien de l'apprentissage affirmerait que certaines de vos connaissances sont honnêtes *plus souvent* que d'autres. Mais savoir cela ne nous permet pas de prévoir avec précision qu'une personne sera honnête dans une situation donnée. Il ne serait pas étonnant, par exemple, d'apprendre qu'une personne qu'on a louée d'avoir rapporté un portefeuille perdu a triché lors d'une épreuve ou excédé la limite de vitesse. Si vous demandiez à un théoricien de l'apprentissage : «Êtes-vous honnête?», celui-ci pourrait répondre : «Dans quelles circonstances?»

En attirant votre attention sur les **déterminants situationnels** du comportement, les théoriciens de l'apprentissage n'ont pas totalement éliminé la «personne» de la personnalité. Walter Mischel (1973) affirme que certaines circonstances influent grandement sur le comportement (par exemple, un lion qui s'est échappé fait irruption dans un supermarché; vous vous assoyez par mégarde sur une cigarette allumée; vous trouvez votre amant au lit avec votre meilleur ami), et que d'autres sont insignifiantes. Ainsi, les événements extérieurs *interagissent* avec l'historique d'apprentissage unique de chaque personne pour produire un comportement dans chaque situation donnée. Comme nous l'avons vu au chapitre 16, les théoriciens des traits croient également que les circonstances influencent le comportement, et que les circonstances interagissent sur les *traits*. En définitive, les théoriciens de l'apprentissage préfèrent remplacer la notion de «traits» par celle d'«apprentissage antérieur» pour expliquer le comportement.

Question : Comment les théoriciens de l'apprentissage voient-ils la structure de la personnalité?

Comportement = personnalité On peut illustrer le modèle behavioriste de la personnalité à l'aide d'une des premières théories behavioristes, mise de l'avant par John Dollard et Neil Miller (1950). Selon eux, les **habitudes** sont au coeur de la structure de la personnalité. En ce qui concerne la dynamique de la personnalité, Dollard et Miller croient que les habitudes sont régies par quatre éléments de l'apprentissage : le **besoin**, le **signal**, la **réaction** et la **récompense**. Un *besoin* est tout stimulus suffisamment puissant pour porter une personne à l'action (comme la faim, la douleur, la désir, la frustration, la peur); les *signaux* sont des indices du milieu qui guident les *réactions* les plus aptes à amener la *récompense* ou le renforcement.

Question : Comment cela est-il relié à la personnalité?

Un exemple peut jeter un peu de lumière sur ce point de vue. Supposons qu'une enfant est frustrée par un frère aîné qui lui vole un jouet. Elle peut avoir plusieurs réactions : se fâcher, frapper son frère, avertir sa mère, etc. La réaction qu'elle privilégie est guidée par les signaux disponibles et les effets antérieurs de chaque réponse. Si avertir sa mère a porté des fruits dans le passé, et que cette dernière est présente, répéter le manège peut constituer la réaction immédiate de l'enfant.

Si les signaux sont différents (la mère est absente ou le frère est particulièrement menaçant), la fillette peut réagir différemment. Aux yeux de l'observateur extérieur, les gestes de la fillette semblent refléter sa personnalité, mais pour le théoricien de l'apprentissage, ils constituent une réaction directe aux effets combinés du besoin, du signal, de la réaction et de la récompense.

Question : Cette analyse n'est-elle pas trop restrictive?
Oui. Les théoriciens de l'apprentissage désiraient présenter un modèle simple et clair de la personnalité. Mais au cours des dernières années, ils ont dû revenir sur un fait dont ils n'avaient pas tenu compte dans le passé : les gens pensent. Les néo-behavioristes, qui font appel à la perception, à la pensée et à d'autres événements mentaux, s'appellent également les **théoriciens de l'apprentissage social**. (L'étiquette *social* provient du fait que ces théoriciens mettent l'accent sur les relations et le modelage sociaux.)

La théorie de l'apprentissage social On peut illustrer le «behaviorisme cognitif» de la théorie de l'apprentissage social à l'aide de trois notions présentées par Julian Rotter (1975), soit la situation psychologique, l'attente et la valeur de renforcement. Penchons-nous sur chacune. Quelqu'un vous fait trébucher. Comment réagirez-vous? Cela dépendra probablement de votre

évaluation de la situation : la personne l'a-t-elle fait délibérément, ou s'agissait-il d'un accident? Il ne suffit pas de connaître le cadre dans lequel la personne réagit. Il faut également connaître l'**état psychologique** de la personne, c'est-à-dire son mode d'*interprétation* et de *définition* de la situation. Voici un autre exemple. Supposons que vos résultats d'un examen laissent à désirer. Cela vous incitera-t-il à persévérer, à abandonner le cours ou à vous enivrer? Encore une fois, votre interprétation importe.

L'**attente** signifie qu'on prévoit qu'une réaction donnée mènera au renforcement. Si la persévérance a porté des fruits dans le passé, il se peut que vous optiez pour cette réaction. Mais selon Rotter, le comportement n'est pas automatique. Pour prévoir votre réaction, il faut également savoir si *vous vous attendez* à ce que vos efforts produisent l'effet voulu dans la situation présente. En fait, le renforcement escompté peut s'avérer plus important que tout renforcement réel passé. Et que dire de l'*importance* que vous attachez aux résultats et à la réussite scolaires ou à vos aptitudes personnelles? Selon le troisième concept de Rotter, la **valeur de renforcement**, toute personne attache une importance différente aux diverses activités et récompenses, et il faut également en tenir compte afin de comprendre la personnalité.

Une autre idée mérite ici d'être mentionnée. Il nous arrive tous d'évaluer nos gestes et de nous gratifier au moyen de privilèges ou de récompenses, lorsque l'évaluation est positive (illustration 17.6). Cela dit, la théorie de l'apprentissage social ajoute la notion d'**autorenforcement** au modèle behavioriste. Ainsi, les habitudes d'autolouange ou d'autoblâme deviennent une partie importante de la personnalité. En fait, l'autorenforcement peut être considéré comme le pendant behavioriste du surmoi (voir le profil 17.1).

Illustration 17.6 *L'autorenforcement nous permet de récompenser les réalisations personnelles ainsi que tout «bon» comportement.*

PROFIL 17.1
L'autorenforcement

Adaptés d'une échelle conçue par Elaine Heiby (1983), les énoncés suivants vous permettront de comprendre encore mieux la notion d'autorenforcement. Cochez ceux qui s'appliquent à vous.

❏ J'ai souvent des pensées positives à mon endroit.

❏ Je respecte souvent les normes que j'ai établies à mon intention.

❏ J'essaie de ne pas me blâmer, lorsque les choses ne tournent pas rondement.

❏ D'habitude, je ne suis pas bouleversé lorsque je commets une erreur, car je sais que cela fait partie de l'apprentissage.

❏ Je sais tirer une certaine satisfaction de ce que j'entreprends, même si je n'atteins pas la perfection.

❏ Lorsque je fais une erreur, je prends le temps de me rassurer.

❏ Je ne crois pas que parler en bien de ce que j'ai accompli relève de la vantardise.

❏ Se féliciter est sain et normal.

❏ Je ne suis pas obligé d'être bouleversé chaque fois que je commets une erreur.

❏ Ma confiance et mon estime de soi demeurent à un niveau relativement stable.

Les gens qui acquiescent à la plupart de ces énoncés tendent à avoir des taux élevés d'autorenforcement. Et comme le dernier énoncé le suggère, des niveaux élevés d'autorenforcement sont reliés à une haute estime de soi. L'inverse est également vrai : les étudiantes et les étudiants qui ont manifesté des niveaux de dépression légère tendent à avoir des niveaux d'autorenforcement peu élevés (Heiby, 1983).

Nous ignorons si un autorenforcement faible mène à la dépression, ou l'inverse. De toute manière, apprendre l'autorenforcement semble diminuer le risque de dépression (Fuchs et Rehm, 1977). D'un point de vue behavioriste, on gagne à apprendre à «bien se traiter».

Le behaviorisme radical Comme vous l'avez probablement constaté, la théorie de l'apprentissage social n'est que partiellement behavioriste. B. F. Skinner a présenté un modèle plus extrême de la personnalité. Ce dernier, qui affirma que «les gens intelligents ne croient plus que les humains sont possédés par des démons... mais que le comportement humain est encore relié à des agents intérieurs» (Skinner, 1971). Au dire de Skinner, la *personnalité* est un attribut purement fictif inventé afin d'expliquer le comportement, lequel est gouverné par le milieu. Il croit que chaque geste d'une personne s'appuie sur les récompenses et punitions passées et présentes. Son point de vue est sans doute le fruit de son propre milieu culturel.

Encore une fois, nous avons présenté un certain nombre de termes reliés aux théories behavioristes

Tableau 17.2   *Les behavioristes et la personnalité*

Théorie behavioriste de la personnalité Tout modèle de personnalité qui met l'accent sur le comportement observable, la relation entre les stimuli et les réactions ainsi que sur l'effet de l'apprentissage.

Théoricien de l'apprentissage Appliqué à la personnalité, tout psychologue intéressé à la façon dont les principes d'apprentissage prennent forme et expliquent la personnalité.

Déterminants situationnels Les conditions immédiates (par exemple, récompenses et punitions) d'une situation donnée qui déterminent le comportement le plus susceptible de se manifester, indépendamment des traits de personnalité de la personne.

Habitude Un mode de réaction appris, profondément ancré.

Besoin Tout stimulus (notamment interne comme la faim) suffisamment puissant pour motiver une personne à l'action.

Signal Stimulus ou signes externes qui guident les réactions, notamment ceux qui indiquent la présence ou l'absence de renforcement.

Réaction Tout comportement observable ou interne.

Théorie de l'apprentissage social Un modèle qui allie les principes behavioristes, la connaissance (les perceptions, la pensée, l'anticipation), les rapports sociaux et l'apprentissage observable afin d'expliquer la personnalité.

Situation psychologique Une situation telle qu'elle est perçue et interprétée par une personne, et non pas telle qu'elle existe dans la réalité.

Attente L'attitude d'une personne relative à l'effet d'une réaction, surtout au plan du renforcement.

Valeur de renforcement La valeur subjective qu'une personne attache à une activité ou à un renforçateur donné.

Autorenforcement Se féliciter ou se récompenser par suite d'une réaction donnée (comme avoir terminé une tâche scolaire).

Behaviorisme radical Une théorie qui évite toute référence aux pensées ou à tout autre processus mental; les behavioristes radicaux s'intéressent exclusivement aux rapports entre les stimuli et la réaction.

de la personnalité. Le tableau 17.2 en présente un résumé aux fins de récapitulation.

Question : Comment les théoriciens de l'apprentissage expliquent-ils le développement de la personnalité?

Le modèle behavioriste du développement

On peut reformuler de nombreux points de vue mis de l'avant par Freud à la lumière des théories modernes de l'apprentissage. Miller et Dollard (1950) partagent l'opinion de Freud selon laquelle les six premières années sont cruciales au développement de la personnalité, mais pour des raisons différentes. Au lieu de parler de pulsions et de fixations psychosexuelles, ils se demandent : «Qu'est-ce qui confère aux premières expériences d'apprentissage leur effet durable?» Ils répondent en affirmant que l'enfance est une époque de besoins urgents et déchirants, de fortes récompenses et punitions ainsi que de frustrations contrariantes. Il faut également souligner l'importance du **renforcement social** qui se fonde sur les effets de l'attention et de l'approbation d'autrui. La combinaison des effets de ces forces façonne la personnalité.

Les situations critiques Miller et Dollard précisent quatre situations du développement de grande importance : l'**alimentation**, l'**apprentissage de la propreté**, l'**apprentissage de la sexualité** et l'apprentissage de l'expression de la **colère** et de l'**agressivité**.

Question : Pourquoi ces éléments revêtent-ils une si grande importance?

L'alimentation nous sert d'exemple. L'enfant que l'on nourrit lorsqu'il pleure apprend à manipuler activement ses parents. Celui qu'on laisse pleurer apprend à être passif. Ainsi, on peut créer une orientation active ou passive vers le monde dès les premières expériences d'alimentation. L'alimentation peut également exercer une influence sur les rapports sociaux ultérieurs, étant donné que l'enfant apprend à associer les gens à la satisfaction et au plaisir, ou à la frustration et à l'inconfort.

L'apprentissage de la propreté peut constituer une puissante source d'émotion à la fois pour les parents et les enfants. Les premiers sont généralement atterrés de voir leur enfant s'enduire le visage d'excréments sans la moindre pudeur et réagissent souvent en le punissant, la situation se solde par de la frustration et de la confusion chez le second. Un grand nombre d'attitudes face à la propreté, le conformisme et les fonctions corporelles sont façonnées à cet âge. Des études ont révélé qu'un enseignement de la propreté dur, punitif ou qui constitue une source de frustration peut avoir des effets indésirables sur le développement de la personnalité (Sears et autre, 1975). L'apprentissage de la propreté exige de la patience et le sens de l'humour.

Question : Qu'en est-il de la sexualité et de la colère?

Quand, où et comment l'enfant apprend à exprimer sa colère et son agressivité revêtent une grande importance. Il en va de même de la sexualité, et les deux types d'expériences peuvent laisser un effet sur la personnalité. Plus précisément, la permissivité à l'égard des comportements sexuels et agressifs de l'enfant est reliée aux besoins de pouvoir de l'adulte (McCelland et Pilon, 1983). Le lien s'établit probablement parce que l'enfant tire un certain plaisir à s'affirmer.

L'apprentissage de la sexualité implique l'apprentissage de comportements «masculins» et «féminins», ce qui offre une assise encore plus vaste au développement de la personnalité.

Devenir masculin ou féminin Dès la naissance, les enfants sont classés dans le clan des garçons ou dans celui des filles, et on les encourage à adopter un comportement en conséquence. Selon la théorie de l'apprentissage social, l'*identification* et l'*imitation* contribuent grandement au développement de la personnalité en général, et à l'apprentissage sexuel en particulier. L'**identification** désigne l'attachement affectif de l'enfant à des adultes qu'il admire, notamment ceux qui lui prodiguent amour et soins. L'identification favorise l'**imitation**, soit le désir d'être comme les adultes que l'enfant valorise et admire (illustration 17.7). De nombreux traits «masculins» et «féminins» proviennent des tentatives conscientes ou inconscientes des enfants d'imiter le comportement du parent de même sexe avec lequel ils s'identifient.

Question : Pourquoi les enfants qui sont en présence des parents des deux sexes n'imitent-ils pas le comportement typique des deux?

Rappelez-vous le chapitre 8, où Albert Bandura et d'autres ont démontré que l'apprentissage a lieu directement et indirectement (Bandura, 1965). Cela signifie que nous pouvons apprendre sans récompense directe

Illustration 17.7 *La personnalité adulte est influencée par l'identification aux parents.*

en observant et en nous rappelant les gestes d'autrui. Mais les comportements que nous choisissons d'imiter dépendent de leur issue. Par exemple, les garçons et les filles ont des occasions égales d'observer des adultes et d'autres enfants agir agressivement. Cependant, les filles sont moins enclines à imiter le comportement agressif, étant donné qu'elles sont rarement témoins de situations où l'agressivité féminine est récompensée ou approuvée. Ainsi, un grand nombre de qualités arbitraires «masculines» et «féminines» se transmettent en même temps que s'effectue l'apprentissage de l'identité sexuelle.

Une étude d'enfants d'âge préscolaire effectuée par Lisa Serbin et Daniel O'Leary (1975) a démontré que les enseignants ont trois fois plus de chances de prêter attention aux garçons qui sont agressifs ou perturbateurs qu'aux filles qui manifestent un comportement similaire. Les garçons qui frappaient d'autres élèves ou qui s'adonnaient au vandalisme essuyaient de vertes réprimandes et devenaient le centre d'attention de la classe entière. En réponse aux comportements perturbateurs des filles, les enseignants se limitaient à de légers reproches que les autres ne pouvaient pas entendre. Or, nous savons à quel point l'attention, quel qu'en soit le genre, renforce le comportement des enfants. Il apparaît donc évident qu'on encourageait l'activité et l'agressivité des garçons. Serbin et O'Leary ont également remarqué que les filles retenaient le plus l'attention lorsqu'elles se trouvaient à proximité de l'enseignant, plus ou moins pendues à son cou.

Il est facile de constater que les enseignants encourageaient à contrecoeur les filles à être soumises, dépendantes et passives. Des différences semblables au niveau du renforcement expliquent probablement pourquoi les hommes commettent un plus grand nombre d'actes agressifs que les femmes dans la société. Les taux de meurtre et d'agression, par exemple, sont nettement plus élevés chez les hommes (Deaux, 1985).

Autotest

1. Les théoriciens de l'apprentissage croient que les «traits» de personnalité sont des _____ acquises lors d'apprentissages antérieurs. Ils mettent également l'accent sur les déterminants _____ du comportement.

2. Dollard et Miller considèrent que les signaux constituent la structure fondamentale de la personnalité. Vrai ou faux?

3. Pour expliquer le comportement, les théoriciens de l'apprentissage social incluent les éléments mentaux comme les _____ (la prévision qu'une réaction mènera au renforcement). Vrai ou faux?

4. L'autorenforcement est à la théorie behavioriste ce que le surmoi est à la théorie psychanalytique. Vrai ou faux?

5. Le modèle des behavioristes radicaux de la personnalité est représenté par

    a. Neal Miller b. Abraham Maslow c. B.F. Skinner d. Carl Rogers

6. Parmi les situations suivantes, laquelle ne constitue pas une «situation critique», selon la théorie behavioriste du développement de la personnalité?

    a. l'alimentation b. l'apprentissage de la sexualité c. l'apprentissage du langage d. l'apprentissage de la colère

7. Les théories de l'apprentissage social mettent l'accent sur l'identification et l' _____.

Réponses :

1. habitudes; situationnels 2. faux 3. attentes 4. vrai 5. c 6. c 7. imitation

La théorie humaniste — une pointe vers des expériences de pointe

L'humanisme est une réaction au pessimisme de la théorie psychanalytique et au mécanisme de celle de l'apprentissage, et présente une nouvelle image de l'humain. Les humanistes rejettent les idées de Freud sur la personnalité en tant que champ de bataille des instincts biologiques et des forces inconscientes, qu'ils remplacent par une **nature humaine** essentiellement *bonne*. En outre, ils cherchent des moyens de permettre à notre potentiel positif de s'affirmer. Les humanistes s'opposent également au point de vue mécanique du behaviorisme. Ils affirment que nous ne sommes pas un amas de réactions façonnables, mais des êtres créateurs capables d'effectuer des **choix libres**. Aux yeux de l'humaniste, la personne que l'on est aujourd'hui est essentiellement le produit de l'ensemble des choix antérieurs. L'humaniste privilégie aussi l'**expérience subjective** immédiate au profit de l'apprentissage antérieur, affirmant qu'il existe autant de «mondes réels» que de personnes. Pour comprendre le comportement d'une personne, nous devons examiner les vues subjectives que celle-ci entretient du monde, ce qui constitue sa «réalité».

Question : Qui sont les grands théoriciens humanistes?

Il existe un grand nombre de psychologues dont les théories s'inscrivent dans la tradition humaniste, notamment Carl Rogers (1902-1987) et Abraham Maslow

(1908-1970). Étant donné que nous avons présenté la notion d'actualisation de soi de Maslow au chapitre 1, nous jetterons d'abord un regard plus approfondi sur la pensée de ce dernier.

Maslow et l'actualisation de soi

Les psychologues ont tendance à étudier davantage les problèmes que les forces des humains. À ce titre, les études de Maslow portant sur les personnes qui mènent des vies exceptionnellement efficaces constituent une exception. Ce dernier s'est intéressé aux gens qui semblaient utiliser leurs talents et leur potentiel au maximum. Comment ceux-ci se distinguaient-ils d'autres personnes? Pour trouver la réponse, Maslow commença à étudier la vie d'hommes et de femmes célèbres comme Albert Einstein, William James, Jane Adams, Eleanor Roosevelt, Abraham Lincoln, John Muir et Walt Whitman, et se pencha ensuite sur la vie d'artistes, d'écrivains, de poètes et d'autres personnes créatives.

Au fil de sa recherche, la philosophie de Maslow se transforma radicalement. Au début, il s'intéressa seulement aux gens dont les aptitudes et les réalisations exceptionnelles étaient largement reconnues, mais se rendit compte par la suite que la ménagère, l'ébéniste, le commis ou l'étudiante pouvaient être créateurs

et user de leur potentiel au maximum. Il qualifia cette tendance de *réalisation (ou actualisation) de soi* (Maslow, 1954; voir le profil 17.2).

Question : Le choix qu'a fait Maslow de personnes dont le niveau de réalisation de soi est élevé semble très subjectif. Reflète-t-il adéquatement la notion de réalisation de soi?

Bien que Maslow ait tenté d'adopter une démarche empirique dans son étude de la réalisation de soi, son choix de personnes était subjectif. Il ne fait aucun doute qu'il existe une foule de moyens d'atteindre son plein potentiel, et l'apport principal de Maslow fut d'attirer l'attention sur l'*éventualité* d'une croissance personnelle ininterrompue. Selon lui, la réalisation de soi était un processus continu, et non seulement un aboutissement unique.

La théorie du soi de Carl Rogers

Comme Freud, Carl Rogers a fondé sa théorie sur l'expérience clinique. Mais à l'opposé du premier, qui a présenté la personnalité normale comme étant «adaptée» au conflit intérieur, Rogers a discerné une plus grande possibilité d'harmonie intérieure. La personne **en pleine possession de ses moyens** est celle qui a réussi à s'ouvrir entièrement aux sentiments et aux expériences, en plus d'avoir appris à faire confiance à ses

---

PROFIL 17.2
Les caractéristiques des personnalités accomplies

Au fil de ses recherches, Maslow a découvert que les **personnalités accomplies** partageaient un grand nombre de caractéristiques. Qu'elles soient célèbres ou inconnues, éduquées ou non, riches ou démunies, ces personnes répondaient plus ou moins au profil suivant.

1. Une perception efficace de la réalité. Les sujets sont en mesure de juger les situations correctement et honnêtement, en plus d'être très sensibles à la fausseté et à la malhonnêteté.

2. L'acceptation de soi, des autres et du monde autour de soi. Les sujets peuvent accepter leur propre nature, défauts y compris. Les défauts des autres et les contradictions de la nature humaine sont également acceptés avec humour et ouverture d'esprit.

3. La spontanéité. Les sujets de Maslow injectent leur créativité dans les activités de tous les jours. Ils tendent à être enjoués, déterminés et spontanés.

4. Le désir d'accomplir. La plupart des sujets ont une mission à accomplir dans la vie qui transcende leur propre personne. Les philanthropes comme Albert Schweitzer et Mère Teresa représentent cette qualité.

5. L'indépendance. Les sujets ne sont pas assujettis à une autorité extérieure ou à autrui, et tendent à être débrouillards et autonomes.

6. Une appréciation constamment renouvelée de la vie. Les personnes accomplies semblent ne jamais cesser d'apprécier les choses de la vie avec une ardeur renouvelée. Un coucher de soleil ou une fleur sera apprécié avec autant de ferveur la millième fois que la première. Ces gens disposent de la «vision innocente» de l'artiste ou de l'enfant.

7. Une connivence avec l'humanité. Les sujets de Maslow s'identifient à autrui et à la condition humaine en général.

8. Des rapports interpersonnels profonds. Ces relations se caractérisent par des liens profonds et affectueux.

9. Un sens de l'humour sans méchanceté. Cela désigne la merveilleuse aptitude à rire de soi, le genre d'humour que pratiquait Abraham Lincoln, qui ne s'est jamais moqué de qui que ce soit. Ses remarques judicieuses n'étaient que des allusions sans malice aux travers humains.

10. Des expériences pénétrantes. L'ensemble des sujets de Maslow ont fait état de fréquentes **expériences pénétrantes**, marquées au coin de l'émerveillement, de l'harmonie et d'un sens profond. Les sujets ont affirmé se sentir en unisson avec l'univers, plus forts et plus calmes qu'auparavant, être remplis de lumière, de beauté et de bonté, etc. En bref, les personnes accomplies se sentent en sûreté et calmes, acceptées, aimées, aimantes et en vie.

intuitions et désirs intérieurs (Rogers, 1961). Rogers croyait que cette attitude se produit vraisemblablement lorsqu'une personne reçoit beaucoup d'amour et est bien acceptée par les autres.

La structure et la dynamique de la personnalité

La théorie de la personnalité de Rogers est centrée sur la notion de **soi**, une perception souple et changeante de l'identité personnelle qui provient du **champ phénoménologique** (illustration 17.8).

Question : Qu'entend-on par champ phénoménologique ?

Le champ phénoménologique désigne l'expérience *subjective* entière qu'a une personne de la réalité. Le soi se compose des expériences connues par «je» ou «moi», qui sont différentes des expériences «non-moi». On peut considérer une grande partie du comportement humain comme une tentative de maintenir une cohérence entre l'**image de soi** et ses propres gestes. Par exemple, les personnes qui se considèrent gentilles et généreuses agiront en conséquence dans la plupart des circonstances.

Illustration 17.8 *Les humanistes considèrent l'image de soi comme un déterminant central du comportement et de l'adaptation personnelle.*

Question : Supposons qu'une personne se considère gentille et généreuse, mais ne l'est pas en réalité. Comment cela cadre-t-il avec la théorie de Rogers ?

Selon Rogers, les expériences qui correspondent à l'image de soi sont **symbolisées** (admises dans la conscience) et contribuent aux changements graduels de soi. On dit de l'information ou des sentiments qui ne cadrent pas avec l'image de soi qu'ils sont **non congruents**. Par exemple, il ne convient pas de vous considérer comme une personne avenante, si les autres vous rappellent constamment votre insolence, ni d'affirmer que vous êtes gentille lorsque vous vous sentez sans cœur, ou que vous n'êtes pas en colère lorsque vous bouilliez à l'intérieur.

Les expériences qui ne sont pas congruentes avec l'image de soi peuvent être menaçantes, étant donné qu'elles sont souvent déformées ou que la conscience ne les reconnaît pas. Le blocage, la dénégation ou la distorsion d'expériences empêchent le soi de changer, en plus de créer un gouffre entre l'image de soi et la réalité. À mesure que l'image de soi devient de plus en plus irréaliste, la **personne non congruente** devient confuse, vulnérable, mécontente ou sérieusement inadaptée (illustration 17.9).

Lorsque l'image de soi est cohérente avec ce qu'une personne pense, ressent, accomplit et éprouve, celle-ci est mieux en mesure de réaliser son potentiel. Rogers estimait également que la congruence entre l'image de soi et le **moi idéal** était essentielle. Le moi idéal ressemble à l'idéal du moi freudien.

Illustration 17.9 *La non-congruence se produit, lorsqu'il existe une discordance entre les trois entités suivantes : le moi idéal (la personne que vous aspirez à être), l'image de soi (la personne que vous croyez être) et le moi véritable (la personne que vous êtes réellement). L'estime de soi souffre, lorsque l'écart entre le moi idéal et l'image de soi est important. L'angoisse et la méfiance résultent souvent du manque de correspondance entre l'image de soi et le moi véritable.*

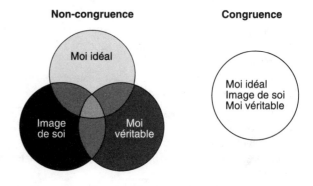

Question : Quelle non-congruence y a-t-il à ne pas être fidèle à son moi idéal?

Rogers savait que nous n'atteignons jamais complètement ce moi idéal, mais que plus l'écart est grand entre la perception de soi et le moi idéal, plus la tension et l'angoisse augmentent. La conception «rogérienne» de la personnalité se résume ainsi : un processus de maximisation de son potentiel qui consiste à accepter l'information à son sujet de manière aussi réaliste et honnête que possible. Conformément à sa pensée, les chercheurs ont constaté que les personnes chez qui il existe un rapprochement entre l'image de soi et le moi idéal tendent à être équilibrées, assurées et débrouillardes sur le plan social, alors que celles chez qui il existe un écart sont plutôt angoissées, hésitantes et maladroites (Gough et autres, 1983).

Le modèle humaniste du développement

Pourquoi les miroirs, les photographies, les magnétophones et les réactions d'autrui nous fascinent et nous menacent-ils autant? Selon la théorie de Carl Rogers, c'est parce qu'ils nous fournissent de l'information sur

PROFIL 17.3
Les moi possibles

Votre moi idéal n'est qu'une des nombreuses identités possibles auxquelles vous pouvez réfléchir. Les psychologues Hazel Markus et Paula Nurius (1986) croient que chacun de nous abritons des images de nombreux **moi possibles**. Ces derniers comprennent la personne que nous aimerions devenir le plus (le moi idéal), de même que d'autres moi que nous pourrions devenir ou que nous craignons de devenir.

Les moi possibles traduisent nos espoirs, nos craintes, nos fantasmes et nos objectifs en des images précises de la personne que nous *pourrions* devenir. Ainsi, une étudiante en première année de droit peut s'imaginer en avocate de renom; l'époux d'un mariage qui bat de l'aile, se voir comme un divorcé; et une personne au régime, imaginer des moi différents à la fois minces et obèses. De telles images de soi donnent un sens à notre comportement actuel et nous aident à l'évaluer. Par exemple, l'époux malheureux pourra s'émouvoir à la vue d'images perturbantes de son «moi divorcé» qui tente de sauver son mariage.

Même les décisions quotidiennes peuvent être dirigées par des moi possibles. L'achat de vêtements, d'une voiture, d'un parfum ou l'adhésion à un club de santé peuvent s'effectuer sous l'influence d'images d'un moi futur valorisé. Bien entendu, toutes les identités ne sont pas possibles. Comme Markus et Nurius l'affirment, la majorité des personnes âgées de plus de trente ans ont probablement ressenti de l'angoisse lorsqu'elles se sont rendu compte que certains moi auxquels elles tenaient ne se matérialiseraient jamais.

nous-mêmes. Le développement de l'image de soi dépend grandement de l'information en provenance du milieu. Il commence par le tri des perceptions et des sentiments : mon corps, mes orteils, mon nez, ce que je veux, ce que j'aime, qui je suis, etc. Avant longtemps, la notion s'élargit et comprend l'auto-évaluation : je suis une bonne personne, je viens de faire quelque chose de répréhensible, etc.

Question : Comment le développement du moi contribue-t-il au fonctionnement ultérieur de la personnalité?

Rogers croyait que les évaluations positives et négatives d'autrui étaient responsables de la mise au point de

Tableau 17.3   *Quelques termes humanistes clés*

Humanisme   Modèle de psychologie qui se penche sur l'expérience, les problèmes, les potentiels et les idéaux humains.

Expérience subjective   La réalité telle qu'elle est perçue et interprétée, et non telle qu'elle existe objectivement; expérience personnelle, privée, non objective.

Actualisation de soi   Réalisation complète du potentiel personnel.

Personnalité accomplie   Personne qui vit de façon créatrice et utilise pleinement son potentiel.

Désir d'accomplir   Se concentrer sur la tâche à accomplir, plutôt que sur ses besoins et sentiments.

Indépendance   Libération de la dépendance envers l'autorité extérieure ou l'opinion des autres.

Expérience pénétrante   Instants d'actualisation de soi, caractérisés par une impression d'extase, d'harmonie et de sens profond.

Personne en pleine possession de ses moyens   Terme qu'utilise Rogers pour désigner les personnes qui vivent en harmonie avec leurs intuitions, leurs impulsions et leurs sentiments profonds.

Soi   Évolution constante de la perception de sa propre identité.

Champ phénoménologique   Expérience subjective totale de la réalité chez une personne; son monde psychologique privé.

Image de soi   Perception subjective totale de soi, qui comprend une image de son propre corps et des impressions de sa personnalité, de ses capacités, etc.

Symbolisation   Selon la théorie de Rogers, le processus d'admettre une expérience dans la conscience.

Non-congruence   Disparité ou incohérence; selon la théorie de Rogers, les expériences qui ne sont pas cohérentes avec l'image de soi sont non congruentes.

Personne non congruente   Personne qui possède une image de soi inexacte ou déformée.

Moi idéal   Image de soi idéalisée (la personne que l'on souhaite être) qui correspond idéalement à l'image de soi globale.

normes internes d'évaluation appelées **critères d'appréciation**. Autrement dit, nous apprenons que certains de nos gestes méritent l'amour et l'approbation de nos parents, alors que d'autres sont rejetés.

Le fait d'apprendre à évaluer des expériences et des sentiments selon qu'ils sont «bons» ou «mauvais» est relié directement à la capacité ultérieure de développer l'estime de soi, l'auto-évaluation positive, ou **la perception de soi positive**, selon l'expression de Rogers. Afin de vous considérer comme une personne gentille et aimable, il faut que votre comportement et vos expériences correspondent à vos critères d'appréciation intérieurs. La difficulté provient du fait que cela peut être une source de non-congruence, car vous niez ainsi un grand nombre de sentiments et d'expériences réelles.

Simplement dit, Rogers considérait qu'un grand nombre de problèmes d'adaptation des adultes étaient des tentatives de répondre aux normes d'autrui. Il estimait que la congruence et la réalisation de soi se matérialisent lorsqu'on remplace les critères d'appréciation par l'**évaluation organismique**. Cette dernière est une réaction directe et viscérale aux événements de la vie afin d'éviter le filtrage et la distorsion attribuables à la non-congruence. Elle consiste à faire confiance à ses sentiments et à ses perceptions, à devenir son propre «point d'évaluation». Selon Rogers, l'évaluation organismique se développe vraisemblablement lorsque les enfants (ou les adultes) reçoivent l'«acceptation positive inconditionnelle» d'autrui, c'est-à-dire lorsqu'ils sont «appréciés» simplement en raison de ce qu'ils sont, sans condition.

Autotest

1. Les humanistes considèrent que la nature humaine est essentiellement bonne, et ils mettent l'accent sur l'apprentissage subjectif et le choix inconscient. Vrai ou faux?

2. Maslow utilise le terme _____ pour décrire la tendance de certaines personnes à utiliser pleinement leurs talents et potentiel.

3. Selon Rogers, un rapprochement entre l'image de soi et le moi idéal crée une condition appelée non-congruence. Vrai ou faux?

4. Selon Markus et Nurius, une personne peut avoir plusieurs «moi possibles». Vrai ou faux?

5. Rogers considère l'acceptation des critères d' _____ comme un aspect critique du développement du moi.

6. Selon Maslow, l'importance accordée à ses pensées, à ses sentiments et à ses besoins est caractéristique des personnes accomplies. Vrai ou faux?

Réponses :

1. faux 2. réalisation de soi 3. faux 4. vrai 5. appréciation 6. faux

Les théories de la personnalité — survol et comparaison

Question : Quelle théorie de la personnalité est exacte?

Chaque théorie ajoute à notre compréhension de la personnalité à la faveur d'observations judicieuses du comportement humain. Néanmoins, aucune théorie importante ne peut être entièrement corroborée ou démentie. (Si une théorie s'avérait, elle ne serait plus une théorie; elle deviendrait loi.) Bien que les théories ne soient ni vraies ni fausses, il se peut que leurs implications ou leurs prédictions le soient. Le meilleur moyen de juger une théorie est d'en évaluer l'*utilité* aux fins d'explication du comportement, de recherche et de moyen de traiter les troubles psychologiques. À ce titre, toutes n'ont pas donné les mêmes résultats.

La théorie psychanalytique À la lumière de ce que nous venons d'indiquer, la théorie psychanalytique accorde beaucoup d'importance à la sexualité et aux instincts biologiques. Bien que cette insistance ait été quelque peu atténuée par les néo-freudiens, il subsiste encore chez certains des difficultés à admettre une telle influence sur les comportements. Une des critiques les plus fréquentes de la théorie freudienne est que celle-ci ne peut expliquer les événements psychologiques qu'*après coup*. Mais elle s'avère parfois impuissante à prédire un comportement futur. Pour cette raison, de nombreuses hypothèses psychanalytiques sont aux yeux de certains chercheurs difficiles, voire impossibles à vérifier.

La théorie behavioriste Pour d'autres, les théories de l'apprentissage offrent un excellent cadre à la recherche sur la personnalité. Les behavioristes pensent, bien sûr, qu'ils ont le mieux réussi à soumettre leurs idées à l'épreuve et à l'expérimentation. Par contre, on leur reproche de ne pas tenir suffisamment compte de l'influence du tempérament, de l'émotion et de l'expérience subjective dans leurs études sur la personnalité. Jusqu'à un certain point, la théorie de l'apprentissage social constitue une tentative de répondre à ces critiques.

La théorie humaniste La force des humanistes provient de la lumière qu'ils ont jetée sur les dimensions positives de la personnalité. Au dire de Maslow (1968), «la nature humaine n'est pas aussi mauvaise qu'on l'a toujours cru. C'est comme si Freud nous avait donné la moitié malade de la psychologie, et que notre tâche consiste maintenant à définir la moitié saine». Malgré leur apport, on peut reprocher aux humanistes l'imprécision de leurs concepts qui sont difficiles à mesurer ou à étudier objectivement. Malgré cela, la pensée humaniste a placé un grand nombre de gens sur la voie d'une conscience de soi et d'une croissance personnelle accrues.

Résumé Tout compte fait, nous devons recourir aux notions des trois modèles (et des autres dont nous avons parlé au chapitre précédent) pour bien expliquer la personnalité. Chaque théorie comporte des éléments de vérité, et on ne peut brosser un tableau réaliste qu'en tenant compte de chacune. Le tableau 17.4 résume les trois principales théories dont le chapitre a fait l'objet.

Tableau 17.4 *Comparaison des trois théories de la personnalité*

	Théorie psychanalytique	*Théorie behavioriste*	*Théorie humaniste*
Nature humaine	Négative	Neutre	Positive
Le comportement est-il libre ou déterminé?	Déterminé	Déterminé	Libre
Les motifs premiers	La sexualité et l'agressivité	Les désirs de toutes sortes	La réalisation de soi
La structure de la personnalité	Le ça, le moi, le surmoi	Les habitudes	Le soi
Le rôle de l'inconscient	Capital	Presque nul	Peu important
La conception de la conscience morale	Le surmoi	L'autorenforcement	Le moi idéal, le processus d'évaluation
Le développement	Les stades psychosexuels	Les situations critiques d'apprentissage : l'identification et l'imitation	Le développement de l'image de soi
Les obstacles à la croissance personnelle	Les conflits inconscients; les fixations	Les habitudes mésadaptées : le milieu pathologique	Les critères d'appréciation; la non-congruence

Applications : à la recherche de l'actualisation de soi

Certaines personnes ont peur de se retrouver seules; par conséquent, elles ne se trouvent jamais.

André Gide

Ce qu'un homme peut devenir, il doit le devenir. On peut qualifier ce besoin d'actualisation de soi.

Abraham Maslow

Question : Comment assurer l'actualisation de soi?

L'actualisation de soi est plus difficile à accomplir qu'il n'y paraît. Un grand nombre luttent pour leur survie ou afin d'obtenir une certaine sécurité et n'ont jamais l'occasion de mettre leur plein potentiel en valeur. D'autres manifestent peu d'intérêt à l'égard de la croissance personnelle ou des qualités décrites par Maslow. Ce dernier est avare de suggestions sur les façons de procéder, bien que l'on puisse en tirer quelques-unes de ses écrits.

Vers l'actualisation de soi

Il n'existe aucune formule magique qui mène à une vie plus créative. La connaissance ou l'imitation des traits de gens très performants ne suffit pas. L'actualisation de soi est d'abord et avant tout un *processus*, et non un objectif ou une fin, qui nécessite un travail ardu, de la patience et de la détermination. On peut s'y prendre de la façon suivante.

Soyez ouvert au changement. Commencez par vous demander : «Est-ce que je tire une grande satisfaction de ma vie, et celle-ci est-elle le reflet de ma personnalité?» Si la réponse est négative, soyez prêt à effectuer des changements. Posez-vous la question souvent et acceptez le besoin de changements continus.

Assumez vos responsabilités. Vous pouvez devenir un architecte du moi en agissant comme si vous étiez responsable de chaque aspect de votre vie. Bien que cela ne soit pas tout à fait réaliste, vous apprendrez ainsi à mettre un terme à l'habitude de blâmer les autres pour ce qui ne va pas dans votre vie. À cet égard, le commentaire d'une jeune femme en séance de consultation est éloquent : «Je ne peux compter sur personne pour mon éducation. J'en suis la seule et unique responsable» (Rogers, 1962).

Examinez vos intentions. La découverte de soi comporte un élément de risque. Afin de connaître vos forces, vos limites et vos sentiments véritables, vous devez consentir à prendre des risques et à vous exprimer. La peur de l'échec, du rejet, de la solitude ou du désaccord avec autrui constituent d'énormes barrières au changement personnel. Si votre comportement est essentiellement guidé par un souci de sécurité, le temps est peut-être venu d'éprouver les limites de ces besoins. Les choix de vie doivent provenir du désir de croissance, et non constituer une réaction à la peur ou à l'angoisse.

Soyez honnête et direct. Prendre ses désirs pour la réalité constitue une barrière à la croissance personnelle. Les personnes accomplies se font suffisamment confiance et acceptent de l'information de tout genre sans déformer les faits, afin que la réalité soit conforme à leurs peurs et à leurs désirs. Essayez de vous voir tel que vous voient les autres. Soyez prêt à admettre que vous avez tort ou que vous avez échoué parce que vous avez été irresponsable. Cette honnêteté fondamentale peut s'étendre à l'ensemble des perceptions. Tentez de voir le monde avec vos yeux d'enfant : pleinement, activement et sans détour. Regardez les choses telles qu'elles sont, et non comme vous aimeriez qu'elles soient.

Mettez les expériences positives à profit. En règle générale, les activités servant la promotion de la croissance personnelle sont «stimulantes». Il se peut que vous vous sentiez très alerte après avoir choisi de vous exprimer à la faveur d'activités artistiques ou sportives, ou que vous ayez l'impression que votre vie est bien remplie, lorsque vous vous retrouvez seul dans la nature ou en compagnie d'amis, ou quand vous venez en aide à autrui. Selon Maslow, les expériences pénétrantes sont des moments temporaires d'actualisation de soi, quelle que soit leur origine. Par conséquent, cherchez à répéter les activités qui vous procurent un sentiment d'émerveillement, d'exaltation, de renouveau, d'humilité, de joie ou d'accomplissement.

Soyez prêt à être différent. Selon Maslow, tout un chacun a un potentiel de «grandeur», mais la plupart ont peur d'atteindre leur plein potentiel. Cette peur est surtout reliée au fait que la réalisation de votre plein potentiel peut vous aliéner les personnes ou les choses auxquelles vous tenez. Soyez prêt à renoncer à être populaire, lorsque vos opinions tranchent avec celles des autres. Fiez-vous à votre intuition et à vos sentiments, et ne vous jugez pas automatiquement à la lumière des normes d'autrui. Acceptez votre originalité. Comme l'a affirmé une jeune femme : «J'ai

Applications

toujours essayé d'être ce que les autres croyaient qu'il fallait que je sois, mais maintenant je me demande si je ne devrais tout simplement pas voir que je suis ce que je suis» (Rogers, 1962).

Soyez motivé. Maslow a conclu qu'à quelques exceptions près, les personnes accomplies tendaient à être animées d'une «mission» ou d'une vocation. Pour elles, le travail ne sert pas seulement à combler des besoins, mais à satisfaire des désirs supérieurs de vérité, d'harmonie, de fraternité et de raison. Il se peut que la plupart de vos gestes soient motivés par des besoins plus terre à terre. On peut cependant ajouter un sens à ces activités en exécutant chaque tâche avec application. Soyez déterminé et portez votre attention sur des enjeux extérieurs.

Ralentissez. Évitez de tout faire à la course ou de prendre les bouchées doubles. La conscience de soi se développe avec le temps, et les loisirs sont essentiels à la contemplation et à l'introspection. Les pressions exercées à cause du manque de temps forcent les gens à recourir à de vieilles habitudes.

Commencez un journal intime. Bien que cette suggestion ne provienne pas de Maslow, le journal intime est un excellent outil d'actualisation de soi. Pour un grand nombre, il renferme l'information nécessaire à effectuer les changements requis dans le cadre d'un projet de croissance personnelle. Le journal intime doit comprendre la description des événements importants de la vie, en plus de contenir vos réflexions, sentiments, peurs, désirs, frustrations et rêves. Certaines gens ont recours au dialogue, où ils s'adressent à leurs parents, professeurs ou amants ainsi qu'à de objets. Révisez et relisez votre journal intime périodiquement. Vous tirerez de meilleures leçons d'un événement une fois que ce dernier aura «refroidi» et que vous pourrez jeter sur lui un regard plus objectif.

Évaluez vos progrès. Étant donné qu'il n'y a pas de point final à votre projet, il importe de mesurer vos progrès souvent afin de renouveler vos efforts. L'ennui signifie souvent qu'un changement s'impose. Si l'école, le travail ou une relation vous pèse, considérez la situation comme un défi ou une indication que vous n'avez pas pris votre croissance personnelle en main. L'ennui dépend de votre attitude, et presque toute activité peut servir à des fins d'introspection, si l'on fait preuve d'imagination.

Ce à quoi s'attendre. Comme nous l'avons dit, les activités favorisant la croissance personnelle procurent généralement une grande satisfaction.

Question : Existe-t-il d'autres moyens de savoir que l'on est sur la bonne voie?

Oui. Votre qualité de vie devrait s'améliorer sensiblement, et vous devriez mieux vous accepter et accepter les autres. Vous devriez avoir une plus grande confiance en vous et éprouver moins de stress dans l'accomplissement de vos tâches quotidiennes. Cela ne se produit pas du jour au lendemain, et les premiers gestes menant à la réalisation personnelle peuvent s'avérer à la fois menaçants et exaltants. Les changements positifs peuvent se produire très subtilement. À ce sujet, Henry David Thoreau, après avoir passé deux ans dans la nature à Walden Pond, parla de son expérience en ces termes :

> *J'ai appris au moins ceci : si l'on emprunte le chemin de ses rêves en toute confiance et que l'on s'efforce de vivre la vie que l'on a imaginée pour soi, la réussite est souvent inattendue; on abandonne certaines choses et l'on franchit des obstacles invisibles; de nouvelles lois universelles et plus libérales commencent à se façonner autour de soi... Les lois de l'univers apparaissent incomplètes, et la solitude n'est plus la solitude, ni la pauvreté, de la pauvreté, ni la faiblesse, de la faiblesse.*

Autotest

1. Dans ses écrits, Maslow affirme que l'actualisation de soi est un processus, non un objectif ou une fin. Vrai ou faux?

2. Le recours à son plein potentiel signifie que l'on vit sa vie selon les attentes d'autrui. Vrai ou faux?

3. Maslow décrit les expériences pénétrantes comme des moments d'actualisation de soi. Vrai ou faux?

4. Une des caractéristiques principales des personnes accomplies est l'intérêt qu'elles portent au statut et à la reconnaissance personnels. Vrai ou faux?

5. Selon Maslow, prendre ses désirs pour la réalité et déformer les perceptions de soi sont des barrières à la réalisation personnelle. Vrai ou faux?

Réponses :

1. Vrai 2. faux 3. vrai 4. faux 5. vrai

Exploration : le contrôle de l'image de soi — quel moi distinguez-vous?

Au moment où vous entrez dans la pièce, vous faites face au dilemme qui se présente à tous ceux et celles qui assistent à une réception. À gauche, s'entretiennent trois personnes qui partagent les mêmes intérêts — l'une est cinéphile, l'autre, amateur d'art et la troisième, amateur de musique. À droite, un groupe de gens différents, notamment une pacifiste, un pro-militaire et une personne timide. À quel groupe devez-vous vous joindre? Votre réponse repose sur votre niveau de *contrôle de l'image de soi* (Snyder et Harkness, 1984).

Le **contrôle de l'image de soi** désigne le niveau de *régulation* (observation et maîtrise) de l'image que l'on présente à autrui. Les **gens à haut niveau de contrôle** sont très sensibles aux situations et aux attentes, comme s'ils se demandaient : «Quel type de personne la situation exige que je sois, et comment puis-je devenir cette personne?» Par ailleurs, les **gens à faible niveau de contrôle de l'image de soi** sont moins intéressés à maîtriser l'impression qu'ils créent. Ils cherchent à exprimer précisément ce qu'ils pensent et ressentent, comme s'ils se demandaient : «Qui suis-je, et comment puis-je m'affirmer dans la situation présente?» (Snyder, 1987).

Le moi public Le contrôle de l'image de soi a été étudié en profondeur par le psychologue Mark Snyder. En général, ceux qui sont à haut niveau de contrôle se définissent de façon floue et s'intéressent grandement à leur «image» publique. D'autre part, ceux qui sont à faible niveau de contrôle tentent de présenter leurs convictions et principes avec précision, peu importe la situation. Snyder croit que le mode de définition de ce que les personnes considèrent comme leur «moi» a un effet sur la vie et le comportement de celles-ci.

Pour revenir à la réception, Snyder et Harkness (1984) se sont rendu compte que dans des circonstances analogues, ceux qui contrôlent fortement leur image de soi préféraient joindre les groupes clairement définis. À la réception, ils pourraient adopter une attitude «culturelle» et se joindre au premier groupe. Par ailleurs, le second groupe les embêterait davantage, et leur image offenserait vraisemblablement au moins un des membres du groupe. De telles différences de groupe importent beaucoup moins à ceux qui contrôlent moins leur image de soi, et ils choisiraient un groupe qui compte une personne à laquelle ils peuvent s'identifier.

Question : Comment déterminer si nous sommes à faible ou à haut niveau de contrôle de l'image de soi?

Haut ou faible? Pour mesurer cette caractéristique, Snyder a conçu une grille de mesure du contrôle de l'image de soi. Bien que nous ne puissions reproduire celle-ci intégralement, les exemples qui suivent donnent un aperçu des énoncés qui distinguent les hauts niveaux de contrôle des faibles niveaux.

Hauts niveaux de contrôle de l'image de soi

Je pourrais devenir un bon acteur.
Je ne suis pas toujours celle que l'on voit.
Je me mets en valeur pour impressionner et divertir les autres.

Faibles niveaux de contrôle de l'image de soi

Je n'ai jamais excellé à des jeux comme les charades ou l'improvisation.
Dans un groupe, je suis rarement le centre de l'attention.
Lors d'une réception, je laisse aux autres le soin de divertir la foule.

Si vous ne connaissez toujours pas votre style, les comparaisons qui suivent peuvent s'avérer utiles. Chaque différence a été vérifiée dans le cadre d'études sur le contrôle de l'image de soi (Snyder, 1987).

■ Les **gens à haut niveau de contrôle de l'image de soi** s'intéressent aux activités des autres et tentent de «lire» les motifs, attitudes et traits d'autrui. On peut supposer que ces personnes agissent ainsi de manière à apprendre comment se présenter à une autre, lors d'une sortie, par exemple.

■ Les **gens à faible niveau de contrôle de l'image de soi** cherchent à harmoniser leur comportement en public avec leurs attitudes, sentiments et convictions personnelles. Ces personnes tendent à s'exprimer ouvertement, quel que soit l'auditoire.

■ Les **hauts niveaux** sont souples et accommodants, en plus de manifester un comportement différent selon les circonstances.

■ Le comportement des **faibles niveaux** change peu d'une situation à l'autre, et ceux-ci accordent une importance à la concordance entre ce qu'ils croient être et ce qu'ils font. Ils ne changent pas d'opinion pour plaire aux autres ou pour s'attirer les bonnes grâces d'autrui.

■ Les **contrôleurs actifs** tendent à s'affirmer en énumérant leurs fonctions et responsabilités (étudiant, employé des postes, membre de l'harmonie de l'école, troisième meilleur joueur de tennis de l'équipe, etc.).

■ Les **contrôleurs passifs** s'affirment à la faveur de leurs convictions, de leurs émotions, de leurs valeurs et de leur personnalité.

■ Les **actifs** se lient d'amitié avec des personnes talentueuses ou bien informées dans des domaines variés, en plus d'avoir tels amis pour telles activités.

Exploration

■ Les **passifs** tendent à avoir des amis qui se ressemblent sur plusieurs plans fondamentaux. Quelle que soit l'activité, ils préfèrent la compagnie des mêmes personnes.

■ Les **actifs** se soucient des apparences et choisissent leurs vêtements, coiffures, bijoux et autres accessoires pour projeter une image.

■ Les **passifs** disposent d'une garde-robe moins élaborée et ne cherchent pas à modifier leur image aussi souvent que les actifs.

■ Les **actifs** sortent avec quelqu'un principalement en raison de l'apparence de cette personne. (Dans les petites annonces, leur message met l'accent sur l'apparence.)

■ Les **passifs** sont davantage intéressés à la personnalité de la personne avec laquelle ils sortent.

■ Les **actifs** croient qu'il est possible d'aimer deux personnes à la fois.

■ Les **passifs** estiment qu'on ne peut vraiment aimer qu'une seule personne.

■ Les **actifs** préfèrent occuper un emploi dont les tâches sont clairement définies.

■ Les **passifs** préfèrent un emploi où ils peuvent «être eux-mêmes».

Ce que cela signifie. Comme vous pouvez le constater, chaque type comporte des avantages et des désavantages. En général, ceux qui contrôlent activement leur image de soi sont accommodants et font bonne figure en société, mais tendent toutefois à taire leurs sentiments, leurs convictions et leurs intentions. Combiné avec l'écart qui existe entre leurs attitudes et leurs gestes, cela peut avoir un effet adverse sur leurs relations. Par ailleurs, le désavantage principal des personnes qui contrôlent passivement leur image de soi provient de leur tendance à ne pas répondre adéquatement aux exigences reliées à chaque situation. Ces personnes n'aspirent qu'à «être elles-mêmes», même lorsque certaines modifications à leur présentation en public pourraient améliorer leur rendement.

Un moi authentique? Existe-t-il un «moi authentique» qui sous-tend les rôles multiples que nous assumons dans la vie de tous les jours? Les études portant sur le contrôle de l'image de soi soulèvent des interrogations au sujet de la présence d'un «moi authentique» chez toutes les personnes. Les actifs en particulier agissent comme s'ils avaient plusieurs moi. Il importe à ces personnes de maintenir la main haute sur l'image qu'elles projettent, où qu'elles se trouvent. Il se peut que leur «moi public» soit ou ne soit pas soutenu par un «moi authentique» intérieur. Dans de nombreux cas, il peut être souhaitable d'essayer de comprendre le moi *en action* en observant la manière dont les gens se définissent. La réponse à la question «Qui suis-je?» diffère d'une personne à l'autre, de même que la réponse à «Ai-je un moi authentique?».

Avez-vous un moi authentique? Réfléchissez bien à la question la prochaine fois que vous assisterez à une réception.

Autotest

1. Le contrôle de l'image de soi désigne le niveau de comparaison que les personnes établissent entre l'image qu'elles ont d'elles-mêmes et celle que les autres entretiennent à leur égard. Vrai ou faux?

2. Les gens qui ont un faible niveau de contrôle de l'image de soi tendent à se demander : «Quelle personne dois-je être dans la situation présente?» Vrai ou faux?

3. En société, les gens qui ont un haut niveau de contrôle de l'image de soi préfèrent nettement des groupes clairement définis qui ne donnent pas lieu à des conflits de présentation de soi. Vrai ou faux?

4. Un contrôleur passif acquiescera probablement à l'énoncé suivant : «D'habitude, je préfère porter mes vêtements les plus confortables, quelles que soient les circonstances.» Vrai ou faux?

5. «Type Roch Voisine recherche type mannequin mince pour partager élans et plaisirs.» Cette annonce a probablement été insérée par un contrôleur actif. Vrai ou faux?

Réponses :

1. faux 2. faux 3. vrai 4. vrai 5. vrai

Résumé du chapitre

■ À l'instar des autres modèles **psychodynamiques**, la **théorie psychanalytique** de Sigmund Freud met l'accent sur les forces inconscientes et les conflits de la personnalité. En vertu de cette théorie, la personnalité se compose du **ça**, du **moi** et du **surmoi**. Dérivée des instincts de vie, la **libido** est l'énergie première qui gouverne la personnalité. Les conflits de la personnalité peuvent entraîner l'**angoisse névrotique** ou **morale** et justifier le recours à des **mécanismes de défense du moi**. La personnalité fonctionne sur trois plans : le **conscient**, le **préconscient** et l'**inconscient**.

■ Le modèle freudien du développement de la personnalité se fonde sur une suite de **stades psychosexuels**, soit les stades **oral**, **anal**, **phallique** et **génital**. La **fixation** à tout stade peut marquer la personnalité de manière permanente.

■ Certains disciples de Freud, appelés **néo-freudiens**, ont modifié et mis à jour les théories de celui-ci, tandis que d'autres ont mis au point des théories apparentées, mais distinctes des théories psychodynamiques.

■ Alfred Adler a suggéré un **modèle social** de la personnalité en mettant l'accent sur les **sentiments d'infériorité** et la **quête de supériorité**. Cette dernière, de même que la **compensation,** crée un **mode de vie** unique, lequel se transforme davantage sous l'influence du **moi créateur**.

■ Karen Horney a remis en question certains aspects de la pensée de Freud relativement à la supériorité du mâle. Selon elle, les troubles émotifs proviennent d'une **angoisse fondamentale**, laquelle peut causer le recours abusif à l'un des trois modes de relations avec autrui : le **rapprochement**, l'**éloignement** et l'**opposition**.

■ Carl Jung s'est inscrit en faux contre la théorie de Freud et a conçu sa propre théorie, qui inclut des notions uniques comme la **persona**, l'**extraversion** et l'**introversion**, l'**inconscient personnel** et l'**inconscient collectif**. Ses idées les plus controversées concernent l'existence d'**archétypes** comme l'**anima**, l'**animus** et l'**archétype du soi**.

■ Les **théories behavioristes** de la personnalité mettent l'accent sur l'apprentissage, le conditionnement et les effets immédiats du milieu. Les **théoriciens de l'apprentissage** rejettent généralement la notion de «traits» de personnalité stables, et privilégient plutôt les effets de l'**apprentissage antérieur** et des **déterminants situationnels** sur le comportement.

■ Les théoriciens de l'apprentissage John Dollard et Neal Miller estiment que les **habitudes** sont au coeur de la personnalité. Celles-ci expriment les effets combinés des **besoins**, des **signaux**, des **réponses** et des **récompenses**.

■ La **théorie de l'apprentissage social** ajoute des éléments cognitifs comme la perception, la pensée et la compréhension au modèle behavioriste. Julian Rotter parle de **situation psychologique**, d'**attentes** et de **valeur de renforcement**. Certains théoriciens de cette école de pensée traitent la «conscience morale» comme un élément d'**auto-renforcement**.

■ En vertu du modèle behavioriste du développement de la personnalité, le **renforcement social** est critique dans quatre situations : l'**alimentation**, l'**apprentissage de la propreté**, l'**apprentissage de la sexualité** et l'**apprentissage de l'expression de la colère et de l'agressivité**. L'**identification** et l'**imitation** sont particulièrement importantes au stade de l'apprentissage de la sexualité.

■ La **théorie humaniste** met l'accent sur l'**expérience subjective** et les besoins d'**actualisation de soi**. L'étude d'Abraham Maslow des **facteurs de l'actualisation de soi** a révélé que ceux-ci partagent une variété de caractéristiques, depuis la perception efficace de la réalité à des expériences pénétrantes fréquentes.

■ La théorie de Carl Rogers considère le **soi** comme une entité qui est issue du **champ phénoménologique**. Les expériences qui correspondent à l'**image de soi** sont **symbolisées** (admises dans la conscience), tandis que celles marquées au coin de la **non-congruence** en sont exclues. La **personne non congruente** possède une image de soi très irréaliste, alors que la personne **congruente**, ou **pleinement fonctionnelle**, est souple et ouverte aux expériences et aux sentiments.

■ Dans le développement de la personnalité, les humanistes s'intéressent surtout à l'émergence de l'**image de soi** et de l'**auto-évaluation**. Comme les parents appliquent les **critères d'appréciation** au comportement, aux pensées et aux sentiments des enfants, ceux-ci commencent à faire de même. Les critères d'appréciation intériorisés contribuent ensuite à la non-congruence et interrompent le **processus d'évaluation organismique**.

■ L'actualisation de soi est davantage un **processus** de croissance personnelle qu'une fin. En ce sens, on peut chercher à y parvenir à tout moment durant la vie.

■ Tous n'éprouvent pas le même désir de maîtriser l'impression qu'ils font sur autrui. Les **gens qui contrôlent fortement leur image de soi** s'efforcent d'adopter une image publique qui sied aux circonstances, alors que **ceux qui contrôlent faiblement cette image de soi** désirent exprimer leurs sentiments, leurs convictions et leurs valeurs, quelles que soient les circonstances. Le contrôle actif de l'image de soi soulève des interrogations au sujet de l'existence d'un «moi authentique» chez tous.

Questions de discussion

1. Pouvez-vous décrire un geste que vous avez posé récemment et qui semble représenter une manifestation du ça, du moi ou du surmoi? Quel regard un behavioriste ou un humaniste poserait-il sur le même événement?

2. Pouvez-vous vous rappeler un comportement ou une expérience qui semble appuyer l'existence de motivations conscientes ou inconscientes?

3. Pouvez-vous citer des exemples à l'appui de la notion freudienne des stades psychosexuels? Des exemples qui viennent contredire ces derniers?

4. «M. Net» est-il anal-rétentif?

5. À qui vous identifiiez-vous durant votre enfance? Comment cela a-t-il influé sur votre personnalité?

6. Freud croyait que les adolescents de sexe masculin qui entrent en conflit avec des figures d'autorité masculines (professeurs, prêtres, policiers, etc.) reportaient leur complexe d'Oedipe sur ces dernières. Qu'en pensez-vous?

7. Quelles expériences ont contribué à votre croissance personnelle? Quelles expériences ont retardé cette croissance ou ont eu sur elle des effets négatifs? Quelle théorie de la personnalité explique le mieux les différences entre ces expériences?

8. Le point culminant du film *Rencontres du troisième type* est l'arrivée sur terre d'un magnifique vaisseau spatial rond. Le vaisseau s'ouvre, et des créatures qui ressemblent à des enfants entraînent avec elles des élus pour entreprendre une nouvelle vie, ailleurs dans l'espace sidéral. Quels archétypes se cachent derrière ces images? Pouvez-vous songer à d'autres films, oeuvres d'art ou images qui semblent symboliser les archétypes jungiens?

9. À l'heure actuelle, quels sont les «moi possibles» les plus importants qui vous viennent à l'esprit? Ces images de votre personnalité ont-elles influencé votre comportement?

10. La plupart des gens prêtent attention à l'impression qu'ils créent auprès d'autrui. Pensez-vous que cette préoccupation signifie que ces gens n'ont pas de «moi authentique» unique? Ou cela signifie-t-il plutôt que le désir de bien paraître aux yeux des autres constitue un élément clé de l'image de soi authentique?

CHAPITRE 18

L'INTELLIGENCE

APERÇU DU CHAPITRE
QUEL JOUR SOMMES-NOUS?

Demandez à Georges les années récentes où le 21 avril est tombé un dimanche. Il vous répondra sans hésiter : « 1985, 1974, 1968, 1963, 1957, 1946 ». Et il ne s'agit là que d'un faible échantillon de son talent. Si on l'encourage, Georges pourra remonter jusqu'en 1700, sans se tromper une seule fois! En effet, il peut facilement calculer les dates d'au moins 6 000 années et annoncer que le 15 février 2002 sera un vendredi, et que le 28 août 1591 était un mercredi.

Question : Est-ce un génie?

Les aptitudes de Georges sont encore plus étonnantes, si l'on sait qu'il souffre de déficience mentale et qu'il est incapable d'additionner, de soustraire, de multiplier ou de diviser des nombres simples (Horwitz et autres, 1965). L'étrange talent de Georges est un exemple du syndrome du savant, où une goutte de génie se perd dans une mer de déficience. Ce syndrome caractérise une personne dotée d'une intelligence inférieure à la moyenne, mais qui possède une aptitude mentale exceptionnelle dans un ou plusieurs domaines très restreints.

Question : Comment Georges peut-il être déficient et posséder cette aptitude en même temps?

Le contraste frappant entre la déficience générale de Georges et son aptitude mentale inhabituelle illustre bien le défi que doivent relever les psychologues, lorsqu'ils tentent de définir et de mesurer l'intelligence. On cherche encore à savoir si l'intelligence est un trait général ou un ensemble d'aptitudes précises, si elle est déterminée par la «roue de fortune» génétique ou s'acquiert par le milieu, s'il est possible d'élaborer un test d'intelligence qui soit équitable pour tous, et si l'intelligence joue un rôle important sur le plan de la «réussite». Étant donné que les connaissances sur l'intelligence évoluent rapidement, nous ne pouvons fournir de réponses définitives.

Le présent chapitre est divisé en deux parties afin d'en favoriser l'étude. D'abord, nous supposerons que l'intelligence peut se mesurer et utiliserons les résultats de tests pour éclaircir ce sujet. Ensuite, nous examinerons certaines questions soulevées quant à la validité des tests d'intelligence et à la signification des résultats obtenus.

Questions d'ensemble

- Comment les psychologues définissent-ils l'intelligence?
- Quelles sont les qualités d'un bon test psychologique?
- Qu'est-ce qui caractérise les tests de QI?
- Quels liens existent entre le QI, le sexe, l'âge et la profession?
- Que nous apprend le QI sur le génie?
- Quelles sont les causes de la déficience mentale?
- Qu'est-ce qui influe le plus considérablement sur l'intelligence : l'hérédité ou le milieu?
- Les tests de QI sont-ils équitables envers tous les groupes ethniques et culturels?

La définition de l'intelligence — l'intelligence, c'est... Je veux dire... Tu piges?

Comme c'est le cas de nombreuses notions importantes en psychologie, l'intelligence ne peut être observée directement. Elle ne se pèse pas, n'occupe pas d'espace et ne se voit pas. Néanmoins, nous savons qu'elle existe. Prenons l'exemple des deux personnes suivantes :

À 14 mois, Anne H. était capable d'écrire son nom. Elle apprit à lire par elle-même à l'âge de 2 ans. À 5 ans, elle stupéfia son professeur de maternelle en apportant des encyclopédies en classe, qu'elle entreprit de lire. À 10 ans, elle liquida un cours d'algèbre de niveau secondaire en 12 heures.

À l'âge de 10 ans, Paul A. peut écrire son nom et compter, mais il éprouve de la difficulté à résoudre des problèmes simples d'addition et de soustraction, et est incapable de multiplier. Il a redoublé deux classes, mais ne peut accomplir les tâches jugées faciles par ses camarades de classe de 8 ans. Ses professeurs ont suggéré qu'il participe à un programme spécial d'enseignement, destiné aux élèves lents.

On considère qu'Anne est un génie et Paul, un élève lent. Manifestement, leur intelligence diffère.

Question : Pas si vite! L'aptitude d'Anne est évidente, mais comment savons-nous si Paul n'est pas tout simplement paresseux?

Alfred Binet s'est trouvé dans un dilemme semblable en 1904. À Paris, le ministre de l'éducation l'avait chargé de trouver un moyen de distinguer les élèves lents des élèves doués (ou doués, mais paresseux). Dans un éclair de génie, Binet et ses collègues ont élaboré un test qui comportait des questions et des problèmes «intellectuels». Ils ont ensuite déterminé les questions auxquelles pouvait répondre un enfant moyen à chaque âge. Les enfants dont les résultats furent inférieurs à cette moyenne furent considérés disposer d'une faible habileté intellectuelle.

La méthode de Binet est à l'origine des tests d'intelligence modernes et d'un débat souvent en- flammé, parfois acerbe qui dure depuis 80 ans. Une partie de ce dernier porte sur la difficulté fondamentale de définir l'intelligence.

Question : Existe-t-il une définition de l'intelligence qui soit reconnue?

La plupart des psychologues accepteraient probablement la description générale de David Wechsler de l'intelligence, soit *la capacité générale d'agir de façon réfléchie, de penser rationnellement et de composer efficacement avec le milieu.* Cette définition est illustrée au tableau 18.1, lequel présente les résultats d'une recherche effectuée auprès de 1 020 experts sur l'intelligence. Au moins les trois quarts d'entre eux conviennent que les éléments répertoriés sont des parties importantes de l'intelligence (Snyderman et Rothman, 1987).

Au-delà de cette définition, il existe un tel désaccord que de nombreux psychologues n'acceptent qu'une **définition opérationnelle** de l'intelligence (illustration 18.1). (On définit une notion de façon opérationnelle en précisant les méthodes utilisées pour mesurer celle-ci.) En choisissant les items de son test, un psychologue indique clairement ce qu'il entend par «intelligence». Un test qui mesure la mémoire, le raisonnement et la facilité verbale propose une définition de l'intelligence qui diffère grandement d'un autre qui mesure la poigne, la pointure de chaussure, la longueur du nez ou le meilleur score à un jeu vidéo.

La fiabilité et la validité Supposons qu'un psychologue à l'esprit dérangé, Jean D. Raille, décide d'élaborer un test de QI. Toute personne sensée sera alors en droit de se demander si le test de Raille est *fiable* et *valide*.

Question : Qu'entend-on par «fiabilité»?

Un pèse-personne fiable affiche le même poids lors de plusieurs pesées successives. Un test est **fiable,** lorsqu'une personne qui le passe obtient les mêmes résultats (ou à peu près) à chaque fois. En d'autres termes, les résultats doivent être uniformes et fortement corrélés. Un test qui n'est pas fiable est peu valable, comme un

Tableau 18.1   *Éléments importants de l'intelligence*

DESCRIPTION	SONT D'ACCORD (%)
Raisonnement abstrait	99,3
Aptitude à résoudre des problèmes	97,7
Capacité d'acquérir des connaissances	96,0
Mémoire	80,5
Adaptation au milieu	77,2

(Adapté de Snyderman et Rothman, 1987)

Illustration 18.1   *Les tests d'intelligence modernes servent communément à mesurer les aptitudes mentales. Convenablement utilisés, ils donnent une définition opérationnelle de l'intelligence.*

test de grossesse qui donnerait des résultats positifs et négatifs à la même femme qui l'utiliserait le même jour, à différentes reprises.

Pour en vérifier la *fiabilité*, on peut donner le test de Raille à un grand nombre de personnes, puis réitérer la semaine suivante. On peut aussi comparer les résultats d'une moitié des items du test à ceux de l'autre moitié (*fidélité pair-impair*). Pareillement, si Raille offrait deux versions du test, on pourrait corréler les premiers et les seconds résultats d'une même personne (*fidélité des formes parallèles*).

En comparant ces résultats, on constate que le test de Raille est assez fiable. En fait, les résultats sont identiques chaque fois que le test est administré : ils égalent zéro (Raille obtient 100 pour 100 et peut donc se proclamer le seul humain doté d'intelligence). Admettons que le test de Raille est fiable (mais pour les mauvaises raisons); il faut maintenant en déterminer la validité.

Manifestement, l'exemple choisi est saugrenu. Un test est **valide** lorsqu'il mesure ce qu'il prétend mesurer. Même en faisant un gros effort d'imagination, on ne peut qualifier de valide un test d'intelligence que seul son concepteur peut réussir.

Question : Comment détermine-t-on la validité d'un test?

On évalue habituellement la validité d'un test en comparant les résultats de l'épreuve à la performance véritable, c'est-à-dire en déterminant la validité des critères. Par exemple, on peut valider un test d'aptitude en droit en en comparant les résultats avec les notes obtenues à la faculté de droit. Si des résultats élevés sont en corrélation avec des notes élevées ou un autre facteur de mesure de la réussite, le test est valide. Malheureusement, de nombreux tests, comme ceux qu'on trouve dans les magazines ou qu'on donne dans les cours de formation personnelle, sont peu ou pas valides.

La dernière bataille de Raille   Retournons une dernière fois au professeur Raille. Bien qu'il admette que son test présente certaines difficultés, il prétend que celui-ci est **objectif**. A-t-il raison? Il se pourrait bien que oui. Si les résultats sont les mêmes lorsque les correcteurs

sont différents, le test est objectif. Toutefois, l'objectivité n'est pas une garantie suffisante de l'équité d'un test. Un test psychologique qui se veut utile doit être *standardisé*.

La **standardisation** d'un test désigne l'utilisation de méthodes standard d'administration du test à toutes les personnes. Les directives, les formulaires de réponses, la durée, etc. sont identiques pour tous. Ensuite, elle désigne l'établissement d'une **norme**, c'est-à-dire les résultats moyens obtenus par un nombre élevé de personnes auxquelles le test est destiné. Sans standardisation, il serait injuste de comparer les résultats de personnes qui ont passé un test plusieurs fois. En l'absence de normes, on ne pourrait déterminer si les résultats sont élevés, faibles ou moyens.

À une section ultérieure du présent chapitre, nous examinerons la question de la validité des tests d'intelligence. Pour l'instant, étudions certains tests standardisés utilisés couramment et la signification des résultats.

La mesure de l'intelligence — votre QI et vous

Les psychologues américains reconnurent rapidement la valeur du test de Binet. En 1916, **Lewis Terman** et ses collègues de l'université Stanford le révisèrent afin de l'utiliser aux États-Unis. Après maintes révisions, l'**échelle d'intelligence de Stanford-Binet** jouit encore d'une grande popularité. Elle tient pour acquis que l'aptitude mentale d'un enfant s'améliore avec l'âge, et compte donc un ensemble gradué de tests plus difficiles, lesquels correspondent à chaque groupe d'âge.

Les questions associées à l'âge permettent de mesurer l'**âge mental** d'une personne. Par exemple, très peu d'enfants de 8 ou 9 ans peuvent définir le mot *connexion*. Dix pour cent des enfants de 10 ans y parviennent, de même que 60 pour 100 des enfants de 13 ans. En d'autres termes, la capacité de définir le mot *connexion* indique l'aptitude mentale d'un enfant de 13 ans, soit un âge mental de 13 ans (pour ce seul item). Le tableau 18.2 présente des exemples d'items auxquels des personnes d'intelligence moyenne peuvent répondre à différents âges.

L'âge mental permet de mesurer l'aptitude réelle, mais il ne précise pas si l'intelligence générale est élevée ou faible. Pour connaître la signification de l'âge mental, il faut également prendre en considération l'**âge chronologique** (l'âge en années). On peut alors relier l'âge mental à l'âge réel, afin de déterminer le **QI** ou **quotient intellectuel**. Lorsqu'on a utilisé l'échelle de Stanford-Binet la première fois aux États-Unis, on a défini le QI en divisant l'âge mental (AM) par l'âge chronologique (AC), puis en multipliant le résultat par 100 :

$$\frac{AM}{AC} \times 100 = QI$$

Le QI permet de comparer l'intelligence d'enfants dont les âges chronologique et mental diffèrent. Par exemple, un enfant de 10 ans dont l'âge mental est de 12 ans a un QI de 120 :

$$\frac{(AM)\ 12}{(AC)\ 10} \times 100 = 120\ (QI)$$

Un autre enfant, dont l'âge mental et l'âge chronologique sont de 12 ans, aurait un QI de 100 :

$$\frac{(AM)\ 12}{(AC)\ 12} \times 100 = 100\ (QI)$$

Le QI indique que l'enfant de 10 ans est plus brillant que son ami de 12 ans, même si leurs aptitudes mentales sont identiques. Le QI égale 100 lorsque AM = AC. Un QI de 100 représente donc l'intelligence moyenne.

Question : Une personne dont le QI est inférieur à 100 possède-t-elle une intelligence inférieure à la moyenne?

Tableau 18.2 *Échantillon d'items tirés de l'échelle d'intelligence de Stanford-Binet*

---

2 ans
- Peut désigner les cheveux, la bouche, les pieds, les oreilles, le nez, les mains et les yeux d'une grande poupée de papier.
- Lorsqu'on lui montre une tour faite de quatre blocs, peut en construire une qui est identique.

3 ans
- Lorsqu'on lui montre un pont fait de trois blocs, peut en construire un qui est identique.
- Lorsqu'on lui montre le dessin d'un cercle, peut en dessiner un avec un crayon.

4 ans
- Peut compléter les phrases suivantes : «Mon frère est un garçon, et ma sœur est une ____. Le jour, il fait clair, et la nuit, il fait ____.»
- Répond correctement aux questions suivantes : «À quoi servent les maisons? À quoi servent les livres?»

5 ans
- Peut définir les termes *balle*, *chapeau* et *cuisinière*.
- Lorsqu'on lui montre le dessin d'un carré, peut en dessiner un avec un crayon.

9 ans
- Répond correctement, lorsqu'on lui demande : «Dans un vieux cimetière en Espagne, on a trouvé un petit crâne qui serait celui de Christophe Colomb à l'âge de 10 ans. Pourquoi cela est-il insensé?»
- Répond correctement aux questions suivantes : «Quelle couleur rime avec le mot «bouge»? Quel nombre rime avec le mot «pois»?

Adulte
- Peut distinguer la paresse de l'inaction, la pauvreté de la misère, l'humour de la moquerie.
- Répond correctement à la question suivante : «Dans quelle direction devriez-vous vous placer, pour que votre main droite soit située au nord?»

(Terman et Merrill, 1960).

Seulement si le QI est considérablement inférieur à 100. Un QI de 100 représente la moyenne *mathématique* des résultats. Tout QI entre 90 et 109 représente habituellement une *intelligence moyenne*. Le QI est supérieur à 100, lorsque l'âge mental est supérieur à l'âge chronologique (illustration 18.2), et inférieur à 100, lorsque l'âge chronologique est supérieur à l'âge mental, comme c'est le cas d'une personne de 15 ans dont l'AM égale 12 ans :

$$\frac{12}{15} \times 100 = 80\ (QI)$$

Les calculs précédents illustrent la signification du QI. Toutefois, de nombreux tests modernes ne calculent plus le QI, mais le **QI standardisé**. On compare alors les résultats d'une personne à ceux des autres candidats. Les tableaux qui accompagnent le test servent ensuite à convertir le rang relatif d'une personne en QI.

Illustration 18.2   *Marilyn Mach vos Savant possède le QI le plus élevé jamais enregistré officiellement, soit 230. À l'âge de 7 ans et 9 mois, elle pouvait répondre aux mêmes questions qu'une personne de 18 ans. À 8, 9 et 10 ans, elle obtint des résultats parfaits à l'échelle de Stanford-Binet. Maintenant au début de la quarantaine, elle tire profit de sa célébrité en donnant des conférences et en publiant des livres (Lemley, 1986).*

Cette méthode évite les erreurs fâcheuses qui se produisent lors du calcul direct du QI.

Comparaison : termes servant à définir le QI

Âge mental : mesure de l'aptitude mentale définie selon les capacités moyennes des personnes à chaque âge; aptitude mentale sans tenir compte de l'âge chronologique.

Âge chronologique : âge d'une personne en années.

Quotient intellectuel (QI) : indice de l'intelligence obtenu en divisant l'âge mental d'une personne par l'âge chronologique, puis en multipliant le résultat par 100.

QI standardisé : QI obtenu statistiquement à partir du rang relatif d'une personne au sein de son groupe d'âge; différence entre les résultats d'une personne et ceux d'autres candidats.

Question : À quel âge le QI se stabilise-t-il?

La stabilité du QI   Le QI n'est pas très fiable jusqu'à l'âge de 6 ans (Honzik, 1983). La corrélation entre le QI d'un enfant de 2 ans et celui d'une personne de 18 ans n'est que de 0,31. (Une corrélation parfaite égale 1,00, et une corrélation nulle, 0,00.) Le QI devient plus fiable avec l'âge. La variation moyenne (médiane) du QI à de nouveaux tests est d'environ 5 points, tant à la hausse qu'à la baisse. Toutefois, l'intelligence testée peut varier

faiblement au cours du développement. Il n'existe aucune progression type. Dans certains cas, le QI peut varier de 15 points ou plus. Toutefois, peu de changements surviennent après le milieu de l'enfance.

Question : Quels sont les effets de l'âge sur le QI?

Étant donné que le QI reflète l'éducation, la maturité, l'expérience et l'aptitude mentale naturelle, il augmente graduellement jusqu'à environ 40 ans (Eichorn et autres, 1981). Il s'agit d'une moyenne, bien entendu. Le QI peut augmenter ou baisser considérablement. Qu'est-ce qui fait la différence? En général, les personnes dont le QI a augmenté ont connu des expériences intellectuelles stimulantes au début de l'âge adulte. Celles dont le QI diminue souffrent d'une maladie chronique ou de problèmes d'alcoolisme, ou mènent une vie monotone (Honzik, 1984).

Certaines études sur le QI ont révélé un lent déclin après l'âge mûr, d'autres, peu ou pas de variations attribuables à l'âge (Schaie, 1980). Comme on l'a vu au chapitre 15, on peut expliquer ces résultats contradictoires de la façon suivante : lorsqu'on évalue la culture ou la compréhension générales, le QI diminue peu jusqu'à un âge avancé; si les items d'un test nécessitent de la vitesse, de la vivacité d'esprit ou une souplesse de perception, le QI diminue plus tôt et décline rapidement après l'âge mûr (Balter et Schaie, 1974). En général, les pertes dues à l'âge sont minimes chez la plupart des personnes en bonne santé et qui possèdent un bon niveau d'éducation (Schaie, 1980).

Le lien entre le QI et l'âge peut s'avérer fascinant. En effet, une mort prochaine peut parfois être annoncée par une modification marquée des fonctions cérébrales. On a démontré que certaines aptitudes mentales avaient décliné brusquement environ 5 ans avant le décès. Ce déclin terminal du QI peut se mesurer même lorsque la personne semble être en bonne santé (Jarvik et autres, 1973; Suedfeld et Piedrahita, 1984).

Question : L'échelle de Stanford-Binet est-elle le seul test d'intelligence?

Le test de Wechsler   Un autre test communément utilisé est l'**échelle d'intelligence de Wechsler pour adultes**, ou **W.A.I.S.** Il existe également une version destinée aux enfants, l'**échelle d'intelligence de Wechsler pour enfants (W.I.S.C.).**

Les tests de Wechsler ressemblent à l'échelle de Stanford-Binet, mais certains aspects importants diffèrent. Le W.A.I.S. est expressément conçu pour mesurer l'intelligence des adultes. En outre, les deux tests, W.I.S.C. et W.A.I.S., évaluent l'intelligence liée à la **performance** (non verbale) et l'intelligence **verbale**. L'échelle de Stanford-Binet ne permet d'obtenir qu'un QI global, tandis qu'on peut fractionner les tests de

Wechsler afin de souligner les forces et les faiblesses dans divers domaines. Les aptitudes mentales révélées par les tests de Wechsler et un échantillon de certains items des tests sont répertoriés au tableau 18.3.

Comparez : les deux types d'intelligence mesurés par le W.A.I.S.

L'intelligence liée à la performance : l'intelligence dont on fait preuve en assemblant des casse-tête et des objets, en complétant des images et en accomplissant d'autres tâches non verbales.

L'intelligence verbale : l'intelligence dont on fait preuve en répondant à des questions relatives au vocabulaire, à la culture générale, à l'arithmétique et à d'autres tâches reliées à la langue ou aux symboles.

Les tests collectifs Les tests de Stanford-Binet et de Wechsler sont des **tests d'intelligence individuels** qui doivent être administrés par des spécialistes qualifiés. D'autres tests d'intelligence sont destinés à des groupes. Les **tests d'intelligence collectifs** se font habituellement par écrit. Les candidats doivent lire, suivre des directives et résoudre des problèmes de logique, de raisonnement, de mathématiques ou d'aptitudes spatiales. Le premier test d'intelligence collectif (*Army Alpha*) a servi à évaluer les recrues lors de la Première Guerre mondiale. Comme on peut le constater au tableau 18.4, les tests d'intelligence ont évolué considérablement depuis cette époque.

Vous avez sans doute déjà passé des tests d'intelligence, comme des tests d'aptitude aux études ou des tests de qualification. Il s'agit de tests collectifs qui mesurent l'intelligence et les chances de réussite à l'université.

Tableau 18.3 *Échantillon d'items semblables à ceux utilisés dans le test W.A.I.S.*

Sous-tests verbaux	Échantillon d'items
Information	Combien d'ailes un oiseau possède-t-il? Qui a écrit le *Tartuffe*?
Mémoire des chiffres	Répétez de mémoire une série de chiffres, comme 3 1 0 6 7 4 2 5, après l'avoir entendue une fois.
Compréhension générale	Pourquoi dépose-t-on de l'argent à la banque? Pourquoi le cuivre est-il si souvent utilisé dans les fils électriques?
Arithmétique	Trois hommes se sont partagé également 18 balles de golf. Combien de balles de golf chacun a-t-il reçu? Si deux pommes coûtent 0,15 $, combien coûtera une douzaine?
Similitudes	En quoi un lion et un tigre se ressemblent-ils? En quoi une scie et un marteau se ressemblent-ils?
Vocabulaire	Ce test consiste simplement à poser des questions comme : «Qu'est-ce qu'un(e) ____?» ou «Que signifie le terme ____?» Les termes peuvent être difficiles ou familiers.

Sous-tests de performance	Description de l'item
Disposition d'images	Disposer une série de cartes, afin de composer une histoire significative.
Complètement d'images	Qu'est-ce qui manque à ces images?
Cubes	Reproduisez les motifs au moyen de cubes (tel que démontré à droite).
Assemblage d'objets	Assembler un casse-tête.
Code	

1	2	3	4
X	III	I	0

Compléter les symboles :

3	4	1	3	4	2	1	2

(Gracieuseté de *The Psychological Corporation*.)

Tableau 18.4　*Items tirés du sous-test Army Alpha, sur le «sens commun»*

Le test *Army Alpha* a été administré aux recrues américaines lors de la Première Guerre mondiale, afin de déterminer les officiers éventuels. Les questions suivantes comportent un curieux mélange de bon sens populaire, d'information scientifique et de moralisme (Kessen et Cahan, 1986). D'autres parties du test ressemblent davantage aux tests d'intelligence modernes.

1. Si des plantes dépérissent en raison d'un manque de pluie, vous devriez .
❑ les arroser
❑ demander conseil à un fleuriste
❑ les fertiliser

2. Si l'épicier vous remet trop d'argent, que devez-vous faire?
❑ lui acheter des bonbons
❑ donner l'aumône au premier mendiant que vous rencontrez
❑ l'aviser de son erreur

3. Si vous voyiez un train approcher d'un rail endommagé, vous devriez
❑ appeler une ambulance
❑ faire signe au conducteur d'arrêter
❑ remplacer le bout de rail endommagé

4. Certaines personnes ont de la difficulté à respirer en altitude parce que
❑ le vent leur fait perdre le souffle
❑ l'oxygène se raréfie
❑ il y fait toujours froid

5. On ne voit pas d'étoiles le midi parce qu'elles
❑ se sont déplacées de l'autre côté de la terre
❑ sont beaucoup plus pâles que le soleil
❑ sont cachées par le ciel

Autotest

Avant de poursuivre votre lecture, vérifiez vos connaissances.

1. Le premier vrai test d'intelligence fut élaboré par _____.

2. Si on définit l'intelligence au moyen d'un test écrit, on utilise

   a. une définition tautologique　　*b*. une définition abstraite
   c. une définition opérationnelle　　*d*. une définition chronologique

3. Indiquez par «F» ou «V» si chaque méthode détermine la fiabilité ou la validité d'un test :

   a. Comparer les résultats de la moitié des items de test à ceux de l'autre moitié. (　　)

   b. Comparer les résultats aux notes, aux évaluations de la performance ou à d'autres facteurs. (　　)

   c. Comparer les résultats lorsqu'on administre le test à deux reprises. (　　)

   d. Comparer les résultas à d'autres versions du test. (　　)

4. On a d'abord défini le QI comme étant _____ × 100.

5. La capacité de répondre à des questions relatives à la culture et à la compréhension générales décline rapidement avec l'âge. Vrai ou faux?

6. Le W.A.I.S. est un test d'intelligence collectif. Vrai ou faux?

7. La standardisation comporte la définition de normes et l'établissement de méthodes standard d'administration des tests. Vrai ou faux?

8. Les résultats obtenus lors de tests d'intelligence modernes sont fondés sur le QI standardisé (rang relatif des candidats) plutôt que sur le rapport entre l'âge mental et l'âge chronologique. Vrai ou faux?

Réponses :

1. Alfred Binet 2. c. 3. a. (F), b. (V), c. (F), d. (F) 4. AM/AC 5. faux 6. faux 7. vrai 8. vrai

Les variations de l'intelligence — un drôle de numéro

À partir de résultats obtenus auprès d'un grand nombre de personnes choisies au hasard, on a établi un classement des QI (voir le tableau 18.5). On peut constater que la distribution des QI forme une **courbe normale** (en cloche). La majorité des résultats avoisinent la moyenne, un nombre restreint de personnes se trouvent aux extrémités. L'illustration 18.3 présente cette caractéristique de l'intelligence telle que mesurée par les tests.

Question : En général, l'intelligence diffère-t-elle selon le sexe?

Le sexe Le QI ne donne pas une réponse définitive à cette question, car on choisit les items de tests d'intelligence afin que ceux-ci soient aussi difficiles pour les hommes que pour les femmes. L'intelligence générale

QI	DESCRIPTION	%
Au-dessus de 130	Très supérieur	2,2
120-129	Supérieur	6,7
110-119	Normalement intelligent	16,1
90-119	Moyen	50,0
80-89	Faible	16,1
70-79	À la limite	6,7
En dessous de 70	Déficient mental	2,2

Tableau 18.5 *Répartition des QI d'adultes en réponse au test W.A.I.S.*

est essentiellement la même chez les deux sexes, et l'on n'a observé aucune variation marquée du QI. Toutefois, des tests comme le W.A.I.S. permettent de comparer les forces et les faiblesses intellectuelles des hommes et des femmes. Les femmes obtiennent de meilleurs résultats aux items qui nécessitent une facilité verbale, du vocabulaire et l'apprentissage par coeur, alors que les hommes donnent un meilleur rendement aux items qui requièrent la visualisation de rapports spatiaux et un raisonnement arithmétique (Wechsler, 1958).

Toutefois, de telles différences sont faibles et se fondent sur des *moyennes*. De nombreuses femmes sont meilleures que les hommes en mathématiques, et bien des hommes surpassent les femmes en aptitudes verbales. Les résultats des deux sexes se chevauchent tellement qu'on ne peut prédire le rendement d'une personne en mathématiques ou en langue en se fondant uniquement sur son sexe (Sapolsky, 1987).

Question : Quel est le lien entre le QI et la réussite scolaire, au travail ou dans d'autres activités?

Les études et le travail Les différences de QI de quelques points donnent peu d'indications sur le potentiel intellectuel. Toutefois, lorsqu'on prend en considération une vaste gamme de résultats, des différences importantes se manifestent. La corrélation entre le QI et les résultats scolaires est de 0,50, ce qui est assez considérable. Si l'intelligence était le seul facteur qui influe sur les résultats scolaires, l'association pourrait être encore plus prononcée. Toutefois, la motivation, les talents particuliers, les possibilités d'une formation dans un autre établissement scolaire et de nombreux autres facteurs jouent également un rôle important dans les résultats scolaires.

Il est intéressant de noter que le QI ne permet pas de prédire les réalisations parascolaires dans des domaines comme les arts, la musique, la création littéraire, les arts dramatiques, les sciences et l'aptitude à diriger. Les tests portant sur la créativité, comme les tests de fluidité idéationnelle, sont davantage reliés à de telles réalisations (Wallach, 1985).

Comme on peut s'y attendre, il existe également un lien entre le QI et la classification des emplois. En moyenne, le QI des professionnels et des cols blancs est supérieur à celui des cols bleus. Par exemple, le QI des comptables atteint en moyenne 120, tandis que celui des mineurs est d'environ 90 (Anastasi et Foley, 1958). Toutefois, on doit noter que le QI varie au sein d'une même profession. Bien des gens très intelligents occupent des emplois «de second plan», que ce soit par choix ou à cause des circonstances (illustration 18.4).

Étant donné le lien entre le QI et le travail, on serait tenté de conclure que les emplois professionnels nécessitent une intelligence supérieure. Il s'agit là d'une interprétation hasardeuse, car les tests de QI requièrent la même gymnastique mentale que les études. Les emplois de statut élevé nécessitent souvent un diplôme

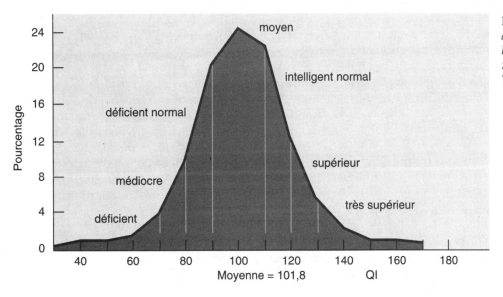

Illustration 18.3 *Répartition des résultats de 3 184 enfants à l'échelle d'intelligence de Stanford-Binet (D'après Terman et Merrill, 1960).*

Illustration 18.4 *Bien que John Kirtley possède un QI de 174, il préfère travailler comme concierge. En effet, il croit que son intelligence inhabituelle serait «utilisée» par ses employeurs, s'il occupait un poste dans un domaine technique.*

d'études supérieures et le lien apparent entre le QI et le statut professionnel peut alors induire en erreur. Les méthodes de sélection reliées aux emplois professionnels semblent favoriser un type précis d'intelligence, notamment celle que mesurent les tests d'intelligence.

Lorsque le QI est aux antipodes (inférieur à 70 ou supérieur à 140), ses effets sur l'adaptation ou les chances de succès d'une personne deviennent indubitables. Environ 3 pour 100 seulement de la population se situent à ces extrêmes, mais cela représente des millions de personnes dont le QI est exceptionnellement élevé ou faible. Examinons à présent le cas des surdoués et des déficients mentaux.

Les surdoués — le génie frise-t-il la folie?

Question : Quel est le QI d'un génie?

Seulement 1 pour 100 environ de la population est doté d'un QI supérieur à 140. Une personne qui obtient un résultat aussi élevé est pour le moins «surdouée». Selon les normes utilisées, on peut même la qualifier de «génie». Toutefois, certains psychologues réservent le terme de *génie* à ceux dont le QI est supérieur ou qui font preuve d'une créativité ou d'une perspicacité exceptionnelle (Sternberg et Davidson, 1983).

Existe-t-il un lien entre un QI élevé dans l'enfance et les aptitudes ultérieures? Pour répondre directement à cette question, Lewis Terman a sélectionné 1 500 enfants dont le QI était d'au moins 140. En suivant le développement de ce groupe jusqu'à l'âge adulte, il a pu dénoncer un certain nombre d'idées fausses sur le génie.

Idée fausse : Les surdoués ont tendance à se montrer bizarres et mésadaptés socialement.
Réalité : Au contraire, les sujets surdoués de Terman étaient bien adaptés socialement et démontraient une aptitude à diriger supérieure à la moyenne.
Idée fausse : «Fraise qui mûrit, tombe et pourrit.» Les surdoués ont tendance à ne pas demeurer à la hauteur en vieillissant.
Réalité : Cela est faux. Lorsqu'on les a évalués à l'âge adulte, les sujets de Terman ont encore obtenu des résultats supérieurs.
Idée fausse : Ceux qui sont très intelligents sont habituellement des «intellectuels anarchisants» ou des gringalets, inférieurs sur le plan physique.
Réalité : Il s'agit encore d'une fausseté. En tant que groupe, les surdoués se situaient au-dessus de la moyenne sur les plans de la taille, du poids et de l'apparence physique.
Idée fausse : Les personnes très intelligentes courent un risque plus élevé d'être atteintes d'une maladie mentale («le génie frise la folie»).
Réalité : Terman a démontré de façon concluante que les dossiers de santé mentale des surdoués étaient meilleurs que la moyenne. Ceux-ci sont donc plus *résistants* à la maladie mentale. Toutefois, les sujets très intelligents (QI supérieur à 180) peuvent connaître des problèmes d'adaptation sociale et de comportement au cours de l'enfance (Janos et Robinson, 1985).
Idée fausse : L'intelligence n'a aucun lien avec le succès, surtout sur le plan pratique.
Réalité : Le succès ultérieur des sujets de Terman constituait la conclusion la plus frappante de l'étude. Un nombre supérieur à la moyenne avait terminé des études universitaires, obtenu des diplômes d'études supérieures et occupé des postes professionnels. En tant que groupe, les surdoués avaient rédigé des dizaines d'ouvrages, des milliers d'articles scientifiques et des centaines de nouvelles ou autres publications (Terman et Oden, 1959). Comme on l'a déjà indiqué, le QI ne permet habituellement pas de prédire le succès réel obtenu. Toutefois, lorsqu'il se situe au niveau des surdoués, les chances de réalisations exceptionnelles semblent être supérieures.

Illustration 18.5 *Il faut se rappeler qu'un enfant peut être surdoué dans de nombreux domaines. Un grand nombre d'écoles offrent à présent des programmes d'enseignement destinés aux enfants surdoués et talentueux qui possèdent diverses aptitudes particulières, et pas seulement à ceux dont le QI est élevé.*

Question : Tous les enfants surdoués sont-ils devenus des adultes supérieurs?

Non. On a vu qu'un QI élevé révèle un *potentiel*, pas une réalisation. Un QI élevé n'offre aucune garantie de réussite. Certains surdoués ont commis des crimes, ne pouvaient pas travailler ou étaient mal adaptés.

Question : Quelle était la différence entre les sujets qui avaient mieux réussi et les autres?

Une étude récente a démontré que les sujets qui avaient très bien réussi faisaient preuve d'une *persévérance* et d'une *motivation* accrues dans le but de réussir (Feldman, 1982). Cette étude a permis de tirer des conclusions évidentes. Comme l'a indiqué un enseignant : «Personne n'est payé pour être capable de grandes réalisations. Les accomplissements tangibles importent davantage que les promesses d'accomplissement» (Qhimbery, 1980). Bien des gens au QI élevé n'ont rien accompli qui vaille.

Question : Comment un parent peut-il déterminer si son enfant est d'une intelligence supérieure?

Les enfants surdoués ont tendance à rechercher la compagnie des enfants plus âgés et des adultes, et à s'identifier à ces derniers. En outre, ils sont fascinés par les explications et la résolution de problèmes, s'expriment par des phrases complètes dès l'âge de 2 ou 3 ans, ont une mémoire exceptionnelle, possèdent un talent précoce en art, en musique ou en mathématiques, s'intéressent tôt aux livres, apprennent à lire en bas âge (souvent avant 3 ans) et font preuve de bienveillance, de compréhension et de collaboration (Alvino et autres, 1985).

Il est à noter que cette liste fait état de comportements qui ne sont pas liés à l'intelligence «scolaire». Les enfants peuvent être surdoués d'une autre façon que sur le plan du QI (Sternberg et Davidson, 1985). En fait, si l'on prenait en considération le talent artistique, l'aptitude à la mécanique, le talent musical, le potentiel athlétique et ainsi de suite, 19 enfants sur 20 pourraient être qualifiés de «surdoués» d'une façon ou d'une autre (illustration 18.5, Feldman et Bratton, 1972). On a donc tort de relier le QI aux surdoués seulement (Alvino et autres, 1985). Un telle association limitée risque de désavantager de nombreux enfants aux talents et au potentiel particuliers (voir le profil 18.1).

Posséder un QI élevé n'est pas sans difficulté, surtout pendant l'enfance. L'enfant surdoué peut s'ennuyer dans des cours destinés à des enfants d'intelligence moyenne. L'ennui peut mener à des problèmes de comportement ou à des conflits avec les enseignants, lesquels considèrent souvent l'enfant surdoué comme un crâneur ou un fin finaud. L'enfant extrêmement intelligent peut également trouver ses compagnons de classe moins stimulants que des enfants plus âgés ou des adultes (Alvino et autres, 1985). Reconnaissant ces problèmes, de nombreuses écoles offrent maintenant des programmes d'enseignement destinés aux enfants surdoués et talentueux, qui combinent des classes enrichies avec un enseignement accéléré (Horowitz et O'Brien, 1986).

Les dispositions d'esprit — sept formes d'intelligence?

Dans une école primaire, un élève qui accuse un retard de deux classes en lecture montre à son professeur comment résoudre un problème difficile en programmation informatique. Dans une pièce voisine, un de ses compagnons de classe, qui éprouve de la difficulté en mathématiques, joue un morceau compliqué au piano. Ces deux enfants démontrent des signes évidents d'intelligence. Pourtant, ils obtiendraient des résultats inférieurs à la moyenne à un test de QI traditionnel. Une telle situation a convaincu de nombreux psychologues qu'il est temps de rajeunir et d'élargir les définitions de l'intelligence. On vise surtout à prédire le succès «réel» obtenu, et pas seulement les chances de réussite scolaire (Sternberg, 1985).

Howard Gardner, de l'université de Harvard, fait partie de ces psychologues. Selon Gardner (1985), il existe en fait 7 formes différentes d'intelligence, soit les aptitudes verbales, en logique et en mathématiques, l'organisation visuelle et spatiale, la musique, les aptitudes corporelles-kinesthésiques (comme la danse ou l'athlétisme), les aptitudes intrapersonnelles (la connaissance de soi) et les aptitudes interpersonnelles (aptitudes à diriger, aptitudes sociales). La force de la plupart des gens ne réside que dans quelques types d'intelligence. Comparativement, les génies comme Albert Einstein semblent avoir recours à toutes les formes d'intelligence pour résoudre des problèmes.

Si la théorie de Gardner est exacte, les tests de QI traditionnels ne mesurent qu'une partie de l'intelligence véritable, c'est-à-dire les aptitudes linguistiques, logiques-mathématiques et spatiales. On pourrait même avancer que nos écoles gaspillent un potentiel humain considérable. Ainsi, certains enfants apprennent facilement les mathématiques ou la lecture si l'apprentissage est lié aux arts, à la musique, à la danse, aux arts dramatiques, etc.

La définition élargie de Gardner de l'intelligence ne fait pas l'unanimité. En fait, elle vient à l'encontre des études qui semblent indiquer que le QI reflète une «intelligence générale» sous-jacente ou un facteur général (souvent appelé «*g*»; Canavan et autres, 1986). Ce facteur *g* expliquerait les corrélations élevées entre les résultats à divers tests d'aptitude mentale et les accomplissements. Gardner répliquerait sans doute que de telles corrélations démontrent à quel point les tests traditionnels définissent étroitement l'intelligence. Qu'il ait raison ou non, il semble probable qu'à l'avenir, on n'associera pas aussi fortement l'intelligence au QI.

La déficience mentale — une différence qui fait toute la différence

Une personne dont les aptitudes sont considérablement inférieures à la moyenne est qualifiée de **déficiente mentale** ou d'**handicapée par un retard de développement**. On considère qu'un QI de 70 ou moins constitue la ligne de démarcation de la déficience. Toutefois, l'aptitude d'une personne à faire preuve de **comportements adaptatifs** (comme s'habiller, manger, communiquer avec les autres, magasiner et travailler) est également prise en considération, lorsqu'on évalue la déficience (DSM-III-R, 1987; Haywood et autres, 1982).

Le tableau 18.6 illustre la gravité de la déficience, lorsque le QI est inférieur à 70. Les QI répertoriés sont approximatifs, car ils varient habituellement de quelques points. Les termes qui figurent à la colonne de droite servent à donner une impression générale de chaque QI. S'ils ne sont pas utilisés à bon escient, de tels termes risquent de limiter inutilement les objectifs d'enseignement des personnes déficientes (DSM-III-R, 1987).

Question : Place-t-on tous les déficients mentaux en institution?

Non. Seuls les déficients **profonds** ont besoin de soins constants. Un grand nombre de déficients vivent au sein de la collectivité, dans des foyers de groupes ou avec leurs familles. Les déficients **sévères** et **modérés** sont capables de maîtriser des aptitudes langagières fondamentales et d'apprendre des routines d'autonomie. Bien des déficients deviennent autonomes en travaillant dans des *ateliers protégés* (milieux de travail simplifiés). Les déficients **légers** (environ 85 pour 100 de toutes les personnes touchées) profitent d'une éducation soigneusement structurée et sont bien encadrés. À l'âge adulte, ils peuvent vivre seuls et se marier (même s'ils éprouvent des difficultés à s'adapter à certaines exigences de la vie d'adulte).

Il faut savoir que les personnes handicapées par un retard de développement ne sont pas handicapées sur le plan des sentiments. Elles souffrent de rejet et sont facilement blessées, lorsqu'on les taquine ou les ridiculise. Pareillement, elles réagissent chaleureusement aux marques d'amour et d'approbation. Les professionnels qui travaillent auprès des déficients mettent l'accent sur le droit de ces derniers au respect de soi et à une place au sein de la collectivité. Il s'agit d'un aspect particulièrement important au cours de l'enfance, lorsque le soutien d'autrui améliore les chances d'une personne de devenir un membre à part entière de la société (illustration 18.6).

Tableau 18.6 *Degrés de déficience mentale*

QI	DEGRÉ DE DÉFICIENCE	CLASSIFICATION DE L'ÉDUCATION
50-55 à 70	léger	éducable
35-40 à 50-55	modéré	semi-éducable
20-25 à 35-40	sévère	dépendant
inférieur à 20-25	profond	dépendant total

(DSM-III-R, 1987; Robinson et Robinson, 1976)

Illustration 18.6 *Cette adolescente participe à des Jeux olympiques spéciaux, des compétitions sportives destinées aux déficients mentaux. On dit de ces jeux que «tout le monde sort gagnant : les participants, les entraîneurs et les spectateurs».*

Question : Quelles sont les causes de la déficience mentale?

Les causes de la déficience

Environ 50 pour 100 de tous les cas de déficience mentale sont dus à des causes *organiques* ou à des troubles physiques, dont les **lésions à la naissance** (comme un manque d'oxygène), les **dommages au foetus** (attribuables à la toxicomanie de la mère, à une maladie ou à une infection), les **troubles métaboliques** (comme le crétinisme et la phénylcétonurie) et les **anomalies génétiques** (DSM-III-R, 1987). On associe habituellement une déficience sévère à une ou à plusieurs anomalies biologiques.

Le milieu familial Dans 30 à 40 pour 100 des cas, on ne peut déterminer la cause biologique. Souvent, la déficience est légère (QI entre 50 et 70) et touche également les autres membres de la famille. La **déficience héréditaire**, comme on l'appelle, se manifeste le plus souvent dans des foyers très démunis, où l'alimentation, la stimulation sensori-motrice, les soins médicaux, la stimulation intellectuelle et le soutien affectif sont insuffisants. La déficience héréditaire serait donc due en grande partie à un milieu appauvri. Par conséquent, on pourrait prévenir de nombreux cas de déficience en

améliorant l'alimentation et l'éducation, et en offrant des programmes de renforcement au cours de la petite enfance.

Pour conclure notre étude, revenons brièvement à la déficience organique, afin d'examiner plusieurs problèmes différents.

La phénylcétonurie La phénylcétonurie est due à l'absence d'un enzyme important, pour des raisons génétiques. L'acide phénylpyruvique (un produit chimique toxique) s'accumule alors dans le corps. Si on ne traite pas la phénylcétonurie, une déficience sévère se manifeste habituellement avant l'âge de 3 ans (Kopp et Parmelee, 1979). On peut maintenant détecter facilement cette maladie chez les bébés en effectuant des examens médicaux au cours des premiers mois. On la traite en prescrivant un régime alimentaire spécial qui ne contient pas de substances nocives pour le bébé.

La microcéphalie Le terme «microcéphalie» signifie «petitesse de la tête». Les microcéphales souffrent d'une anomalie rare : leur crâne est extrêmement petit ou ne croît pas. Le cerveau doit donc se développer dans un espace restreint, ce qui entraîne une déficience sévère. On doit alors placer le microcéphale dans une institution. Habituellement, les microcéphales sont affectueux, facilement éducables et se comportent bien.

L'hydrocéphalie L'hydrocéphalie est causée par l'accumulation de liquide céphalo-rachidien dans les cavités du cerveau. La pression créée par ce liquide peut endommager le cerveau et agrandir considérablement la tête. L'hydrocéphalie n'est pas rare; environ 8 000 bébés en sont touchés chaque année aux États-Unis. Grâce à de nouvelles techniques médicales, la plupart de ces enfants mènent maintenant une vie normale. Le traitement comprend l'introduction chirurgicale d'un tube qui draine le liquide du cerveau vers l'abdomen. Si l'on y a recours durant les trois premiers mois suivant la naissance, on peut habituellement éviter la déficience.

Le crétinisme Le crétinisme est une forme de déficience qui se manifeste au cours de la petite enfance et qui est due à un manque d'hormone thyroïdienne. Dans certaines régions du monde, le crétinisme est causé par un manque d'iode dans l'alimentation (l'iode est nécessaire au bon fonctionnement de la thyroïde). Étant donné l'usage courant de sel iodé, cette cause est rare dans les pays industrialisés. Le crétinisme retarde la croissance physique et intellectuelle. On peut le traiter dans la petite enfance, si on le détecte tôt, en administrant des substituts d'hormone thyroïdienne.

Le syndrome de Down Le trouble connu sous le nom de «syndrome de Down» entraîne une déficience modérée ou sévère, et diminue l'espérance de vie (environ 40 ans)

chez un bébé sur 800. Parmi les caractéristiques des personnes touchées par ce trouble (autrefois appelé «mongolisme»), on compte les yeux en amande, une langue légèrement saillante, des doigts boudinés, un corps trapu et, dans la paume de la main, un sillon profond. On sait à présent que les enfants atteints du syndrome de Down possèdent un chromosome supplémentaire. Leurs cellules comptent donc 47 chromosomes au lieu des 46 habituels, un état qui résulte d'une anomalie de l'ovule ou du spermatozoïde des parents. Par conséquent, bien que ce syndrome soit *génétique*, il n'est habituellement pas *héréditaire* et ne «se propage pas dans la famille».

L'âge des parents au moment de la conception joue un rôle très important dans les cas du syndrome de Down. Les cellules reproductrices des femmes et des hommes plus âgés risquent davantage de présenter une anomalie lors de la division cellulaire, ce qui augmente les risques de la présence d'un chromosome supplémentaire. Chez les mères dans le début de la vingtaine, le risque de mettre au monde un bébé atteint du syndrome est de 1 sur 2 000. Chez les femmes de 40 ans, ce risque augmente à 1 sur 105. À l'âge de 48 ans, il est de 1 sur 12. Des études récentes ont prouvé que l'âge du père est également lié à l'augmentation des risques. Dans environ 25 pour 100 des cas, le père est la source du chromosome supplémentaire (de la Cruz et Muller, 1983).

Il faut tenir compte de ces risques lorsqu'on prévoit élever une famille. Il n'existe aucun «remède» au syndrome de Down. Toutefois, les enfants qui en sont atteints sont habituellement affectueux et sensibles, et peuvent réaliser des progrès dans un milieu bienveillant. Les spécialistes qui travaillent auprès des enfants atteints du syndrome soulignent le fait que ces derniers peuvent accomplir les mêmes choses que les autres enfants, mais plus lentement (Pueschel et autres, 1978). Certaines études indiquent que les enfants atteints de ce syndrome continuent d'apprendre et de progresser mentalement au cours de l'âge adulte (Berry et autres, 1984). Grâce à des programmes d'enseignement spéciaux adaptés à leurs besoins, les personnes atteintes peuvent aspirer à des vies mieux remplies.

Autotest

1. La distribution des QI ressemble à une courbe _____ (en cloche).

2. Le lien entre le QI et les emplois professionnels de statut élevé indique que ceux-ci nécessitent une intelligence supérieure. Vrai ou faux?

3. Les femmes ont tendance à obtenir d'excellents résultats aux items de test qui nécessitent une facilité verbale, du vocabulaire et un apprentissage par coeur. Vrai ou faux?

4. Environ 6 pour 100 seulement de la population possède un QI supérieur à 140. Vrai ou faux?

5. Un QI inférieur à 90 signifie une déficience mentale. Vrai ou faux?

6. De nombreux cas de déficience mentale sans cause organique connue semblent être _____.

7. Selon la théorie de Howard Gardner, les trois formes fondamentales d'intelligence sont les aptitudes linguistiques, logiques et spatiales. Vrai ou faux?

Associez :

8. _____ Phénylcétonurie	A. Hormone thyroïdienne déficiente
9. _____ Microcéphalie	B. Très petit cerveau
10. _____ Hydrocéphalie	C. 47 chromosomes
11. _____ Crétinisme	D. Manque d'un enzyme important
12. _____ Syndrome de Down	E. Excès de liquide céphalo-rachidien
	F. Causé par un manque d'oxygène à la naissance

Réponses :

1. normale 2. faux 3. vrai 4. faux 5. faux 6. héréditaires 7. faux 8. D 9. B 10. E 11. A 12. C

L'hérédité et le milieu — les super-rats et les arbres généalogiques

Question : L'intelligence est-elle héréditaire?

Cette question, simple en apparence, est une source de controverse. Certains psychologues croient que l'hérédité influe considérablement sur l'intelligence et d'autres, que le milieu joue un rôle dominant. Examinons certains arguments à l'appui de chaque hypothèse.

Lors d'une étude classique des facteurs génétiques qui influent sur l'apprentissage, Tryon (1929) a réussi à élever des lignées distinctes de «super-rats» et de rats «inintelligents» (des animaux qui font preuve d'une «intelligence» ou d'une «stupidité» extrême lors

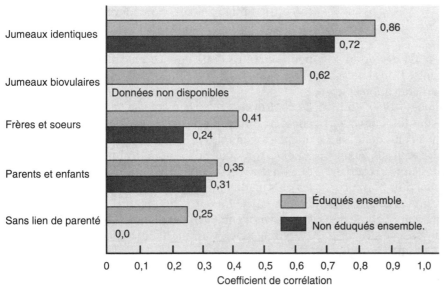

Illustration 18.7 *Corrélations approximatives entre le QI, selon les variations de la génétique et du milieu. Notez que les corrélations décroissent à mesure que le degré de ressemblance génétique diminue. En outre, un milieu commun augmente la corrélation dans tous les cas. (Évaluations de Bouchar, 1983; Henderson, 1982.)*

d'un test du labyrinthe). Après plusieurs générations d'élevage, le «super-rat» le plus lent dépassait le meilleur rat «inintelligent». Cette étude, de même que d'autres études d'**eugénique** (reproduction sélective afin d'obtenir des caractéristiques désirables) laissent croire que l'hérédité influe considérablement sur certains traits.

Question : Cela est peut-être vrai, mais le test du labyrinthe mesure-t-il vraiment l'intelligence ?

Non. Même si l'étude de Tryon semble indiquer que l'intelligence est héréditaire, des chercheurs ont démontré par la suite que les rats «intelligents» étaient tout simplement davantage motivés par la nourriture et moins facilement distraits lors du test (Whimbery, 1980). Lorsqu'ils n'étaient pas à la recherche de nourriture, les rats «intelligents» ne faisaient pas preuve de plus d'intelligence que les rats supposément «inintelligents». En raison de tels facteurs, les études sur les animaux ne peuvent préciser jusqu'à quel point l'hérédité et le milieu influent sur l'intelligence. Qu'en est-il des études sur les humains ?

On observe que sur le plan de l'intelligence, une certaine ressemblance existe entre parents et enfants, ou entre frères et soeurs. Comme l'indique l'illustration 18.7, l'analogie du QI chez les membres d'une même famille est proportionnelle à l'étroitesse des liens qui les unissent dans l'arbre généalogique.

Question : Peut-on en déduire que l'intelligence est héréditaire ?

Pas nécessairement. Les frères, soeurs et parents partagent un milieu et une hérédité semblables. Pour séparer l'hérédité du milieu, on doit établir certaines comparaisons précises.

Les études sur les jumeaux On remarquera, à l'illustration 18.7, que les QI de jumeaux biovulaires sont plus

rapprochés que ceux de frères et soeurs ordinaires. Les **jumeaux biovulaires** sont issus de la fécondation simultanée de deux ovules séparés. Par conséquent, il ne sont pas davantage semblables génétiquement que des frères et soeurs habituels. Dans ce cas, pourquoi ce rapprochement ? À cause du milieu. En effet, les parents traitent les jumeaux davantage sur le même pied que des frères et soeurs ordinaires, ce qui entraîne une plus grande similitude des QI.

On constate des analogies encore plus frappantes chez les **jumeaux identiques**, lesquels sont issus d'un même ovule et qui possèdent donc des gènes *identiques*. À la partie supérieure de l'illustration 18.7, on peut constater que des jumeaux identiques éduqués dans la même famille ont des QI considérablement corrélés. Cela n'a rien d'étonnant, lorsque l'hérédité et le milieu se ressemblent fortement. Qu'arrive-t-il, lorsque des jumeaux identiques sont éduqués dans des familles séparées ? Comme on peut le constater, le degré de corrélation décroît, mais seulement de 0,86 à 0,72. Selon les psychologues qui mettent l'accent sur la génétique, de tels résultats indiquent que l'hérédité influe sur l'intelligence adulte dans une proportion qui va de 55 à 75 pour 100 (DeFries et autres, 1987; Lykken, 1987).

Illustration 18.8 *Comparaison entre un enfant adopté et un enfant biologique éduqués dans la même famille. (D'après Kamin, 1981.)*

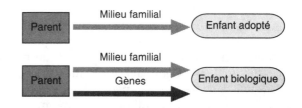

Question : Comment les psychologues du milieu interprètent-ils ces chiffres?

Ils indiquent que la différence entre le QI de certains jumeaux séparés peut atteindre 20 points. Dans les cas où une telle divergence a été observée, l'éducation et le milieu différaient grandement (Whimbey, 1980). En outre, les jumeaux séparés étaient presque toujours placés dans des foyers qui ressemblaient à celui de leurs parents biologiques sur les plans social et éducatif. Étant donné la correspondance entre le QI des jumeaux séparés, on aurait tendance à accorder plus d'importance aux effets génétiques apparents (Kamin, 1981).

Les familles qui comptent un enfant adopté et un enfant biologique constituent une preuve de l'influence du milieu sur l'intelligence. Comme l'indique l'illustration 18.8, les parents procurent des gènes *et* un milieu à leur enfant biologique. Quand l'enfant est adopté, leur contribution se limite au milieu. Si l'intelligence était fortement génétique, le QI des enfants biologiques, plutôt que celui des enfants adoptés, s'approcherait davantage du QI des parents. Toutefois, deux études démontrent que le QI d'enfants éduqués par la même mère s'approchait au même degré de celui de cette dernière, que les enfants partagent les mêmes gènes ou non (Horn et autres, 1979; Kamin, 1981; Weinberg, 1977). En outre, le QI d'enfants de races différentes qui ont été adoptés est aussi rapproché de celui de leurs frères et soeurs adoptifs que si des liens biologiques les unissaient (Scarr et Weinberg, 1983).

Question : Jusqu'à quel point le milieu peut-il influer sur l'intelligence?

Le QI et le milieu Au cours d'une étude, on a observé que le QI de 25 enfants d'un orphelinat avait augmenté considérablement, après qu'ils eurent été placés dans des milieux plus stimulants. Ces enfants, considérés comme des déficients mentaux qui ne pouvaient être adoptés, furent placés dans une institution où des adultes leur accordaient une attention particulière. Plus tard, ces enfants supposément déficients furent adoptés par des parents qui leur procurèrent de l'amour, une famille et un milieu stimulant. En moyenne, le QI de ces enfants augmenta de 29 points. On fait même état d'une hausse de 58 points chez un enfant. Comparativement, le QI d'enfants originellement moins «déficients», qui demeurèrent à l'orphelinat *baissa* de 26 points (Skeels, 1966)!

Plus récemment, des études menées dans 14 pays indiquent que le QI a augmenté de 5 à 25 points en une seule génération, soit au cours des 30 dernières années (Flynn, 1987). Cette hausse, qui atteint 15 points en moyenne, a eu lieu en trop peu de temps pour être attribuable à la génétique. Elle serait plutôt due à une force du milieu encore non identifiée, comme une meilleure éducation ou d'autres avantages. De telles études sont encourageantes, car elles démontrent qu'on peut accroître l'intelligence en améliorant le milieu. (Voir également le profil 18.2).

La controverse relative à la taille de la famille Certains effets du milieu peuvent être plus subtils que ne l'indiquent les exemples précédents. Le psychologue Robert Zajonc croit que le QI tend à décliner en même temps que s'accroît la famille. En d'autres termes, les enfants les plus intelligents proviennent des familles les moins nombreuses. En outre, les enfants les plus intelligents sont, en moyenne, les premiers-nés de la famille (Zajonc, 1975; Zajonc et Markus, 1975). Il est également inté-

---

PROFIL 18.2
Peut-on enseigner l'intelligence?

La réponse traditionnelle à cette question est négative. L'entraînement, par exemple, a peu d'effet positif sur les résultats aux tests d'aptitude et d'intelligence (Kulik et autres, 1984). Toutefois, une brève période d'entraînement permet-elle de vérifier avec certitude la possibilité de modifier l'intelligence? Il semble que non. Un nombre grandissant d'études démontrent que l'entraînement prolongé et approfondi aux aptitudes de raisonnement peut augmenter l'intelligence mesurée par les tests (Whimbery, 1980).

Le psychologue israélien Reuven Feuerstein fait figure de proue dans ce domaine. Avec ses collègues, il a élaboré un programme de perfectionnement instrumental, lequel comprend des centaines d'heures de résolution de problèmes dirigée. Le programme vise à remédier aux lacunes du raisonnement qui font baisser le QI (Feuerstein et autres, 1980). Feuerstein et d'autres chercheurs ont démontré qu'un tel entraînement peut, en fait, augmenter le QI (Haywood et autres, 1982; Messerer et autres, 1984).

Au Venezuela, un programme destiné à améliorer les aptitudes cognitives est actuellement en cours. Au cours des 6 dernières années, plus de 400 élèves de la première année du secondaire ont suivi des cours spéciaux dans les domaines du raisonnement, de la résolution de problèmes, de la prise de décisions, de l'inventivité et d'autres aptitudes de raisonnement. Le programme a été conçu par une équipe de psychologues américains, selon lesquels «le cours a eu des effets importants et bénéfiques sur les étudiants» (Hernstein et autres, 1986).

Toutefois, un tel programme nécessite beaucoup de temps. Reconnaissant ce problème, les psychologues se consacrent actuellement à l'écriture de programmes informatiques qui enseignent la résolution de problèmes, le raisonnement efficace et d'autres éléments de l'intelligence (Pellegrino, 1985). Grâce à notre compréhension croissante des processus de la pensée et à l'aide inlassable de l'informatique, il pourra en effet devenir monnaie courante «d'enseigner l'intelligence» à l'école.

ressant de noter que les résultats aux tests d'aptitude aux études ont diminué aux États-Unis au cours d'une période où la taille des familles avait augmenté (Zajonc, 1986). Comment expliquer ces observations? Selon le **modèle de confluence** de Zajonc, chaque nouveau-né diminue temporairement le «niveau intellectuel moyen» d'une famille. Par conséquent, les familles nombreuses constituent des milieux moins stimulants. (Avez-vous déjà tenté de parler philosophie avec un bébé?)

Question : Si je suis le dernier enfant d'une famille nombreuse, comment devrais-je considérer ces conclusions?

Pas trop sérieusement! D'après les critiques du modèle de confluence, les familles nombreuses n'influent pas en tant que telles sur l'intelligence d'un enfant. Lorsqu'on établit le lien avec les *moyennes* de QI, il faut tenir compte du fait qu'à l'échelle nationale, les familles nombreuses se trouvent plus souvent au sein de classes défavorisées sur les plans social et éducatif (Rodgers, 1988).

Même si Zajonc a raison, le QI moyen du plus âgé de deux enfants n'est supérieur que de 10 points au QI moyen du dernier de neuf enfants. Une telle différence signifie fort peu au chapitre des réalisations éventuelles d'une personne. En outre, les cadets peuvent exceller dans d'autres domaines (voir le chapitre 16). Par exemple, ils possèdent habituellement d'excellentes aptitudes sociales, ce qui les rend plus populaires auprès de leurs pairs et de leurs compagnons de classe. Enfin, certaines études indiquent que les variations de QI dues au rang de naissance disparaissent avant l'âge de 17 ans (McCall, 1984).

Résumé Peu de psychologues croient sérieusement que l'hérédité n'influe pas sur l'intelligence, et tous reconnaissent que le milieu a des effets certains. On s'interroge encore cependant sur l'importance des effets de chaque facteur. Somme toute, les deux camps admettent que l'amélioration des conditions sociales et de l'enseignement peut accroître l'intelligence.

Il n'existe probablement pas de limite au seuil *inférieur* de l'intelligence, lorsque le milieu est défavorisé. Cependant, l'hérédité peut fixer certaines limites au seuil supérieur du QI, même dans des conditions idéales (Scarr-Salapatek, 1971). Il est cependant révélateur d'apprendre que les enfants surdoués ont tendance à provenir de foyers où les parents encouragent l'exploration intellectuelle, répondent à leurs questions et leur consacrent du temps (Horowitz et O'Brien, 1986; Janos et Robinson, 1985).

Pour résumer le présent chapitre, on peut comparer le potentiel intellectuel héréditaire à un élastique tendu par des forces extérieures. Un long élastique s'étire plus facilement, mais un élastique plus court peut atteindre la même longueur si l'on applique une force suffisante (Stern, 1956). Bien entendu, un héritage génétique supérieur favorise un QI maximal supérieur. Tout compte fait, l'intelligence reflète le développement ainsi que le potentiel, l'acquis aussi bien que l'inné.

Autotest

1. La reproduction sélective afin d'obtenir des caractéristiques désirables s'appelle _____.

2. On constate la similitude la plus prononcée des QI chez

   a. les parents et leurs enfants   *b.* des jumeaux identiques éduqués séparément
   c. des jumeaux biovulaires éduqués ensemble   *d.* des frères ou soeurs éduqués ensemble

3. La plupart des psychologues croient que l'hérédité influe sur l'intelligence dans une proportion de 90 pour 100. Vrai ou faux?

4. À l'exception de légères variations enregistrées lors de l'administration de tests, le QI ne peut être modifié. Vrai ou faux?

5. Le milieu risque davantage de diminuer le QI que de l'augmenter. Vrai ou faux?

6. Selon l'étude de Robert Zajonc, les enfants de familles nombreuses sont des sources de stimulation les uns pour les autres, ce qui augmente l'intelligence. Vrai ou faux?

Réponses :

1. eugénique 2. b 3. faux 4. faux 5. vrai 6. faux

Applications : l'intelligence en perspective — les tests d'intelligence sont-ils dotés d'intelligence

La race et le QI

Afin de prouver que les tests de QI types sont en fait destinés à la classe moyenne de race blanche, un sociologue de race noire, Adrian Dove, a élaboré un test qui favorise la culture noire urbaine. Son test souligne le fait qu'aux États-Unis, le QI des enfants noirs est inférieur de 15 points en moyenne à celui des enfants blancs. En renversant le parti pris, Dove a démontré que les tests d'intelligence se sont pas valides également pour tous les groupes. Comme l'indique Kagan (1973) : «Si les échelles de Wechsler et de Binet étaient traduites en espagnol, en souahéli et en chinois, puis administrées à chaque enfant de 10 ans en Amérique Latine, en Afrique de l'Est et en Chine, la majorité obtiendrait des résultats qui dénotent une déficience mentale.»

Il va sans dire que les enfants de cultures différentes ne sont pas tous déficients; le test doit être fautif. Pour minimiser ce problème, certains psychologues ont tenté d'élaborer des **tests culturellement équitables** afin que certains groupes ne soient pas désavantagés. (Pour un exemple d'item de test culturellement équitable, voir l'illustration 18.9.)

Outre les tests biaisés, les Noirs ont également formulé d'autres critiques relatives au QI. Dans un article publié dans le *Harvard Educational Review*, Arthur Jensen prétendait que le QI inférieur des Noirs était principalement dû à l'«héritage génétique». Avant de poursuivre, il est important de noter que peu de psychologues ont appuyé le point de vue de Jensen. Peu de temps après, certains d'entre eux ont présenté des arguments qui allaient à l'encontre de cette hypothèse.

D'abord, tout le monde sait qu'en tant que groupe, les Noirs américains sont plus susceptibles que les Blancs de vivre dans des milieux pauvres sur les plans matériel, éducatif ou intellectuel. Comme l'a indiqué un critique, le QI est dénué de sens s'il provient d'une inégalité des chances d'accès à l'enseignement. En outre, il est encore plus tragique de constater qu'on invoque ensuite ce QI pour fermer la porte à la poursuite d'autres études (Grover, 1983).

Deuxièmement, l'écart de QI entre les Noirs et les Blancs est assez faible pour qu'on puisse le diminuer par le milieu social. Jensen a alors répliqué que des programmes spéciaux d'enseignement s'étaient avérés inefficaces pour diminuer cet écart. Toutefois, il est ridicule de s'attendre à ce qu'un bref programme estival ou quelques heures par jour puissent suffire à

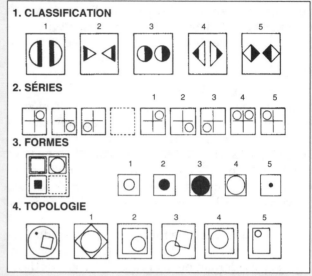

Illustration 18.9 *Échantillons d'items d'un test culturellement équitable. 1. Quel ensemble est différent des quatre autres? (le numéro 3) 2. Parmi les cinq figures de droite, laquelle constitue la suite appropriée des trois figures de gauche, c'est-à-dire celle qui viendrait s'insérer dans l'espace en blanc? (le numéro 5) 3. Parmi les figures de droite, laquelle devrait être insérée dans le carré de gauche pour compléter l'ensemble? (le numéro 2) 4. À gauche, le point est situé à l'extérieur du carré et à l'intérieur du cercle. Parmi les figures de droite, dans laquelle pourriez-vous insérer un point à l'extérieur du carré et à l'intérieur du cercle? (le numéro 3; Gracieuseté de R.B. Cattell.)*

contrecarrer les différences d'enseignement et de milieu entre les Noirs et les Blancs.

Troisièmement, Jensen ne tient pas compte des conclusions tirées du test de Dove. Les hypothèses, partis pris et contenus des tests de QI standard ne permettent pas d'établir une comparaison significative entre des groupes ethniques, culturels et raciaux (Garcia, 1977). Comme l'indique Keon Kamin (1981) : «Il importe de se rappeler que nous ne pouvons dire quel sexe (ou quelle race) pourrait être plus intelligent, car nous ne disposons d'aucun moyen de mesurer l'«intelligence». Nous ne disposons que de tests de QI.»

Kamin veut dire que les auteurs des tests de QI ont décidé à priori d'utiliser des items de test qui permettent aux hommes et aux femmes d'obtenir les mêmes résultats. Il serait tout aussi facile d'élaborer un test de QI qui présente aux Noirs et aux Blancs l'occasion d'obtenir des résultats identiques. Les variations de QI ne relèvent pas de l'hérédité, mais d'une

Applications

décision prise par les auteurs des tests. Voilà pourquoi les Blancs réussissent mieux à des tests écrits par des Blancs, et que les Noirs obtiennent de meilleurs résultats aux tests élaborés par des Noirs. Un autre exemple de ce fait est un test d'intelligence composé de 100 mots tirés d'un dictionnaire d'expressions utilisées par les Noirs américains, le *Dictionary of Afro-American Slang*. Williams (1975) a administré ce test à 100 étudiants noirs et à 100 étudiants blancs de Saint Louis. En moyenne, le premier groupe a obtenu 36 points de plus que le second.

Le reproche le plus accablant qu'on puisse formuler à l'endroit de Jensen est la faiblesse de sa logique. Prenons l'exemple suivant : on cultive le maïs en différentes variétés, afin qu'il atteigne une certaine taille. Si on plante des variétés de grande et de petite taille côte à côte dans le même champ, on observe une différence déterminée génétiquement dans la taille à la maturité. Toutefois, si on plante une certaine quantité de maïs (de la même variété) dans un sol fertile et une autre quantité dans un sol stérile, qu'arrive-t-il? On constate une variation de taille, mais cette fois, il serait manifestement erroné de supposer que celle-ci est causée génétiquement.

On peut évaluer précisément les facteurs héréditaires seulement lorsque les enfants noirs sont éduqués dans le même milieu que les enfants blancs. Dans la même veine, une étude révélatrice a suivi le destin d'enfants noirs adoptés par des familles blanches. Le QI de ces enfants atteignait en moyenne 106, ce qui est comparable à la moyenne nationale des enfants blancs (Scarr-Salapatek et Weinberg, 1975). Cette étude n'a pas permis de déterminer si les enfants noirs étaient vraiment plus «intelligents», ou s'ils étaient simplement mieux préparés à passer un test «blanc». Lorsque des possibilités égales permettant le développement intellectuel diminuent l'écart, on doit abandonner l'opinion étroite selon laquelle la génétique explique la variation de QI.

La remise en question du QI — au-delà d'un simple numéro

Les Noirs ne sont pas les seuls à avoir raison de remettre en question la validité de la mesure de l'intelligence et le rôle de l'hérédité dans la détermination de l'intelligence. Les arguments avancés par les Noirs s'appliquent également à d'autres groupes.

Prenons l'exemple d'un enfant de 9 ans qui doit répondre à la question suivante, lors d'un test d'intelligence : «Quel élément n'appartient pas au groupe? Des patins, un avion, un train et une bicyclette.» Si l'enfant ne répond pas «un avion», est-il dénué d'intelligence? On peut soutenir qu'un choix intelligent pourrait se fonder sur n'importe quelle des options suivantes : les patins ne servent habituellement pas au transport; seul l'avion va dans les airs; on ne peut gouverner un train; seule la bicyclette ne possède que deux roues (Sheils et Monroe, 1976). Les parents d'un enfant qui ne répond pas correctement à cette question ont raison d'être mécontents, car les systèmes d'éducation ont tendance à classifier les enfants, puis à faire en sorte que cette étiquette demeure.

De récentes décisions des tribunaux ont permis à certains États d'interdire l'emploi de tests d'intelligence dans les écoles publiques (voir la section Exploration). Le monde de l'enseignement a également critiqué l'évaluation de l'intelligence. Selon un psychologue de l'université Harvard, David McClelland (1973), le QI ne permet pas de prédire la capacité réelle de pouvoir composer efficacement avec la réalité. McClelland admet que le QI prédit le rendement scolaire. Toutefois, lorsqu'il a comparé des étudiants d'université doués à d'autres plus faibles, il n'a constaté aucune différence sur le plan du succès professionnel ultérieur.

Les tests standardisés En plus des tests de QI, on administre chaque année entre 400 et 500 millions de tests standardisés à choix multiples dans les écoles et les milieux de travail partout au pays. De nombreux tests, comme le test d'aptitude aux études, peuvent déterminer l'entrée d'une personne à l'université. D'autres tests relatifs à l'emploi, à l'obtention d'un permis ou d'une accréditation, influent directement sur les vies de milliers de personnes, en les qualifiant ou les disqualifiant pour des emplois.

La confiance accordée aux tests d'intelligence standardisés et aux tests d'aptitudes soulève des questions sur les effets positifs ou néfastes de ces derniers. Les tests peuvent ouvrir ou fermer des portes. Ainsi, des résultats élevés permettront à un jeune qui provient d'un milieu défavorisé d'entrer à l'université ou détermineront qu'un enfant est intelligent, mais perturbé sur le plan affectif. Les résultats peuvent également être plus équitables et plus objectifs que les jugements arbitraires de certains agents à l'admission ou d'intervieweurs de bureau de placement. En outre, les tests prédisent *effectivement* le rendement scolaire. Que ce dernier *ne prédise pas* le succès ultérieur peut nécessiter une révision des tâches collégiales, mais pas un abandon des tests.

Applications

Par contre, l'évaluation collective peut parfois exclure des personnes dont l'aptitude est évidente. Dans un cas, une faculté de droit a refusé l'entrée à un étudiant qui se classait septième de sa classe à l'université Columbia et qui était membre de Phi Bêta Kappa, en raison des faibles résultats de ce dernier au test d'admission. On se plaint également de la présence fréquente de questions inexactes ou ambiguës dans les tests standardisés, de l'utilisation abusive des heures de cours à la préparation aux tests (plutôt qu'à l'enseignement d'aptitudes générales) et des tests d'intelligence biaisés.

Quelle conclusion pouvons-nous tirer de ces observations? Selon Robert Glaser, on doit se rappeler que les tests sont des «outils limités, aux fins limitées». Glaser (1977) ajoute que les tests sont surtout utilisés pour *sélectionner* des personnes. Dans les écoles, ils pourraient plutôt servir à *adapter* les directives aux forces, aux faiblesses et aux besoins de chaque étudiant, ce qui augmenterait les chances de succès.

Conclusion

La discussion précédente peut aider votre compréhension de l'intelligence, si on la résume ainsi : les tests d'intelligence sont des épées à double tranchant. Ils nous ont beaucoup appris, mais ils peuvent causer des dommages importants. Tout compte fait, il est important de garder à l'esprit, comme l'a indiqué Howard Gardner, que la créativité, la motivation, la santé physique, l'aptitude à la mécanique, le talent artistique et de nombreuses autres qualités que ne mesurent pas les tests d'intelligence nous permettent d'atteindre les objectifs que nous nous sommes fixés dans la vie. Il faut également se rappeler que le QI n'est pas l'intelligence, mais un indice de celle-ci (telle que définie étroitement par un test précis). Changez le test et vous changez les résultats. Un QI n'est pas un numéro permanent imprimé sur le front d'un enfant et qui détermine à jamais son potentiel.

Terminons sur une note réjouissante. Comme on l'a vu au profil 18.2, certains psychologues et enseignants cherchent des façons d'enseigner les aptitudes mentales à tous les enfants. Dans certains cas, leur succès fut remarquable. Au cours d'une expérience, on a divisé en 2 groupes 40 enfants provenant de familles très démunies. Les enfants du groupe témoin n'ont reçu aucune attention ou formation particulières. Par contre, les enfants du groupe expérimental ont reçu, peu après la naissance, une vaste gamme de stimulations destinées à développer les aptitudes perceptives, motrices et langagières. À l'âge de 2 ans, les enfants du groupe expérimental furent placés dans des classes peu nombreuses en compagnie d'autres enfants, dont l'enseignement était assuré par plusieurs professeurs. Chaque enfant reçut une attention considérable de la part des professeurs, en plus d'être initié à divers sujets et aux exercices de raisonnement. Lorsqu'on a testé les deux groupes à l'âge de 5 ans et demi, le QI du groupe témoin fut de 95 et celui du groupe expérimental, de 124 (rapporté par Whimbery, 1980). Ces résultats devraient encourager tous ceux qui s'intéressent à la réalisation du potentiel humain.

Autotest

1. Les tests W.A.I.S., Stanford-Binet et Dove sont des échelles culturellement équitables. Vrai ou faux?

2. L'affirmation de Jensen, selon laquelle les variations raciales du QI sont dues à l'hérédité, ne tient pas compte des différences de milieu et du parti pris culturel des tests de QI standard. Vrai ou faux?

3. Le QI prédit le rendement scolaire. Vrai ou faux?

4. Le QI n'est pas l'intelligence, mais un indice de celle-ci. Vrai ou faux?

Réponses :

1. faux 2. vrai 3. vrai 4. vrai

Exploration : la cause Larry P. — «les déficients de six heures»

La cause : *Larry P. contre le directeur des services pédagogiques de l'État de Californie.*

La question en litige : Larry P. est l'un des 6 enfants noirs qui prétendent qu'on a utilisé à tort les résultats à un test de QI biaisé, afin de les placer dans des classes de déficients mentaux éducables (DME).

L'issue : Dans un jugement sans précédent, un juge fédéral a décidé que le QI ne pouvait seul déterminer le placement des DME.

Cette décision a pratiquement éliminé le recours aux tests de QI dans les écoles de Californie, et il est fort probable que d'autres États emboîtent le pas. Les simples circonstances de la cause Larry P. n'offrent qu'un aperçu des questions intéressantes qui sont soulevées. Au cours du procès, les témoignages ont permis de mettre en évidence les faits suivants :

En faveur de Larry P. : Les 6 jeunes qui poursuivaient l'État avaient obtenu un QI inférieur à 75. Toutefois, ils obtinrent entre 17 et 35 points de plus, lorsque des psychologues leur administrèrent un nouveau test en utilisant des expressions et des exemples connus des enfants.

En faveur de l'État : Des experts ont reconnu que certaines questions des tests de QI peuvent être plus faciles pour certains groupes. Toutefois, ils ont soutenu que le QI prédisait avec précision le rendement scolaire et était donc valide.

En faveur de Larry P. : Des témoins ont souligné que l'étiquette de «DME» était presque toujours permanente. Ils ont également décrit les effets dévastateurs du placement d'un enfant d'intelligence normale dans une classe de DME. Un chercheur a indiqué que les autres étudiants employaient des surnoms cruels pour désigner les DME. En outre, on ne s'attend pas à ce que les étudiants DME dépassent la troisième ou la cinquième année. Par conséquent, au moment de la remise des diplômes, un enfant à l'intelligence normale serait désespérément en retard par rapport aux autres étudiants. Après la remise des diplômes, les étudiants DME obtiennent difficilement des emplois, car on les a étiquetés de «déficients».

En faveur de l'État : Des experts de la défense ont prétendu que les tests de QI aidaient à prévenir les erreurs dans la désignation des DME, par exemple en révélant le potentiel véritable d'un enfant qui pourrait être considéré comme «lent» par un professeur injuste. Ils ont également pris la défense du programme destiné aux DME, alléguant que ce dernier visait à aider les étudiants aux aptitudes plus faibles.

En faveur de Larry P. : Si on se fonde sur le pourcentage de la population noire et hispanique, il est étonnant de constater qu'environ deux fois plus d'enfants noirs et hispaniques se trouvent dans les classes destinées aux DME. Cela semble indiquer que les tests, et non les enfants, sont fautifs (Ristow, 1978).

L'ignorance contre la stupidité

Le juge a finalement décidé que les tests de QI violaient les lois fédérales contre la discrimination. Il a affirmé que ceux-ci étaient surtout fondés sur des tâches verbales injustes envers des enfants dont le milieu familial ne favorise pas la pratique de l'anglais ou des aptitudes verbales. Il a également soutenu que «si les tests laissent croire qu'un jeune enfant sera probablement un élève médiocre, l'école ne peut pas, en se fiant seulement à ces résultats, priver l'enfant de la possibilité de développer et d'améliorer les aptitudes scolaires nécessaires au succès dans notre société» (tiré de *Psychology Today*, février 1980).

Les partisans de la décision prise dans la cause Larry P. croient que celle-ci confirme les droits des enfants désavantagés, dont l'ignorance (un manque de connaissances) a longtemps été considérée comme de la stupidité (un manque d'intelligence). Un de ces partisans est Jane Mercer, une sociologue qui a fourni un témoignage clé au cours du procès.

Les déficients de six heures

Selon le témoignage de Mercer, plus la famille d'un enfant s'approche de la classe moyenne blanche, plus le QI est élevé. Mercer croit que les écoles étiquettent souvent les enfants de «déficients», alors qu'en fait, ces derniers ne possèdent pas certaines connaissances associées à la culture (Mercer, 1977). Mercer a démontré que de nombreux étudiants DME noirs ou hispaniques démontraient les signes d'une intelligence normale. Un enfant qui réussit mal en classe ou à un test de QI peut fonctionner très bien à la maison et dans la collectivité. Mercer qualifie ces enfants de «déficients de six heures», c'est-à-dire des jeunes dont la «déficience» se limite aux heures passées à l'école.

Question : Si on ne peut utiliser les tests de QI standardisés pour évaluer les étudiants, à quoi peut-on avoir recours?

Le SEMP Mercer et sa collègue June Lewis pensent avoir trouvé la solution : le SEMP (système d'évaluation multiculturel pluraliste). Il ne s'agit pas d'un nouveau test, mais

Exploration

d'une nouvelle façon de considérer les enfants.

Question : Quelle est la différence entre le SEMP et les tests de QI standard?

Le SEMP évalue les enfants de trois façons. D'abord, il dépiste tout problème d'ordre médical qui puisse expliquer un piètre rendement scolaire. Ensuite, il évalue le comportement des enfants à l'extérieur de l'école, afin d'éviter d'autres cas de «déficients de 6 heures» fondés sur les résultats des tests. Troisièmement, le SEMP suppose que si tous les autres facteurs sont constants (notamment les avantages de l'enseignement à la maison), l'enfant qui a appris le plus possède probablement le «potentiel d'apprentissage» le plus élevé. Cependant, les milieux hors campus ne s'équivalent pas tous. Le SEMP suppose donc que le véritable potentiel peut être masqué par les antécédents culturels d'un enfant. Pour éviter ce problème, le SEMP compare les résultats de chaque enfant au W.I.S.C. avec ceux des enfants aux antécédents semblables (Mercer, 1977).

Pour illustrer l'emploi du SEMP, Mercer offre un exemple. Maria Gonzales a 7 ans. Elle vit avec sa mère, son père et 5 frères et soeurs dans un quartier hispanique du centre-ville. Les parents de Maria ont tous deux grandi en milieu rural, au Mexique, où la mère a étudié jusqu'en quatrième année, et le père, jusqu'en deuxième année. La famille de Maria ne parle que l'espagnol.

Le QI moyen d'un enfant comme Maria, dont les antécédents diffèrent considérablement de la culture anglo-américaine, est d'environ 85. Au W.I.S.C., Maria a obtenu un résultat de 114, presque 30 points au-dessus de cette moyenne. Mercer estime que le véritable potentiel d'apprentissage de Maria est de 133. Si sa famille avait correspondu davantage à la norme de la classe moyenne, on aurait considéré que le QI de Maria (114) était précis. En tenant compte de son âge et de ses antécédents, la performance de Maria au W.I.S.C. est tout à fait remarquable (Mercer, 1977). Maria est sans doute une enfant surdouée dont le potentiel ne devrait pas être gaspillé.

Des rebondissements   En décembre 1986, le juge Robert Peckham, qui avait prononcé le jugement initial, a réitéré le bannissement des tests de QI en Californie. En fait, il est allé encore plus loin, en affirmant que «la prohibition des tests de QI est élargie et s'applique à tout emploi d'un test de QI en tant qu'élément d'évaluation qui pourrait mener à un placement dans une classe d'enseignement spécial ou à des services en la matière, même si le test ne constitue qu'une partie d'un plan d'évaluation complet» (Landers, 1986). Cette directive semble éliminer même le recours à d'autres options d'évaluation des enfants, comme le SEMP.

Naturellement, la décision relative à la cause Larry P. demeure controversée. Certains psychologues s'opposent à ce que les tribunaux prennent des décisions en matière d'éducation. D'autres soulignent qu'ils doivent maintenant avoir recours à des mesures non standard facultatives, lesquelles sont subjectives et ouvrent la voie aux abus. Ainsi, on peut débarrasser les classes des enfants «difficiles», comme les fleurs tardives, les fauteurs de troubles et les primesautiers. Ceux-ci ne sont peut-être pas des déficients mentaux, et ont seulement besoin d'un surcroît d'attention et de compréhension. Sans les tests de QI, comment peut-on reconnaître de tels enfants?

Les critiques des tests de QI répliquent habituellement que le QI ne précise pas les causes de résultats peu élevés et ne donne donc que peu d'indication sur les mesures correctives à prendre. Il n'est pas nécessaire de connaître le QI pour améliorer l'aptitude mentale. Le but de l'enseignement est d'aider les enfants à apprendre et à développer des aptitudes qui seront nécessaires pour composer avec la vie et le travail (Baumeister, 1987).

Que décideriez-vous à la place du juge? Si vous étiez psychologue scolaire, comment envisageriez-vous l'utilisation des tests de QI ou d'autres méthodes comme le SEMP? À votre avis, quel rôle devraient jouer les tests de QI dans une société démocratique?

Autotest

1. Le point en litige fondamental de la cause Larry P. était de déterminer si le QI des enfants diminue, lorsqu'on place ces derniers dans des classes de DME. Vrai ou faux?

2. Avant la cause Larry P., le placement dans des classes de DME était presque toujours fondé sur les résultats obtenus lors de tests de QI collectifs. Vrai ou faux?

3. Le SEMP détermine le QI en évaluant la santé physique et l'adaptation sociale d'un enfant. Vrai ou faux?

4. Dans le SEMP, on compare le QI d'enfants de culture et d'antécédents sociaux identiques. Vrai ou faux?

5. En vertu de la décision la plus récente, on peut utiliser les tests de QI aux fins de placement dans les écoles de la Californie, si ceux-ci font partie d'un plan d'évaluation général. Vrai ou faux?

Réponses :   1. faux 2. vrai 3. faux 4. vrai 5. faux

Résumé du chapitre

■ L'**intelligence** désigne la capacité générale d'agir de façon réfléchie, de penser rationnellement et de composer efficacement avec le milieu. En pratique, l'intelligence est **définie de façon opérationnelle** par des tests d'intelligence.

■ Pour être valable, un test psychologique doit être **fiable** (donner des résultats uniformes) et **valide** (mesurer ce qu'il doit mesurer). Les tests d'intelligence communément utilisés sont **objectifs** (les résultats sont identiques, lorsque les correcteurs changent) et **standardisés** (les mêmes méthodes sont utilisées pour administrer le test et des **normes** ont été établies afin de pouvoir interpréter les résultats).

■ Le premier test d'intelligence pratique a été élaboré par **Alfred Binet**. Une version moderne du test de Binet est l'**échelle d'intelligence de Stanford-Binet**. Un autre test d'intelligence important est l'**échelle d'intelligence de Wechsler pour adultes** (W.A.I.S.), lequel mesure tant l'intelligence **verbale** que l'intelligence liée à la **performance**. On a également créé des tests d'intelligence collectifs, comme l'*Army Alpha* et des tests d'aptitude aux études.

■ On exprime l'intelligence sous forme de **quotient intellectuel (QI)**. On définit le QI en divisant l'**âge mental** (AM) par l'**âge chronologique** (AC) et en multipliant le produit par 100. On obtient un QI «moyen» de 100, lorsque l'âge mental égale l'âge chronologique.

■ Le QI devient assez stable à l'âge de 6 ans environ et de plus en plus fiable par la suite. En moyenne, il continue d'augmenter graduellement, jusqu'à l'âge mûr. Par la suite, le déclin intellectuel est minime chez la plupart des gens, jusqu'à l'âge de 70 ans et plus. Peu de temps avant la mort, on observe souvent un **déclin terminal** plus prononcé de l'intelligence.

■ La répartition des QI tend à former une **courbe normale**. Il n'existe pas de différences générales entre les hommes et les femmes sur le plan de l'intelligence, mais chaque groupe fait preuve de certaines forces intellectuelles qui lui sont propres. On établit le lien entre le QI, les résultats scolaires et l'emploi. La seconde association peut s'avérer quelque peu artificielle.

■ Les personnes dont le QI se situe au niveau des **surdoués** ou des «génies», soit au-dessus de 140, ont tendance à être supérieures dans de nombreux domaines. Si l'on se fonde sur d'autre critères que le QI, de nombreux enfants peuvent être considérés surdoués ou talentueux d'une façon ou d'une autre. Les enfants surdoués connaissent souvent des problèmes dans des classes moyennes et peuvent suivre des programmes accélérés spéciaux.

■ Les expressions **déficient mental** et **handicapé par un retard de développement** désignent ceux dont le QI est inférieur à 70, qui ne font pas preuve de **comportements adaptatifs**. On classe également la déficience ainsi : **légère** (50-55 à 70), **modérée** (35-40 à 50-55), **sévère** (20-25 à 35-40) et **profonde** (inférieure à 20-25). La réussite scolaire est reliée au degré de déficience.

■ Environ 50 pour 100 des cas de déficience mentale sont d'origine **organique** et causés par des lésions à la naissance, des dommages au foetus, des troubles métaboliques ou des anomalies génétiques. On ignore les causes des autres cas de déficience. De nombreux cas seraient dus à une **déficience héréditaire**, c'est-à-dire à un faible niveau de stimulation intellectuelle à la maison, combiné avec la pauvreté et une alimentation insuffisante.

■ Cinq formes spécialisées de déficience organique sont la **phénylcétonurie**, la **microcéphalie**, l'**hydrocéphalie**, le **crétinisme** et le **syndrome de Down**.

■ Les études d'**eugénique** sur les animaux et les liens familiaux entre humains démontrent que l'intelligence est en partie déterminée par l'**hérédité**. Toutefois, le **milieu** est également important, comme le révèlent les changements de l'intelligence occasionnés par des milieux stimulants. Un nombre grandissant d'études démontrent que certains éléments de l'intelligence peuvent s'enseigner. Par conséquent, l'intelligence reflète les effets combinés de l'hérédité et du milieu sur le développement des aptitudes intellectuelles.

■ Les tests de QI traditionnels sont souvent **biaisés culturellement**. Pour cette raison et d'autres, il est important de se rappeler que le QI n'est qu'un **indice** de l'intelligence, et que cette dernière est définie étroitement par la plupart des tests.

■ L'utilisation des tests de QI standard aux fins de placement (notamment dans des classes d'enseignement spécial) a été interdite par la loi dans certains États. On s'interroge encore sur les conséquences de cette décision pour les étudiants.

Discussion

1. À votre avis, de quelle façon notre société favorise-t-elle le développement des aptitudes mentales chez les hommes et les femmes?

2. Connaissez-vous votre QI? Aimeriez-vous le connaître? Pourquoi?

3. À votre avis, quels sont les avantages et les inconvénients de connaître son propre QI? Et quels seraient-ils, si votre professeur connaissait votre QI? Et si vos parents le connaissaient?

4. Comment pourrait-on restructurer l'enseignement public afin de favoriser le développement intellectuel complet de tous les enfants? Comment pourrait-on modifier le système d'évaluation afin de tenir compte des définitions élargies de l'intelligence?

5. Que pensez-vous d'une application possible de l'eugénique à la reproduction humaine? En quelles circonstances la considéreriez-vous acceptable ou inacceptable?

6. Le débat sur l'importance relative de l'hérédité et du milieu dans la détermination de l'intelligence fait rage depuis de nombreuses années. À votre avis, pourquoi ce débat a-t-il duré si longtemps et suscité autant d'intérêt? Si le caractère héréditaire du QI pouvait être déterminé avec certitude, quelles seraient les conséquences?

7. Il existe en Californie une banque de sperme des gagnants des prix Nobel et d'autres sujets au QI élevé. Des dizaines de bébés sont nés grâce à l'insémination artificielle. À votre avis, s'agit-il d'un choix sage ou insensé, moral ou immoral?

GLOSSAIRE

A

Accommodation Changements de la forme du cristallin de l'oeil qui servent à focaliser les objets à distance. Également, modification des vieilles notions et façons de penser pour s'adapter à de nouvelles données ou exigences.

Acétylcholine Neurotransmetteur émis aux synapses et à la jonction neuromusculaire (point de contact entre un neurone et une fibre musculaire). L'acétylcholine peut créer une impulsion nerveuse ou une contraction musculaire, selon le point d'émission.

Acouphène Sensation de sifflement ou de sonnerie dans les oreilles causée par la maladie, une blessure, des drogues ou des raisons inconnues.

Acromégalie Affection caractérisée par le grossissement graduel des mains, du visage et des pieds, causée par la sécrétion excessive d'hormones de croissance dans l'hypophyse.

Activités de développement Tout changement personnel qu'on doit effectuer au cours de sa vie pour obtenir un développement optimal.

Actualisation de soi Plein développement du potentiel personnel, surtout sur le plan affectif.

Acuité Aspect de la perception visuelle qui a trait à la précision des images.

Acuité visuelle Netteté de la perception visuelle.

Acupuncture Art médical chinois qui consiste à soulager la douleur et à traiter la maladie en insérant de petites aiguilles minces dans diverses zones du corps.

Adaptation En général, le fait de s'adapter aux exigences du milieu. Reliée aux sens, déclin graduel de la réaction à un stimulus constant.

Adaptation à l'obscurité Processus par lequel l'oeil s'adapte à des conditions de faible luminosité, principalement par le changement à la vision des bâtonnets. (Voir *bâtonnets*.)

Adaptation sensorielle Diminution des réactions sensorielles à toute forme de stimulation qui ne change pas.

ADN (acide désoxyribonucléique) Molécules chimiques importantes et complexes qu'on trouve dans les chromosomes et qui semblent être la substance des gènes.

Adrénaline   Hormone produite par les glandes surrénales, dont l'effet est similaire à l'activation du système nerveux sympathique. Déclenche l'activation dans diverses zones du corps.

Affectivité   Qui relève de l'émotion ou des sentiments.

Afférent   Qui conduit en avant, qui transporte, comme les nerfs ou neurones qui amènent les impulsions au cerveau ou au système nerveux central; contraire d'*efférent*.

Âge mental   Indication de la capacité mentale définie par la moyenne des capacités des personnes à tout âge; capacité mentale séparée de l'âge chronologique.

Agnosie   Dans la perception, perturbations de la signification des stimuli sensoriels; donc, incapacité de savoir. Par exemple, incapacité de reconnaître les objets ou les images.

Agression   Toute réaction qui comporte l'intention de nuire à autrui.

Aléatoire   Au hasard et sans structure définie. Les nombres aléatoires représentent une série dans laquelle chaque chiffre de 0 à 9 a une chance égale d'apparaître dans n'importe quelle position.

Ambivalence   Éprouver des émotions contraires comme l'amour et la haine envers une personne ou un objet.

Amnésie   Perte de mémoire partielle ou complète des événements passés.

Amnésie rétrograde   Perte de mémoire des événements qui se sont produits avant une blessure à la tête ou une autre cause d'amnésie.

Amniocentèse   Extraction et analyse du liquide amniotique de l'utérus dans les premières phases de la grossesse; sert à détecter les anomalies génétiques du foetus.

Amphétamines   Catégorie de médicaments qui stimulent le système nerveux central. Peuvent causer l'assuétude physique et certainement une forte dépendance psychologique.

Analyse factorielle   Technique statistique dans le cadre de laquelle maintes mesures sont reliées entre elles. Les mesures qui forment des «grappes» de corrélation sont censées représenter un facteur sous-jacent plus général.

Androgène   Hormone sexuelle masculine.

Androgynie   Possession de traits de comportement féminins et masculins ou équilibre entre la «masculinité» et la «féminité» telles qu'elles sont définies par une société donnée.

Anesthésie   Perte des sensations corporelles.

Angoisse diffuse   Sentiments de terreur ou d'appréhension dont on ne trouve pas la source précise.

Anima   Selon Jung, archétype qui représente la féminité ou le principe féminin du psychisme. (Voir *archétype*.)

Anorexie mentale   Affection où la personne ne mange qu'avec dégoût et en quantité qui ne suffit pas à maintenir son poids normal. Grave perte d'appétit dont l'origine semble psychologique.

Anosmie   Perte du sens de l'odorat, surtout d'un type d'odeur en particulier.

Anthropomorphisme   Erreur qui consiste à attribuer aux animaux des pensées, des intentions ou des sentiments humains.

Antidépresseurs   Médicaments qui contrent la dépression ou le découragement en rehaussant l'humeur de la personne.

Antipsychotiques   Médicaments qui éliminent les symptômes psychotiques et facilitent le traitement des troubles psychiatriques.

Anxiété   Malaise douloureux d'appréhension très près de la peur; en particulier, ce malaise est caractérisé par le sentiment ou l'attente d'une menace imprécise.

Aphasie   Perturbation du langage causée par des dommages au lobe temporal du cerveau.

Apnée   Trouble ou interruption de la respiration.

Appétits spéciaux   Désir accru ou consommation d'un type d'aliment en particulier, en particulier un aliment qui remédie à une carence nutritive.

Apprentissage   En général, tout changement relativement permanent du comportement qu'on peut attribuer à l'expérience et non à des facteurs comme la fatigue, la maturation, les blessures, etc.

Apprentissage latent Apprentissage qui se produit sans renforcement évident et qui n'est pas apparent en l'absence de renforcement.

Apprentissage par évitement Méthode d'apprentissage dans laquelle la production d'une réaction donnée diffère ou empêche un stimulus désagréable.

Apprentissage par fuite Apprentissage d'une réaction pour éviter ou faire cesser un stimulus d'aversion (douloureux). L'apprentissage par évitement est renforcé négativement par la cessation du stimulus d'aversion.

Archétype Structure originale, prototype ou principe sur lesquels les comportements sont modelés. Selon Jung, les images primordiales universelles qu'on trouve dans l'inconscient collectif.

ARN (acide ribonucléique) Substance chimique similaire à l'ADN, à laquelle on attribue un rôle dans l'apprentissage et la mémoire.

Assimilation Selon Piaget, l'application de modèles mentaux existants à de nouvelles situations. (Voir *accommodation*.)

Assuétude Accroissement de la dépendance physique à une drogue de sorte que le manque et le malaise physique (symptôme de sevrage) se manifestent en son absence.

Astigmatisme Défaut dans la forme de la cornée, du cristallin ou de l'oeil en entier qui fait que certaines composantes de la vision ne peuvent focaliser.

Attention Orientation ou concentration sur un stimulus.

Attribution Fait d'imputer mentalement son propre comportement, ou celui d'autrui, à diverses causes.

Autisme Trouble grave de l'enfance qui comporte le mutisme, l'atrophie et le blocage sensoriels, les accès de rage, le manque de conscience des autres, l'écholalie, etc.

Axone Fibre mince qui prolonge le neurone (cellule nerveuse); transmet normalement l'information vers les autres cellules nerveuses.

B

Barbituriques Médicaments qui créent une dépendance et abaissent l'activité du système nerveux central. L'intoxication par les barbituriques ressemble à celle que produit l'alcool.

Bâtonnets Récepteurs visuels de la rétine responsables de la vision en noir et blanc. (Voir *cônes*.)

Behaviorisme École de psychologie qui met l'accent sur l'étude des comportements observables.

Besoin Dans la théorie de la motivation, état précis à l'intérieur de l'organisme qui peut provoquer un comportement approprié au besoin (souvent associé à la diminution des substances corporelles essentielles ou à la perturbation de l'homéostasie).

Besoin de réussite Besoin de réussir ou d'atteindre l'excellence.

Besoin de stimulation Besoin inné de stimulation et d'information.

Biographie Information détaillée sur la vie du candidat à un poste dont on se sert afin de prévoir son aptitude à divers emplois.

Bruit blanc Stimulus auditif qui se compose de toutes les fréquences audibles du son et dont le son ressemble à une chute d'eau ou à un sifflement.

But Objet d'une conduite dirigée et motivée.

Buts dominants Buts qui dépassent ou prédominent sur tous les autres; buts qui rendent les autres objectifs relativement moins importants.

C

Ça Selon Freud, partie la plus primitive de la personnalité qui fournit l'énergie et exige la gratification immédiate des besoins, des pulsions et des désirs.

Cadre de référence Perspective mentale et affective relative aux événements perçus et évalués.

Caféine Drogue naturelle et stimulante qu'on trouve dans le café, le thé ainsi que dans les boissons et médicaments artificiels.

Cancérogène Toute substance qui produit le cancer.

Capacités motrices Capacités acquises qui comportent un élément de dextérité physique ou un recours à la coordination des mouvements musculaires.

Caractère Évaluation subjective de la personnalité de quelqu'un, souvent en ce qui a trait à ses attributs souhaitables ou non.

Carte cognitive Images intérieures d'un endroit (labyrinthe, ville, campus, etc.) qui sous-tendent présumément l'aptitude de choisir différentes avenues vers un même but.

Cataplexie Perte soudaine du tonus musculaire et des mouvements corporels volontaires qui cause l'effondrement.

Cérébralisation Accroissement de la taille et de l'importance relatives du cortex cérébral qu'on observe sur l'échelle biologique depuis les animaux inférieurs jusqu'aux humains.

Champ phénoménal Champ entier de la conscience subjective.

Chiromancie Faux système qui prétend être en mesure de définir les traits de personnalité ou de prédire l'avenir en analysant les lignes de la main.

Chromosomes Structures filamenteuses à l'intérieur du noyau de chaque cellule qui transportent les gènes. Chez les humains, les cellules normales renferment 23 paires de chromosomes chacune.

Climatère Période ou étape vers la fin de l'âge mûr chez les hommes au cours de laquelle ont lieu des changements importants dans la santé, l'apparence ou la puissance. À peu près semblable à la *ménopause* chez la femme.

Clonage Reproduction d'une plante ou d'un organisme en entier à partir d'une seule cellule de la plante ou de l'organisme original.

Cocaïne Drogue cristalline tirée des feuilles de coca; sert de stimulant du système nerveux central et d'anesthésique local.

Codage Organisation qui facilite l'entreposage et l'extraction des données dans la mémoire.

Coefficient de corrélation Indication du degré de relation entre deux séries de mesure ou deux variables. Les coefficients sont des nombres qui varient entre -1,00 et +1,00.

Cognitif Qui relève de la pensée, de la connaissance, de la compréhension ou du processus intérieur de traitement de l'information.

Cognition Processus qui consiste à penser, à connaître et à traiter l'information.

Colostrum Substance laiteuse sécrétée par les mères quelques jours après la naissance. Le colostrum est riche en anticorps.

Compensation Mécanisme de défense permettant de contrer une faiblesse réelle ou imaginaire en mettant en valeur des traits souhaitables ou en cherchant à exceller en d'autres domaines.

Complexe d'Électre Dans la théorie freudienne, complexe que connaissent les fillettes lorsque leur père les attire et qu'elles se sentent en concurrence avec leur mère.

Complexe d'Oedipe Concept freudien qui désigne l'attachement sexuel du garçon à sa mère et la relation agressive avec le père. (Voir *complexe d'Électre.*)

Comportement propre à l'espèce Comportement structuré manifesté par tous les membres normaux d'une espèce donnée.

Compression Entassement des molécules d'air sous l'impulsion d'une onde sonore dans l'appareil auditif.

Concept Idée générale qui représente une catégorie d'objets ou d'événements regroupés en raison d'une propriété ou d'un trait qu'ils ont en commun.

Concept conjonctif Concept qui comporte une double valeur parce qu'il appartient à deux dimensions différentes (par exemple, des triangles rouges). (Comparez avec les concepts *disjonctifs* et *relationnels.*)

Concept disjonctif Concept qui se définit par la présence d'au moins une parmi de nombreuses caractéristiques; ou concept qui comporte une valeur sur une seule dimension (par exemple, bleu *ou* triangulaire). (Comparez avec les concepts *conjonctifs* et *relationnels.*)

Concept relationnel Concept qui se définit par la relation entre deux dimensions (par exemple, «plus grand que», «au-dessus de», «égal à»). (Comparez avec *concepts conjonctifs et disjonctifs.*)

Condensation Selon la théorie freudienne de l'interprétation des rêves, tendance à combiner les images provenant de diverses sources en une seule image complexe.

Conditionnement Processus d'apprentissage par association découvert par Pavlov. Désigne aussi l'apprentissage opérant. (Voir *conditionnement classique* et *conditionnement opérant.*)

Conditionnement classique   Forme d'apprentissage fondamentale découverte par Pavlov où les réactions existantes (réflexes) sont attachées à de nouveaux stimuli.

Conditionnement instrumental   Apprentissage qui se produit lorsque les réactions volontaires sont influencées par leurs conséquences, comme par exemple, lorsqu'un animal apprend à trouver son chemin dans un labyrinthe afin d'obtenir de la nourriture; en particulier, effets du renforcement positif et négatif, du non-renforcement et de la punition.

Conditionnement opérant   Type d'apprentissage qui se produit lorsqu'un organisme «agit» sur le milieu. Les conséquences de la réaction influencent la probabilité qu'elle se reproduise.

Conditionnement par aversion   Recours à un stimulus désagréable ou douloureux pour renforcer l'apprentissage.

Conditionnement répondant   Autre nom du conditionnement classique.

Conditionnement substitutif   Établissement d'une réaction conditionnée (souvent une réaction affective) par l'observation des réactions d'une autre personne à un stimulus particulier.

Cônes   Récepteurs visuels de l'oeil responsables de la vision des couleurs et de l'acuité visuelle à la lumière diurne. (Voir *bâtonnets*.)

Conflit   État mental ou comportemental caractérisé par des désirs, des intentions, des buts, etc., incompatibles. Les quatre types de conflits fondamentaux sont : approche, évitement, approche-évitement et double approche-évitement.

Conflit approche-évitement   Situation désagréable dans laquelle une personne est à la fois attirée et repoussée par un même but. (Voir *conflit*.)

Confort du contact   Sentiment agréable et réconfortant que tirent les bébés humains et animaux du fait de toucher ou de s'agripper à quelque chose de doux et de chaud, habituellement la mère.

Conseiller   Professionnel de la santé mentale qui se spécialise dans les problèmes d'adaptation qui n'impliquent pas de graves troubles mentaux; par exemple, les conseillers scolaires, matrimoniaux ou de l'emploi.

Consolidation   Processus théorique qui consiste à fixer le matériel appris en mémoire permanente dans le cerveau.

Constance des objets   Tendance à percevoir les objets de la même façon même lorsqu'on ne les voit plus sous le même angle.

Construction mentale   Notion explicative tirée d'événements observables mais non observable en soi.

Contiguïté   Contact étroit ou proximité; très rapproché dans le temps et l'espace.

Contrôle   Élimination, définition ou égalisation de tous les facteurs d'une expérimentation qui peuvent en influencer le résultat.

Convergence   Strabisme des deux yeux qui focalisent des objets à proximité.

Cornée   Membrane transparente extérieure de l'oeil.

Corps calleux   Nerf important au centre du cerveau qui relie les deux hémisphères et sert à transmettre l'information entre les deux.

Corrélation   Présence d'une relation constante (non aléatoire) entre deux variables ou mesures.

Cote d'épargne   Dans les tests de mémoire par réapprentissage, on obtient la cote en soustrayant le temps nécessaire à remémoriser la matière du temps nécessaire à le mémoriser une première fois.

Courbe normale   Courbe en forme de cloche aux propriétés mathématiques connues, caractérisée par un nombre important de résultats au milieu, et dont les fréquences diminuent en direction des deux extrémités.

Crétinisme   Forme de déficience mentale causée par une dysfonction de la glande thyroïde.

Cristallin   Structure transparente en avant de l'oeil qui focalise les images sur la rétine.

D

Décibel   Unité de mesure du volume des sons; en général, la parole enregistre environ 60 décibels.

Déclin terminal   Important déclin des facultés mentales qu'on observe avant la mort et qui parfois annonce la mort.

Dédoublement de la personnalité Forme de trouble dissociatif à cause duquel une personne maintient deux personnalités séparées, dont l'une est habituellement inconsciente de l'existence de l'autre.

Déficience mentale Présence d'une incapacité de développement; quotient intellectuel inférieur à 70; défaut important du comportement adaptatif.

Définition opérationnelle Définition d'un concept ou d'une variable qui précise les opérations (actions ou méthodes) qui servent à mesurer le concept ou à manipuler la variable.

Dégoût alimentaire Dégoût actif qui se manifeste souvent envers un type de nourriture donné lorsque ce dernier est associé à la maladie ou au malaise.

Démonologie Dans l'Europe médiévale, étude des démons et du traitement de ceux qu'on en disait «possédés».

Dendrites Ramifications des neurones qui forment les synapses avec d'autres neurones et transmettent l'information au corps cellulaire. (Voir *neurones*.)

Dénotatif Sens objectif d'un mot ou d'une notion, tel que défini par le dictionnaire.

Déplacement Dans la théorie freudienne, la coordination de l'énergie vers une autre cible. Sert souvent de mécanisme de défense, comme lorsqu'on déplace l'agressivité sur quelqu'un ou quelque chose d'autre que la source réelle de frustration.

Déshabituation Rétablissement d'une réaction sensorielle perdue ou réduite à la faveur de l'habituation. (Voir *habituation*.)

Désintoxication Éliminer le poison ou les effets du poison. Dans le traitement de l'alcoolisme, sevrage physique d'alcool chez le patient.

Déterminisme linguistique Hypothèse proposée par Whorf selon laquelle le langage d'une personne façonne sa perception de la réalité et influence ses pensées.

Différence juste perceptible (djp) Quantité d'accroissement ou de diminution d'un stimulus qu'on peut considérer comme un changement de quantité, de valeur ou d'intensité.

Discrimination (apprentissage) Capacité de détecter les différences entre deux objets ou événements ou plus; souvent provoquée par le renforcement des réactions à un stimulus, mais pas à un autre.

Dispositif mnémonique Toute technique ou stratégie qui contribue à la mémoire.

Disposition à l'apprentissage Aptitude à apprendre une tâche ou à maîtriser un problème acquise lors d'apprentissages antérieurs similaires.

Dogmatisme En matière d'opinions, assurance ou certitude injustifiée.

Dopamine Neurotransmetteur important qu'on trouve dans le cerveau, surtout dans le système limbique.

Drogues psychotropes Toute substance (souvent puissante) capable de modifier la sensation, la perception, la connaissance, la mémoire ou d'autres aspects du comportement.

Dysfonction cérébrale mineure Immaturité cérébrale qu'on croit sous-tendre l'hyperactivité chez les enfants. (Voir *hyperactivité*.)

Dyslexie Incapacité de comprendre ce qu'on lit, souvent causée par la tendance à mal lire les lettres (en en voyant l'image réfléchie, par exemple).

E

Échantillon Sous-division ou portion de la population.

Échantillon représentatif Échantillon d'une population, d'un groupe de sujets ou d'observations qui en reflète exactement les principales caractéristiques. On choisit souvent les échantillons représentatifs par la sélection aléatoire des sujets ou des observations.

Échantillonnage biaisé Sélection de sujets dans le cadre d'une expérimentation ou d'un sondage d'opinion publique qui accorde à certaines personnes plus de chances d'être choisies qu'à d'autres.

Écholalie Souvent observée chez les enfants atteints d'autisme, tendance à répéter ce qu'on leur dit.

Éclectique Sélectionné ou choisi depuis de nombreuses sources.

EEG (électro-encéphalogramme) Enregistrement de l'activité électrique du cerveau; se fait en attachant des électrodes au cuir chevelu.

Efférent Qui transporte vers l'extérieur, comme les nerfs ou neurones qui transportent les impulsions à l'extérieur du cerveau ou du système nerveux central; contraire d'*afférent*.

Effet autocinétique Mouvement apparent d'une source de lumière stationnaire dans une pièce obscure; est souvent un effet de la suggestion.

Effet de halo Tendance à généraliser une impression favorable ou défavorable à d'autres aspects de la personnalité.

Effet de l'expérimentateur Changements dans le comportement des sujets causés par l'influence involontaire qu'exercent la présence et les gestes de l'expérimentateur.

Effet de la place dans la série Tendance à ce qu'un grand nombre d'erreurs de mémoire surviennent en ce qui a trait aux éléments qui occupent le centre d'une liste ordonnée.

Effet de renforcement partiel Résistance accrue à l'extinction observée au sein des réactions acquises selon un programme de renforcement partiel (réactions récompensées en partie).

Effet placebo Changements de comportement provoqués par les attentes d'une personne relatives à l'effet d'un médicament ou d'un traitement.

Égocentrique Incapable d'adopter un point de vue autre que le sien.

Élaboration secondaire Dans la théorie des rêves freudienne, tendance à remplir les vides et à donner les détails manquants lors du rappel ou de la narration, ce qui rend les rêves plus logiques et organisés.

Électrode Tout fil, aiguille, plaque de métal ou éprouvette d'eau salée dont on se sert afin d'appliquer un courant électrique au corps, surtout au tissu neural.

Empathie Capacité d'adopter le point de vue d'autrui ou de partager l'état de conscience de l'autre; ressentir ce que ressent quelqu'un.

Empirique Qui se fonde sur l'expérimentation ou l'expérience, ou sur l'observation directe.

Empreinte Type d'apprentissage rapide et relativement permanent qui survient à une période limitée et précoce de la vie.

Encéphalines Peptides du cerveau récemment découverts, qui ont un lien apparent avec le fonctionnement affectif.

Encodage Changer la forme de l'information de façon à l'emmagasiner en mémoire et de la manier par la pensée.

Encoprésie Incapacité de maîtriser la défécation (élimination des solides); par conséquent, «se salir».

Endorphines Catégorie de peptides (protéines) cérébraux qui ont un lien apparent avec la maîtrise de la douleur et peut-être avec les troubles psychiatriques.

Engrammes «Traces de mémoire» ou changements physiques dans le cerveau; terme général qui désigne le fondement théorique de l'apprentissage et de la mémoire.

Énurésie Incapacité de maîtriser la miction, surtout au lit.

Ergonomie Spécialité qui se penche sur la conception de machines et de milieux de travail de façon à ce que ceux-ci soient compatibles avec les capacités sensorielles et motrices humaines.

Espèce Classification qui comprend les plantes ou les animaux étroitement reliés et capables de se reproduire entre eux.

État de conscience altéré Tout état mental hors de l'ordinaire, causé notamment par la méditation, l'hypnose ou la drogue.

Ethnocentrique Qui place son propre groupe ou sa race au centre; c'est-à-dire, la tendance à rejeter tous les groupes autres que le sien.

Éthologiste Personne qui étudie les modes de comportement naturels des animaux.

Étude corrélationnelle Étude non expérimentale destinée à évaluer le degré de corrélation entre deux variables ou plus.

Étude de cas Enquête détaillée sur le comportement d'une seule personne.

Eugénique Science qui traite de l'amélioration des espèces animales ou d'une race.

Évaluation organismique Processus qui consiste à évaluer les événements selon les réactions personnelles spontanées plutôt que selon des systèmes de valeurs acquises.

Événements «psi»   Événements paranormaux qui sortent des frontières traditionnelles de la psychologie et de la science. Comprennent la voyance, la télépathie, la précognition, la psychokinésie, la projection astrale, les expériences extra-corporelles, etc.

Exorcisme   Dans l'Europe médiévale, pratique qui consistait à expulser ou à chasser le «mauvais esprit», surtout celui emprisonné dans l'organisme de ceux qu'on appelait les «possédés».

Expérimentation   Technique scientifique où l'on manipule et mesure toutes les variables pertinentes de façon à observer la relation de cause à effet. Les expérimentations simples font généralement appel à un *groupe expérimental* et à un *groupe témoin*.

Extinction   Processus qui consiste à ne jamais renforcer une réaction acquise et qui mène à une diminution graduelle de la fréquence à laquelle se produit la réaction.

Extroverti   Personne dont les énergies et les intérêts se dirigent vers l'extérieur; personne qui recherche les contacts sociaux ou qui est ouverte. (Comparez avec *introverti*.)

F

Façonnement   Formation graduelle des réactions en un comportement final souhaité grâce au renforcement des approximations successives dudit comportement.

Fantaisie   Fruit de l'imagination déterminé principalement par les intentions ou les sentiments de la personne. La fantaisie peut servir de mécanisme de défense.

Faux jumeaux   Jumeaux conçus à partir de deux ovules séparés. Les faux jumeaux ne sont pas plus semblables sur le plan génétique que d'autres frères et soeurs.

Fermeture   Terme gestaltiste qui désigne la tendance perceptive à compléter les motifs en «fermant» ou en ignorant les interstices.

Fiabilité   Caractéristique importante des tests. Un test fiable donne les mêmes résultats chaque fois qu'on y a recours.

Figure-fond   Observation gestaltiste selon laquelle certains aspects d'un motif semblent se détacher comme un objet (figure) tandis que les autres restent en arrière-plan (fond).

Fixation   Tendance à répéter de mauvaises solutions ou des réactions fautives à cause de la frustration. Dans la théorie freudienne, conflits permanents créés durant une phase donnée du développement comme résultat de la frustration ou de l'abus durant la même période.

Fonctionnalisme   École de psychologie qui se préoccupe de la manière dont le comportement et les facultés mentales aident les gens à s'adapter à leur environnement.

Formation réactionnelle   Mécanisme de défense qui consiste à maîtriser les pulsions inconscientes anxiogènes en se comportant de façon opposée.

Fovéa   Petite dépression au centre de la rétine qui renferme le plus grand nombre de cônes et procure la vision la plus nette.

Frustration   État affectif intérieur causé par l'interférence avec la satisfaction d'un besoin, ou le blocage d'un comportement orienté vers un but.

Fuite   Réduire l'inconfort en fuyant les situations frustrantes ou en s'en retranchant sur le plan psychologique.

G

Gène dominant   Gène dont l'influence se manifeste chaque fois qu'il est présent. (Comparez avec *gène récessif*.)

Gène récessif   Gène dont l'influence ne s'exprime que lorsqu'il est combiné à une autre gène récessif (c'est-à-dire qu'il ne s'exprime pas en présence d'un gène dominant). (Voir *gène dominant*.)

Généralisation   Transfert de la réaction acquise sous l'effet d'un stimulus ou de circonstances spécifiques à d'autres stimuli ou situations, qui sont similaires au stimulus original.

Généralisation du stimulus   Tendance à avoir une réaction acquise à des stimuli similaires au stimulus initial auquel l'organisme a été conditionné à réagir.

Gènes   Sections des chromosomes transmettant les instructions héréditaires qui influencent diverses caractéristiques personnelles.

Gérontologue   Personne qui étudie les effets du vieillissement.

Gestalt Mot allemand qui signifie forme ou modèle. École de psychologie qui met l'accent sur l'étude de la perception, de l'apprentissage et du raisonnement en bloc, et non par l'analyse des parties.

Glandes surrénales Source de l'adrénaline, une hormone sécrétée durant l'excitation affective. Également source d'autres hormones importantes.

Gonades Glandes sexuelles — testicules chez les hommes, ovaires chez les femmes.

Grammaire Étude des catégories de mots, de leurs fonctions et de leurs relations dans la phrase.

Graphologie Étude légitime de l'écriture afin de détecter les contrefaçons; aussi, notion douteuse selon laquelle les caractéristiques de la personnalité sont révélées par l'écriture.

Groupe de camarades Groupe de personnes du même âge et d'antécédents semblables ou identiques.

Groupe de référence Tout groupe auquel le sujet s'identifie.

Groupe expérimental Dans le cadre d'une expérimentation dirigée, groupe de sujets exposés à la variable indépendante ou à la manipulation expérimentale. (Voir *groupe témoin*.)

Groupe témoin Dans le cadre d'une expérimentation psychologique, groupe exposé à toutes les conditions de l'expérimentation sauf à la variable indépendante. (Voir *groupe expérimental*.)

Gustation Sens du goût ou action de goûter.

H

Habituation Diminution de la force d'un réflexe causée par un usage répété. Également, diminution d'une réaction sensorielle à la présence répétée d'un stimulus.

Hallucinations Sensations imaginaires de vision, d'audition ou d'odorat qui n'existent pas dans la réalité.

Hallucinogène Toute substance ou drogue qui provoque des hallucinations.

Héméralopie Incapacité de la vision causée par un éclairage trop faible.

Hérédité Transmission par les gènes de caractéristiques physiques et psychologiques des parents à leur descendance.

Hermaphrodisme Présence d'organes sexuels caractéristiques des deux sexes chez la même personne; sexualité génitale ambiguë.

Homéostasie État physiologique d'équilibre stable maintenu par les divers mécanismes corporels.

Hormone Substance chimique corporelle transportée par les liquides organiques qui influence le fonctionnement physiologique ou le comportement psychologique.

Hospitalisme Modèle de dépression profonde observé chez les enfants en institution; caractérisé par les pleurs et la mélancolie, et une absence de réactions normales aux autres humains.

Humanisme Modèle de la psychologie qui se penche sur l'expérience, les problèmes, les potentiels ou les idéaux humains.

Hydrocéphalie Type de déficience mentale causée par l'accumulation de liquide cérébro-spinal dans le cerveau.

Hyperactivité État du comportement caractérisé par une faible capacité d'attention, des mouvements incessants et une difficulté d'apprentissage. On la désigne parfois de dysfonction cérébrale mineure (DCM).

Hypermétropie Défaut visuel qui cause la presbytie.

Hypnose État de conscience altéré caractérisé par la relaxation, la concentration et une sensibilité accrue à la suggestion.

Hypocondrie Anxiété excessive à propos des petits problèmes corporels ou plaintes à propos de maladies qui semblent imaginaires.

Hypoglycémie Taux de sucre dans le sang sous la normale.

Hypothalamus Petite zone à la base du cerveau qui régit de nombreux aspects de la motivation et de l'émotion, surtout la faim, la soif et le comportement sexuel.

Hypothèse Résultat prévu d'une expérimentation ou supposition éclairée sur la relation entre les variables.

I

Icone Image ou représentation mentale.

Identification Processus du développement de la personnalité au cours duquel une personne devient semblable à un adulte qu'elle admire en mêlant les buts et les valeurs de cet adulte à son propre comportement. Sert aussi de mécanisme de défense chez les adultes.

Illusion Dans la perception, impression irréelle ou trompeuse qui se présente à la vision ou à d'autres sens; par conséquent, perception qui ne donne pas une représentation exacte du stimulus. (Comparez avec *hallucination*.)

Image de soi Perception subjective de soi qui comprend l'image corporelle et les perceptions de sa propre personnalité, de ses capacités, etc.

Imagerie eidétique Capacité de retenir une image assez longtemps pour en faire une source d'information; principalement, mémoire photographique.

Images hypnagogiques Imagerie mentale très vive associée à l'hypnose; période qui précède immédiatement le sommeil, et autres états de conscience inhabituels.

Impuissance acquise Incapacité acquise de vaincre les obstacles du milieu ou d'éviter la punition.

Incitateur Objet cible auquel une personne accorde de la valeur et qui peut servir à motiver le comportement.

Inconscient Partie de l'esprit ou de la personnalité qui renferme les impulsions et les désirs que la personne ne connaît pas directement.

Indécision Hésitation à agir, surtout dans les conflits.

Indices binoculaires Indices dans la perception de la profondeur qui nécessitent les deux yeux.

Influences maternelles Ensemble de toutes les influences psychologiques qu'ont les mères sur leurs enfants. (Voir *influences paternelles*.)

Influences paternelles Ensemble de tous les effets psychologiques qu'ont les pères sur leurs enfants. (Voir *influences maternelles*.)

Inhibition rétroactive Interférence du nouvel apprentissage avec le souvenir de ce qui a été appris précédemment.

Inné Traits héréditaires ou innés.

Insomnie Incapacité régulière ou prolongée de dormir; sommeil insuffisant ou de qualité médiocre.

Instinct Comportements innés complexes qui sont propres à l'espèce et relativement uniformes.

Intellectualisation Mécanisme de défense psychologique où le sujet se débarrasse de l'angoisse et des émotions reliées à une situation en y pensant ou en en parlant de façon abstraite et rationnelle.

Interaction de drogues Résultat de la combinaison de deux drogues différentes ou plus à l'intérieur de l'organisme, ce qui produit des effets au-delà de ce à quoi on s'attend de la simple addition de leurs effets respectifs.

Interférence proactive Oubli qui se produit lorsque l'apprentissage précédent interfère avec celui qui est récent.

Introspection Technique psychologique qui sert à examiner sa propre conscience; auto-observation de ses pensées, sentiments et sensations.

Introverti Personne qui préfère la solitude, qui se soustrait aux contacts sociaux ou qui est centrée sur elle-même. (Comparez avec *extroverti*.)

Intuition Réorganisation soudaine des éléments d'un problème qui en rend la solution évidente. Aussi, compréhension qu'on a de son propre comportement et de ses propres motifs.

Iris Muscle circulaire et colorié de l'oeil qui s'ouvre et se ferme afin de laisser entrer plus ou moins de lumière dans l'oeil.

Isolation Défense psychologique qui consiste à séparer les sentiments et idées contradictoires dans des compartiments «à l'épreuve de la logique».

J, K

Jumeaux identiques Jumeaux qui se développent à partir du même ovule et qui, par conséquent, partagent le même bagage héréditaire.

Kinésie Étude de la signification des mouvements, de la posture, des gestes et de la physionomie.

Kinesthésie Sensation de ses propres positions corporelles, mouvements musculaires ou de son propre équilibre.

L

Latence   Dans la théorie freudienne, période entre l'âge de 6 ans et la puberté caractérisée par une accalmie dans le développement psychosexuel.

Latéralisation   Désigne la concentration de certaines facultés ou fonctions mentales d'un côté ou de l'autre du cerveau.

Lésion cérébrale   Destruction expérimentale, accidentelle ou pathologique du tissu cérébral.

Libido   Dans la terminologie freudienne, énergie sexuelle qui fait fonctionner la personnalité.

Libre arbitre   Doctrine selon laquelle les humains sont en mesure d'exercer librement des choix.

Limaçon   Organe de l'ouïe en forme d'escargot qui est situé dans l'oreille interne et contient les récepteurs de l'audition.

Lobotomie frontale   Destruction chirurgicale des lobes frontaux du cerveau, ou séparation des lobes frontaux du reste du cerveau.

Localisation de la fonction   Théorie selon laquelle des fonctions psychologiques particulières sont représentées par des zones particulières du cerveau.

Luminosité   Quantité relative de lumière qui émane de la surface d'un stimulus ou d'un objet.

M

Magnétiser   Terme archaïque qui signifie hypnotiser.

Maladies psychosomatiques   Troubles où le mal physique réel résulte d'un stress psychologique.

Mantra   Mot ou son coulant qu'on se répète silencieusement pour se concentrer dans la méditation.

Masochisme   Tirer une gratification sexuelle de la douleur infligée par les autres.

Maturation   Apparition et développement des caractéristiques personnelles dans une progression ordonnée qui résulte de la croissance physique.

Mécanisme inné de réaction   Suite de mouvements programmés génétiquement qui survient mécaniquement et presque universellement chez les membres d'une même espèce.

Mécanismes de défense   Dispositifs psychologiques inconscients et habituels auxquels on a recours pour réduire ou éviter l'angoisse.

Médias   Principaux organes de communication et d'information publiques, comme la radio, la télévision, les journaux et les magazines.

Méditation   Exercice contemplatif qui entraîne la relaxation, la conscience accrue ou la révélation spirituelle.

Mémoire   Capacité mentale d'emmagasiner, d'organiser et d'extraire l'information.

Mémoire à court terme (MCT)   Rétention d'information durant de brèves périodes sans répétition; première étape de la création de souvenirs permanents. (Voir *mémoire à long terme*.)

Mémoire à long terme   Mémoire des événements qui s'échelonnent sur de longues périodes, qu'on croit habituellement se fonder sur l'emmagasinage permanent de l'information transmise par la mémoire à court terme.

Mémoire épisodique   Division «autobiographique» hypothétique de la mémoire qui enregistre les événements ou épisodes de la vie.

Mémoire sémantique   «Dictionnaire mental» hypothétique des faits et connaissance fondamentales qu'on dit faire partie de la mémoire à long terme.

Mémoire sensorielle   Première phase de l'emmagasinage en mémoire qui retient des images détaillées et littérales de l'information qui arrive pendant une demi-seconde ou moins.

Ménopause   Chez les femmes d'âge mûr, période où se terminent les menstruations.

Mescaline   Drogue psychotrope tirée du peyote et dont les propriétés sont similaires à celles du LSD.

Métabolisme   Taux de production et de dépense d'énergie par le corps.

Méthode des enquêtes   Utilisation des techniques de sondage public afin de répondre à des questions psychologiques.

Méthode scientifique   Technique qui éprouve

l'exactitude d'une proposition au moyen de la mesure minutieuse et de l'observation dirigée.

Micro-sommeil   Changement momentané du tracé cérébral en ondes du sommeil.

Microcéphalie   Type de déficience mentale caractérisé par un très petit crâne qui empêche le développement normal du cerveau.

Milieu intra-utérin   Milieu chimique et physique de l'utérus avant la naissance.

MMPI (Minnesota Multiphasic Personality Inventory)   Test de personnalité le plus répandu.

Modelage   Type d'imitation où une personne mime le comportement d'une autre (le modèle).

Modèle   Système d'idées et de concepts destiné à relier des faits connus et à fournir un système explicatif.

Moi   Dans la terminologie freudienne, partie de la personnalité qui possède la maîtrise consciente du comportement et qui concilie les demandes du ça, du surmoi et de la réalité extérieure.

Monoculaire   Qui relève de la fonction d'un oeil. Par exemple, les indices monoculaires de perception de la profondeur ont recours à un seul oeil.

MOR   Abréviation de «mouvements oculaires rapides» caractéristiques de la première phase du sommeil onirique.

Morphèmes   Plus petites unités de langage significatives.

Motivation   Pulsion ou force à l'intérieur de l'organisme qui déclenche le comportement ou le dirige vers un but.

Motivation épisodique   Motivation non cyclique qui survient lors d'épisodes distincts associés à des circonstances particulières (par exemple, évitement de la douleur, appétits spéciaux, motivation sexuelle).

Motivation extrinsèque   Motivation qui se fonde sur des récompenses, des obligations ou d'autres facteurs extérieurs évidents, et non sur la satisfaction inhérente à la tâche ou à l'activité.

Motivation intrinsèque   Motivation qui provient de l'intérieur, plutôt que de la présence de récompenses extérieures; motivation qui découle du plaisir tiré d'une activité ou d'une tâche.

Motivations primaires   Motivations innées axées sur les besoins biologiques.

Motivations secondaires   Motivations axées sur les besoins psychologiques acquis.

Motivations sociales   Motivations acquises à la faveur de la croissance dans une société donnée.

Mouvement stroboscopique   Illusion de mouvement causée par la présentation rapide d'une série de photographies ou d'autres représentations de phases de mouvement continu.   Plus communément, illusion de mouvement créée par des dessins animés et des films.

Myoclonie   Contractions réflexes des muscles, qui entraînent un mouvement saccadé.

Myopie   Défaut visuel qui rend difficile la focalisation des objets à distance.

N

Narcolepsie   Grave trouble du sommeil où la personne souffre d'attaques de sommeil incontrôlables, lesquelles peuvent survenir lorsque la personne est debout ou conduit.

Négation   Mécanisme de défense qui consiste à nier l'existence d'un problème ou d'une réalité désagréable.

Néo-freudiens   Théoriciens de la personnalité qui acceptent les grands traits du modèle psychodynamique de Freud mais qui ont révisé sa théorie afin qu'elle corresponde à leurs propres notions.

Nerf optique   Nerf de grande taille qui transmet les impulsions visuelles de chaque oeil au cerveau.

Nerfs sensoriels ou afférents   Fibres sensorielles réceptrices.

Neurone moteur   Neurone efférent qui transmet les commandes motrices du système nerveux central aux muscles et aux glandes.   (Voir *efférent; neurones.*)

Neurone sensoriel   Neurone afférent qui transmet l'information des sens au cerveau ou au système nerveux central.

Neurones   Cellules nerveuses individuelles qui forment la structure fondamentale du système nerveux.

Neuropeptides Catégorie de substances chimiques cérébrales récemment découvertes qui consiste en de simples protéines dotées d'une grande variété d'influences sur l'humeur et le comportement.

Neurotransmetteur Substance chimique sécrétée par les neurones qui traverse la synapse et modifie l'activité du neurone récepteur.

Noradrénaline Neurotransmetteur sécrété par les neurones du système nerveux sympathique; également produit à divers endroits du cerveau. On associe la production accrue de noradrénaline à la colère.

Nouveau-né Nourrisson humain.

Nystagmus Vibration ou mouvement involontaire du globe oculaire, qui comprend de légères oscillations (nystagmus physiologique) et les mouvements réflexes plus importants des aveugles.

O

Observation naturelle Observation et enregistrement du comportement qui survient naturellement et qui n'est pas manipulé de façon expérimentale.

Oestrogène Hormone sexuelle féminine.

Olfaction Sens de l'odorat.

Ondes alpha Ondes cérébrales larges et lentes qui indiquent un état de conscience détendu et passif.

Ondes bêta Ondes cérébrales qui indiquent une activité rapide et un voltage réduit, à caractère plus ou moins aléatoire, enregistrées par l'EEG lorsqu'un organisme est alerte et attentif aux stimuli. (Voir *EEG*.)

Ondes delta Ondes d'activité cérébrale régulières, grandes et lentes que l'EEG enregistre durant la phase profonde du sommeil.

Ovaires Organes sexuels féminins qui produisent des hormones et des ovules.

P

Paraprofessionnel Personne qui travaille dans une discipline presque professionnelle sous la supervision d'une personne plus compétente.

Parapsychologie Étude scientifique des événements psychologiques surnaturels; par exemple, la perception extra-sensorielle.

Pensée convergente Pensée qui se concentre sur la découverte d'une seule bonne réponse; pensée traditionnelle.

Pensée déductive Modèle de raisonnement où le penseur se sert d'un ensemble de règles pour tirer une conclusion logique.

Pensée divergente Raisonnement qui crée de nombreuses idées et solutions; pensée créatrice ou originale.

Pensée inductive Type de raisonnement où l'on donne au sujet une série d'exemples précis dont il doit tirer une règle générale. (Comparez avec *pensée déductive*.)

Perception Processus d'organisation des sensations.

Perception de la profondeur Capacité de voir l'espace tridimensionnel et d'évaluer les distances avec précision.

Perception extrasensorielle Capacité présumée de percevoir les événements d'une façon que n'expliquent pas les aptitudes connues des organes sensoriels.

Période critique Dans le développement normal, période pendant laquelle doit se produire un événement donné dans la vie d'un organisme.

Permanence des objets Reconnaissance de l'existence des objets même lorsqu'on ne les voit pas. Les très jeunes enfants semblent croire que les objets cessent d'exister lorsqu'ils ne les voient pas.

Persona Selon Jung, archétype qui représente le «masque» ou le soi public offert aux autres.

Personnalité Traits uniques et permanents d'une personne ainsi que les caractéristiques psychologiques et la relation dynamique entre elles. (Voir *traits*.)

Phénomène du bout de la langue Sentiment qu'un souvenir est disponible mais qu'on est incapable de le récupérer.

Phénomène phi Mouvement apparent de deux lumières immobiles provoqué par le fait de les allumer rapidement et successivement.

Phénylcétonurie   Trouble métabolique qui cause l'accumulation de phénylalamine dans l'organisme, ce qui peut entraîner la déficience mentale.

Phobie   Peur intense et irréaliste de certains objets ou de situations données.

Phonèmes   Sons principaux d'une langue qu'on peut distinguer l'un de l'autre.

Phosphène   Impression visuelle lumineuse causée par l'activation de la rétine par n'importe quel moyen, que ce soit la pression ou la stimulation électrique.

Photorécepteurs   Récepteurs sensoriels sensibles à la lumière et qui se spécialisent dans la transformation d'ondes lumineuses en impulsions nerveuses.

Phrénologie   Faux système qui prétend que la forme du crâne indique les facultés mentales ou les caractéristiques personnelles.

Placebo   Substance inactive qu'on administre au lieu d'un médicament dans le cadre de la recherche psychologique, ou que donnent les médecins qui traitent les douleurs chroniques par la suggestion.

Point aveugle   Portion de la rétine où le nerf optique quitte l'oeil et où on ne trouve donc aucun récepteur visuel.

Point d'équilibre   Proportion théorique des graisses du corps qui tend à se maintenir par l'alternance de la faim et de l'alimentation.

Polygénique   Tout trait physique ou comportemental influencé par trois gènes ou plus (souvent de nombreux).

Polygraphe   Instrument qui enregistre plusieurs mesures de l'activité corporelle simultanément; désigne communément l'enregistrement de réactions affectives effectué par un «détecteur de mensonges».

Population   Groupe défini en entier; tous les membres d'une catégorie ou d'un ensemble desquels on peut tirer un échantillon moins grand.

Pratique échelonnée   Séances de pratique ou épreuves d'apprentissage qui s'étendent sur une longue période de temps et comprennent un certain nombre de périodes de repos.

Pratique massive   Pratique continue sans interruption ou période de repos. Se distingue de la pratique échelonnée.

Pratique négative   Répétition délibérée d'une réaction non voulue jusqu'à ce que celle-ci devienne douloureuse.

Prémonition   Littéralement, connaissance préalable; par conséquent, toute prévision de l'avenir ou toute connaissance antérieure qui n'a pas recours aux moyens normaux de connaissance.

Prénatal   Événements qui précèdent la naissance d'un enfant.

Presbytie   Défaut visuel qui s'acquiert avec l'âge.

Pression   Sur le plan psychologique, la pression se manifeste lorsqu'il faut maintenir et prolonger la vigilance, lorsqu'il faut accélérer les événements ou lorsqu'une personne doit donner son plein rendement durant une longue période.

Primate   Membre de la famille des mammifères, dont les humains, les gorilles et les singes.

Privation   Dans le développement, perte ou carence de stimulation, de nourriture, de confort, d'amour, etc. Condition de carence.

Programme à intervalle fixe   Programme de renforcement où le renforcement s'administre selon un horaire prévu après le renforcement précédent; par exemple, toutes les trois minutes.

Programme à intervalle variable   Programme de renforcement où varie la durée entre les renforcements.

Programme de proportion fixe   Programme de renforcement où un nombre prédéterminé de réactions doivent s'accomplir avant que ne soit accordé le renforcement; par exemple, un renforcement toutes les cinq réponses.

Programme de proportion variable   Programme où le nombre de réactions nécessaires à la production d'un renforcement varie.

Programme de renforcement   Règle qui détermine la réaction qui sera renforcée.

Programme moteur   Représentation mentale ou modèle d'un mouvement, similaire en quelque sorte à un logiciel.

Projection   Attribution de ses propres sentiments, défauts ou impulsions aux autres pour se défendre de l'angoisse.

Pseudo-psychologies Systèmes faux ou douteux qui prétendent expliquer le comportement.

Pseudo-souvenirs Faux souvenirs qu'une personne croit vrais ou précis.

Psychanalyse Modèle freudien de thérapie qui met l'accent sur la libre association, l'interprétation des rêves et le transfert.

Psychanalyste Professionnel de la santé mentale formé pour pratiquer la psychanalyse.

Psyché L'esprit, la vie mentale et la personnalité comme tout.

Psychiatre Docteur en médecine qui se spécialise dans le diagnostic et le traitement de la maladie mentale.

Psychodynamique Qui relève des motivations intérieures, des forces inconscientes et d'autres aspects du fonctionnement mental.

Psychokinésie Aptitude à influencer les événements physiques par l'activité mentale ou exercice de la maîtrise mentale sur les objets inanimés.

Psycholinguiste Psychologue qui se spécialise dans l'étude du langage.

Psychologie Étude scientifique du comportement et de l'expérience consciente.

Psychologie communautaire Spécialité qui cherche à améliorer la santé mentale au niveau communautaire au moyen de services directs, de prévention, d'éducation et de consultation.

Psychologie comparée Étude et comparaison du comportement de différentes espèces, surtout animales.

Psychologie de l'architecture Étude de l'influence des édifices sur le comportement; conception d'édifices qui a recours aux principes du comportement.

Psychologie de l'éducation Étude psychologique de l'apprentissage, de l'enseignement et de sujets connexes.

Psychologie de l'environnement Étude formelle de l'influence de l'environnement sur le comportement.

Psychologie de la consommation Spécialité qui se penche sur la compréhension du comportement du consommateur; s'applique souvent à la publicité, à la commercialisation, à l'essai de produits, etc.

Psychologie des sports Spécialité qui combine l'étude des aptitudes sportives avec les techniques cliniques qui améliorent le rendement sportif et les bénéfices de la participation aux sports.

Psychologie industrielle Application de la psychologie au travail, en particulier à la sélection du personnel, aux relations humaines et à la conception mécanique.

Psychologie professionnelle Branche de la psychologie industrielle qui se préoccupe de la vérification, de la sélection, du placement et de la promotion des employés.

Psychologue Personne dont la formation s'étend aux méthodes, aux données et aux théories de la psychologie; habituellement détenteur d'une maîtrise et parfois d'un doctorat.

Psychologue clinicien Psychologue qui se spécialise dans le traitement des perturbations psychologiques et comportementales.

Psychologue de consultation Psychologue qui se spécialise dans le traitement des troubles affectifs et comportementaux légers.

Psychologue du développement Psychologue qui s'intéresse à la croissance et au développement humains, de la conception à la mort.

Psychologue expérimental Psychologue qui s'intéresse principalement à l'étude scientifique du comportement humain et animal.

Psychométrie Spécialité qui touche à la mesure mentale ou aux épreuves psychologiques, comme les tests d'intelligence et de personnalité.

Psychophysiologiste Psychologue qui étudie, entre autres, la relation entre le système nerveux et le comportement.

Psychophysique Étude de la relation entre les stimuli physiques et les sensations qu'ils provoquent par un observateur humain.

Psychosociologue Psychologue qui se penche sur l'influence que les autres exercent sur le comportement individuel.

Punition Stimulus qui tend à réduire la probabilité d'une réaction.

Pupille Point noir en avant de l'oeil que traverse la lumière pour atteindre la rétine.

Q

Quotient intellectuel   Indication de l'intelligence obtenue en divisant l'âge mental d'une personne par son âge chronologique et en multipliant par 100.

R

Radiation électromagnétique   Ondes d'énergie produites par des oscillations électriques et magnétiques. Les ondes radio, lumineuses, les rayons X et gamma sont toutes des ondes électromagnétiques dont seule la longueur diffère.

Rappel   Souvenir détaillé qui recourt à une quantité minimale d'indices de la mémoire.

Raréfaction   Dans l'ouïe, étirement ou amincissement des molécules d'air entre les crêtes des ondes sonores successives.

Rationalisation   Explication de ses propres défauts de façon à en éviter la responsabilité.

Réaction   Toute action musculaire, activité glandulaire ou autre aspect objectivement identifiable du comportement.

Réaction affective conditionnée   Conditionnement des réactions du système nerveux autonome ou des réactions viscérales à un stimulus non affectif.

Réaction conditionnelle   Dans le conditionnement classique, réaction acquise qui s'attache à un stimulus conditionnel.

Réaction d'orientation   Changement corporel qui prépare un organisme à recevoir l'information d'un stimulus donné.

Réaction de conversion   Symptôme ou incapacité qui semble physique mais qui est en réalité le résultat de l'angoisse, du stress ou d'un conflit affectif.

Réaction inconditionnelle   Dans le conditionnement classique, réaction non acquise provoquée de façon innée par le stimulus inconditionnel; habituellement une réaction réflexe.

Réapprentissage   Réapprendre quelque chose qu'on a déjà appris; sert de mesure de la mémoire de l'apprentissage précédent.

Récapitulation   Répétition à voix haute de la matière à apprendre comme moyen d'en améliorer la mémorisation.

Reconnaissance   Souvenir où l'on reconnaît comme telle la matière apprise précédemment.

Recouvrement spontané   Réapparition subite d'une réaction acquise par suite d'une extinction apparente.

Récupération   Extraction de l'information emmagasinée en mémoire.

Rédintégration   Processus d'interférence ou de reconstruction d'un souvenir complexe en entier après ne s'en être souvenu qu'en partie.

Réflexe   Réaction automatique à un stimulus; par exemple, le clignement de l'oeil, la dilatation de la pupille ou une secousse du genou.

Réflexe de Babinski   Retroussement et étirement des orteils qui se produit lorsqu'on touche la plante du pied d'un bébé.

Réflexe psychogalvanique   Changement de la résistance électrique de l'épiderme relié à l'excitation ou à l'anxiété.

Refoulement   Expulser ou bloquer de la conscience les souvenirs, impulsions ou sentiments indésirables.

Régression   Retour aux modes de comportements antérieurs propres à l'enfant, particulièrement en réaction au stress.

Régression hypnotique   Retour d'un sujet sous hypnose à un âge antérieur.

Remue-méninges   Technique de résolution de problèmes en groupe dans le cadre de laquelle les idées fusent librement, de manière imaginative et sans égard à leur aspect pratique.

Renforçateur   Tout stimulus qui augmente toujours la fréquence ou la probabilité des réactions auxquelles il succède.

Renforçateurs primaires   Renforçateurs innés; habituellement ceux qui satisfont les besoins physiologiques.

Renforcement   Tout stimulus qui favorise l'apprentissage ou augmente la fréquence d'une réaction. Souvent simplement une récompense.

Renforcement continu   Programme de renforcement

où chaque réaction est renforcée.

Renforcement intermittent Renforcement irrégulier ou inattendu (renforcement partiel).

Renforcement négatif Accroissement de la probabilité d'une réaction en mettant fin à un stimulus désagréable lors de l'accomplissement de la réaction.

Renforcement partiel Renforcement accordé de façon intermittente, après une partie seulement des réactions (appelé aussi renforcement intermittent).

Renforcement positif Récompenses ou stimuli qui augmentent la probabilité de la réaction à laquelle ils succèdent.

Renforcement secondaire Stimulus antérieurement neutre qui prend une valeur de renforcement lorsqu'on l'associe à des renforçateurs primaires. (Voir *renforçateurs primaires*.)

Résistance Blocage qui survient en psychanalyse lors du traitement ou de l'analyse des symptômes.

Rétention Emmagasinage ou mémorisation de l'information.

Rétine Couche photosensible à l'arrière de l'oeil qui renferme les cônes et les bâtonnets.

Rétroaction Effet de la connaissance des résultats.

Rétroaction biologique Technique qui permet au sujet de surveiller et de maîtriser ses propres fonctions corporelles internes.

Rhodopsine Pigment photosensible des cônes et des bâtonnets.

Rigidité fonctionnelle Rigidité dans la résolution de problèmes causée par l'incapacité de concevoir de nouveaux usages à des objets familiers.

Rythmes circadiens Changements cycliques des fonctions corporelles qui varient d'après un horaire d'environ 24 heures.

S

Sanctions de groupe Toute récompense ou punition (réelle ou symbolique) accordée aux membres d'un groupe pour leur adhésion ou leur désobéissance à des normes de groupe relativement à la conduite acceptable.

Saturation Lorsqu'elle s'applique aux couleurs, la saturation désigne les couleurs pures et associées à une région concentrée du spectre lumineux.

Sédatif Médicament qui tend à calmer, à tranquilliser ou à favoriser le sommeil.

Sélection naturelle Théorie de Charles Darwin selon laquelle l'évolution favorise la survie des plantes et des animaux qui s'adaptent le mieux aux conditions dans lesquelles ils vivent.

Sémantique Étude du sens du langage.

Sens connotatif Sens subjectif personnel ou affectif qu'on donne à un mot ou à une expression sans égard au sens explicite et reconnu.

Sens cutanés Sens du toucher, de la pression, de la douleur, du chaud et du froid.

Sens vestibulaires Qui concernent l'équilibre; sensations produites par les canaux semi-circulaires situés près de l'oreille interne.

Sensation Réaction immédiate à la stimulation des récepteurs sensoriels et transformation d'événements intérieurs ou environnementaux en réaction nerveuse.

Seuil absolu Point qui indique la quantité minimale d'énergie physique nécessaire à la production d'une sensation.

Seuil différentiel Changement d'un stimulus physique le plus infime qui puisse être détecté par un observateur.

Socialisation Processus qui consiste à apprendre à vivre dans une culture donnée en adoptant un comportement acceptable par la société.

Soma Corps de toute cellule vivante, surtout celui de la cellule nerveuse (neurone).

Somesthésique Qui relève des sensations produites sur la peau, dans les muscles, les jointures et les viscères.

Sommeil MOR Sommeil aux mouvements oculaires rapides correspondant aux phases du sommeil.

Sommeil NMOR Périodes du sommeil au cours desquelles le mouvement oculaire est minimal et le rêve est presque absent.

Sommeil paradoxal   Phase du sommeil, caractéristique du rêve, au cours de laquelle le tracé de l'EEG de la personne est similaire à celle de l'éveil, mais où la personne est tout de même endormie.

Somnambulisme   Terme officiel désignant le fait de marcher dans son sommeil.

Stade anal   Selon Freud, la deuxième phase du développement psychologique qui correspond à la période d'apprentissage de la propreté, entre la deuxième et la troisième année.   (Voir aussi les stades *génital*, *oral* et *phallique*.)

Stade génital   Dernier stade du développement psychosexuel (selon Freud); survient généralement à la fin de l'adolescence et représente la pleine maturité psychosexuelle.

Stade oral   Stade freudien du développement psychosexuel au cours duquel la bouche est le principal organe de plaisir pour l'enfant.

Stade phallique   Stade du développement freudien où l'enfant découvre le plaisir qu'il tire de ses organes génitaux.

Stades psychosexuels   Selon Freud, développement de la personnalité en quatre stades : *oral*, *anal*, *phallique* et *génital*.

Stimulant   Substance qui produit une excitation temporaire du corps ou du système nerveux.

Stimulus   Toute forme d'énergie physique qui influence un organisme et provoque une réaction.

Stimulus conditionnel   Dans le conditionnement classique, stimulus neutre auparavant qui acquiert la capacité d'obtenir une réaction en association avec un stimulus inconditionnel.

Stimulus inconditionnel   Stimulus capable de provoquer une réaction de façon innée.

Stress   Condition qui soumet l'organisme à des situations extérieures auxquelles il doit s'adapter.

Structuralisme   L'une des premières écoles de pensée en psychologie qui tentait d'analyser les sensations et de réduire l'expérience subjective à des structures fondamentales.

Sublimation   Mécanisme de défense psychologique qui implique l'expression d'impulsions socialement inacceptables d'une manière acceptable; par exemple,

la transformation de l'avarice en entreprise commerciale réussie.

Surapprentissage   Pratique qui se poursuit au-delà de la simple maîtrise de la matière mémorisée ou de l'aptitude acquise.

Surmoi   Dans la théorie de la personnalité de Freud, représentation des valeurs parentales et des règles sociales; principalement, instance qui sert de conscience morale.

Syllabe sans signification   Syllabe dépourvue de sens qui consiste généralement en une consonne, une voyelle et une consonne; on y a recours dans les expériences de rétention et de mémoire.

Syllogisme   Forme logique du raisonnement qui consiste en une prémisse majeure, une prémisse mineure et une conclusion.

Symbolisation   Dans l'imagerie onirique, tendance qu'ont les images à suggérer ou à représenter autre chose en raison de la similarité, de la relation, de l'apparence ou de l'association inconsciente.

Synapse   Espace microscopique à travers lequel les impulsions nerveuses parviennent à relier deux neurones.

Syndrome de Down   Anomalie génétique associée à la présence de 47 chromosomes au lieu des 46 habituels et caractérisée par une courte espérance de vie, la déficience mentale et des traits physiques inhabituels.

Syndrome général d'adaptation (SGA)   Description de Selye d'un modèle régulier de réactions au stress prolongé qui se déroule en trois phases : l'alarme, la résistance et enfin, l'épuisement.

Synesthésie   Expérience d'une modalité sensorielle comme s'il s'agissait d'une autre; par exemple, «voir» des sons comme des couleurs.

Syntaxe   Étude de la place des mots dans la phrase.

Système endocrinien   Système organique qui se compose des glandes dont les sécrétions se déversent directement dans le sang ou le système lymphatique.

Système limbique   Série de structures cérébrales reliées entre elles dont les fonctions comprennent l'odorat et les réactions affectives.

Système nerveux   Réseau de neurones qui relie les

récepteurs sensoriels et les organes effecteurs, lesquels engendrent le comportement et l'expérience consciente.

Système nerveux autonome (SNA) Division du système nerveux périphérique qui s'occupe des fonctions corporelles involontaires.

Système nerveux central (SNC) Le cerveau et la moelle épinière.

Système nerveux parasympathique Division du système nerveux autonome associée au déclenchement de la relaxation, de la désactivation physique et de la conservation d'énergie.

Système nerveux périphérique Toutes les parties du système nerveux qui se situent à l'extérieur du cerveau et de la moelle épinière, notamment les neurones sensoriels et moteurs, les nerfs spinaux et crâniens, et le système nerveux autonome.

Système nerveux sympathique Division du système nerveux autonome responsable de l'activation du corps aux moments d'émotion ou de stress en accélérant la consommation d'énergie et en préparant le corps à l'action.

T

Tachistoscope Dispositif mécanique capable de présenter des mots ou des images à l'écran pendant de très courts moments; sert aux épreuves de perception, en particulier aux études de la perception subliminale.

Tâtonnements implicites Dans la résolution de problèmes, élimination intérieure des fausses solutions (par tâtonnements indirects).

Teinte Propriété de la couleur représentée par la classification en catégories principales de rouge, d'orange, de jaune, de bleu, d'indigo et de violet ou des intermédiaires entre ceux-ci.

Télépathie Prétendue forme de perception extra sensorielle où les pensées se transmettent du donneur au receveur sans contact direct. (Voir *perception extra sensorielle.*)

Télodendrie Ramification du réseau des fibres à l'extrémité de l'axone du neurone qui forme de multiples synapses avec les autres neurones.

Tempérament Base physique de la personnalité qui comprend notamment l'humeur prédominante, la sensibilité, les niveaux d'énergie, etc.

Test d'aptitude Test qui mesure le potentiel d'apprentissage d'une variété d'activités chez une personne.

Test de mémoire immédiate des chiffres Test d'attention et de mémoire à court terme. On demande aux sujets de se rappeler une série de chiffres aléatoires de longueur variée qu'on vient de leur lire.

Testicules Organes sexuels masculins, situés dans le scrotum; source du sperme et des hormones sexuelles masculines.

Testostérone Hormone sexuelle masculine responsable du développement des caractères sexuels secondaires.

Tests projectifs Tests psychologiques qui ont recours aux stimuli non structurés, où l'on suppose que le sujet projette ses pensées et impulsions sur le stimulus.

Thanatologue Personne qui étudie la mort et le processus de la mort.

Théorie Système d'idées et de notions destiné à exposer et à relier entre eux des concepts et des faits de manière à résumer les données existantes et à prévoir les observations futures.

Théorie de l'apprentissage social Modèle qui combine les principes d'apprentissage avec les processus de connaissance (perception, pensée, prévision) et les effets de l'apprentissage par observation dans le but d'expliquer le comportement.

Théorie de l'interférence Théorie de l'oubli selon laquelle le matériel acquis antérieurement interfère avec le stockage de nouveau matériel, ou l'apprentissage récent empêche de se souvenir de l'apprentissage antérieur.

Théorie trichromatique Théorie de la vision des couleurs qui affirme qu'il existe trois types de cônes, dont chacun est sensible soit au rouge, soit au vert, soit au bleu.

Timbre Aspect psychologique du son qui correspond à la complexité d'une tonalité.

Tolérance Condition de la toxicomanie provoquée par la capacité du corps de résister à des quantités accrues de drogue. À mesure que se développe la tolérance, on doit augmenter le dosage afin de produire la même réaction que produisait auparavant une dose plus faible.

Tonalité Expérience psychologique des tons aigus et des tons bas qui correspond à la dimension physique de la fréquence.

Traits (de personnalité) Attitudes et qualités personnelles permanentes que la personne tend à manifester dans presque toutes les circonstances.

Tranquillisants mineurs Médicaments capables d'engendrer la relaxation ou la diminution des tensions ou de l'activation, et ceux qui ont des propriétés anxiolytiques comme le Valium.

Transduction Changement d'une forme d'énergie en une autre.

Transfert négatif Transfert des aptitudes ou des réactions d'une tâche à une autre lorsqu'un tel transfert empêche l'accomplissement de la seconde tâche.

Transfert positif Transfert des aptitudes ou des réactions d'une tâche à une autre qui améliore le rendement de la seconde tâche.

Trouble congénital Défaut acquis durant le développement utérin. Se distingue d'un trouble *héréditaire* (transmis par les gènes).

Trouble de la parole Retard important du développement de la parole dans la petite enfance.

Troubles affectifs Forme de psychopathologie caractérisée par la manie ou la dépression profonde; troubles qui impliquent des émotions extrêmes.

Types de personnalité Description de la personnalité qui n'utilise que quelques catégories, lesquelles représentent une série de traits inter reliés.

V

Valeur d'incitation Valeur qu'une personne ou un animal accorde à un but, au-delà de la capacité de répondre à un besoin.

Validité Capacité qu'a un test de mesurer ce qu'il prétend mesurer.

Variable dépendante Variable (habituellement un comportement) qui reflète les changements de la variable indépendante. (Voir *variable indépendante*.)

Variable indépendante Lors d'une expérimentation dirigée, condition analysée en tant que cause possible d'un changement de comportement; variable manipulée (changée) par l'expérimentateur. (Voir *variable dépendante*.)

Variables intermédiaires Conditions ou facteurs dont on doit enrayer l'influence sur le résultat d'une expérimentation (soit les variables qui n'intéressent pas l'expérimentateur).

Vigilance Niveau général d'excitation présent à tout moment chez une personne ou un animal.

Vision périphérique Vision à la périphérie (limites) du champ visuel.

Vision stéréoscopique Vision tridimensionnelle des objets et perception de l'espace rendues possibles principalement par la séparation des yeux.

Voyance Forme présumée de perception extra sensorielle où les objets et les événements sont perçus sans l'aide du système sensoriel.

Z

Zone érogène Toute zone du corps qui procure des sensations agréables et en particulier, celles qui engendrent le désir érotique lorsqu'on les stimule.

BIBLIOGRAPHIE

Atkinson, R.L., Atkinson, R.C., Edward, E.S. et Hilgard, E.R., *Introduction à la psychologie*, Montréal, Études vivantes, 1987, 788 p.

Bandura, Albert, *L'apprentissage social*, Bruxelles, Pierre Mardaga, 1980, 206 p.

Binet, Alfred, *La mesure du développement de l'intelligence chez les jeunes enfants*, Paris, Collin-Bourrelier, 1921, 120 p.

Changeux, J.-P., *L'homme neuronal*, Paris, Fayard, 1983.

Delorme, André, *Psychologie de la perception*, Montréal, Études vivantes, 1982, 420 p.

Demers, Bernard, *Le behaviorisme, principes et bases*, Montréal, Décarie, 1984, 183 p.

Erikson, Erick, H., *Enfance et société*, Neuchâtel, Delachaux et Niestlé, 1966, 285 p.

Fraisse P. et Piaget J., *Traité de psychologie expérimentale*, 9 tomes, Paris, Presses universitaires de France, 1963.

Freud, Sigmund, *Introduction à la psychanalyse*, Paris, Payot, 1922, 445 p.

Freud, Sigmund, *L'interprétation des rêves*, Paris, Presses universitaires de France, 1976.

Godefroi, Jo, *Psychologie, Science humaine*, Montréal, HRW, 1987, 706 p.

Guillaume, P., *Introduction à la psychologie*, Paris, Vrin, 1960.

Hebb, D.O., *Psychologie, Science moderne*, Montréal, HRW, 1974, 357 p.

Köhler, W., *Psychologie de la forme*, Paris, Gallimard, 1964, 373 p.

Leboyer, F., *Pour une naissance sans violence*, Paris, Le Seuil, 1974.

Lorenz, R., *Évolution et modification du comportement: l'inné et l'acquis*, Paris, Payot, 1979.

Maslow, Abraham H., *Vers une psychologie de l'être*, Paris, Fayard, 1972, 268 p.

Papalia, Diane et Olds, Sally W., *Introduction à la psychologie*, Montréal, McGraw-Hill, 1988, 753 p.

Pavlov, Ivan P., *Réflexes conditionnels et inhibitions*, Genève, Gonthier, 1932, 222 p.

Pavlov, Ivan P., *Les réflexes conditionnés*, Paris, Presses universitaires de France, 1977, 374 p.

Piaget, Jean, *La naissance de l'intelligence*, Paris, Presses universitaires de France, 1963, 370 p.

Rathus, Spencer A., *Psychologie générale*, Montréal, Études vivantes, 1991, 570 p.

Reuchlin, M., *Histoire de la Psychologie*, Paris, Presses universitaires de France, Que sais-je, 1974.

Rogers, Carl, *Le développement de la personne*, Montréal, Dunod, 1976, 288 p.

Selye, Hans, *Le stress de la vie*, Paris, Gallimard, 1962.

Skinner, B.F., *L'analyse expérimentale du comportement*, Bruxelles, Charles Dissant, 1971, 406 p.

Skinner, B.F., *Pour une science du comportement: le Behaviorisme*, Neuchâtel, Delachaux et Niestlé, 1974, 263 p.

Terman, Lewis M. et Merrill, Maud A., *Échelle d'intelligence Standford-Binet: manuel de la troisième révision*, Montréal, Institut de recherches psychologiques, 1961, 56 p.

Wechler, David, *La mesure de l'intelligence*, Paris, Presses universitaires de France, 1956, 286 p.

REMERCIEMENTS

Ill. **1.3** © Susan Kuklin, Photo Researchers.

Ill. **1.4** Brown Brothers.

Ill. **1.5** Brown Brothers.

Ill. **1.6** Brown Brothers.

Ill. **1.7** United Press International.

Ill. **1.8** The Bettmann Archive.

Ill. **1.9** © Ted Polumbaum.

Ill. **2.1** © Richard Wood, The Picture Cube.

Ill. **2.3** National Geographic Society Magazine. Photographie de Baron Hugo van Lawick.

P. 35 Dessin gracieusement fourni par Peter Mueller.

Ill. **2.9** Mike Kagan, Monkmeyer Press.

Ill. **2.11** Photographie de Lynn Goldsmith / LGI © 1986.

Ill. **3.17** © Michael Serino, The Picture Cube.

Ill. **4.10** (*gauche*) © Harvey Eisner, Taurus; (*droite*) © David M. Campione, Taurus.

Ill. **5.1** Photographie de Kevin McMahon.

Ill. **5.4** © E.R. Degginger, Animals, Animals.

Ill. **5.8** Enrico Ferdrelli / DOT.

Ill. **5.10** B. Julesz. *Foundations of Cyclopean Perception.* Copyright © 1971, University of Chicago Press.

Ill. **5.12** M. C. Escher «*Still Life and Street*» © 1988 M. C. Escher Heirs / Cordon Art—Baarn, Pays-Bas. Collection Haags Gemeentemuseum, La Haye.

Ill. **5.13** De «*Pictorial Perception and Culture*» par J. B. Deregoowski. Copyright © 1972 par *Scientific American*, Inc. Tous droits réservés.

Ill. **5.16** Baron Wolman.

Ill. **5.17** © Dan Francis, Mardan Photography.

Ill. **5.22** De «*Cognitive Determinants of Fixation Location During Picture Viewing*», par G. R. Loftus & N. H. Mackworth, *Journal of Experimental Psychology*, 4, 1987, 565-572.

Ill. **5.23** Erdelyi, M. H. et A. G. Applebaum, «*Cognitive Masking: The Disruptive Effects of an Emotional Stimulus Upon the Perception of Contiguous Neutral Items.*» *Bulletin of the Psychonomic Society.* 1973, 1, 59-61.

Ill. **5.24** Al Held, *Le gros N.* (1965), Peinture sur toile, polymère synthétique, 9'3/8"X 9'. Collection, Musée des arts modernes de New York. Mrs. Armand P. Bartos Fund.

Ill. **6.3** Yale Joel, LIFE Magazine, © Time Inc.

Ill. **6.4** © 1981 Martin M. Potker, Taurus.

Ill. **6.6** Gracieuseté de Healthdyne, Inc.

Tableau 6.2 *L'échelle d'hypnotisabilité de Stanford*, adapté de Weitzenhofler et Hilgard. Stanford University Press, 1959.

Ill. **6.7** Dan Francis, Mardan Photography.

Ill. **6.8** Dan Francis, Mardan Photography.

Tableau 6.3 *Facts About Drugs* de *The Resource Book for Drug Abuse Education.* National Education Association, 1969.

Ill. **6.10** *Spectre et continuum de l'effet des drogues*, Dr Robert W. Earler, université de Californie, Irvine.

Ill. **6.11** D. Coon.

P. 164 Le dessin de Gary Larson est reproduit avec la permission de Chronical Features, San Francisco.

Ill. **6.12** *Blood Alcohol Content Chart*, gracieuseté de Jozef Cohen.

Ill. **7.6** (*gauche*) J. Albertson, Stock Boston; (*droite*) D. Coon.

Ill. **7.9** Yake Joel, LIFE Magazine, © Time Inc.

Ill. **7.11** *Singe-rie.* Yerkes Regional, Primate Research Center, Emory University.

Ill. **7.14** Dan Francis, Mardan Photography.

Ill. **7.16** Photographies de Barbara Martin, gracieuseté du *Los Angeles Times*, © 1984.

Ill. **7.17** Alain Dejean, Sygma.

Ill. **8.5** «*Effets de la punition sur l'extinction.*» Tableau tiré de B. F. Skinner, *The Behavior of Organism*, 1938. Autorisation de Prentice Hall, Inc.

Ill. **8.9** *Nursery School Children*, Dr Albert Bandura, Stanford University.

Ill. **8.10** © Rick Smolan, Stock Boston.

Ill. **8.12** Owen Franken, Stock Boston.

Ill. **8.13** Steven Stone, The Picture Cube.

Ill. **9.1** Gracieuseté d'IBM.

Ill. **9.3** Penfield, W. *The Excitable Cortex in Conscious*

Man, 1958. Gracieuseté de Charles C. Thomas Publisher, Springfield, Illinois.

Ill. **9.6** © Larry Day.

Ill. **9.11** © Dan Francis, Mardan Photography.

Ill. **9.6** © Animals, Animals.

Ill. **10.2** © Ralph Reinhold, Animals, Animals.

Ill. **10.6** Osgood, C. E. «*The Nature and Measurement of Meaning.*» *Psychological Bulletin*, 49, Copyright, 1952 par The American Psychological Association. Reproduction autorisée.

Ill. **10.15** U.S. Patent No. 556,248. De *Absolutely Mad Inventions* par A. E. Brown et H. A. Jeffcott, Jr. Dover, 1970.

Ill. **11.1** © David Laustern, Woodfin Camp.

Ill. **11.4** © Peter Menzel, Stock Boston.

Ill. **11.5** «*Monkeys and Locks.*» Harry F. Harlow, University of Wisconsin Primate Laboratory.

Ill. **11.6** Berlyne, D. E. «*Curiosity and Exploration.*» *Science*, Vol. 153, p. 25-33, Illustration 4, 1er juillet 1966, Copyright 1966 par l'American Association for the Advancement of Science.

P. **293** Zuckerman, M. *Échelle de recherche de sensations (ERS)*, Machine à polycopier, University of Delaware, Newark, Delaware, avril 1972. Reproduction autorisée.

Ill. **11.7** © David F. Hugues, The Picture Cube.

Ill. **11.10** © Éllis Herwig, The Picture Cube.

Ill. **11.12** © Marty Heitner, Taurus.

Ill. **12.1, 12.7** Gracieuseté de The Record, Hackensack, New Jersey.

Ill. **12.4** Photographie gracieusement fournie par la Stoelting Company, Chicago, Illinois.

Ill. **12.5** Bridges, K. M. B. «*Emotional Development in Early Infancy.*» *Child Development*, 3, 324-341. Illustration 1, p. 340. Copyright 1932.

Ill. **12.6** Zoological society de San Diego.

Ill. **12.8** © Laimute Druskis, Taurus.

Ill. **12.10** Michael Grecco, Stock Boston.

Ill. **12.11** © Dan Francis, Mardan Photography.

P. **323** *The Far Side* © 1985 Universal Press Syndicate. Reproduction autorisée. Tous droits réservés.

P. **329-330** *Les signaux d'avertissement de la dépression*, National Association of Mental Health.

Ill. **13.1** © Liane Enkilis, Stock Boston.

Tableau **13.1** Reproduit avec la permission du *Journal of Psychosomatic Research*, Vol. 11. T. H. Holmes et R. H. Rahe. «*L'échelle de réadaptation sociale,*» 1957, Pergamon Press, Ltd.

Ill. **13.5** © Cary Wolinsky, Stock Boston.

Tableau **13.2** Friedman, M. et R. Roseman. *Type A Behavior and Your Heart*, Alfred A. Knopf, Inc. 1974. Reproduction autorisée.

Ill. **13.6** Graphique *The General Adaptation Syndrome* tiré de *The Stress of Life* par Hans Selye. Copyright © 1956, 1976 par Hans Selye. Utilisé avec la permission de McGraw-Hill Book Company.

Ill. **13.7** (*haut*) Dennis Brack, Black Star; (*bas*) Sandy Herring, The Picture Cube.

P. **355** H. Benson. «*Systematic hypertension and the relaxation response.*» Reproduit avec la permission de *The New England Journal of Medecine*, 296, p. 1152-1156, 1977.

Ill. **14.1** «*Imitation of Facial and Manual Gestures by Human Neonates.*» par A. M. Meltzoff et M. K. Moore. *Science* Vol. 198. p. 75-78, Illustration 1, 7 octobre 1977. Copyright 1977 par The American Association for the Advancement of Science.

Ill. **14.2** De «*The Origin of Form Perception,*» par Robert L. Fantz. Copyright © 1961 par Scientific American, Inc. Tous droits réservés. Photographie de *Fantz's Looking Chamber* par David Linton.

Ill. **14.5** © Michael Grecco, Stock Boston.

Ill. **14.7** © A. Glauberman, Photo Researchers.

Ill. **14.8** © Frank Siteman, Taurus.

Ill. **14.10** Nina Leen © 1964 Time inc.

Ill. **14.12** Jerome Bruner, *Child's Talk, Learning to Use Language*, W. W. Norton & Co., 1981. Reproduction autorisée.

Ill. **14.13** © Mimi Forsyth, Monkmeyer.

Ill. **14.14** © Yves Debraine, Black Star.

P. **383** *Associated Press news article* gracieusement fourni par l'Association Press.

Ill. **14.15** Photographie gracieusement fournie par H. Harlow, University of Wisconsin Primate Laboratory.

Ill. **15.1** © Gabor Demjen., Stock Boston.

Ill. **15.3** © Bohdan Hrynewych, Stock Boston.

Ill. **15.4** © Mark M. Walker, The Picture Cube.

Ill. **15.6** © Rhoda Sidney, Monkmeyer.

Ill. **15.7** © 1987 Lynn Johnson, Black Star.

Ill. **15.8** © A. Tannenbaum, Sygma.

P. **413** Ginott, H. *Between Parent and Child*, 1965. Reproduit avec la permission du Dr Alice Ginott.

Ill. **16.1** © Arthur Grace, Sygma.

Ill. **16.2** Cattell, R. B. «*Personality Pinned Down.*» 1973. Reproduit avec la permission du Dr R. B. Cattell.

Ill. **16.3** © Dan Francis, Mardan Photography.

Ill. **16.4** Daemmrich, Stock Boston.

Tableau **16.2** Reproduction autorisée. Copyright 1943, renouvelé en 1970 par l'University of Minnesota. Publié par la Psychological Corporation, New York, New York. Tous droits réservés.

Ill. **16.5** Woodfin Camp.

P. **431** Citation d'Art Buchwald gracieusement fournie par Art Buchwald, Los Angeles Times.

Ill. **17.1** «*All Is Vanity*». Gracieuseté d'Illusions, Park Ridge, Illinois.

Ill. **17.3** UPI / Bettmann News Photo.

Ill. **17.5** © Dan Francis, Mardan Photography.

Ill. **17.6** © 1987 Jeffrey D. Hetler, Stock Boston.

Ill. 17.7 © Frank Siteman, Stock Boston.

Ill. 17.8 © Charles E. Schmidt, Taurus.

Ill. 18.1 © Mimi Forsyth, Monkmeyer.

Tableau 18.2. Terman, L. & M. Merrill, *Échelle d'intelligence de Stanford-Binet* . 1937 (Édition révisée 1960b). Houghton Mifflin Co.

Ill. 18.2 © 1986 Devin Horan, Picture Group.

Tableau 18.3 *Échelle de Wechsler*, The Psycholgical Corporation, 1958.

Ill. 18.4 Wide World Photos.

Ill. 18.5 (*gauche*) © Karen R. Preuss, Taurus; (*milieu*) © Dan Francis, Mardan Photography; (*droite*) © David M. Campione, Taurus.

Ill. 18.6 Photographie *Special Olympics* gracieusement fournie par Priscilla Copass & Steve Neighbors.

INDEX

E

J, K

L

M

N

O